Kraft/Mangold

Die 100 typischen Mandate im Erbrecht

Kraft/Mangold

Die 100 typischen Mandate im Erbrecht

Praxisleitfaden mit CD-ROM und Onlinemodul

4., neu bearbeitete Auflage

Herausgegeben von

Katharina Kraft, Rechtsanwältin, Fachanwältin für Erbrecht,
Fachanwältin für Familienrecht, Berlin

Ralf Mangold, Rechtsanwalt und Fachanwalt für Erbrecht, Köln

Bearbeitet von
Katharina Kraft
Ralf Mangold
Susanne Christ, Rechtsanwältin und Fachanwältin für Steuerrecht, Köln
Dr. René Gülpen, Rechtsanwalt und Fachanwalt für Erbrecht, Aachen
Andrea Haaser, Rechtsanwältin und Fachanwältin für Familienrecht, Berlin
Holger Hanshold, Rechtsanwalt, Langenfeld
Dr. Nicolé Kampa, Rechtsanwältin und Fachanwältin für Erbrecht, Berlin
Martina Klose, Rechtsanwältin und Fachanwältin für Erbrecht, Jena
Jürgen König, Richter am AG, Berlin
Wolfgang Krüger, L.L.M., Rechtsanwalt, Fachanwalt für Erbrecht,
Fachanwalt für Familienrecht, Bonn
Dr. Thomas Papenmeier, Rechtsanwalt und Fachanwalt für Erbrecht, Chemnitz
Gilbert H. Tegeler, Rechtsanwalt und Fachanwalt für Erbrecht, Berlin

Deubner
Recht & Praxis

IMPRESSUM

Bibliografische Information der Deutschen Nationalbibliothek
Die Deutsche Nationalbibliothek verzeichnet diese Publikation in der Deutschen Nationalbibliografie; detaillierte bibliografische Daten sind im Internet über http://dnb.d-nb.de abrufbar.

Wichtiger Hinweis
Die Deubner Verlag GmbH & Co. KG ist bemüht, ihre Produkte jeweils nach neuesten Erkenntnissen zu erstellen. Deren Richtigkeit sowie inhaltliche und technische Fehlerfreiheit werden ausdrücklich nicht zugesichert. Die Deubner Verlag GmbH & Co. KG gibt auch keine Zusicherung für die Anwendbarkeit bzw. Verwendbarkeit ihrer Produkte zu einem bestimmten Zweck. Die Auswahl der Ware, deren Einsatz und Nutzung fallen ausschließlich in den Verantwortungsbereich des Kunden.

Deubner Verlag GmbH & Co. KG
Sitz in Köln
Registergericht Köln
HRA 16268

Persönlich haftende Gesellschafterin:
Deubner Verlag Beteiligungs GmbH
Sitz in Köln
Registergericht Köln
HRB 37127
Geschäftsführer: Ralf Wagner, Werner Pehland

Deubner Verlag GmbH & Co. KG
Oststraße 11, D-50996 Köln
Fon +49 221 937018-0
Fax +49 221 937018-90
kundenservice@deubner-verlag.de
www.deubner-verlag.de, alternativ: www.deubner-recht.de

Umschlag geschützt als eingetragenes Design der
Deubner Verlag GmbH & Co. KG
Satz: Vladimir Pospischil, 86391 Stadtbergen
Druck: CPI books GmbH, 25917 Leck
Printed in Germany 2019

ISBN 978-3-88606-627-8

Vorwort zur 4. Auflage

Wegen der erfreulich starken Nachfrage ist die 3. Auflage des Handbuchs bereits vergriffen. Somit ist es uns mit der 4. Auflage möglich, zahlreiche neue Entscheidungen und Veröffentlichungen in das Buch einzuarbeiten. Im Mittelpunkt steht die auch in den Medien viel beachtete Entscheidung des BGH zum digitalen Nachlass. Die Durchsetzung der Rechtsnachfolge an Kommunikationsinhalten sozialer Medien sowie *clouds* entwickelte sich angesichts der AGB von Google, Facebook, Yahoo und Co. zu einem undurchdringlichen Dickicht. Doch nun ist klar: die Netzwerkbetreiber kommen an dem bewährten Prinzip der Universalsukzession nicht vorbei. Dem BGH ist es gelungen, auch die aus neuen Medien entstandenen Kommunikationsinhalte dem § 1922 BGB zu unterstellen, sodass der Vertrag über ein Benutzerkonto bei einem sozialen Netzwerk grundsätzlich im Wege der Gesamtrechtsnachfolge auf die Erben des ursprünglichen Kontoberechtigten übergeht und diese einen Anspruch gegen den Netzwerkbetreiber auf Zugang zu dem Konto einschließlich der darin vorgehaltenen Kommunikationsinhalte haben. Dies dürfte vielen der *digital natives* indes nur unzureichend bewusst und so manchem *user* hinsichtlich der Wahrung seiner Privatsphäre gar nicht lieb sein. Insoweit wurden im Kapitel Testamentsgestaltung neue Mandatssituationen entwickelt, die dem Erblasser Möglichkeiten aufzeigen, den Zugriff seiner Erben auf Kommunikationsinhalte, die geheim bleiben sollen, wirksam zu verhindern.

Hervorzuheben sind sodann wegweisende Entscheidungen des EuGH zur Anwendung der EuErbVO zur dinglichen Wirkung ausländischer Immobilienvermächtnisse und zur Behandlung des güterrechtlichen Ehegattenerbteils im Europäischen Nachlasszeugnis.

Schließlich wurden die einzelnen Kapitel aktualisiert und erweitert sowie um einige neue Mandatssituationen ergänzt. Die im Titel genannte Anzahl ist damit weit überschritten!

Für neu hinzugekommene Leser möchten wir auf die beigefügte CD-ROM hinweisen. Diese stellt die im Buch abgedruckten Muster zum Ausfüllen am PC bereit. Zudem hält sie den kompletten Inhalt des Buches, sämtliche einschlägige Vorschriften sowie die zitierte Rechtsprechung im Volltext vor. Zwischen den Auflagen sorgen regelmäßige Updates für die nötige Aktualität. Zur Freischaltung der CD-ROM ist die einmalige Eingabe eines Codes erforderlich, den Sie bitte dem beigefügten Umschlag entnehmen. Die mobile Nutzung des Angebots ermöglicht das Onlinemodul (Login unter *https://www.deubner-recht.de*).

Die Herausgeber*innen und Autor*innen bedanken sich herzlich beim gesamten Team des Deubner Verlags für die zuverlässige Betreuung. Insbesondere bedanken wir uns bei Frau Astrid Heckel für ihre hervorragende Unterstützung.

Berlin/Köln, im Juli 2019

Katharina Kraft
Ralf Mangold

Deubner online

Unsere Mein-Deubner-App

Kennen Sie schon unsere neue App „**Mein Deubner**"? Damit haben Sie mit nur einem Klick Zugriff auf alle Ihre Online-Produkte aus dem Deubner Verlag. Kein umständlicher Anmeldeprozess mehr. Endlich Schluss mit der Suche nach Benutzernamen und Passwort.

Egal, ob für Desktop oder Smartphone: Für jedes Medium die passende App!

Laden Sie die Desktop-Version einfach hier herunter: ***https://www.deubner-recht.de/service/app***

Ihr Weg zur Mobile-App:

JETZT BEI Google Play

Laden im App Store

Übrigens: Neben Ihren Produkten finden Sie in der mobilen Version der Mein-Deubner-App auch weitere Inhalte und Arbeitshilfen, hilfreiche Funktionen (z.B. Favoriten zum leichten Wiederauffinden unterwegs recherchierter Daten) sowie die vermutlich umfangreichste kostenfreie deutschsprachige Gesetzes- und Rechtsprechungsdatenbank.

Testen Sie *„Die 100 typischen Mandate im Erbrecht"* 14 Tage **unverbindlich** und **kostenlos!**

Für Rückfragen und Anregungen wenden Sie sich gern an unseren Kundenservice unter *kundenservice@deubner-verlag.de* oder telefonisch: 0221 9370 18 0.

Inhaltsübersicht

Autorenverzeichnis

Die Herausgeber

Rechtsanwältin **Katharina Kraft**, Berlin (*www.katharinakraft.de*), ist als Fachanwältin für Erb- und Familienrecht seit 2003 ausschließlich in diesen Bereichen tätig. Zu ihrer Spezialisierung gehört die Betreuung von Mandaten mit Auslandsbezug. Für das Handbuch „Die 100 typischen Mandate im Familienrecht" (Hrsg. Kottke/Zahran) betreut sie das Kapitel zur Elterlichen Sorge.

Rechtsanwalt und Fachanwalt für Erbrecht **Ralf Mangold**, Köln (*www.erbrecht-mangold.de*), ist seit 2005 als selbständiger Rechtsanwalt tätig. Er hat sich mit seiner Fachkanzlei für Erbrecht (derzeit zwei Berufsträger) ausschließlich auf das Erbrecht spezialisiert. RA Mangold ist u.a. Mitautor beim „Praxishandbuch Erbrecht" (Hrsg. Grziwotz/Ott).

Die Autoren

Susanne Christ, Rechtsanwältin und Fachanwältin für Steuerrecht, Köln, betreibt seit 1999 die von ihr gegründete Steuer- und Wirtschaftskanzlei. Schwerpunkte sind die Rechts- und Steuerberatung, neben Steuerrecht insbesondere Erbrecht, Erbschaftsteuerrecht und Regelungen zur Unternehmensnachfolge. RAin Christ ist als Dozentin für Steuer-, Wirtschafts- und Erbrecht tätig und hat sich mit zahlreichen Fachbeiträgen und Buchveröffentlichungen einen Namen gemacht.

Dr. René Gülpen, Rechtsanwalt und Fachanwalt für Erbrecht, Aachen (*www.rewisto.de*), ist als Partner der Fachanwaltskanzlei REWISTO Rechtsanwälte Friedhoff, Mauer & Partner nahezu ausschließlich im Bereich des Erbrechts tätig. RA Dr. Gülpen leitet die Geschäftsstelle der Deutschen Schiedsgerichtsbarkeit für Erbstreitigkeiten e.V. (DSE) in Aachen und wird regelmäßig von Nachlassgerichten zum Nachlasspfleger und Nachlassverwalter bestellt. Darüber hinaus ist er als Testamentsvollstrecker tätig. Als ausgebildeter Mediator steht er Konfliktparteien vor allem im Bereich des Erbrechts im Rahmen von außergerichtlichen und gerichtsnahen Mediationsverfahren zur Verfügung. RA Dr. Gülpen ist Mitautor beim „Praxishandbuch Erbrecht" (Hrsg. Grziwotz/Ott).

Andrea Haaser, Rechtsanwältin und Fachanwältin für Familienrecht, Berlin (*www.kanzlei-haaser.de*), ist seit 1989 als selbständige Rechtsanwältin, Nachlasspflegerin und Betreuerin tätig. Sie ist auf das Familien-, Erb- und Betreuungsrecht spezialisiert. Ergänzend verfügt RAin Haaser über umfassende Kompetenz auf dem Gebiet des Zwangsversteigerungsrechts.

Holger Hanshold, Rechtsanwalt, Langenfeld (*www.erbrecht-rechtsanwalt-langenfeld.de*), ist seit 1989 als Rechtsanwalt tätig. RA Hanshold hat sich auf das deutsche und internationale Erbrecht spezialisiert. Er ist als Testamentsvollstrecker (AGT) zertifiziert. Seit 2012 ist RA Hanshold Schiedsrichter für Erbstreitigkeiten (DSE).

Dr. Nicolé Kampa, Rechtsanwältin und Fachanwältin für Erbrecht, Berlin (*www.juristin-berlin.de*), ist seit 1994 Rechtsanwältin. Seit vielen Jahren ist sie ausschließlich auf dem Gebiet des Erbrechts tätig. RAin Dr. Kampa ist empfohlene Beraterin des Instituts für Erbrecht e.V. (IFE). Sie lehrt seit 2003 an verschiedenen Fachhochschulen und hält regelmäßig Vorträge zu erbrechtlichen Themen.

Martina Klose, Rechtsanwältin und Fachanwältin für Erbrecht, Jena (*www.erbrecht-jena.de*), ist seit 2004 Rechtsanwältin und seit 2010 Fachanwältin für Erbrecht. Sie ist schwerpunktmäßig auf dem Gebiet des Erbrechts einschließlich des internationalen Erbrechts und der Unternehmensnachfolge tätig. RAin Klose ist Mitglied des Deutschen Forums für Erbrecht e.V. und hält Vorträge zum Erbrecht und zur Unternehmensnachfolge sowie zum Arbeitsrecht. Sie ist Mitautorin beim Praxishandbuch Erbrecht (Hrsg. Grziwotz/Ott).

Jürgen König, RiAG, Berlin, ist als Richter am AG Schöneberg vorwiegend mit Nachlasssachen befasst.

Wolfgang Krüger, LL.M., Rechtsanwalt, Fachanwalt für Erbrecht und Fachanwalt für Familienrecht, Bonn (*www.foris.com*), wurde 2002 zur Anwaltschaft zugelassen. Seine langjährige Spezialisierung entspricht beiden Fachanwaltschaften. Zwischen 2007 und 2009 absolvierte er berufsbegleitend zusätzlich ein LL.M.-Studium zum Private Wealth Management. Heute verantwortet RA Krüger das nationale und internationale Erb- und Familienrecht bei einem Prozessfinanzierer. Daneben ist RA Krüger in „seinen" Rechtsgebieten als (Mit-)Autor (z.B. Praxishandbuch Familiensachen, Hrsg. Garbe/Oelkers/Diehl/Grabow) und Referent tätig.

Dr. Thomas Papenmeier, Rechtsanwalt und Fachanwalt für Erbrecht, Chemnitz (*www.erbrecht-papenmeier.de*), ist als selbständiger Rechtsanwalt ausschließlich im Erbrecht tätig. RA Dr. Papenmeier ist seit 2006 Rechtsanwalt, seit 2007 Testamentsvollstrecker (DVEV), seit 2009 Mitglied im VorsorgeAnwalt e.V., seit 2010 Schiedsrichter für Erbstreitigkeiten (DSE) und seit 2011 Fachanwalt für Erbrecht. Seine Dissertation mit dem Titel „Transmortale und postmortale Vollmachten als Gestaltungsmittel" wurde 2013 veröffentlicht.

Gilbert H. Tegeler, Rechtsanwalt und Fachanwalt für Erbrecht, Berlin (www.tegeler-kraft.de), ist seit 1999 als Rechtsanwalt tätig. Seine Tätigkeitsschwerpunkte sind Erbrecht und Vermögensnachfolgerecht, Arbeitsrecht, Schadensersatzrecht und Maklerrecht. Seit 2012 ist RA Tegeler Fachanwalt für Erbrecht.

Abkürzungsverzeichnis

A

a.A.	anderer Ansicht
a.a.O.	am angegebenen Ort
ABGB	Allgemeines BGB (Österreich)
a.E.	am Ende
a.F.	alte Fassung
a.M.	anderer Meinung
abgedr.	abgedruckt
abl.	ablehnend
ABl.	Amtsblatt
Abs.	Absatz
Abschn.	Abschnitt
abw.	abweichend
abzgl.	abzüglich
AfA	Abschreibung für Anlagegüter; steuerlich: Absetzung für Abnutzung
AG	Amtsgericht; auch Aktiengesellschaft
AgrarR	Agrarrecht (Jahr, Seite)
AGS	Anwaltsgebühren Spezial (Jahr, Seite)
allg.	allgemein
Alt.	Alternative
amtl.	amtlich
AmtsG	Amtsgericht
Anh.	Anhang
Anm.	Anmerkung
AnwBl.	Anwaltsblatt (Jahr, Seite)
AO	Abgabenordnung; Anordnung
Art.	Artikel
Aufl.	Auflage
ausf.	ausführlich
Az.	Aktenzeichen

B

BAG	Bundesarbeitsgericht
BayObLG	Bayerisches Oberstes Landesgericht
BayPfleWoqG	Bayerisches Pflege- und Wohnqualitätsgesetz
BbgPBWoG	Brandenburgisches Pflege- und Betreuungswohngesetz
BDSG	Bundesdatenschutzgesetz
BeckRS	Beck-Rechtsprechung (online)
Begr.	Begründung
BerlWTG	Wohnteilhabegesetz Berlin
Beschl.	Beschluss
BeurkG	Beurkundungsgesetz
BewG	Bewertungsgesetz
BFH	Bundesfinanzhof
BFHE	Sammlung der Entscheidungen des Bundesfinanzhofs
BFH-NV	Zeitschrift, Sammlung amtlich nicht veröffentlichter Entscheidungen des Bundesfinanzhofs
BGB	Bürgerliches Gesetzbuch
BGBl	Bundesgesetzblatt (Jahr, Teil, Seite)
BGH	Bundesgerichtshof
BGHZ	Entscheidungssammlung des BGH in Zivilsachen (Band, Seite)
Bl.	Blatt
BLJ	Bucerius Law Journal
BMF	Bundesministerium der Finanzen
BMJ	Bundesministerium der Justiz
BNotO	Bundesnotarordnung
BORA	Berufsordnung für Rechtsanwälte
BRAK	Bundesrechtsanwaltskammer
BRAO	Bundesrechtsanwaltsordnung
BR-Drucks.	Bundesrats-Drucksache
Bsp.	Beispiel
bspw.	beispielsweise
BStBl	Bundessteuerblatt (Teil)
BT-Drucks.	Bundestags-Drucksache
BVerfG	Bundesverfassungsgericht
BVerfGE	Entscheidungen des Bundesverfassungsgerichts (Band, Seite)
BWNotZ	Zeitschrift für das Notariat in Baden-Württemberg (Jahr, Seite)
bzgl.	bezüglich
bzw.	beziehungsweise

C

CC .... Code Civil (Frankreich, Portugal)

D

d.h. .... das heißt
ders. .... derselbe
dies. .... dieselbe
DNotI .... Deutsches Notarinstitut
DNotI-Report............ Informationsdienst des Deutschen Notarinstituts (Jahr, Seite)
DNotZ........... Deutsche Notar-Zeitschrift (Jahr, Seite)
Dok. .... Dokument
DRB............... Deutsche Rentenversicherung
Bund Drucks... Drucksache
DSGVO.......... Datenschutz-Grundverordnung
DStR .... Deutsches Steuerrecht (Jahr, Seite)
DStRE............ Deutsches Steuerrecht – Entscheidungsdienst (Jahr, Seite)

E

e.V .... eingetragener Verein; auch einstweilige Verfügung
eA .... einstweilige Anordnung
ebd. .... ebenda
EFG................ Entscheidungen der Finanzgerichte (Jahr, Seite)
EG.................. Einführungsgesetz; auch Europäische Gemeinschaft
EGBGB .... Einführungsgesetz zum Bürgerlichen Gesetzbuch
EGMR .... Europäischer Gerichtshof für Menschenrechte
EGV............... EG-Vertrag
EGZPO.......... Einführungsgesetz zur Zivilprozessordnung
einschl. .... einschließlich
ENZ............... Europäisches Nachlasszeugnis
ErbR .... Zeitschrift für die gesamte erbrechtliche Praxis (Jahr, Seite)
ErbStDV......... Erbschaftsteuer-Durchführungsverordnung
ErbStG .... Erbschaft- und Schenkungsteuergesetz
ErbStR .... Erbschaftsteuer-Richtlinien
EStDV .... Einkommensteuer-Durchführungsverordnung
EStG............... Einkommensteuergesetz
EStR............... Einkommensteuer-Richtlinien
etc. .... et cetera
EU.................. Europäische Union
EuErbVO .... Verordnung (EU) Nr. 650/2012 des Europäischen Parlaments und des Rates v. 04.07.2012 über die Zuständigkeit, das anzuwendende Recht, die Anerkennung und die Vollstreckung von Entscheidungen und die Annahme und Vollstreckung öffentlicher Urkunden in Erbsachen sowie zur Einführung eines Europäischen Nachlassverzeichnisses, ABl 2012 L 201/107
EuGH............. Gerichtshof der Europäischen Union
EuGüVO .... Verordnung (EU) Nr. 2016/1103 des Rates vom 24.06.2016 zur Durchführung einer verstärkten Zusammenarbeit im Bereich der Zuständigkeit, des anzuwendenden Rechts und der Anerkennung und Vollstreckung von Entscheidungen in Fragen des ehelichen Güterstands
EuGVÜ .... Übereinkommen der Europäischen Gemeinschaft über die gerichtliche Zuständigkeit und die Vollstreckung gerichtlicher Entscheidungen in Zivil- und Handelssachen vom 27.09.1968
EuGVVO .... Verordnung (EG) Nr. 1215/2012 des Rates über die gerichtliche Zuständigkeit und die Anerkennung und Vollstreckung von

	Entscheidungen in Zivil- und Handelssachen vom 12.12.2012 – Brüssel I-VO
EuPartVO	Verordnung (EU) 2016/1104 des Rates vom 24.06.2016 zur Durchführung der Verstärkten Zusammenarbeit im Bereich der Zuständigkeit, des anzuwendenden Rechts und der Anerkennung und Vollstreckung von Entscheidungen in Fragen güterrechtlicher Wirkungen eingetragener Partnerschaften
EUR	Euro
EUV	EU-Vertrag
evtl.	eventuell
EQG M-V	Einrichtungenqualitätsgesetz Mecklenburg-Vorpommern

F

f., ff.	folgende, fortfolgende
FamFG	Gesetz über das Verfahren in Familiensachen und in den Angelegenheiten der freiwilligen Gerichtsbarkeit
FamR	Familienrecht
FamRZ	Zeitschrift für das gesamte Familienrecht (Jahr, Seite)
FD-ErbR	Fachdienst Erbrecht (online)
FG	Finanzgericht
FGG	Gesetz über die Angelegenheiten der Freiwilligen Gerichtsbarkeit (außer Kraft getreten aufgrund des FGG-RG am 01.09.2009)
FGG-RG	Gesetz zur Reform des Verfahrens in Familiensachen und in den Angelegenheiten der freiwilligen Gerichtsbarkeit
FGPrax	Praxis der freiwilligen Gerichtsbarkeit (Jahr, Seite)
Fn.	Fußnote

G

G	Gesetz
GBA	Grundbuchamt
GBO	Grundbuchordnung
GbR	Gesellschaft bürgerlichen Rechts
gem.	gemäß
Gesch.-Nr.	Geschäftsnummer
GG	Grundgesetz für die Bundesrepublik Deutschland
gg.	gegen
ggf.	gegebenenfalls
ggü.	gegenüber
GKG	Gerichtskostengesetz
GKV	Gesetzliche Krankenversicherung
GmbH	Gesellschaft mit beschränkter Haftung
GmbHG	Gesetz betreffend die Gesellschaften mit beschränkter Haftung
GMBl.	Gemeinsames Ministerialblatt
GNotKG	Gerichts- und Notarkostengesetz
grds.	grundsätzlich
GrEStG	Grunderwerbsteuergesetz
GRV	Gesetzliche Rentenversicherung
GuV	Gewinn und Verlust
GVBl.	Gesetz- und Verordnungsblatt
GVG	Gerichtsverfassungsgesetz
GVGA	Geschäftsanweisung für Gerichtsvollzieher
GVKostG	Gesetz über die Kosten der Gerichtsvollzieher
GVO	Grundstücksverkehrsordnung

H

h.L.	herrschende Lehre
h.M.	herrschende Meinung
Halbs.	Halbsatz
HessVGH	Hessischer Verwaltungsgerichtshof (VGH Kassel)
HGB	Handelsgesetzbuch
HmbWBG	Hamburgisches Wohn- und Betreuungsqualitätsgesetz
HöfeO	Höfeordnung
Hrsg.	Herausgeber
hrsg.	herausgegeben

I

i.d.F.	in der Fassung
i.d.R.	in der Regel
i.e.S.	im engeren Sinne
i.H.	in Höhe

i.H.v. .... in Höhe von
i.S.d. .... im Sinne des
i.S.v. .... im Sinne von
i.Ü. .... im Übrigen
i.V.m. .... in Verbindung mit
InsO .... Insolvenzordnung
IntErbRErbsch-
ÄndG .... Gesetz zum Internationalen Erbrecht und zur Änderung von Vorschriften zum Erbschein sowie zur Änderung sonstiger Vorschriften v. 29.06.2015
IntErbRVG ...... Verfahrensgesetz zum Internationalen Erbrecht
IPR .... Internationales Privatrecht
IPRax .... Praxis des Internationalen Privatrechts (Jahr, Seite)
IPRG .... Gesetz zur Neuregelung des Internationalen Privatrechts

J

JMBl. .... Justizministerialblatt
JR.................... Juristische Rundschau (Jahr, Seite)
JStG .... Jahressteuergesetz
JurBüro .... Das Juristische Büro (Jahr, Seite)
jurisPK .... juris-Praxiskommentar
JW................... Juristische Wochenschrift (Jahr, Seite)

K

Kap. .... Kapitel
KG .... Kammergericht Berlin; auch Kommanditgesellschaft
KGR,
KG-Report ...... Rechtsprechungsreport des Kammergerichts Berlin
KostO .... Kostenordnung (aufgehoben)
KostRMoG ..... Kostenrechtsmodernisierungsgesetz
krit. .... kritisch
KV .... Kostenverzeichnis/Anlage zum GKG

L

lfd. .... laufende
LG .... Landgericht
LHeimG BW ... Landesheimgesetz Baden-Württemberg
li.Sp. .... linke Spalte
LPartG .... Lebenspartnerschaftsgesetz
lt. .... laut
LuftfzRG .... Gesetz über Rechte an Luftfahrzeugen

M

m.E. .... meines Erachtens
m.w.H. .... mit weiteren Hinweisen
m.w.N. .... mit weiteren Nachweisen
MDR .... Monatsschrift für Deutsches Recht (Jahr, Seite)
MediationsG
Mediationsgesetz
Mio. .... Million/en
Mitt. .... Mitteilung(en)
MwSt. .... Mehrwertsteuer

N

n.F. .... neue Fassung
NEhelG .... Gesetz über die rechtliche Stellung der nichtehelichen Kinder
NJOZ............. Neue Juristische Online-Zeitschrift (Jahr, Seite)
NJW............... Neue Juristische Wochenschrift (Jahr, Seite)
NJW-RR .... NJW-Rechtsprechungsreport Zivilrecht (Jahr, Seite)
Nr. .... Nummer
Nrn. .... Nummern
NRW.............. Nordrhein-Westfalen
NZFam .... Neue Zeitschrift für Familienrecht (Jahr, Seite)

O

o. .... oben
o.Ä. .... oder Ähnliches
o.a. .... oben angegeben, angeführt
o.g. .... oben genannt
OFD............... Oberfinanzdirektion
öff. .... öffentlich
OLG............... Oberlandesgericht
OLGR............ OLG-Report
OLGZ............ Entscheidungen der Oberlandesgerichte in Zivilsachen
OVG.............. Oberverwaltungsgericht

P

p.a. .... pro anno (jährlich)
PKH .... Prozesskostenhilfe
PKV .... Prozesskostenvorschuss; Private Krankenversicherung
Pkw .... Personenkraftwagen
pp. .... perge, perge (und so weiter)

R

RA .... Rechtsanwalt
RDG .... Rechtsdienstleistungsgesetz
RdL .... Recht der Landwirtschaft (Jahr, Seite)
Rdnr. .... Randnummer
re.Sp. .... rechte Spalte
RG .... Reichsgericht
RGBl. .... Reichsgesetzblatt (Teil, Seite)
RGZ .... Entscheidungen des RG in Zivilsachen (Band, Seite)
RiAG .... Richter am Amtsgericht
RiOLG .... Richter am Oberlandesgericht
RNotZ .... Rheinische Notar-Zeitschrift (Jahr, Seite)
Rpfleger .... Der Deutsche Rechtspfleger (Jahr, Seite)
RpflG .... Rechtspflegergesetz
Rspr. .... Rechtsprechung
RuStAG .... Reichs- und Staatsangehörigkeitsgesetz
RVG .... Rechtsanwaltsvergütungsgesetz
RVO .... Reichsversicherungsordnung

S

s. .... siehe
S. .... Seite
s.a. .... siehe auch
s.o. .... siehe oben
s.u. .... siehe unten
SbStG SH .... Selbstbestimmungsstärkungsgesetz Schleswig-Holstein
SchiffsRegO .... Schiffsregisterordnung
SG .... Sozialgericht
SGB .... Sozialgesetzbuch
SGB II .... Sozialgesetzbuch, Zweites Buch – Grundsicherung für Arbeitsuchende
SGB III .... Sozialgesetzbuch, Drittes Buch – Arbeitsförderung
SGB VIII .... Sozialgesetzbuch, Achtes Buch – Kinder- und Jugendhilfe
SGB X .... Sozialgesetzbuch, Zehntes Buch – Verwaltungsverfahren
SGB XII .... Sozialgesetzbuch, Zwölftes Buch – Sozialhilfe
sog. .... sogenannt
StGB .... Strafgesetzbuch
Stkl. .... Steuerklasse
std. Rechtspr. .. ständige Rechtsprechung
StR .... Steuerrecht
str. .... streitig

T

TestG .... Testamentsgesetz

U

u. .... und
u.Ä. .... und Ähnliches
u.a. .... unter anderem
u.a.m. .... und anderes mehr
u.U. .... unter Umständen
u.v.m. .... und vieles mehr
umstr. .... umstritten
UN .... United Nations (Vereinte Nationen)
unstr. .... unstreitig
Urt. .... Urteil
usw. .... und so weiter

V

v. .... von/vom
VerfGH .... Verfassungsgerichtshof
Vers. .... Versicherung
VerschG .... Verschollenheitsgesetz
VG .... Verwaltungsgericht
VGH .... Verwaltungsgerichtshof
vgl. .... vergleiche
vgl. o. .... vergleiche oben
vgl. u. .... vergleiche unten
VO .... Verordnung
vorl. .... vorläufig
VV RVG .... Vergütungsverzeichnis zum RVG
VVG .... Versicherungsvertragsgesetz

W

WEG	Wohnungseigentumsgesetz
wg.	wegen
WM	Zeitschrift für Wirtschafts- und Bankrecht, Wertpapiermitteilungen (Jahr, Seite) oder Wohnungswirtschaft und Mietrecht (Jahr, Seite)
WTG NRW	Wohn- und Teilhabegesetz Nordrhein-Westfalen
WZugewGem-Abk FR	Abkommen zwischen der Bundesrepublik Deutschland und der Französischen Republik über den Güterstand der Wahl-Zugewinngemeinschaft

Z

z.	zum
z.B.	zum Beispiel
z.T.	zum Teil
z.Zt.	zur Zeit; zurzeit
ZErb	Zeitschrift für die Steuer- und Erbrechtspraxis (Jahr, Seite)
ZEV	Zeitschrift für Erbrecht und Vermögensnachfolge (Jahr, Seite)
ZFE	Zeitschrift für Familien- und Erbrecht (Jahr, Seite)
ZGB	Zivilgesetzbuch (Schweiz)
Ziff.	Ziffer
ZInsO	Zeitschrift für das gesamte Insolvenzrecht (Jahr, Seite)
ZIP	Zeitschrift für Wirtschaftsrecht und Insolvenzpraxis (Jahr, Seite)
Zit.	Zitat
zit.	zitiert
ZNotP	Zeitschrift für die Notarpraxis (Jahr, Seite)
ZPO	Zivilprozessordnung
ZVG	Gesetz über die Zwangsversteigerung und die Zwangsverwaltung
zzgl.	zuzüglich

Literaturverzeichnis

BAUMGÄRTEL/LAUMEN/PRÜTTING
Handbuch der Beweislast, 3. Aufl. 2009

BECKOK FAMFG/BEARB.
Beck'scher Online-Kommentar zum FamFG, 30. Edition, Stand: 01.04.2019

BENGEL/REIMANN
Handbuch der Testamentsvollstreckung, 6. Aufl. 2017

BONEFELD/DARAGAN/TANCK/RIEDEL
Arbeitshilfen im Erbrecht, 3. Aufl. 2010

BURANDT/ROJAHN
Erbrecht, 3. Aufl. 2019

DAMRAU/BONEFELD
Praxiskommentar Erbrecht, 3. Aufl. 2014

DAUNER-LIEB/GRZIWOTZ/HOHMANN-DENNHARDT
Pflichtteilsrecht, 1. Aufl. 2010

DEMHARTER
Grundbuchordnung, 31. Aufl. 2018

DEIXLER-HÜBNER/SCHAUER
EuErbVO, 1.Aufl. 2015

DUTTA/WEBER
Internationales Erbrecht, 1. Aufl. 2016

ERMAN/BEARB.,
BGB, 3. Aufl. 2011

FERID/FIRSCHING/DÖRNER/HAUSMANN
Internationales Erbrecht, Loseblatt, Stand: 2019

GEROLD/SCHMIDT
RVG, 23. Aufl. 2018

GOTTWALD/MOCK, Zwangsvollstreckung, 7. Aufl. 2015

GRZIWOTZ/OTT
Praxishandbuch Erbrecht, Loseblatt, Stand: April 2019

HORN/KROISS
Testamentsauslegung, Strategien bei unklaren letztwilligen Verfügungen, 2. Aufl. 2019

JOACHIM
Die Haftung des Erben für Nachlassverbindlichkeiten, 2. Aufl. 2006

KEIDEL
FamFG, 19. Aufl. 2017

KROISS, Das neue Nachlassverfahrensrecht, 2009

KRUG,
Pflichtteilsprozess, 2. Aufl. 2018

MAYER/BONEFELD
Testamentsvollstreckung, 4. Aufl. 2015

MAYER/SÜSS/TANCK/BITTLER
Handbuch des Pflichtteilsrechts, 4. Aufl. 2017

MüKo-BGB/Bearb.
Münchener Kommentar zum BGB
Band 10: Erbrecht, 7. Aufl. 2017

MüKo-IPR/Bearb.
Münchener Kommentar zum BGB
Band 11: IPR I, 7. Aufl. 2018

MüKo-ZPO/Bearb.
Münchener Kommentar zur ZPO
Band 1: §§ 1-354, 5. Aufl. 2016

Münchener Anwaltshandbuch Erbrecht, 5. Aufl. 2018

NIEDER/KÖSSINGER
Handbuch der Testamentsgestaltung, 5. Aufl. 2015

PALANDT/Bearb.
BGB, 77 . Aufl. 2018

PAPENMEIER
Transmortale und postmortale Vollmachten als Gestaltungsmittel, 2013

RISSMANN
Die Erbengemeinschaft, 3. Aufl. 2019

SCHULTE
Testamentsgestaltung, 2006

SOERGEL/BEARB.
BGB, Band 21: Erbrecht, 13. Aufl. 2002

STAUDINGER/BEARB.
BGB-Buch 5: Erbrecht, §§ 1967-2063, Neubearb. 2010 (WERNER); §§ 2265-2338a, Neubearb. 2006 (HAAS) BGB-EGBGB/Art. 25, 26/IPR, Neubearb. 2007 (DÖRNER)

STEIN/JONAS
ZPO, 23.2. Aufl. 2017

STÖBER
ZVG, 22.1. Aufl. 2019

STORZ/KIDERLEN
Praxis des Zwangsversteigerungsverfahrens, 12. Aufl. 2014

SÜSS/BEARB.
Erbrecht in Europa, 3. Aufl. 2016

ZIMMERMANN
Die Testamentsvollstreckung, 4. Aufl. 2014

ZÖLLER
ZPO, 32. Aufl. 2018

Kapitel 1: Das erbrechtliche Mandat

1. Bedeutung des Erbrechts

„Erbengeneration"

Laut aktuellen Schätzungen des Deutschen Instituts für Altersvorsorge werden in den Jahren 2015 bis 2024 in Deutschland etwa 3,1 Bio. € Privatvermögen vererbt (3.100 Mrd. oder 3.100.000.000.000).

Laut einer Postbank-Studie, die das Allensbach-Institut durchgeführt hat (*www.ifd-allensbach.de/studien-und-berichte/veroeffentlichte-studien.html*), wird etwa jeder fünfte Erblasser mindestens 100.000 € an seine Erben weitergeben.

Hohes Streitpotential

Bei etwa 17 % der befragten Personen gab es in der Vergangenheit Streitigkeiten anlässlich eines Erbfalls in der Familie; zudem rechnen 26 % der zukünftigen Erben damit, dass es rund um den Nachlass Streit geben wird.

Je nachdem, welche Studie man zu Rate zieht, steht diesen Zahlen die Tatsache gegenüber, dass **nur etwa 25–33 %** der potentiellen Erblasser **eine letztwillige Verfügung** von Todes wegen errichtet haben. Davon soll wiederum nur die Hälfte mit anwaltlicher oder notarieller Unterstützung gefertigt worden sein. Das bedeutet, dass jedes zweite Testament, nach dem zukünftig vererbt werden wird, von einem Laien geschrieben worden ist.

Fasst man diese Zahlen zusammen, so werden nur etwa 15 % aller Nachlässe auf der Grundlage einer durch einen Fachmann gestalteten Vermögensnachfolgeregelung an die nächste Generation weitergegeben.

Wer sich weiter über den Erbrechtsmarkt informieren möchte, dem sei eine Studie der Deutschen Bank aus dem Jahr 2015 empfohlen. Die ebenfalls vom Institut für Demoskopie Allensbach durchgeführte Studie ist unter dem folgenden Link zu finden: *https://www.db.com/newsroom_news/Deutsche_Bank_Studie_Erben_und_Vererben_2015.pdf.*

Wachsender Beratungsbedarf

Der Beratungsbedarf in Erbsachen, sowohl vor als auch nach dem Erbfall, ist also derzeit schon sehr hoch und wird zukünftig noch zunehmen.

Auch der Stellenwert des **Vorsorgerechts** in Beratungen rund um die Vermögensnachfolge wird deutlich steigen.

Eine **Testamentsgestaltung** ohne die begleitende Beratung über den zukünftigen Pflegebedarf, die Vorsorgevollmacht und die Patientenverfügung ist nicht mehr denkbar. Schon jetzt gibt es in der anwaltlichen Beratung **nach dem Erbfall** kaum noch Sachverhalte, in denen erbrachte Pflegeleistungen sowie Bank- oder Vorsorgevollmachten und deren (missbräuchliche) Handhabung keine Rolle spielen.

Fachanwalt für Erbrecht

Der wachsende Beratungsbedarf im Erbrecht steht im Einklang mit der immer größeren Beliebtheit des Titels „**Fachanwalt für Erbrecht**“. Voraussetzung für die Erlangung des Fachanwaltstitels ist, dass der Antragsteller besondere theoretische Kenntnisse und praktische Erfahrungen im Bereich des Erbrechts gegenüber der Rechtsanwaltskammer nachweist.

Voraussetzungen

Der **Erwerb besonderer theoretischer Kenntnisse** setzt gem. § 4 FAO i.d.R. voraus, dass der Antragsteller an einem auf die Fachanwaltsbezeichnung vorbereitenden anwaltsspezifischen Lehrgang teilgenommen hat, der alle relevanten Bereiche des Fachgebiets umfasst.

Gemäß § 5 Abs. 1 Buchst. m) FAO setzt der **Erwerb besonderer praktischer Erfahrungen** voraus, dass der Antragsteller innerhalb der letzten drei Jahre vor der Antragstellung im Fachgebiet Erbrecht persönlich und weisungsfrei insgesamt 80 Fälle bearbeitet hat, davon mindestens 20 rechtsförmliche Verfahren (davon höchstens 15 Verfahren der freiwilligen Gerichtsbarkeit).

Rechtsförmliche Verfahren können z.B. sein:

- Zivilverfahren
- Nachlasspflegschaften mit erbrechtlichem Bezug
- Erbscheinsverfahren, wenn sie mit einer Testamentsauslegung verbunden sind
- Verfahren auf Entlassung eines Testamentsvollstreckers
- Anfechtungserklärungen nach §§ 2078 ff. BGB
- Einspruch und Klage gegen Entscheidungen des Finanzamts in Schenkung- und Erbschaftsteuerverfahren

Keine rechtsförmlichen Verfahren sind z.B.:

- Testamentseröffnung
- Ausschlagung
- Nachlassverwaltung

- Nachlassinsolvenz
- Testamentsvollstreckung
- Erbteilspfändung
- Teilungsversteigerung als Vorbereitung der Teilungsklage
- Schenkung- und Erbschaftsteuererklärung

Die Fälle müssen sich auf alle in § 14f Nr. 1–5 FAO bestimmten Bereiche beziehen, dabei aus drei Bereichen mindestens jeweils fünf Fälle. Für das Fachgebiet Erbrecht sind nach § 14f FAO besondere Kenntnisse nachzuweisen in den Bereichen:

1. materielles Erbrecht unter Einschluss erbrechtlicher Bezüge zum Schuld-, Familien-, Gesellschafts-, Stiftungs- und Sozialrecht,
2. Internationales Privatrecht im Erbrecht,
3. vorweggenommene Erbfolge, Vertrags- und Testamentsgestaltung,
4. Testamentsvollstreckung, Nachlassverwaltung, Nachlassinsolvenz und Nachlasspflegschaft,
5. steuerrechtliche Bezüge zum Erbrecht,
6. Besonderheiten der Verfahrens- und Prozessführung.

2. Besonderheiten beim Erbrechtsmandat

„Das volle Leben"

Erbrecht ist umfassend. Im Erbrecht geht es um Liebe, Zuneigung, Hass, Rache, Gier, Beachtung, Bewahrung, Ehre, Minderwertigkeit, Mildtätigkeit, Ausgleich, Einfluss und Macht. Es wird testiert, verhandelt und prozessiert. Es wird geliebt, getrauert, geweint, gelacht, gestritten, gelogen, unterschlagen, verletzt und gar gemordet.

Erbrecht ist das volle Leben. Innerfamiliäre **psychologische Konflikte** werden über Generationen hinweg ausgetragen. Das Erbrecht spielt in der Literatur, in Zeitungen, im Fernsehen und den Unterhaltungen der Menschen eine polarisierende und emotionale Rolle; das war schon immer so. Themen wie Vorsorgevollmacht, Betreuung, Patientenverfügung und Erbschaftsteuer sind heute in aller Munde.

Selbstverständlich treffen diese schlagwortartigen Verallgemeinerungen und Zuspitzungen nicht stets auf sämtliche Erbfälle, Erben oder Erblasser zu. Im Kern kann aber wohl jeder Rechtsanwalt, der schon häufiger mit erbrechtlichen Mandaten befasst war, viele der hier aufgezählten **emotionalen Besonderheiten** bestätigen.

Wichtig: Empathie und Ziele des Mandanten

Auf diese Eigenheiten müssen Sie sich einstellen, wenn Sie auch die erbrechtlichen Angelegenheiten Ihrer Mandanten bearbeiten wollen. Es ist Ihre – durchaus anspruchsvolle – Aufgabe, Ihren Mandanten in einer emotional schwierigen Situation zu unterstützen und zu leiten. Die Beratung und die weitere Bearbeitung erbrechtlicher Mandate erfordern Empathie und die Fähigkeit, **gemeinsam mit dem Mandanten** seine **tatsächlichen Ziele** herauszufinden und die passende **Lösungsstrategie** zu erarbeiten. Denn meist ist sich der Mandant über seine eigenen Ziele nicht im Klaren.

Ausschließlich diese gemeinsam erarbeiteten Ziele sind in (außergerichtlichen) Verhandlungen sowie bei der Gestaltung die Grundlage für das weitere Vorgehen und Ihre Ausarbeitungen.

3. Trauerphasen bzw. Widerstände gegenüber Verfügungen von Todes wegen

Die Beschäftigung mit dem eigenen Tod oder dem Tod eines (nahen) Angehörigen bedeutet für die meisten Mandanten eine **emotionale Ausnahmesituation.**

Beratung vor dem Erbfall

Die Absicherung der Familie, die Übertragung eines Unternehmens oder lebzeitige Schenkungen an nahe Angehörige sind für den Mandanten von **existentieller Bedeutung**, denn dies heißt nichts weniger als sich mit der Endlichkeit des eigenen Lebens auseinanderzusetzen. In der Phase der Gestaltung letztwilliger Verfügungen kommt es in der Familie häufig zu Gesprächen mit elementarem Charakter. Es werden Dinge angesprochen, die sonst vielleicht nie thematisiert worden wären. Die Familie streitet sich, es gibt Brüche oder sie rückt näher zusammen. Jedenfalls entsteht häufig parallel zur erbrechtlichen Beratung eine Dynamik innerhalb der Familie.

Im Laufe der Beratung werden Entscheidungen immer wieder hinausgezögert, ursprüngliche Pläne über den Haufen geworfen oder für einen Außenstehenden nicht nachvollziehbare Kehrtwendungen vollzogen. Hierauf sollten Sie als Berater vorbereitet sein.

Beratung nach dem Erbfall

Bei der Beratung nach dem Erbfall können im Hinblick auf die jeweilige psychologische Grundsituation des Mandanten z.B. folgende **vier Trauerphasen** unterschieden werden (Einteilung nach Verena Kast, u.a. zu finden unter *http://de.wikipedia.org/wiki/Trauer*):

- **Phase 1** (Nicht-Wahrhaben-Wollen):
  Der Verlust wird verleugnet, der oder die Trauernde fühlt sich zumeist empfindungslos und ist oft starr vor Entsetzen;
- **Phase 2** (aufbrechende Emotionen):
  Trauer, Wut, Freude, Zorn, Angstgefühle und Ruhelosigkeit werden „durcheinander“ erlebt;
- **Phase 3** (suchen, finden, sich trennen):
  Die verlorene Person wird unbewusst oder bewusst „gesucht“ – meistens dort, wo sie im gemeinsamen Leben anzutreffen war (in Zimmern, Landschaften, auf Fotos, auch in Träumen oder Phantasien ...). Mit der Wirklichkeit konfrontiert, muss der oder die Trauernde immer wieder lernen, dass sich die Verbindung drastisch verändert hat.
- **Phase 4** (neuer Selbst- und Weltbezug):
  Der Verlust wird soweit akzeptiert, als dass der verlorene Mensch zu einer inneren Figur geworden ist. Neue Beziehungen, neue Rollen, neue Verhaltensmöglichkeiten, neue Lebensstile können möglich werden.

Selbstverständlich können die Trauerphasen **nur einen Anhaltspunkt** für die Grundbefindlichkeit des Mandanten darstellen. Je nach der persönlichen Beziehung zum Erblasser können einzelne der dargestellten Aspekte bis ins Extrem überwiegen oder eine Trauerarbeit findet (vordergründig) überhaupt nicht statt.

4. Mandatsanbahnung im Erbrecht

Jeder vererbt und erbt anders. Diese Tatsache hat die Schriftstellerin Eva Demski in ihrem Beitrag „Erbfolgen" (in: Die Erbengesellschaft, Kursbuch 135 (1999), 11), humoristisch auf den Punkt gebracht: „*Der Bayer erbt stur, der Norddeutsche still, der Schwabe gründlich, der Sachse heiter. Der Rheinländer dankt dem Herrn, der Preuße seinem Anwalt.*"

Chemie muss stimmen

Ob dies (noch) der Realität entspricht, wäre zu überprüfen. Jedenfalls sind die Bedürfnisse und Nöte der einzelnen Mandanten häufig sehr unterschiedlich. Anwalt und Mandant sollten aus diesem Grund zusammenpassen. Sonst kommt es beim Erbrechtsmandat im Laufe der sowohl zeitlich als auch persönlich oftmals sehr intensiven Zusammenarbeit unweigerlich zu Dissonanzen. Stellt sich heraus, dass die Vorstellungen des Mandanten und die Herangehensweise des Anwalts überhaupt nicht mehr in Einklang zu bringen sind, kann es schlimmstenfalls zur Mandatsbeendigung kommen.

Um solche energieraubenden Überraschungen zu vermeiden, gilt es schon vor Mandatsannahme oder spätestens in der Erstberatung herauszufinden, ob die Chemie zwischen Mandant und Rechtsanwalt stimmt, d.h., ob Sie als Rechtsanwaltspersönlichkeit die oder der Richtige für den Mandanten sind.

Erste Kontaktaufnahme

Dies geschieht am besten schon bei der ersten Kontaktaufnahme durch den Mandanten.

Praxistipp

Es empfiehlt sich, das **erste Telefonat** mit dem Mandanten selbst zu führen. Sollte der Mandant Sie nicht sofort persönlich erreichen, so rufen Sie ihn zurück.

So gewinnen Sie selbst einen ersten, unmittelbaren Eindruck vom potentiellen Mandanten und dem Mandat. Notfalls können Sie das Mandat schon zu diesem Zeitpunkt ablehnen. Nebenbei klären Sie gleich, ob **Fristen** bei der Terminvergabe zu beachten sind, welche **Unterlagen** der Mandant mitbringen bzw. schon vorab übermitteln sollte, und ob es ratsam ist, sich auf den Termin vorzubereiten. Auf der anderen Seite fühlt der Mandant sich sogleich ernst genommen und kann den ersten, akuten Leidensdruck loswerden. Das erste Vertrauensband ist geknüpft.

Praxistipp

Bereits bei der ersten Kontaktaufnahme sollten Sie (oder Ihre Mitarbeiter) regelmäßig eine Kollisionsprüfung vornehmen. So vermeiden Sie spätere Überraschungen.

Im Anschluss an die Terminvereinbarung sollte dem Mandanten vor der Erstberatung per Post bzw. per E-Mail ein Begrüßungsschreiben übersandt werden. In diesem Schreiben sollten zumindest der Termin bestätigt, die mitzubringenden Unterlagen erwähnt und die Anfahrt beschrieben werden. Das Muster „Begrüßungsschreiben" finden Sie am Ende des Kapitels (S. 8).

Erstberatung ist entscheidend

Die **Erstberatung** dient im Erbrecht wegen der Komplexität der zu lösenden Probleme in den seltensten Fällen der umfassenden Problemlösung. Betrachten Sie das erste Gespräch vielmehr als eine Art **Vorstellungsgespräch**. Nach dem Gespräch entscheidet der Mandant, ob er Ihnen die Lösung seines Problems bzw. die Unterstützerrolle in juristischer und persönlicher Hinsicht zutraut und deshalb Ihr Dienstleistungsangebot in Anspruch nehmen möchte. Aber auch Sie können hier nochmals überprüfen, ob Sie das Mandat mit seinen Besonderheiten in der Person des Mandanten und des Sachverhalts überhaupt übernehmen wollen und falls ja, zu welchen Bedingungen. Sie sollten sich auch schon jetzt im Klaren darüber sein, welche **Gegenleistung** Sie von Ihrem Mandanten erwarten.

Gestaltung des ersten Gesprächs

Aus diesen Gründen kommt dem Erstberatungsgespräch im Erbrecht ein sehr hoher Stellenwert zu. Die folgende Ablaufgestaltung bietet sich an:

- Begrüßung durch das Sekretariat (Wohlfühlatmosphäre schaffen)
- ggf. Mandantenaufnahmebogen aushändigen (persönliche Daten, Kontaktdaten, Staatsangehörigkeit, Ort der Eheschließung, Kommunikationswege, Bankverbindungen, Rechtsschutzversicherung etc.)
- schriftlicher Hinweis bzw. Belehrung über Abrechnung nach RVG (§ 49b Abs. 5 BRAO; vgl. das Muster „Hinweis Abrechnung RVG" am Ende des Kapitels, S. 9) und über die Möglichkeit, Beratungs- bzw. Prozesskostenhilfe zu beantragen
- belegbare Information des Mandanten darüber, welche Daten wofür und wie lange gespeichert werden (DSGVO; ab dem 25.05.2018)
- Begrüßung durch den Rechtsanwalt („es gibt nur einen ersten Eindruck")
- Smalltalk (Bedarf und Umfang beim jeweiligen Mandanten unterschiedlich)
- Einleitung und Strukturierung des Gesprächs durch den Rechtsanwalt (so weiß der Mandant von Anfang an über den Verlauf des Gesprächs Bescheid, einen weitschweifigen Mandanten können Sie mit Hinweis auf den Gesprächsaufbau leichter unterbrechen)
- Zusammenfassung des ersten Telefonats mit dem Mandanten (Problemkern)
- Familienkonstellation erarbeiten (Schaubild, Skizze)

- Sachverhalt und Problem ausführlich ermitteln (erfragen und zusammenfassen)
- gemeinsam die Ziele des Mandanten erarbeiten bzw. mögliche Ziele benennen
- Lösungswege und -alternativen darlegen
- Information über die eigene Arbeitsweise (Strategie) und das Honorar (übers Honorar informieren und nicht verhandeln)
- ggf. Unterzeichnung einer Vergütungsvereinbarung, Haftungsbegrenzungsvereinbarung (siehe Muster „Haftungsbeschränkungsvereinbarung“ in Kapitel 1.8, S. 18) und Vollmacht
- gemeinsam erste Aufgaben des Mandanten („Hausaufgaben“) und des Rechtsanwalts festlegen (hierfür Zeitrahmen bestimmen und einhalten)

Bei der Beratung zählen allein der Nutzen und die Erwartungen des Mandanten. Der Mandant ist in aller Regel nur dann zufrieden oder sogar begeistert, wenn seine Erwartungen an seinen Rechtsbeistand übertroffen werden.

Mandantenperspektive

Praxistipp

Nehmen Sie die Perspektive des Mandanten ein. Stellen Sie sich beispielsweise vor, welche Erwartungshaltung Sie haben, wenn Sie zum Arzt gehen und übertragen Sie diese auf Ihre Mandanten (Wartezeiten, Freundlichkeit, Einfühlungsvermögen, kein Fachchinesisch, Verständlichkeit, Aufmerksamkeit, keine Störungen, Ernst-genommen-Werden, Nutzen und Kompetenz).

Mandantenfragebogen

Praxistipp

Verwenden Sie regelmäßig einen Mandantenfragebogen. Geben Sie so dem Mandanten die Gelegenheit, sich ernst genommen zu fühlen und Lob sowie Verbesserungsvorschläge anzubringen.

Nutzen Sie den Mandantenfragebogen zur Verbesserung Ihrer Kanzleiorganisation und der Arbeit an Ihren „Soft Skills“.

Authentisch bleiben!

Sie sollten sich aber beim ersten Beratungsgespräch auf gar keinen Fall verstellen, denn der Mandant „kauft“ ja nicht nur Ihr Fachwissen, sondern auch Ihre Persönlichkeit ein!

Wenn der Mandant einen Anwalt sucht, der die Auseinandersetzung „bis aufs Messer“ führt, werden Sie als eher ausgleichende und mediatorisch geprägte Persönlichkeit diese Erwartung kaum erfüllen können, und zwar auch dann nicht, wenn Sie im Erstgespräch entgegen Ihrem Naturell in dasselbe Horn blasen wie Ihr Mandant.

Praxistipp

Im besten Fall sollte der Mandant schon durch Ihren Außenauftritt (Marketing, Public Relations, Internetseite) erkennen können, welche Rechtsanwaltspersönlichkeit hier welche Art von Dienstleistung anbietet. Hier sollten Sie sich klar positionieren.

Muster 1

Begrüßungsschreiben

Herr/Frau
...
Straße, Hausnr./Postfach
PLZ Ort

Datum

Sehr geehrte ...,

vielen Dank für Ihr Vertrauen.

Hiermit bestätige ich Ihnen den Besprechungstermin am ... um ... Uhr.

Bitte bringen Sie sämtliche Ihnen in der Nachlasssache vorliegende Unterlagen (z.B.: Testamente, Erbverträge, Erbscheine, notarielle und sonstige Verträge, bisheriger Schriftverkehr, Gerichtsschreiben, Aufstellungen etc.) mit.

Vielen Dank.

Hier finden Sie eine Anfahrtsbeschreibung:[1)]

Ich wünsche Ihnen eine gute Anreise.

Parken können Sie in der ... oder in der Tiefgarage im Haus (Stellplätze Nr. ...).

Sollten Sie vorab noch Fragen haben, stehe ich Ihnen jederzeit zur Verfügung.

Mit freundlichen Grüßen

Rechtsanwältin/Rechtsanwalt

1) Link auf Ihre Website einfügen!

Hinweis Abrechnung RVG

Belehrung nach § 49b Abs. 5 BRAO

In der Nachlasssache ... ./. ... wurde ich von Rechtsanwältin/Rechtsanwalt ... vor der Erteilung des Mandats darauf hingewiesen, dass sich die anfallende anwaltliche Vergütung nach dem Gegenstandswert berechnet.

Ort, Datum ______________________________

Name und Unterschrift der Mandantschaft ______________________

5. Mandatsführung im Erbrecht

Aufnahmebogen

Alle für die Mandatsbearbeitung wesentlichen Informationen sollten für Sie jederzeit kurzfristig abrufbar sein. Hier empfiehlt es sich, dem Mandanten vor der Erstberatung einen Aufnahmebogen vorzulegen und ihn zu bitten, diesen auszufüllen. Am Ende des Kapitels finden Sie einen Muster-Aufnahmebogen (S. 12 f.).

Schaubild zu familiären Verflechtungen

Zu jeder Akte im Erbrecht gehört zudem eine Skizze/ein Schaubild, welches die **familiären bzw. persönlichen Verflechtungen** etc. sämtlicher beteiligter Personen darstellt.

Praxistipp

Erarbeiten Sie das Schaubild zusammen mit der Mandantschaft, am besten gleich im ersten Beratungsgespräch!

Eine Skizze/ein Schaubild könnte beispielsweise wie folgt aussehen:

Schaubild: Familiäre Verflechtungen

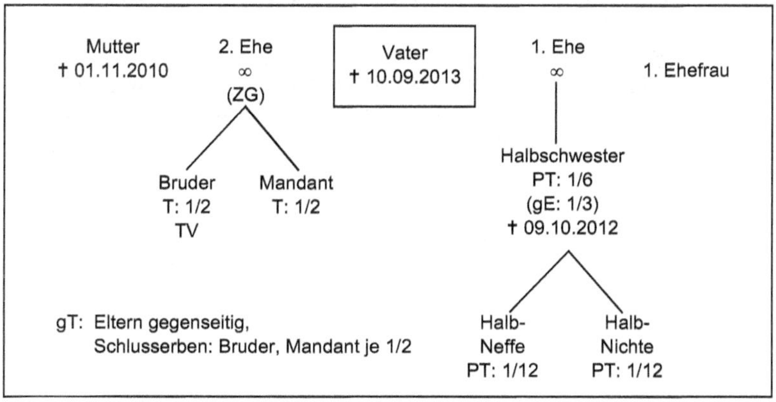

Folgende Fakten wären somit bei jedem Mandantenkontakt auf einen Blick sofort zugänglich:

– der Vater ist in der vorliegenden Nachlasssache der Erblasser	□
– er ist am 10.09.2013 verstorben	†
– er war in zweiter Ehe verheiratet	∞
– er war im Güterstand der Zugewinngemeinschaft verheiratet	ZG
– die Eheleute hatten ein gemeinschaftliches Testament errichtet	gT
– testamentarische Erben nach dem Vater wurden der Bruder und der Mandant	T: 1/2
– der Bruder wurde als Testamentsvollstrecker eingesetzt	TV
– die vorverstorbene Halbschwester wurde enterbt	PT
– die gesetzliche Erbquote der vorverstorbenen Halbschwester war 1/3	gE: 1/3
– die Pflichtteilsquote der vorverstorbenen Halbschwester war 1/6	PT: 1/6
– durch das Vorversterben der Halbschwester sind Halbneffe und Halbnichte pflichtteilsberechtigt (hälftiger Teil des Pflichtteils der Halbschwester)	PT: 1/12

Das Schaubild kann nach Belieben durch weitere Fakten (z.B. Schenkungen, Vor- und Nacherbschaft, Vermächtnisse, Vermögen, Auslandsvermögen, Staatsangehörigkeit, Ehestatut) ergänzt bzw. erweitert werden.

Vermögensübersicht

Weiterhin empfiehlt sich, dem Mandanten frühzeitig einen Fragebogen hinsichtlich des Umfangs und der Zusammensetzung des Erblasservermögens auszuhändigen und von ihm ausfüllen zu lassen. Der Fragebogen sollte auch sämtliche lebzeitige Zuwendungen des Erblassers und die lebzeitigen Pflegeleistungen durch Abkömmlinge abfragen.

Manche Mandanten sind beim Ausfüllen eines solchen Fragebogens noch vor der Erstberatung meist sehr zögerlich. Alternativ können Sie daher anhand einer während des Beratungsgesprächs bzw. des weiteren Mandats zu erarbeitenden Checkliste eine Vermögensübersicht samt den Vorempfängen erstellen.

Eine frühzeitige Übersicht über das Erblasservermögen, die auch mögliche Ausgleichs- und Anrechnungsproblematiken aufdeckt, ist für eine ordentliche Beratung sehr wichtig.

> **Praxistipp**
>
> Eine Übersicht über das Nachlassvermögen bzw. die lebzeitigen Geld- und Leistungsflüsse hilft aber auch Ihnen, sich für ein für Sie vorteilhaftes Vergütungsmodell zu entscheiden. Je niedriger der zu erwartende Streitwert, umso eher sollte ausschließlich über Stundenhonorar abgerechnet werden.

Aktenvermerk nach Erstberatung

Wenn der Mandant sich nach der Erstberatung dazu entschließt, Sie mit dem Mandat zu betrauen, sollten Sie den – ohnehin nach jeder Erstberatung zu fertigenden – Vermerk bereits im Hinblick auf die spätere Mandatsführung anlegen. Es bietet sich auch an, den gefertigten Vermerk an den Mandanten zu übersenden, und zwar auch dann, wenn das Mandat mit der Erstberatung beendet ist. Im letzten Fall könnten Sie die Post- und Telekommunikationsdienstleistungspauschale abrechnen.

Mandatsführung

Achten Sie im weiteren Verlauf des Mandats stets darauf, dass das Mandat für den Mandanten **jederzeit übersichtlich** bleibt. In komplexen erbrechtlichen Angelegenheiten sollten Sie den Mandanten regelmäßig in schriftlicher Form über den jeweiligen Verfahrensstand auf dem Laufenden halten, rechtliche und taktische Erwägungen fixieren und die zur Vermeidung von Haftungsfällen rechtlich notwendigen Hinweise erteilen.

> **Praxistipp**
>
> Lassen Sie Schreiben an das Gericht oder die Gegenseite immer vom Mandanten freigeben, bevor Sie sie abschicken. Hierdurch können Missverständnisse bei der Sachverhaltserfassung o.Ä. frühzeitig aufgeklärt werden.

Freigabe der Korrespondenz

Außerdem ist es wichtig, dass der Mandant voll und ganz hinter Ihren Schreiben steht, auch im Hinblick auf Tonfall, Wortwahl und Taktik. Manchmal müssen Sie hier auch etwas Vorarbeit leisten. Denn selbstverständlich sollten Sie sich nicht zum verlängerten Arm des Mandanten degradieren lassen und seine persönlichen Abneigungen etc. ungefiltert weitergeben.

Außergerichtliche Konfliktlösungen

In erbrechtlichen Angelegenheiten sollten Sie immer prüfen, ob eine Mediation oder ein Schiedsverfahren ggf. den Konflikt zwischen den Parteien zügiger und nachhaltiger als ein Gerichtsverfahren lösen könnte.

Schiedsverfahren

In einem Schiedsverfahren wird eine Rechtsstreitigkeit außergerichtlich im Rahmen eines geordneten Verfahrens durch ein bindendes Urteil beigelegt. Das schiedsrichterliche Verfahren wird in den §§ 1025–1066 ZPO geregelt. Die Parteien können jedoch auch hiervon abweichende Regelungen treffen. Hauptvorteile des Schiedsverfahrens sind, dass es i.d.R. nur eine Instanz gibt und dass die Verhandlung(en) nicht öffentlich ist (sind).

Praxistipp

Die 1998 gegründete DSE (Deutsche Schiedsgerichtsbarkeit für Erbrechtsstreitigkeiten e.V.) organisiert Schiedsverfahren und benennt unabhängige Schiedsrichter (Rechtsanwälte, Richter und Notare), die ausgewiesene Experten im Erbrecht sind. Auf der Website der DSE (*www.dse-erbrecht.de*) finden Sie nähere Informationen hierzu. Hier kann auch eine erläuternde Broschüre zum Schiedsverfahren heruntergeladen werden.

Mediation

Eine Mediation ist ein vertrauliches und strukturiertes Verfahren, bei dem Parteien mithilfe eines oder mehrerer Mediatoren freiwillig und eigenverantwortlich eine einvernehmliche Beilegung ihres Konflikts anstreben (§ 1 Abs. 1 MediationsG). Ein Mediator ist gem. Absatz 2 dieser Vorschrift eine unabhängige und neutrale Person ohne Entscheidungsbefugnis, die die Parteien durch die Mediation führt.

Voraussetzungen für eine Mediation sollten sein, dass alle Beteiligten freiwillig daran teilnehmen, das Verfahren ergebnisoffen abläuft und die Teilnehmer mit einer gewissen Verhandlungsbereitschaft in die Mediation gehen. Der Mediator sollte verschwiegen und allparteilich sein.

Sinnvoll ist eine Mediation im Erbrecht dann, wenn bisherige Verhandlungen der Parteien nicht zuletzt wegen persönlichen Differenzen festgefahren sind. Damit die Mediation auch tatsächlich mit einer Abschlussvereinbarung erfolgreich beendet werden kann, sollten sämtliche Parteien schon zu Beginn ein grundsätzliches Interesse daran haben, faire Lösungen zu erarbeiten.

Muster

Aufnahmebogen

Aufnahmebogen „Nach dem Erbfall"

(Hinweis gem. Art. 6 DSGVO: Personenbezogene Daten werden elektronisch gespeichert).

Persönliche Angaben Mandant(in):

Vorname: .... Name: ....

Straße: .... PLZ, Wohnort: ....

Geburtsdatum: .... Telefon: ....

Mobil: .... E-Mail: ....

Kontoverbindung: ....

Rechtsschutzversicherung (meist nur für Erstberatung):

Versicherung: .... Versicherungsnehmer: ....

Vers.-Schein-Nr.: .... ggf. Deckungsnummer: ....

Angaben zum bzw. zur Verstorbenen – Erblasser(in):

Name: .... Geburtsdatum-/ort: ....

Staatsangehörigkeit: .... Sterbedatum-/ort: ....

Der/Die Verstorbene war mein(e) .... (Verwandtschafts- bzw. Näheverhältnis)

Gibt es Testamente bzw. Erbverträge? ....

Hatte der Erblasser General-, Vorsorge- oder Bankvollmachten (über den Tod hinaus) erteilt?
Wenn ja, zu wessen Gunsten? ....

Hatte der Erblasser Eigentum bzw. Vermögen im Ausland? Wenn ja, in welchen Ländern? ....

....

....

Ehepartner des bzw. der Verstorbenen:

.... ggf. vorverstorben am ....

Gibt es einen Ehevertrag? Nein ( ) Ja, vereinbarter Güterstand: ....

Im Ausland geheiratet?, wenn ja, wann und wo? ....

Ausländischer Güterstand: ....

Kinder des Verstorbenen und, wenn Kinder schon vorverstorben sind, deren Kinder?

Bitte Name, Verwandtschaftsverhältnis zum Verstorbenen und gegebenenfalls Sterbedatum angeben:

.... ggf. vorverstorben am ....

.... ggf. vorverstorben am ....

.... ggf. vorverstorben am ....

.... ggf. vorverstorben am ....

.... ggf. vorverstorben am ....

.... ggf. vorverstorben am ....

Angaben nur für den Fall, dass der Erblasser keine Abkömmlinge hat:

Eltern des bzw. der Verstorbenen?

.... ggf. vorverstorben am ....

.... ggf. vorverstorben am ....

Wenn ein oder beide Elternteile vorverstorben sind: Geschwister des bzw. der Verstorbenen?

.... ggf. vorverstorben am ....

.... ggf. vorverstorben am ....

.... ggf. vorverstorben am ....

.... ggf. vorverstorben am ....

.... ggf. vorverstorben am ....

6. Interessenkollision

Der Rechtsanwalt, der nicht ausschließlich oder überwiegend im Erbrecht tätig ist, ahnt oft gar nicht, welche Risiken ein erbrechtliches Mandat aufgrund der Vielzahl „lauernder“ Interessenkonflikte in sich trägt.

Verbot der Vertretung widerstreitender Interessen

Gemäß § 43a Abs. 4 BRAO darf der Anwalt keine widerstreitenden Interessen vertreten. Weiter konkretisiert wird das Verbot der Vertretung widerstreitender Interessen in § 3 BORA. Hinzu kommen die Berufsregeln der Rechtsanwälte der Europäischen Gemeinschaft (CCBE).

Warnhinweis

Unter bestimmten Voraussetzungen machen Sie sich zudem wegen Parteiverrat i.S.d. § 356 StGB strafbar.

In der erbrechtlichen Beratung kann es u.a. dann zu einer Interessenkollision kommen, wenn Sie mehrere Personen innerhalb des gleichen Lebenssachverhalts vertreten bzw. vertreten sollen.

Prüfen Sie daher, ob ein **Interessengegensatz innerhalb einer Sachverhaltsidentität** („dieselbe Rechtssache", „Angelegenheit") vorliegt. Das ist meist dann der Fall, wenn

- zwei potentielle Mandanten gegenläufige Interessen haben,
- die Gefahr einer Verschwiegenheitsverletzung besteht oder
- aus der Verwertung besonderer Kenntnisse aus dem einem Mandat Sondervorteile für das andere Mandat erwachsen könnten

(vgl. zum Ganzen: Schneider, in: Münchener Anwaltshandbuch Erbrecht, § 2 I. 1, 15).

Sie müssen deshalb bei der erbrechtlichen Beratung in den nachfolgend genannten Konstellationen zumindest Problembewusstsein an den Tag legen und notfalls lediglich einen Mandanten vertreten bzw. ein Mandat einem Kollegen vermitteln:

- **Erbengemeinschaft:** Innerhalb der Erbengemeinschaft können widerstreitende Interessen z.B. bei der Testamentsauslegung, bei Ausgleichspflichten, bei der Auseinandersetzung der Erbengemeinschaft oder bei der Erfüllung von Vorausvermächtnissen bzw. Teilungsanordnungen aufkommen;
- **Pflichtteilsberechtigte:** Es entwickeln sich häufig unterschiedliche Auffassungen im Rahmen der Ermittlung des Nachlasswerts oder zu Vorausempfängen, Ausgleichspflichten und Eigengeschenken (siehe z.B. BGH, Beschl. v. 16.01.2013 – IV ZB 32/12);
- Beratung im Rahmen der Gestaltung eines **gemeinschaftlichen Testaments bzw. Erbvertrags** (grundsätzlich sollte dies möglich sein, allerdings muss der Berater bei aufkeimenden Konflikten zwischen den Ehepartnern bzw. Vertragspartnern hellhörig werden);
- **(Vorherige) Tätigkeit** z.B. als Testamentsvollstrecker oder Nachlassverwalter (siehe z.B. OLG Nürnberg, Beschl. v. 29.06.2001 – 11 UF 1441/01).

Folgen einer Interessenkollision

Nimmt der Berater in den vorgenannten Konstellationen zwei oder mehr Mandate bzw. Mandanten an und es stellt sich (im Nachhinein) eine Interessenkollision heraus, kann dies u.U. zur Nichtigkeit der Mandatsverträge führen. Eine Vergütung können Sie dann lediglich für die Tätigkeit verlangen, die Sie bis zum Verstoß gegen das Verbot der Vertretung widerstreitender Interessen erbracht haben. Bereits gezahltes Honorar kann der Mandant u.U. zurückverlangen. Außerdem droht eine standesrechtliche Ahndung durch die Rechtsanwaltskammer.

Warnhinweis

Gemäß § 45 BRAO ist dem Rechtsanwalt zudem in bestimmten Konstellationen eine Tätigkeit untersagt (Versagung der Berufstätigkeit). Die Untersagungsgründe gelten auch für die mit dem Rechtsanwalt in Sozietät oder in sonstiger Weise zur gemeinschaftlichen Berufsausübung verbundenen oder verbunden gewesenen Anwälte.

7. Vergütung, Vergütungsvereinbarung, Vollmacht

Vergütung

Auf die einzelnen Vergütungstatbestände nach dem VV RVG soll an dieser Stelle nicht eingegangen werden. Detaillierte Angaben hierzu finden Sie jeweils am Ende der einzelnen Kapitel.

Praxistipp

Im Erbrecht empfiehlt es sich häufig, trotz der relativ hohen Gegenstandswerte ein **Zeithonorar** o.Ä. zu vereinbaren.

Vergütungsvereinbarung

Denn: Erbrechtsmandate können **sehr zeitintensiv** werden. Wer schon einmal die Auseinandersetzung einer zerstrittenen Erbengemeinschaft begleitet hat, weiß, dass ein derartiges Mandat sich im Extremfall über mehrere Jahre erstrecken kann. Daher ist in jedem Fall zum Abschluss einer Vergütungsvereinbarung zu raten.

Gesetzliche Vergütung

Richtet sich die zu erhebende Vergütung nach dem **Gegenstandswert**, sind Sie nach § 49b BRAO verpflichtet, vor Übernahme des Auftrags darauf hinzuweisen (den Musterhinweis „Abrechnung RVG“ finden Sie am Ende des Kapitels 1.4, S. 9). Hierbei handelt es sich um eine vertragliche Nebenpflicht aus dem Anwaltsvertrag. Verstoßen Sie gegen diese Hinweispflicht, so kann dieser Verstoß im Grundsatz zu einem Schadensersatzanspruch führen (Vertrauensschaden).

Anforderungen an wirksame Vereinbarung

Eine Vereinbarung über die Vergütung bedarf gem. § 3a RVG der **Textform.** Sie muss als Vergütungsvereinbarung oder in vergleichbarer Weise bezeichnet werden, von anderen Vereinbarungen mit Ausnahme der Auftragserteilung deutlich abgesetzt sein und darf nicht in der Vollmacht enthalten sein. Sie hat einen Hinweis darauf zu enthalten, dass die gegnerische Partei, ein Verfahrensbeteiligter oder die Staatskasse im Fall der Kostenerstattung regelmäßig nicht mehr als die gesetzliche Vergütung erstatten muss.

Vergütungsmodelle

An folgende Vergütungsmodelle sollte im Erbrecht insbesondere gedacht werden:

- Stundenhonorar
- (gestaffeltes) Pauschalhonorar
- Erhöhung Gegenstandswert
- mehrfache oder prozentuale Erhöhung der gesetzlichen Vergütung

Vollmacht

Da im Erbrecht häufig eine Zahlung auf das eigene Anderkonto verlangt wird, sollten Sie schon beim ersten Anschreiben immer eine **Vollmacht im Original** mitversenden.

Mehrere Vollmachten

Praxistipp

Lassen Sie Ihren Mandanten gleich mehrere Vollmachten unterzeichnen! Denn ein einseitiges Rechtsgeschäft, das ein Bevollmächtigter einem anderen gegenüber vornimmt, ist gem. § 174 BGB unwirksam, wenn der Bevollmächtigte eine Vollmachtsurkunde nicht vorlegt und der andere das Rechtsgeschäft aus diesem Grund unverzüglich zurückweist. Die Zurückweisung ist ausgeschlossen, wenn der Vollmachtgeber den anderen von der Bevollmächtigung in Kenntnis gesetzt hatte.

Sind Sie umfassend tätig, so müssen Sie u.U. mehrere Verträge des Erblassers unter Vorlage einer Originalvollmacht kündigen, Bank- oder Vorsorgevollmachten widerrufen oder Anfechtungen erklären.

Rechtsschutzversicherung

In der Regel ist bei erbrechtlichen Mandaten **allenfalls der Beratungsrechtsschutz** abgedeckt, und dies auch nur dann, wenn der Anwalt in der Sache nicht weiter nach außen hin tätig wird. Einige wenige Rechtsschutzversicherer versichern auch die Gestaltung von Vorsorgevollmachten und Patientenverfügungen über eine Pauschale. Noch seltener kommt es vor, dass eine außergerichtliche oder gerichtliche Tätigkeit mit einer Summe bis zu einem bestimmten Betrag abgesichert ist.

8. Haftungsproblematik

Aufgrund der oftmals hohen Streitwerte und der häufig sehr komplexen Sachverhalte und Regelungen geht mit dem erbrechtlichen Mandat meist auch eine **hohe Haftungsgefahr** einher. Daher ist es bei regelmäßiger erbrechtlicher Tätigkeit ratsam, die Vermögenshaftpflichtversicherung auf einen Betrag von mindestens 1.000.000 € aufzustocken.

Haftungsbeschränkung empfohlen

Gemäß § 51a Abs. 1 BRAO kann der Anspruch des Auftraggebers aus dem zwischen ihm und dem Rechtsanwalt bestehenden Vertragsverhältnis auf Ersatz eines **fahrlässig verursachten Schadens** beschränkt werden

- durch individuelle **schriftliche Vereinbarung**, im Einzelfall bis zur Höhe der Mindestversicherungssumme (250.000 €) oder

- durch **vorformulierte Vertragsbedingungen** für Fälle einfacher Fahrlässigkeit auf den vierfachen Betrag der Mindestversicherungssumme (1.000.000 €), wenn insoweit Versicherungsschutz besteht.

Haftung einer Sozietät

Die Mitglieder einer **Sozietät** haften gem. § 51a Abs. 2 BRAO dieser Vorschrift aus dem zwischen der Sozietät und dem Auftraggeber bestehenden Vertragsverhältnis **als Gesamtschuldner.** Die persönliche Haftung auf Schadensersatz kann durch vorformulierte Vertragsbedingungen beschränkt werden auf einzelne, namentlich bezeichnete Mitglieder einer Sozietät, die das Mandat im Rahmen ihrer eigenen beruflichen Befugnisse bearbeiten. Die Zustimmungserklärung zu einer solchen Beschränkung darf keine anderen Erklärungen enthalten und muss vom Auftraggeber unterschrieben sein.

Praxistipp

Durch eine Eingrenzung des Mandats kann zumindest eine Reduzierung des Haftungssummenrisikos erreicht werden (bestimmter Anspruch, bestimmter Prozess).

Die Haftung wegen **Vorsatzes** kann nicht im Voraus erlassen werden (§ 276 Abs. 3 BGB). Zudem kann die Haftung wegen **grober Fahrlässigkeit** allenfalls nur individualvertraglich ausgeschlossen werden.

Warnhinweis

Zur Begrenzung der Haftung auf die Mindestversicherungssumme von 250.000 € bedarf es einer in der Praxis nur schwer zu regelnden Einzelvereinbarung. Sie müssen insbesondere nachweisen, dass Sie die Haftungsbeschränkungsvereinbarung mit Ihrem Mandanten gleichberechtigt und individuell ausgehandelt haben. Dies dürfte Ihnen bei einem Privatmandanten selten gelingen.

Muster

Haftungsbeschränkungsvereinbarung

Zwischen

... (Mandantin/Mandant)

und

... (Rechtsanwältin/Rechtsanwalt)

Die Rechtsanwältin/der Rechtsanwalt wurde von der Mandantin/dem Mandanten mit ... (oder: in der Nachlasssache ...) beauftragt. Für diese Tätigkeit vereinbaren die Parteien folgende Haftungsbeschränkungsvereinbarung:

Die Haftung der Rechtsanwältin/des Rechtsanwalts wird für alle Fälle leichter Fahrlässigkeit auf einen Höchstbetrag von 1.000.000 € beschränkt.[1)]

Eine weitergehende Haftung wegen Vorsatz und grober Fahrlässigkeit bleibt davon unberührt.

Der Mandantin/dem Mandanten steht es frei, jederzeit von der Rechtsanwältin/dem Rechtsanwalt zu verlangen, dass diese(r) auf Kosten der Mandantin/des Mandanten eine Einzelhaftpflichtversicherung mit einer höheren Haftungssumme abschließt.

Ort, Datum ______________________

______________________ ______________________

Mandantin/Mandant Rechtsanwältin/Rechtsanwalt

Bezüge zu außereuropäischem Recht

Werden Erbrechtsmandate mit Bezügen zu außereuropäischem Recht angenommen, sind zudem die Versicherungsbedingungen der eigenen Vermögensschadenhaftpflichtversicherung (AVB-RSW) zu studieren. Meist bezieht sich der Versicherungsschutz nicht auf Haftpflichtansprüche aus „Tätigkeiten im Zusammenhang mit der Beratung und Beschäftigung mit außereuropäischem Recht".

9. Datenschutz-Grundverordnung (DSGVO)

Die Datenschutz-Grundverordnung hat für alle Rechtsanwältinnen und Rechtsanwälte eine Vielzahl von Neuerungen und einigen Mehraufwand mit sich gebracht. Hierauf soll jedoch im Einzelnen nicht weiter eingegangen werden; insoweit wird auf die einschlägige Fachliteratur verwiesen (z.B. Sitter/Solmecke, Fit für die DSGVO, Köln 2018).

---

1) Da es sich hier um einen formularmäßigen Haftungsausschluss handelt, ist dies die Mindesthaftungssumme.

Im Hinblick auf eventuelle Besonderheiten bei der Bearbeitung erbrechtlicher Mandate sollten folgende Hinweise beachtet werden:

In Erbrechtsfällen werden regelmäßig mehr personenbezogene Daten erfasst, als dies üblicherweise bei Mandaten aus anderen Rechtsgebieten der Fall ist. So sind neben den üblichen Daten (Name, Anschrift, Telefonnummer) häufig weitere Informationen notwendig, so z.B. Staatsangehörigkeit, Geburtsdatum, Sterbedatum, Geburtsort, Familienstand, Güterstand, sexuelle Orientierung, Einkommen, Vermögen, Verbindlichkeiten, Grundeigentum, Gesundheitszustand etc.

Denn nach Art. 4 Nr. 1 DSGVO fallen unter den Begriff der personenbezogenen Daten auch sämtliche Angaben, die bei Zuordnung zu einer natürlichen Person Ausdruck der physischen, physiologischen, genetischen, psychischen, wirtschaftlichen, kulturellen oder sozialen Identität dieser natürlichen Person sind.

Im Rahmen des erbrechtlichen Mandats sollte daher im besonderen Maß Augenmerk auf die Datenschutz-Grundverordnung gelegt werden. Jeder erbrechtliche Berater sollte Hinweise zur Datenverarbeitung ausformulieren und dem Mandanten aushändigen. Ein entsprechendes Muster stellt der Deutsche Anwaltverein auf seiner Homepage zur Verfügung. Gegebenenfalls sollte das Muster um die vorerwähnten weitergehenden personenbezogenen Daten aufzählungsweise ergänzt werden.

Praxistipp

Es empfiehlt sich für alle im Erbrecht tätigen Anwälte, ihre sorgfältig ausformulierten Hinweise zur Datenverarbeitung von jedem Mandanten unterschreiben zu lassen und zur Handakte zu nehmen.

Kapitel 2: Gesetzliche Erbfolge

A. Einführung

1. Begriff und Bedeutung

Universalsukzession und Anfall der Erbschaft

Im deutschen Recht gilt der Grundsatz der **Universalsukzession.** Im Zeitpunkt seines Todes geht das gesamte Vermögen des Erblassers ohne weiteres von Gesetzes wegen auf einen oder mehrere Erben über (§ 1922 Abs. 1 BGB). Die Erbschaft fällt dem Erben ohne weiteres an, unbeschadet des Rechts, sie auszuschlagen, § 1942 Abs. 1 BGB (**Anfall der Erbschaft durch Vonselbsterwerb**).

2

Erbfolge

Die Erbfolge bestimmt, wer der Erbe ist bzw. wer die Erben sind. Mehrere Erben bilden eine Erbengemeinschaft, an der sie quotal und gesamthänderisch beteiligt sind. Die Größe eines Erbteils hängt von der Anzahl der Erben ab. Auf den Anteil eines Erben finden die sich auf die Erbschaft beziehenden Vorschriften Anwendung (§ 1922 Abs. 2 BGB).

Die gesetzliche Erbfolge ist als Auffangregelung für die Fälle konzipiert, in denen der Erblasser keine wirksame Verfügung von Todes wegen (Testament, Erbvertrag) getroffen hat, welche die Erbfolge abschließend regelt (**fehlende gewillkürte Erbfolge**). Darunter fallen auch die Fälle, in denen der Erblasser zwar eine wirksame Verfügung von Todes wegen getroffen hat, die gewollte Erbfolge aber aus rechtlichen oder tatsächlichen Gründen nicht eintritt. Der Grund kann darin liegen, dass die Verfügung von Todes wegen wirksam angefochten wird oder die vom Erblasser benannten Erben schon vorverstorben sind oder sie die Erbschaft wirksam ausschlagen oder eine Erbunwürdigkeit des vom Erblasser bestimmten Erben gerichtlich festgestellt wird.

Weiterhin bestimmt § 2303 Abs. 1 BGB als **Grundnorm des Pflichtteilsrechts**, dass der **Pflichtteil** in der Hälfte des Werts des gesetzlichen Erbteils besteht.

Daraus ergeben sich die beiden Anwendungsbereiche der gesetzlichen Erbfolge im Zivilrecht.

1.1 Anwendungsbereich: Fehlende gewillkürte Erbfolge

Testament ist vorrangig

Gibt es ein Testament, dann ist dieses vorrangig (**Grundsatz der Privatautonomie im Erbrecht**). Ein Testament ist eine einseitige Verfügung von Todes wegen (§ 1937 BGB). Es kann mit ganz unterschiedlichen Zielrichtungen und Inhalten wirksam verfasst werden und regelt, was nach dem Ableben des Erblassers mit seinem Vermögen geschieht. Der Erblasser kann beispielsweise testamentarisch einen oder mehrere Erben benennen. Er kann aber auch nur einen Verwandten oder seinen Ehegatten von der gesetzlichen Erbfolge ausschließen, ohne einen Erben zu bestimmen (§ 1938 BGB). Ein Testament muss nicht notwendiger Weise die Erbfolge regeln oder sie ändern, es kann auch nur Regelungen über die testamentarische Zuwendung einzelner Gegenstände enthalten (z.B. durch ein Vermächtnis). Der Inhalt des Testaments bestimmt also, ob die gesetzliche Erbfolge ausgeschlossen oder nur modifiziert oder gar nicht tangiert wird.

Abgrenzung Testament/ Erbvertrag

Testamentarische Bestimmungen können mit gleicher Wirkung auch in einem Erbvertrag getroffen werden (§ 1941 BGB). Während ein **Testament** grundsätzlich frei widerrufbar ist (Ausnahme Bindungswirkungen beim sog. gegenseitigen Testament), ist ein **Erbvertrag** i.d.R. darauf gerichtet, Bindungswirkungen für die Vertragsparteien zu entfalten. So kann durch Erbvertrag beispielsweise der Verzicht eines Abkömmlings auf sein gesetzliches Erbrecht und/oder das gesetzliche Pflichtteilsrecht vereinbart werden (§ 2346 Abs. 1 und 2 BGB). Der Verzicht auf sein gesetzliches Erbrecht hat in den – praktisch bedeutsamen – Fällen des § 2349 BGB die

Rechtsfolge, dass auch die Abkömmlinge des Verzichtenden von der gesetzlichen Erbfolge ausgeschlossen sind, sofern nichts anderes bestimmt wird. Entsprechendes gilt nach herrschender Rechtsmeinung auch für den Pflichtteilsverzicht. Auch der Pflichtteilsverzicht erstreckt sich also auf die Abkömmlinge des Verzichtenden.

Weitreichende Rechtsfolgen von Erb- und Pflichtteilsverzicht

Diese Rechtsfolgenbestimmung des § 2349 BGB ist insofern bemerkenswert, als für die anderen Fälle einer Modifikation der (gesetzlichen) Erbfolge, z.B. durch Ausschlagung, Enterbung, Erbunwürdigkeit, gesetzlich bestimmt ist, dass der Betroffene als nicht existent behandelt wird. An seine Stelle in der gesetzlichen Erbfolge treten dann seine Abkömmlinge, §§ 1953 Abs. 1 und 2; 2344 Abs. 1 und 2 BGB (Substitution). Nach der Regelung des § 2349 BGB geschieht beim Erbverzicht genau das nicht. Daraus ergeben sich **besondere Gestaltungsmöglichkeiten** im Hinblick auf die (gesetzliche) Erbfolge.

Soweit testamentarisch oder erbvertraglich keine abschließende Regelung der Erbfolge getroffen ist oder die verfügte Erbfolge aus den o.g. rechtlichen oder tatsächlichen Gründen nicht eintritt, gilt die gesetzliche Erbfolge.

1.2 Anwendungsbereich: Pflichtteilsrecht

Das Pflichtteilsrecht kommt zur Anwendung, wenn der Erblasser durch Verfügung von Todes wegen eine der in § 2303 BGB enumerativ aufgezählten Personen von der Erbschaft ausgeschlossen („enterbt") hat. Das können sein: Abkömmlinge, Eltern oder der Ehegatte bzw. Lebenspartner. Nur diesen Personen können Pflichtteilsansprüche zustehen (zur Pflichtteilsberechtigung siehe näher Kapitel 10.A.2, S. 612 ff.). § 2303 Abs. 1 und 2 BGB bestimmen, dass der Enterbte einen Zahlungsanspruch (und keine Verschaffungsansprüche) gegen den oder die Erben hat, und zwar in Höhe der Hälfte des Werts seines gesetzlichen Erbteils. Zur Bestimmung der Höhe des Pflichtteilsanspruchs ist also der gesetzliche Erbteil des Pflichtteilsberechtigten zu ermitteln. Der gesetzliche Erbteil wird durch die gesetzliche Erbfolge bestimmt.

Enterbung durch Berliner Testament

Der wohl häufigste Fall der „Enterbung" ist das sogenannte Berliner Testament. Darin setzen sich Ehegatten gegenseitig als Alleinerben des Erstversterbenden ein. Die Kinder sollen erst beim Tod des zweitversterbenden Elternteils erben. Sie gehen im Erbfall nach dem erstversterbenden Elternteil also leer aus.

Auch wenn die Kinder als Erben nach dem Zweitversterbenden (als sog. **Schlusserben**) benannt sind, entspricht dies zwar dem Gerechtigkeitsdenken vieler Eltern, doch faktisch ist testamentarisch eine Enterbung der Kinder durch den erstversterbenden zugunsten des überlebenden Elternteils bestimmt. Nach dem Tod des erstversterbenden Elternteils erben die Kinder nicht. Sie werden Erben „am Schluss", erst und nur nach dem zweitversterbenden Elternteil. Die Kinder können daher Pflichtteilsansprüche nach dem Tod des erstversterbenden gegen den überlebenden Elternteil geltend machen. In diesem Rahmen ist dann die gesetzliche Erbfolge von Bedeutung.

2. System der gesetzlichen Erbfolge (Verwandten- und Ehegattenerbrecht)

Die gesetzliche Erbfolge ist in §§ 1924–1936 BGB geregelt. Es gibt ein Verwandten- und ein Ehegattenerbrecht. Die zentralen Normen zum Verständnis der gesetzlichen Erbfolge sind **§ 1930 BGB** (**allgemeine Rangfolge der Verwandten**) und **§ 1931 BGB** (Ehegattenerbrecht).

2.1 § 1930 BGB: Das Ordnungssystem des Verwandtenerbrechts

2.1.1 Verwandtschaft

Der **Begriff** der Verwandtschaft ist in § 1589 Abs. 1 BGB definiert. Danach ist Verwandtschaft grundsätzlich Blutsverwandtschaft. Es gibt zwei Besonderheiten, auf die hier einzugehen ist:

- die Rechtsbeziehung des nichtehelichen Kindes zu seinem leiblichen Vater
- die Adoption

2.1.1.1 Die Rechtsbeziehung des nichtehelichen Kindes zu seinem leiblichen Vater

Der frühere § 1589 Abs. 2 BGB bestimmte: „*Ein uneheliches Kind und dessen Vater gelten nicht als verwandt.*" Diese Vorschrift ist ersatzlos weggefallen.

Stichtag: 01.04.1998

Das Verwandtschaftsverhältnis des Vaters zu seinem nichtehelichen Kind und damit auch die erbrechtliche Behandlung des nichtehelichen Kindes gegenüber seinem Vater hat eine wechselvolle Historie im deutschen Recht. Seit dem Stichtag 01.04.1998 werden eheliche und nichteheliche Kinder als Abkömmlinge ihres Vaters **rechtlich gleich behandelt.** In der Erbfolge nach ihrem Vater gilt diese Gleichstellung hingegen nur, wenn der **Erbfall nach dem 01.04.1998 eingetreten** ist und zuvor keine Erbausgleichsregelung – nach den zwischen dem 01.07.1970 und dem 31.03.1998 gültigen erbrechtlichen Sonderregelungen in §§ 1934a–1934e BGB – vereinbart wurde (Art. 227 EGBGB).

Ausnahmen

Aus Gründen der Rechtssicherheit (insbesondere wegen der praktischen und verfahrensmäßigen Schwierigkeiten, die Vaterschaft von vor dem 01.07.1949 geborenen nichtehelichen Kindern im Nachhinein festzustellen) hat der Gesetzgeber bestimmte Erbfälle von der Reform des Nichtehelichenrechts ausgenommen.

Die beiden Reformen des Nichtehelichenrechts

Am 19.08.1969 erging das erste Gesetz über die rechtliche Stellung der nichtehelichen Kinder (NEhelG a.F.). § 1589 Abs. 2 BGB a.F. wurde durch Art. 1 Nr. 3 des NEhelG a.F. mit Wirkung zum 01.07.1970 aufgehoben. In Art. 12 § 10 Abs. 2 Satz 1 NEhelG a.F. i.V.m. Art. 12 § 1 NEhelG a.F. wurde geregelt, dass für die erbrechtlichen Beziehungen eines vor dem Stichtag 01.07.1949 geborenen nichtehelichen Kindes und seiner Abkömmlinge zu seinem Vater und dessen Verwandten die bis zum 01.07.1970 geltenden Vorschriften auch dann maßgebend bleiben, wenn der Erblasser nach dem Inkrafttreten des NEhelG a.F. starb. **Nichteheliche Kinder, die vor dem Stichtag 01.07.1949 geboren wurden**, beerbten ihren Vater daher grundsätzlich nicht.

In der Entscheidung vom 28.05.2009 (Brauer-Miterbschaft) stellte der EGMR die Verletzung der Beschwerdeführerin in ihren Rechten aus Art. 14 i.V.m. Art. 8 EMRK („Familienleben“) durch das damals geltende deutsche Recht fest. Zwischen dem Erblasser und seiner nichtehelichen Tochter bestanden tatsächlich und praktisch enge persönliche Bindungen. Die Stichtagsregelung auf den 01.07.1990 verletzte die nichteheliche Tochter in ihrem Recht auf diskriminierungsfreie Achtung des Familienlebens (ausführliche Zusammenfassung im Bericht des BMJ in Rechtssache B. gegen Deutschland – Individualbeschwerde Nr. 3545/04, abrufbar unter www.bmjv.de/SharedDocs/EGMR/DE/20090528_3545-04.html).

Anlässlich der EGMR-Entscheidung vom 28.05.2009 änderte der deutsche Gesetzgeber Art. 12 § 10 Abs. 2 NEhelG a.F. durch Art. 1 Nr. 2, Art. 5 Satz 2 des Zweiten Gesetzes zur erbrechtlichen Gleichstellung nichtehelicher Kinder, zur Änderung der Zivilprozessordnung und der Abgabenordnung vom 12.04.2011 (BGBl I, 615) mit Wirkung zum 29.05.2009. Einem nichtehelichen Kind, das vor dem 01.07.1949 geboren wurde, steht danach in vor dem 29.05.2009 eingetretenen Erbfällen weiterhin kein gesetzliches Erbrecht nach seinem Vater und dessen Abkömmlingen zu, in nach dem 29.05.2009 eingetretenen Erbfällen aber schon.

Regelung ist verfassungsgemäß

Die darin liegende **Ungleichbehandlung** von vor und nach dem **Stichtag 29.05.2009** eingetretenen Erbfällen erachten der BGH und das BVerfG als sachlich gerechtfertigt (BGH, Urt. v. 26.10.2011 – IV ZR 150/10; BVerfG, Beschl. v. 18.03.2013 – 1 BvR 2436/11 bzw. 1 BvR 3155/11). Das folge aus der Abwägung des Vertrauensschutzes zugunsten des Erblassers auf der einen und dem Gebot der Gleichbehandlung ehelicher und nichtehelicher Kinder auf der anderen Seite. Die Entscheidung des EGMR vom 29.05.2009 stelle eine „Zäsur im Hinblick auf den mit einem Erbfall verbundenen Vertrauensschutz“ dar. Ab diesem Zeitpunkt (29.05.2009) sei ein Vertrauen in einen weiterhin geltenden Ausschluss nichtehelicher Kinder eines Erblassers nicht mehr berechtigt. Deshalb sei eine bis zum 29.05.2009 rückwirkende Änderung der Rechtslage „aus den rechtsstaatlichen Grundsätzen, insbesondere des Vertrauensschutzes und der Rechtssicherheit“, ermöglicht und geboten (BGH, Urt. v. 19.08.2017 – IV ZR 150/10).

Stichtag: 29.05.2009

Mit Urteilen vom 09.02.2017 (29762/10 – Mitzinger-Miterbschaft) und vom 23.03.2017 (59752/13 – Wolter-Alleinerbschaft und 66277/13 – Sarfert-Pflichtteil) beanstandete der EGMR die mit der gesetzlichen Neuregelung aus dem Jahr 2011 getroffene Stichtagsregelung per 29.05.2009. Auch diese starre Stichtagsregelung stelle kein angemessenes Verhältnis zwischen dem eingesetzten Mittel und dem angestrebten Ziel her. Es ist danach nicht mit der EMRK vereinbar, dass ein nichteheliches Kind immer dann nicht erbberechtigt sein soll, wenn es vor dem 01.07.1949 geboren wurde und sein Vater vor dem 29.05.2009 verstarb. Vielmehr bedarf es auch in solchen Fällen einer Einzelabwägung der betroffenen Interessen.

Die EMRK ist ein völkerrechtlicher Vertrag, der nach ständiger Rechtsprechung des BVerfG den Rang eines einfachen Bundesgesetzes hat (vgl. Art. 59 Abs. 2 GG). Auch Art. 14 EMRK hat also keinen Anwendungsvorrang gegenüber Art. 12 § 10 NEhelG i.d.F. des Zweiten Gesetzes zur erbrechtlichen Gleichstellung nichtehelicher Kinder. Daher führten die Entscheidungen des EGMR in den gegen die Bundesrepublik Deutschland geführten Verfahren aus dem Jahr 2017 nicht zu einer Korrektur der deutschen Gerichtsentscheidungen, sondern (nur) zur Prüfung der Voraussetzungen für Schadensersatzansprüche auf der Grundlage des Art. 41 EMRK, die indessen (mangels Entscheidungsreife) nicht festgestellt wurden.

Das BVerfG wie auch der BGH sehen keine Veranlassung, die Rechtmäßigkeit des Art. 12 § 10 NEhelG i.d.F. des Zweiten Gesetzes zur erbrechtlichen Gleichstellung nichtehelicher Kinder in Frage zu stellen (BVerfG, Beschl. v. 18.03.2013 – 1 BvR 2436/11; BGH, Urt. v. 26.10.2011 – IV ZR 150/10). Es bleibt daher abzuwarten, ob der Gesetzgeber die EGMR-Entscheidungen erneut zum Anlass einer Gesetzesänderung nehmen wird. Die bislang existierende Sonderregelung des Art. 12 § 10 Abs. 2 NEhelG sieht lediglich Ersatzansprüche Betroffener gegen den Staat vor, wenn dieser vor dem 29.05.2009 gem. § 1936 BGB selbst Erbe wurde, wobei allerdings keine Zinsen geschuldet sind (BGH, Urt. v. 18.10.2017 – IV ZR 97/15).

Die zukünftigen praktischen Auswirkungen im Rahmen von Todesfällen vor dem 28.05.2009 werden insbesondere im Pflichtteilsrecht wegen der insoweit maßgeblichen Verjährungsfrist des § 195 BGB zunehmend geringer ausfallen. Hinsichtlich einer Erbberechtigung gilt zwar die 30-jährige Frist des § 197 Abs. 1 Nr. 2 BGB, hingegen werden auch solche Fälle aufgrund des Zeitablaufs zunehmend unwahrscheinlicher. Etwas anderes könnte für Fälle gelten, in denen Vor- und Nacherbschaft bestimmt sind, insbesondere bei gesetzlicher Erbfolge bzw. Ersatzerbfolge im Rahmen von Nacherbeneinsetzungen.

2.1.1.2 Adoption

2.1.1.2.1 Erbrechte des Adoptierten

Zu unterscheiden ist zum einen die Minderjährigen- von der Volljährigenadoption und zum anderen die Adoption vor und nach der Rechtsänderung zum 31.12.1976.

Adoption vor 31.12.1976

Erfolgte die Adoption bis zu diesem Tag, wurde die Verwandtschaft des angenommenen Kindes oder Volljährigen zu seinen leiblichen Verwandten nicht aufgehoben. Daher behielt es vor dem 31.12.1976 sein volles Erb- und Pflichtteilsrecht nach den Blutsverwandten (§ 1964 BGB a.F.). Daneben hatte das Adoptivkind bzw. der adoptierte Volljährige ein Erbrecht nach dem Annehmenden, das aber beschränkbar war (§§ 1757, 1767 Abs. 1 BGB a.F.). Ein Erbrecht nach den Verwandten des Adoptierenden bzw. der Adoptiveltern bestand nicht (§ 1763 BGB a.F.). Bei einer Adoption vor dem 31.12.1976 entsprach die erbrechtliche Stellung des adoptierten Volljährigen bis dahin der des minderjährigen Adoptivkindes.

Adoptionswirkungen ab 01.01.1977

Mit Wirkung ab dem 01.01.1977 trat das neue Adoptionsgesetz vom 02.07.1976 in Kraft. Nach den Übergangsregelungen in Art. 12 AdoptG wurden alle am Stichtag 01.01.1977 bestehenden Adoptionsverhältnisse mit den dort geregelten Abweichungen und Optionsmöglichkeiten in den neuen Rechtszustand übergeleitet.

Grundsätzlich gilt: War der nach altem Recht Angenommene am Stichtag volljährig, so gilt fortan das neue Recht der Volljährigenadoption; war er am Stichtag minderjährig, gilt fortan das neue Recht der Minderjährigenadoption (vgl. dazu Erman/Saar, Vor § 1741 Rdnr. 1 ff.).

Minderjährigen-adoption ab 01.01.1977

Bei einer Adoption nach dem 31.12.1976 erwirbt das minderjährige Adoptivkind grundsätzlich den Status eines leiblichen Kindes des Adoptierenden bzw. der Adoptiveltern (§ 1754 Abs. 1 und Abs. 2 BGB). Es erbt daher auch wie ein solches. Das Verwandtschaftsverhältnis zu seinen bisherigen Verwandten erlischt (§ 1755 Abs. 1 BGB). Grundsätzlich beerbt das Adoptivkind seine bisherigen Verwandten daher nicht mehr. Das Adoptivkind wird also auch in erbrechtlicher Hinsicht **vollständig und ausschließlich** in seine neue Familie **integriert.** Etwas anderes gilt, wenn ein Ehegatte das Kind seines Ehegatten adoptiert (§ 1755 Abs. 2 BGB, **Stiefkindadoption**). Dann erlischt nur das Verwandtschaftsverhältnis zum anderen Elternteil und dessen Verwandten. Zwei weitere Sonderfälle regelt § 1756 BGB (sog. **Verwandtenadoption**).

Volljährigen- oder auch Erwachsenen-adoption ab 01.01.1977

Für die Volljährigenadoption gelten seit 01.01.1977 zwar die Vorschriften der Minderjährigenadoption entsprechend (§ 1767 Abs. 2 BGB); allerdings werden die Wirkungen der Annahme auf das Verhältnis zwischen Annehmenden und Adoptierten beschränkt (§ 1770 Abs. 1 BGB). Der Volljährige wird anders als der Minderjährige durch seine Adoption **nicht vollständig** in die Familie des Adoptierenden **integriert.** Das Verhältnis zu seinen bisherigen Verwandten wird durch die Adoption grundsätzlich nicht berührt (§ 1770 Abs. 2 und 3 BGB). Gleiches gilt für die Abkömmlinge des Adoptierten. Ein neues Verwandtschaftsverhältnis wird nur zu dem/den Adoptierenden selbst begründet. Nur insoweit entstehen zusätzliche Unterhaltsrechte (§ 1770 Abs. 3 BGB) und Erbrechte. Adoptiert der Adoptierende z.B. mehrere Volljährige, so werden letztere folglich nur mit dem Adoptierenden, nicht aber miteinander verwandt. In erbrechtlicher

Hinsicht ändert die Volljährigenadoption also nichts im Verhältnis des Adoptierten und seiner Abkömmlinge zu den bisherigen Verwandten. Es kommt (lediglich) das Erbrecht nach dem/den Adoptierenden hinzu.

Einen Sonderfall regelt § 1772 BGB, der in den dort bestimmten Fällen eine Volljährigenadoption mit den Wirkungen einer Minderjährigenadoption ermöglicht (sog. **Volladoption**).

Sonderfall Volladoption

2.1.1.2.2 Erbrechte des Adoptierenden

Bei der **Minderjährigenadoption** erbten im Todesfall des Adoptierten bis zum 31.12.1976 die Eltern und leiblichen Verwandten (§ 1764 BGB a.F.). Die Adoptiveltern und deren Verwandte erbten nicht (§ 1759 BGB a.F.). Seit dem 01.01.1977 ist es genau umgekehrt (§§ 1754 Abs. 1, 1755 Abs. 1 Satz 1 BGB).

Bei der **Volljährigenadoption** ergeben sich durch die Rechtsänderung zum 31.12.1976 keine nennenswerten Änderungen. Im Todesfall des Adoptierten sind und bleiben seine leiblichen Eltern und Blutsverwandten erbberechtigt (§ 1770 Abs. 2 BGB). Die Adoptiveltern erben neben den leiblichen Eltern als Erben 2. Erbordnung (§§ 1767 Abs. 2 Satz 1, 1754 Abs. 1, 1925 BGB). Die Verwandten der Adoptiveltern beerben den Adoptierten nicht (§ 1770 Abs. 1 Satz 1 BGB).

Wichtig ist gerade in den Fällen nichtehelicher und einzeladoptierter Kinder, dass das zuständige Nachlassgericht Kenntnis von der Existenz des Kindes und damit des Verwandtschaftsverhältnisses bekommt, um dieses **in Nachlassverfahren berücksichtigen** zu können.

Praktische Regelung für das Nachlassverfahren

Mit dem Gesetz zum Schutz des Erbrechts und der Verfahrensbeteiligungsrechte nichtehelicher und einzeladoptierter Kinder im Nachlassverfahren (BGBl I, 554) ist am 29.03.2013 eine für die Praxis des Nachlassverfahrens **wichtige neue Regelung** in Kraft getreten. Das Gesetz sieht vor, dass die – nur in der Zeit von 1970–2009 bei den Standesämtern geführten – sogenannten weißen Karteikarten für nichteheliche und einzeladoptierte Kinder in das Zentrale Testamentsregister der Bundesnotarkammer überführt und dort **elektronisch gespeichert** werden. Dieses Anfang 2012 eingeführte Register regelt das Benachrichtigungswesen für amtlich verwahrte Testamente und Erbverträge. Zukünftig wird die Bundesnotarkammer das Nachlassgericht auf Anfrage in jedem Sterbefall über die Existenz eines nichtehelichen oder einzeladoptierten Kindes informieren. Damit ist gesetzlich sichergestellt, dass das Nachlassgericht von allen in Frage kommenden Erben erfährt.

Zentrales Testamentsregister

2.1.2 Das Ordnungssystem des Verwandtenerbrechts: Reihen- und Rangfolge nach Erbordnungen

Das Gesetz unterteilt die erbberechtigten Verwandten nach dem Verwandtschaftsgrad in Erbordnungen, und zwar gesehen **aus der Sicht des Erblassers.** Die entscheidende Norm zum Verständnis dieses Ordnungssystems ist § 1930 BGB. Danach ist ein Verwandter nicht zur Erbfolge berufen, solange ein Verwandter einer vorhergehenden Erbordnung vorhanden ist.

Es gilt folgende **Reihen- und Rangfolge:**

Erbordnungen	**Personen**
1. Erbordnung	Kinder und Kindeskinder
2. Erbordnung	Eltern und deren Abkömmlinge
3. Erbordnung	Großeltern und deren Abkömmlinge
4. Erbordnung	Urgroßeltern und deren Abkömmlinge
5. Erbordnung	Entferntere Voreltern und deren Abkömmlinge

Erbfolge nach Stämmen und Linien

Jede Erbordnung ist in einer eigenen Norm §§ 1924–1929 BGB (mit der Ausnahme des § 1927 BGB) definiert. Jede dieser Normen bestimmt und erhebt damit zum allgemeinen Grundsatz, dass zu der jeweiligen Erbordnung neben den dort bezeichneten Verwandten auch deren Abkömmlinge gehören (sog. **Erbfolge nach Stämmen: 1. Erbordnung**, und **Erbfolge nach Linien: ab der 2. Erbordnung**).

Repräsentationsprinzip innerhalb eines Stamms bzw. einer Linie

In gleicher Regelungstechnik ist für jede Erbordnung gesondert geregelt, dass ein lebender Verwandter seine Abkömmlinge von der Erbfolge ausschließt (§ 1924 Abs. 2, § 1925 Abs. 2, § 1926 Abs. 2, § 1928 Abs. 2 BGB, § 1929 Abs. 2 BGB (**Repräsentationsprinzip innerhalb eines Stamms bzw. einer Linie**)).

Exemplarisch aufgezählt gehören

- zur 1. Erbordnung also die Kinder, Enkel und Urenkel,
- zur 2. Erbordnung die Eltern, die Kinder und Kindeskinder der Eltern, also z.B. Geschwister, Nichten und Neffen,
- zur 3. Erbordnung die Großeltern, die Kinder der Großeltern, also Tanten und Onkel und deren weitere Abkömmlinge,
- zur 4. Erbordnung die Urgroßeltern, die Kinder der Urgroßeltern usw.

Erbfolge 1. Ordnung

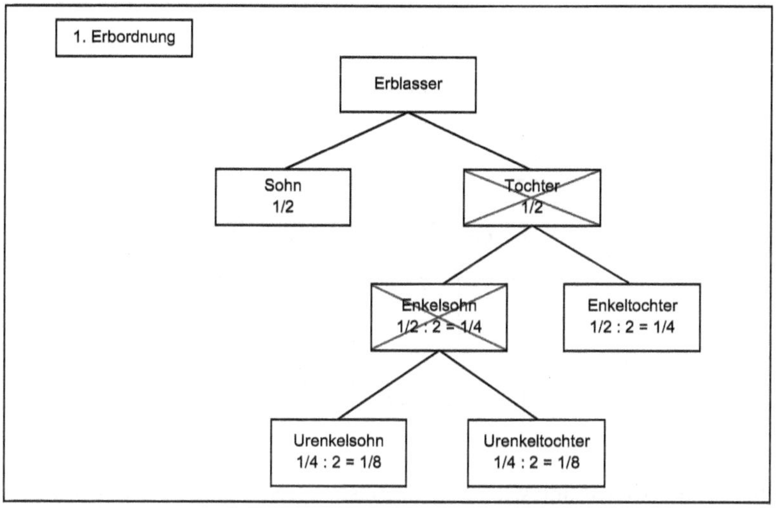

Erbfolge 2. Ordnung

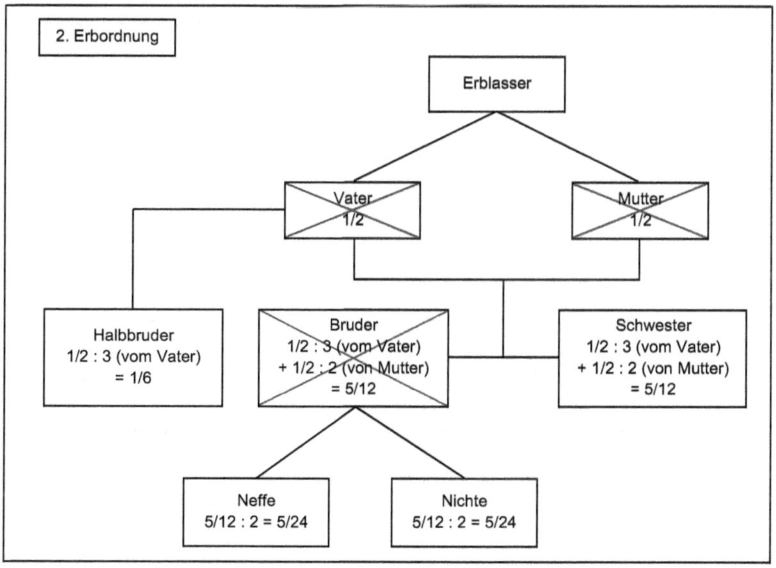

Erbfolge 3. Ordnung

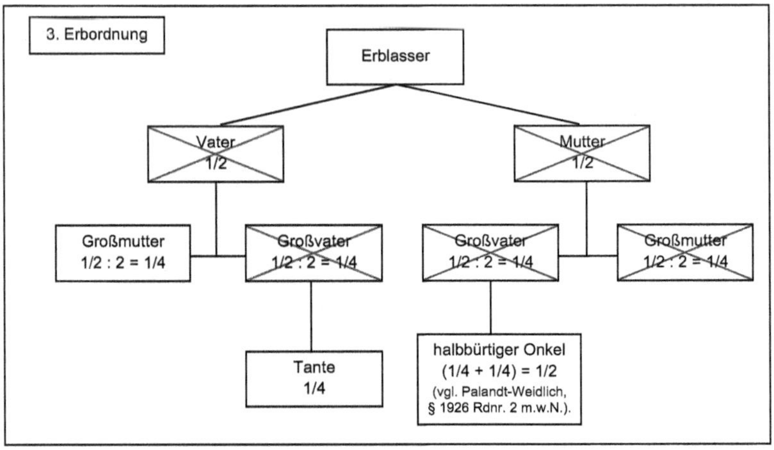

Parentelsystem und Gradualsystem

Bis zur 3. Erbordnung wird der Nachlass ausgehend von einem gemeinsamen Elternteil nach **Stämmen und Linien** geteilt (lat. parens, parentis = Elternteil, deshalb **Parentelsystem**). Ab der 4. Erbordnung entscheidet die Zahl der die Verwandtschaft vermittelnden Geburten und damit der **Grad der Verwandtschaft** über die Erbfolge, §§ 1928 Abs. 2 und 3, 1929 Abs. 2 BGB (**Gradualsystem**).

Erbfolge 4. Ordnung

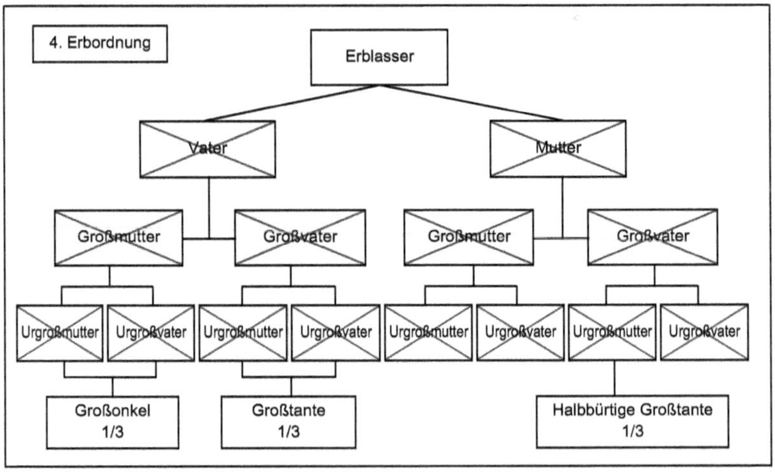

Lebende oder bereits gezeugte Erben

Erbe kann nur werden, wer im Zeitpunkt des Erbfalls lebt oder bereits gezeugt war (§ 1923 Abs. 1 und 2 BGB). In der Erbfolge treten bei Verwandten der 1. Erbordnung nach § 1924 Abs. 3 BGB, bei Verwandten der 2. Erbordnung nach § 1925 Abs. 3 BGB und bei Verwandten der 3. Erbordnung nach § 1926 Abs. 3 BGB deren jeweilige Abkömmlinge an die Stelle eines vor dem Erblasser verstorbenen Verwandten.

Praxistipp

Nach dem Wortlaut der gesetzlichen Regelung gehören die Abkömmlinge des Erblassers bei genauer Betrachtung zu allen Erbordnungen. Entscheidend ist hingegen allein ihre Zugehörigkeit zur 1. Erbordnung. Denn § 1930 BGB bestimmt, dass bei einer Vielzahl lebender Verwandter schon ein einziger Verwandter einer vorhergehenden Erbordnung alle Verwandten entfernterer Erbordnungen von der Erbfolge ausschließt. Man kann also überspitzt sagen: Ein Sohn wird Erbe als Abkömmling des Erblassers und schließt damit (auch) seine eigene Erbenstellung als Abkömmling der Großeltern und der weiteren Voreltern aus.

Steuertipp

Auch das Steuerrecht knüpft bei der Erhebung von Erbschaftsteuer an die verwandtschaftlichen Verhältnisse an. Je näher der Erbe/Vermächtnisnehmer mit dem Erblasser verwandt ist, desto höhere persönliche Freibeträge werden gewährt und desto geringere Steuersätze gelten. Technisch wird dies erreicht, indem bestimmte Personengruppen in drei verschiedene Steuerklassen eingeteilt werden, für welche dann gesonderte Steuersätze gelten (vgl. § 19 ErbStG).

Besonderheiten gelten für Stiefkinder. Diese sind zwar keine gesetzlichen Erben; werden sie aber durch Verfügungen von Todes wegen bedacht, gelten für sie dieselben Vergünstigungen wie für leibliche Kinder (hoher persönlicher Freibetrag von 400.000 € und geringe Steuersätze, vgl. § 15 Abs. 1 Nr. 2 ErbStG).

2.2 § 1931 BGB: Das Ehegattenerbrecht und das Erbrecht des Lebenspartners

Das gesetzliche Erbrecht des Ehegatten ist mit Blick auf das deutsche **Ehegüterrecht** geregelt und mit diesem verzahnt. Mit dem Tod des Erblassers endet die mit ihm bestehende Ehe und damit auch der eheliche Güterstand. § 1931 Abs. 1 und 2 BGB normiert das gesetzliche Erbrecht des Ehegatten zunächst unabhängig vom Ehegüterstand. Die Beendigung des Güterstands wird durch unterschiedliche ergänzende Bestimmungen geregelt: § 1931 Abs. 3 i.V.m. § 1371 BGB für die Zugewinngemeinschaft; § 1931 Abs. 4 BGB für die Gütertrennung und § 1483 Abs. 1 BGB für die fortgesetzte Gütergemeinschaft. Für den deutsch-französischen Wahlgüterstand (in Kraft seit dem 01.05.2013) gibt es dagegen keine erbrechtliche Sonderregelung; das (deutsche) Erbrecht des Ehegatten richtet sich insoweit ausschließlich nach den allgemeinen Regeln des § 1931 Abs. 1 und 2 BGB (zu weiteren Einzelheiten siehe Kapitel 2.A.2.2.2.4, S. 43 f.).

Der Lebenspartner einer eingetragenen Lebenspartnerschaft wird seit 2001 durch die Regelungen des § 10 LPartG **einem Ehegatten gleichgestellt**. Die nachfolgenden Ausführungen gelten in vollem Umfang entsprechend für den Lebenspartner einer eingetragenen Lebenspartnerschaft. Lebenspartnerschaft

„Ehe für alle"

Mit der Einführung der „Ehe für alle" durch das Gesetz zur Einführung des Rechts auf Eheschließung für Personen gleichen Geschlechts vom 20.07.2017 (BGBl I, 2787) sind gleichgeschlechtliche Paare Ehegatten gleichgestellt. Neue Lebenspartnerschaften können nicht mehr begründet werden. Die Regelungen des LPartG gelten aber für „Altfälle" weiter.

Voraussetzung des Ehegattenerbrechts

Grundlegende Voraussetzung des Ehegattenerbrechts ist das **Bestehen der Ehe zum Zeitpunkt des Erbfalls.** Der geschiedene Ehegatte hat keinen gesetzlichen Ehegattenerbanspruch, ihm stehen aber möglicherweise Unterhaltsansprüche gegen den Erben des verstorbenen unterhaltspflichtigen Ehegatten zu (§ 1586b BGB).

Praktische Relevanz haben in diesem Zusammenhang zwei Konstellationen:

- **Eintritt des Erbfalls während eines Scheidungs- bzw. Eheaufhebungsverfahrens**

Rechtshängigkeit entscheidend

§ 1933 BGB (und entsprechend § 10 Abs. 3 LPartG) regelt die Erbfälle, die während eines rechtshängigen Scheidungs- oder Eheaufhebungsverfahrens eintreten. Für den Verlust des Ehegattenerbrechts kommt es danach auf die Rechtshängigkeit des Scheidungsantrags an. Das nur anhängige, aber noch nicht rechtshängige Scheidungsverfahren hat keinen Einfluss auf das Ehegattenerbrecht. Auch die im Hinblick auf eine Scheidung erfolgte Trennung der Eheleute ändert das gesetzliche Erbrecht der Ehegatten nicht. Nach § 1933 BGB entfällt das Ehegattenerbrecht während des rechtshängigen Scheidungs- bzw. Aufhebungsverfahrens, wenn der Erblasser der Scheidung zugestimmt oder die Scheidung bzw. die Aufhebung beantragt hatte.

Weitere materielle Voraussetzung für den Wegfall des Ehegattenerbrechts gem. § 1933 BGB ist es, dass im Zeitpunkt des Erbfalls die Voraussetzungen der §§ 1565 ff. BGB für eine Scheidung der Ehegatten gegeben waren und die Ehe ohne die Verfahrenserledigung durch den Tod des Erblassers geschieden worden wäre. Entsprechendes gilt, wenn im Zeitpunkt des Erbfalls die Voraussetzungen des § 1314 BGB für eine Aufhebung der Ehe gegeben waren, die Aufhebung nicht nach § 1315 BGB ausgeschlossen war und die Ehe ohne die Verfahrenserledigung durch den Tod des Erblassers aufgehoben worden wäre.

Eigene Antragstellung des Ehegatten im Scheidungsverfahren

Praxistipp

Um das gesetzliche Erbrecht des Ehegatten während des Scheidungsverfahrens auszuschließen, sollte der Antragsgegner im laufenden Scheidungsverfahren selbst einen Scheidungsantrag stellen. Andernfalls könnte der andere Ehegatte seinen Scheidungsantrag zurücknehmen und dadurch sein Ehegattenerbrecht bewahren. Eine bereits erklärte Zustimmung verliert mit der Rücknahme des Scheidungsantrags durch den anderen Ehegatten ihre Wirkung (Seiler-Schopp, in: Damrau/Tanck,

§ 1933 BGB Rdnr. 13). Wird der Scheidungsantrag erst nach dem Erbfall zurückgenommen, so hat das allerdings auf die Anwendbarkeit des § 1933 BGB keine Wirkung mehr (Seiler-Schopp, in: Damrau/Tanck, a.a.O., Rdnr. 15).

Erweiterter Inhalt einer Scheidungsfolgenvereinbarung

Falls eine Scheidungsfolgenvereinbarung vor einer einvernehmlichen Scheidung getroffen wird, sollte § 1933 BGB beachtet werden. Wenn der Wegfall des Ehegattenerbrechts nicht auf den nach § 1933 BGB maßgeblichen Zeitpunkt verschoben sein soll, empfiehlt es sich, auch einen Erb- oder Pflichtteilsverzicht in die Vereinbarung aufzunehmen. Dabei ist das notarielle Formerfordernis zu beachten (§ 2348 BGB).

– **Unterhaltsanspruch des geschiedenen Ehegatten gegen den Erblasser**

Übergang auf Erben

Der geschiedene Ehegatte verliert zwar sein Ehegattenerbrecht, er behält aber seine Unterhaltsansprüche gegen den Erblasser **nach Maßgabe des § 1586b BGB.** Die Unterhaltspflicht gegenüber dem geschiedenen Ehegatten ist eine Schuld des Erblassers (Erblasserschuld), die nach Maßgabe des § 1586b BGB auf den Erben übergeht (Universalsukzession).

Praxistipp

Die Voraussetzungen des Unterhaltsanspruchs müssen auch nach dem Tod des unterhaltsverpflichteten Erblassers fortdauern. Insbesondere bei der Beratung des Erben ist daher zu prüfen, ob die Bedürfnislage des geschiedenen Ehegatten durch den Erwerb von Versorgungsansprüchen oder Versicherungsleistungen infolge des Todes des Erblassers entfällt.

Warnhinweis

Testamente und Erbverträge gelten nach der Scheidung grundsätzlich nicht weiter (§§ 2077 Abs. 1, 2279 Abs. 2 BGB), ausnahmsweise aber doch (§ 2077 Abs. 3 BGB). Deshalb ist bei der erbrechtlichen Beratung Geschiedener vorsorglich immer danach zu fragen, ob und welche Verfügungen von Todes wegen während der geschiedenen Ehe getroffen wurden.

Verfügungen von Todes wegen und Auflösung der Ehe

2.2.1 Rechtsgrundlage des gesetzlichen Ehegattenerbrechts (§ 1931 Abs. 1 und 2 BGB)

§ 1931 Abs. 1 und 2 BGB enthält die grundsätzliche Regelung des gesetzlichen Ehegattenerbrechts, und zwar zunächst einmal unabhängig vom Ehegüterstand, in dem der Ehegatte mit dem Erblasser lebte. Nach § 1931 Abs. 1 und 2 BGB beträgt der Erbteil des Ehegatten danach:

neben Verwandten der 1. Erbordnung, also z.B. den Kindern	1/4
neben Verwandten der 2. Erbordnung, also z.B. den Eltern	1/2
neben den Großeltern des Erblassers als Verwandte 3. Erbordnung	1/2

Leben im Zeitpunkt des Erbfalls weder Verwandte der 1. noch der 2. Erbordnung noch Großeltern, dann erbt der Ehegatte allein. Onkel, Tanten, Cousins, Cousinen oder entferntere Verwandten des Erblassers sind neben dem Ehegatten nicht als gesetzliche Erben berufen (§ 1931 Abs. 2 BGB).

2.2.2 Modifikationen und Ergänzungen aufgrund des ehelichen Güterstands

Die Regelungen des § 1931 Abs. 1 und 2 BGB erfahren aufgrund des ehelichen Güterrechts Modifikationen und Ergänzungen, die zu folgenden Erbquoten in der gesetzlichen Erbfolge führen:

Güterstand	Ehegatte + 1 Kind	Ehegatte + 2 Kinder	Ehegatte + 3 Kinder
Zugewinngemeinschaft	Ehegatte 1/4 + 1/4	Ehegatte 1/4 + 1/4	Ehegatte 1/4 + 1/4
	Kind 1/2	Kind je 1/4	Kind je 1/6
Gütertrennung	Ehegatte 1/2	Ehegatte 1/3	Ehegatte 1/4
	Kind 1/2	Kind je 1/3	Kind je 1/4
Gütergemeinschaft	Ehegatte 1/4	Ehegatte 1/4	Ehegatte 1/4
	Kind 3/4	Kind je 3/8	Kind je 1/4
Deutsch-französischer Wahlgüterstand	Ehegatte 1/4	Ehegatte 1/4	Ehegatte 1/4
	Kind 3/4	Kind je 3/8	Kind je 1/4

2.2.2.1 Im Fall der Zugewinngemeinschaft (§§ 1931 Abs. 3, 1371 Abs. 1 BGB)

Zugewinnausgleich im Todesfall

Nach allgemeinem Ehegüterrecht findet bei Beendigung der Ehe ein Zugewinnausgleich statt. Durch den Tod eines Ehegatten wird die Zugewinngemeinschaft beendet. § 1371 BGB regelt den Zugewinnausgleich im Todesfall.

Erbrechtliche Lösung

Nach der Sonderregelung des § 1371 Abs. 1 BGB erhöht sich der gesetzliche Erbteil des Ehegatten nach § 1931 BGB pauschal um ein Viertel (sog. erbrechtliche Lösung). Das setzt natürlich voraus, dass dem Ehegatten auch der gesetzliche Erbteil zusteht, also die gesetzliche Erbfolge gilt.

Praxistipp

Besondere rechtliche Probleme entstehen in den Fällen, in denen deutsches Erbrecht anzuwenden ist (deutsches Erbrechtsstatut), nicht aber deutsches Güterrecht (fremdes Güterrechtsstatut). Denn das Rechtsinstitut der Zugewinngemeinschaft ist vielen Rechtsordnungen fremd. (Die seit dem 17.08.2015 auch in Deutschland geltende Europäische Erbrechtsverordnung – EuErbVO – bringt insoweit keine Änderung, da Fragen des ehelichen Güterrechts nicht in ihren Anwendungsbereich fallen, Art. 1 Abs. 2 Buchst. d) EuErbVO.)

Deutsches Erbrechtsstatut und fremdes Güterrechtsstatut

Wird der Ehegatte nicht Erbe und steht ihm auch kein Vermächtnis zu, dann hat er nach § 1371 Abs. 2 BGB Anspruch auf den tatsächlichen Zugewinnausgleich bezogen auf den Zeitpunkt des Erbfalls zzgl. des sogenannten kleinen Pflichtteils. Der **kleine Pflichtteil des Ehegatten** bemisst sich nach § 1371 Abs. 2 zweiter Halbsatz BGB ausgehend von dem nicht erhöhten gesetzlichen Ehegattenerbteil nach § 1931 Abs. 1 BGB.

Wahlrecht zwischen erbrechtlichem oder güterrechtlichem Ausgleich des Zugewinns – taktische Ausschlagung

Nach § 1371 Abs. 1 BGB kann der Ehegatte also zusätzlich zu seinem gesetzlichen Ehegattenerbteil nach § 1931 Abs. 1 BGB (jedenfalls bei einer Erbquote von einem 1/4 oder 1/2) ein weiteres Viertel der Erbschaft beanspruchen. Nach § 1371 Abs. 3 i.V.m. § 1371 Abs. 2 BGB hat er alternativ dazu die Möglichkeit, den tatsächlichen Zugewinnausgleich bezogen auf den Zeitpunkt des Erbfalls zzgl. des kleinen Pflichtteils zu verlangen. Der Ehegatte kann also zwischen einem erbrechtlichen und einem güterrechtlichen Ausgleich des Zugewinns wählen, indem er ausschlägt (**taktische Ausschlagung**).

Wann sollte der Ehegatte wie wählen?

Im ersten Schritt ist zu berechnen, wie hoch ein Zugewinnausgleichsanspruch tatsächlich wäre. Dabei ist insbesondere zu prüfen, ob sich der Ehegatte Vorempfänge gem. § 1380 BGB anrechnen lassen muss. Im zweiten Schritt kommt es entscheidend darauf an, wovon der Ehegatte 1/4 bzw. sein Pflichtteil bekommt. Gedanklich ist zwischen dem **Zugewinnausgleich** (= Zugewinnausgleichsanspruch) und dem **„Restnachlass“** zu unterscheiden. Die Pauschalierung berechnet sich vom ganzen Nachlass, also der Summe aus Zugewinnausgleich und Restnachlass, der kleine Pflichtteil vom Nachlass abzgl. des tatsächlich erfolgten Zugewinnausgleichs, also dem Restnachlass.

Hat der überlebende Ehegatte während der Dauer des Güterstandes selbst keinen Zugewinn erzielt, der Erblasser aber sein ganzes Vermögen während des Güterstands erworben, so beträgt die Ausgleichsforderung die Hälfte des Nachlasswerts nach Abzug der Nachlassverbindlichkeiten (§§ 1373, 1374, 1378 BGB). Wenn der Erblasser sein Vermögen durch Handlungen vermindert hat, deren Wert nach § 1375 Abs. 2 BGB seinem Endvermögen hinzuzurechnen ist, so kann der überlebende Ehegatte u.U. mit seiner Zugewinnausgleichsforderung mehr als die Hälfte des tatsächlich noch vorhandenen Vermögens (Endvermögens) und damit des Nachlasses bekommen. Er kann also auch dann ein Interesse an einer Ausschlagung der Erbschaft haben, wenn er gesetzlicher Erbe zu 1/2 oder mit einer höheren Quote (neben Erben der 2. oder 3. Ordnung) würde.

Im Weiteren ist zu beachten, welche Rechtsstellung der Ehegatte als Miterbe und welche Rechtsstellung er im Fall der Ausschlagung hat.

Mit der Ausschlagung gibt der Ehegatte einerseits seine dingliche Beteiligung am Nachlass auf und erhält dafür eine auf eine Geldzahlung gerichtete Ausgleichsforderung. Andererseits entzieht er sich damit der Bindung innerhalb der Erbengemeinschaft und der Haftung für die Nachlassverbindlichkeiten. Die Ausgleichsforderung richtet sich gegen die Erben des Verstorbenen. Sie ist eine Nachlassverbindlichkeit und steht als solche den übrigen Nachlassverbindlichkeiten gleich, geht aber den Verbindlichkeiten aus Pflichtteilen, Vermächtnissen und Auflagen im Rang vor (§ 1991 BGB i.V.m. § 327 Abs. 1 Nr. 1–2 InsO). Um den Betrag der Ausgleichsforderung mindert sich der für die Berechtigten von Pflichtteilsansprüchen maßgebende Nachlasswert. Vermächtnisse und Auflagen stehen der Ausgleichsforderung ebenso wie dem Pflichtteilsanspruch im Rang nach.

Um zu entscheiden, welche Möglichkeit rechnerisch günstiger für den Ehegatten ist, ist zunächst einmal von dem hypothetischen Fall auszugehen, in dem alle Möglichkeiten des § 1371 BGB rein rechnerisch zum gleichen Ergebnis führen.

Bei einem gesetzlichen Erbteil des Ehegatten i.H.v. 1/4 neben Erben der 1. Ordnung (§ 1931 Abs. 1 Satz 1 erste Alternative BGB) gilt (nachfolgend steht „ZugewinnA" für Zugewinnausgleich bzw. Zugewinnausgleichsanspruch):

	Erbrechtliche Lösung		**Güterrechtliche Lösung**
	1/2 (Zugewinn A + Restnachlass)	=	Zugewinn A + 1/8 Restnachlass
also	1/2 Zugewinn A + 1/2 Restnachlass	=	Zugewinn A + 1/8 Restnachlass
also	1/2 Restnachlass – 1/8 Restnachlass	=	Zugewinn A – 1/2 ZugewinnA
also	3/8 Restnachlass	=	1/2 Zugewinn A
also	6/8 Restnachlass	=	Zugewinn A

Im Ergebnis bedeutet das: Wenn der Zugewinnausgleichsanspruch genauso groß wie 6/8 des Restnachlasses ist, dann führen im Fall des § 1931 Abs. 1 Satz 1 erste Alternative BGB alle Möglichkeiten des § 1371 BGB zum wertmäßig gleichen Ergebnis. Ist der Zugewinnausgleichsanspruch größer, dann bekommt der Ehegatte wertmäßig mehr, wenn er den konkreten Zugewinnausgleich plus kleinen Pflichtteil wählt, also ausschlägt; ist der Zugewinnausgleichsanspruch kleiner, dann ist die Pauschalerhöhung nach § 1371 BGB günstiger.

Neben Verwandten 2. Ordnung und den Großeltern (§ 1931 Abs. 1 Satz 1 zweite Alternative BGB) gilt (nachfolgend steht „ZugewinnA" für Zugewinnausgleich bzw. Zugewinnausgleichsanspruch):

	Erbrechtliche Lösung		Güterrechtliche Lösung
	3/4 (ZugewinnA + Restnachlass)	=	ZugewinnA + 1/4 Restnachlass
also	3/4 ZugewinnA + 3/4 Restnachlass	=	ZugewinnA + 1/4 Restnachlass
also	3/4 Restnachlass – 1/4 Restnachlass	=	ZugewinnA – 3/4 ZugewinnA
also	2/4 Restnachlass	=	1/4 ZugewinnA
also	2 x Restnachlass	=	ZugewinnA

Im Ergebnis bedeutet das: Wenn der Zugewinnausgleichsanspruch doppelt so groß wie der Restnachlass ist, dann führen im Fall des § 1931 Abs. 1 Satz 1 zweite Alternative BGB alle Möglichkeiten des § 1371 BGB zum wertmäßig gleichen Ergebnis. Ist der Zugewinnausgleichsanspruch größer, dann sollte der Ehegatte den konkreten Zugewinn plus kleinen Pflichtteil wählen, also ausschlagen; ist der Zugewinnausgleichsanspruch kleiner, dann ist die Pauschalerhöhung nach § 1371 BGB günstiger.

Ausbildungsunterhalt nach § 1371 Abs. 4 BGB

Kommt man zu dem Ergebnis, dass die Pauschalerhöhung nach § 1371 BGB grundsätzlich günstiger ist, dann sollte im zweiten Schritt **§ 1371 Abs. 4 BGB** geprüft werden. Gibt es (gesetzliche, also nicht testamentarisch eingesetzte) erbberechtigte Abkömmlinge des Erblassers, die nicht aus der Ehe mit dem überlebenden Ehegatten stammen (aus dessen Sicht Stiefabkömmlinge), dann kommt eine Unterhaltspflicht des überlebenden Ehegatten für Ausbildungskosten dieser Abkömmlinge in Betracht, und zwar aus dem Erhöhungsviertel nach § 1371 Abs. 1 BGB. Es ist also das Bestehen solcher Ausbildungsunterhaltsverpflichtungen zu prüfen und in die Gesamtüberlegungen einzubeziehen. Denn schlägt der überlebende Ehegatte seine Erbschaft als gesetzlicher Erbe aus, dann entfallen mit der Ausschlagung solche Unterhaltsansprüche gegen den überlebenden Ehegatten, da er infolge der Ausschlagung kein Erhöhungsviertel nach § 1371 Abs. 1 BGB mehr erhält. Eine Ausschlagung nur des Erhöhungsviertels ist nicht möglich (Palandt/Brudermüller, § 1371 Rdnr. 6).

Warnhinweis

Auf diese Wahlmöglichkeit ist **der überlebende Ehegatte als Mandant** hinzuweisen. Im konkreten Fall ist dann zu entscheiden, welche Wahlmöglichkeit die für den überlebenden Ehegatten günstigere ist. Dabei ist zu beachten, dass eine Ausschlagung nur innerhalb der gesetzlichen Fristen der § 1944 Abs. 1 und 2 BGB (Sechswochen- bzw. Sechsmonatsfrist) und unter Beachtung der Formvorschrift des § 1945 BGB (Erklärung gegenüber dem Nachlassgericht in öffentlich beglaubigter Form) zulässig ist. Nachlassgericht ist insoweit auch das Amtsgericht, in dessen Bezirk der Ausschlagende oder Anfechtende seinen Wohnsitz hat (§ 344

Abs. 7 FamFG). Nach h.M. soll gem. § 2 Abs. 3 FamFG auch die fristgerechte Erklärung gegenüber einem örtlich unzuständigen Amtsgericht ausreichen (Masloff, in: Damrau/Tanck, § 1945 BGB Rdnr. 5 f. m.w.N.).

Einer Berechnung des tatsächlichen Zugewinnausgleichsanspruchs bedarf es bei der Wahl des erbrechtlichen Ausgleichs (zivilrechtlich) nicht mehr. Bei einem möglichen Überschreiten der schenkungs- und erbschaftsteuerlichen Freibeträge kommt es im Rahmen des § 5 ErbStG aber auch in diesem Fall auf die **konkrete Zugewinnausgleichsberechnung** nur für erbschaftsteuerliche Zwecke an. Wegen seiner praktischen Relevanz hat diese Zugewinnausgleichsberechnung eine ausdrückliche Regelung in der Steuerberatervergütungsordnung erfahren (vgl. § 24 Abs. 1 Nr. 12, Abs. 2 StBVV).

Zugewinnausgleichsanspruch ist steuerfrei

In erbschaftsteuerlicher Hinsicht wird der gesetzliche Güterstand der Zugewinngemeinschaft erheblich günstiger als die anderen Ehegüterstände behandelt. Der Zugewinnausgleichsanspruch ist **nach § 5 ErbStG** grundsätzlich schenkungs- und erbschaftsteuerfrei. Auch in den Erbfällen, in denen der erbende Ehegatte (zivilrechtlich) den erbrechtlichen Ausgleich wählt, wird er – zu seinen Gunsten – steuerlich so behandelt, als habe er den güterrechtlichen Ausgleich gewählt. Deshalb ist aus steuerlichen Gründen der Zugewinn auch in den Fällen des erbrechtlichen Ausgleichs jedenfalls dann zu berechnen, wenn ansonsten infolge der pauschalierenden erbrechtlichen Lösung Erbschaftsteuer anfiele.

Praxistipp

Im Rahmen der zivilrechtlichen Gestaltung ist § 5 ErbStG als Gestaltungskriterium immer dann zu beachten, wenn es um die Schenkung und um die Vererbung größerer Vermögen an den Ehegatten geht, wenn also Schenkung- bzw. Erbschaftsteuer anfallen bzw. vermieden werden könnte.

Vereinbarung des gesetzlichen Güterstands der Zugewinngemeinschaft nach Eheschließung

Im Rahmen der Ausübung des Wahlrechts des erbenden Ehegatten erlangt die Steuerfreiheit nach § 5 ErbStG besonders in den Fällen praktische Bedeutung, in denen die Ehegatten zunächst, also z.B. bei der Eheschließung, einen anderen Güterstand und erst später den gesetzlichen Güterstand der Zugewinngemeinschaft vereinbart haben. Dann stellt sich die Frage nach der Höhe des Zugewinnausgleichs und damit nach seiner konkreten „Berechnung für Steuerzwecke". Diese sollte frühzeitig erfolgen. Ihr Ergebnis kann Entscheidungskriterium für die Wahl zwischen erbrechtlichem und güterrechtlichem Ausgleich des Zugewinns sein.

Welche Wahlmöglichkeit die günstigere ist, hängt in den Fällen, in denen der gesetzliche Güterstand der Zugewinngemeinschaft erst nach der Eheschließung vereinbart wurde, davon ab, ob die Voraussetzungen des § 5 Abs. 1 oder die des § 5 Abs. 2 ErbStG erfüllt werden.

Erbrechtliche Lösung

Wird der Zugewinn nicht nach § 1371 Abs. 2 BGB ausgeglichen (erbrechtliche Lösung), dann gilt § 5 Abs. 1 ErbStG und damit auch dessen Regelung in Satz 4. Danach gilt (gesetzliche Fiktion) als Zeitpunkt des Eintritts in den Güterstand der Zugewinngemeinschaft und damit für die Bemessung des Anfangsvermögens der Zeitpunkt des Vertragsschlusses. Eine – zivilrechtlich zulässige – rückwirkende Vereinbarung des Zugewinnausgleichs z.B. auf den Zeitpunkt der Eheschließung bleibt daher hinsichtlich des Zeitpunkts steuerlich wirkungslos. Dies gilt – nach der Intention des Gesetzgebers – gerade auch in den Fällen, in denen vor Einführung des § 5 Abs. 1 Satz 4 ErbStG eine rückwirkende Vereinbarung des Zugewinnausgleichs getroffen wurde. Im Ergebnis bleibt damit der in den Zeitraum von der Eheschließung bis zum Vertragsschluss fallende Zugewinn bei der Zugewinnberechnung steuerrechtlich unberücksichtigt. Dadurch kann sich der steuerfrei gestellte Zugewinnausgleichsbetrag erheblich vermindern.

Güterrechtliche Lösung

Wird der Zugewinn hingegen nach § 1371 Abs. 2 BGB ausgeglichen (güterrechtliche Lösung), dann gilt nur § 5 Abs. 2 ErbStG und damit nicht die Beschränkung aufgrund des § 5 Abs. 1 Satz 4 ErbStG. Dann ist die zivilrechtliche Berechnung des Zugewinnausgleichs auch steuerlich maßgeblich. Im Fall einer rückwirkenden Vereinbarung des Zugewinnausgleichs auf den Zeitpunkt der Eheschließung ist damit für die Bemessung des Anfangsvermögens der Zeitpunkt der Eheschließung auch steuerlich maßgeblich.

Praxistipp

Soweit also ein Erbfall eintritt und der Erblasser mit seinem Ehegatten den gesetzlichen Güterstand erst nach der Eheschließung vereinbart hatte, sind **vor der Ausübung des** bezeichneten **Wahlrechts** des Ehegatten die unterschiedlichen Regelungen des § 5 ErbStG in den Fällen zu beachten, in denen Erbschaftsteuer anfallen bzw. vermieden werden könnte.

Gibt es mehrere Erben, lässt sich mit der Ausübung der Wahl durch den erbenden Ehegatten und die dadurch gegebene Einflussnahme auf die Höhe der Vermögenszuflüsse an die Erben u.U. die Gesamtsteuerlast beeinflussen und optimieren.

Fazit: Bei einem möglichen Überschreiten der schenkung- und erbschaftsteuerlichen Freibeträge ist vor Ausübung des aufgrund des § 1371 BGB gegebenen Wahlrechts des Ehegatten zumindest in den Fällen, in denen der gesetzliche Güterstand der Zugewinngemeinschaft erst nach der Eheschließung vereinbart wurde, ein Vergleich der unterschiedlichen zivilrechtlichen Rechtsfolgen unter Einbeziehung der jeweiligen steuerlichen Rechtsfolgen, also sozusagen „brutto“ und „netto“ anzustellen.

2.2.2.2 Im Fall der Gütertrennung (§ 1931 Abs. 4 BGB)

Gütertrennung

Sind neben dem Ehegatten ein oder zwei Kinder erbberechtigt, dann erbt der Ehegatte zum gleichen Teil wie dieses bzw. diese, also entweder 1/2 oder 1/3, im Übrigen mindestens 1/4 nach § 1931 Abs. 1 BGB. Einen Zugewinnausgleich oder eine Pauschalerhöhung wegen der Beendigung des Güterstands gibt es nicht.

2.2.2.3 Im Fall der Gütergemeinschaft

Güterstandsschaukel

Die Gütergemeinschaft wird nur noch selten als (dauernder) Güterstand gewählt. Sie ist aus Sicht des Erbrechtlers nur im Rahmen der Erbfolgeplanung als Teil einer sogenannten Güterstandsschaukel von praktischer Bedeutung. Aus zivilrechtlichen und steuerrechtlichen Überlegungen (Minimierung von Pflichtteilsansprüchen sowie Schenkung- und Erbschaftsteuern) vereinbaren Eheleute, die z.B. im gesetzlichen Güterstand leben, den Güterstand der Gütergemeinschaft, um dann später durch erneuten Güterrechtsvertrag wieder in den Güterstand des Zugewinnausgleichs zurückzukehren. Wegen ihrer im Übrigen **geringen praktischen Relevanz** wird hier nur ein kurzer Einblick in die Gütergemeinschaft gegeben:

Gesamtgut, Sondergut und Vorbehaltsgut

Die Gütergemeinschaft wird durch notarielle Vereinbarung begründet (§§ 1415, 1410 BGB). Darin wird festgelegt, welche Gegenstände in das sogenannte Gesamtgut, eine einheitliche Vermögensmasse der insoweit begründeten Gesamthandgemeinschaft beider Ehegatten, fallen (§ 1416 BGB). Vom Gesamtgut ist das sogenannte Vorbehaltsgut ausgeschlossen (§ 1418 BGB). Gegenstände können durch den Ehevertrag, erbrechtlichen Erwerb oder Schenkung zu Vorbehaltsgut werden (§ 1418 Abs. 2 BGB). Jeder Ehegatte verwaltet sein Vorbehaltsgut selbständig und für eigene Rechnung (§ 1418 Abs. 3 BGB). Daneben gibt es das sogenannte Sondergut. Auch dieses ist vom Gesamtgut ausgeschlossen (§ 1417 Abs. 1 BGB), wird aber von jedem Ehegatten selbständig für Rechnung des Gesamtguts verwaltet (§ 1417 Abs. 3 BGB). Sondergut sind Gegenstände, die nicht durch Rechtsgeschäft übertragen werden können (§ 1417 Abs. 2 BGB).

Fortgesetzte Gütergemeinschaft

Die Ehegatten können durch Ehevertrag vereinbaren, dass die Gütergemeinschaft nach dem Tod des erstversterbenden Ehegatten von diesem mit den gemeinschaftlichen Abkömmlingen fortgesetzt wird. Der Anteil des Erblassers am Gesamtgut gehört dann nicht zu seinem Nachlass (§ 1483 Abs. 1 BGB). Ein Erbrecht kann dann nur am Vorbehalts- oder Sondergut des Erblassers entstehen. Gibt es keine Fortsetzungsvereinbarung, wird beim Tod des erstversterbenden Ehegatten auch der Anteil des Erblassers am Gesamtgut vererbt (§ 1482 BGB). Der Überlebende hat sich mit den Erben des verstorbenen Ehegatten über das Gesamtgut nach §§ 1471–1481 BGB auseinanderzusetzen, damit geklärt wird, was genau in den Nachlass fällt.

Die Erbquoten der gesetzlichen Erbfolge beziehen sich auf das jeweilige Gut. Es gibt keine dem § 1371 BGB vergleichbare Sonderregelungen zugunsten des überlebenden Ehegatten.

2.2.2.4 Im Fall des deutsch-französischen Wahlgüterstands

Regelung seit 01.05.2013

Seit dem 01.05.2013 können Eheleute **durch (notariellen) Ehevertrag** den deutsch-französischen Wahlgüterstand vereinbaren. Dieser neue Güterstand ist geregelt in § 1519 BGB und dem Abkommen zwischen der Bundesrepublik Deutschland und der Französischen Republik über den Güterstand der Wahl-Zugewinngemeinschaft (WZugewGemAbk FR, abgedruckt bei Palandt/Brudermüller, als Anh. zu § 1519 BGB).

Modifizierte Zugewinngemeinschaft

Mit der Regelung dieses Güterstands gibt es neues, länderübergreifendes materielles Zivilrecht in der EU. Während in der Bundesrepublik Deutschland die Zugewinngemeinschaft als gesetzlicher Güterstand normiert ist, kennt das französische Recht eine Zugewinngemeinschaft in der Form eines im Vergleich zur deutschen Zugewinngemeinschaft unterschiedlich ausgestalteten Wahlgüterstands. Grundlage der bilateral ausgehandelten Regelungen ist der deutsche Güterstand der Zugewinngemeinschaft, wobei französische Besonderheiten berücksichtigt werden, so dass man aus deutscher Sicht von einer modifizierten Zugewinngemeinschaft oder genauer gesagt modifizierten Gütertrennung mit modifiziertem Zugewinnausgleich bei deren Beendigung sprechen kann.

Modifikationen gibt es bei der **Berechnung des Zugewinns**. So gehören z.B. Schmerzensgelder und zufällige Wertsteigerung von Immobilien nicht zum Zugewinn, Kapitel V. WZugewGemAbk FR. Weiterhin werden die Vermögensverwaltung, -nutzung und -verfügung mit Blick auf die Familienwohnung und die Führung des Haushalts besonders und teilweise abweichend vom deutschen Recht geregelt, Kapitel III. WZugewGemAbk FR.

Weit gefasster Anwendungsbereich

Der Anwendungsbereich des deutsch-französischen Wahlgüterstands ist weit ausgelegt. Zum einen ist er nicht auf deutsch-französische Paare beschränkt; vielmehr steht er prinzipiell allen Ehepaaren und Lebenspartnern offen, auf deren Beziehung nach den Regeln des Internationalen Privatrechts französisches oder deutsches Recht anzuwenden ist (vgl. Art. 15 EGBGB). Zum anderen ist die bilaterale Vereinbarung auch insoweit offen, als nach ihrem Art. 21 Abs. 1 jeder Mitgliedstaat der Europäischen Union diesem Abkommen beitreten kann.

Im deutschen Erbschaft- und Schenkungsteuerrecht werden der deutsch-französische Wahlgüterstand und die deutsche Zugewinngemeinschaft gleichbehandelt, unterschiedlich ist hingegen ihre Behandlung durch das deutsche Erbrecht.

Beendigung durch Tod

Auch der deutsch-französische Wahlgüterstand wird durch den Tod eines Ehegatten beendet, Art. 7 WZugewGemAbk FR. Das (deutsche) Erbrecht des Ehegatten richtet sich (ausschließlich) nach den allgemeinen Regeln des § 1931 Abs. 1 und 2 BGB. Die Vorschrift des § 1371 Abs. 1 BGB gilt hingegen nicht. Damit entfällt die Möglichkeit des überlebenden Ehegatten, die pauschalierende erbrechtliche Lösung (vgl. dazu Kapitel 2.A.2.2.2.1, S. 36) zu wählen.

Die Teilhabe am Zugewinn des verstorbenen Ehegatten kann der Überlebende also immer nur über die Geltendmachung des konkreten Zugewinnausgleichs erreichen (Palandt/Weidlich, § 1931 Rdnr. 3), wobei der Zugewinnausgleichsanspruch grundsätzlich ein Geldzahlungsanspruch ist (Art. 12 Abs. 2 WZugewGemAbk FR). Er ist als solcher vererblich. Entsteht ein Zugewinnausgleichsanspruch des verstorbenen Ehegatten, so fällt dieser – anders als der Zugewinnausgleichsanspruch nach §§ 1373 ff. BGB – nach derzeitiger h.M. in den Nachlass des verstorbenen Ehegatten. Er kann von den Erben gegen den überlebenden Ehegatten geltend gemacht werden (Tanck, in: Damrau/Tanck, Praxiskommentar Erbrecht, 3. Aufl., § 1931 BGB Rdnr. 34 m.w.N., Palandt/Weidlich, § 1931 Rdnr. 3). Beim gesetzlichen Güterstand nach deutschem Recht kann ein Zugewinnausgleichsanspruch gem. § 1371 Abs. 2 BGB dagegen grundsätzlich nur dem überlebenden Ehegatten zustehen (BGH, NJW 1995, 1832).

Erbquoten

Im Ergebnis berechnen sich die Erbquoten nach deutschem Recht beim deutsch-französischen Wahlgüterstand also genauso wie bei der Gütergemeinschaft. Allerdings beziehen sie sich – bei Geltendmachung des konkreten Zugewinnausgleichsanspruchs durch den überlebenden Ehegatten – auf einen entsprechend geschmälerten Nachlass.

Praxistipp

Da die Erbquoten nach der gesetzlichen Erbfolge Ausgangspunkt für die Bestimmung von Pflichtteilen sind, kann der deutsch-französische Wahlgüterstand interessante Möglichkeiten im Rahmen der Erbfolgegestaltung eröffnen. Ob und inwieweit sich die Ausarbeitung eines entsprechenden Ehevertrags für rein deutsche Ehepaare lohnt, kann nur im Einzelfall entschieden werden.

2.2.3 „Voraus des Ehegatten" (§ 1932 BGB)

Bedeutung des Voraus bei kleinen Nachlässen

Eine in der Praxis wichtige Regelung enthält § 1932 BGB. Voraussetzung des § 1932 Abs. 1 BGB ist es, dass der Ehegatte des Verstorbenen gesetzlicher Erbe wird, also die gesetzliche Erbfolge gilt. Unabhängig vom Güterstand erhält der Ehegatte zusätzlich zu seinem gesetzlichen Erbteil als sogenannten „Voraus" Haushaltsgegenstände und Hochzeitsgeschenke (§ 1932 BGB). Neben Verwandten der 1. Erbordnung erhält er diese nur, soweit er sie zur Führung eines angemessenen Haushalts benötigt (§ 1932 Abs. 1 Satz 2 BGB). Die Vorschriften über Vermächtnisse sind entsprechend anzuwenden (§ 1932 Abs. 2 BGB). Deshalb wird der Voraus zutreffend auch als gesetzliches Vorausvermächtnis bezeichnet. Der unter den Erben zu verteilende Nachlass wird durch den Voraus geschmälert; auf die Erbquote hat der Voraus keinen Einfluss.

Heute ist weitgehend anerkannt, dass das **Familienfahrzeug**, auch soweit es im Alleineigentum des Verstorbenen stand, zum gemeinsamen Familienhaushalt und damit grundsätzlich zu den Haushaltsgegenständen i.S.d. § 1932 Abs. 1 BGB gehört (Palandt/Weidlich, § 1932 Rdnr. 5 m.w.N.).

Praxistipp

Gerade bei kleineren Nachlässen können die vom Voraus umfassten Gegenstände einen erheblichen Teil des Nachlasses, wenn nicht sogar den ganzen Nachlass ausmachen. In diesen Fällen besteht die Wirkung des Voraus daher darin, dass der Ehegatte faktisch die Alleinvermögensnachfolge des Vorverstorbenen antritt, ohne dass dadurch Pflichtteilsansprüche, z.B. der Kinder, ausgelöst werden.

Praxistipp

Da § 1932 Abs. 1 BGB voraussetzt, dass der überlebende Ehegatte gesetzlicher Erbe ist, entfällt der Voraus bei einer testamentarischen Erbeinsetzung des Ehegatten. Wenn dem überlebenden Ehegatten der Voraus erhalten werden soll, muss daher eine gesonderte Klausel in ein Testament aufgenommen werden (sog. Hausratsvermächtnis). Es empfiehlt sich in vielen Fällen, auch die persönlichen Gegenstände des Erblassers aufzunehmen.

Testamentsklausel: Hausratsvermächtnis

Formulierungsvorschlag

Ein Hausratsvermächtnis könnte man beispielsweise wie folgt formulieren: „*Zusätzlich zu seinem Erbteil soll mein Ehegatte im Wege des Vorausvermächtnisses den gesamten Hausrat und das gesamte Inventar unserer gemeinsam bewohnten Wohnung in der (Adresse) sowie meine sämtlichen persönlichen Gegenstände und meinen Pkw erhalten.*“

3. Modifikationen der gesetzlichen Erbfolge nach dem Erbfall

Aus dem Grundsatz der Privatautonomie im Erbrecht folgt, dass der Erblasser – zu seinen Lebzeiten und damit vor dem Erbfall – durch Verfügung von Todes wegen die gesetzliche Erbfolge ausschließen oder modifizieren kann. Aber auch nach dem Erbfall kann die gesetzliche Erbfolge modifiziert werden.

3.1 Die Erbausschlagung

Grundsatz des Vonselbsterwerbs

Das deutsche Erbrecht normiert den Grundsatz des Vonselbsterwerbs. Im Zeitpunkt des Todes des Erblassers geht sein gesamtes Vermögen **ohne weiteres von Gesetzes wegen** auf einen oder mehrere Erben über (§§ 1922 Abs. 1, 1942 Abs. 1 BGB). Letzter möglicher gesetzlicher Erbe ist der Fiskus (§ 1936 BGB).

Für die Erbenstellung aufgrund der gesetzlichen Erbfolge wie auch aufgrund einer Verfügung von Todes wegen gilt gleichermaßen: Unternimmt ein Erbe nichts, so wird und bleibt er Erbe.

Allerdings hat der Erbe das Recht, die Erbschaft auszuschlagen (§ 1942 Abs. 1 BGB). Schlägt er nicht aus, so „gilt“ die Erbschaft als angenommen; die Annahmeerklärung wird nach Ablauf der Ausschlagungsfrist fingiert. Andererseits kann der Erbe auch tätig werden und die Annahme der Erbschaft erklären (§ 1943 BGB).

3.1.1 Ausschlagungserklärung

Ausschlagungserklärung und Ausschlagungsfristen

Nach §§ 1942, 1943 BGB hat der Erbe die Möglichkeit, das Erbe durch Erklärung gegenüber dem Nachlassgericht auszuschlagen. Die Ausschlagungserklärung ist eine form- und fristgebundene, empfangsbedürftige Willenserklärung. Sie wird wirksam, wenn sie dem Nachlassgericht zugeht (§ 1945 Abs. 1 BGB). Nachlassgericht ist insoweit auch das Amtsgericht, in dessen Bezirk der Ausschlagende seinen Wohnsitz hat (§ 344 Abs. 7 FamFG). Nach h.M. soll gem. § 2 Abs. 3 FamFG auch die fristgerechte Erklärung gegenüber einem örtlich unzuständigen Amtsgericht ausreichen (Masloff, in: Damrau/Tanck, 3. Aufl., § 1945 BGB Rdnr. 5 f. m.w.N.). Die Ausschlagungsfrist beginnt mit dem Zeitpunkt, in dem der Erbe vom Anfall der Erbschaft und dem Grund seiner Erbenberufung Kenntnis erlangt. Sie endet nach nur sechs Wochen (§ 1944 Abs. 1 BGB), verlängert sich aber auf sechs Monate, wenn der Erblasser seinen letzten Wohnsitz nur im Ausland hatte oder wenn sich der Erbe bei dem Beginn der Frist im Ausland aufhält, § 1944 Abs. 2 BGB (Ausschlagungsfristen).

Praxistipp

Auch die **Ausschlagung eines Vermächtnisses** ist möglich. Diese Ausschlagung ist nicht fristgebunden. Sie ist gegenüber dem Beschwerten zu erklären (§ 2180 Abs. 1 und 2 BGB).

In der anwaltlichen und damit wohl auch in der gerichtlichen Praxis kommt es häufiger vor, als man annehmen sollte, dass Erben überschuldeter Nachlässe (nach der Erläuterung der gesetzlichen Fristenregelung) vom Todesfall bzw. dem Grund ihrer Berufung als Erbe telefonisch im Ausland erfahren haben.

Rechtsfolgen der Erbausschlagung

Die Rechtsfolgen der Erbausschlagung werden durch §§ 1953, 1954 BGB geregelt: Der Erbschaftsanfall an den Ausschlagenden gilt als nicht erfolgt (§ 1953 Abs. 1 BGB). Die Erbschaft des Ausschlagenden **entfällt mit Rückwirkung** auf den Erbfall. Die Erbschaft fällt – ebenfalls mit Rückwirkung, § 1953 Abs. 2 zweiter Halbsatz BGB – an denjenigen, der berufen wäre, wenn der Ausschlagende zur Zeit des Erbfalls nicht gelebt hätte (§ 1953 Abs. 2 erster Halbsatz BGB). Das ist bei der gesetzlichen Erbfolge eindeutig. Die gesetzliche Erbfolge wird durch die Ausschlagung der gesetzlichen Erben nach dem Erbfall modifiziert.

Der Fiskus als gesetzlicher Zwangserbe

Die Anfechtung kann auch von jedem nachrückenden Erben in der gesetzlichen Erbfolge erklärt werden, da jeder Erbe die Möglichkeit der Ausschlagung mit entsprechendem Fristenlauf hat. Sollten letztlich alle Erben ausgeschlagen haben, erbt als letzter möglicher Erbe der Fiskus als gesetzlicher Zwangserbe (§ 1936 BGB). Der Fiskus hat keine Ausschlagungsmöglichkeit (§ 1942 Abs. 2 BGB). Damit ist die ununterbrochene Rechtsträgerschaft am Nachlass letztlich sichergestellt. Ein Nachlass kann nicht herrenlos werden.

3.1.2 Annahmeklärung

Vorläufiger und endgültiger Anfall der Erbschaft

Aus der gesetzlichen Regelung des Vonselbsterwerbs mit Ausschlagungsoption in §§ 1922 Abs. 1, 1942 Abs. 1 BGB ergeben sich beim Anfall der Erbschaft zwei zeitlich gestaffelte Rechtszustände: der vorläufige Anfall und der endgültige Anfall der Erbschaft. In dem Zeitraum bis zum endgültigen Anfall der Erbschaft hat der Erbe nur eine vorläufige Rechtsstellung als solcher. Diese vorläufige Rechtsstellung entfällt rückwirkend auf den Todestag des Erblassers mit der Ausschlagung. Gesetzliche Regelungen dieser vorläufigen Rechtsstellung (insbesondere zur Geschäftsführung ohne Auftrag – GoA – und Nachlasspflegschaft) finden sich in §§ 1959 ff. BGB.

Durch die aktive Erklärung der Erbschaftsannahme kann der Erbe seinerseits die Vorläufigkeit seiner Rechtsstellung als Erbe aktiv beenden und schon vor Ablauf der Erbausschlagungsfrist zum endgültigen Erben avancieren. In dieser Rechtsfolge liegt der **Sinn der Erbschaftsannahme.**

Rechtsfolge der Annahmeerklärung

Andererseits ist zu beachten, dass der Erbe die Erbschaft nicht mehr ausschlagen kann, wenn er sie (bereits) angenommen hat (§ 1943 Satz 1 BGB). Die Annahmeerklärung kann formlos erklärt werden und ist nicht empfangsbedürftig (Palandt/Weidlich, § 1943 Rdnr. 1). Sie kann in einem schlüssigen Verhalten wie z.B. dem Stellen eines Erbscheinsantrags liegen (vgl. Palandt/Weidlich, § 1943 Rdnr. 3; BGH, NJW 2006, 3064).

Die Rechtsfolge der Annahme ergibt sich aus § 1943 erster Halbsatz BGB. Nach der Annahme kann der Erbe **nicht mehr ausschlagen.** Die gesetzliche Erbfolge wird durch die Annahmeerklärung der Erben also vor Ablauf der Ausschlagungsfristen endgültig.

3.1.3 Anfechtung der Ausschlagung, der Fristversäumnis und der Annahme

Ausschlagung und Annahme erfolgen durch Willenserklärungen. Für sie gelten die allgemeinen Rechtsgrundsätze insbesondere zur Anfechtung, also §§ 119 ff. BGB. Spezialvorschriften zur Form der Anfechtung und zur Anfechtungsfrist enthalten §§ 1954 f. BGB. Diese ergänzen also §§ 119 ff. BGB.

§ 1956 BGB bestimmt, dass in gleicher Weise die Versäumnis der Ausschlagungsfrist als solche angefochten werden kann. Die Anfechtung der Fristversäumnis gilt wie die Anfechtung der Annahme der Ausschlagung (§§ 1956, 1957 Abs. 1 BGB).

Eine systematische Sonderstellung nimmt die Regelung in § 1949 BGB ein. Nach § 1949 Abs. 1 BGB führt ein **Irrtum** über den Grund der Berufung als Erbe ohne weiteres dazu, dass eine Annahmeerklärung als **nicht erfolgt** gilt.

3.2 Erbunwürdigkeit

Die Erbunwürdigkeit wird durch die Anfechtung des Erbschaftserwerbs im Wege der Anfechtungsklage gegen den erbunwürdigen Erben geltend gemacht (§ 2342 Abs. 1 BGB). Sie ist erst nach dem Anfall der Erbschaft zulässig und fristgebunden (§§ 2340 Abs. 1, 2 und 3, 2082 BGB (Jahresfrist)). Die Gründe für eine Erbunwürdigkeit sind in § 2339 BGB geregelt.

Rechtsfolgen

Die Rechtsfolgen des Urteils, das die Erbunwürdigkeit feststellt, treten erst **mit dessen Rechtskraft** ein (§ 2342 Abs. 2 BGB). Sie werden durch § 2344 BGB praktisch wortgleich wie in § 1953 BGB geregelt: Der Erbschaftsanfall an den Erbunwürdigen gilt als nicht erfolgt (§ 2344 Abs. 1 BGB). Die Erbschaft des Erbunwürdigen entfällt mit Rückwirkung auf den Erbfall, sie fällt – ebenfalls mit Rückwirkung (§ 2344 Abs. 2 zweiter Halbsatz BGB) – an denjenigen, der berufen wäre, wenn der Erbunwürdige zur Zeit des Erbfalls nicht gelebt hätte (§ 2344 Abs. 2 erster Halbsatz BGB). Das ist bei der gesetzlichen Erbfolge eindeutig. Die gesetzliche Erbfolge wird durch das rechtskräftige Urteil, welches die Erbunwürdigkeit der gesetzlichen Erben feststellt, u.U. erst geraume Zeit nach dem Erbfall modifiziert.

B. Mandatssituationen

Mandatssituation 2.1: Standardfall zur gesetzlichen Erbfolge: Der Ehegatte als Erblasser

Sachverhalt | Checkliste | Lösung | Verfahren | Muster

Ehegatte als Erblasser

Aus der Ehe des Erblassers und seiner Ehefrau sind ein Sohn und eine Tochter hervorgegangen. Es gibt keine Verfügungen von Todes wegen. Die Eheleute lebten im gesetzlichen Güterstand der **Zugewinngemeinschaft**. Der Erblasser verstirbt. Wer erbt wie viel?

Sachverhalt | **Checkliste** | Lösung | Verfahren | Muster

Gibt es ein Testament des Erblassers oder einen Erbvertrag?	☐
In welchem Güterstand lebten der Erblasser und seine Ehefrau?	☐
Wie groß ist im Fall der Zugewinngemeinschaft der Zugewinn?	☐
Ist es für die Ehefrau ratsam, den erbrechtlichen Zugewinnausgleich oder den güterrechtlichen Zugewinnausgleich nebst kleinem Pflichtteil geltend zu machen?	☐

Sachverhalt | Checkliste | **Lösung** | Verfahren | Muster

Die Kinder erben nach § 1924 Abs. 1, 4 BGB als gesetzliche Erben 1. Erbordnung zu gleichen Teilen.

Die Ehefrau erbt nach § 1931 Abs. 1 Satz 1 erste Alternative BGB 1/4 und ein weiteres Viertel nach §§ 1931 Abs. 3, 1371 Abs. 1 BGB.

Ergebnis: Es ergeben sich damit die Erbquoten i.H.v. 1/2 für die Ehefrau und jeweils 1/4 für die Kinder.

Abwandlung 2.1.1: Gesetzliche Erbfolge – Zugewinngemeinschaft/ein Kind

Sachverhalt | Checkliste | Lösung | Verfahren | Muster

Wie Sachverhalt zu Mandatssituation 2.1, S. 48. Aber: Aus der Ehe ist **nur ein Sohn** hervorgegangen. Die Eheleute lebten im gesetzlichen Güterstand der **Zugewinngemeinschaft.**

Sachverhalt | **Checkliste** | Lösung | Verfahren | Muster

Gibt es ein Testament des Erblassers oder einen Erbvertrag?	☐
In welchem Güterstand lebten der Erblasser und seine Ehefrau?	☐
Wie groß ist im Fall der Zugewinngemeinschaft der Zugewinn?	☐
Ist es für die Ehefrau ratsam, den erbrechtlichen Zugewinnausgleich oder den güterrechtlichen Zugewinnausgleich nebst kleinem Pflichtteil geltend zu machen?	☐

Sachverhalt | Checkliste | **Lösung** | Verfahren | Muster

Der Sohn erbt nach § 1924 Abs. 1 BGB als gesetzlicher Erbe 1. Erbordnung.

Der Ehegatte erbt nach § 1931 Abs. 1 Satz 1 erste Alternative BGB 1/4 und ein weiteres Viertel nach §§ 1931 Abs. 3, 1371 Abs. 1 BGB.

Ergebnis: Die Ehefrau und der Sohn erben daher jeweils 1/2.

Abwandlung 2.1.2: Gesetzliche Erbfolge – Gütertrennung/zwei Kinder

Sachverhalt | Checkliste | Lösung | Verfahren | Muster

Wie Sachverhalt zu Mandatssituation 2.1, S. 48. Aber: Die Eheleute hatten **Gütertrennung** vereinbart.

Sachverhalt | **Checkliste** | Lösung | Verfahren | Muster

Gibt es ein Testament des Erblassers oder einen Erbvertrag?	☐
In welchem Güterstand lebten der Erblasser und seine Ehefrau?	☐
Wie groß ist im Fall der Zugewinngemeinschaft der Zugewinn?	☐
Ist es für die Ehefrau ratsam, den erbrechtlichen Zugewinnausgleich oder den güterrechtlichen Zugewinnausgleich nebst kleinem Pflichtteil geltend zu machen?	☐

Sachverhalt | Checkliste | **Lösung** | Verfahren | Muster

Die Kinder erben nach § 1924 Abs. 1, 4 BGB als gesetzliche Erben 1. Erbordnung zu gleichen Teilen.

Die Ehefrau und die Kinder erben nach § 1931 Abs. 4 BGB zu gleichen Teilen.

Ergebnis: Die Ehefrau und die Kinder erben also jeweils 1/3.

Abwandlung 2.1.3:
Gesetzliche Erbfolge – Gütertrennung/ein Kind

Sachverhalt | Checkliste | Lösung | Verfahren | Muster

Wie Sachverhalt zu Mandatssituation 2.1, S. 48. Aber: Aus der Ehe ist **nur ein Sohn** hervorgegangen. Die Eheleute hatten **Gütertrennung** vereinbart.

Sachverhalt | **Checkliste** | Lösung | Verfahren | Muster

Gibt es einTestament des Erblassers oder einen Erbvertrag?	☐
In welchem Güterstand lebten der Erblasser und seine Ehefrau?	☐
Wie groß ist im Fall der Zugewinngemeinschaft der Zugewinn?	☐
Ist es für die Ehefrau ratsam, den erbrechtlichen Zugewinnausgleich oder den güterrechtlichen Zugewinnausgleich nebst kleinem Pflichtteil geltend zu machen?	☐

Sachverhalt | Checkliste | **Lösung** | Verfahren | Muster

Der Sohn erbt nach § 1924 Abs. 1 BGB als gesetzlicher Erbe 1. Erbordnung.

Die Ehefrau und der Sohn erben nach § 1931 Abs. 4 BGB zu gleichen Teilen.

Ergebnis: Die Ehefrau und der Sohn erben also jeweils 1/2.

Fazit: Bei nur einem erbberechtigten Kind wirkt sich also der unterschiedliche Güterstand in den Abwandlungen 2.1.1 und 2.1.3 nicht auf die Erbquoten aus, bei zwei erbberechtigten Kindern aber schon.

Warnhinweis

Nach § 1931 Abs. 3 und 2 BGB hat der Ehegatte die Möglichkeit, den tatsächlichen Zugewinnausgleich bezogen auf den Zeitpunkt des Erbfalls zzgl. des sogenannten kleinen Pflichtteils zu verlangen. Der kleine Pflichtteil bemisst sich nach § 1371 Abs. 2 zweiter Halbsatz BGB ausgehend von dem nicht erhöhten gesetzlichen Ehegattenerbteil nach § 1931 Abs. 1 BGB. Auf diese Wahlmöglichkeit ist der überlebende Ehegatte als Mandant hinzuweisen. Im konkreten Fall ist dann zu entscheiden, welche Wahlmöglichkeit die für den überlebenden Ehegatten günstigere ist (vgl.

Der überlebende Ehegatte als Mandant

dazu die Ausführungen in Kapitel 2.A.2.2.2.1, S. 37 zur taktischen Ausschlagung). Dabei ist zu beachten, dass eine Ausschlagung nur innerhalb der gesetzlichen Fristen der § 1944 Abs. 1 und 2 BGB (Sechswochen- bzw. Sechsmonatsfrist) und unter Beachtung der Formvorschrift des § 1945 BGB (Erklärung gegenüber dem Nachlassgericht in öffentlich beglaubigter Form) zulässig ist.

Mandatssituation 2.2: Erbrechtsstatut und Güterrechtsstatut: Das eingebürgerte Migrantenehepaar

Sachverhalt | Checkliste | Lösung | Verfahren | Muster

Erbrechtsstatut und Güterrechtsstatut

Ein chinesisches Ehepaar hat vor 40 Jahren in seiner damaligen Heimat China geheiratet. Es lebt seit inzwischen 20 Jahren in der Bundesrepublik Deutschland. Beide Eheleute sind im Jahr 2000 in der Bundesrepublik Deutschland eingebürgert worden und haben ihre chinesische Staatsbürgerschaft aufgegeben. Sie haben zwei gemeinsame Töchter bekommen, von denen jede wiederum ein minderjähriges leibliches Kind hat. Eine der Töchter ist vorverstorben, der Schwiegersohn hat neu geheiratet. Das halbwaise Enkelkind ist vollständig in die neue Familie des Schwiegersohns integriert. Das chinesische Ehepaar möchte erreichen, dass beim Tod des Erstversterbenden von ihnen das halbwaise Enkelkind möglichst wenig aus der Erbschaft erhält. Was raten Sie dem Ehepaar?

Sachverhalt | **Checkliste** | Lösung | Verfahren | Muster

Welche Staatsangehörigkeit haben die Eheleute?	☐
Wie lange leben sie schon in der Bundesrepublik Deutschland?	☐
Wo und wann haben die Eheleute geheiratet?	☐
Gibt es Rechtswahlbestimmungen der Eheleute?	☐
In welchem Güterstand leben die Eheleute?	☐

Sachverhalt | Checkliste | Lösung | Verfahren | Muster

Notarielle Rechtswahlbestimmung zum Ehegüterstand als Mittel der Pflichtteilsreduzierung

Bis zum 17.08.2015 gilt für beide Eheleute aufgrund ihrer Einbürgerung (Art. 25 EGBGB) deutsches Erbrecht (Erbrechtsstatut) und damit auch deutsches Pflichtteilsrecht. Auch unter Anwendung der ab dem 17.08.2015 geltenden EuErbVO gilt deutsches Erbrecht, wenn der Erblasser zum Zeitpunkt seines Todes seinen gewöhnlichen Aufenthalt in Deutschland hatte (Art. 21 EuErbVO). Da der gewöhnliche Aufenthaltsort zum Todeszeitpunkt noch ungewiss ist, sollten die Eheleute das deutsche Recht als Erbstatut gem. Art. 22 EuErbVO wählen. Die chinesischen Eheleute haben diese Möglichkeit, da sie in der Bundesrepublik Deutschland eingebürgert wurden und damit der Bundesrepublik Deutschland angehören. Die Rechtswahl sollte durch ausdrückliche Erklärung in Form einer Verfügung von Todes wegen erfolgen (vgl. Art. 22 Abs. 2 EuErbVO). Das halbwaise Enkelkind kann daher nach deutschem Erbrecht durch Testament von der gesetzlichen Erbfolge ausgeschlossen und damit enterbt werden. Damit entsteht nach § 2303 Abs. 1 BGB im Erbfall ein **Pflichtteilsanspruch des halbwaisen Enkelkindes.** Es stellt sich die Frage nach der Minimierung dieses Pflichtteilsanspruchs.

Die Höhe des Pflichtteils bestimmt sich nach dem gesetzlichen Erbteil und damit nach der gesetzlichen Erbfolge (§ 2303 Abs. 1 Satz 2 BGB).

Für die gesetzliche Erbfolge ist maßgeblich, in welchem Güterstand die chinesischen Eheleute leben. Gilt der gesetzliche Güterstand der Zugewinngemeinschaft nach deutschem Recht, dann erhöht sich der gesetzliche Erbteil des überlebenden Ehegatten nach §§ 1931 Abs. 3, 1371 Abs. 1 BGB zu Lasten der anderen Erben um 1/4. Das chinesische Recht kennt die Zugewinngemeinschaft nicht.

Nach Art. 15 EGBGB **gilt** aber **chinesisches Ehegüterrecht**, da das Ehepaar in China heiratete und dort zum Zeitpunkt der Eheschließung lebte (Güterstandsstatut). Durch den Wegzug aus China nach Deutschland und die Einbürgerung in Deutschland hat sich daran nichts geändert (sog. **Unwandelbarkeit**). Die Europäische Erbrechtsverordnung bringt insoweit keine Änderung, da Fragen des ehelichen Güterrechts nicht in ihren Anwendungsbereich fallen (Art. 1 Abs. 2 Buchst. d) EuErbVO).

Anders verhält es sich mit den allgemeinen Ehewirkungen, für die nach Art. 14 Abs. 1 Nr. 1 EGBGB per se inzwischen deutsches Recht gilt (Ehewirkungsstatut). Art. 14 Abs. 1 Nr. 1 EGBGB stellt im Gegensatz zu Art. 15 Abs. 1 EGBGB darauf ab, dass die Eheleute deutsche Staatsangehörige geworden sind.

Nach Art. 15 Abs. 2 EGBGB besteht aber die Möglichkeit, eine **Rechtswahl** für die Geltung auch des deutschen Ehegüterrechts zu treffen. Eine Rechtswahlbestimmung ist formbedürftig nach Art. 15 Abs. 3, 14 Abs. 4 EGBGB. Sie muss notariell beurkundet werden.

Ergebnis: Sie sollten dem Ehepaar also raten, einen Notar aufzusuchen und eine entsprechende notarielle Rechtswahlbestimmung zu treffen. Diese vereinfacht zudem in der Folge die erbrechtliche Beurteilung und Beratung.

Mandatssituation 2.3: Der erbende Ehegatte im gesetzlichen Güterstand – ungewöhnliche Erbquoten sind nichts Ungewöhnliches

Sachverhalt | Checkliste | Lösung | Verfahren | Muster

Bausparkassenguthaben und Erbscheinerfordernis

Der Erblasser und seine Ehefrau heirateten im Jahr 1980 und lebten in kinderloser Ehe mit gesetzlichem Güterstand. Es gibt keine nichtehelichen Abkömmlinge. Der Vater des Erblassers ist bereits verstorben. Der Erblasser hatte seit mehr als zehn Jahren keinen Kontakt mehr zu seiner Mutter, seinen vier Geschwistern und dem Rest seiner Familie. Er hat einen Bausparvertrag mit einem angesparten Bausparguthaben. Es ist keine Bezugsberechtigung für den Todesfall bestimmt. Der Zugewinn des Erblassers und seiner Ehefrau ist gleich groß. Der Erblasser verstirbt ohne Testament. Die Ehefrau kommt zu Ihnen, weil die Bausparkasse das Guthaben nicht an sie auszahlen will. Was tun Sie?

Sachverhalt | Checkliste | Lösung | Verfahren | Muster

Gibt es ein Testament des Erblassers oder einen Erbvertrag?	☐
In welchem Güterstand lebten der Erblasser und seine Ehefrau?	☐
Was ist in dem Bausparvertrag genau vereinbart (Todesfallregelungen, Bezugsberechtigungen)?	☐
Wie groß ist der Zugewinn?	☐
Ist es für die Ehefrau ratsam, den erbrechtlichen Zugewinnausgleich oder den güterrechtlichen Zugewinnausgleich nebst kleinem Pflichtteil geltend zu machen?	☐

Sachverhalt | Checkliste | Lösung | Verfahren | Muster

Aus den Bedingungen des Bausparvertrags ergibt sich regelmäßig, dass die Bausparkasse beim Tod des Bausparers nur gegen Vorlage eines Erbscheins an die Erben zu zahlen hat. Es ist also ein Erbschein zu beantragen. Im Erbscheinsantrag sind die Erben mit ihren Erbquoten aufzuführen.

Da es keine Verfügung von Todes wegen gibt, gilt die gesetzliche Erbfolge. Es gibt keine Abkömmlinge des Erblassers und damit keine Erben 1. Erbordnung.

Nach § 1925 Abs. 2 BGB erben die Eltern des Erblassers und deren Abkömmlinge als Erben 2. Erbordnung.

Die Ehefrau erbt neben Verwandten der 2. Erbordnung nach § 1931 Abs. 1 Satz 1 zweite Alternative BGB 1/2 und ein weiteres Viertel nach §§ 1931 Abs. 3, 1371 Abs. 1 BGB.

Ein Zugewinnausgleichsanspruch kommt nicht in Betracht. Daher sollte die Ehefrau – wie in den in der Praxis meisten Fällen – ihr Wahlrecht nach § 1371 BGB nicht ausüben.

Ergebnis: Die Ehefrau erbt insgesamt 3/4. Das restliche Viertel erben die Verwandten des Erblassers als Verwandte der 2. Erbordnung (§ 1925 BGB). Alle Erben bilden eine Miterbengemeinschaft, der die Verwaltung des Nachlasses nach Maßgabe der §§ 2038 ff. BGB gemeinschaftlich zusteht (vgl. dazu die Ausführungen zur Erbengemeinschaft, Kapitel 8.A.4, S. 424 ff.).

Sie als anwaltlicher Berater Ihrer Mandantin müssen also zunächst die Erben ermitteln, d.h. feststellen, welche Verwandten der 2. Erbordnung den Erbfall erlebt haben. Erst danach können die Erbquoten der Miterben nach den Regelungen für die gesetzliche Erbfolge bestimmt werden.

Praxistipp

Kinderlose Eheleute sind sehr häufig der Meinung, nach dem Tod eines Ehepartners sei der Überlebende automatisch Alleinerbe. Das ist falsch. Eltern, Geschwister, Nichten, Neffen und sogar Großeltern des Erblassers erben je nach Konstellation mit. Zudem entsteht eine Miterbengemeinschaft, so dass der überlebende Ehepartner nicht allein über den Nachlass bestimmen kann, sondern auf die Mitwirkung der Miterben angewiesen ist. Bei der Testamentsgestaltung ist unbedingt darauf hinzuweisen und zu beachten, dass die Eltern Pflichtteilsberechtigte nach § 2303 Abs. 2 BGB sind.

Kinderlose Eheleute sollten ein Testament machen

Sachverhalt | Checkliste | Lösung | **Verfahren** | Muster

Vergütungsvereinbarung für die Erbenermittlung

Da absehbar ist, dass allein die Ermittlung der aktuellen Miterbenadressen mit größerem Aufwand verbunden sein wird, selbst wenn alle zunächst ins Auge gefassten Erben noch leben, sollten Sie eine gesonderte Vereinbarung über die Vergütung der Erbenermittlung treffen und diese nicht als Vorbereitungshandlung im Rahmen des Erbscheinsverfahrens betreiben.

Abwandlung 2.3.1: Ungewöhnliche Erbquoten/Variante

Sachverhalt | Checkliste | Lösung | Verfahren | Muster

Wie Sachverhalt zu Mandatssituation 2.3, S. 54. Im Rahmen der Erbenermittlung stellen Sie fest, dass die Mutter des Erblassers und einer seiner vier Brüder bereits vorverstorben sind. Der verstorbene Bruder hat einen Sohn (Neffe des Erblassers). Außerdem hatte die Mutter des Erblassers nach dem Tod seines Vaters noch eine nichteheliche Tochter bekommen (Halbschwester des Erblassers). Welche Erbquoten nehmen Sie in Ihren Erbscheinsantrag auf?

Sachverhalt | Checkliste | Lösung | Verfahren | Muster

Gibt es ein Testament des Erblassers oder einen Erbvertrag?	☐
In welchem Güterstand lebten der Erblasser und seine Ehefrau?	☐
Was ist in dem Bausparvertrag genau vereinbart (Todesfallregelungen, Bezugsberechtigungen)?	☐
Wie groß ist der Zugewinn?	☐
Ist es für die Ehefrau ratsam, den erbrechtlichen Zugewinnausgleich oder den güterrechtlichen Zugewinnausgleich nebst kleinem Pflichtteil geltend zu machen?	☐

Sachverhalt | Checkliste | Lösung | Verfahren | Muster

Nach § 1925 Abs. 2 BGB erben die Eltern des Erblassers als Erben 2. Erbordnung zu gleichen Teilen, also neben der Ehefrau jeweils 1/8.

An die Stelle eines verstorbenen Elternteils treten nach § 1925 Abs. 2 BGB seine Abkömmlinge (Erbfolge nach Stämmen, Parentelsystem).

Als Abkömmlinge des mit dem Erblasser gemeinsamen Vaters erben die noch lebenden drei Vollgeschwister des Erblassers und sein Neffe jeweils 1/32 (das Achtel des Vaters geteilt durch vier).

Als Abkömmlinge der Mutter erben sie neben der Halbschwester wie diese jeweils 1/40 (das Achtel der Mutter geteilt durch fünf).

Ergebnis: In diesem Fall ergeben sich damit Erbquoten i.H.v. 1/40 für die Halbschwester und jeweils 9/160 (= 1/32 + 1/40) für die noch lebenden Vollgeschwister und den Neffen des Erblassers.

Erbfolge Mandatssituation (Abwandlung) 2.3.1

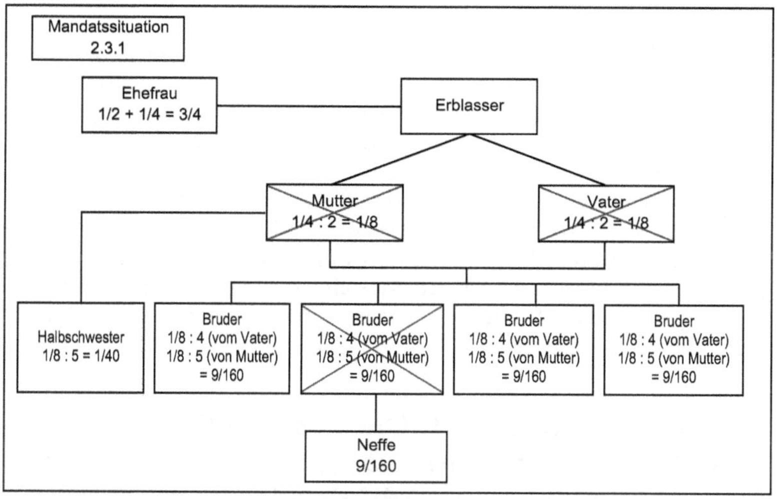

Folgemandat Erbauseinandersetzung

Mit der Erwirkung des Erbscheins ist der Fall noch nicht abschließend gelöst, sondern nur die Erbscheinsangelegenheit abgeschlossen.

Alle Verwandten bilden mit der Ehefrau eine Erbengemeinschaft. Die Verwaltung des Nachlasses steht den Miterben gemeinschaftlich zu (§ 2038 Abs. 1 Satz 1 BGB). Die Bausparkasse hat das Bausparguthaben daher an alle Erben gemeinschaftlich und nicht etwa in erbquotalen Teilbeträgen an die jeweiligen Erben zu zahlen. Es bietet sich an, dass Sie sich nach dem Abschluss der Erbscheinsangelegenheit von den Erben als **Treuhänder für die Erbengemeinschaft** von allen Miterben mandatieren und mit der Erbauseinandersetzung beauftragen lassen. Da die Miterben kein gemeinsames Konto haben und wahrscheinlich auch nicht errichten wollen und werden, wird Ihre Mandatierung mit großer Wahrscheinlichkeit erfolgen.

Warnhinweis

An dieser Stelle ist darauf hinzuweisen, dass sich die anwaltliche Vertretung mehrerer Erben grundsätzlich verbietet. Sofern die Möglichkeit besteht, dass Interessenkonflikte zwischen den Miterben entstehen, könnten Sie in die Situation der Wahrnehmung widerstreitender Interessen kommen und müssten dann Ihr Mandat niederlegen (§ 43a Abs. 4 BRAO, § 3 BORA, vgl. dazu BGH, NJW 2013, 1247).

Hier bietet sich an, dass Sie Ihre Tätigkeit auf Ihre Treuhänderfunktion beschränken und die Mandatsübernahme unter die aufschiebende Bedingung stellen, dass alle Miterben bereits vor, spätestens aber gleichzeitig mit Ihrer Mandatierung einer von Ihnen vorzuschlagenden Auseinandersetzung der Miterbengemeinschaft oder einer Teilauseinandersetzung hinsichtlich der Bausparsumme und deren Auszahlung an die Mitererben vorab verbindlich zustimmen.

Sachverhalt · Checkliste · Lösung · **Verfahren** · Muster

Rechtsanwaltsgebühren im Erbscheinsverfahren

Die Rechtsanwaltsvergütung ergibt sich aus den allgemeinen Gebührentatbeständen in Zivilsachen, Nr. 3100 ff. VV RVG. Der Gegenstandswert für die Bemessung der Rechtsanwaltsvergütung geht zunächst einmal von dem Verfahrenswert aus, den das Nachlassgericht aufgrund der Wertangaben der Beteiligten zum Nachlass für das Nachlassverfahren festsetzt. Allerdings kann der Gegenstandswert für die Bemessung der Rechtsanwaltsvergütung nicht über das Interesse des oder der Mandanten hinausgehen, für den oder die der Rechtsanwalt im Erbscheinsverfahren tätig geworden ist. Dieses Interesse bemisst sich auch für das Erbscheinsverfahren entsprechend der Erbquote des Mandanten als entsprechender Teil des gerichtlichen Kostenwerts.

Mandatssituation 2.4: Die gesetzliche Erbfolge in Fällen unerwarteter Ereignisse – „vorweggenommene Erbfolge"

Sachverhalt · Checkliste · Lösung · Verfahren · Muster

Vorweggenommene Erbfolge und unerwarteter Schicksalsverlauf

Vater und Mutter waren nicht verheiratet, sie haben einen gemeinsamen Sohn. Der Vater hat mit einer anderen Frau ein weiteres Kind, eine Tochter. Die Tochter ist also die Stiefschwester des Sohns; dieser ist ihr Stiefbruder. Der Vater ist bereits vorverstorben. Die Eltern der Mutter haben (im Wege der sog. vorweggenommenen Erbfolge) schon zu ihren Lebzeiten ihrer Tochter ein Haus und ihrem Enkelsohn ein Aktienpaket übertragen. Die Mutter und ihr Sohn erleiden einen Autounfall, in dessen Folge beide versterben. Es gibt keine letztwilligen Verfügungen. Es kann nicht geklärt werden, ob Mutter und Sohn nacheinander oder gleichzeitig verstorben sind. Die Großeltern fragen Sie, wer das Aktienpaket und wer das Haus erbt.

Sachverhalt · **Checkliste** · Lösung · Verfahren · Muster

Gibt esTestamente der Erblasser oder Erbverträge?	☐
Gibt es schriftliche Schenkungsverträge oder sonstige Umstände, aus denen sich der genaue Inhalt der Schenkungsvereinbarungen ergeben könnte?	☐
Gibt es Rückfallklauseln im Notarvertrag über die Grundstücksübereignung?	☐
Kann geklärt werden, in welcher zeitlichen Reihenfolge Mutter und Sohn verstarben?	☐

Sachverhalt | Checkliste | **Lösung** | Verfahren | Muster

Da keine letztwilligen Verfügungen getroffen wurden, gilt die gesetzliche Erbfolge.

Da nicht geklärt werden kann, wer bei dem Autounfall zuerst verstarb, wird nach § 11 Verschollenengesetz (VerschG) vermutet, dass die Mutter und ihr Sohn gleichzeitig verstorben sind.

Das Haus der Mutter erben ihre Eltern als Erben 2. Erbordnung zu je 1/2 (§ 1925 Abs. 1 und 2 BGB). Die Mutter wird nicht von ihrem Sohn beerbt, da dieser den Erbfall nach seiner Mutter nicht erlebt hat.

Das Aktienpaket des Sohns erbt allein seine Stiefschwester als Erbin 2. Erbordnung. Die eine Hälfte fällt ihr nach § 1925 Abs. 1 und Abs. 3 Satz 1 BGB, die zweite Hälfte fällt ihr nach § 1925 Abs. 1 und Abs. 3 Satz 2 i.V.m. Satz 1 BGB zu.

Der Sohn wird nicht von seiner Mutter beerbt, da diese den Erbfall nach ihrem Sohn nicht erlebt hat. Seine Großeltern gehören zu einer entfernteren Erbordnung als seine Stiefschwester. Die Großeltern sind daher nach der gesetzlichen Erbfolge als Erben ausgeschlossen (§ 1930 BGB).

Gesamtergebnis: Die Großeltern erben das Haus ihrer Tochter, die Stiefschwester erbt das Aktienpaket ihres Stiefbruders.

Abwandlung 2.4.1: Gesetzliche Erbfolge – Vermögensübertragungen zu Lebzeiten/erste Variante

Sachverhalt | Checkliste | Lösung | Verfahren | Muster

Wie Sachverhalt zu Mandatssituation 2.4, S. 58. Der Sohn verstirbt noch am Unfallort, seine Mutter am darauffolgenden Tag.

Sachverhalt | **Checkliste** | Lösung | Verfahren | Muster

Gibt es Testamente der Erblasser oder Erbverträge?	☐
Gibt es schriftliche Schenkungsverträge oder sonstige Umstände, aus denen sich der genaue Inhalt der Schenkungsvereinbarungen ergeben könnte?	☐
Gibt es Rückfallklauseln im Notarvertrag über die Grundstücksübereignung?	☐
Kann geklärt werden, in welcher zeitlichen Reihenfolge Mutter und Sohn verstarben?	☐

Sachverhalt | Checkliste | **Lösung** | Verfahren | Muster

Die beiden Todesfälle sind in ihrer zeitlichen Reihenfolge getrennt und nacheinander zu beurteilen:

- **Todesfall des Sohnes**
  Der Sohn wird von seiner Mutter nach § 1925 Abs. 1 und 2 BGB und von seiner Stiefschwester nach § 1925 Abs. 1, 2 und Abs. 3 Satz 1 BGB jeweils zur Hälfte beerbt.
- **Todesfall der Mutter**
  Der Sohn ist vorverstorben. Es gibt daher keinen Erben 1. Erbordnung. Die Mutter wird von ihren Eltern als Erben 2. Erbordnung nach § 1925 Abs. 1 und 2 BGB jeweils zur Hälfte beerbt.

Gesamtergebnis: Das Vermögen der Mutter umfasst das Haus und den hälftigen Miterbenanteil am Aktienpaket, den sie von ihrem Sohn noch vor ihrem eigenen Tod geerbt hat. Dieser Miterbenanteil an der Erbschaft nach ihrem Sohn fällt in den Nachlass der Mutter. Die Großeltern des Sohnes bilden insoweit eine Miterbengemeinschaft mit seiner Stiefschwester.

Abwandlung 2.4.2: Gesetzliche Erbfolge – Vermögensübertragungen zu Lebzeiten/zweite Variante

Sachverhalt | Checkliste | Lösung | Verfahren | Muster

Wie Sachverhalt zu Mandatssituation 2.4, S. 58. Die Mutter verstirbt noch am Unfallort, ihr Sohn am darauffolgenden Tag.

Sachverhalt | **Checkliste** | Lösung | Verfahren | Muster

Gibt es Testamente der Erblasser oder Erbverträge?	☐
Gibt es schriftliche Schenkungsverträge oder sonstige Umstände, aus denen sich der genaue Inhalt der Schenkungsvereinbarungen ergeben könnte?	☐
Gibt es Rückfallklauseln im Notarvertrag über die Grundstücksübereignung?	☐
Kann geklärt werden, in welcher zeitlichen Reihenfolge Mutter und Sohn verstarben?	☐

Die beiden Todesfälle sind wiederum in ihrer zeitlichen Reihenfolge getrennt und nacheinander zu beurteilen:

- **Todesfall der Mutter**
  Der Sohn beerbt noch vor seinem eigenen Tod seine Mutter als Alleinerbe 1. Erbordnung nach § 1924 Abs. 1 BGB. Er schließt seine Großeltern (als Erben 2. Erbordnung nach seiner Mutter) von der gesetzlichen Erbfolge aus (§ 1930 BGB).
- **Todesfall des Sohnes**
  Seine Stiefschwester erbt als Erbin 2. Erbordnung eine Hälfte seines Vermögens nach § 1925 Abs. 1 und Abs. 3 Satz 1 BGB, die andere Hälfte nach § 1925 Abs. 1 und Abs. 3 Satz 2 i.V.m. Satz 1 BGB. Sie schließt die Großeltern (als Erben 3. Erbordnung nach dem Sohn/ Enkelsohn) von der gesetzlichen Erbfolge aus (§ 1930 BGB).

Gesamtergebnis: Die Stiefschwester erhält damit Haus und Aktien als Alleinerbin nach ihrem Stiefbruder.

Praxistipp

Für die genannte Fallkonstellation (und die Abwandlungen) ist es unerheblich, ob die Eltern verheiratet sind oder waren. Eheliche Kinder und nichteheliche Kinder werden und wurden in der Erbfolge nach ihrer Mutter wie eheliche Kinder behandelt. Bei der Erbfolge des nichtehelichen Kindes nach seinem Vater kommt es darauf an, wann das Kind geboren wurde und wann der Erbfall eintrat, da es unterschiedliche Geltungszeiträume für unterschiedliche Gesetzesregelungen gibt (vgl. dazu Kapitel 2.A.2.1.1.1, S. 25 ff.).

Das Erbrecht nichtehelicher Kinder

Praxistipp

Der Begriff der „vorweggenommenen Erbfolge" hat zivilrechtlich keine Bedeutung. Er kommt aus dem Steuerrecht. So sind es auch häufig steuerrechtliche Überlegungen, die zu Vermögensübertragungen der in dieser Mandatssituation dargestellten Art führen. Die tragischen Konsequenzen im aufgezeigten Fall resultieren daraus, dass die erbrechtlichen Auswirkungen der „vorweggenommenen Erbfolge" übersehen wurden.

Bereits bei der Vermögensübertragung der Großeltern auf ihre Tochter und auf ihren Enkel war Vorsorge für die aufgezeigten Fallkonstellationen zu treffen, sei es durch entsprechende Rückfallbestimmungen zugunsten der Großeltern, sei es durch entsprechende testamentarische Regelungen.

Vermögensübertragungen im Wege der „vorweggenommenen Erbfolge"

Mandatssituation 2.5: Erbverzicht und Pflichtteilsverzicht

Sachverhalt | Checkliste | Lösung | Verfahren | Muster

Weitreichende Rechtsfolgen

Der Erblasser hinterlässt bei seinem Tod **vier Söhne.** Seine Ehefrau ist vorverstorben. Mit **Sohn 1** schloss er einen Erbvertrag, in dem dieser einen Erbverzicht gegen Zahlung von 50.000 € erklärte. Mit **Sohn 2 und 3** schloss er jeweils einen Erbvertrag, in dem diese jeweils einen Pflichtteilsverzicht gegen Zahlung von 20.000 € erklärten. Alle Beträge zahlte der Erblasser vertragsgemäß. Mit **Sohn 4** hat der Erblasser keine Vereinbarung getroffen. Es gibt kein Testament. Sohn 4 fragt, wer Erbe wird.

Sachverhalt | **Checkliste** | Lösung | Verfahren | Muster

Gibt es ein Testament des Erblassers oder Erbverträge?	☐
Welchen Inhalt haben die Erbverträge?	☐
Haben die Abkömmlinge vom Erblasser schon zu seinen Lebzeiten Zuwendungen erhalten?	☐
Gibt es lebzeitige Zuwendungen des Erblassers an seine Abkömmlinge, für die eine Anrechnung der lebzeitigen Zuwendung auf einen späteren erbrechtlichen Erwerb bestimmt ist?	☐

Sachverhalt | Checkliste | **Lösung** | Verfahren | Muster

Nach §§ 1922, 1924 Abs. 1 BGB kommen zunächst alle Söhne als Erben 1. Erbordnung in Betracht.

Durch den Erbverzicht entfällt Sohn 1 hingegen als gesetzlicher Erbe (§ 2346 Abs. 2 BGB), und mit ihm auch seine Abkömmlinge (§ 2349 BGB).

Die Söhne 2 und 3 werden Erben, da sie nur auf ihr Pflichtteilsrecht (und damit nicht auf ihr Erbteil) verzichtet haben. Der Verzicht allein auf das Pflichtteil ist rechtlich zulässig (§ 2346 Abs. 2 BGB). Er lässt die gesetzliche Erbfolge unberührt. Sohn 4 wird ohne weiteres Miterbe nach § 1924 Abs. 1 und 4 BGB.

Ergebnis: Die Söhne 2, 3 und 4 werden Miterben zu je 1/3.
Die 20.000 €, welche die Söhne 2 und 3 jeweils aufgrund Erbvertrags erhalten haben, spielen im Rahmen der Erbschaft keine Rolle mehr. Zwar gibt es eine Ausgleichungspflicht für Abkömmlinge als gesetzliche Erben nach §§ 2050 ff. BGB. Deren Voraussetzungen liegen aber im gegebenen Fall der Gegenleistungen für Pflichtteilsverzichte nicht vor.

Abwandlung 2.5.1: Erbverzicht/Pflichtteilsverzicht/ kein Pflichtteilsanspruch gegen Alleinerben

Sachverhalt | Checkliste | Lösung | Verfahren | Muster

Wie Sachverhalt zu Mandatssituation 2.5, S. 62. Aber: Der Erblasser hat in einem Testament verfügt, dass Sohn 4 Alleinerbe werden soll. Sohn 4 fragt Sie, ob seine Brüder Pflichtteilsansprüche gegen ihn geltend machen können.

Sachverhalt | Checkliste | Lösung | Verfahren | Muster

Gibt es ein Testament des Erblassers oder Erbverträge?	☐
Welchen Inhalt haben die Erbverträge?	☐
Haben die Abkömmlinge vom Erblasser schon zu seinen Lebzeiten Zuwendungen erhalten?	☐
Gibt es lebzeitige Zuwendungen des Erblassers an seine Abkömmlinge, für die eine Anrechnung der lebzeitigen Zuwendung auf einen späteren erbrechtlichen Erwerb bestimmt ist?	☐

Sachverhalt | Checkliste | Lösung | Verfahren | Muster

Sohn 4 ist Alleinerbe und damit auch alleiniger Schuldner von Pflichtteilsansprüchen.

Nach § 2303 Abs. 1 Satz 1 BGB kommen Pflichtteilsansprüche der anderen Brüder als „durch Verfügung von Todes wegen von der Erbfolge ausgeschlossener Abkömmlinge des Erblasser“ gegen den Erben in Betracht.

Der Erbverzicht des Sohns 1 führt jedoch dazu, dass er kein Pflichtteilsrecht hat (§ 2346 Abs. 1 BGB a.E.). Diese Wirkung erstreckt sich auch auf seine Abkömmlinge (§ 2349 BGB).

Die Pflichtteilsverzichte der Söhne 2 und 3 sind als solche zulässig (§ 2346 Abs. 2 BGB), so dass ihre Pflichtteilsansprüche entfallen. Diese Wirkung erstreckt sich auch auf ihre Abkömmlinge (§§ 2349, 2346 Abs. 2 BGB).

Ergebnis: Keiner der Brüder kann Pflichtteilsansprüche gegen Sohn 4 als Alleinerben stellen.

Abwandlung 2.5.2: Erbverzicht/Pflichtteilsverzicht/ Pflichtteilsanspruch gegen Alleinerben

Sachverhalt | Checkliste | Lösung | Verfahren | Muster

Wie ist die Mandatssituation (Abwandlung) 2.5.1, S. 63 zu beurteilen, wenn es keinen Pflichtteilsverzichtsvertrag mit Sohn 3 gibt?

Sachverhalt | **Checkliste** | Lösung | Verfahren | Muster

Gibt es ein Testament des Erblassers oder Erbverträge?	☐
Welchen Inhalt haben die Erbverträge?	☐
Haben die Abkömmlinge vom Erblasser schon zu seinen Lebzeiten Zuwendungen erhalten?	☐
Gibt es lebzeitige Zuwendungen des Erblassers an seine Abkömmlinge, für die eine Anrechnung der lebzeitigen Zuwendung auf einen späteren erbrechtlichen Erwerb bestimmt ist?	☐

Sachverhalt | Checkliste | **Lösung** | Verfahren | Muster

Auswirkung des Erbverzichts im Pflichtteilsrecht (§ 2310 BGB)

Sohn 3 hat einen Pflichtteilsanspruch nach § 2303 Abs. 1 BGB gegen Sohn 4 als Alleinerben. Die Höhe des Pflichtteils besteht in der Hälfte des gesetzlichen Erbteils (§ 2301 Abs. 1 BGB). Dieser wird bestimmt nach der gesetzlichen Erbfolge.

Nach § 1925 Abs. 1 BGB sind alle vier Brüder gesetzliche Erben der 2. Erbordnung. Hier findet aber die Sonderregelung des § 2310 BGB Anwendung: Danach wird Sohn 1 bei der Berechnung der Pflichtteilsquote aufgrund seines Erbverzichts nicht als gesetzlicher Erbe mitgezählt, wohl aber die anderen drei Brüder. Sohn 2 ist mitzuzählen, obwohl dies in § 2310 BGB nicht explizit geregelt ist. Ansonsten ergäbe sich ein Wertungswiderspruch zum Ergebnis des Ausgangsfalls (i.E. ebenso Palandt/ Weidlich, § 2310 Rdnr. 2). Da der Pflichtteilsverzicht die gesetzliche Erbfolge unberührt lässt, ist Sohn 2 auch bei der Bestimmung der Pflichtteilsquote seines Bruders zu berücksichtigen.

Ergebnis: Drei der vier Söhne sind als Abkömmlinge mitzuzählen. Der gesetzliche Erbteil des Sohns 3 beträgt deshalb 1/3. Die Quote seines Pflichtteilsanspruchs gegen Sohn 4 beläuft sich auf 1/6 der Erbschaft.

Mandatssituation 2.6: Erbausschlagung durch Minderjährigen

Sachverhalt | Checkliste | Lösung | Verfahren | Muster

Zustimmungserfordernisse im Erbrecht

Aus der Ehe des Erblassers ist ein Sohn hervorgegangen. Dieser ist 17 Jahre alt. Der Erblasser verstirbt bei einem Autounfall. Die Mutter und der Sohn kommen zu Ihnen. Der Nachlass umfasst Vermögensgegenstände mit einem Wert von rund 15.000 €. Weiterhin gibt es eine Restverbindlichkeit i.H.v. 20.000 € aus einem Verbraucherdarlehen des Erblassers. Raten Sie Mutter und Sohn zur Ausschlagung der Erbschaft? Wie ist diese Ausschlagung zu bewerkstelligen?

Sachverhalt | Checkliste | Lösung | Verfahren | Muster

Gibt es ein Testament des Erblassers oder einen Erbvertrag?	☐
Wie genau setzt sich der Nachlass zusammen?	☐
Gibt es eine Kreditausfallversicherung?	☐
Welche Ausschlagungsfristen laufen ab wann?	☐
Gegenüber welchem Gericht sind Ausschlagungserklärungen abzugeben?	☐
Ist die von einem Minderjährigen abzugebende Erklärung genehmigungsbedürftig, ggf. nach § 1643 BGB?	☐
Welches Gericht ist für die Erteilung einer solchen Genehmigung zuständig?	☐

Sachverhalt | Checkliste | Lösung | Verfahren | Muster

Die Mutter wird gesetzliche Erbin als Ehefrau, der Sohn gesetzlicher Erbe als Abkömmling. Mit dem Erbfall geht das Vermögen des Erblassers als Ganzes auf beide als Miterben zu je 1/2 über, § 1922 Abs. 1 BGB (vgl. Mandatssituation (Abwandlung) 2.1.1, S. 50 und Mandatssituation (Abwandlung) 2.1.3, S. 51).

Die Mutter und der Sohn erben Aktiva und Passiva (Universalsukzession), also auch die Restverbindlichkeit aus dem Verbraucherdarlehn.

Auf den ersten Blick **scheint** der Nachlass **überschuldet**.

Warnhinweis

Darlehensausfall-versicherung

Doch Vorsicht: Zunächst ist zu prüfen, ob das wirklich zutrifft. Möglicherweise gibt es eine Darlehensausfallversicherung, die im Todesfall für den Darlehensnehmer einspringt und die restliche Darlehensschuld zu tilgen hat. Dann wäre der Nachlass werthaltig und von einer Ausschlagung abzuraten.

Ausschlagung ist formbedürftig (§ 1945 Abs. 1 und 2 BGB)

Angenommen, es gibt keine Darlehensausfallversicherung und Sie raten zur Ausschlagung, dann sollten die Mutter und der Sohn die Ausschlagung **persönlich** gegenüber dem Nachlassgericht erklären. Dadurch wird das unbedingt zu beachtende Formerfordernis des § 1945 Abs. 1 und 2 BGB mit dem geringstmöglichen Aufwand gewahrt. Nachlassgericht ist insoweit auch das Amtsgericht, in dessen Bezirk der Ausschlagende seinen Wohnsitz hat (§ 344 Abs. 7 FamFG).

Durch die Erbausschlagungen entfallen die Erbenstellungen (§§ 1942 Abs. 1, 1953 Abs. 1 BGB). Die Mutter und der Sohn treten nicht in die Schuldnerposition des Erblassers ein, sie haben dann mit der restlichen Darlehensschuld des Erblassers grundsätzlich nichts zu tun.

Ausschlagung durch Minderjährigen

Die Wirksamkeit der Ausschlagung durch die Mutter ist unproblematisch. Etwas anderes gilt für die Ausschlagung des minderjährigen Sohns.

Er ist nur beschränkt geschäftsfähig (§ 106 BGB). Zwar kann er die Ausschlagung erklären. Zur Wirksamkeit dieser Erklärung ist aber die **Einwilligung der Mutter** als gesetzlicher Vertreterin erforderlich (§§ 107, 111 Satz 1 BGB).

§ 181 BGB ist zu beachten, da auch die Mutter gesetzliche Erbin neben dem Sohn ist und sich ihr Erbteil erhöht, wenn ihr Sohn als gesetzlicher Miterbe durch die Ausschlagung seines Erbteils als Abkömmling des Erblassers wegfällt.

Praxistipp

Deshalb sollte die Mutter zuerst die Ausschlagungserklärung **im eigenen Namen** abgeben. Erst im Anschluss daran sollten die Ausschlagungserklärung des Sohnes und die Einwilligung der Mutter persönlich gegenüber dem Nachlassgericht erklärt werden. Denn die Mutter verliert mit ihrer Ausschlagungserklärung ihre Stellung als Erbin (§ 1953 Abs. 1 BGB). Die danach erklärte Ausschlagung des Sohnes kann den Erbteil der Mutter nicht mehr erhöhen. Damit kann der geschilderte Interessenkonflikt bei der Mutter nicht mehr vorliegen.

Ausschlagung genehmigungs-bedürftig

Des Weiteren ist § 1643 Abs. 1 und Abs. 2 Satz 1 BGB zu beachten. Zur Ausschlagung bedarf die Mutter – anders als bei einer Erbschaftsannahmeerklärung – grundsätzlich der familiengerichtlichen Genehmigung, und zwar innerhalb der Ausschlagungsfrist. Der Ausnahmetatbestand des § 1643 Abs. 2 Satz 2 BGB liegt nicht vor, da der Sohn auch ohne die Ausschlagung seiner Mutter gesetzlicher Erbe wird.

Keine Rückwirkung der Genehmigung

Da die Ausschlagung eine Gestaltungserklärung ist, kann die gerichtliche Genehmigung nicht auf den Zeitpunkt der Ausschlagungserklärung zurückwirken (Palandt/Ellenberger, § 184 Rdnr. 2 m.w.N.). Zur Wahrung der Ausschlagungsfrist muss die gerichtliche Genehmigung daher grundsätzlich innerhalb der Ausschlagungsfrist ergehen. Nach §§ 1944 Abs. 2, 206, 210 BGB sollte zur Wahrung der Ausschlagungsfristen hingegen genügen, dass der entsprechende Antrag beim Familiengericht innerhalb der Ausschlagungsfrist gestellt wird. Verzögert sich die Erteilung der rechtzeitig beantragten Genehmigung bei Gericht, so dass sie erst nach Ablauf der Ausschlagungsfrist erteilt wird, ist das als höhere Gewalt i.S.d. § 206 BGB anzusehen (Palandt/Weidlich, § 1945 Rdnr. 6 und Palandt/Ellenberger, § 206 Rdnr. 5).

Ergebnis: Schicken Sie Mutter und Sohn innerhalb der zu beachtenden Ausschlagungsfrist zum Nachlassgericht oder begleiten Sie sie bei diesem Gang, damit sie dort persönlich die erforderlichen Erklärungen zur Ausschlagung ihrer Erbschaft abgeben. Des Weiteren reichen Sie umgehend einen Antrag auf Erteilung der Genehmigung nach § 1643 BGB beim Familiengericht ein und weisen in dem Antrag vorsorglich auf das Ablaufdatum der Anfechtungsfrist hin.

Ausschlagung durch bevollmächtigten Rechtsanwalt

Der Erbe kann die Ausschlagung auch durch einen Stellvertreter erklären. Sollten Sie als Rechtsanwalt eine solche Erklärung für Ihren Mandanten abgeben, muss innerhalb der geltenden Frist eine öffentlich beglaubigte Vollmacht der Ausschlagungserklärung beigefügt werden (§§ 1945 Abs. 3, 1955 BGB).

Praxistipp

Im vorliegenden Fall ist zu empfehlen, dass Mutter und Sohn alle Erklärungen persönlich und unmittelbar gegenüber dem Nachlassgericht abgeben (§ 1945 Abs. 1 und 2 BGB). Spätestens zeitgleich sollte der bezeichnete Genehmigungsantrag beim Familiengericht gestellt werden. Sie können Ihre Mandanten als Rechtsbeistand zum Gericht begleiten, wenn diese das wünschen. Eine Vergütungsvereinbarung ist insoweit empfehlenswert, sofern Ihre Begleitung kein kostenfreier Service sein soll.

Mandatssituation 2.7: Die Erbfolge nach dem kinderlosen, unverheirateten Adoptierten

Sachverhalt | Checkliste | Lösung | Verfahren | Muster

Minderjährigenadoption mit den Wirkungen des § 1755 BGB

Die Eheleute A haben zwei leibliche Kinder, die Tochter T und den Sohn S. Sie adoptieren das **minderjährige** Kind K. Bei einem Unfall versterben zunächst Frau A und dann das Kind K. K ist ledig und hat keine eigenen Abkömmlinge.

Wer wird Erbe des K?

Sachverhalt | **Checkliste** | Lösung | Verfahren | Muster

Wann und mit welchem Inhalt wurde der Adoptionsbeschluss gem. § 1752 BGB ausgesprochen?	☐
Gibt esTestamente des Erblassers K oder Erbverträge, an denen er beteiligt ist?	☐
Ist geklärt, in welcher Reihenfolge die Adoptivmutter Frau A und K verstarben?	☐

Sachverhalt | Checkliste | **Lösung** | Verfahren | Muster

Mit der Minderjährigenadoption erloschen Ks Verwandtschaftsverhältnisse zu seinen bisherigen Verwandten (§ 1755 BGB). Da es keine Erben erster Ordnung gibt, erben nach § 1925 Abs. 1 BGB seine Adoptiveltern als Erben zweiter Ordnung zu gleichen Teilen. An die Stelle der vorverstorbenen Adoptivmutter Frau A treten deren Abkömmlinge T und S zu gleichen Teilen (§ 1925 Abs. 1 und 3 BGB).

Ergebnis: Erben werden der Adoptivvater Herr A zu 1/2 und die Adoptivgeschwister T und S zu jeweils 1/4.

Abwandlung 2.7.1: K war bei der Adoption volljährig

Sachverhalt | Checkliste | Lösung | Verfahren | Muster

Volljährigenadoption mit den Wirkungen des § 1770 BGB

Wie Sachverhalt zu Mandatssituation 2.7 (siehe oben). Aber: K wurde als **Volljähriger** von den Eheleuten A adoptiert. Die Wirkungen einer Minderjährigenadoption nach § 1772 BGB wurden **nicht** ausgesprochen.

Sachverhalt | **Checkliste** | Lösung | Verfahren | Muster

Wann und mit welchem Inhalt wurde der Adoptionsbeschluss gem. § 1752 BGB ausgesprochen?	☐
Gibt es Testamente des Erblassers K oder Erbverträge, an denen er beteiligt ist?	☐
Ist geklärt, in welcher Reihenfolge die Adoptivmutter Frau A und K verstarben?	☐

Sachverhalt | Checkliste | **Lösung** | Verfahren | Muster

§ 1770 Abs. 1 BGB bestimmt, dass sich die Wirkungen der Volljährigenadoption nicht auf die Verwandten der Adoptierenden erstrecken. Die Wirkungen der Adoption sind auf die unmittelbar Betroffenen der Adoption beschränkt, also auf das Rechtsverhältnis des Adoptierten K (und seiner Abkömmlinge) und der Adoptierenden, die Eheleute A. Die Verwandtschaftsverhältnisse des Adoptierten K zu seinen bisherigen Verwandten werden durch die Adoption nicht berührt (§ 1770 Abs. 2 BGB).

Da es keine Erben erster Ordnung gibt, erben nach § 1925 Abs. 1 BGB Ks Adoptiveltern und auch Ks leibliche Eltern jeweils als Erben zweiter Ordnung zu gleichen Teilen. Jeder Elternteil erbt also grundsätzlich 1/4 (Palandt/Weidlich, § 1925 Rdnr. 4).

Fraglich ist, wer an die Stelle der vorverstorbenen Adoptivmutter Frau A tritt.

Die Wirkungen der Adoption erstrecken sich nach § 1770 Abs. 1 BGB nicht auf die Verwandten der Adoptivmutter Frau A. Deshalb treten ihre Kinder T und S im Rahmen der Erbfolge nach K nicht an ihre Stelle (Palandt/Weidlich, § 1925 Rdnr. 4; Dittmann, RPfleger 1978, 277, 282 f.). Meines Erachtens findet § 1925 Abs. 3 Satz 1 BGB insoweit keine Anwendung (teleologische Reduktion); § 1925 Abs. 3 Satz 2 BGB bleibt aber anwendbar. Ansonsten widerspräche man dem Grundprinzip der gesetzlichen Erbfolge nach Stämmen. Dieses hat der Gesetzgeber ausdrücklich für die leiblichen Verwandten normiert. Hier gibt es auf der Ebene der Eltern zwei Stämme, nämlich die Adoptiveltern (bedingt durch die Adoption ohne Berücksichtigung deren Verwandtschaft) und die leiblichen Eltern (mit Berücksichtigung deren Verwandtschaft, weitere Fallkonstellationen dazu bei Dittmann, a.a.O.).

Dem Adoptivvater Herr A steht also auch der auf seine Ehefrau als Adoptivmutter entfallende Erbteil zu (§ 1925 Abs. 3 Satz 2 BGB).

Ergebnis: Der Adoptivvater Herr A wird Erbe zu 1/2; Ks leibliche Eltern werden Erben zu jeweils 1/4.

Praxistipp

Die praktische Bedeutung der Erwachsenenadoption findet ihren Ursprung häufig im Schenkung- und Erbschaftsteuerrecht. Der Gesetzgeber privilegiert dort Zuwendungen im Verhältnis der Eltern an ihre Kinder, und zwar durch die Gewährung besonderer Steuerfreibeträge und durch günstigere Steuerklassen (§ 16 Abs. 1, § 19, § 15 Abs. 1 ErbStG).

Auch die Mandatssituation 2.7.1 zeigt, dass bei aus dem Steuerrecht motivierten und aus dem Familienrecht herrührenden Rechtsänderungen immer auch an die erbrechtlichen Auswirkungen in alle Richtungen gedacht werden sollte. Das kann durch eine sinnvolle Gestaltung z.B. im Rahmen von Übertragungsverträgen oder im Rahmen letztwilliger Verfügungen geschehen.

Kapitel 3: Testamentsgestaltung

A. Einführung

1. Überblick

Jede natürliche Person hat die Möglichkeit, durch Errichtung eines Testaments oder Abschluss eines Erbvertrags abweichend von der gesetzlichen Erbfolge solche Verfügungen von Todes wegen zu treffen, die ihren persönlichen Wünschen und Vorstellungen entspricht. In Ergänzung zur Eigentumsgarantie in Art. 14 Abs. 1 GG wird dem Einzelnen die rechtliche Möglichkeit eröffnet, auch über den Tod hinaus bestimmte **eigene Vermögensdispositionen** zu treffen.

Testierfreiheit als bestimmendes Element der Erbrechtsgarantie

Nach der ständigen Rechtsprechung des Bundesverfassungsgerichts (BVerfG) ist „bestimmendes Element der Erbrechtsgarantie" die Testierfreiheit. Dabei gewährleistet die Erbrechtsgarantie des Art. 14 Abs. 1 Satz 1 GG das Erbrecht sowohl als Rechtsinstitut als auch als Individualrecht des Einzelnen.

Praxistipp

Machen Sie sich mit der Rechtsprechung des BVerfG zur Erbrechtsgarantie des Art. 14 Abs. 1 Satz 1 GG und zur Testierfreiheit vertraut. Eine anschauliche Darstellung der Reichweite der Testierfähigkeit finden Sie in der Entscheidung des BVerfG vom 19.04.2005 (BVerfGE 112, 332).

Dem Erblasser ist die Möglichkeit eröffnet, zu Lebzeiten einen von der gesetzlichen Erbfolge abweichenden Übergang seines Vermögens nach seinem Tod an einen oder mehrere Rechtsnachfolger anzuordnen, gesetzliche Erben von der Nachlassbeteiligung auszuschließen und wertmäßig auf den gesetzlichen Pflichtteil zu beschränken (BVerfGE 58, 377, 398; BVerfGE 112, 332).

Eigentumserwerbsrecht des Erben

Das BVerfG hat im Rahmen fortgesetzter Rechtsprechung festgestellt, dass dem durch die Testierfreiheit geschützten Recht des Erblassers, nach eigenen Vorstellungen zu vererben, ein entsprechendes Recht des Erben gegenübersteht, ein Eigentumserwerbsrecht kraft gewillkürter Erbfolge zu begründen (BVerfGE 91, 346, 360; BVerfGE 93, 165, 174; BVerfGE 99, 341, 349).

Schranken der Testierfreiheit

Wesentliche Einschränkungen erfährt die Testierfreiheit durch das **Verbot sittenwidriger** bzw. gesetzlich verbotener **Verfügungen** (§ 138 bzw. § 134 BGB).

Auch das **Pflichtteilsrecht** nach §§ 2303 ff. BGB stellt eine wesentliche Schranke der Testierfreiheit dar. Das BVerfG hat diesbezüglich deutlich gemacht, dass die grundsätzlich unentziehbare und bedarfsunabhängige wirtschaftliche Mindestbeteiligung von Abkömmlingen am Nachlass eines Erblassers „als tragendes Strukturprinzip des geltenden Pflichtteilsrechts" von der Erbrechtsgarantie des Art. 14 Abs. 1 Satz 1 GG umfasst ist (vgl. BVerfGE 112, 332).

Beschränkung durch eigene Bindung an Erbvertrag oder gemeinschaftliches Ehegattentestament

Schließlich erfährt die Testierfreiheit des Einzelnen eine wesentliche Einschränkung durch die dem Erblasser eröffnete Befugnis, im Rahmen eines durch Ehegatten gemeinschaftlich errichteten Testaments (§ 2265 BGB) **wechselbezügliche Verfügungen** i.S.d. § 2270 Abs. 1 BGB zu treffen. Die gleiche Befugnis steht gem. § 10 Abs. 4 Satz 1 LPartG eingetragenen gleichgeschlechtlichen Lebenspartnern zu. Wechselbezügliche Verfügungen **in einem gemeinschaftlichen Testament** stellen solche dar, von denen anzunehmen ist, dass die Verfügung des einen nicht ohne die Verfügung des anderen getroffen sein würde. Nachdem gem. § 2271 Abs. 1 Satz 1 BGB der Widerruf einer entsprechenden Verfügung zu Lebzeiten der Ehegatten unter den Voraussetzungen des § 2296 Abs. 2 BGB möglich ist, erlischt das Recht zum Widerruf gem. § 2271 Abs. 2 Satz 1 mit dem Tod des anderen Ehegatten/eingetragenen Lebenspartners. Auch der Abschluss eines Erbvertrags gem. §§ 1941 Abs. 1, 2274 ff. BGB ermöglicht es, nicht miteinander Verheirateten/eingetragenen Lebenspartnern gemeinsam und mit bindender Wirkung von Todes wegen zu verfügen.

Praxistipp

Bei der Beratung von Eheleuten bzw. Lebenspartnern im Hinblick auf die Gestaltung eines gemeinschaftlichen Testaments oder einen Erbvertrag ist stets die Bindung an ein bereits errichtetes gemeinschaftliches Testament oder an einen Erbvertrag und eine sich daraus ergebende Beschränkung der Testierfreiheit zu prüfen. Berücksichtigen Sie, dass sich die Mandanten oftmals an vormals errichtete Verfügungen von Todes wegen nicht erinnern bzw. ihnen eine Bindung an ein früheres gemeinschaftliches Testament oder einen Erbvertrag rechtlich nicht bekannt ist. **Fragen Sie daher explizit nach entsprechenden früheren Verfügungen** und prüfen Sie ggf. die Möglichkeit der Beseitigung oder Durchbrechung bestehender Bindungen; eine übersichtlich strukturierte und hilfreiche Darstellung zu allen Fragen der Testamentsgestaltung finden Sie bei Gottwald/Schuller, in: Praxishandbuch Erbrecht, Teil 3/3.

2. Formelle Gestaltungsmöglichkeiten

Testamentsarten

Im Rahmen der Testamentsgestaltung stehen dem Testierenden verschiedene ordentliche Testamentsformen, in denen eine Verfügung von Todes wegen mit den gewünschten erbrechtsgestaltenden Wirkungen errichtet werden kann, zur Verfügung. Dabei regelt der Gesetzgeber **streng formal** zur Sicherung von Urheberschaft und Inhalt eines Testaments die Möglichkeiten, um dem Erblasserwillen in der beabsichtigten Weise im Fall des Ablebens des Testierenden Wirksamkeit zu verleihen.

Eigenhändiges Testament (§ 2247 BGB)

Mittels der Befugnis, gem. § 2247 BGB ein Testament durch eigenhändig geschriebene und unterschriebene Erklärung zu errichten, ermöglicht es der Gesetzgeber dem Erblasser, ohne Verursachung weiterer Errichtungskosten zu jeder Zeit und an jedem Ort von Todes wegen zu verfügen, sofern der Testierende volljährig ist und Geschriebenes zu lesen vermag (§ 2247 Abs. 1, 4 BGB). Die insoweit gesetzlich normierten Formvorschriften dienen dabei im Hinblick auf den Testierwillen des Erblassers der Dokumentation desselben sowie der Beweissicherung. Wenngleich ein Verstoß gegen die Formerfordernisse, beispielsweise die nicht vollständig handschriftlich verfasste Urkunde oder eine solche ohne eigenhändige Unterschrift des Testierenden, zur Nichtigkeit des eigenhändigen Testaments führt, § 125 BGB, so ist das formwirksam errichtete eigenhändige Testament **dem öffentlichen Testament** im Hinblick auf sämtliche materiellen Gestaltungsmöglichkeiten **gleichwertig.** Gemäß § 2248 BGB kann das eigenhändige Testament zum Zweck der Auffindbarkeit im Erbfall zugleich in amtliche Verwahrung gegeben werden.

Praxistipp

Der im Rahmen der Testamentsgestaltung tätige Rechtsanwalt hat nach Beratung des Mandanten sowie nach Fertigung eines Testamentsentwurfs stets die Frage zu klären, ob die Errichtung eines eigenhändigen Testaments durch den Mandanten sachdienlich ist oder ob gewichtige Gründe für ein öffentliches, notariell beurkundetes Testament vorliegen. Vorteile des privatschriftlichen Testaments liegen in der Tatsache, dass ein solches einfach und ohne Bindung an Zeit und Ort errichtet und zugleich auch widerrufen werden kann. Der Gefahr der Unauffindbarkeit im Erbfall kann durch wohlüberlegte Hinterlegung bzw. durch Hingabe in anwaltliche oder besondere amtliche Verwahrung begegnet werden. Die Gefahr der Unauffindbarkeit im Erbfall sowie die Gefahr unbefugter Vernichtung sind gegenüber dem Mandanten zu problematisieren. Der Gefahr, dass der Testierende unrichtig, widersprüchlich oder unter Verwendung falscher Rechtsbegriffe testiert, kann durch umfassende, möglichst fachanwaltliche Beratung und Fertigung eines vollständigen Testamentsentwurfs mit entsprechenden Hinweisen für den Mandanten begegnet werden.

Klären Sie den Mandanten darüber auf, dass nicht die notarielle Beurkundung allein die Qualität des Testaments ausmacht, sondern in erster Linie die sachkundige und interessengerechte Beratung und Entwurfsfertigung durch einen erbrechtskundigen Sachbearbeiter.

Gemeinschaftliches eigenhändiges Testament (§ 2267 BGB)

Auch das gemeinschaftliche Testament der **Ehegatten und eingetragenen Lebenspartner** kann unter Beachtung der zwingenden Formvorschriften des § 2247 BGB als eigenhändiges Testament errichtet werden. Dabei ist es ausreichend, dass einer der Ehegatten bzw. eingetragenen Lebenspartner das Testament in der dort vorgeschriebenen Form errichtet und der jeweils andere die gemeinschaftliche Erklärung eigenhändig mitunterzeichnet (§ 2267 Satz 1 BGB).

Öffentliches Testament (§ 2232 BGB)

Die Errichtung des öffentlichen Testaments gem. § 2232 BGB erfolgt durch mündliche oder in anderer Weise **gegenüber dem Notar** geäußerte Erklärung des letzten Willens des Erblassers zur Niederschrift des Notars (§§ 2231 Nr. 1, 2232 Satz 1 erste Alternative BGB). Eine weitere Möglichkeit der Errichtung eines öffentlichen Testaments besteht in der zur Niederschrift eines Notars abgegebenen Erklärung des Erblassers, dass eine zugleich überreichte offene oder verschlossene Schrift eine letztwillige Verfügung enthalte (§§ 2231 Nr. 1, 2232 Satz 1 zweite Alternative, Satz 2 BGB). Die Testamentserrichtung durch „Erklärung" zur Niederschrift eines Notars muss aufgrund gesetzgeberischer Entscheidung des BVerfG nicht mehr zwingend mündlich erfolgen. Behinderten Testierwilligen, insbesondere sprech- und schreibunfähigen Personen, ist demnach die Möglichkeit eröffnet, einen seitens des Notars im Rahmen der Beurkundung vorgelesenen Entwurf durch bestätigende Erklärung des Erblassers quasi „abzunicken" (aufgrund BVerfGE 99, 341). Für sprech- und/oder schreibunfähige Personen besteht somit in Form der Errichtung eines öffentlichen Testaments die einzige wirksame Möglichkeit, einem zuvor gebildeten Testierwillen im Rahmen der Testierfreiheit Geltung zu verschaffen.

Praxistipp

Prüfen Sie stets, ob es auch angesichts zusätzlicher Kosten für den Mandanten gewichtige Gründe für die Errichtung eines öffentlichen, notariell beurkundeten Testaments gibt. Verschaffen Sie sich einen Überblick über die sachlichen Argumente (bspw. grundlegend Kössinger, in: Nieder/Kössinger, § 17 „Die Form der Errichtung von Verfügungen von Todes wegen", I., II.). Vertretbar erscheint insoweit die Auffassung von Kössinger, dem öffentlichen Testament sei hinsichtlich der erbrechtsbezeugenden Funktion der Vorzug zu geben. Als öffentliche Urkunde i.S.d. §§ 415, 418 ZPO begründe das öffentliche Testament den vollen Beweis der in ihm bezeugten Tatsachen, somit Ort und Zeit der Errichtung, Identität des Testierenden und Inhalt und Vollständigkeit der letztwillig abgegebenen Erklärungen.

Klären Sie den Mandanten darüber auf, dass auch umfassende anwaltliche Beratung bei letztendlicher Wahl des privatschriftlichen Testaments als Testamentsform erbrechtsbezeugende Funktion haben kann. Insbesondere der entwurfsfertigende Sachbearbeiter ist oftmals aufgrund intensiver Gespräche mit dem Mandanten in der Lage, die Motive und Absichten des Erblassers im Streitfall zu bezeugen. Nicht allein die Mitwirkung des Beurkundungsorgans, sondern die eingehende Beratungstätigkeit des fachkundigen Sachbearbeiters macht es wahrscheinlich, dass der letzte Wille des Erblassers formell richtig und materiell klar niedergelegt wird.

Klären Sie mit dem Mandanten, ob es im konkreten Fall die Gefahr einer Verfälschung oder Unterdrückung des Testaments nach Eintritt des Erbfalls gibt, die es als sachdienlich erscheinen lässt, dass eine als öffentliches Testament errichtete Verfügung unverzüglich in besondere amtliche Verwahrung beim Amtsgericht verbracht wird (§ 34 BeurkG). Weisen Sie den Mandanten auf die Möglichkeit hin, dass auch ein eigenhändiges Testament in die besondere amtliche Verwahrung verbracht und damit im Zentralen Testamentsregister der Bundesnotarkammer registriert werden kann.

3. Materielle Gestaltungsmöglichkeiten

Inhaltlich unterliegen Verfügungen von Todes wegen einem **Typenzwang,** nachdem im Hinblick auf die Ausgestaltung der Rechtsnachfolge lediglich bestimmte Arten von Verfügungen gesetzlich genannt sind. Im Wesentlichen stehen dem Erblasser folgende Verfügungsmöglichkeiten offen:

- Erbeinsetzung (§ 1937 BGB)
- Ersatzerbeneinsetzung (§ 2096 BGB)
- Vor- und Nacherbschaft (§§ 2100 ff. BGB)
- Enterbung (§ 1938 BGB)
- Vermächtnis (§§ 1939, 2147 ff. BGB)
- Auflage (§§ 1940, 2192 ff. BGB)
- Teilungsanordnung (§ 2048 BGB)
- Testamentsvollstreckung (§§ 2197 ff. BGB)
- Pflichtteilsbeschränkung/-entziehung (§§ 2336, 2338 BGB)
- Widerruf einer testamentarischen Verfügung (§ 2254 BGB)
- Wahl der Anwendbarkeit Deutschen Erbrechts (Art. 25 Abs. 2 EGBGB u. Art. 22 Abs. 1 ErbVO)
- Familienrechtliche Anordnungen, Beschränkung der Vermögenssorge (§ 1638 Abs. 1 BGB), Vormundbenennungsrecht der Eltern (§§ 1782, 1777 BGB)
- Stiftung aufgrund Verfügung von Todes wegen (§ 83 Satz 1 BGB)

4. Kosten

Anwaltliche Vergütung im Rahmen der Testamentsgestaltung

Im Hinblick auf die Frage der Vergütung der anwaltlichen Tätigkeit in Form von Beratung und Entwurf eines Testaments ist unter Berücksichtigung der aktuellen Rechtsprechung zu den Gebührenvorschriften des Rechtsanwaltsvergütungsgesetzes (RVG) davon auszugehen, dass das Entwerfen von Urkunden im gebührenrechtlichen Sinne als **Beratungstätigkeit** anzusehen ist. Nachdem nach dem Wortlaut des RVG allein das Entwerfen von Verträgen als Geschäftstätigkeit zu werten ist, ist das Entwerfen von Urkunden nicht mehr im Anwendungsbereich der Norm aufgezählt (vgl. Vorbem. 2.3 Abs. 3 VV RVG).

Praxistipp

Einen detaillierten Überblick über den Stand der Rechtsprechung zum Vergütungsrecht für den Entwurf eines Testaments bietet Norbert Schneider, Kostenpraxis Vergütung für den Entwurf eines Testaments, ErbR 2012, 367 mit Auswertung der einschlägigen Rechtsprechung.

Nach Auffassung der Gerichte ist bei der Fertigung eines Testamentsentwurfs von reiner Beratungstätigkeit und nicht Geschäftstätigkeit auszugehen, da es an der für die Geschäftstätigkeit typischen Außenwirkung fehle. Auch für den Entwurf eines gemeinschaftlichen Testaments mit ausschließlich nicht wechselbezüglichen Verfügungen wird obergerichtlich eine fehlende Außenwirkung angenommen. Im Ergebnis führt dies dazu, dass im Rahmen der Testamentsgestaltung ausschließlich von Beratungstätigkeit des sachbearbeitenden Rechtsanwalts auszugehen ist.

Praxistipp

Treffen Sie zwingend eine **Vergütungsvereinbarung** mit dem Mandanten (Zeithonorar!), um die aufwendige und haftungsträchtige Tätigkeit des Rechtsanwalts im Rahmen der Testamentsgestaltung zu vertretbaren wirtschaftlichen Konditionen ausfüllen zu können. Machen Sie sich klar, dass das RVG eine wertabhängige Beratungsgebühr für Ihre Tätigkeit nicht vorsieht und die gesetzlichen Gebühren Ihre Tätigkeit in keiner Weise adäquat vergüten.

Notarielle Beurkundungskosten

Die Errichtung eines öffentlichen Testaments durch Erklärung gegenüber dem Notar bzw. durch das Überreichen einer offenen oder verschlossenen Schrift an den Notar verursacht neben der anwaltlichen Vergütung im Rahmen der Beratungs- und Entwurfstätigkeit Kosten aufgrund der **Beurkundungs- und Betreuungsgebühren des Notars.** Die Notarkosten sind im **Gerichts- und Notarkostengesetz (GNotKG)** geregelt. Die Beurkundungsgebühren (§§ 85 ff. GNotKG) ergeben sich aus Teil 2 Hauptabschnitt 1 KV GNotKG, die Kosten für Betreuungstätigkeiten (§§ 113 ff. GNotKG) aus Teil 2 Hauptabschnitt 2 Abschnitt 2 KV GNotKG. Die hierin erkennbaren bisweilen erheblichen zusätzlichen Kosten für den Testierenden relativieren sich oftmals dadurch, dass in einer Vielzahl von Fällen Kosten für die Erteilung eines Erbscheins vermieden werden können, da für Grundbuch- und Handelsregisterberichtigungen i.d.R. die Vorlage des öffentlichen Testaments mit der Eröffnungsniederschrift als Nachweis der Rechtsnachfolge als ausreichend erachtet wird (§ 35 Abs. 1 Satz 2 GBO). Gleiches gilt für die die Erblasserkonten führenden Banken aufgrund der dortigen allgemeinen Geschäftsbedingungen, wobei erfahrungsgemäß außerhalb absoluter Standardfälle auch die Banken die Vorlage eines Erbscheins zum Nachweis des Erbrechts verlangen. Sofern zudem ein Streit über das Erbrecht zu befürchten ist, der einer nachlassgerichtlichen Klärung bedarf, ist regelmäßig die Durchführung des Erbscheinerteilungsverfahrens nicht verzichtbar.

B. Mandatssituationen

Mandatssituation 3.1: Einzeltestament mit Rechtswahl zugunsten eines nichtehelichen Lebensgefährten und eines nicht gemeinsamen Kindes mit Ersatzerbeneinsetzung, Vermächtnisaussetzungen und letztwilliger Schiedsklausel

Sachverhalt | Checkliste | Lösung | Verfahren | Muster

Die Mandantin lebt mit ihrem Lebensgefährten in nichtehelicher Gemeinschaft zusammen. Beide verbindet die Vorstellung, mittelfristig ins europäische Ausland zu ziehen. Die Mandantin hat eine volljährige Tochter aus einer vorangegangenen Beziehung. Da die Mandantin ihr Vermögen überwiegend selbst erarbeitet hat, sie jedoch ihren Lebensgefährten im Fall ihres Versterbens nicht unversorgt wissen möchte, ist es der Mandantin wichtig, den Lebensgefährten und die Tochter in gleicher Weise im Fall ihres Todes zu bedenken. Vor Aufteilung ihres Vermögens möchte die Mandantin sichergestellt wissen, dass ihr gesamter Hausrat ihrem Lebensgefährten zufällt. Ihre Tochter bzw. deren Kinder sollen vorab ihren Familienschmuck und alle sonstigen familienbezogenen Gegenstände erhalten. Sofern der Lebensgefährte zum Zeitpunkt ihres Versterbens bereits selbst verstorben sein sollte, soll die Tochter der Mandantin auch an seiner Stelle erben. Da sich Lebensgefährte und Tochter der Mandantin nicht mögen und oftmals in Streit miteinander geraten, ist es wesentliches Anliegen der Mandantin, gerichtliche Auseinandersetzungen um ihren Nachlass zu vermeiden. Da ihr Bruder Fachanwalt für Erbrecht ist, will sie verbindlich dessen schiedsgutachterliche Tätigkeit im Streitfall bestimmen. Die Mandantin will dies in einer wirksamen Verfügung von Todes wegen regeln.

Sachverhalt | **Checkliste** | Lösung | Verfahren | Muster

Überzeugen Sie sich von der Testierfähigkeit der Mandantin und befragen Sie diese nach ihrer Staatsangehörigkeit bzw. nach ihrer Absicht, kurz- oder mittelfristig einen Wohnsitzwechsel ins Ausland zu vollziehen; prüfen Sie die Erforderlichkeit einer Rechtswahlklausel.	☐
Klären Sie, ob die Mandantin verheiratet war oder noch ist.	☐
Prüfen Sie, ob die Mandantin ggf. durch Erbvertrag oder ein bereits errichtetes gemeinschaftliches Testament gebunden und somit in ihrer Testierfreiheit beschränkt ist.	☐
Prüfen Sie ggf. die Möglichkeit der Beseitigung oder Durchbrechung bestehender Bindungen.	☐

Denken Sie daran, vorsorglich ausdrücklich frühere letztwillige Verfügungen der Mandantin im aktuellen Testamentsentwurf zu widerrufen, da die Gefahr besteht, dass sich die Mandantin an vormals errichtete Verfügungen von Todes wegen nicht erinnert bzw. ihr eine Bindung an ein früheres gemeinschaftliches Testament oder einen Erbvertrag rechtlich unbekannt ist.	☐
Ermitteln Sie möglichst genau den Wert und die Zusammensetzung des Vermögens der Mandantin (im Ausland belegenes Vermögen oder Gesellschaftsbeteiligungen?).	☐
Stellen Sie fest, ob die in Betracht gezogenen Verfügungen im Rahmen des Einzeltestaments insbesondere im Hinblick auf die Begünstigung des nicht ehelichen Lebensgefährten der Mandantin erbschaftsteuergünstig sind.	☐
Klären Sie mit der Mandantin, welche Person als tauglicher Schiedsrichter in Betracht kommt; treffen Sie eine Vergütungsregelung für den Schiedsrichter.	☐

Praxistipp

Dokumentieren Sie das Ergebnis der Abfrage Ihrer Checkliste bzw. Ihrer umfassenden Sachverhaltserfassung schriftlich zum Zweck der Selbstkontrolle bzw. zum Selbstschutz. Sofern Sie die Daten in einem seitens der Mandantin unterzeichneten Auftrag zum Entwurf einer letztwilligen Verfügung festhalten, sind die Sachverhaltsdetails als Grundlage des von Ihnen gefertigten Urkundenentwurfs zwischen Ihnen und der Mandantin klar festgestellt. Gegebenenfalls empfiehlt es sich, mit der Mandantin schriftlich zu korrespondieren und den Testamentsentwurf unter Bezugnahme auf die Sachverhaltsgrundlagen und Motive der Mandantin zu erläutern.

Treffen Sie im Hinblick auf eine angemessene Honorierung Ihrer Tätigkeit mit der Mandantin eine Vergütungsvereinbarung („Zeithonorar")!.

Sachverhalt | Checkliste | Lösung | Verfahren | Muster

Praxistipp

Weisen Sie die Mandantin angesichts der geäußerten Absicht, gemeinsam ins Ausland zu verziehen, ausdrücklich eingangs darauf hin, dass gem. Art. 22 Abs. 1 EuErbVO eine Rechtswahl für die Rechtsnachfolge von Todes wegen getroffen werden kann (siehe Kapitel 14.A.8.2 , S. 962 f. „Rechtswahl nach der EuErbVO"). Weisen Sie die Mandantin ausdrücklich auf das Erbstatut des letzten gewöhnlichen Aufenthalts für Erbfälle nach dem 16.08.2015 hin. Erläutern Sie der Mandantin, dass unabhängig vom letzten gewöhnlichen Aufenthalt für die Rechtsnachfolge von Todes wegen das Recht des Staates gewählt werden kann, dem die Mandantin im Zeitpunkt der Rechtswahl oder im Zeitpunkt ihres Todes angehört.

Einen Überblick gibt RA Torben Swane in ErbR 2014, S. 323.

Einseitiges Testament zugunsten des nichtehelichen Lebensgefährten

Die seitens der Mandantin beabsichtigte Beteiligung ihres nichtehelichen Lebensgefährten an ihrem Nachlass als wesentliches Regelungsziel im vorliegenden Fall ist in Form des einseitigen Testaments regelbar. Es ist in entsprechenden Konstellationen zu berücksichtigen, dass der nicht eheliche Lebensgefährte unter keinen Umständen als gesetzlicher Erbe in Betracht kommt. Sind wie vorliegend Abkömmlinge vorhanden, so beerben diese einen Erblasser gem. § 1924 Abs. 1 BGB als gesetzliche Erben erster Ordnung allein; § 1931 BGB als gesetzliches Erbrecht des überlebenden Ehegatten greift nicht.

Kein gesetzliches Erbrecht des nichtehelichen Lebensgefährten

Sachverhaltlich ist wesentliches Ziel der Mandantin, den nichtehelichen Lebensgefährten am Nachlass zu beteiligen und sowohl Tochter als auch nichtehelichen Lebensgefährten mit jeweils 1/2-Erbteil zu bedenken. Da die gesetzliche Erbfolge dem nicht Rechnung trägt, ist **zwingend** eine letztwillige Verfügung von Todes wegen zu treffen, welche in Abweichung der gesetzlichen Erbfolge den nichtehelichen Lebensgefährten berücksichtigt. Dies geschieht durch entsprechende Erbeinsetzung im Testament zu je 1/2-Erbteil.

Praxistipp

Weisen Sie die Mandantin deutlich darauf hin, dass die Möglichkeit der Errichtung eines gemeinschaftlichen Testaments für nichteheliche Lebensgefährten nicht gegeben ist (§ 2265 BGB). Machen Sie deutlich, dass die Formerleichterung gem. § 2267 BGB in diesem Fall nicht greift.

Machen Sie der Mandantin klar, dass das einseitige Testament jederzeit frei widerruflich ist und eine eventuell beabsichtigte erbrechtliche Bindungswirkung lediglich durch Abschluss eines notariellen Erbvertrags (§§ 2274 ff. BGB) zwischen nichtehelichen Lebensgefährten herbeigeführt werden kann. Es empfiehlt sich der Vorbehalt eines bedingungslosen Rücktritts beim Erbvertrag!

Durch Einsetzung der zugleich eingesetzten Tochter der Mandantin als Ersatzerbin des nichtehelichen Lebensgefährten wird verhindert, dass im Fall des Wegfalls des nichtehelichen Lebensgefährten 1/2-Anteil des Nachlasses ungewollt in dessen Stamm abfließt.

Vorausvermächtnis (§ 2150 BGB)

Im Wege des Vorausvermächtnisses ist es der Mandantin möglich, sowohl dem nichtehelichen Lebensgefährten als auch der Tochter **konkrete Einzelgegenstände** zuzuweisen (§ 2150 BGB), ohne Anrechnung des zugewendeten Vermächtnisses auf den jeweiligen Erbteil. Hierdurch kann die Mandantin ihrem Lebensgefährten den als gemeinsam empfundenen Hausrat in der gemeinsamen Wohnung nebst allen Wohnungseinrichtungsgegenständen sowie ausdrücklich den gemeinsam genutzten Pkw zuwenden. In gleicher Weise ist es der Mandantin möglich, familienbezogene Einzelgegenstände der Tochter zuzuwenden und insoweit in der leiblichen Familie zu belassen. Da die entsprechenden Vermächtnisaussetzungen zusätzlich zum jeweils hälftigen Erbteil der Begünstigten gewährt werden, ändert sich an der Erbquote durch die den Erben zugewendeten Vermächtnisse nichts.

Schiedsklausel

Will der Erblasser wie vorliegend im Sachverhalt im Hinblick auf die Entscheidung erbrechtlicher Streitigkeiten die ordentlichen Gerichte ausschließen und sicherstellen, dass ein von ihm bestimmter Schiedsrichter in Streitigkeiten zwischen den Erben entscheidet, ist im Rahmen der Verfügung von Todes wegen eine entsprechende Schiedsklausel aufzunehmen. Gemäß § 1066 ZPO besteht die Möglichkeit, mittels testamentarischer Regelung die Entscheidung eines Schiedsgerichts für Streitigkeiten zwischen Erben untereinander, zwischen Erben und Vermächtnisnehmern sowie zwischen Erben und Nachlassgläubigern herbeizuführen. Dabei hat der Schiedsspruch unter den Parteien die **Wirkung eines rechtskräftigen gerichtlichen Urteils** (§§ 1055 ff. ZPO). Streitigkeiten zwischen den Parteien werden demnach mit endgültigem Schiedsspruch bzw. Feststellungsbeschluss betreffend die Beendigung des schiedsrichterlichen Verfahrens erledigt. Schiedsfähig i.S.d. § 1030 Abs. 1 ZPO ist jeder vermögensrechtliche Anspruch, mithin kann Gegenstand einer im Rahmen einer testamentarischen Verfügung formulierten Schiedsklausel jede rechtlich zulässige letztwillige Verfügung bzw. ihre Auslegung sein.

Praxistipp

Klären Sie mit der Mandantin, ob eine geeignete Person für die Tätigkeit des Schiedsrichters für den Fall eines Streits der Erben um erbrechtliche Ansprüche bekannt ist bzw. zur Verfügung stehen würde. Weisen Sie auf die Möglichkeit hin, dass der Vorstand des Netzwerks Deutscher Testamentsvollstrecker in Berlin ggf. ersatzweise einen Schiedsrichter benennen kann. Regeln Sie den Vergütungsanspruch des Schiedsrichters und vermeiden Sie, dass anderenfalls im Hinblick auf die dem Schiedsrichter zustehende übliche Vergütung plus Auslagenersatz aufgrund von §§ 675 Abs. 1, 670 BGB Streit entsteht; orientieren Sie sich bei der testamentarischen Bestimmung einer Vergütung für den Schiedsrichter im Hinblick auf die Frage der Angemessenheit an den gesetzlichen Vergütungsvorschriften des RVG.

Totenfürsorge

Sinnvoll ist zugleich eine abschließende Regelung im Testament zur Totenfürsorge, welche nach h.M. den nahen Angehörigen des Erblassers, nicht jedoch den Erben aufgrund ihrer Erbenstellung zusteht. Die Totenfürsorge umfasst die Bestattungsart, den Bestattungsort sowie Grabgestaltung und Grabpflege des Erblassers, wobei zu berücksichtigen ist, dass bei Eintritt der gesetzlichen Erbfolge das Totenfürsorgerecht sachverhaltlich zunächst der Tochter, nicht jedoch dem nichtehelichen Lebenspartner zusteht. Ausgefüllt wird das Recht zur Totenfürsorge durch öffentlich-rechtliches Friedhofs- und Bestattungsrecht.

Praxistipp

Nehmen Sie das Recht zur Totenfürsorge in die letztwillige Verfügung auf und klären Sie zum Zweck der Vermeidung von Streitigkeiten zwischen dem nichtehelichen Lebensgefährten und der Tochter der Mandantin, wem das Recht zur Totenfürsorge nach dem Willen der Mandantin zufallen soll. Sollte die Mandantin den nichtehelichen Lebensgefährten und seine Vorstellungen betreffend Art und Weise sowie Ort der Bestattung bevorzugen, ist eine entsprechende Regelung im Testament **zwingend erforderlich**.

Beraten Sie die Mandantin dahingehend, dass § 2077 BGB im Trennungsfall nicht gilt und die Wirkungen der letztwilligen Verfügungen zugunsten des nichtehelichen Lebensgefährten auch trotz Trennung fortdauern; weisen Sie auf die Notwendigkeit eines Widerrufs hin; machen Sie der Mandantin deutlich, dass sie und ihr Partner als nichteheliche Lebensgefährten auch nicht Verlobte i.S.d. Gesetzes sind.

Steuertipp

Freibetrag des Lebensgefährten

Erwerbe von Todes wegen unterliegen der Erbschaftsteuer. Zu beachten ist, dass dem nichtehelichen Lebensgefährten lediglich ein persönlicher Freibetrag von 20.000 € zugebilligt und der über diesem Betrag liegende Erwerb mit mindestens 30 % Erbschaftsteuer belastet wird. Hausrat bleibt für ihn bis zu einem Betrag von 12.000 € (§ 13 Abs. 1 Nr. 1c ErbStG), erbschaftsteuerfrei. Wegen des geringen Freibetrags und des dann sehr hohen Steuersatzes sollten **Strategien zur Vermeidung bzw. Reduzierung der Erbschaftsteuer** entwickelt werden.

Vermögen übertragen mittels vorweggenommener Erbfolge

Da der Freibetrag alle zehn Jahre neu auflebt, kann es – je nach Fallgestaltung – sinnvoll sein, im Wege der vorweggenommenen Erbfolge **frühzeitig** Teile des eigenen Vermögens auf den Partner zu übertragen. Dabei ist allerdings zu bedenken, dass niemand vorhersehen kann, wer wen überlebt, so dass die Versteuerung eines ggf. eintretenden Rückerwerbs zu beachten ist.

Auflagen

Soll der Lebensgefährte die **Beerdigung/Grabpflege** übernehmen, empfiehlt es sich, dies durch eine Auflage anzuordnen. In diesem Fall sind die damit verbundenen Kosten insgesamt als Nachlassverbindlichkeit abziehbar (§ 10 Abs. 5 Nr. 2 ErbStG). Wird dies nicht durch eine Auflage angeordnet, sind die Kosten dafür nur beschränkt abziehbar (§ 10 Abs. 5 Nr. 3 ErbStG).

Entsprechendes gilt, wenn der Lebensgefährte andere Aufgaben übernehmen soll, etwa die **Pflege eines** zum Haushalt gehörenden **Tiers**. Dies wird von den Betroffenen oftmals als völlig selbstverständlich angesehen; wird diese Aufgabe aber durch eine Auflage angeordnet, sind die damit verbundenen Aufwendungen vom Aktivnachlass als Nachlassverbindlichkeiten abziehbar.

Freibetrag der Tochter

Dieselben Grundsätze gelten auch gegenüber der Tochter. Allerdings beträgt ihr persönlicher Freibetrag 400.000 €. Liegt der voraussichtliche Nachlasswert unter diesem Betrag, sind keine Maßnahmen zur Senkung der Erbschaftsteuer erforderlich. Zu beachten ist, dass Vorerwerbe der letzten zehn Jahre zusammenzurechnen sind, da der persönliche Freibetrag nur alle zehn Jahre neu auflebt.

Einzeltestament mit Rechtswahl zugunsten eines nichtehelichen Lebensgefährten und eines nicht gemeinsamen Kindes mit Ersatzerbeneinsetzung, Vermächtnisaussetzungen und letztwilliger Schiedsklausel

Testament

Ich, Frau ..., geborene ..., geb. am ... in ..., wohnhaft in ..., bin unverheiratet. Ich habe eine volljährige Tochter und lebe dauerhaft mit meinem Lebensgefährten, Herrn ..., zusammen. Gemeinsame Kinder haben mein Lebensgefährte und ich nicht. Ich bin deutsche Staatsangehörige und habe meinen gewöhnlichen Aufenthalt in der Bundesrepublik Deutschland. Für die Rechtsnachfolge von Todes wegen in mein gesamtes Vermögen wähle ich deutsches Recht. Ich erkläre ausdrücklich, durch frühere Verfügungen von Todes wegen nicht daran gehindert zu sein, das vorliegende Testament zu errichten. Vorsorglich widerrufe ich alle früheren Verfügungen von Todes wegen.

§ 1 Erbeinsetzung

Ich berufe meine Tochter ... sowie meinen Lebensgefährten ... zu meinen alleinigen Vollerben zu je 1/2-Erbteil.

§ 2 Ersatzerben

Für den Fall, dass mein Lebensgefährte die Erbschaft ausschlägt oder aus sonstigen Gründen wegfällt, setze ich als Ersatzerbin meine Tochter ein. Für den Fall, dass meine Tochter vor oder nach dem Erbfall wegfällt, setze ich die Abkömmlinge meiner Tochter nach den Regeln der gesetzlichen Erbfolge zu Ersatzerben ein.

§ 3 Vermächtnisse

Mein Lebensgefährte erhält den gesamten Hausrat in unserer gemeinsamen Wohnung nebst allen Wohnungseinrichtungsgegenständen als jeweils einzelne Vermächtnisgegenstände ohne Anrechnung auf seinen Erbteil als Vorausvermächtnis. Hierzu gehört auch ausdrücklich der von uns gemeinsam genutzte Pkw. Meine Tochter erhält als Vorausvermächtnis ohne Anrechnung auf ihren Erbteil alle familienbezogenen schriftlichen Dokumente, Urkunden, Fotos sowie meinen Schmuck, meine Kleidung und sonstigen persönlichen Gegenstände.

§ 4 Schiedsklausel

Für alle Streitigkeiten, die ihren Grund im Erbfall haben bzw. im Zusammenhang mit der vor-liegenden Verfügung von Todes wegen, ihrer Auslegung, der Verwaltung, Übergabe oder Auseinandersetzung meines Nachlasses stehen, schließe ich für meine Erben die ordentlichen Gerichte aus. Zum Schiedsrichter bestimme ich meinen Bruder, Herrn ..., Rechtsanwalt und Fachanwalt für Erbrecht, ersatzweise einen Schiedsrichter, den der Vorstand des Netzwerks Deutscher Testamentsvollstrecker in Berlin benennt. Der Schiedsrichter entscheidet als Einzelrichter und, soweit keine gesetzlichen Bestimmungen entgegenstehen, prozess- und materiell-rechtlich nach freiem Ermessen. Sofern der Schiedsrichter sein Ermessen nicht ausübt, so entscheidet er nach den Vorschriften der Zivilprozessordnung und dem Gerichtsverfassungsgesetz. In Bewertungsfragen ist der Schiedsrichter gleichsam Schiedsgutachter. Er ist befugt, auf Kosten des Nachlasses Sachverständigengutachten in Bewertungsfragen einzuholen. Der Schiedsrichter entscheidet in nicht öffentlicher Verhandlung. Es besteht kein Anwaltszwang. Er erhält für seine Tätigkeit keine Vergütung (alternativ: „... der Schiedsrichter erhält eine Vergütung i.H.v. ... €"; „... der Schiedsrichter erhält das Zweifache der Wertgebühr nach § 13 RVG").

§ 5 Totenfürsorge

Mein Lebensgefährte hat das alleinige Recht der Totenfürsorge. Ich wünsche eine Erdbestattung, nähere Bestimmungen zu Ort sowie Art und Weise der Bestattung treffe ich nicht.

Ort, Datum ______________________________

Unterschrift ______________________________

Mandatssituationen 3.2: Berliner Testament

Mandatssituation 3.2.1: Berliner Testament bei Schlusserbeneinsetzung der gemeinsamen Kinder (Einheitslösung)

Sachverhalt | Checkliste | Lösung | Verfahren | Muster

Die Mandanten sind Eheleute und haben zwei gemeinsame Kinder sowie inzwischen diverse Enkel von beiden Kindern. Das Vermögen der Eheleute wurde überwiegend gemeinsam erarbeitet. Die Mandanten wollen dem überlebenden Ehegatten das als gemeinsam betrachtete Vermögen im Fall des Versterbens des jeweils anderen zuwenden und erst nach Versterben des zweiten Ehegatten die Kinder bzw. Enkel zu gleichen Teilen bedenken. Wichtig ist den Mandanten, dass der überlebende Ehegatte beim Versterben des anderen hinreichend liquide bleibt. Ihnen ist daher die gegenseitige unbeschränkte Vermögensnachfolge und weitestgehende Verfügungsfreiheit des überlebenden Ehegatten über das gemeinsame Vermögen besonders wichtig. Sofern die Kinder diesem Wunsch der Eltern zuwiderhandeln, soll der überlebende Ehegatte frei über die weiteren

Schritte im Hinblick auf seine eigene Vermögensnachfolge entscheiden können. Die Mandanten wollen dies in einer wirksamen Verfügung von Todes wegen regeln.

Sachverhalt | **Checkliste** | Lösung | Verfahren | Muster

Überzeugen Sie sich von der Testierfähigkeit der Mandanten; sollten Sie begründete Zweifel haben, insbesondere bei Mandanten im fortgeschrittenen Alter, weisen Sie die Mandanten darauf hin, dass die Vorlage einer ärztlichen Bestätigung der Testierfähigkeit zum Zweck der wirksamen Errichtung einer letztwilligen Verfügung für die Erben hilfreich sein kann.	☐
Prüfen Sie, ob die Mandanten miteinander verheiratet sind, und klären Sie, in welchem Güterstand die Eheleute leben.	☐
Klären Sie, welche gesetzlichen Erben bzw. Pflichtteilsberechtigte des jeweiligen Ehegatten vorhanden sind; lassen Sie sich die familiäre Situation beschreiben und klären Sie insbesondere die Frage, wie viele gemeinsame Kinder die Eheleute haben und ob es Abkömmlinge aus vorherigen Verbindungen gibt. Sind die Eltern der Mandanten noch lebend oder vorverstorben?	☐
Prüfen Sie, ob die Eheleute oder einer der Ehegatten durch Erbvertrag oder ein bereits errichtetes gemeinschaftliches Testament gebunden und insoweit in der Testierfreiheit beschränkt ist; prüfen Sie die Möglichkeit der Beseitigung oder Durchbrechung der bestehenden Bindung. Denken Sie daran, vorsorglich ausdrücklich frühere letztwillige Verfügungen der Mandanten im aktuellen Testament zu widerrufen, da die Gefahr besteht, dass die Mandanten sich an vormals errichtete Verfügungen von Todes wegen nicht erinnern bzw. ihnen eine Bindung an ein früheres gemeinschaftliches Testament oder einen Erbvertrag rechtlich nicht bekannt ist.	☐
Ermitteln Sie den Wert und die Zusammensetzung des Vermögens der Mandanten (im Ausland belegenes Vermögen oder Gesellschaftsbeteiligungen?).	☐
Befragen Sie die Mandanten nach ihrer Staatsangehörigkeit bzw. nach der Absicht der Mandanten, kurz- oder mittelfristig einen Wohnsitzwechsel ins Ausland zu vollziehen, prüfen Sie die Erforderlichkeit einer Rechtswahl.	☐
Überprüfen Sie stets, ob die in Betracht gezogenen Verfügungen im Rahmen des Berliner Testaments erbschaftsteuergünstig sind.	☐
Klären Sie die Frage mit den Mandanten, ob eine eigenhändige (privatschriftliche) Testamentserrichtung in Betracht kommt oder ob es sachliche Gründe bzw. Erfordernisse für die Errichtung eines öffentlichen Testaments gibt.	☐
Scheuen Sie sich nicht, mit den Mandanten eine Vergütungsvereinbarung (Zeithonorar!) zu treffen, um eine angemessene Honorierung Ihrer Tätigkeit sicherzustellen.	☐

Praxistipp

Dokumentieren Sie das Ergebnis der Abfrage Ihrer Checkliste bzw. Ihrer umfassenden Sachverhaltserfassung schriftlich zum Zweck der Selbstkontrolle bzw. zum Selbstschutz. Sofern Sie die Daten in einem seitens der Mandanten unterzeichneten Auftrag zum Entwurf einer letztwilligen Verfügung festhalten, sind die Sachverhaltsdetails als Grundlage des von Ihnen gefertigten Urkundenentwurfs zwischen Ihnen und dem Mandanten klar festgestellt. Gegebenenfalls empfiehlt es sich, mit dem Mandanten schriftlich zu korrespondieren und den Testamentsentwurf unter Bezugnahme auf die Sachverhaltsgrundlagen und Motive der Mandanten zu erläutern.

Berliner Testament

Die seitens der Mandanten beabsichtigte **gegenseitige Vollerbeneinsetzung** bezogen auf den ersten Todesfall eines der Ehegatten ist in der Form des Berliner Testaments möglich (§ 2269 Abs. 1 BGB). Es entspricht weit verbreitetem Sachdienlichkeits- und Gerechtigkeitsgefühl von Familien mit gemeinsamen Kindern, in Abweichung von der gesetzlich geregelten Verwandten- und Ehegattenerbfolge bei Ableben eines Ehegatten zunächst den länger lebenden Ehegatten zum Alleinerben einzusetzen und die gemeinsamen Kinder erst nach Tod des länger Lebenden in den Genuss des als gemeinsam betrachteten Vermögens der Eheleute gelangen zu lassen. So verhält es sich auch in dem zugrunde gelegten Sachverhalt. In Form des gemeinschaftlichen Testaments gem. § 2265 BGB können die Mandanten als Ehegatten gemeinschaftlich von Todes wegen verfügen, dies in der gegenseitigen Erbeinsetzung gem. § 2269 Abs. 1 BGB. In der Beratungspraxis ist darauf zu achten, dass das Berliner Testament als sogenannte „Einheitslösung“ sowie sogenannte „Trennungslösung“ ausgestaltet werden kann.

Praxistipp

Der zum Berliner Testament beratende Rechtsanwalt muss die Mandanten **zwingend** auf die wesentliche Unterscheidung zwischen Einheits- und Trennungslösung hinweisen und die unterschiedlichen Rechtsfolgen bei der Testamentsgestaltung beachten. Erhebliche Haftungsrisiken des Rechtsanwalts liegen in ungenauen und missverständlichen Formulierungen im Ehegattentestament und führen zu erheblichen Auslegungsschwierigkeiten. Zu den Abgrenzungsfällen beim Berliner Testament (Einheits- gegen Trennungslösung) siehe grundlegend Horn, in: Horn/Krois, Testamentsauslegung.

Setzen sich die Ehegatten – wie vorliegend im Sachverhalt – gegenseitig zu alleinigen Vollerben und die gemeinsamen Kinder zu Schlusserben ein, ist die sogenannte „Einheitslösung“ erreicht, wobei das Vermögen des länger lebenden Ehegatten mit der Vermögensmasse des verstorbenen Ehegatten verschmilzt und im zweiten Erbfall die Kinder den Nachlass der Eltern als einheitliche Vermögensmasse im Wege der Schlusserbfolge erlangen.

- **Voll- und Schlusserbschaft (Verschmelzung der Vermögensmassen nach erstem Erbfall mit dem Eigenvermögen des Überlebenden zu einer einheitlichen Vermögensmasse)**

Einheitslösung kombinieren mit Pflichtteilsstrafklausel

Durch **Schluss- und Ersatzerbeneinsetzung der gemeinsamen Kinder** der Eheleute wird erreicht, dass das insoweit vereinheitlichte Vermögen der Eheleute nach dem Tod des überlebenden Ehegatten den Kindern bzw. ihren Stämmen zu je 1/2-Anteil zufließt. Die Kinder als Dritte beerben aufgrund der Einheitslösung ausschließlich den länger lebenden Ehegatten. Vorliegend sind nach dem Ableben des erstversterbenden Ehegatten die gemeinsamen Abkömmlinge von der Erbfolge ausgeschlossen, mithin durch die Alleinerbeneinsetzung des länger lebenden Ehegatten enterbt. Nachdem die Kinder als solche durch die vorliegende Verfügung von Todes wegen von der Erbfolge ausgeschlossen sind, steht ihnen das Recht zur Geltendmachung des Pflichtteils gegenüber dem Erben zu (§ 2303 Abs. 1 BGB). Da es den Eheleuten besonders wichtig war, dem länger lebenden Ehegatten möglichst weitreichende Liquidität und Verfügungsbefugnis zu erhalten, ist durch **Verfügung einer Pflichtteilsstrafklausel** den Mandanten die Möglichkeit eröffnet, die Abkömmlinge von der Erbfolge auszuschließen, die nach dem Tod des Erstversterbenden gegenüber dem länger lebenden Ehegatten entgegen dessen Willen Pflichtteils- bzw. Pflichtteilsergänzungsansprüche geltend machen. Aufgrund der Pflichtteilsstrafklausel wären in einem solchen Fall die entsprechend handelnden Abkömmlinge auch von der Schlusserbfolge ausgeschlossen und jeweils auf das Pflichtteilsrecht verwiesen.

Das Pflichtteilsrecht wird ausführlich in Kapitel 10, S. 609 ff. behandelt.

Sachverhalt | Checkliste | Lösung | Verfahren | Muster 1

Berliner Testament (Einheitslösung); Schlusserbeneinsetzung mit Änderungsbefugnis für den überlebenden Ehegatten

Ehegattentestament

Wir, Herr ..., geb. am ... in ..., und Frau ..., geborene ..., geb. am ... in ..., wohnhaft in ..., sind miteinander verheiratet. Aus unserer Ehe sind zwei Kinder, ... und ..., hervorgegangen. Weitere gemeinsame Kinder sowie Kinder eines jeden einzelnen von uns existieren nicht. Wir sind beide deutsche Staatsangehörige und haben unseren gewöhnlichen Aufenthalt in der Bundesrepublik Deutschland. Für die Rechtsnachfolge von Todes wegen in unser gesamtes Vermögen wählen wir deutsches Recht. Wir erklären ausdrücklich, durch frühere Verfügungen von Todes wegen nicht daran gehindert zu sein, das vorliegende Testament zu errichten. Vorsorglich widerrufen wir alle früheren Verfügungen von Todes wegen.

§ 1 Erbeinsetzung

Wir setzen uns gegenseitig zum alleinigen Vollerben unseres gesamten Vermögens ein.

§ 2 Schlusserben

Zu Schlusserben des Längstlebenden von uns bestimmen wir unsere gemeinschaftlichen Kinder T und S zu jeweils 1/2-Anteil.

§ 3 Ersatzerben

Für den Fall, dass der länger lebende Ehepartner von uns die Erbschaft ausschlägt oder aus sonstigen Gründen wegfällt, setzen wir die Schlusserben als Ersatzerben des Erstversterbenden von uns ein. Fällt ein Schlusserbe vor oder nach dem Tod des länger Lebenden von uns weg, setzen wir seine Abkömmlinge als Ersatzerben ein. Sind Abkömmlinge eines Schlusserben nicht vorhanden oder fallen diese durch Ausschlagung oder aus sonstigen Gründen weg, so tritt Anwachsung bei dem verbliebenen Schlusserben ein.

§ 4 Gemeinsames Versterben

Für den Fall, dass wir gemeinsam versterben oder ein gemeinsames Versterben gesetzlich vermutet wird, bestimmen wir unsere gemeinschaftlichen Kinder T und S zu jeweils 1/2-Anteil zu Erben eines jeden von uns. Unsere gegenseitige Erbeinsetzung gilt in diesem Fall nicht.

§ 5 Pflichtteilsstrafklausel

Beansprucht einer der Schlusserben nach dem Tod des Erstversterbenden von uns gegenüber dem länger Lebenden entgegen dessen Willen seinen Pflichtteils- bzw. Pflichtteilsergänzungsanspruch und erhält diesen ganz oder teilweise, so ist er einschließlich seiner Abkömmlinge von der Schlusserbfolge, der Ersatzerbfolge sowie der Anwachsung ausgeschlossen. Die Geltendmachung eines Auskunftsbegehrens bzw. eines Wertermittlungsanspruchs führt nicht zu einem entsprechenden Ausschluss.

§ 6 Wechselbezüglichkeit

Die in unserem Testament getroffenen Verfügungen sollen hinsichtlich der Erbeinsetzung des länger Lebenden von uns bindend, bezogen auf den zweiten Erbfall jedoch insgesamt nicht wechselbezüglich und daher nicht bindend sein. Der länger lebende Ehegatte ist somit befugt, jederzeit abweichende letztwillige Verfügungen zu treffen, insbesondere die Verfügungen auf den Schlusserbfall zu widerrufen, zu ändern oder zu ergänzen.

Ort, Datum ______________________

______________________ ______________________

Unterschrift Unterschrift

Trennungslösung

– **Überlebender Ehegatte als Vorerbe, Kinder als Nacherben des Erstverstorbenen und Erben des länger Lebenden**

Im Gegensatz zur vorliegend gewählten Einheitslösung wird der länger lebende Ehegatte nicht Vollerbe des Erstverstorbenen, sondern lediglich Vorerbe desselben (§§ 2100 ff. BGB). Die Abkömmlinge des erstverstorbenen Ehegatten – bzw. in einem anders gewählten Fall sonstige Dritte

– erlangen nach dem ersten Erbfall als Nacherben bei der Trennungslösung ein sogenanntes **Erbenanwartschaftsrecht** auf das Vermögen des Erstverstorbenen, welches in jeder Weise vererbbar und übertragbar ist. Es obliegt einzig den Ehegatten, im Rahmen der Verfügung von Todes wegen zu bestimmen, ob und inwieweit der länger lebende Ehegatte als Vorerbe in seiner Verfügungsbefugnis im Rahmen seiner Vorerbenstellung beschränkt oder unbeschränkt sein soll. Sofern eine nicht befreite Vorerbschaft testamentarisch angeordnet ist, unterliegt der länger lebende Ehegatte den gesetzlichen Verfügungsbeschränkungen der §§ 2112, 2113 ff. BGB. Eine Verfügung des überlebenden Ehegatten über Nachlassgegenstände aus der Vorerbschaft unterliegt trotz entsprechender Befreiung des Vorerben gem. § 2136 BGB erheblichen Beschränkungen insbesondere dergestalt, dass **unentgeltliche Verfügungen sowie letztwillige Verfügungen** betreffend den Bestand der Vorerbschaft **ausscheiden.** Im vorliegenden Sachverhalt haben die Eheleute gerade diese Beschränkungen für den überlebenden Ehegatten ausschließen wollen, so dass der Erhalt der weitgehenden Verfügungsfreiheit des überlebenden Ehegatten über das als gemeinsam betrachtete Vermögen durch ein Testament nur in Form der Einheitslösung erreicht werden kann.

Praxistipp

Verwenden Sie die Begrifflichkeiten mit Bedacht! Der testamentarisch so bezeichnete „Alleinerbe" kann durchaus auch Vorerbe i.S.d. Trennungslösung sein; die Bezeichnung als „Vollerben" sowie „Schlusserben" schließt Vor- und Nacherbfolge begrifflich aus. Lassen Sie **keinen Auslegungsspielraum** durch undeutliche Formulierungen und benennen Sie konkret die gewählte materielle Gestaltungsmöglichkeit mit dem entsprechenden Rechtsterminus. Dabei sind Formulierungen wie bspw. „der länger Lebende darf das Ererbte nicht an Dritte veräußern" im Ehegattentestament zu vermeiden, da insoweit durch Auslegung zu ermitteln wäre, ob hierin die Anordnung einer Nacherbfolge (damit Trennungslösung) oder lediglich eine Auflage bei Erhalt der Einheitslösung zu sehen ist. Das OLG Bamberg bestätigt insoweit, dass ein Verfügungsverbot gleichsam als Auflage ausgestaltet werden kann, wobei im Zweifel die Auslegungsregel des § 2269 Abs. 1 BGB durchgreift. Die Kinder wären danach im Zweifel Schlusserben des zuletzt versterbenden Ehegatten (vgl. OLG Bamberg, Beschl. v. 02.05.2013 – 3 W 53/13, ErbR 2013, 397 ff.).

Zu beachten ist, dass bei der sachverhaltlich angestrebten Einheitslösung in Form der gegenseitigen Erbeinsetzung gem. § 2269 Abs. 1 BGB zu Lebzeiten des länger Lebenden eine **unbeschränkte Verfügungsbefugnis** entsteht, welche die Veräußerung von Nachlassgegenständen sowie den Verbrauch der Nachlasssubstanz einschließt.

Praxistipp

Weisen Sie die Mandanten darauf hin, dass unbeschadet wirksamer Verfügungsmöglichkeiten des länger lebenden Ehegatten als Vollerben des Verstorbenen den Schlusserben beeinträchtigende Schenkungen gem. § 2287 Abs. 1 analog BGB angenommen werden können, die bei Eintritt der Schlusserbfolge Ansprüche gegen die Beschenkten auf Herausgabe aufgrund ungerechtfertigter Bereicherung auslösen können.

Wenn der Wunsch des länger lebenden Ehegatten besteht, auch nach Eintritt des ersten Erbfalls unter Abänderung der Schlusserbfolge abweichend testieren zu können, ist eine sogenannte **Freistellungsklausel** aufzunehmen und deutlich klarzustellen, dass die Vollerbeneinsetzung der Eheleute untereinander wechselbezüglich, somit bindend, die Schlusserbeneinsetzung oder die Einsetzung sonstiger Dritter jedoch frei widerruflich sein soll. Unbeschadet der gesetzlichen Vermutung des § 2270 BGB ist zum Zweck der Vermeidung von Auslegungsfehlern im Rahmen der Testamentsgestaltung deutlich zu machen, bezüglich welcher Verfügungen die Testierenden nach Ableben des erstversterbenden Ehegatten eine Bindungswirkung herbeiführen wollen bzw. welche abweichenden letztwilligen Verfügungen, insbesondere solche auf den Schlusserbfall betreffend Widerruf, Änderung oder Ergänzung für den länger lebenden Ehegatten möglich sein sollen.

Praxistipp

Beachten Sie die Bindungswirkung (§ 2271 BGB) sowie die Abhängigkeitswirkung (§ 2270 Abs. 1 BGB) bei wechselbezüglichen Verfügungen (grundlegend hierzu Nieder/Kössinger, § 18 II Nr. 4; vgl. vertiefend umfassend zur Bindungswirkung Berliner Testamente, Eintritt, Umfang und Beseitigung der Bindung: Schmitz, ErbR 2013, 162 ff.).

Im vorliegend gewählten Sachverhalt soll der überlebende Ehegatte im Wege einer **Freistellungsklausel** im Hinblick auf die Schlusserbfolge frei verfügen können, ohne an die gemeinschaftliche Verfügung der Eheleute im Hinblick auf die gewählte Schlusserbfolge gebunden zu sein. Dies spricht zugleich für die Wahl des Berliner Testaments in Form der Einheitslösung, da bei Wahl der Trennungslösung in Form von Vor- und Nacherbschaft der länger lebende Ehegatte als Vorerbe auch bei umfangreicher Befreiung die testamentarisch gewählten Nacherben nicht abweichend bestimmen kann (§ 2065 Abs. 2 BGB (vgl. Muster „Berliner Testament (Einheitslösung); Schlusserbeneinsetzung mit Änderungsbefugnis für den überlebenden Ehegatten“, S. 87 f.)).

Steuertipp

Erbschaftsteuerlich gilt das Berliner Testament sowohl im Fall der Einheitslösung als auch im Fall der Trennungslösung als Freibetragsvernichter.

Berliner Testament: Freibetragsvernichter

Bei Einheitslösung

Dies zeigt sich besonders deutlich bei Vereinbarung der Einheitslösung. Hier vereinigt sich nach dem Todesfall des zuerst Versterbenden das Vermögen beider Ehegatten beim überlebenden Ehegatten. Bei Versterben des zweiten Ehegatten wird dessen Erben nur der persönliche Freibetrag in Bezug auf den zuletzt Verstorbenen gewährt; der gegenüber dem zuerst verstorbenen Ehegatten bestehende persönliche Freibetrag geht verloren.

Setzen sich beispielsweise die beiden Ehegatten zu Alleinerben ein, und soll nach dem Tod des zuletzt Versterbenden das gesamte Vermögen zu gleichen Teilen an die beiden Kinder übertragen werden, gilt erbschaftsteuerlich Folgendes: Beim Tod des ersten Elternteils erhalten die Kinder nichts, so dass sie ihren gegenüber diesem Elternteil zustehenden persönlichen Freibetrag von 400.000 € nicht nutzen können. Er geht verloren. Verstirbt der zweite Ehegatte, erhalten die beiden Kinder das Vermögen des zuletzt verstorbenen Elternteils. Hierfür wird den Kindern nur der ihnen gegenüber dem zuletzt verstorbenen Elternteil zustehende Freibetrag gewährt, auch wenn sich das Vermögen durch das Vermögen des zuerst Verstorbenen erhöhte. Verstarb beispielsweise zuerst die Mutter und hatte ihr Vermögen einen Wert von 500.000 €, geht dieses Vermögen auf den Vater über. Er muss, da ihm bei Erwerben von seiner Ehefrau ein persönlicher Freibetrag von 500.000 € zusteht, keine Erbschaftsteuer zahlen, jedenfalls dann nicht, wenn es keine Vorerwerbe gab. Bei seinem Tod hat sein Vermögen einschließlich des von seiner Ehefrau ererbten Vermögens einen Wert von 1.000.000 €. Beerben die beiden Kinder ihren Vater zu gleichen Teilen, erhalten sie jeweils Vermögenswerte i.H.v. 500.000 €. Da ihnen nach dem Vater lediglich ein Freibetrag von 400.000 € zusteht, müssen sie beide für 100.000 € Erbschaftsteuer i.H.v. 11 % zahlen. Den gegenüber der Mutter zustehenden Freibetrag können sie nicht nutzen (das Beispiel wurde aus Gründen der Übersichtlichkeit hier vereinfacht gerechnet). Daher werden diese und ähnliche Gestaltungen als Freibetragsvernichter bezeichnet.

Vermögen vorzeitig übertragen

In der Beratung sollten diese Folgen des Berliner Testaments berücksichtigt werden. Insbesondere ist zu prüfen, ob sich die Beteiligten vorstellen können, bereits beim Tod des Zuerstversterbenden einen Teil des Vermögens auf die Generation der Kinder zu übertragen.

Strafklauseln

Aus steuerlicher Sicht ist die Vereinbarung von Strafklauseln problematisch, wenn damit automatisch das Erbrecht der Schlusserben oder Nacherben verloren geht, sollten diese ihren Pflichtteil geltend machen. Machen sie dann nach dem Tod des ersten Elternteils ihren Pflichtteil **mit Einverständnis des überlebenden Elternteils** geltend, ist es umstritten, ob dadurch das Erbrecht als Schlusserbe/Nacherbe entfällt, wie es die Strafklausel vorsieht.

Modifizierte Strafklausel

Um diese Unsicherheiten zu vermeiden, sollte im Berliner Testament die Strafklausel dahingehend modifiziert werden, dass die Erbschaft nur dann entfallen sollte, wenn der Pflichtteil beim Tod des zuerst Versterbenden **gegen den Willen des überlebenden Ehegatten** geltend gemacht wird. Dann ist es möglich, einvernehmlich durch die Geltendmachung des Pflichtteils nachträglich noch den Freibetrag gegenüber dem zuerst Verstorbenen zu retten.

Pflichtteil geltend machen!

Ist es bereits zum Todesfall gekommen, können – unter Berücksichtigung möglicher Strafklauseln – die nachteiligen steuerlichen Folgen des Berliner Testaments durch Geltendmachung des Pflichtteils zumindest teilweise gerettet werden. Dies ist sogar, wie der BFH entschieden hat, noch möglich, wenn bereits der andere Elternteil verstorben ist. Das gilt zumindest dann, wenn die Geltendmachung des Pflichtteils noch nicht verjährt war (vgl. dazu ausführlich Kapitel 15.A.3.2.5, S. 1073 und BFH, Urt. v. 19.02.2013 – II R 47/11).

Sachverhalt | Checkliste | Lösung | Verfahren | **Muster 2**

Abwandlung: Berliner Testament (Trennungslösung)

Ehegattentestament

Wir, Herr ..., geb. am ... in ..., und Frau ..., geborene ..., geb. am ... in ..., wohnhaft in ..., sind miteinander verheiratet. Aus unserer Ehe sind zwei Kinder, ... und ..., hervorgegangen. Weitere gemeinsame Kinder sowie Kinder eines jeden einzelnen von uns existieren nicht. Wir sind beide deutsche Staatsangehörige und haben unseren gewöhnlichen Aufenthalt in der Bundesrepublik Deutschland. Wir wählen für die Rechtsnachfolge von Todes wegen in unser gesamtes Vermögen deutsches Recht. Wir erklären ausdrücklich, durch frühere Verfügungen von Todes wegen nicht daran gehindert zu sein, das vorliegende Testament zu errichten. Vorsorglich widerrufen wir alle früheren Verfügungen von Todes wegen.

§ 1 Erbeinsetzung

Wir setzen uns gegenseitig zu alleinigen und von allen gesetzlichen Beschränkungen befreite Vorerben des Vermögens des jeweils Erstversterbenden von uns ein.

§ 2 Nacherben

Zu Nacherben des Längstlebenden von uns bestimmen wir unsere gemeinschaftlichen Kinder T und S zu jeweils 1/2-Anteil.

§ 3 Ersatznacherben

Für den Fall, dass ein Nacherbe wegfällt bzw. die Nacherbschaft ausschlägt, setzen wir dessen Abkömmlinge als Ersatznacherben ein. Sind Abkömmlinge eines Nacherben nicht vorhanden oder fallen diese durch Ausschlagung oder aus sonstigen Gründen weg, so tritt Anwachsung bei dem verbliebenden Nacherben ein.

§ 4 Nacherbenanwartschaftsrecht

Das Nacherbenanwartschaftsrecht ist unvererblich und nur auf die anderen Nacherben übertragbar.

Ort, Datum ______________________

______________________ ______________________

Unterschrift Unterschrift

Mandatssituation 3.2.2: Berliner Testament bei Schlusserbeneinsetzung des gemeinsamen Kindes, Wiederverehelichungsklausel mit Herausgabevermächtnislösung; Anfechtungsverzicht

Sachverhalt | Checkliste | Lösung | Verfahren | Muster

Die Mandanten sind Eheleute und haben ein gemeinsames Kind. Der Ehemann ist mehr als 30 Jahre älter als die Ehefrau. Sein Vermögen übersteigt das der Ehefrau erheblich. Wesentliches Motiv der Mandanten ist, dass die Ehefrau bei dem zu erwartenden Erstversterben des Ehemannes im Hinblick auf die eigene Lebensführung sowie auf die Erziehung des gemeinsamen Kindes hinreichend liquide bleibt. Die gegenseitige unbeschränkte Vermögensnachfolge und weitestgehende Verfügungsfreiheit des überlebenden Ehegatten über das gemeinsame Vermögen ist den Mandanten besonders wichtig. Für den Fall der Wiederverheiratung der erheblich jüngeren Ehefrau nach Ableben des Ehemannes will dieser jedoch sicherstellen, dass insbesondere sein Vermögen nicht in einen fremden Stamm abfließt. Für den Fall der Wiederverheiratung soll daher der noch vorhandene Vermögenswert aus seinem Nachlass an das gemeinsame Kind herausgegeben werden. Der Ehefrau selbst soll die Möglichkeit erhalten bleiben, sich angesichts möglicherweise hinzutretender weiterer Kinder von einer bindend gewordenen Erbeinsetzung allein zugunsten des gemeinsamen Kindes lösen zu können. Die Mandanten wollen dies in einer wirksamen Verfügung von Todes wegen regeln.

Sachverhalt | **Checkliste** | Lösung | Verfahren | Muster

Lassen Sie sich die familiäre Situation exakt beschreiben; klären Sie, ob es weitere gesetzliche Erben bzw. Pflichtteilsberechtigte des jeweiligen Ehegatten gibt.	☐
Überzeugen Sie sich von der Testierfähigkeit und Testierfreiheit des Mandanten (siehe hierzu die Checkliste in Kapitel 3, Mandatssituation 3.2.1, S. 85).	☐

Klären Sie im Einzelnen, welche Erbeinsetzungen, Vermächtnisse oder Auflagen erbrechtliche Bindungswirkung entfalten sollen.	☐
Soll die Möglichkeit der Selbstanfechtung bindend gewordener wechselbezüglicher Verfügungen erhalten oder ausgeschlossen werden?	☐
Überprüfen Sie stets, ob die in Betracht gezogenen Verfügungen im Rahmen des Berliner Testaments erbschaftsteuergünstig sind.	☐
Stellen Sie stets das Gespräch mit den Mandanten über eine angemessene Honorierung Ihrer Tätigkeit der Beratung voran (Vergütungsvereinbarung!).	☐

Das seitens der Mandanten beabsichtigte Ziel der gegenseitigen Vollerbeneinsetzung bezogen auf den ersten Todesfall eines der Ehegatten nebst Schlusseinsetzung des gemeinsamen Kindes ist in der Form des Berliner Testaments möglich (§ 2269 Abs. 1 BGB). In der Form des gemeinschaftlichen Testaments gem. § 2265 BGB können die Mandanten als Ehegatten gemeinschaftlich von Todes wegen verfügen. Im vorliegenden Fall ist das **Berliner Testament** gemäß dem Wunsch der Mandanten als sogenannte **„Einheitslösung"** auszugestalten. Hiermit wird erreicht, dass die Vermögensmasse des verstorbenen Ehegatten mit dem Vermögen des länger lebenden Ehegatten verschmilzt und im zweiten Erbfall dem gemeinsamen Kind im Wege der Schlusserbfolge insgesamt zufließt. Da die Ehefrau 30 Jahre jünger ist als ihr Ehemann, ist im Rahmen der Testamentsgestaltung die erhöhte Wahrscheinlichkeit des Erstversterbens des deutlich älteren Ehemannes sowie der Fall einer möglichen Wiederverheiratung der Ehefrau in Betracht zu ziehen. Auch das Hinzutreten weiterer Kinder aus einer neuen Ehe der länger lebenden Ehegattin gefährdet den Wunsch der Mandanten, das überwiegend in den Händen des Ehemannes liegende Vermögen im Wege der Schlusserbfolge möglichst ungeschmälert dem gemeinsamen Kind zukommen zu lassen.

Wiederverehelichungsklausel

Mit der sogenannten Wiederverehelichungsklausel im Rahmen der vorliegenden Ehegattenverfügung können die Ehegatten wirksam verhindern, dass durch das Hinzutreten eines neuen Ehegatten bzw. weiterer Abkömmlinge und hierdurch entstehende zumindest weitere Pflichtteilsansprüche gegenüber dem länger lebenden Ehegatten eine Gefährdung bzw. Schmälerung des ererbten Vermögens zum Nachteil des gemeinsamen Kindes erfolgt.

Praxistipp

Achten Sie genau darauf, welcher Handlungsspielraum dem überlebenden Ehegatten verbleiben soll, und differenzieren Sie deutlich die

Gestaltungsmöglichkeiten bei der testamentarisch verfügten Einheitslösung, Trennungslösung oder Herausgabevermächtnislösung. Lassen Sie **keinen Auslegungsspielraum** im Hinblick auf beabsichtigte oder nicht beabsichtigte Wechselbezüglichkeit insbesondere der Schlusserbeinsetzung des gemeinsamen Kindes zu. Der erhebliche Altersunterschied und damit verbundene differierende Lebenserwartungen sowie der erhebliche Vermögensunterschied zwischen den Ehegatten sind Kriterien, welche gegen die Wechselbezüglichkeit der Schlusserbeinsetzung sprechen könnten. Beschreiben Sie deutlich die gewollten Bindungen des jeweils überlebenden Ehegatten an seine wechselbezüglichen Verfügungen. Berücksichtigen Sie, dass der Bindungswille eines deutlich jüngeren Ehegatten angesichts der weiteren Lebensgestaltung nach Tod des erstversterbenden Ehegatten deutlich geringer ausgeprägt sein kann.

Den Mandanten ist daran gelegen, dem überlebenden Ehegatten als alleinigen Vollerben weitestgehende Verfügungsfreiheit über das ererbte Vermögen zu verschaffen. Im Wege der **Herausgabevermächtnislösung** kann erreicht werden, dass die bei Wiederverheiratung noch vorhandenen Vermögenswerte aus dem Nachlass des Erstversterbenden an das gemeinsame Kind herauszugeben sind. Eine solche Regelung erhält insbesondere der länger lebenden Ehefrau bis zum Fall der Wiederverheiratung die vollständige Verfügungsbefugnis als alleinige Vollerbin des Erstverstorbenen.

Herausgabevermächtnis als aufschiebend bedingtes Vermächtnis

Wird das Herausgabevermächtnis bei Wiederverheiratung als aufschiebend bedingtes Vermächtnis ausgestaltet, so verbleibt es bei der Vollerbeneinsetzung des überlebenden Ehegatten mit vollständiger Verfügungsberechtigung.

Praxistipp

Sollten die Mandanten Ihnen erklären, dass der überlebende Ehegatte bis zum Fall der Wiederverheiratung nicht durch die Verfügungsbeschränkungen sowie Kontroll- und Sicherungsrechte der Vor- und Nacherbschaft belastet sein soll, so ist sowohl bei der Wahl der Trennungs- als auch der Einheitslösung besondere Aufmerksamkeit geboten. Auch bei Formulierung der Einheitslösung als vielfach verwendete Standardlösung, wonach die als Schlusserben eingesetzten Abkömmlinge der Ehegatten im Fall der Wiederverheiratung „Erben des Erstversterbenden" werden, an den der überlebende Ehegatte den Nachlass ganz oder teilweise herauszugeben hat, wird der überlebende Ehegatte durch die Wiederheirat auflösend bedingter Vollerbe und zugleich aufschiebend bedingter Vorerbe des erstversterbenden Ehegatten. Eine solche Lösung ist im Hinblick auf den Erhalt weitgehender Verfügungsbefugnisse des überlebenden Ehegatten nicht empfehlenswert. Grundlegend zu den Wirkungen und Ausgestaltungen der gebräuchlichsten Wiederverheiratungsklausel siehe Kössinger, in: Nieder/Kössinger, Handbuch der Testamentsgestaltung. Eine hilfreiche pragmatische Darstellung der Gestaltungsmöglichkeiten bei Wiederverheiratung beschreibt Johannes Schulte, in: Schulte, Testamentsgestaltung, unter Verweis auf die „nicht zu empfehlende Standardlösung".

Selbstanfechtungsrecht (§§ 2281 ff., 2079, 142 BGB)

Gemäß § 2079 BGB ist eine letztwillige Verfügung durch Erklärung gegenüber dem Nachlassgericht u.a. dann anfechtbar, wenn nach der Errichtung der Verfügung weitere Pflichtteilsberechtigte hinzugetreten sind. Dies wäre im Fall der Wiedervereheliehung der Ehefrau oder bei Hinzutreten weiterer Abkömmlinge der Fall. In diesem Fall ist die Ehefrau ohne entsprechende Beschränkung im gemeinschaftlichen Testament in der Lage, die bindend gewordenen wechselbezüglichen Verfügungen zugunsten des gemeinsamen Kindes durch Selbstanfechtung zu beseitigen, entsprechend §§ 2282 ff., 2079 BGB. Wollen die Eheleute wie im vorliegenden Sachverhalt, dass im Fall des Ablebens des Ehemannes die Schlusserbeinsetzung des gemeinsamen Kindes als bindend gewordene wechselbezügliche Verfügung erhalten bleibt, so ist für den Fall des Hinzutretens weiterer Pflichtteilsberechtigter auf das Anfechtungsrecht gem. § 2079 BGB zu verzichten.

Warnhinweis

Erläutern Sie den Mandanten in dem vorbeschriebenen Fall die Wirkung der Anfechtung, d.h. die Nichtigkeit des gemeinschaftlichen Ehegattentestaments ex tunc mit der Folge des Eintritts einer ungewollten gesetzlichen Erbfolge nach Erstversterben eines der Ehegatten. Das Fehlen der Formulierung eines entsprechenden Anfechtungsverzichts stellt angesichts der geäußerten Motive und Ziele der Ehegatten im Rahmen der Testamentsgestaltung einen **massiven Beratungsfehler** dar.

Mit Hilfe des wirksam erklärten Anfechtungsverzichts erreichen die Eheleute angesichts der beschriebenen Altersdifferenz und unterschiedlichen Vermögensausstattung, dass das Vermögen des Erstversterbenden bei Wiederverheiratung des überlebenden Ehegatten im Wege der Schlusserbfolge dem gemeinsamen Abkömmling erhalten bleibt.

Steuertipp

Steuerlich gelten hier die Ausführungen zum Berliner Testament (siehe Steuertipp zur Mandatssituation 3.2.1, S. 91) entsprechend.

Nach der Sachverhaltsschilderung ist zu unterstellen, dass das Vermögen des Ehemannes weit über dem im Verhältnis zwischen Eheleuten bestehenden persönlichen Freibetrag von 500.000 € liegt. Deshalb kann es sinnvoll sein, Maßnahmen zu ergreifen, um die bei der Ehefrau anfallende Erbschaftsteuer zu verringern.

Lässt sich die Erbschaftsteuer nicht gänzlich vermeiden, sollte der Ehemann liquide Mittel vorhalten, aus denen die auf die Ehefrau zukommende Erbschaftsteuer gezahlt werden kann.

Gestaltungen zur Vermeidung/ Reduzierung der Erbschaftsteuer

Zur Vermeidung/Verringerung der Erbschaftsteuer bieten sich insbesondere folgende Gestaltungen an:

- **Übertragung von Grundvermögen bereits jetzt auf das gemeinsame Kind, kombiniert mit einem lebenslangen Nießbrauchsvorbehalt** zugunsten des Ehemannes und wahlweise auch zugunsten der Mutter: Beim Kind unterliegt der Wert der Immobilie abzgl. des Nießbrauchswerts, der zu kapitalisieren ist, der Schenkungsteuer, soweit der Wert über dem persönlichen Freibetrag von 400.000 € liegt. Die Schenkung wird bei späteren Vermögenserwerben aufgrund vorweggenommener Erbfolge oder Verfügungen von Todes wegen innerhalb von zehn Jahren angerechnet. Sind bereits unentgeltliche Zuwendungen vom Vater an sein Kind innerhalb der letzten zehn Jahre erfolgt, sind diese ebenfalls zu berücksichtigen.

  Schenkungsteuer bei Einräumung sofortigen Nießbrauchs

  Achtung! Bei der Mutter unterliegt der Wert des Nießbrauchsrechts der Schenkungsteuer; da die Mutter noch jung ist, ist dieser Wert hoch und kann die Schenkungsteuer sofort auslösen.

  Günstiger: Vermächtnis

  Soll das vermieden werden, kann statt der Einräumung eines sofortigen Nießbrauchsrechts ein Vermächtnis angeordnet werden, das der Mutter ein lebenslanges Nießbrauchsrecht einräumt. Dieses unterliegt erst im Zeitpunkt des Todes des Ehemannes der Erbschaftsteuer. Die Anordnung eines Vermächtnisses hat den Vorteil, dass dies später, wenn es – etwa aus steuerlichen Gründen – nicht genutzt werden soll, **isoliert ausschlagbar** ist. Im Gegensatz dazu ist eine Teilausschlagung einer Erbschaft nicht möglich.

- **Lebzeitige Übertragung eines selbstgenutzten Familienheims:** Nach § 13 Abs. 1 Nr. 4a ErbStG unterliegt diese Zuwendung nicht der Schenkungsteuer und ist auch nicht bei späteren Erwerben innerhalb von zehn Jahren zu berücksichtigen. Hier kann bei der Eigentumsübertragung vereinbart werden, dass das Grundstück nicht ohne Zustimmung des Ehemannes und nach seinem Tod nicht ohne Zustimmung des Kindes weiterveräußert werden darf. Ergänzend sollte – etwa durch einen Erbvertrag – vereinbart werden, dass das Eigentum am Grundstück nach dem Tod der Ehefrau z.B. durch Schenkung auf den Todesfall auf das Kind übergeht.

Das klingt kompliziert und ist es auch. Aber derartige Lösungen kombinieren die Bedürfnisse der Beteiligten mit einer steuerlichen Optimierung. Da sind komplizierte Gestaltungen oftmals unvermeidbar.

Sachverhalt | Checkliste | Lösung | Verfahren | **Muster**

Berliner Testament (Einheitslösung); Schlusserbeneinsetzung mit Anfechtungsverzicht und Wiederverehelichungsklausel

Ehegattentestament

§ 1 Erbeinsetzung

Wir, Herr ..., geb. am ... in ..., und Frau ..., geborene ..., geb. am ... in ..., wohnhaft in ..., sind miteinander verheiratet. Aus unserer Ehe ist ein gemeinsames Kind hervorgegangen. Weitere gemeinsame Kinder sowie Kinder eines jeden einzelnen von uns existieren nicht. Wir sind beide deutsche Staatsangehörige und haben unseren gewöhnlichen Aufenthalt in der Bundesrepublik Deutschland. Für die Rechtsnachfolge von Todes wegen in unser gesamtes Vermögen wählen wir deutsches Recht. Wir erklären ausdrücklich, durch frühere Verfügungen von Todes wegen nicht daran gehindert zu sein, das vorliegende Testament zu errichten. Vorsorglich widerrufen wir alle früheren Verfügungen von Todes wegen. Wir setzen uns gegenseitig zum alleinigen Vollerben unseres gesamten Vermögens ein.

§ 2 Schlusserben

Zum Schlusserben des Längstlebenden von uns bestimmen wir unser gemeinsames Kind.

§ 3 Ersatzerben

Für den Fall, dass der länger lebende Ehepartner von uns die Erbschaft ausschlägt oder aus sonstigen Gründen wegfällt, setzen wir den Schlusserben als Ersatzerben des Erstversterbenden von uns ein. Fällt der Schlusserbe vor oder nach dem Tod des länger Lebenden von uns weg, setzen wir seine Abkömmlinge als Ersatzerben ein.

§ 4 Wechselbezüglichkeit

Die in unserem Testament getroffenen Verfügungen sollen hinsichtlich der Erbeinsetzung des Längerlebenden von uns und zugleich bezogen auf den zweiten Erbfall wechselbezüglich und bindend sein. Der länger lebende Ehegatte ist nicht befugt, die Verfügungen auf den Schlusserbfall zu widerrufen, zu ändern oder zu ergänzen.

§ 5 Wiederverheiratung

Für den Fall, dass der länger lebende Ehegatte von uns erneut heiratet, ordnet der Erstversterbende folgendes Vermächtnis an:

Der Längerlebende von uns zahlt an den Schlusserben einen Geldbetrag in Höhe des Werts seiner fiktiven gesetzlichen Erbquote nach dem Erstversterbenden. Das Vermächtnis fällt an mit der Wiederheirat des länger lebenden Ehegatten und ist innerhalb von sechs Monaten nach Wiederverheiratung unverzinslich fällig. Maßgeblich für die Berechnung des Geldvermächtnisses ist der Reinnachlass des Erstverstorbenen zum Todeszeitpunkt. Zu Ersatzvermächtnisnehmern bestimmen wir die Abkömmlinge des Schlusserben nach den Regeln der gesetzlichen Erbfolge. Hat der Schlusserbe nach dem Tod des Erstversterbenden von uns gegenüber dem Längerlebenden entgegen dessen Willen seinen Pflichtteilsanspruch geltend gemacht und diesen ganz oder teilweise erhalten, so ist er einschließlich seiner Abkömmlinge von diesem Vermächtnis ausgeschlossen. Der Längerlebende von uns verpflichtet sich gegenüber dem Vermächtnisnehmer im Hinblick auf die Berechnung des Reinnachlasses des Erstverstorbenen, den Nachlass bewerten zu lassen und ein Nachlassverzeichnis zu errichten.

§ 6 Vorausverzicht auf das Anfechtungsrecht

Sollten nach dem Tod des Erstversterbenden von uns weitere Pflichtteilsberechtigte durch Wiederheirat des länger Lebenden oder weitere Abkömmlinge hinzutreten, verzichten wir auf das uns zustehende künftige Anfechtungsrecht gem. § 2079 BGB und nehmen den Vorausverzicht auf das jeweilige Anfechtungsrecht des anderen wechselseitig an.

Ort, Datum ______________________________

Unterschrift ______________________________

Mandatssituation 3.3: Geschiedenentestament (Herausgabevermächtnislösung)

Sachverhalt | Checkliste | Lösung | Verfahren | Muster

Die Mandantin wurde kürzlich rechtkräftig von ihrem Ehemann geschieden. Aus der Ehe sind drei gemeinsame Kinder hervorgegangen. Die Mandantin möchte verhindern, dass im Fall ihres Ablebens ihr geschiedener Ehemann als mitsorgeberechtigter Elternteil im Rahmen der Vermögenssorge stellvertretend für ihre Kinder über ihren Nachlass bestimmen kann. Außerdem möchte sie ausschließen, dass der geschiedene Ehemann mittelbar Erbe ihres Nachlasses wird, wenn er eines der Kinder nach ihrem Ableben beerben sollte. Andererseits will die Mandantin in die künftige Testierfreiheit ihrer noch jungen Kinder möglichst wenig eingreifen. Auch zu Lebzeiten der Kinder sollen diese über das ererbte Vermögen der Mandantin soweit wie möglich frei verfügen können, dies allein unter Ausschluss der direkten oder indirekten Teilhabe ihres geschiedenen Ehemannes. Die Mandantin will dies in einer wirksamen Verfügung von Todes wegen regeln.

Sachverhalt | **Checkliste** | Lösung | Verfahren | Muster

Fragen Sie die Mandantin nach früher errichteten Verfügungen von Todes wegen.	☐
Denken Sie daran, vorsorglich ausdrücklich frühere letztwillige Verfügungen der Mandantin im aktuellen Testamentsentwurf zu widerrufen. Es besteht die Gefahr, dass die Mandantin sich an vormals errichtete Verfügungen von Todes wegen nicht erinnert.	☐
Befragen Sie die Mandanten nach ihrer Staatsangehörigkeit bzw. nach der Absicht der Mandanten, kurz- oder mittelfristig einen Wohnsitzwechsel ins Ausland zu vollziehen, prüfen Sie die Erforderlichkeit einer Rechtswahl.	☐

Gibt es eine Scheidungsvereinbarung zwischen den geschiedenen Eheleuten?	☐
Wie ist die aktuelle Situation betreffend Sorgerecht/Vermögenssorge der Kinder? **Wichtig:** Überprüfen Sie die Bezugsberechtigungen etwaiger Lebensversicherungsverträge der Mandantin und passen Sie diese der aktuellen Situation an.	☐

Praxistipp

Vergegenwärtigen Sie sich, dass nach der Rechtsprechung des BGH auch nach Scheidung der Ehe ein **Fortgeltungswille** bezüglich wechselbezüglicher Verfügungen in einem gemeinschaftlichen Testament angenommen werden kann (§ 2268 Abs. 2 BGB); entsprechende Verfügungen wären ggf. gem. § 2271 Abs. 1 Satz 2 BGB nicht einseitig durch Verfügungen von Todes wegen aufhebbar.

Praxistipp

Holen Sie frühzeitig sofern möglich eine **Zustimmung des geschiedenen Ehegatten** zur Änderung einer Bezugsberechtigung durch die Mandantin ein, sollte eine solche unwiderruflich gem. § 159 Abs. 3 VVG zugunsten des geschiedenen Ehegatten eingeräumt worden sein. Korrespondieren Sie mit dem Versicherungsträger stets schriftlich, um Haftungssituationen zu vermeiden.

Sachverhalt | Checkliste | **Lösung** | Verfahren | Muster

Regelungsbedarf bei Ableben gemeinsamer Kinder

Das seitens der Mandantin beabsichtigte Ziel des weitestgehenden Ausschlusses ihres geschiedenen Ehegatten von der Teilhabe am Nachlass der Mandantin im Fall ihres Versterbens ist dann virulent, wenn die geschiedenen Ehegatten – wie im Sachverhalt – über gemeinsame Kinder verfügen. Das gesetzliche Erbrecht ist angesichts rechtkräftiger Scheidung der Ehe aufgrund § 1933 BGB ausgeschlossen. Eine ggf. existente gewillkürte Erbeinsetzung bzw. sonstige letztwillige Verfügungen von Todes wegen zugunsten des Ehegatten sind gem. § 2077 Abs. 1 Satz 1 BGB gleichsam unwirksam, so dass der geschiedene Ehegatte im Regelfall von Todes wegen nicht direkt am Nachlassvermögen des geschiedenen Ehegatten partizipiert.

Praxistipp

Lassen Sie keinen Raum für Auslegungsfragen! Schließen Sie bei Vorliegen einer früheren letztwilligen Verfügung von Todes wegen durch vorsorglichen ausdrücklichen Widerruf aus, dass man Ihrer Mandantin ggf.

einen Fortgeltungswillen zugunsten des geschiedenen Ehegatten unterstellt. Beachten Sie die Gefahr, die § 2077 Abs. 3 BGB diesbezüglich birgt.

Geschiedener Ehepartner als Erbe der gemeinsamen Kinder

Es bleibt die Gefahr der **mittelbaren Teilhabe** des geschiedenen Ehepartners am Nachlass der Mandantin als Erbe eines der gemeinsamen Kinder. Unverheiratete Kinder der Mandantin ohne Abkömmlinge werden durch den geschiedenen Ehepartner über §§ 1922, 1925 Abs. 1 BGB beerbt. Auch bei verheirateten Kindern ohne Abkömmlinge partizipiert der geschiedene Ehepartner über § 1925 Abs. 1 BGB als gesetzlicher Erbe zweiter Ordnung des Abkömmlings der Mandantin.

Geschiedener Ehepartner als Pflichtteilsberechtigter der gemeinsamen Kinder

Für den Fall der Errichtung einer Verfügung von Todes wegen durch eines der Kinder der Mandanten – soweit bereits testierfähig – besteht die Gefahr der Teilhabe des geschiedenen Ehepartners der Mandantin an ihrem Nachlassvermögen über die Möglichkeit der Geltendmachung von Pflichtteilsansprüchen gegenüber einem nachverstorbenen gemeinsamen Abkömmling gem. § 2303 Abs. 1 BGB fort.

Geschiedener Ehepartner als Sorgeberechtigter der gemeinsamen Kinder

Über die dem geschiedenen Ehepartner als verbliebenem Elternteil der gemeinsamen Kinder im Regelfall zufallende alleinige elterliche Sorge besteht eine weitere Gefahr des Zugriffs auf das ererbte Vermögen des Kindes. Gemäß § 1626 Abs. 1 Satz 2 BGB umfasst die elterliche Sorge zugleich die Vermögenssorge. § 1638 Abs. 1 BGB bietet die Möglichkeit, im Wege letztwilliger Verfügung die Vermögenssorge des anderen Elternteils über das Vermögen, welches das Kind von Todes wegen erworben hat, auszuschließen. Die Mandantin kann somit durch letztwillige Verfügung bestimmen, dass der geschiedene Ehepartner das dem Kind zufließende Nachlassvermögen nicht verwalten darf.

Praxistipp

Nutzen Sie im Rahmen der Testamentsgestaltung die familienrechtlichen Möglichkeiten aus. Nutzen Sie die Möglichkeit, im Hinblick auf die nach § 1638 BGB beschränkte Vermögenssorge selbst einen geeigneten Vermögenspfleger zu benennen (§ 1917 Abs. 1 BGB). Berücksichtigen Sie, dass die Mandantin zur Verwaltung des ihren Kindern zufließenden Nachlassvermögens **Anordnungen** erteilen kann. § 1639 Abs. 1 BGB lässt dies gegenüber dem geschiedenen Ehegatten, § 1803 Abs. 1 BGB gegenüber einem Vormund der Kinder zu. Fragen Sie die Mandantin nach einem tauglichen Vermögenspfleger bzw. einem tauglichen Testamentsvollstrecker.

Erbrechtliche Gestaltungsmöglichkeiten

Im Rahmen der Gestaltung sogenannter **Geschiedenentestamente** erreicht die Mandantin die weitestgehende Nichtteilhabe des geschiedenen Ehepartners im Wege zweier Gestaltungsmodelle, welche sich im Hinblick auf die Intensität der Einschränkungen der bedachten Abkömmlinge der Mandantin deutlich unterscheiden. Vertreten wird die sogenannte

Nacherbfolgelösung durch die Anordnung einer Vor- und Nacherbschaft sowie die sogenannte Herausgabevermächtnislösung durch Aussetzung eines aufschiebend bedingten Herausgabevermächtnisses.

Anordnung der Vor- und Nacherbschaft

Im Rahmen der Nacherbfolgelösung werden die Abkömmlinge der Mandantin aus der geschiedenen Ehe zu befreiten Vorerben eingesetzt (§§ 2100, 2136 BGB). Durch Nacherbeneinsetzung für den Fall des Ablebens des begünstigten Kindes als Vorerben ist es der Mandantin möglich, unter Ausschluss des geschiedenen Ehepartners und der ihm zugehörigen Seitenlinie eine Person ihrer Wahl zum Nacherben zu bestimmen. Als Vorerben unterliegen die Abkömmlinge der Mandantin der Nacherbfolgeanordnung. Das Vorerbenvermögen ist somit Sondervermögen, welches erst mit Tod des Vorerben auf den oder die testamentarisch bestimmten Nacherben übergeht (§ 2139 BGB). Da das Sondervermögen nicht zum Nachlass des Vorerben zur Zeit des Erbfalls gehört, bleibt es bei der Berechnung des Pflichtteils im Fall des Ablebens eines Abkömmlings außer Betracht (§ 2311 Abs. 1 BGB).

Praxistipp

Beachten Sie, dass die Nacherbfolgelösung für den Vorerben zu erheblichen Verfügungs- und Verwaltungsbeschränkungen führt, insbesondere eigene letztwillige Verfügungen über das der Nacherbfolge unterliegende Vermögen verhindert. Die üblicherweise erfolgende **verbindliche Nacherbeneinsetzung** verhindert eigene Gestaltungsmöglichkeiten des Vorerben zugunsten Dritter im Hinblick auf das erlangte Vorerbenvermögen. Klären Sie mit der Mandantin, ob eine entsprechende strenge Bindung des Vorerbenvermögens zum Nachteil der aus der geschiedenen Ehe hervorgegangenen Kinder gewünscht ist und dem Gestaltungsziel der Mandantin entspricht.

Auflösend bedingte Vollerbschaft

Im Hinblick auf eine Umgehung der teilweise ungewollten erheblichen Einschränkungen des Vorerben besteht die bisweilen vertretene Möglichkeit, die gemeinschaftlichen Kinder zu befreiten Vorerben einzusetzen und diejenigen Personen zu Nacherben zu bestimmen, die der jeweilige Abkömmling als Vorerbe von Todes wegen zu seinen Erben bestimmt; dies unter Ausschluss des geschiedenen Ehepartners und von dessen Verwandten von der Nacherbfolge.

Praxistipp

Die sogenannte **„Dieterle-Klausel"** verstößt trotz anderer Auffassung der h.M. gegen das materielle Selbstbestimmungsgebot aus § 2065 Abs. 2 BGB, wonach der Erblasser die Bestimmung der Person des Nacherben nicht dem Vorerben überlassen darf. Verwenden Sie eine entsprechende Klausel **zurückhaltend**, bis die Streitfrage höchstrichterlich geklärt ist (vgl. dazu auch die Entscheidung des OLG Frankfurt, DNotZ 2001, 143).

Stellt man die Anordnung der Vor- und Nacherbschaft unter die Bedingung, dass der geschiedene Ehegatte zum Zeitpunkt des Ablebens der eigenen Mandantin noch lebt, kommt eine Einsetzung der Abkömmlinge aus der geschiedenen Ehe zu unbeschränkten Vollerben in Betracht.

Praxistipp

Orientieren Sie Ihre Gestaltungsüberlegungen stets an den derzeitigen und zukünftig möglichen, tatsächlichen Familienkonstellationen. Arbeiten Sie deutlich heraus, ob die Anordnung der Vor- und Nacherbschaft als die den Vorerben beschränkende Lösung angesichts einer zuvor ermittelten abstrakten oder konkreten Gefährdung der Teilhabe des geschiedenen Ehegatten am Nachlassvermögen wirklich erforderlich ist.

Herausgabevermächtnislösung

Durch Anordnung eines aufschiebend bedingten Herausgabevermächtnisses können die beschränkenden Nachteile der Vor- und Nacherbschaft vermieden werden. Dabei werden die ehegemeinschaftlichen Abkömmlinge zu Vollerben der Mandantin eingesetzt und mit einem Herausgabevermächtnis in der Form beschwert, dass sämtliche aus dem Nachlass der Mandantin stammenden Vermögenswerte einschließlich der hieraus erlangten Surrogate an einen seitens der Erblasserin bestimmten Vermächtnisnehmer herauszugeben sind. Das Herausgabevermächtnis kann zudem auf den Überrest beschränkt werden, mithin auf den Vermögenswert, der sich bei Bedingungseintritt des Vermächtnisanfalls noch im Vermögen des Beschwerten befindet.

Praxistipp

Beachten Sie bei Formulierung des Herausgabevermächtnisses die umfangreichen Gestaltungsmöglichkeiten, insbesondere auch der Einräumung des Drittbestimmungsrechts des Vollerben betreffend die Person des Endbedachten beim Herausgabevermächtnis (§§ 2151 ff. BGB). Denken Sie an eine Surrogationsregelung bezüglich der Vermächtnisgegenstände und treffen Sie Anordnungen im Hinblick auf die Fruchtziehung sowie Verwendungen und Aufwendungen.

Praxistipp

Erläutern Sie den Mandanten die im Vergleich zur Anordnung der Vor- und Nacherbschaft erheblich verminderte Sicherungswirkung durch die lediglich schuldrechtliche Wirkung des Vermächtnisanspruchs (§ 2174 BGB). Machen Sie deutlich, dass kein unmittelbarer Rechtsübergang zugunsten des Bedachten bei Bedingungseintritt erfolgt und es der Annahme des Vermächtnisses durch den Bedachten bedarf.

Besonderheiten bei der Versteuerung von Vor- und Nacherbschaft

Steuertipp

Die Anordnung einer Vor- und Nacherbschaft wird im Erbschaftsteuerrecht als **Vollerwerb** behandelt. Das bedeutet, dass der Vorerbe seinen Erwerb in derselben Höhe zu versteuern hat, als wäre keine Vor- und Nacherbschaft angeordnet worden (vgl. § 6 Abs. 1 ErbStG: „Der Vorerbe gilt als Erbe").

Mit Eintritt der **Nacherbschaft** wird ein **neuer Erwerbstatbestand** begründet (§ 6 Abs. 2 ErbStG). Grundsätzlich wird der Nacherbe so behandelt, als hätte er vom Vorerben erworben. Allerdings hat der Nacherbe die Möglichkeit, hinsichtlich Steuerklasse und Steuertarif so behandelt zu werden, als hätte er vom Erblasser erworben (§ 6 Abs. 2 Satz 2 ErbStG).

Wichtig! Trotzdem bleibt es ein Erwerb vom Vorerben. Erhält der Nacherbe auch eigenes Vermögen des Vorerben, so wird der Freibetrag für das eigene Vermögen nur dann gewährt, wenn er durch die Nacherbschaft noch nicht verbraucht ist.

Beispiel

Die Mutter setzt Tochter A zum Vorerben und den Sohn B als Nacherben ein. Der Nachlass der Mutter hat einen Wert von 390.000 €. M verstirbt, A wird Vorerbin. Wegen des ihr zustehenden persönlichen Freibetrags von 400.000 € muss sie keine Erbschaftsteuer zahlen. A verstirbt und hinterlässt ihrem Bruder B neben der Nacherbschaft eigenes Vermögen von 30.000 €. Grundsätzlich müsste B als Bruder, eingereiht in Steuerklasse II, den gesamten Erwerb im Wert von 430.000 € versteuern. Als Bruder steht ihm zwar ein persönlicher Freibetrag von 20.000 € zu, auf den Restbetrag von 410.000 € werden aber 25 % Steuern erhoben.

Alternativ kann B den Antrag stellen, dass die Verhältnisse zur Erblasserin, seiner Mutter, berücksichtigt werden. Danach stünde ihm als Sohn ein persönlicher Freibetrag von 400.000 € zu. Für das von A erhaltene Eigenvermögen i.H.v. 30.000 € gilt Folgendes: Für die Nacherbschaft hat B von dem für ihn anwendbaren persönlichen Freibetrag i.H.v. 400.000 € 390.000 € verbraucht; unverbraucht sind 10.000 €. Bei Erwerben von der Schwester gewährt der Fiskus ihm einen persönlichen Freibetrag i.H.v. 20.000 €; diesen kann er aber nur i.H.v. 10.000 € nutzen, da der übrige Freibetrag schon durch die Vorerbschaft verbraucht wurde (§ 6 Abs. 2 Satz 4 ErbStG). Der Restbetrag ist nach Steuerklasse II mit 15 % zu versteuern.

Praxishinweis

Wird die Vorerbschaft nicht durch den Tod des Vorerben beendet, gelten Erleichterungen (§ 6 Abs. 3 ErbStG).

Sachverhalt | Checkliste | Lösung | Verfahren | Muster

Geschiedenentestament (Herausgabevermächtnislösung)

Testament

Ich, Frau ..., geborene ..., geb. am ... in ..., wohnhaft in ..., bin deutsche Staatsangehörige und seit dem ... von meinem vormaligen Ehemann, Herrn ..., rechtskräftig geschieden. Aus der Ehe sind drei Kinder, ... und ... und ..., hervorgegangen. Weitere Abkömmlinge habe ich nicht. Ich bin nicht durch frühere Verfügungen von Todes wegen daran gehindert, das vorliegende Testament zu errichten. Vorsorglich widerrufe ich alle früheren Verfügungen von Todes wegen.

§ 1 Erbeinsetzung

Ich berufe meine drei Kinder zu meinen Erben zu je 1/3-Erbteil. Sollte eines meiner Kinder zum Zeitpunkt meines Ablebens bereits vorverstorben sein, treten dessen Abkömmlinge ersatzweise an dessen Stelle, wiederum ersatzweise soll Anwachsung unter meinen verbliebenen Kindern eintreten.

§ 2 Entziehung des Vermögensverwaltungsrechts

Für den Fall, dass eines meiner Kinder zum Zeitpunkt meines Todes noch minderjährig ist, entziehe ich dem Vater meiner Kinder gem. § 1638 Abs. 1 BGB das Recht, im Rahmen der elterlichen Vermögenssorge meinen Nachlass zu verwalten. Als Ergänzungspfleger für die Verwaltung meines Nachlasses benenne ich meinen Vater, Herrn ..., ersatzweise meine Mutter, Frau .... Der Ergänzungspfleger ist soweit gesetzlich möglich von der Rechnungslegungspflicht gegenüber dem Familiengericht befreit.

§ 3 Aufschiebend bedingtes Herausgabevermächtnis

Für den Fall, dass bei Ableben eines meiner zu Erben berufenen Abkömmlinge mein geschiedener Ehemann, dessen Abkömmlinge, die er nicht gemeinsam mit mir hat, oder Verwandte meines geschiedenen Ehemannes in aufsteigender Linie Erben werden, Vermächtnisse erhalten oder Pflichtteilsansprüche erwerben, vermache ich alle Vermögensgegenstände, die mein verstorbener Abkömmling aus meinem Nachlass erhalten hat, einschließlich dessen, was als Surrogat gem. § 2113 BGB hierfür erworben wurde, an die Abkömmlinge meines jeweils zu Erben berufenen Kindes, ersatzweise an meine anderen Kinder zu je gleichem Anteil, wiederum ersatzweise an deren Abkömmlinge nach den Regeln der gesetzlichen Erbfolge. Das Herausgabevermächtnis fällt mit dem Tod des jeweils Beschwerten an und ist sodann fällig. Bis zum Anfall des Herausgabevermächtnisses stehen sämtliche Nutzungen dem Beschwerten zu. Dieser hat keinen Anspruch auf Ersatz von Verwendungen oder Aufwendungen auf sämtliche Vermächtnisgegenstände sowie Surrogate bis zum Vermächtnisanfall. Ich schließe ein vererbliches und übertragbares Anwartschaftsrecht für den Zeitraum zwischen dem Erbfall und dem Anfall des Vermächtnisses aus.

§ 4 Testamentsvollstreckung

Ich ordne Testamentsvollstreckung an. Zum Testamentsvollstrecker bestimme ich Herrn ..., ersatzweise Herrn Rechtsanwalt und Fachanwalt für Erbrecht ..., geschäftsansässig .... Der Testamentsvollstrecker wird ausdrücklich ermächtigt, vor oder nach Annahme des Amts an seiner Stelle einen Ersatztestamentsvollstrecker zu benennen. Der Testamentsvollstrecker ist von den Beschränkungen des § 181 BGB und von der Pflicht zur Rechnungslegung befreit. Der Testamentsvollstrecker erhält eine Vergütung i.H.v. ... €, er kann Ersatz seiner Auslagen verlangen. Aufgabe des Testamentsvollstreckers ist ausschließlich die Erfüllung des Herausgabevermächtnisses.

Ort, Datum ______________________________

Unterschrift ______________________________

Mandatssituation 3.4: Ehegattentestament (Patchwork-Situation) mit Begünstigung der jeweils einseitigen, nicht gemeinschaftlichen Kinder; Vor- und Nacherbeneinsetzung (Trennungslösung)

Sachverhalt | Checkliste | Lösung | Verfahren | Muster

Die Mandanten sind Eheleute und bereits fortgeschrittenen Alters. Aus vorangegangenen nichtehelichen Beziehungen haben beide jeweils ein eigenes Kind, gemeinschaftliche Kinder haben die Mandanten nicht. Das den Eheleuten zur Verfügung stehende Vermögen wurde überwiegend durch den jeweiligen Ehegatten einzeln erwirtschaftet. Jeder der Eheleute ist finanziell selbständig, daher ist es ihnen wichtig, dass im Fall des Ablebens eines der Eheleute letztlich jeder durch seinen eigenen leiblichen Abkömmling beerbt wird. Bei Versterben des ersten Ehegatten soll dem überlebenden Ehegatten jedoch bis zu dessen Tod die Nutzung des Vermögens des Erstversterbenden zufallen. Wichtig ist es den Mandanten, dass der überlebende Ehegatte bei Versterben des anderen hinreichend liquide bleibt. Die Mandanten wollen dies in einer wirksamen Verfügung von Todes wegen regeln. Gegebenenfalls sind sie zudem zu weiteren vertraglichen Vereinbarungen im Hinblick auf Pflichtteilsverzicht oder sonstige ehevertragliche Regelungen bereit.

Sachverhalt | **Checkliste** | Lösung | Verfahren | Muster

Betrachten Sie den Sachverhalt in Patchwork-Situationen stets in sämtlichen Alternativen und skizzieren Sie die Situationen in komplexeren Fällen stets graphisch.	☐
Lassen Sie sich die familiäre Situation exakt beschreiben und prüfen Sie, welche Personen als gesetzliche Erben bzw. Pflichtteilsberechtigte des jeweiligen Ehegatten in Betracht zu ziehen sind; spielen Sie die verschiedenen Alternativen, insbesondere bei Erstversterben des jeweils einen oder anderen Ehegatten gedanklich durch und berücksichtigen Sie die Rechtsfolgen bei der weiteren Gestaltung der Verfügung von Todes wegen oder sonstiger Vereinbarungen.	☐
Klären Sie mit den Mandanten, ob diese zu einem Pflichtteilsverzichtsvertrag oder einer sonstigen ehevertraglichen Vereinbarung bereit sind.	☐

Prüfen Sie, ob die Eheleute oder einer der Ehegatten durch Erbvertrag oder ein vormals errichtetes gemeinschaftliches Testament in der Testierfähigkeit beschränkt sind. Prüfen Sie die Möglichkeit der Beseitigung oder Durchbrechung einer eventuell bestehenden Bindung und denken Sie daran, vorsorglich ausdrücklich frühere letztwillige Verfügungen der Mandanten im aktuellen Testament zu widerrufen, da die Gefahr besteht, dass die Mandanten sich an vormals errichtete Verfügungen von Todes wegen nicht erinnern bzw. ihnen eine Bindung an ein früheres gemeinschaftliches Testament oder einen Erbvertrag rechtlich nicht bekannt ist.	☐
Befragen Sie die Mandanten nach ihrer Staatsangehörigkeit bzw. nach der Absicht der Mandanten, kurz- oder mittelfristig einen Wohnsitzwechsel ins Ausland zu vollziehen, prüfen Sie die Erforderlichkeit einer Rechtswahl.	☐
Ermitteln Sie den Wert und die Zusammensetzung des Vermögens der Mandanten.	☐
Verdeutlichen Sie den Mandanten, dass es keine Standardlösungen für Patchwork-Situationen gibt und die individuelle Familiensituation eine sorgfältig geprüfte gleichsam individuelle Regelung verlangt.	☐
Suchen Sie das Gespräch mit den Mandanten im Hinblick auf eine angemessene Vergütung Ihrer Tätigkeit.	☐

Sachverhalt | Checkliste | **Lösung** | Verfahren | Muster

Das von den Mandanten beabsichtigte Ziel des möglichst weitgehenden Erhalts des Vermögens jedes einzelnen Ehegatten zugunsten des jeweils einseitigen Kindes ist in der Form des **Berliner Testaments** regelbar (§ 2269 Abs. 1 BGB). In der Form des gemeinschaftlichen Testaments (§ 2265 BGB) können die Ehegatten gemeinschaftlich von Todes wegen verfügen. Abhängig vom beabsichtigten Grad der Bindungswirkung einer entsprechenden Verfügung von Todes wegen können die Eheleute entsprechende Regelungen zugleich durch Erbvertrag oder durch jeweils einzelne einseitige Testamente treffen.

Praxistipp

Zu Begriff und Typen der Patchworkfamilie sowie Regelungsbedarf und Möglichkeiten im Rahmen der Testamentsgestaltungen vgl. grundlegend Mayer, ErbR 2014, 10 ff. und ErbR 2014, 42 ff. Mayer weist zutreffend darauf hin, dass das gesetzliche Erbrecht auf die besonderen Strukturen von Patchworkfamilien keinerlei Rücksicht nimmt, was eine Verfügung von Todes wegen erforderlich werden lässt.

Erbeinsetzung des jeweils einseitigen Kindes

Zunächst vorstellbar ist die Einsetzung des jeweils eigenen Kindes der Mandanten im Wege der alleinigen Vollerbeneinsetzung bei Ableben des jeweiligen Elternteils. **Problematisch** ist hierbei, dass dem länger lebenden Ehegatten die sachverhaltlich begehrten Nutzungen des Vermögens des Ehegatten nach dessen Ableben nicht verbleiben.

Kollision mit Pflichtteilsrecht des länger Lebenden (§§ 2303, 2317 Abs. 2 BGB)

Zudem kollidiert die alleinige Vollerbeneinsetzung des jeweils einseitigen Kindes mit dem Pflichtteilsrecht des überlebenden Ehegatten, welcher durch eine Vollerbeneinsetzung des Kindes enterbt und gem. § 2303 BGB pflichtteilsberechtigt wäre. In besonderer Weise **interessenwidrig** ist die zugleich entstehende Möglichkeit, dass ein unverjährter Pflichtteilsanspruch des länger lebenden Ehegatten bei dessen Ableben als Nachlassbestandteil dessen Erben zufließt, nachdem der Pflichtteilsanspruch des länger Lebenden aufgrund des Erstversterbens des anderen Ehegatten gem. § 2317 Abs. 2 BGB innerhalb der Verjährungsfrist des § 2332 BGB vererblich ist.

Kollision mit ehegüterrechtlichen Ansprüchen (§§ 1371 Abs. 2, 3, 1378 Abs. 3 Satz 1 BGB)

Die Vollerbeneinsetzung des jeweils einseitigen Kindes birgt zudem eine interessenwidrige Kollision im Rahmen des ehelichen Güterrechts. Die Ehegatten leben gemäß Sachverhalt im Güterstand der Zugewinngemeinschaft. Neben der Möglichkeit des pauschalen Ausgleichs des Zugewinns mittels Erhöhung der Erbschaft um 1/4-Anteil gem. § 1371 Abs. 1 BGB besteht für den länger lebenden Ehegatten die Möglichkeit, bei Beendigung des Güterstandes durch Tod des Ehegatten neben dem kleinen Pflichtteil den konkret berechneten Zugewinnausgleichsanspruch gegenüber dem einseitigen Kind des verstorbenen Ehegatten geltend zu machen (§ 1371 Abs. 2, 3 BGB). Erhebliches **Risiko** ist auch hierbei, dass bei Nachversterben des länger lebenden Ehegatten dessen einseitiges Kind einen potentiell noch nicht verjährten, konkreten Zugewinnausgleichsanspruch von dem einseitigen Kind des erstverstorbenen Ehegatten verlangen kann (§ 1378 Abs. 3 Satz 1 BGB).

Praxistipp

Weisen Sie die Mandanten neben den erbrechtlichen Gestaltungsmöglichkeiten auf die Wirkungen eines Pflichtteilsverzichts des Ehegatten sowie der Kinder hin, § 2346 Abs. 2 BGB. Beraten Sie die Mandanten im Hinblick auf die familienrechtliche Möglichkeit, im Rahmen ehevertraglicher Vereinbarung den konkreten Zugewinnausgleich im Todesfall auszuschließen.

Warnhinweis

Beachten Sie, dass eine Vollerbeneinsetzung des jeweils einseitigen Kindes ohne nebenvertragliche Vereinbarungen zu nicht interessengerechten Ergebnissen führen kann und damit ein **Haftungsrisiko** für den sachbearbeitenden Rechtsanwalt darstellt.

Anordnung der Vor- und Nacherbschaft

Regelungsziel einer Verfügung von Todes wegen für die Mandanten ist, dass das eigene Vermögen eines jeden Ehegatten im Ergebnis ausschließlich dem jeweils eigenen leiblichen Abkömmling zufließt, wobei dem länger lebenden Ehegatten zunächst die Nutzung des Vermögens des Erstverstorbenen verbleibt. Dies wird erreicht bezogen auf den Todesfall des Erstversterbenden durch gegenseitige Einsetzung zu befreiten Vorerben sowie des jeweiligen vorehelichen Kindes des Erstversterbenden zum Nacherben (§§ 2100 ff. BGB), wobei die Erbschaft dem Nacherben mit dem Tod des Vorerben anfallen soll (§ 2106 BGB).

Vollerbeneinsetzung des einseitigen Kindes des überlebenden Ehegatten

Mit gesonderter Verfügung auf den Tod des überlebenden Ehegatten wird erreicht, dass der einseitige Abkömmling des Überlebenden Vollerbe im Hinblick auf dessen Eigenvermögen wird. Zugleich wird aufgrund des Eintritts der Nacherbfolge auf den Tod des Erstversterbenden dessen einseitiger Abkömmling Nacherbe, womit ihm das Vermögen des leiblichen Elternteils zufließt. Mittels **Wiederverheiratungsklausel** können die Ehegatten erreichen, dass der überlebende, wieder verheiratete Ehegatte zum beschränkten Vorerben wird. Zugleich können sie den Eintritt der Nacherbfolge auf den Zeitpunkt der Wiederverheiratung des länger lebenden Ehegatten festlegen.

Praxistipp

Bei verheirateten bzw. miteinander verpartnerten Patchworkfamilien ist Folgendes zu beachten: Durch den Eheschluss bzw. die Verpartnerung werden die Kinder eines Ehegatten oder Partners Stiefkind des anderen Ehegatten/Partners. Ein gesetzliches Erbrecht wird dadurch zwar nicht begründet, aber wird ein Stiefkind zum Erben eingesetzt oder wird es in anderer Weise durch letztwillige Verfügung bedacht, wird es steuerlich wie ein leibliches Kind behandelt. Das heißt: Stiefkinder werden ebenso wie Kinder in die Steuerklasse I eingestuft und erhalten den auch Kindern gewährten hohen persönlichen Freibetrag von 400.000 €.

Großzügige Regelung für Stiefkinder

Diese Regelung macht es einfacher, auch steuergünstige Regelungen für Patchworkfamilien zu entwickeln. Aber: Diese Grundsätze setzen eine Ehe bzw. Partnerschaft voraus, das Kind des nichtehelichen Lebensgefährten ist kein Stiefkind.

Beachten Sie auch, dass nach dem 30.09.2017 gem. § 1 LPartG eine Lebenspartnerschaft zwischen zwei Personen gleichen Geschlechts nicht mehr begründet werden kann. An die Stelle der Lebenspartnerschaft tritt ab dem 01.10.2017 die eheliche Lebensgemeinschaft von zwei Personen verschiedenen oder gleichen Geschlechts auf Lebenszeit (§ 1353 Abs. 1 Satz 1 BGB).

Sachverhalt | Checkliste | Lösung | Verfahren | Muster

Ehegattentestament (Patchwork-Situation) mit Begünstigung der jeweils einseitigen, nicht gemeinschaftlichen Kinder; Vor- und Nacherbeneinsetzung (Trennungslösung)

Ehegattentestament

Wir, Herr ..., geb. am ... in ..., und Frau ..., geborene ..., geb. am ... in ..., wohnhaft in ..., sind miteinander verheiratet. Wir leben im gesetzlichen Güterstand der Zugewinngemeinschaft. Aus unserer Ehe sind keine gemeinsamen Kinder hervorgegangen. Aus einer vorehelichen Beziehung des Ehemannes ist ein Sohn, ..., geb. am ..., hervorgegangen. Aus einer vorehelichen Beziehung der Ehefrau ist eine Tochter, ..., geb. am ..., hervorgegangen. Einen Ehevertrag haben wir bislang nicht errichtet.

§ 1 Erbeinsetzung nach Erstversterben eines Ehegatten

Der Erstversterbende von uns beruft zu seinem alleinigen Erben den Längerlebenden von uns. Der Längerlebende wird jedoch nur Vorerbe. Er ist von allen gesetzlichen Beschränkungen befreit, soweit dies zulässig und rechtlich möglich ist (Gesamtbefreiung). Wir verzichten auf den Tod des Erstverstorbenen von uns wechselseitig auf die Geltendmachung von Pflichtteilsansprüchen und nehmen diesen Verzicht auch wechselseitig an.

§ 2 Nacherbeneinsetzung – Erbteil des Erstversterbenden

Nacherbe des Erstversterbenden von uns ist dessen jeweiliger Abkömmling. Die Nacherbenanwartschaft ist nicht veräußerbar und vererblich, es sei denn, die Übertragung erfolgt auf den Vorerben. Für den Fall, dass der Vorerbe vor oder nach dem Erbfall wegfällt, ist der Nacherbe zugleich Ersatzerbe, § 2102 BGB. Der Nacherbe wird in diesem Fall zum Vollerben des erstversterbenden Ehegatten. Der Nacherbfall tritt mit dem Tod des Vorerben ein.

§ 3 Ersatznacherben

Für den Fall, dass der Nacherbe wegfällt, z.B. durch Tod vor dem Längerlebenden von uns, sind Ersatzerben dessen Abkömmlinge nach den Regeln der gesetzlichen Erbfolgeordnung.

§ 4 Gemeinsames Versterben

Für den Fall, dass wir gemeinsam versterben oder ein gemeinsames Versterben gesetzlich vermutet wird, gilt die gegenseitige Erbeinsetzung nicht. Unter Aufhebung der Vor- und Nacherbschaft für diesen Fall ist Vollerbe der einseitige Abkömmling jedes Ehegatten.

§ 5 Wiederverheiratung

Für den Fall, dass der länger lebende Ehegatte von uns erneut heiratet, entfällt die Befreiung des Vorerben gem. § 2136 BGB. Der Vorerbe wird somit zum beschränkten Vorerben.

§ 6 Erbeinsetzung nach dem Letztversterbenden

Der Letztversterbende von uns beruft zu seinem alleinigen Vollerben seinen einseitigen Abkömmling, ersatzweise dessen Abkömmlinge nach den Regeln der gesetzlichen Erbfolge, wiederum ersatzweise soll Anwachsung eintreten. Eine Vor- und Nacherbschaft wird ausdrücklich nicht angeordnet. Der Abkömmling des Längerlebenden wird somit Vollerbe im Hinblick auf dessen Eigenvermögen.

§ 7 Vorausverzicht auf das Anfechtungsrecht

Sollten nach dem Tod des Erstversterbenden von uns weitere Pflichtteilsberechtigte durch Wiederheirat des Längerlebenden oder weitere Abkömmlinge hinzutreten, verzichten wir auf das uns zustehende künftige Anfechtungsrecht gem. § 2079 BGB und nehmen den Vorausverzicht auf das jeweilige Anfechtungsrecht des anderen wechselseitig an. Unsere letztwilligen Verfügungen werden unabhängig davon getroffen, welche Pflichtteilsberechtigten beim Ableben eines jeden von uns vorhanden sind bzw. zukünftig hinzutreten werden.

§ 8 Wechselbezüglichkeit

Die in unserem Testament getroffenen Verfügungen sollen auf den ersten sowie auf den zweiten Erbfall bezogen wechselbezüglich und bindend sein, soweit gesetzlich zulässig.

Ort, Datum ______________________

______________________ ______________________

Unterschrift Unterschrift

Mandatssituation 3.5: Gemeinschaftliches Testament der eingetragenen Lebenspartner bei Schlusserbeneinsetzung einer gemeinnützigen Stiftung mit Änderungsbefugnis für den überlebenden Lebenspartner und Totenfürsorgeregelung

Sachverhalt | Checkliste | Lösung | Verfahren | Muster

Die Mandanten sind gleichen Geschlechts und haben vor dem zuständigen Standesamt eine eingetragene Lebenspartnerschaft begründet. Sie sind beide kinderlos. Das Verhältnis zu Eltern und Geschwistern ist seit Begründung der Lebenspartnerschaft nicht unproblematisch. Die gegenseitige unbeschränkte Vermögensnachfolge und weitestgehende Verfügungsfreiheit des überlebenden Lebenspartners über das als gemeinsam betrachtete Vermögen ist den Mandanten besonders wichtig. Nach dem Tod des letztversterbenden Lebenspartners soll das Vermögen einer bekannten gemeinnützigen Stiftung zufallen, darüber hinaus soll die Nichte eines Lebenspartners aufgrund eines besonders guten Verhältnisses zu den Mandanten ein Vermächtnis in Höhe eines höheren Geldbetrags erhalten. Dabei ist es den Mandanten besonders wichtig, sich die Möglichkeit zu erhalten, dass der länger lebende Lebenspartner sich von der Schlusserbeneinsetzung lösen und nach dem Tod des erstversterbenden Lebenspartners ggf. abweichend von Todes wegen verfügen kann. Vorsorglich wollen sie im Hinblick auf die Totenfürsorge eine klarstellende Regelung treffen. Die Mandanten wollen dies in einer wirksamen Verfügung von Todes wegen regeln.

Sachverhalt | **Checkliste** | Lösung | Verfahren | Muster

Lassen Sie sich die familiäre Situation genauestens beschreiben.	☐
Verwenden Sie die Begrifflichkeiten mit Bedacht und klären Sie vorab, ob die Mandanten in einer eingetragenen Lebenspartnerschaft gem. § 1 LPartG leben oder gem. § 1353 Abs. 1 BGB eine Ehe gleichen Geschlechts auf Lebenszeit geschlossen haben. Beachten Sie, dass nach dem 30.09.2017 gem. § 1 Satz 1 LPartG eine Lebenspartnerschaft zwischen Personen gleichen Geschlechts nicht mehr begründet werden kann!	☐
Klären Sie, ob einer der Lebenspartner Kinder hat oder ob weitere Kinder auf Seiten eines Lebenspartners geplant sind, was im Rahmen einer Verfügung von Todes wegen zu berücksichtigen wäre.	☐
Machen Sie sich mit der zentralen Vorschrift des § 10 LPartG und dem dort geregelten gesetzlichen Erbrecht des überlebenden Ehepartners vertraut.	☐
Klären Sie im Einzelnen, welche Erbeinsetzungen, Vermächtnisse oder Auflagen erbrechtliche Bindungswirkungen entfalten sollen.	☐
Stellen Sie stets das Gespräch mit den Mandanten über eine angemessene Honorierung Ihrer Tätigkeit der Beratung voran (Vergütungsvereinbarung!)	☐

Sachverhalt | Checkliste | **Lösung** | Verfahren | Muster

Gemeinschaftliches Testament (§ 10 LPartG)

Das seitens der Mandanten beabsichtigte Ziel der gegenseitigen Vollerbeneinsetzung bezogen auf den ersten Todesfall eines der eingetragenen Lebenspartner nebst Schlusserbeneinsetzung einer gemeinnützigen Stiftung ist in der Form des gemeinschaftlichen Testaments möglich (§ 10 Abs. 4 LPartG). Unter entsprechender Geltung der §§ 2266–2272 BGB können Lebenspartner wie Ehegatten in der Form des gemeinschaftlichen Testaments von Todes wegen verfügen.

Praxistipp

Machen Sie den Mandanten klar, dass ohne eine letztwillige Verfügung der Lebenspartner die Erbschaft allein bei Eintritt der gesetzlichen Erbfolge nicht zwingend „in die richtigen Hände" gerät, da eine Erbengemeinschaft mit den Eltern des Verstorbenen entsteht. Ermutigen Sie die Mandanten, im Hinblick auf die eigenen Vorstellungen von der Rechtsnachfolge von Todes wegen von der Testierfreiheit und der Wahl einer gewillkürten Erbfolge umfassend Gebrauch zu machen.

Nachdem die Mandanten gem. § 1 LPartG eine Lebenspartnerschaft begründet haben, sind sie über § 10 LPartG Ehegatten erbrechtlich und erbschaftsteuerrechtlich im Wesentlichen gleichgestellt. Ihnen steht als Gestaltungsform im Hinblick auf letztwillige Verfügungen im Rahmen der gewillkürten Erbfolge somit zugleich das Einzeltestament, das gemeinschaftliche Testament sowie der Erbvertrag zur Verfügung. Durch das vorliegend gewählte gemeinschaftliche Testament kann erreicht werden, dass die Verfügungen auf den ersten Todesfall mit Eintritt des Todes des Erstversterbenden Bindungswirkungen entfalten, sofern sie wechselbezüglich sind (§ 2270 BGB).

Praxistipp

Vermeiden Sie im Rahmen der Testamentsgestaltung die Gefahr von Auslegungsfehlern. Machen Sie deutlich, bezüglich welcher Verfügungen die Testierenden nach Ableben des erstversterbenden Lebenspartners eine Bindungswirkung herbeiführen wollen bzw. welche abweichenden letztwilligen Verfügungen, insbesondere solche auf den Schlusserbfall, im Hinblick auf Widerruf, Änderung oder Ergänzung für den länger lebenden Ehegatten möglich sein sollen.

Pflichtteil (§ 10 Abs. 6 Satz 2 LPartG)

Im Hinblick auf die der Gestaltung einer Verfügung von Todes wegen zugrundeliegende Lebenssituation der Lebenspartner ist zudem zu berücksichtigen, dass gem. § 10 Abs. 6 Satz 2 LPartG die Vorschriften des BGB über den Pflichtteil auch auf Lebenspartner anwendbar sind. Soweit die eingetragenen Lebenspartner, wie im Sachverhalt zugrunde gelegt, ohne eigene Abkömmlinge sind, ist insbesondere das **Pflichtteilsrecht der Eltern** des jeweiligen Lebenspartners gem. § 2303 Abs. 2 BGB zu beachten.

Totenfürsorge

Schließlich ist eine Regelung zur Totenfürsorge in die letztwillige Verfügung aufzunehmen, welche nach h.M. **den nahen Angehörigen des Erblassers,** nicht jedoch den Erben aufgrund ihrer Erbenstellung zusteht. Nachdem die Totenfürsorge die Bestattungsart, den Bestattungsort sowie Grabgestaltung und Grabpflege des Erblassers beinhaltet, ist davon auszugehen, dass zumindest bei Eintritt der gesetzlichen Erbfolge das Totenfürsorgerecht zunächst dem Lebenspartner einer eingetragenen Lebenspartnerschaft zusteht, danach Kindern, Eltern und Geschwistern des Erblassers. Ausgefüllt wird das Recht zur Totenfürsorge durch öffentlich-rechtliches Friedhofs- und Bestattungsrecht.

Praxistipp

Nehmen Sie das Recht zur Totenfürsorge in die letztwillige Verfügung zugunsten des länger lebenden Lebenspartners vorsorglich mit auf. Angesichts oftmals unterschiedlicher Vorstellungen im Hinblick auf die Lebensgestaltung und -umstände zwischen Lebenspartnern und nahen Angehörigen empfiehlt sich eine klare Regelung zur Person des Totenfürsorgeberechtigten sowie zu Art und Weise sowie Ort der Bestattung.

Steuertipp

Zu beachten ist, dass die Nichte nur zu einem der beiden Lebenspartner in verwandtschaftlicher Beziehung steht.

Nichten und Neffen fallen in die Steuerklasse II, ihnen wird ein persönlicher Freibetrag von 20.000 € gewährt; der Eingangsteuersatz beträgt 15 %. Ist der Erblasser nicht ihr leiblicher Onkel, weil dieser vorverstorben ist, fällt die Nichte in Steuerklasse III. Zwar wird ihr auch hier ein persönlicher Freibetrag von 20.000 € gewährt, der Eingangsteuersatz beträgt aber 30 %.

Liegt der der Nichte zuzuwendende Geldbetrag im Rahmen des persönlichen Freibetrags von 20.000 €, ist nichts weiter zu veranlassen.

Steuerliche Gestaltung bei Zuwendung von mehr als 20.000 €

Ist der der Nichte zugedachte Betrag höher als 20.000 €, sollte aus steuerlicher Sicht folgende Gestaltung gewählt werden:

- Für den Fall, dass der **Partner des Onkels zuerst verstirbt**, wird der Onkel ihr den Geldbetrag zuwenden, sie fällt in Steuerklasse II. Es reicht dafür ein einfaches Vermächtnis, das der Onkel auch einseitig wieder aufheben kann.
- Für den Fall, dass **zuerst der Onkel verstirbt**, sollte angeordnet werden, dass zugunsten des überlebenden Partners ein (evtl. befreites) **Vorvermächtnis** und zugunsten der Nichte ein **Nachvermächtnis** angeordnet wird. Verstirbt der Onkel zuerst, fällt das Vermächtnis in den Nachlass des überlebenden Partners und ist von diesem der Erbschaftsteuer zu unterwerfen, da die Anordnung eines Nachvermächtnisses nicht zu berücksichtigen ist (§ 6 Abs. 4 i.V.m. Abs. 1 ErbStG). Zugunsten des Partners gilt der hohe persönliche Freibetrag von 500.000 €. Nach dem Tod des Zweitversterbenden erhält die Nichte vom Partner ihres Onkels das Vermächtnis mit den für sie geltenden ungünstigen Steuersätzen der Steuerklasse III. Allerdings kann sie beantragen, dass die Versteuerung nach ihren persönlichen Verhältnissen zum Vermächtnisgeber, also ihrem Onkel, erfolgt, so dass sie die für sie günstigeren Steuertarife der Steuerklasse II beanspruchen kann (§ 6 Abs. 4 i.V.m. Abs. 2 ErbStG).

  Übrigens: Die Zuwendung an eine gemeinnützige inländische Körperschaft ist von der Erbschaftsteuer befreit (vgl. § 13 Abs. 1 Nr. 16b ErbStG).

Warnhinweis

Beachten Sie, dass nach Schätzungen des Bundesministeriums für Familie, Senioren, Frauen und Jugend im „Familienreport 2017" in Deutschland geschätzt rund 78.000 gleichgeschlechtliche Paare zusammenleben und gem. § 1 Satz 1 LPartG nach dem 30.09.2017 eine Lebenspartnerschaft zwischen zwei Personen nicht mehr begründet werden kann! Ab dem 01.10.2017 ist auch eine entsprechende rechtliche Verbindung von Personen verschiedenen oder – wie hier – gleichen Geschlechts auf Lebenszeit eine eheliche Lebensgemeinschaft i.S.d. § 1353 Abs. 1 BGB, Die Mandatssituationen 3.2, S. 84 ff. (Berliner Testament) mit den beschriebenen Abwandlungen, 3.3, S. 99 ff. (Geschiedenentestament), 3.4, S. 106 ff. (Ehegattentestament mit Patchworksituation) gelten insoweit entsprechend auch für Eheleute gleichen Geschlechts.

Sachverhalt | Checkliste | Lösung | Verfahren | **Muster**

Gemeinschaftliches Testament der eingetragenen Lebenspartner (Einheitslösung); Schlusserbeneinsetzung mit Änderungsbefugnis des überlebenden Lebenspartners; Totenfürsorgeregelung

Testament

Wir, Herr ..., geb. am ... in ..., und Herr ..., geb. am ... in ..., wohnhaft in ..., haben eine eingetragene Lebenspartnerschaft miteinander begründet. Wir sind beide kinderlos. Wir sind beide deutsche Staatsangehörige und haben unseren gewöhnlichen Aufenthalt in der Bundesrepublik Deutschland. Für die Rechtsnachfolge von Todes wegen in unser gesamtes Vermögen wählen wir deutsches Recht. Wir erklären ausdrücklich, nicht durch frühere Verfügungen von Todes wegen daran gehindert zu sein, das vorliegende Testament zu errichten. Vorsorglich widerrufen wir alle früheren Verfügungen von Todes wegen.

§ 1 Erbeinsetzung

Wir setzen uns gegenseitig zum alleinigen Vollerben unseres gesamten Vermögens ein.

§ 2 Schlusserben

Zum Schlusserben des Längstlebenden von uns bestimmen wir die Björn Schulz Stiftung in Berlin. Dem Schlusserben machen wir die Auflage, die Erbschaft zu 100 % für Aufgaben der stationären und ambulanten Betreuung krebs- und chronisch kranker sowie unheilbar und schwerstkranker Kinder im Rahmen des Kinderhospizes Sonnenhof zu verwenden.

§ 3 Gemeinsames Versterben

Für den Fall, dass wir gemeinsam versterben oder ein gemeinsames Versterben gesetzlich vermutet wird, bestimmen wir den Schlusserben zu Erben eines jeden von uns. Unsere gegenseitige Erbeinsetzung gilt in diesem Fall nicht.

§ 4 Vermächtnis

Im Fall des Eintritts der Schlusserbfolge erhält unsere Nichte, Frau ... aus ..., als Vermächtnis einen Geldbetrag i.H.v. 50.000 €.

§ 5 Wechselbezüglichkeit

Die in unserem Testament getroffenen Verfügungen sollen hinsichtlich der Erbeinsetzung des länger Lebenden von uns, bezogen auf den zweiten Erbfall und die Vermächtnisaussetzung jedoch insgesamt nicht wechselbezüglich und daher nicht bindend sein. Der länger lebende Lebenspartner ist somit befugt, jederzeit abweichende letztwillige Verfügungen zu treffen, insbesondere die Verfügungen auf den Schlusserbfall zu widerrufen, zu ändern oder zu ergänzen.

§ 6 Totenfürsorge

Der Längerlebende von uns hat das alleinige Recht der Totenfürsorge. Wir wünschen beide eine Erdbestattung, nähere Bestimmungen zu Ort sowie Art und Weise der Bestattung treffen wir nicht.

Ort, Datum ______________________

______________________ ______________________

Unterschrift Unterschrift

Mandatssituation 3.6: Behindertentestament bei Vor- und Nacherbeneinsetzung (Nacherbschaftslösung) und Dauertestamentsvollstreckung

Sachverhalt | Checkliste | Lösung | Verfahren | Muster

Die Mandanten sind Eheleute und leben im gesetzlichen Güterstand der Zugewinngemeinschaft. Sie haben zwei gemeinsame Kinder. Der Sohn der Mandanten ist körperlich und schwer geistig behindert. Abkömmlinge des Sohns existieren nicht. Wichtig ist den Mandanten, dass im Fall ihres Todes das Vermögen weitestgehend in der Familie bleibt und den eigenen Kindern zufließt. Der behinderte Sohn der Mandanten erhält Leistungen des zuständigen Sozialhilfeträgers, insbesondere Hilfe zur Pflege und ergänzend Hilfe zum Lebensunterhalt. Wesentliches Ziel der Mandanten ist, nach ihrem Ableben die Lebenssituation des unselbständigen Sohns soweit wie möglich zu verbessern und ihm aus dem Nachlass Vermögenswerte zufließen zu lassen, ohne dass der Sozialhilfeträger Rückgriff auf das Vermögen des Sohns nehmen kann. Zudem sollen die derzeitigen Leistungen für den behinderten Sohn durch einen Vermögenszufluss bei Ableben der Mandanten nicht gefährdet werden. Der Bestand der Verfügungen von Todes wegen soll weitestmöglich auch gerichtlicher Überprüfung standhalten. Die Mandanten wollen dies in einer wirksamen Verfügung von Todes wegen regeln.

Sachverhalt | Checkliste | Lösung | Verfahren | Muster

Lassen Sie sich die Behinderung und die darauf beruhenden Einschränkungen des Sohns durch die Mandanten genauestens beschreiben.	☐
Klären Sie im Detail, ob das Kind körperlich und/oder geistig behindert ist. Die Fehleinschätzung der Frage der Geschäftsfähigkeit bzw. Testierfähigkeit des behinderten Kindes birgt die Gefahr der Fehlberatung sowie fehlerhaften Gestaltung einer Verfügung von Todes wegen zugunsten des behinderten Kindes. Berücksichtigen Sie, dass ggf. ein Erbvertrag mit dem nicht geistig behinderten Kind möglich ist.	☐
Ist das Hinzutreten von Abkömmlingen des behinderten Kindes zu erwarten bzw. möglich?	☐
Klären Sie im Detail, welche Leistungen durch den zuständigen Sozialhilfeträger gewährt werden und zukünftig erforderlich bzw. zu erwarten sind.	☐
Welche konkreten Zuwendungen wünschen die Mandanten für das behinderte Kind? Erstellen Sie eine schriftliche Auflistung und vermeiden Sie möglichst allgemein verbindliche und ggf. auslegungsfähige Formulierungen.	☐
Klären Sie mit den Mandanten, welche Person als Testamentsvollstrecker in Betracht zu ziehen ist.	☐
Weisen Sie die Mandanten für den Fall der Geschäftsfähigkeit des behinderten Kindes neben der beabsichtigten Gestaltung der eigenen Verfügung von Todes wegen auf die Möglichkeit der Errichtung einer Vorsorgevollmacht sowie Betreuungsverfügung des behinderten Kindes selbst hin.	☐

Sachverhalt | Checkliste | Lösung | Verfahren | Muster

Das von den Mandanten beabsichtigte Ziel des möglichst weitgehenden Erhalts des Vermögens in der Familie bei Existenz eines behinderten Abkömmlings ist in der Form des **Berliner Testaments** regelbar (§ 2269 Abs. 1 BGB). In der Form des gemeinschaftlichen Testaments gem. § 2265 BGB können die Mandanten als Ehegatten gemeinschaftlich von Todes wegen verfügen.

Sozialrechtliche Problematik

Der geistig und körperlich behinderte Sohn der Mandanten erhält **Leistungen der Sozialhilfe,** insbesondere Hilfe zur Pflege sowie ergänzend Hilfe zum Lebensunterhalt. Ziel der Mandanten und damit einer entsprechenden Verfügung von Todes wegen ist es, ohne Gefährdung des Sozialhilfeanspruchs dem behinderten Sohn von Todes wegen Vermögensvorteile zukommen lassen zu können.

Auswirkungen des Nachrangprinzips (§ 2 SGB XII)

Vorrangig zu beachten bei einer sachdienlichen Gestaltung einer Verfügung von Todes wegen ist hierbei das sozialhilferechtliche Nachrangprinzip (**Subsidiaritätsprinzip**) aus §§ 2 ff., 41 Abs. 2, 90 Abs. 1 SGB XII, § 1 SGB II. Danach entfällt der Sozialhilfeanspruch desjenigen, der sich u.a. durch Einsatz seines Vermögens selbst helfen kann. Die in § 2 Abs. 1 SGB XII normierte Einsatzpflicht schließt den Erwerb des Sozialhilfeempfängers von Todes wegen ein. Die Folge ist, dass mit Ausnahme gewisser anrechnungsfreier Geldbeträge sowie angemessener Hausgrundstücke (§ 90 Abs. 2 SGB XII) der Sozialhilfeempfänger sowohl sein eigenes als auch ererbtes Vermögen vorrangig zu seinem Lebensunterhalt einzusetzen hat. Unter Berücksichtigung des Schonvermögens ist bei bereits erbrachten Vorleistungen des Sozialhilfeträgers auf das gesamte verwertbare Vermögen des Hilfeempfängers Rückgriff zu nehmen.

Praxistipp

Weisen Sie die Mandanten deutlich auf die Wirkungen der gesetzlichen Erbfolge hin. Neben dem überlebenden Ehegatten sowie neben der Schwester des behinderten Abkömmlings wird dieser als gesetzlicher Erbe erster Ordnung unter Berücksichtigung des Ehegattenerbrechts des überlebenden Elternteils Erbe zu 1/4-Anteil am Nachlass des Erstversterbenden. Den länger lebenden Elternteil beerbt der behinderte Sohn neben seiner Schwester wiederum zu 1/2-Anteil. Angesichts der Auswirkungen des Nachrangprinzips verbliebe dem behinderten Abkömmling lediglich das sich aus § 90 Abs. 2 SGB XII ergebende Schonvermögen. Die gesetzliche Erbfolge ist somit angesichts des Regelungsziels der Mandanten in keiner Weise interessengerecht.

Überleitung des Pflichtteilsanspruchs

Nachdem der Sozialhilfeträger in oben beschriebener Weise das gesamte verwertbare Vermögen einschließlich des Erbteils des Hilfeempfängers pfänden und verwerten kann, kommt ihm insbesondere das Recht zu, einen **Pflichtteil** des Hilfeempfängers gem. § 93 Abs. 1 Satz 1, 4 SGB XII auf sich **überzuleiten.** Die Enterbung des behinderten Hilfeempfängers löst somit Pflichtteilsansprüche aus, welche unabhängig von der Geltendmachung überleitungsfähig sind.

Praxistipp

Beachten Sie, dass überleitungsfähige Pflichtteilsansprüche des Behinderten im Rahmen der Testamentsgestaltung im Wege des Standardehegattentestaments – Berliner Testament mit Schlusserbeneinsetzung der gemeinsamen Kinder und Pflichtteilstrafklausel (vgl. Mandatssituation 3.2.1, S. 84 ff.) – zu einem grob interessenwidrigen Ergebnis führen. Es ist zwingend darauf zu achten, dass der Hilfeempfänger weder beim Ableben des erstversterbenden Elternteils noch beim Ableben des länger lebenden Elternteils von der Erbfolge ausgeschlossen wird.

Beschränkungen und Beschwerungen (§§ 2306, 2307 BGB)

Es ist bei der Gestaltung einer sachgerechten Verfügung von Todes wegen zugunsten des Hilfeempfängers darauf zu achten, dass ein als Erbe berufener Pflichtteilsberechtigter (vorliegend der Sohn S) bei den gesetzlich normierten Beschränkungen und Beschwerungen seines Erbteils berechtigt ist, den ihm zugedachten **Erbteil auszuschlagen** und anstelle dessen seinen Pflichtteil zu verlangen. Dabei entspricht es herrschender Literaturmeinung, dass das Recht des pflichtteilsberechtigten Hilfebedürftigen zur Ausschlagung des Erbes und Beanspruchung des Pflichtteils i.S.d. §§ 2306 Abs. 1, 2307 Abs. 1 BGB nicht überleitbar ist. Vielmehr erfordert die den Pflichtteilsanspruch entstehenlassende Ausschlagung einer Erbschaft für einen beschränkt geschäftsfähigen oder geschäftsunfähigen Behinderten die gerichtliche Genehmigung im ausschließlich vermuteten Interesse des Behinderten selbst.

Praxistipp

Achten Sie bei der Gestaltung einer Verfügung von Todes wegen zugunsten des Behinderten darauf, dass die Erbquote des Behinderten stets über seiner Pflichtteilsquote liegt. Es soll im Hinblick auf die Genehmigungsentscheidung des Gerichts betreffend die Ausschlagung nach §§ 2306, 2307 BGB im Rahmen der testamentarischen Verfügung zugunsten des Behinderten sichergestellt sein, dass der Behinderte durch Ausschlagung und Geltendmachung seines Pflichtteilsanspruchs wirtschaftlich schlechtergestellt wäre als durch die ihm testamentarisch zugewandten Leistungen des jeweiligen Erblassers.

Standardgestaltung: Nacherbschaftslösung

Gestaltungsziel der Mandanten im Ausgangsfall ist der möglichst weitgehende Erhalt des Vermögens in der Familie angesichts der Regelungen betreffend das sozialhilferechtliche Nachrangprinzip mit den bereits beschriebenen Einsatzpflichten des Hilfeempfängers im Hinblick auf sein gesamtes verwertbares Vermögen. Die Nacherbschaftslösung sieht diesbezüglich eine Vor- und Nacherbeneinsetzung vor. Der behinderte Abkömmling würde zum nicht befreiten Vorerben mit den Verfügungsbeschränkungen der §§ 2113 ff. BGB, seine gesunde und geschäftsfähige Schwester S zur Nacherbin bestimmt, wobei die jeweilige Erbschaft nach den Mandanten der Nacherbin mit dem Tod des Vorerben anfallen soll (§§ 2100, 2106 BGB). Die auf den behinderten Sohn S fallende jeweilige Erbquote ist über der Pflichtteilsquote zu wählen. Vorliegend würde für den ersten Erbfall zugunsten des Sohns S eine Erbquote i.H.v. 1/4, für den zweiten Erbfall eine Erbquote von 1/2 bestimmt, welche die Pflichtteilsquote des Sohns S im Hinblick auf die Ausschlagungsentscheidung nach § 2306 Abs. 1 BGB deutlich übersteigt.

Testamentsvollstreckung

Im Hinblick auf den Vorerbenanteil des behinderten Sohns S ist auf dessen Lebenszeit Testamentsvollstreckung in Form der **Dauerverwaltungsvollstreckung** (§ 2209 BGB) anzuordnen. Mittels Verwaltungsanordnungen der Mandanten gem. § 2216 Abs. 2 BGB kann die Tochter T als Testamentsvollstreckerin verpflichtet werden, dem Bruder nach billigem Ermessen der §§ 315 ff. BGB wirtschaftliche Mittel zur Verfügung zu stellen, auf die der Sozialhilfeträger nicht zugreift und die der Einsatzpflicht des Hilfeempfängers nicht unterliegen.

Praxistipp

Klären Sie im Detail, was die Mandanten dem behinderten Sohn konkret zuwenden wollen, und berücksichtigen Sie die persönliche Lebenssituation und die individuellen Bedürfnisse des Behinderten.

Durch die vorliegend gewählte Nacherbschaftslösung (Vor- und Nacherbeneinsetzung mit Testamentsvollstreckung und Verwaltungsanordnungen) wird erreicht, dass für den behinderten Sohn S ein Betreuer keine Verfügungsmacht über das vorererbte Vermögen der Mandanten erhält (§§ 2211, 2112 BGB); eine für den jeweiligen Testamentsvollstrecker verbindliche Verwaltungsanordnung gem. § 2216 Abs. 2 BGB ermöglicht konkrete und individuelle Zuwendungen zugunsten des behinderten Sohns S.

Praxistipp

Machen Sie sich mit den weiteren Lösungsmöglichkeiten vertraut, um eine interessengerechte Verfügung von Todes wegen für die Mandanten zu gestalten. Neben der Nacherbschaftslösung sind weitere Gestaltungsvarianten möglich wie die „halbe Nacherbschaftslösung", die „umgekehrte Vermächtnislösung", die „Trennungslösung", die „Nachvermächtnislösung" sowie die „Auflagelösung". Einen Überblick gibt Kössinger, in: Nieder/Kössinger, 5. Teil, § 21, 269 f.

Steuertipp

Durch die Anordnung einer Vor- und Nacherbschaft werden zwei Erwerbsvorgänge (Anfall der Vorerbschaft, Anfall der Nacherbschaft) begründet, die jeweils in voller Höhe der Erbschaftsbesteuerung unterliegen. Dies kann, wenn der Wert des Erwerbs die persönlichen Freibeträge übersteigt, steuerlich sehr nachteilig sein (vgl. dazu im Einzelnen die Ausführungen im Steuertipp zur Mandatssituation 3.3, S. 104).

Sachverhalt | Checkliste | Lösung | Verfahren | Muster

Behindertentestament (Gemeinschaftliches Testament zugunsten eines Behinderten); Nacherbschaftslösung als Standardgestaltung; Anordnung der Dauertestamentsvollstreckung mit Verwaltungsanordnungen

Ehegattentestament

Wir, Herr ..., geb. am ... in ..., und Frau ..., geborene ..., geb. am ... in ..., wohnhaft in ..., sind miteinander verheiratet. Wir leben im gesetzlichen Güterstand der Zugewinngemeinschaft. Aus unserer Ehe sind zwei gemeinsame Kinder hervorgegangen, unsere Tochter ..., geb. am ..., sowie unser Sohn ..., geb. am .... Unser Sohn ist körperlich und geistig behindert und dauerhaft auf unterstützende Hilfen zum Lebensunterhalt angewiesen. Wir erklären ausdrücklich, durch frühere Verfügungen von Todes wegen nicht daran gehindert zu sein, das vorliegende Testament zu errichten. Vorsorglich widerrufen wir alle früheren Verfügungen von Todes wegen.

§ 1 Erbeinsetzung nach Erstversterben eines Ehegatten

Der Erstversterbende von uns beruft zu seinen Erben den länger Lebenden von uns mit einer Erbquote von 1/2-Erbteil, unsere gemeinsamen Kinder T und S zu je 1/4-Erbteil.

§ 2 Nacherbeneinsetzung Erbteil des Sohns

Unser Sohn S ist sowohl nach dem ersten als auch dem zweiten Todesfall nicht befreiter Vorerbe seines Erbteils. Der Nacherbfall tritt mit seinem Tod ein. Nacherbin des Erbteils unseres Sohns S ist unsere Tochter T, ersatzweise ihre jeweiligen Abkömmlinge entsprechend den Regeln der gesetzlichen Erbfolge.

§ 3 Erbeinsetzung nach dem Letztversterbenden

Der Letztversterbende von uns beruft zu seinen Erben unsere Kinder T und S gemäß gesetzlicher Erbfolge zu je 1/2-Anteil. Dies gilt zugleich für den Fall, dass wir gemeinsam versterben oder ein gemeinsames Versterben gesetzlich vermutet wird.

§ 4 Nacherbeneinsetzung – Erbteil des Sohns nach dem Letztversterbenden

Auch hinsichtlich seines Erbteils nach dem Letztversterbenden von uns ist unser Sohn S nichtbefreiter Vorerbe. Der Nacherbfall tritt mit seinem Tod ein. Nacherbin unseres Sohns S ist unsere Tochter T, ersatzweise deren Abkömmlinge der gesetzlichen Erbfolge. Das Nacherbenanwartschaftsrecht ist sowohl für den ersten als auch für den zweiten Todesfall der Ehegatten ohne Zustimmung des Vorerben weder vererblich noch übertragbar.

§ 5 Dauertestamentsvollstreckung

Hinsichtlich des Erbteils unseres Sohns S ordnen wir Dauertestamentsvollstreckung an. Zum Testamentsvollstrecker bestimmen wir den länger lebenden Ehegatten von uns, ersatzweise unsere Tochter T, wiederum ersatzweise Herrn Rechtsanwalt und Fachanwalt für Erbrecht ..., geschäftsansässig ....

Der Testamentsvollstrecker wird ausdrücklich ermächtigt, vor oder nach Annahme des Amts an seiner Stelle einen Ersatztestamentsvollstrecker zu benennen. Der Testamentsvollstrecker ist von den Beschränkungen des § 181 BGB und von der Pflicht zur Rechnungslegung gegenüber dem Vormundschaftsgericht befreit. Der Testamentsvollstrecker erhält eine Vergütung i.H.v. ... € (alternativ: Die Vergütung des Testamentsvollstreckers für die Abwicklung und Verwaltung des Nachlasses soll sich nach den Vergütungsempfehlungen des Deutschen Notarvereins bemessen. Im Hinblick auf die Vergütung soll die Ausschöpfung der empfohlenen Gebührenrahmen zulässig sein. Der Testamentsvollstrecker kann Ersatz seiner Auslagen verlangen).

Aufgabe des Testamentsvollstreckers ist neben der Nachlassauseinandersetzung betreffend den ersten und zweiten Erbfall die Verwaltung der Vorerbschaft unseres Sohns T gem. § 2216 BGB. Der Testamentsvollstrecker wird verbindlich angewiesen, unserem behinderten Sohn aus den jährlichen Erträgen des Nachlasses nach freiem Ermessen gem. § 315 BGB Mittel zur Verfügung zu stellen, die nicht dem Zugriff des Sozialhilfeträgers unterliegen und nicht auf gewährte Sozialleistungen anrechenbar sind; dies beispielsweise in Form von Taschengeld in angemessener Höhe, Kleidung, persönlichen Anschaffungen für Hobbies und Liebhabereien, Geschenken zu Festtagen, finanziellen Zuwendungen für Ferien und Kuraufenthalte, ärztlichen Behandlungen, Therapien und Medikamenten, die von den Krankenkassen nicht oder nur teilweise gezahlt werden, Besuchen bei und Unternehmungen mit Freunden und Verwandten ... (nicht abschließend).

Die hierfür aufgewandten Mittel sollen ausschließlich für das persönliche Wohl und für die persönlichen Bedürfnisse unseres Sohns entsprechend dem Grad seiner Behinderung und seinem gesundheitlichen Zustand verwendet werden. Dem Testamentsvollstrecker obliegt bei der Entscheidung über Art, Höhe und Zeitpunkt entsprechender Zuwendungen eine umfassende Einschätzungs- und Entscheidungsbefugnis, soweit gesetzlich zulässig.

§ 6 Wechselbezüglichkeit

Die in unserem Testament getroffenen Verfügungen sollen hinsichtlich der Erbeinsetzung des länger Lebenden von uns wechselbezüglich, bezogen auf alle übrigen Verfügungen nicht wechselbezüglich und daher nicht bindend sein. Der länger lebende Ehegatte ist somit befugt, jederzeit abweichende letztwillige Verfügungen zu treffen, insbesondere die Verfügungen auf den Schlusserbfall zu widerrufen, zu ändern oder zu ergänzen.

Ort, Datum ______________________

______________________ ______________________

Unterschrift Unterschrift

Mandatssituation 3.7: Bedürftigentestament bei Vor- und Nacherbeneinsetzung; Anordnung der Dauertestamentsvollstreckung; Befreiungslösung

Sachverhalt | Checkliste | Lösung | Verfahren | Muster

Die Mandantin ist verwitwet. Aus der Ehe mit ihrem verstorbenen Mann sind zwei gemeinsame Kinder hervorgegangen. Infolge einer Überschuldungssituation befindet sich der Sohn in der Wohlverhaltensphase eines Verbraucherinsolvenzverfahrens mit dem Ziel, nach Ablauf der sechsjährigen Laufzeit eine Restschuldbefreiung nach §§ 286 ff. InsO zu erlangen. Die Tochter der Mandantin ist gut situiert und verfügt über ausreichendes und gesichertes Einkommen. Die Mandantin möchte sicherstellen, dass im Fall ihres Ablebens die Erbschaft soweit wie rechtlich zulässig dem Zugriff des Insolvenzverwalters entzogen ist. Die Mandantin hegt die Sorge, ihr Sohn müsse die Hälfte des ihm zufließenden Vermögenswerts an den Treuhänder herausgeben, um eine von ihm angestrebte Restschuldbefreiung nicht zu gefährden. Wesentliches Motiv der Mandantin ist, die Substanz des Nachlasses in der Familie zu erhalten. Sie will dies in einer wirksamen Verfügung von Todes wegen regeln.

Sachverhalt | **Checkliste** | Lösung | Verfahren | Muster

Klären Sie im Detail, wie sich die Überschuldungssituation des Bedürftigen darstellt; wurde Antrag auf Eröffnung eines Insolvenzverfahrens gestellt und dauert die Wohlverhaltensphase eines Restschuldbefreiungsverfahrens an?	☐
Prüfen Sie, ob der Bedürftige zudem Sozialleistungsempfänger ist; klären Sie vorsorglich im Detail, welche Leistungen durch den zuständigen Sozialhilfeträger derzeit gewährt werden, zukünftig erforderlich bzw. zu erwarten sind.	☐
Erforschen Sie die Motivation des Mandanten; ist Ziel der weitestgehende Ausschluss des Mandanten an der Teilhabe am Nachlass oder ist eine teilweise Reduzierung der Verbindlichkeiten des Betroffenen durch den Vermögenszufluss sinnvoll?	☐
Ist eine Bereinigung der wirtschaftlichen Schwierigkeiten des Bedürftigen mittelfristig zu erwarten oder ist zu befürchten, dass sich eine Überschuldungssituation fortsetzt oder sich ggf. wiederholen wird?	☐
Klären Sie mit den Mandanten, wer als geeigneter Dauertestamentsvollstrecker in Betracht zu ziehen ist.	☐

Prüfung Sie bei jeder Gestaltung zugunsten Bedürftiger die aktuelle Rechtsprechung im Hinblick auf die mögliche Sittenwidrigkeit einer entsprechenden Gestaltung, insbesondere beim Bezug von öffentlichen Sozialleistungen durch den Bedürftigen.	☐
Befragen Sie die Mandanten nach ihrer Staatsangehörigkeit bzw. nach der Absicht der Mandanten, kurz- oder mittelfristig einen Wohnsitzwechsel ins Ausland zu vollziehen, prüfen Sie die Erforderlichkeit einer Rechtswahl.	☐

Sachverhalt | Checkliste | **Lösung** | Verfahren | Muster

Die von der Mandantin gewünschte Begünstigung des bedürftigen Sohns kann mittels **Einsetzung zum befreiten Vorerben** und der nicht bedürftigen Tochter zur Nacherbin erreicht werden (§§ 2100 ff. BGB), wobei die Erbschaft der Nacherbin mit dem Tod des Vorerben anfallen soll (§ 2106 BGB). Durch Anordnung der **Dauertestamentsvollstreckung** kann ein Zugriff der Gläubiger des Vorerben wegen § 2214 BGB verhindert werden. Danach sind die der Verwaltung des Testamentsvollstreckers unterliegenden Nachlassgegenstände und damit die Substanz der Vorerbschaft gegen Vollstreckungsmaßnahmen geschützt.

Praxistipp

Das Testament zugunsten Bedürftiger ist ähnlich zu strukturieren wie das Testament zugunsten Behinderter. Beachten Sie den wesentlichen Unterschied, dass das Entfallen der Bedürftigkeit einen entsprechenden Regelungsbedarf schafft (siehe unten zur „Befreiungslösung", S. 125): Prüfen Sie vor jeder Gestaltung eines Bedürftigentestaments die aktuelle Rechtsprechung im Hinblick auf die Sittenwidrigkeit einer ggf. entstehenden Gläubigerbenachteiligung. Machen Sie sich mit der Rechtsprechung des BGH vertraut, wonach im Ergebnis der Erblasser keine Rücksicht auf die Hilfebedürftigkeit der von ihm eingesetzten Erben zu nehmen hat (BGH, ZEV 2009, 254). Berücksichtigen Sie, dass die Frage der Sittenwidrigkeit einer entsprechenden Verfügung zugunsten eines Hilfeempfängers von Sozialleistungen nach dem SGB II durch das SG Dortmund abweichend entschieden worden ist, dies insbesondere auf die Anordnung der Vor- und Nacherbfolge mit Dauertestamentsvollstreckung (vgl. SG Dortmund, Beschl. v. 25.09.2009 – S 29 AS 309/09 ER, ZEV 2010, 54 ff.).

Nacherbschaftslösung

Die vorliegend gewählte Nacherbschaftslösung erreicht, dass der bedürftige Sohn S **keine Verfügungsmacht** über das vorererbte Vermögen der Mandantin erhält (§§ 2211, 2212 BGB). Trotz Nacherbeneinsetzung der Tochter können Gläubiger des Vorerben Sicherungsvollstreckungsmaßnahmen einleiten, da eine Übertragung des Nacherbenanwartschaftsrechts auf den Vorerben bzw. ein testamentarisch vorgesehener Bedingungseintritt dazu führen kann, dass der Vorerbe zum Vollerben wird. Die **Nacherbin** ist jedoch gem. §§ 2115 BGB, 773 ZPO, 83 InsO vor der Verwertung der Vorerbschaft im Rahmen von Vollstreckungsmaßnahmen durch Eigengläubiger des Vorerben **geschützt.**

§ 295 Abs. 1 Nr. 2 InsO

Soweit sich der Sohn in der sogenannten **Wohlverhaltensphase eines Restschuldbefreiungsverfahrens** befindet, hat er bei Annahme der Erbschaft die Hälfte des Werts an den Treuhänder herauszugeben (§ 295 Abs. 1 Nr. 2 InsO), wobei gem. § 83 Abs. 1 Satz 1 InsO die Entscheidung über Annahme oder Ausschlagung einer Erbschaft nach der Mandantin auch während des laufenden Insolvenzverfahrens ausschließlich dem Sohn als Schuldner zusteht. Dies sowie eine nicht sachdienliche Enterbung des bedürftigen Sohns durch die Mandantin führt zum Entstehen von Pflichtteilsansprüchen mit dem Erbfall (§§ 2317 Abs. 1, 1922 Abs. 1 BGB), welche bei Eintritt der Voraussetzungen des § 852 Abs. 1 ZPO verwertbar sind. Die angeordnete Testamentsvollstreckung führt gem. § 2214 BGB dazu, dass Gläubiger des bedürftigen Vorerben auf das der Nacherbfolge unterliegende Vermögen keinen Zugriff haben. Um auch die Erträge aus der Vorerbschaft vor einer Verwertung im Rahmen von Vollstreckungsmaßnahmen zu schützen, sind entsprechende Anordnungen gem. § 2216 Abs. 2 Satz 1 BGB zu treffen und die Testamentsvollstreckung auch auf die Reinerträge des Nachlasses zu erstrecken.

Vermächtnisse zugunsten des Bedürftigen

Als weitere Zuwendungen pfändungssicherer Vermögensgegenstände kommen Vermächtnisaussetzungen zugunsten des Bedürftigen in Betracht, wie z.B. ein **Wohnungsrechtsvermächtnis**, welches als beschränkte persönliche Dienstbarkeit gem. §§ 1093, 1092 BGB regelmäßig nicht übertragbar ist. Zudem ist ein **Rentenvermächtnis** zugunsten des Bedürftigen maximal in Höhe des Pfändungsfreibetrags aus den Erträgen der Vorerbschaft in Betracht zu ziehen. Eine Zuwendung der Reinerträge aus dem Nachlass des Vorerben in Form von Naturalverpflegung ist überdies möglich.

Befreiungslösung/ Wegfall der Bedürftigkeit

Bei Wegfall der Verschuldung, vorliegend bei Eintritt einer Restschuldbefreiung des Bedürftigen (§§ 286 ff. InsO), ist im Wege einer teilweise als solche bezeichneten Befreiungslösung im Rahmen der Testamentsgestaltung dafür Sorge zu tragen, dass die zu Lasten des vormals bedürftigen Erben angeordnete nicht befreite Vorerbschaft mit Testamentsvollstreckung aufgehoben wird (Litzenburger, ZEV 2009, 278 ff.).

Auflösende Bedingung für die Anordnung der Beschränkung

Mittels Anordnung einer auflösenden Bedingung für den Wegfall der Bedürftigkeit, vorliegend die Restschuldbefreiung nach der Insolvenzordnung, kann erreicht werden, dass nach Bedingungseintritt die gesetzlichen Beschränkungen der Vorerbschaft sowie die Anordnungen der Testamentsvollstreckung entfallen (auflösende Bedingung).

Praxistipp

Es erscheint sachdienlich, nicht die Vorerbschaft als solche unter die auflösende Bedingung der Restschuldbefreiung bzw. vollständigen Schuldenfreiheit zu stellen, da in diesem Fall der Bedürftige als Vorerbe zugleich aufschiebend bedingter Nacherbe als Vollerbe wäre. Ein solches Anwartschaftsrecht des Bedürftigen ist im Insolvenzverfahren verwertbar und im Übrigen pfändbar (§ 851 Abs. 2 ZPO). Beschreiben Sie die auflösende Bedingung möglichst exakt (beispielsweise „Wegfall der Überschuldung mittels Restschuldbefreiung, §§ 286 ff., 300 InsO"; „keine Sozialhilfeleistungen oder Grundsicherung für Arbeitsuchende seit mehr als zwölf Monaten", „keine Überschuldung mehr").

Schließlich empfiehlt es sich, im Rahmen der testamentarischen Verfügung der Mandantin die wesentlichen **Motive für die angeordneten Beschränkungen** zu Lasten des Bedürftigen zu nennen, um demselben die Anfechtungsmöglichkeit gem. §§ 2080 Abs. 1, 2081 Abs. 1, 2078 Abs. 2 BGB zu eröffnen.

Steuertipp

Durch die Anordnung einer Vor- und Nacherbschaft werden zwei Erwerbsvorgänge (Anfall der Vorerbschaft, Anfall der Nacherbschaft) begründet, die jeweils in voller Höhe der Erbschaftsbesteuerung unterliegen. Dies kann, wenn der Wert des Erwerbs die persönlichen Freibeträge übersteigt, steuerlich sehr nachteilig sein (vgl. dazu im Einzelnen die Ausführungen im Steuertipp zur Mandatssituation 3.3, S. 104).

Sachverhalt | Checkliste | Lösung | Verfahren | **Muster**

Bedürftigentestament (Einzeltestament zugunsten eines Bedürftigen); Nacherbschaftslösung mit Anordnung der Dauertestamentsvollstreckung; Befreiungslösung

Testament

Ich, Frau ..., geborene ..., geb. am ... in ..., wohnhaft in ..., bin verwitwet. Aus der Ehe mit meinem verstorbenen Mann sind zwei gemeinsame Kinder hervorgegangen, meine Tochter ..., geb. am ..., sowie mein Sohn ..., geb. am .... Unser Sohn ist überschuldet. Mit Datum vom ... wurde das Insolvenzverfahren über das Vermögen meines Sohns eröffnet. Ich bin deutsche Staatsangehörige. Für die Rechtsnachfolge von Todes wegen in mein gesamtes Vermögen wähle ich deutsches Recht. Ich erkläre ausdrücklich, durch frühere Verfügungen von Todes wegen nicht daran gehindert zu sein, das vorliegende Testament zu errichten. Vorsorglich widerrufe ich alle früheren Verfügungen von Todes wegen und errichte nachfolgendes Testament:

§ 1 Erbeinsetzung

Ich berufe zu meinen Erben meine Kinder T und S mit einer Erbquote von je 1/2-Erbteil.

§ 2 Nacherbeneinsetzung Erbteil des Sohns

Mein Sohn S ist hinsichtlich seines Erbteils jedoch nur nicht befreiter Vorerbe. Der Nacherbfall tritt mit seinem Tod ein. Nacherbin des Erbteils meines Sohns S ist meine Tochter T. Das Nacherbenanwartschaftsrecht ist ohne Zustimmung des Vorerben weder vererblich noch übertragbar. Im Fall der Übertragung mit Zustimmung des Vorerben entfällt jede ausdrückliche oder stillschweigende Ersatzerbeneinsetzung.

§ 3 Vermächtnisse

Der Vorerbe erhält als Vorausvermächtnis:

- aus den Reinerträgen des der Nacherbfolge unterliegenden Vermögens die von diesem benötigte Naturalverpflegung;
- ein lebenslanges unentgeltliches Wohnungsrecht gem. § 1093 BGB an der Wohnung ... in ...;
- ein Rentenvermächtnis in Höhe des nach Abzug der vermachten Naturalleistungen verbleibenden Pfändungsfreibetrags nach § 850c ZPO bzw. entsprechender Nachfolgevorschriften.

§ 4 Dauertestamentsvollstreckung

Hinsichtlich des Erbteils meines Sohns S ordne ich Dauertestamentsvollstreckung an. Zur Testamentsvollstreckerin bestimme ich meine Tochter T. Die Testamentsvollstreckerin wird ausdrücklich ermächtigt, vor oder nach Annahme des Amts an ihrer Stelle einen Ersatztestamentsvollstrecker zu benennen. Die Testamentsvollstreckerin ist von den Beschränkungen des § 181 BGB und von der Pflicht zur Rechnungslegung gegenüber dem Vormundschaftsgericht befreit. Die Testamentsvollstreckerin erhält eine Vergütung i.H.v. ... €. Die Testamentsvollstreckerin ist in der Eingehung von Verbindlichkeiten für den Nachlass nicht beschränkt. Ebenfalls der Testamentsvollstreckung unterliegen die Reinerträge des Nachlasses. Die Testamentsvollstreckerin wird angewiesen, dem Vorerben aus den jährlichen Erträgen des Nachlasses nach freiem Ermessen gem. § 315 BGB Mittel zur Verfügung zu stellen, die nicht dem Zugriff der Eigengläubiger des Vorerben unterliegen. Der Testamentsvollstreckerin obliegt bei der Entscheidung über Art, Höhe und Zeitpunkt entsprechender Zuwendungen eine umfassende Einschätzungs- und Entscheidungsbefugnis, soweit gesetzlich zulässig.

§ 5 Motivangabe/auflösende Bedingung der Vorerbschaft

Die Beschränkungen meines Sohns S durch Vor- und Nacherbeneinsetzung sowie die Anordnung der Testamentsvollstreckung dienen allein dem Zweck, den Nachlass vor dem Zugriff der Gläubiger des Vorerben zu schützen. Es soll zudem verhindert werden, dass der Vorerbe bei Annahme der Erbschaft im Rahmen des laufenden Insolvenzverfahrens während der Laufzeit der Abtretungserklärung (Wohlverhaltensphase) die Hälfte des Werts der Erbschaft an den Treuhänder herauszugeben hat, § 295 Abs. 1 Nr. 2 InsO. Die Anordnung der Testamentsvollstreckung (alternativ: und die Vor- und Nacherbeneinsetzung) steht unter der auflösenden Bedingung der Schuldenfreiheit des Vorerben. Insbesondere endet die Testamentsvollstreckung ersatzlos bei Wegfall der Überschuldung des Vorerben im Wege der Restschuldbefreiung, §§ 286 ff., 300 InsO (alternativ: ... wenn der Vorerbe über einen ununterbrochenen Zeitraum von zwölf Monaten weder Sozialhilfe nach den jeweils geltenden Vorschriften des SGB XII noch Grundsicherung für Arbeitsuchende nach den jeweiligen Vorschriften des SGB II erhalten hat und dies gegenüber dem Nachlassgericht erklärt und die Richtigkeit an Eides statt versichert hat). Sollte vorstehende Beendigungsklausel betreffend die Testamentsvollstreckung undurchführbar oder unwirksam sein oder werden, so entfällt sie ersatzlos. In diesem Fall bestehen sowohl die nicht befreite Vorerbschaft sowie die Dauertestamentsvollstreckung wie angeordnet fort. Sollte eine andere Bestimmung in dieser Urkunde ganz oder teilweise undurchführbar oder unwirksam sein oder werden, soll der übrige Teil hiervon nicht berührt und die unwirksame Anordnung soweit möglich sinngemäß ausgeführt werden.

Ort, Datum ______________________________

Unterschrift ______________________________

Mandatssituation 3.8: Einzeltestament zugunsten eines pflichtteilsberechtigten Erben; Beschränkung durch Anordnung der Dauertestamentsvollstreckung; Möglichkeit der Ausschlagung nach § 2306 Abs. 1 BGB

Sachverhalt | Checkliste | Lösung | Verfahren | Muster

Die Mandantin ist verwitwet. Aus der Ehe mit ihrem verstorbenen Mann ist eine gemeinsame Tochter hervorgegangen. Die Tochter wiederum hat einen minderjährigen Sohn, mit dem die Mandantin sich verbunden fühlt. Die Tochter der Mandantin ist in wirtschaftlichen Belangen nach Auffassung der Mandantin äußerst unerfahren und leichtfertig. Der monatliche Lebensunterhalt der Tochter erscheint nicht gesichert. Die Mandantin traut der Tochter nicht zu, den umfangreichen Nachlass, der Immobilien- und Wertpapiervermögen beinhaltet, angemessen zu verwalten und in der Substanz zu erhalten. Zugleich will sie die Tochter durch monatliche Unterhaltszahlungen unterstützen und die Hälfte ihres Vermögens dem noch minderjähren Enkel direkt zukommen lassen. Der in wirtschaftlichen Angelegenheiten versierte Bruder der Mandantin soll für Tochter und Enkel den Nachlass über einen Zeitraum von 15 Jahren nach Ableben der Mandantin verwalten und erst dann auskehren. Sie will die Erben dadurch vor einem vorschnellen Verlust des Vermögens unter gleichzeitiger Grundsicherung des Lebensunterhalts der Tochter schützen. Sie will dies in einer wirksamen Verfügung von Todes wegen regeln.

Sachverhalt | **Checkliste** | Lösung | Verfahren | Muster

Überzeugen Sie sich von der Testierfähigkeit der Mandantin und befragen Sie diese nach ihrer Staatsangehörigkeit bzw. nach ihrer Absicht, kurz- oder mittelfristig einen Wohnsitzwechsel ins Ausland zu vollziehen; prüfen Sie die Erforderlichkeit einer Rechtswahlklausel.	☐

Denken Sie daran, vorsorglich frühere letztwillige Verfügungen der Mandantin im aktuellen Testamentsentwurf ausdrücklich zu widerrufen. Vermeiden Sie die Gefahr, dass sich die Mandantin an vormals errichtete Verfügungen von Todes wegen nicht erinnert bzw. ihr eine Bindung an ein früheres gemeinschaftliches Testament oder einen Erbvertrag rechtlich nicht bekannt ist.	☐
Prüfen Sie hierzu, ob die Mandantin nach Ableben ihres Ehemannes durch Erbvertrag oder ein bereits errichtetes gemeinschaftliches Testament gebunden und soweit in der Testierfreiheit beschränkt ist; überprüfen Sie ggf. die Möglichkeit der Beseitigung oder Durchbrechung der bestehenden Bindung.	☐
Ermitteln Sie genau den Wert und die Zusammensetzung des Vermögens der Mandantin (im Ausland belegenes Vermögen oder Gesellschaftsbeteiligungen?).	☐
Stellen Sie fest, ob die in Betracht gezogenen Verfügungen im Rahmen des Einzeltestaments insbesondere im Hinblick auf die Begünstigung des Enkels der Mandantin erbschaftsteuergünstig sind.	☐
Klären Sie mit der Mandantin, welche Person als tauglicher Testamentsvollstrecker in Betracht kommt; erörtern Sie die Frage, ob bei Wegfall der ausgewählten Person ein Ersatztestamentsvollstrecker tätig oder die Testamentsvollstreckung mit der Person des ausgewählten Testamentsvollstreckers entfallen soll; treffen Sie eine Vergütungsregelung für den Testamentsvollstrecker.	☐
Erläutern Sie der Mandantin die Vor- und Nachteile der eigenhändigen (privatschriftlichen) Testamentserrichtung im Verhältnis zur Errichtung eines öffentlichen Testaments. Gibt es sachliche Gründe bzw. Erfordernisse für eine notarielle Beurkundung?	☐
Beraten Sie die Mandantin hinsichtlich der Gefahr der Ausschlagung durch die pflichtteilsberechtigte Erbin und die Wirkungen des § 2306 Abs. 1 BGB; prüfen Sie genauestens die rechtlichen und tatsächlichen Wirkungen einer solchen Ausschlagung durch die Erbin.	☐
Scheuen Sie sich nicht, mit der Mandantin eine Vergütungsvereinbarung (Zeithonorar!) zu treffen, um eine angemessene Honorierung Ihrer Tätigkeit sicherzustellen.	☐

Sachverhalt | Checkliste | **Lösung** | Verfahren | Muster

Einseitiges Testament zugunsten von Tochter und Enkel

Die seitens der Mandantin beabsichtigte Beteiligung von Tochter und Enkel zu gleichen Teilen an ihrem Nachlass ist in Form des einseitigen Testaments regelbar. Es ist in der vorliegenden Konstellation zu berücksichtigen, dass die Tochter durch die Verfügung der Mandantin Erbin zu 1/2-Anteil wird, sie jedoch zugleich gesetzliche Erbin ist (§ 1924 Abs. 1 BGB). Als solche wäre sie ohne wirksame testamentarische Verfügung Alleinerbin der Mandantin.

Mittels Anordnung der Dauertestamentsvollstreckung (§ 2209 Satz 1 zweiter Halbsatz BGB) kann ein Zugriff der Erben auf die Gesamtheit des Nachlasses verhindert werden. Neben der Möglichkeit der Abwicklungsvollstreckung gem. §§ 2203, 2204 BGB, die im Wesentlichen auf Auseinandersetzung des Nachlasses sowie Erfüllung der letztwilligen Anordnungen der Erblasserin wie Vermächtnisse, Auflagen oder Ausführung einer konkreten Teilungsanordnung gerichtet ist, erweitert die Anordnung der Dauertestamentsvollstreckung durch die Erblasserin den Aufgabenkreis des Testamentsvollstreckers erheblich.

Nachdem das Vermögen der Mandantin umfangreich ist und Immobilien und Wertpapiervermögen beinhaltet, ermöglicht die Anordnung der Verwaltungsvollstreckung (§ 2209 Satz 1 erster Halbsatz BGB) der Mandantin, dem in wirtschaftlichen Angelegenheiten versierten Bruder die Verwaltung des Nachlasses unter Ausschluss der Verfügungsbefugnis von Tochter und Enkel als testamentarischen Erben zu übertragen. Die Anordnung der Dauervollstreckung ist für einen Zeitraum von 15 Jahren nach Ableben der Mandantin rechtlich möglich (§ 2210 BGB).

Praxistipp

Beachten Sie, dass die Anordnung der Testamentsvollstreckung dazu führt, dass der Erbe über einen der Verwaltung des Testamentsvollstreckers unterliegenden Nachlass nicht verfügen kann (§ 2211 Abs. 1 BGB). Berücksichtigen Sie dies bei der Bemessung der Frist für die Anordnung der Dauervollstreckung. Erfassen Sie den Sachverhalt und das Regelungsziel genau und beschränken Sie die Verfügungsbefugnis der Erben über den Nachlass nur, soweit aus Sicht der Erblasserin erforderlich. Berücksichtigen Sie die Befristung für die Dauervollstreckung auf grundsätzlich 30 Jahre seit dem Erbfall bzw. bis zum Tod des Erben oder des Testamentsvollstreckers (§ 2210 BGB).

Geeignete Person des Testamentsvollstreckers

Die Person des Testamentsvollstreckers bestimmt im Wesentlichen den Erfolg der Testamentsvollstreckung. Soweit die Mandantin ihren Bruder für in wirtschaftlichen Angelegenheiten erfahren hält und er ihr Vertrauen genießt, kommt er als grundsätzlich taugliche Person in Betracht. Da sich die Dauervollstreckung über einen Zeitraum von 15 Jahren erstrecken soll, sind neben der ausreichenden Kenntnis des ausgewählten Testamentsvollstreckers in wirtschaftlichen und rechtlichen Zusammenhängen zudem Alter, Gesundheit sowie ein ausreichendes Zeitbudget Kriterien für die Auswahl des Testamentsvollstreckers.

Praxistipp

Regeln Sie in dem Testamentsentwurf die Frage der **Ersatztestamentsvollstreckung** für den Fall des Wegfalls der durch die Mandantin ausgewählten Person. Stellen Sie klar, ob die Anordnung der Dauervollstreckung mit der ausgewählten Person „stehen und fallen soll" und vermeiden Sie, das Erfordernis durch Auslegung zu ermitteln, ob die Erblasserin ein erhöhtes Interesse an der wirtschaftlichen Beschränkung der Erben durch Anordnung der Dauertestamentsvollstreckung hatte und einen Ersatztestamentsvollstrecker auch außerhalb der Person des vertrauten und kompetenten Bruders gewollt hat. Eine konkrete Regelung im Testament schafft hier die erforderliche Klarheit.

Praxistipp

Unterstützen Sie die Anordnung der Testamentsvollstreckung durch lebzeitige Erteilung einer **transmortalen Vollmacht** für den Testamentsvollstrecker. Sie stellen somit sicher, dass kein „Verfügungsvakuum" zwischen dem Ableben der Mandantin und der Annahme des Amts als Testamentsvollstrecker bzw. Erteilung eines Testamentsvollstreckerzeugnisses zur Legitimation im Rechtsverkehr entsteht (ausführlich zu Vollmacht/Vorsorgevollmacht siehe Kapitel 12.A.1, S. 817).

Ausschlagung und Anspruch auf Pflichtteil (§ 2306 Abs. 1 BGB)

Die testamentarisch angeordnete Dauervollstreckung sowie die Anordnung einer begrenzten monatlichen Rentenzahlung unter Ausschluss der Erben an der Verfügung über den Nachlass stellen Beschränkungen i.S.d. § 2306 Abs. 1 BGB dar. Ist ein als Erbe berufener Pflichtteilsberechtigter durch testamentarische Anordnung beschränkt, so steht ihm ein generelles Wahlrecht zu, den Erbteil auszuschlagen und den Pflichtteil zu beanspruchen oder das Erbe mit den erblasserseits verfügten Beschränkungen anzunehmen. Dabei ist es seit der Neufassung des § 2306 BGB zum 01.01.2010 nicht mehr erforderlich, den Umfang der Belastung und die Größe des belasteten Erbteils ins Verhältnis zu setzen.

Die Motivation der pflichtteilsberechtigten Erbin (Tochter) zur Lösung von der Beschränkung durch die Testamentsvollstreckung mittels Ausschlagung ist im Ausgangsfall hoch einzuschätzen, da sie wirtschaftlich trotz Ausschlagung gleichwertig begünstigt ist. Als gesetzlicher Alleinerbin steht ihr 1/2-Anteil am Nachlasswert als Pflichtteil zu. Der Enkel hat ein solches Wahlrecht nicht, da er bei Tod der Mandantin nicht pflichtteilsberechtigt ist.

Praxistipp

Beachten Sie die Vorschrift des § 2213 Abs. 1 Satz 3 BGB. Danach ist der Pflichtteilsanspruch nur gegen den Erben geltend zu machen, auch wenn dem Testamentsvollstrecker die Verwaltung des Nachlasses zusteht.

Sachverhalt | Checkliste | Lösung | Verfahren | Muster

Einzeltestament zugunsten eines pflichtteilsberechtigten Erben mit Anordnung der Dauertestamentsvollstreckung

Testament

Ich, Frau ..., geborene ..., geb. am ... in ..., wohnhaft in ..., bin deutsche Staatsangehörige und verwitwet. Aus der Ehe ist eine Tochter, Frau ..., hervorgegangen. Meine Tochter hat einen Sohn, ..., meinen einzigen Enkel. Ich bin nicht durch frühere Verfügungen von Todes wegen daran gehindert, das vorliegende Testament zu errichten. Vorsorglich widerrufe ich alle früheren Verfügungen von Todes wegen.

§ 1 Erbeinsetzung

Ich berufe meine Tochter und meinen Enkel zu meinen alleinigen Erben zu je 1/2-Erbteil. Für den Fall, dass einer meiner Erben vor oder nach dem Erbfall wegfällt, setze ich den jeweils anderen Erben zum Ersatzerben ein.

§ 2 Dauertestamentsvollstreckung

Ich ordne Dauertestamentsvollstreckung für einen Zeitraum von 15 Jahren an. Zum Testamentsvollstrecker bestimme ich meinen Bruder, Herrn ..., wohnhaft in ... . Der Testamentsvollstrecker wird ausdrücklich ermächtigt, vor oder nach Annahme des Amts an seiner Stelle einen Ersatztestamentsvollstrecker zu benennen. Der Testamentsvollstrecker ist von den Beschränkungen des § 181 BGB und von der Pflicht zur Rechnungslegung gegenüber dem Vormundschaftsbericht befreit. Der Testamentsvollstrecker erhält eine Vergütung i.H.v. ... €/Jahr (alternativ: die Vergütung des Testamentsvollstreckers für die Abwicklung und Verwaltung des Nachlasses soll sich nach den Vergütungsempfehlungen des Deutschen Notarvereins bemessen. Im Hinblick auf die Vergütung soll die Ausschöpfung der empfohlenen Gebührenrahmen zulässig sein. Der Testamentsvollstrecker kann Ersatz seiner Auslagen verlangen). Der Testamentsvollstrecker ist in der Eingehung von Verbindlichkeiten für den Nachlass nicht beschränkt. Ebenfalls der Testamentsvollstreckung unterliegen die Reinerträge des Nachlasses.

Der Testamentsvollstrecker wird angewiesen, den Erben aus den jährlichen Erträgen des Nachlasses eine monatliche Rentenzahlung i.H.v. jeweils 1.000 € zukommen zu lassen.

Der Testamentsvollstrecker wird angewiesen, den Erben aus den jährlichen Erträgen des Nachlasses nach freiem Ermessen gem. § 315 BGB weitere Mittel zur Verfügung zu stellen und auch höhere monatliche sowie einmalige Zahlungen an die Erben zu bewirken. Dem Testamentsvollstrecker obliegt bei der Entscheidung über Art, Höhe und Zeitpunkt entsprechender weiterer Zuwendungen eine umfassende Einschätzungs- und Entscheidungsbefugnis, soweit gesetzlich zulässig.

§ 3 Totenfürsorge

Das alleinige Recht der Totenfürsorge hat meine Tochter. Ich wünsche eine Erdbestattung, nähere Bestimmungen zu Ort sowie Art und Weise der Bestattung treffe ich nicht.

Ort, Datum ____________________

Unterschrift ____________________

Mandatssituation 3.9: Einzeltestament mit Nachfolgeregelung betreffend den digitalen Nachlass; Anordnung der Testamentsvollstreckung mit konkreten Handlungsanweisungen für den Testamentsvollstrecker

Sachverhalt | Checkliste | Lösung | Verfahren | Muster

Der Mandant ist unverheiratet und kinderlos. Er ist berufstätig, kümmert sich in seiner Freizeit um seine betagten Eltern und pflegt ansonsten zahlreiche Kontakte in den digitalen sozialen Netzwerken. Der Mandant möchte im Fall seines eigenen Versterbens den Eltern zum Zweck der ergänzenden Deckung von Pflegekosten sein Vermögen zukommen lassen und diese der gesetzlichen Erbfolge entsprechend als Erben einsetzen. Seinen digitalen Lebensbereich und die von ihm hinterlassenen digitalen Spuren im Internet, sämtliche dortigen Vertragsbeziehungen zu den Anbietern der von ihm genutzten sozialen Netzwerke (z.B. Facebook) bzw. E-Mail-Providern (z.B. Yahoo), alle von ihm hinterlegten Bilder und sämtliche Bestandteile seines digitalen Nachlasses will er ausdrücklich hiervon ausnehmen. Er hält die Eltern im Hinblick auf die Abwicklung seiner digitalen Hinterlassenschaft für überfordert. Zudem möchte er Kontakte über bestimmte Messengerdienste (z.B. WhatsApp) sowie umfangreiche Kontakte über eine bekannte Datinghotline den Eltern aus persönlichen Gründen nicht offenbaren.

Einem seiner wenigen realen Freunde gegenüber hat er diesbezüglich keine Bedenken und hält diesen für geeignet, die Abwicklung und vorübergehende Nutzung in seinem Sinne unter Ausschluss der Erben durchzuführen. Hierzu soll der Freund alle vertraglich und gesetzlich zulässigen Befugnisse haben. Er will dies in einer wirksamen Verfügung von Todes wegen regeln.

Sachverhalt | **Checkliste** | Lösung | Verfahren | Muster

Bitten Sie den Mandanten, seine Aktivitäten im digitalen Lebensbereich zu beschreiben, und ermitteln Sie das digitale Vermögen des Mandanten und dessen Zusammensetzung.	☐
Bitten Sie den Mandanten aufzulisten, welche Dienste er für welche Zwecke nutzt (eine Aufstellung aller Zugangsdaten/Passwörter/PINs der von ihm geführten Konten bzw. Verträge mit Diensteanbietern kann hilfreich sein).	☐

Ergänzen Sie die tatsächlichen Zugangsmöglichkeiten für die Erben bzw. den Testamentsvollstrecker ggf. mit einer digitalen Vollmacht, damit ein Zugang zu den Daten des Mandanten auch im Fall seines Ablebens möglich ist, bevor ein Erbschein erteilt ist.	☐
Fragen Sie den Mandanten, ob es eine Vertrauensperson gibt, die als geeigneter Testamentsvollstrecker in Frage kommt. Raten Sie dem Mandanten, ggf. den späteren Testamentsvollstrecker zu bevollmächtigen, bereits lebzeitig im Rahmen einer Vorsorgevollmacht bzw. Spezialvollmacht sämtliche Rechte gegenüber den Diensteanbietern wahrzunehmen, ggf. sämtliche digitalen Spuren im Internet zu löschen; zugleich konkretisiert die Vollmacht die Aufgaben des späteren Testamentsvollstreckers. Der Mandant soll dazu angehalten werden, sich lebzeitig konkret mit dem Umfang und der Zusammensetzung seines Vermögens, hier insbesondere des digitalen Vermögens, auseinanderzusetzen.	☐
Weisen Sie den Mandanten auf das Erfordernis einer ausreichenden Vergütungsregelung für den Testamentsvollstrecker hin, wobei die Abwicklung des digitalen Lebensbereichs des Mandanten und die Auseinandersetzung mit den Diensteanbietern zeitintensiv und schwierig sein können.	☐
Klären Sie mit dem Mandanten, wer aktuell Zugriff auf den digitalen Lebensbereich wie E-Mail-Accounts, Messengerdienste, Facebookkonten, Apple-ID (beispielhaft) sowie sonstige Passwörter und PINs hat. Welche Personen sollen vom Zugriff auf die Daten ausgeschlossen werden?	☐
Weisen Sie den Mandanten darauf hin, dass eine von ihm gefertigte Auflistung über Konten und Zugangsdaten stets aktualisiert werden muss.	☐
Weisen Sie den Mandanten darauf hin, dass bei elektronischer Sicherung der Konten und Zugangsdaten auf einem lokalen Datenträger eine Verschlüsselung sowie ein Schutz mit einem Masterpasswort sinnvoll sein kann; die konkrete Nennung in Vollmacht bzw. Testament scheidet offenkundig aus.	☐

Sachverhalt | Checkliste | Lösung | Verfahren | Muster

Die seitens des Mandanten beabsichtigte Erbeinsetzung der Eltern zu je 1/2-Anteil ist in Form des einseitigen Testaments regelbar. Eine entsprechende testamentarische Verfügung wiederholt die Position der Eltern als gesetzliche Erben zweiter Ordnung gem. § 1925 Abs. 1, 2 BGB. Wesentliches Regelungsziel ist der Ausschluss der Erben vom Zugriff auf das digitale Vermögen sowie den erkennbaren digitalen Lebensbereich des Mandanten und die hierin befindlichen Daten und Informationen, deren postmortale Kenntnis durch die Eltern nicht gewünscht ist.

Einseitiges Testament zugunsten der gesetzlichen Erben und Anordnung der Testamentsvollstreckung

Probates Mittel hierfür ist die gleichzeitige Anordnung der Testamentsvollstreckung über das digitale Vermögen des Mandanten gem. § 2203 BGB in Form der Abwicklungsvollstreckung.

Im Rahmen der Testamentsvollstreckung obliegt es dem Testamentsvollstrecker, unter Ausschluss der Verfügungsbefugnis der Erben die letztwilligen Verfügungen des Erblassers zur Ausführung zu bringen (§ 2203 BGB).

Vererbbarkeit des digitalen Nachlasses gem. § 1922 Abs. 1 BGB

Soweit es dem Mandanten darum geht, den Erben die Verfügungsbefugnis über Daten aus seinem digitalen Lebensbereich zu versagen, ist vorliegend der digitale Nachlass zu regeln. Unter **digitalem Nachlass** versteht man dabei die Gesamtheit des digitalen Vermögens, mithin neben Hardware und Software (beispielhaft) gespeicherte Daten, Vertragsbeziehungen mit Telekommunikationsunternehmen und Internetanbietern, Zugangsberechtigungen zu E-Mail-Accounts und Messengerdiensten, Mitgliedschaften in sozialen Netzwerken sowie Benutzerprofile im Netz. Der III. Zivilsenat des BGH hat hierzu 2018 eine Grundsatzentscheidung getroffen (BGH v. 12.07.2018 – III ZR 183/17). Demzufolge tritt im Ergebnis der Erbe in das schuldrechtliche Nutzungsverhältnis ein und erlangt hiermit die materielle Zugangsberechtigung zu den im Account gespeicherten Daten des Nutzers. Der Auffassung des BGH zufolge geht somit das Vertragsverhältnis zwischen dem Mandanten und dem jeweiligen Diensteanbieter (im zitierten BGH-Fall entschieden in Bezug auf die Nutzungsplattform Facebook) mit allen Rechten und Pflichten mit dem Tod des Erblassers im Wege der Gesamtrechtsnachfolge gem. § 1922 Abs. 1 BGB auf die Erben über.

BGH, Urteil vom 12.07.2018 – III ZR 183/17

Im Ergebnis stellt der BGH fest, dass der hier zugrundeliegende Nutzungsvertrag nicht höchstpersönlicher Natur ist. Ein schutzwürdiges Vertrauen darauf, dass nur der Kontoinhaber und nicht Dritte von dem Kontoinhalt Kenntnis erlangen, besteht nicht. Einen Ausschluss der Vererblichkeit des Vertragsverhältnisses zwischen dem Nutzer und dem Diensteanbieter aufgrund eines postmortalen Persönlichkeitsrechts verneint der BGH gleichfalls (vgl. hierzu ergänzend Kapitel 8.A.3.1, S. 421 ff.).

Das Problematische – insbesondere bei Social-Media-Accounts – ist damit nicht mehr das portmortale Persönlichkeitsrecht des Verstorbenen, welches den Zugriff der Erben im Bedarfsfall auch auf die Daten des Verstorbenen verhindert. Vielmehr ist der Erblasser selbst aufgefordert, dafür zu sorgen, dass in den Accounts befindliche Daten wie persönliche Chatverläufe oder andere aus seiner Sicht private und schützenswerte Informationen (Fotos, Kommunikation, Daten von Adressaten) nicht ungeschützt oder ungewollt **auf die Rechte der Erben übergehen können**.

Praxistipp

Ordnen Sie im Rahmen der Beratung das digitale Vermögen des Mandanten und weisen Sie diesen darauf hin, dass er als Nutzer beispielsweise von Facebook oder Google bereits zu Lebzeiten festlegen kann, was mit seinen Daten und Accounts im Fall seines Ablebens geschehen soll. Möglich wäre z.B. die Bestimmung eines Nachlasskontos (Facebook) oder eines Kontoinaktivitätsmanagers (Google).

Mit dem Urteil des BGH vom 12.07.2018 ist der digitale Nachlass „Pflichtprogramm der erbrechtlichen Beratung" und damit auch im Rahmen der Testamentsgestaltung zu berücksichtigen. Ausführlich erörtert dies Pruns, ErbR 2018, 550 ff. und ErbR 2018, 614 ff.: „Der digitale Nachlass in der Beratungspraxis nach dem Facebook-Urteil des BGH".

Problemlösung durch Verwaltungsanordnungen (§ 2216 Abs. 2 BGB)

Will der Erblasser – wie im Sachverhalt – den Zugriff der Erben auf seine „digitalen Spuren" im Internet verhindern, kann er im Wege der Testamentsgestaltung den Erben die Verfügungsbefugnis über das digitale Vermögen entziehen und einen geeigneten Testamentsvollstrecker bestimmen. Dieser ist anzuweisen, gemäß den testamentarischen Anordnungen die Abwicklung der Vertragsbeziehungen und weitestgehende Löschung der in Datenclouds oder sonstigen Speichermedien befindlichen Datenbestände vorzunehmen.

Praxistipp

Fragen Sie den Mandanten, wen er als Testamentsvollstrecker im Hinblick auf die erforderlichen Kenntnisse zur Ordnung bzw. Abwicklung seines digitalen Vermögens für geeignet hält.

Klären Sie außerdem mit dem Mandanten, ob er den Erben ggf. neben dem Testamentsvollstrecker Zugriff auf den digitalen Lebensbereich wie E-Mail-Accounts, Messengerdienste, Facebookkonten, Apple-ID (beispielhaft) sowie sonstige Passwörter und PINs gewähren möchte, oder ob der Testamentsvollstrecker die Erben vollständig aus dem digitalen Lebensbereich ausschließen soll.

Problemlösung durch Vermächtnisanordnung (§ 2147 BGB)?

Das Ziel des Mandanten, den Erben den Zugriff auf den digitalen Nachlass zu entziehen, könnte auch mittels einer Vermächtnisanordnung, mit welcher der Mandant seinen digitalen Nachlass bzw. bestimmte digitale Inhalte einer dritten Person zuwendet, erreicht werden. Dieser Weg erscheint aber zumindest in der vorliegenden Konstellation als ungeeignet, da es sich bei einem solchen Vermächtnis lediglich um einen schuldrechtlichen Anspruch des mit dem Vermächtnis Bedachten gegen die Erben handelt. Die gerade nicht gewollte Möglichkeit der Einsichtnahme durch die Erben wäre damit nicht ausgeschlossen.

Praxistipp

Sofern vertreten wird, dass trotz Anordnung der Testamentsvollstreckung Auskunftsansprüche der Erben gegenüber Banken, ggf. auch Providern, bestehen, so müsste der Erblasser auch diesbezüglich einen testamentarischen Ausschluss ausdrücklich erklären.

Ergänzung durch Vorsorgevollmacht bzw. transmortale Vollmacht

Als weitere sinnvolle Maßnahme zum Ausschluss der Erben vom Zugriff auf den digitalen Nachlass kommt die lebzeitige Errichtung einer Vollmacht im Rahmen einer allgemeinen Vorsorgevollmacht bzw. einer Spezialvollmacht zugunsten des Testamentsvollstreckers im Wege transmortaler Vollmacht in Betracht. Diese erleichtert ggf. die Verfügungsmöglichkeiten des Bevollmächtigten/Testamentsvollstreckers im Hinblick auf die konkret angeordneten Verwaltungsanordnungen gem. § 2216 BGB.

Sachverhalt | Checkliste | Lösung | Verfahren | **Muster**

Einzeltestament mit Nachfolgeregelung betreffend den digitalen Nachlass; Anordnung der Testamentsvollstreckung mit konkreten Handlungsanweisungen für den Testamentsvollstrecker

Testament

Ich, Herr ..., geb. am ... in ..., wohnhaft in ..., bin unverheiratet und kinderlos. Ich bin deutscher Staatsangehöriger. Für die Rechtsnachfolge von Todes wegen in mein gesamtes Vermögen wähle ich deutsches Recht. Ich erkläre ausdrücklich, durch frühere Verfügungen von Todes wegen nicht daran gehindert zu sein, das vorliegende Testament zu errichten. Vorsorglich widerrufe ich alle früheren Verfügungen von Todes wegen und errichte nachfolgendes Testament:

§ 1 Erbeinsetzung

Ich berufe meine Eltern, Frau ..., geborene ..., und Herrn ..., beide wohnhaft ..., zu meinen Erben mit einer Erbquote von je 1/2-Anteil.

§ 2 Ersatzerben

Für den Fall, dass einer meiner Erben vor oder nach dem Erbfall wegfällt, setze ich den jeweils anderen Erben zum Ersatzerben ein.

§ 3 Testamentsvollstreckung

Für meinen gesamten digitalen Nachlass ordne ich Testamentsvollstreckung an. Zum Testamentsvollstrecker bestimme ich Herrn ..., wohnhaft .... Der Testamentsvollstrecker wird angewiesen, die Abwicklung der digitalen Hinterlassenschaft sowie des digitalen Lebensbereichs vorzunehmen, insbesondere die sich aus dem jeweiligen Nutzungsvertrag mit den jeweiligen Diensteanbietern ergebenden Rechte geltend zu machen und sämtliche Nutzungsverträge zu kündigen. Der Testamentsvollstrecker schließt meine Erben vom Zugriff auf mein digitales Vermögen und meinen gesamten digitalen Lebensbereich vollständig aus.

Der Testamentsvollstrecker wird ausdrücklich ermächtigt, in alle meine Online-Rechtsbeziehungen, insbesondere mit E-Mail-Anbietern und Anbietern sozialer Netzwerke, einzutreten. Er hat Anspruch auf Zugriff auf alle auf lokalen Datenträgern sowie im Internet gespeicherten privaten und geschäftlichen Daten. Nach Abwicklung aller offenen Vertragsbeziehungen hat er verbliebene, nicht gelöschte Daten sowie notwendige Vertragsunterlagen, den in meinem Nachlass befindlichen PC sowie sämtliche weitere Speichermedien zu vernichten und alle Accounts zu löschen.

Insbesondere wird der Testamentsvollstrecker ermächtigt zur Regelung, Abwicklung und Nutzung meines digitalen Vermögens und Lebensbereichs (insbesondere E-Mail-Accounts, Messengerdienste, Facebook, Apple-ID, Instagram, SMS/MMS etc.); der Testamentsvollstrecker darf hierzu alle relevanten Passwörter nutzen. Er ist berechtigt, die aus dem jeweiligen Nutzungsvertrag folgenden Rechte geltend zu machen. Die Diensteanbieter werden ausdrücklich von mir gegenüber eventuell bestehenden Geheimhaltungspflichten, insbesondere nach dem TKG, befreit.

Der Testamentsvollstrecker wird ausdrücklich ermächtigt, vor oder nach Annahme des Amts an seiner Stelle einen Ersatztestamentsvollstrecker zu benennen. Der Testamentsvollstrecker ist von den Beschränkungen des § 181 BGB befreit. Der Testamentsvollstrecker erhält eine Vergütung i.H.v. ... €. Er kann Ersatz seiner Auslagen verlangen.

Die Testamentsvollstreckung endet mit Erledigung der oben beschriebenen Aufgaben.

Ort, Datum ______________________________

Unterschrift ______________________________

Kapitel 4: Lebzeitige Übertragungen

A. Einführung

1. Vorweggenommene Erbfolge

Keine Legaldefinition

Bei der erbrechtlichen Beratung genügt es oft nicht, sich auf Fragen der Rechtsnachfolge von Todes wegen zu beschränken. Unter dem Oberbegriff der vorweggenommenen Erbfolge werden Ideen und Konzepte lebzeitiger Zuwendung von Vermögen ergänzend nachgefragt. Das Schlagwort findet sich trotz breiter Verwendung durch Berater und Mandantschaft nur vereinzelt im Gesetz wieder (§ 593a Satz 1 BGB, § 17 Abs. 1 HöfeO und § 13a Abs. 1 Nr. 2 ErbStG a.F.). Legal definiert ist der Begriff der vorweggenommenen Erbfolge nicht. Die Ausgestaltung ist entsprechend offen.

Motive

Nicht zuletzt aus persönlichen, steuerlichen und rechtlichen Gründen kann es erforderlich werden, die Möglichkeiten lebzeitiger Zuwendungen zu prüfen, zu erörtern und zu entwerfen. Oftmals geht es um Steuerersparnisse, Vermögensverschiebungen zu Gunsten bzw. zu Lasten von potentiell Berechtigten oder darum, mit der „warmen statt mit der kalten Hand zu geben" und zum Beispiel sein Kind bei der Gründung einer Familie zu unterstützen. Entscheidend sind die Vorstellungen des Mandanten, die Zusammensetzung seines Vermögens und die rechtlichen Rahmenbedingungen. Die Abstimmung mit der originär erbrechtlichen Nachfolge durch Testament oder Erbvertrag oder von Gesetzes wegen stellt den Berater vor zusätzliche Herausforderungen. Auch nach dem Erbfall muss sich zeigen, dass eine Gestaltung entsprechend den Vorstellungen des Erblassers gelungen ist.

2. Zuwendung

Weiter Zuwendungsbegriff

Zuwendung im Sinne einer vorweggenommen Erbfolge meint vor allem Schenkungen. Hierunter wird jede Zuwendung verstanden, durch die jemand aus seinem Vermögen einen anderen bereichert, wenn beide Teile darüber einig sind, dass sie unentgeltlich erfolgt (§ 516 Abs. 1 BGB). Zuwendungen unter Lebenden in einem weiteren Sinne sind daneben auch die Einräumung von Nutzungsrechten, ehebezogene Zuwendungen, güterrechtliche Ausgleichsansprüche oder Ausstattungen. Immanent ist der Zuwendung stets, dass keine oder nur unzureichende Gegenleistungen gewährt werden.

Praxistipp

Der Volksmund weiß: Was weg ist, ist weg. Bei der Beratung zu lebzeitigen Zuwendungen lautet eine Grundregel entsprechend, dass nach Möglichkeit nur weggegeben wird, worauf der Zuwendende selbst nicht angewiesen ist. Hierauf ist die Mandantschaft frühzeitig und eindringlich hinzuweisen.

2.1 Schenkungen

Grundtatbestand der Schenkung

Gegenstand einer Schenkung ist immer die Übertragung von vermögenswerten Sachen oder Rechten (Zuwendung). Ausschließlich ideelle Rechtspositionen können nicht schenkweise übertragen werden. Durch die Zuwendung wird das Vermögen des Zuwendenden dauerhaft gemindert (Entreicherung). Entscheidend ist, dass das Vermögen final gemindert wird. Die Unentgeltlichkeit einer Zuwendung allein begründet den Schenkungscharakter dagegen nicht (BGH, Urt. v. 27.01.2016 – XII ZR 22/15, NJW 2016, 2652 Rdnr. 15 ff.). Objektiv muss die Zuwendung auch zu einer Mehrung der Aktiva des Empfängers oder einer Minderung seiner Passiva führen (Bereicherung). Nicht erforderlich ist, dass die Gegenstände von Entreicherung und Bereicherung einander identisch sind (z.B. mittelbare Schenkung). Weiteres Merkmal einer Schenkung ist, dass sich die Parteien über die Unentgeltlichkeit der Zuwendung einig sein müssen (Schenkungs- oder Rechtsgrundabrede). Eine bewusst fehlerhafte Bewertung einer Zuwendung als entgeltliches Geschäft allein ändert den unentgeltlichen Charakter der Leistung hingegen nicht (verschleierte Schenkung).

Warnhinweis

Wird Schenkungsteuer ausgelöst, ist auch der Schenker Steuerschuldner (§ 20 Abs. 1 Satz 1 ErbStG). Er haftet neben dem Erwerber als Gesamtschuldner gegenüber dem Finanzamt (§ 44 AO). Für das Innenverhältnis wird oft eine von §§ 421 ff. BGB abweichende Regelung nachgefragt.

Gemischte Schenkungen

Bei einer gemischten Schenkung wird zwar eine Gegenleistung geschuldet, diese entspricht allerdings objektiv nicht dem Wert der Zuwendung. Anders als die Zuwendung kann die Gegenleistung – und nur diese – auch immaterieller Art sein. Eine bestimmte, mathematisch ermittelbare Diskrepanz der Werte von Leistung und Gegenleistung zugunsten des Zuwendungsempfängers wird nicht vorausgesetzt (BGH, Urt. v. 18.10.2011 – X ZR 45/10, NJW 2012, 605, 606). Allein nach der Wertdifferenz bestimmen sich Ent- und Bereicherung. Subjektiv müssen sich die Beteiligten der teilweisen Unentgeltlichkeit bewusst sein und zum überschießenden Zuwendungsteil eine Schenkungsabrede treffen. Besteht zwischen den Werten von Zuwendung und Gegenleistung ein deutliches, über ein bloß geringes Maß hinausgehendes Missverhältnis, wird widerlegbar der Schenkungswille nach allgemeiner Lebenserfahrung vermutet.

Erb-/Pflichtteilsverzicht

Wird im Gegenzug für die Zuwendung ein Erb- oder Pflichtteilsverzicht vereinbart, mindert dies den Wert der Schenkung nicht. Insoweit wird nur eine fiktive Chance aufgegeben, deren Wert nicht absehbar ist. Soweit der Wert der Erberwartung aber derjenigen bei Zuwendung entspricht, ist dies nicht pflichtteilsergänzungspflichtig (BGH, Urt. v. 03.12.2008 – IV ZR 58/07, NJW 2009, 1143 ff.).

Schenkung unter Auflage

Eine durch einen Übergabevertrag übernommene, zusätzliche Verpflichtung des Übergebers ist id.R. keine Gegenleistung, sondern eine Auflage (BGH, Urt. v. 07.04.1989 – V ZR 252/87, NJW 1989, 2122). Prägend ist, dass der Zuwendungsempfänger eine völlig neue eigene Verpflichtung gegenüber dem Zuwendenden übernimmt. In diesen Fällen ändert selbst eine etwaige objektive Gleichwertigkeit der Gegenstände von Auflage und Zuwendung nichts am Schenkungscharakter, wenn die Beteiligten dies subjektiv anders sehen. Wird die Auflage nicht vollzogen, stehen dem Schenker zudem die Rechte nach § 527 BGB zu.

Formvorschriften

Wesentlich für alle Schenkungsversprechen ist, dass sie grundsätzlich erst wirksam werden, wenn sie notariell beurkundet worden sind (§ 518 Abs. 1 BGB). Dies gilt für reine Schenkungen, für gemischte Schenkungen und solche unter Auflage. Wird diese Form nicht beachtet, ist die Schenkung nichtig (§ 125 BGB). Gerade im Familienkreis wird die strenge Form allerdings häufig nicht eingehalten. Hier hilft es, dass eine Schenkung auch mit Bewirkung der schenkweise versprochenen Leistung wirksam werden kann (§ 518 Abs. 2 BGB: Handschenkung). Weitere Formvorschriften sind bei unentgeltlichen Zuwendungen nicht zu beachten. Lediglich für die Übertragung besonderer Vermögensgegenstände wie beispielsweise von Immobilien (§ 311 b Abs. 1 BGB) oder von GmbH-Anteilen (§ 15 Abs. 3 und 4 GmbHG) gilt spezialgesetzlich etwas anderes.

Praxistipp

Formerfordernisse können sich auch aus vertraglichen Vorgaben ergeben. Im gesellschaftsrechtlichen Bereich ist es beispielsweise üblich, die Schriftform zu vereinbaren. Eine Nichtbeachtung solcher Bestimmungen hat im Zweifel auch die Nichtigkeit des Rechtsgeschäfts zur Folge (§ 125 Satz 2 BGB).

Gesetzliche Rückabwicklungsmöglichkeiten

Eine Rückabwicklung einer Schenkung kommt ausnahmsweise unter engen Voraussetzungen in Betracht. Eine Rückforderung ist nach dem Gesetz vor allem denkbar bei:

- Nichtvollziehung der Auflage (§ 527 BGB),
- Verarmung des Schenkers (§ 528 BGB),
- grobem Undank des Beschenkten (§ 530 BGB).

Daneben kommt in absoluten Ausnahmefällen eine Störung der Geschäftsgrundlage (§ 313 BGB) in Betracht, die eine Anpassung oder nachrangig einen Rücktritt vom Vertrag ermöglicht.

Vertragliche Rückabwicklungsmöglichkeiten

Neben den gesetzlichen Fällen können Möglichkeiten der Rückabwicklung auch vertraglich vereinbart werden. Ein zentrales Motiv ist meist ein etwaiges Sicherungsbedürfnis des Zuwendenden. Daneben kann so einem möglichen Wunsch des Schenkers Rechnung getragen werden, auch nach der Zuwendung auf den Begünstigten weiter Einfluss nehmen zu können.

Rücktrittsrecht

Häufig werden Rücktrittsrechte (§§ 346 ff. BGB) vorbehalten. Diese können je nach Vereinbarung der Beteiligten beim Eintritt eines bestimmten Ereignisses (z.B. Scheidung, Vorversterben, Versterben ohne leibliche Abkömmlinge, Insolvenz oder Nichtabschluss einer Berufsausbildung) geltend gemacht werden. Falls dies nicht anders geregelt ist, wird im Fall der Ausübung des Rücktrittsrechts zusätzlich zur Rückgabe des Schenkungsgegenstands die Herausgabe von Nutzungen gegen Ausgleich von etwaigen Aufwendungen geschuldet. Die Einrede der Entreicherung steht dem Verpflichteten nicht zu.

Praxistipp

Ist eine Immobilie Gegenstand von Zuwendung und möglicher Rückabwicklung, empfiehlt es sich, neben dem Rücktrittsvorbehalt eine Rückauflassungsvormerkung (§ 883 BGB) zu vereinbaren. Im Gegenzug sollte dem Beschenkten aufschiebend bedingt eine Löschungsvollmacht erteilt werden. Als Bedingung kommt z.B. ein Nachweis für den Tod des Zuwendenden in Betracht.

Widerrufsvorbehalt

Außer für Gesellschaftsanteile kann weitergehend ein freier, d.h. nicht an den Eintritt einer Bedingung geknüpfter Widerruf vereinbart werden. Die Rechtsfolgen eines solchen Widerrufs bestimmen sich grundsätzlich nach Bereicherungsrecht (§ 531 Abs. 2 BGB).

Auflösende Bedingung

Keines Tätigwerdens des Schenkers bedarf es, wenn von Anfang an eine auflösende Bedingung vereinbart wird. Bei Eintritt der Bedingung würde die Zuwendung automatisch rückabgewickelt. Dies geht allerdings mit einer mangenden Steuerbarkeit durch die Beteiligten einher, so dass andere Gestaltungen oftmals vorzugswürdig sind.

Steuertipp

Stets ist § 29 Abs. 1 Nr. 1 ErbStG zu beachten. Wurde der Fall der Rückabwicklung von Anfang an vereinbart, kommt bei Rückabwicklung die Rückerstattung der entrichteten Steuer in Betracht. Wird die Rückforderung erst später vereinbart, ist dies ein eigener Erwerbsvorgang (Rückschenkung), der eine neue, zusätzliche Steuerforderung auslösen kann. Gesetzliche Rückforderungsansprüche (z.B. nach §§ 527, 528 oder 530 BGB) werden immer von § 29 ErbStG umfasst.

2.2 Nutzungsrechte

Gegenstand der Vermögensübertragung oder einer etwaigen (teilweisen) Gegenleistung können auch Nutzungsrechte sein. Anders als bei der Schenkung ist Gegenstand eine bloß zeitweilige Überlassung von Vermögenswerten – vor allem mittels Wohnungs- und Nießbrauchsrechten. In Betracht kommen die Einräumung zugunsten eines Dritten oder die Beibehaltung durch den ursprünglich Berechtigten bei Übertragung der originären Rechtstellung (Eigentum etc.) an Dritte. Zu unterscheiden sind in der Praxis insbesondere Vorbehaltsnießbrauch und – bei Immobilien – Wohnungsrechte:

Vorbehaltsnießbrauch (§ 1030 BGB)

Nießbrauch kann an einzelnen Sachen (§§ 1030 ff. BGB) und Rechten (§§ 1068 ff. BGB) bestellt werden. Erfasst werden z.B. (Immobilien-) Eigentum, aber auch Gesellschaftsbeteiligungen. Hierdurch erlangt der Berechtigte eine dingliche Rechtsposition an der Sache oder dem Recht oder behält sich diese vor. Der Nießbraucher ist insbesondere berechtigt, Nutzungen zu ziehen (§ 1030 Abs. 1 BGB). Die dem Berechtigten eingeräumte Rechtsposition ist weder vererblich noch übertragbar (§§ 1059 Satz 1, 1061 BGB). Auf der anderen Seite geht der Nießbrauch, falls nicht anders geregelt, mit Pflichten einher (z.B. Erhaltungs-, Versicherungs- und Lastentragungspflichten, § 1041 BGB bzw. §§ 1039, 1045 ff. BGB). Die Regelungen zum Sachnießbrauch gelten vorbehaltlich der §§ 1069 ff. BGB für den Nießbrauch an Rechten entsprechend.

Praxistipp

Gibt es eine über die Erhaltung der wirtschaftlichen Nutzungsmöglichkeit hinausgehende Motivation für die Zuwendung, sind vor allem die dem Nießbraucher obliegenden Pflichten im Detail zu erörtern und bei Bedarf abzubedingen. Dies kann Auswirkungen haben z.B. auf den Umfang und Wert des für Zwecke der Pflichtteilsberechnung maßgeblichen (fiktiven) Nachlasses.

Wohnungsrecht (§ 1093 BGB)

Als beschränkt persönliche Dienstbarkeit kann auch ein Wohnungsrecht eingeräumt oder vorbehalten werden (§ 1093 BGB). Hierdurch erhält der Berechtigte das Recht, eine Immobilie oder einen Teil hiervon zu Wohnzwecken zu nutzen. Die räumliche Reichweite (z.B. Haus, Wohnung, Räume, Keller, Garten) wird zwischen Eigentümer und Begünstigtem definiert.

Praxistipp

Falls kein in sich abgeschlossener Bereich Gegenstand des Wohnungsrechts ist, kann neben einer eindeutigen Beschreibung die Bezugnahme auf eine Skizze angezeigt sein.

Auch sollten der persönliche Umfang (Allein- oder Mitbenutzung) und die Möglichkeit der Übertragung der Ausübung auf Dritte definiert werden. Falls die Ausübung des Wohnungsrechts Dritten nicht überlassen werden darf, ist das Recht – anders als z.B. Nießbrauch – vor dem Zugriff von Gläubigern geschützt. Im Verhältnis zwischen Eigentümer und Wohnungsrechtsberechtigtem finden zum Teil die für den Nießbrauch geltenden Normen ergänzend Anwendung (§§ 1093 Abs. 1 Satz 2, 1090 Abs. 2 BGB; z.B. Erhaltungspflicht, § 1041 BGB).

Für Immobilien hat der BGH wiederholt klargestellt, dass die unentgeltliche Gebrauchsüberlassung selbst bei langer Vertragslaufzeit als Leihe (§ 598 BGB) und nicht als formbedürftige Schenkung zu qualifizieren ist (BGH, Urt. v. 27.01.2016 – XII ZR 33/15, NJW 2016, 2652 ff.).

Bewertung von Nutzungsrechten

Bei der Bewertung von Nutzungsrechten ist deren kapitalisierter Wert zu ermitteln. Üblicherweise wird auf die Vorgaben zu §§ 13, 14 BewG zurückgegriffen. Der für lebenslängliche Nutzungsrechte maßgebliche Vervielfältiger wird jährlich vom BMF mit Blick auf die aktuelle Sterbetafel des Statistischen Bundesamts ermittelt und bekanntgegeben (z.B. BMF-Schreiben v. 04.11.2016 – IV C 7 – S 3104/09/10001, DOK 2016/1012678).

2.3 Ehebezogene Zuwendungen

Begriff

Erfolgen Vermögensübertragungen zwischen (künftigen) Ehegatten in der Erwartung der Begründung oder des Fortbestehens der Ehe, ist dies regelmäßig keine Schenkung, sondern eine ehebezogene Zuwendung. Dem liegt die Annahme zugrunde, so die Verwirklichung und Ausgestaltung der Ehe zu fördern. Die Zuwendung erfolgt also nicht aus Freigiebigkeit. Der zugewandte Vermögensgegenstand scheint aus der Sicht des Zuwendenden in der Ehe nicht verloren (BGH, Urt. v. 04.03.2015 – XII ZR 46/13, NJW 2015, 1523), so dass subjektiv das Tatbestandsmerkmal der Unentgeltlichkeit fehlt. Solche Zuwendungen sind nicht der strengen Form des § 518 BGB unterworfen. Eine formbedürftige Schenkung ist nur ausnahmsweise gegeben, wenn mit der Zuwendung vorrangig ehefremde Zwecke unabhängig vom Bestand der Ehe verfolgt werden. Anzuerkennen ist eine Zuwendung dagegen, wenn sie z.B. unterhaltsrechtlich oder mit dem Ziel einer adäquaten Altersvorsorge motiviert ist.

Rückabwicklung

Die für die Schenkung nach dem Gesetz vorgesehenen Rückabwicklungsmöglichkeiten bestehen für ehebezogene Zuwendungen nicht. Insoweit haben insbesondere güterrechtliche Vorschriften Vorrang. Daneben kommt ein Ausgleichsanspruch nach Billigkeitserwägungen in Betracht.

2.4 Güterrechtliche Ausgleichsansprüche

Nach deutschem Güterrecht kommen vier verschiedene Güterstände in Betracht, in denen Ehegatten oder Lebenspartner i.S.d. LPartG leben können: Zugewinngemeinschaft, Gütertrennung, Gütergemeinschaft und deutsch-französischer Wahlgüterstand.

Ist nichts anderes vereinbart, leben die Partner im gesetzlichen Güterstand der Zugewinngemeinschaft. Dies kann durch eine vertragliche Regelung (§ 1408 BGB, § 7 LPartG), Scheidung oder Aufhebung der Ehe (§§ 1564 ff., 1313 ff. BGB) bzw. Aufhebung der Lebenspartnerschaft (§ 15 LPartG) oder den Tod (§ 1371 Abs. 1 BGB) geändert werden. Je nach Sachverhalt kommt es bei Beendigung des Güterstands zu Zugewinnausgleichsansprüchen. Richtig berechnet beruhen diese grundsätzlich nicht auf echter Freigiebigkeit, sondern auf der familienrechtlichen Ausgestaltung der güterrechtlichen Verhältnisse in der Ehe. Hieraus resultierende Vermögensübertragungen stellen keine Schenkung dar. Sind sich beide Partner indes erkennbar über eine Unentgeltlichkeit der Leistung des einen an den anderen einig, droht eine Versagung der erbrechtlichen Anerkennung der güterrechtlichen Regelung (BGH, Urt. v. 27.11.1991 – IV ZR 266/90, NJW 1992, 558, 559).

Steuertipp

Zahlungen auf eine Zugewinnausgleichsforderung sind kein steuerpflichtiger Erwerb i.S.d. ErbStG. Der Freibetrag des berechtigten Ehe- oder Lebenspartners nach § 16 Abs. 1 Nr. 1 ErbStG wird durch Zahlungen hierauf nicht aufgezehrt (§§ 5, 10 Abs. 1 Satz 1 ErbStG).

Dies gilt entsprechend für den Wechsel hin zum Güterstand der Gütergemeinschaft, was steuerlich jedoch nicht privilegiert ist (§ 7 Abs. 1 Nr. 4 ErbStG).

3. Erbrechtliche Rahmenbedingungen

Bei der Gestaltung lebzeitiger Zuwendungen sind auch originär erbrechtliche Normen zu beachten. Diese geben einen bestimmten Rahmen, aber auch Gestaltungsmöglichkeiten vor.

Erbrechtliche Grenzen

Zu Beginn der Überlegungen steht i.d.R. die Frage, ob eine ganz oder teilweise unentgeltliche Verfügung zwischen Lebenden zulässig, beachtlich oder anfechtbar ist. Solche erbrechtliche Grenzen für eine lebzeitige Gestaltung ergeben sich vor allem durch das Folgende:

Bindung durch Erbvertrag und gemeinschaftliches Testament

Bindende Verfügungen in einem Erbvertrag beschränken nur die Testierfreiheit. Unter Lebenden kann frei verfügt werden (§ 2286 BGB). Höhlt der Verpflichtete lebzeitig die ihn über den Tod bindenden Verfügungen aus, stehen dem Berechtigten im Erbfall u.U. Ansprüche nach §§ 2287 f. BGB zu. Andernfalls droht zu Lebzeiten des verpflichteten Erblassers eine Feststellungsklage.

Wegen beeinträchtigender Schenkungen muss der Beschenkte nach dem Erbfall fürchten, dass der Vertragserbe Herausgabe- bzw. hilfsweise Wertersatzansprüche geltend macht (§ 2287 Abs. 1 BGB). Vermächtnisnehmer können Wertersatzansprüche im Fall missbräuchlicher Beeinträchtigung gegen den Nachlass bzw. subsidiär gegen den Beschenkten verfolgen (§ 2288 Abs. 1 und 2 BGB).

Praxistipp

Macht ein erbrechtlich gebundener Mandant lebzeitige Verfügungen, sind seine Motive hinreichend zu dokumentieren. Der richtige Platz hierfür ist in aller Regel die Präambel des Schenkungsvertrags. Dies entschärft etwaigen Streit nach dem Todesfall.

Über den Wortlaut hinaus gelten die §§ 2287 f. BGB nicht nur zugunsten der durch Erbvertrag, sondern analog auch für die durch wechselbezügliche Verfügungen in gemeinschaftlichen Testamenten begünstigten Personen (BGH, Urt. v. 28.09.2016 – IV ZR 513/15, NJW 2017, 329 ff.).

Unwirksame Verfügungen von Vorerben

Ähnlich sind Vorerben zwar Inhaber der zum Nachlass gehörenden Rechte. Diese Verfügungsfreiheit ist jedoch eingeschränkt, wenn schwere Nachteile zu Lasten von Nacherben zu besorgen stehen. Falls eine Befreiung von den Verfügungsbeschränkungen nicht vorher in zulässiger Weise erfolgt ist (§ 2136 BGB), droht eine Unwirksamkeit mit Eintritt des Nacherbfalls. Dies betrifft neben Verfügungen über Grundstücke vor allem unentgeltliche Verfügungen (§ 2113 BGB). Eine Befreiung betreffend unentgeltliche Verfügungen durch den Erblasser ist keinesfalls möglich. Daher muss ein Vorerbe, dem die Veräußerung von Grundstücken gestattet ist, dem Grundbuchamt immer die Entgeltlichkeit der Übertragung urkundlich nachweisen (§ 29 Abs. 1 GBO). Stimmt nicht bereits der Nacherbe selbst zu, kann die Einholung eines Sachverständigengutachtens später erforderlich werden.

Praxistipp

Die Umgehung des Verfügungsverbots von § 2113 BGB durch die Vereinbarung einer zeitlich bloß begrenzten Gebrauchsüberlassung (z.B. Wohnungs- oder Nießbrauchsrecht) ist per se nicht sittenwidrig (BGH, Urt. v. 27.01.2016 – XII ZR 33/15, NJW 2016, 2652 ff.).

Pflichtteilsergänzung

Ein prominentes Thema der Beratung sind zudem Pflichtteilsergänzungsansprüche. Zwar wird bei der Berechnung der echten Pflichtteilsforderung allein auf den Bestand und den Wert des Nachlasses im Zeitpunkt des Erbfalls abgestellt (§§ 2311 ff. BGB). Indes wird es häufig auch einen fiktiven Nachlass geben, der die Höhe der Gesamtforderung des Pflichtteilsberechtigten beeinflusst (§§ 2325 ff. BGB).

Zehnjahresfrist

Dabei sind Zuwendungen zu Lasten des Pflichtteilsberechtigten zunächst nur relevant, wenn sie innerhalb der letzten zehn Jahre vor dem Erbfall erfolgt sind (§ 2325 Abs. 3 BGB). Mit jedem vollen Jahr ab Zuwendung reduziert sich der in den fiktiven Nachlass einzustellende Wert um 10 %. Die Ausschlussfrist des § 2325 Abs. 3 BGB beginnt ausnahmsweise aber **nicht** zu laufen bei:

- Schenkungen unter Ehegatten bis zur Auflösung der Ehe (§ 2325 Abs. 3 Satz 3 BGB),
- Zuwendungen unter dem Vorbehalt eines Nießbrauchs (Genussverzichtstheorie nach BGH, Urt. v. 27.04.1994 – IV ZR 132/93, NJW 1994, 1791 ff.),
- Schenkungen unter dem Vorbehalt eines Wohnungsrechts (Einzelfallbetrachtung nach BGH, Beschl. v. 29.06.2016 – IV ZR 474/15, NJW 2016, 2957 ff.);
- freiem, tatbestandlich unbestimmten Widerrufsvorbehalt oder Rückfallklauseln (str.; vgl. Riedel, in: Damrau, PK Erbrecht, § 2325 BGB Rdnr. 88 f. m.w.N.).

Subsidärer Durchgriff auf Beschenkten

Reicht die Haftungsmasse im Einzelfall aus Rechtsgründen (z.B. §§ 1975 ff. BGB) nicht zur Erfüllung der Ergänzungsansprüche aus, kann der Berechtigte die offene Differenz hilfsweise über Herausgabe- oder Wertersatzansprüche gegen den Beschenkten verfolgen (§ 2329 BGB).

Warnhinweis

Die Verjährungsfrist für Ansprüche nach § 2329 BGB beginnt mit dem Erbfall (§ 2332 Abs. 1 BGB).

Erbrechtliche Anknüpfungsmöglichkeiten

Zusätzlich zu den gesetzlichen Grenzen kann die Berücksichtigung lebzeitiger Zuwendungen für den Erbfall ausgeschlossen oder auch ermöglicht werden. Zuwendender und Begünstigter haben es also oft in der Hand, eine Benachteiligung anderer, dem Grunde nach im Erbfall Berechtigter zu vermeiden oder zu bewirken. Vor allem folgende Regelungen sind im Auge zu behalten:

Ausgleichungspflichten bei gesetzlicher Erbfolge

Kommt im Erbfall die gesetzliche Erbfolge zum Zuge, sind lebzeitige Zuwendungen des Erblassers an seine Abkömmlinge unter diesen auszugleichen (§§ 2050 ff. BGB). Tatbestandlich erfasst werden Ausstattungen, sehr hohe Ausbildungskosten, übermäßige Zuschüsse und – soweit die Ausgleichung angeordnet ist – auch andere Zuwendungen. Weitere Voraussetzung ist, dass die Abkömmlinge gesetzliche Erben werden oder auf den gesetzlichen Erbteil gesetzt sind. Dem liegt die Vorstellung des Gesetzgebers zugrunde, dass es bei der gesetzlichen Erbfolge wohl der Wille des Erblassers sei, Abkömmlinge nach § 1924 BGB gleich zu behandeln. In den Grenzen des Pflichtteilsrechts kann dies allerdings abweichend geregelt werden.

Ausgleichung und Anrechnung beim Pflichtteil

Auf seinen ordentlichen Pflichtteil muss sich ein Begünstigter lebzeitige Zuwendungen vom Erblasser nur anrechnen lassen, wenn und soweit ihm das vorher oder spätestens bei der Zuwendung angekündigt worden ist (§ 2315 BGB). Hierauf kommt es beim Ergänzungspflichtteil nicht an (§ 2327 BGB). Jeweils wird der auf den Todestag indexierte Wert zum Zeitpunkt der Zuwendung in Ansatz gebracht. Eine doppelte Anrechnung – auf ordentlichen und Ergänzungspflichtteil – ist aber ausgeschlossen.

Warnhinweis

Im Nachhinein kann eine Anrechnung auf den ordentlichen Pflichtteil nicht mehr angeordnet, sondern nur durch einen formbedürftigen Pflichtteilsverzicht (§§ 2346 Abs. 2, 2348 BGB) vereinbart werden.

Ausgleichspflichtteil nach § 2316 BGB

Daneben werden ausgleichspflichtige Vorempfänge nach §§ 2050–2056, 2057a BGB bei der Berechnung des (Rest-)Pflichtteils von Abkömmlingen berücksichtigt (§ 2316 BGB). Zugunsten des Pflichtteilsberechtigten kann eine Ausgleichung indes ausgeschlossen werden (§ 2316 Abs. 3 BGB).

Erb-, Pflichtteilsverzicht

Als „Gegenleistung“ für eine lebzeitige Zuwendung kann zwischen Begünstigten und Zuwendenden zudem ein – ggf. gegenständlich beschränkter – Erb- oder Pflichtteilsverzicht vereinbart werden (§ 2346 Abs. 2 BGB). So kann vorausschauend für den Erbfall dem Wunsch z.B. nach einer Gleichbehandlung von Abkömmlingen, einer ausreichenden Absicherung von (Ehe-)Partnern oder der eines Unternehmens angemessen Rechnung getragen werden. Zwingend ist die Beurkundung des Verzichts beim Notar, wobei eine rechtsgeschäftliche Vertretung des Erblassers ausgeschlossen ist.

Praxistipp

Ein Pflichtteilsverzicht kann bloß aufschiebend bedingt vereinbart werden. Die Wirksamkeit kann davon abhängig gemacht werden, ob der Erbe der Geltendmachung des Pflichtteils widerspricht.

Zuwendungsverzicht

Ergänzt werden Erb- und Pflichtteilsverzicht durch Zuwendungsverzichte (§ 2352 BGB): Hierdurch ist es dem Erblasser im Einvernehmen mit dem durch bindende Verfügung Begünstigten möglich, die Bindungswirkung derartiger Verfügungen aufzuheben und wieder völlige Testierfreiheit zu erlangen.

B. Mandatssituationen

Mandatssituation 4.1: Zuwendung einer Immobilie

Sachverhalt | Checkliste | Lösung | Verfahren | Muster

Sachverhalt

Die vermögenden Eheleute A und B haben zwei Kinder: ihren Sohn S und die Tochter T. T heiratet. Sie und ihr Ehemann E suchen kurze Zeit nach der Hochzeit nach einem Familienheim. A und B sind Eigentümer mehrerer geeigneter Objekte und bereit, der jungen Familie zu helfen. Die Eheleute bitten Sie um Darstellung, welche Möglichkeiten bestehen, eine Immobilie zu übertragen.

Sachverhalt | Checkliste | Lösung | Verfahren | Muster

Soll eine Zuwendung an T allein oder an T und E gemeinsam erfolgen?	☐
Was passiert mit dem Haus, wenn T und E sich später scheiden lassen?	☐
Wie würde sich die Einräumung „nur" eines Nutzungsrechts auswirken?	☐

Sachverhalt | Checkliste | **Lösung** | Verfahren | Muster

Persönliche Befindlichkeiten

Ob die Zuwendung an T allein oder an T und E gemeinsam erfolgen soll, hängt zunächst von der Zielrichtung der Zuwendung ab. Denkbar scheint, dass ein finanzielles Ungleichgewicht zwischen Kind und Schwiegerkind deren persönliches Verhältnis untereinander beeinträchtigt. Diese Sorge ist fast immer unbegründet. Wäre dies im konkreten Fall anders, müsste ohnehin überlegt werden, ob nicht bereits das künftige Erbe der T für sich gesehen ein echter (Stör-)Faktor ist.

Freibeträge und Kettenschenkung

Weiter hat T als Kind von A und B diesen gegenüber einen Freibetrag von jeweils 400.000 € (§§ 15 Abs. 1 Steuerklasse I Nr. 2, 16 Abs. 1 Nr. 2 ErbStG). E dagegen hat nur einen Freibetrag von 20.000 € gegenüber jedem Schwiegerelternteil (§§ 15 Abs. 1 Steuerklasse II Nr. 5, 16 Abs. 1 Nr. 5 ErbStG). Auch sind betreffend E die Steuersätze für der Steuer unterliegende Erwerbe 8–13 Prozentpunkte höher als im Verhältnis zwischen A und B einerseits und T andererseits. Das Dilemma könnte über eine in engen Grenzen zulässige Kettenschenkung gelöst werden. Erwerberin wäre zunächst allein T. In einem zweiten Schritt würde sie E unter Nutzung des zwischen Eheleuten geltenden Freibetrags von 500.000 € das hälftige Eigentum (weiter-)übertragen. Nach der finanzgerichtlichen Rechtsprechung wäre dies kein Gestaltungsmissbrauch nach § 42 AO, wenn T sich gegenüber A und B nicht zur Weitergabe an E verpflichtet würde (BFH, Urt. v. 18.07.2013 – II R 37/11, NJW 2014, 174 ff.), also ihrerseits aus freien Stücken eine Schenkung an den E vornimmt.

Familienrechtliche Risiken

Sollten sich T und E später scheiden lassen, ist zu unterscheiden, in welchem Güterstand sie miteinander verheiratet sind. Ohne ehevertragliche Regelung leben T und E im Güterstand der Zugewinngemeinschaft. Bei einem Erwerb der Immobilie allein durch T würde E zwar nicht am Wert des Objekts im Zeitpunkt der Zuwendung, jedoch an späteren Wertsteigerungen teilhaben (§ 1374 Abs. 2 BGB: Privilegiertes Anfangsvermögen). Dem kann durch Vereinbarung der Gütertrennung oder die Modifizierung des gesetzlichen Güterstands bei Herausnahme von Wertsteigerungen aus der Zugewinnberechnung entgegengewirkt werden. Zusätzlich kann ein Widerrufsrecht für den Fall der Einreichung eines Scheidungsantrags vorbehalten werden, so dass E nicht gegen den Willen seiner Schwiegereltern wirtschaftlichen Nutzen aus dem Haus ziehen kann.

Nutzungsrechte

In Betracht kommen die Einräumung eines Wohnungs- oder Nießbrauchsrechts mit allen Vor- und Nachteilen. Aus der Sicht der Zuwendenden ist es oft von großer psychologischer Bedeutung, ob sie als Eigentümer in Abteilung I des Grundbuchs stehen bleiben. Unter steuerlichen Gesichtspunkten ist dies bei einer hohen, verbleibenden statistischen Lebenserwartung eher kritisch zu hinterfragen. Eine vollständige wirtschaftliche Ausgliederung erscheint im Einzelfall bei hohem Restvermögen auf Seiten des Zuwendenden vorzugswürdig.

Beispiel

T war 25 Jahre alt. Die fiktive Jahresmiete für das Haus betrug zum Zeitpunkt der Übertragung am 03.01.2017 rund 18.000 €. Entsprechend dem BMF-Schreiben vom 04.11.2016 hatte eine Frau im Alter der T zu diesem Zeitpunkt eine statistische Lebenserwartung von im Durchschnitt 58,52 Jahren. Der Kapitalisierungsfaktor belief sich auf 17,868. Der Gesamtwert der Zuwendung an T lag damit bei 321.624 €. In dieser Höhe wären die Freibeträge der T ausgezehrt worden.

Sachverhalt | Checkliste | Lösung | **Verfahren** | Muster

Für die Übertragung der Immobilie ist ein Notar zu beteiligen (§ 311b BGB). Dem Finanzamt ist der Erwerb angesichts der notariellen Beurkundung nicht mehr anzuzeigen (§ 30 Abs. 3 Satz 2 ErbStG).

Mandatssituation 4.2: Böse Stiefkinder

Sachverhalt | Checkliste | Lösung | Verfahren | Muster

A und B sind miteinander im gesetzlichen Güterstand der Zugewinngemeinschaft verheiratet. A hat zwei Kinder aus früherer Beziehung. Diese haben zu seinem Missfallen kein gutes Verhältnis zu ihrer Stiefmutter B. Nachdem der Streit eskaliert, setzt A seine Ehefrau B zunächst in einem privatschriftlichen Testament als Alleinerbin ein. Nun fragt er Sie, welche weiteren Schritte er unternehmen kann, um seine „undankbaren" Kinder auf ein absolutes Minimum herabzusetzen. Zu diesem Zeitpunkt hat A einschließlich des in der Ehezeit erzielten Zugewinns von 600.000 € ein Vermögen von insgesamt 1.200.000 €. B hat indes nur ein kleines Vermögen und keinerlei Zugewinn erzielt.

Sachverhalt | **Checkliste** | Lösung | Verfahren | Muster

Kommt eine Veränderung der Erbquoten in Betracht?	☐
Kann der für die Pflichtteilsberechnung maßgebliche Nachlass verändert werden?	☐
Gibt es familienrechtliche Alternativen zu ehevertraglichen Regelungen?	☐

Sachverhalt | Checkliste | **Lösung** | Verfahren | Muster

Güterstandsschaukel

Durch einen Ehevertrag heben A und B die bestehende Zugewinngemeinschaft auf und vereinbaren die Gütertrennung. Da A in der Ehezeit sein Vermögen um bereinigt 600.000 € gemehrt und B keinen eigenen Zugewinn erzielt hat, ist A der B gegenüber zugewinnausgleichspflichtig. Aus seinem Vermögen schuldet A der B eine Ausgleichszahlung von 300.000 €. In derselben oder einer anderen Urkunde wechseln die Eheleute zurück zum Güterstand der Zugewinngemeinschaft.

Durch die ehevertragliche Vereinbarung der Gütertrennung verschieben sich die Erbquoten. B hätte im Erbfall keine Ansprüche nach § 1371 BGB mehr. Die gesetzliche Erbquote würde neben zwei Kinder 1/3 betragen (§ 1931 Abs. 4 BGB). Nach dem zweiten Wechsel des Güterstands hin zum Güterstand der Zugewinngemeinschaft liegt die Gesamterbquote wieder bei 1/2 (§§ 1931 Abs. 1, 1371 Abs. 1 BGB).

Zugleich wird der Nachlass gekürzt: Statt 50 % von 1.200.000 € (= 600.000 €) oder 1/3 von 900.000 € (= 300.000 €) zzgl. 300.000 € aus dem lebzeitigen Güterstandswechsel erhält B neben den lebzeitig auszugleichenden 300.000 € im Todesfall 50 % vom verbliebenden Nachlass von 900.000 € (= 450.000 €). Die absolute Beteiligung der Kinder am Nachlass des Vaters würde also um 150.000 € gekürzt.

Da die Kinder zusätzlich auf den Pflichtteil zurückgesetzt werden, spart die B letztlich 75.000 €. Von dem Gesamtvermögen von 1.200.000 € erhält jedes Kind 112.500 €. B bekommt damit statt 75 % des gesamten Vermögens des A insgesamt 81,25 % hiervon.

Ehebedingte Zuwendungen

Auch ehebedingte Zuwendungen erlauben eine Verschiebung von Nachlasswerten, ohne dass dies durch die §§ 2287 f., 2325 BGB sanktioniert wird. Zu einer Verschiebung von Erbquoten kommt es nie. Eine Abgrenzung zu Schenkungen fällt jedoch im Einzelfall schwer. Zudem sind ehebedingte Zuwendungen grundsätzlich schenkungsteuerpflichtig, so dass eine güterrechtliche Gestaltung häufig vorzugswürdig scheint.

Sachverhalt | Checkliste | Lösung | **Verfahren** | Muster

Güterrechtliche Regelungen sind bei gleichzeitiger Anwesenheit der Eheleute notariell zu beurkunden (§ 1410 BGB). Stellvertretung ist zulässig.

Praxistipp

Zwar ist die Ausgleichsforderung auch dann nicht als freigebige Zuwendung schenkungsteuerbar, wenn der Güterstandswechsel in einer einzigen Urkunde vereinbart wird, solange es zu einer güterrechtlichen

Abwicklung kommt (BFH, Urt. v. 12.07.2005 – II R 29/02, NJW 2005, 3663 ff.). Da zusätzlich allerdings eine zivilrechtliche Missbrauchskontrolle betreffend ehewidrige Zwecke stattfindet (BGH, Urt. v. 27.11.1991 – IV ZR 266/90, NJW 1992, 558 ff.), sollte trotzdem dem Eindruck eines Gesamtplans zu Lasten von Pflichtteilsberechtigen etc. entgegengewirkt werden. Hierzu gehört die Regelung in mehreren, in zeitlich nicht zu engem Abstand errichteten Urkunden.

Mandatssituation 4.3: Minderjährige Begünstigte

Sachverhalt | Checkliste | Lösung | Verfahren | Muster

Die vermögenden Eheleute A und B haben zwei minderjährige Kinder – T und S. K ist ein weiteres Kind des A aus früherer Beziehung. Der Kontakt zwischen A und K ist schon vor Jahren abgebrochen. A und B überlegen, T und S jeweils eine Eigentumswohnung schenken. Die Mandanten bitten Sie um Beratung, was sie bei einem solchen Schritt beachten müssen.

Sachverhalt | **Checkliste** | Lösung | Verfahren | Muster

Welche Vor- und Nachteile hat eine frühe Vermögensübertragung?	☐
Können A und B ihre Kinder bei dem Geschäft vertreten?	☐

Sachverhalt | Checkliste | **Lösung** | Verfahren | Muster

Pflichtteilsrelevanz

Durch eine frühe Übertragung von Vermögen können Pflichtteils- und Pflichtteilsergänzungsansprüche verkürzt werden. Kommt es neben der rechtlichen Übertragung zur wirtschaftlichen Verschiebung von Vermögen, beginnt die Frist des § 2325 Abs. 3 BGB zu laufen. Einsatzzeitpunkt ist jeweils die Leistungserbringung, was bei Immobilien die Umschreibung im Grundbuch meint (BGH, Urt. v. 02.12.1987 – IVa ZR 149/86, NJW 1988, 821). Mit jedem vollem Jahr, das ab Umschreibung verstreicht, reduziert sich der ergänzungspflichtige Wert des Zuwendungsgegenstands um 10 % (§ 2325 Abs. 3 Satz 1 BGB).

Schenken im Zehnjahresturnus

Daneben können die Freibeträge nach dem ErbStG im Einzelfall mehrfach ausgeschöpft werden. Bei der Zusammenrechnung mehrerer Erwerbe sind lediglich solche Vorerwerbe zu berücksichtigen, die innerhalb der letzten zehn Jahre von derselben Person gemacht wurden (§ 14 ErbStG).

Persönliche Prognose

Gerade bei Zuwendungen an Minderjährige lässt sich aber selten absehen, wie sich diese persönlich und vor allem ihr Verhältnis zum Zuwendenden entwickeln werden. Die Persönlichkeitsbildung ist in jungen Jahren oftmals noch nicht abgeschlossen. Auch lässt sich bei lebzeitigen Zuwendungen eine Kontrolle bloß bis zur Volljährigkeit installieren. Abweichend können die Verschleuderung von Vermögen etc. bei letztwilligen Zuwendungen beispielsweise bis Mitte 20 durch die Anordnung einer Verwaltungstestamentsvollstreckung verhindert werden.

Vertretungsbefugnis

Unabhängig hiervon ist der schenkweise Erwerb einer Eigentumswohnung nie nur von rechtlichem Vorteil, da der Erwerb die Mitgliedschaft in einer Wohnungseigentümergemeinschaft mit – nicht übertragbaren – Pflichten begründet. Daher ist die Genehmigung des gesetzlichen Vertreters nach § 107 BGB erforderlich (BGH, Beschl. v. 30.09.2010 – V ZB 206/10, NJW 2010, 3643 ff.).

Ergänzungspflegschaft

Die Genehmigung können A und B nicht für S und T erklären. Sind Zuwendende und Erwerber in gerader Linie miteinander verwandt, ist eine Vertretung ausgeschlossen (§ 1629 Abs. 2 Satz 1 BGB i.V.m. § 1795 Abs. 1 Nr. 1 BGB). Vielmehr ist ein Ergänzungspfleger zu bestellen, der den minderjährigen Erwerber vertritt (§ 1909 BGB). Einer familiengerichtlichen Genehmigung bedarf es dagegen nicht, da keiner der Anwendungsfälle von § 1821 BGB eröffnet wird.

Sachverhalt | Checkliste | Lösung | **Verfahren** | Muster

Die Bestellung des Ergänzungspflegers sollte bereits vor der notariellen Übertragung der Wohnungen bei Gericht beantragt werden. Steht die Bestellung beim Notartermin noch aus, kann ein Dritter als Vertreter ohne Vertretungsmacht für den Minderjährigen auftreten. Dem Finanzamt ist der Erwerb angesichts der notariellen Beurkundung nicht mehr anzuzeigen (§ 30 Abs. 3 Satz 2 ErbStG).

Sachverhalt | Checkliste | Lösung | Verfahren | **Muster**

Antrag auf Bestellung eines Ergänzungspflegers

Amtsgericht ...
– Familiengericht –
Straße, Hausnr./Postfach
PLZ Ort

Antrag auf Bestellung eines Ergänzungspflegers

Betr. das Kind ..., geboren am ...,

beantragen

wir,

die Bestellung eines Ergänzungspflegers.

Unter Vorlage einer auf uns lautenden Vollmacht nach §§ 10 Abs. 2 Nr. 1, 11 FamFG zeigen wir an, dass wir die rechtlichen Interessen der Eheleute ..., wohnhaft ..., vertreten.

Unsere Mandanten sind die Eltern des minderjährigen Kindes .... Das Kind hat seinen gewöhnlichen Aufenthalt [ebenfalls] unter der Anschrift ... im Bezirk des angerufenen Gerichts.

Die Eltern des Kindes beabsichtigen, dem Kind die beim AG ... im Grundbuch von ..., Blatt ... (Wohnungsgrundbuch), lfd. Nr. ... Gemarkung ..., Flur ..., Flurstück ..., Wirtschaft und Lage: ..., groß ..., eigetragene Eigentumswohnung (... Miteigentumsanteil an dem Grundstück ... verbunden mit dem Sondereigentum ...) schwenkweise zu übertragen. Die Immobilie ist unbelastet, aber vermietet.

Die elterliche Sorge für das Kind üben unsere Mandanten gemeinsam aus. Nach § 1629 Abs. 2 Satz 1 i.V.m. § 1795 Abs. 1 Nr. 1 BGB sind sie in der vorliegenden Angelegenheit aber von der Vertretung ausgeschlossen, so dass die Bestellung eines Ergänzungspflegers erforderlich ist.

Als Pfleger schlagen wir vor ....

Rechtsanwältin/Rechtsanwalt

Mandatssituation 4.4: Weichende Erben

Sachverhalt | Checkliste | Lösung | Verfahren | Muster

M und F haben zwei gemeinsame Kinder – T und S. Nach Abschluss seines Studiums überlegt S, sich mit einem eigenen Unternehmen selbständig zu machen. M und F sind grundsätzlich bereit, S das nötige Startkapital von mehreren 100.000 € als Eigenkapital zur Verfügung zu stellen. Hierdurch reduziert sich ihr Vermögen substantiell. M und F wollen ihre Kinder aber auch weitestgehend gleich behandeln und fragen nach ihren diesbezüglichen Möglichkeiten.

Sachverhalt | **Checkliste** | Lösung | Verfahren | Muster

Was können M und F selbst unternehmen, um für einen Ausgleich zu sorgen?	☐
Wie kann S als Empfänger der Zuwendung mit in die Verantwortung genommen werden?	☐
Ist die weichende Erbin T bei den Vereinbarungen von M, F und S zu beteiligen?	☐

Lebzeitige Ausgleichszahlung

Ist dies finanziell darstellbar, können bei lebzeitigen Erwerben weichende, potentielle Erben am einfachsten durch eine zum Zuwendungsgegenstand (wert-)gleiche Geldzahlung entschädigt werden. Zu unterscheiden sind Einmalleistungen und wiederkehrende Ausgleichszahlungen. Ist die Zahlung durch M und F selbst nicht gewollt oder nicht möglich, kommt alternativ eine Herauszahlung durch S selbst in Betracht.

Vor allem aus Liquiditätsgründen ist zu überlegen, wann die Zahlung fällig oder wie sie ggf. verzinst werden soll. Zum Teil kommt die Vereinbarung einer Nachabfindung in Betracht. Die (Heraus-)Zahlung wird dann von dem Eintritt einer Bedingung abhängig gemacht. Zu denken ist z.B. an eine Teilhabe erst nach dem Erbfall oder für den Fall der Veräußerung des Zuwendungsgegenstands an Dritte. Das kann bei der Zuwendung von den Beteiligten vereinbart werden. Gesetzlich ist dies im Landwirtschaftserbrecht vorgesehen (§ 13 HöfeO).

Praxistipp

(Hinaus-)Zahlungspflichten können mit einer Zwangsvollstreckungsunterwerfung (§ 794 Abs. 1 Nr. 5 ZPO) des Pflichtigen kombiniert werden. Wird Immobilienvermögen übertragen, kommt zudem die Einräumung einer dinglichen Sicherheit (Sicherungshypothek oder Grundschuld) in Betracht. Wird der Erwerber selbst mit der Zahlung an den Dritten belastet, ist eine Absicherung der (Heraus-)Zahlung in der Praxis sogar der Regelfall.

Verfügung von Todes wegen

Ist der Begünstigte wie vorliegend gesetzlicher Erbe des Zuwendenden, kann ihn dieser durch Verfügung von Todes wegen vom Erbe ausschließen, um einen Ausgleich herzustellen. Falls die Erbenstellung nur teilweise beschränkt werden soll, ist der Grundsatz der Universalsukzession zu beachten. Hiernach ist eine Veränderung der Erbquote möglich. Zudem kann ein Ausgleich über die Zuwendung von Vorausvermächtnissen an den weichenden Erben angestrebt werden. Da S pflichtteilsberechtigt (§ 2303 BGB) ist, kommt eine weitergehende Kürzung ohne seine Mitwirkung grundsätzlich nicht in Betracht.

Erb- und Pflichtteilsverzichte

Sinnvoll ist daher zusätzlich die Vereinbarung eines Erb- oder Pflichtteilsverzichts zwischen Erblasser und Erwerber (§§ 2346 ff. BGB). In Betracht kommt insbesondere ein auf den Pflichtteil beschränkter Verzicht (§ 2346 Abs. 2 BGB). Dies ermöglicht eine individuelle Ausgestaltung des Ausgleichs durch den Erblasser mittels Verfügung von Todes wegen. Geht dies dem Erwerber zu weit, kann vereinbart werden, bestimmte Vermögenswerte bei der Pflichtteilsberechnung nicht zu berücksichtigen. So gibt der Erwerber seinen Pflichtteilsanspruch nicht vollständig, sondern nur insoweit auf, wie ihm dies mit Blick auf seinen eigenen (lebzeitigen) Erwerb angemessen scheint.

Praxistipp

Rührt die Zuwendung an den Erwerber nur aus dem Vermögen eines Elternteils her, kann der andere Elternteil trotzdem in die Gestaltung miteinbezogen werden. Der Verzicht kann auch für den Fall des (Vor-)Versterbens des nicht vermögenden Elternteils vereinbart werden. Dann ist aber auch dieser Elternteil an der Beurkundung zwingend persönlich zu beteiligen (§ 2347 Abs. 2 BGB).

Ausgleichungs- und Anrechnungsregelungen

Eine wertmäßige Berücksichtigung der lebzeitigen Zuwendung ist schließlich über die gesetzlichen Ausgleichungs- und Anrechnungsvorschriften denkbar (§§ 2050 ff., 2315 f., 2327 BGB). Hiernach kann der Zuwendende durch einseitige Anordnung eine Ausgleichung bzw. Anrechnung der Zuwendung für den Erbfall anordnen. Außer bei Pflichtteilsergänzungsansprüchen ist stets Voraussetzung, dass die Ausgleichung bzw. Anrechnung spätestens im Zeitpunkt der Zuwendung angeordnet worden ist.

Praxistipp

Eine bloße „Aufstellung der erfolgten Schenkungen" nebst datumsmäßiger Auflistung aller Schenkungsgegenstände einschließlich abschließender Unterschrift des Zuwendungsempfängers genügt im Streitfall nicht als Beweis für eine vorherige Anordnung durch den Erblasser (LG Paderborn, Beschl. v. 24.02.2015 – 3 O 298/14, 9, n.v.). Selbst im Einvernehmen mit dem Zuwendungsempfänger wäre eine nachträgliche Berücksichtigung lediglich im Rahmen eines formbedürftigen Pflichtteilsverzichts möglich.

Sachverhalt | Checkliste | Lösung | **Verfahren** | Muster

Beim schenkweisen Versprechen der Ausgleichszahlung und der möglichen Absicherung Dritter ist die Einhaltung der notariellen Form angezeigt (§ 518 BGB). Nichts anderes gilt für die Vereinbarung von Erb- oder Pflichtteilsverzichten (§§ 2347 f. BGB). Formfrei sind dagegen privatschriftliche Testamente und die Dokumentation von Anrechnungsbestimmungen zu Lasten des Erwerbers. Die Anordnung einer Anrechnung auf den Erb- oder Pflichtteil sollte bereits aus Beweisgründen zumindest privatschriftlich erfolgen und bestätigt werden. Unterliegt die anzurechnende Zuwendung einer bestimmten Form (z.B. § 311b Abs. 1 und 2 BGB), ist umstritten (Nachweise bei Horn, in: Krug, Pflichtteilsprozess, § 6 Rdnr. 5 m.w.N.), ob dies gleichermaßen für die Anrechnungsanordnung gilt, so dass im Zweifel eine entsprechende Form gewahrt werden sollte (so u.a. MüKo-BGB/Lange, § 2315 Rdnr. 10).

Mandatssituation 4.5: „Asset Protection light" – hier: Sozialamt

Sachverhalt | Checkliste | Lösung | Verfahren | Muster

Wie Sachverhalt zur Mandatssituation 4.4. Die Sorge von M und F gilt jetzt aber weniger T. Diese steht wirtschaftlich auf eigenen Beinen. Da S dargelegt hat, wie existenziell die Startfinanzierung für ihn ist, haben M und F vielmehr Bedenken mit Blick auf das „Sozialamt". Steht zu befürchten, dass dieses das Geld S wegnimmt, wenn M und F verarmen sollten, z.B. wegen Heimkosten?

Sachverhalt | Checkliste | Lösung | Verfahren | Muster

Wem droht eine Inanspruchnahme durch die Sozialbehörde?	☐
SollteT in die Überlegungen miteinbezogen werden?	☐
Gibt es Schutzmaßnahmen gegen einen Sozialhilferegress?	☐

Sachverhalt | Checkliste | Lösung | Verfahren | Muster

Anwaltliche Beratungspflichten

Jeder Rechtsanwalt muss seinem Mandanten den sichersten und gefahrlosesten Weg aufzeigen und ihn über mögliche Risiken aufklären. Der Mandant muss zu einer sachgerechten Entscheidung in der Lage sein. Unter Risiken sind rechtliche und wirtschaftliche Risiken zu verstehen, auch das eigene Armutsrisiko fällt darunter.

Praxistipp

Entscheidet sich die Mandantschaft gegen den anwaltlichen Rat für einen wirtschaftlich oder rechtlich nicht optimalen Weg, sollte dies vom Rechtsanwalt durch eine entsprechende Mitteilung an den Mandanten, zumindest aber durch einen Aktenvermerk dokumentiert werden.

Dritte und deren Interessen werden im Einzelfall in den Schutzbereich des Anwaltsvertrags einbezogen. Mit Blick auf den konkreten Mandatsauftrag ist dies aber vorliegend der Fall.

Hilfebedürftigkeit

Wer trotz des Einsatzes von Arbeitskraft, Einkommen und Vermögen noch fremde Hilfe benötigt, hat beim Vorliegen weiterer Voraussetzungen einen Anspruch auf staatliche Hilfeleistungen (z.B. Grundsicherung im Alter, § 19 Abs. 2 Satz 1 erste Alternative SGB XII). Nicht einzusetzen sind lediglich bestimmte Renten nach dem BVG (§ 82 SGB II) oder z.B. als

Schonvermögen qualifizierte Gegenstände (§ 90 SGB XII). Für Leistungen nach dem SGB II gilt dies weitgehend identisch (z.B. Hilfebedürftigkeit nach § 9 Abs. 1 SGB II; Einkommen, § 11 SGB II; Vermögen, § 12 SGB II).

Betroffene Ansprüche und Überleitung

Voraussetzung für den Zugriff durch die Träger der Sozialleistungen auf Dritte ist, dass der Zuwendende selbst gegen einen Begünstigten Ansprüche hat, die übergeleitet werden. Der Übergang des Anspruchs geht mit einem Gläubigerwechsel einher. Die überleitungsfähigen Ansprüche sind vielfältig. Es ist sogar möglich, Ansprüche überzuleiten, die gar nicht übertragen, verpfändet oder gepfändet werden können (§§ 93 f. SGB XII; § 33 SGB II). Nicht übertragbar sind lediglich höchstpersönliche Ansprüche.

Übertragbar sind Ansprüche auf Rückforderung einer Schenkung wegen Verarmung des Schenkenden (Notbedarf: §§ 528 f. BGB). Bei Vorliegen der Voraussetzungen kann der Zuwendende – und nach Überleitung der Staat – vom Begünstigten eine Rückgabe der schenkweise übertragenen Vermögenswerte verlangen, wenn er verarmt. Eine Verarmung ist hiernach anzunehmen, wenn der Übertragende nicht mehr in der Lage ist, seinen angemessenen Unterhalt aufzubringen. Begrenzt ist der Anspruch auf den tatsächlichen Notbedarf des Zuwendenden. Ist der Vermögenswert wertvoller als die Bedarfslücke, aber nicht teilbar, richtet sich der Anspruch auf Wertersatz (§ 818 Abs. 2 BGB).

Der Anspruch auf Rückgabe ist jedoch ausgeschlossen, wenn die Bedürftigkeit schuldhaft herbeigeführt wurde oder seit der Leistung über zehn Jahre verstrichen sind. Droht dem Beschenkten zudem selbst eine Verarmung, kann er die Rückgabe des Geschenks verweigern (§ 529 Abs. 2 BGB).

Problem: Elternunterhalt

In der Praxis geht es in diesem Zusammenhang häufig auch um Elternunterhalt (§ 1601 BGB). Hiernach kann T gegenüber den Eltern M und F ebenfalls unterhaltspflichtig sein. Mit Blick auf die dem Grunde nach bestehende Unterhaltspflicht sollte der Rechtsanwalt anregen, alle Kinder in die Beratung einzubeziehen. Ein Ausgleich untereinander wäre durch eine Freistellungserklärung unter den Geschwistern möglich. Ein Verzicht der potentiell unterhaltsbedürftigen M und F gegenüber T auf künftigen Unterhalt kommt dagegen keinesfalls in Betracht (§ 1614 Abs. 1 BGB). Denkbar ist aber eine Freistellung im Innenverhältnis.

In den jeweils einschlägigen Vorschriften ist zusätzlich geregelt, ob die Überleitung automatisch oder erst nach einer Anzeige des Sozialleistungsträgers an den Dritten Wirkung entfaltet.

Warnhinweis

Der Sozialhilfeträger kann Leistungen an den Hilfeempfänger verweigern und diesen auf die Verfolgung seiner Rechte gegen den Dritten verweisen. Wurde die Bedürftigkeit in den letzten zehn Jahren schuldhaft herbeigeführt, werden z.B. Leistungen der Grundsicherung im Alter oder bei Erwerbsminderung nicht gewährt (§ 41 Abs. 3 SGB XII).

Vereinbarung von Gegenleistungen

Es können auch Gegenleistungen vereinbart werden, um den Wert der Zuwendung zu kürzen, z.B. Pflege, Leibrente, Wohnrecht etc. Fällt indes die Gegenleistung z.B. mit der Heimunterbringung insgesamt weg, kann dies unmittelbar zur Hilfebedürftigkeit des Berechtigten führen. Ist das der Fall, droht, dass die gesamte Vereinbarung als Vertrag zu Lasten der Sozialbehörde sittenwidrig und nichtig ist. Etwas anderes ist denkbar, wenn der Wegfall der Gegenleistungen einen objektiven sachlichen Grund hat, z.B. Pflege nach einem Umzug in die Ferne nicht mehr sinnvoll möglich ist.

Sachverhalt | Checkliste | Lösung | **Verfahren** | Muster

Grundsätzlich muss das Schenkungsversprechen beurkundet werden. Da für die Übertragung von Geld anders als bei Immobilien etc. aber im Übrigen keine Formvorschriften gelten, ist eine Heilung auch einer Handschenkung durch Vollzug möglich (§ 518 Abs. 2 BGB).

Formulierungsvorschlag

„... Mit Blick auf etwaige künftige Unterhaltspflichten gegenüber M und F besteht Einvernehmen, dass S im Innenverhältnis T hiervon im Innenverhältnis für die Zukunft freistellen wird ...“

Mandatssituation 4.6: Geschenktes Sparbuch

Sachverhalt | Checkliste | Lösung | Verfahren | Muster

Erblasser E erteilt V Bankvollmacht. Eine Beschränkung auf einzelne Konten, für spezielle Geschäfte oder besondere Situationen erfolgt nicht. Als E verstirbt, befindet sich sein Sparbuch nicht mehr in dessen Unterlagen. Es stellt sich heraus, dass das Sparbuch bei V war und dieser sich nach dem Tod des E das Guthaben hat auszahlen lassen. Gegenüber der gesetzlichen Erbin G erklärt V hierzu, das Sparbuch habe ihm E zu Lebzeiten als Geschenk übergeben. Zurückzahlen will V der G daher nichts. G möchte wissen, welche Möglichkeiten sie hat, oder ob sie sich hiermit abfinden muss.

Sachverhalt | **Checkliste** | Lösung | Verfahren | Muster

Wurde die Schenkung des E an den V notariell beurkundet?	☐
Setzt die Auszahlung des Guthabens die Vorlage des Sparbuchs voraus?	☐
War die Vollmacht zeitlich oder gegenständlich beschränkt worden?	☐
Was muss der Bevollmächtigte im Rückforderungsprozess beweisen?	☐

Sachverhalt | Checkliste | **Lösung** | Verfahren | Muster

Notarielles Schenkungsversprechen

Wurde die Schenkung des Bankkunden an den Dritten (Valutaverhältnis) notariell beurkundet, gehört das Sparguthaben nicht zum Nachlass. Der Schenkungsvertrag ist gültig (§ 518 Abs. 1 Satz 1 BGB). Etwas anderes wäre denkbar, wenn ein im Schenkungsvertrag eventuell vorbehaltener Rücktrittsgrund sich verwirklicht hat oder die Voraussetzungen der §§ 528 ff. BGB vorliegen. Wurde kein notarielles Schenkungsversprechen gegeben, ist weiter zu prüfen, welche Ansprüche in Frage kommen.

Aushändigung des Sparbuchs

Grundsätzlich kann die tatsächliche Inhaberschaft des Sparbuchs Relevanz für die rechtliche Zuordnung des Guthabens haben (BGH, Urt. v. 18.01.2005 – X ZR 264/02, NJW 2005, 980). Jedoch hat die Aushändigung des Sparbuchs alleine keine konstitutive Wirkung. Zwar folgt das Recht am Papier dem aus dem Papier (§ 952 BGB). Dies gilt nicht andersherum. Insbesondere kann der Inhaber des Sparbuchs allein auf den Besitz gestützt keine Leistung verlangen (§ 808 Abs. 1 Satz 2 BGB).

Warnhinweis

Das Kreditinstitut wird das Guthaben immer nur gegen Vorlage der Sparurkunde auszahlen. Schuldnerseitig kann schuldbefreiend an den Inhaber des Sparbuchs geleistet werden (§ 808 Abs. 1 Satz 1 BGB). Geschieht die Auszahlung nicht im Einklang mit dem Valutaverhältnis, kommen dann keine Ansprüche gegen das Kreditinstitut in Betracht. Vielmehr kommt es allein darauf an, ob der Dritte für eine Rückzahlung ausreichend solvent ist.

Erteilung der Vollmacht

Falls nicht abweichend geregelt, erlischt eine Vollmacht im Zweifel nicht bereits mit dem Tod des Vollmachtgebers (§§ 168, 672 Abs. 1 Satz 1 BGB). Die Legitimationswirkung bleibt bestehen. Der Bevollmächtigte kann in aller Regel auch über den Tod des Vollmachtgebers hinaus alle von der Vollmacht gegenständlich umfassten Geschäfte, hier also auch Abhebungen, vornehmen.

Praxistipp

Ist die Fortdauer einer Vollmacht über den Tod hinaus nicht gewünscht, z.B. um die Liquidität des Nachlasses zu erhalten oder den Erben die Beantragung eines Erbscheins zu ersparen, bietet es sich an, die Geltung mit dem Tod des Vollmachtgebers zu beenden. Ist dies nicht geregelt, steht es den Erben aber frei, die Vollmacht zu widerrufen. Der Widerruf sollte parallel gegenüber der Bank geschehen, da außer beim Vorliegen evidenten Missbrauchs die Vollmacht dort andernfalls beachtet werden muss (BGH, Urt. v. 25.10.1994 – XI ZR 239/93, DNotZ 1995, 388).

Für die Frage, ob der Bevollmächtigte das abgehobene Geld behalten darf, ist dies ohne Belang. Dies ist typischerweise nicht von einer Bankvollmacht umfasst. Allein die Erteilung der Vollmacht ist nicht gleichzusetzen mit der Schenkung und stellt keinen Rechtsgrund dar, das abgehobene Geld behalten zu dürfen.

Abhebung des Guthabens

Die Abhebung kann ein den Formmangel heilender Vollzug eines Schenkungsversprechens i.S.v. § 518 Abs. 2 BGB sein. Im Rückforderungsprozess obliegt nicht dem Bevollmächtigten der Beweis für das Schenkungsversprechen als Rechtsgrund der Abhebung. Wer als Bevollmächtigter eine Abhebung zu seinen Gunsten vornimmt, trägt im Streitfall aber die volle Darlegungs- und Beweislast dafür, dass die Abhebung im Einklang mit dem Willen des angeblichen Schenkers erfolgt ist. Der Zweck der Heilungsvorschrift des § 518 Abs. 2 BGB wird erst erreicht, wenn ein entsprechender Schenkungswillen gegeben war (BGH, Urt. v. 11.03.2014 – X ZR 150/11, NJW 2014, 2275).

Sachverhalt | Checkliste | Lösung | **Verfahren** | Muster

Kann die Sache nicht vorgerichtlich geregelt werden, ist eine Klage auf Zahlung des abgehobenen Guthabens zu erwägen. Wenn und soweit, anders als im Sachverhalt, das Guthaben noch nicht abgehoben wurde, ist auf Herausgabe des mit Nummer und kontoführendem Kreditinstitut zu bezeichnenden Sparbuchs zu klagen. Die Herausgabeforderung kann auf § 985 BGB (ggf. auch § 695 BGB) gestützt werden. Bei einer Erbengemeinschaft kann jeder Erbe in eigenem Namen auf Leistung an die Erbengemeinschaft nach dem Erblasser klagen (§ 2039 BGB). Kann die Herausgabe an die Mehrheit von Erben nicht sinnvoll erfolgen, sollte die Hinterlegung für die Erbengemeinschaft beantragt werden. Ein Sparbuch ist zwar nicht hinterlegungspflichtig, kann aber als Urkunde hinterlegt werden.

Sachverhalt | Checkliste | Lösung | Verfahren | Muster

Klage eines (Mit-)Erben auf Zahlung bzw. Herausgabe

Amtsgericht/Landgericht
...
Straße, Hausnr./Postfach
PLZ Ort

Klage

des Herrn ... – Kläger –

Prozessbevollmächtigte: ...

gegen

Frau ... – Beklagte –

wegen Zahlung [alternativ: Herausgabe]

Namens und mit Vollmacht des Klägers erheben wir Klage und werden

beantragen:

1. Die Beklagte wird verurteilt,

   Variante 1 / Zahlung an Alleinerben:
   an den Kläger einen Betrag i.H.v. ... € nebst Zinsen i.H.v. fünf Prozentpunkten p.a. über dem Basiszinssatz seit dem ... zu zahlen.

   Variante 2 / Herausgabe Sparbuch an Alleinerben:
   an den Kläger das Sparbuch mit der Nummer ... bei der ... Bank herauszugeben.

   Variante 3 / Zahlung an Erbengemeinschaft:
   an die Erbengemeinschaft nach dem am ... verstorbenen ..., bestehend aus dem Kläger und ..., wohnhaft in ..., einen Betrag i.H.v. ... € nebst Zinsen i.H.v. fünf Prozentpunkten p.a. über dem Basiszinssatz seit dem ... zu zahlen.

   Variante 4 / Hinterlegung für Erbengemeinschaft:
   das Sparbuch mit der Nummer ... bei der ... Bank für die Erbengemeinschaft nach dem am ... verstorbenen ..., bestehend aus dem Kläger und ..., wohnhaft in ..., zu hinterlegen.

2. Die Beklagte trägt die Kosten des Rechtsstreits.

3. Das Urteil ist vorläufig – ggf. gegen Sicherheitsleistung – vollstreckbar.

Für den Fall der Säumnis beantragen wir den Erlass eines Versäumnisurteils.

Begründung:

...

Rechtsanwältin/Rechtsanwalt

5

Kapitel 5: Auslegung und Anfechtung letztwilliger Verfügungen

A. Einführung

1. Überblick

In der anwaltlichen Beratung **nach einem Erbfall** kommt der Auslegung und der Anfechtung letztwilliger Verfügungen eine besondere Bedeutung zu.

Zum einen werden hier die Weichen im Hinblick darauf gestellt, welche Beteiligten in welchem Umfang und mit welchen Beschränkungen bzw.

Beschwerungen am Nachlass teilhaben werden. Zum anderen handelt es sich um eine schwer zu fassende erbrechtliche Materie, die durch eine umfangreiche Rechtsprechung und eine Vielzahl von quer über das 5. Buch des BGB verstreuten Auslegungsregeln bzw. allgemeinen und erbrechtlichen Anfechtungstatbeständen geprägt wird.

Daher sind die **Haftungsrisiken**, die hier für den anwaltlichen Berater lauern, extrem hoch.

Andererseits haben Sie gerade in dieser Situation die Möglichkeit, Ihrem Mandanten zu einer positiven erbrechtlichen Position zu verhelfen, die ihm im Laufe der weiteren Nachlassabwicklung zugutekommen wird.

Häufig geht es für den Mandanten sogar um alles oder nichts.

Praxistipp

Bei der Auslegung und Anfechtung letztwilliger Verfügungen sind immer die folgenden **Grundsätze** zu beachten:

- Die letztwillige Verfügung muss interpretations- und auslegungsbedürftig sein.
- Allein der Erblasserwille ist maßgebend.
- Bei erbvertraglichen oder gemeinschaftlichen Verfügungen von Todes wegen ist zudem der Empfängerhorizont des Vertragspartners bzw. des Ehegatten von Bedeutung.
- Der Wille bzw. die Erwartungen der Bedachten oder Dritten sind dagegen stets unbeachtlich.
- Die gesetzlichen Auslegungsregeln sind erst zu berücksichtigen, wenn durch die vorrangige individuelle Auslegung der Erblasserwille nicht ermittelt werden kann.
- Die Auslegung geht der Anfechtung vor!

Auslegungs- und Anfechtungsgrundsätze

2. Auslegung letztwilliger Verfügungen

Grundlegend ist zwischen der Auslegung von Einzeltestamenten und der Auslegung von Erbverträgen bzw. gemeinschaftlichen Testamenten zu unterscheiden.

Einzeltestament (§ 133 BGB)

Bei der Auslegung von Einzeltestamenten ist gem. § 133 BGB der wirkliche Wille zu erforschen und nicht an dem buchstäblichen Sinne des Ausdrucks zu haften. Es ist hier nicht auf den „objektiven Empfängerhorizont" abzustellen. Allein der **Wille des Testators** zum Zeitpunkt der Testamentserrichtung zählt. Es ist zudem nicht auf das Verständnis eines Dritten abzustellen. Es wird auch kein Vertrauenstatbestand gegenüber anderen Personen geschaffen.

Erbvertrag, gemeinschaftliches Testament (§§ 133, 157 BGB)

Bei der Auslegung von Erbverträgen und gemeinschaftlichen Testamenten ist neben dem wirklichen Willen der Beteiligten vor allem deren übereinstimmender Wille von Bedeutung.

Gemäß § 157 BGB sind mehrseitige Verfügungen von Todes wegen so auszulegen, wie Treu und Glauben mit Rücksicht auf die Verkehrssitte es erfordern. Es ist somit auch auf den **Empfängerhorizont des jeweiligen Ehe- und/oder Vertragspartners** und dessen wirklichen Willen abzustellen. Die Besonderheiten bei der Auslegung bzw. Anfechtung von Erbverträgen und gemeinschaftlichen Testamenten werden unter Kapitel 5.A.2.3, S. 183 ff. bzw. Kapitel 5.A.3.5, S. 194 f. dargestellt.

Systematik der Testamentsauslegung

Die Systematik der Testamentsauslegung verdeutlicht das folgende **Schaubild:**

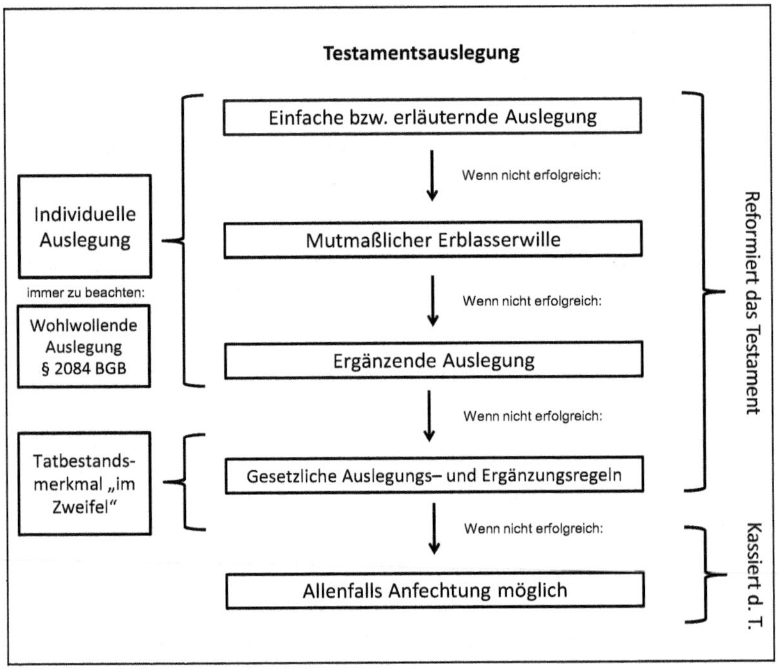

Schrittweise Testamentsauslegung

Die Testamentsauslegung erfolgt also **in Schritten**. Erst wenn ein Auslegungsschritt erfolglos geblieben ist und der Erblasserwille nicht feststeht, kommt der jeweils nächste Auslegungsschritt zur Prüfung. Häufig bietet es sich jedoch an, schon bei der individuellen Auslegung die gesetzlichen Auslegungs- und Ergänzungsregeln ins Auge zu fassen. Denn wenn die gesetzgeberischen Wertungen mit dem durch die individuelle Auslegung ermittelten Erblasserwillen übereinstimmen, sollte dies im Rahmen einer Argumentation gegenüber dem Gericht bzw. der Gegenseite nicht unerwähnt bleiben.

Praxistipp

Die **Darlegungs- und Beweislast** bzw. im Erbscheinsverfahren die **Feststellungslast** obliegt grundsätzlich derjenigen Partei, die einen bestimmten testamentarischen Willen des Erblassers behauptet. Für vorgetragene Sachverhalte außerhalb des Testaments trägt demnach diejenige Partei die Beweislast nach den allgemeinen Regeln, die Vorteile aus dem Vortrag ableiten kann.

Praxistipp

Bei der Auslegung letztwilliger Verfügungen ist immer der Wille des Erblassers zum **Zeitpunkt der Testamentserrichtung** zu erforschen. Selbst dann, wenn sich der Wille des Erblassers später feststellbar geändert und nicht in einer neuen Verfügung Niederschlag gefunden hat, ist der geänderte Wille unbeachtlich.

Selbstverständlich können allerdings z.B. Äußerungen des Erblassers vor oder nach der Errichtung der letztwilligen Verfügungen Rückschlüsse auf die Willensbildung zum **Zeitpunkt der Testamentserrichtung** zulassen.

2.1 Individuelle Testamentsauslegung

Auslegungsregeln

Bei der individuellen Auslegung wird ergründet, ob sich der Wille des Erblassers allein aus der Verfügung von Todes wegen selbst oder den individuellen Lebensverhältnissen und persönlichen Umständen des Erblassers ergibt. Erst wenn sich der Erblasserwille so nicht ermitteln lässt, kommen die gesetzgeberischen Wertungen der normierten Auslegungs- und Ergänzungsregeln zum Zuge.

Im Rahmen der individuellen Auslegung ist zunächst der **Wortlaut** der letztwilligen Verfügung heranzuziehen (Kapitel 5.A.2.1.1, S. 170 f.). Erst bei Erfolglosigkeit ist ggf. der **mutmaßliche Wille** des Erblassers maßgebend (Kapitel 5.A.2.1.2, S. 171). Wenn auch ein solcher nicht feststellbar ist, ist im Zuge der **ergänzenden Auslegung** zu prüfen, ob möglicherweise in Bezug auf den Erblasserwillen bestehende Lücken im Testament geschlossen werden können (Kapitel 5.A.2.1.3, S. 171 f.).

Andeutungstheorie

Bei alldem ist jeweils zu beachten, dass der durch Auslegung ermittelte Erblasserwille in der Verfügung von Todes wegen zumindest andeutungsweise seinen Niederschlag gefunden haben sollte. Stichwort ist hier die von der Rechtsprechung entwickelte sogenannte **Andeutungstheorie** (Kapitel 5.A.2.1.4, S. 172 f.).

Wohlwollende Auslegung (§ 2084 BGB)

Zudem ist stets der in § 2084 BGB normierte Grundsatz der **wohlwollenden Auslegung** zu beachten (Kapitel 5.A.2.1.5, S. 173

Eventuell: Umdeutung

Ist das Ziel des Erblassers, so wie es von ihm letztwillig verfügt worden ist, aus rechtlichen Gründen nicht erreichbar, so kommt eine Korrektur des erklärten Erblasserwillens durch eine **Umdeutung** nach § 140 BGB in Betracht (Kapitel 5.A.2.1.6, S. 173 f.).

Teilaufrechterhaltung

Ist eine Verfügung (Erbeinsetzung, Vermächtnis, Auflage etc.) innerhalb eines Testaments unwirksam, so sind die anderen Verfügungen nur dann unwirksam, wenn der Erblasser diese Verfügungen nicht ohne die unwirksame Verfügung getroffen hätte (vgl. § 2085 BGB).

2.1.1 Wörtliche Auslegung

Zu Beginn einer jeglichen Testamentsauslegung steht immer das Ziel, den Willen des Erblassers allein über den niedergelegten Wortlaut bzw. die Wortbedeutung unter Beachtung des sprachlichen Kontexts (Grammatik, Zeichensetzung, Absätze etc.) zu ermitteln. Diese Art der Auslegung wird wörtliche, einfache, erläuternde oder auch unmittelbare Auslegung genannt.

Bei der wörtlichen Auslegung ist der **Sinn der Worte nach dem allgemeinen Sprachgebrauch** unter Berücksichtigung von z.B. persönlichen, regionalen, umgangssprachlichen oder berufsbedingten Einschlägen in der Gedankenwelt des Erblassers maßgebend.

Aber selbst wenn der Wortlaut nach dem (juristisch) üblichen bzw. allgemeinen Sprachgebrauch eindeutig ist, kann eine gegensätzliche Auslegung dem tatsächlichen Erblasserwille näher kommen. Es besteht bei der Auslegung keine absolute Bindung an den Wortlaut. Es ist ausschließlich der wirkliche Wille maßgebend.

Juristische Fachbegriffe

Insbesondere bei der Verwendung juristischer Fachbegriffe durch juristische Laien tritt diese Auslegungsproblematik häufig auf. So sind (handschriftliche) Testamente dahingehend auszulegen, ob der Erblasser den Begriffen „vermachen" und „vererben" tatsächlich den juristisch korrekten Kontext beimessen wollte (weitere Ausführungen hierzu in Kapitel 5.A.2.2.4, S. 178 f.) oder ob die vom Erblasser als „Ersatzerbe" oder „Nacherbe" bezeichnete Person nicht eigentlich doch als Schlusserbe eingesetzt werden sollte.

Praxistipp

Grundsätzlich ist immer davon auszugehen, dass der Wille des Erblassers durch den eindeutigen Wortlaut nach dem **allgemeinen Sprachgebrauch** zum Ausdruck kommt. Nur wenn sich z.B. aus dem sprachlichen Hintergrund, den Lebensumständen oder den persönlichen Äußerungen des Testierenden dringend ein dem allgemeinen Wortlaut gegenläufiger Erblasserwille aufdrängt, ist abweichend auszulegen. Hier hat der Rechtsanwalt jedoch hohe Beweishürden zu meistern.

Umstände außerhalb des Testaments

Sobald das Testament aufgrund des ausgelegten und analysierten Wortlauts mehrere Deutungen zulässt, können bei der Auslegung letztwilliger

Verfügungen auch Umstände außerhalb des Testaments bzw. des Erbvertrags herangezogen werden.

Zum Beispiel könnten die nachfolgenden **Umstände bei der Testamentsauslegung** zu beachten sein:

- Alter, Bildung, Beruf, Hobbys, Religionszugehörigkeit, Geschäftsgewandtheit oder Einkommen des Erblassers,
- familiäre Stellung, Beziehung oder persönliche Neigungen bzw. Abneigungen zum potentiell Bedachten bzw. Enterbten,
- Höhe, Herkunft, Zusammensetzung des Nachlassvermögens,
- örtliche Besonderheiten und Gegebenheiten des Umfelds des Erblassers,
- vor oder nach der letztwilligen Verfügung getätigte mündliche oder schriftliche Äußerungen des Erblassers mit (konkretem) Bezug zum Erblasserwillen bzw. zur Erblasserwillensbildung zum Zeitpunkt der Testamentserrichtung.

2.1.2 Mutmaßlicher Wille

Kann durch die wörtliche Auslegung selbst bei Beachtung sämtlicher ermittelbarer Umstände außerhalb der letztwilligen Verfügung der tatsächliche Erblasserwille nicht ermittelt werden, so ist der **beabsichtigte Sinn** zu ermitteln, der dem mutmaßlichen Erblasserwillen am ehesten entspricht.

Zu beachten ist allerdings, dass auch hier auf den mutmaßlichen Willen als den wirklichen Willen abzustellen ist. Erst in der ergänzenden Auslegung kann es dann evtl. zur Unterstellung eines hypothetischen Erblasserwillens kommen.

2.1.3 Ergänzende Auslegung

Zweck

Die ergänzende oder berichtigende Auslegung kommt nur dann in Betracht, wenn im Rahmen der einfachen Auslegung der Erblasserwille nicht ermittelt werden konnte. Sie dient dazu, vom Erblasser eigentlich **ungewollte Lücken im Testament zu schließen.**

Voraussetzung: Lücke

Voraussetzung ist also, dass es zwischen der Errichtung des Testaments und dem Erbfall sachliche oder rechtliche Veränderungen gegeben hat, die der Erblasser zum Zeitpunkt der Errichtung der letztwilligen Verfügung nicht bedacht hatte (**nachträgliche Lücke**). Allgemein anerkannt ist zudem, dass auch eine schon anfangs vorhandene Lücke im Testament durch ergänzende Auslegung geschlossen werden kann (**ursprüngliche Lücke**).

Die Lücke muss zudem **planwidrig** bzw. vom Erblasser nicht gewollt (gewesen) sein. Der Erblasser muss die Lücke schlicht übersehen haben.

Schließen der Lücke

Liegt eine solche unbedachte Lücke vor, so ist diese durch den durch Auslegung zu ermittelnden **hypothetischen Erblasserwillen** zu schließen. Der Auslegende hat sich in die Denkweise, Motivationen und Zielsetzungen des Erblassers zum Zeitpunkt der Testamentsgestaltung hineinzuversetzen und den Willen zu ermitteln, den der Erblasser zum Ausdruck gebracht hätte, wenn er die Veränderung bzw. die Lücke vorhergesehen bzw. bedacht hätte. Der so ermittelte Wille ist sodann als hypothetische Willenserklärung des Erblassers für die Rechtsfolgen, die aus der Verfügung von Todes wegen erwachsen, maßgebend. Es kommt dagegen nicht auf den Willen an, den der Auslegende selbst nachträglich als am (objektiv) sinnvollsten erachtet.

Beispiele

Die folgenden **sachlichen oder rechtlichen Veränderungen** können z.B. zu einer **Lücke** in der Verfügung von Todes wegen führen:

- Scheidung, Wiederheirat,
- unerwartete Erbschaft, Schenkung, Gewinn, Geldentwertung, Währungsreform, sonstige Änderungen der Vermögenssituation,
- weiteres Kind, Vorversterben eines Begünstigten,
- Verkauf, Untergang eines vermachten Gegenstands,
- Verschlechterung des persönlichen Verhältnisses zu einer begünstigten Person,
- Änderung der Rechtslage, neue Gesetze (z.B. nichteheliche Kinder, Adoptionsrecht).

Hypothetischer Erblasserwille

Beispielsweise können die in den folgenden Fragen zum Vorschein kommenden **Denkweisen, Motivationen und Zielsetzungen** des Erblassers zum Zeitpunkt der Errichtung der Verfügung zur Ermittlung des hypothetischen Willens herangezogen werden:

- Welche wirtschaftlichen und persönlichen Ziele verfolgte der Erblasser?
- Welche Personen wollte er wirtschaftlich absichern?
- Wollte er sämtliche Angehörige bzw. Bedachte gleich behandeln?
- Wollte er Pflegeleistungen bzw. häufigen Kontakt besonders belohnen?
- Wollte er einen kompletten Stamm bevorzugen oder begünstigen?
- Welche Vorstellungen hatte er in Bezug auf seine Lebenserwartung, sein Leben im Alter oder seinen finanziellen Bedarf?
- Welche Vorstellungen hatte der Erblasser in Hinsicht auf die Lebenserwartung oder die persönliche und finanzielle Entwicklung des Bedachten?
- Welche Vorstellungen hatte er über die volkswirtschaftliche Entwicklung?

2.1.4 Andeutungstheorie

Strenge Formvorschriften

Im Erbrecht, insbesondere für die Erstellung von Verfügungen von Todes wegen, gelten strenge Formvorschriften. Dem würde es widersprechen, wenn durch die Auslegung ein von der niedergelegten Verfügung völlig losgelöster Erblasserwille ermittelt werden würde.

Der durch Auslegung ermittelte Erblasserwille muss sich daher wenigstens andeutungsweise in irgendeiner Art und Weise im Testament bzw. Erbver-

trag niedergeschlagen haben (Andeutungstheorie oder auch Anhaltstheorie). Der Rechtsfolgewille muss zumindest unvollkommen oder versteckt in der letztwilligen Verfügung angelegt sein.

Laut BGH (Urt. v. 26.09.2001 – IV ZR 298/98) muss für den festgestellten Erblasserwillen „eine hinreichende Stütze im Testament" gefunden werden.

Auf die umfassende Kritik, die gegenüber der Andeutungstheorie vorgebracht wird, wird hier aufgrund der überwiegenden Befürwortung dieser Theorie in der Rechtsprechung nicht weiter eingegangen.

2.1.5 Wohlwollende Auslegung

Stets zu beachten: § 2084 BGB

In § 2084 BGB ist geregelt, dass – wenn der Inhalt der letztwilligen Verfügung verschiedene Auslegungen zulässt –, im Zweifel **diejenige Auslegung vorzuziehen ist, bei welcher die Verfügung Erfolg haben kann.**

Erfolg hat die Verfügung dann, wenn der wirkliche oder mutmaßliche Wille des Erblassers in rechtlich wirksamer Weise verwirklicht werden kann.

Dieser Grundsatz der wohlwollenden Auslegung ist bei der Auslegung von Verfügungen von Todes wegen stets zu beachten. Er kommt nach verbreiteter Ansicht auch zum Zug, wenn es um die Abgrenzungen von Rechtsgeschäften unter Lebenden zu letztwilligen Verfügungen geht (z.B.: Schenkungsversprechen – Vermächtnis).

Praxistipp

Die Grundsätze der Testamentsauslegung werden in sämtlichen **juristischen Kommentaren** unter § 2084 BGB kommentiert.

2.1.6 Umdeutung

Hat der Erblasser mit der Verfügung von Todes wegen Ziele verfolgt, die durch die Art und Weise seiner **letztwilligen Verfügung so aus rechtlichen Gründen nicht durchsetzbar** wären, besteht u.U. die Möglichkeit, die letztwillige Verfügung nach § 140 BGB umzudeuten.

Die Umdeutung einer letztwilligen Verfügung setzt regelmäßig eine bis zum Erbfall nicht behobene Nichtigkeit bzw. Unwirksamkeit der Verfügung oder einer einzelnen Anordnung voraus.

Fallgruppen

In beispielsweise folgenden Fallgruppen kann ggf. über eine **Umdeutung** dem Erblasserwillen zu seiner Durchsetzbarkeit verholfen werden:

- Umdeutung einer wegen Testierunfähigkeit unwirksamen wechselbezüglichen Verfügung in ein Einzeltestament (OLG München, Beschl. v. 23.07.2014 – 31 Wx 204/14)

- Umdeutung einer Verfügung von Todes wegen in ein Rechtsgeschäft unter Lebenden und umgekehrt
- Umdeutung einer dahingehenden Auflage, in einer bestimmte Art zu testieren zu müssen, in eine Vor- und Nacherbschaft bzw. in ein Nachvermächtnis
- Umdeutung einer angeordneten, aber rechtlich nicht möglichen Nachlasspflegschaft, in eine Testamentsvollstreckung
- Umdeutung eines aufgrund der Höfeordnung (HöfeO) unwirksamen Grundstückvermächtnisses in ein Geldvermächtnis
- Umdeutung einer dinglichen Verfügungsbeschränkung in eine Vor- und Nacherbschaft bzw. Anordnung einer Testamentsvollstreckung
- Umdeutung von angeordneten ausländischen Rechtsinstituten, die es im deutschen Recht nicht gibt, in deutsche Rechtsinstitute, die diesen nahekommen (z.B.: exekutor in Testamentsvollstrecker; US-amerikanischer trust in Vor- und Nacherbschaft)

Praxistipp

Da die in § 139 BGB normierte vollständige Nichtigkeit eines lediglich teilweise nichtigen Rechtsgeschäfts im Erbrecht wohl regelmäßig nicht dem Willen des Erblassers entsprechen würde, hat der Gesetzgeber für die **Unwirksamkeit von lediglich einzelnen Erblasserverfügungen** (einzelne Anordnungen) **§ 2085 BGB** geschaffen. Nach dieser Vorschrift hat die Unwirksamkeit einer von mehreren in einem Testament enthaltenen Verfügungen die Unwirksamkeit der anderen Verfügungen nur dann zur Folge, wenn der Erblasser diese nicht ohne die unwirksame Verfügung getroffen hätte.

2.2 Gesetzliche Auslegungs- und Ergänzungsregeln

Der Gesetzgeber hat innerhalb der erbrechtlichen Normierungen eine Vielzahl von einzelnen Regelungen getroffen, wie „im Zweifel“ der Erblasserwille zu bestimmen ist. Diese Auslegungs- und Ergänzungsregeln kommen jedoch **nur dann zur Anwendung**, wenn sich der Erblasserwille nicht im Rahmen der oben ausführlich dargestellten individuellen Auslegung (siehe S. 169 ff.) ermitteln lässt.

Meist wird zwischen Auslegungs- und Ergänzungsregeln unterschieden. Die Auslegungsregeln verschaffen zweifelhaften Erblasserverfügungen zu einem eindeutigen Sinn. Sie gehen von allgemeinen Erfahrungssätzen aus. Die Ergänzungsregeln bestimmen darüber hinausgehend eine Rechtsfolge, für einen vom Erblasser nicht explizit geregelten Regelungskomplex. Die Unterscheidung ist jedoch in der Praxis nicht von großer Bedeutung.

Da es eine Vielzahl von für die Auslegung bedeutsamen Normen gibt, sollen lediglich die praktisch relevantesten und vor allem die Normen, die eine explizite Auslegungs- bzw. Ergänzungsregel enthalten, erläutert werden.

Nachfolgend finden Sie daher eine nach Themenkomplexen sortierte **Darstellung einzelner Auslegungs- bzw. Ergänzungsregeln:**

2.2.1 Bedachte Personen (Erben): §§ 2066–2073 BGB

Bestehen bei der Auslegung letztwilliger Verfügungen Unklarheiten darüber, welche Personen bzw. Personengruppen oder Vereinigungen der Erblasser „ohne nähere Bestimmung bedacht“ hat, so hat der Gesetzgeber in den §§ 2066–2073 BGB (zum Teil ergänzende) Auslegungsregeln zur Verfügung gestellt.

„Ohne nähere Bestimmung“ meint, dass der Bedachte nicht namentlich individualisiert (z.B. Peter Müller) bzw. persönlich individualisierbar (z.B. mein einziger Sohn), sondern lediglich durch einen Oberbegriff (z.B. Erben, Abkömmlinge) erbrechtlich bedacht worden ist.

„Meine Erben“

Hat der Erblasser in seiner letztwilligen Verfügung lediglich seine „gesetzlichen Erben“, seine „rechtmäßigen Erben“ oder z.B. „seine Erben“ bedacht, so sind nach **§ 2066 Satz 1 BGB** diejenigen bedacht, die zum Zeitpunkt des Todes nach der gesetzlichen Erbfolge (§§ 1924–1931 BGB) erben würden.

„Verwandte“

Das Gleiche gilt über **§ 2067 BGB** bei Einsetzung von „Verwandten“, „meine Sippe“ oder z.B. „meine Blutsverwandten“.

Praxistipp

Hat sich der Erblasser über den Kreis seiner gesetzlichen Erben geirrt, ist u.U. eine Anfechtung der Verfügung von Todes wegen möglich.

„Kinder“

Hat der Erblasser seine „Kinder“ als Erben eingesetzt und ist ein Kind vor (!) der Testamentserrichtung mit der Hinterlassung von Abkömmlingen verstorben, so erben gem. **§ 2068 BGB** auch die Abkömmlinge des vorverstorbenen Kindes, **soweit** sie als gesetzliche Erben an die Stelle des Vorverstorbenen getreten wären (§ 1924 Abs. 2–4 BGB).

„Abkömmlinge“

Fällt ein als Erbe eingesetzter Abkömmling **nach (!) der Errichtung von Todes wegen weg**, so ist im Zweifel gem. **§ 2069 BGB** die gleiche Rechtsfolge anzunehmen. Auch hier erben die Abkömmlinge des Weggefallen dessen Erbteil zu gleichen Teilen.

Besonderheiten können über § 2108 BGB für den eingesetzten Nacherben gelten. Zu beachten ist auch folgender Leitsatz des BGH (Beschl. v. 16.01.2002 – IV ZB 20/01): „*Fällt der in einem Ehegattentestament eingesetzte Schlusserbe weg, ist § 2270 Abs. 2 BGB auf Ersatzerben nur anwendbar, wenn sich Anhaltspunkte für einen auf deren Einsetzung gerichteten Willen der testierenden Eheleute feststellen lassen, die Ersatzerbeneinsetzung also nicht allein auf § 2069 BGB beruht.*“ Das heißt, eine kumulative Anwendung dieser beiden Vorschriften ist nicht möglich.

„Abkömmlinge" eines Dritten

Hat der Erblasser die Abkömmlinge eines Dritten ohne nähere Bestimmung bedacht, so sind gem. **§ 2070 BGB** im Zweifel nicht die zum Zeitpunkt des Erbfalls noch nicht gezeugten Kinder bedacht.

Klasse von Personen

Bedenkt der Erblasser ohne nähere Bestimmung eine Klasse von Personen (z.B.: „meine Hausangestellten", „unser Bürgermeister", „Arbeitskollegen"), so sind die dieser zum Zeitpunkt des Erbfalls der Personenklasse angehörigen Mitglieder gem. **§ 2071 BGB** im Zweifel als Erben berufen.

„Die Armen"

Wurden die Armen (z.B.: „die Bedürftigen", „die sozial Schwachen", „die alten gebrechlichen Leute" etc.) letztwillig ohne nähere Bestimmung bedacht, so ist im Zweifel gem. **§ 2072 BGB** anzunehmen, dass die öffentliche Armenkasse der Gemeinde, also heutzutage der örtliche Träger der Sozialhilfe erbt.

Mehrere Personen

Passt die Bezeichnung des Bedachten in der letztwilligen Verfügung auf mehrere Personen, so sind diese Personen gem. **§ 2073 BGB** im Zweifel zu gleichen Teilen bedacht.

2.2.2 Bedingte Erbeinsetzung: §§ 2074–2076 BGB

Sowohl aufschiebende als auch auflösende Bedingungen sind als Instrumentarium bei der Gestaltung von Verfügungen von Todes wegen zulässig. Eine Bedingung i.S.d. § 158 BGB bzw. §§ 2074 ff. BGB liegt vor, wenn die Wirksamkeit eines Rechtsgeschäfts bzw. einer erbrechtlichen Anordnung von der Bedingung abhängig gemacht wird, dass ein ungewisses zukünftiges Ereignis (Umstand, Handlung) stattfindet oder nicht eintritt.

Aufschiebende Bedingung

Hat der Erblasser eine letztwillige Verfügung unter einer aufschiebenden Bedingung gemacht, so ist gem. **§ 2074 BGB** im Zweifel anzunehmen, dass die Zuwendung nur gelten soll, wenn der Bedachte den Eintritt der Bedingung erlebt.

Auflösende Bedingung

Hat der Erblasser eine letztwillige Verfügung unter der auflösenden Bedingung getroffen, die vom Bedachten während eines Zeitraums von unbestimmter Dauer ein in seiner Willkür liegendes Tun oder Unterlassen fordert, so ist gem. **§ 2075 BGB** im Zweifel anzunehmen, dass die Zuwendung von der auflösenden Bedingung abhängt, dass der Bedachte die Handlung vornimmt oder das Tun unterlässt.

Bedingung zum Vorteil eines Dritten

Verknüpft der Erblasser eine Zuwendung mit einer aufschiebenden Bedingung, die einer dritten Person Vorteile bringen soll, so gilt die Bedingung gem. **§ 2076 BGB** als eingetreten, wenn der Dritte die zum Eintritt der Bedingung nötige Mitwirkung verweigert.

Bei einer auflösenden Bedingung passt die Norm nicht 1 : 1, es ist jedoch wohl eine analoge Anwendung möglich.

Praxistipp

Eine vom Erblasser gesetzte **Bedingung kann auch sittenwidrig sein.** Die Sittenwidrigkeit kommt z.B. bei folgenden Bedingung in Betracht: Wechsel der Konfession, eine bestimmte Person zu heiraten oder nicht zu heiraten, sich scheiden zu lassen, Einflussnahme auf Berufswahl oder Wohnort.

Die Rechtsfolge der Sittenwidrigkeit ist nicht gesetzlich geregelt und sehr umstritten. Zu klären ist, ob die Sittenwidrigkeit die komplette Verfügung unwirksam macht oder nur die Bedingung entfallen lässt. Heranzuziehen sind je nach Ansicht folgende Normen: §§ 139, 149, 2085 BGB.

2.2.3 Auflösung der Ehe (§ 2077 BGB)

Gemäß § 2077 Abs. 1 Satz 1 BGB ist eine letztwillige Verfügung, durch die der Erblasser seinen Ehegatten bedacht hat, unwirksam, wenn die **Ehe vor dem Tod des Erblassers aufgelöst** worden ist. Das Gleiche gilt nach § 2077 Abs. 2 BGB auch in Bezug auf die Erbeinsetzung des bzw. der Verlobten bei Auflösung des Verlöbnisses.

Die Vorschrift findet auch dann Anwendung (§ 2077 Abs. 1 Satz 2 und 3 BGB), wenn die Ehe beim Tod des Erblassers zwar noch besteht, aber der Erblasser die **Scheidung berechtigterweise beantragt** oder dem Antrag des Ehepartners zugestimmt hat (Rechtshängigkeit).

Praxistipp

Derjenige, der sich auf die Unwirksamkeit der Erblasserverfügung in Bezug auf die Zuwendung an den Ehepartner beruft, ist für das Vorliegen der Voraussetzungen des **§ 2077 BGB darlegungs- und beweispflichtig** bzw. trägt die diesbezügliche Feststellungslast, ebenso dafür, dass eine Bereitschaft zur Versöhnung zum Zeitpunkt des Erbfalls nicht bestand.

Anderer Wille des Erblassers

Zu beachten ist hier, dass die Verfügung gem. **§ 2077 Abs. 3 BGB** dann nicht unwirksam ist, wenn sich ein anderer Wille des Erblassers zum Zeitpunkt der Testamentserrichtung ermitteln lässt. Hier hat i.d.R. der ansonsten wegfallende Ehepartner ausführlich darzulegen und zu beweisen, dass die letztwillige Verfügung selbst nach einer Ehescheidung noch wirksam bleiben soll.

Praxistipp

§ 2077 BGB ist wohl auch auf Schenkungsversprechen auf den Todesfall anzuwenden. Überwiegend wird jedoch eine analoge Anwendung auf die Einsetzung der **Ehefrau als Bezugsberechtigte einer Lebensversicherung** abgelehnt. Hier können möglicherweise die Vorschriften der Störung der

Geschäftsgrundlage (§ 313 BGB) weiterhelfen. Sicherheitshalber sollte der mögliche Erbe jedoch die Einsetzung der Ehefrau als Bezugsberechtigte schnellstmöglich widerrufen.

2.2.4 Abgrenzung Erbe – Vermächtnisnehmer (§ 2087 BGB)

Häufig sind dem Erblasser die juristischen Unterschiede einer Erbeinsetzung i.S.d. § 1937 BGB und eines Vermächtnisses i.S.d. § 1937 BGB nicht bekannt bzw. die Begriffe „erben“ oder „vermachen“ werden in der letztwilligen Verfügung nicht explizit genannt oder unterschieden. In diesen Fällen ist, sofern die individuelle Testamentsauslegung nicht weiterhilft, **§ 2087 BGB** als zentrale Auslegungsnorm heranzuziehen.

Vermögen, Bruchteil des Vermögens

Nach § 2087 Abs. 1 BGB ist in Fällen, in denen der Erblasser dem Bedachten sein **Vermögen oder einen Bruchteil seines Vermögens** zugewandt hat, diese Verfügung im Zweifel (auch bei Verwendung der Begriffsgruppe „vermachen“) als Erbeinsetzung anzusehen.

Folgende Formulierungen könnten beispielsweise auf eine Erbeinsetzung hindeuten: „die Hälfte meines Vermögens“, „mein Hab und Gut“, „alles, was ich habe“, „mein restliches Vermögen“. Ebenso deutet eher auf eine Erbeinsetzung hin, wenn der Erblasser sein **gesamtes Vermögen in einzelne Vermögengruppen** (z.B. Immobilien, Bankguthaben, Gold) aufgeteilt hat und jeweils verschiedenen Personen zugewandt hat. Hier werden die Erbquoten wohl durch das Verhältnis des jeweiligen Werts des zugewandten Gegenstands zum Nachlasswert ermittelt. Die Auslegungsregel des § 2091 BGB (unbestimmte Bruchteile) ist dann nicht anzuwenden.

Praxistipp

Gemäß der Auslegungsvorschrift des § 2304 BGB ist die **Zuwendung des Pflichtteils** im Zweifel, also wenn die dahingehende individuelle Auslegung nicht erfolgreich ist, nicht als Erbeinsetzung anzusehen.

Einzelne Gegenstände

Sind dem Bedachten jedoch lediglich einzelne Gegenstände zugewendet, so ist im Zweifel (auch bei Verwendung der Begriffsgruppe „vererben“) gem. § 2087 Abs. 2 BGB keine Erbeinsetzung gegeben. Es liegt dann eher eine **Vermächtnisanordnung** vor.

Zuwendung Hauptvermögen

Problematisch ist im vorliegenden Zusammenhang der in der Praxis häufig anzutreffende Sachverhalt, dass der Erblasser beispielsweise einen **Hauptvermögensgegenstand** (z.B. die Immobilie) einer Person zuwendet und den Rest des Vermögens eine andere Person erhalten soll. Je nach Wert des Hauptvermögensgegenstands im Verhältnis zum Umfang und Wert des Gesamtnachlasses hat hier möglicherweise die Auslegungsregel des § 2087 Abs. 2 BGB zurückzutreten.

Damit ist dann derjenige, dem der Hauptvermögensgenstand (wesentlicher Vermögensgegenstand) zugewandt wurde, möglicherweise als **Alleinerbe** zu betrachten.

Praxistipp

Hat sich das Vermögen in den vorliegenden Sachverhalten zwischen Testamentserrichtung und Erbfall geändert, so gilt es den Willen des Erblassers i.d.R. dahingehend zu ermitteln, ob es diesem auf eine bestimmte Beteiligung am Nachlass oder eher auf die Zuwendung eines bestimmten Gegenstands ankam.

2.2.5 Erbquoten (§§ 2088–2099 BGB)

Die §§ 2088–2099 BGB regeln dahingehende Versäumnisse des Erblassers, dass dieser den Nachlass zu unbestimmt, nicht vollständig, zu ungenau oder mehr als den vorhandenen Nachlass verteilt hat und unklar ist, welcher der Bedachten mit welcher Quote erben wird.

2.2.6 Anwachsung (§§ 2094 f. BGB)

Erbteil des Miterben vergrößert sich

Hervorzuheben ist die sehr praxisrelevante, die Anwachsung regelnde Vorschrift des § 2094 BGB. Anwachsung im Sinne dieser Norm bedeutet, dass sich der Erbteil eines Miterben beim Wegfall eines anderen Miterben vergrößert. Er fällt den übriggebliebenen Miterben nach dem Verhältnis ihrer Erbteile an. Ohne diese Regelung würde für den freiwerdenden Erbteil die gesetzliche Erbfolge greifen.

Voraussetzung für die Anwendung dieser Norm ist, dass der Erblasser die Anwachsung nicht ausgeschlossen hat (§ 2094 Abs. 3 BGB) und zumindest einer der eingesetzten Erben vor oder nach dem Erbfall wegfällt.

Der **Wegfall eines oder mehreren Erben** kann auf folgenden Gründen basieren:

- Tod eines Bedachten vor dem Erbfall (§ 1923 BGB)
- Verzicht (§ 2352 BGB) oder Ausschlagung (§ 1953 BGB, auch durch Erbeserben: § 1952 BGB)
- Erbunwürdigkeitserklärung (§ 2344 BGB)
- möglicherweise durch Nichterleben einer aufschiebenden Bedingung (§ 2074 BGB)
- strittig bei Nichtigkeit oder Unwirksamkeit der Erbeinsetzung (Anfechtung, § 2077 BGB, § 2270 BGB, Verstoß gegen Beurkundungsgesetz)

Grundsätzlich wird der anwachsende Erbteil und der ursprünglich zugewandte Erbteil als ein **einheitlicher Erbteil** betrachtet, der z.B. auch nicht gesondert ausgeschlagen (§ 1950 BGB) werden kann. Im **Ausnahmefall** des **§ 2095 BGB** wird die **Eigenständigkeit des anwachsenden Erbteils**

angeordnet. Hierfür müssen der ursprüngliche Erbteil bzw. der anwachsende Erbteil mit einem Vermächtnis, einer Auflage oder eine Ausgleichungspflicht beschwert worden sein.

Praxistipp

Entsprechende Regelungen gibt es für den **Wegfall des gesetzlichen Erben** (§ 1935 BGB) und für den **Wegfall des Vermächtnisnehmers** (§§ 2158 f. BGB).

Praxistipp

Achtung: **Subsidiarität!** Das Recht des Ersatzerben (§ 2096 BGB) geht gem. § 2099 BGB der Anwachsung vor.

2.2.7 Ersatzerbfolge (§§ 2097 f. BGB)

Die Ersatzerbschaft ist in § 2096 BGB geregelt. Eine Auslegungsregel, die wenig praxisrelevant ist, findet sich in § 2097 BGB. Ist jemand für den Fall, dass der zunächst berufene Erbe nicht Erbe sein kann oder für den Fall, dass er nicht Erbe sein will, als Ersatzerbe eingesetzt, so ist im Zweifel anzunehmen, dass er für beide Fälle eingesetzt ist.

Praxistipp

Gemäß § 2102 Abs.1 BGB enthält die Einsetzung als Nacherbe im Zweifel auch die Einsetzung als Ersatzerbe. Ist zweifelhaft, ob jemand als **Ersatzerbe oder Nacherbe** eingesetzt worden ist, so gilt er nach § 2102 Abs. 2 BGB als Ersatzerbe.

In § 2098 BGB findet sich eine Regelung für die Situation, dass der Erblasser mehrere Ersatzerben berufen hat. Der § 2099 BGB regelt den Vorrang der Ersatzerbschaft vor der Anwachsung (§ 2094 BGB).

2.2.8 Vor- und Nacherbschaft (§§ 2101–2108 BGB u.a.)

Definition

Die Vor- und Nacherbschaft ist in den §§ 2100 ff. BGB geregelt. Der Erblasser kann gem. § 2100 BGB einen Erben in der Weise einsetzen, dass dieser erst Erbe wird, nachdem zunächst ein anderer Erbe geworden ist.

Spezielle Auslegungsregeln

Spezielle Auslegungsregeln mit Bezug zur Vor- und Nacherbschaft:

- § 2101 BGB: Ein noch nicht gezeugter Erbe ist im Zweifel Nacherbe
- § 2102 BGB: Verhältnis Nacherbe zum Ersatzerben (Subsidiarität!)
- § 2103 BGB: Anordnung der Herausgabe der Erbschaft
- § 2104 BGB: Gesetzliche Erben als Nacherben bei bloßer Benennung eines Erben nur bis zu einem bestimmten Zeitpunkt oder Ereignis (konstruktive Vor- und Nacherbschaft)

- § 2105 BGB: Gesetzliche Erben als Vorerben bei bloßer Benennung eines Erben ab einem bestimmten Zeitpunkt oder Ereignis (konstruktive Vor- und Nacherbschaft)
- § 2106 BGB: Zeitpunkt des Eintritts des Nacherbfalls bei fehlender ausdrücklicher Regelung
- § 2107 BGB: Der zum Zeitpunkt der Errichtung der letztwilligen Verfügung kinderlose Vorerbe bekommt doch noch Abkömmlinge
- § 2108 BGB: Erleben des Nacherbfalls oder Vererblichkeit des Nacherbenrechts
- § 2110 BGB: Umfang des Nacherbenrechts
- § 2137 BGB: Auslegungsregel für die Befreiung (befreiter oder nichtbefreiter Vorerbe?)
- § 2142 BGB: Auswirkungen der Ausschlagung der Nacherbschaft
- § 2269 BGB: Gegenseitige Erbeinsetzung in einem gemeinschaftlichen Testament

2.2.9 Vermächtnis (§§ 2147 ff. BGB)

Begriff

Gemäß § 1939 BGB ist ein Vermächtnis eine Vermögenszuwendung an eine Person, ohne diese als Erbe einzusetzen.

Auslegungs- und Ergänzungsregeln

Im Hinblick auf das Vermächtnis existiert eine **große Anzahl** ggf. heranzuziehender **Auslegungs- und Ergänzungsregeln:**

- § 2147 BGB: Sowohl der Erbe als auch ein Vermächtnisnehmer kann mit einem Vermächtnis beschwert werden. Fehlt eine Regelung, so ist der Erbe beschwert.
- § 2148 BGB: Bei mehreren Beschwerten ist das Verhältnis der Erbteile bzw. der Werte der jeweiligen Vermächtnisse heranzuziehen.
- § 2151 BGB: Bestimmungsrecht des Beschwerten oder eines Dritten bei mehreren Bedachten
- § 2152 BGB: Bei alternativ eingesetzten Vermächtnisnehmern bestimmt der Beschwerte, wer das Vermächtnis erhalten soll.
- § 2161 BGB: Fällt der Beschwerte weg, so bleibt das Vermächtnis wirksam.
- § 2164 BGB: Das Vermächtnis erstreckt sich im Zweifel auf das Zubehör und Ersatzansprüche.
- § 2165 BGB: Übergang des Vermächtnisgegenstands samt Belastungen
- §§ 2166 ff. BGB: Das vermachte Grundstück (Schiff, Schiffsbauwerk) ist mit einer Hypothek, Gesamthypothek oder Gesamtgrundschuld (Schiffshypothek) belastet.
- § 2169 BGB: Vermächtnis eines fremden Gegenstands
- § 2172 BGB: Verbindung, Vermischung, Vermengung der vermachten Sache
- § 2173 BGB: Forderungsvermächtnis bei Leistung vor dem Erbfall
- § 2181 BGB: Zeitpunkt der Fälligkeit im Zweifel zum Zeitpunkt des Erbfalls
- §§ 2182 f. BGB: Haftung des Beschwerten für Rechts- und Sachmängel

- § 2188 BGB: Kürzung des Vermächtnisses (Leistungsverweigerungsrecht) durch den Hauptvermächtnisnehmer wegen Haftungsbeschränkungen, Pflichtteilsansprüchen oder wegen § 2187 BGB gegenüber dem Untervermächtnisnehmer

Veräußerter Vermächtnisgegenstand

Die Vorschrift des § 2169 BGB ist besonders praxisrelevant und wird hier deshalb gesondert erläutert: **§ 2169 BGB** bestimmt, dass ein Vermächtnis eines bestimmten Gegenstands unwirksam ist, soweit der Gegenstand zur Zeit des Erbfalls nicht mehr zur Erbschaft gehört. Ausnahme hiervon ist, dass der Gegenstand dem Bedachten auch für den Fall zugewandt werden sollte, dass er nicht zur Erbschaft gehört (vgl. Verschaffungsvermächtnis, § 2170 BGB).

Verkauft der Erblasser den vermachten Gegenstand nach Errichtung der letztwilligen Verfügung und vor dem Todesfall, so fällt der Verkaufserlös zwar in den Nachlass, aber das Vermächtnis ist nach dieser Vorschrift bei Fehlen eines abweichenden Erblasserwillens unwirksam. Das Vermächtnis bezieht sich nicht auf das Surrogat.

Praxistipp

Möglicherweise gelingt es schon im Rahmen der individuellen Auslegung darzulegen und zu beweisen, dass der Erblasser nunmehr statt des verkauften Gegenstands den Erlös oder den Wert des Gegenstands vermacht hat. Hierfür könnten bestimmte vom Erblasser mit dem Vermächtnis beabsichtigte Zwecke sprechen.

Praxistipp

Wurde das **Vermächtnis wechselbezüglich oder erbvertraglich** zugewandt, können ggf. Ansprüche aus § 2288 BGB wegen einer Beeinträchtigung des Vermächtnisnehmers bestehen.

2.2.10 Teilungsanordnung – Vorausvermächtnis

Zur Abgrenzung der Teilungsanordnung von einem Vorausvermächtnis gibt es aufgrund der Praxisrelevanz eine Vielzahl von gerichtlichen Entscheidungen und Literaturansichten. Gesetzlich normierte Auslegungs- und Ergänzungsregeln gibt es jedoch nicht. Nichtsdestotrotz erfolgt die Darstellung an dieser Stelle.

Die Abgrenzung ist immer dann relevant, wenn der Erblasser Erbeinsetzungen vornimmt und zugleich einem oder mehreren Erben bestimmte Gegenstände zuweist.

Es stellt sich bei nicht eindeutigen Erblasserverfügungen häufig die Frage, ob der Erbe den Gegenstand zusätzlich zu seinem Erbe erhalten sollte (**Vor-**

ausvermächtnis i.S.d. § 2150 BGB) oder ob der zugewiesene Gegenstand im Erbe aufgehen soll bzw. der Erbe den zugewiesenen Gegenstand auf sein Erbteil anrechnen lassen muss (**Teilungsanordnung** i.S.d. § 2048 BGB).

Von einer **überquotalen Teilungsanordnung** spricht man, wenn lediglich die wertmäßige Differenz zwischen Erbe und dem zugewiesenen Gegenstand als Vorausvermächtnis zugewandt werden sollte.

Hauptunterscheidungskriterien

Hauptunterscheidungskriterien für die Abgrenzung von Teilungsanordnung und Vorausvermächtnis sind nach dem BGH die Fragen danach, ob erstens die Zuweisung eine Wertverschiebung (Vermögensvorteil) zur Folge hatte (objektives Kriterium) und ob zweitens der Erblasser einen Begünstigungswillen hatte (subjektives Kriterium).

Werden beide Fragen bejaht, ist von einem Vorausvermächtnis auszugehen, zumindest im Hinblick auf die übersteigende Differenz zwischen Erbe und zugewiesenem Gegenstand.

Indizien für einen Begünstigungswillen und damit für ein Vorausvermächtnis können z.B. sein:

- Dem Erblasser ist die wertmäßige Begünstigung bzw. die objektive Wertverschiebung bewusst,
- der Erbe verpflichtet sich zu einer Gegenleistung.

Indizien für eine Anrechnung und damit für eine Teilungsanordnung können z.B. sein:

- Anordnung der Anrechnung,
- Erblasser kannte den Vermögensvorteil nicht,
- Schweigen im Testament bzw. der Wille des Erblassers ist nicht erkennbar.

2.3 Besonderheiten bei gemeinschaftlichen Testamenten und Erbverträgen

Grundsätzlich sind die vorgenannten Auslegungsregeln auch auf gemeinschaftliche Testamente und Erbverträge anzuwenden.

Dies gilt jedoch zunächst nur für die nichtvertragsmäßigen Verfügungen innerhalb des Erbvertrags und die nichtwechselbezüglichen Verfügungen innerhalb des gemeinschaftlichen Testaments. Bei einseitigen Verfügungen des Erblassers gelten also ausschließlich die allgemeinen Auslegungsregeln.

Schutz des Ehe-/Vertragspartners

Für **vertragsmäßige bzw. wechselbezügliche Verfügungen** innerhalb des Erbvertrags bzw. gemeinschaftlichen Testaments ist (zusätzlich) auf den **Empfängerhorizont** des jeweiligen Ehe- und/oder Vertragspartners i.S.d. § 157 BGB zum Zeitpunkt der Errichtung der letztwilligen Verfügung abzustellen. Hier ist der Ehe- und/oder Vertragspartners schutzwürdig.

Es ist nach dem BGH auf den beiderseitig „erklärten, übereinstimmenden Willen" des Ehe- und/oder Vertragspartners zum Zeitpunkt der Testamentserrichtung abzustellen. Sollte sich kein übereinstimmender Wille ermitteln lassen, so kann ggf. auf den Willen des jeweiligen Erblassers aus der Sicht bzw. dem Betrachtungswinkel des Ehe- und/oder Vertragspartners abgestellt werden.

Aber auch bei der Auslegung von gemeinschaftlichen Testamenten und Erbverträgen ist zu keinem Zeitpunkt auf das Verständnis und Vertrauen von nicht verfügenden Dritten abzustellen.

Nachfolgend finden Sie eine nach Themen sortierte **Darstellung einzelner Auslegungskomplexe** unter Berücksichtigung der bestehenden Auslegungs- bzw. Ergänzungsregeln sowie der Rechtsprechung.

2.3.1 Einheits- oder Trennungslösung beim Berliner Testament

Beliebtes Gestaltungsinstrument

Das Berliner Testament ist in der Bevölkerung das meistgenutzte Mittel zur Gestaltung der Vermögensnachfolge. Doch den Wenigsten sind die Feinheiten und rechtlichen Folgen des Berliner Testaments tatsächlich bekannt.

Oft wissen die Testierenden nicht, dass es grundsätzlich zwei Gestaltungsmöglichkeiten gibt: die Einheits- und die Trennungslösung.

Einheitslösung

Mit der Einheitslösung wird die Vermögensnachfolge dergestalt geregelt, dass sich die Eheleute gegenseitig als Erben einsetzten und die Kinder Schlusserben des Letztversterbenden werden.

Trennungslösung

Bei der Trennungslösung setzten sich die Eheleute nach dem Tod des Erstversterbenden als Vorerben und die Kinder im Zeitpunkt des zweiten Erbfalls als Nacherben bzw. (Ersatz-)Erben des Letztversterbenden ein. Es entstehen beim Vorerben zwei getrennte Vermögensmassen (Vorerbschaft, eigenes Vermögen), die voneinander getrennt zu halten sind. Hierauf ist der Begriff Trennungslösung zurückzuführen.

Welche dieser beiden Lösungen von den Erblassern gewollt ist, ist manchmal durch Auslegung zu ermitteln. Die verwendeten Begrifflichkeiten helfen hier nicht unbedingt weiter.

§ 2269 Abs. 1 BGB

Erst wenn sich die beiden Erblasser nicht ausdrücklich oder zumindest andeutungsweise für eine der beiden Varianten entschieden haben, kommt die Auslegungsregel des § 2269 Abs. 1 BGB zum Zug, wonach **im Zweifel die Einheitslösung** zu unterstellen ist.

2.3.2 Wechselbezüglichkeit und Bindungswirkung

Weiterer Auslegungsschwerpunkt bei gemeinschaftlichen Testamenten ist die Ermittlung des gemeinsamen Willens im Hinblick auf die Wechselbezüglichkeit der einzelnen Verfügungen und die daraus resultierende Bindungswirkung.

Nach § 2270 Abs. 3 BGB können lediglich die Erbeinsetzung (§ 1937 BGB) sowie die Anordnung von Vermächtnissen (§§ 1939, 2147–2191 BGB) und Auflagen (§§ 1940, 2192–2196 BGB) wechselbezüglich erfolgen.

Begriff: Wechselbezüglichkeit

Das OLG München (Beschl. v. 28.03.2011 – 31 Wx 93/10) führt umfassend und zutreffend zur Wechselbezüglichkeit wie folgt aus:
„Nach § 2270 Abs. 1 BGB sind in einem gemeinschaftlichen Testament getroffene Verfügungen dann wechselbezüglich und damit für den überlebenden Ehegatten bindend getroffen, wenn anzunehmen ist, dass die Verfügung des einen Ehegatten nicht ohne die Verfügung des anderen Ehegatten getroffen worden wäre, wenn also jede der beiden Verfügungen mit Rücksicht auf die andere getroffen worden ist und nach dem Willen der gemeinschaftlich Testierenden die eine mit der anderen stehen oder fallen soll (BayObLGZ 1991, 173, 175 f.; OLG Hamm, FamRZ 2004, 662). Maßgeblich ist der übereinstimmende Wille der Ehegatten zum Zeitpunkt der Testamentserrichtung (BGHZ 112, 229, 233).“

Indizien bzw. Kriterien **für eine gewollte Wechselbezüglichkeit** können u.a. folgende Umstände sein:

- Es wurde eine Pflichtteilsstrafklausel aufgenommen,
- das Anfechtungsrecht nach § 2079 BGB wurde ausgeschlossen,
- es wurde eine Wiederverheiratungsklausel aufgenommen,
- mit dem Testament bezweckte und gewollte Absicherung oder Gleichbehandlung der gemeinsamen Kinder,
- (auch) einseitige Kinder werden als Schlusserben eingesetzt.

Indizien bzw. Kriterien **für eine nicht gewollte Wechselbezüglichkeit** können u.a. folgende Umstände sein:

- Vermögen der beiden Eheleute differiert sehr stark,
- sehr großer Altersunterschied oder weit auseinandergehende Lebenserwartung der Eheleute,
- die Eheleute haben sich gegenseitig wertmäßig sehr unterschiedlich bedacht.

Auslegungsregel des § 2270 Abs. 2 BGB

Nur wenn die Wechselbezüglichkeit nicht explizit geregelt wurde oder nicht durch individuelle Auslegung ermittelt werden kann, ist auf die Auslegungsregel des § 2270 Abs. 2 BGB zurückzugreifen. Im Zweifel ist nach dieser Auslegungsvorschrift dann Wechselbezüglichkeit anzunehmen, wenn sich die Ehegatten gegenseitig bedenken oder wenn dem einen Ehegatten von dem anderen eine Zuwendung gemacht und für den Fall des

Überlebens des Bedachten eine Verfügung zugunsten einer Person getroffen wird, die mit dem anderen Ehegatten verwandt ist oder ihm sonst nahesteht.

Praxistipp

Fehlt ein solches Verwandtschafts- oder Näheverhältnis, so ist i.d.R. keine Wechselbezüglichkeit gegeben.

Bindungswirkung

Sobald Wechselbezüglichkeit festgestellt werden kann, erlischt mit dem Tod des Ehepartners für den länger lebenden Ehegatten das Recht zum Widerruf sämtlicher wechselbezüglich getroffener Verfügungen (vgl. § 2271 Abs. 2 Satz 1 BGB). Es tritt die sogenannte Bindungswirkung ein, d.h., die wechselbezügliche Verfügung verhindert die Wirksamkeit späterer Verfügungen von Todes wegen – insoweit und solange, als diese zur wechselbezüglichen Verfügung im Widerspruch stehen.

Es gibt aufgrund der praktischen Bedeutsamkeit zahlreiche aktuelle Entscheidungen zum Thema Wechselbezüglichkeit und Bindungswirkung. Beispielhaft sind nachfolgend einige OLG-Entscheidungen aus jüngster Zeit aufgelistet:

- OLG Stuttgart, Beschl. v. 04.10.2018 – 8 W 423/16
- OLG Düsseldorf, Beschl. v. 04.05.2018 – I-3 Wx 225/16
- OLG Düsseldorf, Beschl. v. 20.04.2018 – I-3 Wx 202/17
- KG, Beschl. v. 06.04.2018 – 6 W 13/18
- OLG Nürnberg, Beschl. v. 24.04. 2017 – 1 W 642/17
- OLG München, Urt. v. 23.11.2016 – 3 U 796/16

2.3.3 Gleichzeitiges Versterben

Immer wieder wird der Rechtsanwalt auch mit der Problematik konfrontiert, wie gemeinschaftliche Testamente auszulegen sind, in denen sich die Eheleute zunächst gegenseitig und bei „gemeinsamem" oder „gleichzeitigem" Versterben dritte Personen als Erben eingesetzt haben.

Dem Wortlaut nach sind die jeweiligen Dritten in diesen Fallkonstellationen nur dann als Erben berufen, wenn die Eheleute in der gleichen Sekunde versterben sollten. Zumindest bei einem Unfall kann aber z.B. darüber hinausgehend davon ausgegangen werden, dass die jeweiligen Dritten auch als Erben berufen sind, wenn die Eheleute aufgrund dieses Unfalls kurz nacheinander sterben.

Es stellt sich jedoch die Frage, wie ein solches Testament auszulegen ist, wenn die Eheleute in einem längeren Zeitabstand ableben. Hierzu gibt es sehr unterschiedliche gerichtliche Entscheidungen.

Erbeinsetzung einer dritten Person

Allen gemeinsam ist, dass wohl eine Erbeinsetzung der dritten Personen trotz längerem Zeitablauf zwischen dem ersten und dem zweiten Todesfall nur dann anzunehmen ist, wenn **weitere Umstände** hinzutreten.

Hier kommen z.B. folgende weitere Umstände in Betracht:

- die Erblasser geben innerhalb der letztwilligen Verfügung Motive für die Erbeinsetzung an
- es gibt eine „Freistellungsklausel“, d.h., der überlebende Ehepartner darf nach dem Tod des Ehegatten frei verfügen
- keine längere Reise geplant (erhöhte Unfallgefahr)
- ggf. Motive, Beweggründe, die anderweitig niedergelegt worden sind

Fehlt es an solch weiteren Umständen, so ist wohl in den vorgenannten Konstellationen davon auszugehen, dass keine Erbeinsetzung getroffen worden ist.

2.4 Auslegungsvertrag

Zweck

Sollte es zwischen den Beteiligten nach einem Todesfall unterschiedliche Auffassungen über die (richtige) Auslegung der letztwilligen Verfügung von Todes wegen geben, so besteht die Möglichkeit, einen auch vom BGH (Urt. v. 22.01.1986 – IVa ZR 90/84) anerkannten Auslegungsvertrag zu schließen.

Schuldrechtliche Wirkung

Der Auslegungsvertrag entfaltet lediglich schuldrechtliche Wirkung. Durch den Auslegungsvertrag verpflichten sich daher die Parteien nur in bindender Weise, sich gegenseitig in rechtlicher Hinsicht entsprechend der Vereinbarung zu stellen.

Die rechtliche Stellung kann nur durch einen dementsprechenden notariellen **Erbteilsübertragungsvertrag** (§ 2033 BGB) mit dinglicher Wirkung eingeräumt werden.

Notarielle Beurkundung

Regelmäßig ist daher die notarielle Beurkundung zu empfehlen (§ 2385 Abs. 1 i.V.m. § 2371 BGB).

Nur wenn der Auslegungsvertrag keine Vereinbarung über eine Erbteilsübertragung enthält, keinen Erbverzicht (§ 2348 BGB) oder Erbschaftskauf (§ 2372 BGB) beinhaltet oder keine Regelungen über sonstige formbedürftige Rechtsgeschäfte (§ 311b Abs. 1 BGB) abgehandelt werden, ist keine notarielle Form notwendig.

Die notarielle Beurkundung kann aber durch einen gerichtlich protokollierten Vergleich im Zivil- und Nachlassverfahren ersetzt werden.

Grundsätzlich ist das Nachlassgericht jedoch nicht an eine übereinstimmende Auslegung einer letztwilligen Verfügung durch die Parteien gebunden (OLG München, Beschl. v. 08.06.2010 – 31 Wx 48/10). Es gilt daher, den Nachlassrichter frühzeitig in die beabsichtigte Auslegung einzubeziehen.

Das Muster für einen Auslegungsvertrag finden Sie in der Mandatssituation 5.1, S. 202 f.

Praxistipp

Der Auslegungsvertrag ist nach überwiegender Ansicht nicht für das Nachlassgericht bindend. Jedenfalls können die Parteien nicht die Erbfolge oder sonstige Anordnungen aufheben oder abändern. Mittelbar kann der Auslegungsvertrag möglicherweise im Zivilverfahren (nicht Nachlassverfahren) Grundlage für die Einrede der unzulässigen Rechtsausübung sein.

Steuertipp 1

In der Regel werden Auslegungsverträge vom Finanzamt anerkannt, zumindest dann, wenn sie den Willen des Erblassers erkennen lassen.

Aber Achtung: Eine erbschaftsteuerliche Prüfung sollte **vor Abschluss** eines Auslegungsvertrags stets vorgenommen werden!

Steuertipp 2

Der Bundesfinanzhof hat (BFH, Urt. v. 22.09.2010 – II R 46/09) sogar die Erbschaftsteuer nach einem formunwirksam errichteten Testament bemessen. Die Beteiligten haben hier die eigentlich vom Erblasser gewollten rechtlichen Folgen des formunwirksamen Testaments tatsächlich auch vollzogen.

2.5 Prozessuale Besonderheiten

Die Auslegung letztwilliger Verfügungen von Todes wegen kann sowohl im Nachlassverfahren als auch im Zivilverfahren eine Rolle spielen. Ausführungen zu den prozessualen Besonderheiten bei der Auslegung letztwilliger Verfügungen finden Sie in Mandatssituation 5.1, S. 200 f. zu speziellen Auslegungsproblematiken unter der jeweiligen Mandatssituation.

3. Anfechtung letztwilliger Verfügungen

3.1 Grundlagen der Anfechtung letztwilliger Verfügungen

Auslegung vor Anfechtung

Die Auslegung geht immer der Anfechtung vor. Durch die Auslegung soll der Erblasserwille lediglich verwirklicht werden. Die letztwillige Verfügung wird also reformiert. Durch die Anfechtung wird der Erblasserwille dagegen vernichtet und es kommt zwangsläufig die häufig vom Erblasser gerade nicht gewollte gesetzliche Erbfolge zum Tragen. Die letztwillige Verfügung wird also kassiert.

Anfechtungsregelungen

Die erbrechtliche Anfechtung ist in den **Sondervorschriften der §§ 2078–2085 BGB** geregelt. Nur insoweit diese Regelungen Lücken aufweisen, kann auf die **allgemeinen Vorschriften der §§ 119 ff. BGB** zurückgegriffen werden. Zudem finden sich für den Erbvertrag und aufgrund analoger Anwendung für gemeinschaftliche Testamente spezielle Regelungen in den **§§ 2281–2285 BGB.**

Die erbrechtlichen Anfechtungsmöglichkeiten gehen weiter als die allgemeinen. Lediglich der Vertrauensschaden (§ 122 Abs. 2 BGB) wird, da kein Vertrauensschutz besteht, im Erbrecht nicht erstattet.

Anfechtungsgegenstand

Nach § 2078 Abs. 1 BGB können „letztwillige Verfügungen" angefochten werden. Darunter fällt **jede einzelne Verfügung des Erblassers,** also sämtliche Zuweisungen und Anordnungen innerhalb einer Verfügung von Todes wegen (z.B. Erbeinsetzung, ausdrückliche Enterbung, Vermächtnis, Teilungsanordnung, Auflage, Testamentsvollstreckung).

3.2 Anfechtungsgründe

Die Anfechtungsgründe sind in § 2078 BGB (Inhalts- und Erklärungsirrtum, Motivirrtum, Drohung) und § 2079 BGB (Übergehung eines Pflichtteilsberechtigten) geregelt.

3.2.1 Inhalts- und Erklärungsirrtum

Ein **Inhaltsirrtum** i.S.d. § 2078 Abs. 1 erste Alternative BGB ist gegeben, wenn sich der Erblasser über den Inhalt seiner Erklärung, also über deren rechtliche Bedeutung geirrt hat. Ein Irrtum über die wesentlichen Rechtsfolgen ist ebenfalls beachtlich.

Als Inhaltsirrtum kommt z.B. ein Irrtum über die Rechtsfolgen der Rücknahme eines notariellen Testaments bzw. Erbvertrags aus der amtlichen Verwahrung in Betracht (BayObLG, Beschl. v. 09.03.2005 – 1Z BR 108/04).

Weiter könnte ein Inhaltsirrtum vorliegen, wenn sich der Erblasser beim Abschluss eines Erbvertrags über die eintretende Bindungswirkung nicht im Klaren war (BayObLG, Beschl. v. 23.04.1997 – 1Z BR 140/96; OLG Hamm, Beschl. v. 25.04.1966 – 15 W 61/65).

Ein **Erklärungsirrtum** i.S.d. § 2078 Abs. 1 zweite Alternative BGB kann angenommen werden, wenn der Erblasser etwas anderes erklären wollte, als er tatsächlich erklärt hat. Hierunter fällt z.B. das Verschreiben.

Wegen der eher fehlenden praktischen Bedeutung dieser beiden Anfechtungsgründe sind weitere Ausführungen hier entbehrlich.

3.2.2 Motivirrtum

Häufig wird die Anfechtung auf § 2078 Abs. 2 erste Alternative BGB gestützt. Diese Vorschrift geht auch weiter als die allgemeinen Anfechtungsvorschriften.

Ein Motivirrtum liegt insoweit vor, als der Erblasser zu der Verfügung durch die **irrige Annahme oder Erwartung des Eintritts oder Nichteintritts eines Umstands** bestimmt worden ist.

Damit müssen die Vorstellungen bzw. Erwartungen des Erblassers zum Zeitpunkt der Errichtung der letztwilligen Verfügung von der tatsächlich eingetretenen Lebenswirklichkeit bzw. den später vorgefundenen Umständen abweichen.

Ein **anfechtbarer Motivirrtum** könnte beispielsweise durch folgende Konstellationen hervorgerufen werden:

- Sektenmitgliedschaft, politische Einstellung des Bedachten,
- unerwartete Versöhnung bzw. Streitigkeiten mit dem Bedachten,
- nicht erbrachte Pflege, Dienste, Zahlungen durch den Bedachten,
- unerwartete Änderung bzw. Nichtänderung der familiären Situation (Heirat, Partnerschaft, nichteheliche Lebensgemeinschaft, Adoption, Trennung, Scheidung),
- Erwartungen werden nicht erfüllt (beruflich bzw. privater Werdegang),
- falsche Vorstellungen über Vermögensumfang, -struktur oder -zusammensetzung.

Praxistipp

Ein (Motiv-)Irrtum, der durch eine **arglistige Täuschung** hervorgerufen wurde, fällt selbstverständlich ebenfalls unter § 2078 Abs. 2 erste Alternative BGB. Hierfür bedurfte es daher keiner besonderen Regelung innerhalb des erbrechtlichen Anfechtungskatalogs.

3.2.3 Widerrechtliche Drohung

Voraussetzungen

Gemäß § 2078 Abs. 2 zweite Alternative BGB kann die Anfechtung darauf gestützt werden, dass der Erblasser durch Drohung zu einer letztwilligen Verfügung oder zu einzelnen Anordnungen bestimmt worden ist. Die Drohung muss zudem widerrechtlich gewesen sein. Die Voraussetzungen sind demnach die gleichen wie bei § 123 Abs. 1 BGB.

Grundlegend führt der **BGH** dazu aus (Urt. v. 22.11.1995 – XII ZR 227/94, m.w.N.): „*Nach der Rechtsprechung des BGH ist Drohung die Ankündigung eines künftigen Übels, auf dessen Eintritt oder Nichteintritt der Drohende einwirken zu können behauptet und das verwirklicht werden soll, wenn der Bedrohte nicht die von dem Drohenden gewünschte Willenserklärung abgibt. Die Drohung muss nicht ausdrücklich ausgesprochen werden, sie kann vielmehr auch versteckt oder durch schlüssiges Verhalten erfolgen. Sie muss aber vorsätzlich erfolgen, d.h. der Drohende muss bewusst den Zweck verfolgen, den Bedrohten zur Abgabe einer bestimmten Willenserklärung zu veranlassen. Der Bedrohte muss den Erklärungen oder dem Verhalten des Drohenden entnommen haben, dieser werde dafür sorgen, dass das angedrohte Übel eintritt, wenn er – der Bedrohte – die Willenserklärung nicht abgeben sollte.*“

Eine bittende Beeinflussung, das Zureden oder die Äußerung von eigenen inhaltlichen Vorstellungen wird selbst bei Ausnützung der Todesnähe nach alldem keine Drohung darstellen.

> **Praxistipp**
>
> Hat der Erblasser die Voraussetzungen für die Anfechtung nach § 2078 Abs. 2 BGB (Motivirrtum und widerrechtliche Drohung) selbst durch ein gegen Treu und Glauben (§ 242 BGB) verstoßendes Verhalten provoziert, so ist eine Anfechtung möglicherweise nicht zulässig.

3.2.4 Übergehung eines Pflichtteilsberechtigten

Voraussetzungen

In § 2079 BGB ist ein spezieller Motivirrtum geregelt. Eine letztwillige Verfügung kann demnach auch angefochten werden, wenn der Erblasser einen zur Zeit des Erbfalls vorhandenen Pflichtteilsberechtigten übergangen hat, dessen Vorhandensein ihm bei der Errichtung der Verfügung nicht bekannt war oder der erst nach der Errichtung geboren oder pflichtteilsberechtigt geworden ist.

Ein Übergehen ist gegeben, wenn der Erblasser in der letztwilligen Verfügung nicht erwähnt wurde.

Wurde er ausdrücklich enterbt bzw. wurde ihm eine Zuwendung gemacht, so ist i.d.R. eine Anfechtung nach dieser Vorschrift ausgeschlossen. Allenfalls bei einer sehr geringen Zuwendung könnte möglicherweise das Tatbestandsmerkmal „Übergehen" noch erfüllt sein.

Aber auch beim Übergehen eines Pflichtteilsberechtigten ist zu prüfen, ob der hypothetische Wille des Erblassers nicht entgegensteht. Denn die Anfechtung ist gem. § 2079 Satz 2 BGB ausgeschlossen, soweit anzunehmen ist, dass der Erblasser auch bei Kenntnis der Sachlage die Verfügung getroffen haben würde.

> **Praxistipp**
>
> Dieser Anfechtungsgrund wird häufig übersehen. Der Rechtsanwalt wird meist nicht vom Mandanten zu diesem Anfechtungsgrund hingeführt. Daher ist bei jeder Nach-dem-Erbfall-Beratung (z.B. Mandant ist enterbtes Kind) zu prüfen bzw. zu erfragen, ob nach (der lang zurückliegenden) Errichtung der vorgelegten Verfügung von Todes wegen noch Pflichtteilsberechtigte (Kinder) hinzugekommen sind und dadurch eine Anfechtung in Betracht kommt.

3.3 Weitere Anfechtungsvoraussetzungen

Anfechtungsberechtigung

Gemäß § 2080 BGB sind die folgenden Personen bei letztwilligen Verfügungen anfechtungsberechtigt:

- grundsätzlich sämtliche Personen, denen die **Aufhebung der letztwilligen Verfügung zustatten kommt**, also (rechtliche) Vorteile bringt (§ 2080 Abs. 1 BGB),
- betrifft ein Irrtum nach § 2078 BGB nur eine Person, dann nur ausschließlich diese Person und nicht ggf. ebenfalls davon profitierende Dritte (§ 2080 Abs. 2 BGB),
- bei Anfechtungen nach § 2079 BGB ausschließlich die pflichtteilsberechtigten Personen (§ 2080 Abs. 3 BGB).

Praxistipp

Sollte der Anfechtungsberechtigte nach dem Eintritt des Erbfalls sterben, so geht das Anfechtungsrecht, zumindest insoweit, als es auf einer vererblichen Rechtsposition beruht, nach dem Grundsatz der Universalsukzession des § 1922 BGB auf dessen Erben über.

Anfechtungserklärung, Adressat

Die Anfechtung letztwilliger Verfügungen erfolgt gem. § 2081 Abs. 1 BGB gegenüber dem örtlich zuständigen **Nachlassgericht**, wenn durch die angefochtene Verfügung (Anordnung)

- ein Erbe eingesetzt,
- ein gesetzlicher Erbe von der Erbfolge ausgeschlossen (Enterbung),
- ein Testamentsvollstrecker ernannt
- oder eine Verfügung der eben genannten Art aufgehoben wird.

Das Nachlassgericht soll sodann die Anfechtung demjenigen mitteilen, dem die angefochtene letztwillige Verfügung zustatten kommt (§ 2081 Abs. 2 BGB).

Praxistipp

Erfolgt die Anfechtung gegenüber einem **unzuständigen Gericht**, so hat sich dieses gem. § 3 Abs. 1 FamFG für örtlich oder sachlich unzuständig zu erklären und, sofern das zuständige Gericht ermittelt werden kann, die Sache an dieses Gericht zu verweisen. **Aber Vorsicht:** Die Anfechtungserklärung muss vor Ablauf der Anfechtungsfrist beim zuständigen Gericht eingegangen sein.

Vermächtnis, Erbvertrag

Bei der Anfechtung von Vermächtnissen bzw. eines Erbvertrags ist die Anfechtung nach der allgemeinen Vorschrift des § 143 Abs. 4 Satz 1 BGB gegenüber dem Anfechtungsgegner und nicht gegenüber dem Nachlassgericht zu erklären, außer der Anfechtungsgegner ist verstorben. Die Anfechtung des Erbvertrags muss notariell beurkundet werden und dem Anfechtungsgegner im Original bzw. in Ausfertigung zugehen.

Warnhinweis

Erfolgt die Anfechtung durch einen Bevollmächtigten, so ist der Anfechtungserklärung immer die **Originalvollmacht** beizufügen. Geschieht dies nicht, so ist die Anfechtung gem. § 174 BGB unwirksam.

Anfechtungsform

Die Anfechtung ist eine empfangsbedürftige Willenserklärung und bedarf keiner bestimmten Form. Der Inhalt der Anfechtungserklärung ist nicht gesetzlich geregelt. Letztendlich ist es jedoch unabdingbar, dass die Anfechtung erkennen lässt, dass – gestützt auf einen Willensmangel gegen eine bestimmte letztwillige Verfügung (einzelne Anordnung, nicht gesamtes Testament!) – vorgegangen werden soll.

Inhalt zur Anfechtungserklärung

In Literatur und Rechtsprechung wird teilweise sogar für notwendig erachtet, den der Anfechtung zugrundeliegenden Lebenssachverhalt zu schildern und die Anfechtung zu begründen. In der Regel dürfte dies auch ratsam sein. Es sollte dann jedoch zu allen in Betracht kommenden Anfechtungsgründen vorgetragen werden.

Anfechtungsfrist

Nach § 2082 Abs. 1 BGB kann die Anfechtung nur binnen **Jahresfrist** erfolgen. Hierbei handelt es sich um eine Ausschlussfrist, die von Amts wegen zu prüfen ist. Diese Vorschrift gilt für sämtliche letztwillige Verfügungen und sämtliche erbrechtlichen Anfechtungstatbestände. Die **Frist beginnt** nach § 2082 Abs. 2 Satz 1 BGB mit der Kenntnis des Anfechtungsgrunds, frühestens jedoch mit dem Tod des Erblassers (OLG München, Beschl. v. 08.08.2013 – 31 Wx 45/13).

Kenntnis des Anfechtungsgrunds bedeutet, dass der Anfechtungsberechtigte von allen das Anfechtungsrecht begründenden Tatsachen zuverlässig Kenntnis erlangt haben muss. Damit muss der Anfechtende Kenntnis vom Erbfall, der letztwilligen Verfügung, dem Irrtum bzw. der Drohung und der Benachteiligung durch die letztwillige Verfügung haben.

Möglicherweise könnte ein **Tatsachen- bzw. Rechtsirrtum** eine Kenntnisnahme verhindern und die Anfechtungsfrist nicht beginnen lassen. Als Beispiel kann hier ein Urteil des BGH (v. 03.11.1969 – III ZR 52/67) angeführt werden. Hier war dem Anfechtungsberechtigten nicht bekannt, dass eine Anfechtung wegen Übergehung eines Pflichtteilsberechtigten in Betracht kommt.

Auf den **Lauf der Frist** sind gem. § 2082 Abs. 2 Satz 2 BGB die für die Verjährung geltenden Vorschriften der §§ 206, 210, 211 BGB analog (Hemmung) anzuwenden.

Praxistipp

Selbst wenn die Anfechtung wegen Fristablauf i.S.d. § 2082 BGB ausgeschlossen ist, kann der letztwillig zu einer Leistung (Vermächtnisse, Auflagen) Verpflichtete die Leistung gemäß der Einrede des **§ 2083 BGB** verweigern (**Leistungsverweigerungsrecht trotz Ablaufs der Ausschlussfrist**).

3.4 Rechtsfolgen der Anfechtung

Anfechtung nach § 2078 BGB

Aufgrund der Anfechtung ist die Verfügung als von Anfang an als nichtig zu betrachten (§ 142 BGB). Frühere Verfügungen leben ggf. wieder auf.

Es ist jedoch nicht das gesamte Testament, sondern lediglich die einzelne Verfügung, die an dem Willensmangel gelitten hat, nichtig. Allerdings wirkt die Nichtigkeit absolut, also nicht nur in Beziehung auf den Anfechtenden selbst. Dritte profitieren daher evtl. ebenfalls von der Anfechtung (vgl. zum Ganzen: BGH, Urt. v. 08.05.1985 – IVa ZR 230/83).

Anfechtung nach § 2079 BGB

Eine Anfechtung nach § 2079 BGB führt grundsätzlich zur ex-tunc-Nichtigkeit des gesamten Testaments, außer es ist anzunehmen, dass der Erblasser auch bei Kenntnis der Sachlage eine einzelne Verfügung getroffen haben würde (§ 2079 Satz 2 BGB).

3.5 Besonderheiten bei gemeinschaftlichen Testamenten und Erbverträgen

Erblasser als Anfechtungsberechtigter

Grundsätzlich können sämtliche Verfügungen von Todes wegen angefochten werden. Für den Erbvertrag und in analoger Anwendung für gemeinschaftliche Testamente gibt es ergänzend die Besonderheit, dass der **Erblasser selbst über § 2281 Abs. 1 BGB anfechtungsberechtigt** ist. Dies hat seinen Grund darin, dass Einzeltestamente vom Erblasser jederzeitig widerrufen werden können. Ein Erbvertrag kann jedoch nicht einseitig widerrufen werden. Ebenso kann ein gemeinschaftliches Testament nach dem Tod des Erstversterbenden nicht mehr widerrufen werden. In diesen Fällen bleibt nur die Anfechtung durch den gebundenen Erblasser gegenüber dem Ehegatten oder dem Erbvertragspartner.

Anfechtungsrecht erlischt

Wenn der Erblasser **trotz Kenntnis des Anfechtungsgrunds zu Lebzeiten von seinem Anfechtungsrecht keinen Gebrauch** macht, so erlischt, zumindest in Bezug auf die zweiseitigen Verfügungen innerhalb der letztwilligen Verfügung, gem. § 2285 BGB das Anfechtungsrecht der nach § 2080 BGB Anfechtungsberechtigten.

Form, Anfechtungsgegner

Bei der Anfechtung einer bindenden Verfügung durch den Erblasser ist gem. § 2282 Abs. 3 BGB die **notarielle Form** vorgeschrieben. Die Anfechtung erfolgt zu Lebzeiten des Ehe- bzw. Vertragspartners gegenüber diesen, nach deren Tod gem. § 2281 Abs. 2 Satz 1 BGB gegenüber dem Nachlassgericht.

Zu beachten ist weiterhin, dass die Anfechtung nach § 2282 Abs. 1 BGB nur **höchstpersönlich** erklärt werden kann.

4. Anfechtungsklage wegen Erb-, Vermächtnis- oder Pflichtteilsunwürdigkeit

Nach dem Tod des Erblassers kann ein gesetzlicher oder gewillkürter Bedachter aufgrund Unwürdigkeit sein Erbe (§ 2339 BGB), sein ihm zugedachtes Vermächtnis (§§ 2345 Abs. 1, 2339 Abs. 1 BGB) oder sein Pflichtteilsrecht (§§ 2345 Abs. 2, 2339 Abs. 1 BGB) durch Anfechtung rückwirkend verlieren.

Voraussetzung für eine Erb-, Vermächtnis- und/oder Pflichtteilsunwürdigkeit ist jedoch immer, dass einer der in § 2339 Abs. 1 Nr. 1–4 BGB aufgeführten Erbunwürdigkeitsgründe festgestellt werden kann.

4.1 Erbunwürdigkeitsgründe

Erbunwürdigkeit

Erbunwürdig ist gem. § 2339 Abs. 1 BGB:

1. wer den Erblasser vorsätzlich und widerrechtlich getötet oder zu töten versucht oder in einen Zustand versetzt hat, infolge dessen der Erblasser bis zu seinem Tod unfähig war, eine Verfügung von Todes wegen zu errichten oder aufzuheben,
2. wer den Erblasser vorsätzlich und widerrechtlich verhindert hat, eine Verfügung von Todes wegen zu errichten oder aufzuheben
3. wer den Erblasser durch arglistige Täuschung oder widerrechtlich durch Drohung bestimmt hat, eine Verfügung von Todes wegen zu errichten oder aufzuheben,
4. wer sich in Ansehung einer Verfügung des Erblassers von Todes wegen einer Straftat nach den §§ 267, 271–274 StGB schuldig gemacht hat.

Nichteintritt Erbunwürdigkeit

Nach Absatz 2 dieser Vorschrift tritt bei den Nummern 3 und 4 die Erbunwürdigkeit nicht ein, wenn vor dem Erbfall die betroffene Verfügung von Todes wegen unwirksam geworden ist.

Keine Analogien

Hierbei handelt es sich nach allgemeiner Ansicht um eine abschließende Aufzählung. Eine analoge Anwendung auf vergleichbare Fälle dürfte daher regelmäßig entfallen.

Praxistipp

Da sowohl der Gesetzgeber als auch die Rechtsprechung an das Vorliegen der Erbunwürdigkeit sehr hohe Anforderungen stellen, dürfte eine Geltendmachung nur in Einzelfällen erfolgreich verlaufen.

4.2 Verzeihung

Nach außen kundgemachter Entschluss

Da die Erbunwürdigkeit in erster Linie dem Schutz der Testierfreiheit dient, ist sie ausgeschlossen, wenn der Erblasser dem potentiell Unwürdigen verziehen hat (§ 2343 BGB).

Nach dem grundlegenden Urteil des BGH (Urt. v. 01.03.1974 – IV ZR 58/72 zu § 2337 BGB) ist die Verzeihung „ein nach außen kundgemachter Entschluss des Erblassers, aus den erfahrenen Kränkungen nichts mehr herleiten zu wollen“.

Die Verzeihung ist nicht an eine bestimmte Form gebunden und kann auch durch schlüssiges Verhalten erfolgen.

Die Verzeihung setzt die Kenntnis der Tat bzw. Verfehlung voraus.

Verzichtsvertrag

Weitergehend kann der Anfechtungsberechtigte durch einen Verzichtsvertrag mit dem Erbunwürdigen auf die Anfechtungsberechtigung verzichten.

Beweislast

Die Beweislast für eine erfolgte Verzeihung trifft denjenigen, der sich darauf beruft.

4.3 Anfechtungsberechtigung

Anfechtungsberechtigt ist nach § 2341 bzw. § 2345 Abs. 1 Satz 2 i.V.m. § 2341 BGB jeder, dem der Wegfall des Erb-, Vermächtnis- und/oder Pflichtteilsunwürdigen auch nur mittelbar zustattenkommen könnte. Die bloße Möglichkeit reicht aus.

Das Anfechtungsrecht ist (ggf. unter Berücksichtigung der laufenden Frist) vererblich, jedoch nicht übertragbar.

4.4 Geltendmachung

Geltendmachung der Erbunwürdigkeit

Für die Geltendmachung der Erbunwürdigkeit ist eine Anfechtungsklage (§ 2342 BGB) gegen den Erbunwürdigen erforderlich. Die Gestaltungsklage ist darauf zu richten, dass der Erbe für erbunwürdig erklärt wird (§ 2342 Abs. 1 Satz 1 BGB). Die Klage kann auch als Widerklage erhoben werden.

Praxistipp

Der Klageantrag könnte beispielsweise wie folgt formuliert werden: „... den Beklagten hinsichtlich des Nachlasses der am ... in ... verstorbenen Frau ... für erbunwürdig zu erklären.“

Praxistipp

Die Erbunwürdigkeitsklage und die Feststellungsklage nach Anfechtung einer letztwilligen Verfügung nach §§ 2078, 2081 BGB können nach der Rechtsprechung des BGH (Beschl. v. 12.09.2012 – IV ZR 177/11) selbständig nebeneinander stehen und schließen einander nicht aus.

Der Kläger hat jedoch kein berechtigtes Feststellungsinteresse, den Beklagten über eine Erbunwürdigkeitserklärungsklage hinaus auf Feststellung in Anspruch zu nehmen, selbst Erbe geworden zu sein (OLG Saarbrücken, Beschl. v. 19.10.2006 – 8 UH 496/06).

Im Rahmen eines Erbscheinsverfahrens kann die Erbunwürdigkeit jedoch nicht, auch nicht inzident, geltend gemacht werden. Ebenso reichen außergerichtliche Erklärungen für eine Geltendmachung nicht aus. Schließlich kann die Erbunwürdigkeit auch nicht im Rahmen eines gerichtlichen oder notariellen Vergleichs festgestellt werden.

Strittig ist, ob ein Anerkenntnis- bzw. Versäumnisurteil zulässig ist. Die Rechtsprechung bejaht dies teilweise (z.B. KG, Urt. v. 18.01.1989 – 24 U 4354/88; LG Köln, Beschl. v. 11.10.1976 – 13 T 42/76). Die Literatur (z.B. MüKo-BGB/Helms, § 2342 Rdnr. 8) ist überwiegend anderer Auffassung und will die Dispositionsmaxime einschränken.

Im Fall der Vermächtnis- und Pflichtteilsunwürdigkeit reicht dagegen eine formlose Anfechtung (§ 2345 BGB) aus. Eine Anfechtungsklage ist nicht notwendig.

Geltendmachung Vermächtnis- und Pflichtteilsunwürdigkeit

4.5 Fristen

Sowohl die Anfechtungsklage wegen Erbunwürdigkeit als auch die Anfechtung wegen der Vermächtnis- und Pflichtteilsunwürdigkeit haben über den Verweis in § 2340 Abs. 3 bzw. § 2345 Abs. 1 Satz 2 BGB innerhalb der Jahresfrist des § 2082 BGB zu erfolgen.

Die Jahresfrist für die Anfechtungsklage beginnt erst mit der zuverlässigen Kenntnis bzw. sogar der Beweisbarkeit des Anfechtungsberechtigten von der Erbunwürdigkeit. Aufgrund bloßer Vermutungen beginnt die Anfechtungsfrist nach der h.M. nicht zu laufen.

Bei der Anfechtung wegen Vermächtnis- und Pflichtteilsunwürdigkeit dürfte eine volle Beweisbarkeit nicht notwendig sein. Hier ist für den Fristbeginn die reine Kenntnisnahme ausreichend.

Praxistipp

Die Vermächtnis- und Pflichtteilsunwürdigkeit kann ggf. auch noch nach Ablauf der Jahresfrist in Form einer Einrede in den Prozess eingeführt werden (OLG Hamm, Urt. v. 12.07.2016 – 10 U 83/15).

4.6 Rechtsfolgen bzw. Wirkung

Rechtsfolgen der Erbunwürdigkeit

Gemäß § 2344 BGB gilt der Anfall an den Erbunwürdigen als nicht erfolgt. Die Erbschaft fällt dann bei demjenigen an, welcher berufen sein würde, wenn der Erbunwürdige zur Zeit des Erbfalls nicht gelebt hätte. Der Anfall gilt als mit dem Eintritt des Erbfalls erfolgt.

Ein Urteil, welches die Erbunwürdigkeit erklärt, kommt aufgrund seines die materielle Rechtslage verändernden Charakters jedem zugute. Ein klageabweisendes Urteil wirkt dagegen nur inter partes.

Rechtsfolgen Vermächtnisunwürdigkeit

Durch die wirksame Anfechtung eines Vermächtnisses aufgrund Vermächtnisunwürdigkeit wird der Vermächtnisanspruch rückwirkend (§ 142 Abs. 1 BGB) beseitigt.

Ist ein würdiger Ersatzvermächtnisnehmer bestimmt, fällt diesem das Vermächtnis zu. Gegebenenfalls tritt bei einem Mitvermächtnisnehmer auch Anwachsung (§ 2158 BGB) ein.

Rechtsfolgen Pflichtteilsunwürdigkeit

Auch der Pflichtteilsanspruch wird durch eine wirksame Anfechtung rückwirkend (§ 142 Abs. 1 BGB) beseitigt. In diesem Fall rücken ggf. entferntere Pflichtteilsberechtigte, also die Abkömmlinge des Pflichtteilsunwürdigen, nach und können ihrerseits den Pflichtteilsanspruch verfolgen (§ 2309 BGB).

B. Mandatssituationen

Mandatssituation 5.1: Grundsätze der Auslegung (abstrakt)

Sachverhalt | Checkliste | Lösung | Verfahren | Muster

Der Mandant legt Ihnen ein Testamentseröffnungsschreiben des Amtsgerichts samt den eröffneten Verfügungen von Todes wegen vor. Er möchte wissen, welche Rechtsfolgen aus den Testamenten erwachsen.

Wie ist bei der Auslegung der Testamente bzw. der Verfügungen von Todes wegen vorzugehen? Welche Handlungsalternativen bestehen?

Sachverhalt | **Checkliste** | Lösung | Verfahren | Muster

Handelt es sich bei den Erblasserverfügungen um Verfügungen von Todes wegen?	☐
Wurden die Verfügungen von Todes wegen formwirksam errichtet (notariell, eigenhändig mit Unterschrift)?	☐
War der Erblasser zum Zeitpunkt der Errichtung testierfähig?	☐
Ist die letztwillige Verfügung an sich interpretations- oder auslegungsbedürftig?	☐
Ergibt sich die Interpretations- oder Auslegungsbedürftigkeit eventuell aus Umständen außerhalb der Verfügung von Todes wegen?	☐

Sachverhalt | Checkliste | **Lösung** | Verfahren | Muster

Anzeichen für Auslegungsbedürftigkeit

Eine letztwillige Verfügung ist meist dann interpretations- oder auslegungsbedürftig, wenn

- es sich um ein privatschriftliches Testament handelt,
- die (notarielle) Verfügung mehrdeutig ist,
- erwähnte Personen vorverstorben sind,
- erwähnte Personen aus sonstigen Gründen weggefallen sind oder
- im Testament genannte Gegenstände zum Zeitpunkt des Erbfalls nicht mehr im Nachlass vorhanden sind.

Es reicht also nicht aus, dass die Verfügung von Todes wegen aufmerksam gelesen und geprüft wird. Die Auslegungsbedürftigkeit kann sich auch aus Umständen außerhalb der Verfügung von Todes wegen ergeben.

Praxistipp

Aus diesem Grund sind zumindest die obengenannten Punkte, insbesondere mögliche Umstände außerhalb des Testaments, explizit abzufragen.

Am Anfang jeder erbrechtlichen Beratung sollte zudem ein Familienschaubild (siehe Kapitel 1, S. 9) erstellt werden. Hier sind auch sämtliche weggefallenen und ggf. daraufhin nachrückenden Familienmitglieder aufzuführen. Zudem sollten regelmäßig der Umfang und die Zusammensetzung des Erblasservermögens erfragt werden.

Sobald eine letztwillige Verfügung interpretations- oder auslegungsbedürftig ist, kann bei der Prüfung des Erblasserwillens nach dem in Kapitel 5.A.1, S. 167 dargestellten Schema und den in Kapitel 5.A.2, S. 167 ff. ausführlich beschriebenen Auslegungsgrundsätzen vorgegangen werden.

Prüfungsschritte in Kurzfassung

Die letztwillige Verfügung ist mit Hilfe folgender Prüfungsschritte auszulegen:

- einfache bzw. erläuternde Auslegung
- mutmaßlicher Erblasserwille
- ergänzende Auslegung
- gesetzliche Auslegungs- und Ergänzungsregeln
- möglicherweise Anfechtung

Zur Testamentsauslegung im Einzelnen wird auf die Einleitung dieses Kapitels verwiesen.

Auslegung vor Anfechtung

Warnhinweis

Sollte auch eine Anfechtung der letztwilligen Verfügung in Frage kommen, so ist zu beachten, dass die Auslegung grundsätzlich der Anfechtung vorgeht.

Sachverhalt | Checkliste | Lösung | **Verfahren** | Muster

Durchsetzungschancen prüfen

Wurden sämtliche **Auslegungsvarianten** erarbeitet, so ist zu prüfen, welche für den Mandanten die vorzugswürdigste ist und wie die Chancen stehen, diese auch (gerichtlich) durchzusetzen.

Es ist mit dem Mandanten zu klären, ob er selbst einen **Erbscheinsantrag** nach seinen Vorstellungen stellen möchte oder zunächst den Erbscheinsantrag eines anderen Beteiligten abwartet. Möglicherweise kommt sogar eine **Feststellungsklage** in Betracht.

Nicht von vorneherein zu verwerfen ist die Möglichkeit, sich im Rahmen eines **Auslegungsvertrags** mit den anderen Beteiligten über die Auslegung der letztwilligen Verfügung zu verständigen.

Weitere Ausführungen samt Muster finden Sie zum Erbscheinsverfahren in Kapitel 6.A.2, S. 249 ff. und zur erbrechtlichen Feststellungsklage in Kapitel 11, S. 701 ff., insbesondere in Mandatssituation 11.1.1, S. 715 ff.

Auslegung durch Grundbuchamt

Gegebenenfalls hat auch das Grundbuchamt letztwillige Verfügungen auszulegen, insbesondere dann, wenn dem Amt eine notarielle Verfügung von Todes wegen samt Eröffnungsprotokoll (vgl. § 35 GBO) im Rahmen der Grundberichtigung vorgelegt wurde. Das Grundbuchamt hat sogar außerhalb der Urkunde liegende Umstände zu berücksichtigen, zumindest dann, wenn sich diese aus anderen öffentlichen Urkunden ergeben (vgl. z.B. OLG München, Beschl. v. 30.11.2016 – 34 Wx 363/16).

Taktik

Trotz des bestehenden Amtsermittlungsgrundsatzes im Nachlassverfahren (§ 26 FamFG) ist es ratsam, dass Sie innerhalb des Erbscheinsverfahrens zur Auslegung der letztwilligen Verfügung vortragen. Mit guten Argumenten können Sie so ggf. den Richter von der für Ihren Mandanten günstigeren Auslegungsvariante überzeugen.

Wie z.B. eine gute ergänzende Auslegung einer Verfügung von Todes wegen gegenüber dem Nachlassgericht etc. vorgenommen werden könnte, ist in einer Entscheidung des OLG München (Beschl. v. 13.06.2013 – 31 Wx 267/12) nachzulesen. Im Rahmen der Thematik „Ersatzerbe“ legt das OLG München lehrbuchmäßig einen Erbvertrag ergänzend aus.

Warnhinweis

Zudem wäre es ein Haftungsfall, wenn Sie dem Nachlassgericht Ihnen bekannte oder recherchierbare Fakten und Umstände außerhalb der Verfügung von Todes wegen, die für die favorisierte Auslegungsvariante sprechen, nicht mitteilen. Es ist ratsam, auch Beweise vorzulegen bzw. anzubieten.

Feststellungsklage

Scheut der Mandant das ggf. höhere **Kostenrisiko eines Zivilprozesses** nicht, könnte die Feststellungsklage die richtige Wahl sein, insbesondere dann, wenn auch Problemkreise zwischen den Parteien strittig sind, die nicht im Erbscheinsverfahren gelöst werden können. Zu denken wäre hier an Auslegungsdifferenzen in Bezug auf die Wirksamkeit und den Umfang von Vermächtnissen, Abgrenzungsprobleme zwischen Teilungsanordnung und Vorausvermächtnis oder auch bezüglich Auflagen.

Für eine **frühzeitige Feststellungsklage** spricht auch, dass ansonsten die Gefahr besteht, dass das Erbscheinsverfahren in allen Instanzen durchlaufen wird und danach zusätzlich die Feststellungsklage erhoben wird.

Erbscheinsverfahren

Für das Erbscheinsverfahren spricht das **geringere Kostenrisiko.** In der ersten nachlassgerichtlichen Instanz hat jede Partei häufig die Kosten selbst zu tragen, aber auch in der zweiten Instanz hat das Gericht einen diesbezüglichen Ermessensspielraum.

Weiter sprechen für das Nachlassverfahren die Vorteile des **Amtsermittlungsgrundsatzes:** Das Nachlassgericht hat gem. § 2358 Abs. 1 BGB unter Benutzung der vom Antragsteller angegebenen Beweismittel von Amts wegen die zur Feststellung der Tatsachen erforderlichen Ermittlungen durchzuführen und die geeignet erscheinenden Beweise aufzunehmen.

Auslegungsvertrag

Um die Unwägbarkeiten manch einer gerichtlichen Auseinandersetzung und eine möglicherweise bevorstehende Alles-oder-nichts-Entscheidung etwas abzumildern, ist es durchaus sinnvoll, wenn die Parteien sich bei einer auslegungsbedürftigen Verfügung von Todes wegen im Rahmen eines Auslegungsvertrags auf eine Auslegung verständigen.

So können möglicherweise lang andauernde und teure juristische Auseinandersetzungen vermieden werden. Theoretische Hintergründe zum Auslegungsvertrag sind in Kapitel 5.A.2.4, S. 187 f. dargestellt.

Auslegungsvertrag

Vor mir, dem unterzeichnenden Notar ..., sind heute erschienen:

1. ..., Tochter des Erblassers

2. ..., Sohn des Erblassers

Die Parteien schließen folgenden

Erbvergleich

über die Auslegung des Testaments der Erblasserin ... vom ... und über die Abwicklung des Nachlasses nach der am ... verstobenen Erblasserin ....

I. Sachstand

Die Beteiligten gehen übereinstimmend davon aus, dass die Auslegung des Testaments der Erblasserin unklar ist.

Insbesondere besteht Unklarheit darüber, ob das Testament eine Erbeinsetzung enthält, wer von den beiden Abkömmlingen ggf. mit welcher Quote Erbe wird, wie die zugewandten Gegenstände zu bewerten sind und ob Wertunterscheide ggf. auszugleichen sind.

II. Erbvergleich

Vor diesem Hintergrund schließen die Parteien zur Erfüllung des Erblasserwillens und Vermeidung einer gerichtlichen Auseinandersetzung den nachstehenden Feststellungs- und Auslegungsvertrag:

1. Die Aufgeführte zu 1., Frau ..., ist Alleinerbin nach der Erblasserin.

2. Dem Aufgeführten zu 2., Herrn ..., steht ein Vermächtnis i.H.v. ... € (in Worten: ...) zu.

Die Beteiligten wollen den Erbvergleich für verbindlich festlegen, ungeachtet dessen, ob sich die Vereinbarungen im Nachhinein als zutreffend oder unzutreffend erweisen.

Die Beteiligten verpflichten sich daher, in einem etwaigen Erbscheinsverfahren darauf hinzuwirken, dass die Aufgeführte zu 1. als Alleinerbin im Erbschein genannt wird.

Den Beteiligten ist bekannt, dass dieser Erbvergleich nur eine schuldrechtliche Wirkung entfaltet. Er ist für das Nachlassgericht nicht bindend.

III. Abgeltungsklausel

Vorbehaltlich der in dieser Vereinbarung enthaltenen Rechte und Ansprüche verzichten die Aufgeführten zu 1–2 auf die Geltendmachung weiterer erbrechtlicher Ansprüche und Rechte, gleich aus welchem Grund. Der Verzicht wird von allen und wechselseitig angenommen.

IV. Kosten/Steuern

Die Beteiligten tragen die durch ihre Rechtsanwälte bzw. Verfahrensbevollmächtigten entstandenen Kosten selbst. Erbschaftsteuer trägt jeder Beteiligte bezüglich seines Erwerbs.

V. Salvatorische Klausel

Sollten einzelne Bestimmungen dieses Erbvergleichs unwirksam sein, unwirksam werden bzw. Lücken enthalten, so wird dadurch die Wirksamkeit der übrigen Vereinbarungen nicht berührt. Die Beteiligten verpflichten sich in einem solchen Fall, anstelle der unwirksamen oder unvollständigen Bestimmung eine Regelung zu treffen, die rechtlich und wirtschaftlich der unwirksamen oder unvollständigen Bestimmung am nächsten kommt.

Ort, Datum ____________________

Unterschrift ____________________ Unterschrift ____________________

Unterschrift ____________________

Mandatssituation 5.2: Erbeinsetzung – Vermächtnis

Sachverhalt | Checkliste | Lösung | Verfahren | Muster

Der Erblasser hinterlässt eine Tochter und einen Sohn. In seinem Testament schreibt er lediglich: „Meine Tochter soll mein Haus in der XY-Straße bekommen. Mein erspartes Geld erbt mein Sohn". Wer erbt in welchem Umfang?

Sachverhalt | **Checkliste** | Lösung | Verfahren | Muster

Bei der Auslegung des Testaments stellen sich folgende Fragen:	
Liegt hier überhaupt eine Erbeinsetzung vor?	☐
Wenn ja, mit welchen Quoten?	☐
Wurde der Sohn möglicherweise enterbt?	☐
Oder kommt die gesetzliche Erbfolge zum Zuge?	☐
Liegt in der Zuwendung eine Teilungsanordnung oder ein Vorausvermächtnis?	☐
Um diese Fragen beantworten zu können, werden folgende Informationen benötigt:	
Wie setzt sich der Nachlass konkret zusammen?	☐
Ist das Haus in der XY-Straße noch im Nachlass vorhanden?	☐

Welchen prozentualen Wertanteil hat das Haus in der XY-Straße im Verhältnis zum gesamten Nachlass bzw. zum ersparten Geld zum Zeitpunkt der Testamentserrichtung?	☐
Welche Vorstellung hatte der Erblasser über die zukünftige Wertentwicklung seines Vermögens?	☐
Welchen prozentualen Wertanteil hat das Haus in der XY-Straße im Verhältnis zum gesamten Nachlass bzw. zum ersparten Geld zum Zeitpunkt des Erbfalls?	☐
Sind Wertgutachten zu einzelnen Nachlassgegenständen notwendig?	☐
Wollte der Erblasser mit der Zuwendung des Hauses in der XY-Straße an die Tochter seine Kinder unterschiedlich bedenken?	☐

Sachverhalt | Checkliste | Lösung | Verfahren | Muster

Erbeinsetzung oder Vermächtnis?

In privatschriftlichen Testamenten wird häufig nicht klar getrennt, ob es sich bei der beabsichtigten Zuwendung um eine Erbeinsetzung oder um ein Vermächtnis handeln soll. Die meisten nicht beratenen Erblasser kennen den Unterschied zwischen Vererben und Vermachen nicht.

Der **Erbe** wird zu einem Bruchteil bzw. zu einem prozentualen Anteil Gesamtrechtsnachfolger i.S.d. § 1922 BGB. Der **Vermächtnisnehmer** hat das Recht, vom Beschwerten die Leistung des vermachten Gegenstands zu fordern (vgl. § 2174 BGB). Meist sind die Erben bzw. einer der Erben oder ein anderer Vermächtnisnehmer mit dem Vermächtnis beschwert (§§ 2147, 2148, 2149 BGB).

Verteilt nun der Erblasser seinen Nachlass dahin gehend, dass er einer Person einen einzelnen Vermögensgegenstand oder mehreren Personen einzelne Vermögensgegenstände zuwendet, bedarf es der Auslegung, ob er eine Erbeinsetzung ggf. mit Teilungsanordnung oder lediglich ein Vermächtnis anordnen wollte.

Zentrale Auslegungsnorm

Die zentrale Auslegungsnorm für Sachverhalte dieser Art ist **§ 2087 BGB.** Nach Absatz 1 dieser Vorschrift gilt, dass dann, wenn der Erblasser sein **Vermögen oder einen Bruchteil seines Vermögens** dem Bedachten zuwendet, diese Verfügung als Erbeinsetzung anzusehen ist, auch wenn der Bedachte nicht als Erbe bezeichnet ist.

Sind dem Bedachten nur **einzelne Gegenstände** zugewendet, so ist im Zweifel nach Absatz 2 dieser Norm nicht anzunehmen, dass er Erbe sein soll, auch wenn er als Erbe bezeichnet ist.

Bevor diese Auslegungsnorm heranzuziehen ist, ist jedoch immer zu prüfen, ob der Erblasserwille schon im Rahmen der individuellen Auslegung zu ermitteln ist.

Entscheidend: Wertmäßige Zusammensetzung des Vermögens

Im vorliegenden Sachverhalt kommt es hierbei entscheidend auf die wertmäßige Zusammensetzung des Vermögens an. Daher sind je nach Zusammensetzung des Vermögens folgende Lösungsvarianten denkbar:

Lösungsvariante 1: Tochter Alleinerbin, Sohn Vermächtnisnehmer

In der ersten Variante hat das Haus in der XY-Straße einen Wert von 350.000 €. Des Weiteren hatte der Erblasser lediglich noch ein Girokonto mit einem Kontostand von 25.000 €. Im Wesentlichen gab es bis zum Todestag keine Wertverschiebungen.

Da der Erblasser weder zum Zeitpunkt der Testamentserrichtung noch zum Zeitpunkt des Erbfalls außer dem Haus in der XY-Straße größere Vermögenswerte hatte, ergäbe schon die individuelle Auslegung, dass der Erblasser wohl seiner Tochter nicht lediglich ein Vermächtnis zukommen lassen wollte.

Tochter: Alleinerbin

Wird das **wesentliche Hauptvermögen** bzw. ein einziger **wesentlicher Vermögensgegenstand** gegenständlich einer Person zugewandt, spricht vieles dafür, dass der Erblasser diese Person als Alleinerbe einsetzen wollte (OLG Brandenburg, Urt. v. 18.06.2008 – 13 U 77/07; OLG München, Beschl. v. 21.05.2007 – 31 Wx 120/06), insbesondere dann, wenn das Zugewandte wertmäßig annähernd das gesamte Vermögen ausmacht. Hier wäre die **Tochter damit wohl Alleinerbin geworden.**

Praxistipp

Ab welchem prozentualen Zuwendungswert eher das wesentliche **Hauptvermögen** als zugewandt anzusehen ist und damit eine Erbeinsetzung einhergeht, kann naturgemäß nicht beantwortet werden. Das BayObLG entschied im Jahr 1999 z.B., dass ein Wert von anteilig 77 % den wesentlichen Teil des Nachlasses darstellt, wenn die restlichen Vermögenswerte auf mehrere Personen verteilt werden sollen (BayObLG, Beschl. v. 24.02.1999 – 1Z BR 100/98). In der Regel dürfte wohl eher von einem Anteil von mindestens ca. **90 %** auszugehen sein. Jedenfalls sollte der Erblasser mit der Zuwendung des Hauptvermögens bzw. einer einzelnen Vermögensposition den Nachlass im Wesentlichen erschöpfen (BayObLG, Beschl. v. 08.05.2005 – 1Z BR 110/04).

Sohn: Vermächtnisnehmer

Die Zuwendung an den **Sohn** würde in dieser Lösungsvariante wohl eher als **Vermächtnis** auszulegen sein. Der Sohn kann daher gem. § 2307 BGB das Vermächtnis ausschlagen und seinen Pflichtteil fordern oder aber seinen Pflichtteil in dem Umfang fordern, als der Pflichtteil durch das Vermächtnis noch nicht erschöpft wurde (Zusatzpflichtteil).

Praxistipp

Obwohl der Erblasser bestimmt hat, dass die Tochter das Haus **bekommen** und der Sohn das ersparte Geld **erben** soll, war die letztwillige Verfügung des Erblassers trotz des eigentlich eindeutigen Wortlauts dahin gehend auszulegen, dass die Tochter Alleinerbin wird und dem Sohn lediglich ein Vermächtnis zugewandt werden sollte. Dies zeigt einmal mehr, dass ausschließlich der **Erblasserwille** maßgebend ist.

Lösungsvariante 2:
Erbeinsetzung (bei Wertverschiebungen)

Der Erblasser hatte zum Zeitpunkt der Testamentserrichtung außer dem Haus in der XY-Straße (350.000 €) ein Wertpapierdepot mit einem Wert von 300.000 € und ein Girokonto mit einem Kontostand von 60.000 €. Am Todestag war das Haus 400.000 € wert.

Aufgrund Verbrauch und Kursschwankungen belief sich das Geldvermögen des Erblassers am Todestag nur noch auf lediglich 200.000 €.

Erbeinsetzung gewollt?

Ob und wenn ja mit welcher Quote eine Erbeinsetzung gewollt war, ist grundsätzlich anhand der Vorstellungen des Erblassers zum Zeitpunkt der Testamentserrichtung zu ermitteln. Da der Erblasser vorliegend mit der Zuwendung der einzelnen Vermögensposition den Nachlass im Wesentlichen erschöpfte, ist wohl von einer **Erbeinsetzung** auszugehen.

Erbquoten ermitteln!

Fraglich wären aufgrund der unterschiedlichen Werte zum Zeitpunkt der Testamentserrichtung und des Erbfalls nur noch die Erbquoten. Kam es dem Erblasser bei der Testamentserrichtung darauf an, die Bedachten in einem bestimmten Verhältnis zu beteiligen, dann lassen nachträgliche Vermögenszuwächse bzw. -minderungen die Erbquote unberührt (BGH, FamRZ 1972, 561, 563 unter 3 a.E.; BGH, Urt. v. 16.10.1996 – IV ZR 349/95).

Kommt es auf den Wert des Vermögens zum Zeitpunkt des Erbfalls an, kann sich die Erbquote allerdings z.B. dann reduzieren, wenn die zugedachten Gegenstände teilweise nicht mehr zum Nachlass gehören, etwa weil sie dem Bedachten schon zu Lebzeiten des Erblassers geschenkt worden sind (BGH, Urt. v. 16.10.1996 – IV ZR 349/95).

Wollte der Erblasser den Erben bestimmte Gegenstände oder Vermögensmassen unabhängig von deren Wertänderung ohne Ausgleichspflicht zukommen lassen, so wäre direkt der Wert zum Zeitpunkt des Erbfalls zu ermitteln (BGH, Urt. v. 16.10.1996 – IV ZR 349/95).

Weiterer Vortrag im Erbscheinsverfahren

Damit das Nachlassgericht den **Willen des Erblassers** ermitteln kann, müssen daher weitere außerhalb der letztwilligen Verfügung von Todes wegen liegende Sachverhaltsumstände und Erblassersichtweisen im Erbscheinsverfahren vorgetragen werden.

Es kommt also bei dieser Lösungsvariante entscheidend darauf an, ob der Erblasser zum Zeitpunkt der Testamentserrichtung davon ausging, dass er Sohn und Tochter gleich bedenken wollte (Haus 350.000 €/Vermögen 360.000 €). Dann käme man vorliegend zu einer Erbquote von je 1/2.

Wollte er dagegen der Tochter unbedingt das Haus (bzw. dessen Wert) zuwenden und das bei seinem Tod dann eventuell noch vorhandene Vermögen dem Sohn, dann wäre wohl eher eine Erbquote von 2/3 zu 1/3 zugunsten der Tochter anzunehmen.

Lösungsvariante 3:
Gesetzliche Erbfolge (keine Wertverschiebungen)

Dem Erblasser gehörten zum Zeitpunkt der Testamentserrichtung neben dem Haus in der XY-Straße (350.000 €) noch vier weitere vermietete Mehrfamilienhäuser im Gesamtwert von 1.900.000 €. Zudem hatte er ein Wertpapierdepot mit einem Wert von 300.000 € und ein Girokonto mit einem Kontostand von 60.000 €. Im Wesentlichen gab es bis zum Todestag keine Wertverschiebungen.

Da hier durch das Testament lediglich ein wertmäßig geringer Anteil an die Kinder verteilt wurde, spricht im Rahmen der individuellen Auslegung vieles dafür, dass der Erblasser mit dem Testament keine Erbeinsetzung vornehmen wollte.

Auch die Auslegungsregel des § 2087 Abs. 2 BGB geht bei der Zuwendung einzelner Vermögensgegenstände im Zweifel nicht von einer Erbeinsetzung aus.

Damit würden die Kinder hier eher nach der gesetzlichen Erbfolge zu jeweils 1/2 erben. Die Zuwendung des Hauses in der XY-Straße und des ersparten Geldes wären als Teilungsanordnung (Ausgleichungspflicht) oder Vorausvermächtnis (eher keine Ausgleichungspflicht) auszulegen (vgl. zu dieser Thematik z.B. OLG Hamm, Urt. v. 09.01.2014 – 10 U 10/13).

Zu Fragen der Abgrenzung von Teilungsanordnung zum Vorausvermächtnis siehe die Ausführungen in Mandatssituation 5.3, S. 209 ff.

Lösungsvariante 4:
Erbeinsetzung zu 1/2 (keine Wertverschiebungen)

Der Erblasser hatte zum Zeitpunkt der Testamentserrichtung neben dem Haus in der XY-Straße (350.000 €) ein Wertpapierdepot mit einem Wert von 300.000 € und ein Girokonto mit einem Kontostand von 60.000 €. Im Wesentlichen gab es bis zum Todestag keine Wertverschiebungen.

Wertmäßig hat der Erblasser seine Tochter und seinen Sohn **annähernd gleich bedacht**. Daher ist wohl davon auszugehen, dass er die Kinder testamentarisch als Erben zu jeweils 1/2 einsetzen wollte.

Hier ist außerdem zu prüfen, ob die Zuwendung des Hauses in der XY-Straße und des ersparten Geldes als Teilungsanordnung oder als Vorausvermächtnis auszulegen sind.

Zu Fragen der Abgrenzung von Teilungsanordnung zum Vorausvermächtnis siehe die Ausführungen in Mandatssituation 5.3, S. 209 ff.

Sachverhalt | Checkliste | Lösung | **Verfahren** | Muster

Anwaltliche Aufgaben im Erbscheinsverfahren

Innerhalb des Erbscheinsverfahrens hat der Rechtsanwalt gegenüber dem Nachlassgericht trotz des bestehenden Amtsermittlungsgrundsatzes erhebliche Zuarbeit zu leisten.

Im Rahmen der individuellen Auslegung kann das Nachlassgericht nur dann von der für den Mandanten günstigen Erbquote überzeugt werden, wenn sämtliche Tatsachen und Umstände, die für diese Erbquote sprechen, vorgetragen und bestenfalls für diesen Vortrag Beweis angeboten wird.

Wertermittlung

Der Rechtsanwalt hat, soweit dies (noch) möglich ist, die Werte der einzelnen Nachlassgegenstände zum Zeitpunkt der Testamentserrichtung und zum Zeitpunkt des Erbfalls zu ermitteln. Des Weiteren ist zu recherchieren, welche Vermögenswerte sich zwischen Testamentserrichtung und Erbfall vermehrt oder vermindert haben oder gar an einen im Testament Genannten oder an einen Dritten verschenkt wurden.

Die subjektiven **Vorstellungen des Erblassers** zum Zeitpunkt der Testamentserrichtung lassen sich allenfalls über Äußerungen, Briefe und Handlungen des Erblassers als Indizien in das Erbscheinsverfahren einführen.

Mandatssituation 5.3: Vorausvermächtnis – Teilungsanordnung

Sachverhalt | Checkliste | Lösung | Verfahren | Muster

In ihrer letztwilligen Verfügung von Todes wegen führte die Erblasserin wörtlich wie folgt aus: „Meine Kinder sollen zu gleichen Teilen meine Erben werden. Das wertvollere Elternhaus soll aber ausschließlich meine Tochter sofort nach meinem Tode erhalten. Das Ferienhaus an der Nordsee steht meinem Sohn zu."

Das Elternhaus hat am Todestag einen Wert von 400.000 €, das Ferienhaus einen Wert von 100.000 €. Das restliche Vermögen der Erblasserin beträgt 900.000 €.

Sachverhalt | **Checkliste** | Lösung | Verfahren | Muster

Da hier davon ausgegangen werden soll, dass das Nachlassgericht schon einen Erbschein erteilt hat, der die Kinder zu jeweils 1/2 als Erben ausweist, stellen sich im Wesentlichen noch folgende Fragen:	
Erhält die Tochter das Elternhaus zusätzlich zu ihrem Erbteil?	☐
Erhält der Sohn das Ferienhaus zusätzlich zu seinem Erbteil?	☐
Müssen die Häuser rechnerisch auf den Erbteil angerechnet werden?	☐
Besteht eine Ausgleichspflicht zwischen den Kindern?	☐
Liegt hier eine Teilungsanordnung vor?	☐
Liegt hier ein Vorausvermächtnis vor?	☐

Sachverhalt | Checkliste | **Lösung** | Verfahren | Muster

Teilungsanordnung

Gemäß **§ 2048 BGB** kann der Erblasser durch letztwillige Verfügung Anordnungen für die Auseinandersetzung des Nachlasses bzw. der Erbengemeinschaft treffen. Mit der Teilungsanordnung werden **keine dinglichen Zuordnungen** getroffen. Sie hat lediglich **schuldrechtliche Wirkung** wie eine Miterbenvereinbarung; sie ersetzt in ihrem Umfang den Teilungsplan und geht den gesetzlichen Regeln der Auseinandersetzung vor (BGH, Versäumnisurt. v. 17.04.2002 – IV ZR 226/00). Erhält ein Miterbe durch die Teilungsanordnung mehr als ein anderer Miterbe, so hat er den Mehrwert auszugleichen.

Praxistipp

Jeder einzelne Miterbe kann die Einhaltung der Teilungsanordnung rechtlich durchsetzen. Sind sämtliche Miterben damit einverstanden, kann eine von der Teilungsanordnung abweichende Auseinandersetzung stattfinden. Für den Testamentsvollstrecker ist eine Teilungsanordnung des Erblassers jedoch bindend (§§ 2203, 2204 BGB). Eine abweichende Vereinbarung unter den Erben braucht er nicht zu berücksichtigen.

Praxistipp

Eine Teilungsversteigerung ist unzulässig, sobald sie einer Teilungsanordnung widerspricht (vgl. z.B. OLG Oldenburg, Urt. v. 04.02.2014 – 12 U 144/13).

Vorausvermächtnis

Ein Vermächtnis, das einem Erben zugewandt wurde, nennt man Vorausvermächtnis (**§ 2150 BGB**). Durch das Vorausvermächtnis will der Erblasser dem Vorausvermächtnisnehmer einen zusätzlichen Vermögenvorteil zuweisen, also einen über seinen Erbteil hinausgehenden Mehrwert übertragen. Eine Ausgleichungspflicht im Hinblick auf den erhaltenen Mehrwert besteht unter den Miterben daher nicht.

Praxistipp

In der Regel handelt es sich z.B. bei der Zuweisung von Schmuck an die weiblichen Abkömmlinge um ein Vorausvermächtnis. Ein auf eine Ausgleichungs- bzw. Anrechnungspflicht gerichteter Erblasserwille wird hier in den seltensten Fällen zu ermitteln sein. Es ist eher nicht davon auszugehen, dass der Erblasser im Auge hatte, dass der Schmuck bewertet wird und die weiblichen Abkömmlinge sich den durch den Schmuck erhaltenen Mehrwert anrechnen lassen müssen.

Überquotale Teilungsanordnung

Von einer überquotalen Teilungsanordnung spricht man, wenn der durch Teilungsanordnung zugewiesene Wert den durch die Erbquote zugewiesenen Wert übersteigt und das Testament dahingehend auszulegen ist, dass der Erblasser den **Mehrwert** (die Differenz) **als Vorausvermächtnis** zuwenden wollte.

Abgrenzung Teilungsanordnung und Vorausvermächtnis

Anschaulich führt das LG Krefeld (Urt. v. 12.02.2010 – 5 O 352/09) wie folgt zur Abgrenzung der Teilungsanordnung vom (Voraus-)Vermächtnis aus: „*Bei der Auslegung, ob eine Teilungsanordnung oder ein Vermächtnis gewollt gewesen ist, sind für die Abgrenzung wesentlich der **Begünstigungswille** und der **Vermögensvorteil**, also die vom Erblasser gewollte wertmäßige Verteilung des Nachlasses: Wollte der Erblasser einem Miterben einen **Mehrwert** zusätzlich zu seinem Erbteil zuwenden, so liegt ein (Voraus-)Vermächtnis vor. Sollte nach dem Willen des Erblassers eine solche **Wertverschiebung** ausgeschlossen sein, indem der betreffende Miterbe einen entsprechenden Ausgleich aus seinem eigenen Vermögen zahlen muss, handelt es sich um eine Teilungsanordnung. Hierbei braucht eine Ausgleichspflicht nicht ausdrücklich oder konkludent vom Erblasser bestimmt worden zu sein. Vielmehr spricht das **Schweigen des Testaments immer für einen Wertausgleich**. Ist der Erblasserwille nicht zu ermitteln, muss seiner Regelung der Sinn zugrunde gelegt werden, der seinem mutmaßlichen Willen am ehesten entspricht. Ein dem Erblasser bekannter objektiver Vermögensvorteil wird dabei Indiz für einen Begünstigungswillen sein.*"

BGH-Rechtsprechung

Grundlage für diese Ausführungen des LG Krefeld ist die folgende bisherige Rechtsprechung des BGH zur Abgrenzung zwischen Teilungsanordnung und Vorausvermächtnis:

- BGH, Urt. v. 08.11.1961 – V ZR 31/60
- BGH, Urt. v. 21.02.1962 – VIII ZR 4/61
- BGH, Urt. v. 27.01.1987 – VIII ZR 37/86

- BGH, Urt. v. 28.01.1987 – IVa ZR 191/85
- BGH, Urt. v. 06.12.1989 – VIIa ZR 59/88
- BGH, Urt. v. 07.12.1994 – IV ZR 281/93
- BGH, Urt. v. 15.10.1997 – IV ZR 327/96

Folgende ebenfalls dünn gesäte jüngere obergerichtliche Rechtsprechung könnte im Rahmen der Abgrenzung ebenfalls hilfreich sein:

- OLG München, Hinweisbeschl. v. 29.08.2018 – 8 U 3464/17
- OLG Saarbrücken, Urt. v. 25.06.2014 – 5 U 3/14
- OLG Frankfurt a. M., Urt. v. 05.10.2007 – 3 U 272/06
- OLG Koblenz, Urt. v. 13.10.2005 – 5 U 451/05

Auf die Mandatssituation bezogen bedeutet dies, dass zu ermitteln ist, ob die Erblasserin den wirtschaftlichen Vorteil aufgrund des Mehrwerts des Elternhauses im Verhältnis zum Ferienhaus der Tochter zuwenden wollte, ohne dass diese den Mehrwert auszugleichen braucht, oder ob die Erblasserin mit der Zuweisung der Grundstücke lediglich eine Verteilung des Nachlasses vornehmen wollte.

Pro Vorausvermächtnis

Folgende Argumente könnten hier für ein Vorausvermächtnis sprechen:

- der objektive Wertunterschied zwischen Elternhaus und Ferienhaus (400.000 € bzw. 100.000 €)
- der Erblasserin war die erhebliche Wertdifferenz zwischen Elternhaus und Ferienhaus auch bekannt („das wertvollere Elternhaus“)
- die Erblasserin wollte die Tochter bevorzugen und nicht lediglich die Teilung des Nachlasses regeln („sofort nach meinem Tode“)
- die Erblasserin testierte zwar, dass die Kinder zu gleichen Teilen erben sollen, das Elternhaus sollte jedoch vorab an die Tochter gehen („aber ausschließlich meine Tochter“).

Nach all dem ist hier eher davon auszugehen, dass der Tochter und wohl auch dem Sohn **Ansprüche auf Übertragung** der jeweiligen Grundstücke schon **vor der Auseinandersetzung** des (restlichen) Nachlasses zustehen.

Aber auch hier gilt, dass eine anderweitige Auslegung aufgrund von Tatsachen außerhalb des Testaments und wegen individuell beim Erblasser bestehender Beweggründe jederzeit möglich wäre.

Steuertipp

Der Vorausvermächtnisnehmer hat das **Vorausvermächtnis** zusätzlich zu seinem Miterbenanteil, zumindest insoweit es den Erbteil übersteigt, gem. § 3 Abs. 1 Nr. 1 ErbStG erbschaftsteuerlich zu veranlagen.

Die **Teilungsanordnung** führt grundsätzlich zu keiner von den Erbquoten abweichenden Verschiebung der Wertverhältnisse. Durch das Erbschaftsteuerreformgesetz (BGBl I 2008, 3018; in Kraft seit 01.01.2009) kann es jedoch zu einer Änderung bei der Belastungsverteilung unter den Miterben kommen. Dies ist insbesondere bei von einer Teilungsanordnung betroffenen Betriebsvermögen, Familienheimen und Mietimmobilien der Fall. Hier stehen die diesbezüglichen erbschaftsteuerlichen Privilegien ausschließlich demjenigen zu, der diese Werte durch die Teilungsanordnung auch tatsächlich übernimmt. In den Erbschaftsteuer-Richtlinien 2011 (Weisungen an die Finanzbehörden zur einheitlichen Anwendung des Erbschaftsteuer- und Schenkungsteuerrechts; auf der beiliegenden CD-ROM und im Onlinemodul abrufbar) erfahren Sie unter R E 3.1 ErbStR 2011 mehr.

Sachverhalt | Checkliste | Lösung | **Verfahren** | Muster

Feststellungsklage

Besteht unter den Miterben Streit darüber, ob es sich bei den Anordnungen des Erblassers um eine **Teilungsanordnung oder um ein Vorausvermächtnis** handelt, so besteht die Möglichkeit, eine Feststellungsklage zu erheben (BGH, Urt. v. 27.06.1990 – IV ZR 104/89), zumindest dann, wenn der Nachlass sehr komplex ist und die Feststellungsklage für die Auseinandersetzung der Erbengemeinschaft eine maßgebende Grundlage bietet.

Leistungsklage

Das Vorausvermächtnis kann auch gegenüber sämtlichen Miterben als Leistungsklage geltend gemacht werden. Zusätzlich kann dann möglicherweise noch auf Feststellung geklagt werden, dass ein Mehrwert nicht auszugleichen ist. Vor der Auseinandersetzung der Erbengemeinschaft handelt es sich bei diesen Klagen um **Gesamthandsklagen** (§ 2059 BGB).

Teilungsklage

Eine Teilungsanordnung kann im Wege einer Teilungsklage (Auseinandersetzungsklage oder Erbteilungsklage) durchgesetzt werden. Die durch den Erblasser angeordneten Teilungsvorstellungen gehen den gesetzlichen Teilungsregeln vor.

Mandatssituation 5.4: Ersatzerben oder Anwachsung – Abkömmlinge

Sachverhalt | Checkliste | Lösung | Verfahren | Muster

Der unverheiratete Erblasser hat seine drei Söhne als Erben zu je 1/3 eingesetzt. Der älteste Sohn, der Vater von zwei Töchtern ist, verstarb wenige Wochen vor dem Erblasser. Wer wird zu welcher Quote Erbe?

Sachverhalt | **Checkliste** | Lösung | Verfahren | Muster

Bei der Auslegung des Testaments stellen sich folgende Fragen:	
Was passiert mit dem Erbteil des vorverstorbenen Sohns?	☐
Gibt es Ersatzerben für den vorverstorbenen Sohn oder wächst der Erbteil des vorverstorbenen Sohns seinen beiden Brüdern an?	☐

Sachverhalt | Checkliste | **Lösung** | Verfahren | Muster

Vorrang der individuellen Auslegung

Zunächst ist zu prüfen, ob der Erblasserwille im Rahmen der individuellen Auslegung ermittelt werden kann. Erst wenn dies nicht möglich ist, sind die gesetzlichen Auslegungs- und Ergänzungsregeln heranzuziehen (Vorrang der individuellen Auslegung).

Ersatzerben

In **§ 2069 BGB** ist geregelt, dass dann, wenn der Erblasser einen seiner Abkömmlinge bedacht hat und dieser nach der Errichtung des Testaments wegfällt, im Zweifel anzunehmen ist, dass dessen Abkömmlinge insoweit bedacht sind, als sie bei der gesetzlichen Erbfolge **an dessen Stelle treten** würden. Nach dieser Vorschrift würden die beiden Kinder des vorverstorbenen Sohns zu je einem 1/6-Anteil Ersatzerben nach dem Großvater werden.

Anwachsung

In **§ 2094 Abs. 1 BGB** ist demgegenüber bestimmt, dass dann, wenn mehrere Erben in der Weise eingesetzt sind, dass dies die gesetzliche Erbfolge ausschließt, und einer der Erben vor oder nach dem Eintritt des Erbfalls wegfällt, dessen Erbteil den übrigen Erben nach dem Verhältnis ihrer Erbteile **anwächst.** Demnach würde den beiden Brüdern der frei werdende Erbteil des vorverstorbenen Sohns anwachsen.

Vorrang Ersatzerbe

Welche der beiden Vorschriften letztendlich der Vorrang gebührt, hat der Gesetzgeber in **§ 2099 BGB** geregelt. **Das Recht des Ersatzerben geht dem Anwachsungsrecht vor.** Damit erben hier die beiden Söhne des Erblassers zu jeweils 1/3 und die beiden Enkeltöchter zu jeweils 1/6 (1/3-Anteil des Vaters).

Praxistipp

Mit § 1935 BGB gibt es für die gesetzlichen Erben und in den §§ 2158 ff. BGB für Vermächtnisanordnungen Normen, die § 2094 Abs. 1 BGB (Anwachsung) ähneln.

Abwandlung 5.4.1: Ersatzerben oder Anwachsung – testamentarische Regelung

Sachverhalt | Checkliste | Lösung | Verfahren | Muster

Der unverheiratete Erblasser hat seine drei Söhne als Erben zu je 1/3 eingesetzt. Der älteste Sohn, der Vater von zwei Töchtern ist, verstarb wenige Wochen vor dem Erblasser. Der Erblasser hat im notariellen Testament jedoch zusätzlich verfügt, dass eine Ersatzerbenbestimmung nicht getroffen wird (erste Alternative) oder alternativ, dass „Ersatzerben heute ausdrücklich nicht benannt" werden sollen (zweite Alternative). Wer wird zu welcher Quote Erbe?

Sachverhalt | **Checkliste** | Lösung | Verfahren | Muster

Bei der Auslegung des Testaments stellen sich folgende Fragen:	
Was passiert mit dem Erbteil des vorverstorbenen Sohns?	☐
Gibt es Ersatzerben für den vorverstorbenen Sohn oder wächst der Erbteil des vorverstorbenen Sohns seinen beiden Brüdern an?	☐

Sachverhalt | Checkliste | **Lösung** | Verfahren | Muster

In den abgewandelten Fallkonstellationen ist zu beachten, dass **die testamentarischen Anordnungen des Erblassers gegenüber den gesetzlichen Auslegungs- und Ergänzungsregeln Vorrang** genießen.

Erste Alternative

Vorbehaltlich einer anderen individuellen Auslegung wäre durch die Verfügung des Erblassers, dass eine Ersatzerbenbestimmung nicht getroffen wird, eine Anwendung des § 2069 BGB wohl eher ausgeschlossen. Nach Ansicht des BayObLG (Beschl. v. 14.12.2004 – 1Z BR 64/04) fehlt es durch diese Anordnung an Zweifeln („im Zweifel anzunehmen"), die die Vorschrift des § 2069 BGB gerade voraussetzt. Demnach würde hier der Erbteil den beiden Geschwistern des Vorverstorbenen anwachsen. Die Kinder des vorverstorbenen Sohns würden leer ausgehen.

Zweite Alternative

Demgegenüber schloss die Verfügung, dass „Ersatzerben heute ausdrücklich nicht benannt" werden sollen, in einem vom OLG München entschiedenen Fall (Beschl. v. 04.03.2009 – 31 Wx 073/08 und 31 Wx 73/08) die Anwendbarkeit des § 2069 BGB nicht aus. Wenn man zum gleichen Ergebnis wie das OLG München käme, wären die Kinder des vorverstorbenen Sohns Ersatzerben zu jeweils 1/6. Auch an diesen Sachverhaltsabwandlungen zeigt sich wieder, dass jede Testamentsauslegung eine Einzelfallentscheidung darstellt und damit Raum für Argumentationen bietet.

Abwandlung 5.4.2: Ersatzerben oder Anwachsung – keine Abkömmlinge

Sachverhalt | Checkliste | Lösung | Verfahren | Muster

Der unverheiratete und kinderlose Erblasser hat seine drei Brüder als Erben zu je 1/3 eingesetzt. Der älteste Bruder, der Vater von zwei Töchtern ist, verstarb wenige Wochen vor dem Erblasser.

Sachverhalt | **Checkliste** | Lösung | Verfahren | Muster

Was passiert mit dem Erbteil des vorverstorbenen Bruders des Erblassers?	☐
Gibt es Ersatzerben für den vorverstorbenen Bruder oder wächst der Erbteil des vorverstorbenen Bruders den beiden Brüdern an?	☐

Sachverhalt | Checkliste | **Lösung** | Verfahren | Muster

Analoge Anwendung des § 2069 BGB

Die **Vermutungsregel des § 2069 BGB** ist grundsätzlich nur anwendbar, wenn der Erblasser einen seiner Abkömmlinge bedacht hat. Eine analoge Anwendung auf einen anderen Personenkreis als die Abkömmlinge verneint die herrschende Meinung (BGH, Urt. v. 31.10.1973 – IV ZR 125/72; OLG München, Beschl. v. 06.07.2006 – 31 Wx 35/06; OLG Hamm, Beschl. v. 23.04.1996 – 15 W 341/95).

Da der Erblasser hier keine Abkömmlinge, sondern seine Brüder zu Erben eingesetzt hat, wäre demnach auch eine analoge Anwendung des § 2069 BGB ausgeschlossen. Der Erbteil des vorverstorbenen Bruders würde damit auf den ersten Blick gem. § 2094 Abs. 1 BGB den beiden anderen Brüdern **anwachsen.**

Ergänzende Testamentsauslegung

Allerdings kann in derartig gelagerten Fällen häufig durch ergänzende Testamentsauslegung ein dahin gehender Wille des Erblassers ermittelt werden, dass dieser die Erbeinsetzung, insbesondere im **engen Familienkreis (Geschwister, Nichten und Neffen), nach Stämmen** vornahm (BGH, Urt. v. 31.10.1973 – IV ZR 125/72; BayObLG, Beschl. v. 25.01.2000 – 1Z BR 181/99; BayObLG, Beschl. v. 01.04.2004 – 1Z BR 1/04; OLG Karlsruhe, Beschl. v. 18.08.1992 – 4 W 24/92; OLG München, Beschl. v. 06.07.2006 – 31 Wx 35/06). Vorliegend würden daher die Kinder des vorverstorbenen Bruders in der Erbfolge nachrücken.

Sachverhalt | Checkliste | Lösung | **Verfahren** | Muster

Inhalt des Vortrags

Im **Erbscheinsverfahren** bzw. bei der **Erbenfeststellungsklage** ist je nach gewünschtem Ergebnis darzulegen, dass der Erblasser die Erbeinsetzung zugunsten des „ersten seines Stamms" vornahm oder er ausschließlich dem Bedachten persönlich etwas zuwenden wollte. Hierzu können auch **Sachverhalte außerhalb des Testaments** vorgetragen werden. Folgende Problemkreise könnten hier von Bedeutung sein:

- Verwandtschaftsgrad
- emotionales Näheverhältnis zu den Beteiligten
- familiäre Handhabung und Absprachen
- vorausgegangene Schenkungen

Andeutungstheorie

Die für die Auslegung erforderliche Andeutung im Testament (Andeutungstheorie) kann schon in der testamentarischen Berufung der Person gesehen werden (BGH, Urt. v. 31.10.1973 – IV ZR 125/72).

Mandatssituation 5.5: Einheits- oder Trennungslösung

Sachverhalt | Checkliste | Lösung | Verfahren | Muster

Die Eheleute testieren wie folgt: „Wir setzen uns gegenseitig als Alleinerben ein. Nacherben unseres gemeinschaftlich erarbeiteten Vermögens sollen bei dem Tod des Letztversterbenden unsere Kinder zu jeweils 1/2 werden." Wer wird Erbe nach dem Tod des Erstversterbenden?

Sachverhalt | **Checkliste** | Lösung | Verfahren | Muster

Ist hier eine Vor- und Nacherbschaft angeordnet?	☐
Oder sollen der überlebende Ehegatte Alleinerbe und die Kinder Schlusserben werden?	☐

Sachverhalt | Checkliste | **Lösung** | Verfahren | Muster

Auslegung gemeinschaftlicher Ehegattentestamente

Bei der Auslegung i.d.R. handschriftlich abgefasster, gemeinschaftlicher Testamente von Ehegatten stellt sich häufig die Frage, ob die Kinder als Schlusserben oder als Nacherben eingesetzt werden sollten.

Bei der Auslegung gemeinschaftlicher Testamente (und Erbverträge) ist neben dem wirklichen Willen der Beteiligten vor allem deren **übereinstimmender Wille** von Bedeutung (vgl. §§ 133, 157 BGB).

Auslegungsregel des § 2269 Abs. 1 BGB

Nur wenn sich ein solcher Wille nicht feststellen lässt, ist die gesetzliche Auslegungsregel des § 2269 Abs. 1 BGB heranzuziehen. Haben die Ehegatten in einem gemeinschaftlichen Testament, durch das sie sich gegenseitig als Erben einsetzen, bestimmt, dass nach dem Tode des Überlebenden der beiderseitige Nachlass an einen Dritten fallen soll, so ist nach dieser Vorschrift im Zweifel anzunehmen, dass der Dritte für den gesamten Nachlass als Erbe des zuletzt versterbenden Ehegatten eingesetzt ist.

Zu prüfen ist daher vorrangig, ob zum Zeitpunkt der Testamentsgestaltung beide Eheleute die **Kinder als Schlusserben (Einheitslösung) oder Nacherben (Trennungslösung) einsetzen wollten.** Erst wenn eine solche Auslegung ohne Ergebnis bleibt, ist die Auslegungsregel des § 2269 Abs. 1 BGB heranzuziehen.

Einheitslösung

Die Einheitslösung wäre zu bejahen, wenn die Eheleute ihr beiderseitiges **Vermögen insgesamt als Einheit** angesehen haben und das Vermögen nach dem Tod des Erstversterbenden beim Ehegatten wieder **„verschmelzen“ soll.**

Trennungslösung

Die Trennungslösung wäre anzunehmen, wenn die Eheleute dem längerlebenden Ehegatten **Verfügungsbeschränkungen** (vgl. z.B. OLG Hamm, Beschl. v. 10.02.2003 – 15 W 216/02: „Unser Haus … darf nicht verkauft werden.“) auferlegt hätten.

Weitere Auslegungskriterien könnten sein:

- dem Längerlebenden sollen Verwaltungsaufgaben zukommen,
- zwischen Vermögensmassen und deren Herkunft bzw. Verbleib wird unterschieden oder
- der Nachlass soll für die dritten Personen erhalten werden.

Auf den vorliegenden Sachverhalt bezogen, würde man daher nach alldem bei der Auslegung des Testaments eher zu dem Ergebnis kommen, dass die Eheleute die **Kinder als Schlusserben** nach dem Längstlebenden einsetzen wollten – und dies, obwohl die Eheleute den Begriff „Nacherben“ verwendet haben (BGH, Urt. v. 22.09.1982 – IV a ZR 26/81; BGH, Urt. v. 27.09.1982 – II ZR 16/82; OLG Düsseldorf, Urt. v. 14.06.1996 – 7 U 153/95).

Hierfür spricht insbesondere, dass die Eheleute von einem gemeinschaftlich erarbeiteten Vermögen ausgehen und das Vermögen erst beim Tod des Letztversterbenden an die Kinder gehen soll.

Sachverhalt | Checkliste | Lösung | **Verfahren** | Muster

Auslegung im Erbscheinsverfahren

Ein solches Testament ist i.d.R. im Erbscheinsverfahren auszulegen. Sowohl der überlebende Ehegatte als auch die Kinder sollten hier rechtzeitig, je nachdem, welche Interessen bestehen und welche Auslegungsvarianten favorisiert werden, zur Auslegung des Testaments Stellung nehmen. Hat das Nachlassgericht erst einmal eine Auslegung vorgenommen und einen Erbschein erteilt, wird es umso schwieriger, diesen durch das Vorbringen neuer Argumente und Tatsachen außerhalb des Testaments wieder einziehen zu lassen.

Mandatssituation 5.6: Getrennte Verfügungen, Wechselbezüglichkeit, Pflichtteil erben

Sachverhalt | Checkliste | Lösung | Verfahren | Muster

Der Ehemann errichtet am 01.01.2005 folgendes formgültiges Testament: „Wir setzen uns gegenseitig zu Alleinerben ein. Nach dem Tod des Letztversterbenden setze ich meine beiden Kinder zu gleichen Teilen zu Erben ein. Sollte ein Kind nach dem Tod des Zuerstversterbenden Pflichtteilsansprüche geltend machen, so soll es auch nach dem Tod des Längstlebenden lediglich den Pflichtteil erhalten.“ Die Ehefrau errichtet am 01.03.2005 ebenfalls formgültig ein Testament mit exakt demselben Wortlaut.

Der Ehemann stirbt im Jahr 2010. Im Jahr 2011 testiert die Ehefrau wie folgt: „Ich widerrufe alle früheren Verfügungen von Todes wegen. Meine Tochter soll lediglich den Pflichtteil erben“. Wer wird Erbe nach der 2012 verstorbenen Ehefrau?

Sachverhalt | **Checkliste** | Lösung | Verfahren | Muster

Liegt hier ein gemeinschaftliches Testament der Eheleute vor?	☐
Ist das ggf. vorliegende gemeinschaftliche Testament wechselbezüglich errichtet worden?	☐
Ist das Testament der Ehefrau aus dem Jahr 2011 wirksam?	☐
Wenn es wirksam ist, wer wurde nach der Ehefrau Erbe?	☐

Sachverhalt | Checkliste | **Lösung** | Verfahren | Muster

Gemeinschaftliches Testament?

Zunächst ist fraglich, ob ein **gemeinschaftliches Testament** auch dann gegeben ist, wenn die Eheleute in **zwei separaten Schriftstücken** und/oder **zu unterschiedlichen Zeitpunkten** testiert haben.

Denn nur, wenn ein gemeinschaftliches Testament angenommen werden kann, kann sich ggf. eine Wechselbezüglichkeit und damit eine Bindungswirkung für den Letztversterbenden entfalten. In § 2265 BGB wird lediglich geregelt, dass ein gemeinschaftliches Testament nur von Eheleuten errichtet werden kann. Wie es errichtet werden muss, ist gesetzlich nicht geregelt.

Errichtungszusammenhang

Allgemein anerkannt ist, dass zwischen den beiden Verfügungen der Eheleute ein sogenannter Errichtungszusammenhang bestehen bzw. der **beiderseitige Wille zur gemeinsamen Verfügung** erkennbar sein muss.

Die folgenden **Umstände** können **für die Annahme eines gemeinschaftlichen Testaments** trotz Äußerung des Testierwillens auf zwei verschiedenen Schriftstücken sprechen:

- Überschriften wie z.B. „Unser gemeinsamer Wille" oder „Gemeinschaftliches Testament"
- gegenseitige Bezugnahme
- jeweilige Benutzung der Worte „wir", „gemeinsam", „gegenseitig" oder „beiderseitig"
- jeweilige Mitunterzeichnung
- Errichtung am gleichen Tag und Ort
- Aufbewahrung beider Verfügungen in einem einzigen verschlossenen Briefumschlag

Vorliegend könnte für die Annahme eines gemeinschaftlichen Testaments sprechen, dass die Eheleute jeweils in der „Wir"-Form sich „gegenseitig" als Erben eingesetzt haben und beide damit die Kinder enterbt haben, des Weiteren, dass die Kinder nach dem „Letztversterbenden" erben sollten. Dagegen könnte jedoch sprechen, dass die Eheleute den zweiten Erbfall in der „Ich"-Form geregelt haben und die beiden Verfügungen in einem Abstand von zwei Monaten errichtet wurden.

Letztendlich soll die Lösung hier dahingestellt bleiben. Je nach weiteren Umständen des Einzelfalls können hier wohl beide Lösungsalternativen zum Zuge kommen.

Auslegungsvariante: Gemeinschaftliches Testament

Wenn man von einem gemeinschaftlichen Testament ausgeht, stellt sich sodann die Frage, ob die gegenseitige Erbeinsetzung **wechselbezüglich** mit der hälftigen Erbeinsetzung der Kinder erfolgte. Grundsätzlich kann auch eine Wechselbezüglichkeit für miteinander stehende und fallende Verfügungen der Eheleute angenommen werden, die **in zwei getrennten Verfü-**

gungen getroffen wurden. Es ist zu prüfen, ob die gegenseitige Einsetzung der Ehegatten zunächst als Alleinerben in Wechselbezüglichkeit zur hälftigen Erbeinsetzung der Kinder steht.

Wechselbezüglichkeit

Gemäß **§ 2270 Abs. 2 BGB** ist im Zweifel dann Wechselbezüglichkeit anzunehmen, wenn sich die Ehegatten gegenseitig bedenken oder wenn dem einen Ehegatten von dem anderen eine Zuwendung gemacht und für den Fall des Überlebens des Bedachten eine Verfügung zugunsten einer Person getroffen wird, die mit dem anderen Ehegatten verwandt ist oder ihm sonst nahesteht.

Damit ist im Zweifel die gegenseitige Einsetzung von Ehegatten mit der Schlusserbeneinsetzung der Kinder wechselbezüglich. Vorliegend kommt noch hinzu, dass die Eheleute jeweils eine sogenannte **Pflichtteilsstrafklausel** in ihr durch zwei getrennte Verfügungen errichtetes gemeinschaftliches Testament aufgenommen haben.

Wenn man also mangels weiterer Indizien und Umstände eine Wechselbezüglichkeit und damit eine Bindungswirkung annimmt, ist das im Jahr 2011 durch die Ehefrau errichtete Testament nicht wirksam errichtet worden. Die Unwirksamkeit ergibt sich aus § 2271 Abs. 1 Satz 2 BGB und § 2289 BGB analog. Erben nach der Ehefrau wären damit die beiden Kinder jeweils zur Hälfte.

Auslegungsvariante: Zwei Einzeltestamente bzw. keine Wechselbezüglichkeit

Wenn man nach der Auslegung der beiden Testamente aus dem Jahr 2005 davon ausgeht, dass es sich hierbei um zwei eigenständige Einzeltestamente handelt, dann konnte die Ehefrau im Jahr 2011 frei testieren. Zum gleichen Ergebnis würde man gelangen, wenn man bei einem gemeinschaftlichen Testament keine Wechselbezüglichkeit in Bezug auf die hälftige Erbeinsetzung der beiden Kinder feststellen konnte. Im Jahr 2005 bestimmte sie, dass ihre beiden Kinder zu gleichen Teilen erben sollten. Im Jahr 2011 verfügte sie, dass ihre Tochter „lediglich den Pflichtteil erben" soll.

Zuwendung des Pflichtteils

Wegen der Wortwahl **„Pflichtteil erben"** ist abschließend zu prüfen, ob die Tochter enterbt wurde und lediglich einen Pflichtteilsanspruch hat oder möglicherweise zu 1/4 (Höhe des Pflichtteils) erben sollte. Weitere Auslegungsvariante wäre, dass der Tochter ein Vermächtnis in Höhe des Pflichtteils zugewendet werden sollte.

Grundsätzlich spricht das Wort „erben" dafür, dass die Ehefrau auch ihrer Tochter unmittelbare Rechte am Nachlass einräumen und sie damit als Erbin zu 1/4 einsetzen wollte. Bestehen jedoch im Rahmen der individuellen Auslegung diesbezügliche Zweifel, so ist die **Auslegungsregel des § 2304 BGB** zu beachten. Nach dieser Vorschrift ist die Zuwendung des Pflichtteils im Zweifel nicht als Erbeinsetzung anzusehen.

Vorliegend sind keine weiteren Anhaltspunkte ersichtlich, ob nun ein Vermächtnis in Höhe des Pflichtteils zugewendet werden sollte oder eine Enterbung stattgefunden hat. Daher wäre eher von einer Enterbung und damit lediglich von einem **Pflichtteilsanspruch der Tochter** auszugehen.

Mandatssituation 5.7: Berliner Testament, Wechselbezüglichkeit und späterer Vermögenszufluss

Sachverhalt | Checkliste | Lösung | Verfahren | Muster

Die Eheleute setzten sich in einem gemeinschaftlichen Testament gegenseitig als Alleinerben ein. Schlusserben des Letztversterbenden sollen der Sohn und die Tochter des Ehemanns aus erster Ehe werden.

Einige Jahre nach dem Tod des Ehemanns verstarb auch die Tochter des Ehemanns. Sie hinterließ einen Sohn. Die Ehefrau errichtete später ein Testament, in dem sie ihre Nichte als Alleinerbin einsetzte. Der Nachlass nach der Ehefrau stammte im Wesentlichen aus einer Erbschaft, die die Ehefrau erst nach dem Tod des Ehemanns erhielt. Wer wird Erbe nach der letztversterbenden Ehefrau?

Sachverhalt | Checkliste | Lösung | Verfahren | Muster

Wird aufgrund des gemeinschaftlichen Testaments der Sohn der vorverstorbenen Tochter Ersatzerbe (§ 2096 BGB) oder wächst der Erbteil der vorverstorbenen Tochter dem Sohn des Ehemanns (Bruder der vorverstorbenen Tochter) an (§ 2094 BGB)? Oder ist hier § 2069 BGB (Abkömmlinge des Erblassers) zu beachten?	☐
Ist die gegenseitige Erbeinsetzung der Eheleute wechselbezüglich zu der Erbeinsetzung der Kinder des Ehemanns (§ 2270 BGB)?	☐
War die Ehefrau wegen der aus der Wechselbezüglichkeit resultierenden Bindungswirkung gehindert, eine andere Erbeinsetzung vorzunehmen (§ 2289 Abs. 1 Satz 1 BGB analog)?	☐
Ist das spätere Testament aus diesem Grund nicht wirksam?	☐
Ist das spätere Testament der Ehefrau als Widerrufstestament zu werten (§ 2271 BGB)?	☐

Wie wirkt sich aus, dass das Vermögen im Wesentlichen aus einer der Ehefrau zugeflossenen Erbschaft stammt? Ist hier im Wege der ergänzenden Testamentsauslegung von einer Abänderungsbefugnis in Bezug auf die Erbeinsetzung der Kinder des Ehemanns auszugehen?	☐
Kann die Nichte das gemeinschaftliche Testament der Eheleute mit der Begründung anfechten, dass sich die Ehefrau über die Bindungswirkung eines gemeinschaftlichen Testaments geirrt hat?	☐
Kann die Nichte das gemeinschaftliche Testament der Eheleute mir der Begründung anfechten, dass sich die Ehefrau über die zukünftige Erbschaft aus ihrer Familie geirrt hat und bei Testamentserrichtung davon ausging, nicht zu erben (Motivirrtum)?	☐
Kann das zweite Testament der Ehefrau (rettend) dahin gehend ausgelegt werden, dass sie der Nichte das erworbene Erbe als Vermächtnis zuwenden wollte?	☐

Sachverhalt | Checkliste | **Lösung** | Verfahren | Muster

Diese einer Entscheidung des OLG München (Beschl. v. 28.03.2011 – 31 Wx 93/10) nachgebildete Mandatssituation ist äußerst komplex und vielschichtig. Daher erfolgt eine Lösung Schritt für Schritt.

Ersatzerbe oder Anwachsung

Zunächst ist das gemeinschaftliche Testament wohl dahin gehend auszulegen, dass die Enkelin im Wege der **Ersatzerbfolge (§ 2096 BGB)** an die Stelle ihrer Mutter getreten ist und daher keine **Anwachsung (§ 2094 BGB)** eintrat. Gemäß § 2099 BGB geht das Recht des Ersatzerben dem Anwachsungsrecht grundsätzlich vor.

Ergänzende Auslegung

Die wörtliche Auslegung und die Feststellung des mutmaßlichen Erblasserwillens helfen hier zwar wegen einer fehlenden testamentarischen Verfügung nicht weiter. Aber im Rahmen der ergänzenden Auslegung ist die Frage zu stellen, wie die Erblasser verfügt hätten, wenn sie die Möglichkeit des Vorversterbens eines der Kinder des Ehemanns bedacht hätten. Der Ausschluss der Verwandten der Ehefrau von der Erbfolge spricht dann wohl dafür, dass die Erblasser eine Ersatzerbenstellung der Abkömmlinge der Kinder des Ehemanns wollten. Zudem haben die Erblasser eine bewusste Verteilung nach Stämmen vorgenommen und daher wohl keines der Kinder des Ehemanns bevorzugen wollen.

Rückgriff auf § 2069 BGB

Ansonsten hätte ggf. auch ein Rückgriff auf die Auslegungsregel des § 2069 BGB erfolgen können. Diese Vorschrift regelt, dass dann, wenn der Erblasser einen seiner Abkömmlinge bedacht hat und dieser nach der Errichtung des Testaments wegfällt, im Zweifel anzunehmen ist, dass dessen Abkömmlinge insoweit bedacht sind, als sie bei der gesetzlichen Erbfolge an dessen Stelle treten würden. Ein Rückgriff auf diese Vorschrift war jedoch wegen der erfolgreichen individuellen Auslegung nicht notwendig.

Wechselbezüglichkeit

In einem weiteren Schritt ist zu prüfen, ob die gegenseitige Erbeinsetzung der Eheleute innerhalb des gemeinschaftlichen Testaments i.S.d **§ 2270 Abs. 1 BGB wechselbezüglich** mit der Erbeinsetzung der Kinder des Ehemanns war.
Das OLG München führt hierzu im Beschluss vom 28.03.2011 wie folgt aus: „*Enthält ein gemeinschaftliches Testament keine klare und eindeutige Anordnung zur Wechselbezüglichkeit, muss diese nach den allgemeinen Auslegungsgrundsätzen und für jede Verfügung gesondert ermittelt werden (BGH, NJW-RR 1987, 1410). Erst wenn die Ermittlung des Erblasserwillens weder die gegenseitige Abhängigkeit noch die gegenseitige Unabhängigkeit der beiderseitigen Verfügungen ergibt, ist gem. § 2270 Abs. 2 BGB im Zweifel Wechselbezüglichkeit anzunehmen, wenn sich die Ehegatten gegenseitig bedenken oder wenn dem einen Ehegatten von dem anderen eine Zuwendung gemacht und für den Fall des Überlebens des Bedachten eine Verfügung zugunsten einer Person getroffen wird, die mit dem anderen Ehegatten verwandt ist oder ihm sonst nahe steht.*“

Hier ergibt sich wohl schon im Wege der individuellen Auslegung und ohne auf die Auslegungsregel des § 2270 Abs. 2 BGB zurückgreifen zu müssen eine Wechselbezüglichkeit der Verfügungen.

Es liegt nahe, dass der Ehemann die Enterbung seiner Kinder im ersten Todesfall als wechselbezüglich mit der Erbeinsetzung nach dem Tod des Letztverstrebenden betrachtet. Er vertraute darauf und verfügte dergestalt in dem Bewusstsein, dass das Vermögen letztendlich an die Kinder übergehen sollte.

Mangels Angabe weiterer Umstände im Sachverhalt und der allgemeinen Lebenserfahrung ist eine andere Auslegung eher nicht passend. Hieran ändert auch der Umstand nichts, dass die Ehefrau später erhebliches Vermögen geerbt hat. Damit war die Erbeinsetzung der Abkömmlinge des Ehemanns auch bindend.

Abänderungsbefugnis

Allerdings könnte es sein, dass im Wege der ergänzenden Testamentsauslegung ein gemeinsamer Wille der Eheleute dahin gehend zu ermitteln ist, dass die Ehefrau zumindest **in Bezug auf das ererbte Vermögen neu verfügen durfte.** Eine solche Abänderungsbefugnis ist grundsätzlich auch bei wechselbezüglichen und damit bindenden Verfügungen möglich. Jedoch ist nach dem OLG München in Bezug auf die Annahme und den Umfang einer Abänderungsbefugnis ein **strenger Maßstab** anzulegen.

Jedenfalls wäre hier jedoch die vollständige Aufhebung der Schlusserbeneinsetzung der Kinder des Ehemanns zugunsten der Nichte nicht mehr von einer möglicherweise im Wege der ergänzenden Auslegung ermittelten Abänderungsbefugnis umfasst. Eine weiter gehende Prüfung kann daher unterbleiben.

Nach all dem war die Ehefrau wegen der aus der Wechselbezüglichkeit resultierenden Bindungswirkung gehindert, eine andere Erbeinsetzung vorzunehmen (§ 2289 Abs. 1 Satz 1 BGB). **Das spätere Testament ist aus diesem Grund nicht wirksam.**

Widerrufstestament

Das spätere Testament der Ehefrau kann auch nicht als Widerrufstestament bewertet werden. Gemäß **§ 2271 Abs. 2 Satz BGB erlischt das Widerrufsrecht mit dem Tod des Ehegatten.**

Anfechtung

Ein **Irrtum über die Bindungswirkung eines gemeinschaftlichen Testaments stellt keinen Inhaltsirrtum** i.S.d. § 2078 Abs. 1 erste Alternative BGB dar. Auch geht aus dem Sachverhalt nicht hervor, dass sich die Ehefrau bei der Errichtung der gemeinschaftlichen Verfügung von einer späteren Erbschaft hat leiten lassen. Die Ehefrau hatte sich wohl zu diesem Zeitpunkt überhaupt keine Vorstellung zu einer Erbschaft und damit zu einem Eintritt bzw. Nichteintritt eines bestimmten Umstands i.S.d. § 2078 Abs. 2 BGB gemacht. Eine Anfechtung greift daher nicht durch.

Vermächtnis einklagen?

Möglicherweise kann eine Abänderungsbefugnis dahin gehend ermittelt werden, dass die Ehefrau bezüglich **des ererbten Vermögens** berechtigt war, zumindest im Wege eines Vermächtnisses verfügen zu können. Das Nachlassgericht hat hierzu im Erbscheinsverfahren natürlich keine Stellung bezogen. **Ein ggf. bestehender Vermächtnisanspruch müsste vor einem Zivilgericht geltend gemacht werden.** Chancen hierfür sind gegeben.

Mandatssituation 5.8: Gleichzeitiges Ableben

Sachverhalt | Checkliste | Lösung | Verfahren | Muster

Die Eheleute errichten formgültig folgendes gemeinschaftliche Testament: „Wir setzen uns gegenseitig zu Alleinerben ein. Für den Fall, dass wir gleichzeitig ableben, setzen wir unsere beiden Söhne als Erben ein. Da sich unsere Tochter von uns abgewandt hat, soll sie nur den Pflichtteil erhalten." Der Ehemann stirbt im Dezember 2010. Wer wird Erbe nach der im November 2011 verstorbenen Ehefrau?

Sachverhalt | **Checkliste** | Lösung | Verfahren | Muster

Bei der Auslegung des Testaments stellen sich folgende Fragen:	
Liegt ein gleichzeitiges Versterben vor?	☐
Wollten die Erblasser auch den wahrscheinlicheren Fall regeln, dass sie nicht gleichzeitig versterben?	☐
Wollten die Erblasser die Söhne daher (auch) als Schlusserben einsetzen?	☐
Erben die Kinder aufgrund der unterschiedlichen Sterbedaten der Eltern nach der gesetzlichen Erbfolge?	☐
Sollte die Tochter grundsätzlich enterbt werden?	☐
Um diese Fragen beantworten zu können, könnten folgende Informationen von Bedeutung sein und sollten deswegen abgefragt werden:	
Wann wurde das Testament erstellt?	☐
Wann verstarb der Erstversterbende?	☐
Wollten die Erblasser länger verreisen?	☐
Gab es (kurz) vor der Testamentserrichtung Unglücksfälle in der Familie oder im Bekanntenkreis?	☐
Stand lediglich einem der Eheleute zum Zeitpunkt der Errichtung der letztwilligen Verfügung von Todes wegen eine größere Operation bevor?	☐
Welcher Altersunterschied bestand zwischen den Eheleuten?	☐
Wie erging es dem überlebenden Ehegatten nach dem Tod des Erstversterbenden?	☐
Welche Beweggründe und Motive lagen der Testamentsgestaltung zugrunde?	☐

Sachverhalt | Checkliste | **Lösung** | Verfahren | Muster

Gleichzeitiges Ableben

Werden in einer letztwilligen Verfügung Wendungen wie „gleichzeitiges Ableben“, „gleichzeitiges Versterben“ oder „gemeinsamer Tod“ benutzt, so muss häufig eine Auslegung dahin gehend erfolgen, ob der oder die Erblasser tatsächlich nur den Fall des gleichzeitigen Ablebens regeln wollten (**Katastrophenklausel**) oder ob sie eine abschließende und vollständige Regelung ihrer Vermögensnachfolge im Auge hatten.

Versterben kurz hintereinander: Zeitraum?

Da ein zeitgleiches, d.h. sekundengenaues Ableben, selbst bei einem Verkehrsunfall sehr unwahrscheinlich ist, herrscht weitestgehend Einigkeit darüber, dass auch ein **Versterben kurz hintereinander** oder in einem Abstand von wenigen Stunden bzw. gar Tagen dem Wortlaut nach von einer solchen Katastrophenklausel mitumfasst sein soll.

Bei einer sehr weiten Auslegung wäre dem Wortlaut nach möglicherweise auch noch ein Zeitraum von einigen Wochen akzeptabel, insbesondere dann, wenn man berücksichtigt, dass bei einem plötzlichen Trauerfall von dem überlebenden Ehegatten nur schwerlich die Anfertigung einer neuen letztwilligen Verfügung innerhalb weniger Tage nach dem Tod des nahestehenden Menschen gefordert werden kann.

Da hier die Ehefrau ca. elf Monate nach dem Ehemann verstarb, liegt kein gleichzeitiges Ableben vor. Mangels anderweitiger Regelungen wären die zwei Söhne und die Tochter jeweils zu 1/3 gesetzliche Erben nach der Ehefrau.

Nur wenn weitere Umstände oder Beweggründe hinzukommen, kann der Erblasserwille auch dahin gehen, dass trotz der Einbringung der zeitlichen Komponente in die letztwillige Verfügung von Todes wegen eine abschließende und vollständige Regelung des Nachlasses gewollt war.

Motiv für abschließende Regelung ermitteln

Eine solche Auslegung kommt z.B. in Betracht, wenn die Erblasser ein Motiv für die Erbeinsetzung bzw. den letzten Willen angeben oder wenn andere Andeutungen innerhalb des Testaments auf einen dahin gehenden Willen schließen lassen.

Vorliegend könnte die **Enterbung der Tochter** ein Motiv dafür sein, dass die Eheleute eine Schlusserbeneinsetzung der Söhne wollten. Denn die Angabe der Enterbungsgründe ist wohl nur dann sinnvoll, wenn nicht nur eine Regelung für den Ausnahmefall des im wörtlichen Sinn gleichzeitigen Versterbens gewollt war. Insbesondere könnte eine solche Auslegung vorgenommen werden, wenn zum Zeitpunkt der Errichtung der letztwilligen Verfügung von Todes wegen keine Reise geplant war. In einem ähnlich gelagerten Fall hatte das OLG München so entschieden (Beschl. v. 16.07.2007 – 31 Wx 35/07).

Das OLG München hat aber auch in einer späteren Entscheidung (Beschl. v. 14.10.2010 – 31 Wx 84/10) den Ausnahmecharakter der vorgenannten Entscheidung betont und in den Leitsätzen wie folgt klargestellt: *„1. Die Formulierung „gleichzeitiges Ableben“ in einem gemeinschaftlichen Testament umfasst regelmäßig nicht nur den unwahrscheinlichen Fall des im gleichen Bruchteil einer Sekunde eintretenden Todes, sondern auch den Fall, dass die Ehegatten innerhalb eines kürzeren Zeitraums nacheinander sterben, sei es aufgrund ein und derselben Ursache, z.B. eines Unfalls, sei es aufgrund verschiedener Ursachen, wenn der Überlebende nach dem Tod des Erstversterbenden praktisch keine Möglichkeit mehr hat, ein Testament zu errichten. 2. Ein von dem so verstandenen Wortlaut abweichender gemeinsamer*

Wille der Ehegatten, dass die Schlusserbeneinsetzung auch dann gelten soll, wenn ein Ehegatte den anderen um viele Jahre überlebt, ergibt sich nicht in jedem Fall schon daraus, dass die getroffene Schlusserbeneinsetzung erläutert wird und die Erläuterung nicht speziell auf das „gleichzeitige Ableben" abstellt (Abgrenzung zu OLG München, Beschl. v. 16.07.2007, FamRZ 2008, 921)."

Auslegung der Katastrophenklausel bei zeitlich nachfolgendem Versterben

Damit bleibt die Auslegung der Katastrophenklausel bei einem zeitlich (erheblich) nachfolgenden Ableben als abschließende und vollständige Regelung der Vermögensnachfolge eine **absolute Ausnahme.** Wer eine vom Wortlaut abweichende Auslegung erreichen will, muss stichhaltige Umstände und Bewegründe vortragen und beweisen.

Steuertipp

Eine „Katastrophenklausel" innerhalb eines Ehegattentestaments ist nur dann sinnvoll, wenn sie sehr sorgfältig formuliert wird. Denn das verfolgte Ziel, ggf. Steuern zu sparen, kann nur bei einer klaren und ausführlichen Formulierung erreicht werden. Ziel einer „Katastrophenklausel" ist meist, dass der möglicherweise erbschaftsteuerrechtlich nachteilige Erwerb von Todes wegen nach nur einem Elternteil unterbleibt und die Kinder ihre erbschaftsteuerlichen Freibeträge nach beiden Elternteilen ausnützen können.

Im Rahmen einer Testamentsauslegung zum Themenkomplex „gleichzeitiges Versterben" könnten folgende neuere Urteile bzw. Beschlüsse hilfreich sein:

- KG, Beschl. v. 09.11.2018 – 6 W 48/18
- OLG Frankfurt a.M., Beschl. v. 23.10.2018 – 21 W 38/18
- OLG München, Beschl. v. 13.08.2018 – 31 Wx 49/17
- OLG Düsseldorf, Beschl. v. 12.07.2017 – I-3 Wx 91/16
- OLG Nürnberg, Beschl. v. 23.01.2014 – 15 W 2060/13
- OLG München, Beschl. v. 24.10.2013 – 31 Wx 139/13
- OLG München, Beschl. v. 19.12.2012 – 31 Wx 434/12
- OLG Hamm, Beschl. v. 06.01.2011 – I-15 Wx 484/10
- OLG München, Beschl. v. 14.10.2010 – 31 Wx 84/10

Mandatssituation 5.9: Befreite oder unbefreite Vorerbschaft

Sachverhalt | Checkliste | Lösung | Verfahren | Muster

Die kinderlose Ehefrau setzte ohne weitergehende Ausführungen ihren Ehemann als Vorerben und einen Freund der Familie als Nacherben ein. Ziel dabei war, dass der Sohn ihres Ehemannes aus erster Ehe von ihrem

Erbe nichts erhält. Beide Ehepartner waren mit dem Sohn zerstritten. Nachdem die Ehefrau verstarb, errichtete der Ehemann ein eigenes Testament, in dem er seine Lebensgefährtin zu seiner Alleinerbin einsetzte. Seinen Sohn wollte er so enterben.

Als nun der Ehemann verstarb, hatte er das Vermögen seiner Ehefrau komplett aufgebraucht. Er hinterließ lediglich noch eigenes Vermögen.

Daraufhin machte der von der Ehefrau eingesetzte Nacherbe Schadensersatzansprüche gegen die vom Ehemann eingesetzte Erbin geltend. Er ist der Ansicht, dass der Ehemann lediglich nicht befreiter Vorerbe wurde und er das Vermögen seiner Ehefrau daher nicht ordnungsgemäß verwaltet hatte.

Sachverhalt | **Checkliste** | Lösung | Verfahren | Muster

Wie ist die Verfügung von Todes wegen der Ehefrau auszulegen?	☐
Wurde der Ehemann befreiter Vorerbe?	☐
Ergibt sich die Befreiung aus dem Wortlaut der Verfügung von Todes wegen?	☐
Ergibt sich die Befreiung aus Umständen außerhalb der Verfügung von Todes wegen?	☐
Ergibt sich die Befreiung aus der Auslegungsregel des § 2137 BGB?	☐
Um diese Fragen beantworten zu können, könnten z.B. folgende Informationen von Bedeutung sein:	
Wie ist der genaue Wortlaut der Verfügung von Todes wegen?	☐
Wann wurde die Verfügung von Todes wegen erstellt?	☐
Welche Motive und Ziele waren für die Erstellung der Verfügung von Todes wegen ausschlaggebend?	☐
War der Vorerbe an der Begründung bzw. Vermehrung des Erblasservermögens beteiligt?	☐
Welche Person wurde als Vorerbe und welche als Nacherbe eingesetzt (Verwandtschafts- oder Näheverhältnis, Alter)?	☐
Wann sollte der Nacherbfall eintreten (Tode des Vorerben, Wiederverheiratung, bestimmter Zeitpunkt, bestimmtes Ereignis)?	☐
Wie hat sich der Vorerbe nach dem Erbfall verhalten?	☐

Um diese Fragen beantworten zu können, könnten z.B. folgende Informationen von Bedeutung sein:

- Wie ist der genaue Wortlaut der Verfügung von Todes wegen?
- Wann wurde die Verfügung von Todes wegen erstellt?
- Welche Motive und Ziele waren für die Erstellung der Verfügung von Todes wegen ausschlaggebend?
- War der Vorerbe an der Begründung bzw. Vermehrung des Erblasservermögens beteiligt?
- Welche Person wurde als Vorerbe und welche als Nacherbe eingesetzt (Verwandtschafts- oder Näheverhältnis, Alter)?
- Wann sollte der Nacherbfall eintreten (Tod des Vorerben, Wiederverheiratung, bestimmter Zeitpunkt, bestimmtes Ereignis)?
- Wie hat sich der Vorerbe nach dem Erbfall verhalten?

Sachverhalt | Checkliste | **Lösung** | Verfahren | Muster

Der Sachverhalt ist einer Entscheidung des OLG Naumburg (Urt. v. 07.11.2013 – 1 U 69/13) nachgebildet.

Grundsätzlich ist der Vorerbe gem. § 2130 Abs. 1 Satz 1 BGB nach dem Eintritt der Nacherbfolge verpflichtet, dem Nacherben die Erbschaft in dem Zustand herauszugeben, der sich bei einer bis zur Herausgabe fortgesetzten ordnungsmäßigen Verwaltung ergibt. Wenn die Erbschaft aufgrund nicht ordnungsgemäßer Verwaltung reduziert wurde, stehen dem Nacherben ggf. **Schadensersatzansprüche gegen den Vorerben** zu.

Ob im vorliegenden Fall eine ordnungsgemäße Verwaltung stattgefunden hat, richtet sich vor allem danach, ob der Ehemann von seiner Ehefrau als befreiter oder lediglich als unbefreiter Vorerbe eingesetzt worden ist.

Je nachdem sind die Pflichten und Rechte des Vorerben unterschiedlich ausgestaltet.

Praxistipp

Der **Vorerbe kann von folgenden Verpflichtungen befreit werden**:

- § 2113 Abs. 1 BGB: Verfügungsbeschränkungen über Grundstücke, Schiffe und Schiffsbauwerke
- § 2114 BGB: Verfügungsbeschränkungen über Hypothekenforderungen, Grund- und Rentenschulden
- §§ 2116 ff. BGB: bestimmter Umgang mit Wertpapieren und Buchforderungen
- § 2119 BGB: mündelsichere Geldanlage
- §§ 2127–2129 BGB: Auskunftserteilungspflicht bzw. Sicherheitsleitung zugunsten des Nacherben

- § 2130 BGB: Rechenschaftspflicht und Herausgabepflicht nach Eintritt der Nacherbenfolge
- § 2131 BGB: Sorgfaltspflicht in eigenen Angelegenheiten
- §§ 2133, 2134 BGB: Schadensersatz wegen ordnungswidriger oder übermäßiger Fruchtziehung bzw. eigennütziger Verwendung

Nicht befreit werden kann von folgenden gesetzlichen Beschränkungen:

- § 2111 BGB: Grundsatz der Surrogation
- § 2113 Abs. 2 BGB: Unwirksamkeit von Schenkungen bei Eintritt des Erbfalls
- § 2115 BGB: Unwirksamkeit von Verfügungen im Wege der Zwangsvollstreckung bei Eintritt des Erbfalls
- § 2121 BGB: Verpflichtung zur Erstellung eines Bestandsverzeichnisses
- § 2122 Satz 2 BGB: Recht zur Feststellung des Zustands der Erbschaft
- § 2138 Abs. 2 BGB: Schadensersatzpflicht bei Verstoß gegen § 2113 Abs. 2 BGB (Schenkungen)

Das Oberlandesgericht kam in seinem Beschluss entgegen der erstinstanzlichen Entscheidung des Landgerichts im vorliegenden Sachverhalt zu dem Ergebnis, dass der Ehemann als Vorerbe von seiner Ehefrau zumindest von den Vorschriften der §§ 2130, 2134 BGB i.S.d. § 2136 BGB befreit worden ist.

Da sich aus dem Wortlaut des Testaments im Hinblick auf eine Befreiung oder Nichtbefreiung keine Anhaltspunkte ermitteln ließen, ist das Oberlandesgericht von einem stillschweigenden und lediglich in der Verfügung von Todes wegen angedeuteten Befreiungswillen der Erblasserin ausgegangen.

Praxistipp

Sollte der Erblasser den Nacherben in seiner Verfügung von Todes wegen auf das eingesetzt haben, was bei Eintritt des Nacherbfalls noch vorhanden ist, oder sollte der Vorerbe zur freien Verfügung über die Erbschaft berechtigt sein, so ist gemäß den Auslegungsregeln des § 2137 BGB von einer vollständigen Befreiung des Vorerben nach § 2136 BGB auszugehen.

Hauptargument für eine befreite Vorerbschaft ist vorliegend, dass Vorerbe der Ehemann und Nacherbe lediglich ein Freund der Familie wurde. Es bestand eine weitaus engere Beziehung zum vorerbenden Ehemann. Dies lässt den Schluss zu, dass eine Befreiung gewollt war. Weiter spricht allgemein für eine befreite Vorerbschaft, wenn die Nacherbschaft mit dem Tod des Vorerben oder dessen Wiederheirat anfallen soll.

Schließlich war der Wunsch der beiden Eheleute, den Sohn des Ehemannes von der Erbschaft auszuschließen, einer der Hauptzwecke des Testaments. Dies spricht ebenfalls für eine Befreiung des Ehemannes. Hätte es den Sohn nicht gegeben, wäre der Ehemann wohl als Alleinerbe eingesetzt worden.

Letztendlich könnte als weiteres Argument angeführt werden, dass der Ehemann bei der Bildung bzw. Vermehrung des Vermögens der Erblasserin im Rahmen der Ehe beteiligt gewesen ist. Als Nebenargument spricht schließlich für eine befreite Vorerbschaft, dass der Nacherbe während der gesamten Dauer der Vorerbschaft keines seiner Rechte gegenüber dem Vorerben geltend gemacht hat.

Nach alldem ist trotz fehlender ausdrücklicher Regelung in der Verfügung von Todes wegen vorliegend von einer befreiten Vorerbschaft auszugehen. Damit entfallen aber auch wegen anderweitiger Anhaltspunkte die Schadensersatzansprüche des Nacherben.

Praxistipp

Im Rahmen der Abgrenzung von befreiter bzw. unbefreiter Vorerbschaft könnte folgende aktuelle Rechtsprechung hilfreich sein:

- OLG München, Beschl. v. 09.01.2019 – 31 Wx 39/18
- OLG München, Beschl. v. 13.11.2018 – 31 Wx 182/17
- OLG Düsseldorf, Beschl. v. 31.01.2017 – I-3 Wx 307/16
- OLG Naumburg, Urt. v. 07.11.2013 – 1 U 69/13

Sachverhalt | Checkliste | Lösung | **Verfahren** | Muster

Gerichtszuständigkeiten

Für Ansprüche des Nacherben bieten sich Auskunfts-, Leistungs- und Herausgabeklagen vor dem **Prozessgericht** an. Eventuell sollten Ansprüche auch im Wege einer Stufenklage geltend gemacht werden.

Der örtliche Gerichtsstand wird durch die **allgemeinen Zuständigkeitsregeln** bestimmt. Die besonderen erbrechtlichen Gerichtsstände der §§ 27, 28 ZPO kommen nicht zum Tragen.

Muss (inzident) geprüft werden, ob eine befreite oder unbefreite Vorerbschaft vorliegt, so könnte dies auch im Rahmen eines **Erbscheinsverfahrens** geschehen. Dies dürfte bei Auslegungsfragen kurz nach dem Erbfall der Regelfall sein.

Schadensersatz- oder Herausgabeansprüche des Nacherben nach Eintritt der Nacherbenfolge sind jedoch nicht zuletzt wegen des Zeitablaufs nur aufwendig durchzusetzen. Häufig gereicht es dem Nacherben auch zum Nachteil, dass er nicht alle ihm während der Vorerbschaft zur Verfügung stehenden Mittel ergriffen hat, um das Vorerbe vor einer ordnungswidrigen oder eigennützigen Verwaltung zu schützen.

Beweislast

Grundsätzlich hat derjenige, der sich darauf beruft, befreiter Vorerbe zu sein, sämtliche insoweit hierfür sprechende Umstände vorzutragen und zu beweisen.

Im Erbscheinsverfahren herrscht grundsätzlich der Amtsermittlungsgrundsatz. Die Beteiligten haben aber die Aufgabe, sämtliche für sie vorteilhaften Umstände, Ereignisse und Auslegungshinweise in das Verfahren einzubringen.

Erbschein

Beschränkungen des Erben durch eine Nacherbschaft müssen im Erbschein exakt abgebildet werden. Im Hinblick auf die Vor- und Nacherbschaft sind daher der Umfang der Befreiung und der Zeitpunkt des Nacherbfalls im Erbschein genau wiederzugegeben (vgl. z.B. OLG Schleswig, Beschl. v. 27.11.2014 – 3 Wx 88/14).

Mandatssituation 5.10: Anfechtung wegen Übergehung eines Pflichtteilsberechtigten

Sachverhalt | Checkliste | Lösung | Verfahren | Muster

Die vermögende Erblasserin setzt ihren Ehemann in einem Testament als Alleinerben ein. Kurz danach kommt der gemeinsame Sohn zur Welt. Ein halbes Jahr nach der Geburt stirbt die Erblasserin bei einem Autounfall. Der Sohn wächst bei den Eltern der verstorbenen Mutter auf. Der Vater behält jedoch das Sorgerecht. Einige Zeit später heiratet er erneut und wird nochmals Vater mehrerer Kinder. Wenige Tage nach seinem 18. Geburtstag kommt der Sohn zu Ihnen und fragt, was ihm aus dem Erbe seiner Mutter zusteht.

Sachverhalt | **Checkliste** | Lösung | Verfahren | Muster

War der Sohn zum Zeitpunkt des Erbfalls pflichtteilsberechtigt?	☐
Errichtete die Erblasserin die Verfügung von Todes wegen, bevor sie vom Vorhandensein des Pflichtteilsberechtigten wusste?	☐

Hat die Erblasserin den Pflichtteilsberechtigten in der letztwilligen Verfügung übergangen?	☐
Hätte die Erblasserin trotz Kenntnis von der Pflichtteilsberechtigung die vorliegende letztwillige Verfügung getroffen?	☐
An wen ist die Anfechtungserklärung zu richten?	☐
Innerhalb welcher Frist muss die Anfechtung erfolgen?	☐

Voraussetzungen der Anfechtung

Gemäß **§ 2079 Satz 1 BGB** kann eine letztwillige Verfügung angefochten werden, wenn der Erblasser einen zur Zeit des Erbfalls vorhandenen Pflichtteilsberechtigten übergangen hat, dessen Vorhandensein ihm bei der Errichtung der Verfügung nicht bekannt war oder der erst nach der Errichtung geboren oder pflichtteilsberechtigt geworden ist.

Daher ist zunächst **zu prüfen, ob die Erblasserin ihren zum Zeitpunkt des Erbfalls pflichtteilsberechtigten Sohn in ihrer letztwilligen Verfügung vollständig übergangen hat.** Sobald der Sohn im Testament Erwähnung finden würde und einen auch noch so geringen Erbteil bzw. ein Vermächtnis zugewandt bekommen hätte, so wäre er nicht übergangen worden. Ebenso wäre er selbstverständlich nicht übergangen worden, wenn er enterbt worden wäre. Wurde demnach der Pflichtteilsberechtigte nicht bedacht, so wird gesetzlich vermutet, dass die Erblasserin bei Kenntnis der Umstände den Pflichtteilsberechtigten nicht übergangen hätte.

Ausschluss der Anfechtung

Die Anfechtung wäre gem. **§ 2079 Satz 2 BGB** nur ausgeschlossen, soweit anzunehmen ist, dass der Erblasser **auch bei Kenntnis der Sachlage** die Verfügung getroffen haben würde.

Beweislastumkehr

Dies hat zur Folge, dass derjenige, der sich gegen die Anfechtbarkeit wegen Übergehung eines Pflichtteilsberechtigten wendet, die **Darlegungs- und Beweislast** (bzw. im Nachlassverfahren die **Feststellungslast**) dafür trägt, dass der Erblasser auch bei Kenntnis vom Pflichtteilsberechtigten nicht anders letztwillig verfügt hätte. Insoweit tritt eine Beweislastumkehr ein. Da vorliegend keine Anhaltspunkte für einen Ausschluss des Anfechtungsrechts i.S.d. § 2079 Satz 2 BGB vorliegen, dürfte die **Anfechtung greifen.** Die Anfechtbarkeit ist im Zweifel zu bejahen.

Anfechtungsfrist bei Minderjährigen

Grundsätzlich hat die Anfechtung gem. § 2082 Abs. 1 BGB binnen **Jahresfrist** zu erfolgen. Nach Absatz 2 dieser Vorschrift beginnt die Frist mit dem Zeitpunkt, zu welchem der Anfechtungsberechtigte **von dem Anfechtungsgrund Kenntnis erlangt.** Daher wäre im vorliegenden Fall die Anfechtungsfrist wohl verstrichen.

Hemmung der Anfechtungsfrist

Möglicherweise ist jedoch der Ablauf der Verjährungsfrist gem. § 210 Abs. 1 BGB aufgrund der **Minderjährigkeit des Anfechtungsberechtigten** bis sechs Monate nach Vollendung des 18. Lebensjahres gehemmt. Hierfür müsste der Minderjährige zum Zeitpunkt der Kenntnisnahme bzw. bis zu seiner Volljährigkeit **ohne gesetzlichen Vertreter** gewesen sein (vgl. § 2082 Abs. 1 Satz 2 i.V.m. § 210 Abs. 1 BGB). Ein gesetzlicher Vertreter fehlt auch, wenn er wegen **Interessenkollision** (§§ 181, 1629 Abs. 2 Satz 1, 1795 BGB) rechtlich verhindert ist. Da der Vater nach dem anzufechtenden Testament Alleinerbe wurde und er zudem das Sorgerecht innehatte, bestand in seiner Person im Hinblick auf die Anfechtung des Testaments ein Interessenkonflikt.

Daher trat vorliegend die Hemmung der Anfechtungsfrist bis sechs Monate nach Vollendung des 18. Lebensjahres des übergangenen pflichtteilsberechtigten Sohns ein. Dem steht nicht entgegen, dass der Minderjährige auch schon vor Vollendung des 18. Lebensjahres hätte selbst anfechten können.

Praxistipp

Haben die Eheleute gemeinschaftlich in einem **Berliner Testament** letztwillig verfügt, so ist für die **Anfechtungsfrist** zu prüfen, welche Verfügung angefochten werden soll. Wird die Verfügung nach dem ersten Erbfall angegriffen, beginnt die Frist mit diesem Erbfall und der Kenntnis der Anfechtungsgründe. Wird dagegen die Verfügung hinsichtlich des zweiten Erbfalls angefochten (Schlusserbeneinsetzung), so beginnt die Anfechtungsfrist erst mit dem zweiten Erbfall und der Kenntnis der Anfechtungsgründe.

Wirkung der Anfechtung

Die wirksame Anfechtung führt nach wohl überwiegender Ansicht zur Nichtigkeit der gesamten letztwilligen Verfügung von Todes wegen. Es gilt dann die gesetzliche Erbfolge. Sollte jedoch i.S.d. § 2079 Satz 2 BGB festgestellt werden, dass der Erblasser einzelne testamentarische Anordnungen auch dann verfügt hätte, wenn er von der Pflichtteilsberechtigung gewusst hätte, dann führt dies dazu, dass einzelne Erblasserverfügungen trotz der wirksamen Anfechtung wohl aufrecht zu erhalten wären.

Im Einzelnen soll auf die äußerst unterschiedlichen Ansätze in Bezug auf die Wirkung der Anfechtung nach § 2079 BGB hier nicht näher eingegangen werden.

Warnhinweis

Gegebenenfalls muss in solch einem Fall allerdings, je nach Ausgestaltung und Umfang der anzufechtenden letztwilligen Verfügung von Todes wegen, vor der Abgabe der Anfechtungserklärung über die möglichen Rechtsfolgen der jeweiligen Anfechtung recherchiert werden.

Allgemeine Ausführungen zum Verfahren der Anfechtung finden sich in Kapitel 5.A.3.3, S. 191 ff. Im Speziellen sind die dortigen Ausführungen wie folgt zu ergänzen bzw. zu wiederholen:

Beweislastumkehr

Aufgrund der Umkehr der Beweislast bzgl. der Tatsache, dass der Erblasser auch bei Kenntnis vom Pflichtteilsberechtigten nicht anders letztwillig verfügt hätte, sind bei der **Anfechtungserklärung** nur die Pflichtteilsberechtigung, die Unkenntnis des Erblassers vom Vorhandensein des Pflichtteilsberechtigten zum Zeitpunkt der Errichtung der Verfügung und das Übergehen innerhalb der letztwilligen Verfügung darzulegen. Erst wenn Gründe dafür vorgetragen werden, dass der Erblasser auch bei Kenntnis der Sachlage eine Verfügung dieses Inhalts getroffen hätte, hat der Anfechtungsberechtigte weiter zu erwidern.

Im Rahmen der Prüfung der Voraussetzungen des § 2079 Satz 2 BGB ist der **hypothetische Wille** des Erblassers zum Zeitpunkt der Errichtung der Verfügung von Todes wegen maßgebend, spätere Willensänderungen sind unbeachtlich (BGH, Urt. v. 13.05.1981 – IVa ZR 171/80).

Anfechtungsbefugnis

Gemäß § 2080 Abs. 3 BGB steht im Falle des § 2079 BGB das Anfechtungsrecht ausschließlich dem Pflichtteilsberechtigten zu.

Form der Anfechtung

Die Anfechtung einer letztwilligen Verfügung, durch die ein Erbe eingesetzt, ein gesetzlicher Erbe von der Erbfolge ausgeschlossen, ein Testamentsvollstrecker ernannt oder eine Verfügung solcher Art aufgehoben wird, erfolgt gem. § 2081 Abs. 1 BGB durch Erklärung **gegenüber dem Nachlassgericht**. Vermächtnisse und Teilungsanordnungen müssen daher direkt **gegenüber dem oder den Begünstigten** angefochten werden.

Praxistipp

In Zweifelsfällen oder bei Überschneidungen bietet es sich zur Sicherheit an, die Anfechtung sowohl gegenüber dem Nachlassgericht als auch gegenüber demjenigen zu erklären, der durch ein Vermächtnis oder eine Teilungsanordnung begünstigt ist.

Warnhinweis

Erfolgt die Anfechtung durch einen Bevollmächtigten, so ist der Anfechtungserklärung immer die **Originalvollmacht** beizufügen. Geschieht dies nicht, so ist die Anfechtung bei unverzüglicher Zurückweisung durch den Erklärungsempfänger gem. § 174 BGB unwirksam.

Adressat

Das Nachlassgericht soll gem. § 2081 Abs. 2 BGB die Anfechtungserklärung demjenigen **mitteilen**, welchem die angefochtene Verfügung unmittelbar zustattenkommt. Es hat die Einsicht der Erklärung zudem jedem zu gestatten, der ein rechtliches Interesse glaubhaft macht.

Sachverhalt | Checkliste | Lösung | Verfahren | **Muster**

Anfechtungserklärung wegen Übergehung eines Pflichtteilsberechtigten

Amtsgericht ...
– Nachlassgericht –
Straße, Hausnr./Postfach
PLZ Ort

In der Nachlasssache

Erblasser ...

mit der Geschäftsnummer: **... VI .../14**

zeige ich die anwaltliche Vertretung von ... an. Die Vollmacht liegt im Original anbei.

Namens und in Auftrag meiner Mandantin ... (Anfechtungsberechtigte), gesetzlich vertreten durch ihre Mutter ..., erkläre ich die

Anfechtung

des handschriftlichen Testaments des Erblassers vom ...

Anfechtungsgründe

Der Anfechtungsgrund ergibt sich aus § 2079 Satz 1 BGB.

Dem Erblasser war bei der Errichtung der letztwilligen Verfügung von Todes wegen am ... nicht bekannt bzw. nicht bewusst, dass er zu einem späteren Zeitpunkt (nochmals) Vater werden würde. Seine leibliche Tochter wurde am ... geboren.

Hätte der Erblasser gewusst, dass er (nochmals) Vater werden wird, so hätte er die letztwillige Verfügung nicht mit diesem Inhalt getroffen. Er hätte seine Tochter bei der Verteilung des Nachlasses berücksichtigt.

Er hatte daher zu keinem Zeitpunkt beabsichtigt, seine leibliche Tochter von der Erbfolge auszuschließen.

Die Anfechtungsberechtigung ergibt sich aus § 2080 Abs. 1 und 2 BGB.

Aus dem Wortlaut des § 2079 Satz 1 BGB ergibt sich aufgrund der wirksamen Anfechtung die Nichtigkeit des gesamten Testaments. Damit ist in der Nachlasssache nunmehr von der gesetzlichen Erbfolge auszugehen.

Sollte das Gericht hier dennoch weiteren Vortrag für notwendig erachten, so bitte ich um dementsprechenden Hinweis.

Rechtsanwältin/Rechtsanwalt

Mandatssituation 5.11: Anfechtung wegen Motivirrtums

Sachverhalt | Checkliste | Lösung | Verfahren | Muster

Die Erblasserin setzt ihren Sohn als testamentarischen Alleinerben ein. Sie war immer sehr stolz darauf, dass er als einziger in der Familie ein Studium abgeschlossen hatte und erfolgreich im Berufsleben stand. Kurz vor ihrem Tod überwirft sie sich jedoch – aus ihrer Sicht – völlig unerwartet tiefgreifend mit ihrem Sohn. Der Sohn wirft ihr ohne jeden Grund vor, dass sie wegen ihrer angeblichen Alkoholsucht Schuld an der Trennung vom Vater wäre. Er besucht seine Mutter trotz ihrer mehrfachen brieflichen Bitten nicht mehr am Sterbebett. Im Gegenteil, er äußert sich gegenüber Dritten zu diesem Zeitpunkt sehr abfällig über seine Mutter. Zu ihrer Beerdigung kommt er nicht. Kurz nach dem Tod der Mutter findet die testamentarisch nicht bedachte Schwester zudem heraus, dass der Sohn sein BWL-Studium gar nicht erfolgreich abgeschlossen und auch niemals bei einem Autozulieferer gearbeitet hat. Dies hatte er immer gegenüber der Mutter und anderen Personen geäußert. Sie findet heraus, dass er das Studium schon im dritten Semester abgebrochen hatte und seither sein Geld mit dem Verkauf von Drogen verdiente. Nach dem Tod der Mutter kommt die Tochter in Ihre Kanzlei. Was raten Sie ihr?

Sachverhalt | **Checkliste** | Lösung | Verfahren | Muster

Ist das Testament wirksam?	☐
Wie ist das Testament auszulegen?	☐
Kann das Testament angefochten werden?	☐
Welche Anfechtungsgründe kommen in Betracht?	☐
Hätte die Mutter noch zu Lebzeiten anders verfügen können oder sollen?	☐
Welche Wertvorstellungen hatte die Erblasserin?	☐
Welche persönlichen Besonderheiten machte die Erblasserin im Kontext der Erwartungen bzgl. der Entwicklung ihres Sohns aus?	☐
Wie stellte sich die Erblasserin die persönliche und wirtschaftliche Entwicklung des Sohns vor?	☐

Sachverhalt | Checkliste | **Lösung** | Verfahren | Muster

Anfechtung wegen Motivirrtums

Da auch eine Auslegung des Testaments wohl nichts anderes als eine Alleinerbenstellung des Sohns und eine Pflichtteilsberechtigung der Tochter ergeben würde, bleibt der Tochter, um ggf. mehr als den Pflichtteil zu erhalten, nur der Weg über die Anfechtung.

Voraussetzungen

In Betracht kommt die Anfechtung wegen eines Motivirrtums gem. § 2078 Abs. 2 erste Alternative BGB. Ein Motivirrtum liegt demnach vor, wenn der Erblasser zu einer letztwilligen Verfügung durch die irrige Annahme oder Erwartung des Eintritts oder Nichteintritts eines Umstands bestimmt worden ist.

Möglicherweise hat die Mutter den Sohn lediglich deswegen als Alleinerben eingesetzt, weil sie erwartete, dass sich die Beziehung zum Sohn weiterhin harmonisch entwickeln werde; weil sie ferner davon ausging, dass der Sohn sein Studium schon lange beendet hatte und in einem geordneten Arbeitsverhältnis steht. Und weil sie schließlich davon ausging, dass ihr Sohn seinen Lebensunterhalt nicht mit dem Verkauf von Drogen verdient.

BGH zum Motivirrtum

In einem neueren Urteil (BGH, Urt. v. 20.02.2008 – IV ZR 32/06) führt der BGH aus: „*Nach der Rechtsprechung des Bundesgerichtshofs kann ein zur Anfechtung berechtigender* ***Motivirrtum*** *in der enttäuschten Erwartung des Erblassers liegen, seine persönlichen Beziehungen zum Bedachten würden sich harmonisch, jedenfalls frei von tief greifenden Störungen entwickeln. Diese* ***Erwartung*** *muss dem Erblasser im Zeitpunkt der Zuwendung nicht bewusst gewesen sein; es genügt, dass er sie* ***als selbstverständlich vorausgesetzt hat*** *(st. Rspr., vgl. etwa Senatsurteile v. 27.05.1987 – IVa ZR 30/86, NJW-RR 1987, 1412 unter II 1; v. 16.03.1983 – IVa ZR 216/81, WM 1983, 567 unter 2 d). Um die Anfechtung zu rechtfertigen, muss ein Motivirrtum aber nicht nur ursächlich für den letzten Willen gewesen sein, sondern für den Erblasser den letztlich entscheidenden, ihn bewegenden Grund darstellen. Dafür kommen* ***nur besonders schwerwiegende Umstände in Betracht, die gerade diesen Erblasser mit Sicherheit dazu gebracht hätten, anders zu testieren*** *(Senatsurt. v. 27.05.1987, aaO. unter II 2 a). Soweit es um enttäuschte Erwartungen geht, kann deren Ursächlichkeit auch im Normalfall nicht aufgrund von Erfahrungssätzen festgestellt werden; das wäre durch die Lebenserfahrung nicht gedeckt und würde die Bindungswirkung eines Testaments praktisch weitgehend aufheben. Vielmehr muss der dem Anfechtenden obliegende* ***Beweis der Ursächlichkeit durch die besonderen Umstände des Einzelfalls geführt werden*** *(BGH, Urt. v. 31.10.1962 – V ZR 129/62, NJW 1963, 246 unter 6).*“

Nach all dem spricht aufgrund der Sachverhaltslage einiges für das Vorliegen eines Motivirrtums. Um einen Motivirrtum tatsächlich rechtlich durchsetzen zu können, werden jedoch wohl weitere Recherchen und vor allem Beweisantritte nötig sein.

Rechtsfolge

Rechtsfolge wäre, dass die Verfügung von Todes wegen von Anfang an als nichtig zu betrachten wäre und daher die gesetzliche Erbfolge eintritt. Durch die erfolgreiche Anfechtung würde die Erblasserin vom Sohn und der Tochter jeweils zu Hälfte beerbt werden.

Sachverhalt | Checkliste | Lösung | **Verfahren** | Muster

Allgemeine Ausführungen zum Anfechtungsverfahren sind in der Einführung zu finden (siehe Kapitel 5.A.3.3, S. 191 ff.), ebenso hier vorstehend. Ergänzend ist lediglich zur Darlegungs- und Beweislast beim Motivirrtum wie folgt auszuführen:

Darlegungs- und Beweislast

Die Darlegungs- und Beweislast für das Vorhandensein eines Anfechtungsgrunds nach § 2078 BGB liegt beim Anfechtenden, ebenso wie für den ursächlichen Zusammenhang zwischen dem Willensmangel und der letztwilligen Verfügung von Todes wegen.

Die Rechtsprechung stellt an den Nachweis des Anfechtungsgrundes und der Kausalität **strenge Anforderungen.** Insbesondere gibt es für die Ursächlichkeit keinen Prima-facie-Beweis. Dies bedeutet, dass der Anfechtende klar herausarbeiten muss, dass der Erblasser bei Kenntnis der Sachlage anders testiert hätte. Dies gelingt nur, wenn man die subjektiven Denkgewohnheiten und Wertvorstellungen des Erblassers darlegt und ggf. durch Indizientatsachen unter Beweis stellt.

Praxistipp

Bei der Anfechtung letztwilliger Verfügungen von Todes wegen bedarf es nicht wie bei deren Auslegung einer Andeutung der Fehlvorstellung innerhalb des Testaments. Die irrige Annahme oder Erwartung des Eintritts oder Nichteintritts eines Umstands braucht im Testament nicht zum Ausdruck zu kommen.

Anfechtungserklärung wegen Motivirrtums

An das
Amtsgericht ...
– Nachlassgericht –
...

In der Nachlasssache

Erblasser ...

mit der Geschäftsnummer: **... VI .../14**

zeige ich die anwaltliche Vertretung von ... an. Die Vollmacht liegt im Original anbei.

Namens und in Auftrag meiner Mandantin ... (Anfechtungsberechtigte) erkläre ich die

Anfechtung

des handschriftlichen Testaments der Erblasserin vom ...

Anfechtungsgründe

Der Anfechtungsgrund ergibt sich aus § 2078 Abs. 1 erste Alternative BGB.

Die Erblasserin hat in ihrem handschriftlichen Testament vom ... ihren Sohn ... (Name, Adresse) zu ihrem Alleinerben eingesetzt.

Im Testament heißt es wörtlich:

„... (anzufechtende Textpassage bzw. Testament)"

Die Erblasserin unterlag zum Zeitpunkt der Errichtung der Verfügung von Todes wegen der Fehlvorstellung, dass ihr Sohn sein Studium abgeschlossen hat und erfolgreich im Berufsleben steht. Zudem hatte sie die letztendlich enttäuschte Vorstellung, dass sich das bisher sehr positive Verhältnis zu ihrem Sohn weiter harmonisch, jedenfalls frei von tiefgreifenden Störungen, entwickeln wird.

Die angenommene berufliche Entwicklung ihres Sohns und die äußerst erfreuliche positive persönliche Beziehung zu ihm waren für die Erblasserin der entscheidende, sie bewegende Grund, ihren Sohn als Alleinerben einzusetzen.

Hätte die Erblasserin gewusst, dass der Sohn nicht, wie immer von ihm behauptet, sein BWL-Studium abgeschlossen hat und erfolgreich im Berufsleben stand, hätte sie ihn nicht als Alleinerben eingesetzt.

Auch wenn sie gewusst hätte, dass sich ihr Sohn persönlich so von ihr abwendet und gegenüber Dritten verunglimpfend über sie redet, hätte sie ihn nicht als Alleinerben eingesetzt.

Zudem hätte sie ihren Sohn nie als Alleinerben eingesetzt, wenn sie gewusst hätte, dass ihr Sohn mit dem Verkauf von Drogen seinen Lebensunterhalt verdient.

Die Wertvorstellungen der Erblasserin gingen zeitlebens dahin, dass Ehrlichkeit und der familiäre Zusammenhalt von großer Bedeutung waren. Gegenüber Herrn ... hatte sie bei der 60. Geburtstagsfeier von ... am ... noch geäußert, dass sie nicht nachvollziehen könne, dass die Tochter einer Bekannten von ihr den Kontakt zu dieser wegen eines familiären Zerwürfnisses vollständig abgebrochen hatte. Sie hatte es in diesem Gespräch für richtig empfunden, dass die Bekannte ihre Tochter enterbt hatte.

Die Anfechtungsberechtigung ergibt sich aus § 2080 Abs. 1 und 2 BGB.

Sollte das Gericht hier weiteren Vortrag für notwendig erachten, so bitte ich um dementsprechenden Hinweis.

Rechtsanwältin/Rechtsanwalt

Mandatssituation 5.12: Anfechtungsklage wegen Erbunwürdigkeit

Sachverhalt | Checkliste | Lösung | Verfahren | Muster

Der Erblasser wurde über viele Jahre hinweg von seiner Tochter gepflegt. Immer wieder äußerte er sich gegenüber verschiedenen Personen dahingehend, dass er sie als Alleinerbin einsetzen und seinen straffällig gewordenen Sohn, den er schon seit über zehn Jahren nicht mehr gesehen hatte, enterben will. Er fertigte sogar ein mit dem Computer geschriebenes und von ihm unterschriebenes Testament an, in dem er seine Tochter als Alleinerbin einsetzte.

Als der Vater verstarb und die Tochter im Internet recherchierte, reichte sie neben dem offensichtlich unwirksamen Computertestament auch ein handschriftliches und unterschriebenes Testament beim Nachlassgericht ein, das sie ebenfalls als Alleinerbin auswies. Das Nachlassgericht erteilte ihr einen dementsprechenden Erbschein.

Zwischenzeitlich wurde durch ein vom Sohn in Auftrag gegebenes Schriftgutachten nachgewiesen, dass das von der Tochter eingereichte handschriftliche Testament nicht vom Erblasser, sondern von ihr selbst geschrieben worden ist.

Der Sohn, Ihr Mandant, möchte gegen seine Schwester Anfechtungsklage wegen Erbunwürdigkeit erheben. Hat die Klage Aussicht auf Erfolg?

Sachverhalt | **Checkliste** | Lösung | Verfahren | Muster

Ist die ggf. nach § 2339 BGB unwürdige Person Erbin, Vermächtnisnehmerin oder Pflichtteilsberechtigte?	☐
Kommt der Wegfall des Erbunwürdigen dem Anfechtenden i.S.d. § 2341 BGB zustatten?	☐
Welcher der Erbunwürdigkeitsgründe des § 2339 BGB greift?	☐
Welche Beweismittel kommen in Betracht?	☐
Ist die Anfechtung wegen Verzeihung i.S.d. § 2343 BGB ausgeschlossen?	☐
Ist es sinnvoll, die Anfechtungsklage ggf. mit einem Antrag auf Einziehung eines ggf. schon erteilten Erbscheins zu verbinden?	☐
Ist es sinnvoll, die Anfechtungsklage ggf. mit einer Klage auf Herausgabe oder einer Stufenklage (§ 2018 BGB) zu kombinieren?	☐
Wird die Anfechtungsklage innerhalb der Verjährungsfrist des § 2340 Abs. 3 i.V.m. § 2082 BGB erhoben (ein Jahr nach Kenntnis)?	☐

Sachverhalt | Checkliste | **Lösung** | Verfahren | Muster

Die Gründe für die Erbunwürdigkeit sind abschließend in § 2339 BGB aufgezählt. Durch den Sachverhalt liegt es nahe, dass sich die Tochter einer Urkundenfälschung und – durch die Erteilung des Erbscheins zu ihren Gunsten – ggf. auch eines vollendeten Betrugs zu Lasten ihres Bruders schuldig gemacht hat. Durch die Urkundenfälschung ist der Erbunwürdigkeitsgrund des § 2339 Abs. 1 Nr. 4 BGB verwirklicht und die Tochter erbunwürdig.

Hieran ändert wohl auch nicht der tatsächliche Erblasserwille etwas. Es dürfte keine Rolle spielen, dass der Erblasser ja eigentlich wollte, dass seine Tochter Alleinerbin wird. Nach der derzeit vorherrschenden Meinung kann der Erblasser nicht über die strafrechtlich geschützten Rechtsgüter disponieren. Zudem entwürdigt derjenige den Erblasser, wer dessen Einverständnis damit behauptet, dass sein letzter Wille gerade durch kriminelle Mittel verwirklicht werde (vgl. ausführlich: Muscheler, ZEV 2009, 101, 102).

Die Fälschung eines Testaments hat auch dann die Erbunwürdigkeit zur Folge, wenn der Fälscher damit möglicherweise den wahren letzten Willen des Erblassers verwirklicht hat bzw. wollte (BGH, Urt. v. 20.10.1969 – III ZR 208/67).

Das Reichsgericht hatte hier wohl noch anderes gewertet (RG, Urt. v. 18.11.1909 – Rep. IV. 666/08, RGZ 72, 207 – an dieses Urteil wurde der vorliegende Sachverhalt auch angelehnt). Im Ergebnis wird hier der Sohn aufgrund der Erbunwürdigkeit der Tochter – selbst gegen den Willen des Erblassers – Alleinerbe. Dies gilt natürlich nur dann, wenn die Tochter keine eigenen Kinder hat. Hat die Tochter z.B. zwei Kinder, so wird der Sohn aufgrund der geltenden gesetzlichen Erbfolge zu 1/4 und die Kinder der Tochter jeweils zu 1/4 Erben (§ 2344 Abs. 2 BGB).

Sachverhalt | Checkliste | Lösung | **Verfahren** | Muster

Anfechtungsklage

Im Hinblick auf das Verfahren bei der Anfechtung im Allgemeinen wird auf die Ausführungen in Kapitel 5.A.4, S. 195 ff. hingewiesen. Im Speziellen sind die dortigen Ausführungen wie folgt zu ergänzen bzw. ggf. zu wiederholen:

Die Erbunwürdigkeit kann erst nach dem Tod des Erblassers (§ 2340 Abs. 2 Satz 1 BGB) von jedem, dem der Wegfall des Erbunwürdigen zustatten kommen würde (§ 2341 BGB), geltend gemacht werden. Die Geltendmachung erfolgt ausschließlich durch eine Anfechtungsklage (§ 2342 Abs. 1 BGB) vor dem Prozessgericht. Die Klage ist innerhalb eines Jahres (§ 2340 Abs. 3 i.V.m. § 2082 Abs. 1 BGB) nach zuverlässiger Kenntnis bzw. Beweisbarkeit des Anfechtungsgrunds (§ 2339 Abs. 1 Nr. 1–4 BGB) zu erheben. Die Anfechtung ist ausgeschlossen, wenn der Erblasser dem Erbunwürdigen verziehen hat (§ 2343 BGB). Ist ein Erbe für erbunwürdig erklärt worden, so gilt der Anfall an ihn als nicht erfolgt (§ 2344 Abs. 1 BGB). Der Erbunwürdige ist dann Erbschaftsbesitzer i.S.d. § 2018 BGB. Die Erbschaft fällt demjenigen an, welcher berufen sein würde, wenn der Erbunwürdige zur Zeit des Erbfalls nicht gelebt hätte (§ 2344 Abs. 2 BGB).

Praxistipp

Im Rahmen des Erbscheinsverfahrens wird die Erbunwürdigkeit nicht überprüft. Das Nachlassgericht hat die Erbunwürdigkeit erst ab der Rechtskraft des Anfechtungsurteils zu berücksichtigen. Gegebenenfalls kann das Nachlassgericht ein laufendes Erbscheinsverfahren aussetzen (vgl. zur Ermessensausübung OLG Rostock, Beschl. v. 31.08.2011 – 3 W 58/11).

Beweislast

Die Darlegungs- und Beweislast liegt beim Anfechtenden. Sobald sich der Beklagte auf Verzeihung i.S.d. § 2343 BGB oder auf das Verstreichen der Jahresfrist (§ 2340 Abs. 3 i.V.m. § 2082 Abs. 1 BGB) beruft, so ist er hierfür in der Beweispflicht.

Praxistipp

Zur Beweiswürdigung des Gerichts wird exemplarisch auf BGH, Beschl. v. 12.09.2012 – IV ZR 177/11 verwiesen. Zur Frage, wann ein Erbunwürdigkeitsgrund vorliegt, wird auf OLG Frankfurt, Urt. v. 29.10.2010 – 21 U 9/10, Bezug genommen.

Praxistipp

Nach einem neueren Urteil des LG Köln (Urt. v. 04.09.2018 – 30 O 94/15) darf sich das Zivilgericht zum Zweck der Überzeugungsbildung im Hinblick auf die Erbunwürdigkeit auch auf ein Strafurteil stützen. Die vom Strafgericht getroffenen Feststellungen sind jedoch einer eigenen kritischen Überprüfung zu unterziehen (vgl. OLG Zweibrücken, Urt. v. 01.07.2010 – 4 U 7/10). Ein Strafurteil ist allerdings für das Zivilgericht auch nicht bindend.

Streitwert

Der Streitwert und der Rechtsmittelwert bestimmen sich laut dem BGH (Urt. v. 20.10.1969 – III ZR 208/67) nach der Beteiligung des Beklagten am Nachlass. Das OLG Koblenz (Beschl. v. 11.12.1996 – 14 W 739/96) ist der Ansicht, dass sich der Streitwert nach dem Wert des gesamten Nachlasses und nicht nur nach dem Anteil des Klägers daran richtet.

Ergänzende Klageanträge

Ist schon ein Erbschein erteilt worden, kann möglicherweise zusammen mit der Anfechtungsklage ein Antrag auf Einziehung des erteilten und nach Rechtskraft der Anfechtungsklage unrichtigen Erbscheins nach § 2361 BGB gestellt werden. Zudem kommen Anträge (Stufenklage) gegen den unwürdigen Erbschaftsbesitzer nach § 2018 BGB in Betracht.

Praxistipp

Der Mandant sollten zu beiden weiteren Anträgen jedoch explizit auf die Möglichkeit hingewiesen werden, dass ein Gericht es nicht für zulässig erachtet, diese Anträge vor Rechtskraft der Anfechtungsklage zu stellen.

Sachverhalt | Checkliste | Lösung | Verfahren | Muster

Anfechtungsklage wegen Erbunwürdigkeit

Landgericht
...
Straße, Hausnr./Postfach
PLZ Ort

Anfechtungsklage

des Herrn ...

– Kläger –

Prozessbevollmächtigte/r: Rechtsanwältin/Rechtsanwalt ...

gegen

Frau ...

– Beklagte –

Prozessbevollmächtigte/r: Rechtsanwältin/Rechtsanwalt ...

wegen Erbunwürdigkeit

Vorläufiger Streitwert:

Namens und in Vollmacht des Klägers erhebe ich Klage und werde in der mündlichen Verhandlung

beantragen,

1. die Beklagte hinsichtlich des Nachlasses des am ... in ... verstorbene(n) ... für erbunwürdig zu erklären; ggf. (Prozessrisiko!):
2. die Beklagte zu verurteilen, nach Rechtskraft des dem Klageantrag zu Nr. 1. stattgebenden Urteils, den ihr in der Nachlasssache ... erteilten Erbschein des Amtsgerichts ..., Az. ..., an das Nachlassgericht herauszugeben.

Begründung

1.

Die jeweils kinderlosen Parteien sind die beiden Kinder des am ... in ... als Witwer verstorbenen Erblassers.

Der Erblasser selbst verfasste lediglich ein unwirksames Computertestament. Neben diesem Testament wurde vom Nachlassgericht zugunsten der Beklagten ein weiteres handschriftliches Testament mit Datum vom ... eröffnet.

Beweis: Kopie Testamentseröffnungsprotokoll vom ...
Beiziehung Nachlassakte AG ..., Az. ...

Auf der Grundlage des handschriftlichen Testaments mit Datum vom ... erteilte das Nachlassgericht einen Erbschein, der die Beklagte als Alleinerbin ausweist.

Beweis: Kopie Erbschein vom ...
Beiziehung Nachlassakte AG ..., Az. ...

Dieses Testament wurde jedoch weder vom Erblasser geschrieben und noch unterschrieben. Es handelt sich hierbei um ein von der Beklagten gefälschtes Testament.

Beweis: Schriftgutachten des Schriftsachverständigen ... vom ...

Aufgrund dieser Urkundenfälschung ist die Beklagte gem. § 2339 Abs.1 Nr. 4 BGB erbunwürdig und der erteilte Erbschein i.S.d § 2361 BGB unrichtig.

Gegebenenfalls (Prozessrisiko!):

2.

Sobald rechtskräftig festgestellt wurde, dass die Beklagte erbunwürdig ist, ist der zugunsten der Beklagten erteilte Erbschein des AG ..., Az. ..., unrichtig und das Nachlassgericht hat ihn gem. § 2361 BGB einzuziehen.

Rechtsanwältin/Rechtsanwalt

6

Kapitel 6: Nachlassgerichtliches Verfahren

A. Einführung

1. Aufgaben des Nachlassgerichts

Das Nachlassgericht wird vor oder nach dem Erbfall tätig: **Vor dem Erbfall** kann das Nachlassgericht letztwillige Verfügungen Testierender in amtliche Verwahrung nehmen (§§ 346, 347 FamFG), **nach dem Tod des Erblassers** sind dem Gericht diverse weitere Aufgaben übertragen. Nach Kenntniserlangung vom Tod des Erblassers hat es die verwahrten oder bei Gericht gem. § 2259 BGB von einem Dritten eingereichten Testamente zu eröffnen (§§ 348 ff. FamFG). Die weiteren wesentlichen Aufgaben des Nachlassgerichts sind die Erteilung von Erbscheinen und Testamentsvollstreckerzeugnissen. Daneben sind noch die Verfahren auf Einziehung von Erbscheinen und Entlassungen von Testamentsvollstreckern von Bedeutung. In § 342 Abs. 1 FamFG ist festgelegt, bei welchen Verfahren es sich um Nachlasssachen, die dem Nachlassgericht zugewiesen sind, handelt.

Wird der Antrag auf Erteilung eines Erbscheins oder Testamentsvollstreckers zurückgewiesen, gilt Entsprechendes. Beschwerdeberechtigt ist der Antragsteller.

ENZ

Eine wesentliche Neuerung hat sich zum 17.08.2015 ergeben. Seit diesem Zeitpunkt sind die Nachlassgerichte nicht nur für die vorstehend genannten Aufgaben zuständig, sondern auch für die Erteilung des Europäischen Nachlasszeugnisses (ENZ).

EuErbVO

Grundlage für das Verfahren zur Erteilung des ENZ ist die EU-Erbrechtsverordnung (EuErbVO), die hinsichtlich der Erteilung des ENZ seit dem 17.08.2015 anwendbar ist.

2. Erbscheinsverfahren

Sinn und Zweck des Erbscheins

Ein Erbschein dient im Rechtsverkehr als Nachweis darüber, dass die in dem Erbschein ausgewiesene Person **Alleinerbe oder** zu der im Erbschein ausgewiesenen Quote **Miterbe** (gemeinschaftlicher Erbschein) nach dem Erblasser geworden ist und **welchen Verfügungsbeschränkungen** sie u.U. unterliegt. Der Erbschein konstituiert dabei nicht das Erbrecht, sondern hat nur **deklaratorische Wirkung.** Er begründet lediglich die widerlegbare Rechtsvermutung der Richtigkeit und der Vollständigkeit seines Inhalts; dies hat zur Folge, dass ein Erbschein auch zu jeder Zeit wieder eingezogen werden kann, wenn sich nachträglich dessen inhaltliche Unrichtigkeit herausstellt (siehe § 2361 BGB).

Entscheidung durch Beschluss

Das Gericht entscheidet vor der Erteilung des Erbscheins durch Beschluss. Soll ein Erbschein erteilt werden und widerspricht die Erteilung nicht den

Interessen der Beteiligten, ergeht ein nicht zu begründender **Feststellungsbeschluss**, der lediglich zu den Akten genommen wird (§ 352e Abs. 1 FamFG).

Widerspricht der Beschluss dagegen dem erklärten Begehren eines Beteiligten, ist der Beschluss zu begründen (§ 38 Abs. 3 Satz 1 FamFG), den Beteiligten bekanntzugeben (§ 352e Abs. 2 FamFG) und mit einer Rechtsmittelbelehrung zu versehen (§ 39 FamFG). Dabei hat das Gericht gleichzeitig die sofortige Wirksamkeit des Beschlusses auszusetzen und die Erteilung des Erbscheins bis zur Rechtskraft des Beschlusses zurückzustellen (§ 352e Abs. 2 Satz 2 FamFG = § 352 Abs. 2 Satz 2 FamFG a.F.). Die **Beschwerdefrist** beträgt einen Monat (§ 63 Abs. 1 FamFG). Der Erbschein weist i.d.R. die Nachfolge in das Nachlassvermögen des Erblassers insgesamt nach.

Ist der Erbschein bereits erteilt, ist die Beschwerde gegen den Beschluss nur noch insoweit zulässig, als dass die Einziehung des Erbscheins beantragt wird (§ 352e Abs. 3 FamFG = § 352 Abs. 3 FamFG a.F.).

Teilerbschein

In der Praxis erheblich ist daneben noch die Möglichkeit der Erteilung eines **Teilerbscheins.** Die Erteilung eines Teilerbscheins kommt in Betracht, wenn nur ein Teil der Erben bekannt ist oder aber bei einer Mehrheit von Erben ein Miterbe keinen gemeinschaftlichen Erbschein beantragt.

Eine Form des Teilerbscheins ist der **Mindesterbteilerbschein**, der einen Erben bzw. Miterben zu einem Teil als Erben ausweist, zu dem er mit Gewissheit Erbe geworden ist, während hinsichtlich des übrigen Erbteils jedoch noch Ungewissheit besteht.

Sammelerbscheine, die mehrere aufeinanderfolgende Erbgänge in einer Urkunde ausweisen, kommen in der Praxis selten vor. Dabei wird eine Kette von Erbfällen und Erbgängen dokumentiert.

Beispiel

Erst verstirbt A, dann B und danach C. Erbe des C ist D. Der Sammelerbschein weist in einer Urkunde aus, dass B den A, dann C den B und schließlich D den C beerbt hat. Nicht möglich ist, dass durch den Erbschein ausgewiesen wird, dass lediglich D den A beerbt hat.

Da der Erbschein die Rechtsnachfolge zum Zeitpunkt des Erbfalls ausweist, bleiben **nachträgliche Veränderungen**, die auf die zum Zeitpunkt des Todes maßgebliche eingetretene Erbfolge keinen Einfluss haben, **außer Betracht**, wie z.B. die Veräußerung des Erbteils eines Miterben an einen Dritten oder der Tod eines Erben nach dem Erbfall.

2.1 Zuständigkeit

Die **örtliche Zuständigkeit** des Nachlassgerichts für die Erteilung eines Erbscheins richtet sich nach § 343 FamFG.

Rechtsfolgen bei Erbscheinserteilung durch unzuständiges Gericht

Die örtliche Zuständigkeit ist für die Erteilung eines Erbscheins deswegen von Bedeutung, weil ein von einem unzuständigen Gericht erteilter Erbschein unrichtig i.S.v. § 2361 BGB und daher einzuziehen ist (OLG Zweibrücken, Beschl. v. 27.09.2001 – 3 W 124/01; OLG Hamm, Beschl. v. 22.06.2017 – 15 W 111/17).

Im Einzelnen gilt für die Feststellung der Zuständigkeit Folgendes:

Wohnsitz zum Todeszeitpunkt

Hatte der Erblasser zum Zeitpunkt seines Todes seinen Wohnsitz **im Inland**, ist gem. § 343 Abs. 1 FamFG das Amtsgericht als Nachlassgericht zuständig, in dessen Bezirk der Erblasser seinen Wohnsitz hatte. Hierbei ist die Staatsangehörigkeit des Erblassers unerheblich. Bei sogenannten Doppelwohnsitzen ist § 2 Abs. 1 FamFG zu berücksichtigen.

Lebensmittelpunkt entscheidend

Für die Feststellung des Wohnsitzes ist es erheblich, ob sich der Erblasser an dem entsprechenden Ort **ständig niedergelassen** und diesen zum Mittelpunkt seiner gesamten Lebensverhältnisse gemacht hat. Der Umstand, dass der Erblasser melderechtlich an einem bestimmten Ort gemeldet ist, begründet keinen Wohnsitz, kann jedoch ein Indiz dafür sein.

Wohnsitzbegründungswille

Da die Begründung und Aufgabe eines Wohnsitzes einen rechtsgeschäftlichen Wohnsitzbegründungswillen voraussetzt, kommt es in Einzelfällen für die Feststellung des Wohnsitzes eines Erblassers und die damit verbundene Frage der Zuständigkeit des Nachlassgerichts darauf an, ob zum Zeitpunkt des Todes des Erblassers tatsächlich im Zuständigkeitsbereich eines Nachlassgerichts wirksam ein Wohnsitz begründet worden ist.

Wird z.B. eine geschäftsunfähige Person von Dritten an einen anderen Ort verbracht, verbunden mit der Vorstellung, dass dort diese Person ihren ständigen Wohnsitz haben soll, so ist diese Wohnsitznahme mangels berücksichtigungsfähigen Wohnsitzbegründungswillens unwirksam. Verstirbt diese Person an ihrem „neuen Wohnsitz“, ist nicht das Nachlassgericht des neuen Wohnsitzes zuständig, sondern dasjenige Nachlassgericht, welches für den alten Wohnsitz zuständig war.

Wohnsitz bei Betreuung

Besteht eine rechtliche Betreuung und umfasst der Aufgabenkreis des Betreuers auch die **Aufenthaltsbestimmung**, so kann der Betreuer wirksam den Wohnsitz des Betreuten bestimmen (BayObLG, Beschl. v. 12.05.1992 – 1Z AR 22/92) mit der Folge, dass sich die Zuständigkeit des Nachlassgerichts nach dem neuen Wohnsitz des Erblassers richtet.

Für Erbscheinsverfahren nach Erblassern, die ab dem 17.08.2015 verstorben sind, ist zu berücksichtigen, dass sich die Zuständigkeit für Mitgliedstaaten nach Art. 4 EuErbVO richtet. Ist also ein deutscher Staatsangehöriger mit gewöhnlichem Aufenthalt in Polen verstorben, so ist i.d.R. eine Zuständigkeit deutscher Gerichte nicht mehr gegeben (vgl. Zimmermann, Erbschein/Erbscheinsverfahren/Europäisches Nachlasszeugnis, Rdnr. 154).

Krankenhaus-/
Hospizaufenthalt

Praxistipp

In der Praxis treten häufiger Fälle auf, in denen der Erblasser nach einem kurzen Aufenthalt in einem Sterbehospiz verstirbt. Anders als bei einem Versterben in einem Krankenhaus, wo der Aufenthalt nur vorübergehender Natur sein soll, ist der Aufenthalt in einem Hospiz überwiegend mit der Aufgabe des bisherigen Wohnsitzes verbunden, da in derartigen Fällen mit einer Rückkehr in die Wohnung des Erblassers nicht mehr gerechnet werden kann. Hierbei ist der Begriff des „Aufenthalts" i.S.d. § 343 Abs. 1 FamFG weit zu verstehen. Eine kurze Verweildauer reicht aus, um einen für die örtliche Zuständigkeit erheblichen Aufenthalt zu begründen (OLG Karlsruhe, Beschl. v. 21.05.2013 – 9 AR 11/13).

Bei **Soldaten** richtet sich der Wohnsitz nach § 9 BGB.

Ort des letzten
Aufenthalts

Hatte der Erblasser **keinen inländischen Wohnsitz**, jedoch seinen Aufenthalt im Inland, bestimmt sich die Zuständigkeit des Nachlassgerichts nach dem Ort des letzten Aufenthalts. Unter Aufenthalt i.S.d. § 343 Abs. 1 FamFG ist ein tatsächliches Verhalten zu verstehen, unabhängig davon, ob der Aufenthalt nur vorübergehend oder längerfristig, gewollt oder ungewollt, bewusst oder unbewusst war (BayObLG, Beschl. v. 08.11.2002 – 1Z AR 152/02, noch zu § 73 Abs. 1 FGG). Hierbei ist der Begriff des „Aufenthalts" i.S.d. § 343 Abs. 1 FamFG weit zu verstehen. Eine kurze Verweildauer reicht aus, um einen für die örtliche Zuständigkeit erheblichen Aufenthalt zu begründen (OLG Karlsruhe, Beschl. v. 21.05.2013 – 9 AR 11/13).

Beispiel

Ein in Kanada wohnhafter Erblasser begibt sich lediglich zum Zwecke der Behandlung in das Krankenhaus Ernst-von-Bergmann in Potsdam, wo er überraschend verstirbt. Zuständig ist hier das AG Potsdam als Nachlassgericht des letzten Aufenthaltsorts.

Verweisung von
Amts wegen

Verneint das Nachlassgericht seine örtliche Zuständigkeit, hat es von Amts wegen über die Verweisung des Erbscheinsverfahrens an das örtlich zuständige Gericht zu entscheiden, ohne dass der Antragsteller hierzu einen entsprechenden Antrag stellen muss (KG, Beschl. v. 04.08.2011 – 1 W 509/11). Vor der Verweisung sind jedoch die Beteiligten anzuhören.

Sonderzuständigkeit
des AG Schöneberg

War der Erblasser Deutscher ohne inländischen Wohnsitz und ohne Aufenthalt im Inland, ist gem. § 343 Abs. 2 FamFG zunächst das AG Schöneberg in Berlin zuständig. Dieses kann das Nachlassverfahren **aus einem wichtigen Grund** an ein anderes Nachlassgericht mit bindender Wirkung verweisen. In der Regel wird von dieser Möglichkeit Gebrauch gemacht, wenn im Bezirk des AG Schöneberg kein Nachlassvermögen des Erblassers belegen ist, wohl aber im Bezirk eines anderen Nachlassgerichts.

Der Gesetzgeber hat im Rahmen der Einführung der EuErbVO klargestellt, dass bereits die **Belegenheit einer Sache** in einem anderen Gerichtsbezirk einen wichtigen Grund zur Verweisung des Verfahrens darstellt.

Allerdings gehen immer mehr Gerichte davon aus, dass die Belegenheit einer Sache in einem anderen Gerichtsbezirk allein nicht ausreichen soll, um ein Nachlassverfahren an dasjenige Gericht zu verweisen, in dessen Bezirk Nachlassgegenstände belegen sind. Es wird die Auffassung vertreten, dass die Belegenheit einer Sache zwar einen Ansatz für die Prüfung einer Verweisungsmöglichkeit darstellt, allerdings müsse das AG Schöneberg darüber hinaus prüfen, ob die **Verweisung auch zweckmäßig** ist. Das wird z.B. dann angenommen, wenn die Sache bei dem Gericht der Belegenheit schneller erledigt werden könnte. Abgesehen davon, dass die Tatsache, dass die Verfahrensbeteiligten oder -bevollmächtigten ihren gewöhnlichen Aufenthalt oder Geschäftssitz im Bezirk des Gerichts der Belegenheit haben, nach der Rechtsprechung nicht als ausreichend zweckmäßig angesehen wird (siehe unten), werden dem AG Schöneberg Zweckmäßigkeitsprüfungsaufgaben auferlegt, die weder im Gesetz ihre Grundlage haben noch vom AG Schöneberg erfüllt werden können (siehe dazu KG, Beschl. v. 05.01.2016 – 1 AR 34/15, FGPrax 2016, 86).

Praxistipp

Es empfiehlt sich in diesen Fällen, bereits im Antrag auf Erteilung eines Erbscheins anzugeben, wo sich Nachlassvermögen im Inland befindet. Dadurch kann das Nachlassverfahren zeitlich verkürzt werden.

Ist bereits bei einem anderen Nachlassgericht ein Nachlassverfahren anhängig, welches in einem engen Sachzusammenhang mit dem nunmehr beim AG Schöneberg anhängigen Nachlassverfahren steht, so kann das AG Schöneberg das Verfahren an das andere Nachlassgericht wegen dieses Sachzusammenhangs verweisen. Diese Verweisung ist für das Gericht, an das die Sache verwiesen wird, bindend.

Wichtiger Grund

Eine Verweisung mit der Begründung, der Verfahrensbevollmächtigte des Antragstellers oder der Antragsteller selbst habe seinen Dienstsitz oder Wohnsitz in dem Bezirk eines anderen Nachlassgerichts, ist nicht möglich, da diese Umstände keine wichtigen Gründe i.S.d. § 343 FamFG darstellen.

Ausländer ohne inländischen Wohnsitz

Für Ausländer ohne inländischen Wohnsitz oder Aufenthalt im Inland ist grundsätzlich dasjenige Nachlassgericht zuständig, in dessen Gerichtsbezirk **Nachlassgegenstände des Erblassers** belegen sind. Hierbei ist jedoch zu beachten, dass es für die Zuständigkeit des Nachlassgerichts darauf ankommt, dass zu dem Zeitpunkt, zu dem das Nachlassgericht mit der Nachlasssache befasst wird, die Nachlassgegenstände im Bezirk dieses Gerichts belegen sind. Befanden sich also zwar vor der Befassung des Gerichts mit der Nachlasssache noch Gegenstände in dessen Gerichtsbezirk, sind diese jedoch dann zum Zeitpunkt der Befassung nicht mehr in diesem Bezirk belegen, kann auch eine Zuständigkeit des ursprünglichen Gerichts nicht mehr begründet werden.

Befinden sich mehrere Gegenstände des Erblassers in verschiedenen Zuständigkeitsbezirken von Gerichten, so kommt § 2 Abs. 1 FamFG zur Anwendung.

Bei **beweglichen Sachen** ist das Gericht zuständig, in dessen Bezirk sich diese Gegenstände befinden. Bei **Bankguthaben** richtet sich die Zuständigkeit nach dem Sitz der Bank bzw. danach, wo sich die kontoführende Niederlassung befindet (BGH, Urt. v. 21.09.1987 – II ZR 41/87).

Bei **Forderungen** wird i.d.R. auf den Wohnsitz des Schuldners abzustellen sein.

Bei **unbeweglichem** Vermögen (Grundstücken und Grundstücksrechten) ist der Lageort maßgeblich.

Eine Verweisung ist für das als zuständig bezeichnete Nachlassgericht jedoch dann nicht bindend, wenn die Beteiligten vor der Verweisung nicht angehört worden sind (OLG Karlsruhe, Beschl. v. 21.05.2013 – 9 AR 11/13).

Rechtslage seit dem 17.08.2015

Im Rahmen der Änderungen durch die EuErbVO hat § 343 FamFG zum 17.08.2015 eine **wesentliche Änderung** erfahren.

Danach kommt es für die Zuständigkeit des Nachlassgerichts nicht mehr auf den letzten Wohnsitz des Erblassers an, sondern darauf, wo er seinen **letzten gewöhnlichen Aufenthalt** hatte (§ 343 Abs. 1 FamFG).

Hatte der Erblasser zum Zeitpunkt seines Todes keinen gewöhnlichen Aufenthalt im Inland, so ist dasjenige Nachlassgericht zuständig, in dessen Bezirk der Erblasser seinen letzten gewöhnlichen Aufenthalt im Inland hatte (§ 343 Abs. 2 FamFG). Dies betrifft diejenigen Erblasser, die zunächst in Deutschland ihren gewöhnlichen Aufenthalt hatten, diesen dann jedoch später ins Ausland verlegt haben.

Für die Anwendung des § 343 Abs. 2 FamFG ist es ohne Belang, wie lange der letzte gewöhnliche Aufenthalt im Inland zurückliegt. Eine Zuständigkeit eines Nachlassgerichts wird also auch dann begründet, wenn der Erblasser z.B. vor 30 Jahren seinen letzten gewöhnlichen Aufenthalt im Inland besessen hat (vgl. KG, Beschl. v. 18.07.2017 – 1 AR 36/17). Teilweise wird vertreten, dass die in Art. 10 EuErbVO vorgesehene zeitliche Beschränkung im Wege der Analogie auf den § 343 Abs. 2 FamFG übertragen werden müsse. Dies kommt jedoch mangels einer planwidrigen Lücke und dem eindeutigen Wortlaut des § 343 Abs. 2 FamFG nicht in Betracht (so auch KG, a.a.O.).

Zur **Definition des letzten gewöhnlichen Aufenthalts** wird auf die Ausführungen in Kapitel 6.A.3.1.1, S. 287 f. verwiesen.

Für den Fall, dass keine Zuständigkeit nach den §§ 343 Abs. 1, 343 Abs. 2 FamFG gegeben ist, greift die Auffangzuständigkeit des § 343 Abs. 3 FamFG. Danach ist das AG Schöneberg zuständig, wenn der Erblasser entweder Deutscher war oder aber im Inland Nachlassgegenstände belegen sind. Die Möglichkeit, die Sache aus einem wichtigen Grund an ein anderes Nachlassgericht mit bindender Wirkung zu verweisen, bleibt bestehen (§ 343 Abs. 3 Satz 2 FamFG).

2.2 Antragsberechtigung

Erbe/Miterben

Zur Stellung des Antrags ist derjenige berechtigt, der entweder bei Fehlen einer letztwilligen Verfügung als gesetzlicher Erbe oder aber bei gewillkürter Erbfolge aufgrund einer letztwilligen Verfügung des Erblassers als Erbe in Betracht kommt, allerdings muss der Erbe die **Erbschaft angenommen** haben. Ein Miterbe kann für die anderen Miterben einen Erbschein beantragen (§ 352a FamFG = § 2357 Abs. 1 Satz 1 BGB a.F.), jedoch muss hier der Antragsteller gem. § 352a FamFG (= § 2357 Abs. 3 Satz 1 BGB a.F.) im Antrag angeben, dass die übrigen Miterben die Erbschaft ebenfalls angenommen haben und dies gem. § 352 Abs. 3 FamFG nachweisen (= § 2356 BGB a.F.).

Erklärung der Annahme

Die Annahme der Erbschaft durch den Antragsteller kann ausdrücklich im Antrag selbst erklärt werden. Ohne eine derartige ausdrückliche Annahmeerklärung wird die Annahme konkludent durch die Antragstellung erklärt.

Weitere Antragsberechtigte

Antragsberechtigt sind auch diejenigen Personen, die die Rechte des oder der Erben aufgrund gesetzlicher Aufgabenzuweisung wahrnehmen, wie z.B. der Testamentsvollstrecker, Nachlassverwalter, Nachlassinsolvenzverwalter.

Antragsrecht des Nachlasspflegers

Der Nachlasspfleger, der für die unbekannten Erben eingesetzt worden ist, ist dagegen nicht zur Stellung eines Erbscheinantrags berechtigt, da in der Stellung eines derartigen Antrags die Annahme der Erbschaft mitenthalten ist. Ob die unbekannten Erben die Erbschaft annehmen wollen oder nicht, steht jedoch nicht fest; denn die Entscheidung über die Annahme oder Ausschlagung einer Erbschaft ist ein Recht des Erben, nicht des Nachlasspflegers.

Allerdings kann der Nachlasspfleger für einen anderen Nachlass einen Antrag auf Erteilung eines Erbscheins stellen, wenn dies für die Wahrnehmung der Rechte der Erben, die der Nachlasspfleger wahrnimmt, notwendig ist.

Praxistipp

Nachlassgläubiger können ebenfalls einen Erbschein für den oder die Erben beantragen, wenn sie im Besitz eines Titels sind, aufgrund dessen sie zur Geltendmachung von Ansprüchen gegen den Erben oder den Erblasser als Schuldner berechtigt sind. Grundlage hierfür ist § 792 ZPO bzw. § 896 ZPO. Der antragstellende Nachlassgläubiger muss bei Antragstellung bereits im Besitz eines zur Zwangsvollstreckung geeigneten Titels sein, wobei der Titel nicht rechtskräftig sein muss.

Andere Gläubiger, wie z.B. Vermächtnisnehmer oder Pflichtteilsberechtigte, haben, wenn sie nicht im Besitz eines Titels i.S.d. § 792 ZPO sind, kein Antragsrecht (OLG Köln, Beschl. v. 11.05.2016 – 23 WLw 6/16).

Antragsrecht des Erbteilserwerbers

Ein Erbteilserwerber i.S.d. § 2033 Abs. 1 BGB kann keinen Erbschein beantragen, der ihn aufgrund des Erwerbs des Erbteils als Erben ausweist, da er durch den Erwerb des Erbteils nicht Erbe wird. Der Erbe, der seinen Erbteil an einen Dritten veräußert, bleibt nämlich Erbe, da diese Position untrennbar mit ihm verbunden bleibt (BGH, NJW 1971, 1265; OLG München v. 05.07.2010 – 21 U 1843/10); der Erwerber des Erbteils kann dagegen die Erteilung eines Erbscheins beantragen, der den veräußernden Erben als Erben ausweist. Als Nachweis seiner Antragsberechtigung ist der Vertrag über den Erbteilserwerb bei der Antragstellung mit einzureichen.

Antragsrecht des Erbschaftskäufers

Der von einem Alleinerben erwerbende Erbschaftskäufer hat ebenfalls kein Antragsrecht, da durch den Verkauf der Erbschaft der Erbe seine Rechtsstellung nicht verliert. Anders als beim Erbteilserwerber wird dem Erbschaftskäufer jedoch nicht das Recht eingeräumt, einen Erbschein auf den Namen des Erben zu beantragen, da der Erbschaftskäufer nur einen obligatorischen Vertrag schließt und im Gegensatz zum Erbteilserwerber nicht am Nachlass dinglich berechtigt ist.

Zuständigkeit

Der Antrag ist beim Nachlassgericht zu stellen, wobei der Antragsteller auch durch Dritte vertreten werden kann; bei der Stellvertretung ist jedoch § 10 FamFG zu berücksichtigen. Die eidesstattliche Versicherung ist dagegen grundsätzlich vom Antragsteller persönlich abzugeben.

Antragsrecht Dritter

Dritten **fehlt** dagegen grundsätzlich die Antragsberechtigung. Ausnahmsweise können auch Dritte, die nicht Erben sind, einen Erbschein beantragen, falls sie im Besitz eines Titels gegen den Erben sind und dieser bislang – aus welchen Gründen auch immer – keinen Antrag auf Erteilung eines Erbscheins gestellt hat.

Erbschein für Nacherben

Zu Lebzeiten des Vorerbens ist der **Nacherbe** nicht berechtigt, einen Antrag auf Erteilung eines Erbscheins zu stellen, ebenso wenig wie der Nachlasspfleger.

2.3 Antragsinhalt

Rechtsgrundlage

Welchen Inhalt ein Antrag auf Erteilung eines Erbscheins haben muss, ergibt sich im Wesentlichen aus § 352 FamFG. Im Fall einer **gesetzlichen Erbfolge** richtet sich der maßgebliche Inhalt des Antrags nach § 352 Abs. 1 FamFG, im Fall einer **gewillkürten Erbfolge** richtet sich der Inhalt des Antrags nach § 352 Abs. 2 FamFG (= §§ 2354, 2355 BGB a.F.).

Form

Hierbei ist zu berücksichtigen, dass der Antrag im Grunde formlos gestellt werden kann, lediglich die Umstände gem. § 352 Abs. 3 FamFG (= § 2356 Abs. 2 BGB a.F.) sind eidesstattlich zu versichern, wobei die eidesstattliche Versicherung entweder vor einem Notar oder vor dem Rechtspfleger des Nachlassgerichts eines jeden Amtsgerichts oder – im Fall des Auslandsaufenthalts des Antragstellers – vor einer Auslandsvertretung der Bundesrepublik Deutschland abgegeben werden kann. In der Praxis erfolgen alle Angaben sowie die eidesstattliche Versicherung zusammen in einer Urkunde. Zuständig für die Abnahme eidesstattlicher Versicherungen sind nur deutsche Notare oder deutsche Konsularbeamte, nicht jedoch ausländische Notare (OLG München, Beschl. v. 15.11.2005 – 31 Wx 056/05).

Eidesstattliche Versicherung

Die eidesstattliche Versicherung ist im Wesentlichen hinsichtlich der **Umstände** abzugeben, **die durch öffentliche Urkunden nicht nachgewiesen werden können** und betrifft demnach vor allem negative Tatsachen, wie z.B. das Fehlen weiterer erbberechtigter Personen oder einer Verfügung von Todes wegen, der fehlenden Anhängigkeit eines Rechtsstreits über das Erbrecht sowie des Nichtvorliegens der Umstände, die eine im Testament verfügte Verwirkungsklausel erfüllen (wie z.B., dass die Schlusserben im Fall eines sog. Berliner Testaments nicht nach dem Tod des Erstverstorbenen gegenüber dem Überlebenden ihren Pflichtteil verlangt haben). Im Gegenschluss bedeutet dies, dass Umstände, die durch öffentliche Urkunden nachgewiesen sind, grundsätzlich einer eidesstattlichen Versicherung nicht zugänglich sind.

Verzicht auf eidesstattliche Versicherung

Gemäß § 352 Abs. 3 FamFG (= § 2356, Abs. 2 Satz 2 BGB a.F.) kann das Nachlassgericht die Abgabe der eidesstattlichen Versicherung erlassen, wenn es diese nicht für erforderlich hält. Es liegt im pflichtgemäßen Ermessen des Rechtspflegers/Richters, ob auf die Abgabe der eidesstattlichen Versicherung verzichtet wird.

Ein Verzicht kommt in Betracht, wenn ein Antrag auf Erteilung eines Erbscheins von einer **gemeinnützigen Einrichtung** oder **Stiftung** oder **sozialen Einrichtung** gestellt wird, da diese i.d.R. keine Angaben über gesetzliche Erben des Erblassers machen können.

Das Nachlassgericht kann auch die Abgabe einer eidesstattlichen Versicherung, die **vor einem ausländischen Notar** abgegeben worden ist, als ausreichend erachten, falls es dem Antragsteller z.B. aus gesundheitlichen Gründen nicht zumutbar ist, die Erklärung vor einem deutschen Notar oder einer deutschen Auslandsvertretung abzugeben und der Aufwand für den Beteiligten in keinem angemessenen Verhältnis zu den voraussichtlich zu gewinnenden Erkenntnissen steht (OLG München, Beschl. v. 15.11.2005 – 31 Wx 056/05).

Von der Abgabe der eidesstattlichen Versicherung kann i.d.R. auch abgesehen werden, wenn **nach Beendigung einer Testamentsvollstreckung** der Erbschein wegen des dann unrichtigen Testamentsvollstreckerzusatzes eingezogen wird und ein neuer Erbschein erteilt werden soll, der die Erbfolge unverändert, jedoch nunmehr ohne Testamentsvollstreckerzusatz ausweisen soll.

Entsprechendes gilt bei der Erteilung eines Erbscheins auf den/die Nacherben nach Eintritt des Nacherbfalls.

Praxistipp

Bei der Frage, ob das Nachlassgericht ersucht werden soll, von der grundsätzlich erforderlichen eidesstattlichen Versicherung abzusehen, ist zu berücksichtigen, dass die Abgabe der eidesstattlichen Versicherung nur die Bekräftigung dessen sein soll und kann, was der Antragsteller positiv weiß bzw. nicht weiß. Er muss nicht – und kann es überwiegend auch nicht – versichern, dass die Umstände, die er eidesstattlich versichern soll, tatsächlich objektiv zutreffend sind. Dies ist eigentlich grundsätzlich jedem Antragsteller möglich. Das hat zur Folge, dass das Gericht ein Ermessen hat, ob es auf die Abgabe einer eidesstattlichen Versicherung tatsächlich verzichtet.

Inhalt des Antrags im Einzelnen

Der Antragsteller hat bei gewillkürter Erbfolge **die letztwillige Verfügung**, auf die er sein Erbrecht stützt, zu benennen, sowie alle übrigen letztwilligen Verfügungen, die der Erblasser errichtet hat. Dies natürlich nur dann, wenn ihm diese auch bekannt sind. Ferner hat der Antragsteller die ihm bekannten **gesetzlichen Erben** zu benennen, **die** aufgrund der letztwilligen Verfügung von ihrem gesetzlichen Erbrecht **ausgeschlossen sind.** Diese Personen sind als Beteiligte i.S.d. § 345 Abs. 1 FamFG durch das Nachlassgericht vor der Erteilung eines Erbscheins anzuhören. Im Fall des Vorliegens mehrerer letztwilliger Verfügungen werden vom Nachlassgericht grundsätzlich auch diejenigen Personen angehört, deren Erbrecht durch die Errichtung der jüngsten letztwilligen Verfügung beeinträchtigt wird.

Gemeinschaftlicher Erbschein

Sind **mehrere Erben** vorhanden, so ist gem. § 352a Abs. 1 FamFG (= § 2357, Abs. 1 BGB a.F.) auf Antrag, der von jedem Erben gestellt werden kann, ein gemeinschaftlicher Erbschein zu erteilen. Wird der Antrag nicht von allen Erben gestellt, so ist in dem Antrag anzugeben, dass die übrigen Erben ebenfalls die Erbschaft angenommen haben (§ 352a Abs. 3 FamFG = § 2357, Abs. 3 Satz 1 BGB a.F.), was gem. § 352 Abs. 3 FamFG (= § 2356 BGB a.F.) entweder durch Urkunden zu belegen oder durch Abgabe einer eidesstattlichen Versicherung glaubhaft zu machen ist. Ausnahmsweise kann das Gericht gem. § 352a Abs. 4 FamFG (= § 2357,

Abs. 4 BGB a.F.) die Abgabe der eidesstattlichen Versicherung von allen Erben verlangen.

Warnhinweis

Vor der Antragstellung nur eines Miterben sollte Klarheit darüber bestehen, dass die übrigen Miterben tatsächlich ebenfalls die Erbschaft angenommen haben, da ansonsten eine falsche eidesstattliche Versicherung abgegeben wird, sofern die Miterben die Erbschaft nicht angenommen haben oder unklar ist, ob sie die Erbschaft angenommen haben.

Der Antragsteller hat darüber hinaus **einen bestimmten Antrag** zu stellen, d.h., er hat die Erben und eine bestimmte Erbquote zu benennen (§ 352a Abs. 2 Satz 1 FamFG = § 2357, Abs. 2 BGB a.F.). Bei Testamenten, die hinsichtlich der Größe der Erbquote nicht eindeutig sind, da der Erblasser den Erben z.B. nur Gegenstände „vererbt“ hat, sind dem Gericht zur Nachvollziehbarkeit der beantragten Quoten die entsprechenden Berechnungsgrundlagen mitzuteilen.

Berechnung der Erbquoten

Grundsätzlich ist bei der Berechnung der Quoten auf die Wertverhältnisse zum Zeitpunkt der Errichtung des Testaments abzustellen, was jedoch bei Testamenten, die vor geraumer Zeit errichtet worden sind, häufig zu Schwierigkeiten führt. Etwas anderes gilt dann, wenn ersichtlich ist, dass der Erblasser bei der Verteilung seines Vermögens den Status zum Zeitpunkt seines Todes als maßgeblich betrachtet hat.

Angabe konkreter Erbquoten erforderlich

Dem Gericht ist es aufgrund des Antragsprinzips verwehrt, von Amts wegen ohne oder ohne konkreten Antrag eine Erbquote festzulegen oder gar einen Erbschein zu erteilen. Der Inhalt des Erbscheins muss demnach inhaltlich mit den gestellten Anträgen übereinstimmen. Die häufig in Anträgen anzutreffende Wendung, der Erblasser habe die Erben zu gleichen Teilen als Erben eingesetzt, ohne hierbei die entsprechend konkrete Größe der Erbquote der Erben zu benennen, führt demnach also zu einer Monierung durch das Nachlassgericht. Auch ein Antrag, der dahingeht, dass der Antragsteller aufgrund des im Erbscheinantrag bezeichneten Testaments Erbe geworden, ist unzureichend.

Staatsangehörigkeit des Erblassers

Im Antrag auf Erteilung eines Erbscheins ist auch anzugeben, welche Staatsangehörigkeit der Erblasser zum Zeitpunkt seines Todes innehatte. Diese Angabe ist notwendig, um prüfen zu können, welches Recht zur Anwendung kommt. Kommt es auf die Staatsangehörigkeit des Erblassers an, hat das Nachlassgericht die Staatsangehörigkeit von Amts wegen zu ermitteln.

Berliner Testament

Im Rahmen eines Berliner Testaments, mit dem sich Ehegatten zunächst gegenseitig als Alleinerben und nach dem Tod des Überlebenden die Kinder als Schlusserben einsetzen, wird häufig eine sogenannte **Pflichtteilsklausel** verwandt. Danach sollen die Abkömmlinge nur dann Erbe nach dem Zuletztversterbenden werden, wenn sie nach dem Tod des Erstversterbenden nicht gegenüber dem Überlebenden ihren Pflichtteil geltend machen. Bei Geltendmachung des Pflichtteilsanspruchs soll dann der Abkömmling, der diesen Anspruch geltend macht, auch nach dem Zuletztversterbenden nur den Pflichtteil erhalten.

Praxistipp

Liegt eine derartige Klausel vor, ist in dem Antrag auf Erteilung eines Erbscheins nach dem Zuletztversterbenden ausdrücklich zu erklären und ggf. eidesstattlich zu versichern, dass weder der Antragsteller oder ein anderer Abkömmling nach dem Erstversterbenden den Pflichtteilsanspruch geltend gemacht hat.

Rechtslage seit dem 17.08.2015

Nach Inkrafttreten der EuErbVO sind §§ 2354 ff. BGB hinsichtlich ihres Regelungsgehalts in das FamFG überführt worden mit der Folge, dass sich die Anforderungen, die an die Form des Antrags gestellt werden, **nur noch nach dem FamFG** richten.

§ 352 FamFG gibt die Anforderungen vor, die bei der Stellung eines Antrags auf Erteilung eines Erbscheins zu erfüllen sind.

Erforderliche Angaben gem. § 352 Abs. 1 FamFG

Die für die **Erteilung eines Erbscheins aufgrund gesetzlicher Erbfolge** erforderlichen Angaben ergeben sich aus § 352 Abs. 1 FamFG. Danach muss der Antragsteller angeben

- den Zeitpunkt des Todes des Erblassers,
- den letzten gewöhnlichen Aufenthalt und die Staatsangehörigkeit des Erblassers,
- das Verhältnis, auf dem das Erbrecht des Antragstellers beruht,
- ob und welche Personen vorhanden sind oder waren, durch die er von der Erbfolge ausgeschlossen oder sein Erbteil gemindert werden würde,
- ob und welche Verfügungen des Erblassers von Todes wegen vorhanden sind,
- ob ein Rechtsstreit über sein Erbrecht anhängig ist,
- dass er die Erbschaft angenommen hat,
- die Größe seines Erbteils.

Der Antragsteller hat ferner für den Fall, dass eine Person, durch die der Antragsteller von der Erbfolge ausgeschlossen sein oder sein Erbteil gemindert werden würde, weggefallen ist, anzugeben, in welcher Weise diese Person weggefallen ist.

Erforderliche Angaben gem. § 352 Abs. 2 FamFG

Wird die **Erteilung eines Erbscheins aufgrund gewillkürter Erbfolge** beantragt, richtet sich der Inhalt der abzugebenden Erklärungen nach § 352 Abs. 2 FamFG, durch den § 2355 BGB entfällt.

Hierbei hat der Erblasser zunächst die nach § 352 Abs. 1 Satz 1 Nr. 1, 2 und 6 bis 8 sowie die in § 352 Abs. 1 Satz 2 FamFG vorgeschriebenen

Angaben zu machen. Ferner hat der Antragsteller darüber hinaus diejenige Verfügung zu bezeichnen, auf der das Erbrecht des Antragstellers beruht sowie anzugeben, ob und welche sonstigen Verfügungen von Todes wegen des Erblassers vorhanden sind.

§ 352 Abs. 3 FamFG, der § 2356 BGB ersetzt, schreibt vor, welche Urkunden vom Antragsteller vorzulegen und welche Umstände er durch eine eidesstattliche Versicherung zu versichern hat.

Angabe von Erbteilen verzichtbar

§ 352a FamFG hat zum 17.08.2015 den bis dahin maßgeblichen § 2357 BGB ersetzt. § 352a FamFG entspricht im Wesentlichen dem Inhalt des § 2357 BGB. Eine bedeutende Änderung ergibt sich jedoch auf Grund des § 352a Abs. 2 Satz 2 FamFG, wonach die konkrete Angabe von Erbteilen nicht erforderlich ist, wenn alle Antragsteller in dem Antrag auf die Aufnahme der Erbteile in dem Erbschein verzichten. Diese Norm ermöglicht demnach die Erteilung eines Erbscheins, der lediglich die Erben, nicht jedoch die jeweiligen Quoten, zu denen sie am Nachlass beteiligt sind, ausweist.

Privileg der offenen Quoten

Diese Art des Erbscheins ist insbesondere dann für die Fälle interessant, in denen sich bei Antragstellung noch nicht mit ausreichender Sicherheit die jeweilige Erbquote feststellen lässt (z.B. weil der Erblasser sein Vermögen an die Beteiligten lediglich durch Zuwendung einzelner Gegenstände als „Erbe" eingesetzt hat und die Bewertung der zugewandten Gegenstände noch nicht erfolgt ist). Ein derartiger Antrag ist zulässig, wenn alle Antragsteller schriftlich erklären, darauf zu verzichten, dass der Erbschein konkrete Quoten ausweist. Nicht erforderlich ist der Verzicht der in dem Erbschein genannten Miterben, die nicht zugleich Antragsteller sind (vgl. Schaal, in: Bahrenfuss, FamFG, § 352a Rdnr. 13). Allerdings bleibt die Angabe einer konkreten Quote bei der Beantragung eines Teilerbscheins erforderlich.

2.4 Beteiligte

Die Frage, wer Beteiligter im Nachlassverfahren ist, beantwortet sich nach § 345 FamFG.

Zwingend: Antragsteller, gesetzliche Erben

Der Antragsteller ist zwingend Beteiligter (§§ 345 Abs. 1 Satz 1, 7 Abs. 1 FamFG), was sich im Grunde von selbst versteht. Wer als Beteiligter hinzuzuziehen ist oder hinzugezogen werden kann, ergibt sich aus § 345 Abs. 1 Satz 2 Nr. 1–5 FamFG. Soweit das Gesetz ausführt, dass die gesetzlichen Erben hinzugezogen werden können, ist dies unzutreffend, da ihnen gem. Art. 103 GG rechtliches Gehör zu gewähren ist und sie als Folge dessen zwingend hinzuzuziehen sind.

Praxistipp

Es empfiehlt sich für den Fall, dass das Gericht die gesetzlichen Erben nicht von sich aus beteiligt, einen Antrag auf Hinzuziehung als Beteiligter zu stellen, da dann die Hinzuziehung erfolgen muss (§ 345 Abs. 1 Satz 3 FamFG).

Gesetzliche Erben, die die Erbschaft aus jedem Berufungsgrund ausgeschlagen haben, sind nicht mehr Beteiligte i.S.d. § 345 Abs. 1 Satz 2 Nr. 1 FamFG. Personen, die als Beteiligte i.S.d. § 345 Abs. 1 Satz 2 Nr. 5 FamFG in Betracht kommen, sind z.B. Erbeserben. Auch Nacherben kommen als Beteiligte in Betracht, da deren Nacherbrecht im Erbschein auszuweisen ist. Als Beteiligte kommen zudem Testamentsvollstrecker, Nachlassinsolvenzverwalter, Nachlassverwalter, Nachlasspfleger sowie Gläubiger, die einen Vollstreckungstitel innehalten, in Betracht.

2.5 Inhalt der Prüfung/Testierfähigkeit etc.

Ist ein formgerechter Antrag gestellt worden, hat das Gericht unter Benutzung der vom Antragsteller angegebenen Beweismittel von Amts wegen die zur Feststellung der Tatsachen erforderlichen Ermittlungen vorzunehmen und die als geeignet erscheinenden Beweise aufzunehmen.

Erst im Rahmen der Anhängigkeit des Erbscheinantrags beim Nachlassgericht erfolgt somit die Prüfung, ob der Erblasser zum Zeitpunkt derjenigen letztwilligen Verfügung, auf die der Antragsteller sein Erbrecht stützt, ein formell wirksames Testament errichtet hat, testierfähig war oder aber ob evtl. abgegebene Ausschlagungserklärungen wirksam abgegeben worden sind.

Formwirksames Testament

Die Art und Weise der Errichtung richtet sich nach §§ 2229 ff. BGB. Im Rahmen eines Erbscheinsverfahrens prüft das Gericht von Amts wegen, ob tatsächlich eine formwirksame letztwillige Verfügung vorliegt.

Praxistipp

Zu berücksichtigen ist, dass beim Nachlassgericht alle letztwilligen Verfügungen des Erblassers abzuliefern sind, selbst wenn diese offenkundig unwirksam sind (z.B. maschinenschriftliches Testament).

Eigenhändigkeit

Im Wesentlichen und in der Praxis weit überwiegend maßgeblich sind die in ordentlicher Form gem. § 2231 BGB errichteten Testamente.

Der Erblasser kann gem. § 2247 Abs. 1 BGB ein Testament durch eigenhändig geschriebene und unterschriebene Erklärung errichten, wobei die Angaben im Testament über das Datum und den Ort der Errichtung keine zwingenden Formerfordernisse sind (§ 2247 Abs. 2 BGB).

Angaben zu Zeit und Ort

Enthält das Testament Angaben zu Zeit und Ort, so haben diese Angaben bis zum Beweis des Gegenteils die Vermutung der Richtigkeit für sich (OLG München, Beschl. v. 28.07.2009 – 31 Wx 28/09).

Ergeben sich allerdings aufgrund des **Fehlens dieser Angaben** Zweifel an der Gültigkeit des Testaments, so ist gem. § 2247 Abs. 5 BGB das Testament nur dann als gültig anzusehen, wenn sich die notwendigen Feststellungen über die Zeit und den Ort der Errichtung treffen lassen. Dies kommt z.B. zum Tragen, wenn zwei verschiedene Testamente vorliegen, wovon nur eines datiert ist, die Testamente jedoch unterschiedliche und voneinander abweichende Verfügungen enthalten. Lässt sich demzufolge nicht feststellen, wann das undatierte Testament errichtet worden ist, ist dieses Testament unwirksam, selbst wenn es für sich allein gesehen nach § 2247 Abs. 1 BGB wirksam ist.

Praxistipp

Es ist daher in einem derartigen Fall von erheblicher Bedeutung, dass im Hinblick auf das undatierte Testament zu dem Zeitpunkt der Errichtung konkret und substantiiert vorgetragen wird.

Einheitliche Erklärung

Das eigenhändige Testament muss vom Erblasser **in vollem Umfang** handschriftlich errichtet und unterschrieben sein (OLG München, Beschl. v. 31.08.2011 – 31 Wx 179/10); nicht erforderlich ist dagegen, dass der Erblasser das Testament in einem Errichtungsakt und nur in einer einzigen Urkunde durchgängig errichtet hat. Er kann demnach das Testament zu verschiedenen Zeiten, an verschiedenen Orten und in verschiedenen Urkunden errichten. Es muss lediglich feststehen, dass der Testierende die Urkunde in ihrer Gesamtheit als einheitliche Erklärung und als seine letztwillige Verfügung gewollt hat (OLG Karlsruhe, Beschl. v. 15.01.2002 – 14 Wx 114/01; OLG Hamm, Beschl. v. 19.09.2012 – 15 W 420/11).

Abgrenzung zum Entwurf

Unerheblich ist auch, worauf der Erblasser seine letztwillige Verfügung errichtet hat, so dass diese auch auf ungewöhnlichen Materialien errichtet werden können. Allerdings ist in solchen ungewöhnlichen Fällen besonders zu prüfen, ob in Abgrenzung zu einem Entwurf tatsächlich eine ernsthaft gewollte letztwillige Verfügung errichtet werden sollte.

Kriterien für Eigenhändigkeit

An einer Eigenhändigkeit der Errichtung des Testaments fehlt es, wenn dem Erblasser die Hand geführt worden ist, weil in diesem Fall die Schriftzüge von dem helfenden Dritten geformt worden sind; wird die **Schreibhilfe** dagegen nur unterstützend gewährt mit der Folge, dass der Erblasser die Formung der Schrift selbst bestimmt und diese Formung von seinem Willen getragen ist, liegt noch eine Eigenhändigkeit vor (OLG Hamm, Beschl. v. 11.09.2001 – 15 W 224/01).

Hat der Erblasser die letztwillige Verfügung **teilweise** handschriftlich und teilweise maschinenschriftlich errichtet und eigenhändig unterschrieben, ist die letztwillige Verfügung nicht zwingend unwirksam. Entscheidend ist, dass der eigenhändig abgefasste Teil einen für sich gesehen abgeschlossenen Sinn ergibt und der Erblasserwille darauf gerichtet war, diesen handschriftlichen Teil der Verfügung unabhängig vom Rest als wirksam zu betrachten (BayObLG, Beschl. v. 09.03.2005 – 1Z BR 112/04).

Die Form eines eigenhändigen Testaments gem. § 2247 BGB wird nicht dadurch gewahrt, dass der Erblasser auf ein **mit einer Maschine** (Schreibmaschine, Computer, Drucker) geschriebenes Schriftstück Bezug nimmt, da der Erblasser hinsichtlich des Inhalts seiner letztwilligen Verfügung nur auf eigenhändig von ihm geschriebene Schriftstücke oder auf öffentliche Testamente Bezug nehmen kann. Die Bezugnahme auf ein nicht in Testamentsform abgefasstes Schriftstück ist nur dann unschädlich, wenn sie lediglich der näheren Erläuterung testamentarischer Bestimmungen dient, weil es sich dann nur um die Auslegung des bereits formgültig erklärten, andeutungsweise erkennbaren Willens handelt (OLG Köln, Beschl. v. 06.10.2014 – 2 Wx 249/14).

Kopie des Testaments

Bei **Fotokopien** fehlt die Eigenhändigkeit i.S.d. § 2247 Abs. 1 BGB, anders als bei Durchschriften mittels Kohlepapier.

Allerdings kann anhand einer Kopie eines in der Urschrift nicht mehr vorhandenen Originaltestaments u.U. der Beweis geführt werden, dass der Erblasser dieses Testament errichtet hat. Allein die Tatsache, dass die Urschrift des Testaments nicht aufgefunden werden kann, bedeutet nicht zwangsläufig, dass der Erblasser das Testament mit Widerrufswillen vernichtet hat (OLG Naumburg, Beschl. v. 29.03.2012 – 2 Wx 60/11; OLG Köln, Beschl. v. 02.12.2016 – 2 Wx 550/16, FamRZ 2017, S. 1164). Gemäß §§ 2355, 2356 Abs. 1 Satz 1 BGB ist **zum Nachweis eines testamentarischen Erbrechts** grundsätzlich die Urschrift der Urkunde vorzulegen, auf die das Erbrecht gestützt wird. Ist diese Urkunde nicht auffindbar, kommt der allgemein anerkannte Grundsatz zum Tragen, dass es die Wirksamkeit eines Testaments nicht berührt, wenn die Urkunde ohne Willen und Zutun des Erblassers vernichtet worden, verloren gegangen oder sonst nicht auffindbar ist. In so einem Fall können Errichtung und Inhalt des Testaments mit allen zulässigen Beweismitteln, auch durch Vorlage einer Kopie, bewiesen werden (OLG Naumburg, Beschl. v. 29.03.2012 – 2 Wx 60/11).

Beweislast

Die Feststellungslast für die Errichtung des Testaments, welches nicht im Original zu erlangen ist, trägt derjenige, der aufgrund dieses Testaments das Erbrecht in Anspruch nimmt (OLG Naumburg, Beschl. v. 29.03.2012 – 2 Wx 60/11; SchlHOLG, Beschl. v. 12.08.2013 – 3 Wx 27/13; OLG Köln, a.a.O.); für die Behauptung des Widerrufs der letztwilligen Verfügung durch Vernichtung des Originals durch den Erblasser trägt dagegen derjenige die Beweislast, der sich auf diesen Umstand beruft (OLG Naumburg, a.a.O.).

Entsprechendes gilt für den Fall, dass weder das Original des Testaments noch Kopien desselben vorgelegt werden können, der oder die Erben dennoch ihr Erbrecht auf das ursprüngliche Vorhandensein einer letztwilligen Verfügung stützen. In einem derartigen Fall kann die Existenz des Testaments durch alle zulässigen Beweismittel bewiesen werden.

Praxistipp

Kann das Original des Testaments nicht vorgelegt werden, soll aber dennoch das Erbrecht auf den Inhalt dieses Testaments gestützt werden, so sind konkrete Angaben zu den Umständen der Errichtung des Testaments sowie dessen Inhalt unter Angabe von Beweismitteln auch in Form von Kopien zu machen. Entscheidend ist häufig, dass Dritte das Testament im Original gesehen haben, u.U. sogar noch kurz vor dem Tod des Erblassers.

Anforderungen an Unterschrift

Die letztwillige Verfügung ist eigenhändig vom Erblasser zu unterschreiben, wobei die Unterschrift aus dem Vor- und Familiennamen des Erblassers bestehen soll. Der Erblasser kann jedoch auch in anderer Weise unterzeichnen, wenn aus dieser Art der Unterzeichnung seine Identität und die Ernstlichkeit des Gewollten festgestellt werden können.

Platzierung der Unterschrift

Die Unterschrift ist der Abschluss der Urkunde und muss daher **unter dem Text** stehen; damit soll sichergestellt werden, dass der vor der Unterschrift stehende Text durch nachträgliche Ergänzungen und Zusätze gesichert wird. Demzufolge ist es nicht ausreichend, wenn der Erblasser seine letztwillige Verfügung lediglich mit einer Oberschrift versieht, ebenso wenig wie eine sogenannte Selbstbezeichnung des Erblassers, mit der häufig das Testament eingeleitet wird (z.B. „Ich, Maria Muster, errichte hiermit mein Testament“). Ebenso wenig ist es ausreichend, wenn der Erblasser den Text lediglich am Rand „unterschreibt“, außer, unter dem Text ist nicht mehr ausreichend Platz zum Unterschreiben gewesen.

Besteht die letztwillige Verfügung aus mehreren Seiten, ist es ausreichend, dass der Erblasser seine Unterschrift **auf dem letzten Blatt** vornimmt. Es muss allerdings außer Zweifel stehen, dass die losen Seiten zusammengehören und somit das Testament bilden.

Bei einer Unterschrift des Erblassers **auf einem Umschlag**, in dem sich dessen letztwillige Verfügung befindet, die selbst nicht unterschrieben ist, ist maßgebend, ob der Umschlag mit der sich darin befindlichen letztwilligen Verfügung eine Urkunde darstellt.

Darlegungslast

Für die Feststellung, dass ein Schriftstück eine letztwillige Verfügung darstellt, trägt derjenige, der Rechte aus diesem Schriftstück ableiten will, die Darlegungslast (OLG Karlsruhe, Beschl. v. 10.06.2015 – 11 Wx 33/15). Entsprechendes gilt für die Frage der Eigenhändigkeit des Testaments (OLG Düsseldorf, Beschl. v. 17.11.2014 – 25 Wx 84/14). Zum Zweck der

Auslegung einer wirksamen letztwilligen Verfügung des Erblassers kann jedoch auf ein formunwirksam errichtetes Testament zurückgegriffen werden (vgl. OLG Hamburg, Beschl. v. 18.03.2015 – 2 W 5/15).

Die Beweislast dafür, dass der Erblasser bei Errichtung des Testaments Geschriebenes nicht zu lesen vermochte, liegt bei demjenigen, der sich auf die Leseunfähigkeit beruft (OLG Hamburg, Beschl. v. 18.08.2015 – 2 U 21/13).

Ermittlungspflicht des Nachlassgerichts

Das Nachlassgericht prüft von Amts wegen die Eigenhändigkeit der Testamentserrichtung, wenn ein Anlass hierfür besteht. Beruft sich jemand auf die fehlende Eigenhändigkeit des Testaments, gilt auch hier, dass dann die konkreten Umstände, die nach Ansicht des Beteiligten gegen die Eigenhändigkeit sprechen, substantiiert, am besten unter Vorlage vergleichbarer Schriftproben, vorgetragen werden müssen. Die alleinige Behauptung, man könne sich nicht vorstellen oder glauben, dass der Erblasser die Verfügung eigenhändig errichtet habe, löst in dieser Allgemeinheit keine Ermittlungsverpflichtung des Nachlassgerichts aus (zum Umfang der anzustellenden Ermittlungen durch das Gericht siehe OLG Karlsruhe, Beschl. v. 10.06.2015 – 11 Wx 33/15).

Gutachten über Eigenhändigkeit

Ist über die Eigenhändigkeit des Testaments ein Gutachten eingeholt worden, so sollte dieses darauf überprüft werden, ob es durch einen fachlich qualifizierten Sachverständigen erstellt worden ist und dass es durch im Rahmen der Gegenüberstellung von Echtheitshypothese und Fälschungshypothese nachvollziehbar ist, die anerkannten Bewertungsmaßstäbe anwendet und ausreichendes Vergleichsmaterial aus der Zeit der Errichtung des Testaments berücksichtigt (LG Duisburg, Beschl. v. 17.10.2011 – 7 T 91/10).

Es ist zu berücksichtigen, dass eine absolute Gewissheit der Echtheit eines Testaments bzw. einer Unterschrift im naturwissenschaftlichen Sinne fast nie zu erreichen und somit die Möglichkeit des Gegenteils nie vollständig auszuschließen sein wird. Für die **richterliche Überzeugung der Eigenhändigkeit** reicht es demnach nach herrschender Rechtsprechung aus, dass der Richter einen für das praktische Leben brauchbaren Grad der Gewissheit erlangt, der vernünftige Zweifel ausschließt (vgl. OLG Düsseldorf, Beschl. v. 17.11.2014 – 25 Wx 84/14; OLG Frankfurt, Beschl. v. 15.10.2014 – 20 W 251/14). Es ist demnach im Erbscheinsverfahren ausreichend, wenn das Gericht keine vernünftigen Zweifel an der Echtheit des Testaments hat. Die Überzeugungsgewinnung ist unabhängig davon, welchen Grad der Wahrscheinlichkeit der Urheberschaft des Testaments der Schriftsachverständige festgestellt hat (OLG Düsseldorf, a.a.O.).

Können keine Schriftproben zum Vergleich mit dem Ziel der Echtheitsüberprüfung eingereicht werden, hat dies allerdings noch nicht zur Folge, dass die Urheberschaft des Testaments als nicht geklärt und somit das Testament als unwirksam zu betrachten ist (siehe hierzu OLG Frankfurt, Beschl. v. 15.10.2014 – 20 W 251/14).

Kosten des Gutachtens

Die Kosten des eingeholten Gutachtens können demjenigen auferlegt werden, dessen Vorbringen sich durch das Gutachten nicht haben bestätigen lassen. Ansonsten sind die Kosten vom Antragsteller zu tragen.

Testierunfähigkeit

Gemäß § 2229 Abs. 4 BGB ist testierunfähig, wer wegen krankhafter Störungen der Geistestätigkeit, wegen Geistesschwäche oder wegen Bewusstseinsstörungen nicht in der Lage ist, die Bedeutung der von ihm abgegebenen Willenserklärungen einzusehen und nach dieser Einsicht zu handeln. Das Gesetz verbindet danach nicht mit jeder Geisteskrankheit oder -schwäche die Testierunfähigkeit, sondern sieht die Fähigkeit des Erblassers, die Bedeutung der letztwilligen Verfügung zu erkennen und sich bei seiner Entscheidung von normalen Erwägungen leiten zu lassen, als maßgebend an. Eine geistige Erkrankung des Erblassers steht der Gültigkeit seiner letztwilligen Verfügung nicht entgegen, wenn diese von der Erkrankung nicht beeinflusst ist. **Entscheidend ist,** ob die psychischen Funktionen des Urteilens und des kritischen Stellungnehmens durch die Geisteskrankheit oder -schwäche so sehr beeinträchtigt sind, dass der Erblasser nicht mehr fähig ist, die Bedeutung seiner letztwilligen Verfügung einzusehen und nach dieser Einsicht zu handeln und ob krankhafte Empfindungen und Vorstellungen die Bestimmbarkeit des Willens durch normale, vernünftige Erwägungen aufgehoben haben (OLG Düsseldorf, Beschl. v. 01.06.2012 – 3 Wx 273/11; OLG Düsseldorf, Beschl. v. 15.06.2015 – 3 Wx 103/14).

Lesenswert hierzu ist eine neuere Entscheidung des OLG Frankfurt (OLG Frankfurt, Beschl. v. 17.08.2017 – 20 W 188/16).

Prüfung der Testierfähigkeit

Die Prüfung der Testierfähigkeit des Erblassers erfolgt **von Amts wegen,** falls es Anhaltspunkte für die Möglichkeit des Bestehens einer Testierunfähigkeit gibt. Dies kann z.B. dann der Fall sein, wenn der Erblasser zum Zeitpunkt der Errichtung der letztwilligen Verfügung unter einer rechtlichen Betreuung stand und die Gründe der Anordnung der Betreuung Zweifel an der Testierfähigkeit nahelegen, oder aber, wenn ein am Verfahren Beteiligter oder ein Dritter nachvollziehbar zur Testierunfähigkeit des Erblassers vorträgt. Die rein pauschal erhobene Einwendung, der Erblasser sei testierunfähig gewesen, reicht dagegen nicht aus, um Ermittlungen des Nachlassgerichts auszulösen (BayObLG, FamRZ 1997, 1028; OLG Düsseldorf, Beschl. v. 01.06.2012 – 3 Wx 273/11; OLG Frankfurt, Beschl. v. 17.08.2017 – 20 W 188/16).

Umfang der Amtsermittlungs- und Aufklärungspflicht

Zum Umfang der Amtsermittlungs- und Aufklärungspflicht ist auf die Entscheidung des OLG Düsseldorf vom 15.06.2015 – 3 Wx 103/14 hinzuweisen. Danach bestimmt zwar das Nachlassgericht den Umfang der Ermittlungen, allerdings sind die von Amts wegen einzuleitenden und durchzuführenden Ermittlungen so weit auszudehnen, wie es die Sachlage erfordert. Das Verfahren muss also geeignet sein, eine möglichst zuverlässige Grundlage für die zu treffende Entscheidung zu erlangen. Das Gericht ist gehalten, die konkret auffälligen Verhaltensweisen des Erblassers aufzuklären und sich sodann Gewissheit über die sich daraus ableitenden medizinischen Befunde zu verschaffen und die sich daraus ergebenden Schlüsse zu ziehen. Bei verbleibenden Zweifeln an der Testierfähigkeit ist dann ein **Gutachten** eines psychiatrischen oder nervenärztlichen Sachverständigen einzuholen (OLG Düsseldorf, Beschl. v. 15.06.2015 – 3 Wx 103/14). Der Sachverständige hat anhand der bestehenden Anknüpfungstatsachen nicht nur den medizinischen Befund festzustellen, sondern vor allen Dingen die Auswirkungen dieses Befunds auf die Einsichts- und Willensbildungsfähigkeit des Erblassers zu klären (OLG Düsseldorf, a.a.O.; OLG Frankfurt, Beschl. v. 17.08.2017 – 20 W 188/16).

Die richterliche Aufklärungspflicht ist verletzt, wenn Ermittlungen, zu denen nach dem Sachverhalt als solchem und dem Vorbringen der Beteiligten Anlass bestand, nicht durchgeführt worden sind; die Ermittlungen sind erst abzuschließen, wenn von weiteren Maßnahmen ein sachdienliches, die Entscheidung beeinflussendes Ergebnis nicht mehr zu erwarten ist (OLG Düsseldorf, Beschl. v. 15.06.2015 – 3 Wx 103/14).

Feststellungslast

Da das Gesetz von dem Grundsatz der Testierfähigkeit ausgeht, trägt derjenige, der sich auf die Testierunfähigkeit beruft, die Feststellungslast dafür, dass der Erblasser zum Zeitpunkt der Errichtung seiner letztwilligen Verfügung testierunfähig war. Dies hat zur Folge, dass vor der Einholung eines Sachverständigengutachtens zu dieser Frage derjenige zur Zahlung des Kostenvorschusses aufgefordert wird, der die Testierunfähigkeit behauptet.

Anscheinsbeweis

Im Wege des Anscheinsbeweises kann von der Testierunfähigkeit des Erblassers zum Zeitpunkt der Errichtung der letztwilligen Verfügung ausgegangen werden, wenn die Testierunfähigkeit zu einem Zeitpunkt vor und zu einem Zeitpunkt nach Errichtung des Testaments feststeht. Dies setzt aber voraus, dass das Gericht nicht von wechselnden Zuständen (lichten Momenten) des Erblassers ausgeht, sondern von **anhaltender Testierunfähigkeit** überzeugt ist. Die ernsthafte Möglichkeit eines lichten Intervalls reicht also zur Erschütterung des ersten Anscheins aus; diese lichten Intervalle hat derjenige darzulegen und zu beweisen, der Rechte aus dem Testament herleitet und sich auf diese beruft. Bei Vorliegen einer chronisch-progredienten Demenz ist jedoch ein luzides Intervall praktisch ausgeschlossen (OLG München, Beschl. v. 01.07.2013 – 31 Wx 266/12). Bei verbleibenden unbehebbaren Zweifeln trotz Ausschöpfung aller Aufklärungsmöglichkeiten trifft im FamFG-Verfahren die Feststellungslast den, der sich auf die Unwirksamkeit des Testaments beruft (Thüringer OLG, Beschl. v. 04.05.2005 – 9 W 612/04). Dies beruht darauf, dass das Gesetz vom Grundsatz der Testierfähigkeit ausgeht.

Praxistipp

Es empfiehlt sich daher immer, bei Behauptung der Testierunfähigkeit des Erblassers zum Zeitpunkt der Errichtung der letztwilligen Verfügung diese durch konkreten Vortrag von Tatsachenbehauptungen sowie Angabe von Beweismitteln (Zeugen; Ärzte, bei denen der Erblasser im näheren Zeitraum der Testamentserrichtung in Behandlung war) zu substantiieren.

Kosten des Gutachtens

Stellt sich abschließend im Erbscheinsverfahren heraus, dass eine Testierunfähigkeit nicht vorgelegen hat, können dem sich hierauf Berufenden die Kosten des Gutachtens auferlegt werden. Diese Entscheidung trifft das Gericht gem. § 81 Abs. 1 Satz 1 FamFG im Rahmen einer Billigkeitsabwägung (OLG München, Beschl. v. 30.04.2012 – 31 Wx 68/12; siehe hierzu auch OLG München, Beschl. v. 06.07.2017 – 31 Wx 409/16 – für den Fall, dass nach Abschluss eines erfolglosen Erbscheinsantrags ein anderer Beteiligter nachfolgend einen erfolgreichen Antrag auf Erteilung eines Erbscheins stellt und er sich dabei die Ergebnisse des ursprünglichen Verfahrens zunutze macht).

Unwirksamkeit letztwilliger Verfügung bei Scheidung

Das Gericht prüft ebenfalls von Amts wegen, ob eine letztwillige Verfügung gem. § 2077 Abs. 1 BGB unwirksam ist. Dies kommt dann in Betracht, wenn der Erblasser durch letztwillige Verfügung seinen Ehegatten bedacht hat, zum Zeitpunkt des Todes die Ehe jedoch aufgelöst war oder aber zu diesem Zeitpunkt die Voraussetzungen für die Scheidung der Ehe vorgelegen haben und der Erblasser die Scheidung beantragt oder ihr zugestimmt hat. Dem steht es gleich, wenn der Erblasser zum Zeitpunkt seines Todes berechtigt war, die Aufhebung der Ehe zu beantragen und bereits den Antrag gestellt hat.

Hier ist zu berücksichtigen, dass das Nachlassgericht für den Fall, dass es zu einer Entscheidung des Familiengerichts nicht gekommen ist, in eigener Zuständigkeit prüfen muss, ob die Voraussetzungen einer Ehescheidung vorgelegen haben (Palandt/Weidlich, § 2077 Rdnr. 4).

Feststellungslast

Ist anzunehmen, dass der Erblasser die Wirksamkeit der letztwilligen Verfügung dennoch gewollt hat, so ist die Verfügung zugunsten des anderen Ehegatten nicht unwirksam. Die Feststellungslast hierfür liegt jedoch bei dem früheren Ehegatten.

Ausschlagung

Ist vor Einleitung des Erbscheinsverfahrens von einem Beteiligten eine Ausschlagungserklärung abgegeben worden, prüft das Gericht nach Anhängigkeit des Erbscheinantrags, ob diese Erklärungen wirksam sind und wieweit sich diese auf den gestellten Antrag auswirken.

Fristen der Ausschlagung

Die Erbschaft kann nur innerhalb einer bestimmten Frist ausgeschlagen werden. Nach Ablauf der Frist gilt die Erbschaft als angenommen (§ 1943 BGB). Gemäß § 1944 Abs. 1 BGB kann die Ausschlagung nur **binnen sechs Wochen** erfolgen, wobei die Frist gem. § 1944 Abs. 2 Satz 1 BGB zu dem Zeitpunkt zu laufen beginnt, zu dem der Erbe von dem Anfall und dem Grund der Berufung als Erbe Kenntnis erlangt (OLG Schleswig, Beschl. v. 20.06.2016 – 3 Wx 96/15; diese Entscheidung bezieht sich vor allen Dingen auf den Fall der gesetzlichen Erbfolge). Erfolgt die Berufung als Erbe aufgrund einer Verfügung von Todes wegen, beginnt die Frist nicht vor Bekanntgabe des Inhalts der letztwilligen Verfügung durch das Nachlassgericht (§ 1944 Abs. 2 Satz 2 BGB).

Auslandsfälle

Hält sich der Erbe zum Beginn der Frist im Ausland auf oder ist der Erblasser mit letztem Wohnsitz im Ausland verstorben, beträgt die Ausschlagungsfrist **sechs Monate** (§ 1944 Abs. 3 BGB).

Geschäftsunfähiger Erbe

Solange der Erbe geschäftsunfähig ist, läuft die Ausschlagungsfrist nicht ab. Nach Wiedererlangung der Geschäftsfähigkeit beginnen die maßgeblichen Fristen zu laufen (BGH, Urt. v. 05.07.2000 – IV ZR 180/99). Für die Zeit der Geschäftsunfähigkeit ist der **Lauf der Ausschlagungsfrist gehemmt** (§§ 1944 Abs. 1, 206 BGB). Hierbei ist zu berücksichtigen, dass der Erbe, der sich auf seine Geschäftsunfähigkeit beruft, für die durch die Geschäftsunfähigkeit eingetretene Hemmung der Ausschlagungsfrist die Darlegungslast trägt.

Kenntniserlangung

Kenntnis vom Anfall der Erbschaft erlangt der Erbe, wenn er weiß, dass sich der Erbschaftsanfall nach § 1942 BGB vollzogen hat. Dafür muss er die in Betracht kommenden Umstände, aufgrund derer ein Handeln erwartet werden kann, zuverlässig erfahren haben. Kennenmüssen – auch verschuldete Unkenntnis – löst den Beginn der Ausschlagungsfrist nicht aus. Der Erbe muss sich dabei nicht auf eine private Mitteilung verlassen, die er nicht überprüfen kann. Bei irriger rechtlicher Beurteilung der Tatsachen beginnt die Ausschlagungsfrist nicht. Dies gilt freilich dann nicht mehr, wenn sich der Erbe vorwerfen lassen muss, dass er sich bei eindeutiger und überschaubarer Rechtslage der Kenntnis nachhaltig verschließt.

Der Erbe kennt den Berufungsgrund, wenn er Kenntnis vom konkreten Tatbestand (Testament, Erbvertrag etc.) hat, aus dem sich die rechtliche Folge der Berufung ergibt. Beim gesetzlichen Erben ist das die Erbfolge bestimmende genaue Familienverhältnis entscheidend.

Minderjähriger Erbe und Ausschlagung

Die in § 1944 BGB vorgesehene Frist zur Ausschlagung der Erbschaft beginnt für den minderjährigen Erben erst mit dem Zeitpunkt, zu dem der letzte von den gemeinsam Erziehungsberechtigten erstmals Kenntnis von dem Anfall und dem Grund der Berufung erlangt hat (OLG Frankfurt/M., Beschl. v. 03.07.2012 – 21 W 22/12). Wird bei einer gerichtlich genehmigungsbedürftigen Ausschlagung eine rechtzeitig beantragte Genehmigung nicht erteilt, so ist die Ausschlagungsfrist des § 1944 Abs. 1 BGB durch höhere Gewalt gehemmt (OLG Brandenburg, Beschl. v. 22.04.2014 – 3 W 13/14). Die Zeit, die seit Einleitung des Genehmigungsverfahrens bis zum Zugang der rechtskräftigen gerichtlichen Genehmigung verstrichen ist, bleibt gem. § 209 BGB bei der Berechnung der sechswöchigen Ausschlagungsfrist außer Betracht.

Form der Ausschlagung

Die Ausschlagungserklärung ist zur Niederschrift des Nachlassgerichts oder in öffentlich beglaubigter Form abzugeben (§ 1945 Abs. 1 BGB). Die Erklärung muss, um wirksam zu werden, innerhalb der maßgeblichen Ausschlagungsfrist dem zuständigen Nachlassgericht zugehen.

Gemäß § 344 Abs. 7 FamFG ist für die Entgegennahme der Ausschlagungserklärung auch das Nachlassgericht zuständig, in dessen Bezirk der Ausschlagende seinen Wohnsitz hat.

Ausschlagungsberechtigung

Das Recht zur Ausschlagung steht als persönliches Recht **nur dem Erben** zu. Aufgrund des höchstpersönlichen Charakters des Ausschlagungsrechts ist es nicht übertragbar und kann auch weder vom Insolvenzverwalter des Erben noch vom Testamentsvollstrecker noch Nachlasspfleger ausgeübt werden. Die Ausschlagung kann durch einen Vertreter des Erben erklärt werden, allerdings ist die Bevollmächtigung in öffentlich beglaubigter Form zu belegen (§ 1945 Abs. 3 BGB) und muss der Ausschlagungserklärung beigefügt oder innerhalb der geltenden Ausschlagungsfrist nachgereicht werden.

Vererbbares Recht

Stirbt der Erbe vor Ablauf der Ausschlagungsfrist, geht das Recht zur Ausschlagung auf dessen Erben über, da das Recht zur Ausschlagung vererbbar ist (§ 1952 Abs. 1 BGB). Das Recht des **(Erbes-)Erben** zur Ausschlagung der Erbschaft endet nicht vor Ablauf der Frist der für den (Erbes-) Erben maßgeblichen Ausschlagungsfrist (§ 1945 Abs. 2 BGB).

Ausschlagung durch geschäftsunfähige Erben

Für geschäftsunfähige Erben können nur deren **gesetzliche Vertreter** die Ausschlagung erklären. Haben für ein **minderjähriges Kind** beide Elternteile das Sorgerecht, müssen beide Eltern in der vorgeschriebenen Form die Ausschlagung für ihr Kind erklären. Sie bedürfen hierfür der **Genehmigung des Familiengerichts** (§ 1643 Abs. 2 Satz 1 FamFG; zum Umfang der Ermittlungspflicht des Familiengerichts bei der Frage, ob die Ausschlagung der Erbschaft wegen Überschuldung des Nachlasses dem Kindeswohl entspricht: OLG Saarbrücken, Beschl. v. 24.04.2015 – 6 WF 42/15). Für die Wirksamkeit der Ausschlagungserklärung ist es dann erforderlich, dass der gesetzliche Vertreter von der wirksamen Genehmigung gegenüber dem Nachlassgericht rechtzeitig Gebrauch macht (OLG Frankfurt, Beschl. v. 14.09.2018 – 21 W 56/18).

Dies gilt nach § 1643 Abs. 2 Satz 2 BGB nicht, wenn die Erbschaft, die ausgeschlagen werden soll, dem Kind erst infolge der Ausschlagung eines Elternteils, der das Kind allein oder gemeinsam mit dem anderen Elternteil vertritt, anfällt. Dies wird damit begründet, dass nach der allgemeinen Lebenserfahrung davon ausgegangen werden kann, dass der Anfall der Erbschaft bei dem Kind auch für dieses nachteilig ist (weshalb die Eltern die Erbschaft auch für sich ausgeschlagen haben) oder sonst ein guter Grund für die Ausschlagung vorliegt. Zur sogenanten selektiven Ausschlagung siehe OLG Hamm (Beschl. v. 28.06.2918 – 11 WF 112/18).

Schlägt dagegen ein nichtvertretungsberechtigter Elternteil die Erbschaft für ein minderjähriges Kind aus, so bedarf die Ausschlagungserklärung des anderen, vertretungsberechtigten, Elternteils der Genehmigung (OLG Naumburg, Beschl. v. 19.10.2006 – 3 WF 194/06). Begründet wird dies damit, dass dieser Fall dem Ausnahmetatbestand des § 1643 Abs. 2 BGB nicht unterfällt. Die Genehmigung ist zudem auch dann erforderlich, wenn die Eltern für sich und eines ihrer Kinder die Erbschaft ausschlagen, um diese einem weiteren Kind zugutekommen zu lassen oder wenn durch die Ausschlagungen einem Elternteil die Erbschaft wieder zufallen würde (z.B. bei Ausschlagung aufgrund testamentarischer Erbfolge und sodann anfallende Erbschaft aufgrund gesetzlicher Erbfolge).

Genehmigungserfordernis

Vormünder, Betreuer oder Pfleger, die für den Betroffenen die Ausschlagung erklären, bedürfen hierfür die Genehmigung des Familien- bzw. Betreuungsgerichts. Ohne diese Genehmigungen sind die Ausschlagungserklärungen unwirksam.

Zeitpunkt der Annahme bzw. Ausschlagung der Erbschaft

Gemäß § 1946 BGB kann der Erbe die Annahme bzw. Ausschlagung der Erbschaft erklären, sobald der Erbfall eingetreten ist. Ist die Annahme- oder Ausschlagungserklärung bereits vor dem Erbfall abgegeben worden, ist diese wirkungslos. Diese Erklärungen sind daher nach Eintritt des Erbfalls zu wiederholen.

Nasciturus, Ersatzerbe

Für einen zum Zeitpunkt gezeugten, aber **noch nicht geborenen Erben** kann die Annahme der Erbschaft noch nicht erklärt werden; nach umstrittener, aber h.M. soll dagegen die **Ausschlagung** der Erbschaft durch einen hierzu Berechtigten jedoch **möglich** sein (OLG Stuttgart, Beschl. v. 05.11.1992 – 8 W 484/92).

Ausschlagung durch Nacherben und Ersatzerben

Nach Eintritt des Erbfalls können bereits Nacherben (also bereits vor Eintritt des Nacherbfalls) und Ersatzerben ausschlagen. Schlusserben, die z.B. im Rahmen eines sogenannten Berliner Testaments als Erben nach dem zuletztversterbenden Ehegatten Erben werden sollen, können dagegen nicht bereits nach dem Tod des erstversterbenden Ehegatten ausschlagen, da in diesem Fall der Schlusserbe noch nicht Erbe nach dem Erstversterbenden ist (vgl. Palandt/Weidlich, § 1947 Rdnr. 2).

Erklärung ist bedingungsfeindlich

Die Ausschlagungserklärung ist bedingungsfeindlich und kann auch nicht unter einer Zeitbestimmung erfolgen. In der Praxis kommt es durchaus vor, dass ein Erbe die Ausschlagung unter der Bedingung erklärt, dass ein Dritter Erbe wird. Hier ist zu unterscheiden, ob es sich wirklich um eine echte Bedingung handelt, was dann der Fall ist, wenn nach dem Willen des Ausschlagenden die Erklärung nur dann gelten soll, wenn der Dritte tatsächlich auch Erbe wird und der Erklärende mit einer anderen Rechtsfolge seiner Ausschlagungserklärung nicht einverstanden ist. Etwas anderes gilt, wenn die Ausschlagungserklärung zugunsten eines Dritten lediglich als Motiv anzusehen war, die Ausschlagungserklärung nach dem Willen des Erklärenden dennoch unabhängig von dem gewünschten Erfolg wirksam bleiben soll. Was der Erklärende gewollt hat, ist im Zweifel durch das Gericht im Wege der Auslegung zu ermitteln. Zur Anfechtung der Ausschlagung wegen Irrtums über die Rechtsfolgen der Ausschlagung siehe OLG Düsseldorf (Beschl. v. 21.09.2017 – 3 Wx 173/17).

Beschränkung auf Teile nicht zulässig

Gemäß § 1950 BGB ist die Beschränkung der Annahme bzw. der Ausschlagung auf einen Teil der Erbschaft nicht zulässig. **Folge** einer derartigen Erklärung ist, dass die Annahme- oder Ausschlagungserklärung **unwirksam** ist.

Eine **Ausnahme** hiervon ist in § 1951 BGB geregelt: Ist der Erbe aufgrund testamentarischer Verfügung als Erbe berufen und ist er im Fall der Ausschlagung der Berufung aufgrund des Testaments gesetzlicher Erbe, so ermöglicht ihm § 1948 Abs. 1 BGB, die Erbschaft aufgrund der testamentarischen Verfügung auszuschlagen und die Erbschaft aufgrund gesetzlicher Erbfolge anzunehmen. Dies setzt jedoch voraus, dass nach Fortfall der Berufung aufgrund testamentarischer Verfügung durch Ausschlagung überhaupt die gesetzliche Erbfolge gilt. Ist diese aufgrund des Inhalts des Testaments ausgeschlossen, so kann der Ausschlagende die Erbschaft aufgrund gesetzlicher Erbfolge nicht annehmen.

Die Ausschlagungserklärung erstreckt sich im Übrigen im Zweifel auf alle Berufungsgründe, die dem Erben zum Zeitpunkt der Erklärung bekannt sind.

Praxistipp

Es ist daher zu empfehlen, bei Abgabe der Ausschlagungserklärung genau zu erklären, auf welchen Berufungsgrund sich die Erklärung bezieht.

Anfechtung der Annahme-/Ausschlagungserklärung

Die Annahme-/Ausschlagungserklärung ist als Willenserklärung anfechtbar (§ 1954 BGB), wobei die Versäumung der Ausschlagungsfrist hinsichtlich ihrer Anfechtbarkeit der Annahmeerklärung gleichgestellt wird (§ 1956 BGB; siehe auch OLG Düsseldorf, Beschl. v. 17.10.2016 – 3 Wx 155/15).

Anfechtungsfrist

Die Anfechtung der Annahme-/Ausschlagungserklärung ist fristgebunden. Die Frist beginnt gem. § 1954 Abs. 2 BGB zu dem Zeitpunkt, zu dem der Anfechtungsberechtigte vom Anfechtungsgrund Kenntnis erlangt. Im Fall der Anfechtbarkeit wegen Drohung beginnt die Frist ab dem Zeitpunkt, ab dem die Zwangslage beendet ist. Die Anfechtungsfrist beträgt gem. § 1954 Abs. 1 BGB **sechs Wochen.**

Auslandsfälle

Hatte der Erblasser seinen letzten Wohnsitz nur im Ausland oder hielt sich der Anfechtende zum Zeitpunkt des Fristbeginns im Ausland auf, so beträgt die Frist **sechs Monate.** Sind seit der Annahme oder der Ausschlagung 30 Jahre vergangen, so ist die Anfechtung ausgeschlossen (§ 1954 Abs. 4 BGB).

Form

Die Anfechtungserklärung ist in beglaubigter Form oder zur Niederschrift des Nachlassgerichts abzugeben (§§ 1955, 1945 BGB).

Zuständigkeit

Zuständig für die Entgegennahme der Anfechtungserklärung der Ausschlagung ist gem. § 344 Abs. 7 FamFG auch das **Nachlassgericht am Wohnsitz des Anfechtenden.** Nach h.M. soll diese Zuständigkeit auch für die Anfechtung der Annahmeerklärung sowie der Anfechtung der Versäumung der Anfechtungsfrist gelten. Wichtig für die Rechtzeitigkeit der Abgabe der Erklärung ist, dass der Anfechtende i.S.d. § 344 Abs. 7 FamFG zum Zeitpunkt der Abgabe der Anfechtungserklärung seinen Wohnsitz in dem Bezirk des Gerichts hatte, bei dem die Anfechtungserklärung abgegeben worden ist; bestand kein Wohnsitz, ist die Anfechtungserklärung unwirksam, da das Gericht unzuständig war (vgl. Keidel, FamFG, § 344 Rdnr. 46).

Rechtslage seit dem 17.08.2015

Aufgrund der EuErbVO ist § 344 FamFG zum 17.08.2015 dahingehend geändert worden, dass auch hier der Begriff des „Wohnsitzes“ durch den des „gewöhnlichen Aufenthalts“ ersetzt worden ist.

Nach § 344 Abs. 7 FamFG kann die ausschlagende Person die Ausschlagung bei demjenigen Gericht erklären, in dessen Bezirk sie ihren gewöhnlichen Aufenthalt – und nicht mehr ihren Wohnsitz – hat.

Nach Art. 13 EuErbVO kann auch ein in Deutschland lebender Erbe vor einem deutschen Gericht die Erbschaft ausschlagen, selbst wenn das Erbverfahren vor einem Gericht eines anderen Mitgliedstaates geführt wird. Verstirbt ein Erblasser mit letztem gewöhnlichen Aufenthalt in einem anderen Mitgliedstaat, ist für die Entgegennahme der Ausschlagungserklärung neben dem nach dem Erbstatut vorgesehenen Gericht auch dasjenige Gericht zuständig, in dessen Bezirk die erklärende Person im Inland ihren gewöhnlichen Aufenthalt hat (OLG Düsseldorf, Beschl. v. 26.10.2018 – I-3 Sa 1/18). Eine Erklärung gegenüber diesem Gericht soll dabei die Erklärung gegenüber dem nach dem Erbstatut vorgesehenen Gericht ersetzen (OLG Düsseldorf, a.a.O., m.w.N.). Allerdings wird angenommen, dass das Gericht lediglich zur Entgegennahme der Erklärung, nicht aber dazu verpflichtet ist, die Wirksamkeit der Erklärung, sofern sie sich nach fremdem Recht richtet, zu prüfen (Dutta/Weber, Internationales Erbrecht, § 31 IntErbRVG Rdnr. 12). Das die Erklärung entgegennehmende Gericht ist nicht verpflichtet, die Ausschlagungserklärung an die zuständige Stelle eines Mitgliedstaates zu übermitteln (Dutta/Weber, a.a.O., § 31 IntErbvRVG Rdnr. 13). Dies obliegt allein dem die Ausschlagung erklärenden Beteiligten (hierzu kritisch: Eichel, ZEV 2017, 545 ff.).

Warnhinweis

Ob die Einreichung einer durch einen Notar öffentlich beglaubigten Erklärung bei dem Wohnsitzgericht des Anfechtenden fristwahrend erfolgen kann, ist streitig (siehe OLG Hamm, Beschl. v. 08.09.2010 – 15 W 448/10). Zur Vermeidung von Unsicherheit empfiehlt es sich daher in der Praxis, die durch einen Notar öffentlich beglaubigten Erklärungen bei dem für die Durchführung des Nachlassverfahrens zuständigen Nachlassgericht direkt einzureichen.

Anfechtungsberechtigung

Zur Anfechtung berechtigt ist **nur der Erbe**. Verstirbt dieser während des Laufs der Anfechtungsfrist, geht dieses Recht auf dessen Erben über. Hat ein Vertreter zulässigerweise die Erklärung für den Erben abgegeben, kommt es für die Frage, ob die Willenserklärung von Irrtümern beeinflusst war, nur auf die Person des Vertreters an (OLG Frankfurt/M., Beschl. v. 03.07.2012 – 21 W 22/12). **Keine** Anfechtungsberechtigung besitzen Testamentsvollstrecker, Nachlassverwalter, Nachlasspfleger und Gläubiger.

Anfechtungsgründe

Zur Anfechtung berechtigen der Erklärungs- und Eigenschaftsirrtum. Ein **Erklärungsirrtum** liegt vor, wenn der Anfechtende sich im Irrtum über die Bedeutung und Tragweite seiner Erklärung befindet, insbesondere bei einer Erbschaftsannahme durch schlüssiges Verhalten, wenn also der Erbe nicht wusste, dass er mit einer Handlung in Bezug auf den Nachlass schlüssig die Annahme der Erbschaft erklärt hat.

In der Praxis relevant ist die Anfechtung wegen eines **Eigenschaftsirrtums**, der insbesondere dann vorliegt, wenn objektiv erhebliche Fehlvorstellungen über verkehrswesentliche Eigenschaften des Nachlasses, der hier als Sache i.S.d. § 119 Abs. 2 BGB angesehen wird, bestehen. Eine verkehrswesentliche Eigenschaft des Nachlasses ist z.B. die **Überschuldung** des Nachlasses.

Unbeachtlich ist dagegen grundsätzlich die Fehlvorstellung des Annehmenden, zum Nachlass gehöre ein bestimmter Gegenstand oder ein Gegenstand habe einen bestimmten (höheren) Wert.

Anfechtung der Versäumung der Ausschlagungsfrist

Gemäß § 1956 BGB kann die Versäumung der Ausschlagungsfrist in gleicher Weise wie die Annahme angefochten werden. Somit kann die in der Fristversäumung liegende Annahme der Erbschaft dann angefochten werden, wenn der als Erbe Berufene die Erbschaft tatsächlich nicht hat annehmen wollen und er lediglich die Frist versäumt hat, weil er über ihr Bestehen, ihren Lauf oder die Rechtsfolgen ihres Ablaufs in Unkenntnis gewesen ist oder er der irrigen Annahme ist, die Erbschaft bereits wirksam ausgeschlagen zu haben (Thüringer OLG, Beschl. v. 09.05.2011 – 6 W 51/11), oder er der Annahme war, er werde nur Erbe, wenn er die Erbschaft durch ausdrückliche Erklärung annimmt.

Zu beachten ist jedoch, dass das Nachlassgericht im Fall einer Anfechtung der Annahme einer Erbschaft im Rahmen der bestehenden Amtsermittlungspflicht nicht von sich aus zu erforschen hat, ob zur Anfechtung berechtigende Umstände vorliegen, die der Anfechtende selbst nicht vorgetragen hat. Werden dann später andere als in der Anfechtungserklärung genannte Gründe vorgebracht, handelt es bei den neuen Gründen um eine neue Anfechtungserklärung, so dass deren Rechtzeitigkeit in Frage stehen kann (BGH, Beschl. v. 02.12.2015 – IV ZB 27/15).

Warnhinweis

Bei Anfechtung einer Erklärung über die Annahme der Erbschaft sind alle zur Anfechtung berechtigenden Umstände umfänglich fristgemäß vorzutragen.

Kausalität

Der Irrtum ist kausal, wenn der Irrende bei Kenntnis und verständiger Würdigung der wahren Sachlage die Erbschaft ausgeschlagen hätte, wären ihm die Folgen des Fristablaufs bekannt gewesen.

2.6 Besondere Inhalte des Antrags

2.6.1 Testamentsvollstreckung

Inhalt und Umfang

Häufig wird durch letztwillige Verfügung eine Testamentsvollstreckung angeordnet. Es ist hier sodann zu prüfen, **für welchen Erbfall** die Testamentsvollstreckung angeordnet ist (dies wird maßgeblich z.B. bei gemeinschaftlichen Testamenten) und **welchen Umfang** sie hat. Der **Normalfall** ist, dass der Erblasser zur Abwicklung für den Nachlass Testamentsvollstreckung angeordnet hat.

Praxistipp

In diesem Fall ist bei der Stellung des Erbscheinantrags darauf zu achten, dass der Antrag den Zusatz enthält „Testamentsvollstreckung ist angeordnet".

Rechtslage seit dem 17.08.2015

Die Notwendigkeit, dass sich aus dem Erbschein die Anordnung einer Testamentsvollstreckung ergibt, folgt aus § 352b Abs. 2 FamFG. § 2364 Abs. 1 BGB ist entfallen.

Sonderfälle sind die Anordnungen von Testamentsvollstreckungen nur für einzelne Erben oder von Testamentsvollstreckungen, die sich nur auf bestimmte Nachlassgegenstände beziehen. Der Erblasser kann auch anordnen, dass sich die Testamentsvollstreckung auf bestimmte Nachlassgegenstände nicht beziehen soll. Liegt eine solche Konstellation vor, ist im Antrag auf Erteilung eines Erbscheins genau anzugeben, welchen Umfang die Testamentsvollstreckung hat.

Praxistipp

Es ist anhand der letztwilligen Verfügung des Erblassers sorgfältig zu prüfen, wie weit die angeordnete Testamentsvollstreckung reichen soll, ob sie also den gesamten Nachlass oder nur einzelne Vermögensgegenstände betreffen soll. Dies ist im Antrag auf Erteilung eines Erbscheins genau anzugeben.

2.6.2 Erbschein für Vorerben

Wirkungen der Vor-/Nacherbschaft

Gemäß §§ 2103 ff. BGB kann der Erblasser eine Vor- und Nacherbschaft anordnen. Die Vor- bzw. Nacherbschaft bedeutet, dass mit dem Tod des Erblassers zunächst das Nachlassvermögen auf den Vorerben übergeht, wodurch bei diesem zwei getrennte Vermögensmassen entstehen, nämlich das bisherige Vermögen des jetzigen Vorerben und das durch Erbgang erworbene Vermögen. Bei der Vorerbschaft findet demnach eine Verschmelzung der Vermögensmassen in der Person des Vorerben nicht statt.

Bei Eintritt des Nacherbfalls geht diese Vermögensmasse sodann auf den Nacherben über. Das rechtliche Schicksal der Vermögensmasse, die dem Nacherbrecht unterfällt, kann also von dem des übrigen Vermögens des Vorerben abweichen. Der Nacherbe muss nicht identisch mit dem Erben des Vorerben sein.

Anordnung prüfen

Der Antragsteller hat bei der Antragstellung zunächst zu prüfen, ob der Erblasser überhaupt eine Vor- und Nacherbschaft angeordnet hat. Dies kann sich entweder direkt aus dem Wortlaut des Testaments oder, falls dieser nicht eindeutig ist, durch dessen Auslegung ergeben.

Befreite Vorerbschaft?

Für den Fall, dass eine Vor- und Nacherbschaft durch den Erblasser angeordnet ist, ist sodann zu prüfen, ob es sich hierbei um eine befreite Vorerbschaft handelt. Falls ja, ist dies entsprechend im Antrag auf Erteilung eines Erbscheins aufzunehmen.

Eintritt des Nacherbfalls

Im Antrag ist ebenfalls anzugeben, bei welchem Ereignis der Nacherbfall eintreten soll. Die in der Praxis am häufigsten vorkommenden Fälle sind der Tod des Vorerbens oder im Rahmen eines Ehegattentestaments die Wiederverheiratung des überlebenden Ehegatten. Hat der Erblasser in seiner letztwilligen Verfügung keine Bestimmung darüber getroffen, wann der Nacherbfall eintreten soll, so gilt nach § 2106 Abs. 1 BGB der Tod des Vorerben als der maßgebliche Zeitpunkt. Falls bereits bekannt, sind in dem Antrag auf Erteilung eines Erbscheins die Namen der Nacherben anzugeben. Für den Fall, dass der Erblasser auch eine Ersatznacherbschaft angeordnet hat, ist auch dieser Umstand im Antrag auf Erteilung eines Erbscheins zu nennen, da dies entsprechend im Erbschein aufzunehmen ist (vgl. hierzu OLG München, Beschl. v. 24.04.2017 – 31 Wx 463/16).

Ausschließung betreffend Nacherbrecht

Eine weitere Besonderheit im Rahmen des Vor- und Nacherbrechts ist die Möglichkeit des Erblassers, die freie **Veräußerbarkeit oder Vererblichkeit** des Nacherbrechts auszuschließen. Diese Ausschließung kann der Erblasser ausdrücklich in seiner letztwilligen Verfügung vornehmen, sie kann sich aber auch durch Auslegung des Testaments ergeben. Ist eine solche Ausschließung anzunehmen, ist auch diese im Antrag zu nennen (siehe auch hierzu OLG Celle, Beschl. v. 24.06.2015 – 6 W 135/15).

Ausschlagung des Nacherbenrechts

Sollte einer der Nacherben oder sollten alle Nacherben das Nacherbrecht ausgeschlagen haben, ist dem Vorerben entsprechend der auf die bisherigen Nacherben entfallenden Quoten ein unbedingter Erbschein zu erteilen, sofern nicht Ersatznacherbschaft angeordnet ist oder angenommen werden kann.

Beispiel

A ist befreiter Vorerbe, B ist Nacherbe. Ersatznacherbschaft kommt nicht in Betracht. B schlägt das Nacherbrecht aus. Dem A ist ein Alleinerbschein (ohne Einschränkung durch die befreite Vorerbschaft) zu erteilen.

Ausschlagung durch pflichtteilsberechtigten Nacherben

Häufig stellt sich die Frage, ob im Fall der Ausschlagung des Nacherben, der auch Pflichtteilsberechtigter ist, dessen Abkömmlinge als Ersatznacherben in die Nacherbenstellung einrücken. Der BGH (v. 29.06.1960 – V ZR 64/59) hat für einen derartigen Fall angenommen, dass im Fall der Ausschlagung durch einen pflichtteilsberechtigten Nacherben, der seinen Pflichtteil verlangt, **auch dessen Abkömmlinge** von der Nacherbfolge **ausgeschlossen** sind. Zur Begründung führt er aus, dass es dem Erblasserwillen nicht entspreche, dass auf diese Weise der Stamm des Ausschlagenden doppelt begünstigt werde, nämlich einmal, indem der Ausschlagende den Pflichtteil erhält und zudem dessen Abkömmlinge dann bei Eintritt des Nacherbfalls Nacherben werden. Etwas anderes kann aber dann gelten, wenn sich feststellen lässt, dass es dem Willen des Erblassers entspricht, dass der Stamm des Ausschlagenden doppelt begünstigt wird (OLG München, Beschl. v. 25.07.2006 – 31 Wx 40/06).

Erbschein nach DDR-Recht

Eine Besonderheit gilt bei gegenständlich beschränkten Erbscheinen, die nach dem Recht der ehemaligen DDR in Bezug auf **in der ehemaligen DDR belegenes Grundvermögen** zu erteilen sind. Das Recht der DDR sah ab dem 01.01.1976 die Anordnung einer Vor- und Nacherbschaft nicht mehr als möglich an. In nach dem 01.01.1976 errichteten Testamenten konnte dementsprechend eine Vor- und Nacherbschaft durch den Erblasser nicht mehr wirksam angeordnet werden, mit der Folge, dass eine dennoch erfolgte Anordnung keine Erwähnung im Erbschein findet. Soweit die Vor- und Nacherbschaft in vor dem 01.01.1976 errichteten Testamenten angeordnet worden ist, war diese zwar an sich wirksam angeordnet, allerdings bestimmt § 8 Abs. 2 des Einführungsgesetzes zum Zivilgesetzbuch der DDR vom 19.06.1975, dass der Vorerbe durch die Anordnung der Vor- und Nacherbschaft nicht in seinen Rechten als Erbe beschränkt wird, was dann ebenfalls in den zu stellenden Antrag aufzunehmen und demzufolge in dem Erbschein zu dokumentieren ist.

Rechtslage seit dem 17.08.2015

Die frühere Regelung des § 2363 Abs. 1 BGB ist zum 17.08.2015 in § 352b Abs. 1 FamFG aufgegangen, der dem Wortlaut des § 2363 Abs. 1 BGB entspricht.

2.6.3 Erbschein für Nacherben

Durch Eintritt des Nacherbfalls ist der für den Vorerben erteilte Erbschein unrichtig geworden, da er nun eine Erbfolge ausweist, die nicht mehr zutreffend ist. Der Erbschein ist somit wegen Unrichtigkeit gem. § 2361 BGB einzuziehen. Diese Einziehung erfolgt von Amts wegen bei Bekanntwerden der Unrichtigkeit.

Zugunsten des Nacherben kann dann ein neuer Erbschein beantragt werden. In diesem Antrag ist der Eintritt des Nacherbfalls durch entsprechende Urkunden, wie z.B. der Sterbeurkunde des Vorerben, nachzuweisen. Inhaltlich lautet der Antrag auf Erteilung eines Erbscheins für den Nacherben wie folgt:

Beispiel

Erben der am 11.11.1921 geborenen und am 12.12.2010 verstorbenen Maria Muster sind seit dem ... (= Zeitpunkt des Eintritts des Nacherbfalls) Martin Müller und Klaus Kupfer zu je 1/2 des Nachlasses.

Durch die Nennung des Zeitpunkts des Eintritts des Nacherbfalls wird klargestellt, dass die Erben tatsächlich erst seit diesem Zeitpunkt die Erben der Erblasserin geworden sind.

2.6.4 Gegenständlich beschränkte Erbscheine

2.6.4.1 Nach § 352c FamFG

Beschränkung auf Inlandsvermögen

Die Erteilung eines gegenständlich beschränkten Erbscheins ist ausdrücklich in § 352c FamBG vorgesehen (bis zum 16.08.2015 im aufgehobenen § 2369 Abs. 1 BGB geregelt). Danach kann für den Fall, dass zu einer Erbschaft auch **Gegenstände** gehören, die sich **im Ausland** befinden, der Antrag auf Erteilung eines Erbscheins auf die im Inland befindlichen Gegenstände beschränkt werden.

Ungeklärte Erbfolge bei Auslandsvermögen

Dies ist vor allen Dingen dann sinnvoll, wenn zum Nachlass Gegenstände gehören, die im Ausland belegen sind, die Erbfolge hinsichtlich dieses im Ausland belegenen Nachlasses jedoch nicht ohne aufwendiges Verfahren zu klären ist, wohl aber hinsichtlich des im Inland belegenen Nachlassvermögens. Ziel der Vorschrift ist es, den oder die Erben in die Lage zu versetzen, wenigstens über den im Inland belegenen Nachlass bei eindeutiger Rechtslage rasch verfügen zu können. Zudem ist ein derartiger Antrag auch mit Kostenvorteilen verbunden, wenn zwar im Ausland Nachlassvermögen vorhanden ist, der Erbschein tatsächlich aber nur für das im Inland belegene Vermögen benötigt wird (OLG Brandenburg, Beschl. v. 03.08.2011 – 3 Wx 21/11). Nicht möglich ist es dagegen, nach § 352c FamBG den Erbschein lediglich auf das im Ausland belegene Vermögen zu beschränken. Ist kein Vermögen im Ausland vorhanden, wird stets ein allgemeiner Erbschein erteilt (OLG Brandenburg, a.a.O.). Dies ist jedoch nicht unstreitig.

Nach OLG Karlsruhe (Beschl. v. 26.11.2014 – 11 Wx 83/14) darf kein gegenständlich beschränkter Erbschein erteilt werden, wenn kein Nachlass im Ausland vorhanden ist, wobei sich das Gericht für diese Ansicht auf den eindeutigen Wortlaut des Gesetzes beruft.

2.6.4.2 Nach § 2353 BGB

Die Erteilung von gegenständlich beschränkten Erbscheinen nach § 352c FamFG bezieht sich nur auf das im Inland belegene Vermögen, wobei ausschließlich deutsches Recht zur Anwendung gelangt.

Beschränkung bei Anwendung ausländischen Rechts

Davon zu unterscheiden sind Erbscheine, die ihre gegenständliche Beschränkung aus dem Umstand der Anwendung ausländischen Rechts herleiten. Eine derartige Konstellation ist dann gegeben, wenn aufgrund der ausländischen Staatsangehörigkeit des Erblassers für Teile des Nachlasses ausländisches Recht zur Anwendung kommt. So kommt es in der Praxis häufiger vor, dass hinsichtlich des unbeweglichen Vermögens das Heimatrecht des ausländischen Erblassers zur Anwendung gelangt, während für in Deutschland belegenes bewegliches Vermögen deutsches Recht angewandt wird (sog. **Nachlassspaltung**).

Rechtslage vor dem 17.08.2015

Nach Art. 25 Abs. 1 EGBGB gilt für Erbfälle, die bis zum 16.08.2015 eingetreten sind, für die Rechtsnachfolge von Todes wegen das Recht des Staates, dem der Erblasser zum Zeitpunkt seines Todes angehört hat. Zu beachten ist zudem Art. 3a Abs. 2 EGBGB. Trotz Anknüpfung an die Staatsangehörigkeit des Erblassers regelt diese Norm, dass das Recht des Staates zur Anwendung kommt, welches ausdrücklich für die in seinem Hoheitsgebiet belegenen Gegenstände – abweichend von der Staatsangehörigkeit des Erblassers – sein Recht für anwendbar erklärt.

Beispiel

Der deutsche Staatsangehörige A verstirbt mit letztem Wohnsitz am 13.04.2015 in Deutschland. In den Nachlass fällt ein in Belgien belegenes Grundstück.

Grundsätzlich ist gem. Art. 25 Abs. 1 EGBGB deutsches Recht anwendbar, da der Erblasser Deutscher war. Gemäß Art. 78 § 2 des belgischen IPR ist jedoch für in Belgien belegenes unbewegliches Vermögen belgisches Recht anzuwenden, was das deutsche Nachlassgericht nach Art. 3a Abs. 2 EGBGB zu berücksichtigen hat, da in Art. 78 § 2 des belgischen IPR geregelt ist, dass die Vererbung von unbeweglichem Gut dem Recht des Staates unterliegt, auf dessen Gebiet sich das unbewegliche Gut befindet.

Ist der belgische Staatsangehörige mit gewöhnlichem Aufenthalt in Deutschland nach dem 16.08.2015 verstorben, stellt sich die Frage der Nachlassspaltung nicht mehr, da gem. Art. 21 EuErbVO deutsches Recht zur Anwendung kommt.

Anwendung verschiedener Rechtsordnungen

Bei der Beantragung eines gegenständlich beschränkten Erbscheins aufgrund der Anwendung ausländischen Rechts ist demnach sorgfältig zu prüfen, **welches Recht in Bezug auf welche Vermögensmasse** zur Anwendung kommt, wobei zu beachten ist, dass im Hinblick auf bewegliches und unbewegliches Vermögen unter Umständen verschiedene Rechtsordnungen zur Anwendung kommen. Im Wesentlichen sind hier die Art. 25 und 3a EGBGB zu beachten, ebenso wie Art. 6 EGBGB (ordre public).

Verstirbt ein Ausländer, der nicht Angehöriger eines Mitgliedstaates i.S.d. EuErbVO ist, mit gewöhnlichem Aufenthalt in Deutschland, kommt es grundsätzlich immer zur Anwendung deutschen Rechts (Ausnahme: der

Verstorbene hat die Staatsangehörigkeit eines Landes, mit dem ein der EuErbVO vorgehender Staatsvertrag geschlossen worden ist – wie z.B. Türkei, Russland etc.), so dass eine Nachlassspaltung nicht mehr zu berücksichtigen ist.

Praxistipp

Da es in Bezug auf die verschiedenen Vermögensmassen, nämlich bewegliches und unbewegliches Vermögen, zur Anwendung verschiedener Rechtsordnungen kommen kann, ist es möglich und zulässig, lediglich entweder für das bewegliche oder für das unbewegliche Vermögen entsprechende Erbscheine zu beantragen, im Unterschied zu einem gegenständlich beschränkten Erbschein nach § 352c FamFG.

Es ist demnach bei der Antragstellung ausdrücklich anzugeben, ob die Erteilung eines Erbscheins unter Anwendung ausländischen Rechts – welches genau zu bezeichnen ist – oder unter Anwendung deutschen Rechts kraft Rückverweisung aus dem ausländischen Recht begehrt wird. Der Antrag kann demnach z.B. dahingehend lauten, dass beantragt wird, einen Erbschein nach einem ausländischen Staatsangehörigen zu erlassen, der unter Anwendung des ausländischen Rechts, gegenständlich beschränkt auf den in Deutschland belegenen unbeweglichen Nachlass, und unter Anwendung deutschen Rechts kraft Rückverweisung aus dem Recht des Staates Y gegenständlich beschränkt auf den in Deutschland belegenen beweglichen Nachlass, erteilt wird.

Güterrechtliche Besonderheiten

Besonderheiten können sich zudem aus dem nach ausländischem Recht anzuwendenden Güterrecht zwischen Ehegatten ergeben (Art. 15 EGBGB). Welches Recht zur Anwendung kommt, hat das Nachlassgericht in eigener Zuständigkeit zu prüfen. Unter Umständen kommt die Einholung eines Rechtsgutachtens in Betracht, wenn sich Zweifelsfragen nicht anders lösen lassen.

Warnhinweis

In Bezug auf das Vorhandensein von Auslandsvermögen ist eine sehr sorgfältige Prüfung erforderlich. Der Mandant muss zu allen maßgeblichen Punkten befragt werden: Wo – in welchem Land – befinden sich Nachlassgegenstände und handelt es sich hierbei um beweglichen oder unbeweglichen Nachlass?

2.6.4.3 „DDR-Erbscheine"

Nachlassspaltung

Eine Besonderheit bilden zudem die Erbscheine, die unter der Geltung des ZGB der DDR in Bezug auf das in der ehemaligen DDR belegene unbewegliche Vermögen erteilt werden. Bis zum Eintritt der Geltung des ZGB der DDR wurden im Hinblick auf das in der ehemaligen DDR belegene Vermögen Erbscheine nach dem BGB erteilt. Dies änderte sich ab dem 01.01.1976 mit dem Inkrafttreten des ZGB-DDR, dort § 25 Abs. 2. Bei

Erbfällen, die zwischen dem 01.01.1976 und dem 03.10.1990 eingetreten sind, richtet sich die Erbfolge im Hinblick auf Grundstücke nach dem Recht der DDR, so dass insoweit Nachlassspaltung eintritt.

Ein Erbschein unter Anwendung des RAG-DDR (Rechtsanwendungsgesetz) kann aber nur dann erteilt werden, wenn der Erblasser tatsächlich **Grundeigentum** in der ehemaligen DDR innehatte. Ist der nach BGB beerbte Erblasser nicht Eigentümer eines Grundstücks in der ehemaligen DDR, sondern an dem Grundstück nur gesamthänderisch im Rahmen einer Erbengemeinschaft beteiligt, tritt insoweit grundsätzlich eine Nachlassspaltung nicht ein (BGH, Beschl. v. 24.01.2001 – IV ZB 24/00) und es ist ein allgemeiner Erbschein nach BGB zu beantragen.

2.6.5 Der Vergleich im Erbscheinsverfahren

Auslegungsbedürftige Testamente

Bei Testamenten, die inhaltlich derart **unklar formuliert** worden sind, dass sich nicht ohne weiteres feststellen lässt, wer nach dem Willen des Erblassers tatsächlich Erbe geworden ist, ergibt sich das Bedürfnis, die bestehende Rechtsunsicherheit durch einen Vergleich über die Auslegung des Testaments zu beheben.

Nachlassgericht nicht gebunden

Hierbei ist jedoch zu berücksichtigen, dass ein derartiger Vergleich, durch den die Beteiligten sich schuldrechtlich so stellen, als wäre die von ihnen vorgenommene Auslegung der letztwilligen Verfügung des Erblassers zutreffend, das Nachlassgericht nicht bindet, selbst wenn dieser Vergleich vor einem Prozessgericht geschlossen worden ist. Dies hat zum einen seinen Grund darin, dass der vom Nachlassgericht erteilte Erbschein nicht nur Geltung zwischen den am Nachlassverfahren beteiligten Personen hat, sondern auch gegenüber Dritten im Rechtsverkehr eingesetzt wird. Zum anderen wird die Erbenstellung nicht durch Vereinbarung der Beteiligten begründet, sondern allein durch das Gesetz aufgrund gesetzlicher Erbfolge oder aufgrund einer letztwilligen Verfügung des Erblassers. Im letzteren Fall ist es nämlich die Aufgabe des Nachlassgerichts, dem u.U. noch zu erforschenden wahren Willen des Erblassers Geltung zu verschaffen und nicht dem der Beteiligten (vgl. hierzu: Zimmermann, Erbschein/Erbscheinsverfahren/Europäisches Nachlassverzeichnis, Rdnr. 245).

Ein Vergleich zwischen den Beteiligten über die Ausübung von Gestaltungsrechten, wie z.B. der Anfechtung der letztwilligen Verfügung des Erblassers oder die Rücknahme von bereits gestellten Anträgen, ist dagegen ohne weiteres möglich, da die Ausübung dieser Rechte allein dem Rechtskreis des entsprechenden Beteiligten zugewiesen ist und auf den testamentarischen Willen des Erblassers keinen Einfluss hat (vgl. hierzu KG, Beschl. v. 16.09.2003 – 1 W 48/02).

Entsprechendes gilt für den Fall, dass sich die Beteiligten über die Auslegung des Inhalts einer letztwilligen Verfügung des Erblassers einig sind. Das Gericht hat unabhängig von der Ansicht und Einigung der Beteiligten einen Erbschein zu erteilen, der den gesetzlichen Vorgaben und nicht den Vorstellungen der Beteiligten entspricht.

Dagegen ist das Nachlassgericht an ein rechtskräftiges Urteil eines Prozessgerichts gebunden, soweit dieses zwischen den am Erbscheinsverfahren Beteiligten ergangen ist. Erforderlich ist es jedoch, dass die am Erbscheinsverfahren Beteiligten mit den Parteien des Zivilprozesses identisch sind (OLG Frankfurt, Beschl. v. 07.05.2015 – 20 W 371/13; OLG München, Beschl. v. 08.03.2016 – 31 Wx 386/15). Alle Einwände im Rahmen des Erbscheinserteilungsverfahrens, die vor Eintritt der formellen Rechtskraft des Prozessurteils im Zivilprozess hätten geltend gemacht werden können, bleiben unberücksichtigt (OLG München, Beschl. v. 08.03.2016 – 31 Wx 386/15).

2.7 Die Einziehung des Erbscheins

Voraussetzung: Unrichtigkeit

Die Einziehung eines erteilten Erbscheins ist in § 2361 BGB geregelt. Danach ist ein Erbschein einzuziehen, wenn sich herausstellt, dass der Erbschein unrichtig ist.

Die **Ermittlungen** über die Frage, ob der Erbschein inhaltlich richtig oder unrichtig ist, erfolgen entweder **auf Anregung oder von Amts wegen**, Letzteres, wenn sich z.B. aus der Nachlassakte heraus nachträglich berechtigte Zweifel an der Richtigkeit des erteilten Erbscheins ergeben. Es handelt sich hierbei demnach nicht um ein klassisches Antragsverfahren.

Da der Erbschein nicht in Rechtskraft erwächst, kann **auch nach langem Zeitablauf** die Einziehung eines Erbscheins erfolgen. Mit der Einziehung des Erbscheins werden die Gutglaubenswirkungen des Erbscheins nach §§ 2365 ff. BGB verhindert.

Anhörung erforderlich

Beabsichtigt das Gericht, einen erteilten Erbschein wegen Unrichtigkeit einzuziehen, so hat es die von der Einziehung betroffenen Personen anzuhören und demzufolge zu beteiligen. **Beteiligte** kraft Gesetzes sind somit die Personen, deren Erbrecht durch den Erbschein, dessen Einziehung erfolgen soll, ausgewiesen wird.

Verfahren, Zuständigkeit

Das Gericht entscheidet i.d.R. über die Anregung auf Einziehung des Erbscheins **durch Beschluss**, dies vor allen Dingen dann, wenn der Anregende als Beteiligter gegen die Ablehnung der Einziehung beschwerdeberechtigt ist. **Zuständig** für die Einziehung eines Erbscheins ist das Nachlassgericht, welches den Erbschein erteilt hat.

Wirkung

Ist der Erbschein vom Nachlassgericht wegen Unrichtigkeit eingezogen worden, so sind die erteilten Ausfertigungen des Erbscheins an das Nachlassgericht **herauszugeben**. Lediglich für den Fall, dass die Ausfertigungen nicht zu erlangen sind, kann gem. § 353 Abs. 1 FamFG der Erbschein für **kraftlos erklärt** werden (der bis zum 16.08.2015 geltende § 2361 Abs. 2 BGB wurde aufgehoben).

Gründe für eine Unrichtigkeit

Als Gründe für eine Unrichtigkeit eines Erbscheins kommen beispielsweise in Betracht:

- veränderte Rechtslage durch nachträgliches Auftauchen neuer Beweismittel
- Eintritt des Nacherbfalls (der einzuziehende Erbschein weist nunmehr einen Erben, nämlich den Vorerben, aus, der aufgrund des Eintritt des Nacherbfalls nicht mehr Erbe ist)
- Wegfall der im Erbschein vermerkten Testamentsvollstreckung
- Nichtangabe des angewandten ausländischen Rechts
- Nichtberücksichtigung von erbberechtigten Personen bei Erteilung des Erbscheins
- veränderte Rechtslage durch nachträgliches Auftauchen von Testamenten
- Ausschlagung der Erbschaft durch einen Nacherben
- veränderte Rechtslage aufgrund veränderter Auslegung des Testaments oder Rechtslage

Herausgabeanspruch des wirklichen Erben

Gemäß § 2362 Abs. 1 BGB kann der wirkliche Erbe von dem Besitzer eines unrichtigen Erbscheins die Herausgabe des Erbscheins an das Nachlassgericht verlangen. Dieser Anspruch ist vom wirklichen Erben vor dem Prozessgericht geltend zu machen.

2.8 Die Kosten des Verfahrens

Mehrere Beteiligte

Die Frage, wer die Kosten des Verfahrens trägt, sofern mehr als ein Beteiligter an dem Verfahren beteiligt ist, richtet sich nach §§ 81 ff. FamFG. Dies ist insbesondere dann von Bedeutung, wenn die Beteiligten mit unterschiedlichen Anträgen agieren oder aber ein Beteiligter sich inhaltlich gegen den Antrag eines anderen Beteiligten stellt, da er z.B. der Auffassung ist, dass der Erbschein mit dem Inhalt, wie er beantragt worden ist, nicht erteilt werden kann (z.B. weil eine letztwillige Verfügung des Erblassers anders als vom Antragsteller auszulegen sei oder weil der Erblasser testierunfähig gewesen sei).

Kostenauferlegung nach Ermessen des Gerichts

Nach § 81 Abs. 1 FamFG kann das Gericht die Kosten des Verfahrens nach billigem Ermessen einem Beteiligten ganz oder teilweise auferlegen. Die Vorschrift geht dabei nicht von einem Regel-Ausnahme-Verhältnis aus, in dem die Nichterstattung die Regel, die Kostenerstattung die Ausnahme darstellt; vielmehr knüpft die Anordnung der Kostenerstattung allgemein an das Ergebnis einer stets erforderlichen Billigkeitsabwägung an, ohne dass es darauf ankäme, die Hürde einer Regelwirkung zu überwinden (OLG Köln, Beschl. v. 06.02.2015 – 2 Wx 27/15; KG, Beschl. v. 02.11.2015 – 6 W 80/15). Um einem Beteiligten die Kosten auferlegen zu können, ist es deshalb nicht erforderlich, dass Umstände vorliegen, die nach Art und Bedeutung den Regelbeispielen des § 81 Abs. 2 FamFG gleichkommen. Vielmehr kann auch die Frage des Obsiegens bzw. Unterliegens von maßgeblicher Bedeutung sein; ihr ist umso größeres Gewicht beizumessen, je eher ein Verfahren einem Streitverfahren nach der ZPO ähnelt. Der BGH teilt diese Sicht des OLG Köln nicht ohne weiteres, sondern fordert nach wie vor eine umfassende Abwägung aller Umstände im Rahmen des § 81 Abs. 1 FamFG (siehe hierzu ausführlich BGH, Beschl. v. 18.11.2015 – IV ZB 35/15).

Bezüglich der Auferlegung der Kostentragungspflicht für die **Einholung eines Gutachtens** wird auf die Ausführungen in Kapitel 6.A.2.5, S. 267 verwiesen.

3. Verfahren nach der EuErbVO

Wie einleitend bereits ausgeführt, kann für Todesfälle, die sich **ab dem 17.08.2015** ereignen, nach dem Erblasser die Erteilung eines Europäischen Nachlasszeugnisses (ENZ) beantragt werden. Europäisches Nachlasszeugnis

Dabei verdrängt das ENZ nicht den deutschen Erbschein, sondern tritt lediglich neben diesen. Zwar wird ein ENZ gem. Art. 62 Abs. 1 EuErbVO zur Verwendung in einem anderen Mitgliedstaat ausgestellt; allerdings entfaltet das Zeugnis auch in dem Land seine Wirkung, in dem es ausgestellt worden ist (Art. 62 Abs. 3 Satz 2 EuErbVO). Wirkung

Kontrovers diskutiert wird die Frage, ob die Beteiligten auch dann einen Erbschein beantragen können, wenn der Erblasser seinen letzten gewöhnlichen Aufenthalt in einem Mitgliedstaat außerhalb Deutschlands hatte. Dies wird unter Verweis auf § 105 FamFG („*In anderen Verfahren nach diesem Gesetz sind die deutschen Gerichte zuständig, wenn ein deutsches Gericht örtlich zuständig ist.*") von der wohl h.M. bejaht (Weber/Schall, NJW 2016, 3564). Die Streichung der Vorschrift war noch im Referentenentwurf zum IntFamRVG vorgesehen, letztlich wurde aber darauf verzichtet. Diese Auffassung ist jedoch im Hinblick auf die Zuständigkeitsregelung des Art. 4 EuErbVO i.V.m. § 35 IntErbRVG mehr als zweifelhaft (Süß, in: Erbrecht in Europa, S. 179 Rdnr. 49 ff.). Zudem bedeutet dies, dass nunmehr die deutschen Gerichte im Rahmen des Erbscheinsverfahrens wegen Art. 21 EuErbVO ausländisches Recht anzuwenden haben, was dem Vereinfachungszweck der EuErbVO widerspricht und im Vergleich zur bisherigen Rechtslage einen erheblichen Rückschritt bedeutet. Aufgrund eines Vorlagebeschlusses des KG (v. 10.01.2017 – 6 W 125/16) hat sich der EuGH mit der Frage befasst, ob Art. 4 EuErbVO die Erteilung eines Erbscheins sperrt, wenn der Erblasser seinen letzten gewöhnlichen Aufenthalt außerhalb Deutschlands in einem Mitgliedstaat gehabt hat, und diese Auffassung bestätigt (EuGH, Urt. v. 21.06.2018 – Rs. C-20/17 – Oberle). Kritik

Sinn und Zweck des ENZ ist die **Vereinfachung des innerstaatlichen Rechtsverkehrs** durch die Ermöglichung eines allgemein anerkannten Nachweises der Erbfolge. Eine Änderung des materiellen Erbrechts nach dem BGB tritt durch die EuErbVO nicht ein. Zweck

Praxistipp

Zu beachten ist, dass gem. Art. 229 § 36 EGBGB die EuErbVO nur auf Erbfälle anzuwenden ist, die seit dem 17.08.2015 eingetreten sind. Auf Erbfälle vor diesem Datum sind das BGB und das FamFG in der bisherigen Fassung anzuwenden.

3.1 Anwendbares Recht

Letzter gewöhnlicher Aufenthalt maßgeblich

Eine **wesentliche Neuerung** ab dem 17.08.2015 besteht darin, dass sich das anwendbare materielle Recht nicht mehr nach der Staatsangehörigkeit des Erblassers richtet, sondern nach dessen **letzten gewöhnlichen Aufenthalt.** Art. 25 EGBGB wird also vollständig verdrängt und hat nur noch Bedeutung für Erbfälle, die vor der Anwendbarkeit der EuErbVO eingetreten sind.

Keine Nachlassspaltung mehr

Eine weitere wesentliche Neuerung ist, dass es **grundsätzlich** nicht mehr zu einer sogenannten Nachlassspaltung kommt, da sich das anzuwendende Recht sowohl auf das bewegliche als auch auf das unbewegliche Vermögen des Erblassers bezieht.

EU-Bezug nicht Voraussetzung

Zu beachten ist ferner auch, dass es für die Frage, welches Recht zur Anwendung kommt, nicht darauf ankommt, dass die Erbfälle einen Bezug zur EU haben. Vielmehr ist nach der EuErbVO grundsätzlich dasjenige Recht des letzten gewöhnlichen Aufenthalts anzuwenden, selbst wenn der Erblasser nicht Staatsangehöriger eines EU-Mitgliedstaates gewesen ist. Zu erwähnen ist hierbei, dass das Vereinigte Königreich, Irland und Dänemark der EuErbVO nicht beigetreten sind. Diejenigen Staaten, die der EuErbVO beigetreten sind, wenden auf einen Erblasser mit der Staatsangehörigkeit eines nicht beigetretenen EU-Mitglieds das Recht des letzten gewöhnlichen Aufenthalts an, jedoch wird das ENZ von den nicht beigetretenen Ländern nicht unbedingt anerkannt.

Ausgenommene Bereiche

Zu berücksichtigen ist zudem, dass bestimmte Rechtsbereiche der Anwendung der EuErbVO entzogen sind. Dies betrifft z.B. die Fragen bzgl. des Personenstands, des **ehelichen Güterrechts** sowie die Regelung dinglicher Rechte und Eintragungen von Rechten (siehe im Einzelnen Art. 1 Abs. 2 EuErbVO). Der Ausschluss des ehelichen Güterrechts hat z.B. im Hinblick auf das deutsche Recht eine erhebliche Auswirkung, da sich für das ENZ die Frage stellt, ob die Erbteilserhöhung über § 1371 BGB Berücksichtigung finden darf, was angesichts des Umstands, dass das Güterrecht der Anwendung der EuErbVO entzogen ist, bisher zu verneinen gewesen sein dürfte.

Einbezogen: pauschalierter Zugewinnausgleich

Allerdings hat der EuGH zuletzt wie folgt entschieden (EuGH, Urt. v. 01.03.2018 – Rs. C-558/16 – Mahnkopf):

„Art. 1 Abs. 1 der Verordnung (EU) Nr. 650/2012 des Europäischen Parlaments und des Rates vom 4. Juli 2012 über die Zuständigkeit, das

anzuwendende Recht, die Anerkennung und Vollstreckung öffentlicher Urkunden in Erbsachen sowie zur Einführung eines Europäischen Nachlasszeugnisses ist dahin auszulegen, dass eine nationale Bestimmung wie die im Ausgangsverfahren in Rede stehende, wonach beim Tod eines Ehegatten ein pauschaler Zugewinnausgleich durch Erhöhung des Erbteils des überlebenden Ehegatten vorzunehmen ist, in den Anwendungsbereich der Verordnung fällt."

Somit wird faktisch der pauschalisierte Zugewinnausgleich als in das Europäische Nachlasszeugnis aufzunehmender Erbteil behandelt.

3.1.1 Definition des letzten gewöhnlichen Aufenthalts

Staatsangehörigkeit ohne Bedeutung

Die Anwendbarkeit des maßgeblichen Rechts richtet sich nach dem Recht des Staates, in dem der Erblasser seinen letzten gewöhnlichen Aufenthalt hatte. Die Staatsangehörigkeit des Erblassers spielt demzufolge bei der Bestimmung des anwendbaren Rechts keine Rolle mehr.

In EuErbVO nicht geregelt

Anders als die Feststellung der Staatsangehörigkeit eines Erblassers kann die Bestimmung des letzten gewöhnlichen Aufenthalts des Erblassers jedoch Schwierigkeiten bereiten, zumal die EuErbVO zur Lösung dieser Frage keine Regelungen enthält.

Folgen für die Erben

Zum einen kann es hinsichtlich der Bestimmbarkeit des gewöhnlichen Aufenthalts dann problematisch werden, wenn der Erblasser sich **abwechselnd an mehreren Orten** aufhält, zum anderen ist der gewöhnliche Aufenthalt **wandelbar.** Dies kann für die Erben des Erblassers ungeahnte Folgen haben, wenn sich der Erblasser bei dem Wechsel seines gewöhnlichen Aufenthalts nicht bewusst ist, dass dadurch die Erbfolge auch einem anderen Erbrecht unterstellt wird. Hierbei ist zu berücksichtigen, dass der gewöhnliche Aufenthalt durch das rein tatsächliche Verweilen begründet wird, anders als die Wohnsitznahme, die einen entsprechenden Willen voraussetzt.

Gesamtbeurteilung der Lebensumstände

Bei der Festlegung des gewöhnlichen Aufenthaltsorts als Anknüpfungstatsache für das anzuwendende Recht ist nach den Erwägungen zur EuErbVO bei der Bestimmung des gewöhnlichen Aufenthalts eine Gesamtbeurteilung der Lebensumstände des Erblassers **in den Jahren vor dessen Ableben** vorzunehmen. Dabei sind alle relevanten Umstände heranzuziehen, insbesondere die Dauer und die Regelmäßigkeit des Aufenthalts in dem betreffenden Staat (vgl. EuGH, NJW 2009, 1868; siehe hierzu auch KG, Beschl. v. 26.04.2016 – 1 AR 8/16, FamRZ 2016, 1203 m. krit. Anm. Mankowski, zur internationalen Zuständigkeit bei **Grenzpendlern**; OLG Hamburg, Beschl, v. 16.11.2016 – 2 W 85/16).

Ausnahme („engere Verbindung zu einem anderen Staat")

Art. 21 Abs. 2 EuErbVO sieht allerdings eine Ausnahme von der Anknüpfung an den gewöhnlichen Aufenthalt vor, nämlich dann, wenn sich aus der Gesamtheit der Umstände ergibt, dass der Erblasser offensichtlich eine **engere Verbindung zu einem anderen Staat** hatte. Der Regelungsumfang dieser Ausnahme ist derzeit nicht klar. Sicher dürfte sein, dass diese Norm eng auszulegen sein wird, um den Grundsatz des Art. 21 Abs. 1 EuErbVO nicht leer laufen zu lassen. Denkbarer Anwendungsfall könnte z.B. der Fall desjenigen Erblassers sein, der aus beruflichen Gründen für einen beschränkten Zeitraum in einen Mitgliedstaat verzogen ist, jedoch den Willen zur Rückkehr in sein Heimatland hatte.

Kriterien

Anhand folgender, jedoch nicht abschließender Kriterien kann ein gewöhnlicher Aufenthalt an einem Ort angenommen werden:

- Integration in ein soziales oder familiäres Umfeld
- Staatsangehörigkeit
- Sprachkenntnisse
- Dauer und Regelmäßigkeit des Aufenthalts
- Gründe für den Aufenthalt in dem betreffenden Staat

Der gewöhnliche Aufenthalt wird grundsätzlich nach tatsächlichen Kriterien bestimmt, ist also unabhängig von willensbestimmten Umständen.

Klarheit hierüber wird aller Voraussicht nach erst die Rechtsprechung bringen.

3.1.2 Die Rechtswahl

Rechtswahl geht vor

Das Recht des gewöhnlichen Aufenthalts kommt jedoch dann nicht zum Tragen, wenn der Erblasser die Rechtsnachfolge dem Recht desjenigen Staates unterworfen hat, dem er zum Zeitpunkt der Rechtswahl oder seines Todes angehört hat.

Einschränkungen

Der Erblasser kann allerdings im Rahmen der Rechtswahl nur sein Heimatrecht (das Recht seiner Staatsangehörigkeit) oder dasjenige Recht wählen, dem er künftig angehören wird. Letzteres wird sicherlich selten der Fall sein, da die Rechtswahl nur dann wirksam wird, wenn der Erblasser zum Zeitpunkt seines Todes tatsächlich die Staatsangehörigkeit desjenigen Landes besitzt, dessen Recht er vorab gewählt hat. Wählbar ist auch das Recht eines Staates, der nicht EU-Mitgliedstaat ist, vorausgesetzt, der Erblasser besitzt die Staatsangehörigkeit des entsprechenden Staates.

Mehrstaater

Besitzt der Erblasser mehrere Staatsangehörigkeiten, kann er jedes seiner Heimatrechte wählen, ohne dass es darauf ankommt, welche Staatsangehörigkeit die effektivere ist.

Gesamter Nachlass umfasst

Zu beachten ist, dass sich die Rechtswahl grundsätzlich auf den gesamten Nachlass, also auf das bewegliche und unbewegliche Nachlassvermögen bezieht, auch wenn sich Nachlassgegenstände in einem anderen Staat befinden. Dies begründet sich darin, dass von der Rechtswahl nicht das Kollisionsrecht des gewählten Heimatrechts umfasst ist. Die Rechtswahl bezieht sich lediglich auf das Sachrecht des gewählten Rechts (Art. 34 Abs. 2 EuErbVO). Dies gilt auch für den Fall, dass der Erblasser das Recht eines Drittstaates, welcher nicht Mitgliedstaat ist, gewählt hat.

Vor EuErbVO getroffene Rechtswahl

Zu beachten ist jedoch, dass eine nach Art. 25 Abs. 2 EGBGB getroffene Rechtswahl, die vor dem 17.08.2015 vorgenommen worden ist, auch nach diesem Stichtag weiterhin Gültigkeit besitzt.

Zu berücksichtigen ist Art. 83 Abs. 4 EuErbVO, wonach für den Fall, dass vom Erblasser vor dem 17.08.2015 eine letztwillige Verfügung nach dem Recht errichtet worden ist, welches er nach den Vorgaben der EuErbVO hätte zulässigerweise wählen können, eine Rechtswahl zugunsten dieses Rechts als erfolgt gilt.

3.1.3 Form der Rechtswahl

Nur durch letztwillige Verfügung

Gemäß Art. 22 Abs. 2 EuErbVO kann die Rechtswahl nur durch letztwillige Verfügung getroffen werden. Die Rechtswahl als solche kann auch die einzige letztwillige Verfügung sein, die der Erblasser trifft. In diesem Fall gilt dann die gesetzliche Erbfolge nach dem vom Erblasser gewählten Recht.

Ausdrücklich oder konkludent

Die Rechtswahl kann ausdrücklich, aber auch lediglich konkludent getroffen werden. So kann sich z.B. aus dem Inhalt und den getroffenen besonderen Regelungen der letztwilligen Verfügung ergeben, dass der Erblasser die Anwendbarkeit z.B. seines Heimatrechts gewollt hat. Die EuErbVO regelt nicht, unter welchen Voraussetzungen eine konkludente Rechtswahl vorliegt bzw. welche Anforderungen für die Annahme, der Erblasser habe konkludent eine Rechtswahl vorgenommen, gegeben sein müssen.

Es ist also durch Auslegung zu ermitteln, ob eine konkludente Rechtswahl vorliegt, wobei die verwendete Sprache allein für die Annahme einer Rechtswahl nicht ausreichen dürfte.

Praxistipp

Im Interesse des Willens des Erblassers, aber auch der Erben, ist für den Fall, dass der Erblasser keine ausdrückliche Rechtswahl getroffen hat, erforderlich, dass die letztwillige Verfügung auf Anhaltspunkte überprüft wird, die den Schluss nahe legen, der Erblasser habe durch schlüssiges Handeln eine Rechtswahl getroffen.

Änderung oder Widerruf

Der Erblasser kann die Rechtswahl auch ändern oder widerrufen. Für den Fall der Änderung ist es aber erforderlich, dass der Erblasser zum Zeitpunkt der Änderung oder zum Zeitpunkt des Eintritts des Erbfalls die entsprechende Staatsangehörigkeit desjenigen Staates besitzt, dessen Recht er wählt bzw. gewählt hat.

Anwendbarkeit internationaler Abkommen

Bei der Frage des anzuwendenden Rechts ist zu berücksichtigen, dass gem. Art. 75 Abs. 1 EuErbVO die Anwendung internationaler Übereinkommen unberührt bleibt. Hierbei sind für Deutschland die Staatsverträge mit der Türkei, dem Iran und der ehemaligen Sowjetunion von erheblicher Bedeutung.

Im Hinblick auf das **deutsch-türkische Nachlassabkommen** gilt, dass die Regelungen des Abkommens denjenigen der EuErbVO vorgehen.

Für das **deutsch-iranische Nachlassabkommen** ist zu beachten, dass nach Art. 8 des Abkommens das Heimatrecht eines Erblassers maßgeblich ist. Durch diese Regelung werden die Regelungen der EuErbVO über das anwendbare Recht verdrängt.

In Bezug auf den **deutsch-sowjetischen Konsularvertrag** ist zu beachten, dass nach Art. 28 Abs. 3 des Abkommens der unbewegliche Nachlass dem Recht des Belegenheitsorts unterfällt. Als Folge dessen wird auf den beweglichen Nachlass die EuErbVO, auf den unbeweglichen Nachlass der deutsch-sowjetische Konsularvertrag anzuwenden sein.

3.1.4 Folgen der Rechtswahl

Gemäß Art. 23 Abs. 1 EuErbVO unterliegt die **gesamte Rechtsnachfolge** von Todes wegen dem nach Art. 21 oder 22 EuErbVO anwendbaren Recht.

Betroffene Bereiche

Art. 23 Abs. 2 EuErbVO stellt sodann **in nicht abschließender Weise** dar, welche Bereiche hiervon betroffen sind. Das Erbstatut nach der EuErbVO regelt somit z.B. die Frage des Eintritts des Erbfalls, die Erbfähigkeit, die Enterbung und Erbunwürdigkeit etc. Auch die Frage der Testierfähigkeit richtet sich nach dem anzuwendenden Recht (Art. 26 Abs. 1 Buchst. a) EuErbVO).

Annahme und Ausschlagung der Erbschaft

Für die Annahme oder Ausschlagung der Erbschaft ist über Art. 28 EuErbVO eine Annahme- oder Ausschlagungserklärung dann wirksam, wenn sie entweder dem nach der EuErbVO berufenen Recht oder dem Recht des Staates entspricht, in dem der Annehmende/Ausschlagende seinen gewöhnlichen Aufenthalt hat.

3.1.5 Besonderheiten für Form und Zulässigkeit letztwilliger Verfügungen

Als Folge des Umstands, dass sich im Laufe des Lebens des Erblassers z.B. durch mehrere Wechsel des Aufenthaltsorts das jeweils anzuwendende Recht ändern kann, besteht ein Bedürfnis, dass eine vom Erblasser errichtete letztwillige Verfügung auch dann weiterhin Gültigkeit besitzt, wenn sich in der Folgezeit das anwendbare Recht ändert.

Die EuErbVO differenziert hier zwischen der Anknüpfung für die Form der Verfügung von Todes wegen (Art. 27 EuErbVO) und der Anknüpfung an die übrigen Voraussetzungen für die Errichtung letztwilliger Verfügungen (Art. 26 EuErbVO).

3.1.5.1 Form letztwilliger Verfügungen

Hinsichtlich der Form von Erbverträgen gilt für das deutsche Recht Art. 27 EuErbVO, da Erbverträge vom Haager Testamentsformübereinkommen nicht erfasst sind. Für Testamente gilt weiterhin Art. 26 Abs. 1–4 EGBGB.

3.1.5.2 Testamente

Einseitige Testamente

Nach Art. 24 Abs. 1 EuErbVO wird die Zulässigkeit und die materielle Wirksamkeit von einseitigen Testamenten dem Recht unterstellt, welches auf den Erbfall anwendbar wäre, wenn er sich zum Zeitpunkt der Testamentserrichtung ereignet hätte. Als Besonderheit ist Art. 24 Abs. 2 EuErbVO zu berücksichtigen, wonach der Erblasser für die Zulässigkeit und materielle Wirksamkeit des Testaments sein Heimatrecht wählen kann, ohne aber im Übrigen eine Rechtswahl für das insgesamt anzuwendende Recht treffen zu müssen.

Widerruf oder Änderung

Auf den Widerruf oder eine Änderung einer bestehenden letztwilligen Verfügung ist wiederum dasjenige Recht anzuwenden, welches zum Zeitpunkt des Widerrufs anwendbar gewesen ist, Art. 24 Abs. 3 Satz 1 EuErbVO. Es kann somit zur Anwendung unterschiedlicher Rechte kommen, nämlich zum einen desjenigen, welches für den Zeitpunkt der Errichtung der letztwilligen Verfügung galt und zum anderen desjenigen, welches für den Widerruf oder die Änderung galt.

Gemeinschaftliche Testamente

Hinsichtlich gemeinschaftlicher Testamente ist die Rechtslage mangels zzt. fehlender Rechtsprechung unklar. Fraglich ist nämlich, ob diese Testamente der Regelung des Art. 25 EuErbVO, der für Erbverträge gilt, oder der des Art. 24 EuErbVO unterfallen. Diese Frage stellt sich deswegen, weil nach der **Definition** des Art. 3 Abs. 1 Buchst. c) EuErbVO ein gemeinschaftliches Testament dann vorliegt, wenn zwei oder mehr Personen in einer einzigen Urkunde ein Testament errichten, was nach dem Wortlaut auch auf den Erbvertrag gem. Art. 3 Abs. 1 Buchst. b) EuErbVO zutrifft. Die **rechtliche Einordnung** ist von erheblicher Bedeutung, da sie maßgeblich für die Frage sein wird, ob sich z.B. ein Ehegatte der Bindungswirkung eines gemeinschaftlichen Testaments mit wechselbezüglichen Verfügungen durch Verlegung seines gewöhnlichen Aufenthalts und nachfolgendem Widerruf entziehen kann. Unterfiele das gemeinschaftliche Testament der Regelung des Art. 25 EuErbVO, könnte die Bindungswirkung nicht unterlaufen werden.

3.1.5.3 Erbverträge

Einseitige Erbverträge

Hinsichtlich einseitiger Erbverträge i.S.d. BGB gilt Art. 25 Abs. 1 EuErbVO. Zur Anwendung kommt hier dasjenige Recht, welches gelten würde, wenn der Erblasser zum Zeitpunkt des Abschlusses des Erbvertrags verstorben wäre. Für die **Auflösung** des Erbvertrags gilt ebenfalls dieses Recht, unabhängig davon, ob der Erblasser inzwischen seinen gewöhnlichen Aufenthalt geändert hat und somit eigentlich ein anderes Recht zur Anwendung käme.

Die Parteien des Erbvertrags können jedoch gem. Art. 25 Abs. 3 EuErbVO eine **isolierte Rechtswahl** treffen, die sich auf die Zulässigkeit, die materielle Wirksamkeit sowie die Bindungswirkung des Vertrags einschließlich der Voraussetzungen für seine Auflösung bezieht.

Mehrseitige Erbverträge

Für den mehrseitigen Erbvertrag sieht Art. 25 Abs. 2 Unterabs. 1 EuErbVO vor, dass er nur dann zulässig ist, wenn er nach jedem der Rechte zulässig ist, die nach der EuErbVO für die einzelnen beteiligten Personen gelten. Der Erbvertrag ist also zulässig, wenn alle zur Anwendung berufenen Rechte den Erbvertrag für zulässig erachten. Ist der Erbvertrag nach den zur Anwendung berufenen Rechten zulässig, bestimmt Art. 25 Abs. 2 Unterabs. 2 EuErbVO, dass sich die **materielle Wirksamkeit** und die **Bindungswirkung** einschließlich der Auflösungsmöglichkeit nach demjenigen Recht richten, mit dem der Erbvertrag die engste Bindung aufweist. Die EuErbVO enthält jedoch keine Angaben darüber, welche Kriterien dafür maßgebend sein sollen, um eine derartige Bindung annehmen zu können.

Auch für mehrseitige Erbverträge gilt Art. 25 Abs. 3 EuErbVO. Dabei ist zu berücksichtigen, dass bei der Rechtswahl nicht alle Erblasser dieselbe Staatsangehörigkeit besitzen müssen. Es kann also das Heimatrecht einer Vertragspartei gewählt werden, ohne dass die andere Partei ebenfalls die entsprechende Staatsangehörigkeit besitzt.

3.1.6 Kollisionsrecht

Hat der Erblasser eine Rechtswahl gem. Art. 22 EuErbVO getroffen, so kommt lediglich dessen Sachrecht zur Anwendung, nicht jedoch dessen Kollisionsrecht. Dies gilt auch für den Fall, dass der Erblasser das Recht eines Nicht-EU-Mitgliedstaates berufen hat (Art. 34 Abs. 2 EuErbVO). Entsprechendes gilt für eine konkludente Rechtswahl nach Art. 21 Abs. 2 EuErbVO.

Art. 34 Abs. 1 EuErbVO regelt die Frage, wann Kollisionsrecht fremder Rechte berücksichtigt werden muss. Eine **Rück- oder Weiterverweisung** ist danach zu berücksichtigen, wenn das Kollisionsrecht des Drittstaates auf das Recht eines Mitgliedstaates verweist.

Beispiel

Der deutsche Erblasser D hat seinen ständigen Aufenthalt in einem Drittstaat, welcher für unbeweglichen Nachlass die Anwendung des Rechts des Belegenheitsorts anordnet. D ist Eigentümer eines in Deutschland belegenen Grundstücks. Würde die EuErbVO in diesem Fall lediglich auf das Sachrecht dieses Drittstaates verweisen, dann käme ein Recht zur Anwendung, welches der Drittstaat nicht anwenden würde, da nach dessen Recht hinsichtlich des unbeweglichen Nachlasses deutsches Recht anzuwenden wäre.

3.2 Internationale Zuständigkeit der Gerichte etc. nach der EuErbVO ohne erfolgte Rechtswahl

Die internationale gerichtliche Zuständigkeit bestimmt sich nach **Art. 3–15 EuErbVO.** Diese Regelungen beziehen sich nicht auf die sachliche und örtliche Zuständigkeit der Gerichte der einzelnen Mitgliedstaaten, da die Organisation dieser innerstaatlichen Zuständigkeiten allein der Regelungsbefugnis des jeweiligen Staates unterliegt.

Gemäß Art. 3 Abs. 2 EuErbVO gelten die Zuständigkeitsregelungen entsprechend für Behörden und Angehörige von Rechtsberufen mit Zuständigkeiten in Erbsachen, die gerichtliche Funktionen ausüben oder in Ausübung einer Befugnisübertragung durch ein Gericht handeln. Damit sind auch Notare erfasst, die als Nachlassgericht fungieren.

3.2.1 Gewöhnlicher Aufenthalt in der EU

Gemäß **Art. 4 EuErbVO** ist dasjenige Gericht eines Mitgliedstaates zuständig, in dem der Erblasser seinen gewöhnlichen Aufenthalt hatte. Diese ausschließliche Zuständigkeit gilt für den gesamten Nachlass.

3.2.2 Gewöhnlicher Aufenthalt nicht in der EU

Subsidiäre Zuständigkeit eines Mitgliedstaates

Hatte der Erblasser seinen gewöhnlichen Aufenthalt nicht in der EU, kommt Art. 4 EuErbVO nicht zur Anwendung. Hat der Erbfall trotz des gewöhnlichen Aufenthalts des Erblassers außerhalb der EU einen Bezugspunkt zu einem Mitgliedstaat, so greift **Art. 10 EuErbVO.**

Voraussetzungen

Voraussetzung für die Anwendbarkeit des Art. 10 EuErbVO ist, dass sich in dem Mitgliedstaat, dessen Gericht angerufen wird, **Nachlassgegenstände** befinden. Ist dies der Fall, ist es weiter erforderlich, dass der Erblasser die **Staatsangehörigkeit** dieses Mitgliedstaates besessen hat. Hatte der Erblasser diese Staatsangehörigkeit, ist dieser Mitgliedstaat für den gesamten Nachlass zuständig, auch wenn er in anderen Mitgliedstaaten belegen ist (Art. 10 Abs. 1 EuErbVO).

Mehrstaater

Besaß der Erblasser mehrere EU-Staatsangehörigkeiten und sind in verschiedenen Mitgliedstaaten Nachlassgegenstände vorhanden, kann davon ausgegangen werden, dass der Erbe wählen kann, welches Gericht er anruft.

Hatte der Erblasser nicht die Staatsangehörigkeit eines Mitgliedstaates besessen, kommt es für die Zuständigkeit eines Mitgliedstaates darauf an, ob der Erblasser in diesem Staat zuvor seinen gewöhnlichen Aufenthalt hatte. Allerdings darf die Verlegung seines gewöhnlichen Aufenthalts aus diesem Mitgliedstaat in einen Drittstaat nicht länger als fünf Jahre zurückgelegen haben (Art. 10 Abs. 1 Buchst. b) EuErbVO).

Ergibt sich keine Zuständigkeit eines Mitgliedstaates nach Art. 10 Abs. 1 EuErbVO, so ist gem. Art. 10 Abs. 2 EuErbVO die Zuständigkeit eines Mitgliedstaates begründet, in dem Nachlassgegenstände belegen sind.

Allerdings beschränkt sich diese Zuständigkeit dann nur auf den in diesem Mitgliedstaat belegenen Nachlass.

3.2.3 Notzuständigkeit

Kann weder nach Art. 4 EuErbVO noch nach Art. 10 EuErbVO eine Zuständigkeit begründet werden, kommt **Art. 11 EuErbVO** in Betracht. Dies setzt voraus, dass es für einen Beteiligten unmöglich oder unzumutbar ist, ein Verfahren in einem Drittstaat zu führen (z.B., wenn in einem Drittstaat Bürgerkrieg herrscht und kein geordnetes Verfahren möglich erscheint). Weitere Voraussetzung ist, dass die Sache einen ausreichenden Bezug zu dem Mitgliedstaat des angerufenen Gerichts aufweisen muss (z.B., wenn der Erbe in dem Mitgliedstaat wohnhaft ist). Ob den Beteiligten mit dieser Notzuständigkeit geholfen ist, ist allerdings fraglich, da nicht ohne weiteres davon ausgegangen werden kann, dass das ENZ in diesem Drittstaat auch anerkannt wird.

3.2.4 Folgen der Unzuständigkeit

Kommt das angerufene Gericht zu dem Schluss, dass es nach der EuErbVO nicht zuständig ist, so erklärt es sich gem. **Art. 15 EuErbVO** für unzuständig.

3.3 Internationale Zuständigkeit der Gerichte etc. nach der EuErbVO bei erfolgter Rechtswahl

3.3.1 Gewöhnlicher Aufenthalt in einem Mitgliedstaat der EU

Zuständigkeit und Recht eines Drittstaates

Hatte der Erblasser seinen gewöhnlichen Aufenthalt in einem Mitgliedstaat und hat er das Recht eines Drittstaates gewählt, so sind nach **Art. 4 EuErbVO** die Gerichte in diesem Staat zuständig und müssen das gewählte – fremde – Recht anwenden.

Ausschließliche Zuständigkeit des Heimatstaates

Hat der Erblasser dagegen das Recht eines Mitgliedstaates gewählt, können die betroffenen Parteien über **Art. 5 Abs. 1 EuErbVO im Wege einer Gerichtsstandsvereinbarung** die ausschließliche Zuständigkeit der Gerichte im Heimatland des Erblassers begründen. Diese Zuständigkeit können nur die betroffenen Parteien begründen, nicht jedoch der Erblasser. Dieser kann, wie bereits dargestellt, lediglich eine Rechtswahl vornehmen. Wer zum Kreis der „betroffenen Parteien“ gehört, ist jedoch noch offen.

Formerfordernisse

Gemäß Art. 5 Abs. 2 Satz 1 EuErbVO muss eine derartige Gerichtsstandsvereinbarung schriftlich abgeschlossen, mit einem Datum und den Unterschriften der betroffenen Parteien versehen sein.

Praxistipp

Sollte der Erblasser tatsächlich ein von seinem gewöhnlichen Aufenthaltsort abweichendes Heimatrecht gewählt haben, ist eingehend zu prüfen, ob es nicht angeraten ist, durch eine entsprechende Vereinbarung das Verfahren vor die Gerichte des Heimatlands zu holen.

Folgen

Der Abschluss einer Gerichtsstandsvereinbarung hat zur Folge, dass das Gericht im Heimatland des Erblassers zuständig wird, und zwar im Hinblick auf den gesamten Nachlass (Art. 7 Buchst. b) EuErbVO). Ist bereits ein Gericht gem. Art. 4 EuErbVO mit der Sache befasst, so hat es sich im Fall des Vorliegens einer Gerichtsstandsvereinbarung für unzuständig zu erklären (Art. 6 Buchst. b) EuErbVO).

Fehlt eine Gerichtsstandsvereinbarung, so kann sich ein an sich zuständiges Gericht gem. Art. 6 Buchst. a) EuErbVO für unzuständig erklären, wenn es die Überzeugung erlangt, dass die Gerichte des gewählten Heimatlandsrechts die Sache besser entscheiden können. Damit jedoch das Gericht sich für unzuständig erklären kann, muss ein entsprechender Antrag einer Verfahrenspartei vorliegen.

Gemäß Art. 7 Buchst. c) EuErbVO sind die Gerichte im Mitgliedstaat des gewählten Rechts auch ohne eine ausdrückliche Gerichtsstandsvereinbarung zuständig, wenn die Verfahrensparteien die Zuständigkeit des angerufenen Gerichts ausdrücklich anerkannt haben.

Für den nicht seltenen Fall, dass lediglich eine einzelne Verfahrenspartei vorhanden ist, kommt eine Gerichtsstandsvereinbarung logischerweise nicht in Betracht. Für diesen Fall kann jedoch eine ausdrückliche Gerichtsstandsanerkennung nach Art. 7 Buchst. c) EuErbVO erfolgen (siehe Deixler-Hübner, in: Deixler-Hübner/Schauer, EuErbVO, Art. 7 Rdnr. 17).

3.3.2 Gewöhnlicher Aufenthalt nicht in einem Mitgliedstaat der EU

Hatte der Erblasser seinen letzten gewöhnlichen Aufenthalt nicht in einem EU-Mitgliedstaat, so kann sich lediglich die Zuständigkeit der Gerichte über Art. 10 oder 11 EuErbVO ergeben (siehe Kapitel 6.A.3.2.2, S. 293 f. und Kapitel 6.A.3.2.3, S. 294).

Hat der Erblasser seinen gewöhnlichen Aufenthalt in einem Drittstaat und hat er das Recht eines EU-Mitgliedstaates gewählt, so kommt eine Zuständigkeit der Gerichte über Art. 7 Buchst. b) oder c) oder über Art. 9 EuErbVO sowie über Art. 10 oder 11 EuErbVO in Betracht.

3.4 Art. 13 EuErbVO

Für Erklärungen, die die **Annahme oder Ausschlagung** einer Erbschaft oder eines Vermächtnisses oder Erklärungen zur Begrenzung der Haftung auf den Nachlass betreffen, sind auch die Gerichte zuständig, in dessen Heimatland die Erklärenden ihren gewöhnlichen Aufenthalt haben. Gemäß Art. 28 EuErbVO sind nämlich derartige Erklärungen wirksam, wenn sie entweder dem auf die Rechtsnachfolge anzuwendenden Recht oder aber dem Recht des Staates entsprechen, in dem der Erklärende seinen gewöhnlichen Aufenthalt hat.

3.5 Das Europäische Nachlasszeugnis

Wirkung

Das Europäische Nachlasszeugnis (ENZ) stellt eine erhebliche Neuerung dar, da das Zeugnis **EU-weit anerkannt** wird. Das ENZ verdrängt nicht den inländischen bisherigen Erbschein, sondern tritt lediglich neben diesen (Art. 62 Abs. 3 EuErbVO). Zu beachten ist, dass einem Antrag auf Erteilung eines deutschen Erbscheins nicht entgegengehalten werden kann, dass für den Antrag wegen eines bereits vorliegenden ENZ das Rechtsschutzbedürfnis fehle.

Inhalt

Im Unterschied zum deutschen Erbschein weist das ENZ auch die Rechte der Vermächtnisnehmer und die den Nachlassberechtigten zugewiesenen Vermögenswerte aus (Art. 63 Abs. 2 Buchst. b) EuErbVO).

Praxistipp

Hierauf ist bei der Beantragung des ENZ besonders zu achten. Demzufolge sind Vermögenswerte, die vermächtnisweise zugewandt worden sind, genau zu bezeichnen. In Österreich wird z.B. verlangt, dass das ENZ nicht nur ausweist, dass ein bestimmtes unbewegliches Recht zugewandt worden ist; vielmehr muss dieses genau hinsichtlich seiner Lage unter Berücksichtigung der grundbuchlichen Bezeichnung benannt werden.

3.5.1 Zuständigkeiten

Gemäß **Art. 64 EuErbVO** wird das ENZ in dem Mitgliedstaat ausgestellt, dessen Gerichte nach Art. 4, 7, 10 oder 11 EuErbVO zuständig sind (siehe hierzu Kapitel 6.A.3.2, S. 293 f.). Welche Gerichte sachlich und örtlich zuständig sind, wird weiterhin durch die nationalen Gesetze bestimmt (§ 343 FamFG).

Keine Nachlassspaltung

Zu beachten ist, dass zwar im Rahmen eines Erbscheinsverfahrens der Erbschein gem. § 352c Abs. 1 FamFG gegenständlich auf den im Inland belegenen Nachlass beschränkt werden kann, nicht jedoch das ENZ. Dieses gilt für den gesamten Nachlass (Ausnahme: Art. 10 Abs. 2 EuErbVO, siehe Kapitel 6.A.3.2.2, S. 293 f.).

3.5.2 Verfahren

3.5.2.1 Antragsberechtigung (Art. 65 Abs. 1 EuErbVO)

Zur Stellung eines Antrags auf Erteilung eines ENZ sind die in **Art. 63 Abs. 1 EuErbVO** genannten Personen berechtigt.

Demzufolge sind unmittelbar antragsberechtigt

- die Erben,
- Vermächtnisnehmer mit unmittelbarer Berechtigung am Nachlass und
- Testamentsvollstrecker oder Nachlassverwalter.

Nachlassgläubiger sind dagegen nicht antragsberechtigt.

3.5.2.2 Erforderliche Angaben

Welche Angaben der Antragsteller im Rahmen der Beantragung eines ENZ zu machen hat, ist in **Art. 65 Abs. 3 EuErbVO** im Einzelnen geregelt. Der Umfang der erforderlichen Angaben geht über die Angaben hinaus, die ein Antragsteller im Rahmen eines Erbscheinsverfahren nach dem BGB zu machen hat. Für den Antrag kann sich der Antragsteller eines **Formblatts** bedienen, welches mittlerweile von der EU-Kommission erarbeitet worden ist. Mit Urteil vom 17.01.2019 hat der EuGH entschieden, dass die Verwendung des Formblatts lediglich fakultativ ist (EuGH, Urt. v. 17.01.2019 – C-102/18).

Praxistipp

Die Verwendung des Formblatts empfiehlt sich, da dadurch gewährleistet wird, dass alle erforderlichen Angaben mitgeteilt werden. Das Formblatt kann aus dem Internet heruntergeladen werden https://e-justice.europa.eu/content_successions-166-de.do; zudem finden Sie das Formblatt auf der beigefügten CD-ROM und im Onlinemodul im Verzeichnis der Arbeitshilfen).

Neben den in Art. 65 Abs. 3 EuErbVO gestellten Anforderungen sind folgende Punkte herauszuheben:

Zweck

Der Antragsteller hat den beabsichtigten Zweck des Zeugnisses anzugeben (also die Verwendung in einem anderen Mitgliedstaat), Art. 65 Abs. 3 Buchst. f) EuErbVO. Die Erteilung eines ENZ kommt nämlich nur dann in Betracht, wenn das ENZ in einem anderen Mitgliedstaat verwendet werden soll. Ist lediglich im Inland Nachlassvermögen vorhanden, kann nur ein Erbschein erteilt werden.

Ehevertrag?

Ferner ist anzugeben, ob der Erblasser einen Ehevertrag geschlossen hat.

Gesetzlicher Güterstand?

Darüber hinaus sind Angaben über den gesetzlichen Güterstand erforderlich (Art. 68 Buchst. h) EuErbVO).

Antragsprüfung

Die Prüfung des Antrags richtet sich nach **Art. 66 EuErbVO.** In Bezug auf das Verfahren vor einem deutschen Gericht bedeutet dies, dass auch im Rahmen des ENZ-Verfahrens der Amtsermittlungsgrundsatz gilt und das Gericht zur Glaubhaftmachung die Abgabe eidesstattlicher Versicherungen verlangen kann, und zwar über den Umfang des § 2356 BGB hinaus.

3.5.2.3 Inhalt des Europäischen Nachlasszeugnisses

Der Inhalt des zu erteilenden ENZ ergibt sich aus **Art. 68 EuErbVO**. Neben den selbstverständlichen Angaben über die ausstellende Behörde, das Aktenzeichen, das Ausstellungsdatum, den Erblasser sowie den Berechtigten (Erben und u.U. Vermächtnisnehmer) hat das ENZ den Güterstand anzugeben (Art. 68 Buchst. h) EuErbVO).

Problem: Angabe des Güterstands

Letzteres wird in der Praxis noch zu Schwierigkeiten führen, da insoweit das Kollisionsrecht der Mitgliedstaaten noch nicht harmonisiert ist und somit eine einheitliche Bestimmung des Güterrechts nicht möglich ist. Es bleibt abzuwarten, wie sich die seit dem 29.01.2019 geltenden Europäischen Güterrechtsverordnungen (EuGüVO/EuPartVO) auf den Inhalt des zu erteilenden ENZ auswirken (siehe aber zum pauschalisierten Zugewinnausgleich: EuGH, Urt. v. 01.03.2018 – Rs. C-558/16).

Des Weiteren hat das Zeugnis nach Art. 68 Buchst. i) EuErbVO **das angewandte Recht** zu benennen und ggf. auch, wie das angewandte Recht bestimmt worden ist (z.B. durch Rechtswahl).

Ferner sind im ENZ auch Angaben über die **Beschränkungen** des oder der Erben zu machen, die sich aufgrund des angewandten Rechts oder aufgrund der Verfügungen des Erblassers ergeben. Entsprechend sind auch die Befugnisse des Testamentsvollstreckers sowie dessen Befugniseinschränkungen auszuweisen.

Außerdem ist das **Ablaufdatum** der Gültigkeit des ENZ anzugeben (siehe dazu Kapitel 6.A.3.5.2.4, S. 299).

Widerspruch zum Erbschein möglich

Das ENZ spiegelt demnach die nach dem angewandten Erbstatut maßgebliche Rechtslage wider und kann somit durchaus im inhaltlichen Widerspruch zu einem Erbschein, der nach dem BGB erteilt wird, stehen.

In der Praxis kommt es häufig vor, dass die Beteiligten die Aufnahme besonderer Nachlassgegenstände, für die das Erbrecht bezeugt werden soll, ausdrücklich beantragen, insbesondere für im Ausland belegene Grundstücke.

Im Anschluss an das OLG Nürnberg (Beschl. v. 05.04.2017 – 15 W 299/17) geht das OLG München (Beschl. v. 12.09.2017 – 31 Wx 275/17) zutreffend davon aus, dass zumindest für den Fall, dass sich die Erbfolge aus dem materiellen deutschen Recht ergibt, eine Aufnahme derartiger Informationen, auch wenn sie lediglich informatorischer Natur sind, nicht möglich ist (siehe hierzu auch die Entscheidung des OGH Wien v. 21.12.2017 – 5 Ob 186/17i hinsichtlich der Frage, ob in einem ENZ, welches nach materiellem deutschen Recht erteilt worden ist, Angaben zu den vom Erbrecht betroffenen Grundstücken gemacht werden dürfen).

3.5.2.4 Erteilung des Europäischen Nachlasszeugnisses

Gültigkeit: sechs Monate

Das ENZ wird nicht, wie bei Erbscheinen üblich, in Ausfertigungen erteilt, sondern lediglich **in Form von beglaubigten Abschriften.** Hier ist als wichtige Besonderheit zu berücksichtigen, dass die beglaubigte Abschrift grundsätzlich lediglich für sechs Monate gültig ist (Art. 70 Abs. 3 Satz 1 EuErbVO).

Praxistipp

Soll das ENZ nach Ablauf der Gültigkeitsfrist verwendet werden, muss der Beteiligte die Verlängerung der Gültigkeitsfrist oder die Erteilung einer neuen beglaubigten Abschrift des ENZ beantragen.

Ausnahmen

Nach § 70 Abs. 3 Satz 2 EuErbVO kann das Gericht bereits von vornherein bei begründeten Ausnahmefällen eine längere Gültigkeitsfrist beschließen.

3.5.2.5 Rechtsbehelfe

Anfechtungsberechtigte

Gemäß Art. 72 Abs. 1 EuErbVO können die Entscheidungen des entscheidenden Gerichts über die Erteilung oder Versagung der Erteilung des ENZ von jeder Person angegriffen werden, die berechtigt ist, ein ENZ zu beantragen.

Anwendbares Recht

Dabei richtet sich der einzulegende Rechtsbehelf nach dem Recht des Staates, dessen Behörde oder Gericht für die Erteilung des ENZ zuständig ist. Für den deutschen Rechtsbereich gilt demnach § 58 FamFG.

Die Beschwerde ist auch gegen bereits erteilte ENZ möglich.

Die Einzelheiten hierzu sind in § 43 IntErbRVG geregelt.

Umfassende Befugnisse des Gerichts

Für den Fall, dass sich im Beschwerdeverfahren herausstellt, dass das ENZ inhaltlich unrichtig ist, widerruft oder ändert das Gericht das ENZ (Art. 72 Abs. 2 Satz 1 EuErbVO). Als Besonderheit im Vergleich zum Erbscheinsverfahren nach deutschem Recht kann das OLG als Beschwerdegericht das ENZ selbst ändern oder widerrufen oder erteilen.

Ist eine Änderung, eine Berichtigung oder ein Widerruf erfolgt, kann diese Entscheidung nur von einer Person angefochten werden, die hierfür ein berechtigtes Interesse nachweist (Art. 72 Abs. 1 Satz 2 EuErbVO).

Aussetzung der Wirkung des ENZ

Zur Verhinderung eines gutgläubigen Erwerbs während des schwebenden Verfahrens über eine Beschwerde kann auf Antrag einer Person, die hierzu ein berechtigtes Interesse hat, die Wirkung des ENZ ausgesetzt werden (**Art. 73 Abs. 1 Buchst. a) und b) EuErbVO**). Als Folge der Aussetzung dürfen keine beglaubigten Abschriften des ENZ erteilt werden. Gemäß Art. 73 Abs. 2 EuErbVO unterrichtet das Gericht (ausstellendes Gericht oder Rechtsmittelgericht) unverzüglich alle Personen, denen bereits beglaubigte Abschriften des ENZ erteilt worden sind, über die Aussetzung der Wirkung des ENZ. Bereits erteilte beglaubigte Abschriften können jedoch nicht zurückgefordert werden, da ein dem Einziehungsverfahren nach dem BGB/FamFG entsprechendes Verfahren in der EuErbVO nicht geregelt ist.

4. Das Testamentsvollstreckerzeugnis

Zweck: Nachweis der Verfügungsberechtigung über den Nachlass

Durch das Testamentsvollstreckerzeugnis weist der Testamentsvollstrecker gegenüber Dritten seine Verfügungsberechtigung über den Nachlass nach. Das Amt des Testamentsvollstreckers beginnt mit dem Zeitpunkt, zu dem er gegenüber dem Nachlassgericht die Annahme des Amtes erklärt (§ 2202 Abs. 1, 2 BGB). Die Annahme des Amtes kann auch schlüssig durch die Stellung eines Antrags auf Erteilung eines Testamentsvollstreckerzeugnisses erklärt werden.

Die Annahmeerklärung kann erst **nach Eintritt des Erbfalls** abgegeben werden und ist unwirksam, wenn sie unter einer Bedingung oder Zeitbestimmung erfolgt (§ 2202 Abs. 2 BGB).

Erteilung durch Beschluss

Das Gericht entscheidet über die Erteilung des Testamentsvollstreckerzeugnisses durch Beschluss. Soll ein Testamentsvollstreckerzeugnis erteilt werden und widerspricht die Erteilung nicht den Interessen der Beteiligten, ergeht ein nicht zu begründender Feststellungsbeschluss, der lediglich zu den Akten genommen wird (§§ 354 Abs. 1, 352e Abs. 1 FamFG).

Widerspricht der Beschluss dagegen dem erklärten Willen eines Beteiligten, ist der Beschluss zu begründen (§ 38 Abs. 3 Satz 1 FamFG), den Beteiligten bekanntzugeben (§§ 354 Abs. 1, 352e Abs. 2 FamFG) und mit einer Rechtsmittelbelehrung zu versehen (§ 39 FamFG). Dabei hat das Gericht gleichzeitig die sofortige Wirksamkeit des Beschlusses auszusetzen und die Erteilung des Zeugnisses bis zur Rechtskraft des Beschlusses zurückzustellen (§§ 354 Abs. 1, 352e Abs. 2 FamFG). Die Beschwerdefrist beträgt einen Monat (§ 63 Abs. 1 FamFG).

Verfahren nach § 2202 BGB

Erklärt sich der Testamentsvollstrecker nicht von selbst über die Annahme des Amtes, so kann ihm auf Antrag eines Beteiligten durch das Gericht eine **Frist** zur Erklärung über die Annahme des Amtes gesetzt werden, innerhalb derer er die Annahme des Amtes erklären muss. Erfolgt innerhalb der Frist keine Annahmeerklärung, gilt die Übernahme des Amtes als abgelehnt (§ 2202 Abs. 3 BGB).

Praxistipp

Ein solcher Antrag ist demnach immer dann zu empfehlen, wenn die Erben oder andere Beteiligte Klarheit darüber haben wollen, ob der vom Erblasser ernannte Testamentsvollstrecker das Amt übernehmen will und dieser von sich aus nicht die Initiative ergreift.

Antragsberechtigung

Einen derartigen Antrag kann jeder stellen, der an der Klärung der Frage, ob der Testamentsvollstrecker das Amt übernimmt, ein berechtigtes Interesse hat. Antragsberechtigt sind somit der Erbe oder die Miterben, Mitvollstrecker, Vermächtnisnehmer, Pflichtteilsberechtigte und der Nachlasspfleger für die unbekannten Erben. Auch Nachlassgläubiger sind antragsberechtigt, da sie für die Durchsetzung ihrer Ansprüche einen Titel gegen den Testamentsvollstrecker benötigen.

Rechtsmittel

Gegen die Ablehnung der Fristsetzung steht dem Antragsteller die befristete Beschwerde nach §§ 63 ff. FamFG zu.

Gegen den die Fristsetzung anordnenden Beschluss ist gem. § 355 Abs. 1 FamFG die sofortige Beschwerde in entsprechender Anwendung der §§ 567–572 ZPO statthaft und beträgt somit lediglich zwei Wochen. Die Beschwerde kann sowohl beim Nachlassgericht als auch beim Beschwerdegericht eingelegt werden. Beschwerdeberechtigt sind die Beteiligten.

4.1 Antrag

Das Testamentsvollstreckerzeugnis wird nur auf Antrag vom Nachlassgericht erteilt (§ 2368 Satz 1 BGB). Die **Vorschriften über die Erteilung eines Erbscheins** gelten für den Antrag auf Erteilung eines Testamentsvollstreckerzeugnisses entsprechend (§ 2368 Satz 2 BGB). Auf die entsprechenden Ausführungen in Kapitel 6.A.2.2, S. 255 f. kann verwiesen werden. Es ist zu beachten, dass seit dem 17.08.2015 über § 354 Abs. 1 FamFG die Regelungen über das Erbscheinsverfahren entsprechend für das Verfahren auf Erteilung eines Testamentvollstreckerzeugnisses gelten. Insofern kann auf die entsprechenden obigen Ausführungen verwiesen werden. Auch hier ist das Gericht an den Antrag in der Weise gebunden, als dass es nicht ein inhaltlich vom gestellten Antrag abweichendes Testamentsvollstreckerzeugnis erteilen darf.

Prüfung von Amts wegen

Vor der Erteilung des Zeugnisses wird von Amts wegen geprüft, ob der Testamentsvollstrecker **wirksam ernannt** worden ist **oder** ob nicht die ihm zugewiesenen **Aufgaben bereits erledigt** sind. Unwirksam ist die Ernennung des Testamentsvollstreckers, wenn er zum Zeitpunkt des Amtsantritts geschäftsunfähig, in seiner Geschäftsfähigkeit beschränkt oder zu Besorgung seiner Vermögensangelegenheiten einen Betreuer bestellt bekommen hat (§ 2201 BGB).

Praxistipp

Häufig geschieht es, dass ein Erblasser in einem notariell beurkundeten Testament allgemein die Testamentsvollstreckung anordnet, jedoch die Person des Testamentsvollstreckers noch nicht bezeichnet (meistens, weil er den beurkundenden Notar zum Testamentsvollstrecker ernennen will). Ernennt er dann den Notar in einem gesonderten Schriftstück und überreicht er dieses verschlossen dem beurkundendem Notar, so kann diese Ernennung zum Testamentsvollstrecker wegen Verstoßes gegen das BeurKG unwirksam sein (OLG Bremen, Beschl. v. 15.07. 2014 – 5 W 13/14 und OLG Bremen, Beschl. v. 24.09.2015 – 5 W 23/15).

Ernennung durch Verfügung des Erblassers

Die Ernennung des Testamentsvollstreckers erfolgt durch den Erblasser durch letztwillige Verfügung, durch die er die Person des Testamentsvollstreckers ausdrücklich benennt (§ 2197 BGB). Es besteht jedoch auch die Möglichkeit, dass der Erblasser verfügt, dass ein Dritter die Person des Testamentsvollstreckers bestimmen soll (§ 2198 Abs. 1 BGB). Dass Testamentsvollstreckung angeordnet sein soll, muss dagegen der Erblasser selbst bestimmen. Es ist demnach nicht möglich, dass der Erblasser einem Dritten die Entscheidung darüber überlässt, ob überhaupt am Nachlass eine Testamentsvollstreckung bestehen soll. Die Bestimmung des Testamentsvollstreckers **erfolgt durch Erklärung gegenüber dem Nachlassgericht** in öffentlich beglaubigter Form (§ 2198 Abs. 1 Satz 2 BGB). Auch hier kann auf Antrag eines Beteiligten dem Bestimmungsberechtigten durch das Nachlassgericht aufgegeben werden, binnen einer bestimmten Frist die Bestimmungserklärung abzugeben (§ 2198 Abs. 2 BGB).

Zum Verfahren bei der Bestimmung einer Frist gegenüber dem Bestimmungsberechtigten kann auf die Ausführungen in Kapitel 6.A.4., S. 300 verwiesen werden.

Der Erblasser kann ebenso den Testamentsvollstrecker ermächtigen, einen oder mehrere Mitvollstrecker oder einen Nachfolger zu bestimmen (§ 2199 BGB), wobei auch hier die Ernennung in der Form des § 2198 Abs. 1 Satz 2 BGB erfolgen muss.

Ernennung des Testamentsvollstreckers durch das Nachlassgericht

In der Praxis relativ häufig vorkommend ist das in einer letztwilligen Verfügung enthaltene Ersuchen des Erblassers an das Nachlassgericht, einen Testamentsvollstrecker zu ernennen (§ 2200 Abs. 1 BGB). Das Ersuchen an das Nachlassgericht muss nicht ausdrücklich in der letztwilligen Verfügung des Erblassers enthalten sein, es kann auch stillschweigend in der Weise erfolgen, dass sich durch Auslegung der letztwilligen Verfügung ergibt, dass der Erblasser die Anordnung einer Testamentsvollstreckung gewollt hat (z.B. bei Anordnung einer Dauervollstreckung ohne Benennung eines Testamentsvollstreckers, vgl. Palandt/Weidlich, § 2200 Rdnr. 2; OLG Schleswig, Beschl. v. 06.07.2015 – 3 Wx 41/15). Nicht ausreichend für eine derartige Annahme ist es aber, wenn der vom Erblasser ernannte Testamentsvollstrecker die Annahme des Amts abgelehnt hat (OLG Schleswig, Beschl. v. 18.01.2016 – 3 Wx 106/15). Vielmehr müssen noch weitere Umstände hinzutreten, die den Schluss zulassen, dass der Erblasser unbedingt eine Testamentsvollstreckung gewollt hat. Das OLG Schleswig (a.a.O.) hat zur Frage, welche Umstände bei der Ermittlung des Willens des Erblassers erheblich sein können, einen brauchbaren Prüfungsmaßstab genannt.

Das OLG Frankfurt hat zu dem Fall, dass ein Erblasser in einem notariell beurkundetem Testament erklärt hat, dass die Bestimmung des Testamentsvollstreckers in einer gesonderten privatschriftlichen Erklärung erfolgen soll, dies aber dann tatsächlich unterbleibt, ausgeführt, dass hierin weder ein ausdrückliches noch ein konkludentes Ersuchen an das Nachlassgericht gem. § 2200 Abs. 1 BGB zu erblicken sei (OLG Frankfurt, Beschl. v. 22.09.2016 – 20 W 158/16).

Die Beteiligten sind im Ernennungsverfahren grundsätzlich anzuhören (§ 2200 Abs. 2 BGB).

Ermessensentscheidung

Ob das Nachlassgericht einen Testamentsvollstrecker nach § 2200 Abs. 1 BGB ernennt, unterliegt jedoch seinem pflichtgemäßen Ermessen, ebenso wie die Auswahl der Person des Testamentsvollstreckers. Das Gericht kann demnach auch die Ernennung eines Testamentsvollstreckers ablehnen, wenn die Ernennung nicht tunlich ist oder nicht erforderlich erscheint.

Rechtsmittel

Das Gericht entscheidet durch einen mit einer Rechtsmittelbelehrung versehenden Beschluss, der den Beteiligten bekanntzumachen ist. Gegen den Beschluss über die Ernennung des Testamentsvollstreckers bzw. den Beschluss, mit dem die Ernennung eines Ersatztestamentsvollstreckers abgelehnt wird, ist das Rechtsmittel der befristeten Beschwerde gegeben.

4.2 Inhalt des Antrags

Für die Beantragung eines Antrags auf Erteilung eines Testamentsvollstreckerzeugnisses gelten über § 354 Abs. 1 FamFG die **Vorschriften über die Erteilung eines Erbscheins** entsprechend (die Vorschrift hat ab dem 17.08.2015 § 2368 Abs. 2 BGB ersetzt). Das heißt, dass entsprechend auch hier ein Testamentsvollstreckerzeugnis nur aufgrund eines konkreten Antrags, der die Vorgaben des Gesetzes und des Erblassers berücksichtigt, erteilt werden kann. Der Antrag ist quasi das Spiegelbild des Inhalts des Zeugnisses.

Die Erben sind in dem Antrag auf Erteilung des Testamentsvollstreckerzeugnisses **namentlich mit Anschriften** zu benennen, da diese vor der Erteilung des Testamentsvollstreckerzeugnisses anzuhören sind.

Im Verfahren auf Erteilung eines Testamentsvollstreckerzeugnisses wird nicht geprüft, ob ein **Entlassungsgrund gem. § 2227 BGB** vorliegt; das bedeutet, dass es die Erteilung eines Testamentsvollstreckerzeugnisses nicht hindert, wenn in dem Verfahren auf Erteilung des Zeugnisses ein Antrag gem. § 2227 BGB gestellt wird (vgl. OLG Hamburg, Beschl. v. 15.10.2013 – 2 W 83/13). Dies liegt darin begründet, dass erst mit der konstitutiven Entlassungsentscheidung des Nachlassgerichts das Amt des Testamentsvollstreckers endet. Bis zu diesem Zeitpunkt ist der Testamentsvollstrecker im Amt und hat einen Anspruch auf das Testamentsvollstreckerzeugnis.

4.3 Abwicklungsvollstreckung

Gegenstand

Der klassische Fall der Testamentsvollstreckung ist die Abwicklungsvollstreckung. Wie der Begriff schon nahelegt, beschränkt sich diese Vollstreckung auf die Inbesitznahme des Nachlasses und anschließende Verteilung des Nachlasses durch den Testamentsvollstrecker an die Erben und Vermächtnisnehmer in Erfüllung des Erblasserwillens (§§ 2205 Satz 2, 2204 Abs. 1 BGB). Über Gegenstände, die der Verfügungsbefugnis des Testamentsvollstreckers unterliegen, kann der Erbe nicht verfügen (§ 2211 BGB). Das Testamentsvollstreckerzeugnis weist als Folge daher lediglich die Person des Testamentsvollstreckers aus, und zwar ohne weitere Zusätze (OLG Hamm, Beschl. v. 23.03.2004 – 15 W 75/04).

Beschränkungen

Der Erblasser kann des Weiteren bestimmen, dass nur bestimmte Gegenstände oder nur der Erbteil eines Miterben der Testamentsvollstreckung unterliegen soll. Diese Umstände sind im Testamentsvollstreckerzeugnis **kenntlich** zu machen und daher auch entsprechend zu **beantragen** (§ 2368 Abs. 1 Satz 2 erster Halbsatz BGB).

Verfügt der Erblasser, dass der Testamentsvollstrecker in der Eingehung von Verbindlichkeiten für den Nachlass nicht beschränkt ist, ist dies ebenfalls in das Zeugnis aufzunehmen (§§ 2207, 2368 Abs. 1 Satz 2 zweiter Halbsatz BGB). Unterliegt der Testamentsvollstrecker vom Erblasser auferlegten Beschränkungen, sind diese im Zeugnis anzugeben (§ 2368 Abs. 1 Satz 2 erster Halbsatz BGB). Dagegen sind Beschränkungen, die nur im Innenverhältnis, z.B. zu den Erben gelten, nicht aufzunehmen, ebenso wenig wie der Umstand, dass der Testamentsvollstrecker von den Beschränkungen des § 181 BGB befreit ist (OLG Hamm, Beschl. v. 23.03.2004 – 15 W 75/04), was z.B. dann in Betracht kommt, wenn der Testamentsvollstrecker selbst Miterbe ist.

Mehrere Testamentsvollstrecker

Hat der Erblasser mehrere Testamentsvollstrecker ernannt, ist zu klären, ob nach dem Willen des Erblassers **jeder für sich allein** handeln darf, **oder** ob die Testamentsvollstrecker **nur gemeinsam** handeln dürfen. Fehlen besondere Anordnungen des Erblassers zur Amtsführung der Testamentsvollstrecker, sind diese grundsätzlich nur zur gemeinschaftlichen Geschäftsführung befugt. Dürfen die Testamentsvollstrecker nach dem Willen des Erblassers jeder für sich unabhängig entscheiden, ist dies in das Zeugnis aufzunehmen.

Verfahren bei Uneinigkeit der Testamentsvollstrecker

Können sich die Testamentsvollstrecker wegen einer Meinungsverschiedenheit nicht einigen, so kann auf Antrag eines Testamentsvollstreckers oder eines anderen Beteiligten eine **Entscheidung des Nachlassgerichts** herbeigeführt werden. Das Gericht kann dabei entweder den Vorschlag eines der Testamentsvollstrecker billigen oder ablehnen, nicht jedoch anstelle der Testamentsvollstrecker eine eigene Entscheidung treffen, die von keinem der Testamentsvollstrecker vorgeschlagen worden ist. Billigt das Nachlassgericht den Vorschlag eines der Testamentsvollstrecker, hat es im Rahmen der Billigung auszusprechen, dass der andere Testamentsvollstrecker der gebilligten Maßnahme zuzustimmen hat. Die Entscheidung des Gerichts hat keine die Zustimmung ersetzende Wirkung. Wird die Zustimmung vom anderen Testamentsvollstrecker nicht erteilt, so macht sich der verweigernde Testamentsvollstrecker möglicherweise schadensersatzpflichtig oder riskiert seine Entlassung gem. § 2227 BGB.

Rechtsmittelfrist

Bei Betreiben eines derartigen Verfahrens ist **§ 355 Abs. 2 FamFG** zu beachten, nach dem eine Rechtsmittelfrist von nur zwei Wochen gilt. Aufgrund des über § 355 Abs. 2 FamFG als entsprechend für anwendbar erklärten § 40 Abs. 3 FamFG wird der Beschluss erst mit Erlangung der Rechtskraft wirksam.

Praxistipp

Bei Gefahr im Verzug sollte von den Beteiligten geprüft werden, ob nicht zur Abwendung drohender Nachteile der Antrag auf Anordnung der sofortigen Wirksamkeit des Beschlusses gestellt werden sollte.

Wird diese angeordnet, was im Ermessen des Gerichts steht, wird der Beschluss bereits mit Bekanntgabe an den Antragsteller wirksam (§ 40 Abs. 3 Satz 3 FamFG). Die Zustimmung selbst kann dagegen lediglich nur im Rahmen eines Zivilprozesses zur Abgabe der erforderlichen Erklärung erlangt und erzwungen werden.

Beschwerdebefugnis der Testamentsvollstrecker nach § 355 Abs. 3 FamFG

Nach dieser Vorschrift können Testamentsvollstrecker, die ihr Amt gemeinschaftlich führen, dennoch jeder für sich unabhängig vom Mitvollstrecker Beschwerde gegen einen Beschluss des Nachlassgerichts einlegen, durch den das Gericht Anordnungen des Erblassers für die Verwaltung des Nachlasses außer Kraft setzt oder durch den das Gericht über Meinungsverschiedenheiten zwischen den Testamentsvollstreckern entscheidet.

4.4 Dauervollstreckung

Der Erblasser hat auch die Möglichkeit, eine Dauervollstreckung über den gesamten, aber auch nur über Teile des Nachlasses anzuordnen, wobei er die Dauer der Vollstreckung grundsätzlich frei bestimmen kann (§ 2209 BGB). In der Praxis häufig vorkommend beschränkt der Erblasser einen Erben mit der Testamentsvollstreckung, bis der Erbe ein gewisses Alter erreicht hat. Hat der Erblasser keine ausdrückliche oder durch Auslegung zu ermittelnde Dauer der Vollstreckung angeordnet, gilt die **dreißigjährige Frist des § 2210 Satz 1 BGB**, wobei sich die Frist von dreißig Jahren vom Beginn des Erbfalls an rechnet. § 2210 Satz 2 BGB eröffnet dem Erblasser jedoch die Möglichkeit, die Dauervollstreckung bis zum Tod des Erben, auch des Nacherben, anzuordnen. In diesem Fall gilt die zeitliche Grenze von 30 Jahren nicht.

Anderes gilt, wenn der Erblasser das Ende der Testamentsvollstreckung an den Tod des Testamentsvollstreckers bindet. Sind seit dem Erbfall 30 Jahre verstrichen und soll die Verwaltung des Nachlasses nach dem Willen des Erblassers über 30 Jahre hinaus bis zum Tod des Testamentsvollstreckers fortdauern, verliert die Anordnung der Dauertestamentsvollstreckung ihre Wirksamkeit mit dem Tode des letzten Testamentsvollstreckers, der innerhalb von 30 Jahren seit dem Erbfall zum Testamentsvollstrecker ernannt wurde (BGH, Urt. v. 05.12.2007 – IV ZR 275/06).

Praxistipp

Diese Bedingungen sind im Testamentsvollstreckerzeugnis zu benennen und müssen demzufolge im Antrag bereits enthalten sein.

4.5 Vermächtnisvollstreckung

Ausführung von Beschwerungen

Der Erblasser kann gem. § 2223 BGB einen Testamentsvollstrecker auch zu dem Zweck ernennen, dass der Vollstrecker für die Ausführung der einem Vermächtnisnehmer auferlegten Beschwerungen sorgt. Dies kann z.B. zum Zwecke der Überwachung einer dem Vermächtnisnehmer auferlegten Auflage oder aber der Erfüllung eines diesem auferlegten Untervermächtnisses erfolgen.

Der Erblasser kann zu Lasten des Vermächtnisnehmers auch eine Dauervollstreckung mit dem Zweck anordnen, dass der Testamentsvollstrecker die Verwaltung des Vermächtnisgegenstands übernimmt.

Die Vermächtnisvollstreckung ist im Erbschein grundsätzlich nicht aufzunehmen, da durch sie der oder die Erben nicht beschränkt werden.

4.6 Nacherbenvollstreckung

Möglich ist auch, dass der Erblasser die Testamentsvollstreckung für den Nacherben anordnet. In diesem Fall nimmt der Testamentsvollstrecker die Rechte der Nacherben gegenüber dem Vorerben wahr.

Auch dies ist im Erbschein nicht auszuweisen, da die Testamentsvollstreckung lediglich die Nacherben, nicht jedoch den Vorerben einschränkt.

4.7 Beendigung der Testamentsvollstreckung

Die Testamentsvollstreckung endet, wenn der Testamentsvollstrecker gegenüber dem Nachlassgericht erklärt, das Amt niederzulegen oder zu kündigen.

Das Amt des Testamentsvollstreckers endet auch von selbst, wenn alle Aufgaben, zu der der Testamentsvollstrecker vom Erblasser berufen worden ist, erledigt sind. Häufig wird dann von den Erben verlangt, dass das Nachlassgericht feststellt, dass die Testamentsvollstreckung tatsächlich beendet ist oder eine Testamentsvollstreckung nicht mehr besteht. Eine derartige Feststellung kann das Nachlassgericht jedoch nicht treffen, da der Testamentsvollstrecker nicht der Aufsicht des Nachlassgerichts unterworfen ist und für das Nachlassgericht keine Rechtsgrundlage besteht darüber zu befinden, ob das Testamentsvollstreckeramt noch fortbesteht oder wegen Erledigung der Aufgaben erloschen ist (KG, Beschl. v. 15.06.2017 – 19 W 37/17).

Auswirkungen auf Erteilung eines Erbscheins

In einem solchen Fall muss der Erbe die Erteilung eines Erbscheins beantragen, der keinen Testamentsvollstreckerzusatz (mehr) enthält, um gegenüber Dritten nachzuweisen, dass er in seiner Verfügungsmacht nicht (mehr) beschränkt ist.

5. Entlassung des Testamentsvollstreckers

Der Testamentsvollstrecker unterliegt nicht der Überwachung durch das Nachlassgericht (OLG Karlsruhe, Beschl. v. 24.08.2012 – 11 Wx 88/12). Daher kann das Nachlassgericht auch **nicht von Amts wegen** einen Testamentsvollstrecker entlassen, falls dieser sich pflichtwidrig verhalten hat. Dies bedeutet jedoch nicht, dass die Erben oder sonstige Beteiligte nicht die Möglichkeit haben, einen Testamentsvollstrecker aus seinem Amt zu entfernen.

5.1 Voraussetzungen einer Entlassung des Testamentsvollstreckers

Vorliegen eines wichtigen Grunds

Nach § 2227 Abs. 1 BGB kann der Testamentsvollstrecker auf **Antrag** eines Beteiligten aus seinem Amt entlassen werden, wenn ein wichtiger Grund vorliegt. Das Gesetz gibt als Beispiele eine **grobe Pflichtverletzung** des Testamentsvollstreckers **oder** dessen **Unfähigkeit zur ordnungsgemäßen Geschäftsführung** an.

Grobe Pflichtverletzung: Beispiele

Eine grobe Pflichtverletzung liegt vor, wenn der Testamentsvollstrecker erheblich und schuldhaft gegen Pflichten verstößt, die ihm durch den Erblasser oder das Gesetz auferlegt worden sind. Gründe, die eine Entlassung des Testamentsvollstreckers aufgrund grober Pflichtverletzung rechtfertigen können, sind z.B., wenn

- der Testamentsvollstrecker nicht unverzüglich nach Übernahme des Amtes das nach § 2215 Abs. 1 BGB geforderte Nachlassverzeichnis erstellt (OLG Schleswig, Beschl. v. 19.09.2008 – 3 Wx 98/03; OLG Köln, Beschl. v. 27.10.2004 – 2 Wx 30/04);
- der Testamentsvollstrecker zur Unzeit in unangemessener Höhe dem Nachlass eine Vergütung entnimmt (KG, Beschl. v. 30.11.2010 – 1 W 434/10). Hier ist zu berücksichtigen, dass die Vergütung grundsätzlich erst nach Beendigung des Amtes des Testamentsvollstreckers fällig ist, wenn der Testamentsvollstrecker alle seine Pflichten, insbesondere seine Pflicht zur Rechnungslegung gem. §§ 2218, 666 BGB erfüllt hat. Bei länger andauernder Testamentsvollstreckung ist dagegen die Vergütung in regelmäßigen Zeitabschnitten zu entrichten, und zwar dann nachträglich nach Ablauf des Verwaltungsjahres, entsprechend der Rechnungslegungspflicht;

- der Testamentsvollstrecker aus dem Nachlass eigene Forderungen bedient, ohne diese dem Erben gegenüber in einer im Einzelnen nachvollziehbaren, geschweige denn prüffähigen Weise, darzutun (OLG Düsseldorf, Beschl. v. 18.02.2012 – I-3 Wx 260/11);
- der Testamentsvollstrecker untätig bleibt, so z.B., wenn er ausgesetzte Vermächtnisse nicht oder erheblich verzögert erfüllt oder die Erbauseinandersetzung bzw. die Nachlassabwicklung verzögert (OLG Köln, Beschl. v. 27.10.2004 – 2 Wx 30/04);
- der Testamentsvollstrecker die vom Erblasser aufgestellten Verwaltungsanordnungen missachtet (§ 2216 BGB);
- der Testamentsvollstrecker das Ersuchen des oder der Erben auf Auskunft oder Rechnungslegung nicht beachtet oder unzureichende Auskunft erteilt;
- der Testamentsvollstrecker einzelne Erben gegenüber anderen Miterben bevorzugt;
- der Testamentsvollstrecker die Miterben bei Aufstellung des Auseinandersetzungsplans nicht anhört.

Diese Aufzählung ist jedoch nicht abschließend.

Unfähigkeit zur ordnungsgemäßen Geschäftsführung

Die Unfähigkeit zur ordnungsgemäßen Geschäftsführung setzt **kein Verschulden** des Testamentsvollstreckers voraus und ist gegeben, wenn er für längere Zeit aus rechtlichen oder tatsächlichen Gründen an der Amtsführung verhindert ist und die Interessen der Beteiligten hierdurch gefährdet werden (BayObLG, Beschl. v. 24.01.1991 – BReg 1 a Z 62/89).

Neben den im Gesetz genannten Beispielsfällen kann ein wichtiger Grund ohne Rücksicht auf ein Verschulden des Testamentsvollstreckers auch dann vorliegen, wenn dieser durch sein persönliches Verhalten begründeten Anlass zu der Annahme gibt, dass ein längeres Verbleiben im Amt der Ausübung des letzten Willens des Erblassers hinderlich sei oder dass sich dadurch eine Schädigung oder eine erhebliche Gefährdung der Interessen der am Nachlass Beteiligten ergeben könnte. Auch ein nicht nur auf subjektiven Gefühlsmomenten, sondern auf Tatsachen beruhendes **Misstrauen** eines Beteiligten, zu dem der Testamentsvollstrecker Anlass gegeben hat, kann zur Entlassung des Testamentsvollstreckers führen. Schließlich kann auch ein erheblicher **Interessengegensatz** zwischen Testamentsvollstrecker einerseits und Erben andererseits ein wichtiger Grund zur Entlassung sein (KG, Beschl. v. 30.11.2010 – 1 W 434/10).

Strenger Maßstab

Das Amt des Testamentsvollstreckers setzt kein Vertrauensverhältnis zu den Erben voraus. Der Testamentsvollstrecker muss unabhängig von diesen den Willen des Erblassers ausführen, wenngleich er sich im Rahmen des ihm zustehenden Verwaltungsermessens nicht grundlos über die Interessen und Vorstellungen der Erben hinwegsetzen darf. Daher ist an eine Entlassung des Testamentsvollstreckers wegen berechtigten Misstrauens ein strenger Maßstab anzulegen; die Beteiligten dürfen nicht in die Lage versetzt werden, einen ihnen möglicherweise lästigen Testamentsvollstrecker durch eigenes feindseliges Verhalten oder aus für sich genommen unbedeutendem Anlass aus dem Amt zu drängen (Kammergericht, a.a.O.).

Mutmaßlicher Erblasserwille

Auch der mutmaßliche Erblasserwille kann zur Entlassung des Testamentsvollstreckers führen, falls Umstände vorliegen, die den Erblasser, lebte er noch, mutmaßlich zur Nichternennung oder zum Widerruf der Ernennung veranlasst hätten (OLG Düsseldorf, Beschl. v. 18.12.2012 – I-3 Wx 260/11).

5.2 Antragsberechtigung

Zur Stellung eines Antrags auf Entlassung des Testamentsvollstreckers sind u.a. berechtigt:

- die Erben,
- ein Mittestamentsvollstrecker,
- ein Vermächtnisnehmer,
- ein Pflichtteilsberechtigter und
- die Nacherben.
- Ein Miterbe, dessen Anteil an dem Nachlass nicht unter Testamentsvollstreckung steht, ist bezüglich des Testamentsvollstreckers an dem Anteil eines anderen Miterben ebenfalls zur Antragstellung berechtigt (OLG Hamm, Beschl. v. 11.08.2009 – 15 Wx 115/09).

Dagegen sind bloße **Nachlassgläubiger nicht antragsberechtigt**, da diese kein Recht auf einen bestimmten Testamentsvollstrecker haben; ihr Interesse beschränkt sich lediglich auf das Bestehen der Forderung gegen den Nachlass. Miterben, die ihren Erbteil veräußert haben, sind ebenfalls nicht antragsberechtigt, ebenso wie Behörden, wie z.B. das Finanzamt. Ein früherer Testamentsvollstrecker ist zur Stellung des Antrags auf Entlassung seines Nachfolgers im Amt nicht berechtigt (OLG München, Beschl. v. 10.03.2011 – 31 Wx 73/11), denn nach Beendigung seines Amtes hat er kein rechtliches Interesse daran, von welcher Person und auf welche Weise die Testamentsvollstreckung weitergeführt wird.

5.3 Entscheidung des Gerichts

Prüfungsumfang

Das Gericht hat im Rahmen des Verfahrens auf Entlassung des Testamentsvollstreckers, bei dem der **Amtsermittlungsgrundsatz** gilt, zunächst zu prüfen, ob überhaupt eine wirksame Testamentsvollstreckung besteht, ob also das Amt des Testamentsvollstreckers wirksam durch entsprechende Anordnung des Erblassers begründet worden und eine wirksame Annahme des Amtes durch den Testamentsvollstrecker erfolgt ist. Ausnahmsweise kann bei Vorliegen eines wichtigen Grunds eine Entlassung des Testamentsvollstreckers auch ohne abschließende Klärung der Wirksamkeit der testamentarischen Ernennung des Testamentsvollstreckers ausgesprochen werden, wenn diese nur im Rahmen eines langwierigen weiteren Verfahrens möglich wäre (OLG Hamm, Beschl. v. 22.12.2011 – I-15 W 712/10).

Das Gericht hat vor einer Entscheidung auch zu prüfen, ob die Testamentsvollstreckung überhaupt noch fortbesteht und nicht bereits aufgrund der Erledigung der dem Testamentsvollstrecker übertragenen Aufgaben vollständig beendet ist. In einem derartigen Fall ist für eine Entlassung des

Vollstreckers kein Raum mehr (KG, Beschl. v. 08.03.2012 – 1 W 561/11). Ist das Amt bereits beendet, ist das Verfahren in der Hauptsache für erledigt zu erklären.

Ermessensentscheidung

Kommt das Gericht zu der Überzeugung, dass ein wichtiger Grund i.S.d. § 2227 BGB vorliegt, ist dennoch nicht zwingend die Entlassung des Testamentsvollstreckers auszusprechen. Vielmehr räumt das Gesetz dem Gericht hier einen Ermessensspielraum ein. Hierbei ist eine Abwägung sämtlicher Umstände des konkreten Einzelfalls, ggf. unter Berücksichtigung des Erblasserwillens sowie der Interessen der Beteiligten und des Umstands, ob die Erben den Nachlass selbst ordnungsgemäß verwalten können, vorzunehmen (KG, Beschl. v. 28.09.2010 – 1 W 23/10).

Rechtsmittel

Gegen den die Entlassung anordnenden Beschluss als auch gegen den den Entlassungsantrag zurückweisenden Beschluss ist die befristete Beschwerde gegeben. Ist der Testamentsvollstrecker aus seinem Amt entlassen worden, so endet die Testamentsvollstreckung. Das ist nur dann nicht der Fall, wenn der entlassene Testamentsvollstrecker aufgrund einer entsprechenden Ermächtigung des Erblassers vor seiner Entlassung einen Nachfolger ernannt hat oder sich aus dem Testament das Ersuchen an das Nachlassgericht ergibt, dass dieses einen Nachfolger bestimmen soll und das Gericht von dieser Befugnis Gebrauch macht.

5.4 Geschäftswert

Im Verfahren über die Ernennung bzw. Entlassung des Testamentsvollstreckers beträgt der Geschäftswert 10 % des Nachlasswerts im Zeitpunkt des Erbfalls, wobei Nachlassverbindlichkeiten nicht abgezogen werden (§ 65 erster Halbsatz GNotKG). Ist Gegenstand des Verfahrens sowohl die Entlassung des alten als auch die Ernennung des neuen Testamentsvollstreckers, müssen verschiedene Werte festgesetzt werden, die gem. § 35 Abs. 1 GNotKG zusammenzurechnen sind. Das folgt aus dem Wortlaut des § 65 GNotKG „jeweils 10 Prozent des Werts des Nachlasses“, so dass der Gesamtgeschäftswert dann 20 % des Nachlasswerts beträgt (H. Schneider, Gerichtskosten nach dem GNotKG, 2. Aufl. 2016, § 14 Rdnr. 298).

6. Vergütung des Rechtsanwalts im Erbscheinsverfahren

Abrechnung nach RVG

Die Vergütung des im Rahmen eines Erbscheinsverfahrens tätig gewordenen Rechtsanwalts ist im RVG geregelt. Soweit der Rechtsanwalt in dem Verfahren lediglich einen Antrag gestellt oder eine Entscheidung entgegen genommen hat, beträgt die Gebühr nach Nr. 3101 VV RVG lediglich 0,8. Da jedoch in dem Verfahren regelmäßig auch Sachvortrag erfolgt, beträgt die Gebühr nach Nr. 3100 VV RVG 1,3 im erstinstanzlichen Verfahren. Weitere Gebühren können zudem in Form einer Terminsgebühr anfallen, wenn z.B. eine gerichtliche Beweisaufnahme erfolgt ist, Nr. 3104 VV RVG 1,2 und ggf. eine Einigungsgebühr, Nr. 1003 VV RVG 1,0. Früher betrug die Verfahrensgebühr im Verfahren der weiteren Beschwerde das 0,5fache und nicht das 1,6fache der Gebühr nach § 13 RVG (OLG München, Beschl. v. 05.12.2006 – 32 Wx 158/06, ZErb 2007, 151).

Vergütung im Beschwerdeverfahren

Nach den Änderungen durch das 2. KostRMoG werden seit 01.08.2013 alle Beschwerden gegen eine Entscheidung in der Hauptsache im Verfahren der freiwilligen Gerichtsbarkeit erfasst und nach den Gebühren eines Berufungsverfahrens vergütet (Vorbem. 3.2.1 Nr. 2 Buchst. b) VV RVG). In Verfahren über eine Beschwerde gegen eine Entscheidung in der Hauptsache erhält der Anwalt eine Verfahrensgebühr nach Nr. 3200 VV RVG, die sich grundsätzlich auf 1,6 beläuft. Diese Gebühr ermäßigt sich bei vorzeitiger Erledigung nach Anm. Abs. 1 zu Nr. 3201 VV RVG auf 1,1, also wenn der Auftrag endigt, bevor der Rechtsanwalt das Rechtsmittel eingelegt oder einen Schriftsatz, der Sachanträge, Sachvortrag, die Zurücknahme der Klage oder die Zurücknahme des Rechtsmittels enthält, eingereicht oder bevor er einen gerichtlichen Termin wahrgenommen hat.

Mehrere Beteiligte

Vertreten Sie **mehrere Beteiligte**, steht Ihnen eine Erhöhungsgebühr gem. Nr. 1008 VV RVG zu. Für jeden weiteren Auftraggeber erhöht sich somit die Verfahrens- und die Geschäftsgebühr um 0,3, wobei die Höchstgebühr von 2,0 jedoch nicht überschritten werden kann.

Auch im **Nachlassverfahren** können Sie die Festsetzung der Vergütung nach § 11 RVG beantragen.

Anwendbarkeit des GNotKG

Seit dem 01.08.2013 richtet sich die **Ermittlung des Geschäftswerts im Erbscheinsverfahren** aufgrund des 2. KostRMoG nach dem GNotKG. Seit diesem Zeitpunkt berechnen sich die Kosten der Gerichte und der Notare nach diesem Gesetz. Die Gebühren richten sich im Wesentlichen nach dem Verfahrenswert (§ 40 GNotKG). Maßgebend für die Gebührenberechnung für die Abnahme der eidesstattlichen Versicherung zur Erlangung eines Erbscheins, für das Verfahren auf Erteilung eines Erbscheins sowie für das Verfahren auf Einziehung oder Kraftloserklärung eines Erbscheins ist der Wert des Nachlasses zum Zeitpunkt des Erbfalls abzüglich der vom Erblasser herrührenden Verbindlichkeiten (§ 40 Abs. 1 GNotKG).

Beziehen sich die in § 40 Abs. 1 GNotKG genannten Verfahren nur auf das Erbrecht eines Miterben oder tritt ein weiterer Miterbe einer bereits beurkundeten eidesstattlichen Versicherung bei, so bestimmt sich der Geschäftswert nach dem Anteil dieses Miterben (§ 40 Abs. 2 GNotKG). Als Verbindlichkeiten können nur noch die reinen Erblasserschulden in Abzug gebracht werden. Anders als noch in § 107 Abs. 2 Satz KostO wird nach dem GNotKG der Nachlass nicht mehr um sogenannte Erbfallschulden (Vermächtnisse, Pflichtteilsrechte und Auflagen) bereinigt.

Erstrecken sich die Wirkungen des Erbscheins nur auf einen Teil des Nachlasses, so bleiben diejenigen Werte, die von der Erbscheinswirkung nicht erfasst werden, bei der Berechnung des Geschäftswerts außer Betracht (§ 40 Abs. 3 GNotKG). Dies betrifft z.B. Erbscheine nach

§ 352c FamFG oder Erbscheine, die aufgrund Anwendung ausländischen Rechts beschränkt auf im Inland belegenes bewegliches oder unbewegliches Vermögen erteilt werden sollen.

Die Erteilung eines ENZ wird ebenfalls § 40 GNotKG unterstellt, da das Verfahren über die Ausstellung eines ENZ mit dem Erbscheinsverfahren hinsichtlich des gerichtlichen Aufwands vergleichbar ist und daher kostenrechtlich gleichbehandelt werden soll.

Im Unterschied zum Erbscheinsverfahren sehen die Regelungen der EuErbVO keine Einziehung oder Kraftloserklärung des ENZ vor, sondern dessen Änderung oder Widerruf. § 40 Abs. 1 Nr. 4 GNotKG berücksichtigt dies.

Praxistipp

Im Kosteninteresse sollte daher immer geprüft werden, ob eine Beschränkung möglich und sinnvoll ist.

Bei einem Verfahren auf Erteilung eines Testamentsvollstreckerzeugnisses beträgt der Geschäftswert 20 % des Nachlasswerts zur Zeit des Erbfalls, wobei Nachlassverbindlichkeiten nicht abgezogen werden (§ 40 Abs. 5 GNotKG). Bei Verfahren auf Ernennung oder Entlassung eines Testamentsvollstreckers beträgt der Geschäftswert 10 % des Nachlasswerts zum Zeitpunkt des Erbfalls, wobei auch hier Nachlassverbindlichkeiten nicht berücksichtigt werden. Auch hier gilt § 40 Abs. 2 und 3 GNotKG. Das Verfahren betreffend die Festsetzung des Geschäftswerts sowie des Rechtsbehelfsverfahrens ist in § 79 GNotKG geregelt.

Vorschuss

Von Interesse ist die Regelung des § 13 GNotKG. Danach kann in einem Verfahren, in dem der Antragsteller die Kosten schuldet, die beantragte oder sonstige Handlung von der Zahlung eines **Vorschusses** in Höhe der für die Handlung bestimmten Gebühr abhängig gemacht werden. Allerdings gilt dies in Nachlasssachen jedoch nur dann, wenn dies im Einzelfall zur Sicherung des Eingangs der Gebühr erforderlich erscheint (§ 13 Satz 2 GNotKG). Letzteres wird häufig dann der Fall sein, wenn der Antragsteller im Ausland wohnt und die Beitreibung der Gebühren deswegen erschwert sein könnte.

Gemäß § 14 Abs. 3 GNotKG kann das Gericht für Handlungen, die von Amts wegen vorzunehmen sind (z.B. Einholung eines Gutachtens zur Feststellung der Testierunfähigkeit), einen Vorschuss zur Deckung der Auslagen erheben.

Beschwerde

Gegen den die Vorauszahlung anordnenden Beschluss ist gem. § 82 Abs. 1 GNotKG die Beschwerde zulässig, ebenso gegen die Höhe der angeordneten Vorauszahlung. § 81 Abs. 3–5 Satz 1 und 4, Abs. 6, 7 GNotKG ist entsprechend anzuwenden.

B. Mandatssituationen

Mandatssituation 6.1: Inhalt des Antrags auf Erteilung eines Erbscheins aufgrund gesetzlicher Erbfolge

Sachverhalt | Checkliste | Lösung | Verfahren | Muster

Der am 05.01.1932 geborene Erblasser E verstirbt am 12.06.2012. Ein Testament hat er nicht errichtet. Er war zum zweiten Mal verheiratet und hinterlässt eine Frau A und zwei volljährige Kinder, B und C. Die erste Ehe wurde am 04.04.1953 geschlossen und am 05.03.1959 geschieden. Die Ehe mit A wurde am 10.03.1960 geschlossen. Es bestand der Güterstand der Zugewinngemeinschaft. C schlägt form- und fristgerecht die Erbschaft nach E aus.

Sachverhalt | Checkliste | Lösung | Verfahren | Muster

Welcher Ordnung gehören die gesetzlichen Erben an?	☐
Die Sterbeurkunde des Erblassers muss vorhanden sein.	☐
Die Geburts-/Abstammungsurkunden der Kinder müssen im Original oder beglaubigter Abschrift vorliegen.	☐
Die Heiratsurkunde muss im Original oder beglaubigter Abschrift vorliegen.	☐
Das Scheidungsurteil/der Scheidungsbeschluss muss in Ausfertigung oder beglaubigter Abschrift vorliegen.	☐
Der Nachweis über die wirksame Ausschlagung der Erbschaft durch C	☐
(z.B. Abschrift der Urkunde oder zumindest Aktenzeichen des Nachlassgerichts, bei dem die Ausschlagungserklärung verwahrt wird) muss vorliegen.	

Sachverhalt | Checkliste | Lösung | Verfahren | Muster

Den Antrag auf Erteilung eines Erbscheins können sowohl A als auch B stellen. Zur Antragstellung sind die Heiratsurkunde der Eheleute, die Geburts- und Sterbeurkunde des E und die Geburtsurkunden der Kinder B und C vorzulegen. Die Tatsache der Scheidung der ersten Ehe ist durch Vorlage des rechtskräftigen Scheidungsurteils oder Heiratsurkunde betreffend die zweite Ehe, in der die Scheidung der ersten Ehe vermerkt ist, nachzuweisen.

A ist gem. § 1931 Abs. 1 BGB Erbin zu 1/4 neben B. Gemäß § 1371 Abs. 1 BGB erhöht sich der Erbteil der A jedoch um 1/4, so dass letztendlich A und B zu je 1/2 Erben des Nachlasses sind.

Sachverhalt | Checkliste | Lösung | Verfahren | Muster

Antrag auf Erteilung eines Erbscheins

Amtsgericht
...
Straße, Hausnr./Postfach
PLZ Ort

Antrag auf Erteilung eines Erbscheins

des ...

– Antragsteller –

Der Antrag der A, aufgenommen vor dem Rechtspfleger des Nachlassgerichts, hat folgenden Inhalt:

Die erschienene A erklärt:

Der zuletzt in 12209 Berlin wohnhaft gewesene E ist am 12.06.2012 verstorben. Er wurde am 05.01.1932 geboren. Der Erblasser war zum Zeitpunkt seines Todes deutscher Staatsangehöriger.

Der Erblasser hat keine letztwillige Verfügung hinterlassen.

Der Erblasser war zweimal verheiratet. Die erste Ehe wurde am 04.04.1953 geschlossen und am 05.03.1959 geschieden. Die Ehe mit A wurde am 10.03.1960 geschlossen und durch Tod des Erblassers am 12.06.2012 beendet. Der Erblasser hat zum Zeitpunkt seines Todes im Güterstand der Zugewinngemeinschaft gelebt. Im Zeitpunkt seines Todes war keine Ehesache anhängig.

Aus der Ehe sind zwei Kinder, nämlich B und C, hervorgegangen. Der Erblasser hat neben diesen Kindern keine weiteren Kinder, auch keine nichtehelichen oder adoptierte Kinder, hinterlassen sowie keine Ehelicherklärungen vornehmen lassen.

Das Kind C hat durch Erklärung vom ... vor dem Nachlassgericht die Erbschaft nach E ausgeschlagen.

Erben des Nachlasses sind somit ich als auch B zu je 1/2 geworden. B hat die Erbschaft angenommen.

Nach Hinweis auf die Bedeutung einer Versicherung an Eides statt und nach Belehrung über die strafrechtlichen Folgen einer wissentlichen oder fahrlässig abgegebenen falschen eidesstattlichen Versicherung versichere ich hiermit an Eides statt:

Mir ist nicht bekannt, was der Richtigkeit meiner vor- und nachstehenden Angaben entgegensteht.

Andere Personen, durch welche die genannten Erben von der Erbfolge ausgeschlossen werden oder durch die ihr Erbteil gemindert werden würde, sind und waren – außer den Erwähnten – nicht vorhanden.

Ein Rechtsstreit über das Erbrecht ist nicht anhängig.

Ich beantrage die Erteilung eines Erbscheins dahin gehend, dass der Erblasser aufgrund gesetzlicher Erbfolge von den vorgenannten Erben zu je 1/2 beerbt worden ist.

Ich bitte um Übersendung einer Ausfertigung des Erbscheins an mich.

____

Unterschrift

Mandatssituation 6.2: Inhalt des Antrags auf Erteilung eines Erbscheins aufgrund gewillkürter Erbfolge

Sachverhalt | Checkliste | Lösung | Verfahren | Muster

Der am 05.01.1932 geborene Erblasser E verstirbt am 12.06.2012 in Berlin. Er war zum zweiten Mal verheiratet und hinterlässt eine Frau A und zwei volljährige Kinder, B und C. Die erste Ehe wurde am 04.04.1953 geschlossen und am 05.03.1959 geschieden. Die Ehe mit A wurde am 10.03.1960 geschlossen. Es bestand der Güterstand der Zugewinngemeinschaft. C schlägt form- und fristgerecht die Erbschaft aus allen Berufungsgründen nach E aus.

Der Erblasser hat drei Testamente hinterlassen. Mit Testament vom 06.08.1956 setzte er seine erste Ehefrau als Alleinerbin ein. Mit Erbvertrag vom 07.05.1958 errichtete er mit seiner Ehefrau ein gemeinschaftliches Testament, durch welches sie sich gegenseitig als Alleinerbe des jeweils anderen einsetzten. Das dritte Testament stammt vom 12.07.1990 und enthält die Einsetzung der zweiten Ehefrau als befreite Vorerbin und die Einsetzung der gemeinsamen Kinder als Nacherben, wobei der Umstand, zu dem der Nacherbfall eintreten soll, nicht vom Erblasser bestimmt worden ist. Der Erbvertrag wird beim Nachlassgericht verwahrt, die beiden anderen letztwilligen Verfügungen befinden sich in der Hand der A.

Sachverhalt | **Checkliste** | Lösung | Verfahren | Muster

Folgende Urkunden müssen vorhanden sein:	
Sterbeurkunde des Erblassers im Original oder beglaubigter Kopie	☐
Scheidungsurkunde/-beschluss über die erste Ehe in Ausfertigung oder beglaubigter Kopie!	☐

Heiratsurkunde Erblasser/A im Original oder beglaubigter Abschrift	☐
Geburts- oder Abstammungsurkunden der Kinder im Original oder beglaubigter Abschrift	☐
Nachweis der Erbausschlagung des C	☐
Hinterlegungsschein betreffend des beim Nachlassgericht verwahrten Erbvertrags	☐
die übrigen letztwilligen Verfügungen des Erblassers (es sind alle letztwilligen Verfügungen beim Nachlassgericht einzureichen, unabhängig davon, ob sie widerrufen sind oder aus sonstigen Gründen unwirksam sind, vgl. auch § 2259 BGB)	☐

Sachverhalt | Checkliste | **Lösung** | Verfahren | Muster

Zunächst ist festzustellen, dass der Erbvertrag, der sich in amtlicher Verwahrung befindet, aufgrund des dem Gericht bekannt gewordenen Todes des Erblassers von Amts wegen eröffnet wird (§ 348 Abs. 1 FamFG).

A, die die beiden übrigen Testamente des Erblassers in den Händen hält, hat beide Testamente an das Nachlassgericht abzuliefern, selbst wenn das Testament vom 06.08.1956 keine Wirkung mehr entfaltet. Diese Ablieferungspflicht ergibt sich aus § 2259 Abs. 1 BGB und kann mit Zwangsmitteln durchgesetzt werden.

Dem Antrag auf Erteilung eines Erbscheins, den allein A stellen kann, sind die Sterbeurkunde des Erblassers, das Scheidungsurteil betreffend die erste Ehe des Erblassers, die Heiratsurkunde betreffend die zweite Ehe sowie die Geburts- oder Abstammungsurkunden der Kinder beizufügen.

Praxistipp

Die beiden Testamente sollten zeitgleich dem Nachlassgericht zur Eröffnung übermittelt werden. Für die gleichzeitige Eröffnung der Testamente fällt dann nämlich nur eine Gebühr an. Werden die Testamente zu verschiedenen Zeitpunkten eröffnet, fallen für beide Eröffnungen gesonderte Gebühren an, auch wenn eine letztwillige Verfügung keine Wirksamkeit mehr entfaltet (siehe KG v. 03.04.1979 – 1 W 391/79).

Das Testament vom 06.08.1956 ist durch den zwischen dem Erblasser und dessen erster Ehefrau geschlossenen Erbvertrag unwirksam geworden.

Aufgrund der erfolgten Scheidung ist der Erbvertrag vom 07.05.1958 gem. §§ 2077 Abs. 1, 2279 Abs. 2 BGB unwirksam geworden, so dass sich die Erbfolge nach dem letzten Testament vom 12.07.1990 richtet. Aufgrund dieses Testaments ist A befreite Vorerbin und B Nacherbe des Erblassers. C findet dagegen keine Berücksichtigung, da dieser die Erbschaft nach A ausgeschlagen hat.

Da A nicht verfügt hat, wann der Nacherbfall eintreten soll, gilt nach § 2106 Abs. 1 BGB der Tod des Vorerben als Zeitpunkt des Eintritts des Nacherbfalls.

Auf dieser Grundlage muss der zu stellende Antrag folgenden Inhalt haben:

Antrag auf Erteilung eines Erbscheins (Vor-/Nacherbschaft)

Amtsgericht
...
Straße, Hausnr./Postfach
PLZ Ort

Antrag auf Erteilung eines Erbscheins (Vor-/Nacherbschaft)

des ...

– Antragsteller –

Der am 05.01.1932 geborene Erblasser A, zuletzt wohnhaft in 12209 Berlin, X-Straße, ist am 12.06.2012 verstorben.

Er war zum Zeitpunkt seines Todes deutscher Staatsangehöriger.

Folgende Verfügungen von Todes wegen sind vorhanden:

Ein privatschriftliches Testament vom 06.08.1958, ein Erbvertrag vom 07.05.1958 sowie ein privatschriftliches gemeinschaftlich mit der Ehefrau des Erblassers errichtetes Testament vom 12.07.1990. Die letztwilligen Verfügungen sind bereits eröffnet worden.[1)]

Maßgeblich für die Erbfolge ist das Testament vom 12.07.1990. Danach bin ich, die Antragstellerin, befreite Vorerbin. Nacherbinnen für den Fall des Todes der Vorerbin sind B und C.

C hat die Erbschaft am ... durch Erklärung gegenüber dem Nachlassgericht ausgeschlagen. Nacherbin ist somit nur noch A.

Ich habe die Erbschaft angenommen.

Der Erblasser hat keine nichtehelichen und angenommenen Kinder hinterlassen sowie keine Ehelichkeitserklärung vornehmen lassen.

1) Werden mit dem Antrag letztwillige Verfügungen des Erblassers eingereicht, wird zugleich die Eröffnung dieser letztwilligen Verfügungen mit beantragt.

Der Erblasser war insgesamt zwei Mal verheiratet. Die erste Ehe wurde durch Urteil des ... vom ... geschieden. Zum Zeitpunkt seines Todes war der Erblasser in zweiter Ehe mit mir verheiratet. Aus dieser Ehe sind B und C als einzige Kinder hervorgegangen.

Die Kinder sind neben mir die einzigen gesetzlichen Erben des Erblassers.

Nach Hinweis auf die Bedeutung einer Versicherung an Eides statt und nach Belehrung über die strafrechtlichen Folgen einer wissentlichen oder fahrlässig abgegebenen falschen eidesstattlichen Versicherung versichere ich hiermit an Eides statt:

Mir ist nichts bekannt, was der Richtigkeit meiner vor- und nachstehenden Angaben entgegensteht. Andere Personen, durch welche die genannten Erben von der Erbfolge ausgeschlossen oder durch die ihr Erbteil gemindert werden würden, sind und waren – außer den Erwähnten – nicht vorhanden.

Der Erblasser hat andere als die angegebenen Verfügungen von Todes wegen nicht hinterlassen.

Ein Rechtsstreit über das Erbrecht der Erben ist nicht anhängig.

Ich beantrage die Erteilung eines Erbscheins dahin gehend, dass der Erblasser aufgrund testamentarischer Erbfolge von mir allein als befreite Vorerbin beerbt worden ist. Nacherbfolge auf den Tod der Vorerbin ist angeordnet. Nacherbin ist B.

____

Unterschrift

Mandatssituation 6.3: Erbschein bei Anordnungen zur Testamentsvollstreckung

Sachverhalt | Checkliste | Lösung | Verfahren | Muster

Erblasser E hat in seinem Testament Folgendes verfügt:
Meine Erben sind A und B zu je 1/2 meines Vermögens. Ich ordne Testamentsvollstreckung an. Testamentsvollstrecker ist X. Der Testamentsvollstreckung unterliegt jedoch nur der Erbteil des A, da er keinen vollen Zugriff auf das ererbte Vermögen haben soll. Die Testamentsvollstreckung soll mit Vollendung des 25. Lebensjahres des A enden. Allerdings unterliegt der Testamentsvollstreckung nicht das Grundstück in der L-Straße, darüber soll A frei verfügen können.

Sachverhalt | **Checkliste** | Lösung | Verfahren | Muster

Sterbeurkunde des Erblassers im Original oder beglaubigter Kopie	☐
Geburtsurkunde zumindest des A	☐
zumindest vollständiger Name und vollständige Anschrift des B, damit dieser vom Nachlassgericht zum Antrag auf Erteilung des Testamentsvollstreckerzeugnisses angehört werden kann	☐

Sachverhalt | Checkliste | **Lösung** | Verfahren | Muster

Hier hat der Erblasser Testamentsvollstreckung nur für einen der beiden Erben angeordnet, wobei ein Teil des Nachlassvermögens nach dem Willen des Erblassers dennoch nicht der Vollstreckung durch den Testamentsvollstrecker unterliegen soll. Diese beiden Umstände müssen bei der Stellung des Antrags auf Erteilung eines Erbscheins berücksichtigt werden.

Testamentsvollstreckung ist angeordnet

Unter Berücksichtigung der allgemeinen Formalien bei Stellung eines Antrags auf Erteilung eines Erbscheins ist hier zunächst die Feststellung zu treffen, dass der Testamentsvollstrecker sein Amt angenommen hat. Sollte er nämlich die Annahme des Amtes abgelehnt haben und sollte vom Erblasser kein Ersatztestamentsvollstrecker ernannt oder an das Nachlassgericht vom Erblasser nicht das Ersuchen gerichtet worden sein, im Falle der Ablehnung des vorgesehenen Testamentsvollstreckers einen Ersatzvollstrecker zu benennen, dann ist im Erbschein auch kein Vermerk über die Testamentsvollstreckung aufzunehmen. Der Nachlass unterliegt dann – entgegen der Anordnung des Erblassers – nicht der Testamentsvollstreckung.

Hat der Testamentsvollstrecker das Amt angenommen, dann hat der Antrag auf Erteilung eines Erbscheins zunächst den allgemeinen Vermerk zu enthalten, dass Testamentsvollstreckung angeordnet ist. Sodann ist zu konkretisieren, dass die Testamentsvollstreckung nur für den Erbteil des A gilt, mit der Einschränkung, dass das Grundstück in der L-Straße nicht der Testamentsvollstreckung unterfällt.

Die Tatsache, dass der Erblasser für A eine Dauervollstreckung, die mit Vollendung des 25. Lebensjahres des A endet, angeordnet hat, ist dagegen für die Erteilung des Erbscheins unerheblich und daher in den Antrag auf Erteilung des Erbscheins nicht mit aufzunehmen. Dieser Umstand ist nur im Rahmen des Antrags auf Erteilung eines Testamentsvollstreckerzeugnisses erheblich und muss dort ausdrücklich im Zeugnis vermerkt sein.

Der zu erteilende Erbschein hat somit folgenden Inhalt:

Sachverhalt | Checkliste | Lösung | Verfahren | **Muster**

Gemeinschaftlicher Erbschein

Gemeinschaftlicher Erbschein

Erben des am ... geborenen und am ... verstorbenen, zuletzt in ... wohnhaft gewesenen E sind A und B zu je 1/2 des Nachlasses. Testamentsvollstreckung ist angeordnet. Der Testamentsvollstreckung unterliegt jedoch nur der Erbteil des A. Das Grundvermögen L-Straße ist von der Testamentsvollstreckung nicht umfasst.

Mandatssituation 6.4: Erbschein für Nacherben

Sachverhalt | Checkliste | Lösung | Verfahren | Muster

Es existiert ein Erbschein, der die E als befreite Vorerbin nach dem A ausweist, wobei ausgewiesen ist, dass der Nacherbfall mit dem Tod der Vorerbin eintreten soll.

Nach dem maßgeblichen Testament sollen im Falle des Todes der E, B und C Nacherben des A zu gleichen Teilen sein. E ist am 13.03.2013 verstorben. B und C wollen nunmehr einen Erbschein nach dem A beantragen.

Sachverhalt | **Checkliste** | Lösung | Verfahren | Muster

Folgende Urkunden müssen vorhanden sein:	
Sterbeurkunde der E im Original oder beglaubigter Kopie	☐
Die Ausfertigung oder die Ausfertigungen des bisherigen Erbscheins sollte/n dem Nachlassgericht eingereicht werden, zumindest sollte mitgeteilt werden, wo sich diese befinden, da der bisherige Erbschein wegen des eingetretenen Nacherbfalls wegen Unrichtigkeit eingezogen werden wird.	☐

Sachverhalt | Checkliste | **Lösung** | Verfahren | Muster

Der Eintritt des Nacherbfalls ist durch eine Sterbeurkunde der E nachzuweisen. Der Antrag auf Erteilung eines neuen Erbscheins nach A kann i.d.R. formlos gestellt werden, ggf. ist zu beantragen, dass die Abgabe einer neuerlichen eidesstattlichen Versicherung erlassen wird.

Die Einziehung des alten Erbscheins, der wegen des Eintritts des Nacherbfalls unrichtig geworden ist, muss nicht ausdrücklich beantragt werden, da die Einziehung von Amts wegen zu erfolgen hat.

Der Antrag auf Erteilung eines Erbscheins für die Nacherben muss konkret wie folgt lauten:

Sachverhalt | Checkliste | Lösung | Verfahren | **Muster**

Antrag auf Erteilung eines Erbscheins für Nacherben

Es wird beantragt, einen Erbschein zu erteilen, der B und C als Erben des A seit dem 13.03.2013 (Eintritt des Nacherbfalls) zu je 1/2 des Nachlasses ausweist.

Erben des A sind seit dem 13.03.2013 (Eintritt des Nacherbfalls) B und C zu je 1/2 des Nachlasses.

Abwandlung 6.4.1: Erbschein für Nacherben bei nur teilweise angeordneter Nacherbfolge

Sachverhalt | Checkliste | Lösung | Verfahren | Muster

Es existiert ein Erbschein, der die E zu 1/4 als Erbin und zu 3/4 als befreite Vorerbin nach dem A ausweist, wobei ausgewiesen ist, dass der Nacherbfall mit dem Tod der Vorerbin eintreten soll.

Nach dem maßgeblichen Testament sollen im Falle des Todes der E B und C Nacherben des A zu gleichen Teilen sein. E ist am 13.03.2013 verstorben. B und C wollen nunmehr einen Erbschein nach dem A beantragen.

Sachverhalt | **Checkliste** | Lösung | Verfahren | Muster

Folgende Urkunden müssen vorhanden sein:	
Sterbeurkunde der E im Original oder beglaubigter Kopie	☐
Die Ausfertigung oder die Ausfertigungen des bisherigen Erbscheins sollte/n dem Nachlassgericht eingereicht werden, zumindest sollte mitgeteilt werden, wo sich diese befinden, da der bisherige Erbschein wegen des eingetretenen Nacherbfalls wegen Unrichtigkeit eingezogen werden wird.	☐

Sachverhalt | Checkliste | **Lösung** | Verfahren | Muster

Hier ist die Besonderheit zu berücksichtigen, dass E zu einem gewissen Anteil unbedingte Erbin des A ist. Hieran ändert sich auch durch den Eintritt des Nacherbfalls nichts. Aufgrund des Todes der Vorerbin geht nur ein geringerer Nachlassanteil auf die Nacherben über.

Sachverhalt | Checkliste | Lösung | Verfahren | **Muster**

Es ist ein Antrag zu stellen, der wie folgt lautet:

Erbschein für Nacherben bei nur teilweise angeordneter Nacherbfolge

> Es wird beantragt, einen Erbschein zu erteilen, der E als Erbin zu 1/4 und B und C als Erben des A seit dem 13.03.2013 (Eintritt des Nacherbfalls) zu je 3/8 des Nachlasses ausweist.

Mandatssituation 6.5: Gegenständlich beschränkter Erbschein nach ausländischem Recht

Sachverhalt | Checkliste | Lösung | Verfahren | Muster

Der am 12.01.1942 geborene türkische Staatsangehörige T verstirbt am 16.05.2012 mit letztem Wohnsitz in Berlin-Schöneberg, ohne ein Testament errichtet zu haben. Er hinterlässt nur zwei volljährige Kinder, A und B. In Deutschland sind sowohl Grundbesitz als auch Bankkonten vorhanden. A und B wollen einen Erbschein beim zuständigen Nachlassgericht beantragen.

Sachverhalt | **Checkliste** | Lösung | Verfahren | Muster

Ermitteln Sie zunächst, welche Auswirkungen der Umstand hat, dass der Erblasser türkischer Staatsangehöriger war, welches Recht demnach zur Bestimmung der Erbfolge Anwendung findet.	☐
Berücksichtigen Sie ferner die allgemeinen Formalien hinsichtlich des Erbscheinantrags!	☐
Reichen Sie die Geburtsurkunden der Kinder ein.	☐
Sollte T geschieden sein, sind die Heiratsurkunde und das Scheidungsurteil beim Nachlassgericht einzureichen.	☐

Sachverhalt | Checkliste | **Lösung** | Verfahren | Muster

Da der Erblasser zum Zeitpunkt seines Todes türkischer Staatsangehöriger war, ist zunächst zu ermitteln, welches Recht hier zur Anwendung kommt. Grundsätzlich richtet sich dies nach Art. 25 Abs. 1 EGBGB, wonach hier also türkisches Recht zur Anwendung käme. Zu berücksichtigen und daher immer vorab zu prüfen ist aber, ob den Regeln des EGBGB vorgehende Staatsverträge gelten, die abweichende oder ergänzende Regelungen enthalten.

Hier ist der Konsularvertrag zwischen der Türkischen Republik und dem Deutschen Reich vom 28.05.1929 zu beachten. Nach Nr. 14 zur Anlage zu Artikel 20 des Vertrags ist im Hinblick auf den beweglichen Nachlass das Recht desjenigen Landes anzuwenden, dem der Erblasser zum Zeitpunkt seines Todes angehörte. Im Hinblick auf das unbewegliche Vermögen bestimmen sich die erbrechtlichen Verhältnisse nach den Gesetzen des Landes, in dem der Nachlass liegt (BGH, Beschl. v. 12.09.2012 – IV ZB 12/12).

Es ist daher ein Antrag zu stellen, aufgrund dessen folgender Erbschein zu erteilen ist:

Sachverhalt | Checkliste | Lösung | Verfahren | **Muster**

Gegenständlich beschränkter Erbschein

Erben des am 12.01.1942 geborenen und mit letztem Wohnsitz in Berlin-Schöneberg verstorbenen türkischen Staatsangehörigen sind nach gesetzlicher Erbfolge hinsichtlich des im Inland belegenen unbeweglichen Vermögens unter Anwendung deutschen Rechts sowie hinsichtlich des im Inland belegenen beweglichen Vermögens unter Anwendung türkischen Rechts A und B zu je 1/2 des Nachlasses.

Mandatssituation 6.6: Testamentsvollstreckerzeugnis mit Beschränkungen

Sachverhalt | Checkliste | Lösung | Verfahren | Muster

Wie Mandatssituation 6.3, S. 318.

Erblasser E hat in seinem Testament Folgendes verfügt:
Meine Erben sind A und B zu je 1/2 meines Vermögens. Ich ordne Testamentsvollstreckung an. Testamentsvollstrecker ist X. Der Testamentsvollstreckung unterliegt jedoch nur der Erbteil des A, da er keinen vollen Zugriff auf das ererbte Vermögen haben soll. Die Testamentsvollstreckung soll mit Vollendung des 25. Lebensjahres des A enden. Allerdings unterliegt der Testamentsvollstreckung nicht das Grundstück in der L-Straße, darüber soll A frei verfügen können.

Sachverhalt | **Checkliste** | Lösung | Verfahren | Muster

Folgende Unterlagen müssen vorliegen:	
Sterbeurkunde des Erblassers im Original oder beglaubigter Kopie	☐
Geburtsurkunde zumindest des A	☐
zumindest vollständiger Name und vollständige Anschrift des B, damit dieser vom Nachlassgericht zum Antrag auf Erteilung des Testamentsvollstreckerzeugnisses angehört werden kann	☐

Sachverhalt | Checkliste | **Lösung** | Verfahren | Muster

Hier hat der Erblasser Testamentsvollstreckung nur für einen der beiden Erben angeordnet, wobei ein Teil des Nachlassvermögens nach dem Willen des Erblassers dennoch nicht der Vollstreckung durch den Testamentsvollstrecker unterliegen soll. Diese beiden Umstände müssen bei der Stellung des Antrags auf Erteilung eines Testamentsvollstreckerzeugnisses berücksichtigt werden.

Unter Berücksichtigung der allgemeinen Formalien bei Stellung eines Antrags auf Erteilung eines Testamentsvollstreckerzeugnisses ist hier zunächst die Feststellung zu treffen, dass der Testamentsvollstrecker sein Amt angenommen hat. Sollte er nämlich die Annahme des Amtes abgelehnt haben und sollte vom Erblasser kein Ersatztestamentsvollstrecker ernannt oder an das Nachlassgericht vom Erblasser nicht das Ersuchen gerichtet worden sein, im Falle der Ablehnung des vorgesehenen Testamentsvollstreckers einen Ersatzvollstrecker zu benennen, dann besteht keine Testamentsvollstreckung, so dass auch kein entsprechendes Zeugnis erteilt werden kann.

Hat der Testamentsvollstrecker das Amt angenommen, dann ist in dem zu stellenden Antrag zu konkretisieren, dass die Testamentsvollstreckung nur für den Erbteil des A gilt, mit der Einschränkung, dass das Grundstück in der L-Straße nicht der Testamentsvollstreckung unterfällt.

Ebenso ist die Tatsache, dass der Erblasser für A eine Dauervollstreckung, die mit Vollendung des 25. Lebensjahres des A endet, angeordnet hat, in den Antrag auf Erteilung des Testamentsvollstreckerzeugnisses mit aufzunehmen.

Sachverhalt | Checkliste | Lösung | Verfahren | **Muster**

Antrag auf Erteilung eines Testamentsvollstreckerzeugnisses mit Beschränkungen

Es wird beantragt, ein Testamentsvollstreckerzeugnis zu erteilen, der X als Testamentsvollstrecker des am ... verstorbenen A ausweist.

Die Testamentsvollstreckung bezieht sich nur auf den Erbteil des A. Die Testamentsvollstreckung bezieht sich nicht auf das Grundstück in der L-Straße. Dauervollstreckung ist angeordnet. Sie endet mit Vollendung des 25. Lebensjahres des A.

Kapitel 7: Nachlasssicherung

A. Einführung

1. Grundlagen

Funktion des Erbrechts

Die **Erbrechtsgarantie** des Art. 14 Abs. 1 Satz 1 GG gewährleistet das Erbrecht als Rechtsinstitut und als Individualrecht (BVerfGE 67, 329, 340). Grundlegend für die Erbrechtsgarantie ist die Anerkennung der Privaterbfolge (BVerfG, a.a.O.). Das Erbrecht hat die Funktion, das **Privateigentum** als Grundlage der eigenverantwortlichen Lebensgestaltung (vgl. BVerfGE 83, 201, 208) mit dem Tode des Eigentümers nicht untergehen zu lassen, sondern seinen **Fortbestand im Wege der Rechtsnachfolge** zu sichern. Die Erbrechtsgarantie ergänzt insoweit die Eigentumsgarantie und bildet zusammen mit dieser die Grundlage für die im Grundgesetz vorgegebene private Vermögensordnung.

Der Gesetzgeber ist bei der Kodifizierung des 5. Buches des BGB davon ausgegangen, dass der mündige Bürger nicht nur die gesetzlichen Regelungen der Erbfolge kennt, sondern auch bei Eintritt eines Erbfalls weiß, was zu tun ist.

Automatischer Erbeintritt

Tatsächlich ist den meisten Bürgern und damit auch Ihren Mandanten aber häufig gar nicht bewusst, dass mit dem Erbgang quasi in der juristischen Sekunde des Todes das gesamte Vermögen des Erblassers, also die **Gesamtheit aller Rechtsverhältnisse (Nachlass)** als Ganzes, auf den Erben bzw. die Erben übergeht (§ 1922 BGB). Der Erbeintritt und damit der Eigentums- und Besitzübergang erfolgen damit automatisch und unmittelbar mit der Folge, dass die Sicherung und Verwaltung des Nachlasses, und zwar sowohl der Aktiva als auch der Passiva, in die Verantwortung des Erben fällt, auch wenn er noch gar keine Kenntnis von dem Erbfall an sich hat.

Nur ausnahmsweise greift das Nachlassgericht von Amts wegen oder auf Anregung eines Beteiligten oder Dritten ein, nämlich dann, wenn der Erbe unbekannt ist und gleichzeitig ein Sicherungsbedürfnis für den Nachlass besteht.

Hinzu kommt, dass der Erbprätendent, also derjenige, der ein Erbrecht für sich in Anspruch nimmt, häufig keine oder nur unzureichende Kenntnis über die Zusammensetzung und Werthaltigkeit des Nachlasses hat, so dass zunächst die Ermittlungen zum Nachlass aufzunehmen sind, wobei bei Hinweisen auf einen unzureichenden Nachlass oder unübersichtliche Vermögensverhältnisse schon wegen der nur sechswöchigen Erbausschlagungsfrist (bei Auslandsaufenthalt sechs Monate) gem. § 1944 BGB Eile geboten ist.

Problematisch: Nachlassermittlung

Dabei gestaltet sich die **Ermittlung des Nachlasses** für den Mandanten häufig schwierig, da die auf Auskunft in Anspruch genommenen Beteiligten, wie Banken, Versicherungen, Betreuer, Bevollmächtigte, Grundbuchämter, Vermieter etc., ohne Nachweis der Rechtsnachfolge durch Erbschein oder Ausfertigung/beglaubigter Abschrift eines Testaments oder Erbvertrags nebst zugehöriger Eröffnungsniederschrift des Nachlassgerichts gern jegliche Auskunftserteilung verweigern (vgl. Nr. 5 AGB-Banken und § 35 GBO). Eine allgemeinverbindliche Regelung, wer von wem und auf Grundlage welcher Legitimation (gerichtliche Mitteilung des Erbfalls, Personenstandsurkunden zum Nachweis der gesetzlichen Erbberechtigung, Erbschein, privatschriftliches oder notarielles Testament etc.) Auskunft verlangen kann, hat der Gesetzgeber nicht getroffen. Der Nachweis des berechtigten Interesses, wie etwa in § 12 GBO geregelt, genügt für die Geltendmachung der Anspruchs i.d.R. jedenfalls nicht.

Begründung des Auskunftsanspruchs

Die **Darlegung und Belegung der Erbfolge** Ihres Mandanten und damit die Begründung des Auskunftsanspruchs stellt schon die erste und wesentliche Hürde im Rahmen der Nachlassermittlung dar. In jedem Fall sollten Sie sich die Sterbeurkunde des Erblassers sowie die Abstammungsurkunden Ihres Mandanten, etwaig vorliegende Testamente, Erbverträge etc. sowie vorhandenen gerichtlichen Schriftverkehr vorlegen lassen. Aber auch wenn Ihrem Mandanten die zum Nachweis der Erbfolge erforderlichen Personenstandsurkunden nicht bzw. nicht vollständig vorliegen, ist es durchaus einen Versuch wert, die Ermittlungen trotzdem aufzunehmen, da auch auf Seiten der Beteiligten Verunsicherung und Unkenntnis hinsichtlich der Anforderungen an einen Auskunftsanspruch besteht, so dass man durchaus mit der Erlangung erster Informationen rechnen kann.

2. Mandatssituationen: Überblick

Das vorliegende Kapitel „Nachlasssicherung" gibt in den **Mandatssituationen 7.1**, S. 328 ff. zunächst einen Überblick, welche Auskünfte zur **Ermittlung des Nachlasses** üblicherweise einzuholen sind, wobei die entsprechend zu stellenden Anfragen in Form von Musterschreiben beigefügt sind.

Wenn Sie hier nicht weiterkommen und die Erbfolge, etwa wegen möglicher Miterben, noch ungewiss und ein Fürsorgebedürfnis zur Sicherung des Nachlasses gegeben ist, kommt die Einleitung der **gerichtlichen Nachlasssicherungsmittel** gem. § 1960 BGB, wie z.B. die Einleitung einer Nachlasspflegschaft, in Betracht. Entsprechende Fallbeispiele sowie die Darstellung der gerichtlichen Sicherungsinstrumente nebst den korrespondierenden Antragsformularen finden Sie in den **Mandatssituationen 7.2**, S. 349 ff.

In den **Mandatssituationen 7.3**, S. 359 ff. sind relevante Mandatssituationen betreffend die Sicherung des Nachlasses **aus Sicht des Erben** bzw. Erbprätendenten, etwa im Verhältnis gegenüber dem Betreuer bzw. Bevollmächtigten des Erblassers (Mandatssituationen 7.3.1, S. 359 ff.), Gefährdung des Nachlasses (Mandatssituationen 7.3.2, S. 368 ff.) und (drohender) Überschuldung (Mandatssituationen 7.3.3, S. 376 ff.) des Nachlasses unter Beifügung entsprechender Musterformulare dargestellt.

Maßnahmen der Nachlasssicherung können allerdings auch dann geboten sein, wenn Ihrem Mandanten Ansprüche gegen die Erben zustehen. In den **Mandatssituationen 7.4**, S. 383 ff. sind Sicherungsmaßnahmen und Arbeitsmuster **aus Sicht des Pflichtteilsberechtigten und Vermächtnisnehmers** dargestellt.

In den **Mandatssituationen 7.5**, S. 396 ff. finden Sie Mandatssituationen **aus Sicht des Nachlassgläubigers** sowie Darstellungen und Musterschreiben für Maßnahmen zur Sicherung und Durchsetzung von Nachlassverbindlichkeiten.

Die **Mandatssituation 7.6**, S. 411 ff. befasst sich mit der Sicherung des digitalen Nachlasses.

Die in den Mandatssituationen dargestellten Erbfolgen basieren sämtlichst auf der Grundlage, dass deutsches Erbrecht in Anwendung kommt.

B. Mandatssituationen

Mandatssituationen 7.1: Nachlassermittlung

Mandatssituation 7.1.1: Der unbekannte Nachlass

Sachverhalt | Checkliste | Lösung | Verfahren | Muster

Der in Berlin wohnende, zuletzt unter Betreuung stehende Erblasser ist kinderlos verstorben. Gemäß notariellem Testament hat er seinen in München lebenden Neffen N1 und seinen in den USA lebenden Neffen N2 zu seinen Erben bestimmt. Die Neffen hatten in den letzten Jahren keinen Kontakt zu dem Erblasser und sind auch nicht über dessen Vermögensverhältnisse informiert. N1 vermutet allerdings, dass die Betreuerin des Erblassers noch einen Wohnungsschlüssel hat. N1 möchte wissen, wie er an Informationen zum Vermögen des Erblassers (Nachlass) kommen kann.

Sachverhalt | **Checkliste** | Lösung | Verfahren | Muster

Auskunft, Rechnungslegung und Herausgabe der Wohnungsschlüssel von der Betreuerin anfordern	☐
Unterlagen in der Wohnung sichten sowie Bank- und Versicherungsunterlagen, Mietvertrag, Fahrzeugpapiere etc. sicherstellen	☐
Anfrage an Banken und Versicherungen	☐
Postnachsendeaufträge stellen	☐
Vermieter informieren und ggf. Mietverhältnis kündigen	☐
Versorgungseinrichtungen kündigen	☐
Vereins- und sonstige Mitgliedschaften kündigen	☐
Information an Rententräger	☐
Anfrage an Bestattungsinstitut	☐
Grundbuchauszug einholen	☐
Anfrage bei Pflegestation/Krankenhaus/Heim	☐
Anfrage an Arbeitgeber	☐
Anfrage an Sozialleistungsträger	☐
Fahrzeug sicherstellen	☐

Sachverhalt | Checkliste | **Lösung** | Verfahren | Muster

Auskunftsanspruch allgemein

Sobald sich die Erben, etwa durch Erbschein oder notariell beglaubigtes Testament nebst Eröffnungsprotokoll, legitimieren können, sollten alle erforderlichen Auskünfte zur Ermittlung des Vermögens des Erblassers eingeholt werden. Der **Auskunftsanspruch gegenüber dem Erbschaftsbesitzer** ergibt sich aus §§ 2018, 2027 BGB. Weitere Auskunftsansprüche können sich aus §§ 2028, 2314 und 2057 BGB, gem. § 2362 Abs. 2 BGB (gegenüber dem Erbscheinsbesitzer), dem Auftragsrecht gem. § 666 BGB, aus den AGB-Banken Nr. 5 etc. sowie ergänzend aus Treu und Glauben gem. § 242 BGB ergeben.

Praxistipp

Soweit noch nicht geschehen, empfiehlt es sich, unverzüglich bei der Deutschen Post und den privaten Postdiensten Postnachsendeanträge für den Erblasser zu stellen, da über eingehende Informationsschreiben, wie z.B. Kontoauszüge, Beitragsanpassungsmitteilungen etc., wichtige Informationen über den Bestand des Nachlasses erlangt werden können. Antragsformulare sind in den Postfilialen oder über die Website der Deutschen Post AG bzw. der privaten Postzusteller (PIN AG etc.) erhältlich.

Auskunftsanspruch gegenüber Betreuer

Bestand wie vorliegend eine Betreuung mit dem Wirkungskreis Vermögen, können alle wesentlichen Informationen zum Vermögen des Erblassers bei dem Betreuer eingeholt werden. Der Betreuer ist verpflichtet, das **Vermögen**, das bei der Einleitung der Betreuung vorhanden war oder dem Betreuten später zugefallen ist, **zu verzeichnen**, das Verzeichnis mit einer Versicherung der Richtigkeit und Vollständigkeit zu versehen und dieses bei Gericht einzureichen (§§ 1908i, 1802 Abs. 1 BGB). Zusätzlich hat er jährlich gegenüber dem Betreuungsgericht über die Verwaltung **Rechnung zu legen** sowie **Auskunft** zu den persönlichen Verhältnissen des Betreuten zu erteilen (§ 1908i i.V.m. §§ 1839–1941 BGB). Nach Beendigung seines Amts hat der ehemalige Betreuer das verwaltete Vermögen an den Erben herauszugeben und über die Verwaltung Rechnung zu legen, wobei die Bezugnahme auf eine bereits erfolgte Rechnungslegung gegenüber dem Betreuungsgericht genügt (§ 1908i i.V.m. § 1890 BGB).

Sachverhalt | Checkliste | Lösung | Verfahren | Muster 1

Auskunftsanfrage an Betreuer

Herr/Frau
...
Straße, Hausnr./Postfach
PLZ Ort

Nachlass des ...,
geboren am ..., verstorben am ...,
zuletzt wohnhaft ...

Sehr geehrte/r ...,

in obiger Angelegenheit zeige ich an, dass mich Herr ... und Herr ..., die Neffen des am ... verstorbenen Herrn ..., mit der Wahrnehmung ihrer rechtlichen Interessen beauftragt haben. Meine Mandanten sind die testamentarischen Erben des Verstorbenen. Eine beglaubigte Fotokopie des notariellen Testaments des Erblassers vom ... nebst Eröffnungsprotokoll des Nachlassgerichts/eine (beglaubigte) Fotokopie des Erbscheins des Amtsgerichts ... vom .../eine (beglaubigte) Fotokopie des Europäischen Nachlasszeugnisses (ENZ) des ...gerichts vom ... sowie die auf mich ausgestellten Vollmachten liegen zum Nachweis meiner Legitimation bei.

Nach den mir vorliegenden Informationen waren Sie vom zuständigen Betreuungsgericht zur/zum Betreuer/in für die/den Erblasser/in bestellt. Die Betreuung ist durch den Tod beendet, so dass Sie meinem Mandanten zur Auskunftserteilung und Rechnungslegung sowie Herausgabe des verwahrten Vermögens verpflichtet sind (§ 1908i i.V.m. § 1890 BGB).

Ich bitte Sie daher, über Ihre Verwaltung Rechnung zu legen, Auskunft zum Vermögen (Immobilienvermögen, Bankguthaben, Lebensversicherungen, Beteiligungen, Fahrzeuge, Hausrat, Sammlungen, Münzen, Schmuck etc.) des Verstorbenen per Todestag zu erteilen sowie etwaig von Ihnen verwahrte Wertgegenstände und Unterlagen (Versicherungspolicen, Sparbücher, Kontounterlagen, Münzen, Schmuck etc.) sowie persönliche Nachlassgegenstände des Verstorbenen (Briefe, Fotos), Wohnungsschlüssel etc. an mich herauszugeben. Verwahrgelder bitte ich abzurechnen und Guthaben auf das Konto des Verstorbenen bei der **...-Bank, IBAN: ..., BIC: ...** zu erstatten.

Des Weiteren bitte ich, mir zur Abwicklung des Nachlasses Name und Anschrift des Vermieters und des beauftragten Bestattungsinstituts mitzuteilen sowie Auskunft zu den Einkünften des/r Verstorbenen und den bestehenden Versorgungsverträgen (Strom, Gas, Telekom, Kabel, ARD, ZDF, Deutschlandradio etc.) unter Angabe der Kundennummer zu erteilen.

Der Erledigung sehe ich bis zum ... entgegen.

Mit freundlichen Grüßen

Rechtsanwältin/Rechtsanwalt

Praxistipp

Um einen Überblick über die Vermögensentwicklung des Erblassers ab Einleitung der Betreuung zu erhalten, empfiehlt es sich, die Betreuungsakte bei Gericht einzusehen. Das Akteneinsichtsrecht des Erben ergibt sich aus § 13 i.V.m. § 7 FamFG, wonach Verfahrensbeteiligten bzw. Personen, die ein berechtigtes Interesse glaubhaft machen, Akteneinsicht bzw. die Erteilung von Abschriften gewährt werden kann, soweit nicht schutzwürdige Interessen eines Beteiligten oder Dritten entgegenstehen. Hierfür genügt es i.d.R. zu belegen, dass der Antragsteller als gesetzlicher oder testamentarischer Erbe in Betracht kommt.

Auskunftsanspruch gegenüber Banken

Mit dem Tod des Erblassers geht dessen Rechtsposition aus dem bisherigen Geschäftsbesorgungsvertrag gem. §§ 666, 675 BGB und mithin auch der Auskunftsanspruch aus der Erblasser-Bank-Geschäftsbeziehung im Rahmen der Gesamtrechtsnachfolge auf den Erben über. Zum **Schutz der postmortalen Rechte** des Erblassers wird die Bank Auskünfte zu den Geschäften des Erblassers allerdings nur gegen Vorlage geeigneter Nachweise der Berechtigung (Erbschein, Testamentsvollstreckerzeugnis, Ausfertigung oder beglaubigte Abschrift der letztwilligen Verfügung (Testament, Erbvertrag) nebst zugehöriger Eröffnungsniederschrift; vgl. Nr. 5 AGB-Banken) erteilen. Gleichzeitig mit der Auskunftsanfrage sollten Sie zur Sicherung des Nachlasses etwaige vom Erblasser erteilte Vollmachten zugunsten Dritter sowie Daueraufträge widerrufen.

Auskunftsanfrage an Banken

...-Bank
Straße, Hausnr./Postfach
PLZ Ort

Nachlass des ...,
geboren am ..., verstorben am ...,
zuletzt wohnhaft ...

Sehr geehrte/r ...

in obiger Angelegenheit zeige ich an, dass mich Herr ... und Herr ... , die Neffen des am ... verstorbenen Herrn ..., mit der Wahrnehmung ihrer rechtlichen Interessen beauftragt haben. Meine Mandanten sind die testamentarischen Erben des Verstorbenen. Die Ausfertigung/beglaubigte Abschrift des Testaments/Erbvertrags des Erblassers vom ... nebst Eröffnungsprotokoll des Nachlassgerichts/eine Ausfertigung des Erbscheins des Amtsgerichts ... vom .../eine (beglaubigte) Fotokopie des Europäischen Nachlasszeugnisses (ENZ) des ...gerichts vom ... sowie die auf mich ausgestellten Vollmachten liegen zum Nachweis meiner Legitimation bei.

Nach den meinen Mandanten vorliegenden Informationen hat die/der Verstorbene o.g. Konto/en bei Ihnen geführt.

Bitte teilen Sie mir mit, ob bei Ihnen noch weitere Konten, Depots, Sparbücher oder Safes für den Verstorbenen geführt werden. Für sämtliche Konten etc. erbitte ich den **Kontostand per Todestag** sowie die laufenden Kontoauszüge ab Todestag, ggf. Duplikate mit Last- oder Gutschriftbelegen.

Gleichzeitig widerrufe ich hiermit etwaig erteilte Vollmachten meines Mandanten zugunsten Dritter, auch über den Tod hinaus. Daueraufträge bitte ich zu stornieren und Einzugsermächtigungen nicht mehr auszuführen.

Mit freundlichen Grüßen

Rechtsanwältin/Rechtsanwalt

Praxistipp

Bankenklauseln, wonach der Erbe sein Erbrecht nur durch Vorlage eines Erbscheins nachweisen kann, sind unzulässig. Der Erbe hat auch die Möglichkeit, den Nachweis seines Erbrechts in anderer Form zu erbringen. In der Regel stellt ein eröffnetes Testament bzw. Erbvertrag einen ausreichenden Nachweis für das Erbrecht dar, wohingegen eine grundsätzliche Verpflichtung zur Vorlage eines Erbscheins in vielen Fällen zu unnützen Kosten, einer unzumutbaren Belästigung des Erben und zur Verzögerung der Nachlassregulierung führt (vgl. BGH, Urt. v. 07.06.2005 – XI ZR 311/04 sowie BGH, Urt. v. 08.10.2013 – XI ZR 401/12, ErbR 2014, 191 nebst Kommentierung Haaser, ErbR 2014, 313 f. zur Neugestaltung von Nr. 5 AGB-Banken und deren Rechtsfolgen für Erben).

In seiner jüngsten Entscheidung vom 05.04.2016 geht der XI. Zivilsenat des BGH sogar noch weiter: Der Erbe kann sein Erbrecht danach auch durch Vorlage eines eröffneten eigenhändigen Testaments belegen, wenn dieses die Erbfolge mit der im Rechtsverkehr erforderlichen Eindeutigkeit nachweist oder im Fall gesetzlicher Erbfolge durch Urkunden, aus denen diese sich ergibt (BGH, Urt. v. 05.04.2016 – XI ZR 440/15).

Praxistipp

Vermögensverwahrer, Vermögensverwalter und Versicherungsunternehmen sind gem. § 33 ErbStG i.V.m. § 5 ErbStDV verpflichtet, dem für die Verwaltung der Erbschaftsteuer zuständigen Finanzamt binnen eines Monats seit Bekanntgabe des Erbfalls die in ihrem Gewahrsam befindlichen Vermögensgegenstände und die gegen sie gerichteten Forderungen, die beim Tod des Erblassers zu dessen Vermögen gehörten oder über die dem Erblassers zur Zeit seines Todes die Verfügungsmacht zustand, schriftlich anzuzeigen, soweit der Gesamtwert des verwahrten Vermögens per Todestag 5.000 € übersteigt. Es empfiehlt sich, diese sogenannte Finanzamtsmeldung gleichzeitig mit dem Auskunftsanspruch bei den Banken anzufordern.

Praxistipp

Liegen keine Hinweise auf Bankverbindungen des Erblassers vor, können Auskünfte über die örtlichen Bankenverbände eingeholt werden. Ein Verzeichnis der Mitgliedsverbände kann als PDF-Datei über die Website des Bundesverbandes Deutscher Banken abgerufen werden: (www.bankenverband.de).

Achtung: Die Banken stützen sich bei Vorlage alter Sparbücher gerne noch auf die frühere Verjährungsfrist nach § 199 BGB a.F., wonach der Auskunfts- und Zahlungsanspruch für Sparguthaben 30 Jahre nach Zulässigkeit der Kündigung durch den Gläubiger verjährt. Diese Regelung hat die Reform des Verjährungsrechts zwar beseitigt, allerdings kann die Sparurkunde 20 Jahre nach der letzten Eintragung im Rahmen einer Gesamtwürdigung ihre Beweiskraft verlieren (OLG Köln, Urt. v. 09.07.2003 – 13 U 133/02, WertpMitt 2004, 1475) bzw. kann 38 Jahre nach der letzten Kontobewegung und Vernichtung aller Unterlagen im Einzelfall auch von einer Umkehr der Beweislast auszugehen sein (LG Frankfurt/M., Urt. v. 12.09.2003 – 7 O 270/02, BKR 2004, 39).

Sachverhalt | Checkliste | Lösung | Verfahren | Muster 3

Auskunftsanfrage an Bankenverband

Bankenverband[1]
...
Straße, Hausnr./Postfach
PLZ Ort

Nachlass des ...,
geboren am ..., verstorben am ...,
zuletzt wohnhaft ...

Sehr geehrte/r ...

in obiger Angelegenheit zeige ich an, dass mich Herr ... und Herr ..., die Neffen des am ... verstorbenen Herrn ..., mit der Wahrnehmung ihrer rechtlichen Interessen beauftragt haben. Meine Mandanten sind die testamentarischen Erben des Verstorbenen. Eine beglaubigte Fotokopie des notariellen Testaments des Erblassers vom ... nebst Eröffnungsprotokoll des Nachlassgerichts/eine (beglaubigte) Fotokopie des Erbscheins des Amtsgerichts ... vom .../eine (beglaubigte) Fotokopie des Europäischen Nachlasszeugnisses (ENZ) des ...gerichts vom ... sowie die auf mich ausgestellten Vollmachten liegen zum Nachweis meiner Legitimation bei.

Namens und in Vollmacht meiner Mandanten bitte ich um Ermittlung etwaiger Konten, die für den Erblasser bei den angeschlossenen Kreditinstituten geführt werden.

Die Gebühr i.H.v. ... €[2] liegt per Verrechnungsscheck anbei.

Mit freundlichen Grüßen

Rechtsanwältin/Rechtsanwalt

1) Z.B. Bankenverband mittel- und ostdeutscher Länder e.V., Berliner Straße 44, 10713 Berlin.
2) Zurzeit 20 €.

Anfrage an Versicherungen

Werden bei den persönlichen Unterlagen oder im Rahmen der Postnachsendung Hinweise auf **Lebensversicherungen** (Policen) vorgefunden, empfiehlt es sich, Anfragen an die jeweiligen Versicherungsunternehmen zu richten. Ein Verzeichnis der Lebensversicherungsgesellschaften kann über den Gesamtverband Versicherungswirtschaft e.V., Wilhelmstraße 43/43 G in 10117 Berlin angefordert werden.

Auskunftsanfrage an Lebensversicherung

...-Versicherung
Herrn/Frau ...
Straße, Hausnr./Postfach
PLZ Ort

Nachlass des ...,
geboren am ..., verstorben am ...,
zuletzt wohnhaft ...

Versicherungsnummer: ...

Sehr geehrte/r ...

in obiger Angelegenheit zeige ich an, dass mich Herr ... und Herr ..., die Neffen des am ... verstorbenen Herrn ..., mit der Wahrnehmung ihrer rechtlichen Interessen beauftragt haben. Meine Mandanten sind die testamentarischen Erben des Verstorbenen. Eine beglaubigte Fotokopie des notariellen Testaments des Erblassers vom ... nebst Eröffnungsprotokoll des Nachlassgerichts/eine (beglaubigte) Fotokopie des Erbscheins des Amtsgerichts ... vom .../eine (beglaubigte) Fotokopie des Europäischen Nachlasszeugnisses (ENZ) des ...gerichts vom ... sowie die auf mich ausgestellten Vollmachten liegen zum Nachweis meiner Legitimation bei.

Nach den meinen Mandanten vorliegenden Informationen hat der Verstorbene bei Ihnen die o.g. Lebensversicherung geführt. Ich bitte um Mitteilung, ob bei Ihnen noch weitere Lebens- und sonstige Versicherungsverträge geführt werden. Für sämtliche Versicherungsverhältnisse bitte ich um Bestätigung des **Guthabens per Todestag** sowie um Übersendung der jeweiligen Verträge in Fotokopie.

Gleichzeitig kündige ich die o.g. Versicherung und bitte um Schlussabrechnung. Guthaben bitte ich, dem Konto des Verstorbenen bei der **...-Bank, IBAN: ..., BIC: ...** zu erstatten.

Da die Versicherungspolice nicht bei den persönlichen Unterlagen des Erblassers vorgefunden wurde, bitte ich, mir erforderlichenfalls eine Verlustmeldung zukommen zu lassen.

Mit freundlichen Grüßen

Rechtsanwältin/Rechtsanwalt

Nachlassaktiva können sich auch aus bestehenden **Sach- und Haftpflichtversicherungsverträgen** (Hausrat-, Haftpflicht-, Kfz-Versicherungen etc.) ergeben, da die Prämien häufig schon jährlich im Voraus geleistet worden sind. Auch hier sollte mit der Kündigung die Abrechnung und Erstattung der Guthaben angefordert werden.

Praxistipp

Für den Fall, dass der Erblasser eine Bezugsberechtigung für die Versicherungsleistung, bezogen auf den Todesfall, verfügt hat, sollten Sie ggf.

gleichzeitig mit der Anfrage den konkludent erteilten Auftrag, das Schenkungsangebot des Erblassers dem Bezugsberechtigten zu übermitteln, widerrufen (vgl. Mandatssituation 7.3.2.1, S. ###).

Praxistipp

Zunehmend werden Kredite auch durch Restschuldversicherungen abgesichert. Kreditverträge sollten Sie daher auf bestehende Restschuldversicherungen überprüfen und zur Beschleunigung der Abrechnung den Restschuldversicherer direkt auf Abrechnung und Leistung in Anspruch nehmen. Die interne Abwicklung über den Kreditgeber zieht sich demgegenüber häufig über Monate hin, wodurch unnötige Kreditzinsen ausgelöst werden.

Zur Prüfung von Ausschlussgründen fordern die Restschuldversicherer häufig noch genaue Angaben zur Todesursache an, so dass hier noch Auskünfte der behandelnden Ärzte des Erblassers einzuholen sind und ggf. die polizeiliche Ermittlungsakte zur Klärung der Todesursache eingesehen werden muss.

Anfrage ans Finanzamt

Über das Wohnortfinanzamt können Sie Informationen zum **Lohn- bzw. Einkommensteuerkonto** des Erblassers und damit zu dessen Einkünften einholen. Ist ein Kfz- bzw. Krad-Kennzeichen bekannt, können Sie weitere Informationen zum Fahrzeug über das jeweilige Kfz-Steuerkonto bzw. bei Hinweisen auf eine Grundsteuerpflichtigkeit des Erblassers über das örtliche zuständige Finanzamt Informationen zu dem der Besteuerung unterliegenden Grundstück erhalten.

Sachverhalt | Checkliste | Lösung | Verfahren | **Muster 5**

Auskunftsanfrage an das Finanzamt

Finanzamt
...
Straße, Hausnr./Postfach
PLZ Ort

Nachlass des ...,
geboren am ..., verstorben am ...,
zuletzt wohnhaft ...

Steuernummer: ...

Sehr geehrte/r ...

in obiger Angelegenheit zeige ich an, dass mich Herr ... und Herr ..., die Neffen des am ... verstorbenen Herrn ..., mit der Wahrnehmung ihrer rechtlichen Interessen beauftragt haben. Meine Mandanten sind die testamentarischen Erben des Verstorbenen. Eine beglaubigte Fotokopie des notariellen

Testaments des Erblassers vom ... nebst Eröffnungsprotokoll des Nachlassgerichts/eine (beglaubigte) Fotokopie des Erbscheins des Amtsgerichts ... vom .../eine (beglaubigte) Fotokopie des Europäischen Nachlasszeugnisses (ENZ) des ...gerichts vom ... sowie die auf mich ausgestellten Vollmachten liegen zum Nachweis meiner Legitimation bei.

Nach den meinen Mandanten vorliegenden Informationen wird bei Ihnen für die/den Verstorbene/n zu o.g. Steuernummer ein Steuerkonto geführt.

Ich bitte um Mitteilung, ob das Steuerkonto ausgeglichen ist. Guthaben bitte ich, dem Konto des Verstorbenen bei der **...-Bank, IBAN: ..., BIC: ...** zu erstatten, Forderungen zu beziffern.

Ferner bitte ich, mir eine Fotokopie der letzten Steuererklärung und des letzten Steuerbescheids zukommen zu lassen.

Mit freundlichen Grüßen

Rechtsanwältin/Rechtsanwalt

Praxistipp

Sofern im Nachlass keine Steuerunterlagen der Vorjahre vorgefunden werden, empfiehlt es sich, Kopien der letzten Steuererklärung und -bescheide beim zuständigen Finanzamt anzufordern. Aus den dortigen Angaben, etwa zu Einkünften aus Vermietung und Verpachtung, Kapitaleinkünften etc., können wertvolle Hinweise auf die Zusammensetzung des Nachlasses gewonnen werden.

Anfrage ans Grundbuchamt

Liegen Hinweise auf **Immobilienvermögen** vor, sollte in jedem Fall ein Grundbuchauszug eingeholt werden, dem nähere Angaben zu Eigentumsverhältnissen, Größe und Beschaffenheit des Grundstücks sowie Belastungen entnommen werden können.

Sachverhalt | Checkliste | Lösung | Verfahren | **Muster 6**

Auskunftsanfrage an das Grundbuchamt

Amtsgericht ...
– Grundbuchamt –
Straße, Hausnr./Postfach
PLZ Ort

Grundstück: ... in ...
eingetragen im Grundbuch ..., Blatt ..., Flur ..., Flurstück ...
Nachlass des ...,
geboren am ..., verstorben am ...,
zuletzt wohnhaft ...

Sehr geehrte/r ...

in obiger Angelegenheit zeige ich an, dass mich Herr ... und Herr ..., die Neffen des am ... verstorbenen Herrn ..., mit der Wahrnehmung ihrer rechtlichen Interessen beauftragt haben. Meine Mandanten sind die testamentarischen Erben des Verstorbenen. Eine beglaubigte Fotokopie des notariellen Testaments des Erblassers vom ... nebst Eröffnungsprotokoll des Nachlassgerichts/eine (beglaubigte) Fotokopie des Erbscheins des Amtsgerichts ... vom .../eine (beglaubigte) Fotokopie des Europäischen Nachlasszeugnisses (ENZ) des ...gerichts vom ... sowie die auf mich ausgestellten Vollmachten liegen zum Nachweis meiner Legitimation bei.

Meinem Mandanten liegen Hinweise vor, wonach der Verstorbene (Mit-)Eigentümer des o.g. Grundstücks war.

Ich bitte daher um Übersendung eines beglaubigten Grundbuchauszugs. Entstehende Kosten bitte ich mir aufzugeben.

Mit freundlichen Grüßen

Rechtsanwältin/Rechtsanwalt

Praxistipp

Kleingartengrundstücke (Schrebergärten) sind i.d.R. nur verpachtet mit der Folge, dass nicht das Grundstück selbst, sondern nur die Aufbauten (Laube und Bewuchs) als Scheinbestandteil gem. § 95 BGB in den Nachlass fallen. Häufig endet das Nutzungsverhältnis mit dem Tod oder ist mangels weiterer Nutzungsberechtigter aufzulösen, wobei der Wert der Aufbauten vom Kleingartenverband unter Berücksichtigung evtl. Abriss- und Beseitigungskosten geschätzt wird und von dem Übernehmer zu erstatten ist.

Kündigung der Mietwohnung

Gegenüber dem (ehemaligen) Vermieter bestehen häufig noch Ansprüche aus einer hinterlegten **Mietkaution** und aus noch ausstehenden **Betriebs- und Heizkostenabrechnungen.** Ein etwaig noch bestehendes **Mietverhältnis** sollte zur Vermeidung unnötiger Kosten gem. §§ 564, 573d Abs. 2 Satz 1 BGB außerordentlich mit der gesetzlichen Kündigungsfrist **gekündigt** werden.

Sachverhalt | Checkliste | Lösung | Verfahren | **Muster 7**

Kündigung und Auskunftsanfrage an Vermieter

An die
Hausverwaltung/Herrn/Frau
...
Straße, Hausnr./Postfach
PLZ Ort

Nachlass des ...,
geboren am ..., verstorben am ...,
zuletzt wohnhaft ...

Mietvertrag Nr. ...

Sehr geehrte/r ...

in obiger Angelegenheit zeige ich an, dass mich Herr ... und Herr ..., die Neffen des am ... verstorbenen Herrn ..., mit der Wahrnehmung ihrer rechtlichen Interessen beauftragt haben. Meine Mandanten sind die testamentarischen Erben des Verstorbenen. Eine beglaubigte Fotokopie des notariellen Testaments des Erblassers vom ... nebst Eröffnungsprotokoll des Nachlassgerichts/eine (beglaubigte) Fotokopie des Erbscheins des Amtsgerichts ... vom .../eine (beglaubigte) Fotokopie des Europäischen Nachlasszeugnisses (ENZ) des ...gerichts vom ... sowie die auf mich ausgestellten Vollmachten liegen zum Nachweis meiner Legitimation bei.

Nach den meinen Mandanten vorliegenden Informationen sind Sie der Vermieter der o.g. Wohnung des Verstorbenen. Namens und in Vollmacht meiner Mandanten

kündige

ich das Mietverhältnis hiermit gem. §§ 564, 573d Abs. 2 Satz 1 BGB zum baldmöglichsten Zeitpunkt und bitte mir das Ende des Mietvertrags schriftlich zu bestätigen.

Gleichzeitig bitte ich um Mitteilung, ob das Mietenkonto ausgeglichen ist. Guthaben und Forderungen bitte ich zu beziffern sowie Auskunft zur Höhe der Mietkaution zu erteilen. Eine etwaig erteilte Einzugsermächtigung widerrufe ich hiermit.

Abschließend bitte ich, mir eine Fotokopie des Mietvertrags zu übersenden.

Mit freundlichen Grüßen

Rechtsanwältin/Rechtsanwalt

Kündigung der Versorgungsverträge

Gleichzeitig sollten die Versorgungsverträge mit den Anbietern für Strom und Gas, Kabel, Telefon, Internet und ARD, ZDF, Deutschlandradio etc. gekündigt und die **Schlussabrechnung** angefordert werden.

Praxistipp

Die Kündigung des Stromabnahmevertrags sollten Sie jedoch bis zur vollständigen Räumung und Übergabe der Wohnung zurückstellen, da die Stromversorgung der Wohnung u.U. noch zur Versorgung der technischen Geräte (Kühlschrank, Jalousien, Heizung etc.) sowie für die Beleuchtung der Wohnung benötigt wird.

Sachverhalt | Checkliste | Lösung | Verfahren | Muster 8

Anschreiben an Versorgungsunternehmen

...
Straße, Hausnr./Postfach
PLZ Ort

Nachlass des ...,
geboren am ..., verstorben am ...,
zuletzt wohnhaft ...

Vertragskonto: ...

Sehr geehrte/r ...

in obiger Angelegenheit zeige ich an, dass mich Herr ... und Herr ..., die Neffen des am ... verstorbenen Herrn ..., mit der Wahrnehmung ihrer rechtlichen Interessen beauftragt haben. Meine Mandanten sind die testamentarischen Erben des Verstorbenen. Eine beglaubigte Fotokopie des notariellen Testaments des Erblassers vom ... nebst Eröffnungsprotokoll des Nachlassgerichts/eine (beglaubigte) Fotokopie des Erbscheins des Amtsgerichts ... vom .../eine (beglaubigte) Fotokopie des Europäischen Nachlasszeugnisses (ENZ) des ...gerichts vom ... sowie die auf mich ausgestellten Vollmachten liegen zum Nachweis meiner Legitimation bei.

Ich

kündige

hiermit o.g. Vertragsverhältnis und bitte um Schlussabrechnung. Der Stromzählerstand zu Zählernummer .../o.g. Kundennummer beträgt ... kWh.

Guthaben bitte ich, dem Konto des Verstorbenen bei der **...-Bank, IBAN: ..., BIC: ...** zu erstatten. Einzugsermächtigungen widerrufe ich hiermit.

Mit freundlichen Grüßen

Rechtsanwältin/Rechtsanwalt

Sachverhalt | Checkliste | Lösung | Verfahren | Muster 9

Anschreiben an ARD, ZDF, Deutschlandradio

ARD ZDF Deutschlandradio
Beitragsservice
50656 Köln

Nachlass des ...,
geboren am ..., verstorben am ...,
zuletzt wohnhaft ...

Beitrags-Nr.: ...

Sehr geehrte Damen und Herren,

in obiger Angelegenheit zeige ich an, dass mich Herr ... und Herr ..., die Neffen des am ... verstorbenen Herrn ..., mit der Wahrnehmung ihrer rechtlichen Interessen beauftragt haben. Meine Mandanten sind die testamentarischen Erben des Verstorbenen. Eine beglaubigte Fotokopie des notariellen Testaments des Erblassers vom ... nebst Eröffnungsprotokoll des Nachlassgerichts/eine (beglaubigte) Fotokopie des Erbscheins des Amtsgerichts ... vom .../eine (beglaubigte) Fotokopie des Europäischen Nachlasszeugnisses (ENZ) des ...gerichts vom ... sowie die auf mich ausgestellten Vollmachten liegen zum Nachweis meiner Legitimation bei.

Das Teilnehmerverhältnis

kündige

ich hiermit und bitte um Übersendung einer Schlussabrechnung.

Etwaige Guthaben bitte ich, auf das Konto der/s Erblassers/in bei der **...-Bank, IBAN: ..., BIC: ...** zu erstatten. Einzugsermächtigungen widerrufe ich hiermit.

Mit freundlichen Grüßen

Rechtsanwältin/Rechtsanwalt

Anfrage an Krankenhaus/Pflegeheim/Pflegestation

Ist der Erblasser im Krankenhaus oder Pflegeheim verstorben oder wurde er von einer Pflegestation betreut, werden in der Einrichtung häufig noch **Wertgegenstände** (Bargeld, Schmuck, Sparbücher, Kreditkarten etc.) sowie persönlicher Bedarf, Unterlagen und Wohnungsschlüssel verwahrt. Gelegentlich befindet sich bei den Verwahrunterlagen auch noch ein in letzter Minute gefertigtes Testament.

Anfrage an Krankenhaus, Pflegeheim, Pflegestation

...
Straße, Hausnr./Postfach
PLZ Ort

Nachlass des ...,
geboren am ..., verstorben am ...,
zuletzt wohnhaft ...

Sehr geehrte/r ...

in obiger Angelegenheit zeige ich an, dass mich Herr ... und Herr ..., die Neffen des am ... verstorbenen Herrn ..., mit der Wahrnehmung ihrer rechtlichen Interessen beauftragt haben. Meine Mandanten sind die testamentarischen Erben des Verstorbenen. Eine beglaubigte Fotokopie des notariellen Testaments des Erblassers vom ... nebst Eröffnungsprotokoll des Nachlassgerichts/eine (beglaubigte) Fotokopie des Erbscheins des Amtsgerichts ... vom .../eine (beglaubigte) Fotokopie des Europäischen Nachlasszeugnisses (ENZ) des ...gerichts vom ... sowie die auf mich ausgestellten Vollmachten liegen zum Nachweis meiner Legitimation bei.

Nach den mir vorliegenden Informationen wurde der Erblasser von Ihnen pflegerisch betreut/war der Erblasser bei Ihnen wohnhaft/ist der Erblasser im Krankenhaus verstorben.

Ich bitte um Mitteilung, ob bei Ihnen Wertgegenstände (Sparbücher, Hausrat, Schmuck etc.), Unterlagen oder Schlüssel für den Verstorbenen verwahrt werden. Gegebenenfalls wird um kurzfristige Herausgabe gebeten. Über eine etwaig geführte Bar-Kasse (Verwahrgeldkonto) bitte ich unter Beifügung von Belegen abzurechnen und Guthaben auf das Konto des Erblassers bei der **...-Bank, IBAN: ..., BIC: ...** zu erstatten.

Gleichzeitig kündige ich einen evtl. noch bestehenden Pflege-/Heimvertrag hiermit und bitte um Schlussabrechnung. Eventuell bestehende Forderungen gegenüber dem Nachlass bitte ich zu beziffern; Guthaben bitte ich, dem vorgenannten Konto zu erstatten.

Mit freundlichen Grüßen

Rechtsanwältin/Rechtsanwalt

Anfrage an Bestatter

In jedem Fall sollte auch der Bestatter zur Abrechnung aufgefordert werden, da das Bestattungsinstitut häufig noch Guthaben etwa aus der Verrechnung mit einem vom Erblasser abgeschlossenen Bestattungsvorsorgevertrag, sonstigen Anzahlungen oder abgetretenen Versicherungsleistungen verwahrt. Der nach Verrechnung der Bestattungskosten verbleibende **Überschuss** ist an die Erben zu erstatten.

Sachverhalt | Checkliste | Lösung | Verfahren | Muster 11

Anfrage an Bestatter

Fa. ... Bestattungen
Straße, Hausnr./Postfach
PLZ Ort

Nachlass des ...,
geboren am ..., verstorben am ...,
zuletzt wohnhaft ...

Sehr geehrte/r ...

in obiger Angelegenheit zeige ich an, dass mich Herr ... und Herr ..., die Neffen des am ... verstorbenen Herrn ..., mit der Wahrnehmung ihrer rechtlichen Interessen beauftragt haben. Meine Mandanten sind die testamentarischen Erben des Verstorbenen. Eine beglaubigte Fotokopie des notariellen Testaments des Erblassers vom ... nebst Eröffnungsprotokoll des Nachlassgerichts/eine (beglaubigte) Fotokopie des Erbscheins des Amtsgerichts ... vom .../eine (beglaubigte) Fotokopie des Europäischen Nachlasszeugnisses (ENZ) des ...gerichts vom ... sowie die auf mich ausgestellten Vollmachten liegen zum Nachweis meiner Legitimation bei.

Gemäß den mir vorliegenden Unterlagen haben Sie die Beisetzung des Verstorbenen durchgeführt.

Ich bitte daher um Übersendung des Bestattungsvertrags, des Bestattungsvorvertrags sowie der Bestattungskostenabrechnung unter Berücksichtigung etwaig erhaltener Anzahlungen, Sterbegelder und Versicherungsleistungen. Guthaben bitte ich, dem Konto des Erblassers bei der **...-Bank, IBAN: ..., BIC: ...** zu erstatten.

Des Weiteren bitte ich um Mitteilung, auf welchem Friedhof und dort auf welcher Grabstelle der Erblasser beigesetzt ist. Die Grabkarte, Sterbeurkunden und sonstige für die Erben erlangten und die in Ihrem Besitz befindlichen Unterlagen des Erblassers bitte ich an mich herauszugeben.

Mit freundlichen Grüßen

Rechtsanwältin/Rechtsanwalt

Vereinsmitgliedschaften

Ermittelte Vereinsmitgliedschaften etc. sollten vorsorglich **gekündigt** und Einzugsermächtigungen **widerrufen** werden, da andernfalls zum Teil noch Monate später mit dem Einzug der Beiträge gerechnet werden muss.

Sachverhalt | Checkliste | Lösung | Verfahren | Muster 12

Anfrage an Vereine/Kündigung von Mitgliedschaften

...
Straße, Hausnr./Postfach
PLZ Ort

Nachlass des ...,
geboren am ..., verstorben am ...,
zuletzt wohnhaft ...

Mitgliedsnummer: ...

Sehr geehrte/r ...

in obiger Angelegenheit zeige ich an, dass mich Herr ... und Herr ..., die Neffen des am ... verstorbenen Herrn ... mit der Wahrnehmung ihrer rechtlichen Interessen beauftragt haben. Meine Mandanten sind die testamentarischen Erben des Verstorbenen. Eine beglaubigte Fotokopie des notariellen Testaments des Erblassers vom ... nebst Eröffnungsprotokoll des Nachlassgerichts/eine (beglaubigte) Fotokopie des Erbscheins des Amtsgerichts ... vom .../eine (beglaubigte) Fotokopie des Europäischen Nachlasszeugnisses (ENZ) des ...gerichts vom ... sowie die auf mich ausgestellten Vollmachten liegen zum Nachweis meiner Legitimation bei.

Der Erblasser ist am ... verstorben. Sollte die Mitgliedschaft nicht ohnehin mit dem Tod geendet sein,

kündige

ich hiermit eine evtl. bestehende Mitgliedschaft und bitte um Schlussabrechnung.

Etwaige Guthaben bitte ich, auf das Konto meines Mandanten wie folgt **...-Bank, IBAN: ..., BIC: ...** zu erstatten. Einzugsermächtigungen widerrufe ich hiermit.

Mit freundlichen Grüßen

Rechtsanwältin/Rechtsanwalt

Information des Rententrägers

Der Rententräger ebenso wie der Träger von Betriebsrenten, die Pensionsstelle und die VBL sollten über den Todesfall informiert und die **Abrechnung** angefordert werden.

Sachverhalt | Checkliste | Lösung | Verfahren | **Muster 13**

Anfrage an Rententräger

Deutsche Post AG
– NL Renten Service –
13497 Berlin

Nachlass des ...,
geboren am ..., verstorben am ...,
zuletzt wohnhaft ...

Ihr Zeichen: ...

Sehr geehrte/r ...

in obiger Angelegenheit zeige ich an, dass mich Herr ... und Herr ..., die Neffen des am ... verstorbenen Herrn ..., mit der Wahrnehmung ihrer rechtlichen Interessen beauftragt haben. Meine Mandanten sind die testamentarischen Erben des Verstorbenen. Eine beglaubigte Fotokopie des notariellen Testaments des Erblassers vom ... nebst Eröffnungsprotokoll des Nachlassgerichts/eine (beglaubigte) Fotokopie des Erbscheins des Amtsgerichts ... vom .../eine (beglaubigte) Fotokopie des Europäischen Nachlasszeugnisses (ENZ) des ...gerichts vom ... sowie die auf mich ausgestellten Vollmachten liegen zum Nachweis meiner Legitimation bei.

Ich bitte um Angabe des Rententrägers und um Prüfung, ob die Rente bis zum Todestag ausbezahlt worden ist.

Sollte die Rente überzahlt sein, bitte ich, diese dem Rententräger zurückzuerstatten bzw. vom Konto des Erblassers zurückzufordern.

Mit freundlichen Grüßen

Rechtsanwältin/Rechtsanwalt

Warnhinweis

Pensionen, Betriebsrenten und Renten aus privaten Versicherungsverträgen werden häufig erst rückwirkend zum Monatsende geleistet, so dass hier ggf. noch Zahlungsansprüche des Erben gegeben sind.

Anfrage an Arbeitgeber

Sofern der Erblasser in einem Arbeitsverhältnis stand, ist zu prüfen, ob noch offene **Gehaltsansprüche** und, gerade bei älteren Arbeitsverträgen bzw. aufgrund von Tarifverträgen, Ansprüche auf **Sterbegeldleistungen** gegeben sind.

Sachverhalt | Checkliste | Lösung | Verfahren | Muster 14

Anfrage an Arbeitgeber

...
Straße, Hausnr./Postfach
PLZ Ort

Nachlass des ...,
geboren am ..., verstorben am ...,
zuletzt wohnhaft ...

Personal-Nr.: ...

Sehr geehrte/r ...

in obiger Angelegenheit zeige ich an, dass mich Herr ... und Herr ..., die Neffen des am ... verstorbenen Herrn ..., mit der Wahrnehmung ihrer rechtlichen Interessen beauftragt haben. Meine Mandanten sind die testamentarischen Erben des Verstorbenen. Eine beglaubigte Fotokopie des notariellen Testaments des Erblassers vom ... nebst Eröffnungsprotokoll des Nachlassgerichts/eine (beglaubigte) Fotokopie des Erbscheins des Amtsgerichts ... vom .../eine (beglaubigte) Fotokopie des Europäischen Nachlasszeugnisses (ENZ) des ...gerichts vom ... sowie die auf mich ausgestellten Vollmachten liegen zum Nachweis meiner Legitimation bei.

Wie ich den persönlichen Unterlagen des Verstorbenen entnehmen konnte, war der Erblasser in Ihrem Unternehmen beschäftigt.

Ich bitte daher das Gehaltskonto per Todestag unter Berücksichtigung des dem Erblasser noch zustehenden Resturlaubs und etwaige betriebliche Sterbegelder abzurechnen und Guthaben auf das Konto des Erblassers/in bei der **...-Bank, IBAN: ..., BIC: ...** zu erstatten.

Um Übersendung der Steuerkarte, des Arbeitsvertrags in Kopie, sonstiger Arbeitspapiere sowie um Auskunft, ob sich noch persönliche Gegenstände des Verstorbenen an seinem Arbeitsplatz befinden, wird gebeten.

Ferner bitte ich um Mitteilung, ob und ggf. in welcher Höhe ein betriebliches Sterbegeld ausgezahlt wird und hierauf seitens der Erben Ansprüche bestehen.

Mit freundlichen Grüßen

Rechtsanwältin/Rechtsanwalt

Anfrage an das Sozialamt

Hat der Erblasser **Sozialleistungen** bezogen, haftet der Erbe gem. § 102 Abs. 2 SGB XII für die innerhalb der letzten zehn Jahre vor dem Erbfall erbrachten Leistungen mit dem Wert des Nachlasses (Aktivnachlass abzgl. Nachlassverbindlichkeiten gem. § 2311 BGB inklusive der Bestattungskosten) bis zur Höhe des **Erbenfreibetrags** (= dreifacher Grundfreibetrag nach § 85 SGB XII, derzeit 2.394 €, bei ehemals pflegenden Angehörigen 15.340 €) gegenüber dem Sozialhilfeträger (§ 102 Abs. 1 i.V.m. § 85 Abs. 1 SGB XII). Wurden Sozialleistungen zu Unrecht bezogen, haftet der Erbe mit dem Wert des gesamten Nachlasses (§§ 103 Abs. 2 Satz 1, 102 Abs. 2 Satz 2 SGB XII); der Erbenfreibetrag entfällt.

Sachverhalt | Checkliste | Lösung | Verfahren | **Muster 15**

Anfrage an Sozialleistungsträger

...
Straße, Hausnr./Postfach
PLZ Ort

Nachlass des ...,
geboren am ..., verstorben am ...,
zuletzt wohnhaft ...

Ihr Zeichen: ...

Sehr geehrte/r ...

in obiger Angelegenheit zeige ich an, dass mich Herr ... und Herr ..., die Neffen des am ... verstorbenen Herrn ..., mit der Wahrnehmung ihrer rechtlichen Interessen beauftragt haben. Meine Mandanten sind die testamentarischen Erben des Verstorbenen. Eine beglaubigte Fotokopie des notariellen Testaments des Erblassers vom ... nebst Eröffnungsprotokoll des Nachlassgerichts/eine (beglaubigte) Fotokopie des Erbscheins des Amtsgerichts ... vom .../eine (beglaubigte) Fotokopie des Europäischen Nachlasszeugnisses (ENZ) des ...gerichts vom ... sowie die auf mich ausgestellten Vollmachten liegen zum Nachweis meiner Legitimation bei.

Wie ich den persönlichen Unterlagen des Verstorbenen entnehmen konnte, hat der Verstorbene Arbeitslosengeld/Sozialleistungen bezogen.

Zur Vorlage des Vermögensverzeichnisses bei Gericht bitte ich daher um Prüfung und kurzfristige Mitteilung, ob das Leistungskonto ausgeglichen ist. Etwaige Guthaben bitte ich, dem Konto des Verstorbenen bei der **...-Bank, IBAN: ..., BIC: ...** zu erstatten sowie Forderungen gegenüber dem Nachlass zu beziffern.

Mit freundlichen Grüßen

Rechtsanwältin/Rechtsanwalt

Mandatssituation 7.1.2: Das ausländische Konto

Sachverhalt | Checkliste | Lösung | Verfahren | Muster

Die Erblasserin war verwitwet. Es liegen Hinweise vor, wonach der Ehemann u.a. Bankvermögen in der Schweiz hinterlassen haben soll. Die demente und zuletzt unter Betreuung stehende Ehefrau konnte hierzu keine näheren Angaben mehr machen. Auch im Nachlass werden keine konkreten Hinweise auf eine Schweizer Bankverbindung gefunden.

Sachverhalt | Checkliste | **Lösung** | Verfahren | Muster

Werden im Nachlass Anhaltspunkte auf ausländische Banken gefunden, liegen aber keine genauen Bankinformationen vor, empfiehlt es sich, entsprechende **Anfragen** über die jeweilige **Auskunftsstelle im Bezugsland**, z.B. in der Schweiz über den Ombudsmann oder in Österreich über den Sachwalter des zuständigen Bezirksgerichts, zu stellen.

Praxistipp

Auskunft über nachrichtenlose Vermögenswerte (sog. schlafende Konten) in der Schweiz kann man über den Schweizerischen Ombudsman, Bahnhofplatz 9, Postfach 1818, CH-8021 Zürich erhalten. Der Bankenombudsman ist eine neutrale und kostenlose Informations- und Vermittlungsstelle, die sich mit Anfragen und Beschwerden von Kunden gegen eine Bank mit Sitz in der Schweiz befasst.

Sachverhalt | Checkliste | Lösung | Verfahren | **Muster**

Anfrage an Schweizerischen Ombudsman

Anlaufstelle Schweizer Banken
Postfach 18 18
CH-8021 Zürich

Nachlass des ...,
geboren am ..., verstorben am ...,
zuletzt wohnhaft ...

Sehr geehrte Damen und Herren,

unter Vorlage meiner Vollmacht zeige ich an, dass mich die Söhne ... und ... des verstorbenen Herrn ... mit der Wahrnehmung ihrer rechtlichen Interessen beauftragt haben. Meine Mandanten sind die testamentarischen/gesetzlichen Erben des Erblassers. Eine Ausfertigung des notariellen Testaments des Erblassers vom ... nebst Eröffnungsprotokoll vom .../des Erbscheins des Amtsgerichts ... vom .../ eine (beglaubigte) Fotokopie des Europäischen Nachlasszeugnisses (ENZ) des ...gerichts vom ... füge ich zum Nachweis der Legitimation meiner Mandanten anliegend bei.

Namens und in Vollmacht meiner Mandanten bitte ich um Ermittlung etwaiger Konten des/der Erblassers/in bei den angeschlossenen Schweizer Kreditinstituten.

Mit freundlichen Grüßen

Rechtsanwältin/Rechtsanwalt

Mandatssituationen 7.2: Gerichtliche Sicherungsmaßnahmen bei ungewisser Erbfolge

Mandatssituation 7.2.1: Die fehlende Erblegitimation

Sachverhalt | Checkliste | Lösung | Verfahren | Muster

Der in Ostpreußen geborene Erblasser ist in München, seinem letzten Wohnsitz, verstorben. Der Erblasser hat kein Testament hinterlassen. Als möglicher gesetzlicher Erbe kommt dessen Großcousin in Betracht, der beabsichtigt, die Erbschaft anzunehmen. Aufgrund der für den Erbscheinantrag aus dem ehemaligen Ostpreußen (heute: Polen bzw. Russland) zu beschaffenden Personenstandsurkunden werden sich die Beantragung des Erbscheins und damit dessen Erteilung erheblich verzögern, so dass der potentielle Erbe nicht in der Lage ist, sich gegenüber Dritten zu legitimieren.

Die langjährige Haushälterin des Erblassers ist noch im Besitz der Wohnungsschlüssel, deren Herausgabe sie verweigert. Der Großcousin ist in Sorge, dass die Haushälterin bis zur Beschaffung der Urkunden und Erteilung des Erbscheins wichtige Unterlagen bzw. Wertnachlass aus der Wohnung an sich nimmt und der Nachlassmasse entzieht. Er fragt an, wie er den Nachlass vor dem Zugriff der Haushälterin sichern kann.

Sachverhalt | **Checkliste** | Lösung | Verfahren | Muster

Vollmacht	☐
Sterbeurkunde des Erblassers (der Sterbenachweis ist für die Einleitung einer Nachlasspflegschaft zwingend erforderlich; die Bearbeitung des Antrags wird durch die Vorlage beschleunigt, da das Gericht die Sterbeurkunde dann nicht mehr auf dem Amtsweg anfordern muss)	☐
Personenstandsurkunden zum Nachweis der Erbberechtigung (hilfreich, aber für die Antragstellung nicht zwingend erforderlich; das Nachlassgericht muss bei Sicherungsbedürftigkeit von Amts wegen tätig werden)	☐
Name und Anschrift der Haushälterin und ggf. Belege, aus denen sich deren Zugriffsmöglichkeit auf den Nachlass, z.B. Arbeitsvertrag, Vollmachten, Quittungen etc. und deren Weigerung der Herausgabe der Wohnungsschlüssel (z.B. Aufforderungsschreiben mit Fristsetzung, ggfs. Antwortschreiben) ergibt.	☐

Sachverhalt | Checkliste | **Lösung** | Verfahren | Muster

Einleitung von Sicherungsmaßnahmen

Ist die Erbfolge, wie in diesem Fall, ungewiss und droht Gefahr, dass Nachlassgegenstände und Nachlassvermögen abhandenkommen, sollten Sie beim Nachlassgericht die Einleitung der – je nach Einzelfall – gebotenen **Sicherungsmaßnahmen gem. § 1960 BGB** beantragen.

Für die Sicherung des Nachlasses ab dem Erbfall ist grundsätzlich der Erbe zuständig. Ist die Erbfolge nach Eintritt des Erbfalls ungewiss oder sind die Erben gar nicht in der Lage, sich um den Nachlass zu kümmern bzw. diesen in Besitz zu nehmen, etwa weil sie unbekannt oder nicht erreichbar sind, und ist darüber hinaus wegen einer drohenden Gefährdung des Nachlassbestands ein Bedürfnis zur Sicherung des Nachlasses gegeben, kann beim Nachlassgericht die Einleitung einer Sicherungsmaßnahme gem. § 1960 BGB beantragt werden.

Mögliche Sicherungsmittel

Die in § 1960 Abs. 2 BGB genannten Sicherungsmittel: die Anlegung eines Siegels, die Hinterlegung von Geld, Wertpapieren und Kostbarkeiten, die Anordnung der Aufnahme eines Nachlassverzeichnisses oder die Bestellung eines Nachlasspflegers stellen nur eine **exemplarische Aufzählung** dar. Als weitere Maßnahmen kommen je nach dem (mutmaßlichen) Interesse des endgültigen Erben und dem angestrebten Sicherungszweck z.B. die Anordnung einer Post- oder Kontensperre, etwa zur Vermeidung des Risikos des Missbrauchs post- oder transmortaler Vollmachten, die Bestellung eines Pflegers zur Öffnung eines Bankschließfachs zwecks Sicherstellung eines Testaments, die Anordnung des Verkaufs verderblicher Sachen oder die Bestellung eines Pflegers zur Wohnungskündigung und -auflösung in Betracht.

Gerichtliche Zuständigkeit

Sachlich zuständig für das Verfahren ist das Nachlassgericht (§ 23a Abs. 2 Nr. 2 GVG i.V.m. § 342 Abs. 1 Nr. 2 FamFG), funktionell der Rechtspfleger (§ 3 Nr. 2c RPflG) bzw. in den nach § 16 Abs. 1 Nr. 1 i.V.m. § 14 RPflG vorbehaltenen Angelegenheiten der Richter. Die örtliche Zuständigkeit des Nachlassgerichts richtet sich nach dem Wohnsitz des Erblassers zur Zeit des Erbfalls, hilfsweise nach dessen letztem Aufenthalt (§ 343 Abs. 1 FamFG). Gemäß § 344 Abs. 4 FamFG ist aber auch jedes Gericht zuständig, in dessen Bezirk ein Bedürfnis für die Sicherung des Nachlasses, beschränkt auf die örtlich erforderlichen Maßnahmen, besteht.

Auch wenn der Erblasser nach ausländischem Erbrecht beerbt wird, ist das inländische Nachlassgericht berechtigt, **Maßnahmen zur vorläufigen Sicherung** des in Deutschland belegenen Nachlasses nach § 1960 BGB zu treffen, wobei in diesem Fall die funktionelle Zuständigkeit des Richters gegeben ist (§§ 16 Abs. 1 Nr. 1, 14 Abs. 1 Nr. 10 RPflG). Gemäß Art. 140, 147 EGBGB können die Länder Verrichtungen im Zusammenhang mit Sicherungsmaßnahmen auch auf **andere Behörden** als Nachlassgerichte, z.B. Polizeibehörden, Notare etc. übertragen.

Anordnung der Nachlasspflegschaft

Die Anordnung der Nachlasspflegschaft erfolgt durch Beschluss (§ 38 FamFG) und unterliegt damit der befristeten Beschwerde des Erben (§§ 58, 59 FamFG); sie ist aufzuheben, wenn der Erbe ermittelt ist oder kein Fürsorgebedürfnis, etwa wegen Hinterlegung des Nachlasses, mehr besteht (§ 1919 BGB). Mit der Aufhebung endet auch das Amt des Nachlasspflegers.

Kosten

Für die Führung einer Nachlasspflegschaft, die nicht auf eine einzelne Rechtshandlung beschränkt ist, entsteht pro Kalenderjahr eine Jahresgebühr i.H.v. 10 € je angefangener 5.000 € Nachlasswert, mindestens jedoch 200 €, Nr. 12311 KV GNotKG. Bei Verfahren betreffend einzelne Rechtshandlungen entsteht eine Gebühr i.H.v. 0,5 bis maximal der Gebühr nach Nr. 12311 KV GNotKG, wobei als Geschäftswert der Wert des von der Verwaltung betroffenen Vermögens in Ansatz gebracht wird (§ 64 Abs. 1 GNotKG). Hinzu kommen die Kosten des Nachlasspflegers, vgl. nachfolgend – Nachlasspflegschaft.

Praxistipp

Bevor Sie eine konkrete Sicherungsmaßnahme beim Nachlassgericht beantragen, sollten Sie daher das Für und Wider der angestrebten Maßnahme unter Berücksichtigung der Effektivität und der zu erwartenden Kosten genau abwägen.

Folgende Maßnahmen kommen in Betracht:

– Anbringung von Siegeln

Durch Anlegung von Siegeln **durch die Polizei oder das Nachlassgericht** können sowohl die zum Nachlass gehörigen beweglichen Sachen als auch Wohn- und Geschäftsräume des Erblassers gesichert werden. Die Anordnung erfolgt durch den Nachlasspfleger, wobei die Ausführung der Siegelung selbst auf andere Organe, wie z.B. die Polizei, Notare etc., übertragen werden kann. Die Einzelheiten regelt das jeweilige Landesrecht (Art. 140 EGBGB).

Kosten

Für die Siegelung und Entsiegelung sowie die Aufnahme eines Vermögensverzeichnisses wird eine 0,5-Gebühr nach dem Wert des versiegelten Gegenstands erhoben (Nr. 12310 KV GNotKG i.V.m. § 64 GNotKG).

Die Anlegung eines Siegels stellt damit zwar eine kostengünstige, i.d.R. aber auch eine **nur vorübergehende Maßnahme** dar, etwa bis ein Nachlasspfleger bestellt ist. Zur dauerhaften Sicherung des Nachlasses ist ein Siegel nicht geeignet, zumal es auf den herrenlosen Zustand aufmerksam macht und damit Einbruchsdiebstähle provoziert. Die strafrechtliche Sanktion des § 136 Abs. 2 StGB stellt insoweit nur einen geringen Schutz vor dem Siegelbruch dar.

Sachverhalt | Checkliste | Lösung | Verfahren | **Muster 1**

Antrag auf Hinterlegung der Wohnungsschlüssel und Anbringung eines Siegels

Amtsgericht ...
– Nachlassgericht –
Straße, Hausnr./Postfach
PLZ Ort

Antrag auf Einleitung von Maßnahmen zur Wohnungssicherung betreffend den Nachlass des ..., geboren am ..., verstorben am ..., zuletzt wohnhaft ...

Sehr geehrte Damen und Herren,

unter Vorlage meiner Vollmacht zeige ich an, dass ich Herrn ..., den Großcousin des Erblassers ..., anwaltlich vertrete. Der Erblasser ist ledig und kinderlos verstorben. Die Eltern, der Bruder sowie dessen Tochter, die Mutter meines Mandanten, sind vorverstorben. Mein Mandant kommt danach als gesetzlicher Alleinerbe nach dem Erblasser in Betracht. Die Sterbeurkunde des Erblassers seiner Mutter und seines Vaters liegen in Kopie bei. Die weiteren zum Erbnachweis erforderlichen Urkunden wurden angefordert und werden nachgereicht.

Nach Kenntnis meines Mandanten befindet sich in der Wohnung werthaltiger Haushalt, Schmuck sowie eine wertvolle Briefmarkensammlung. Der Erblasser hat keinen Bevollmächtigten bestimmt, der sich bis zur Erbenfeststellung um die Vermögensbelange des Erblassers kümmern kann.

Da sich die Haushälterin noch im Besitz von Wohnungsschlüsseln befindet und deren Herausgabe verweigert, muss die Wohnung zur Vermeidung einer Gefährdung des Bestands des Nachlasses gesichert werden.

Namens und in Vollmacht meines Mandanten beantrage ich daher, bis zur Feststellung der Erbfolge die gebotenen Sicherungsmaßnahmen gem. § 1960 BGB einzuleiten. Insbesondere bitte ich, die Haushälterin zur Hinterlegung der Wohnungsschlüssel bei Gericht aufzufordern sowie die Versiegelung der Wohnung zu veranlassen.

Hilfsweise beantrage ich, eine Nachlasspflegeschaft für die unbekannten Erben nach dem Verstorbenen einzuleiten und einen Pfleger mit dem Aufgabenkreis Sicherung des Wohnungsinventars zu bestellen.

Die sachliche und örtliche Zuständigkeit des Nachlassgerichts ergibt sich aus §§ 342 Abs. 2 Nr. 2, 343 Abs. 1 FamFG.

Mit freundlichen Grüßen

Rechtsanwältin/Rechtsanwalt

– Amtliche Inverwahrnahme

Die amtliche Inverwahrnahme dient der **Feststellung des Nachlassbestands**, etwa wenn bei der Siegelung des Nachlasses Wertgegenstände (Bargeld, Sparbücher, Schmuck etc.) gefunden werden. Die Wertgegenstände sind von dem siegelnden Beamten zu verzeichnen und in die amtliche Verwahrungen beim Nachlassgericht zu verbringen, wobei die Ablieferung erzwungen werden kann. Größere Barbeträge werden i.d.R. bei der Justizkasse eingezahlt.

Die Nachlassgerichte können jedoch den Beteiligten für die Fortführung etwa von Geschäftsbetrieben und Erfüllung wichtiger Nachlassverbindlichkeiten eine bestimmte Geldsumme mit der Verpflichtung, hierüber später mit den Erben abzurechnen, überlassen.

– Aufnahme eines Nachlassverzeichnisses

Eine in der Praxis relativ selten genutzte Möglichkeit der Nachlasssicherung ist die Anordnung der Aufnahme eines Nachlassverzeichnisses durch das Nachlassgericht.

Das Nachlassverzeichnis ist ein Verzeichnis, das sich auf den Aufnahmezeitpunkt bezieht und der **Feststellung möglicher Veränderungen des Nachlassbestands** bis zur endgültigen Ermittlung der Erben dient. Es muss daher nur Aktiva, aber keine Nachlassverbindlichkeiten enthalten (vgl. MüKo-BGB/Leipold, § 1960 Rdnr. 25). Die Vorschriften über das Inventar (§§ 2001 ff. BGB) finden überwiegend Anwendung. Das Verzeichnis wird bei den Nachlassakten des Gerichts aufbewahrt.

Das Nachlassverzeichnis dient zwar der Erfassung des Nachlassbestands, stellt aber – ebenso wie die Siegelung – nur eine **eingeschränkte** Sicherungsmaßnahme dar.

Kosten

Die Kosten richten sich auch hier nach dem Wert der verzeichneten Gegenstände (Nr. 12310 KV GNotKG i.V.m. § 64 GNotKG), wobei ein Mindestwert von. 5.000 € in Ansatz zu bringen ist.

– Nachlasspflegschaft

Die Anordnung einer Nachlasspflegschaft und Bestellung eines Nachlasspflegers ist zwar die teuerste, i.d.R. aber auch die umfassendste Fürsorgemaßnahme, die im Interesse der Erben erfolgen kann. Ist der Nachlass vermögend, sind die Pflegschaftskosten (Gerichts- und Pflegergebühren) vorrangig aus dem Nachlassvermögen zu tragen.

Praxistipp

Sowohl aus Sicherungs- als auch aus Kostengründen sollten Sie daher genau prüfen, welche der nach § 1960 BGB möglichen Sicherungsmaßnahmen im Einzelfall geeignet, notwendig und ausreichend ist. So kann mit der Versiegelung der Wohnung das Inventar vielleicht vorübergehend gesichert werden; die ordnungsgemäße Verwaltung und Bewirtschaftung des Nachlasses, etwa durch Kündigung und Räumung der Wohnung etc. gewährleistet die Versiegelung dagegen nicht.

Aufgaben des Nachlasspflegers

Der Nachlasspfleger ist der gesetzliche Vertreter der – noch unbekannten – Erben. Seine Aufgabe ist es, **den Nachlass bis zur Ermittlung der Erben zu sichern und zu verwalten.** Die Befriedigung von Nachlassgläubigern ist dagegen grundsätzlich nicht Aufgabe des Nachlasspflegers, kann aber nach h.M. zur Erhaltung des Nachlasses und zur Schadensabwehr (z.B. auch der Abwehr von Verzugskosten) geboten sein (MüKo-BGB/Leipold, § 1960 Rdnr. 53).

Vergütung, Auslagenersatz

Wird der Nachlasspfleger berufsmäßig tätig, steht ihm bei vermögenden Nachlässen für die Führung der Pflegschaft eine angemessene Vergütung sowie Ersatz seiner Auslagen zu (§§ 1915, 1835 Abs. 1, 1836 Abs. 1 Satz 2 BGB). Ist ein Rechtsanwalt wegen seiner Rechtskenntnisse zum Nachlasspfleger bestellt, bemisst sich die Vergütung nach dem **Umfang** der erbrachten Leistung (getätigter Zeitaufwand), wobei abhängig von den für die Führung der Pflegschaftsgeschäfte nutzbaren Fachkenntnissen sowie dem Umfang und der Schwierigkeit der zu führenden Pflegschaftsgeschäfte eine Vergütung auf Basis eines Stundensatzes von jedenfalls 110 € als angemessen erachtet wird (KG, Beschl. v. 25.10.2011 – 1 W 488/10; Palandt/Götz, § 1915 Rdnr. 7 und Palandt/Weidlich, § 1960 Rdnr. 22 ff. m.w.N.). Die Entscheidung zur konkreten Höhe des Stundensatzes liegt allerdings im jeweiligen Ermessen des Nachlassgerichts (OLG München, Rpfleger 2006, 405 f.). An der Gewährung einer pauschalen Vergütung nach dem Wert der Nachlassaktiva halten demgegenüber nur noch wenige Nachlassgerichte fest.

Sachverhalt | Checkliste | Lösung | Verfahren | Muster 2

Antrag auf Einleitung einer Nachlasspflegschaft

Amtsgericht ...
– Nachlassgericht –
Straße, Hausnr./Postfach
PLZ Ort

Antrag auf Einleitung einer Nachlasspflegschaft
für die unbekannten Erben nach
geboren am ..., verstorben am ...,
zuletzt wohnhaft ...

Sehr geehrte Damen und Herren,

unter Vorlage meiner Vollmacht zeige ich an, dass ich Herrn ..., den Großcousin des Erblassers ..., anwaltlich vertrete. Der Erblasser ist ledig und kinderlos verstorben. Die Eltern, der Bruder des Vaters des Erblassers sowie dessen Tochter, die Mutter meines Mandanten, sind vorverstorben. Mein Mandant kommt danach als gesetzlicher Alleinerbe nach dem Erblasser in Betracht. Die Sterbeurkunde des Erblassers, seiner Mutter und deren Vater liegen in Kopie bei. Die weiteren zum Erbnachweis erforderlichen Urkunden wurden angefordert und werden nachgereicht.

Laut Auskunft der Haushälterin des Erblassers, Frau ..., soll der Erblasser ein Testament zu deren Gunsten hinterlassen haben, dass bislang allerdings nicht aufgefunden worden ist. Die Erben sind damit unbekannt.

Der Erblasser hinterlässt nach Kenntnis meines Mandanten Sparvermögen bei der ...-Bank. Darüber hinaus verfügt der Erblasser über werthaltigen Hausrat, Schmuck sowie eine wertvolle Briefmarkensammlung, so dass ein Sicherungsbedürfnis gegeben ist. Hinzu kommt, dass sich die Haushälterin noch im Besitz von Wohnungsschlüsseln befindet, deren Herausgabe sie verweigert.

Namens und in Vollmacht meines Mandanten beantrage ich daher,

gem. § 1960 BGB eine Nachlasspflegschaft für die unbekannten Erben nach Herrn ... einzuleiten.

Um Übermittlung des entsprechenden Beschlusses zu meinen Händen wird gebeten.

Die sachliche und örtliche Zuständigkeit des Nachlassgerichts ergibt sich aus §§ 342 Abs. 2 Nr. 2, 343 Abs. 1 FamFG.

Mit freundlichen Grüßen

Rechtsanwältin/Rechtsanwalt

Mandatssituation 7.2.2: Das unzugängliche Testament

Sachverhalt | Checkliste | Lösung | Verfahren | Muster

Die Haushälterin behauptet, der Erblasser habe ihr wiederholt versichert, ein Testament zu ihren Gunsten hinterlassen zu haben. Sie behauptet, dass sich das Testament noch in der Wohnung des Erblassers bzw. in dessen Bankschließfach befinden muss.

Sachverhalt | **Checkliste** | Lösung | Verfahren | Muster

Vollmacht	☐
Sterbeurkunde des Erblassers (der Sterbenachweis ist für die Einleitung einer Nachlasspflegschaft zwingend erforderlich; die Bearbeitung des Antrags wird durch die Vorlage beschleunigt, da das Gericht die Sterbeurkunde dann nicht mehr auf dem Amtsweg anfordern muss)	☐
Personenstandurkunden zum Nachweis der Erbberechtigung (hilfreich, aber für die Antragstellung nicht zwingend erforderlich; das Nachlassgericht muss bei Sicherungsbedürftigkeit von Amts wegen tätig werden)	☐
Erklärung der Haushälterin zum Vorhandensein eines Testaments bzw. eidesstattliche Versicherung des Mandanten	☐
Belege für die Bankverbindung des Erblassers und, soweit vorhanden, Belege für die Existenz des Schließfachs und Angabe der Schließfachnummer	☐

Praxistipp

Wenn sich das zu regelnde Interesse nur auf einen konkreten Aufgabenkreis, wie z.B. die Suche nach dem Testament bzw. die Kündigung und Auflösung der Wohnung, bezieht, sollten Sie schon aus Kostengründen die Beschränkung der Nachlasspflegschaft auf einen begrenzten Aufgabenkreis, wie z.B. „Öffnung des Bankschließfachs des Erblassers bei der ...-Bank Nr. ...“ beantragen.

Sachverhalt | Checkliste | **Lösung** | Verfahren | Muster

Die Erbfolge ist noch ungewiss. Bevor ein Erbschein aufgrund gesetzlicher Erbfolge erteilt werden kann, ist auszuschließen, dass der Erblasser ein wirksames Testament hinterlassen hat. Der Behauptung der Haushälterin ist daher nachzugehen. Es ist zwar davon auszugehen, dass die Haushälterin, die mittels des Wohnungsschlüssels Zugang zur Wohnung des Erblassers hatte, in der Wohnung bereits vergeblich nach dem Testament gesucht hat, ihr der Zugang zu einem möglichen Bankschließfach des Erblassers demgegenüber nicht eingeräumt war.

Nachlasspflegschaft mit beschränktem Aufgabenkreis

Zur Sicherung des Nachlasses und gleichzeitigen Klärung des Vorhandenseins eines Testaments ist es daher erforderlich, die **Wohnung** schnellstmöglich auf das Vorhandensein eines Testaments zu **durchsuchen** und das **Bankschließfach einzusehen.** Hierzu sollten Sie beim zuständigen Nachlassgericht die Einleitung einer Nachlasspflegschaft mit dem beschränkten

Aufgabenkreis, z.B. „*Begehung der Wohnung des Erblassers ... sowie Öffnung des Bankschließfachs des Erblassers bei der ...-Bank Nr. ... zwecks Durchsuchung und Sicherstellung letztwilliger Verfügungen des Erblassers*" beantragen.

Praxistipp

Zur Vermeidung unnötiger Kosten auf Seiten der gesetzlichen Erben durch Beschaffung von Urkunden und Beantragung eines Erbscheins/Europäischen Nachlasszeugnisses (ENZ) sollten Sie zunächst immer abklären, ob der Erblasser nicht doch ein Testament hinterlassen hat. Auskunft erhält man u.a. über das von der Bundesnotarkammer zum 01.01.2012 eingeführte **Zentrale Testamentsregister**. Es enthält Verwahrangaben zu sämtlichen erbfolgerelevanten Urkunden, die von einem Notar errichtet oder in gerichtliche Verwahrung genommen wurden. In jedem Fall sollte auch bei nahestehenden Personen bzw. Bezugspersonen des Erblassers, wie z.B. Bevollmächtigten, Pflegern, Betreuern, sowie Steuerberatern, Rechtsanwälten, der Heimleitung oder dem Bestatter nachgefragt werden.

Mandatssituation 7.2.3: Nachlasssicherung bei Firmenvermögen

Sachverhalt | Checkliste | Lösung | Verfahren | Muster

Der 43-jährige Erblasser, Gesellschafter und alleiniger Geschäftsführer der X-GmbH, ist tödlich verunglückt. Er hat eine Frau und zwei minderjährige eheliche Kinder, allerdings weder ein Testament noch Vollmachten hinterlassen. Noch bevor ein Erbschein erteilt werden kann, meldet sich M und behauptet, ein außerehelich gezeugter Sohn des Erblassers zu sein. Die Erbfolge ist damit ungewiss.

Wesentlicher Wert des Nachlasses ist die gut florierende Firma des Erblassers. Da dieser jedoch keine Vollmachten hinterlassen hat, liegen die Geschäfte derzeit brach: Aufträge können nicht mehr angenommen bzw. abgewickelt, Rechnungen nicht mehr gestellt und Gehälter, Warenlieferungen und laufende Verbindlichkeiten nicht mehr bezahlt werden. Die Ehefrau befürchtet den Konkurs der Firma und fragt an, was sie tun kann.

Sachverhalt | Checkliste | Lösung | Verfahren | Muster

Vollmacht	☐
Sterbeurkunde	☐
Heiratsurkunde des Erblassers	☐

Geburtsurkunden der Kinder	☐
Existenznachweis des außerehelichen Sohns	☐
Handelsregisterauszug	☐
Vermögensbelege der GmbH (Bilanzen, aktuelle Kontoauszüge, vorläufige Vermögensübersicht etc.)	☐
Name des Steuerberaters und der Mitarbeiter	☐

Sachverhalt | Checkliste | **Lösung** | Verfahren | Muster

Da der Erblasser keine Vollmachten hinterlassen hat, können weder die potentiellen Erben noch die Mitarbeiter über das Firmenvermögen und die Konten verfügen, so dass die laufenden Geschäftsverbindlichkeiten, Mieten, Gehaltszahlungen an die Mitarbeiter nicht beglichen werden können. Wird die Firma nicht zeitnah nach unternehmerischen Gesichtspunkten fortgeführt, droht der Eintritt der Insolvenz. Zur Sicherung des Firmenwerts sollten Sie daher schnellstmöglich im Rahmen von § 1960 BGB die Bestellung eines Geschäftsführers beim zuständigen Nachlassgericht beantragen.

Sachverhalt | Checkliste | Lösung | Verfahren | **Muster**

Antrag auf Bestellung eines Geschäftsführers

Amtsgericht ...
– Nachlassgericht –
Straße, Hausnr./Postfach
PLZ Ort

Anzeige eines sicherungsbedürftigen Nachlasses
Nachlass des ...
geboren am ..., verstorben am ...,
zuletzt wohnhaft ...

Sehr geehrte Damen und Herren,

unter Vorlage meiner Vollmacht zeige ich an, dass ich Frau ..., die Ehefrau des Erblassers, anwaltlich vertrete.

Der Verstorbene war Geschäftsführer der X-GmbH mit Sitz in der ... Straße in ... Stadt. Die Firma beschäftigt ... Mitarbeiter. Die Konten sind gedeckt. Die Auftragslage ist gut.

Der Verstorbene hat keine Verfügung von Todes wegen hinterlassen.

Als gesetzliche Erben kommen damit meine Mandantin sowie die beiden ehelichen Kinder ..., geb. am ..., und ..., geb. am ..., in Betracht. Die Sterbeurkunde des Erblassers, die Heiratsurkunde meiner Mandantin sowie die Geburtsurkunden der Kinder liegen in Kopie bei. Darüber hinaus hat als weiterer möglicher Miterbe Herr ... seine Erbansprüche als außereheliches Kind des Erblassers angemeldet. Wegen der weiteren Einzelheiten verweise ich auf anliegende Kopie des dortigen Schreibens vom .... Die Erbfolge ist damit ungewiss.

Der Erblasser hat weder Vollmachten erteilt noch Prokura zugunsten seiner Mitarbeiter verfügt, so dass weder der Ehefrau noch den Mitarbeitern der Zugriff auf die Konten möglich ist. Die Lohnzahlungen für den Monat ... sind bereits rückständig. Weitere Lohnzahlungen stehen zum Monatsende an. Den Mitarbeitern kann ein weiteres Zuwarten nicht zugemutet werden. Im Übrigen muss der Betrieb, der einen guten Gewinn abwirft, weitergeführt werden.

Ich beantrage daher,

eine Nachlasspflegschaft nach den unbekannten Erben des Verstorbenen anzuordnen und einen Nachlasspfleger mit dem Aufgabenkreis „Geschäftsführung der X-GmbH“ zu bestellen.

Der Wert des Nachlasses nach Abzug der Verbindlichkeiten beläuft sich auf geschätzt ... €.

Mit freundlichen Grüßen

Rechtsanwältin/Rechtsanwalt

Mandatssituationen 7.3: Sicherungsmaßnahmen durch den Erben

Mandatssituationen 7.3.1: Sicherungsmaßnahmen gegenüber Dritten

Mandatssituation 7.3.1.1: Ansprüche gegenüber dem ehemaligen Betreuer

Sachverhalt | Checkliste | Lösung | Verfahren | Muster

Der demenzkranke Erblasser stand unter Betreuung. Ein Testament hat er nicht hinterlassen. Als gesetzliche Erben werden die Neffen festgestellt. Sie bitten die Betreuerin um Auskunft zum Nachlass, leider ohne Erfolg. Die Neffen fragen an, wie sie weiter vorgehen können.

Sachverhalt | **Checkliste** | Lösung | Verfahren | Muster

Vollmacht	☐
Erbschein, Testament bzw. Personenstandsurkunden zum Erbnachweis	☐
Hinweise des Erben auf mögliches Vermögen des Erblassers (Konten, Versicherungen, Immobilien etc.) aufnehmen	☐
Gerichtsakte einsehen und Kopien der Rechnungslegung und Vermögensverzeichnisse der Betreuerin fertigen	☐

Sachverhalt | Checkliste | **Lösung** | Verfahren | Muster

Herausgabe, Rechnungslegung

Das Amt des gesetzlichen Betreuers (§ 1896 BGB) endet automatisch mit dem Tod des Betreuten. Der Betreuer ist damit verpflichtet, das verwaltete Vermögen gegen Quittung (§ 368 BGB) an den Erben herauszugeben und diesem über die Verwaltung Rechnung zu legen (§§ 1908i, 1890 BGB). Ist die Schlussabrechnung bereits gegenüber dem Betreuungsgericht erfolgt, genügt dies (§ 1890 Satz 2 BGB). Andernfalls sind die Erben berechtigt, die Rechnungslegung direkt von der Betreuerin anzufordern und die Herausgabe der von der Betreuerin in Besitz genommenen Vermögensgegenstände, persönlichen Unterlagen, Wohnungsschlüssel etc. zu verlangen und diesen Anspruch ggf. auch zivilrechtlich durchzusetzen.

Praxistipp

Von einigen Betreuern werden sog. Verwahrgeldkonten (Bar-Kassen) geführt, über die ebenfalls abzurechnen ist. Das verbleibende Guthaben steht zwar den Erben zu, wird aber häufig zunächst einbehalten und auf die noch offene Betreuungsvergütung, die vom Betreuungsgericht festzusetzen ist, verrechnet.

Praxistipp

Sofern die Betreuerin nicht auf die Aufforderung der Erben reagiert, sollte in jedem Fall das zuständige Betreuungsgericht um Unterstützung ersucht werden. Gleichzeitig sollten die Erben sich durch Einsichtnahme in die Gerichtsakte einen Überblick über das Vermögen des Erblassers verschaffen und den relevanten Stellen, insbesondere den beteiligten Banken, die Beendigung der Betreuung anzeigen. Erforderlichenfalls stellt das Betreuungsgericht zu diesem Zweck eine Bescheinigung über die Beendigung der Betreuung aus.

Sachverhalt | Checkliste | Lösung | Verfahren | Muster

Schreiben an ehemaligen Betreuer wegen Herausgabe und Rechnungslegung

Herr/Frau
...
Straße, Hausnr./Postfach
PLZ Ort

Nachlass des ...,
geboren am ..., verstorben am ...,
zuletzt wohnhaft ...

Sehr geehrte/r ...,

in obiger Angelegenheit zeige ich an, dass mich Herr ... und Herr ..., die Neffen des am ... verstorbenen Herrn ..., mit der Wahrnehmung ihrer rechtlichen Interessen beauftragt haben. Meine Mandanten sind die testamentarischen Erben des Verstorbenen. Eine beglaubigte Fotokopie des notariellen Testaments des Erblassers vom ... nebst Eröffnungsprotokoll des Nachlassgerichts/eine (beglaubigte) Fotokopie des Erbscheins des Amtsgerichts ... vom .../eine (beglaubigte) Fotokopie des Europäischen Nachlasszeugnisses (ENZ) des ...gerichts vom ... sowie die auf mich ausgestellten Vollmachten liegen zum Nachweis meiner Legitimation bei.

Nach den mir vorliegenden Informationen waren Sie vom zuständigen Betreuungsgericht zur/zum Betreuer/in für die/den Erblasser/in bestellt. Die Betreuung ist durch den Tod beendet, sodass Sie meinem Mandanten zur Auskunftserteilung und Rechnungslegung sowie Herausgabe des verwahrten Vermögens verpflichtet sind (§ 1908i i.V.m. § 1890 BGB).

Ich bitte Sie daher, über Ihre Verwaltung Rechnung zu legen, Auskunft zum Vermögen (Immobilienvermögen, Bankguthaben, Lebensversicherungen, Beteiligungen, Fahrzeuge, Hausrat, Sammlungen, Münzen, Schmuck etc.) des Verstorbenen per Todestag zu erteilen sowie etwaig von Ihnen verwahrte Wertgegenstände und Unterlagen (Versicherungspolicen, Sparbücher, Kontounterlagen, Münzen, Schmuck etc.) sowie persönliche Nachlassgegenstände des Verstorbenen (Briefe, Fotos), Wohnungsschlüssel etc. an mich herauszugeben. Verwahrgelder bitte ich abzurechnen und Guthaben auf das Konto des Verstorbenen bei der **...-Bank, IBAN: ..., BIC: ...** zu erstatten.

Des Weiteren bitte ich, mir zur Abwicklung des Nachlasses Name und Anschrift des Vermieters und des beauftragten Bestattungsinstituts mitzuteilen sowie Auskunft zu den Einkünften des/r Verstorbenen und den bestehenden Versorgungsverträgen (Strom, Gas, Telekom, Kabel, ARD, ZDF, Deutschlandradio etc.) unter Angabe der Kundennummer zu erteilen.

Der Erledigung sehe ich bis zum ... entgegen.

Mit freundlichen Grüßen

Rechtsanwältin/Rechtsanwalt

Mandatssituation 7.3.1.2:
Ansprüche gegenüber dem Bevollmächtigten

Sachverhalt | Checkliste | Lösung | Verfahren | Muster

Die „Dauervollmacht"

Die 78-jährige Erblasserin hatte ihrer Nachbarin eine Vorsorgevollmacht mit Wirkung über den Tod hinaus erteilt. Mittels dieser Vollmacht führt die Nachbarin auch noch nach dem Tod der Erblasserin deren vermeintliche Geschäfte fort. Der Erbfall wird dem Nachlassgericht zunächst nicht bekannt; auch werden keine Erben ermittelt.

Die in den USA lebende Schwester und gesetzliche Alleinerbin der Erblasserin erfährt nur zufällig Monate später von dem Ableben ihrer Schwester. Sie möchte wissen, was zur Sicherung des Nachlasses zu veranlassen ist.

Sachverhalt | Checkliste | Lösung | Verfahren | Muster

Vollmacht	☐
Sterbeurkunde der Erblasserin (der Sterbenachweis ist für die Einleitung einer Nachlasspflegschaft zwingend erforderlich; die Bearbeitung des Antrags wird durch die Vorlage beschleunigt, da das Gericht die Sterbeurkunde dann nicht mehr auf dem Amtsweg anfordern muss)	☐
Abstammungsurkunden der Schwester (Geburts- und ggf. Heiratsurkunden, Geburts-, Heirats- und Sterbeurkunden der Eltern bzw. Geburtsdatum und -ort sowie Sterbedatum und -ort zur Anforderung der Urkunden)	☐
Klären, welche Art von Vollmachten (Vorsorgevollmacht, Generalvollmacht, Bankvollmacht etc.) und ggf. wie viele Ausfertigungen und an wen erteilt wurden und ggf. Kopien bzw. beglaubigte Abschrift von der ausstellenden Institution (Bank, Notar) anfordern	☐

Sachverhalt | Checkliste | Lösung | Verfahren | Muster

Gegenstand der **Vorsorgevollmacht** ist die Führung der Geschäfte des Vollmachtgebers in dessen wohlverstandenem Interesse, wobei der Bevollmächtigte der Aufsicht des Vollmachtgebers unterliegt. Ihrem Zweck und Inhalt nach endet die Vorsorgevollmacht daher grundsätzlich mit dem Tod des Bevollmächtigten. Allerdings hat sich zunehmend etabliert, die Vollmacht auch über den Tod hinaus zu erteilen (sog. transmortale Vollmacht), damit der Bevollmächtigte die zu regelnden Geschäfte auch in der Übergangszeit bis zur Ermittlung des Erben fortführen kann, um Schaden von dem Nachlass fernzuhalten.

Widerruf der Vorsorgevollmacht

Dies eröffnet jedoch das Risiko, dass der Bevollmächtigte nicht nur am eigentlichen Interesse der Erben vorbeiwirtschaftet, sondern auch, etwa in Verkennung der Erbfolge, zu eigenen Gunsten über das Nachlassvermögen verfügt.

Zur Vermeidung eines möglichen Schadens sollten Sie der Erbin daher dringend anraten, die Vollmacht so schnell als möglich zu widerrufen. Gleichzeitig sollten Sie zur Vermeidung eines Missbrauchs alle Originale ebenso wie beglaubigte Abschriften und Kopien der Urkunde von der Bevollmächtigten herausverlangen.

Sollte die Herausgabe durch die Bevollmächtigte nicht mehr möglich sein, etwa wegen des Verlusts oder Untergangs der Urkunden, sollten Sie sich hierüber eine eidesstattliche Versicherung der Bevollmächtigten erteilen lassen.

Soweit seitens der Bevollmächtigten Einwendungen gegen die Legitimation der Schwester erhoben werden, empfiehlt es sich, beim Nachlassgericht eine **Nachlasspflegschaft** mit dem Aufgabenkreis „Widerruf der Vorsorgevollmacht" zu beantragen.

Praxistipp

Gleichzeitig sollten Sie in jedem Fall die Bank bzw. sonstige bekannte Vermögensverwalter über den Todesfall, die Erbfolge und den Widerruf der Vollmacht informieren und ggf. unter Regressandrohung klarstellen, dass jeglicher Vermögensverfügung durch die Bevollmächtigte und insbesondere auch der Gewährung des Zugangs zu einem evtl. vorhandenen Bankschließfach des Erblassers widersprochen wird.

Warnhinweis

Im Gegensatz zu Vorsorgevollmachten gelten Generalvollmachten i.d.R. über den Tod hinaus; auch die banküblichen Formularvordrucke zur Erteilung von Kontovollmachten sehen i.d.R. die postmortale Wirkung (sog. große Kontovollmacht) vor und sollten deshalb schnellstmöglich widerrufen werden.

Sachverhalt | Checkliste | Lösung | Verfahren | Muster

Widerruf einer Vorsorgevollmacht/Bankvollmacht

Einschreiben/Rückschein
Frau/Herr
...
Straße, Hausnr./Postfach
PLZ Ort

Nachlass der ...
geboren am ..., verstorben am ...
zuletzt wohnhaft ...
hier: wg. Widerruf Vollmacht

Sehr geehrte Frau ...,

unter Vorlage meiner Vollmacht zeige ich an, dass mich die Schwester der o.g. Erblasserin, Frau ..., mit der Wahrnehmung ihrer rechtlichen Interessen beauftragt hat.

Nach Kenntnis meiner Mandantin hat ihre Schwester keine letztwillige Verfügung hinterlassen. Es ist daher davon auszugehen, dass meine Mandantin als einziger weiterer Abkömmling der Eltern der Erblasserin diese auf gesetzlicher Grundlage beerbt. Kopien der Geburtsurkunde meiner Mandantin sowie der Sterbeurkunden der Eltern liegen zum Nachweis der Legitimation anbei.

Meiner Mandantin liegen Hinweise vor, wonach die Erblasserin Ihnen am ... eine Generalvollmacht/ Vorsorgevollmacht/Bankvollmacht erteilt hat. Namens und in Vollmacht meiner Mandantin und Rechtsnachfolgerin nach Frau ... gem. § 1922 BGB

widerrufe

ich hiermit die Ihnen erteilte Vollmacht und alle anderen weiter erteilten Vollmachten. Gleichzeitig fordere ich Sie hiermit auf, die Originalvollmachten nebst sämtlicher hiervon gefertigten beglaubigten und einfachen Ausfertigungen, Abschriften und Kopien **binnen Wochenfrist** an mich herauszugeben.

Der Widerruf hat die Wirkung, dass Sie ab sofort keine Verfügungen mehr treffen dürfen. Vorsorglich weise ich Sie darauf hin, dass Sie sich im Falle eines Verstoßes schadensersatzpflichtig und möglicherweise auch strafbar machen können.

Mit freundlichen Grüßen

Rechtsanwältin/Rechtsanwalt

Zum Vollmachtswiderruf vgl. auch Mandatssituation 13.3, S. 992 f. Zum Vollmachtswiderruf bei Erbengemeinschaft vgl. Mandatssituation (Abwandlung) 13.3.1, S. 927 f.

Mandatssituation 7.3.1.3: Ansprüche gegenüber dem Nachlasspfleger/-verwalter

Sachverhalt | Checkliste | Lösung | Verfahren | Muster

Der kinderlose, vermögende Erblasser ist verstorben, ohne ein Testament errichtet zu haben. Zur Sicherung des Nachlasses wurde eine Nachlasspflegschaft angeordnet und Rechtsanwalt R zum Nachlasspfleger bestellt. Im Rahmen der Erbenermittlung kann R zwei Großneffen des Erblassers ermitteln, die er von dem möglichen Erbfall in Kenntnis setzt.

Nach Beschaffung der erforderlichen Personenstandsurkunden können die Großneffen schließlich die Erteilung eines Erbscheins/Europäischen Nachlasszeugnisses (ENZ) erwirken. Sie setzen sich mit dem Nachlassgericht wegen der Übernahme des Nachlasses in Verbindung. Das Nachlassgericht teilt mit, dass die Pflegschaft zwischenzeitlich aufgehoben wurde, und verweist an den Nachlasspfleger. Die Erben fragen an, wie sie sich nun verhalten sollen und an ihr Erbe kommen.

Sachverhalt | **Checkliste** | Lösung | Verfahren | Muster

Vollmacht	☐
Erbschein/Europäisches Nachlasszeugnis (ENZ) bzw. notariellesTestament nebst Eröffnungsbeschluss	☐
Name und Anschrift des Nachlasspflegers/Beschluss über Aufhebung der Nachlasspflegschaft	☐
Hinweise des Erben auf mögliches Vermögen des Erben (Konten, Versicherungen, Immobilien etc.) aufnehmen	☐
Gerichtsakte sichten und Kopien der Rechnungslegung des Nachlasspflegers nebst Vermögensverzeichnis perTodestag fertigen	☐

Sachverhalt | Checkliste | **Lösung** | Verfahren | Muster

Aufhebung der Nachlasspflegschaft

Die Nachlasspflegschaft ist aufzuheben, wenn die Rechtsunsicherheit bzgl. der Erbenermittlung bzw. das Fürsorgebedürfnis für den Nachlass entfallen ist. Dies ist i.d.R. **mit Erteilung des Erbscheins/Europäischen Nachlasszeugnisses (ENZ)** bzw. der **Erschöpfung des Nachlasses** der Fall.

Ansprüche gegen Nachlasspfleger

Der Anspruch des Erben auf Herausgabe des Nachlasses und Rechnungslegung gem. §§ 1915, 1890 BGB richtet sich damit gegen den Nachlasspfleger. Hat der Nachlasspfleger bereits Schlussabrechnung gegenüber dem Nachlassgericht gelegt, kann er darauf verweisen (§ 1890 Satz 2

BGB), andernfalls kann diese direkt durch den Erben angefordert werden. Kommt der Nachlasspfleger seiner diesbezüglichen Verpflichtung zur Rechnungslegung nicht nach, kann die Rechnungslegung von den Erben vor dem Zivilgericht eingeklagt werden.

Praxistipp

Das Nachlassgericht ist im Rahmen seiner allgemeinen Fürsorgepflicht, die sich auch noch auf die Abwicklung der Nachlasspflegschaft erstreckt, verpflichtet, die Abnahme der Rechnungslegung durch Verhandlungen mit den Beteiligten zu vermitteln.

Herausgabe des Nachlasses

Die Herausgabe des von dem Nachlasspfleger in Verwahrung genommenen Nachlasses (Wertgegenstände, Unterlagen, persönlicher Nachlass wie Fotos, Briefe etc.) kann nur **von allen Erben gemeinschaftlich** gegen Quittung (§ 368 BGB) gefordert werden. Die **Kosten** der Aushändigung sind Kosten des Nachlasses. Die Erben müssen den Nachlass gemeinschaftlich oder unter gegenseitiger Bevollmächtigung von dem Nachlasspfleger abholen. Eine Pflicht zur Zusendung durch den Nachlasspfleger besteht nicht. Können die Erben sich nicht einigen, kann der Nachlasspfleger den Wertnachlass (Geld, Wertpapiere, Urkunden und Kostbarkeiten) hinterlegen (§§ 372 ff. BGB).

Rechnungslegung

In der Regel fordert der Nachlasspfleger nach erfolgter Rechnungslegung eine Entlastungserklärung durch die Erben an. Eine Verpflichtung der Erben, diese zu erteilen, besteht nicht. Allerdings ist der Nachlasspfleger im Fall der Weigerung gehalten, gegenüber dem Nachlassgericht abschließend Rechnung zu legen, wodurch i.d.R. weitere Kosten zu Lasten der Erben entstehen.

Praxistipp

Den konkreten Aufgabenkreis des Nachlasspflegers können Sie aus dem Anordnungsbeschluss (§ 38 FamFG) bzw. der dem Nachlasspfleger erteilten Bestallungsurkunde (Legitimationsnachweis) entnehmen.

Sachverhalt | Checkliste | Lösung | Verfahren | **Muster**

Aufforderungsschreiben an ehemaligen Nachlasspfleger auf Herausgabe und Rechnungslegung

Herr/Frau
...
Straße, Hausnr./Postfach
PLZ Ort

Nachlass des ...,
geboren am ..., verstorben am ...,
zuletzt wohnhaft ...

Sehr geehrte/r ...

unter Vorlage meiner Vollmacht zeige ich an, dass mich die Söhne ... und ... des verstorbenen Herrn ... mit der Wahrnehmung ihrer rechtlichen Interessen beauftragt haben. Meine Mandanten sind die testamentarischen/gesetzlichen Erben des Erblassers. Eine Ausfertigung des notariellen Testaments des Erblassers vom .../des Erbscheins des Amtsgerichts ... vom .../eine (beglaubigte) Fotokopie des Europäischen Nachlasszeugnisses (ENZ) des ...gerichts vom ... füge ich zum Nachweis der Legitimation meiner Mandanten anliegend bei.

Nach den mir vorliegenden Informationen waren Sie zur/zum Nachlasspfleger/in für die bisher unbekannten Erben nach dem Erblasser bestellt. Die Nachlasspflegschaft ist durch Feststellung der Erben/Beschluss vom ... beendet, so dass Sie meinem Mandanten zur Auskunftserteilung, Rechnungslegung und Herausgabe des verwahrten Vermögens verpflichtet sind (§ 1915 i.V.m. § 1890 BGB).

Ich bitte daher, über die Verwaltung seit Todestag unter Beifügung geeigneter Belege Rechnung zu legen, Auskunft zum Vermögen des Verstorbenen per Todestag zu erteilen sowie das verwahrte Vermögen (Wertgegenstände, Sparbücher, Schmuck etc.) und in Ihrem Besitz befindliche persönliche Unterlagen des Verstorbenen, Poststücke, Wohnungsschlüssel etc. an mich/meinen Mandanten herauszugeben. Verwahrgelder bitte ich ebenfalls unter Beifügung geeigneter Belege abzurechnen und Guthaben auf eines der u.g. Konten zu erstatten. Meine Geldempfangsbefugnis liegt bei.

Der Erledigung sehe ich bis zum ... entgegen.

Mit freundlichen Grüßen

Rechtsanwältin/Rechtsanwalt

Mandatssituation 7.3.1.4: Ansprüche gegenüber Hausgenossen und Erbschaftsbesitzern

Sachverhalt | Checkliste | Lösung | Verfahren | Muster

Der Erblasser lebte mit seiner Freundin in nichtehelicher Lebensgemeinschaft in deren Wohnung.

Sachverhalt | Checkliste | **Lösung** | Verfahren | Muster

Der Hausgenosse schuldet dem Erben Auskunft über den Verbleib der Nachlassgegenstände und über etwaige für den Nachlass geführte Geschäfte (§ 2028 Abs. 1 BGB). Der Kreis der Hausgenossen ist weit zu fassen.

Auskunftspflicht des Erbschaftsbesitzers

Auch jeder, der aufgrund eines ihm in Wirklichkeit nicht zustehenden Erbrechts etwas aus dem Nachlass erlangt hat (Erbschaftsbesitzer), ist zur Auskunft verpflichtet (§ 2027 BGB). Aus der erteilten Auskunft können sich Herausgabeansprüche ergeben (§ 2018 BGB).

Mandatssituationen 7.3.2: Der ausgehöhlte und gefährdete Nachlass

Mandatssituation 7.3.2.1: Bezugsrecht zugunsten des Tierschutzvereins

Sachverhalt | Checkliste | Lösung | Verfahren | Muster

Die kinderlose Erblasserin ist mit 89 Jahren verstorben. Als gesetzliche Erbin kommt die Großnichte in Betracht. Ein Testament ist nicht vorhanden.

Bei Sichtung der persönlichen Papiere der Verstorbenen findet die Großnichte eine Lebensversicherungspolice vor, stellt jedoch fest, dass für den Nichterlebensfall ein Bezugsrecht zugunsten eines Dritten, dem lokalen Tierschutzverein, vorgemerkt ist. Der Nachlass im Übrigen ist praktisch mittellos. Die Großnichte möchte wissen, ob sie als Erbin Anspruch auf die Versicherungsleistung hat und wie sie diese geltend machen kann.

Sachverhalt | **Checkliste** | Lösung | Verfahren | Muster

Vollmacht	☐
Erbnachweis (Ausfertigung Erbschein/Europäisches Nachlasszeugnis (ENZ), beglaubigte Abschrift des notariellen Testaments nebst Eröffnungsbeschluss, Personenurkunden zum Nachweis der gesetzlichen Erbfolge etc.)	☐
Versicherungspolice nebst Verfügung der Bezugsberechtigung	☐

Achtung: Prüfen, ob sofortiges Handeln (Widerruf des Übermittlungsauftrags gegenüber der Versicherungsgesellschaft und gleichzeitiger Widerruf der Schenkung gegenüber der Begünstigten) möglich (vgl. Ausschluss nach § 159 Abs. 3 VVG) und geboten ist.	☐
ggf. Erblasserwillen berücksichtigen und steuerliche Konsequenzen beachten	☐

Sachverhalt | Checkliste | Lösung | Verfahren | Muster

Mit der Benennung eines Bezugsberechtigten hat die Erblasserin für den Leistungsanspruch gegenüber der Versicherungsgesellschaft die **Zahlung der Versicherungsleistung an einen Dritten** dergestalt verfügt, dass dieser die Leistung **unmittelbar** von der Versicherung fordern kann (§ 328 BGB). Üblich ist die Vereinbarung des Bezugsrechts vor allem auf den Todesfall (§ 160 Abs. 3 VVG) mit der Folge, dass die Versicherungsleistung in der juristischen Sekunde des Todes unmittelbar auf den Begünstigten übergeht und mithin nicht in den Nachlass fällt. Je nach Versicherungsvertrag kann die Benennung des Bezugsberechtigten auch durch Verfügung von Todes wegen erfolgen (§ 332 BGB).

Auszahlung der Versicherungsleistung an Dritten

Zwischen dem Erblasser und der Versicherungsgesellschaft handelt es sich dabei rechtlich um einen **Vertrag zugunsten Dritter**, wonach die Versicherungsgesellschaft mit Eintritt des Versicherungsfalls (Todesfall) verpflichtet ist, die Versicherungsleistung an den Dritten auszuzahlen. Im Verhältnis zwischen dem Erblasser und dem Bezugsberechtigten handelt es sich um eine **Schenkung** gem. § 516 Abs. 1 BGB in Form eines – i.d.R. zunächst formunwirksamen – Schenkungsversprechens, das erst mit der Einigung über die unentgeltliche Zuwendung und Erfüllung des Anspruchs vollzogen wird.

Die Rechtsprechung geht dabei davon aus, dass die Erklärung des Versicherungsnehmers gegenüber dem Versicherer dahingehend auszulegen ist, dass der Versicherungsnehmer mit der Bestimmung der Bezugsberechtigung im Regelfall zugleich einen konkludenten Auftrag an den Versicherer erteilt, dem Begünstigten nach Eintritt des Versicherungsfalls das Schenkungsangebot des Versicherungsnehmers zu überbringen (BGH, Urt. v. 21.05.2008 – IV ZR 238/06). Für diese Willenserklärung ist es ohne Einfluss, wenn der Erklärende nach der Abgabe stirbt (§ 130 Abs. 2 BGB).

Widerruf

Hierdurch ist eine Gestaltungsmöglichkeit der Großnichte im Rahmen von §§ 159 Abs. 2, 160 Abs. 3 VVG gegeben, die Versicherungsleistung in den Nachlass zu ziehen: Um die Annahme des Schenkungsangebots durch den Begünstigten zu verhindern, sollte die Großnichte sowohl gegenüber der Versicherungsgesellschaft den erteilten **Auftrag** zur Übermittlung des Schenkungsangebots an den Bezugsberechtigten als auch **gleichzeitig** gegenüber dem Begünstigten das Schenkungsversprechen widerrufen.

Praxistipp

Zunehmend gehen die Versicherer dazu über, den Widerruf der Schenkung durch die Erben vertraglich bzw. durch AGB auszuschließen. In diesem Fall sollten Sie sich zumindest die Annahme der Schenkung durch den Bezugsberechtigten von dem Versicherer nachweisen lassen. Es wäre nicht das erste Mal, dass der Bezugsberechtigte auf das Angebot des Versicherers nicht reagiert bzw. – etwa wegen eingetretener Geschäftsunfähigkeit oder Vorversterbens – nicht mehr reagieren kann, mit der Folge, dass der Schenkungsvertrag nicht zustande gekommen ist und die Versicherungsleistung doch noch in den Nachlass fällt.

Sachverhalt | Checkliste | Lösung | Verfahren | **Muster**

Auskunftsanfrage an Lebensversicherung bei Bezugsberechtigung

... Versicherung
Herrn/Frau ...
Straße, Hausnr./Postfach
PLZ Ort

Nachlass des ...,
geboren am ..., verstorben am ...,
zuletzt wohnhaft ...
Lebensversicherung-Nr.: ...
Ihr Versicherungsnehmer ...

Sehr geehrte Damen und Herren,

in obiger Angelegenheit zeige ich an, dass mich Frau ..., die Großnichte der am ... verstorbenen Frau ..., mit der Wahrnehmung ihrer rechtlichen Interessen beauftragt hat. Meine Mandantin ist die testamentarische Erbin der Verstorbenen. Eine beglaubigte Fotokopie des notariellen Testaments der Erblasserin vom ... nebst Eröffnungsprotokoll des Nachlassgerichts/eine (beglaubigte) Fotokopie des Erbscheins des Amtsgerichts ... vom .../eine (beglaubigte) Fotokopie des Europäischen Nachlasszeugnisses (ENZ) des ...gerichts vom ... sowie die auf mich ausgestellten Vollmachten liegen zum Nachweis meiner Legitimation bei.

Nach den meiner Mandantin vorliegenden Informationen hat die Verstorbene bei Ihnen die o.g. Lebensversicherung geführt. Ich bitte um Mitteilung, ob bei Ihnen noch weitere Lebens- und sonstige Versicherungsverträge geführt werden. Für sämtliche Versicherungsverhältnisse bitte ich um Bestätigung der Guthaben per Todestag sowie um Übersendung der jeweiligen Verträge in Fotokopie.

Für den Fall, dass die Erblasserin ein Bezugsrecht auf den Todestag verfügt haben sollte,

widerrufe

ich hiermit gleichzeitig einen Ihnen mit der Bestimmung der Bezugsberechtigung etwaig konkludent oder ausdrücklich erteilten Auftrag, das Schenkungsangebot an den Bezugsberechtigten zu überbringen und bitte, mir Namen und Anschrift des Bezugsberechtigten bis zum

...

mitzuteilen. Sollten dagegen bereits Leistungen an einen Bezugsberechtigten erbracht worden sein, wird ebenfalls innerhalb der vorgenannten Frist um Abrechnung und Übersendung der Zahlungsnachweise gebeten.

Mit freundlichen Grüßen

Rechtsanwältin/Rechtsanwalt

Praxistipp

Die Versicherer verweigern gerne jegliche Auskunftserteilung zum Stand der Erfüllung des Bezugsrechts unter Hinweis auf das bestehende Bezugsrecht. Hier kann es hilfreich sein, auf die Entscheidung des OLG Saarbrücken (Urt. v. 03.03.2010 – 5 U 233/09) zu verweisen: Danach steht dem Erben gegenüber dem Versicherer gem. § 666 BGB ein Auskunftsanspruch zu, wonach dieser verpflichtet ist, über den Stand des Geschäfts Auskunft zu erteilen und nach der Ausführung des Auftrags Rechenschaft abzulegen. Gleichzeitig sollten Sie für den Fall der Verweigerung der Auskunftserteilung mit der Erhebung einer Auskunftsklage drohen.

Mandatssituation 7.3.2.2: Die ausländische Miterbin

Sachverhalt | Checkliste | Lösung | Verfahren | Muster

Der Erblasser war in zweiter Ehe verheiratet. Ein Testament hat er nicht hinterlassen. Gemäß gesetzlicher Erbfolge wird er von seiner zweiten Ehefrau thailändischer Nationalität sowie seinem Sohn aus erster Ehe gemeinschaftlich beerbt. Ein Erbschein wurde bislang nicht erteilt.

Dem Sohn wird bekannt, dass die Miterbin mittels der ihr vom Erblasser eingeräumten Bankvollmacht bereits dessen Konto aufgelöst und den Bestand i.H.v. 250.000 € in Empfang genommen hat. Auf der Beerdigung kündigt die Ehefrau an, sie beabsichtige so bald als möglich ihren Wohnsitz in Deutschland aufzugeben und zu ihrer Familie nach Thailand zurückzukehren. Der Sohn fürchtet um seinen Erbanteil. Was kann er tun?

Sachverhalt | **Checkliste** | Lösung | Verfahren | Muster

Vollmacht	☐
Personenstandsurkunden (hier: Heirats- und Sterbeurkunde Erblasser, Geburtsurkunde Mandant)	☐
Bankbelege (Kontoauszüge und Nachweis Depotvermögen per Todestag; ggf. Finanzamtsmeldung der Bank und Auflösungsnachweis)	☐
Glaubhaftmachung des Arrestgrunds ggf. durch eidesstattliche Versicherung des Mandanten	☐

Sachverhalt | Checkliste | **Lösung** | Verfahren | Muster

Ansprüche gegenüber Bank und Miterbin

Dem Sohn steht zunächst als Miterben gegenüber der Bank ein Anspruch auf **Auskunft und Rechnungslegung** (§ 666 BGB) sowie gegenüber der Miterbin und Erbschaftsbesitzerin ein Anspruch auf Rechnungslegung und Auskunft zum Verbleib des Nachlassvermögen zu (§§ 2027, 242 BGB).

Arrest gem. §§ 916 ff. ZPO

Der sich hieraus möglicherweise ergebende Zahlungsanspruch ist bis zur Erlangung eines Titels allerdings nicht vollstreckbar. Hier hilft der Arrest gem. §§ 916 ff. ZPO: Mittels des Arrestgesuchs (§ 920 ZPO) kann der Sohn einen Arrestbefehl (Titel) erlangen und damit ein Arrestpfandrecht auch in das Vermögen der Miterbin ausüben, durch das die zukünftige Zwangsvollstreckung aus dem noch zu beschaffenden Titel wegen einer Geldforderung gesichert wird. Der Arrest dient dabei der **Sicherung der Vollstreckung** und nicht der Befriedigung des Gläubigers. Er ist vergleichbar mit dem vorläufigen Rechtsschutz.

Voraussetzung des Arrestantrags

Voraussetzung ist allerdings, dass der Sohn möglichst konkrete Angaben zur Höhe des Kontovermögens des Erblassers und seines voraussichtlichen Auseinandersetzungsanspruchs machen kann, da der Arrestantrag schlüssige Angaben zur Höhe der Geldforderung nach Grund und Höhe, zur Art des Arrests (dinglicher oder persönlicher Arrest) sowie zur Lösungssumme (der Betrag, durch dessen Hinterlegung seitens des Schuldners die Vollziehung des Arrests gehemmt oder ein bereits vollzogener Arrest aufgehoben werden kann, § 923 ZPO) enthalten muss. Des Weiteren werden Hinweise auf die Vermögensverhältnisse der Miterbin, wie Bankverbindung etc., benötigt.

Darlegung des Arrestgrunds

Eine weitere Hürde stellt die Darlegung des Arrestgrunds nach § 917 Abs. 1 ZPO, also die Glaubhaftmachung der konkreten Befürchtung, dass die Vollstreckung andernfalls vereitelt oder wesentlich erschwert würde, dar. Ein Arrestgrund ist gemäß der entwickelten Kasuistik zu § 917 Abs. 1 ZPO u.a. gegeben, wenn der Schuldner Vorkehrungen trifft, für längere

Zeit ins Ausland zu gehen bzw. das Urteil im Ausland vollstreckt werden müsste oder die Verschiebung oder Verschleuderung von Vermögenswerten ernsthaft androht (vgl. u.a. OLG Stuttgart, Beschl. v. 05.01.1996 – 11 UF 223/95, FamRZ 1997, 181).

Antrag auf dinglichen Arrest und Pfändung

Amtsgericht/Landgericht[1)]
...
Straße, Hausnr./Postfach
PLZ Ort

Antrag auf dinglichen Arrest und Arrestpfändung

des Herrn ...

– Antragsteller –

Prozessbevollmächtigte:

Rechtsanwälte ...

gegen

Frau ...

– Antragsgegnerin –

wegen Arrest und Arrestpfändung.

Ich zeige an, dass ich die Antragstellerin vertrete (Vollmacht anbei) und

beantrage

wegen der Dringlichkeit der Angelegenheit nach §§ 916 ff. ZPO ausschließlich ohne mündliche Verhandlung durch den Vorsitzenden allein den Erlass folgenden

Arrestbefehls- und Arrestpfändungsbeschlusses

1. Wegen etwaiger Erbansprüche des Antragstellers i.H.v. ... € gegen die Antragsgegnerin sowie einer Kostenpauschale von ... € wird der dingliche Arrest in das gesamte Vermögen der Antragsgegnerin angeordnet.
2. Die Ausfertigung zweier vollstreckbarer Ausfertigungen wird beantragt, damit in Vollziehung des Arrests gleichzeitig Kontenpfändungen und die Pfändung der beweglichen Sachen der Antragsgegnerin erfolgen können.
3. Die Antragsgegnerin hat die Kosten des Arrestverfahrens zu tragen.

1) Wahlweise Gericht der Hauptsache oder Amtsgericht, in dessen Bezirk sich der mit dem Arrest zu belegende Gegenstand befindet (§ 919 ZPO).

4. Die Vollziehung des Arrestbefehls wird durch Hinterlegung eines Geldbetrags i.H.v. ... € oder durch die Stellung einer selbstschuldnerischen, unbeschränkten, unbefristeten und unwiderruflichen Bürgschaft einer deutschen Großbank in gleicher Höhe gehemmt.

5. In Vollziehung des Arrests werden gepfändet

   a) die angeblichen Ansprüche der Schuldnerin gegen

   die ...-Bank ..., c/o Pfändung, Straße, Ort

   – Drittschuldnerin –

   aus Kontoverbindungen jeder Art, einschließlich von Festgeldkonten, insbesondere zur Kontonummer ...

   b) bei Sparkonten einschließlich des Anspruchs auf Auskehrung aller gegenwärtigen und künftigen Guthaben, auf Rückzahlung der Einlage, Zahlung von Zinsen und auf Kündigung der Guthaben.

   Zugleich wird angeordnet, dass die Schuldnerin die über die gepfändeten Konten ausgestellten Sparbücher/Sparurkunden an den Gläubiger herauszugeben hat.

   c) bei Girokonten einschließlich des Anspruchs – bei Kontokorrent nach Saldoziehung – auf alle gegenwärtigen und zukünftigen Guthaben, ggf. je nach Saldoziehung und einschließlich der sonstigen pfändbaren Ansprüche aus dem Girovertrag, insbesondere des Anspruchs auf Gutschrift künftiger Eingänge, auf fortlaufende Auszahlung des Guthabens, auf Durchführung von Überweisungen an Dritte und auf Kündigung des Vertrags.

   d) als Inhaberin eines Stahlkammerfachs (Safe), insbesondere die Ansprüche auf Zutritt zum Fach und auf Mitwirkung der Bank bei dessen Öffnung, einschließlich Öffnung durch die Bank allein, wobei die Schuldnerin den Zutritt durch einen Gerichtsvollzieher zum Zwecke der Pfändung des Inhalts vornehmen lassen kann.

   e) Gepfändet werden weiter die angeblichen Ansprüche auf Auszahlung oder Gutschrift gewährter Kredite einschließlich eingeräumter Dispositions- und Überziehungskredite, ggf. nach Abruf des Kredits durch die Schuldnerin.

   f) Gepfändet werden weiter die angeblichen Ansprüche aus Wertpapierdepotvertrag, insbesondere die Ansprüche auf Herausgabe verwahrter Wertpapiere sowie auf Zahlung, Gutschrift und Auskehrung von Wertpapiererträgen.

   g) Gepfändet werden schließlich die angeblichen Ansprüche auf Herausgabe und Freigabe freigewordener und noch freiwerdender Sicherheiten, insbesondere hinterlegter Wertpapiere, Grundschuldbriefe, Goldbarren oder -stücke und sonstiger Kostbarkeiten, ggf. nach Zahlung der Restschuld unter Pfändung des Schuldnerrechts zum Widerspruch gegen Drittzahlung (§ 267 Abs. 2 BGB), einschließlich des Anspruchs auf Auszahlung von Übererlösen nach Verwertung von Sicherheiten durch die Bank.

   Die Schuldnerin hat sich jeder Verfügung über die Forderung zu enthalten. Der Drittschuldner darf an die Antragsgegnerin nicht mehr leisten.

6. In Vollziehung des Arrests werden gepfändet die im Gewahrsam der Schuldnerin befindlichen körperlichen Sachen wie Geld, Kostbarkeiten und Wertpapiere. Wegen der herauszugebenden Wertgegenstände wird Sequestration angeordnet.

7. Es wird beantragt, die Zustellung des beantragten Pfändungsbeschlusses zu vermitteln und an die Drittschuldner mit Aufforderung nach § 840 ZPO zuzustellen.

8. Die Durchsuchung der Wohnräume der Antragsgegnerin durch den Gerichtsvollzieher in der ... Straße, Nr. ..., PLZ Ort zur Pfändung der beweglichen Sachen wird gestattet.

Begründung:

Der Antragsteller ist der Sohn und alleinige Abkömmling, die Antragsgegnerin die Ehefrau des Erblassers. Die Antragsgegnerin ist thailändischer Nationalität. Ein Testament hat der Erblasser nicht hinterlassen, so dass der Erblasser gemäß gesetzlicher Erbfolge durch die Parteien zu je 1/2 beerbt worden ist. Einen Ehevertrag hatte der Erblasser nicht geschlossen.

Glaubhaftmachung: Sterbe- und Heiratsurkunde des Erblassers, Geburtsurkunde des Antragstellers

Dem Antragsteller steht ein fälliger Anspruch auf Auseinandersetzung des Nachlasses seines Vaters in Höhe des hälftigen Nachlassvermögens gegenüber der Antragsgegnerin zu. Der Nachlass ist teilungsreif.

Der Erblasser war Inhaber eines Giro- und Depotkontos bei der ...-Bank. Das dortige Guthaben belief sich ausweislich des dem Antragsteller vorliegenden Kontoauszugs unmittelbar vor dem Todestag auf ... €. Laut Mitteilung der ...-Bank wurden die Konten zwischenzeitlich von der Antragsgegnerin mittels der ihr seinerzeit von dem Erblasser erteilten Kontovollmacht aufgelöst und das Guthaben in Besitz genommen.

Glaubhaftmachung: Auskunft der ...-Bank vom ...

Anlässlich der Beerdigung des Erblassers hat die Antragsgegnerin erklärt, in Kürze wieder zu ihrer Familie nach Thailand ziehen zu wollen.

Glaubhaftmachung: Eidesstattliche Versicherung des Antragstellers

Es besteht daher die konkrete Gefahr, dass die Antragsgegnerin das Vermögen des Erblassers ins Ausland schafft und damit dem Zugriff des Antragstellers unwiederbringlich entzieht, so dass ein Arrestgrund gem. § 917 Abs. 2 ZPO gegeben ist.[1)]

Beglaubigte und einfache Abschrift anbei.

Rechtsanwältin/Rechtsanwalt

1) **Achtung:** Gilt nicht im Anwendungsbereich des EuGVÜ; hier muss ggf. mit konkreten tatsächlichen und rechtlichen Schwierigkeiten im Rahmen von § 917 Abs. 1 ZPO argumentiert werden.

Mit der Arretierung des Vermögens der Miterbin ist der Anspruch des Sohns gesichert. Zur Realisierung des Anspruchs muss der Sohn allerdings noch einen rechtskräftigen Titel gegen die Miterbin erwirken.

Mandatssituationen 7.3.3: Die Sicherung des Nachlasses durch Nachlassverwaltung und Nachlassinsolvenz

Mandatssituation 7.3.3.1: Nachlasssicherung durch Nachlassverwaltung

Sachverhalt | Checkliste | Lösung | Verfahren | Muster

Der in den Monaten vor seinem Tod schwerkranke Erblasser war alleiniger Inhaber einer technisch neuwertig ausgestatteten Tischlerei. Zum Gewerbevermögen gehört u.a. auch ein Fuhrpark mit zum Teil schon älteren Fahrzeugen. Die Produktionshalle ist auf einem Grundstück erbaut, für das ein noch 25-jähriger Erbbaupachtvertrag besteht.

In den letzten Monaten vor dem Tod des Erblassers waren die Einnahmen rückläufig. Nicht zuletzt wegen säumiger Kunden war der Erblasser seinen Zahlungsverpflichtungen nicht mehr nachgekommen. Es liegen mehrere Titel gegenüber dem Erblasser vor. Es drohte bereits die Insolvenz.

Der Erblasser wird in gesetzlicher Erbfolge von seiner zweiten Ehefrau sowie seiner Tochter und seinem Sohn beerbt. Die Erben sind nicht bereit bzw. in der Lage, die Tischlereigeschäfte des Erblassers zu übernehmen. Vier Wochen nach Tod des Erblassers fragen die Erben an, wie hier zu verfahren ist.

Sachverhalt | **Checkliste** | Lösung | Verfahren | Muster

Vollmacht aller Erben (bei Miterben gemeinschaftliche Beantragung erforderlich)	☐
Sterbeurkunde des Erblassers	☐
Erbnachweis (Ausfertigung Erbschein/Europäisches Nachlasszeugnis (ENZ), Testament nebst Eröffnungsbeschluss, Personenstandsurkunden zum Nachweis der gesetzlichen Erbfolge etc.)	☐
Gesellschaftsvertrag, Prokura, Vollmacht prüfen	☐
Nachlasswert bzw. Überschuldung des Nachlasses prüfen	☐
Erbschaftsausschlagung und deren Folgen abwägen	☐
Abwägung Nachlassverwaltung/-insolvenz prüfen	☐
Einrede der Dürftigkeit gem. § 1990 BGB	☐

Sachverhalt | Checkliste | **Lösung** | Verfahren | Muster

Die Erben befinden sich in einer schwierigen Situation: Bislang kann nicht verlässlich beurteilt werden, ob der Nachlass werthaltig oder überschuldet ist. Hat der Erblasser keine Vollmacht über den Tod hinaus erteilt und liegt auch noch kein Erbschein vor, sind die Erben auch nicht in der Lage, die notwendigen Auskünfte bei den Banken etc. einzuholen.

Ziel: Haftungsbeschränkung

Soweit die sechswöchige Erbausschlagungsfrist noch nicht abgelaufen ist, kommt zwar die Ausschlagung der Erbschaft gem. § 1944 BGB in Betracht. Da andererseits aber erhebliche Vermögenswerte (Ausstattung, Forderung gegen Kunden etc.) vorhanden sind und die Überschuldung des Nachlasses nicht sicher feststeht, ist das eigentliche Interesse der Erben darauf gerichtet, Maßnahmen zur Beschränkung ihrer Haftung auf den Nachlass zu ergreifen.

Einleitung der Nachlassverwaltung

Zur Haftungsbeschränkung der Erben empfiehlt sich daher, die Anordnung einer Verwaltung über den Nachlass **gem. §§ 1975 ff. BGB** beim zuständigen Nachlassgericht zu beantragen. Die Nachlassverwaltung ist das geeignete Mittel, wenn der Nachlass zwar über Vermögenswerte verfügt, aber, etwa bei unübersichtlichen Nachlässen, nicht absehbar ist, ob das Vermögen auch zur Befriedigung aller Gläubiger reicht, wobei die Nachlassverwaltung – im Gegensatz zur Nachlasspflegschaft – auch der Befriedigung der Gläubiger (§ 1985 BGB) und der Haftungsbeschränkung des Erben dient.

Antragsberechtigte, Umfang

Die Einleitung der Nachlassverwaltung kann sowohl von den Erben (bei Miterben nur gemeinschaftlich, Palandt/Weidlich, § 1981 Rdnr. 1), den Nacherben (§ 2144 BGB) und dem Testamentsvollstrecker (§§ 2205, 1981 Abs. 1 BGB i.V.m. § 317 Abs. 1 InsO) als auch von einem Nachlassgläubiger (von diesem allerdings nur innerhalb einer Frist von zwei Jahren nach Annahme der Erbschaft, § 1981 Abs. 2 Satz 2 BGB), einem Pflichtteilsberechtigten oder einem Vermächtnisnehmer beim zuständigen Nachlassgericht beantragt werden (§ 1981 Abs. 1 und 2 BGB). Die Verwaltung **umfasst den gesamten Nachlass** und kann nicht auf Teile beschränkt werden.

Zuständigkeit

Zuständig ist das Nachlassgericht (§ 1962 BGB), funktionell der Rechtspfleger. Die Auswahl des Nachlassverwalters trifft das Nachlassgericht nach pflichtgemäßem Ermessen. Der Nachlassverwalter ist amtlich bestelltes Organ zur Verwaltung einer fremden Vermögensmasse (des Nachlasses) mit eigener Parteistellung im Rechtsstreit (§ 116 ZPO). Die Kosten des Nachlassverwalters sind aus dem Nachlass zu bestreiten.

Kosten

Voraussetzung für die Einleitung der Nachlassverwaltung ist, dass ausreichende Nachlassmittel zur Bestreitung der Kosten (Gerichts- und Verwalterkosten sowie Auslagen, wie Kosten der Bekanntmachung) zur Verfügung stehen bzw. von dem Antragsteller ein Kostenvorschuss geleistet wird. Stehen keine ausreichenden Mittel zur Bestreitung der Kosten zur

Verfügung, wird der Antrag abgelehnt (§ 1982 BGB). Den Erben verbleibt damit noch die Möglichkeit, eine Haftungsbeschränkung über die Dürftigkeitseinrede gem. § 1990 BGB zu erwirken.

Sachverhalt | Checkliste | Lösung | Verfahren | **Muster**

Antrag auf Einleitung einer Nachlassverwaltung

Amtsgericht …
– Nachlassgericht –
Straße, Hausnr./Postfach
PLZ Ort

Antrag auf Anordnung einer Nachlassverwaltung gem. § 1981 Abs. 1 BGB
über den Nachlass des …,
zuletzt wohnhaft …,
verstorben am …

Sehr geehrte Damen und Herren,

unter Beifügung der mich legitimierenden Vollmachten zeige ich an, dass ich die Ehefrau und Kinder des verstorbenen Herrn …, Frau … und Frau … sowie Herrn … vertrete. Der Erblasser hat kein Testament hinterlassen, so dass meine Mandanten die gesetzlichen Erben des Verstorbenen sind. Die Sterbeurkunde des Erblassers, die Heiratsurkunde sowie die Geburtsurkunden meiner Mandanten liegen an.

Der Erblasser war Inhaber einer technisch neuwertig ausgestatteten Tischlerei. Zum Nachlassvermögen gehört u.a. auch ein Fuhrpark mit älteren Fahrzeugen. Die Produktionshalle ist auf einem Grundstück erbaut, für das ein noch 25-jähriger Erbbaupachtvertrag besteht.

Nach den Feststellungen meiner Mandanten liefen die Geschäfte in den letzten Monaten nicht mehr gut. Die Einnahmen waren rückläufig. Der Erblasser ist seinen Zahlungsverpflichtungen sowohl gegenüber Mitarbeitern als auch Lieferanten nicht mehr nachgekommen. Der Nachlass ist derzeit zwar noch liquide; es liegen jedoch mehrere Titel gegen den Erblasser vor, so dass nicht auszuschließen ist, dass die Passiva die Aktiva übersteigen und Gläubiger des Erblassers in das Vermögen meiner Mandanten vollstrecken werden.

Namens und im Auftrag meiner Mandanten **beantrage** ich daher,

über den Nachlass des am … verstorbenen … die Nachlassverwaltung anzuordnen.

Ausreichende Nachlassaktiva zur Bestreitung der Verfahrenskosten sind vorhanden. Das von meinen Mandanten nach bestem Wissen erstellte vorläufige Nachlassverzeichnis liegt zur Einsichtnahme bei.

Wir regen an, Frau Rechtsanwältin/Herrn Rechtsanwalt … zur Nachlassverwalterin/zum Nachlassverwalter zu bestellen.

Mit freundlichen Grüßen

Rechtsanwältin/Rechtsanwalt

Praxistipp

Ist der Zweck der Nachlassverwaltung – Begleichung der Verbindlichkeiten – erreicht, kann von jedem, der am ursprünglichen Ausgangsverfahren materiell beteiligt war, die Aufhebung der Nachlassverwaltung gem. § 48 Abs. 1 Satz 2 FamFG i.V.m. § 1919 BGB beantragt werden (vgl. BGH, Beschl. v. 05.07.2017 – IV ZB 6/17).

Mandatssituation 7.3.3.2: Nachlassverwaltung und Testamentsvollstreckung

Sachverhalt | Checkliste | Lösung | Verfahren | Muster

Die in Mainz lebende Erblasserin wird von ihrer in Mainz lebenden Tochter T1 sowie der in Frankreich lebenden Tochter T2 zu je 1/2 beerbt. Ausweislich ihres Testaments hat die Erblasserin Testamentsvollstreckung angeordnet und ihre Tochter T1 zur Testamentsvollstreckerin bestellt.

Nach dem Erbfall wird über das Privatvermögen der T1 das Insolvenzverfahren eröffnet. Die T2 ist daraufhin hinsichtlich der Sicherung des Nachlassbestands besorgt und fragt Sie, was sie zur Sicherung des Vermögens veranlassen kann.

Sachverhalt | Checkliste | Lösung | Verfahren | Muster

Entlassung des Testamentsvollstreckers oder Antrag auf Nachlassverwaltung?

Zunächst ist zu prüfen, ob im Hinblick auf die eingetretene **Privatinsolvenz** der T1 ein wichtiger Grund zur Beantragung der Entlassung der Testamentsvollstreckerin aus ihrem Amt gegeben ist. Grundsätzlich stellt auch die nachträglich eingetretene Insolvenz des Testamentsvollstreckers einen wichtigen Grund zur Entlassung gem. § 2227 BGB dar.

Ob es zweckdienlich ist, einen solchen Antrag zu stellen, muss im Einzelfall geprüft werden. Unter Umständen genügt es zur Vermeidung unberechtigter Verfügungen der Testamentsvollstreckerin, einen Antrag auf Einrichtung einer Nachlassverwaltung zu stellen, wozu allerdings die Mitwirkung der insolventen Schwester erforderlich ist (§ 1981 Abs. 1 BGB). Dies hätte zur Folge, dass die Testamentsvollstreckung für die Dauer der Nachlassverwaltung zwar bestehen bleibt, mit der Bestellung des Nachlassverwalters aber die Verwaltungs- und Verfügungsrechte der Testamentsvollstreckerin ruhen. Allerdings ist der Testamentsvollstrecker berechtigt und aufgrund der ihm obliegenden Sorgfalt auch verpflichtet, den Nachlassverwalter zu überwachen sowie Mängel der Verwaltung durch geeignete Anträge beim Nachlassgericht entgegenzutreten (vgl. KG, OLGE 18, 316).

Mandatssituation 7.3.3.3: Nachlasssicherung durch Nachlassinsolvenz

Sachverhalt | Checkliste | Lösung | Verfahren | Muster

Der Sachverhalt entspricht der Mandatssituation 7.3.3.1, S. 376. Aber: Die Erben haben die Erbschaft angenommen und mit der Ermittlung und Abwicklung des Nachlasses begonnen. Im Rahmen der Abwicklung müssen sie feststellen, dass der Nachlass überschuldet ist, da die ermittelte und einkalkulierte Lebensversicherung des Erblassers im Wert von 100.000 € wegen des vom Erblasser verfügten Bezugsrechts zugunsten seiner ersten Ehefrau nicht in den Nachlass fällt. Sie erbitten Ihre Hilfe.

Sachverhalt | **Checkliste** | Lösung | Verfahren | Muster

Vollmachten	☐
Sterbeurkunde Erblasser	☐
Erbnachweis (Ausfertigung Erbschein/Europäisches Nachlasszeugnis (ENZ), Testament nebst Eröffnungsbeschluss, Personenstandsurkunden zum Nachweis der gesetzlichen Erbfolge etc.)	☐
Belege für (drohende) Zahlungsunfähigkeit bzw. Überschuldung des Nachlasses (§ 320 InsO)	☐
Schenkungen vor Todestag sowie Bezugsrechte ermitteln und auf Widerruf und Anfechtbarkeit gemäß AnfG bzw. InsO prüfen	☐

Sachverhalt | Checkliste | **Lösung** | Verfahren | Muster

Stellung eines Nachlassinsolvenzantrags

Der Nachlass ist aufgrund des verschenkten Versicherungsguthabens **überschuldet**, so dass die Stellung eines Nachlassinsolvenzantrags gem. §§ 1980 BGB, 315 ff. InsO zu prüfen ist.

Für die Erben kann sich damit, etwa um eine größtmögliche Schuldentilgung oder eine gute Ausgangsgrundlage für Vergleichsverhandlungen mit den Nachlassgläubigern zu erlangen, die Frage stellen, ob und ggf. wie die **Versicherungsleistung** dem Nachlass wieder zugeführt werden kann.

Antrag auf Eröffnung des Nachlassinsolvenzverfahrens

Soweit den Erben die Verhinderung des Vollzugs bzw. eine Anfechtung der Schenkung rechtlich nicht mehr möglich ist (vgl. hierzu Mandatssituation 7.2.1, S. 349 ff. und Mandatssituation 7.4.3, S. 386 ff.), kann es sinnvoll sein, zwecks Durchsetzung der Anfechtung der Schenkung beim zuständigen Insolvenzgericht die Eröffnung des Nachlassinsolvenzverfahrens zu beantragen (§§ 317 ff. InsO). Gemäß § 129 InsO kann der Insolvenzverwalter Rechtshandlungen, die vor der Eröffnung des Insolvenzverfahrens vorgenommen wurden und die Insolvenzgläubiger benachteiligen, anfechten und damit ausgesondertes Vermögen dem Nachlass wieder zuführen, wobei allerdings eine etwaig erbrachte Gegenleistung des Anfechtungsgegners diesem aus der Insolvenzmasse zu erstatten ist (§ 144 InsO).

Form, Zuständigkeit

Der Antrag ist **schriftlich** unter Beifügung einer Vermögensübersicht beim zuständigen Nachlassgericht einzureichen. Örtlich zuständig ist das Insolvenzgericht des allgemeinen Gerichtsstands des Erblassers zum Zeitpunkt seines Todes (§ 315 Satz 1 InsO). Lag der Mittelpunkt einer selbständigen wirtschaftlichen Tätigkeit des Erblassers an einem anderen Ort, ist ausschließlich das Insolvenzgericht örtlich zuständig, in dessen Bezirk dieser Ort liegt (§ 315 Satz 2 InsO).

Verfahren, Rechtsfolgen

Das Nachlassinsolvenzverfahren richtet sich, soweit in §§ 315–331 InsO keine gesonderte Regelung getroffen ist, nach den allgemeinen Regeln der Insolvenzordnung, die Anfechtung nach den §§ 129 ff. InsO. Zu beachten ist, dass mit der Eröffnung des Nachlassinsolvenzverfahrens den Erben der Zugriff auf den Nachlass zugunsten der Nachlassgläubiger verwehrt ist; gleichzeitig wird aber auch die Haftung des Erben für die Nachlassverbindlichkeiten auf den Nachlass beschränkt (§ 1975 BGB), wobei sowohl Aktiv- als auch Passivprozesse bis zur Aufnahme des Verfahrens durch den Insolvenzverwalter ruhen (§ 240 Satz 1 ZPO). Der Antrag kann auch schon vor Annahme der Erbschaft gestellt werden.

Allerdings ist eine von dem Anfechtungsgegner erbrachte Gegenleistung aus der Insolvenzmasse zu erstatten; ein etwaiger Anspruch des Anfechtungsgegners lebt mit der Rückgewähr der empfangenen Leistung wieder auf, wobei er diesen Anspruch nur als Insolvenzgläubiger geltend machen kann (§ 144 InsO).

Praxistipp

Vor Einleitung einer Nachlassinsolvenz sollten Sie daher gründlich prüfen, ob das Verfahren, auch im Hinblick auf die hierdurch ausgelösten Kosten, im Ergebnis für Ihren Mandanten wirtschaftlich sinnvoll ist.

Sachverhalt | Checkliste | Lösung | Verfahren | Muster

Antrag auf Eröffnung des Nachlassinsolvenzverfahrens

Amtsgericht …
– Insolvenzgericht –
Straße, Hausnr./Postfach
PLZ Ort

Antrag auf Eröffnung eines Nachlassinsolvenzverfahrens
über den Nachlass des …
geboren am …, verstorben am …,
zuletzt wohnhaft …

Sehr geehrte Damen und Herren,

unter Beifügung der mich legitimierenden Vollmachten zeige ich an, dass ich die Ehefrau und Kinder des o.g. Verstorbenen, Frau … und Frau … sowie Herrn … vertrete. Der Erblasser hat kein Testament hinterlassen, so dass meine Mandanten die gesetzlichen Erben des Verstorbenen sind. Die Sterbeurkunde des Erblassers, die Heiratsurkunde sowie die Geburtsurkunden meiner Mandanten liegen an.

Der Erblasser war Inhaber einer Tischlerei. Nach den Feststellungen meiner Mandanten liefen die Geschäfte in den letzten Monaten nicht mehr gut. Die Einnahmen waren rückläufig. Der Erblasser ist seinen Zahlungsverpflichtungen sowohl gegenüber Mitarbeitern als auch Lieferanten nicht mehr nachgekommen. Der wesentliche Vermögenswert des Erblassers, eine Lebensversicherung bei der … (Versicherung), fällt nicht in den Nachlass, da für die Versicherungsleistung noch ein Bezugsrecht zugunsten der ersten Ehefrau des Erblassers verfügt ist. Meine Mandanten müssen daher die Überschuldung des Nachlasses befürchten. Wegen der weiteren Einzelheiten wird auf die anliegende Vermögensübersicht verwiesen.

Namens und im Auftrag des Antragstellers betrage ich daher,

das Nachlassinsolvenzverfahren über den Nachlass des o.g. Verstorbenen zu eröffnen.

Hinreichende Masse zur Durchführung des Verfahrens ist vorhanden.

Mit freundlichen Grüßen

Rechtsanwältin/Rechtsanwalt

Mandatssituationen 7.4: Nachlasssicherung durch den Pflichtteilsberechtigten und Vermächtnisnehmer

Mandatssituation 7.4.1: Auskunftsanspruch des Pflichtteilsberechtigten bei Hinweisen auf Grundvermögen

Sachverhalt | Checkliste | Lösung | Verfahren | Muster

Die Mandantin ist die enterbte Tochter des Erblassers aus erster Ehe. Sie möchte ihren Pflichtteilsanspruch gegenüber der zweiten Ehefrau und Erbin nach ihrem Vater geltend machen. Die Vermögensverhältnisse ihres Vaters sind ihr nicht bekannt. Sie weiß allerdings, dass ihr Vater Eigentümer eines Hausgrundstücks war, das er noch zu Lebzeiten auf seine zweite Ehefrau, die jetzige Erbin, übertragen hat. Die Mandantin möchte wissen, wie sie ihre hieraus resultierenden Ansprüche ermitteln und sichern kann.

Sachverhalt | **Checkliste** | Lösung | Verfahren | Muster

Vollmacht	☐
Sterbeurkunde Erblasser	☐
Testament	☐
Nachweis der Pflichtteilsberechtigung (Geburtsurkunde etc.)	☐
Auskunftsinteresse des Pflichtteilberechtigten darlegen	☐

Sachverhalt | Checkliste | **Lösung** | Verfahren | Muster

Direkter Auskunftsanspruch gegenüber Grundbuchamt

Um zu prüfen, ob der Mandantin neben dem Pflichtteilsanspruch ein zusätzlicher Ergänzungsanspruch nach § 2325 BGB zusteht, ist zu ermitteln, ob und ggf. wann das Grundstück unentgeltlich an die Erbin übertragen wurde. Hier stellt sich die Frage, ob der Mandantin als Pflichtteilsberechtigter auch ein direkter Auskunftsanspruch gegenüber dem Grundbuchamt zusteht. Nach der Grundbuchordnung ist dies der Fall, wenn ein berechtigtes Interesse gegeben ist (§ 12 GBO). Dies wurde jüngst vom OLG München bejaht. Das Gericht hat dem Pflichtteilsberechtigten einen direkten Anspruch auf Grundbucheinsicht zugebilligt, um etwaige Pflichtteilsergänzungsansprüche festzustellen. Gemäß den Ausführungen des Gerichts geht es dabei nicht nur um die Frage, in welcher Höhe mögliche Ansprüche gegenüber Miterben bestehen, sondern auch darum festzustellen, ob solche Ansprüche tatsächlich entstanden sind (vgl. OLG München, Beschl. v. 07.11.2012 – 34 Wx 360/12; vgl. hierzu auch die Entscheidung des Thüringer OLG v. 09.08.2011 – 6 W 206/11, wonach auch der Pflichtteilsberechtigte ein berechtigtes Interesse daran hat, sich Kenntnis vom Umfang des Nachlasses und damit von der Höhe seines Pflichtteilsanspruchs zu verschaffen).

Sachverhalt | Checkliste | Lösung | Verfahren | Muster

Auskunftsanfrage des Pflichtteilsberechtigten an das Grundbuchamt

Amtsgericht ...
Grundbuchamt
Straße, Hausnr./Postfach
PLZ Ort

Grundbuch für das Grundstück ...
Ehemaliger Eigentümer: ...

Sehr geehrte Damen und Herren,

ich zeige an, dass ich Frau ... vertrete. Meine Mandantin ist die Tochter aus erster Ehe des am ... verstorbenen .... Meine Vollmacht sowie die Geburtsurkunde meiner Mandantin nebst Sterbeurkunde des Erblassers liegen zum Nachweis meiner Legitimation an.

Der Erblasser war Eigentümer des o.g. Grundstücks. Meiner Mandantin liegen Hinweise vor, wonach der Erblasser das Grundstück wenige Monate vor seinem Tod an seine derzeitige Ehefrau und testamentarische Alleinerbin übertragen hat.

Ich **beantrage** daher,

> **die Übersendung einer einfachen Abschrift des Grundbuchs für o.g. Grundstück sowie des der Grundstücksübertragung zugrundeliegenden Vertrags, hilfsweise Bewilligung von Akteneinsicht in die Grundakte.**

Das rechtliche Interesse meiner Mandantin an der Auskunft ergibt sich daraus, dass meine Mandantin als Tochter des Erblassers möglicherweise Pflichtteils- und Pflichtteilsergänzungsansprüche aus der erfolgten Übertragung des Grundstücks herleiten kann. Die Grundstücksübertragung kann für die Pflichtteilsberechnung, insbesondere die Berechnung des Pflichtteilsergänzungsanspruchs meiner Mandantin, eine wesentliche Rolle spielen. Auf die Rechtsprechung des OLG München, Beschl. v. 07.11.2012 – 34 Wx 360/12 und LG Stuttgart, ZEV 2005, 313 zum berechtigten Interesse des Pflichtteilsberechtigten auf Grundbuchauskunft wird vorsorglich verwiesen.

Mit freundlichen Grüßen

Rechtsanwältin/Rechtsanwalt

Der Gläubiger eines Pflichtteilsberechtigten hat demgegenüber vor Eintritt des Erbfalls kein berechtigtes Interesse, Einsicht in das Grundbuch zu nehmen (vgl. OLG München, Beschl. v. 17.07.2013 – 34 Wx 282/13).

Mandatssituation 7.4.2: Durchsetzung des Pflichtteilsanspruchs bei unbekannten Erben

Sachverhalt | Checkliste | Lösung | Verfahren | Muster

Wie Mandatssituation 7.4.1, S. 383. Jedoch: Im Nachlass wird ein weiteres Testament des Erblassers zugunsten seiner Geliebten aufgefunden. Die zweite Ehefrau und die Geliebte streiten sich um die Wirksamkeit des Testaments. Ein Erbstreit ist anhängig. Die Dauer des Verfahrens ist nicht absehbar.

Die Mandantin möchte nicht den Ausgang des Erbstreitverfahrens abwarten, sondern schon jetzt ihren Pflichtteil geltend machen. Was kann sie tun?

Sachverhalt | **Checkliste** | Lösung | Verfahren | Muster

Vollmacht	☐
Sterbeurkunde des Erblassers	☐
Testament	☐
Abstammungsurkunden zum Nachweis der Pflichtteilsberechtigung	☐
Darlegung, dass Erbfolge derzeit ungewiss	☐

Sachverhalt | Checkliste | **Lösung** | Verfahren | Muster

Antrag auf Prozesspflegschaft

Die Erben sind unbekannt. Es ist nicht absehbar, bis wann mit der Entscheidung über den Erbstreit zu rechnen ist, da sich das Verfahren über mehrere Jahre hinziehen kann.

Zur Geltendmachung und Durchsetzung ihrer Ansprüche ist daher eine Pflegerbestellung gem. §§ 1960, 1961 BGB erforderlich.

Sachverhalt | Checkliste | Lösung | Verfahren | **Muster**

Antrag auf Einleitung einer Prozesspflegschaft gem. § 1961 BGB

Amtsgericht ...
– Nachlassgericht –
Straße, Hausnr./Postfach
PLZ Ort

Nachlass des Herrn ...,
zuletzt wohnhaft ..., verstorben am ...
wg. Einleitung einer Prozesspflegschaft gem. § 1961 BGB

Sehr geehrte Damen und Herren,

unter Vorlage der mich legitimierenden Vollmacht zeige ich an, dass ich Frau ... vertrete.

Meine Mandantin ist die Tochter des Erblassers aus erster Ehe. Die Sterbeurkunde des Erblassers sowie die Geburtsurkunde meiner Mandantin liegen an.

Gemäß Testament vom ... hat der Erblasser seine zweite Ehefrau und gemäß weiterem Testament vom ... seine Geliebte zu seiner Alleinerbin bestimmt. Zwischen den Erbprätendenten ist ein Erbstreit hinsichtlich der Wirksamkeit der Testamente anhängig. Ein Erbschein wurde bislang nicht erteilt. Wegen der weiteren Einzelheiten wird auf die Erbscheinakte verwiesen.

Meine Mandantin möchte den ihr gegen den bzw. die Erben zustehenden Pflichtteilsanspruch gerichtlich geltend machen, um in den Nachlass vollstrecken zu können. Die Erben sind jedoch unbekannt, wobei nicht abzusehen ist, bis wann mit der verbindlichen Feststellung der Erben zu rechnen ist.

Namens und in Vollmacht meiner Mandantin beantrage ich daher,

> **zur gerichtlichen Geltendmachung der Ansprüche meiner Mandantin eine Prozesspflegschaft gem. § 1961 BGB einzuleiten und einen Pfleger zur Geltendmachung der Ansprüche zu bestellen.**

Um Übersendung des Beschlusses zu meinen Händen wird gebeten.

Mit freundlichen Grüßen

Rechtsanwältin/Rechtsanwalt

Mandatssituation 7.4.3: Der verschenkte Nachlass

Sachverhalt | Checkliste | Lösung | Verfahren | Muster

Die Erblasserin hat ihren Sohn aus zweiter Ehe zum Alleinerben ihres Nachlasses bestimmt. Die Tochter aus erster Ehe ist enterbt. Wesentlicher Gegenstand des Nachlasses ist das Einfamilienhaus der Erblasserin im Wert von 150.000 €. Die Tochter aus erster Ehe hat ihren Pflichtteilsanspruch gegenüber ihrem Halbbruder geltend gemacht und setzt diesen gerichtlich durch. Die Zwangsvollstreckung aus dem erlangten Titel schlägt allerdings wegen zwischenzeitlich eingetretener Vermögenslosigkeit des Erben, der bereits die eidesstattliche Versicherung abgegeben hat, fehl. Es stellt sich heraus, dass der Erbe das Grundstück unmittelbar nach Annahme der Erbschaft durch notariellen Überlassungsvertrag unentgeltlich auf seine Ehefrau übertragen hat.

Die Tochter fragt an, ob und welche Möglichkeiten sie noch hat, ihren titulierten Pflichtteilsanspruch zu realisieren.

Sachverhalt | **Checkliste** | Lösung | Verfahren | Muster

Vollmacht	☐
Testament	☐
Anfechtungsgrund und Anfechtungsfristen gemäß AnfG prüfen	☐
Grundbuchakte einsehen und Übertragungsvertrag auf mögliche Unentgeltlichkeit prüfen	☐
Forderungsnachweis gegen Schuldner nebst Nachweis der Zahlungsunfähigkeit	☐
Gläubigerbenachteiligungsabsicht ermitteln	☐
Gerichtskostenvorschuss	☐
zusätzlich für Unterlassungsverfügung: Dringlichkeit darlegen	☐

Sachverhalt | Checkliste | **Lösung** | Verfahren | Muster

Anfechtung außerhalb des Insolvenzverfahrens

Gemäß §§ 1, 3 AnfG können Rechtshandlungen des Schuldners, die dieser in der Absicht, seine Gläubiger zu benachteiligen, vorgenommen hat, außerhalb des Insolvenzverfahrens angefochten werden. Die regelmäßige Anfechtungsfrist beträgt **zehn Jahre** (§ 3 Abs. 1 AnfG) bzw. bei Rechtsgeschäften mit nahestehenden Personen **zwei Jahre** i.S.v. § 138 InsO, § 3 Abs. 2 AnfG. Bei **unentgeltlichen Übertragungen** beträgt die Frist **vier Jahre** (§ 4 AnfG). Die Anfechtung kann auch gegen den Erben oder einen anderen Gesamtrechtsnachfolger des Anfechtungsgegners geltend gemacht werden (§ 15 AnfG).

Auch bei der hier vorliegenden **ehebedingten Zuwendung** handelt es sich um eine unentgeltliche Zuwendung i.S.v. § 134 InsO (vgl. BGH, Urt. v. 17.07.2008 – IX ZR 245/06 m.w.N.), so dass die Rechtshandlung binnen vier Jahren seit Vorliegen der übrigen Voraussetzungen für das Wirksamwerden (Eintragung im Grundbuch) anfechtbar ist. Die Anfechtung richtet sich gegen den Leistungsempfänger, also vorliegend gegen die

Ehefrau des Schuldners, und ist auf Duldung der Zwangsvollstreckung in das Grundstück gerichtet, wobei im Klageantrag zu bezeichnen ist, in welchem Umfang und in welcher Weise der Anfechtungsgegner das Erlangte zur Verfügung stellen soll (§ 13 AnfG).

Sachverhalt | Checkliste | Lösung | Verfahren | Muster 1

Antrag auf Anfechtung nach dem AnfG

Amtsgericht/Landgericht
...
Straße, Hausnr./Postfach
PLZ Ort

Anfechtungsklage gem. §§ 1, 4 AnfG

der Frau ...

– Klägerin –

Prozessbevollmächtigte:

Rechtsanwältin/Rechtsanwalt ...

gegen

Frau ...

– Beklagte –

wegen: Duldung der Zwangsvollstreckung

vorl. Verfahrenswert: ... €

Namens und in Vollmacht der Klägerin

beantrage

ich im Wege der Anfechtungsklage gem. § 4 AnfG:

1. Die Beklagte wird verpflichtet, die Zwangsvollstreckung in das Grundstück ..., Flur ..., Flurstück ... in ... zum Zwecke der Befriedigung wegen einer Forderung von ... € nebst Zinsen i.H.v. 5 % über dem Basiszinssatz aus ... € seit dem ... sowie aus weiteren ... € seit dem ... zu dulden.
2. Die Beklagte hat die Kosten des Verfahrens zu tragen.

Für den Fall der nicht rechtzeitigen Verteidigungsanzeige wird weiter

beantragt,

3. Versäumnisurteil gem. § 331 Abs. 3 ZPO im schriftlichen Verfahren zu erlassen.

Begründung:

Die Klägerin macht Ansprüche gegen die Beklagte aus einer Schenkungsanfechtung im Zusammenhang mit einer unentgeltlichen Grundstücksübertragung geltend.

I.

Der Klägerin steht gegenüber ihrem Bruder, dem Ehemann der Beklagten (nachfolgend Schuldner), ein Pflichtteilsanspruch bezogen auf den Nachlass der Mutter der Klägerin und des Schuldners zu, der durch Urteil des ... (Gericht) vom ... mit ... € nebst Zinsen i.H.v. 5 % über dem Basiszinssatz seit dem ... tituliert worden ist. Hinzu kommen die festgesetzten Kosten i.H.v. ... € nebst Zinsen i.H.v. 5 % über dem Basiszinssatz seit dem ....

Beweis: Urteil des ... vom ... nebst Kostenfestsetzungsbeschluss vom ... in Kopie anbei,

– Anlage K 1–K 2 –

Die Gesamtforderung beläuft sich damit auf ... € nebst Zinsen.

Mit Anwaltsschreiben vom ... wurde der Schuldner zur Zahlung aufgefordert.

Beweis: Schreiben vom ..., in Kopie anbei

– Anlage K 3 –

Eine Zahlung ist hierauf nicht erfolgt. Auch der Vollstreckungsversuch vom ... verlief ergebnislos, da der Schuldner bereits am ... die eidesstattliche Versicherung geleistet hat.

Beweis: Schreiben des OGV ... Name vom ..., in Kopie anbei

– Anlage K 4 –

Ein Insolvenzverfahren wird für den Schuldner nach Kenntnis der Klägerin nicht geführt.

II.

Der Schuldner hat das durch Erbfolge nach seiner am ... verstorbenen Mutter ... Name

Beweis: Erbschein vom ..., in Kopie anbei

– Anlage K 5 –

erlangte und in deren Alleineigentum stehende Grundstück [Anschrift und genaue Grundbuchbezeichnung]

Beweis: Grundbuchauszug vom ..., in Kopie anbei

– Anlage K 6 –

durch notariellen Überlassungsvertrag vom ... unentgeltlich auf seine Ehefrau übertragen,

Beweis: Notarieller Überlassungsvertrag des Notars ... vom ..., Urkunden-Nr. ..., in Kopie anbei,

– Anlage K 7 –

der am ... im Grundbuch vollzogen wurde.

Beweis: Grundbuchauszug als

– Anlage K 6 –

vorliegend

Von einer Zwischeneintragung des Schuldners wurde gemäß Schreiben des Grundbuchamts vom 23.03.2009 abgesehen.

Beweis: Schreiben des Grundbuchamts vom ..., in Kopie anbei

– Anlage K 8 –

Der Grundstücksübertragungsvertrag vom ... unterliegt gem. §§ 1, 4 Abs. 1 AnfG der Anfechtung. Das Übertragungsgeschäft des Schuldners zugunsten seiner Ehefrau, der Beklagten, stellt eine unentgeltliche Zuwendung i.S.d. § 4 Abs. 1 AnfG dar. Auch soweit die vertragschließenden Parteien die Überlassung im Rahmen einer ehebedingten Zuwendung vorgenommen haben sollten, vermag dies hieran nichts zu ändern. Eine ehebedingte oder unbenannte Zuwendung ist dadurch gekennzeichnet, dass eine rechtliche Verpflichtung dazu nicht besteht (BGHZ 71, 61, 64 ff.). Anfechtungsrechtlich wird auch keine Gegenleistung erbracht. Daher sind derartige Leistungen als unentgeltliche Zuwendungen anzusehen (BGH, Urt. v. 21.01.1999 – IX ZR 429/97).

Die unentgeltliche Übertragung des Grundstücks

Beweis: Auflassungsvertrag vor dem Notar ... vom ... als

– Anlage K 9 –

vorliegend

erfolgte in Kenntnis des Pflichtteilsanspruchs der Klägerin und in offensichtlicher Gläubigerbenachteiligungsabsicht, was sich nicht zuletzt aus der vom Schuldner in Kenntnis der Bedeutung einer eidesstattlichen Versicherung abgegebenen wahrheitswidrigen Erklärung zu unentgeltlichen Verfügungen innerhalb der letzten vier Jahre ergibt.

Beweis: Ziff. 28 des vom Schuldner abgegebenen und der an Eides statt versicherten Richtigkeit des Vermögensverzeichnisses ..., in Kopie anbei

– Anlage K 10 –

Das Grundstück war auch keineswegs wertlos, sondern wies per Todestag einen Verkehrswert von ... € auf.

Beweis: Gutachten des Sachverständigen ... Name, auszugsweise in Kopie anbei

– Anlage K 11 –

Letztlich ist auch die Vierjahresfrist des § 4 AnfG gewahrt, so dass die Voraussetzungen der Schenkungsanfechtung dem Grunde nach gegeben sind. Die Anfechtung wird der Höhe nach auf den Anspruch der Klägerin begrenzt.

Beglaubigte und einfache Abschrift, Anlagen K 1 – K 11 sowie Gerichtkostenvorschuss i.H.v. ... € in Form von Gerichtskostenmarken anbei.

Rechtsanwältin/Rechtsanwalt

Praxistipp

Um Informationen über den Zeitpunkt und die Unentgeltlichkeit der Verfügung zu erlangen, empfiehlt es sich, zunächst Einsicht in die Grundakte zu nehmen und den Verfügungsvertrag einzusehen. Da Eigentümer im vorliegenden Fall nicht mehr der Schuldner, sondern dessen Ehefrau ist, muss das berechtigte Interesse der Einsichtnahme gem. § 12 GBO dargelegt werden.

Praxistipp

Zur Vermeidung einer zwischenzeitlichen endgültigen Verfügung des Anfechtungsgegners empfiehlt es sich, gleichzeitig den Primäranspruch auf Duldung der Zwangsvollstreckung vorläufig zu sichern. Nach herrschender Rechtsprechung handelt es sich bei dem Primäranspruch um eine Individualleistung, die im Wege der einstweiligen Verfügung – und nicht wie in Mandatssituation 7.3.2.2, S. 372 f. durch Arrest – vorläufig gesichert werden kann (OLG Stuttgart, Beschl. v. 18.11.2009 – 3 W 63/09), wozu es allerdings eines vollstreckbaren Titels gegenüber dem Schuldner bedarf. Demgegenüber soll nach Ansicht des OLG Hamm zur Sicherung der zugunsten des Anfechtungsgläubigers einzutragenden Zwangshypothek die Eintragung einer Vormerkung im Grundbuch genügen (OLG Hamm, Beschl. v. 28.03.2002 – 27 W 7/02).

Sachverhalt | Checkliste | Lösung | Verfahren | **Muster 2**

Antrag auf einstweilige Unterlassungsverfügung gem. §§ 935 ff. ZPO

Amtsgericht/Landgericht
...
Straße, Hausnr./Postfach
PLZ Ort

Antrag auf einstweilige Verfügung

der Frau ...

– Antragstellerin –

Prozessbevollmächtigte:

Rechtsanwältin/Rechtsanwalt ...

gegen

Frau ...

– Antragsgegnerin –

wegen Verfügungsverbot über das Grundstück ... (Anschrift/GBA/Flurstück) .../Flur ...

vorläufiger Verfahrenswert: ... €

Ich zeige an, dass ich die Antragstellerin vertrete (Vollmacht anbei) und

beantrage

wegen der Dringlichkeit der Angelegenheit nach §§ 916 ff., 935 ZPO ohne mündliche Verhandlung durch den Vorsitzenden allein den Erlass folgender einstweiliger Verfügung:

1. Der Antragsgegnerin wird bis zum Erlass einer erstinstanzlichen Entscheidung in der Hauptsache untersagt, über ihr Eigentum an dem Grundstück [Anschrift], eingetragen im Grundbuch des Amtsgerichts ... Nr. ... Bestandsverzeichnis-Nr. ..., Flur ..., Flurstück ..., ... m², Gebäude- und Freifläche, zur verfügen. Der Antragsgegnerin wird insbesondere untersagt, das Grundstück zu veräußern, zu belasten oder zu verpfänden.
2. Der Antragsgegnerin wird für jeden Fall der Zuwiderhandlung gegen die vorstehende Verpflichtung ein Ordnungsgeld bis zur Höhe von 500.000 € und für den Fall, dass dies nicht beigetrieben werden kann, eine Ordnungshaft bis zu sechs Monaten angedroht.
3. Die Antragsgegnerin trägt die Kosten des Verfahrens.

Begründung:

Die Antragstellerin macht mit zeitgleich erhobener Klage Ansprüche gegen die Antragsgegnerin aus Schenkungsanfechtung im Zusammenhang mit einer unentgeltlichen Grundstücksübertragung geltend. Hierzu wie folgt:

I.

Der Klägerin steht gegenüber ihrem Bruder, dem Ehemann der Beklagten (nachfolgend Schuldner), ein Pflichtteilsanspruch bezogen auf den Nachlass der Mutter der Klägerin und des Schuldners zu, der durch Urteil des [Gericht] vom ... mit ... € nebst Zinsen i.H.v. 5 % über dem Basiszinssatz seit dem ... tituliert worden ist. Hinzu kommen die festgesetzten Kosten i.H.v. ... € nebst Zinsen i.H.v. 5 % über dem Basiszinssatz seit dem ....

Beweis: Urteil des ... vom ... nebst Kostenfestsetzungsbeschluss vom ... in Kopie anbei,

– Anlage K 1–K 2 –

Die Gesamtforderung beläuft sich damit auf ... € nebst Zinsen.

Mit Anwaltsschreiben vom ... wurde der Schuldner zur Zahlung aufgefordert.

Beweis: Schreiben vom ..., in Kopie anbei

– Anlage K 3 –

Eine Zahlung ist hierauf nicht erfolgt. Auch der Vollstreckungsversuch vom ... verlief ergebnislos, da der Schuldner bereits am ... die eidesstattliche Versicherung geleistet hat.

Beweis: Schreiben des OGV ... Name vom ..., in Kopie anbei

– Anlage K 4 –

Ein Insolvenzverfahren wird für den Schuldner nach Kenntnis der Klägerin nicht geführt.

Der Schuldner hat das durch Erbfolge nach seiner am ... verstorbenen Mutter ... [Name]

Beweis: Erbschein vom ..., in Kopie anbei

– Anlage K 5 –

erlangte und in deren Alleineigentum stehende Grundstück [Anschrift und genaue Grundbuchbezeichnung]

Beweis: Grundbuchauszug vom ..., in Kopie anbei

Anlage K 6 –

durch notariellen Überlassungsvertrag vom ... unentgeltlich auf seine Ehefrau übertragen,

Beweis: Notarieller Überlassungsvertrag des Notars ... vom ..., Urkunden-Nr. ..., in Kopie anbei,

Anlage K 7 –

der am ... im Grundbuch vollzogen wurde.

Beweis: Grundbuchauszug als

– Anlage K 6 –

vorliegend

Von einer Zwischeneintragung des Schuldners wurde gemäß Schreiben des Grundbuchamts vom 23.03.2009 abgesehen.

Beweis: Schreiben des Grundbuchamts vom ..., in Kopie anbei

– Anlage K 8 –

Der Grundstücksübertragungsvertrag vom ... unterliegt gem. §§ 1, 4 Abs. 1 AnfG der Anfechtung. Das Übertragungsgeschäft des Schuldners zugunsten seiner Ehefrau, der Beklagten, stellt eine unentgeltliche Zuwendung i.S.d. § 4 Abs. 1 AnfG dar. Auch soweit die vertragschließenden Parteien die Überlassung im Rahmen einer ehebedingten Zuwendung vorgenommen haben sollten, vermag dies hieran nichts zu ändern. Eine ehebedingte oder unbenannte Zuwendung ist dadurch gekennzeichnet, dass eine rechtliche Verpflichtung dazu nicht besteht (BGHZ 71, 61, 64 ff.). Anfechtungsrechtlich wird auch keine Gegenleistung erbracht. Daher sind derartige Leistungen als unentgeltliche Zuwendungen anzusehen (BGH, Urt. v. 21.01.1999 – IX ZR 429/97).

Die unentgeltliche Übertragung des Grundstücks

Beweis: Auflassungsvertrag vor dem Notar ... vom ... als

– Anlage K 9 –

vorliegend

erfolgte in Kenntnis des Pflichtteilsanspruchs der Klägerin und in offensichtlicher Gläubigerbenachteiligungsabsicht, was sich nicht zuletzt aus der vom Schuldner in Kenntnis der Bedeutung einer eidesstattlichen Versicherung abgegebenen wahrheitswidrigen Erklärung zu unentgeltlichen Verfügungen innerhalb der letzten vier Jahre ergibt.

Beweis: Ziff. 28 des vom Schuldner abgegebenen und der an Eides statt versicherten

Richtigkeit des Vermögensverzeichnisses ..., in Kopie anbei

– Anlage K 10 –

Das Grundstück war auch keineswegs wertlos, sondern wies per Todestag einen Verkehrswert von ... € auf.

Beweis: Gutachten des Sachverständigen ... [Name], auszugsweise in Kopie anbei

– Anlage K 11 –

Letztlich ist auch die Vierjahresfrist des § 4 AnfG gewahrt, so dass die Voraussetzungen der Schenkungsanfechtung dem Grunde nach gegeben sind. Die Anfechtung wird der Höhe nach auf den Anspruch der Klägerin begrenzt.

II.

Eine Entscheidung im einstweiligen Verfahren ist zur Abwendung wesentlicher Nachteile geboten (§ 940 ZPO).

Sofern der Antragsgegnerin nicht die Verfügung über das Grundstück bis zur Vorlage der Entscheidung in der Hauptsache untersagt wird, muss damit gerechnet werden, dass diese über das ihr übertragene Grundstück verfügt und damit den Anspruch der Verfügungsklägerin aus § 11 Abs. 1 Satz 1 AnfG vernichtet.

Dieser Verdacht ist auch insoweit begründet, als der Antragsgegnerin der Pflichtteilsanspruch der Antragstellerin zum Zeitpunkt der Übertragung des Erbgrundstücks durchaus bekannt war und daher davon auszugehen ist, dass mit der nur wenige Tage nach Eintritt des Erbfalls veranlassten einvernehmlichen Übertragung des Erbgrundstücks auf die Antragsgegnerin beabsichtigt war, der Antragstellerin den Zugriff auf den Vermögenswert zur Befriedigung ihres Zahlungsanspruchs zu entziehen.

Der Verdacht der beabsichtigten Gläubigerbenachteiligung wird auch dadurch erhärtet, dass im Rahmen der Grundbuchumschreibung von einer Offenlegung des Zwischenerwerbs des Schuldners abgesehen wurde und der Ehemann der Antragsgegnerin darüber hinaus die unentgeltliche Übertragung des Erbgrundstücks im Rahmen der eidesstattlichen Vermögensauskunft wissentlich und wahrheitswidrig verschwiegen hat.

Der Erlass der einstweiligen Verfügung ohne mündliche Verhandlung ist daher zur Sicherung der Ansprüche der Antragstellerin dringend geboten.

Beglaubigte und einfache Abschrift sowie Anlagen anbei.

Rechtsanwältin/Rechtsanwalt

Warnhinweis

Nachlassgläubiger, die im Insolvenzverfahren dem Empfänger der Leistung im Rang vorgehen oder gleichstehen würden, können auch Leistungen des Erben, die dieser zur Erfüllung von Pflichtteilsansprüchen, Vermächtnissen und Auflagen erbracht hat, in gleicher Weise wie unentgeltliche Leistungen anfechten (§ 5 AnfG). Ein gesondertes Anfechtungsrecht steht darüber hinaus auch dem Insolvenzverwalter zu (§§ 129 ff. InsO; vgl. hierzu Mandatssituation 7.3.3.3, S. 380 f.).

Mandatssituation 7.4.4: Sicherung des Vermächtnisses bei Untätigkeit der Erbin

Sachverhalt | Checkliste | Lösung | Verfahren | Muster

Die Erblasserin hatte ihrer Freundin eine Vorsorgevollmacht über den Tod hinaus erteilt. Gleichzeitig hatte sie ihre Freundin durch handschriftliches Testament zu ihrer Alleinerbin bestimmt sowie ferner ein Vermächtnis angeordnet, wonach ihr Neffe ihre Eigentumswohnung erhalten soll.

Der Neffe erklärt gegenüber der Freundin die Annahme des Vermächtnisses und fordert diese zur Auflassung der Eigentumswohnung auf. Die Freundin verweigert die Mitwirkung: sie bestreitet Erbin nach der Verstorbenen geworden zu sein und unternimmt auch keinerlei Maßnahmen, die Erbschaftsfrage, etwa durch Beantragung eines Erbscheins/Europäischen Nachlasszeugnisses (ENZ), zu klären. Gleichwohl verfügt sie umfangreich über das von ihr verwaltete Nachlassvermögen, wodurch das Vermächtnis gefährdet sein könnte.

Der Neffe fragt an, wie er seinen Anspruch sichern und gegenüber der Freundin seiner Tante durchsetzen kann.

Sachverhalt | **Checkliste** | Lösung | Verfahren | Muster

Vollmacht	☐
Sterbeurkunde der Erblasserin	☐
Testament bzw. Glaubhaftmachung des Vermächtnisanspruchs	☐
Grundbuchauszug zum Nachweis des Wohnungseigentums der Erblasserin	☐
Beleg über erteilte (Vorsorge-)Vollmacht	☐

Sachverhalt | Checkliste | **Lösung** | Verfahren | Muster

Zur Übertragung des Wohnungseigentums ist die Auflassung der Immobilie unter Mitwirkung der Erbin erforderlich.

Anspruch auf Übertragung des Wohnungseigentums

Der Anspruch auf Übertragung des Wohnungseigentums muss gegenüber der beschwerten Erbin durchgesetzt werden (§ 2147 BGB), wozu es des Nachweises der Erbenstellung bedarf.

Aufforderung zur Ablieferung des Testaments

Da der Vermächtnisnehmer bisher keinen Beweis für die Existenz eines Testaments hat, empfiehlt es sich, zur zivilrechtlichen Durchsetzung seines

Anspruchs zunächst über das Nachlassgericht den Erlass eines Beschlusses zu erwirken, wodurch die Erbin zur Ablieferung des Testaments aufgefordert wird (§ 2259 Abs. 1 BGB). Das zuständige Nachlassgericht kann der Erbin zur Ablieferung des Testaments eine Frist setzen und für den Fall, dass die Erbin dieser Aufforderung nicht nachkommt, ein Zwangsgeld, ersatzweise Zwangshaft androhen (§ 358 FamFG).

Praxistipp

Sollte ein Erbschein für die Durchsetzung der Ansprüche Ihres Mandanten etwa wegen § 35 GBO erforderlich sein, kann dieser auch von Ihrem Mandanten zugunsten der Erbin beim Nachlassgericht beantragt werden. Die Kosten der Erbscheinerteilung (gem. Nr. 12210 KV GNotKG je eine volle Gebühr aus dem nach § 40 GNotKG berechneten Geschäftswert für den Antrag auf Erteilung sowie die Abnahme der eidesstattlichen Versicherung) hat dabei Ihr Mandant als Antragsteller zu verauslagen, er kann diese jedoch als Kosten der Zwangsvollstreckung gegenüber den Erben (Schuldnern) geltend machen (§ 788 ZPO). Vor Einleitung der Erbscheinverhandlung sollten Sie daher sicherstellen, dass keine anderweitigen Nachlass-, Erbscheins- bzw. Testamentsvorgänge nach der Erblasserin beim Nachlassgericht anhängig sind. Dies geschieht durch eine einfache Anfrage beim zuständigen Nachlassgericht.

Mandatssituationen 7.5: Nachlasssicherung durch sonstige Nachlassgläubiger

Mandatssituation 7.5.1: Anspruch des Vermieters auf Wohnungskündigung sowie Räumung und Abwicklung des Mietverhältnisses

Sachverhalt | Checkliste | Lösung | Verfahren | Muster

Der Erblasser ist in seiner Wohnung verstorben. Der Nachlass wird von der Polizei gesichert. Ein Testament wird nicht vorgefunden. Laut Auskunft einer Nachbarin soll der Erblasser einen nichtehelichen Sohn haben. Die nachlassgerichtlichen Ermittlungen zu dem Sohn dauern an, die Erbfolge ist damit ungewiss. Der Vermieter der Wohnung des Erblassers möchte schnellstmöglich die Wohnung ordnungsgemäß (d.h. möglichst geräumt und renoviert) übernehmen. Was kann er tun?

Sachverhalt | **Checkliste** | Lösung | Verfahren | Muster

Vollmacht	☐
soweit vorhanden: Sterbeurkunde des Erblassers	☐
Mietvertrag und Auszug Mietenkonto	☐
Bankverbindung des Erblassers (siehe Bezugskonto für Mietzahlung)	☐
Vermögenshinweise (z.B. Kontoguthaben, Pkw etc. wegen Glaubhaftmachung des Sicherungsbedürfnisses)	☐

Sachverhalt | Checkliste | **Lösung** | Verfahren | Muster

Sonderkündigungsrecht gegenüber Erben

Wird das Mietverhältnis nicht mit einem oder mehreren der nach §§ 563, 563a BGB berechtigten Personen (Ehegatte, Lebensgefährte, Kinder, überlebende Mieter etc.) fortgeführt, kann der Vermieter das Mietverhältnis gemäß dem Sonderkündigungsrecht nach §§ 564 Satz 2, 573d Abs. 2 Satz 1 BGB mit einer Frist von drei Monaten gegenüber den Erben kündigen.

Praxistipp

Die fristgemäße Kündigung gem. §§ 564 Satz 2, 573d Abs. 3 Satz 1 BGB schließt die außerordentliche Kündigung bei Zahlungsverzug von mehr als zwei Monatsmieten gem. § 543 Abs. 1 Nr. 1 BGB nicht aus.

Bestellung eines Nachlasspflegers

Sind die Erben unbekannt, bedarf es zur Zustellung der Kündigung und Geltendmachung bzw. Durchsetzung der Ansprüche auf Räumung und Rückgabe der Bestellung eines Nachlasspflegers **mit dem Aufgabenkreis „Wohnungskündigung sowie Räumung und Rückgabe der Mietsache“**. Gemäß der zwingenden Regelung in § 1961 BGB muss das Gericht bei Bestehen der Voraussetzungen des § 1960 BGB einen Nachlasspfleger bestellen, wenn der Nachlassgläubiger die Bestellung zum Zweck der Geltendmachung eines Anspruchs gegen den Nachlass beantragt hat (OLG München, Beschl. v. 20.03.2012 – 31 Wx 81/12, FamRZ 2012, 1420 f.).

Bei der Prüfung der Voraussetzungen darf das Gericht nicht ohne weiteres davon ausgehen, dass fürsorgebedürftiger und kostendeckender Nachlass nicht vorhanden ist und einen Kostenvorschuss von dem Nachlassgläubiger anfordern, sondern muss, wenn nur die bloße Möglichkeit besteht, dass noch Nachlassmittel vorhanden sind, die Pflegschaft anordnen (vgl. LG Köln, NJW-RR 2009, 375–376).

Praxistipp

Der Vermieter muss sich insoweit nicht auf den Aufgabenkreis der Wohnungskündigung beschränken lassen, sondern kann diesen auch auf Räumung und Abwicklung des Mietverhältnisses erweitern. Dies folgt aus dem Anspruch des Vermieters auf Rückgabe der Mietsache gem. § 546 Abs. 1 BGB gegen den Nachlass (vgl. KG, Beschl. v. 02.08.2017 – 19 W 102/17, BeckRS 2017, 120842 m.w.N.).

Antrag auf Einleitung einer Nachlasspflegschaft wegen Wohnungskündigung und Abwicklung des Mietverhältnisses

Amtsgericht ...
– Nachlassgericht –
Straße, Hausnr./Postfach
PLZ Ort

Nachlass nach ...
geboren am ..., verstorben am ...,
zuletzt wohnhaft ...
Az.: neu

Sehr geehrte Damen und Herren,

unter Vorlage der mich legitimierenden Vollmacht zeige ich an, dass mich Herr ... mit der Wahrnehmung seiner rechtlichen Interessen beauftragt hat. Mein Mandant ist der Vermieter der o.g. Wohnung des Verstorbenen. Eine Kopie des Mietvertrags vom ... liegt zur Glaubhaftmachung bei.

Der Mieter meines Mandanten ist am ... verstorben. Ich bitte zunächst um Mitteilung, ob Hinweise auf den oder die Erben vorliegen und mir diese nebst zustellungsfähiger Anschrift zu benennen.

Andernfalls beantrage ich hiermit,

> **gem. § 1960 BGB eine Nachlasspflegschaft nach dem Verstorbenen mit den Wirkungskreisen „Kündigung und Räumung der Wohnung sowie Räumung und Rückgabe des Mietverhältnisses" einzuleiten.**

Begründung:

Die Einleitung einer Nachlasspflegschaft und Bestellung eines Nachlasspflegers ist zum Zwecke der Geltendmachung eines Anspruchs meines Mandanten gegenüber dem Nachlass dringend geboten. Zu Lasten meines Mandanten ist bereits rückständige Miete i.H.v. ... € aufgelaufen. Zur Vermeidung weiterer Kosten muss der Mietvertrag schnellstmöglich gekündigt und die Wohnung geräumt und vertragsgemäß übergeben werden.

Der Verstorbene war Eigentümer eines Pkw ..., amtliches Kennzeichen ..., der auf dem Parkplatz hinter dem Haus abgestellt ist. Des Weiteren unterhielt der Erblasser ein Girokonto bei der **...-Bank, IBAN: ..., BIC: ...**, von dem auch die Mieten angewiesen worden sind. Von der Werthaltigkeit des Nachlasses ist daher auszugehen. Erforderlichenfalls bitte ich, die erforderlichen Ermittlungen zum Nachlassvermögen von Gerichts wegen aufzunehmen.

Ich bitte, die Pflegschaftseinleitung zu meinen Händen zu bestätigen und mir Name und Anschrift des Pflegers mitzuteilen.

Mit freundlichen Grüßen

Rechtsanwältin/Rechtsanwalt

Praxistipp

Ein Anspruch auf Einleitung einer Nachlasspflegschaft ist nur gegeben, wenn auch sicherungsbedürftiger Nachlass vorhanden ist. Es empfiehlt sich daher, mit Beantragung der Einleitung einer Nachlasspflegschaft gleichzeitig auf möglicherweise bekanntes Vermögen, wie z.B. Bankguthaben, Pkw etc., hinzuweisen.

Liegen dem Vermieter hierzu keine Erkenntnisse vor, sollten Sie dem Nachlassgericht zumindest die dem Vermieter aus den Mietzahlungen bekannte Bankverbindung des Erblassers mitteilen, damit das Gericht eigene Nachforschungen bei dem Bankinstitut anstellen kann. Für den Fall, dass keine Nachlassmittel vorhanden sind, empfiehlt es sich, die Freigabe der Wohnung zur Räumung und Weitervermietung durch das Nachlassgericht zu beantragen.

Mandatssituation 7.5.2: Der fällige Zahlungsanspruch

Sachverhalt | Checkliste | Lösung | Verfahren | Muster

Der Erblasser stand unter Betreuung. Wenige Wochen vor seinem Tod hatte der Betreuer die Wohnung gekündigt und den Erblasser in einem Pflegeheim untergebracht, wo er kurze Zeit später verstorben ist. Der Vermieter der ehemaligen Wohnung des Erblassers hat noch offene Ansprüche wegen Mietrückstand und Renovierungskosten, die er noch zu Lebzeiten des Erblassers gegenüber dessen Betreuer angemeldet hat.

Der Vermieter fragt an, an wen er sich jetzt wegen seiner Forderung wenden kann.

Sachverhalt | **Checkliste** | Lösung | Verfahren | Muster

Vollmacht	☐
soweit vorhanden: Sterbeurkunde des Erblassers	☐
Mietvertrag und Auszug Mietenkonto	☐
Wohnungskündigung des Betreuers	☐
Kopie Betreuerausweis oder Geschäftszeichen des Betreuungsverfahrens	☐
Bankverbindung des Erblassers (siehe Bezugskonto für Mietzahlung) für spätere Zwangsvollstreckung	☐

Sachverhalt | Checkliste | **Lösung** | Verfahren | Muster

Anordnung einer Prozess- oder Klagepflegschaft gem. § 1961 BGB

Das Amt des Betreuers endet mit dem Tod des Betreuten, so dass der Betreuer nicht mehr berechtigt ist, die Mietschulden aus dem Betreutenvermögen zu bezahlen. Die Forderung geht gem. § 1922 BGB auf die Erben über.

Sind die Erben noch ungewiss und wurde kein Nachlasspfleger bestellt, kann der Vermieter beim Nachlassgericht die Anordnung einer Prozess- oder Klagepflegschaft gem. § 1961 BGB beantragen. Die Pflegschaft ermöglicht es einem Gläubiger, seine Forderung gegenüber dem Nachlass gerichtlich zu verfolgen. Die Pflegschaft ist vom Nachlassgericht einzuleiten, wenn die Voraussetzungen des § 1960 BGB gegeben sind, wobei anstelle des Sicherungsbedürfnissees i.S.d. § 1960 Abs. 1 BGB ein Rechtsschutzinteresse des **Nachlassgläubigers** nachzuweisen ist. Hierfür genügt die schlüssige und substantiierte Darlegung des gegen den Nachlass gerichteten Anspruchs; einer unmittelbar bevorstehenden gerichtlichen Geltendmachung bedarf es nicht (OLG Brandenburg, FGPrax 2006, 222).

Sachverhalt | Checkliste | Lösung | Verfahren | **Muster**

Antrag auf Einleitung einer Prozesspflegschaft

Amtsgericht ...
– Nachlassgericht –
Straße, Hausnr./Postfach
PLZ Ort

Nachlass des Herrn ... ,
zuletzt wohnhaft ..., verstorben am ...
Antrag auf Einleitung einer Prozesspflegschaft gem. §§ 1960, 1961 BGB

Sehr geehrte Damen und Herren,

unter Vorlage der mich legitimierenden Vollmacht zeige ich an, dass ich Herrn ... vertrete.

Der Erblasser stand unter Betreuung. Das zwischen meinem Mandanten und dem Erblasser bestehende Mietverhältnis wurde durch den Betreuer zum ... gekündigt und der Erblasser in ein Pflegeheim verlegt, wo er am ... verstorben ist.

Die noch offenen Forderungen aus dem Mietverhältnis, nämlich die Mieten für ... und ... sowie die Betriebskostennachforderung ... i.H.v. ... €, insgesamt ... €, stehen noch aus. Der Betreuer hat mitgeteilt, wegen Beendigung der Betreuung diese Kosten nicht mehr anweisen zu können. Hinweise auf Erben liegen laut Auskunft des Betreuers nicht vor. Der Mietvertrag vom ..., die Abrechnung des Mietenkontos sowie das Schreiben des Betreuers vom ... liegen in Kopie anbei.

Die Erben von Herrn ... (Name) sind damit unbekannt, wobei nicht absehbar ist, bis wann mit einer Ermittlung gerechnet werden kann. Laut Auskunft des Betreuers soll der Nachlass auch werthaltig sein. Die Beiziehung der Akte des Betreuungsgerichts zu Geschäftszeichen ... wird angeregt.

Mein Mandant beabsichtigt daher, seine fälligen Ansprüche gerichtlich gegenüber dem Nachlass geltend zu machen. Hierzu ist die Bestellung eines Pflegers erforderlich.

Namens und im Auftrag meines Mandanten beantrage ich daher hiermit,

> **zum Zwecke der gerichtlichen Geltendmachung eines Anspruchs gegen den Nachlass des am ... in ... verstorbenen ... (Name) einen Nachlasspfleger gem. § 1961 BGB zu bestellen.**

Ich bitte, mir eine beglaubigte Abschrift des Einleitungsbeschlusses zukommen zu lassen und mir Name und Anschrift des Prozesspflegers zu benennen.

Mit freundlichen Grüßen

Rechtsanwältin/Rechtsanwalt

Warnhinweis

Der Nachlasspfleger ist nur Vertreter der unbekannten Erben und nicht Partei kraft Amtes. **Achten Sie unbedingt darauf**, dass die Klage nicht gegen den Nachlasspfleger persönlich, sondern gegen „die unbekannten Erben des ... (Vorname, Name), verstorben am ..., zuletzt wohnhaft ..., gesetzlich vertreten durch den Nachlasspfleger ..." gerichtet ist, da Sie andernfalls Gefahr laufen, dass die Klage wegen fehlender Passivlegitimation abgewiesen und Ihr Mandant in die Kosten verurteilt wird.

Mandatssituation 7.5.3: Das rechtshängige Verfahren

Sachverhalt | Checkliste | Lösung | Verfahren | Muster

Der Vermieter hatte noch zu Lebzeiten ein gerichtliches Verfahren gegen den Erblasser wegen der noch offenen Mieten und Renovierungskosten angestrengt, das bereits rechtshängig ist. Der Betreuer hat den Tod des Erblassers bei Gericht angezeigt, woraufhin das Gericht das Verfahren gem. § 246 Abs. 1 ZPO ausgesetzt hat.

Der Vermieter fragt an, welche Maßnahmen er zur Fortführung des Nachlasses und Sicherung seines Anspruchs treffen kann.

Sachverhalt | **Checkliste** | Lösung | Verfahren | Muster

Vollmacht	☐
soweit vorhanden: Sterbeurkunde des Erblassers	☐
Mietvertrag	☐
Aussetzungs- bzw. Unterbrechungsbeschluss des Gerichts	☐
Bankverbindung des Erblassers (siehe Bezugskonto für Mietzahlung) für spätere Zwangsvollstreckung	☐

Sachverhalt | Checkliste | **Lösung** | Verfahren | Muster

Einleitung einer Prozesspflegschaft

Die Erben treten in die Rechtsstellung des Erblassers ein und werden somit Partei des Verfahrens. Sind die Erben unbekannt oder ist die Rechtslage ungeklärt, empfiehlt es sich, zur Fortführung des Verfahrens beim Nachlassgericht die Einleitung einer Prozesspflegschaft gem. § 1961 BGB zu beantragen.

Praxistipp

Anwaltliche Vertretung: Die Prozessvollmacht wirkt grundsätzlich über den Tod hinaus und dauert fort, sofern sie nicht durch die Erben gekündigt wird.

Sachverhalt | Checkliste | Lösung | Verfahren | **Muster**

Antrag auf Einleitung einer Prozesspflegschaft durch Gläubiger

Amtsgericht ...
– Nachlassgericht –
Straße, Hausnr./Postfach
PLZ Ort

Nachlass des Herrn ...,
zuletzt wohnhaft ..., verstorben am ...
wg. Einleitung einer Prozesspflegschaft gem. §§ 1961, 1960 BGB

Sehr geehrte Damen und Herren,

unter Vorlage der mich legitimierenden Vollmacht zeige ich an, dass ich Herrn ... vertrete.

Mein Mandant ist der ehemalige Vermieter des o.g. Erblassers. Aus dem Mietverhältnis stehen meinem Mandanten noch Zahlungsansprüche gegenüber dem Erblasser zu, die bereits gerichtlich geltend gemacht wurden.

Glaubhaftmachung: Klageschrift vom ...

Das Verfahren wurde unterbrochen (§ 239 Abs. 1 ZPO) / ausgesetzt (§ 246 Abs. 1 ZPO).

Glaubhaftmachung: Unterbrechungs-/Aussetzungsbeschluss des [Gericht] vom ...

Erben nach Herrn ... sind meinem Mandanten nicht bekannt. Ich bitte daher zunächst um Prüfung und Mitteilung, ob seitens des Gerichts Hinweise auf den oder die Erben vorliegen und mir diese nebst zustellfähiger Anschrift zu benennen.

Sollten die Erben dagegen unbekannt sein beantrage ich namens und in Vollmacht meines Mandanten hiermit,

> **zur Fortführung des beim [Gericht] zu Gesch.-Z. ... anhängigen Verfahrens gem. §§ 1961, 1960 BGB eine Prozesspflegschaft für die unbekannten Erben des am ... in ... verstorbenen ... einzuleiten.**

Ich bitte, mir eine beglaubigte Abschrift des Einleitungsbeschlusses zukommen zu lassen und mir Name und Anschrift des Prozesspflegers zu benennen.

Mit freundlichen Grüßen

Rechtsanwältin/Rechtsanwalt

Mandatssituation 7.5.4: Der titulierte Anspruch

Sachverhalt | Checkliste | Lösung | Verfahren | Muster

Der Vermieter hatte bereits zu Lebzeiten einen Zahlungstitel wegen rückständiger Mieten gegenüber dem Erblasser erwirkt. Die Erbfolge nach dem Erblasser ist ungeklärt. Der Vermieter fragt an, wie bzw. gegen wen er jetzt aus dem Titel vollstrecken kann.

Sachverhalt | **Checkliste** | Lösung | Verfahren | Muster

Vollmacht	☐
Zahlungstitel	☐
Sterbeurkunde des Erblassers	☐
Klageschrift	☐
Nachweis der Erbfolge (Testament, Erbschein, Personenstandsurkunden für gesetzliche Erbfolge zwecks Titelumschreibung)	☐
Anschrift der Erben zwecks Vollstreckung	☐

Sachverhalt | Checkliste | **Lösung** | Verfahren | Muster

Einleitung einer Nachlasspflegschaft

Zunächst einmal muss der Titel auf den/die Rechtsnachfolger des Erblassers, hier also auf die „unbekannten Erben des ... Erblassers" umgeschrieben werden (§ 727 ZPO). Aus diesem Titel kann dann gegenüber den Erben vollstreckt werden.

Sind die Erben noch unbekannt, empfiehlt es sich, die Einleitung einer – ggf. sachlich begrenzten – Nachlasspflegschaft mit dem Ziel der Erfüllung des Anspruchs aus dem Titel zu beantragen. Eine Prozesspflegschaft führt hier nicht zum Ziel, da der Prozesspfleger keinen Zugriff auf den Nachlass hat und damit die Forderung auch nicht befriedigen kann.

Mandatssituation 7.5.4.1 (Abwandlung)

Sachverhalt | Checkliste | Lösung | Verfahren | Muster

Wie Mandatssituation 7.5.4, S. 403 f.; der Vermieter hatte jedoch zur Zeit des Todes des Erblassers bereits die Zwangsvollstreckung gegenüber diesem begonnen.

Sachverhalt | Checkliste | **Lösung** | Verfahren | Muster

Die Zwangsvollstreckung kann in den Nachlass fortgesetzt werden (§ 779 Abs. 1 ZPO).

Sachverhalt | Checkliste | Lösung | Verfahren | **Muster**

Antrag auf Einleitung einer Nachlasspflegschaft durch Gläubiger

Amtsgericht ...
– Nachlassgericht –
Straße, Hausnr./Postfach
PLZ Ort

Nachlass des Herrn ...,
zuletzt wohnhaft ..., verstorben am ...
wg. Einleitung einer Nachlasspflegschaft gem. § 1960 BGB

Sehr geehrte Damen und Herren,

unter Vorlage der mich legitimierenden Vollmacht zeige ich an, dass ich Herrn ... vertrete.

Mein Mandant ist der ehemalige Vermieter des o.g. Erblassers. Aus dem Mietverhältnis steht meinem Mandanten noch eine titulierte Forderung gegenüber dem Erblasser zu.

Glaubhaftmachung: Zahlungstitel des [Gericht] vom ..., in Kopie anbei

Erben nach Herrn ... sind meinem Mandanten nicht bekannt. Ich bitte daher zunächst um Prüfung und Mitteilung, ob seitens des Gerichts Hinweise auf den oder die Erben vorliegen und mir diese nebst zustellfähiger Anschrift zu benennen.

Sollten die Erben dagegen unbekannt sein beantrage ich namens und in Vollmacht meines Mandanten hiermit,

> **gem. § 1960 BGB eine Nachlasspflegschaft für die unbekannten Erben des am ... in ... verstorbenen ... einzuleiten.**

Ich bitte, mir eine beglaubigte Abschrift des Einleitungsbeschlusses zukommen zu lassen und mir Name und Anschrift des Nachlasspflegers zu benennen.

Mit freundlichen Grüßen

Rechtsanwältin/Rechtsanwalt

Mandatssituation 7.5.5: Der titulierte Unterhaltsanspruch

Sachverhalt | Checkliste | Lösung | Verfahren | Muster

Die Mandantin ist die geschiedene Ehefrau aus erster Ehe des Erblassers. Der Erblasser hat kein Testament hinterlassen. Gemäß gesetzlicher Erbfolge wird er von seiner zweiten Ehefrau zu 3/4 sowie von seinem Sohn zu 1/4 beerbt. Die Mandantin fragt an, ob und ggf. gegen wen sie ihren Unterhaltsanspruch weiter verfolgen kann.

Sachverhalt | **Checkliste** | Lösung | Verfahren | Muster

Vollmacht	☐
Unterhaltstitel	☐
Sterbeurkunde	☐
Nachweis der Erbfolge (Testament, Erbschein Personenstandsurkunden für gesetzliche Erbfolge zwecks Titelumschreibung, etc.)	☐
Anschrift der Erben zwecks Vollstreckung	☐

Sachverhalt | Checkliste | **Lösung** | Verfahren | Muster

Titel umschreiben auf Erben

Gemäß § 1586b Abs. 1 Satz 1 BGB, § 70 Abs. 1 EheG geht die Unterhaltspflicht bei Tod des Verpflichteten auf dessen Erben über, wobei die Erben gem. § 2058 BGB gesamtschuldnerisch haften. Zur Geltendmachung der Ansprüche ist der Titel auf die Erben umschreiben zu lassen (§ 727 ZPO). Sollten keine Hinweise auf die Erben vorliegen, kann die Erbfolge über das Nachlassgericht erfragt werden.

Mandatssituation 7.5.6:
Nachlasssicherung durch Nachlassverwaltung

Sachverhalt | Checkliste | Lösung | Verfahren | Muster

Siehe Mandatssituation 7.3.3.1, S. 376. Der Mandant ist der Verpächter des Grundstücks. Das Pachtentgelt ist bereits seit mehr als drei Monaten überfällig. Ihm ist bekannt, dass jedenfalls einer der Erben hochverschuldet ist und bereits die eidesstattliche Versicherung abgegeben hat. Er befürchtet daher, dass die Realisierung seiner rückständigen und laufenden Ansprüche gefährdet ist. Er möchte wissen, was er zur Sicherung veranlassen kann.

Sachverhalt | **Checkliste** | Lösung | Verfahren | Muster

Vollmacht Gläubiger	☐
Sterbeurkunde des Erblassers	☐
Nachweis bzw. Darlegung der Erbfolge	☐
Ablauf der Zweijahresfrist gem. § 1981 Abs. 2 Satz 2 BGB prüfen	☐

Zahlungstitel zum Nachweis der Gläubigerstellung	☐
Nachweis der Gefährdung der Vermögenslage	☐
Darlegung bzw. Belege über die Werthaftigkeit des Nachlasses bzw. Bereitschaft zur Übernahme des Kostenvorschusses mit Mandanten klären	☐

Sachverhalt | Checkliste | **Lösung** | Verfahren | Muster

Einleitung einer Nachlassverwaltung

Die Befriedigung der Forderung Ihres Mandanten ist zwar sowohl durch die Vermögenslage als auch das Verhalten der Erben (Überschuldung) gefährdet, die endgültige Werthaltigkeit des Nachlasses allerdings noch nicht absehbar.

Voraussetzungen

Zur Sicherung der Ansprüche Ihres Mandanten und Vermeidung einer Verschleuderung der Nachlassaktiva durch die Erben empfiehlt es sich daher, beim zuständigen Nachlassgericht die Einleitung einer Nachlassverwaltung zu beantragen. Gemäß § 1981 Abs. 2 BGB ist jeder Nachlassgläubiger berechtigt, einen Antrag auf Nachlassverwaltung zu stellen, wenn Grund zu der Annahme besteht, dass die Befriedigung aus dem Nachlass durch das Verhalten des Erben oder durch die Vermögenslage gefährdet ist und er schlüssig darlegen kann, dass eine konkrete Forderung gegenüber dem Nachlass besteht.

Sachverhalt | Checkliste | Lösung | Verfahren | **Muster**

Antrag des Gläubigers auf Einleitung einer Nachlassverwaltung gem. § 1981 Abs. 2 BGB

Amtsgericht ...
– Nachlassgericht –
Straße, Hausnr./Postfach
PLZ Ort

Antrag auf Anordnung einer Nachlassverwaltung gem. § 1981 Abs. 1 BGB über den Nachlass des ..., zuletzt wohnhaft ..., verstorben am ...

Sehr geehrte Damen und Herren,

unter Beifügung der mich legitimierenden Vollmachten zeige ich an, dass ich Herrn ... vertrete. Mein Mandant ist der Vermieter des Betriebsgrundstücks des Erblassers.

Der Erblasser verstarb am ... in .... Eine Kopie der Sterbeurkunde liegt an. Der Erblasser wurde von seinen beiden Söhnen ... und ... beerbt. Seit der Erbannahme sind noch keine zwei Jahre vergangen. Der Nachlass ist noch ungeteilt und nach Kenntnis meines Mandanten auch nicht überschuldet.

Mein Mandant ist der Verpächter des Betriebsgrundstücks. Ihm steht eine fällige Forderung aus rückständigem Erbbaupachtzins i.H.v. ... € zu.

Glaubhaftmachung: Eidesstattliche Versicherung sowie Erbbaupachtvertrag und Zahlungsaufforderungen vom ... und vom ... in Kopie anbei

Der Sohn des Erblassers und Miterbe ... ist hochverschuldet und hat die eidesstattliche Versicherung abgegeben.

Glaubhaftmachung: Auskunft aus dem Schuldnerverzeichnis, in Kopie anbei

Die Realisierung der rückständigen und laufenden Forderungen meines Mandanten ist durch das Verhalten der Erben gefährdet. Namens und im Auftrag meiner Mandanten beantrage ich daher,

über den Nachlass des am ... verstorbenen ... die Nachlassverwaltung anzuordnen.

Ich rege an, Frau Rechtsanwältin/Herrn Rechtsanwalt ... zur Nachlassverwalterin/zum Nachlassverwalter zu bestellen.

Der Nachlass verfügt u.a. über einen Fuhrpark. Ausreichende Aktiva zur Begleichung der Kosten der Kosten des Verfahrens sind daher vorhanden.

Mit freundlichen Grüßen

Rechtsanwältin/Rechtsanwalt

Mandatssituation 7.5.7: Nachlasssicherung durch Nachlassinsolvenz

Sachverhalt | Checkliste | Lösung | Verfahren | Muster

Siehe Mandatssituation 7.5.6, S. 406. Aber: Der Mandant verfügt bereits über eine titulierte Forderung. Die hieraus betriebene Kontenpfändung verlief ohne Erfolg. Es ist jedoch nicht auszuschließen, dass der Nachlass noch über werthaltiges Betriebsvermögen verfügt. Der Mandant fragt an, wie er seine Ansprüche sichern kann.

Sachverhalt | **Checkliste** | Lösung | Verfahren | Muster

Vollmacht des Gläubigers	☐
Sterbeurkunde des Erblassers	☐
Erbnachweis und Ablauf der Zweijahresfrist nach Annahme der Erbschaft gem. § 319 InsO prüfen	☐
Nachweis bzw. Darlegung der Gläubigerstellung	☐

Nachweis bzw. Zahlungsunfähigkeit bzw. Überschuldung des Nachlasses	☐
Insolvenzmasse ermitteln und Chancen für Realisierung der Forderung des Mandanten entsprechend der Rangstellung abwägen	☐
Alternativen prüfen	☐

Sachverhalt | Checkliste | **Lösung** | Verfahren | Muster

Antrag auf Eröffnung des Nachlassinsolvenzverfahrens

Soweit die Zweijahresfrist seit Annahme der Erbschaft durch die Erben noch nicht verstrichen ist (§ 319 InsO), ist der Nachlassgläubiger bei Vorliegen der **Zahlungsunfähigkeit oder Überschuldung** des Nachlasses berechtigt, einen Antrag auf Eröffnung des Nachlassinsolvenzverfahrens zu stellen (§§ 317 Abs. 1 und 2, 320 Satz 1 InsO). Zuständiges Nachlassgericht ist das Gericht am Wohnort des Erblassers bzw. am Ort der selbständigen wirtschaftlichen Tätigkeit (§ 315 Satz 2 InsO).

Ob der Nachlass vorliegend überschuldet ist, ist für den Mandanten nicht einschätzbar. Zahlungsunfähigkeit ist i.d.R. anzunehmen, wenn der Schuldner seine Zahlungen eingestellt hat (§ 17 Abs. 2 Satz 2 InsO).

Voraussetzungen

Voraussetzung für die Eröffnung des Nachlassinsolvenzverfahrens ist allerdings, dass **ausreichende Aktiva** zur Bestreitung der Verfahrenskosten zur Verfügung stehen. Insbesondere bei geringerem Nachlassvermögen muss, nicht zuletzt aufgrund des Vergütungsanspruchs des Insolvenzverwalters, der schon aus den ersten 25.000 € der Insolvenzmasse 40 % erhält (§ 2 InsVV) sowie der vorrangigen Masseverbindlichkeiten (Kosten der Beerdigung, gerichtliche Sicherung des Nachlasses etc., § 324 InsO) damit gerechnet werden, dass das Verfahren wegen Masseunzulänglichkeit eingestellt wird (§ 208 InsO) und die Insolvenzgläubiger leer ausgehen.

Praxistipp

Es empfiehlt sich daher genau zu prüfen, ob die Beantragung des Insolvenzverfahrens für den Mandanten günstig ist oder nicht doch besser, soweit noch nicht geschehen, die Titulierung der Forderung und ggf. Pfändung von Sachwerten zu empfehlen ist. Die jeweiligen Erfolgsaussichten und das Kostenrisiko sind gut gegeneinander abzuwägen, wobei in jedem Fall der Zeitfaktor zu berücksichtigen ist. Denn gerade hier gilt: Wer zuerst kommt, mahlt zuerst!

Sachverhalt | Checkliste | Lösung | Verfahren | **Muster**

Antrag des Gläubigers auf Einleitung einer Nachlassinsolvenz

Amtsgericht ...
– Insolvenzgericht –
Straße, Hausnr./Postfach
PLZ Ort

Antrag auf Eröffnung eines Nachlassinsolvenzverfahrens

über den Nachlass des ...
geboren am ..., verstorben am ...,
zuletzt wohnhaft ...

Sehr geehrte Damen und Herren,

unter Beifügung der mich legitimierenden Vollmachten zeige ich an, dass ich Herrn ... vertrete. Mein Mandant ist der Vermieter des Betriebsgrundstücks des Erblassers.

Der Erblasser verstarb am ... in .... Er wurde durch seine Ehefrau und die beiden Kinder beerbt. Kopien der Sterbeurkunde sowie des Erbscheins des Amtsgerichts ... vom .../eine (beglaubigte) Fotokopie des Europäischen Nachlasszeugnisses (ENZ) des ...gerichts vom ... liegen bei.

Meinem Mandanten steht aus laufender Geschäftsverbindung eine titulierte Forderung gegenüber dem Erblasser zu. Die hieraus betriebe Kontenpfändung verlief ohne Erfolg,

Glaubhaftmachung: Vollstreckungsbescheid des Amtsgerichts ... vom ... sowie das Pfändungsprotokoll vom ... in Kopie anbei

so dass der Insolvenzgrund der Zahlungsunfähigkeit gegeben ist (§§ 317 Abs. 2, 320 InsO).

Namens und in Vollmacht meines Mandanten beantrage ich daher hiermit,

über den Nachlass des o.g. Erblassers das Nachlassinsolvenzverfahren zu eröffnen.

Der Erblasser war Inhaber einerTischlerei mit eigenem Fuhrpark. Es ist daher davon auszugehen, dass ausreichende Masse zur Bestreitung der Kosten des Insolvenzverfahrens und voraussichtlich auch zur Befriedigung der Forderung meines Mandanten zur Verfügung steht.

Mit freundlichen Grüßen

Rechtsanwältin/Rechtsanwalt

Mandatssituation 7.6:
Die Sicherung des digitalen Nachlasses

Sachverhalt | Checkliste | Lösung | Verfahren | Muster

Die Erbin findet im Nachlass Hinweise darauf, dass der Erblasser soziale Netzwerke für Geschäftskontakte verwendet hat und will Zugriff auf diese nehmen, um hieraus Informationen über eventuell vorhandene Geschäftsanteile, Forderungen und Verbindlichkeiten zu gewinnen. Die Zugangsdaten zu den verschiedenen Benutzerkonten liegen der Erbin nicht vor.

Die Erbin beauftragt Sie, den Zugriff auf die Konten des Erblassers bei Facebook, Instagram und seinen Google Mail-Account durchzusetzen.

Sachverhalt | Checkliste | Lösung | Verfahren | Muster

Sterbeurkunde des Erblassers	☐
Öffentlich beglaubigtes Testament nebst Eröffnungsprotokoll/ Erbschein oder Europäisches Nachlasszeugnis	☐
Vollmacht	☐
Zugangsdaten zum Account des Erblassers	☐
Nutzungsvertrag mit dem Provider	☐
AGB des Providers	☐
Kontaktdaten des Providers	☐

Sachverhalt | Checkliste | Lösung | Verfahren | Muster

Keine Definition zum digitalen Nachlass

Eine einheitliche Definition zum digitalen Nachlass gibt es bisher nicht. Es handelt sich (so Herzog, AnwBl 2018, 472) nicht um einen Rechtsbegriff, sondern um einen Sammelbegriff, der „*die Gesamtheit des digitalen Vermögens des Erblassers, sprich die Gesamtheit der Rechtsverhältnisse des Erblassers betreffend informationstechnische Systeme, einschließlich der gesamten elektronischen Datenbestände des Erblassers*“ erfasst (Definition zurückgehend auf Deutsch, ZEV 2014, 2; zitiert bei Herzog, a.a.O., mit weit. Nachw. in Fn. 3; einen enger gefassten Begriff enthielt noch die Initiativstellungnahme des DAV Nr. 34/2013, S. 93).

Ausgangspunkt für die Lösung des hier behandelten Falls ist § 1922 BGB, wonach mit dem Tod einer Person deren **Vermögen als Ganzes** auf die Erben übergeht. Fraglich war bisher allerdings, ob es sich bei dem Nutzungsverhältnis zwischen dem Erblasser und dem Provider um ein vermögensrechtliches Verhältnis i.S.d. § 1922 BGB oder um eine höchstpersönliche, nicht vererbbare Rechtsposition handelt.

Grundsatzentscheidung des BGH

Diese Frage ist mittlerweile geklärt. Der BGH hat in seiner Grundsatzentscheidung zum digitalen Nachlass entschieden, (BGH, Urt. v. 12.07.2018 – III ZR 183/17), dass auch der digitale Nachlass eines Erblassers **im Wege der Universalsukzession** auf die Erben übergeht. Auf eine Differenzierung des Nachlasses nach vermögenswerten und höchstpersönlichen Inhalten kommt es nicht an.

Insbesondere hat der BGH in seiner Entscheidung festgestellt, dass

- es sich bei dem zwischen dem Erblasser und dem Betreiber eines sozialen Netzwerks um ein schuldrechtliches Vertragsverhältnis handelt, das mit dem Tod des Erblassers nach § 1922 Abs. 1 BGB auf die Erben übergegangen ist, *„die hierdurch in dieses eingetreten sind und deshalb als Vertragspartner einen Anspruch auf Zugang zu dem Benutzerkonto ... sowie den darin enthalten vermögensrechtlichen und höchstpersönlichen (digitalen) Inhalten haben“* (BGH, a.a.O., Rdnr. 21);
- das Gesetz nicht zwischen Vermögenswerten und höchstpersönlichen Inhalten des Nachlasses differenziert, vielmehr gehen nach der gesetzgeberischen Wertung auch Rechtspositionen mit höchstpersönlichen Inhalten unabhängig von einem Vermögenswert auf die Erben über (§§ 2047 Abs. 2, 2373 Satz 2 BGB). Aus erbrechtlicher Sicht besteht kein Grund dafür, digitale Inhalte anders zu behandeln (BGH, a.a.O., Rdnr. 49 ff.);
- auch das postmortale Persönlichkeitsrecht des Erblassers einen Anspruch nicht ausschließt (BGH, a.a.O., Rdnr. 42 ff.);
- der Erbe, da er vollständig in die Position des Erblassers einrückt, auch nicht ein „Anderer“ i.S.v. § 88 Abs. 3 TKG ist (BGH, a.a.O., Rdnr. 54 ff., entgegen der Ansicht der Vorinstanz: KG, Urt. v. 31.05.2017 – 21 U 9/16), die Bereitstellung der Inhalte des Benutzerkontos somit auch nicht gegen das Fernmeldegeheimnis verstößt (BGH, a.a.O., Rdnr. 60);
- dem Anspruch des Erben (BGH, a.a.O., Rdnr. 64 ff.). und dessen Kommunikationspartnern (BGH, a.a.O., Rdnr. 68 ff.) auch Datenschutzrecht nicht entgegensteht.

Der BGH lässt in seiner Entscheidung offen (BGH, a.a.O., Rdn. 24 ff.), inwieweit die Vererbbarkeit des vertraglichen Nutzungsverhältnisses und des daraus folgenden Kontozugangsrechts in AGB des Netzwerkbetreibers grundsätzlich wirksam ausgeschlossen werden kann. In der Literatur wird dies unter Hinweis auf § 1922 BGB allerdings überwiegend verneint (unangemessene Benachteiligung i.S.v. § 307 Abs. 1 und 2 Nr. 1 BGB): Demzufolge sind Allgemeine Geschäftsbedingungen, wonach Accounts nicht übertragbar sind und mit dem Tode des Inhabers enden, gem. § 307 Abs. 2 Nr. 1 BGB unwirksam, da durch eine derartige Regelung verhindert wird, dass Nutzungsverhältnisses vererbt werden. Dies aber widerspricht dem Rechtsgedanken der Universalsukzession (§ 1922

BGB), wonach alle Schuldverhältnisse des Erblassers mit dessen Rechten und Pflichten auf den Erben übergehen (s.a. MüKo-BGB/Leipold, 7. Aufl., § 1922 Rdnr. 147).

Die Erben sind damit grundsätzlich berechtigt, sich Zugang zu den sozialen Netzwerken des Erblassers und den dort gespeicherten Inhalten zu verschaffen, und diese zu sichern. Somit hat die Erbin im vorliegenden Fall einen Anspruch gegen die Betreiber der sozialen Netzwerke auf Herausgabe der Zugangsdaten und Passwörter des Erblassers.

Für die vom Erblasser geführten Accounts ergibt sich danach folgendes:

Anspruch gegen Facebook und Instagram

Facebook ist verpflichtet, der Erbin die Zugangsdaten und Passwörter zum Account des Erblassers zu überlassen.

Nutzungsverträge von Instagram werden mit Facebook geschlossen, so dass wie bei Facebook zu verfahren ist.

Anspruch gegen Google-Mail

Auch E-Mail-Konten gehen im Wege der Universalsukzession auf den Erben über. Die Erbin hat somit einen Anspruch sowohl auf Erteilung der Zugangsdaten als auch auf Zugang zu den Inhalten auf den E-Mail-Konten des Erblassers (vgl. BGH, a.a.O., Rdnr. 54 ff., 64 ff.).

Aufforderungsschreiben an Facebook

Facebook Ireland Limited
4 Grand Canal Square
Grand Canal Harbour
Dublin
Irland

Aufforderungsschreiben
Benutzerkonto Nr. ...
hier: ... ./. Facebook

Sehr geehrte/r ...

ich zeige an, dass mich die Erbin des am ... verstorbenen Herrn ... mit der Wahrnehmung ihrer rechtlichen Interessen beauftragt hat. Eine beglaubigte Fotokopie des notariellen Testaments des Erblassers vom ... nebst Eröffnungsprotokoll des Nachlassgerichts/einer (beglaubigten) Fotokopie des Erbscheins des Amtsgerichts ... vom ... /einer (beglaubigten) Fotokopie des Europäischen Nachlasszeugnisses (ENZ) des ...gerichts vom ... sowie die auf mich ausgestellten Vollmachten liegen zum Nachweis meiner Legitimation an.

Nach den meiner Mandantin vorliegenden Informationen hat der Erblasser bei Ihnen das o.g. Benutzerkonto geführt. Das Nutzungsverhältnis ist mit dem Tod des Erblassers gem. § 1922 BGB auf meine Mandantin übergegangen (vgl. BGH, Urt. v. 12.07.2018 – III ZR 183/17).

Ich bitte Sie daher, meiner Mandantin Zugang zu dem vollständigen Benutzerkonto und den darin vorgehaltenen Kommunikationsinhalten des Erblassers zu gewähren.

Der Erledigung sehe ich bis zum ... entgegen..

Rechtsanwältin/Rechtsanwalt

Abwandlung 7.6.1: Benutzerkonto im „Gedenkzustand"

Sachverhalt | Checkliste | Lösung | Verfahren | Muster

Wie Mandatssituation 7.6, S. 411. Der Erbin geht es in vorliegender Abwandlung allein um den Zugriff auf das Facebook-Konto des Erblassers. Die Zugangsdaten des Erblassers sind ihr bekannt. Sie kann aber keinen Zugriff auf das Konto nehmen, da Facebook das Konto mit der Bekanntgabe des Todes des Nutzers in den sog. Gedenkzustand versetzt hat.

Sachverhalt | **Checkliste** | Lösung | Verfahren | Muster

Siehe hierzu die Checkliste in Mandatssituation 7.6, S. 411.

Sachverhalt | Checkliste | **Lösung** | Verfahren | Muster

Die Erbin ist nach der Entscheidung des BGH berechtigt, von dem Betreiber die Reaktivierung des Accounts und die Mitteilung neuer Passwörter zu verlangen, um auf die auf dem Account geführten Kommunikationsinhalte zugreifen zu können. Zur Begründung kann auf die Lösung zur Mandatssituation 7.6, S. 411 ff. verwiesen werden.

Eine Unvererblichkeit ergibt sich auch nicht aus den Regelungen von Facebook zum Gedenkzustand (dazu ausführlich BGH, Urt. v. 12.07.2018 – III ZR 183/17, Rdnr. 26 ff.).

Kapitel 8: Erbengemeinschaft

A. Einführung

1. Entstehung und Beendigung der Erbengemeinschaft

1.1 Entstehung der Erbengemeinschaft

Entstehung kraft Gesetzes

Hinterlässt der Erblasser nicht nur einen, sondern **mehrere Erben**, so geht der Nachlass mit dem Erbfall als Ganzes auf die Erben über (§ 1922 Abs. 1 BGB) und wird deren gemeinschaftliches Vermögen (§ 2032 Abs. 1 BGB). Die Erbengemeinschaft entsteht damit kraft Gesetzes mit dem Erbfall. Sie ist eine Zwangsgemeinschaft, an der jeder Miterbe unabhängig von seinem Willen beteiligt ist. Die Erbengemeinschaft ist keine werbende Gesellschaft, sondern dient in erster Linie der Abwicklung des Nachlasses und ist von Anfang an **auf Auseinandersetzung ausgerichtet.** Sie entsteht unabhängig vom Berufungsgrund und kann weder vertraglich begründet noch nach der Auseinandersetzung wiederhergestellt werden (Palandt/Weidlich, Einf. vor § 2032 Rdnr. 1).

Erbeserbengemeinschaft

Mitglieder der Erbengemeinschaft sind **nur die unmittelbar mit dem Erbfall eingetretenen Erben** (Palandt/Weidlich, § 2032 Rdnr. 1). Trotzdem führt allein der Tod eines Miterben nicht zur Auflösung der Erbengemeinschaft. Stirbt ein Miterbe vor der Erbauseinandersetzung und wird er aufgrund einer Verfügung von Todes wegen oder aufgrund Gesetzes von mehreren Personen beerbt, treten diese in seine Rechtsposition ein. Sein Anteil am Sondervermögen der Erbengemeinschaft geht auf diese Erben über, die ihrerseits nicht nach Bruchteilen, sondern wiederum gesamthänderisch **in gesonderter Erbengemeinschaft** (sog. Erbeserbengemeinschaft oder Untererbengemeinschaft) eintreten. Die Erbeserben können nicht über den Anteil an der Erbschaft nach dem ersten Erblasser verfügen, wohl aber über den ideellen Bruchteil des von ihnen ererbten Nachlasses (Palandt/Weidlich, Einf. vor § 2032 Rdnr. 3).

1.2 Beendigung der Erbengemeinschaft

Nachlassverteilung

Die Erbengemeinschaft besteht, solange Nachlassgegenstände vorhanden sind, hinsichtlich derer sich die Miterben noch nicht auseinandergesetzt haben. Die **Erbengemeinschaft endet** daher mit **Verteilung des letzten Nachlassgegenstands** automatisch.

Erbanteile in einer Hand

Sie endet auch, wenn ein **Miterbe oder ein Dritter sämtliche Anteile am Nachlass erwirbt.** Solange noch mindestens ein Nachlassgegenstand und zwei Miterben vorhanden sind, besteht die Erbengemeinschaft unter den Verbleibenden weiter.

Keine Pflicht zur Auseinandersetzung

Die Erbengemeinschaft dient der Abwicklung des Nachlasses und ist von Anfang an auf Auseinandersetzung ausgerichtet. Trotzdem besteht für die Erben **keine Pflicht**, den Nachlass zu verteilen und die **Erbengemeinschaft auseinanderzusetzen.** Die Miterben können als Gesamthandsgemeinschaft auch am gemeinschaftlichen Eigentum und der gemeinschaftlichen Verwaltung des Nachlasses festhalten. So kann eine Erbengemeinschaft über viele Generationen bestehen. Sobald jedoch ein Miterbe die Erbauseinandersetzung verlangt, ist diese auseinanderzusetzen.

2. Rechts- und Prozessfähigkeit der Erbengemeinschaft

2.1 Rechtsfähigkeit

Erbengemeinschaft nicht rechtsfähig

Obwohl der Nachlass als gesamthänderisch gebundenes Sondervermögen in vielfacher Hinsicht rechtlich verselbständigt ist, besitzt die Erbengemeinschaft selbst **keine eigene Rechtspersönlichkeit** (BGH, NJW 2006, 3715 = ZEV 2007, 30; BGH, NJW 2002, 3389). Sie ist keine juristische Person und auch nach sonstigen Regeln nicht rechtsfähig oder teilrechtsfähig. Berechtigt und verpflichtet werden bei der Teilnahme der Erbengemeinschaft am Rechtsverkehr ausschließlich die einzelnen Miterben in ihrer gesamthänderischen Verbundenheit.

BGH-Rechtsprechung

Auch wenn sowohl der BGB-Gesellschaft (BGHZ 146, 341 = NJW 2001, 1056) als auch der Wohnungseigentümergemeinschaft (BGHZ 163, 154 = NJW 2005, 2061) mittlerweile die Rechts- und Parteifähigkeit zuerkannt wurde, wenn sie durch Teilnahme am Rechtsverkehr eigene Rechte und Pflichten begründet, überträgt der BGH die Rechtsprechung nicht auf die Erbengemeinschaft, sondern lehnt die Rechts- und Parteifähigkeit der Erbengemeinschaft erneut ausdrücklich ab (BGH, NJW 2006, 3715 = ZEV 2007, 30). Denn anders als jene Personengemeinschaften ist die

Erbengemeinschaft nicht zur dauerhaften Teilnahme am Rechtsverkehr bestimmt, sondern auf Auseinandersetzung ausgerichtet. Zudem verfügt sie nicht über eigene Organe, durch die sie nach außen handeln kann.

2.2 Parteifähigkeit

Nicht parteifähig

Mangels Rechtsfähigkeit ist die Erbengemeinschaft auch **nicht parteifähig nach § 50 Abs. 1 ZPO**. Sie kann als solche deshalb weder klagen noch verklagt werden. Selbst wenn sämtliche Erben an einem Prozess beteiligt sind, sind immer die einzelnen Miterben und nicht die Erbengemeinschaft Partei des Rechtsstreits (BGH, Urt. v. 21.12.1988 – VIII ZR 277/87, NJW 1989, 2133).

Rechtskraftwirkung

Klagen sämtliche Miterben, sind die einzelnen Miterben selbst Partei des Prozesses mit der Folge, dass jedem einzelnen Miterben prozessuale oder materiell-rechtliche Einwendungen entgegengehalten, aber auch von jedem einzelnen erhoben werden können. Aus diesem Grund hat ein gegen einen Miterben im Einzelprozess ergangenes rechtskräftiges Urteil die gleiche Rechtskraftwirkung wie ein inhaltlich gleiches Urteil gegen alle Miterben (BGH, Urt. v. 21.12.1988 – VIII ZR 277/87, NJW 1989, 2133).

Prozessstandschaft

§ 2039 BGB gewährt darüber hinaus jedem einzelnen Miterben ein Sonderrecht, wonach er in eigenem Namen für die Erbengemeinschaft klagen kann. Dies stellt kein Vertretungsrecht dar, sondern ist ein Fall **gesetzlicher Prozessstandschaft** (BGH, Urt. v. 05.04.2006 – IV ZR 139/05). Der klagende Miterbe handelt nicht als Vertreter der anderen Erben, sondern macht ein fremdes, nämlich ein der Gesamthandsgemeinschaft zustehendes Recht in eigenem Namen geltend.

Durch die Klageerhebung eines Miterben wird daher die Verjährung zugunsten aller Miterben nach § 204 Abs. 1 Nr. 1 BGB gehemmt (MüKo-BGB/Gergen, § 2039 Rdnr. 20).

Gesamthandsklage oder Gesamtschuldklage

Ein Gläubiger hat während des Bestehens der Erbengemeinschaft die Wahl, ob er die Miterben als Gesamtschuldner nach § 2058 BGB im Wege der **Gesamtschuldklage** in Anspruch nimmt, um gegen die Miterben persönlich vollstrecken zu können, oder ob er von ihnen nach § 2059 Abs. 2 BGB im Wege der **Gesamthandsklage** die Befriedigung aus dem ungeteilten Nachlass verlangt.

Miterben als Streitgenossen

Verklagt der Nachlassgläubiger mehrere Miterben wegen derselben Schuld als Gesamtschuldner (Gesamtschuldklage), sind sie wegen § 425 Abs. 2 BGB keine notwendigen Streitgenossen i.S.d. § 62 ZPO, sondern lediglich einfache Streitgenossen (BGH, Urt. v. 24.04.1963 – V ZR 16/62, NJW 1963, 1611; OLG Düsseldorf, Urt. v. 20.12.1996 – 7 U 56/96, FamRZ 1997, 789). Nur soweit der Gläubiger die Miterben mit der Gesamthandsklage gemeinschaftlich verklagt, sind die Miterben **notwendige Streitgenossen nach § 62 ZPO**. Grund hierfür ist, dass Miterben nach § 2040 BGB über Nachlassgegenstände nur gemeinschaftlich verfügen können (BGH, Urt. v. 02.12.1981 – IVa ZR 252/80, NJW 1982, 441).

2.3 Grundbuch- und Registerfähigkeit

Die Erbengemeinschaft ist mangels Rechtsfähigkeit weder grundbuch- noch sonst registerfähig (Demharter, § 19 GBO Rdnr. 108).

3. Nachlass als gesamthänderisch gebundenes Sondervermögen

3.1 Gesamthandeigentum

Nachlass als Sondervermögen

Der Nachlass bildet ein **sogenanntes Gesamthandeigentum.** Es entsteht mit dem Erbfall keine Bruchteilgemeinschaft an den einzelnen Nachlassgegenständen, sondern der Nachlass bildet ein gesamthänderisch gebundenes Sondervermögen. Jeder Miterbe hat einen quotenmäßig bestimmten Anteil am gesamten Nachlass, nicht jedoch ein Recht auf einen ideellen Bruchteil an jedem einzelnen Nachlassgegenstand. Diese gesamthänderische Bindung bereitet in der Praxis erhebliche Schwierigkeiten und führt häufig zu Meinungsverschiedenheiten unter den Miterben.

Universalsukzession

Nach § 1922 Abs. 1 BGB geht das Vermögen als Ganzes auf die Erben über. Ziel der **Universalsukzession** ist es, das Vermögen des Erblassers im Interesse der Erben und der Nachlassgläubiger unverändert auf den Erben zu überführen. Der einheitliche Übergang der Nachlassrechte und Nachlassverbindlichkeiten auf den Erben bzw. alle Miterben dient der Rechtsklarheit, da sich auf diese Weise die Rechtsträger relativ leicht feststellen lassen.

Gesamtrechtsnachfolge

Die Gesamtrechtsnachfolge bedeutet den automatischen und einheitlichen Übergang aller vererblichen Rechte und Verbindlichkeiten auf die Erben. Entscheidend für den Übergang ist daher allein, ob es sich um ein vererbliches oder ein unvererbliches Recht handelt.

Vermögensrechtliche und nichtvermögensrechtliche Ansprüche

So gibt es einerseits vermögensrechtliche Beziehungen, die nicht vererblich sind, z.B. das Nießbrauchsrecht nach § 1061 Satz 1 BGB, andererseits können auch nichtvermögensrechtliche Rechtsverhältnisse auf den Erben übergehen, z.B. die Mitgliedschaft in einem Verein, wenn dies in der Satzung vorgesehen ist. Bei nichtvermögensrechtlichen Rechtsverhältnissen ist jedoch die Unvererbbarkeit die Regel, während vermögensrechtliche Beziehungen regelmäßig vererblich sind.

Ansprüche aus schuldrechtlichen Verträgen

Ansprüche und Verbindlichkeiten aus schuldrechtlichen Verträgen sind **grundsätzlich vererblich.** Bei diesen geht die gesamte vertragsrechtliche Position des Erblassers auf den Erben über, einschließlich der Hilfsansprüche (beispielsweise Ansprüche auf Auskunft oder Rechnungslegung) und Sicherungsrechte (wie Bürgschaften, Pfandrechte und Hypotheken). Die Vererblichkeit erstreckt sich dabei auch auf Gestaltungsrechte wie Anfechtungs- und Rücktrittsrechtsrechte.

Allgemeines Persönlichkeitsrecht ist nicht vererblich

Das allgemeine Persönlichkeitsrecht als sonstiges Recht i.S.d. § 823 Abs. 1 BGB stellt ein höchstpersönliches Nichtvermögensrecht dar, das nicht vererblich ist. Es erlischt mit dem Tod des Menschen, ebenso das (Künstler-) Namensrecht einer Person (BGHZ 169, 193 = NJW 2007, 684). Auch der Anspruch auf Geldentschädigung wegen Verletzung des Persönlichkeitsrechts ist grundsätzlich nicht vererblich.

Digitaler Nachlass

Da höchstpersönliche Rechte grundsätzlich nicht vererblich sind, war lange Zeit umstritten, ob digitale Nachlassgegenstände vererblich sind. Da jedoch eine Differenzierung nach vermögensrechtlichen und nicht vermögensrechtlichen Gegenständen weder praktisch möglich noch den erbrechtlichen Regelungen des BGB immanent ist (arg e contr §§ 2047 Abs. 2, 2373 Satz 2 BGB), gilt nach überwiegender Ansicht das Prinzip der Universalsukzession ebenso für höchstpersönliche Daten im digitalen Nachlass (Lange/Holtwiesche, ZErb 2016, 125). Auch der BGH (Urt. v. 12.07.2018 – III ZR 183/17) bejahte in einer Grundsatzentscheidung die Vererblichkeit höchstpersönlicher digitaler Daten und begründete dies damit, dass für digitale höchstpersönliche Gegenstände nichts anderes gelten kann als für Tagebücher oder Briefe, die als höchstpersönliche Gegenstände unstreitig der Erbmasse zuzuordnen sind.

Vererblich sind nach der aktuellen Rechtsprechung des BGH und des KG Berlin (KG Berlin, Urt. v. 31.05.2017 – 21 U 9/16, ZEV 2016, 190) auch **accountgestützte Nutzungsverhältnisse** (E-Mail-Account-Verträge sowie Plattformverträge zur Nutzung von sozialen Netzwerken), also der sogenannte digitale Nachlass.

Definition

Unter dem digitalen Nachlass versteht man die Gesamtheit des digitalen Vermögens, also neben Hardware und Software z.B. auch gespeicherte Daten, Vertragsbeziehungen mit Telekommunikationsunternehmen und Internetanbietern, Zugangsberechtigungen, E-Mail-Accounts etc., Mitgliedschaften in sozialen Netzwerken sowie Benutzerprofile im Netz (Müller-Christmann, in: Bamberger/Roth/Hau/Poseck, 47. Ed. 2018, § 1922 Rdnr. 99).

Social-Media-Accounts und -Inhalte

Große praktische Unsicherheiten bestehen hinsichtlich der Vererblichkeit von E-Mails und Inhalten sonstiger sozialer Netzwerke wie z.B. Instagram und Facebook. Grund hierfür sind auch die unterschiedlichen AGB der Provider (hierzu ausführlich: Bräutigam, in: Burandt/Rojahn, Erbrecht, 3. Aufl. 2019, Anhang zu § 1922 Rdnr. 4).

Bei der rechtlichen Beurteilung von E-Mail- bzw. Social-Media-Accounts und deren Inhalten (E-Mails, Nachrichten, Fotos, Pinnwandeinträge) ist dabei zunächst **zwischen dem Account und dessen Inhalten** zu unterscheiden. Während der Account (Zugang) als Nutzungsvertrag zur Bereitstellung des Inhalts nicht als personen-, sondern accountbezogene Leistungspflicht beurteilt und deshalb nicht als höchstpersönlich qualifiziert wird, kann der Account-Inhalt sowohl einen vermögensrechtlichen als auch einen höchstpersönlichen Inhalt haben. Sind diese Account-Inhalte (z.B. E-Mails) auf der Festplatte des Erblassers gespeichert, geht deren Eigentum mit dem Eigentum an der Festplatte nach § 1922 BGB auf den Erben über (Hoeren, NJW 2005, 2113). Sind die Inhalte dagegen auf dem Server des Providers gespeichert, gehen diese wegen des fehlenden Eigentums an den Speichermedien nicht im Wege der Universalsukzession auf den Erben über. Aber auch in diesem Fall treten die Erben nach dem aktuellen Urteil des BGH (Urt. v. 12.07.2018 – III ZR 183/17) in das schuldrechtliche Nutzungsverhältnis ein und erlangen so die materielle **Zugangsberechtigung** zu den unter dem Account gespeicherten Daten des Erblassers.

BGH: Zugang zum Facebook-Konto vererblich

Die Erben sind demzufolge berechtigt, von den Betreibern der Nutzungsplattform (z.B. **Facebook**) zu verlangen, der Erbengemeinschaft Zugang zum Benutzerkonto des Verstorbenen sowie den darin enthaltenen Inhalten zu gewähren. Nach Ansicht das BGH geht das Vertragsverhältnis mit dem Provider mit allen Rechten und Pflichten auf die Erben über, die hierdurch in dieses eingetreten sind und als Vertragspartner einen Anspruch auf Zugang zu dem Benutzerkonto des Verstorbenen sowie den darin enthaltenen vermögensrechtlichen und höchstpersönlichen (digitalen) Inhalten haben.

Im Hinblick auf die AGB von Facebook, die dem Urteil zugrunde lagen, entschied der BGH, dass diese keine Regelung zur Vererbbarkeit des Benutzungsvertrags und der Inhalte des Benutzerkontos enthalten. Zwar sei nach diesen AGB der Account unter einem realen Namen einzurichten und die Weitergabe von Zugangsdaten oder des Benutzerkontos an Dritte nicht zulässig. Diese Vereinbarung beziehe sich jedoch lediglich auf das Verhalten des Nutzers zu Lebzeiten und enthalte keine Aussage für den Todesfall.

Auch aus den Regelungen zum **Gedenkzustand** ergebe sich keine andere Beurteilung. Diese fanden dem vom BGH (Urt. v. 12.07.2018 – III ZR 183/17) entschiedenen Fall schon deshalb keine Anwendung, weil die Bestimmungen nicht Bestandteil des Nutzungsvertrags geworden waren, § 305 Abs. 2 BGB. Die dem Vertrag zugrundeliegenden AGB von Facebook enthielten nämlich gerade keine Regelungen zum Gedenkzustand. Vielmehr befand sich hierzu lediglich ein Hinweis im Hilfebereich des sozialen Netzwerks, ohne dass hierauf in den Nutzungsbedingungen oder auf andere Weise bei Vertragsschluss verwiesen oder Bezug genommen wurde, wie es gem. § 305 Abs. 2 Nr. 1 und Nr. 2 BGB erforderlich gewesen wäre, um die Regelungen Vertragsbestandteil werden zu lassen.

Die Regelungen zum Gedenkzustand schließen ungeachtet dessen auch nach Maßgabe von § 307 Abs. 1 Nr. 1 BGB die Vererbbarkeit des aus dem Nutzungsverhältnis folgenden Kontozugangsrechts nicht wirksam aus. Denn im Hinblick auf die erhebliche Einschränkung der vertraglichen Rechte der Erben (sie hätten keinen Zugang zu dem Konto und den dort gespeicherten nicht öffentlichen Inhalten mehr) liegt eine **unangemessene Benachteiligung i.S.v. § 307 Abs. 1 und 2 BGB** vor.

Auch aus dem Wesen des Vertrags ergibt sich nach Ansicht des BGH keine Unvererblichkeit des Vertragsverhältnisses. Insbesondere sei dieser nicht höchstpersönlicher Natur. Der höchstpersönliche Charakter folge auch nicht aus dem im Nutzungsvertrag stillschweigend vorausgesetzten und damit immanenten Gründen des Schutzes der Persönlichkeitsrechte der Kommunikationspartner der Erblasserin. Zwar möge der Abschluss eines Nutzungsvertrags mit dem Betreiber eines sozialen Netzwerks in der Erwartung erfolgen, dass die Nachrichten zwischen den Teilnehmern des Netzwerks jedenfalls grundsätzlich vertraulich bleiben. Die vertragliche Verpflichtung von Facebook zur Übermittlung und Bereitstellung von Nachrichten und sonstigen Inhalten sei jedoch von vornherein kontobezogen. Sie habe nicht zum Inhalt, diese an eine bestimmte Person zu übermitteln, sondern an das angegebene Benutzerkonto. Es bestehe aber kein schutzwürdiges Vertrauen darauf, dass nur der Kontoinhaber und nicht Dritte von dem Kontoinhalt Kenntnis erlangen. Zu Lebzeiten müsse mit einem Missbrauch des Zugangs durch Dritte oder mit der Zugangsgewährung seitens des Kontoberechtigten gerechnet werden und bei dessen Tod mit der **Vererbung des Vertragsverhältnisses.** Nutzungsvertrag nicht höchstpersönlicher Natur

Einen Ausschluss der Vererblichkeit aufgrund des postmortalen Persönlichkeitsrechts hat der BGH ebenfalls verneint. Auch das Fernmeldegeheimnis stehe dem Anspruch des Erben nicht entgegen. Der Erbe sei, da er vollständig in die Position des Erblassers einrückt, jedenfalls kein „Anderer" i.S.v. § 88 Abs. 3 TKG. Kein Ausschluss aufgrund postmortalen Persönlichkeitsrechts

3.2 Einschränkungen in der Verfügungsbefugnis

Da die dingliche Berechtigung an den Nachlassgegenständen nicht dem einzelnen Miterben, sondern der Erbengemeinschaft zur gesamten Hand zusteht, kann der einzelne **Miterbe über seinen Anteil an einzelnen Nachlassgegenständen nach § 2033 Abs. 2 BGB nicht verfügen,** denn dieser ist Teil des Gesamthandvermögens der Erbengemeinschaft geworden und vom jeweiligen Eigenvermögen der Erben streng zu trennen. Verfügen kann ein Miterbe lediglich über seinen quotenmäßigen Anteil an der Erbschaft im Ganzen nach § 2033 Abs. 1 BGB. Verfügungsbeschränkung

Eine Verfügung über einzelne Nachlassgegenstände ist **nur durch alle Miterben gemeinschaftlich** möglich, § 2040 Abs. 1 BGB. Allein im Rahmen der Notverwaltung kann ein Miterbe bei Dringlichkeit allein handeln und für die anderen Miterben verfügen. Der handelnde Miterbe hat in diesem Fall ein gesetzliches Vertretungsrecht für die anderen. Notwendigkeit gemeinsamer Verfügung

3.3 Miterben als Gesamtgläubiger

Gehört ein Anspruch zum Nachlass, sind die Miterben hinsichtlich dieses Anspruchs Gesamtgläubiger nach § 432 Abs. 1 Satz 1 BGB. Um eine Nachlassforderung handelt es sich, wenn ein Anspruch der Erbengemeinschaft vorliegt, der nach dem Erbfall entstanden ist oder vom Erblasser stammt und mit dem Erbfall auf die Erbengemeinschaft übergegangen ist. Gesamtgläubiger

Erfüllungswirkung nur bei Leistung an alle Erben

Aufgrund dieser Gesamtgläubigerschaft der Erbengemeinschaft kann der Schuldner nach § 432 Abs. 1 Satz 1 BGB nur dann mit befreiender Wirkung leisten, wenn er an alle Miterben leistet. Die Leistung nur an einen oder mehrere Erben führt nicht zum Erlöschen der Forderung der Erbengemeinschaft. Etwas anderes gilt nur, wenn die übrigen Miterben durch einen Miterben vertreten werden und die Leistung an den oder die Bevollmächtigten erfolgt.

Leistung an alle Erben gemeinschaftlich

Korrespondierend damit kann der einzelne Miterbe auch **nur die Leistung des Schuldners an alle Erben fordern** (actio pro socio) oder verlangen, dass der Schuldner entweder die Sache für alle hinterlegt oder bei einem gerichtlich bestellten Verwalter abliefert.

Keine Berechtigung zur Geltendmachung in Höhe der Erbquote

Aufgrund der Gesamtgläubigergesellschaft ist ein Miterbe nicht berechtigt, lediglich die Forderung in Höhe seiner eigenen Erbquote gegenüber dem Schuldner geltend zu machen und Zahlung an sich zu verlangen. Dies wäre eine eigenmächtige und somit unzulässige Teilauseinandersetzung.

3.4 Dingliche Surrogation

Zum Erhalt der wirtschaftlichen Einheit und des Werts des Nachlassvermögens als Gesamthandvermögen für die Miterben und die Nachlassgläubiger gehört nach § 2041 BGB auch das zum Nachlass, was aufgrund eines zum Nachlass gehörenden Rechts oder als Ersatz für die Zerstörung, Beschädigung oder Entziehung eines Nachlassgegenstands oder durch ein Rechtsgeschäft erworben wird (dingliche Surrogation).

4. Verwaltung des Nachlasses

4.1 Verwaltung durch die Miterben

Gemeinsam und persönlich

Der Nachlass ist gemeinschaftliches Vermögen der Miterben. Die Miterben können daher nur gemeinsam über einzelne Gegenstände des Nachlasses verfügen und müssen den Nachlass **gemeinsam verwalten**. Die Verwaltung ist durch die Erben selbst vorzunehmen. Die Verwaltung durch einen außenstehenden Fremdverwalter ist nur dann zulässig, wenn die Miterben selbst zur Verwaltung des Nachlasses nicht in der Lage oder nicht bereit sind. Eine Aufwandsentschädigung für die Verwaltung des Nachlasses steht dabei einem Miterben nicht zu.

4.2 Begriff der Verwaltung

Verwaltungsmaßnahmen

Die Verwaltung umfasst alle tatsächlichen und rechtlichen Maßnahmen, die zur Verwahrung, Sicherung, Erhaltung und Vermehrung sowie zur Gewinnung der Nutzungen und Bestreitung laufender Verbindlichkeiten des Nachlasses erforderlich oder geeignet sind. Gleichgültig ist, ob es sich dabei um Maßnahmen des Innenverhältnisses oder des Außenverhältnisses handelt. Der BGH hat zudem klargestellt, dass zur Verwaltung grundsätzlich auch Verfügungen über Nachlassgegenstände zählen (BGH, Urt. v. 28.09.2005 – IV ZR 82/04, NJW 2006, 439).

4.3 Arten der Verwaltung

Das Gesetz unterscheidet in § 2038 BGB **drei Arten von Verwaltungsmaßnahmen.** Von dieser Unterscheidung hängt es ab, ob die Miterben einvernehmlich oder mehrheitlich hierüber zu beschließen haben oder ob ein Miterbe allein entscheiden kann und wie die Miterben hierdurch verpflichtet werden.

4.3.1 Ordnungsgemäße Verwaltung

Umfang

Die **ordnungsmäßige Verwaltung** gem. § 2038 Abs. 1 Satz 2 i.V.m. § 745 BGB umfasst alle Maßnahmen, die der Beschaffenheit des betreffenden Nachlassgegenstands und dem Interesse aller Miterben nach billigem Ermessen entsprechen.

Keine wesentliche Veränderung des Gegenstands

Demgegenüber stellt eine wesentliche Veränderung des Nachlassgegenstands keine ordnungsgemäße Verwaltung mehr dar (§ 2038 Abs. 2 Satz 1 i.V.m. § 745 Abs. 3 BGB). Wesentlich ist eine Veränderung, wenn durch die beabsichtigte Verwaltungsmaßnahme die Zweckbestimmung oder Gestalt des Nachlasses in einschneidender Weise geändert werden würde. Eine Veräußerung eines von mehreren Nachlassgrundstücken stellt keine wesentliche Veränderung des Nachlassgegenstands, sondern eine bloße Umstrukturierung des Gesamtnachlasses dar, da hierdurch lediglich das ursprünglich bestehende Verhältnis von Barvermögen und Grundbesitz zugunsten des Barvermögens verschoben wird.

Mitwirkungspflicht der Miterben

Liegt eine Maßnahme der ordnungsmäßigen Verwaltung vor, sind die Miterben nach § 2038 Abs. 1 Satz 2 erster Halbsatz BGB einander verpflichtet, bei solchen Maßregeln mitzuwirken, die für eine ordnungsmäßige Verwaltung erforderlich sind. Während also im Rahmen der außerordentlichen Verwaltung noch jeder Miterbe über die Vornahme der Verwaltungsmaßnahme frei entscheiden kann, statuiert § 2038 Abs. 1 Satz 2 BGB für die ordentliche Verwaltung eine Pflicht der Erben, **an erforderlichen ordnungsmäßigen Verwaltungsmaßnahmen** mitzuwirken.

4.3.2 Außerordentliche Verwaltung

Übereinstimmung erforderlich

Die außerordentliche Verwaltung bezeichnet Maßnahmen, die für den Nachlass eine **erhebliche wirtschaftliche Bedeutung** haben. Liegt eine außerordentliche Verwaltungsmaßnahme vor, ist Einstimmigkeit der Miterben erforderlich. Nur wenn alle Miterben übereinstimmend handeln, liegt gemeinschaftliches Verwaltungshandeln i.S.v. § 2038 Abs. 1 Satz 1 BGB vor. Im Innenverhältnis ist daher ein einstimmiger Beschluss der Erben erforderlich; im Außenverhältnis bedarf es einvernehmlichen Auftretens.

4.3.3 Notgeschäftsführung

Durch die Notgeschäftsführung soll die Handlungsfähigkeit der Erbengemeinschaft in besonderen Ausnahmefällen gewährleistet werden. Eine notwendige Maßnahme liegt vor, wenn ohne sie der Nachlass insgesamt oder Teile hiervon Schaden nehmen würden.

Dringlichkeit

Weiterhin muss die Maßnahme zur Erhaltung des Nachlasses erforderlich und derart dringlich sein, dass sie keinen weiteren Aufschub duldet. Soweit ohne weitere objektive Gefährdung des Nachlasses oder Teilen davon eine Zustimmung der Erben eingeholt werden kann, liegt daher kein Fall der Notverwaltung vor.

4.4 Beschlussfassung

Die Verwaltung und Benutzung von Nachlassgegenständen wird nach § 745 BGB durch einen Beschluss der Erbengemeinschaft geregelt.

Abstimmung nach Erbquote

Die **Mehrheit der Stimmen** bestimmt sich nach § 745 Abs. 1 Satz 2 BGB **nicht nach den Köpfen, sondern nach der Größe der Anteile** an der Erbengemeinschaft. Maßgeblich ist daher die jeweilige Erbquote.

Mehrheitsbeschluss

Für die **Beschlussfassung** selbst ist dabei keine besondere Form vorgeschrieben. Die Stimmabgabe kann jederzeit und in beliebiger Form erfolgen, ausdrücklich oder konkludent, schriftlich oder mündlich, gleichzeitig oder nacheinander (BGH, Urt. v. 11.11.2009 – XII ZR 210/05, ZEV 2010, 36, Rdnr. 3). Einer förmlichen Beschlussfassung **bedarf es nicht**, wenn ein Miterbe die Stimmenmehrheit in einer Erbengemeinschaft hat. Er kann dann allein ohne besondere Förmlichkeiten einen Mehrheitsbeschluss fassen (OLG Rostock, Beschl. v. 19.03.2018 – 3 U 67/17, ZEV 2018, 517).

Anhörung

Vor der Abstimmung sind alle **Miterben anzuhören.** Das Unterlassen der Anhörung eines Miterben stellt zwar einen Verstoß dar, führt jedoch nicht zur Unwirksamkeit des Beschlusses. Allenfalls kann der nicht angehörte Miterbe Schadensersatz fordern (BGH, Urt. v. 19.09.2012 – XII ZR 151/10, ZEV 2018, 517). Die Wirksamkeit eines Mehrheitsbeschlusses hängt daher nicht davon ab, ob der Minderheit ausreichende Gelegenheit zur Mitwirkung gegeben worden ist. Hat die Mehrheit der Miterben eine ordnungsgemäße Maßnahme zur Verwaltung des Nachlasses beschlossen, so kann sie die Maßnahme vielmehr auch ohne die Mitwirkung der überstimmten Miterben mit Wirkung für und gegen die Erbengemeinschaft ausführen. Ausreichend ist bereits ein Schreiben an den betroffenen Miterben (OLG Rostock, Beschl. v. 19.03.2018 – 3 U 67/17, ZEV 2018, 517).

Stimmberechtigung

Bei der Frage der Stimmberechtigung zieht man § 34 BGB, § 47 GmbHG analog heran, denn niemand darf „Richter in eigener Sache“ sein. Wird daher über eine Angelegenheit abgestimmt, die für einen Miterben von besonderer persönlicher Bedeutung ist, darf der Miterbe nicht mitstimmen, sondern ist **wegen Interessenwiderstreits von der Abstimmung ausgeschlossen** (Palandt/Weidlich, § 2038 Rdnr. 9). Ein Mitglied ist zudem nicht stimmberechtigt, wenn die Beschlussfassung die Vornahme eines Rechtsgeschäfts mit ihm betrifft (BGH, Urt. v. 19.09.2012 – XII ZR 151/10, ZEV 2013, 81). Bei Ausschluss eines Miterben bestimmt sich die Mehrheit aus den Anteilen der zugelassenen Teilhaber, deren Stimmanteil sich nach der Höhe des Erbteils bemisst (Staudinger/Langhein, § 745 Rdnr. 26).

5. Recht auf Gebrauch und Früchte sowie Lasten des Nachlasses

5.1 Gebrauch, Früchte und Lasten des Nachlasses

Die aus den Nachlassvermögen resultierenden Gebrauchsrechte und Früchte gehören, wie die Nachlassgegenstände selbst, der Erbengemeinschaft insgesamt. Diese haftet auch für die mit der Nachlassverwaltung entstehenden Lasten.

5.2 Recht auf Gebrauch und Nutzung der Nachlassgegenstände

Jedem Miterben steht nach § 2038 Abs. 2, § 743 Abs. 2 BGB **an jedem Nachlassgegenstand ein selbständiges Recht zum Gebrauch** zu, soweit der Mitgebrauch der übrigen Miterben nicht beeinträchtigt wird. § 743 Abs. 2 BGB regelt dabei lediglich das Maß des Gebrauchs, nicht jedoch die Art und Weise.

Anspruch auf Benutzungsregelung

Nach § 745 Abs. 2 BGB kann daher jeder Miterbe von den anderen Miterben eine dem Interesse aller Teilhaber nach billigem Ermessen entsprechende Verwaltung und Benutzung verlangen. Dieses Verlangen ist nur ausgeschlossen, wenn die Verwaltung und Benutzung durch Vereinbarung oder durch Mehrheitsbeschluss bereits geregelt ist.

Anspruch auf Nutzungsentschädigung

Verweigert ein Miterbe den Mitgebrauch durch die weiteren Miterben, kann der nichtnutzende Miterbe einen Ausgleich in Geld für seine Benachteiligungen bei der Nutzung verlangen. Ein Anspruch auf Nutzungsentschädigung besteht immer dann, wenn ein Miterbe selbst den Nachlassgegenstand ohne eigenes Verschulden nicht ebenso wie die anderen Miterben nutzen kann.

5.3 Recht auf Früchte

Verteilung der Früchte

Auch die Früchte der Nachlassgegenstände (z.B. Mieteinnahmen, Zinserträge, Einkünfte) fallen mit ihrer Gewinnung zunächst in den Nachlass, also in das Gesamthandvermögen der Erbengemeinschaft, §§ 953, 2041 BGB. Die Teilung der Früchte unter den Miterben erfolgt ebenso wie das sonstige Nachlassvermögen gem. § 2038 Abs. 2 Satz 2 BGB grundsätzlich **erst bei der Auseinandersetzung der Erbengemeinschaft.** Denn erst zu diesem Zeitpunkt, wenn die Schulden der Erbengemeinschaft getilgt und Ausgleichungsansprüche der Miterben berücksichtigt worden sind, steht der konkrete Auszahlungsanspruch eines Miterben unter Berücksichtigung der Früchte fest. Hierdurch soll vermieden werden, dass ein Miterbe zwischenzeitlich mehr aus dem Nachlass erhält, als er bei der Auseinandersetzung beanspruchen kann.

Ausnahme bei Ausschluss der Auseinandersetzung

Eine Ausnahme besteht nach § 2038 Abs. 2 Satz 3 BGB dann, wenn die Auseinandersetzung auf längere Zeit als ein Jahr ausgeschlossen ist. In diesem Fall kann jeder Miterbe am Schluss jedes Jahres die Teilung des Reinertrags verlangen, wobei unter Reinertrag die Einkünfte der Erbengemeinschaft abzgl. der Aufwendungen zu verstehen sind. Die Formulierung „zum Schluss eines Jahres" meint dabei nicht den Schluss eines Kalenderjahres zum 31.12., sondern einen Zeitraum von zwölf Monaten. Die Teilung der Früchte kann daher erstmals zwölf Monate nach dem Erbfall verlangt werden (Rißmann, Die Erbengemeinschaft, 3. Aufl. 2019, § 4 Rdnr. 104). Voraussetzung ist jedoch, dass die Auseinandersetzung auf längere Zeit als ein Jahr rechtlich ausgeschlossen ist (z.B. durch Anordnung des Erblassers im Testament). Eine reine Verzögerung bei der Erbauseinandersetzung ist hierfür nicht ausreichend. Dies gilt auch dann, wenn die Verzögerung durch den leistungspflichtigen Miterben verschuldet wird (Rißmann, a.a.O.).

5.4 Kosten und Lasten

Kostentragung durch die Miterben

Die Kosten der Verwaltung, Erhaltung und Nutzung der Nachlassgegenstände und die Lasten des Nachlasses haben die Miterben untereinander **nach dem Verhältnis ihrer Erbteile zu tragen.** Insoweit kann jeder Miterbe von der Erbengemeinschaft Ersatz seiner Aufwendungen nach § 2038 Abs. 2 i.V.m. § 748 BGB verlangen. Der Anspruch auf Aufwendungsersatz ist sofort fällig und kann vom handelnden Miterben sofort gegen die Erbengemeinschaft geltend gemacht werden. Der Miterbe muss nicht bis zur Erbauseinandersetzung warten, da die Geltendmachung des Aufwendungsersatzes keine unzulässige Teilauseinandersetzung darstellt (OLG Köln, Urt. v. 25.01.1996 – 1 U 47/95, OLGR 1996, 153).

Keine Vorschusspflicht

Die Verpflichtung zur **Lastentragung beschränkt sich auf den Nachlass.** Eine Vorschusspflicht der Erben unter Einsatz ihres Privatvermögens besteht nicht. Notfalls ist der Nachlass im erforderlichen Umfang zu versilbern.

Verwaltervergütung

Nicht zu den Kosten der Verwaltung gehört das Tätigkeitsentgelt für eigene Tätigkeiten eines Miterben. Sowohl der Zeitaufwand und als auch die Arbeitskraft des Miterben sind keine Verwaltungskosten. Miterben können mithin grundsätzlich kein Entgelt von der Erbengemeinschaft für ihre Verwaltungstätigkeit verlangen (KG, Urt. v. 11.03.2004 – 12 U 209/02, ZErb 2004, 262). Dies gilt auch für die Tätigkeiten, die üblicherweise nur gegen Entgelt übernommen werden und somit kommerzialisiert sind.

Auch die Beauftragung des Ehegatten eines Miterben führt nicht zu einem Aufwendungsersatzanspruch nach §§ 2038 Abs. 2, 748 BGB, da der Miterbe nicht verpflichtet ist, ein Honorar zu zahlen, sondern Ehegatten üblicherweise ihre Dienste im Rahmen eines Gefälligkeitsverhältnisses erbringen (KG, Urt. v. 11.03.2004 – 12 U 209/02, ZErb 2004, 262).

5.5 Regelung durch Miterben

Änderung durch Einheitsbeschluss

Über diese gesetzlichen Grundsätze können sich die Miterben jedoch einvernehmlich (nicht hingegen durch Mehrheitsbeschluss) hinwegsetzen und eine anderweitige Vereinbarung treffen, § 745 Abs. 3 Satz 2 BGB

(OLG Hamburg, Urt. v. 11.05.1965 – 2 U 94/65, MDR 1965, 665). Dies ist in der Praxis üblich. Liegt ein solcher Beschluss vor, kann er nur einvernehmlich wieder aufgehoben werden.

6. Auseinandersetzung der Erbengemeinschaft

6.1 Anspruch auf Auseinandersetzung

Da die Erbengemeinschaft nach dem Gesetz keine auf Dauer angelegte Gemeinschaft, sondern eine von Anfang an auf ihre Aufhebung ausgerichtete Gemeinschaft ist, gibt § 2042 Abs. 1 BGB jedem Miterben das Recht, **jederzeit die Auseinandersetzung der Erbengemeinschaft zu verlangen.** Dieses Recht steht jedem Miterben unabhängig davon zu, wie groß sein Anteil am Nachlass ist. Auch der Miterbe mit dem kleinsten Anteil kann daher auch gegen den Willen der anderen Erben die vollständige Auseinandersetzung der Erbengemeinschaft einschließlich der Teilungsversteigerung betreiben. Inhaltlich ist der Auseinandersetzungsanspruch auf Mitwirkung bei allen für die Auseinandersetzung erforderlichen Maßnahmen gerichtet.

Ausschluss oder Aufschub der Auseinandersetzung

Grundsätzlich kann die Auseinandersetzung jederzeit verlangt werden. Ausnahmsweise ist eine Auseinandersetzung jedoch ausgeschlossen, soweit die Erbanteile noch unbestimmt sind (§ 2041 BGB), der Erblasser die Auseinandersetzungen ausgeschlossen hat (§ 2044 BGB) oder ein Aufgebotsverfahren bzw. eine Anmeldefrist zum Aufgebotsverfahren läuft (§ 2045 BGB). Auch die Miterben können die Auseinandersetzung einvernehmlich durch vertragliche Vereinbarung für immer oder für bestimmte Zeit ausschließen.

6.2 Einvernehmliche Auseinandersetzung

Eine Auseinandersetzung durch vollständige Verteilung des Nachlasses kann auf verschiedene Weise durchgeführt werden.

6.2.1 Erbauseinandersetzungsvertrag

Zum einen können die Miterben sämtliche Nachlassgegenstände gemeinsam veräußern und den Erlös entsprechend der Quoten teilen, oder einzelne Miterben können bestimmte Nachlassgegenstände übernehmen und die anderen auszahlen.

Abschluss eines Erbauseinandersetzungsvertrags

Zur vertraglichen Einigung über die konkrete Aufteilung des Nachlasses können die Miterben einen Teilungsvertrag schließen. Einen solchen **Erbauseinandersetzungsvertrag** kennt das Gesetz als Vertragstypus nicht. Es handelt sich, wenn mehr als zwei Miterben vorhanden sind, um einen mehrseitigen Vertrag, der nach der Rechtsprechung kaufähnlichen Charakter hat und auf den deshalb Kaufrecht analog anzuwenden ist, insbesondere im Recht der Mängelhaftung und der Leistungsstörungen (§§ 2042 Abs. 2, 757 BGB). Bezüglich der inhaltlichen Ausgestaltung dieses Vertrags sind die Erben frei. Sie können insbesondere von den gesetzlichen Auseinandersetzungsvorschriften der §§ 2042 ff. BGB abweichende Vereinbarungen treffen.

Form

Das Gesetz sieht für den Erbauseinandersetzungsvertrag keine besondere Form vor. Es gelten jedoch die allgemeinen Formvorschriften. Wird beispielsweise ein Grundstück übertragen, so gilt § 311b BGB. Bei der Übertragung eines GmbH-Anteils ist § 15 GmbHG zu beachten. Danach bedarf eine Vereinbarung, durch welche die Verpflichtung eines GmbH-Gesellschafters zur Abtretung eines Geschäftsanteils begründet wird, der notariellen Form (§ 15 Abs. 4 Satz 1 GmbHG).

6.2.2 Verfügung über den Miterbenanteil (§ 2033 BGB)

Neben der Möglichkeit einer einvernehmlichen Erbauseinandersetzung gibt § 2033 Abs. 1 BGB jedem Miterben das **Recht, über seinen Anteil am Nachlass zu verfügen.** Hierdurch erhält er die Möglichkeit, seinen Anteil am Vermögen des Erblassers schon vor der Auseinandersetzung wirtschaftlich zu verwerten, indem er ihn veräußert.

Verfügungsgegenstand

Gegenstand der Verfügung ist nicht das Erbrecht als solches, sondern der Anteil des Miterben am Nachlass, also die **quotale Beteiligung des Miterben** am Gesamthandvermögen. Verfügt werden kann sowohl über den Anteil am Nachlass im Ganzen als auch über einen Bruchteil hiervon. Die Verfügung umfasst die gesamte mitgliedschafts- und vermögensrechtliche Stellung des Miterben in der Erbengemeinschaft, insbesondere auch die daraus fließenden Ansprüche auf Teilhabe an der Verwaltung und Nutzung des Nachlasses sowie auf Verteilung des Überschusses bei der Auseinandersetzung.

Form

Die Verfügung über einen Erbteil muss gem. § 2033 Abs. 1 Satz 2 BGB **notariell beurkundet** werden (§ 128 BGB, § 20 BNotO). Zu beurkunden ist sowohl die Abtretungserklärung des Veräußerers als auch die Annahmeerklärung des Erwerbers. Entsprechendes gilt für das zugrundeliegende schuldrechtliche Verpflichtungsgeschäft, sei es ein Erbteilskauf (§§ 2371, 1922 Abs. 2 BGB) oder ein anderer Vertrag, der auf die Veräußerung eines angefallenen oder erworbenen Erbteils gerichtet ist (§§ 2385 Abs. 1, 1922 Abs. 2 BGB). Ein Verstoß gegen das Erfordernis der notariellen Beurkundung führt gem. § 125 Satz 1 BGB zur Nichtigkeit des Verfügungsvertrags. Durch Vollziehung der Übertragung wird ein Mangel in der Form nicht geheilt, denn das Gesetz sieht anders als bei Grundstücken (dort § 311b Abs. 2 Satz 2 BGB) keine Heilung vor. Auch eine analoge Anwendung wird vom BGH abgelehnt (BGH, Urt. v. 02.02.1967 – III ZR 193/64, NJW 1967, 1128).

Die gem. § 2033 Abs. 1 Satz 2 BGB erforderliche Form der notariellen Beurkundung für die Erbteilsübertragung wird auch **nicht durch** einen gerichtlich festgestellten **Vergleich** nach § 278 Abs. 6 ZPO gewahrt (OLG Celle, Beschl. v. 14.06.2013 – 4 W 65/13, NJW 2013, 2979 = ZEV 2013, 613).

Vorkaufsrecht der Miterben (§§ 2034–2037 BGB)

Verkauft ein Miterbe seinen Anteil am Nachlass, steht den **übrigen Miterben ein Vorkaufsrecht** zu. Hierdurch soll das Eindringen Dritter in die Erbengemeinschaft verhindert werden. Voraussetzung für das Entstehen eines Vorkaufsrechts der Miterben ist ein freihändiger Erbteilsverkauf nach §§ 2371, 1922 Abs. 2 BGB. Andere Rechtsgeschäfte, die auf Veräußerung eines Erbteils gerichtet sind, aber keinen Verkauf im rechtlichen Sinne darstellen (z.B. Schenkung oder Übertragung im Wege vorweggenommener Erbfolge), lösen das Vorkaufsrecht nicht aus.

Das Vorkaufsrecht eines Miterben geht bei der Veräußerung seines Erbanteils unabhängig davon, ob sie durch vorweggenommene Erbfolge motiviert ist, nicht auf den Erwerber über, sondern endgültig unter und lebt auch dann nicht wieder auf, wenn der Erwerber den Veräußerer beerbt (OLG Düsseldorf, Urt. v. 22.02.2013 – I-7 U 175/11, ZErb 2013, 154).

Ausübung und Ausübungsfrist

Das Vorkaufsrecht kann nach § 2034 Abs. 2 Satz 1 BGB nur innerhalb einer Frist von zwei Monaten ausgeübt werden. Die Ausübungsfrist läuft für jeden Vorkaufsberechtigten gesondert und beginnt jeweils mit dem Zugang der Mitteilung über den Abschluss des Kaufvertrags (§ 469 Abs. 1 BGB; BGH, NJW 2002, 820). Die Mitteilung kann formlos erfolgen, muss aber klar und verständlich sein. Bis zur Übertragung des verkauften Erbteils ist das Vorkaufsrecht durch Erklärung des Vorkaufsberechtigten gegenüber dem Verkäufer auszuüben (§ 464 Abs. 1 Satz 1 BGB). Nach der Erbteilübertragung ist das Vorkaufsrecht gegenüber dem Käufer (§ 2035 Abs. 1 BGB) auszuüben.

Gemeinschaftliche Ausübung

Das Vorkaufsrecht steht den Miterben gemeinschaftlich zu. Die Miterben können das Vorkaufsrecht daher nur im Ganzen, d.h. einheitlich für den veräußerten Erbteil ausüben (§ 472 Satz 1 BGB). Will ein Miterbe sein Recht nicht ausüben oder ist es ihm gegenüber erloschen, so sind die übrigen Miterben vorkaufsberechtigt (§ 472 Satz 2 BGB) und zwar wiederum gemeinschaftlich und im Ganzen.

6.2.3 Abschichtung

Ausscheiden durch Abschichtung

Eine Erbengemeinschaft kann nicht nur durch Teilung oder Veräußerung der Nachlassgegenstände oder durch Übertragung von Erbteilen auseinandergesetzt werden, sondern es kann ein Miterbe auch durch eine sogenannte **Abschichtung** aus der Erbengemeinschaft ausscheiden. Dieser Weg wird auch **als „dritter Weg" der Erbauseinandersetzung** bezeichnet.

Inhalt einer Abschichtungsvereinbarung

Eine Abschichtungsvereinbarung enthält die Erklärung aller Miterben, dass das Rechtsverhältnis unter ihnen in Bezug auf bestimmte Miterben beendet wird. Als Folge des Ausscheidens wächst der Anteil des ausgeschiedenen Miterben den verbleibenden Miterben kraft Gesetzes an. Verbleibt nur ein Miterbe, führt die Anwachsung zu dessen Alleineigentum am Nachlass und somit zum Erlöschen der Erbengemeinschaft.

Formfreiheit

Eine Abschichtung ist formfrei zulässig (BGHZ 138, 8 = NJW 1998, 1557). Diese Formfreiheit gilt selbst dann, wenn ein Grundstück zum

Nachlass gehört (Palandt/Weidlich, § 2042 Rdnr. 10; ablehnend Keller, ZEV 1998, 281). Nur wenn als Abfindung die Leistung eines Gegenstands vereinbart wird, der durch formbedürftiges Rechtsgeschäft übertragen werden muss (z.B. ein Grundstück oder GmbH-Anteil), ist die für dieses Rechtsgeschäft geltende Form zu beachten.

Grundbuchberichtigung nach Abschichtung

Die Eintragung des Miterben oder der Verbliebenden in das Grundbuch als nunmehrige Alleineigentümer bedarf der Berichtigungsbewilligung aller Miterben (§ 19 GBO) oder des Nachweises der Unrichtigkeit des Grundbuchs (§ 22 GBO). Die der Abschichtung zugrundeliegenden Erklärungen sind in der Form des § 29 GBO nachzuweisen. Eine notarielle Beurkundung ist hierzu nicht zwingend erforderlich (LG Köln, NJW 2003, 2993); ausreichend ist eine notarielle Beglaubigung (Wesser/Saalfrank, NJW 2003, 2937).

Vollzug des Eigentumsübergangs außerhalb des Grundbuchs

Grund hierfür ist, dass sich der Eigentumsübergang nach Abschluss eines solchen Abschichtungsvertrags außerhalb des Grundbuchs vollzieht (OLG Zweibrücken, Beschl. v. 25.11.2011 – 3 W 124/11, NJOZ 2012, 1307). Einer Auflassungserklärung der Miterben zum Eigentumsübergang bedarf es hierfür nicht. Die Eintragung der verbleibenden Miterben in das Grundbuch als nunmehrige Alleineigentümer bedarf jedoch der Berichtigungsbewilligung aller Miterben (§ 19 GBO) oder des Nachweises der Unrichtigkeit des Grundbuchs (§ 22 GBO). Die der Abschichtung zugrundeliegenden Erklärungen sind daher lediglich in der Form des § 29 GBO nachzuweisen.

Auswirkungen auf den Erbschein

An der Richtigkeit des ursprünglichen Erbscheins ändert die Abschichtung nichts, denn der Vollzug einer Abschichtungsvereinbarung ändert nichts an der ursprünglichen Erbenstellung des abgefundenen Miterben. Insbesondere führt die Abschichtung nicht dazu, dass der aus der Erbengemeinschaft ausgeschiedene Miterbe im zu erteilenden Erbschein nicht mehr als gesetzlicher Erbe aufgeführt werden darf. Denn im Erbschein sind nach § 2357 Abs. 1 und Abs. 2 BGB alle Erben anzugeben. Eine Beendigung der Erbengemeinschaft oder ein Ausscheiden hieraus führen jedoch nicht zum Verlust der Erbenstellung (OLG Brandenburg, Beschl. v. 14.05.2013 – 3 W 20/13, ZEV 2013, 614, m. Anm. Eberl-Borges).

6.3 Gerichtliche Erbauseinandersetzung

6.3.1 Vermittlung durch Nachlassgericht

Kommt keine einvernehmliche Vereinbarung unter den Miterben zustande, besteht die Möglichkeit, das Nachlassgericht als vermittelnde Stelle anzurufen. Da hierfür jedoch die Zustimmung aller Miterben notwendig ist, scheitert diese Möglichkeit in der Praxis häufig.

6.3.2 Auseinandersetzung durch Teilungsklage

Erbauseinandersetzungsklage

Scheitert eine Einigung der Miterben über die Aufteilung des Nachlasses, kann jeder Miterbe als letztes Mittel die Nachlassteilung mittels Klage erzwingen. Voraussetzung hierfür ist, dass der Nachlass teilungsreif ist.

Teilungsreife liegt vor, wenn sämtliche Nachlassverbindlichkeiten erfüllt sind (§ 2046 BGB) und der dann noch vorhandene Rest des Nachlasses entsprechend den Erbquoten in gleichartige Teile ohne Wertverlust aufgeteilt werden kann (§§ 2042 Abs. 2, 752 BGB).

Der Klageantrag ist auf **Zustimmung zu einem bestimmten Teilungsplan** zu richten. Hierzu ist ein detaillierter Teilungsplan vorzulegen, der inhaltlich so gefasst ist, dass er das Ergebnis der vorzunehmenden Auseinandersetzung vollständig und zutreffend wiedergibt (OLG Celle, ZEV 2002, 263). Teilungsplan

Eine Erbteilungsklage, deren Ziel die Auseinandersetzung des gesamten Nachlasses ist, hat nur dann Aussicht auf Erfolg, wenn der Nachlass teilungsreif ist. **Teilungsreife** liegt vor, wenn sämtliche Nachlassverbindlichkeiten erfüllt sind (§ 2046 BGB) und der dann noch vorhandene Rest des Nachlasses entsprechend den Erbquoten in gleichartige Teile ohne Wertverlust aufgeteilt werden kann (§§ 2042 Abs. 2, 752 BGB). Teilungsreife

Sind unteilbare Nachlassgegenstände vorhanden, sind diese vorab zu verkaufen, § 753 Abs. 1 Satz 1 BGB. Der Verkauf erfolgt bei beweglichen Sachen und Rechten nach den Vorschriften über den Pfandverkauf nach §§ 1233 ff. BGB und bei Grundstücken im Wege der Zwangsversteigerung nach §§ 180 ff. ZPO. Teilungsversteigerung

6.4 Gesetzliche Auseinandersetzungsregeln

6.4.1 Teilungsanordnungen

Teilungsanordnungen nach § 2048 Satz 1 BGB gehen den gesetzlichen Teilungsregeln vor und sind daher das wichtigste Instrument des Erblassers zur Einflussnahme auf die Auseinandersetzung. Sie wirken rein schuldrechtlich im Verhältnis der Miterben zueinander. Jeder Miterbe hat daher einen Anspruch darauf, dass die Auseinandersetzung nach den Anordnungen des Erblassers vollzogen wird. Einvernehmlich können sich die Miterben jedoch darüber hinwegsetzen. Vorrang

6.4.2 Gesetzliche Auseinandersetzungsbestimmungen

Nach den gesetzlichen Auseinandersetzungsbestimmungen der §§ 2041 Abs. 2, 752 ff., 2046 ff. BGB läuft die Erbauseinandersetzung in mehreren Etappen ab. Als Erstes sind die Nachlassverbindlichkeiten nach § 2046 BGB zu berichtigen. Der danach verbleibende Überschuss ist unter Berücksichtigung von Vorempfängen nach §§ 2050 ff. BGB auf die Miterben nach dem Verhältnis ihrer Erbteile zu verteilen (§ 2047 Abs. 1 BGB). Auseinandersetzungsregeln

6.4.3 Berichtigung der Nachlassverbindlichkeiten

Vor der Verteilung sind zunächst nach § 2046 BGB die Nachlassverbindlichkeiten zu berichtigen. Zu den Nachlassverbindlichkeiten, die vorab zu berichtigen sind, gehören neben den vom Erblasser herrührenden Schulden auch Verbindlichkeiten aus Pflichtteilsrechten, Vermächtnissen und Auflagen (§ 1961 Abs. 2 BGB). Auch Nachlassverbindlichkeiten, die im

Innenverhältnis nur einem oder einzelnen Miterben zur Last fallen (z.B. Vermächtnisse oder Auflagen), sind ebenfalls vorab zu berichtigen. Zur Berichtigung der Nachlassverbindlichkeiten ist der Nachlass erforderlichenfalls in Geld umzusetzen (sog. **Versilberung,** § 2046 Abs. 3 BGB).

6.4.4 Berücksichtigung von Vorempfängen

Ausgleichung nach §§ 2050 ff. BGB

Anschließend ist der Überschuss unter Berücksichtigung von Vorempfängen zu verteilen. Berücksichtigung der Vorempfängen erfolgt durch Anwendung der Ausgleichsvorschriften nach §§ 2050 ff. BGB. Die Ausgleichungsvorschriften nach §§ 2050 ff. BGB finden Anwendung, wenn Abkömmlinge als gesetzliche Erben zur Erbfolge gelangen (§ 2050 BGB), wenn Abkömmlinge testamentarisch auf dasjenige eingesetzt werden, was sie als gesetzliche Erben erhalten würden (§ 2052 Abs. 1 BGB), oder wenn die Erbteile testamentarisch so bestimmt sind, dass sie zueinander in dem gleichen Verhältnis stehen wie bei der gesetzlichen Erbfolge (§ 2052 Abs. 1 BGB). Sind nur einzelne Abkömmlinge im Verhältnis ihrer gesetzlichen Erbquote bedacht, so findet die Ausgleichung nur unter ihnen statt.

Beteiligte an der Ausgleichung

Die Ausgleichung wird **nur zwischen Abkömmlingen** (Kinder, Enkel, Urenkel etc.) des Erblassers durchgeführt. Andere Miterben (z.B. Ehegatten) sind an der Ausgleichung nicht beteiligt, so dass deren jeweiliger Erbteil bei der Ausgleichung abzuziehen ist. Bei einer Verfügung von Todes wegen im Rahmen eines „Berliner Testaments" nach § 2269 BGB ist auch der Erstversterbende „Erblasser" i.S.d. Ausgleichungsvorschriften.

Ausgleichungsgegenstand

Ausgleichspflichtig kann jede lebzeitige Zuwendung des Erblassers an seine Abkömmlinge sein. Eine Zuwendung ist **jede freigiebige Leistung des Erblassers aus seinem Vermögen,** die dem Vermögen des Abkömmlings zugutekommt und durch die sich das für die anderen Miterben zur Auseinandersetzung zur Verfügung stehende Erblasservermögen vermindert. Das Gesetz unterscheidet drei Arten von ausgleichspflichtigen Zuwendungen.

Ausstattung

Der Begriff der Ausstattung ist wie in § 1624 Abs. 1 BGB zu verstehen und umfasst damit die Zuwendungen des Erblassers, die dieser seinem Abkömmling zum Zweck der Verheiratung, der Erlangung einer selbständigen Lebensstellung, zur Begründung oder zur Erhaltung der Wirtschaft oder der Lebensstellung hat zukommen lassen. Zur Ausstattung gehören daher alle Vermögenswerte, die ein Kind von seinen Eltern anlässlich der Heirat als sogenannte Mitgift oder Aussteuer erhält oder die ihm sonst zur Begründung oder Erhaltung einer selbständigen Lebensstellung zugewendet worden sind. Soweit eine Ausstattung vorliegt, ist diese immer auszugleichen, es sei denn, der Erblasser hat bei der Zuwendung etwas anders angeordnet (§ 2050 Abs. 1 BGB).

Zuschüsse und Ausbildungsaufwendungen

Nach § 2050 Abs. 2 BGB sind Zuschüsse, die zu dem Zweck gegeben worden sind, als Einkünfte verwendet zu werden, sowie Aufwendungen für die Vorbildung zu einem Beruf auszugleichen. Unter Zuschüssen versteht man dabei Zuwendungen, die mit einer gewissen Dauer und Regelmäßigkeit zur Deckung des laufenden Bedarfs gewährt wurden. Zuschüsse sind nur dann auszugleichen, wenn sie das den Verhältnissen des Erblassers entsprechende Maß überstiegen haben (§ 2050 Abs. 2 BGB).

Andere Zuwendungen

Alle anderen Zuwendungen unter Lebenden, also jede freigiebige Leistung des Erblassers zugunsten des Abkömmlings (z.B. gelegentliche Geschenke, einmalige Zuschüsse zur Schuldentilgung, zum Autokauf oder für eine Urlaubsreise), sind nach § 2050 Abs. 3 BGB grundsätzlich nicht auszugleichen, es sei denn, der Erblasser hat dies bei der Zuwendung angeordnet.

Ausgleichung bei besonderen Leistungen (§ 2057a BGB)

Hat ein Abkömmling zu Lebzeiten des Erblassers durch unentgeltliche Leistungen in besonderem Maße dazu beigetragen, dass das Vermögen des Erblassers erhalten oder vermehrt wurde, dann kann er hierfür nach § 2057a BGB eine Ausgleichung verlangen. Anders als bei den §§ 2050–2057 BGB geht es bei § 2057a BGB nicht um Leistung des Erblassers an seine Abkömmlinge, sondern umgekehrt um Leistung der Abkömmlinge an den Erblasser.

Ausgleichsfähige Leistungen

Ausgleichsfähig sind Leistungen eines Abkömmlings, die in besonderer Weise zur Erhaltung oder Vermehrung des Erblasservermögens beigetragen haben (§ 2057a Abs. 1 Satz 1 BGB). In Betracht kommen dabei folgende Leistungen:

Mitarbeit im Haushalt, Beruf oder Geschäft

- Ausgleichsfähig ist die Mitarbeit eines Abkömmlings im Haushalt, Beruf oder Geschäft des Erblassers während längerer Zeit. Nach dem Wortlaut der Vorschrift ist hiermit jede Mitarbeit in einem vom Erblasser ausgeübten Beruf, in seinem Betrieb oder seinem Haushalt gemeint. Der Begriff „Haushalt“ ist mit dem Begriff des Hausstands in § 1619 BGB gleichzusetzen und umfasst danach alle Bereiche des Erblassers, die seinen täglichen Lebensmittelpunkt und Aufenthaltsort darstellen.

Erhebliche Geldleistungen

- Hat der Abkömmling gegenüber dem Erblasser erhebliche Geldleistungen erbracht, so begründen diese ebenso wie die Mitarbeit eine Ausgleichungspflicht, wenn sie in besonderem Maß erfolgten und zu einer Erhaltung und Vermehrung des Erblasservermögens beigetragen haben.

Pflegeleistungen nach § 2057a Abs. 1 Satz 2 BGB

- Im Rahmen der ausgleichspflichtigen Leistungen spielen die Pflegeleistungen in der Praxis eine entscheidende Rolle, denn nach § 2057a Abs. 1 Satz 2 BGB kann ein Abkömmling die Ausgleichung verlangen, wenn er den Erblasser während längerer Zeit gepflegt hat. Der Abkömmling muss die Pflege nicht selbst durchführen, sondern kann sie durch seinen Ehepartner oder zusammen mit anderen von ihm beauftragten Personen leisten.

Leistungen anderer Art

- Ausgleichungspflichtig sind neben den im Gesetz ausdrücklich genannten Leistungen auch beliebige Leistungen anderer Art. Ebenso wie jene müssen diese im besonderen Maß dazu beigetragen haben, das Vermögen des Erblassers zu erhalten oder zu vermehren. Hierzu gehören Sicherheitsleistungen, wie Bürgschaftsübernahme oder Bestellung einer Grundschuld sowie die Einräumung von Wohn- und Nutzungsrechten.

Abweichende Erblasser-anordnungen

Von diesen gesetzlichen Ausgleichsbestimmungen kann der Erblasser abweichen, da diese nicht zwingend sind. Dem Erblasser steht es frei, eine abweichende Anordnung unter Lebenden zu treffen.

6.4.5 Verteilung des Überschusses

Der nach Berichtigung der Nachlassverbindlichkeiten verbleibende Überschuss ist auf die Miterben nach dem Verhältnis ihrer Erbteile zu verteilen (§ 2047 Abs. 1 BGB).

7. Haftung

Haftung als Gesamtschuldner

Neben der **Haftung der Erbengemeinschaft** gem. § 2059 BGB besteht im Außenverhältnis grundsätzlich auch **die persönliche gesamtschuldnerische Haftung der Miterben.** Diese Einzelhaftung beginnt mit dem Erbfall und besteht auch nach der Teilung fort (OLG Oldenburg, ErbR 2009, 294). Die gesamtschuldnerische Haftung besteht jedoch nur für die gemeinschaftlichen Nachlassverbindlichkeiten, für die alle Miterben haften.

Haftung bis zur Nachlassteilung

Bis zur Nachlassteilung kann jedes Mitglied der Erbengemeinschaft seine Haftung auf seinen Anteil am Nachlass beschränken (§ 2059 Abs. 1 Satz 1 BGB). Die Nachlassgläubiger können gegen die Miterben nach § 2058 BGB die Gesamtschuldnerklage erheben oder von ihnen gem. § 2059 Abs. 2 BGB die Befriedigung aus dem ungeteilten Nachlass verlangen.

Haftung nach der Teilung

Ist der Nachlass geteilt, steht den Gläubigern die Klagemöglichkeit nach § 2059 Abs. 2 BGB nicht mehr zur Verfügung. Sie können nur noch nach § 2058 BGB vorgehen. In gleicher Weise eingeschränkt sind auch die Miterben, die ihre Haftung nur noch nach §§ 2060 ff. BGB beschränken können.

Vollstreckung

Wird in das Gesamthandvermögen vollstreckt, ist hierzu ein Titel gegen alle Miterben erforderlich (§ 2040 BGB i.V.m. § 747 ZPO). Bei der Zwangsvollstreckung gegen einen Miterben können nur die Rechte dieses Mitglieds der Erbengemeinschaft zusammen mit dem Anspruch auf Auseinandersetzung der Erbengemeinschaft gepfändet werden. Hat sich der Erbe im Prozess seine Haftungsbeschränkung vorbehalten, verhindert dies die Zwangsvollstreckung in sein Eigenvermögen.

B. Mandatssituationen

Mandatssituation 8.1: Zugang zur Wohnung des Erblassers – Verweigerung des Zutritts

Sachverhalt | Checkliste | Lösung | Verfahren | Muster

Die Geschwister sind Miterben zu je 1/2 nach dem Tod der Mutter. Der Vater ist bereits vorverstorben. Während die Tochter mit der Mutter in deren Haus lebte und daher auch einen Schlüssel zum Haus hat, hatte der Sohn nur wenig Kontakt zur Mutter. Er hat daher keine Kenntnis über den Umfang des Nachlasses und dessen Verbleib. Er möchte zunächst die Wohnräume der Mutter betreten, um sich ein Bild vom Nachlass zu machen und zu sehen, was vom Inventar der Mutter (Bilder, Bücher, Schmuck, Porzellan usw.) noch da ist. Auf die mehrfachen Versuche telefonischer und schriftlicher Kontaktaufnahme zur Terminvereinbarung reagiert die Schwester nicht, auch nicht auf ein Klingeln an der Wohnungstür der Mutter.

Sachverhalt | **Checkliste** | Lösung | Verfahren | Muster

Todeszeitpunkt des Erblassers/der Erblasserin? Sterbeurkunde?	☐
Existiert bereits ein Erbschein?	☐
Woraus ergibt sich die Erbfolge (Testament, Erbvertrag oder gesetzliche Erbfolge)?	☐
Hat ein Miterbe mit dem Erblasser/der Erblasserin gemeinsam in einem Haushalt gelebt?	☐
Wohnt ein Miterbe weiterhin in der Wohnung bzw. dem Haus des Erblassers bzw. der Erblasserin?	☐
Wie sind die Eigentumsverhältnisse an dieser Immobilie? Grundbuchauszug?	☐
Hatte bzw. hat ein Miterbe einen Schlüssel zur Wohnung des Erblassers/der Erblasserin?	☐
Hat ein Miterbe die Wohnung bereits betreten?	☐

Besitzübergang nach § 857 BGB

Der Besitz der Mutter an ihrer Wohnung ist mit deren Tod als Mitbesitz auf die beiden Geschwister als Miterben gem. § 857 BGB übergegangen, unabhängig davon, ob die Miterben tatsächlichen Besitz begründet haben. Da die Schwester auf die Anrufe und das Klingeln des Bruders nicht reagiert und alleinige Inhaberin des Schlüssels zum Haus ist, verhindert sie den Zutritt des Bruders zur Wohnung der Mutter und damit die tatsächliche Inbesitznahme durch den Bruder.

Verbotene Eigenmacht nach § 858 BGB

Grundsätzlich stellt die bloße Weigerung einem Anderen den Zutritt und tatsächlichen Besitz zu verschaffen keine Besitzentziehung dar. Zwar kann der Tatbestand der **verbotenen Eigenmacht nach § 858 BGB** auch **durch ein Unterlassen** verwirklicht werden. Dies setzt jedoch eine Rechtspflicht zu einem Tun voraus. Diese Rechtspflicht wird im Verhältnis der Miterben zueinander aus § 2038 Abs. 1 BGB hergeleitet (Damrau, ZErb 2009, 322). Nach § 2038 BGB haben die Miterben die Verwaltung gemeinschaftlich auszuüben. Jeder Miterbe hat deshalb gegen jeden anderen einen Anspruch auf Einräumung des tatsächlichen Mitbesitzes (Staudinger/Gutzeit, Neubearbeitung 2012, § 866 Rdnr. 20).

Praxistipp

Der Anspruch auf Einräumung des tatsächlichen Mitbesitzes setzt voraus, dass ein Miterbe den tatsächlichen Besitz schon hat. Ist dies nicht beweisbar, muss auf die Begründung des tatsächlichen Alleinbesitzes abgestellt werden. Denn in dem Augenblick, in dem ein Miterbe nach dem Tod des Erblassers erstmals dessen Wohnung betritt, hat er den faktischen Alleinbesitz begründet. Darin liegt ein Entzug des rechtlichen Mitbesitzes gegenüber den weiteren Miterben, soweit diese hierzu keine Zustimmung erteilt haben. An einer ausdrücklichen oder konkludenten Zustimmung der weiteren Miterben wird es zumeist fehlen, so dass die Voraussetzungen der verbotenen Eigenmacht („ohne dessen Willen") erfüllt sind.

Warnhinweis

Regelmäßig wird sich der betroffene Miterbe, dem der Zutritt zur Wohnung des Erblassers verwehrt wird, umgehend an einen Rechtsanwalt wenden und seine Besitzansprüche geltend machen. Reagiert der Miterbe jedoch zunächst nicht und macht erst später – ggf. in Kenntnis der Rechtslage – seine Rechte aus § 861 BGB bzw. § 862 BGB geltend, ist die Ausschlussfrist des § 864 BGB zu beachten. Danach erlischt mit Ablauf eines Jahres nach der Verübung der verbotenen Eigenmacht der Anspruch nach § 861 BGB wegen Besitzentziehung bzw. nach § 862 BGB wegen Besitzstörung, wenn nicht vorher der Anspruch im Wege der Klage geltend gemacht wurde.

Antrag auf Erlass einer einstweiligen Verfügung

Gerichtlich ist das Besitzrecht durch eine Klage auf Besitzeinräumung durchsetzbar. Die vom Miterben meist angestrebte schnelle Durchsetzung seines Besitzrechts kann jedoch nur durch eine einstweilige Verfügung erreicht werden. Zu erheben ist eine Befriedigungs- oder Leistungsverfügung, weil aufgrund der §§ 861, 862 ZPO die Leistung, nämlich die Wiederherstellung des Besitzes, erbracht werden soll. Gemäß § 940a ZPO ist eine solche Leistungsverfügung zulässig.

Kein Verfügungsgrund notwendig

Eines besonderen Verfügungsgrunds bedarf es im Fall eines Anspruchs wegen Besitzentziehung nicht. Dies ergibt sich u.a. aus § 863 BGB, wonach Einwendungen gegen einen Besitzschutzanspruch weitestgehend ausgeschlossen sind.

Verfügungsanspruch

Das Gericht prüft daher nur das Vorliegen des glaubhaft gemachten Verfügungsanspruchs, also das Vorliegen eines Falls verbotener Eigenmacht. Dieser ist gem. §§ 936, 920 Abs. 2 ZPO durch Vorlage von Dokumenten (z.B. Erbschein) oder durch eine eidesstattliche Versicherung hinreichend glaubhaft zu machen.

Zuständigkeit

Zuständig ist, da es eine Hauptsache nach § 937 ZPO nicht gibt, nach § 942 ZPO das Amtsgericht, in dessen Bezirk sich der Streitgegenstand befindet.

Klageantrag

Problematisch ist allein der Klageantrag. Ein Antrag auf „Wiederherstellen des Mitbesitzes“ ist zu abstrakt, vor allem später nicht vollstreckbar, wenn der tatsächlich besitzende Miterbe seinerseits am (Mit-)Besitz nicht mehr interessiert ist. Auch ein Antrag auf „Übergabe eines Wohnungsschlüssels“ genügt nicht, weil auch eine solche einstweilige Verfügung auf Herausgabe von Haustür- und Wohnungsschlüssel praktisch nicht durchsetzbar ist, wenn der Miterbe seine Schlüssel für den Gerichtsvollzieher unauffindbar versteckt. Am besten erscheint eine Anordnung mit dem Antrag auf Verschaffung des „Zugangs zur Wohnung“.

> **Praxistipp**
>
> Nach ganz überwiegender Ansicht ist es nicht notwendig, durch einen Hauptprozess das Ergebnis des Verfügungsverfahrens bestätigen zu lassen (vgl. BGH, NJW 1978, 2157).

Entscheidungsmöglichkeiten des Gerichts

Das Gericht hat grundsätzlich zwei Möglichkeiten, auf den Antrag auf Erlass einer einstweiligen Verfügung zu reagieren. Entweder entscheidet es im Wege des Beschlusses ohne mündliche Verhandlung und erlässt die einstweilige Verfügung oder weist diese zurück. Die andere Möglichkeit besteht darin, dass das Gericht eine mündliche Verhandlung anberaumt und nach der mündlichen Verhandlung durch Urteil entscheidet.

Zustellung

Das Gericht stellt den Beschluss über die Anordnung der einstweiligen Verfügung dem Antragsteller zu. Der Antragsteller muss die Zustellung sodann im Wege der Parteizustellung selbst bewirken. Er hat einen Gerichtsvollzieher mit der Zustellung des Beschlusses an den Gegner zu beauftragen (§§ 936, 922 Abs. 2 ZPO). Die durch Urteil erlassene einstweilige Verfügung dagegen wird gem. § 317 ZPO durch das Gericht zugestellt.

Gegenstandswert

Der Gegenstandwert einer einstweiligen Anordnung ist durch das Gericht nach § 53 GKG, § 3 ZPO lediglich auf einen Bruchteil der Hauptsache festzusetzen. Der Wert beträgt zumeist 1/3 des für das Hauptverfahren bestimmten Werts.

Gerichtskosten

Die Gerichtskosten einer einstweiligen Verfügung richten sich nach Nr. 1410–1412 VV GKG. Nach § 12 Abs. 1 GKG sind Eilverfahren von der Vorauszahlungspflicht befreit.

Rechtsanwaltsgebühren

Die Anwaltsgebühren richten sich nach § 3 ZPO i.V.m. § 23 Abs. 1 Satz 1 RVG und § 48 Abs. 1 Satz 1 GKG. Die Verfahrensgebühr beträgt i.d.R. 1,3-Gebühren gem. Nr. 3100 VV RVG, die Terminsgebühr fällt an i.H.v. 1,2 gem. Nr. 3104 VV RVG.

Antrag auf Erlass einer einstweiligen Verfügung

Amtsgericht
...
Straße, Hausnr./Postfach
PLZ Ort

Eilt! Bitte sofort vorlegen!

Antrag auf Erlass einer einstweiligen Verfügung

Herr ...

Prozessbevollmächtigte(r): Rechtsanwältin/Rechtsanwalt ...

– Antragsteller –

gegen

Frau ...

– Antragsgegnerin –

Prozessbevollmächtigte(r): Rechtsanwältin/Rechtsanwalt ...

wegen Zutritt

Namens und mit Vollmacht des Antragstellers

beantrage

ich – **wegen Dringlichkeit der Angelegenheit ohne mündliche Verhandlung** – den Erlass folgender einstweiliger Verfügung:

1. Der Antragsgegnerin wird aufgegeben, dem Antragsteller den Zugang und den Besitz an der Wohnung ... im EG des Hauses ..., bestehend aus ..., unverzüglich einzuräumen.
2. Der Antragsgegnerin werden die Kosten des Verfahrens auferlegt.

Begründung:

Am ... ist Frau ... mit letztem Wohnsitz in ... verstorben. Die Erblasserin war zum Zeitpunkt ihres Todes verwitwet und wurde aufgrund gesetzlicher Erbfolge von den Parteien als einzige Abkömmlinge zu gleichen Teilen beerbt.

Beweis: Erbschein des Amtsgerichts – Nachlassgericht – ... vom ...

Zum Nachlass der Verstorbenen gehört ein Einfamilienhaus in ..., das vor dem Erbfall von der Antragsgegnerin und der Erblasserin gemeinsam bewohnt wurde. Die Erblasserin bewohnte die Wohnung im Erdgeschoss, während die Antragsgegnerin im 1. OG wohnte.

Zur Aufnahme eines Nachlassverzeichnisses und zur Vorbereitung der Nachlassteilung hat der Antragsteller die Antragsgegnerin aufgefordert, ihm den Zutritt zur ehemaligen Wohnung der Erblasserin in dem zum Nachlass gehörenden Haus im Erdgeschoss zu gestatten.

Beweis: Schreiben vom ...
Eidesstattliche Versicherung des Antragstellers vom ...

Die Antragsgegnerin verweigerte dem Antragsteller jedoch den Zutritt zum Haus.

Beweis: Eidesstattliche Versicherung des Antragstellers vom ...

Dem Antragsteller steht als Miterben jedoch ein Recht auf Zutritt und Einräumung des Mitbesitzes zu. Der Besitz der Erblasserin an deren Wohnung ist mit deren Tod als Mitbesitz auf die beiden Miterben gem. § 857 BGB übergegangen.

Nach § 2038 BGB haben die Miterben die Verwaltung gemeinschaftlich auszuüben. Jeder Miterbe hat deshalb gegen jeden anderen einen Anspruch auf Einräumung des tatsächlichen Mitbesitzes (Staudinger/Gutzeit, Neubearb. 2012, § 866 Rdnr. 20).

Durch ihre Weigerung, dem Antragsteller den Zutritt zur Wohnung zu gewähren, hat die Antragsgegnerin den Tatbestand der verbotenen Eigenmacht nach § 858 BGB verwirklicht.

Dem Antragsteller steht damit der geltend gemachte Besitzschutz nach § 861 BGB zu.

Rechtsanwältin/Rechtsanwalt

Abwandlung 8.1.1: Zugang zur Wohnung des Erblassers bei Weiternutzung durch die nichterbende Witwe

Sachverhalt | Checkliste | Lösung | Verfahren | Muster

Der Erblasser hat seine Kinder zu Erben bestimmt. Als diese die zum Nachlass gehörende Wohnung betreten wollen, die der Erblasser zusammen mit seiner zweiten Frau bewohnte, verweigert die nichterbende Witwe den Erben den Zutritt.

Sachverhalt | **Checkliste** | Lösung | Verfahren | Muster

Hat der Erblasser seine Wohnung gemeinsam mit einer weiteren Person bewohnt?	☐
Handelt es sich bei der Ehewohnung um eine Eigentums- oder Mietwohnung?	☐
Welche Eigentumsverhältnisse bestehen an der Wohnung? Grundbuchauszug?	☐

Siehe hierzu im Übrigen die Checkliste in Mandatssituation 8.1, S. 437.

Sachverhalt | Checkliste | **Lösung** | Verfahren | Muster

Mitbesitz der Eheleute

Eheleute haben Mitbesitz an allen gemeinsam genutzten Sachen des Haushalts. Ein Alleinbesitz besteht nur an den von ihnen allein gebrauchten Gegenständen, wie z.B. Schmuck. Mitbesitz besteht daher unabhängig von den Eigentumsverhältnissen auch an der gemeinsam genutzten Wohnung.

Besitzübergang nach § 857 BGB

Der Alleinbesitz des Ehemannes ist ebenso wie dessen Mitbesitz an der Wohnung beim Erbfall auf die Kinder als Erben nach § 857 BGB übergegangen.

Verbotene Eigenmacht durch Weiternutzung?

Problematisch ist jedoch, ob die Witwe allein durch die Weiternutzung der Wohnung, des gemeinsam benutzten Mobiliars und der speziell dem verstorbenen Ehemann zuzuordnenden Sachen eine verbotene Eigenmacht begeht. Hierfür spricht, dass die Witwe zur Verwirklichung des Tatbestands der verbotenen Eigenmacht nicht gegen den Willen der Erben handeln muss. Für § 858 Abs. 1 BGB genügt es, wenn sie ohne den Willen der Erben als Mitbesitzerin handelt. Mangels Zustimmung der Erben liegt eine verbotene Eigenmacht vor.

Zutrittsrecht der Erben

Unabhängig davon, ob die Weiternutzung durch die Witwe eine verbotene Eigenmacht begründet, berechtigt der Mitbesitz der Erben diese dazu, dass sie nach vorheriger Anmeldung bei der Witwe die Wohnung betreten dürfen. Zumindest dann, wenn die Witwe jedes Betreten der Wohnung untersagt oder keinen Termin für einen Besuch angibt, schwingt sie sich zur Alleinbesitzerin auf und begeht dadurch verbotene Eigenmacht. Dem können die Erben mit einer einstweiligen Verfügung auf Zutritt zur Wohnung begegnen.

Sachverhalt | Checkliste | Lösung | **Verfahren** | Muster

Anschreiben mit Terminvereinbarung

Das erste Schreiben ist häufig prägend für das gesamte künftige Verfahren. Es sollten die Rechte daher konsequent verfolgt werden, andererseits sollten die weiteren Beteiligten nicht durch ein zu „energisches" Schreiben verärgert werden. Gerade bei der Regelung des Nachlasses mit mehreren Beteiligten kommt es entscheidend auf einvernehmliches Handeln an, wenn in kurzer Zeit eine Lösung gefunden werden soll. Bis zu einem vollstreckbaren Urteil können mehrere Jahre vergehen, was möglichst vermieden werden sollte.

Praxistipp

Die Witwe sollte daher zeitnah und nachweisbar zur Terminvereinbarung angeschrieben werden. Um Zeitverzögerungen zu vermeiden, sollten bereits im Anschreiben mehrere Terminvorschläge unterbreitet bzw. ein fester Termin vorgeschlagen werden. Antwortet die Witwe darauf nicht und gewährt sie auch zu dem vorgeschlagenen Termin nicht den Zutritt zur Wohnung, kann eine einstweilige Verfügung beantragt werden.

Sachverhalt | Checkliste | Lösung | Verfahren | **Muster**

Terminvereinbarung zur Besichtigung der Wohnung des Erblassers

Frau
...
Straße, Hausnr./Postfach
PLZ Ort

Sehr geehrte Frau ...,

wir zeigen an, dass uns die Tochter Ihres verstorbenen Ehemannes, Frau ..., mit der Wahrnehmung ihrer rechtlichen Interessen in der Nachlassangelegenheit nach Ihrem Ehemann beauftragt hat.

Unsere Mandantin ist gemäß des Erbscheins des Nachlassgerichts ... vom ... Alleinerbin des Nachlasses Ihres verstorbenen Ehemannes.

Unsere Mandantin hat jedoch keinerlei Kenntnis über den Umfang des Nachlasses und ist deshalb auf Ihre Unterstützung angewiesen. Bitte teilen Sie uns daher mit, welche Kenntnisse Sie über den Nachlassbestand haben. Hierbei sind sowohl die Aktiva (Immobilien, Bar- und Depotvermögen, Ansprüche gegen andere Personen, Wertgegenstände usw.) als auch die Passiva (Darlehensverbindlichkeiten, Steuerforderungen usw.) von Interesse. Diese benötigt unsere Mandantin schnellstmöglich, damit sie auch gegenüber dem Nachlassgericht die notwendigen Erklärungen abgeben kann. Aus diesem Grund bitten wir um Übersendung Ihrer Auskunft bis zum

[Datum].

Darüber hinaus hat unsere Mandantin Sie mehrfach ohne Erfolg gebeten, ihr Zugang zur Wohnung und zu den Unterlagen des Erblassers zu gewähren, um sich über den Nachlassbestand zu informieren. Bisher haben Sie jedoch unserer Mandantin den Zutritt zur Wohnung verweigert.

Bitte bedenken Sie, dass unsere Mandantin als Erbin sich über den Nachlass informieren muss, um ihren Pflichten als Erbin nachkommen zu können. Zudem ist der Alleinbesitz Ihres Ehemannes ebenso wie dessen Mitbesitz an der Wohnung beim Erbfall auf unsere Mandantin nach § 857 BGB übergegangen. Unserer Mandantin stehen damit als Erbin der Alleinbesitz an den vom Erblasser allein gebrauchten Gegenständen und der Mitbesitz an der gemeinsam genutzten Wohnung zu. Dies berechtigt sie dazu, die Wohnung zu betreten.

Wir haben Sie daher aufzufordern, unserer Mandantin den Zutritt zur Wohnung in [Anschrift] zu gewähren. Als Besichtigungstermin wird der

[Datum, Uhrzeit]

vorgeschlagen.

Sollte Ihnen dieser Termin nicht passen, bitten wir bis zum ... um Vereinbarung eines anderen Termins.

Gleichzeitig fordern wir Sie auf, unserer Mandantin den Besitz an sämtlichen Nachlassgegenständen einzuräumen.

Für Rückfragen und Terminabsprachen stehen wir Ihnen gerne zur Verfügung.

Rechtsanwältin/Rechtsanwalt

Abwandlung 8.1.2: Zugang zur Wohnung bei Mieträumen

Sachverhalt | Checkliste | Lösung | Verfahren | Muster

Der Erblasser hat seine Kinder zu Erben bestimmt. Als diese gemeinsam die Mietwohnung betreten wollen, die der Erblasser zusammen mit seiner neuen Ehefrau bewohnte, verweigert die nichterbende Witwe den Zutritt.

Sachverhalt | **Checkliste** | Lösung | Verfahren | Muster

Hat der Erblasser seine Wohnung gemeinsam mit einer weiteren Person bewohnt?	☐
Handelt es sich bei der Wohnung des Erblassers um eine Mietwohnung?	☐
Wer ist Partei des Mietvertrags?	☐
Handelt es sich bei der weiteren Person um einen Ehegatten, den Lebenspartner oder einen anderen Familienangehörigen?	☐

Siehe hierzu im Übrigen die Checkliste in Mandatssituation 8.1, S. 437.

Sachverhalt | Checkliste | **Lösung** | Verfahren | Muster

Fortsetzung des Mietverhältnisses durch die Witwe

Hat der Erblasser in einer Mietwohnung gelebt, kommen unabhängig davon, ob der Erblasser allein Mieter war oder beide Ehegatten Vertragspartner des Mietvertrags waren, die Regelungen der §§ 563–564 BGB zum Zuge, die eine Sondererbfolge regeln. Nach § 563 Abs. 1 BGB tritt der Ehegatte, der mit dem Erblasser einen gemeinsamen Haushalt führte, mit dessen Tod in das Mietverhältnis ein oder setzt es (wenn beide Mieter waren) nach § 563a BGB allein fort.

Praxistipp

Auch nichteheliche Lebensgefährten werden, was den Besitz an der gemeinsamen Wohnung angeht, wie Eheleute behandelt, auch wenn man keinem der Partner – anders als bei Eheleuten aufgrund des § 1353 BGB – einen Anspruch auf Mitbenutzung zuerkennt.

Kein Zutrittsrecht der Erben aufgrund des Besitzes

Dieses **Eintrittsrechts des Ehegatten**, des **Lebenspartners oder anderer Familienangehöriger** nach §§ 563, 563a BGB schränkt den Anwendungsbereich des Besitzübergangs auf die Erben nach § 857 BGB ein und führt dazu, dass nicht nur das Mietverhältnis als ein Rechtsverhältnis aufgrund der Sondererbfolge auf den überlebenden Ehegatten übergeht, sondern – abweichend von § 857 BGB – auch der **Besitz** an der ehemaligen Ehewohnung. Soweit nach §§ 563, 563a BGB der Ehegatte, der Lebenspartner oder andere Familienangehörige nach dem Tod des Mieters ohne Rücksicht darauf, ob sie seine Erben geworden sind, in dessen Rechtsposition einrücken, gebietet das Kontinuitätsinteresse der Familienangehörigen, dass auch der Besitz der Mietwohnung auf sie übergeht (Staudinger/Gutzeit, Neubearbeitung 2012, § 857 Rdnr. 27; Soergel/Stein, § 1922 Rdnr. 84). Den Erben steht in diesem Fall aufgrund ihres Besitzrechts **kein Zutrittsrecht zur Ehewohnung** zu.

Schutz des überlebenden Mieters durch §§ 563, 563a BGB

Durch § 563 BGB wird der Bestand des Mietverhältnisses zugunsten derer geschützt, die mit dem Mieter als „Hausgenossen“ besonders verbunden waren. Dazu gehören Personen, die mit dem Mieter einen gemeinsamen Haushalt führten, auch wenn es sich nicht um Ehe- oder Lebenspartner oder Kinder des Verstorbenen handelt. Ziel der Regelung ist es, den privilegierten Personen die den Lebensmittelpunkt bildende Wohnung zu erhalten. Das Eintrittsrecht ist daher an das **Führen eines gemeinsamen Haushalts** mit dem Verstorbenen und einen gemeinsamen Lebensmittelpunkt gebunden (MüKo-BGB/Häublein, 7. Aufl., § 563 Rdnr. 16). Das bloße Zusammenleben innerhalb einer Wohnung impliziert noch keine gemeinsame Haushaltsführung. Denn das Gesetz schützt nicht jeden, der, wie etwa ein Untermieter oder ein Mitbewohner in einer Wohngemeinschaft, in der Wohnung des Verstorbenen lebte. Eine gemeinsame Haushaltsführung setzt daher voraus, dass der Mieter und die weitere Person über den Aufenthalt in der Wohnung hinaus im Haushalt zusammen wirken, zusammen entscheiden und zusammen die Kosten tragen. Sie müssen gemeinsame Regelungen über die typischen Pflichten, die in einem Haushalt anfallen, wie Reinigung, tägliches Einkaufen, Nahrungszubereitung, Anschaffung von größeren Haushaltsgegenständen sowie Versorgung und Pflege in Krankheitsfällen treffen (AG Charlottenburg, Urt. v. 02.10.2018 – 224 C 207/18).

Praxistipp

Bezüglich der einzelnen in der Wohnung befindlichen Nachlassgegenstände ist der Besitz jedoch nach § 857 BGB auf die Erben übergegangen. Diesen können die Erben geltend machen.

Nachlassgegenstände: Besichtigungsrecht der Erben nach § 809 BGB

Den Erben hilft hier § 809 BGB. Danach ist die Witwe als Schuldnerin verpflichtet, den Erben die Besichtigung der Nachlassgegenstände zu ermöglichen. Der Begriff ist nicht im strengen Wortsinn zu verstehen, sondern bezeichnet diejenigen Handlungen, die erforderlich sind, um ein Urteil über Identität oder Beschaffenheit der Sache zu gewinnen, ohne dass es dabei zu erheblichen Eingriffen in die Sache kommt. Damit steht der Anspruch aus § 809 BGB auch demjenigen zu, der sich erst Gewissheit verschaffen will, ob er Gläubiger eines Hauptanspruchs ist. Zwar genügen bloße Spekulationen über sein Bestehen nicht; es ist aber ausreichend, wenn der Gläubiger nur durch die Besichtigung entscheiden kann, ob sich eigene unter fremden Sachen befinden (MüKo-BGB/Hüffer, 7. Aufl., § 809 Rdnr. 5; BGHZ 150, 377, 384). Genauso ist es im vorliegenden Fall. Als Erben können die Kinder die Herausgabe der allein dem Vater gehörenden Sachen nach § 985 BGB verlangen. Da sie jedoch keine genaue Kenntnis über alle zum Nachlass gehörenden Gegenstände haben, möchten sie die Räume des Erblassers besichtigen, damit ihnen die Erinnerung kommt, welche Gegenstände (Möbel, Bilder, Bücher usw.) sie als (wenigstens ehemaliges) Eigentum des Erblassers wiedererkennen. Die Besichtigung ist für sie daher „von Interesse“.

Umfang des Besichtigungsrechts

Die Kinder als Erben haben ein Wahlrecht, ob die Witwe ihnen die bezeichneten Sachen zur Besichtigung vorlegt oder ihnen die Besichtigung in der Wohnung gestatten soll. Wählen sie die Wohnungsbesichtigung, hat die Witwe ihnen die Haustür und die Wohnungstür zu öffnen und die Besichtigung der Wohnung zu dulden. Ein weiteres aktives Tun kann nicht verlangt werden.

Vorlage von Fotoalben, Bildern usw.

Von nicht geringer praktischer Bedeutung ist die Vorlage von Fotoalben, Videobändern, privaten Filmen und Stammbüchern. „In Ansehung der Sache" besteht ein Anspruch, wenn dieser von der Existenz oder der Beschaffenheit der Sache – hier z.B. des Fotoalbums – abhängt. Dass das Album selbst Gegenstand des Herausgabeanspruchs ist, wird nicht gefordert.

Einwendungen der Witwe

Anerkennenswerte Gegeninteressen der Witwe, die nach der Rechtsprechung zu berücksichtigen sind, bestehen zumeist nicht. Die Privatsphäre der Wohnung erfährt zwar den Schutz der Grundrechte gegenüber dem Staat, nicht aber gegenüber Privatpersonen. Das Besichtigungsrecht berührt auch nicht den „Intimbereich" des Bewohners.

Sachverhalt | Checkliste | Lösung | **Verfahren** | Muster

Antrag auf Erlass einer einstweiligen Verfügung

Auch im Rahmen der Geltendmachung des Besichtigungsrechts nach § 809 BGB ist die Beantragung einer einstweiligen Verfügung möglich und zweckmäßig.

Verfügungsanspruch

Im Antrag muss der Verfügungsanspruch, also der Anspruch auf Vorlegung der Sache, weil man sich „Gewissheit verschaffen will", dargelegt und glaubhaft gemacht werden. Dass ein Anspruch – sei es auf Herausgabe, sei es auf Auseinandersetzung im Rahmen der Erbteilung – existiert, muss nicht glaubhaft gemacht werden; insoweit genügt es, dass er plausibel dargelegt werden kann.

Verfügungsgrund

Anders als bei § 861 BGB ist weitere Voraussetzung das Vorliegen eines Verfügungsgrunds (§§ 936, 917 ZPO). Es muss zu besorgen sein, dass durch eine Veränderung des bestehenden Zustands die Rechtsverwirklichung beeinträchtigt oder wesentlich erschwert werden könnte (§ 935 ZPO). Ausgehend vom Zweck des § 809 BGB: „sich Gewissheit verschaffen" wird jedoch angenommen, dass allein die Weigerung, die gemietete Wohnung besichtigen zu lassen, als Verfügungsgrund ausreichend ist.

Siehe im Übrigen die Hinweise zum Verfahren und zum Muster in Mandatssituation 8.1, S. 439 ff.

Abwandlung 8.1.3:
Entfernung von Nachlassgegenständen durch Miterben

Sachverhalt | Checkliste | Lösung | Verfahren | Muster

Die Geschwister sind Miterben zu je 1/2 nach dem Tod der Mutter. Der Vater ist bereits vorverstorben. Zum Nachlass gehört u.a. das Wohnhaus der Erblasserin einschließlich der darin befindlichen Gegenstände. Beide Geschwister haben einen Schlüssel zu diesem Haus. Eine Erbauseinandersetzung fand bislang noch nicht statt. Als der Bruder wieder einmal im Haus ist, stellt er fest, dass sowohl das Meissner Porzellan als auch zwei Goldketten und ein Ring der Mutter fehlen. Als der Bruder daraufhin bei seiner Schwester nachfragt, teilt diese mit, dass sie diese Gegenstände mit nach Hause genommen hat, um sie zu „sichern". Grund hierfür sei, dass auch der Bruder in der Vergangenheit ebenfalls diverse Gegenstände aus dem Haus entfernt habe.

Sachverhalt | Checkliste | Lösung | Verfahren | Muster

Wer hat Zutritt zum Haus?	☐
Welche Gegenstände fehlen?	☐
Wann wurden diese Gegenstände aus dem Nachlass entfernt?	☐
Ist die Zugehörigkeit zum Nachlass nachweisbar?	☐

Siehe hierzu im Übrigen die Checkliste in Mandatssituation 8.1, S. 437.

Sachverhalt | Checkliste | Lösung | Verfahren | Muster

Verbotene Eigenmacht

Die Schwester hat dem Bruder den Besitz an den Nachlassgegenständen durch verbotene Eigenmacht, also ohne dessen Willen, entzogen. Dabei reicht es aus, dass der Bruder ebenso wie die Schwester nur Mitbesitz an diesen Gegenständen hatte. Unter Mitbesitzern findet gem. § 866 BGB ein Besitzschutz zwar insoweit nicht statt, als es sich um die Grenzen des beiderseitigen Gebrauchs handelt, der Entzug des Besitzes durch einen Mitbesitzer löst für den anderen Mitbesitzer jedoch immer Besitzschutzansprüche aus (Palandt/Bassenge, § 866 Rdnr. 5).

Einwand der vorausgegangenen verbotenen Eigenmacht

Auch der Einwand der Schwester, der Bruder habe zuvor ebenfalls Nachlassgegenstände ohne ihren Willen aus dem Wohnhaus der Erblasserin entfernt, schließt den Anspruch des Bruders als Miterben nicht aus. Denn die durch die Schwester verübte verbotene Eigenmacht ist trotz der vorausgegangenen verbotenen Eigenmacht des Bruders widerrechtlich. Aus dieser ergibt sich kein Rechtfertigungsgrund (AG Rostock, Urt. v. 08.07.2005 – 46 C 261/05, NJW-Spezial 2005, 494).

Pflicht zur Herausgabe an den Nachlass

Die Herausgabe hat grundsätzlich an alle Miterben zu erfolgen und nicht an einen Sequester, da aus dem Umstand, dass § 863 BGB Einwendungen gegen einen Anspruch aus verbotener Eigenmacht grundsätzlich ausschließt, entnommen wird, dass das Gesetz dem Schutz vor verbotener Eigenmacht eine ganz besondere Bedeutung beigemessen hat. Eine verbotene Eigenmacht soll mit den Besitzschutzrechten sofort wieder rückgängig gemacht und die ursprüngliche Besitzlage uneingeschränkt wieder hergestellt werden. Der Bruder kann daher verlangen, dass die Schwester die von ihr aus dem Wohnhaus der Erblasserin mittels verbotener Eigenmacht entfernten Nachlassgegenstände in das Wohnhaus zurückbringt, damit der Besitz der Erbengemeinschaft wieder begründet wird.

Sachverhalt | Checkliste | Lösung | **Verfahren** | Muster

Beantragung einer einstweiligen Verfügung

Eines besonderen Verfügungsgrunds bedarf es im Fall eines Anspruchs wegen Besitzentziehung nicht (Palandt/Bassenge, § 861 Rdnr. 18). Dies ergibt sich schon daraus, dass der Besitzer sich gem. § 859 BGB einer verbotenen Eigenmacht mit Gewalt erwehren und die Sache auch dem Besitzentzieher mit Gewalt wieder abnehmen darf.

Der Verfügungskläger hat gem. §§ 936, 920 Abs. 2 ZPO alle Tatsachen durch eidesstattliche Versicherung hinreichend glaubhaft zu machen.

Praxistipp

Ein Miterbe, der einen Nachlassgegenstand eigenmächtig in Besitz nimmt und nutzt, ist unverzüglich aufzufordern, den weiteren Miterben wieder Mitbesitz einzuräumen oder aber eine Nutzungsentschädigung zu zahlen. Uneinsichtige Miterben sollten mittels einstweiliger Verfügung in ihre Schranken verwiesen werden. Bei der Miterbenklage nach § 2039 BGB ist zu beachten, dass der Antrag auf Leistung an alle Miterben lauten muss.

Siehe im Übrigen die Hinweise zum Verfahren in Mandatssituation 8.1, S. 439 f.

Antrag auf Erlass einer einstweiligen Verfügung bei Mitbesitz

Amtsgericht
...
Straße, Hausnr./Postfach
PLZ Ort

Eilt! Bitte sofort vorlegen!

Antrag auf Erlass einer einstweiligen Verfügung

Herr ...

– Antragsteller –

gegen

Frau ...

– Antragsgegnerin –

wegen Wiedereinräumung Mitbesitz

Namens und mit Vollmacht des Antragstellers

beantrage

ich – **wegen Dringlichkeit der Angelegenheit ohne mündliche Verhandlung** – den Erlass folgender einstweiliger Verfügung:

1. Die Antragsgegnerin zu verurteilen, das Meissener Porzellan (genaue Beschreibung) bestehend aus ... sowie die zwei Goldketten (333 Gold) und den Ehering der Erblasserin Frau ... unverzüglich in das Wohnhaus in ... zurückzubringen.
2. Der Antragsgegnerin werden die Kosten des Verfahrens auferlegt.

Begründung:

Am ... ist Frau ... mit letztem Wohnsitz in ... verstorben. Die Erblasserin war zum Zeitpunkt ihres Todes verwitwet und wurde aufgrund gesetzlicher Erbfolge von den Parteien als einzige Abkömmlinge zu gleichen Teilen beerbt.

Beweis: Erbschein des Amtsgerichts – Nachlassgericht – ... vom ...

Zum Nachlass der Verstorbenen gehört ein Einfamilienhaus in ..., das vor dem Erbfall von der Erblasserin bewohnt wurde.

Als gemeinsame Erben besitzen die Parteien jeweils einen Schlüssel zu diesem Haus. Eine Erbauseinandersetzung hat bislang noch nicht stattgefunden.

Beweis: Eidesstattliche Versicherung des Antragstellers vom ...

Am ... entfernte die Antragsgegnerin aus dem zum Nachlass gehörenden Haus das Meissner Porzellan, zwei Goldketten und den Ehering der Erblasserin.

Beweis: Eidesstattliche Versicherung des Antragstellers vom ...

Die Antragsgegnerin hat damit dem Antragsteller als Miterben den Besitz an den Nachlassgegenständen durch verbotene Eigenmacht, nämlich ohne dessen Willen, entzogen.

Beweis: Eidesstattliche Versicherung des Antragstellers vom ...

Zur Verwirklichung des Tatbestands der verbotenen Eigenmacht ist es ausreichend, dass beide Parteien jeweils Mitbesitz an diesen Gegenständen hatten. Denn nach § 866 BGB ist auch der Mitbesitzer gegen den anderen Mitbesitzer geschützt, wenn die Besitzentziehung über die Grenzen des dem Einzelnen zustehenden Gebrauchs hinausgeht (Palandt/Bassenge, § 866 Rdnr. 5). Da die Antragsgegnerin die Gegenstände aus dem Nachlass entfernt hat, hat sie dem Antragsteller dessen Mitbesitz entzogen. Mangels Einwilligung des Antragstellers ist der Tatbestand der verbotenen Eigenmacht daher erfüllt.

Dem Antragsteller steht damit der geltend gemachte Besitzschutz nach § 861 BGB zu. Die Antragsgegnerin ist daher verpflichtet, die von ihr aus dem Wohnhaus der Erblasserin mittels verbotener Eigenmacht entfernten Nachlassgegenstände in das Wohnhaus zurückzubringen, damit der Besitz der Erbengemeinschaft wieder begründet werden kann.

Rechtsanwältin/Rechtsanwalt

Mandatssituation 8.2: Informationsbeschaffung (Art und Umfang des Nachlasses)

Sachverhalt | Checkliste | Lösung | Verfahren | Muster

Die Geschwister sind Miterben zu je 1/2 nach dem Tod der Mutter. Der Vater ist bereits vorverstorben. Die Tochter lebte gemeinsam mit der Mutter in einem Haus und erledigte für diese Besorgungen und Bankgeschäfte. Nach dem Tod der Mutter lebt die Tochter weiter im Haus, organisiert die Bestattung und kümmert sich weiterhin um alle Angelegenheiten. Der Sohn als Miterbe besitzt demgegenüber keine Kenntnis über den Nachlass, da er in den letzten Jahren nur wenig Kontakt zur Mutter und Schwester hatte. Er bittet um Klärung der Rechtslage und Vertretung gegenüber der Schwester.

Sachverhalt | **Checkliste** | Lösung | Verfahren | Muster

Welche Informationen hat der Mandant über den Umfang des Nachlasses?	☐
Welche Unterlagen besitzt der Mandant zum Nachlass (Kontoauszüge, Sparbücher, Rechnungen, Darlehensverträge, Depotauszüge usw.)?	☐
Haben andere Miterben weitergehende Informationen und sind diese zur Auskunftserteilung bereit?	☐
Welche Informationen und Unterlagen können durch den Mandanten bei Dritten (Freunde, Bekannte, Verwandte, Geschäftspartner) eingeholt werden?	☐
Stehen weitere Auskunftsquellen (Handelsregister, Grundbuchamt, Finanzämter, Banken) zur Verfügung?	☐
Existiert evtl. bereits ein Nachlassverzeichnis in der Nachlassakte oder ein Erbschaftsteuerbescheid zum Nachlass des vorverstorbenen Ehegatten?	☐
Welche Verträge (Mietvertrag, Versicherung, Telefonvertrag, Zeitungsabonnement usw.) existieren und müssen gekündigt werden?	☐
Hat einer der Miterben über eine Vorsorgevollmacht oder eine Kontovollmacht verfügt?	☐
Hat einer der Miterben nach dem Tod des Erblassers bereits Geschäfte mit oder ohne Vollmacht der weiteren Miterben für den Nachlass getätigt?	☐
Wohnte einer der Miterben im Haushalt des Erblassers?	☐

Sachverhalt | Checkliste | **Lösung** | Verfahren | Muster

Information über Art und Umfang des Nachlasses

Nicht erst bei der Verteilung des Nachlasses muss sich ein Miterbe darüber Gedanken machen, welchen Umfang der Nachlass hat, sondern bereits kurz nach dem Erbfall. Diese Kenntnis benötigt er, um Entscheidungen darüber treffen zu können, welche Sicherungsmaßnahmen angeordnet werden müssen und wie der Nachlass verwaltet bzw. verteilt werden kann. So sind Dritte, die in einer Rechtsbeziehung zum Erblasser standen, über den Todesfall zu informieren (z.B. Rentenstelle), und es ist sinnvoll, nicht mehr benötigte Verträge zu kündigen (z.B. Mietvertrag, Versicherung, Telefonvertrag, Zeitungsabonnement). Soweit der Miterbe ausreichende Kenntnis über Art und Umfang des Nachlasses im Einzelnen besitzt, ist dies i.d.R. kein Problem.

Dringlichkeit der Informationsbeschaffung

Problematisch ist es jedoch, wenn keine oder nur eine geringe Kenntnis über den Umfang des Nachlasses besteht, weil vor dem Erbfall kein oder nur ein geringer Kontakt zum Erblasser bestand und nach dem Erbfall die Miterben die nur ihnen bekannten Informationen vorenthalten. Durch diese Informationsdefizite wird eine gezielte und aussichtsreiche Rechtsverfolgung des Miterben erschwert. Die **Informationsbeschaffung über Art und Umfang des Nachlasses** hat daher Priorität.

Kein allgemeiner Auskunftsanspruch

Im Unterschied zum Anspruch des Pflichtteilsberechtigten kennt das BGB **keine allgemeine Auskunftspflicht unter Miterben.** Auch der BGH lehnt wechselseitige Auskunftspflichten zwischen Miterben allein basierend auf der Erbengemeinschaft als solcher ab, weil es an einer hierfür notwendigen Sonderbeziehung fehlt. Ein Miterbe kann daher einen anderen Miterben nicht auf Auskunft in Anspruch nehmen, um dadurch letztlich seine Erbauseinandersetzungsberechtigung zu verbessern (OLG Koblenz, Beschl. v. 20.08.2012 – 5 U 821/12, FamRZ 2013, 976 = ZEV 2013, 453).

Praxistipp

Allein aufgrund der Erbenstellung kann ein Miterbe daher von den weiteren Miterben keine Auskunft über den Nachlass erlangen. Auch kann er allein aufgrund der Miterbenstellung nicht verlangen, dass der andere Miterbe an der Aufstellung eines Nachlassverzeichnisses mitwirkt oder dies gar selbständig erstellt.

Eigene Informationsmöglichkeit

Grund hierfür ist, dass jeder Miterbe als Rechtsnachfolger des Erblassers rechtlich die Möglichkeit hat, sich die **Informationen selbst zu beschaffen.** So kann er beispielsweise selbst Konto- und Depotauszüge bei den Banken und Sparkassen anfordern, private Verträge und Unterlagen einsehen und sich einen persönlichen Überblick über den Nachlass verschaffen.

Ausnahme: Auskunftspflicht nach § 242 BGB

Anders sieht es nur aus, wenn **einzelne Miterben bessere oder alleinige Kenntnisse über den Nachlassbestand oder Teile hiervon haben** und die anderen Miterben diese Kenntnisse nicht oder nur mit unverhältnismäßigem Aufwand erlangen können. In diesem Ausnahmefall bejaht die Rechtsprechung mit unterschiedlicher Nuancierung eine Auskunftserteilungsverpflichtung nach § 242 BGB. Voraussetzung hierfür ist, dass der potentiell Berechtigte

- entschuldbar über Umfang oder über Bestehen eines Anspruchs im Ungewissen ist,
- er selbst unzumutbare Informationsbeschaffungsprobleme hat und
- der Verpflichtete zur Informationsbeschaffung ohne unbillige Belastung in der Lage ist (vgl. Sarres, ZEV 2001, 225).

Liegen diese Voraussetzungen vor, besteht eine Auskunftspflicht des „besser" informierten Miterben nach § 242 BGB.

Subsidiarität

Zu beachten ist, dass der allgemeine Auskunftsanspruch nach § 242 BGB immer subsidiär gegenüber spezielleren Auskunftsansprüchen ist. Nur wenn ein spezieller Auskunftsanspruch nicht gegeben ist, kommt der allgemeine Auskunftsanspruch nach § 242 BGB in Betracht.

Warnhinweis

Im Beispielsfall kann der Sohn sein Auskunftsbegehren daher nicht auf § 242 BGB stützen, da spezielle erbrechtliche Vorschriften vorgehen. Der Sohn kann seine Auskunftsansprüche gegen die Schwester gem. § 2027 Abs. 2 BGB (aufgrund des Besitzes des Nachlasses durch die Schwester) und/oder gem. §§ 666, 681 BGB (aufgrund der Verwaltung des Nachlasses durch die Schwester) verfolgen. Die bloße Miterbenstellung des Bruders rechtfertigt nach geltender Rechtslage einen Rückgriff auf § 242 BGB daher nicht.

Spezielle gesetzliche Auskunftspflichten

Zu prüfen ist daher vorab immer, ob sich eine Auskunftsberechtigung aus anderen Vorschriften ableiten lässt. Bei den verschiedenen Anspruchsgrundlagen ist zu unterscheiden, ob Auskunft über den realen Nachlassbestand oder über anrechnungs- und ausgleichungspflichtige Vorempfänge (sog. fiktiver Nachlass) begehrt wird. Bei der Ermittlung des **realen Nachlasses** helfen als bewährte Anspruchsgrundlagen in den meisten Fällen folgende Normen:

- Auskunfts- und Rechenschaftsansprüche gegen den vormals vom Erblasser bevollmächtigten Miterben nach § 666 BGB
- Auskunftsansprüche gegen den Miterben als Notgeschäftsführer bzw. Alleingeschäftsführer über den Stand der Geschäfte gem. §§ 666, 681, 2038 Abs. 1 Satz 2 zweiter Halbsatz BGB
- Auskunftsansprüche gegen den Erbschaftsbesitzer gem. §§ 2027 Abs. 1 Satz 1, 260 BGB (Erbschaftsbestand)
- Auskunftsansprüche gegen den Erbschaftsbesitzer gem. § 2027 Abs. 1 Satz 2 BGB (Verbleib der Erbschaftsgegenstände)
- Auskunftsansprüche gegen den Erbschaftsbesitzstörer gem. § 2027 Abs. 2 BGB (Eingriffstatbestand der Störung)
- Auskunftsansprüche gegen den Hausgenossen gem. § 2028 BGB
- Auskunftsansprüche des Pflichtteilsberechtigten gegen den Erben gem. § 2314 BGB
- Auskunftsansprüche gegen den Testamentsvollstrecker gem. § 2215 BGB

Anspruchsgrundlage für die Ermittlung anrechnungs- und **ausgleichungspflichtiger Vorempfänge** (sog. fiktiver Nachlass) ist § 2057 BGB.

Auskunftsansprüche gegen Vorsorgebevollmächtigten

Hat ein Miterbe für den Erblasser **zu dessen Lebzeiten** Geschäfte geführt und damit **als Bevollmächtigter des Erblassers** entgeltlich oder unentgeltlich im Auftrag des Erblassers gehandelt, z.B. im Rahmen einer Vorsorgevollmacht, so ist er den weiteren Miterben nach §§ 666, 681 BGB zur Auskunft sowie nach § 667 BGB zur Herausgabe des Erlangten verpflichtet.

Auskunftsansprüche gegen den Miterben als Not-/Alleingeschäftsführer

Eine Auskunftspflicht trifft auch den Miterben, der **als Notgeschäftsführer bzw. Alleingeschäftsführer nach dem Tod** des Erblassers gehandelt hat. Er hat der Erbengemeinschaft nach §§ 666, 681, 2038 Abs. 1 BGB Auskunft über die getätigten Geschäfte zu erteilen.

Auskunftsansprüche gegen den Erbschaftsbesitzer gem. § 2027 Abs. 1 BGB

Auskunftsverpflichtet ist ein Miterbe gem. § 2027 Abs. 1 i.V.m. § 2018 BGB, wenn dieser ein über seinen tatsächlichen Erbteil hinausgehendes Erbrecht oder sogar eine Alleinerbenstellung in Anspruch nimmt. Der Miterbe ist dann hinsichtlich der ihm nicht gebührenden Differenz **Erbschaftsbesitzer i.S.d. § 2018 BGB.** Dabei setzt § 2018 BGB tatbestandlich voraus, dass jemand „auf Grund eines ihm in Wirklichkeit nicht zustehenden Erbrechts etwas aus der Erbschaft erlangt hat (Erbschaftsbesitzer)“.

Praxistipp

Nach h.M. trägt daher im Prozess der Anspruchsteller grundsätzlich die Beweislast dafür, dass der Miterbe den streitigen Vermögenswert aufgrund einer Erbrechtsanmaßung erlangt hat (Baumgärtel/Laumen/Prütting, Handbuch der Beweislast, 3. Aufl., § 2018 Rdnr. 1). Er hat zudem den Beweis für die Zugehörigkeit des von ihm herausverlangten Gegenstands zum Nachlass zu erbringen. Im Gegensatz zur regelmäßig mit dem Anspruch aus § 2018 BGB konkurrierenden Vindikation (§ 985 BGB) muss er allerdings nicht nachweisen, dass der Miterbe den Gegenstand gegenwärtig noch in seinem Besitz hat. Bestreitet der Beklagte die Zugehörigkeit der herausverlangten Sache zum Nachlass etwa mit der Behauptung, vom Erblasser bereits zu dessen Lebzeiten (z.B. aufgrund Schenkung) Eigentum erworben zu haben, obliegt dem Antragsteller zudem der Beweis, dass der Beklagte die Sache als vermeintlicher Erbe erhalten hat.

Beweislast

Nach § 2018 i.V.m. § 260 BGB ist der Erbschaftsbesitzer verpflichtet, dem Erben ein Bestandsverzeichnis aller besessenen Nachlassgegenstände vorzulegen. Er ist darüber hinaus verpflichtet, seine Angaben ggf. mit einer eidesstattlichen Versicherung zu bestätigen (§ 260 Abs. 2 BGB). Zudem begründet die Vorschrift des § 2027 BGB eine darüber hinausgehende besondere Verpflichtung des Erbschaftsbesitzers auch Auskunft über den Verbleib von Erbschaftsgegenständen zu erteilen. Der Erbschaftsbesitzer hat daher umfassend Auskunft zu erteilen, und zwar über den Bestand des Nachlasses, die erhaltenen Ersatzgegenstände (§ 2019 BGB), die gezogenen Nutzungen (§ 2020 BGB) und über den Verbleib der Erbschaftsgegenstände, die nicht mehr vorhanden oder nicht mehr aufzufinden sind.

Auskunftsansprüche gegen den Erbschaftsbesitzer gem. § 2027 Abs. 2 BGB

Gemäß § 2027 Abs. 2 BGB kann auch Auskunft verlangt werden, wenn ein Miterbe eine Nachlasssache allein in Besitz nimmt, ohne sich dabei auf ein (weitergehendes) Erbrecht zu berufen. § 2027 Abs. 2 BGB betrifft die Fälle, in denen jemand ohne Erbrechtsanmaßung Sachen aus dem Nachlass in Besitz nimmt, bevor der tatsächliche Erbe Besitz ergriffen hat. Ein

Miterbe kann daher von einem anderen Miterben Auskunft verlangen, wenn der Miterbe Nachlasssachen ohne eine über sein Miterbenrecht hinausgehende Erbanmaßung eigenhändig für sich in Besitz genommen hat.

Warnhinweis

Dieser Anspruch besteht jedoch nicht, wenn der Miterbe für die Gesamtheit der Erben als deren Vertreter Besitz ergriffen hat (§ 2038 Abs. 1 BGB). In diesem Fall ist jedoch an einen Auskunftsanspruch aus §§ 666, 681 BGB zu denken.

Auskunftsansprüche gegen den Hausgenossen gem. § 2028 BGB

Auskunftspflichtig nach § 2028 BGB ist jeder, bei dem nach den räumlichen und persönlichen Beziehungen, die zwischen ihm und dem Erblasser bestanden haben, eine Kenntnis i.S.d. § 2028 BGB unter Berücksichtigung aller Umstände des Einzelfalls zu vermuten ist. Dies kann auch ein Miterbe sein.

Auskunftsrechte gegenüber Testamentsvollstrecker gem. § 2215 BGB

Wurde Testamentsvollstreckung angeordnet und hat der Testamentsvollstrecker sein Amt angenommen, dient die Vorschrift des § 2215 BGB zur Ermittlung des Nachlassbestands als Anspruchsgrundlage, wonach der Testamentsvollstrecker dem Erben unverzüglich nach der Annahme des Amts ein Verzeichnis der seiner Verwaltung unterliegenden Nachlassgegenstände mitzuteilen hat.

Auskunftsrechte des pflichtteilsberechtigten Miterben gem. § 2314 BGB

Ist der Miterbe zudem pflichtteilsberechtigt, stehen ihm auch die Auskunftsrechte des Pflichtteilsberechtigten gem. § 2314 BGB zu. Bezüglich der Voraussetzungen und der Durchsetzung des Anspruchs wird auf die Ausführungen in Kapitel 10.A.5, S. 617 ff. verwiesen.

Praxistipp

Vorsichtshalber sollte das Auskunftsverlangen sowohl auf § 2027 Abs. 1 BGB als auch auf § 2027 Abs. 2 BGB und §§ 666, 681 BGB gestützt werden. So kann auf die weitere Entwicklung und das Vorbringen der Miterben flexibel reagiert werden. Lässt sich die Schwester dahingehend ein, sie habe sich weder ein zu weitgehendes Erbrecht anmaßen noch das Hausanwesen für sich allein in Besitz nehmen wollen, kann der Anspruch ggf. auch auf die Grundsätze der Geschäftsführung ohne Auftrag (§§ 677–687 BGB) gestützt werden.

Praxistipp

Um überflüssige Diskussionen zu vermeiden, empfiehlt es sich, im Aufforderungsschreiben die Anspruchsgrundlagen bzw. deren Tatbestandmerkmale zu benennen, da vielfach der Irrglaube besteht, dass Miterben untereinander „überhaupt nicht" zur Auskunft verpflichtet seien.

Auskunftsinhaber

Inhaber der Auskunftsansprüche nach §§ 2027, 2028 BGB ist die Erbengemeinschaft, aber jeder Miterbe kann den Anspruch für die Erbengemeinschaft allein geltend machen.

Verjährung der Auskunftsrechte

Grundsätzlich besteht der Auskunftsanspruch solange fort, wie die Auseinandersetzung der Gesamthandgemeinschaft andauert bzw. die Auseinandersetzung ihres Vermögens noch nicht vollzogen ist. Dies folgt aus der Rechtsnatur des Auskunftsanspruchs als Hilfsanspruch. Die Unverjährbarkeit des Hauptanspruchs gem. § 2042 Abs. 2 i.V.m. § 758 BGB ist daher grundsätzlich auf den hiermit korrespondierenden Hilfs- bzw. Vorbereitungsanspruch des § 2057 BGB zu übertragen mit der Folge, dass auch dieser Auskunftsanspruch unverjährbar ist (Sarres, in: Münchner Anwaltshandbuch Erbrecht, § 45 Rdnr. 92). Entsprechend dem Erbschaftsanspruch in § 2018 BGB, für den der Gesetzgeber eine Verjährungshöchstfrist von 30 Jahren festgelegt hat, wird auch für die weiteren Auskunftsansprüche eine Verjährungshöchstfrist von 30 Jahren angenommen, da ansonsten der Auskunftsschuldner bei einer langwierigen Auseinandersetzung zwischen Miterben quasi unbegrenzt mit Ansprüchen konfrontiert wäre.

Sachverhalt | Checkliste | Lösung | **Verfahren** | Muster

Erstellung eines vorläufigen Nachlassverzeichnisses

Um zügig Klarheit über den Umfang und die Zusammensetzung des Nachlasses zu erhalten und die Rechtsverteidigung danach ausrichten zu können, sollte der Mandant gleich zu Beginn des Mandats alle ihm zugänglichen Informationen beschaffen und vorhandene Unterlagen zum Nachlass einsehen. Aufgrund dieser Informationen und der Unterlagen sollte ein vorläufiges Nachlassverzeichnis erstellt und im Gespräch mit dem Mandanten geklärt werden, welche weiteren Vermögensgegenstände der Mandant im Nachlass vermutet bzw. welche bereits fehlen.

Außergerichtliche Geltendmachung der Auskunftspflicht

Darüber hinaus sollten bereits frühzeitig alle Miterben angeschrieben und zur Auskunftserteilung aufgefordert werden. Dabei sollte das Auskunftsverlangen weit gefasst sein, um so viele Informationen wie möglich (ggf. auch solche, an die der Mandant nicht gedacht hat) zu erlangen. Um Zeitverzögerungen und damit auch Verschleierungsmöglichkeiten zu vermeiden, sollte bereits im Anschreiben eine Frist zur Auskunftserteilung gesetzt werden.

Praxistipp

Das erste Schreiben an die Miterben ist der Grundstein für die Nachlassregelung und meist ausschlaggebend für die weitere Kommunikation der Miterben untereinander im Rahmen der Verwaltung und Auseinandersetzung der Erbengemeinschaft. Aus diesem Grund sollten die benötigten Auskünfte eingefordert und Auskunftsansprüche nachdrücklich geltend gemacht und verfolgt werden. Jedoch sollte ein zu hartes Vorgehen vermieden werden, um nicht eine Blockadehaltung der Miterben zu provozieren. Gerade auf der ersten Stufe des Verfahrens sollte versucht werden, so viele Informationen wie möglich zu erhalten, da die Rechte des Mandanten nur mit deren Kenntnis erfolgreich durchgesetzt werden können. Berücksichtigt werden sollte auch, dass nur durch ein einvernehmliches Handeln der Miterben eine zügige Auseinandersetzung der Erbengemeinschaft erreicht werden kann.

Sachverhalt | Checkliste | Lösung | Verfahren | Muster

Auskunftsanschreiben an Miterben

Frau
...
Straße, Hausnr./Postfach
PLZ Ort

Sehr geehrte Frau ...,

hiermit zeige ich an, dass mich Ihr Bruder, Herr ..., mit der Wahrnehmung seiner rechtlichen Interessen in der Nachlassangelegenheit nach dem Tod Ihrer gemeinsamen Mutter, Frau ..., beauftragt hat. Eine auf mich lautende Vollmachtsurkunde ist beigefügt.

Gemäß Erbschein des Amtsgerichts ... sind Sie und mein Mandant gemeinsam Miterben zu je 1/2 nach dem Tod der Frau .... Da bisher alle Versuche meines Mandanten, eine Klärung der Nachlassangelegenheiten herbeizuführen, fehlgeschlagen sind, hat mich Ihr Bruder mit der Erbauseinandersetzung der seit dem Tod Ihrer Mutter bestehenden Erbengemeinschaft beauftragt.

Zur Klärung der verschiedenen Auseinandersetzungsmöglichkeiten benötigt mein Mandant jedoch Kenntnis über den Umfang des Nachlasses. Dazu ist es u.a. erforderlich, dass er von Ihnen Auskunft über die Konten und Vermögenswerte der Erblasserin sowie den Verbleib und den Wert der weiteren Nachlassgegenstände erhält.

Ich habe Sie daher aufzufordern,

Auskunft über Bestand und Verbleib des Nachlasses einschl. der Surrogate und Nutzungen zu erteilen. Hierbei sind sowohl die Aktiva (Immobilien, Bar- und Depotvermögen, Ansprüche gegen andere Personen, Wertgegenstände usw.) als auch die Passiva (Verbindlichkeiten, Grundsteuerforderungen, Versicherungen usw.) von Interesse.

Zur Auskunftserteilung wird Ihnen eine Frist bis zum

...

gesetzt.

Ihre Verpflichtung, über den Nachlass umfassend Auskunft zu erteilen, ergibt sich aus Ihrer Stellung als bisherige Hausgenossin des Erblassers (§ 2028 BGB), als Miterbin, die die Geschäfte der Erbengemeinschaft bisher allein geführt hat (§§ 666, 681, 2038 Abs. 1 Satz 2 BGB), sowie als besser informierte Miterbin, die die erforderliche Auskunft ohne Schwierigkeit gem. § 242 BGB erteilen kann.

Darüber hinaus hat mein Mandant Sie mehrfach ohne Erfolg gebeten, ihm Zugang zu dem zum Nachlass gehörenden Haus und Grundstück in ... und zu den Unterlagen (einschl. der Kontoauszüge) der Erblasserin zu gewähren, um sich über den Nachlassbestand zu informieren. Bisher haben Sie jedoch meinem Mandanten den Zutritt zum Grundstück verweigert.

Bitte bedenken Sie, dass mein Mandant als Miterbe sich über den Nachlass informieren muss, um seine Rechte und Pflichten als Erbe wahrnehmen zu können. Zudem ist der Besitz am Hausgrundstück und den sonstigen Nachlassgegenständen auf meinen Mandanten nach § 857 BGB übergegangen. Dieses Besitzrecht berechtigt meinen Mandanten auch dazu, das zum Nachlass gehörende Haus und Grundstück zu betreten.

Ich habe Sie daher aufzufordern, meinem Mandanten den Zutritt zum Grundstück zu gewähren und ihm den Mitbesitz an sämtlichen Nachlassgegenständen einzuräumen.

Sobald uns die von Ihnen abzugebenden Angaben und Unterlagen vorliegen, werde ich mich mit Ihnen in Verbindung setzen, damit entschieden werden kann, wie die Abwicklung und Verteilung des Nachlasses vorgenommen wird.

Mit freundlichen Grüßen

Rechtsanwältin/Rechtsanwalt

Abwandlung 8.2.1: Auskunftsanspruch gegen Vorsorgebevollmächtigte

Sachverhalt | Checkliste | Lösung | Verfahren | Muster

Die Geschwister sind Miterben zu je 1/2 nach dem Tod der Mutter. Der Vater ist bereits vorverstorben. Die Tochter war die Vorsorgebevollmächtigte der Mutter und erledigte, legitimiert durch eine Vorsorgevollmacht, die persönlichen und vermögensrechtlichen Geschäfte für die Mutter. Unter anderem hob sie kurz vor dem Tod der Mutter von deren Girokonto einen Betrag i.H.v. 20.000 € ab. Der Sohn als Mandant möchte Auskunft und Rechnungslegung für die Zeit, in der die Schwester als Vorsorgebevollmächtigte die Geschäfte der Mutter erledigte, sowie Rückzahlung der abgehobenen 20.000 €.

Sachverhalt | **Checkliste** | Lösung | Verfahren | Muster

Auf welcher Grundlage ist ein Miterbe für den Erblasser tätig geworden?	☐
Existiert eine schriftliche Vollmachtsurkunde, eine Bankvollmacht oder wurde jeweils nur mündlich eine Vollmacht erteilt?	☐

Handelt es sich um eine Vorsorge- bzw. Generalvollmacht oder wurde für jeden Einzelfall eine extra Vollmacht erteilt?	☐
Liegt die Vollmachtsurkunde dem Mandanten vor?	☐
Wurde die Vollmacht bereits widerrufen? Gegenüber wem (Miterben, Bank usw.)?	☐
Enthält die Vollmacht eine Regelung zum Innenverhältnis (Auftragsverhältnis)?	☐
Wurden in der Vollmachtsurkunde mögliche Rechnungslegungsansprüche ausgeschlossen?	☐
Liegen Indizien für einen Missbrauch der Vorsorgevollmacht vor?	☐

Sachverhalt | Checkliste | Lösung | Verfahren | Muster

Anspruchsgrundlagen

Nach § 666 Satz 1 BGB ist der Beauftragte verpflichtet, dem Auftraggeber auf Verlangen über den Stand des Geschäfts Auskunft zu erteilen und nach Beendigung des Auftrags Rechenschaft abzulegen. Die Pflicht zur Rechenschaftslegung beinhaltet dabei die Pflicht zur Vorlage einer gesonderten Aufstellung der Einnahmen und Ausgaben gem. § 666 i.V.m. § 259 BGB. Weiterhin ist der Beauftrage nach § 667 zweite Variante BGB zur Herausgabe des „aus der Geschäftsbesorgung" Erlangten verpflichtet. Gemeint sind damit alle Vorteile, die ihre Grundlage in der Auftragsausführung finden und in einem inneren Zusammenhang mit ihr stehen (Staudinger/Martinek, BGB, § 667 Rdnr. 7).

Übergang der Ansprüche auf Miterben

Diese der Erblasserin zu Lebzeiten zustehenden Ansprüche gegen die Bevollmächtigte sind mit deren Tod gem. §§ 1922, 666 BGB auf die Erbengemeinschaft, also auf alle Miterben, übergegangen.

Bestehen eines Auftragsverhältnisses

Voraussetzung für einen Auskunfts-, Rechenschafts- und Herausgabeanspruch ist jedoch, dass zwischen der Erblasserin und der beklagten Bevollmächtigten ein Auftragsverhältnis bestand. Das Auftragsverhältnis ist von einer reinen Gefälligkeit abzugrenzen.

Da sowohl der Auftrag als auch das Gefälligkeitsverhältnis die Unentgeltlichkeit und die Fremdnützigkeit gemeinsam haben, kommt als entscheidendes Abgrenzungskriterium nur das Vorliegen eines entsprechenden Rechtsbindungswillens in Betracht. Unerheblich ist demgegenüber, welcher Art die in Rede stehende Tätigkeit ist. Denn der Begriff der Geschäftsbesorgung i.S.v. § 662 BGB umfasst nicht nur die Vornahme von Rechtsgeschäften im wirtschaftlichen Bereich, sondern auch rein tatsächliche Handlungen wie etwa die bloße faktische Weiterleitung von Geldmitteln an Dritte, sofern es sich dabei um eine Tätigkeit handelt, die an sich der Sorge des Auftraggebers obläge und durch die dessen Interesse gefördert wird. Ob ein Rechtsbindungswille vorhanden ist, ist nicht nach dem nicht in Erscheinung getretenen inneren Willen des Leistenden zu beurteilen, sondern danach, ob der Leistungsempfänger unter den gegebenen Umständen nach Treu und Glauben mit Rücksicht auf die Verkehrssitte auf einen solchen Willen schließen musste. Es kommt daher darauf an, wie sich dem objektiven Beobachter das Handeln des Leistenden darstellt.

Praxistipp

Allein aufgrund der Erteilung einer Kontovollmacht kann nicht schon auf einen Rechtsbindungswillen geschlossen werden, obwohl jeder Vollmachterteilung i.d.R. ein Auftragsverhältnis zugrunde liegt.

Abgrenzung Gefälligkeit – Auftrag

Für die Abgrenzung sind vor allem die wirtschaftliche sowie die rechtliche Bedeutung der Angelegenheit und die Interessenlage der Beteiligten heranzuziehen. Ein Rechtsbindungswille ist anzunehmen, wenn „sich der aus der Vereinbarung Begünstigte erkennbar auf die Zusage des anderen, eine bestimmte Tätigkeit zu entfalten, verlässt, und für ihn erhebliche Werte auf dem Spiel stehen" (OLG Hamm, NJW-RR 1997, 1007).

Bei den Kontovollmachten ist daher von einem Rechtsbindungswillen auszugehen, wenn die Konten im Wesentlichen das ganze Vermögen des Erblassers ausmachen oder sich nicht unerhebliche Werte auf den Konten befinden (LG Hamburg, Urt. v. 29.01.2010 – 316 O 322/09). In diesen Fällen drängt sich auch einem unbedarften Bevollmächtigten auf, dass es sich nicht um einen bloßen „Gefallen" für den Vollmachtgeber handeln kann. Es besteht ein essentielles Interesse des Vollmachtgebers an einer korrekt ausgeführten Tätigkeit. Ein Rechtsbindungswille liegt zudem nahe, wenn ein Bekannter mit Bargeldabhebungen beauftragt wird (OLG Brandenburg, Urt. v. 07.12.2011 – 3 U 94/11).

Praxistipp

Ein Rechtsbindungswille, d.h. ein Auftragsverhältnis, dürfte i.d.R. zu bejahen sein, wenn jemand mit einer gewissen Regelmäßigkeit und Häufigkeit für einen anderen tätig wird und diese Tätigkeit eine erhebliche wirtschaftliche Bedeutung hat (vgl. auch Osterloh-Konrad, ErbR 2012, 326).

Bestehen eines besonderen Näheverhältnisses

Zurückhaltung hinsichtlich der Annahme des Rechtsbindungswillens nimmt die Rechtsprechung demgegenüber bei extrem engen persönlichen Beziehungen zwischen den Beteiligten an. So hat der BGH das Bestehen eines Auftragsverhältnisses bei Übertragung der Wirtschaftsführung zwischen Ehegatten verneint (BGH, Urt. v. 05.07.2000 – XII ZR 26/98). Zur Begründung führt er aus, dass sich Ehegatten durch derartige Regelungen ihrer Aufgabenbereiche besonderes Vertrauen schenken. Dem wirtschaftenden Ehegatten dürfte daher nicht einseitig das Risiko auferlegt werden, im Nachhinein Ausgaben nicht mit der gleichen Genauigkeit angeben und belegen zu können, wie das in Rechtsverhältnissen ohne Inanspruchnahme von persönlichem Vertrauen erforderlich oder geboten ist.

Vertrauensverhältnis: Beispiele

Ein Vertrauensverhältnis, welches gegen den Abschluss eines Auftragsverhältnisses spricht, hat die Rechtsprechung auch beim nichtehelichen Lebenspartner des Erblassers angenommen (BGH, Urt. v. 05.07.2000 – XII ZR 26/98, NJW 2000, 3199; OLG Düsseldorf, Urt. v. 28.03.2006 – I-4 U 102/05, ZEV 2007, 184), ebenso im Verhältnis der Großmutter zu ihrem Enkel (OLG Naumburg, Urt. v. 06.07.2007 – 10 U 27/07). Auch in vergleichbaren Fällen, in denen sich ein Kind in gesteigertem Maß um die Mutter kümmert und nicht lediglich über eine Bankvollmacht verfügt, wurde von der Rechtsprechung ein besonderes Vertrauensverhältnis bejaht (OLG Köln, Urt. v. 19.09.2012 – 16 U 196/11, ZEV 2013, 339). Der BGH hat allerdings inzwischen klargestellt, dass die Rechtsprechungsgrundsätze, wonach zwischen Eheleuten ein Auftragsverhältnis i.S.d. §§ 662 ff. BGB nicht besteht, auf Fallgestaltungen mit sonstigem familiären oder personalen Einschlag nicht übertragbar sind (Osterloh-Konrad, ErbR 2012, 326).

Praxistipp

Eine Übertragung der Rechtsprechung zum Verhältnis unter Ehegatten auf alle familiären Verhältnisse wurde von der Rechtsprechung ausdrücklich abgelehnt (BGH, Beschl. v. 26.06.2008 – III ZR 30/08), so dass nur in Ausnahmefällen ein Auftragsverhältnis zu verneinen ist. Auch das OLG Hamm (Urt. v. 20.11.2007 – 26 U 62/06, FD-ErbR 2008, 267869) ging von einem Auftragsverhältnis zwischen dem Erblasser und seinem Sohn aus, die in einem Haus zusammen gewohnt hatten.

Verwirkung des Anspruchs bzw. Verzicht

In der Praxis wird immer wieder der Einwand erhoben, dass der Erblasser über Jahre hinweg keine Auskunft bzw. Rechnungslegung verlangt habe und somit der Anspruch verwirkt sei bzw. der Erblasser darauf verzichtet habe.

Zwar kann nach Ansicht des BGH (Urt. v. 31.01.1963 – VII ZR 284/61, NJW 1963, 950) ein Anspruch auf Rechnungslegung entfallen, wenn er jahrelang nicht geltend gemacht worden ist und seine nachträgliche Erhebung gegen Treu und Glauben verstoßen würde. Allein der Umstand, dass der Erblasser jahrelang keine Auskunft eingefordert hat, führt jedoch nicht automatisch dazu, dass der Auskunftsanspruch dauerhaft entfallen ist. Dies gilt insbesondere dann, wenn Zweifel an der Zuverlässigkeit des Beauftragten in Bezug auf seine Geschäftsführung bestehen (BGH, Beschl. v. 26.06.2008 – III ZR 30/08).

Praxistipp

Auch bei einem ausdrücklichen Verzicht ist der Anspruch auf Rechnungslegung nicht ausgeschlossen, wenn der Berechtigte Tatsachen nachweist, die geeignet sind, Zweifel an der Zuverlässigkeit des Auftragnehmers und seiner Geschäftsführung zu erwecken. Denn dass der Erblasser jahrelang keine Auskunft verlangt hat, begründet sich nach Ansicht des BGH allein mit dem in diesen gesetzten Vertrauen. Besteht aber begründeter Verdacht, dass dieses Vertrauen unberechtigt war, entfällt damit auch die Grundlage für den Verzicht (BGH, Urt. v. 31.01.1963 – VII ZR 284/61, NJW 1963, 950).

An die Annahme berechtigter Zweifel stellt die Rechtsprechung hohe Anforderungen, da der Beauftragte, der sich aufgrund besonderer Umstände auf den Wegfall seiner Rechnungspflicht eingestellt habe, häufig nicht mehr dazu in der Lage sein werde, den ihm nachträglich noch abverlangten Beweis zu führen, bloße Zweifel an seiner Zuverlässigkeit daher leicht einer Verurteilung in der Sache gleichkommen könnten (Osterloh-Konrad, ErbR 2012, 326).

Zudem hat der BGH (Urt. v. 04.12.2000 – II ZR 230/99, FamRZ 2001, 411 = NJW 2001, 1131) klargestellt, dass in den meisten Fällen der Auftraggeber mit einem Verzicht auf Rechenschaft stillschweigend nur auf verhältnismäßig unwesentliche Spitzen von Zahlungsansprüchen verzichten wolle, er also etwa mit der Abrundung einer Summe auf einen glatten Betrag oder der Nichtberücksichtigung von Kleinbeträgen einverstanden sei. Für die Annahme eines weiterreichenden Verzichts seien dagegen weitere Anhaltspunkte notwendig.

Praxistipp

Bei einem Verzicht des Berechtigten wird daher i.d.R. nur auf verhältnismäßig unwesentliche Spitzen von Zahlungsansprüchen verzichtet.

Beweislast

Die Darlegungs- und Beweislast für einen von ihm geltend gemachten ausdrücklichen bzw. konkludenten Verzicht des Berechtigten auf die Ansprüche aus § 666 BGB liegt nach den allgemeinen Grundsätzen der Beweislastverteilung bei dem in Anspruch genommenen Bevollmächtigten.

Einwand der Unmöglichkeit

Eine Unmöglichkeit der Auskunftserteilung ist nicht bereits anzunehmen, wenn die Informationsbeschaffung oder -gewährung infolge des Zeitablaufs und der informellen Handhabung der Zuwendungen für den Bevollmächtigten mit Schwierigkeiten verbunden sind. Die Berufung auf Erinnerungslücken reicht ebenso wenig aus wie die pauschale Behauptung, keine detailliertere Auskunft zu Zeitraum und Höhe etwaiger finanzieller Zuwendungen mehr geben zu können. Der Auskunftsschuldner ist vielmehr gehalten, sein Erinnerungsvermögen „gehörig an[zu]spannen" und „alle zumutbaren Möglichkeiten zu erschöpfen", um seiner Verpflichtung nachzukommen (Pamp, Das abgeräumte Bankkonto – Vollmachtsgebrauch und Beweislastfragen, Teil 1, ErbR 2013, 205).

Im Beispielsfall ergeben sich bereits aufgrund der Abhebung der 20.000 € vom Girokonto der Erblasserin durch die Schwester erhebliche Zweifel an der Zuverlässigkeit der Geschäftsführung. Ein Auskunfts- und Rechenschaftsanspruch ist daher gegeben.

Keine Herausgabepflicht wegen eingetretener Entreicherung

Soweit der Bevollmächtigte das abgehobene Geld verbraucht hat, könnte eine Herausgabe ausscheiden, wenn das Auftragsrecht auf das Bereicherungsrecht verweist und der Beauftragte entreichert i.S.v. § 818 Abs. 3 BGB wäre. Da § 667 BGB aber einen eigenen Herausgabeanspruch gibt, findet keine Verweisung statt. Der Auftraggeber ist also nicht auf einen bloßen Bereicherungsanspruch nach § 812 Abs. 1 Satz 2 erste Alternative BGB verwiesen. Der Einwand der Entreicherung kann daher vom Bevollmächtigten nicht erhoben werden.

Verjährung des Anspruchs

Der Auskunftsanspruch aus § 666 BGB und daraus resultierend der Herausgabeanspruch verjährt nach § 195 BGB innerhalb von drei Jahren beginnend mit dem Schluss des Jahres, in dem die Forderung entstanden ist. Der Anspruch auf Auskunft gem. § 666 zweite Alternative BGB entsteht jedoch erst auf Verlangen des Auftraggebers. Als sogenannter verhaltener Anspruch wird dieser damit erst fällig, wenn die Auskunft verlangt wird. Zudem beginnt die Verjährung des Auskunftsanspruchs nach § 666 zweite Alternative BGB nicht vor Beendigung des Auftragsverhältnisses. Geht man davon aus, dass das Auftragsverhältnis, jedenfalls bei einer Vorsorgevollmacht bzw. einem umfassenden Vermögensverwaltungsauftrag, erst mit dem Tod des Vollmachtgebers endet, kann erst ab diesem Zeitpunkt die Verjährungsfrist zu laufen beginnen.

Wie weit die zu erteilenden Auskünfte zurückreichen müssen, ist deshalb keine Frage der Verjährung der Forderung, sondern eine solche ihres Inhalts oder ihrer Verwirkung (zur Verwirkung von Auskunftsansprüchen siehe Mandatssituation (Abwandlung) 8.2.7., S. 481 ff.).

Umfang der Herausgabepflicht

Der Bevollmächtigte muss daher nach § 666 Satz 1 BGB Auskunft über den Stand der Geschäfte erteilen und Rechenschaft ablegen durch Vorlage einer gesonderten Aufstellung der Einnahmen und Ausgaben gem. § 666 i.V.m. § 259 BGB. Die hierfür notwendigen Kontoauszüge und Saldenmitteilungen muss er sich auf eigene Kosten beschaffen.

Praxistipp

Die Bank ist in diesem Fall grundsätzlich nach § 242 BGB verpflichtet, weitere Exemplare von Belegen, auch über frühere Geschäftsvorfälle, ggf. entgeltlich dem Beauftragten zu beschaffen.

Weiterhin ist der Beauftragte nach § 667 zweite Alternative BGB zur Herausgabe des „aus der Geschäftsbesorgung“ Erlangten verpflichtet. Da die Herausgabe der ursprünglichen Geldscheine bzw. der Kontogutschriften oder Abbuchungen unmöglich ist, besteht in dieser Höhe ein Anspruch auf Schadensersatz nach § 280 BGB (BGH, NJW 2006, 986).

Sachverhalt | Checkliste | Lösung | **Verfahren** | Muster

Außergerichtliche Geltendmachung des Auskunfts- und Rechnungslegungsanspruchs

Um Verzögerungen und damit auch mögliche Verschleierungsversuche zu unterbinden, sollte zeitnah die Miterbin angeschrieben und zur Auskunftserteilung und Rechnungslegung aufgefordert werden.

Sachverhalt | Checkliste | Lösung | Verfahren | **Muster**

Aufforderung zur Rechenschaftslegung gegenüber Kontobevollmächtigten

Frau
...
Straße, Hausnr./Postfach
PLZ Ort

Nachlassangelegenheit nach dem Tod der ...,

verstorben am ... in ...

Sehr geehrte Frau ...,

hiermit zeige ich an, dass mich Ihr Bruder, Herr ..., mit der Wahrnehmung seiner rechtlichen Interessen in der Nachlassangelegenheit nach dem Tod Ihrer gemeinsamen Mutter, Frau ..., beauftragt hat. Eine auf mich lautende Vollmachtsurkunde habe ich beigefügt.

Gemäß Erbschein des Amtsgerichts ... sind Sie und mein Mandant gemeinsam Miterben zu je 1/2 nach dem Tod der Frau .... Da bisher alle Versuche meines Mandanten, eine Klärung der Nachlassangelegenheiten herbeizuführen, fehlgeschlagen sind, hat mich Ihr Bruder mit der Erbauseinandersetzung der seit dem Tod Ihrer Mutter bestehenden Erbengemeinschaft beauftragt.

Zur Klärung der verschiedenen Auseinandersetzungsmöglichkeiten benötigt mein Mandant jedoch Kenntnis über den Umfang des Nachlasses. Dazu ist es u.a. erforderlich, dass er von Ihnen Auskunft über die Konten und Vermögenswerte der Erblasserin sowie den Verbleib und den Wert der weiteren Nachlassgegenstände erhält.

Ich habe Sie daher aufzufordern,

> **Auskunft über Bestand und Verbleib des Nachlasses einschl. der Surrogate und Nutzungen zu erteilen. Hierbei sind sowohl die Aktiva (Immobilien, Bar- und Depotvermögen, Ansprüche gegen andere Personen, Wertgegenstände usw.) als auch die Passiva (Verbindlichkeiten, Grundsteuerforderungen, Versicherungen usw.) von Interesse.**

Darüber hinaus habe ich Sie aufzufordern,

> **Rechnung zu legen über die von Ihnen seit dem ... getätigten Geschäfte für den Nachlass der am ... in ... verstorbenen Frau ... unter Vorlage einer geordneten Zusammenstellung der Einnahmen und Ausgaben und der entsprechenden Belege (Kontoauszüge, Rechnungen).**

Zur Auskunftserteilung und Rechnungslegung wird Ihnen eine Frist bis zum

...

gesetzt.

Sobald uns die von Ihnen abgegebenen Angaben und Unterlagen vorliegen, werde ich mich mit Ihnen in Verbindung setzen, damit entschieden werden kann, wie die Abwicklung und Verteilung des Nachlasses vorgenommen wird.

Mit freundlichen Grüßen

Rechtsanwältin/Rechtsanwalt

Abwandlung 8.2.2: Auskunftsanspruch gegen Miterben

Sachverhalt | Checkliste | Lösung | Verfahren | Muster

Wie im Ausgangsfall; abweichend davon wird die Schwester aber auch nach dem Tod der Mutter ohne Absprache mit dem Bruder weiterhin für den Nachlass tätig und übernimmt im Interesse der Erbengemeinschaft die Verwaltung des Nachlasses.

Sachverhalt | **Checkliste** | Lösung | Verfahren | Muster

Welche Tätigkeiten hat ein Miterbe bereits für den Nachlass getätigt?	☐
Auf welcher Grundlage ist ein Miterbe für den Nachlass tätig geworden?	☐
Beruhte die Tätigkeit des Miterben für den Nachlass aufgrund einer Vorsorgevollmacht über den Tod hinaus, aufgrund einer Bankvollmacht oder ist er ohne Auftrag tätig geworden?	☐
Gab es Absprachen zwischen den Miterben und wenn ja, mit welchem Inhalt?	☐

Siehe hierzu im Übrigen die Checkliste in Mandatssituation (Abwandlung) 8.2.1, S. 459 f.

Sachverhalt | Checkliste | **Lösung** | Verfahren | Muster

Rechnungslegungsanspruch

Die Schwester hat ohne Absprache mit dem Bruder als Miterbin gehandelt. Sie ist daher als Geschäftsführerin ohne Auftrag gem. § 681 Satz 2 BGB zu behandeln. Nach § 681 i.V.m. § 666 BGB ist die Schwester zur

Auskunftserteilung und Rechnungslegung gegenüber dem Bruder als weiterem Miterben verpflichtet. Die Rechenschaftspflicht besteht erst ab Beendigung des Auftrags, also ab dem Todeszeitpunkt.

Praxistipp

Da § 666 BGB dispositiv ist, können die Parteien auch vereinbaren, dass die Rechenschaft periodisch (z.B. vierteljährlich oder jährlich) abzulegen ist.

Beweislast

Den auskunftsberechtigten Auftraggeber trifft gem. § 666 BGB grundsätzlich keine besondere Darlegungslast. So muss er sich weder rechtfertigen noch ein Informationsdefizit wie bei Informationsansprüchen aus § 242 BGB begründen, denn die gesetzliche Auskunftspflicht des Beauftragten besteht selbst dann, wenn der Auftraggeber die erforderlichen Auskünfte selbst beschaffen könnte.

Praxistipp

Der Auskunfts- und Rechenschaftsanspruch sollte daher immer zeitnah geltend gemacht werden, allein schon um einer Verschleierung der einzelnen Tätigkeiten entgegenzuwirken.

Sachverhalt | Checkliste | Lösung | **Verfahren** | Muster

Außergerichtliche Geltendmachung des Auskunfts- und Rechnungslegungsanspruchs

Um Verzögerungen und damit auch mögliche Verschleierungsversuche zu unterbinden, sollte zeitnah die Miterbin angeschrieben und zur Auskunftserteilung und Rechnungslegung ab dem Todestag aufgefordert werden. Dabei sollte das Auskunftsverlangen weit gefasst sein, um so viele Informationen wie möglich zu erlangen.

Sachverhalt | Checkliste | Lösung | Verfahren | **Muster**

Aufforderung zur Rechenschaftslegung über Verwaltung des Nachlasses

Frau
...
Straße, Hausnr./Postfach
PLZ Ort

Nachlassangelegenheit nach dem Tod der ...,

verstorben am ... in ...

Sehr geehrte Frau ...,

hiermit zeige ich an, dass mich Ihr Bruder, Herr ..., mit der Wahrnehmung seiner rechtlichen Interessen in der Nachlassangelegenheit nach dem Tod Ihrer gemeinsamen Mutter, Frau ..., beauftragt hat. Eine auf mich lautende Vollmachtsurkunde habe ich beigefügt.

Gemäß Erbschein des Amtsgerichts ... sind Sie und mein Mandant gemeinsam Miterben zu je 1/2 nach dem Tod der Frau .... Da bisher alle Versuche meines Mandanten, eine Klärung der Nachlassangelegenheiten herbeizuführen, fehlgeschlagen sind, hat mich Ihr Bruder mit der Erbauseinandersetzung der seit dem Tod Ihrer Mutter bestehenden Erbengemeinschaft beauftragt.

Trotz der Miterbenstellung meines Mandanten verwalten Sie den Nachlass weiterhin allein. Soweit meinem Mandanten bekannt ist, ziehen Sie Forderungen gem. § 2039 BGB ein und führen bereits Verhandlungen über den Verkauf von Nachlassvermögen.

Diese eigenmächtige Vorgehensweise ohne Abstimmung mit meinem Mandanten ist nicht akzeptabel.

Ich habe Sie daher aufzufordern,

Rechnung zu legen, über die von Ihnen seit dem ... getätigten Geschäfte für den Nachlass der am ... in ... verstorbenen Frau ... unter Vorlage einer geordneten Zusammenstellung der Einnahmen und Ausgaben und der entsprechenden Belege (Kontoauszüge, Rechnungen).

Zur Auskunftserteilung und Rechnungslegung wird Ihnen eine Frist bis zum

...

gesetzt.

Sobald mir die von Ihnen abzugebenden Angaben und Unterlagen vorliegen, werde ich mich mit Ihnen in Verbindung setzen, damit entschieden werden kann, wie die weitere Verwaltung und Verteilung des Nachlasses vorgenommen wird. Bis dahin wird Ihnen jegliche Tätigkeit für den Nachlass ohne Abstimmung mit meinem Mandanten untersagt.

Mit freundlichen Grüßen

Rechtsanwältin/Rechtsanwalt

Abwandlung 8.2.3: Auskunftsanspruch gegen Dritte

Sachverhalt | Checkliste | Lösung | Verfahren | Muster

Die Geschwister sind Miterben zu je 1/2 nach dem Tod der Mutter. Der Vater ist bereits vorverstorben. Der Sohn als Mandant möchte vom Steuerberater der Mutter Auskunft über deren finanziellen Angelegenheiten durch Einsichtnahme in die Steuererklärungen und Steuerbescheide der letzten Jahre erhalten. Er möchte hierdurch erfahren, ob seine Mutter Zinseinnahmen aus Sparguthaben und sonstigen Kapitalanlagen hatte und woher diese ggf. herrühren. Die Schwester möchte dies verhindern und erklärt gegenüber dem Steuerberater, dass sie mit einer Herausgabe der Unterlagen nicht einverstanden ist.

Sachverhalt | Checkliste | Lösung | Verfahren | Muster

Liegen dem Mandanten die letzten Steuererklärungen und Steuerbescheide	☐
des Erblassers vor?	☐
Wer war der Steuerberater des Erblassers?	☐
Falls der Ehegatte des Erblassers noch lebt – wurde eine getrennte oder gemeinsame Steuerveranlagung durchgeführt?	☐
Liegt eine Erklärung zur Entbindung von der Verschwiegenheitspflicht des Steuerberaters durch den Ehegatten vor bzw. ist dieser bereit, eine abzugeben?	☐

Siehe hierzu im Übrigen die Checkliste in Mandatssituation (Abwandlung) 8.2.2, S. 466.

Sachverhalt | Checkliste | Lösung | Verfahren | Muster

Anspruchsübergang auf den Erben

Ein Anspruch gehört zum Nachlass, wenn es sich um Ansprüche der Erbengemeinschaft handelt, die nach dem Erbfall entstanden sind oder es Ansprüche des Erblassers sind, die mit dem Erbfall auf die Erbengemeinschaft übergegangen sind. Hierzu gehört auch der Auskunfts- und Rechenschaftsanspruch gegen den Steuerberater des Erblassers.

Anspruchsgrundlage

Der Anspruch des Miterben auf Herausgabe der Steuererklärungen und der Steuerbescheide ergibt sich aus § 66 StBerG i.V.m. §§ 667, 1922, 2039 BGB, ebenso der Anspruch auf Auskunft bzgl. der Zinseinnahmen.

Einschränkung aufgrund Verschwiegenheitspflicht des Steuerberaters

Der Anspruch ist jedoch durch § 57 StBerG und die dem Steuerberater danach obliegende Verschwiegenheitspflicht beschränkt. Der Mandant als Miterbe kann daher Auskunftsrechte nur in dem Umfang geltend machen, in dem diese auch der Erblasserin zustanden. Diese hatte ein umfassendes Auskunftsrecht jedoch nur bzgl. der eigenen Einkünfte. Die Auskunftspflicht des Steuerberaters gegenüber gemeinsam betreuten Ehegatten ist nämlich generell beschränkt auf die Einkünfte jedes einzelnen. Dies gilt unabhängig davon, ob die Ehegatten zusammen oder getrennt leben (OLG Koblenz, Urt. v. 17.01.1991 – 5 U 899/90, DStR 1991, 789).

Warnhinweis

Hat der Erblasser seine Steuererklärung zusammen mit seinem Ehegatten abgegeben, so ist dieser Auskunftsanspruch wegen der fortbestehenden Verschwiegenheitspflicht des Steuerberaters gegenüber dem Ehegatten eingeschränkt. Der Steuerberater darf die steuerlichen Belange des Ehegatten nur offenlegen, wenn dieser ihn von der Verschwiegenheitspflicht befreit. Aus diesem Grund sollte in dem Fall, dass der Ehegatte noch nicht vorverstorben ist, von diesem eine Befreiung von der Verschwiegenheitspflicht eingeholt werden.

Praxistipp

Ist der Ehegatte nicht bereit, eine Befreiung von der Verschwiegenheitspflicht zu erklären, kann der Erbe Gewährung der Einsicht in die Unterlagen durch einen zur Verschwiegenheit verpflichteten anderen Steuerberater verlangen. Die Erteilung der Ablichtung einer teilweise abgedeckten gemeinsamen Steuererklärung ist demgegenüber nicht ausreichend, ebenso wenig wie der Verweis auf die Möglichkeit der Einsichtnahme in die Akten des Finanzamts (OLG Koblenz, Urt. v. 17.01.1991 – 5 U 899/90).

Widerspruch der Miterben unschädlich

§ 2039 BGB gewährt jedem einzelnen Miterben ein Sonderrecht, nach dem er in eigenem Namen in Prozessstandschaft für die Erbengemeinschaft klagen kann. Ein Widerspruch der übrigen Miterben steht der Geltendmachung des Anspruchs für alle nicht entgegen. Ein Miterbe kann somit allein gem. § 2039 BGB trotz des Widerspruchs der übrigen Miterben den Steuerberater des Erblassers auf Auskunft hinsichtlich der Steuererklärungen des Erblassers in Prozessstandschaft für die Erbengemeinschaft verklagen.

Auskunftserteilung jedoch nur an alle Miterben gemeinsam

Jedoch kann der einzelne Miterbe nur die Auskunftserteilung und Übersendung der Steuerunterlagen an alle Erben fordern. Etwas anderes gilt nur dann, wenn die übrigen Miterben zustimmen und den Miterben insoweit ermächtigen.

Sachverhalt | Checkliste | Lösung | **Verfahren** | Muster

Außergerichtliche Geltendmachung des Auskunftsanspruchs gegen Dritte

Zur Erlangung der notwendigen Auskünfte sollte der Steuerberater des Erblassers angeschrieben und zur Übersendung von Kopien der Steuererklärungen und Steuerbescheide der letzten Jahre aufgefordert werden.

Sachverhalt | Checkliste | Lösung | Verfahren | **Muster**

Auskunftsersuchen an Steuerberater des Erblassers

Herrn Steuerberater
...
Straße, Hausnr./Postfach
PLZ Ort

Nachlassangelegenheit nach dem Tod der ...,

verstorben am ... in ...

Sehr geehrter Herr Steuerberater ...,

hiermit zeige ich an, dass mich Herr ... mit der Wahrnehmung seiner rechtlichen Interessen in der Nachlassangelegenheit nach dem Tod Ihrer Mandantin, Frau ..., beauftragt hat. Eine auf mich lautende Vollmachtsurkunde habe ich beigefügt.

Grund meiner Beauftragung ist der Umstand, dass Sie sich unter Berufung auf Ihre Schweigepflicht geweigert haben, meinem Mandanten die von ihm begehrten Fotokopien der Steuererklärungen der Eheleute ... nebst den dazugehörigen Bescheiden auszuhändigen.

Gemäß Erbschein des Amtsgerichts ... ist mein Mandant Miterbe zu 1/2 nach dem Tod der Frau .... Eine beglaubigte Kopie des Erbscheins ist beigefügt.

Aufgrund dieser Miterbenstellung ist mein Mandant gem. § 1922 BGB Rechtsnachfolger Ihrer verstorbenen Mandantin, Frau ..., geworden. Er ist mithin Rechtsinhaber der gleichen Rechte, die auch Frau ... Ihnen gegenüber hatte.

Unstreitig dürfte sein, dass Frau ... das Recht auf Herausgabe von Kopien solcher Steuererklärungen und Bescheide zustand, die ausschließlich sie betroffen haben. Gemäß § 2039 BGB ist mein Mandant berechtigt, den Anspruch der Erblasserin auf Auskunftserteilung Ihnen gegenüber geltend zu machen. Eine Schweigepflicht besteht insoweit unter keinem Gesichtspunkt.

Da mein Mandant die Steuerunterlagen dringend benötigt, habe ich Sie aufzufordern,

die Erbschaftsteuererklärungen der Eheleute ... der letzten fünf Jahre nebst den dazugehörigen Bescheiden zu übersenden.

Zur Erledigung habe ich mir den ... vorgemerkt.

Mit freundlichen Grüßen

Rechtsanwältin/Rechtsanwalt

Abwandlung 8.2.4: Auskunftsanspruch gegen die Bank

Sachverhalt | Checkliste | Lösung | Verfahren | Muster

Die Geschwister sind Miterben zu je 1/2 nach dem Tod der Mutter. Der Vater ist bereits vorverstorben. Der Sohn möchte Auskunft über die finanziellen Angelegenheiten durch Einsicht in die Kontounterlagen der Bank.

Sachverhalt | **Checkliste** | Lösung | Verfahren | Muster

Liegen dem Mandanten die Kontoauszüge des Erblassers vollständig vor?	☐
Hat ein weiterer Miterbe Zugang zu den Kontoauszügen des Erblassers?	☐
Bei welcher Bank oder Sparkasse hatte der Erblasser evtl. Konten?	☐

Siehe hierzu im Übrigen die Checkliste in Mandatssituation (Abwandlung) 8.2.2, S. 466.

Sachverhalt | Checkliste | **Lösung** | Verfahren | Muster

Anspruchsgrundlage

Die Informationsansprüche des Erblassers gegen seine Bank nach §§ 666, 810 BGB gehen nach § 1922 BGB auf seine Erben über. Besteht eine Erbengemeinschaft, so steht das Informationsrecht allen Miterben zu. Nach § 2039 Satz 1 BGB kann jedoch jeder Miterbe nur die Erteilung der Auskunft an alle Erben verlangen.

Praxistipp

Die Bank kann daher nicht eine gemeinsame Weisung aller Erben verlangen. In der Praxis ist es üblich, dass die Banken die erbetenen Unterlagen in Kopie an sämtliche Erben übersenden und so alle Miterben gleichzeitig informieren.

Vorzulegende Unterlagen

Soweit zwischen dem Erblasser und seiner Bank/Sparkasse nichts anderes vertraglich vereinbart worden war, sind die Erben nicht verpflichtet, einen Erbschein vorzulegen. Sie können ihr Erbrecht stattdessen auch in anderer Form nachweisen. Ausreichend ist regelmäßig ein notarielles Testament mit Bestätigung der Testamentseröffnung durch das Nachlassgericht.

Erfüllungseinwand der Bank

Die Bank kann sich gegen das Verlangen des Erben nach Übersendung von Unterlagen i.d.R. nicht mit dem Einwand verteidigen, sie habe den Informationsanspruch bereits gegenüber dem Erblasser erfüllt. Nach § 666 BGB hat der Inhaber eines Girokontos gegen das kontoführende Kreditinstitut einen Auskunftsanspruch, der auch Vorgänge betrifft, über die das Kreditinstitut den Kunden bereits unterrichtet hat, und der nicht nur die Erteilung von Kontoauszügen, sondern auch zusätzliche Auskünfte umfasst, soweit sie zur Überprüfung der Richtigkeit einzelner Buchungen erforderlich sind. Dieser Anspruch gegen die Bank ist nicht auf den Fall beschränkt, dass dem Kunden die Unterlagen ohne sein Verschulden abhandengekommen sind. Sofern sein Auskunftsverlangen nicht mutwillig oder missbräuchlich erscheint, ist es vielmehr unerheblich, wie und warum der Kunde in die Lage geraten ist, erneut um Auskunft bitten zu müssen (BGH, Urt. v. 28.02.1989 – XI ZR 91/88, NJW 1989, 1601).

Der Anspruch aus § 666 BGB setzt zudem nicht voraus, dass die begehrte Auskunft der Vorbereitung eines weitergehenden anderen Anspruchs dienen soll. Nach ständiger Rechtsprechung des BGH genügt vielmehr das allgemeine Interesse des Auftraggebers, die Tätigkeit des Auftragnehmers zu kontrollieren (BGH, Urt. v. 03.11.2011 – III ZR 105/11, NJW 2012, 58). Der Auskunftsanspruch des Inhabers eines Girokontos gegen das kontoführende Kreditinstitut erlischt ferner nicht mit Ablauf der sechs- bzw. zehnjährigen handelsrechtlichen Aufbewahrungsfrist des § 257 HGB, wenn die zur Auskunftserteilung benötigten Unterlagen bei dem Kreditinstitut noch tatsächlich vorhanden sind (BGH, NJW 2001, 1486, 1487), was in der Praxis jedoch meist nach Ablauf von zehn Jahren nicht mehr der Fall ist.

Praxistipp

In der Praxis wird dem durch die Erteilung der nochmaligen Auskunft auf Seiten des Kreditinstituts verursachten Aufwand dadurch Rechnung getragen, dass die Bank die Auskunft grundsätzlich nur Zug um Zug gegen Kostenerstattung erteilen muss.

Ist Rechtsnachfolger des Kontoinhabers nicht eine Einzelperson, sondern eine Erbengemeinschaft, so kann zum einen fraglich sein, ob jeder einzelne Miterbe einen individuellen, nur auf sich selbst bezogenen Informationsanspruch hat, oder der Auskunftsanspruch der Erbengemeinschaft nach § 2039 Satz 2 BGB zwar von jedem Miterben alleine geltend gemacht werden kann, aber nur mit der Maßgabe der Auskunftserteilung an alle Mitglieder der Erbengemeinschaft. Die Praxis behilft sich in dieser Frage damit, dass auf das Auskunftsverlangen eines Miterben hin die Unterlagen von der Bank an alle Miterben gesandt werden (Pamp, Das abgeräumte Bankkonto – Vollmachtsgebrauch und Beweislastfragen, Teil 1, ErbR 2013, 199).

Sachverhalt | Checkliste | Lösung | **Verfahren** | Muster

Geltendmachung des Auskunftsanspruchs

Zur Erlangung der notwendigen Auskünfte sollte die Bank und/oder Sparkasse, bei der der Erblasser seine Konten hatte, angeschrieben und zur

Übersendung von Kopien der letzten Kontoauszüge und Mitteilung über Kontovollmachten aufgefordert werden.

Praxistipp

Ob umfassend Auskunft verlangt oder das Begehren von vornherein auf bestimmte Konten oder Vorgänge beschränkt wird (z.B. auf die Übersendung von Kontoauszügen für einen bestimmten Zeitraum), ist eine Frage des Einzelfalls und richtet sich danach, wie gut der Erbe bereits ohne die Bankauskunft informiert ist und welche Kosten für die Übersendung der Kontoauszüge entstehen.

Kosten

Für die Erteilung der Auskünfte verlangen die Banken bzw. Sparkassen regelmäßig ein Entgelt. Die Höhe ist bei gleichen Leistungen sehr unterschiedlich und kann im Fall der Übersendung von Konto- und Depotauszügen für die Vergangenheit erhebliche Kosten verursachen. Bei manchen Banken ist sie im „Preisverzeichnis" geregelt, ansonsten kann die Bank die „Höhe der Entgelte nach billigem Ermessen" bestimmen (zur Frage der Entgelthöhe bei klauselmäßiger Festlegung vgl. OLG Frankfurt, ZIP 2013, 452).

Praxistipp

Aufgrund der enormen Kosten für die Übersendung von Kontoauszügen für die Vergangenheit sollte vorher eine Preisauskunft bei der Bank oder Sparkasse angefordert und der Nutzen für das Verfahren abgewogen werden. Soweit bereits Kontoauszüge vorhanden sind und vom Miterben nicht herausgegeben werden, wäre an einen Schadensersatzanspruch zu denken.

Sachverhalt | Checkliste | Lösung | Verfahren | **Muster**

Auskunftsersuchen an Bank des Erblassers

An die
Bank
...
Straße, Hausnr./Postfach
PLZ Ort

Sehr geehrte Damen und Herren,

hiermit zeige ich an, dass mich Herr ... mit der Wahrnehmung seiner rechtlichen Interessen in der Nachlassangelegenheit nach dem Tod seiner Mutter, Frau ..., beauftragt hat. Eine auf mich lautende Vollmachtsurkunde habe ich beigefügt.

Gemäß Erbschein des Amtsgerichts ... ist mein Mandant Miterbe zu 1/2 nach dem Tod der Frau ....

Frau ... war nach Kenntnis meines Mandanten bis zu ihrem Tod Kundin bei Ihrer Bank.

Daher bitte ich um

1. Auskunft über sämtliche Konten, Wertpapierdepots und Bankschließfächer, die sie bei Ihrer Bank geführt hat, einschl. evtl. fortdauernder Daueraufträge und Einzugsermächtigungen,
2. sowie über alle sonstigen Geschäfte, an denen sie beteiligt war, insbesondere über Verträge zugunsten Dritter.

Bitte übersenden Sie mir außerdem eine Kontenstandsanzeige zum (Todestag) sowie Ablichtungen sämtlicher Kontoeröffnungsanträge der Erblasserin und etwaige Darlehens- oder Bürgschaftsurkunden.

Schließlich bitte ich um Auflistung sämtlicher Karten, mit denen über die Konten verfügt werden konnte, sowie aller von der Erblasserin erteilten Kontovollmachten.

Mit freundlichen Grüßen

Rechtsanwältin/Rechtsanwalt

Abwandlung 8.2.5: Auskunftsanspruch gegen den Betreuer

Sachverhalt | Checkliste | Lösung | Verfahren | Muster

Die Geschwister sind Miterben zu je 1/2 nach dem Tod der Mutter. Die Mutter stand zu Lebzeiten unter Betreuung. Die Erben verlangen nunmehr vom Betreuer Auskunft über die Vermögensverhältnisse. Dieser verweigert die Auskunftserteilung mit der Begründung, dass er bereits gegenüber dem Betreuungsgericht Auskunft erteilt hat.

Sachverhalt | Checkliste | **Lösung** | Verfahren | Muster

Anspruchsgrundlage

Die Erben haben gem. §§ 1890, 1908i Abs. 1 i.V.m. § 1922 BGB einen Anspruch auf Rechnungslegung gegen den Betreuer. Auf die gesetzliche Betreuung sind gem. § 1908i BGB weitgehend die Regelungen über die Vormundschaft anwendbar. Nach § 1890 BGB, auf den in § 1908i Abs. 1 BGB verwiesen wird, besteht nach Beendigung der Vormundschaft ein Anspruch des Betreuten auf Vermögensherausgabe und Rechnungslegung über die Verwaltung. Nach dem Tod des Betreuten geht dieser Anspruch auf den oder die Rechtsnachfolger als Gläubiger über. Der Einwand des Betreuers, seine Verpflichtung zur Rechnungslegung bestehe lediglich gegenüber dem Betreuungsgericht, ist unzutreffend (OLG Hamm, Urt. v. 20.02.2018 – 10 U 41/17, NJOZ 2018, 1285).

Der Anspruch auf Rechnungslegung i.S.d. § 259 BGB gegen den Betreuer verpflichtet diesen zur Übersendung einer geordneten Zusammenstellung der die Einnahmen oder Ausgaben enthaltenden Rechnung und die Vorlage der entsprechenden Belege, wobei eine Bezugnahme auf die beim Betreuungsgericht eingereichte Schlussrechnung möglich ist.

Abwandlung 8.2.6: Nachlasssicherung – Widerruf der Vollmachten

Sachverhalt | Checkliste | Lösung | Verfahren | Muster

Die Geschwister sind Miterben zu je 1/2 nach dem Tod der Mutter. Die Tochter war die Vorsorgebevollmächtigte der Mutter und erledigte, legitimiert durch eine Vorsorgevollmacht, die persönlichen und vermögensrechtlichen Geschäfte für die Mutter. Unter anderem hob sie kurz vor dem Tod der Mutter von deren Girokonto Geld ab. Der Sohn als Mandant möchte verhindern, dass die Schwester weiterhin über den Nachlass, insbesondere die Konten verfügt.

Sachverhalt | Checkliste | Lösung | Verfahren | Muster

Für welches Konto hatte ein Miterbe Kontovollmacht?	☐
Wurde die Vollmacht bereits widerrufen?	☐
Wenn ja, gegenüber wem (Bevollmächtigten oder Bank)?	☐

Sachverhalt | Checkliste | Lösung | Verfahren | Muster

Fortgeltung der Vollmacht

Ob die Vorsorgevollmacht mit dem Tod des Vollmachtgebers erlischt oder darüber hinaus bestehen bleibt, hängt zunächst von einer diesbezüglichen ausdrücklichen oder stillschweigenden Anordnung des Vertretenen ab.

Die in der Praxis gebräuchlichen Vollmachtsformulare der Geldinstitute sehen i.d.R. die Fortgeltung einer lebzeitig erteilten Konto- oder Depotvollmacht über den Tod des Erblassers hinaus vor. Trans- und postmortale Vollmacht verleihen dem Bevollmächtigten die Befugnis, innerhalb der ihm eingeräumten Vertretungsmacht mit Wirkung für und gegen die Erben, jedoch beschränkt auf den Nachlass zu verfügen (Pamp, Das abgeräumte Bankkonto – Vollmachtsgebrauch und Beweislastfragen, Teil 1, ErbR 2013, 197).

Warnhinweis

Die dem Bevollmächtigten erteilte transmortale Kontovollmacht berechtigt nach der Rechtsprechung des BGH grundsätzlich weder zu Lebzeiten des Erblassers noch nach dessen Tod zur Umschreibung des Kontos auf den Bevollmächtigten. Die Bank wird durch eine solche Maßnahme im Verhältnis zum Erben des Kontoinhabers nicht leistungsfrei.

Fehlt es an einer ausdrücklichen oder stillschweigenden Anordnung, kommt es nach § 168 BGB auf das der Vollmachtserteilung zugrundeliegende Rechtsverhältnis an. Dabei handelt es sich in aller Regel um einen Auftrag i.S.d. §§ 662 ff. BGB, so dass § 672 BGB gilt. Für den entgeltlichen Geschäftsbesorgungsvertrag gilt § 672 über § 675 BGB ebenfalls, so dass nach der Auslegungsregel des § 672 Satz 1 i.V.m. § 168 Satz 1 BGB auch hier die Vollmacht über den Tod hinaus wirksam ist.

Widerruf der Vollmacht

Grundsätzlich kann die Vollmacht unabhängig von der Form ihrer Erteilung sowohl gegenüber dem Geschäftsgegner als auch gegenüber dem Bevollmächtigten widerrufen werden, §§ 168 Satz 3, 167 Abs. 1 BGB. Mit dem Tod des Vollmachtgebers treten dessen Erben in dessen Rechtsposition ein, und das Widerrufsrecht geht auf sie über. Die Erben können also die vom Erblasser erteilte Vollmacht jederzeit ohne Begründung widerrufen, sofern das Widerrufsrecht nicht ausdrücklich oder stillschweigend vertraglich wirksam ausgeschlossen wurde.

Warnhinweis

Soweit der Erblasser selbst auf sein Recht zum Widerruf wirksam verzichtet hatte (ein solcher Verzicht ist nur in Grenzen möglich), können allerdings auch seine Erben nicht widerrufen (BGH, Urt. v. 01.06.2010 – XI ZR 389/09).

Weigerung der Miterben

Wird der Vollmachtgeber von mehreren Personen beerbt, kann nach herrschender Auffassung (Palandt/Weidlich, Einf. vor § 2197 Rdnr. 13; Trimborn von Landenberg, Die Vollmacht vor und nach dem Erbfall, 2. Aufl., § 2 Rdnr. 37) jeder der Miterben einzeln den Widerruf der Vollmacht erklären, allerdings nur mit Geltung für seine Person. Widerruft nur ein Miterbe, so vertritt der Bevollmächtigte also weiterhin die verbleibenden Miterben. Das Vertretungsrecht des Bevollmächtigten hinsichtlich des oder der weiteren Miterben bleibt unberührt. Der Bevollmächtigte kann insoweit von seiner Vollmacht jedoch fortan nur noch gemeinsam mit dem bzw. den widerrufenden Miterben Gebrauch machen.

Nach a.A. handelt es sich bei der Ausübung des Widerrufsrechts um eine Maßnahme der Nachlassverwaltung i.S.v. § 2038 Abs. 1 Satz 1 BGB, die nur durch alle Miterben gemeinschaftlich erfolgen kann (vgl. Madaus, ZEV 2004, 448).

Praxistipp

Im Interesse des Mandanten sollte der Widerruf auch bei Widerspruch der Miterben i.d.R. erklärt werden. Etwas anderes gilt jedoch, wenn durch den Widerruf der Vollmacht ein (Vermögens-)Nachteil für die Erbengemeinschaft entsteht (z.B. wenn deshalb ein Erbschein beantragt werden muss).

Aufforderung zur Herausgabe der Vollmachtsurkunde

Darüber hinaus ist der Bevollmächtigte nach § 175 BGB verpflichtet, die ihm überlassenen Urkunden einschließlich etwaiger Abschriften an den Vollmachtgeber bzw. dessen Erben herauszugeben. Ein Zurückbehaltungsrecht wegen eigener Ansprüche aus dem Auftragsverhältnis kann er dem Erben gegenüber nicht geltend machen. Die Herausgabe der Vollmachtsurkunden muss jedoch an die Erbengemeinschaft erfolgen, da der Anspruch der Gesamthand zusteht.

Sachverhalt | Checkliste | Lösung | **Verfahren** | Muster

Widerruf der Vollmacht und Aufforderung zur Herausgabe der Urkunden

Um weitere Verfügungen des Bevollmächtigten zu unterbinden, sollte unverzüglich nach dem Erbfall die Vollmacht des Bevollmächtigten widerrufen und der Bevollmächtigte zur Herausgabe der Vollmachtsurkunden und aller Abschriften aufgefordert werden.

Praxistipp

Um sicherzustellen, dass der Widerruf dem Bevollmächtigten zugeht und dies auch nachgewiesen werden kann, empfiehlt sich die Übersendung per Einschreiben mit Rückschein.

Warnhinweis

Beim Widerruf handelt es sich um ein einseitiges Rechtsgeschäft. Aus diesem Grund ist dem Schreiben wegen des Risikos unverzüglicher Zurückweisung nach § 174 BGB unbedingt eine Vollmachtsurkunde im Original beizufügen.

Anzeige des Widerrufs gegenüber der Bank oder Sparkasse

Besteht das Risiko, dass der Bevollmächtigte weiterhin über die Erblasserkonten verfügt, so empfiehlt es sich, neben einem Widerruf der Vollmacht gegenüber dem Bevollmächtigten auch die Bank oder Sparkasse über den Widerruf durch eine Anzeige des Widerrufs nach § 170 BGB zu informieren.

Widerruf der Vollmacht und Aufforderung zur Herausgabe der Vollmachtsurkunde

Übergabe-Einschreiben/Rückschein
Frau
...
Straße, Hausnr./Postfach
PLZ Ort

Nachlassangelegenheit nach dem Tod der ...,

verstorben am ... in ...

Sehr geehrte Frau ...,

hiermit zeige ich an, dass mich Ihr Bruder, Herr ..., mit der Wahrnehmung seiner rechtlichen Interessen in der Nachlassangelegenheit nach dem Tod Ihrer gemeinsamen Mutter, Frau ..., beauftragt hat. Eine auf mich lautende Vollmachtsurkunde habe ich beigefügt.

Gemäß Erbschein des Amtsgerichts ... sind Sie und mein Mandant gemeinsam Miterben zu je 1/2 nach dem Tod der Frau ....

Namens und in Vollmacht meines Mandanten

widerrufe ich hiermit die Ihnen erteilte Kontovollmacht vom ... und weise vorsorglich darauf hin, dass Sie ab Zugang dieses Schreibens nicht mehr berechtigt sind, über die Konten des Erblassers zu verfügen.

Darüber hinaus habe ich Sie aufzufordern, mir umgehend, spätestens jedoch bis zum

...,

sämtliche Ihnen vorliegende Vollmachtsurkunden im Original oder als Abschriften zu übersenden.

Mit freundlichen Grüßen

Rechtsanwältin/Rechtsanwalt

Sachverhalt | Checkliste | Lösung | Verfahren | Muster 2

Widerruf von Vollmachten, Verträgen zugunsten Dritter u.a. gegenüber Bank

An die
...-Bank
Straße, Hausnr./Postfach
PLZ Ort

Nachlassangelegenheit nach dem Tod der ...,

verstorben am ... in ...

Sehr geehrte Damen und Herren,

hiermit zeige ich an, dass mich Herr ... mit der Wahrnehmung seiner rechtlichen Interessen in der Nachlassangelegenheit nach dem Tod seiner Mutter, Frau ..., beauftragt hat. Eine auf mich lautende Vollmachtsurkunde habe ich beigefügt.

Gemäß Erbschein des Amtsgerichts ... ist mein Mandant Miterbe zu 1/2 nach dem Tod der Frau ....

Namens und in Vollmacht meines Mandanten bitte ich darum,

1. alle Konten, die der Erblasser bei Ihnen geführt hat,
2. sämtliche Kredit-, Bank-, Spar-, Maestro-, Geld-, electronic cash- oder sonstige Karten, mit denen über Konten des Erblassers verfügt werden konnte, und
3. sämtliche Schecks, die auf das Konto des Erblassers bezogen sind.

zu sperren.

Gleichzeitig wird allen Einzügen, Lastschriften und (Termin-)Überweisungen für die Vergangenheit **soweit rückwirkend wie möglich** sowie für die Zukunft widersprochen.

Sämtliche Daueraufträge des Erblassers werden gekündigt.

Es werden auch alle Verträge zugunsten Dritter widerrufen.

Schließlich wird einer Auszahlung an Begünstigte widersprochen.

Bitte beachten Sie unbedingt, dass Verfügungen über Konten und Depots des Erblassers künftig ausschließlich von allen Erben gemeinschaftlich vorgenommen werden dürfen.

Mit freundlichen Grüßen

Rechtsanwältin/Rechtsanwalt

Abwandlung 8.2.7: Verwirkung von Auskunftsansprüchen

Sachverhalt | Checkliste | Lösung | Verfahren | Muster

Die Geschwister sind Miterben zu je 1/2 nach dem Tod der bereits 2008 verstorbenen Mutter. Der Vater war bereits vorverstorben. Die Mandantin lebte mit der Mutter in einem Haushalt und erledigte als Vorsorgebevollmächtigte die persönlichen und vermögensrechtlichen Geschäfte für die Mutter. Auch nach dem Tod der Mutter war sie, da sich ihr Bruder als Miterbe nicht kümmerte, weiterhin für den Nachlass tätig und übernahm im Interesse der Erbengemeinschaft die Nachlassverwaltung. Im Rahmen dessen ließ sie ein gemeinsam mit der Mutter geführtes Oder-Konto auf ihren eigenen Namen umschreiben. Die Möbel und die Haushaltsgegenstände der Erblasserin verbleiben nach wie vor in ihrer Wohnung.

Nach nunmehr fast zehn Jahren meldet sich der Bruder als Miterbe und macht Ansprüche auf Auskunft und Rechenschaftslegung gegenüber der Mandantin geltend.

Sachverhalt | **Checkliste** | Lösung | Verfahren | Muster

Hat der Miterbe bereits zu einem früheren Zeitpunkt Auskunfts- und Rechenschaftsansprüche geltend gemacht?	☐
Wenn ja, welche Auskünfte hat die Mandantin damals erteilt?	☐
Musste die Mandantin mit der Geltendmachung weiterer Auskünfte rechnen?	☐

Siehe hierzu im Übrigen die Checkliste zur Mandatssituation 8.2, S. 452.

Sachverhalt | Checkliste | **Lösung** | Verfahren | Muster

Anspruchsgrundlagen

Dem Bruder stehen die verfolgten Auskunfts- und Rechenschaftslegungsansprüche gegen die Mandantin grundsätzlich nach §§ 2028, 2027 (bzw. §§ 681, 666), 260 BGB zu. Die Mandantin lebte mit der Erblasserin bis zu deren Tod in häuslicher Gemeinschaft und schuldet schon aus diesem Grund nach § 2028 Abs. 1 BGB Auskunft über die von ihr geführten erbschaftlichen Geschäfte sowie ihre Kenntnisse über den Verbleib von Erbschaftsgegenständen. Der Sinn und Zweck der Regelung des § 2028 BGB, einem schlechter informierten Erben den Zugriff auf die von ihm für die Geltendmachung seines Erbrechts benötigten Informationen zu ermöglichen, über die der Hausgenosse des Erblassers allein aufgrund seiner räumlichen Nähe zu diesem – zumindest potentiell – verfügt, greift auch im Verhältnis von Miterben (OLG Koblenz, Urt. v. 14.11.2013 – 2 U 1191/11, ZErb 2014, 72).

Unabhängig davon schuldet die Mandantin auch aus dem Umstand heraus, dass sie den Nachlass der Erblasserin in Besitz genommen hat, entsprechende Auskunft und Rechenschaftslegung. Dabei ist es unerheblich, ob sie diesen Erbschaftsbesitz für sich selbst ausübt, was Ansprüche nach § 2027 BGB nach sich ziehen würde, oder den Nachlass für die Erbengemeinschaft in Besitz genommen hat, was zur Folge hätte, dass sie ihren Miterben nach §§ 681, 666 BGB entsprechend verpflichtet wäre.

Verwirkungseinwand

Jedoch kann die Mandantin dem Bruder den Einwand der Verwirkung entgegenhalten. Der Bruder als Miterbe hat sich über zehn Jahre nicht gemeldet und keine Auskunfts- und Rechenschaftsansprüche geltend gemacht. Dieser erhebliche Zeitablauf war geeignet, bei der Mandantin den Eindruck zu erwecken, dass sie ihre gesetzliche Auskunftspflicht nicht mehr erfüllen muss. Dabei ist zwischen dem eigentlichen Auseinandersetzungsanspruch des Bruders, der ihm seinen auch grundrechtlich verbrieften Eigentumsanteil an dem Nachlass sichert, und dem Auskunftsanspruch als evtl. Vorbereitungsmaßnahme dieser Auseinandersetzung zu differenzieren. Während die Mandantin dem Auseinandersetzungsanspruch weiterhin ausgesetzt ist und insoweit auch nach Ablauf eines Zeitraums von zehn Jahren nicht davon ausgehen durfte, dass sie sich das hinterlassene Vermögen der Mutter insgesamt dauerhaft rechtlich einverleiben dürfe, setzt eine Erfüllung des Auskunftsanspruchs vor allem ein noch vorhandenes Erinnerungsvermögen voraus (OLG Koblenz, Urt. v. 14.11.2013 – 2 U 1191/11, ZErb 2014, 72).

Dieses Erinnerungsvermögen ist durch eine erhebliche Vergänglichkeit geprägt, die es mit fortschreitendem Zeitablauf als zunehmend rechtsmissbräuchlich erscheinen lässt, wenn sich der Berechtigte nach Jahren der Tatenlosigkeit auf den ihm grundsätzlich noch zustehenden Auskunftsanspruch beruft. Nach dem erheblichen Zeitablauf musste die Mandantin nicht mehr damit rechnen, ihrer Auskunftspflicht nachkommen zu müssen, und durfte berechtigterweise auf eine noch rückblickend nachvollziehbare Trennung ihres eigenen Vermögens von dem „einverleibten" Nachlass ebenso verzichten wie auf eine geordnete „Buchführung" hinsichtlich der erbschaftlichen Geschäfte und des Verbleibs der Nachlassgegenstände (OLG Koblenz, a.a.O.).

Einschränkung des Verwirkungseinwands

Dieser Verwirkungseinwand erfasst allerdings nicht die gesamte Auskunftspflicht der Mandantin, sondern ist auf jene Teile des Nachlasses beschränkt, hinsichtlich derer eine Vermischung mit dem Eigenvermögen der Mandantin dergestalt eingetreten ist, dass nachträglich das rechtliche Schicksal einzelner ursprünglich zum Nachlass gehörender Vermögensgegenstände nicht mehr nachvollzogen werden kann. Dies gilt insbesondere für solche Nachlassgegenstände, die die Mandantin in ihren laufenden Haushalt integriert hat und deren Herkunft und/oder Verbleib zum Zeitpunkt des Auskunftsbegehrens vernünftigerweise nicht mehr aufklärbar gewesen war.

Praxistipp

Anders ist die Rechtslage indes für jene „echten" Vermögensgegenstände (z.B. Grundbesitz und Kontoguthaben), deren rechtliches Schicksal auch nach Jahren noch ohne besondere Schwierigkeiten rekonstruierbar ist. Auch nach Ablauf von zehn Jahren kann von dem Auskunftsverpflichteten erwartet werden, dass er sich dem Grunde nach an die damals zum Nachlass zählenden Grundstücke und Konten erinnert. Dies gilt hinsichtlich der Kontoguthaben jedoch nur im Hinblick auf die – auch nach Jahren noch relativ einfach rekonstruierbaren – Salden zum Todestag.

Die Mandantin ist daher zur Auskunft und Rechenschaft über (potentiell) erbschaftliche Geschäfte und den Verbleib von Erbschaftsgegenständen nicht mehr verpflichtet. Sie schuldet allein ein auf den Todestag der Mutter aufgestelltes und auf Grundstücke und Bankkonten beschränktes Bestandsverzeichnis.

Sachverhalt | Checkliste | Lösung | **Verfahren** | Muster

Der Auskunfts- und Rechenschaftsanspruch des Bruders sollte unter Hinweis auf den Einwand der Verwirkung zurückgewiesen werden und lediglich Auskunft über den Nachlassbestand zum Todestag erteilt werden.

Sachverhalt | Checkliste | Lösung | Verfahren | **Muster**

Geltendmachung des Einwands der Verwirkung

An die
...
Straße, Hausnr./Postfach
PLZ Ort

Sehr geehrte Damen und Herren,

hiermit zeige ich an, dass mich Frau ... mit der Wahrnehmung ihrer rechtlichen Interessen in der Nachlassangelegenheit nach dem Tod der gemeinsamen Mutter, Frau ..., beauftragt hat. Eine auf mich lautende Vollmachtsurkunde habe ich beigefügt.

Mit Schreiben vom ... hatten Sie meine Mandantin zur Auskunft- und Rechenschaftslegung über den Bestand des Nachlasses der bereits am ... verstorbenen Frau ... und über die in Bezug auf die Nachlässe geführten Geschäfte sowie über den Verbleib von Nachlassgegenständen aufgefordert.

Meiner Mandantin ist bewusst, dass Sie als Miterbe Eigentums- und Mitbestimmungsrechte am Nachlass der gemeinsamen Mutter haben. Aufgrund des Zeitablaufs ist es meiner Mandantin jedoch unmöglich, vollständig Auskunft über alle die in Bezug auf den Nachlass geführten Geschäfte sowie über den Verbleib aller Nachlassgegenstände zu erteilen. Meine Mandantin kann sich nicht mehr an alle Vorgänge erinnern. Zudem ist aufgrund des mit der Mutter gemeinsam geführten Haushalts heute nicht mehr nachvollziehbar, wem welche Haushaltsgegenstände gehört haben.

Lediglich über die zum Todestag vorhandenen Bankkonten sowie die Nachlassverbindlichkeiten kann meine Mandantin Auskunft erteilen. In der Anlage übersende ich ein Nachlassverzeichnis zum Todestag.

Bezüglich des darüber hinausgehenden Auskunfts- und Rechenschaftsanspruchs wird der Einwand der Verwirkung erhoben.

Mit freundlichen Grüßen

Rechtsanwältin/Rechtsanwalt

Mandatssituation 8.3: Recht auf Mitgebrauch – Benutzungsregelung

Sachverhalt | Checkliste | Lösung | Verfahren | Muster

Die Geschwister sind Miterben zu je 1/2 nach dem Tod der Mutter. Zum Nachlass gehört ein Zweifamilienhaus, in welchem sowohl die Tochter als auch die Mutter jeweils eine Wohnung bewohnt haben. Seit dem Tod lebt die Tochter allein im Haus. Der Bruder als Mandant möchte die bisher von der Mutter bewohnte Wohnung für sich nutzen.

Sachverhalt | **Checkliste** | Lösung | Verfahren | Muster

Üben alle Miterben gemeinschaftlich die Verwaltung und Nutzung der Nachlassgegenstände aus?	☐
Welche Miterben schließen durch ihre Nutzung den Gebrauch der Nachlassgegenstände oder eines Nachlassgegenstands durch die/den weiteren Miterben aus?	☐
Existiert unabhängig vom Erbe ein Anspruch des Miterben auf Nutzung des Nachlassgegenstands (aufgrund Mietvertrag, Leihe o.Ä.)?	☐
Wurde von den Miterben bereits eine Vereinbarung über Verwaltung und Nutzung des Nachlassgegenstands beschlossen?	☐
Wurde bzw. wann wurde der Miterbe zur Neuregelung der Verwaltung und Nutzung des Nachlassgegenstands aufgefordert?	☐
Begehrt der Mandant eine Neuregelung der Nutzung oder möchte er eine Nutzungsentschädigung?	☐

Recht auf Gebrauch der Nachlassgegenstände durch die Miterben

Jedem Miterben steht nach §§ 2038 Abs. 2, 743 Abs. 2 BGB an jedem Nachlassgegenstand ein **selbständiges Recht zum Gebrauch** zu, soweit der Mitgebrauch der übrigen Miterben nicht beeinträchtigt wird. § 743 Abs. 2 BGB regelt dabei lediglich das Maß des Gebrauchs, nicht jedoch die Art und Weise. Für die Art und Weise des Gebrauchs ist daher, wie sich aus §§ 744, 745 i.V.m. 2038 Abs. 2 BGB ergibt, entweder eine **Vereinbarung der Miterben oder** ein von ihnen getroffener **Beschluss** maßgeblich. Zu beachten ist jedoch die Schranke des § 745 Abs. 3 Satz 2 BGB, wonach das Recht eines jeden Miterben auf seinen Anteil nicht ohne seine Zustimmung beeinträchtigt werden kann.

Anspruch auf Benutzungsregelung

Ist die Verwaltung und Benutzung eines Nachlassgegenstands nicht durch Vereinbarung oder Beschluss geregelt, kann jeder Miterbe nach § 2038 Abs. 2 i.V.m. § 745 Abs. 2 BGB den Abschluss einer Nutzungsvereinbarung verlangen, die dem Interesse aller Miterben nach billigem Ermessen entspricht. Die Ordnungsmäßigkeit einer Maßnahme ist aus objektiver Sicht zu beurteilen. Entscheidend ist dabei der Standpunkt eines vernünftig und wirtschaftlich denkenden Beurteilers (BGH, Urt. v. 11.11.2009 – XII ZR 210/05, ZEV 2010, 36; OLG Stuttgart, Urt. v. 09.09.2014 – 14 U 9/14, ZEV 2015, 288).

Nutzungsentschädigung

Dem alleinnutzenden Miterben steht der alleinige Gebrauch solange zu, wie die nichtnutzenden Miterben ihr Recht auf Mitgebrauch nicht geltend gemacht haben, denn bis zur Geltendmachung des Mitgebrauchs sind die nichtnutzenden Miterben nicht beeinträchtigt. Bis dahin besteht für den nutzenden Miterben keine Verpflichtung, den Umfang der eigenen Benutzung einzuschränken, Nutzungsersatz oder „Miete" zu zahlen. Die nutzenden Miterben sind auch nicht verpflichtet, von sich aus den Mitgebrauch anzubieten. Erst ab dem Zeitpunkt, ab dem die Miterben nach § 745 BGB Abs. 2 BGB eine Neuregelung der Verwaltung und Benutzung verlangen, steht ihnen ein Ersatzanspruch zu.

Praxistipp

Bei Vertretung des nichtnutzenden Miterben sollte daher unverzüglich nach dem Erbfall der Mitgebrauch geltend gemacht werden. Ausreichend ist hierfür zunächst ein Schreiben, wonach der Mitererbe den weiteren Miterben mitteilt, dass er den Nachlassgegenstand mitbenutzen möchte.

Regelung durch Beschluss oder Vereinbarung

Über die Nutzung der Nachlassgegenstände kann die Erbengemeinschaft eine entsprechende Vereinbarung abschließen oder einen Beschluss fassen. Der Beschluss muss zwar der Beschaffenheit des betreffenden Nachlassgegenstands entsprechen, nicht hingegen unbedingt billigem Ermessen.

Mehrheitsbeschluss

Bei dem Beschluss der Erbengemeinschaft über die Verwaltung und Benutzung von Nachlassgegenständen handelt es sich um eine ordnungsgemäße Verwaltungsmaßnahme, so dass gem. § 2038 Abs. 1 Satz 2 erster Halbsatz, Abs. 2 Satz 1, § 745 Abs. 1 BGB ein Mehrheitsbeschluss ausreichend ist.

Warnhinweis

Anders jedoch, wenn durch die geänderte Verwaltungs- und Benutzungsregelung eine wesentliche Veränderung des Nachlassgegenstands eintritt. Da eine wesentliche Veränderung des Nachlassgegenstands wegen § 745 Abs. 3 BGB keine ordnungsgemäße Verwaltungsmaßnahme darstellt, muss der Beschluss einstimmig gefasst werden. Hierunter fallen vor allem Maßnahmen von besonderer wirtschaftlicher Bedeutung, die nicht dem „Leitbild" einer laufenden Verwaltung entsprechen, z.B. die Vereinbarung einer Nutzungsentschädigung weit unter der ortsüblichen Miete (Horn, ZFE 2007, 249).

Abstimmung nach Erbquote

Die Mehrheit der Stimmen bestimmt sich nach § 745 Abs. 1 Satz 2 BGB nicht nach den Köpfen, sondern nach der Größe der Anteile an der Erbengemeinschaft. Maßgeblich ist daher die jeweilige Erbquote.

Für die Beschlussfassung selbst ist dabei keine besondere Form vorgeschrieben. Die Stimmabgabe kann jederzeit und in beliebiger Form erfolgen, also ausdrücklich oder konkludent, schriftlich oder mündlich, gleichzeitig oder nacheinander (BGH, Urt. v. 11.11.2009 – XII ZR 210/05, ZEV 2010, 36). Einer förmlichen Beschlussfassung bedarf es daher nicht. Hat ein Miterbe die Stimmenmehrheit in einer Erbengemeinschaft, kann er im Rahmen einer ordnungsgemäßen Verwaltung sogar ohne besondere Förmlichkeiten einen Mehrheitsbeschluss fassen (BGH, a.a.O.)

Praxistipp

Bei Erben, die zu je 1/2-Anteil an der Erbengemeinschaft beteiligt sind, gibt es keine Mehrheit. Demgegenüber beherrscht ein Erbe mit einem Anteil von mehr als 50 % an der Erbengemeinschaft, vorbehaltlich des Rechtsmissbrauchs, die Erbengemeinschaft. Die Minderheit in der Erbengemeinschaft ist jedoch nicht schutzlos, sondern kann nach § 2042 BGB jederzeit die Auseinandersetzung verlangen.

Anhörung

Vor der Abstimmung sind die Miterben anzuhören. Das Unterlassen der Anhörung eines Miterben führt jedoch nicht zur Unwirksamkeit des Beschlusses. Allenfalls kann der nicht angehörte Miterbe Schadensersatz fordern (Staudinger/Langhein, § 745 Rdnr. 48).

Stimmrecht

Bei der Abstimmung zieht man § 34 BGB, § 47 GmbHG analog heran, denn niemand darf Richter in eigener Sache sein. Der nutzende Miterbe darf daher in eigener Angelegenheit nicht mitstimmen, sondern ist wegen Interessenwiderstreits ausgeschlossen (OLG Rostock, Beschl. v. 19.03.2018 – 3 U 67/17, ZEV 2018, 517; Palandt/Weidlich, § 2038

Rdnr. 9). Bei Ausschluss eines Miterben bestimmt sich die Mehrheit aus den Anteilen der zugelassenen Teilhaber, deren Stimmanteil sich nach der Höhe des Erbteils bemisst. Anderenfalls würde der Anteil des ausgeschlossenen Gesellschafters de facto als „Nein" gewertet und es könnte im Fall eines ausgeschlossenen Mehrheitsteilhabers zu keiner wirksamen Verwaltungsvereinbarung mehr kommen (Staudinger/Langhein, § 745 Rdnr. 26). Im Beispielsfall kann der Sohn daher allein eine Mehrheitsentscheidung treffen.

Sachverhalt | Checkliste | Lösung | **Verfahren** | Muster

Im Beispielsfall sollte der Sohn daher sein Gebrauchsrecht gegenüber der Schwester geltend machen und mit dieser eine Benutzungsregelung insoweit treffen, dass die Schwester weiterhin die eine Wohnung und der Sohn die andere Wohnung bewohnt.

Praxistipp

Bei der Regelung sollten der Mietwert des Hauses, die Lasten und Kosten i.S.d. § 748 BGB und auch Zins- und Tilgungsleistungen berücksichtigt werden.

Sachverhalt | Checkliste | Lösung | Verfahren | **Muster**

Schreiben zur Einwilligung zu einer bestimmten Verwaltungs- und Benutzungsregelung

Frau
...
Straße, Hausnr./Postfach
PLZ Ort

Nachlassangelegenheit nach dem Tod der ...,

verst. am ... in ...

Sehr geehrte Frau ...,

wie Ihnen bekannt ist, vertrete ich die rechtlichen Interessen Ihres Bruders, Herrn ..., in der Nachlassangelegenheit nach dem Tod Ihrer gemeinsamen Mutter, Frau ....

Gemäß Erbschein des Amtsgerichts ... sind Sie und mein Mandant gemeinsam Miterben zu je 1/2 nach dem Tod der Frau .... Zum Nachlass gehört das Mehrfamilienhaus in der ...straße in ....

In diesem Wohnhaus befinden sich zwei abgeschlossene Wohnungen, die getrennt voneinander bewohnt bzw. genutzt werden können. Die Wohnung im Erdgeschoss mit ... qm wurde bisher von Ihnen allein genutzt. Nach dem Willen meines Mandanten soll dies auch in Zukunft so beibehalten werden. Die Wohnung im 1. Obergeschoss mit ... qm, in der bis zu deren Tod Ihre gemeinsame Mutter lebte, steht seit dem ... leer. Da mein Mandant seinen Lebensmittelpunkt nicht mehr in ... hat, sondern bereits seit Jahren mit seiner Familie in ... lebt, kann er die Wohnung nicht selbst nutzen. Er möchte daher die Wohnung zu ortsüblichen Konditionen vermieten.

Nach den Recherchen meines Mandanten wird derzeit in ... eine ortsübliche Kaltmiete von ... €/qm gezahlt. Die Wohnung im Obergeschoss mit ... qm könnte daher zu einer monatlichen Kaltmiete von ... € zzgl. Nebenkosten i.H.v. von ... € vermietet werden.

Mein Mandant hat bereits mehrere Mietinteressenten und bittet daher um Zustimmung zur beabsichtigten Vermietung. Hierauf besteht seitens meines Mandanten auch ein Anspruch gem. § 2038 Abs. 1 Satz 2 i.V.m. § 745 BGB, da der Abschluss eines Mietvertrags für die Wohnung im Obergeschoss eine Maßnahme der ordnungsgemäßen Verwaltung darstellt.

Ich bitte daher um Mitteilung bis zum

...,

ob Sie der geplanten Vermietung der Wohnung im Obergeschoss des Anwesens in der ...straße in ... zustimmen.

Mit freundlichen Grüßen

Rechtsanwältin/Rechtsanwalt

Abwandlung 8.3.1: Recht auf Mitgebrauch – Nutzungsentschädigung

Sachverhalt | Checkliste | Lösung | Verfahren | Muster

Die Geschwister sind Miterben nach dem Tod der Mutter, wobei die Tochter zu 1/3 und der Sohn zu 2/3 am Nachlass beteiligt sind. Zum Nachlass gehört ein Einfamilienhaus, welches bis zum Tod der Mutter von ihr und der Tochter gemeinsam bewohnt wurde. Seit dem Tod der Mutter lebt die Tochter allein im Haus. Der Sohn verlangt hierfür eine Nutzungsentschädigung bzw. Miete und hat seine Schwester bereits schriftlich aufgefordert, 500 € pro Monat zu zahlen. Die Schwester verweigert jedoch die Zahlung.

Sachverhalt | Checkliste | Lösung | Verfahren | Muster

In welchem Umfang nutzt der Miterbe den Nachlassgegenstand?	☐
Wie viele Quadratmeter des Hauses werden vom Miterben allein benutzt?	☐
Wie hoch ist die ortsübliche Miete?	☐

Gibt es werterhöhende oder wertmindernde Faktoren?	☐
Wie ist die Zahlung der Nebenkosten (Versicherung, Grundsteuer, Müllgebühr usw.) unter den Miterben geregelt bzw. von wem werden diese bisher bezahlt?	☐

Siehe hierzu im Übrigen die Checkliste in Mandatssituation 8.1, S. 437.

Sachverhalt | Checkliste | **Lösung** | Verfahren | Muster

Anspruch auf Nutzungsentschädigung

Wie oben ausgeführt, steht jedem Miterben nach § 2038 Abs. 2, § 743 Abs. 2 BGB an jedem Nachlassgegenstand ein selbständiges Recht zum Gebrauch in natura zu. Zudem kann nach § 2038 Abs. 2 Satz 1 i.V.m. § 745 Abs. 2 BGB jeder Miterbe, sofern nicht die Verwaltung und Benutzung durch Vereinbarung oder durch Mehrheitsbeschluss bereits geregelt ist, eine den Interessen aller Miterben nach billigem Ermessen entsprechende Verwaltung und Benutzung verlangen. Er kann daher eine Regelung zur Verwahrung, Sicherung, Erhaltung und Vermehrung sowie zur Gewinnung der Nutzung und Bestreitung der laufenden Verbindlichkeiten verlangen. Die Ordnungsmäßigkeit dieser verlangten Maßnahme ist aus objektiver Sicht zu beurteilen. Entscheidend ist der Standpunkt eines vernünftig und wirtschaftlich denkenden Beurteilers (BGH, Urt. v. 11.11.2009 – XII ZR 210/05, ZEV 2010, 36; OLG Stuttgart, Beschl. v. 09.09.2014 – 14 U 9/14, ZEV 2015, 288).

Ein solcher Anspruch auf Zahlung einer Nutzungsentschädigung setzt dabei ein Neuregelungsverlangen i.S.d. § 745 Abs. 2 BGB voraus. Es muss also ein Verlangen geäußert werden, die Verwaltung und Benutzung neu, also ex nunc, zu regeln.

Praxistipp

Die nichtnutzenden Miterben sollten den nutzenden Miterben einen eindeutigen und detaillierten Vorschlag unterbreiten, wie die Nutzung geregelt werden könnte. Unter Heranziehung der ortsüblichen Nettomiete (kalt) sollten die nutzenden Miterben aufgefordert werden, diese ab sofort an die Erbengemeinschaft zu zahlen. Zudem haben die nichtnutzenden Miterben eine Regelung bzgl. der Nebenkosten einschließlich der Lasten vorzuschlagen.

Anspruchsbeginn

Eine Nutzungsentschädigung steht dem Miterben daher frühestens ab dem Zeitpunkt zu, ab dem er gem. § 745 Abs. 2 BGB eine Neuregelung der Verwaltung und Benutzung des Nachlassgegenstands nach billigem Ermessen gem. § 745 Abs. 2 BGB verlangen kann und auch tatsächlich mit hinreichender Deutlichkeit verlangt hat. Eine bloße Zahlungsaufforderung reicht nicht aus (OLG Rostock, Beschl. v. 19.03.2018 – 3 U 67/17; LG Mönchengladbach, Beschl. v. 22.04.2016 – 11 O 1/16). Ebenso wenig kann auf den Zeitpunkt der Klageerhebung abgestellt werden.

Billiges Ermessen

Der Miterbe kann jedoch nur eine Regelung durchsetzen, die billigem Ermessen entspricht. Im Rahmen der Abwägung sind dabei die konkreten örtlichen und sonstigen Verhältnisse und die bisherige Zweckbestimmung und Benutzung des Nachlassgegenstands zu berücksichtigen und die Interessen der beteiligten Miterben gegeneinander abzuwägen (§ 745 Abs. 2 BGB).

Anspruchsinhaber

Anspruchsinhaber einer Nutzungsentschädigung ist ausschließlich derjenige Miterbe persönlich, der die Neuregelung verlangt. Es ist kein Anspruch der Erbengemeinschaft, denn das Nutzungsrecht ist ein höchstpersönliches Recht eines Miterben und nicht ein solches der Erbengemeinschaft (Rißmann, Die Erbengemeinschaft, 3. Aufl. 2018, § 4 Rdnr. 97).

Höhe der Nutzungsentschädigung

Bei der Ermittlung der Höhe der Nutzungsentschädigung des nutzenden Miterben ist zunächst die angemessene, ortsübliche Miete zugrunde zu legen. Dieser Betrag ist dann entsprechend dem Vorliegen vermindernder bzw. werterhöhender Faktoren und ggf. werterhöhender Eigenleistungen des Miterben anzupassen.

Praxistipp

Soweit ein Miterbe geltend macht, der Beschluss sei aufgrund der zu hohen Nutzungsentschädigung nicht ordnungsgemäß i.S.v. § 2038 Abs. 1 BGB, kann er darauf allein keinen Rückforderungsanspruch stützen. Ein diesbezüglicher Anspruch aus ungerechtfertigter Bereicherung scheidet aus, weil der Miterbe in jedem Fall die Leistung nicht ohne Rechtsgrund erlangt hat, § 812 BGB. Der Beschluss ist nämlich auch dann wirksam, wenn die getroffene Regelung keinen Fall der ordnungsgemäßen Verwaltung enthält. Denn es ist ein Gebot des Vertrauensschutzes, dass ein formal richtig zustande gekommener Beschluss wirksam bleibt. Der Miterbe müsste eine Feststellungsklage erheben und ggf. durch eine einstweilige Verfügung den Vollzug des Beschlusses blockieren. Er kann aber auch, wenn er dies als für eine ordnungsgemäße Verwaltung geboten erachtet, durch Zustimmungsklage gegen die Miterben eine abändernde gerichtliche Entscheidung herbeiführen (Staudinger/Werner, § 2038 Rdnr. 16).

Gerichtliche Durchsetzung

Kommt eine Regelung durch Beschluss oder Vereinbarung unter den Miterben nicht zustande, kann ein Miterbe im Klageweg eine Regelung verlangen, die den Interessen aller Miterben nach billigem Ermessen entspricht (§§ 2038 Abs. 2 Satz 1, 745 Abs. 2 BGB). Hierbei kann der Miterbe entweder Klage auf Zustimmung zu einer bestimmten Regelung oder Zahlungsklage erheben.

Im vorliegenden Fall ist der Bruder mit einer Erbquote von 2/3 am Nachlass beteiligt. Insoweit liegt hier bereits eine Mehrheit nach der Erbteilsgröße vor. Einer förmlichen Beschlussfassung bedarf es mangels entsprechender Anforderungen nicht. Hat ein Miterbe die Stimmenmehrheit in einer Erbengemeinschaft, kann er vielmehr im Rahmen einer ordnungsgemäßen Verwaltung ohne besondere Förmlichkeiten einen Mehrheitsbeschluss allein fassen (BGH, Urt. v. 11.11.2009 – XII ZR 210/05, ZEV 2010, 36). Aus diesem Grund reicht im vorliegenden Fall das Schreiben des Sohns an seine Schwester, mit dem er von ihr die Zahlung einer Nutzungsentschädigung verlangt, aus, denn es zeigt deutlich seinen Willen, dass die Schwester ohne Zahlung der Nutzungsentschädigung das Haus nicht bewohnen darf (OLG Rostock, Beschl. v. 19.03.2018 – 3 U 67/17).

Sachverhalt | Checkliste | Lösung | **Verfahren** | Muster

Gerichtliche Geltendmachung einer Verwaltungs- und Benutzungsregelung

Sofern der nutzende Miterbe auf das Verlangen des Miterben nicht reagiert, kann dieser seinen Anspruch auf Zustimmung zu einer bestimmten Verwaltungs- und Benutzungsregelung oder auf Zahlung einer Nutzungsentschädigung gerichtlich geltend machen.

Zuständigkeit

Die örtliche Zuständigkeit richtet sich wahlweise nach § 13 oder § 27 ZPO.

Passivlegitimation

Verklagt werden müssen nur die widersprechenden Miterben. Es ist daher ausreichend, nur diese auf Neuregelung der Verwaltung und Benutzung in Anspruch zu nehmen. Die Einbeziehung ohnehin bereitwilliger Erben in den Rechtsstreit würde auf eine unnötige und Kosten verursachende Formalität hinauslaufen (RG, Urt. v. 05.10.1925 – V 598/24, RGZ 111, 338–340).

Klageart

Der nichtnutzende Miterbe kann seinen Anspruch entweder durch Klage auf Zustimmung zu einer bestimmten Verwaltungs- und Benutzungsregelung oder auf Zahlung einer Nutzungsentschädigung gerichtlich geltend machen.

Klageantrag bei Zustimmung zu einer bestimmten Verwaltungs- und Benutzungsregelung

Die Klage gem. § 745 Abs. 2 BGB ist nicht auf eine rechtsgestaltende Entscheidung zu richten, sondern in Form der Leistungsklage zu erheben (BGH, Urt. v. 15.09.1997 – II ZR 94/96, NJW 1998, 372). Der Klageantrag ist auf Einwilligung zu einer bestimmten Regelung der Verwaltung oder der Nutzung des entsprechenden Nachlassgegenstands zu richten. Geklagt wird auf Abgabe einer Willenserklärung. Aus diesem Grund muss die Nutzungsregelung, welcher die/der Beklagte zustimmen soll, hinreichend bestimmt gefasst sein.

Das Gericht hat dann zu prüfen, ob die bisherige Regelung billigem Ermessen entspricht und die Neuregelung diesen Anforderungen genügt. Dabei ist das Gericht an den Klageantrag gebunden. Entspricht die im Klageantrag formulierte Nutzungsvereinbarung nicht billigem Ermessen und vernünftiger Interessenabwägung gem. § 745 Abs. 2 BGB, so ist die Klage als unbegründet abzuweisen, ohne dass auf eine interessengerechte Maßnahme nach dem Ermessen des Richters erkannt werden könnte.

Praxistipp

Um eine Klageabweisung zu vermeiden, sollte ein entsprechender Hilfsantrag formuliert werden.

Klageantrag bei Zahlungsklage

Sofern der nichtnutzende Miterbe vom nutzenden Miterben eine Nutzungsentschädigung beansprucht, kann er auch sogleich auf Zahlung klagen. Der Miterbe kann den Betrag einklagen, den nach seiner vorgeschlagenen Regelung der nutzende Miterbe ab außergerichtlicher Geltendmachung hätte zahlen müssen (OLG Rostock, Beschl. v. 19.03.2018 – 3 U 67/17).

Praxistipp

Der Klage auf Nutzungsentschädigung muss keine Klage auf Zustimmung vorausgehen (BGH, Urt. v. 14.11.1988 – II ZR 77/88, NJW 1989, 1030; OLG Rostock, Beschl. v. 19.03.2018 – 3 U 67/17).

Darlegungs- und Beweislast

Der Kläger trägt die Darlegungs- und Beweislast für das Vorliegen der Voraussetzungen des § 745 Abs. 2 BGB. Aus diesem Grund ist bereits in der Klageschrift ausführlich und umfassend zu konkreten, örtlichen und sonstigen Verhältnissen, der bisherigen Zweckbestimmung und Benutzung des Nachlassgegenstands vorzutragen.

Gegenstandswert

Für den Gegenstandswert ist das Interesse der Klägerin/des Klägers an der Abgabe der Willenserklärung maßgeblich und nach § 3 ZPO zu schätzen. Dabei kann darauf abgestellt werden, welchen Wert der mit der Erklärung angestrebte Erfolg hat. Hierzu kann unter Berücksichtigung der Höhe der Nutzungsentschädigung zur Streitwertberechnung § 16 GKG herangezogen werden.

Rechtsanwaltsvergütung

Die Anwaltsvergütung richtet sich nach § 3 ZPO i.V.m. § 23 Abs. 1 Satz 1 RVG und § 48 Abs. 1 Satz 1 GKG. Die Verfahrensgebühr ist gem. Nr. 3100 VV RVG i.d.R. mit 1,3 Gebühren anzusetzen, die Terminsgebühr gem. Nr. 3104 VV RVG mit 1,2 Gebühren.

Klage auf Einwilligung zu einer bestimmten Verwaltungs- und Benutzungsregelung

Amtsgericht/Landgericht
...
Straße, Hausnr./Postfach
PLZ Ort

Klage

des Herrn ...

– Kläger –

Prozessbevollmächtigte: ...

gegen

Frau ...

– Beklagte –

wegen Zustimmung zur Benutzungsregelung

Namens und mit Vollmacht des Klägers erhebe ich Klage und werde

beantragen:

1. Die Beklagte wird verurteilt, dem nachfolgend dargestellten Wohnraummietvertrag zuzustimmen: „...“

2. Die Kosten des Verfahrens trägt die Beklagte.

3. Das Urteil ist vorläufig – ggf. gegen Sicherheitsleistung – vollstreckbar.

Begründung:

Am ... ist Frau ... mit letztem Wohnsitz in ... verstorben. Die Erblasserin war zum Zeitpunkt ihres Todes verwitwet und wurde aufgrund gesetzlicher Erbfolge von den Parteien als einzige Abkömmlinge zu gleichen Teilen beerbt.

Beweis: Erbschein des Amtsgerichts – Nachlassgericht – ... vom ...

Zum Nachlass der Verstorbenen gehört ein Zweifamilienhaus in ..., das vor dem Erbfall von der Beklagten und der Erblasserin gemeinsam bewohnt wurde. Die Erblasserin bewohnte die Wohnung im Erdgeschoss, während die Beklagte in der Wohnung im 1. OG wohnt.

Die Wohnung im Erdgeschoss steht seit dem Tod der Erblasserin am ... leer und wurde bisher nicht vermietet.

Die Wohnung besteht aus drei Zimmern, Küche und Bad und hat eine Größe von ... qm. Für eine derartige Wohnung wird in ... eine Kaltmiete von ... €/qm gezahlt.

Beweis: Vorlage des qualifizierten Mietspiegels in Kopie

– als Anlage –

Einholung eines Sachverständigengutachtens

Der Kläger hat einen Mieter gefunden. Dieser ist bereit, die ortsübliche Miete von ... € zu bezahlen und würde den Mietvertrag zum ... abschließen.

Beweis: Einvernahme des Zeugen ...

Mietangebot und Zusage des Zeugen in Kopie

– als Anlage –

Der Abschluss des Mietvertrags ist dringend geboten, um weiteren finanziellen Schaden von der Erbengemeinschaft abzuwenden.

Beweis: Mietvertrag vom ... in Kopie

– als Anlage –

Der Kläger hat die Beklagte mehrfach letztmalig mit Schreiben vom ... unter Fristsetzung zum ... aufgefordert, dem Abschluss des Mietverhältnisses mit Herrn ... zuzustimmen.

Beweis: Schreiben des Klägers vom ... in Kopie

– als Anlage –

Bisher ist jedoch keine Reaktion seitens der Beklagten erfolgt.

Der Kläger hat gegenüber der Beklagten einen Anspruch auf Zustimmung zum Abschluss des Mietverhältnisses gem. § 2038 Abs. 1 Satz 2 i.V.m. § 745 BGB. Der Abschluss des Mietverhältnisses stellt eine Maßnahme der ordnungsgemäßen Verwaltung dar. Aufgrund der bisherigen Weigerung der Beklagten, die Zustimmung zum Abschluss des Mietverhältnisses abzugeben, ist die Klage geboten.

Beglaubigte und einfache Anschrift anbei.

Rechtsanwältin/Rechtsanwalt

Mandatssituation 8.4: Aufwandsentschädigung für Verwaltung des Nachlasses

Sachverhalt | Checkliste | Lösung | Verfahren | Muster

Zum Nachlass gehört ein Mehrfamilienhaus, welches vermietet ist. Die Mieteinnahmen gehen auf ein Konto der Erbengemeinschaft. Von diesem möchte der Mandant, welcher Miterbe mit einer Quote von 1/3 ist, seinen Anteil ausgezahlt bekommen. Darüber hinaus möchte er eine Vergütung die von ihm für die Verwaltung des Hauses erbrachten Stunden zur Erstellung der Nebenkostenabrechnung und Gartenpflege von den Miterben bekommen.

Sachverhalt | **Checkliste** | Lösung | Verfahren | Muster

Haben die Miterben eine Vereinbarung über die Verteilung der Früchte, Nutzungen und Kosten der laufenden Verwaltung geschlossen?	☐
Welche Verwaltungsaufgaben werden von den einzelnen Miterben übernommen?	☐
Wurde der Miterbe von den anderen Miterben mit der Verwaltung des Nachlasses beauftragt?	☐
Wenn ja, existiert diesbezüglich ein Vertrag oder ein sonstiges Schriftstück?	☐
Welchen Inhalt hat die zwischen den Miterben geschlossene Vereinbarung?	☐

Siehe hierzu im Übrigen die Checkliste in Mandatssituation 8.1, S. 437.

Sachverhalt | Checkliste | **Lösung** | Verfahren | Muster

Verwaltung: Begriff i.S.v. § 2038 BGB

Der Begriff der „Verwaltung" ist weit und umfassend zu verstehen: Er umfasst alle tatsächlichen und rechtlichen Maßnahmen, die zur Verwahrung, Sicherung, Erhaltung und Vermehrung sowie zur Gewinnung der Nutzungen und Bestreitung laufender Verbindlichkeiten des Nachlasses erforderlich oder geeignet sind. Zudem hat der BGH klargestellt, dass zur Verwaltung grundsätzlich auch Verfügungen über Nachlassgegenstände zählen (BGH, Urt. v. 28.09.2005 – IV ZR 82/04, NJW 2006, 439).

Praxistipp

Verwaltung ist daher alles, was den Status quo des Erblasservermögens sichert.

Keine Unterscheidung zwischen Innen- und Außenverhältnis

Da § 2038 BGB nicht danach unterscheidet, ob eine Maßnahme auch außerhalb der Erbengemeinschaft gegenüber Dritten oder lediglich im Innenverhältnis innerhalb der Erbengemeinschaft wirkt, umfasst die Verwaltung i.S.v. § 2038 BGB sowohl Maßnahmen im Innenverhältnis (interne Beschlussfassung) als auch Maßnahmen im Außenverhältnis (bspw. Rechtsgeschäfte mit Dritten).

Verwaltung durch die Miterben

Das Gesetz geht davon aus, dass die Verwaltung durch die Erben selbst vorgenommen wird und dass sich alle Miterben an der Verwaltung beteiligen. Durch Mehrheitsbeschluss können die Miterben jedoch einen Miterben oder einen außenstehenden Fremdverwalter mit der Verwaltung beauftragen (BGH, Urt. v. 29.03.1971 – III ZR 255/68, BGHZ 56, 47).

Praxistipp

Die Einsetzung eines Fremdverwalters ist in der Praxis meist geboten, wenn aufgrund der Größe der Erbengemeinschaft, der Ortsabwesenheit oder der starken Differenzen eine einvernehmliche Verwaltung nicht möglich erscheint. Aber auch zur Beendigung einer sogenannten Pattsituation zwischen den Erben ist eine Fremdverwaltung sinnvoll, um Blockadehaltungen oder Streitigkeiten zu vermeiden.

Kosten der Verwaltung

Die Kosten der Verwaltung haben die Miterben untereinander nach dem Verhältnis ihrer Erbteile zu tragen. Insoweit kann jeder Miterbe von der Erbengemeinschaft Ersatz seiner Aufwendungen nach § 2038 Abs. 2 i.V.m. § 748 BGB verlangen. Die Verpflichtung zur Lastentragung beschränkt sich auf den Nachlass. Eine Vorschusspflicht der Erben unter Einsatz ihres Privatvermögens besteht nicht.

Verwaltervergütung

Nicht zu den Kosten der Verwaltung gehört jedoch das Tätigkeitsentgelt für eigene Tätigkeiten eines Miterben. Sowohl der Zeitaufwand als auch die Arbeitskraft des Miterben sind keine Verwaltungskosten. Miterben können mithin grundsätzlich kein Entgelt für ihre Tätigkeiten für die Erbengemeinschaft im Rahmen der Verwaltungstätigkeit verlangen (KG, Urt. v. 11.03.2004 – 12 U 209/02, ZErb 2004, 262). Dies gilt auch für die Tätigkeiten, die üblicherweise nur gegen Entgelt übernommen werden und somit kommerzialisiert sind. Lediglich wenn eine entgeltliche Tätigkeit Dritter üblich und nach dem Verhältnis der Miterben zu erwarten gewesen wäre, kann u.U. aus § 683 BGB ein Anspruch auf Ersatz von Aufwendungen hergeleitet werden.

Praxistipp

Miterben können, entgegen der (üblichen) Erwartungshaltung des Mandanten, grundsätzlich kein Entgelt für ihre Verwaltungstätigkeit verlangen. Darauf sollten Sie ggf. den Mandanten hinweisen, bevor dieser für die Erbengemeinschaft tätig wird.

Verteilung der Früchte

Die Früchte der Nachlassgegenstände werden nach §§ 953, 2041 BGB Gesamthandvermögen der Erbengemeinschaft. Ebenso wie das sonstige Nachlassvermögen erfolgt eine Teilung der Früchte unter den Miterben gem. § 2038 Abs. 2 Satz 2 BGB grundsätzlich erst bei der Auseinandersetzung der Erbengemeinschaft. Denn erst zu diesem Zeitpunkt, wenn die Schulden der Erbengemeinschaft getilgt und Ausgleichungsansprüche der Miterben berücksichtigt worden sind, steht der konkrete Auszahlungsanspruch eines Miterben unter Berücksichtigung der Früchte fest. Aus diesem Grund verschiebt § 2038 Abs. 2 Satz 2 BGB die Verteilung der Früchte bis zur Auseinandersetzung. Hierdurch soll vermieden werden, dass ein Miterbe zwischenzeitlich mehr aus dem Nachlass erhält, als er bei der Auseinandersetzung im Hinblick auf ausgleichspflichtige Vorempfänge beanspruchen kann. Mieteinnahmen, Zinserträge, Einkünfte aus einem

Unternehmen o.Ä. haben daher beim Nachlass bis zur Auseinandersetzung zu verbleiben. Ein Anspruch eines Miterben auf Abschlagszahlung besteht nicht (OLG Hamburg, Urt. v. 11.05.1965 – 2 U 94/65, MDR 1965, 665).

Ausnahme bei Ausschluss der Auseinandersetzung

Eine Ausnahme besteht jedoch nach § 2038 Abs. 2 Satz 3 BGB dann, wenn die Auseinandersetzung auf längere Zeit als ein Jahr ausgeschlossen ist. Voraussetzung ist, dass die Auseinandersetzung rechtlich ausgeschlossen ist. Die bloße Verzögerung der Auseinandersetzung genügt nicht. In diesem Fall kann jeder Miterbe am Schluss jedes Jahres die Teilung des Reinertrags verlangen, wobei unter Reinertrag die Einkünfte der Erbengemeinschaft abzgl. der Aufwendungen zu verstehen sind.

Änderung durch Einheitsbeschluss

Jedoch können sich die Miterben einvernehmlich (nicht hingegen durch Mehrheitsbeschluss) hierüber hinwegsetzen und eine anderweitige Vereinbarung treffen, § 745 Abs. 3 Satz 2 BGB (OLG Hamburg, a.a.O.). Dies ist in der Praxis üblich. Liegt ein solcher Beschluss vor, kann er nur einvernehmlich wieder aufgehoben werden.

Sachverhalt | Checkliste | Lösung | **Verfahren** | Muster

Da ein Miterbe kein Entgelt für seine Verwaltungstätigkeit verlangen kann, sollte der Mandant, soweit er Verwaltungstätigkeiten weiterhin für die Erbengemeinschaft ausführen möchte, für die Zukunft einen Vertrag über die Verwaltung des Mietshauses mit den anderen Miterben abschließen.

Sachverhalt | Checkliste | Lösung | Verfahren | **Muster**

Verwaltervertrag

Verwaltervereinbarung

zwischen den Erben der Frau ..., im Einzelnen:

Tochter 1: ...

Tochter 2: ...

und

Sohn 1: ...

Vorbemerkungen

Wir sind Miterben nach dem Tod der Frau .... Zum Nachlass gehört das in ... gelegene Mehrfamilienhaus. Zur Verwaltung dieses Mehrfamilienhauses schließen wir folgende Vereinbarung:

§ 1 Verwaltung

Die Verwaltung des im Nachlass befindlichen Mehrfamilienhauses in der ...-Straße in ... wird künftig von Sohn 1 ... alleine übernommen.

Sohn 1 ... darf daher sämtliche Maßnahmen, die einer ordentlichen Verwaltung gem. § 2038 Abs. 1 Satz 2 erster Halbsatz BGB entsprechen, veranlassen und damit die Erbengemeinschaft verpflichten, ohne unsere Zustimmung im Einzelfall einzuholen. Er darf insbesondere

- Mietverträge mit Mietern mit Wirkung für und gegen die Erbengemeinschaft abschließen und kündigen, einschl. der Abnahme und Übergabe der Wohnungen,
- Betriebskostenabrechnungen entsprechend den Regeln des BGB bzw. der Betriebskostenverordnung erstellen und gegenüber den Mietern abrechnen,
- für die Einhaltung der Hausordnung sorgen,
- Prozesse gegen Mieter und ehemalige Mieter wegen Ansprüchen aus dem Mietvertrag führen,
- Reparaturaufträge mit einem voraussichtlichen Auftragsvolumen im Einzelfall bis zu 1.000 € erteilen,
- die im Rahmen der Verwaltungsaufgaben erforderlichen Verträge (z.B. Abschluss von Wartungsverträgen und Vergabe von Wartungsarbeiten) abschließen, ändern und kündigen,
- Telefon- und Schriftverkehr mit Behörden, soweit er die laufende Verwaltung des Mehrfamilienhauses betrifft, führen,
- die Abwicklung von Schadensfällen mit den Versicherungsgesellschaften und Dritten vornehmen und
- für die Einhaltung der Verkehrssicherungspflicht sorgen.

§ 2 Verwaltergebühr

Hierfür erhält Sohn 1 ... für seine Tätigkeit eine pauschale Verwaltergebühr i.H.v. ... pro Monat.

Aufwendungen für Telefon, Porto, Fahrtkosten und andere Barauslagen werden nur auf Nachweis erstattet.

Sohn 1 ... ist berechtigt, die ihm zustehende Vergütung und Kostenerstattungen gegen Nachweis selbst aus den Mieteinnahmen zu entnehmen bzw. vom Verwaltungskonto abzubuchen.

Ort, Datum ________________

Tochter 1 ________________ Tochter 2 ________________ Sohn 1 ________________

Abwandlung 8.4.1: Maßnahme der ordnungsgemäßen Verwaltung? – Badrenovierung

Sachverhalt | Checkliste | Lösung | Verfahren | Muster

Nach dem Tod der Mutter sind deren Tochter und Sohn Miterben zu je 1/2. Zum Nachlass gehört ein Mehrfamilienhaus, wovon eine Wohnung von der Tochter bewohnt wird. Da das Haus und damit die Sanitäranlagen bereits sehr alt und in die „Jahre" gekommen sind, lässt die Tochter die im Haus vorhandenen Bäder fachgerecht durch eine Firma renovieren. Hierbei werden die Sanitärobjekte entsprechend dem Geschmack der Tochter durch neue ersetzt. Der Sohn, der die Kosten für die Baderneuerung nicht mittragen möchte, bittet um Prüfung der Rechtslage.

Sachverhalt | **Checkliste** | Lösung | Verfahren | Muster

In welchem Umfang wurden Arbeiten durchgeführt?	☐
Waren diese aufgrund von Schäden oder Verschleiß notwendig?	☐
Von wem wurden die Arbeiten in Auftrag gegeben und in welchem Namen?	☐
Wurde vorab eine Klärung bzw. Einigung über die Durchführung der Maßnahme und der Kostentragung zwischen den Miterben erzielt?	☐

Siehe hierzu im Übrigen die Checkliste in Mandatssituation 8.1, S. 437.

Sachverhalt | Checkliste | **Lösung** | Verfahren | Muster

Wie bereits erläutert, umfasst der Begriff der „Verwaltung" alle tatsächlichen und rechtlichen Maßnahmen, die zur Verwahrung, Sicherung, Erhaltung und Vermehrung sowie zur Gewinnung der Nutzungen und Bestreitung laufender Verbindlichkeiten des Nachlasses erforderlich oder geeignet sind. Maßnahmen zur Erhöhung des persönlichen Wohlbefindens fallen darunter jedoch ebenso wenig wie Luxusaufwendungen. Der Austausch der noch funktionstüchtigen Sanitäranlagen stellt keine Maßnahme der Verwaltung dar. Verwaltung

Praxistipp

Die vielfach in der anwaltlichen Praxis geführte Auseinandersetzung, ob ein Miterbe allein entscheiden durfte oder ein Beschluss der Erbengemeinschaft notwendig war, lässt sich in vielen Fällen mit dem Hinweis darauf, dass überhaupt keine Verwaltungsmaßnahme i.S.v. § 2038 BGB vorliegt, erledigen.

Warnhinweis

Prüfen Sie daher immer vorab, ob überhaupt eine Verwaltungsmaßnahme i.S.v. § 2038 BGB vorliegt.

Abwandlung 8.4.2: Maßnahme der ordnungsgemäßen Verwaltung – Vermietung

Sachverhalt | Checkliste | Lösung | Verfahren | Muster

Nach dem Tod der Mutter sind deren drei Kinder Miterben zu je 1/3. Zum Nachlass gehört ein bebautes Grundstück, auf dem die X-GmbH kurz nach dem Tod der Mutter von der Erbengemeinschaft Gewerberäume angemietet hatte. Das Mietverhältnis war zunächst auf fünf Jahre befristet, verbunden mit einer Verlängerungsoption. Als Vermieterin ist im Mietvertrag die „Erbengemeinschaft nach der Frau … [Mutter], vertreten durch den … [Sohn]" aufgeführt. Nachdem drei Jahre vergangen sind und eine Tochter Erkundigungen eingeholt hat, ist sie der Ansicht, dass die Miete zu gering ist. Sie möchte das Mietverhältnis kündigen und bittet um Ihren rechtlichen Rat.

Sachverhalt | **Checkliste** | Lösung | Verfahren | Muster

Wurde ein Miterbe von den anderen Miterben mit der Verwaltung des Nachlasses beauftragt?	☐
Wenn ja, existiert diesbezüglich ein Vertrag oder ein sonstiges Schriftstück?	☐
Welchen Inhalt hat die zwischen den Miterben geschlossene Vereinbarung?	☐
Bevollmächtigt diese auch zum Abschluss und zur Kündigung von Verträgen (Mietverträgen, Dienstleistungsverträgen) im Namen und zu Lasten der Erbengemeinschaft?	☐
Beinhaltet diese auch das Recht, Ansprüche im Namen der Erbengemeinschaft gerichtlich geltend zu machen?	☐

Sachverhalt | Checkliste | Lösung | Verfahren | Muster

Der BGH hat zwar sowohl der BGB-Gesellschaft als auch der Wohnungseigentümergemeinschaft die Rechts- und Parteifähigkeit zuerkannt, soweit sie durch Teilnahme am Rechtsverkehr eigene Rechte und Pflichten begründen. Diese Rechtsauffassung ist nach Ansicht des BGH (BGH, Urt. v. 11.09.2002 – XII ZR 187/00, NJW 2006, 3715) jedoch nicht auf die Erbengemeinschaft übertragbar. Denn anders als andere Personengemeinschaften ist die Erbengemeinschaft nicht zur dauerhaften Teilnahme am Rechtsverkehr bestimmt oder geeignet. Sie ist nicht auf Dauer angelegt, sondern auf Auseinandersetzung ausgerichtet und verfügt auch nicht über eigene Organe, durch die sie nach außen handeln könnte. Entgegen der früher im Schrifttum vertretenen Ansicht ist die Erbengemeinschaft deshalb kein eigenständiges, handlungsfähiges Rechtssubjekt, sondern lediglich eine gesamthänderisch gebundene Personenmehrheit, der mit dem Nachlass ein Sondervermögen zugeordnet ist. Keine eigene Rechtspersönlichkeit der Erbengemeinschaft

Da die Erbengemeinschaft als solche keine eigene Rechtspersönlichkeit besitzt, ist der Mietvertrag mit den drei Miterben zustande gekommen, auch wenn diese in der Vertragsurkunde nicht namentlich aufgeführt sind.

Der befristet geschlossene Mietvertrag genügt jedoch nicht dem Schriftformerfordernis und gilt daher für unbestimmte Zeit geschlossen (§§ 550, 578 Abs. 2 BGB). Die Schriftform ist nämlich nur dann gewahrt, wenn aus der Vertragsurkunde die genaue Bezeichnung sämtlicher Vermieter ersichtlich ist. Dies gilt insbesondere dann, wenn auf einer Vertragsseite eine Personenmehrheit beteiligt ist. Für einen Grundstückserwerber, dessen Informationsbedürfnis die in § 550 BGB vorgeschriebene Schriftform vorrangig dient, ist es zudem von wesentlicher Bedeutung, wer als Vermieter den Mietvertrag abgeschlossen hat, da er nur dann nach § 566 BGB in das Mietverhältnis eintritt, wenn der Vermieter und der Grundstückseigentümer identisch sind. Dass die Mitglieder der Erbengemeinschaft als Vermieter, etwa durch Einsichtnahme in die Nachlassakten oder das Grundbuch, bestimmbar sind, genügt insoweit nicht. Mangels Einhaltung des Schriftformerfordernisses nach § 550 BGB ist das Mietverhältnis deshalb schon vor Ablauf von fünf Jahren unter Einhaltung der ordentlichen Kündigungsfrist (§ 573c BGB) kündbar. Schriftformerfordernis des § 559 BGB

Nach der Rechtsprechung des BGH (Urt. v. 28.04.2006 – LwZR 10/05, FamRZ 2006, 1026) handelt es sich bei einer Kündigung von Miet- und Pachtverträgen sowie anderen Verträgen um eine Verfügung i.S.v. § 2040 BGB, da diese als einseitig empfangsbedürftige Willenserklärung unmittelbar auf das Rechtsverhältnis einwirkt. Durch die Kündigung des Vertrags wird ein Recht aufgehoben, denn damit erlischt der Anspruch der Erbengemeinschaft auf Zahlung der Miete (BGH, Urt. v. 11.11.2009 – XII ZR 210/05). Kündigung ist keine Verwaltungsmaßnahme

Trotz dieses Verfügungscharakters ist für eine wirksame Kündigungserklärung keine Einstimmigkeit der Erbengemeinschaft erforderlich, da die Mehrheitsbeschluss ausreichend

§§ 2038 Abs. 2 Satz 1, 745 Abs. 1 BGB den § 2040 BGB verdrängen (BGH, Urt. v. 11.11.2009 – XII ZR 210/05), wenn die Kündigung gleichzeitig einen Akt ordnungsgemäßer Verwaltung darstellt. Unter den Begriff der gemeinschaftlichen Verwaltung des Nachlasses fallen alle Maßregeln zur Verwahrung, Sicherung, Erhaltung und Vermehrung sowie zur Gewinnung der Nutzung und Bestreitung der laufenden Verbindlichkeiten. Dazu zählten grundsätzlich auch Verfügungen über Nachlassgegenstände. Soweit zwei der drei Geschwister sich also für eine Kündigung aussprechen, ist diese möglich.

Notwendig ist jedoch ein Beschluss der Erbengemeinschaft. Für die Beschlussfassung ist keine Form vorgeschrieben. Es kann daher sowohl schriftlich als auch mündlich, insbesondere auch telefonisch, per Fax oder E-Mail, abgestimmt werden. Auch eine Abstimmung im Umlaufverfahren ist zulässig. Abgestimmt wird nach der Größe der Erbteile. Jeder Miterbe hat einen Anspruch darauf, an der Beschlussfassung mitzuwirken und seine Meinung zu äußern. Unterbleibt die gebotene Anhörung eines Miterben, führt die Verletzung seines Gehörs nach h.M. jedoch nicht zur Unwirksamkeit eines ansonsten wirksam gefassten Mehrheitsbeschlusses (vgl. hierzu z.B. die Nachweise bei Muscheler, ZEV 1997, 169, 173).

Protokoll der Versammlung einer Erbengemeinschaft mit Einladungsschreiben

Herr/Frau
...
Straße, Hausnr./Postfach
PLZ Ort

Protokoll der Versammlung einer Erbengemeinschaft mit Einladungsschreiben

1. Einladungsschreiben

Sehr geehrte/r Frau/Herr ...,

seit dem letzten gemeinsamen Treffen der Mitglieder der Erbengemeinschaft ist geraume Zeit vergangen. Es stehen aktuell einige Entscheidungen an.

Ich lade daher zu einer Miterbenversammlung ein auf

Wochentag, den ... in ...

Für die Versammlung habe ich folgende Tagesordnungspunkte vorgesehen:

Tagesordnungspunkt:

Kündigung des Mietverhältnisses des Hauses ... Straße in .... Der Mieter ... zahlt trotz mehrfacher Mahnungen bereits seit mehreren Monaten grundlos keine Miete mehr.

2. Protokoll der Versammlung

Es waren alle Miterben, nämlich

...

...

...

anwesend.

Der Vorsitz wurde im Einverständnis aller Miterben von Frau/Herrn... übernommen.

Frau/Herr ... führte aus: ...

Die Miterben beschlossen einstimmig:

Das Mietverhältnis soll gekündigt werden. Der Miterbe ... wird beauftragt und bevollmächtigt, alle erforderlichen Schritte einschließlich einer eventuell notwendigen Klage zu unternehmen.

Unterschriften der Beteiligten

Abwandlung 8.4.3: Geltendmachung einer zum Nachlass gehörenden Forderung

Sachverhalt | Checkliste | Lösung | Verfahren | Muster

Die Geschwister sind die gesetzlichen Erben ihres Vaters zu je 1/2. Bei Durchsicht der Kontoauszüge stellen sie fest, dass der Erblasser einem Dritten ein Darlehen über 5.000 € gewährt hatte. Da der Darlehensnehmer trotz Aufforderung das gewährte Darlehen über 5.000 € nicht zurückzahlt, möchte der Bruder – Ihr Mandant – die Forderung einklagen. Die Schwester hält einen Prozess für zu kostspielig.

Sachverhalt | Checkliste | Lösung | Verfahren | Muster

Wurde ein Miterbe von den anderen Miterben mit der Verwaltung des Nach-lasses beauftragt?	☐
Bevollmächtigt diese Vereinbarung auch zum Abschluss und zur Kündigung von Verträgen (Mietverträgen, Dienstleistungsverträgen) im Namen und zu Lasten der Erbengemeinschaft?	☐
Beinhaltet diese auch das Recht, Ansprüche im Namen der Erbengemeinschaft gerichtlich geltend zu machen?	☐

Sachverhalt | Checkliste | **Lösung** | Verfahren | Muster

Prinzip gesamthänderischer Bindung

Nach dem Prinzip der gesamthänderischen Bindung können Forderungen, die zum Nachlass gehören, grundsätzlich nur von allen Erben gemeinsam geltend gemacht und eingezogen werden.

Leistung an alle Miterben

Von diesem Prinzip der gesamthänderischen Bindung macht § 2039 Satz 1 BGB eine Ausnahme und räumt jedem Miterben die Befugnis ein, eine Nachlassforderung allein geltend zu machen. Der Miterbe kann jedoch nur Leistung an alle Miterben, Hinterlegung für alle Miterben oder Ablieferung an einen gerichtlich bestellten Verwahrer nach den Grundsätzen des § 432 Abs. 1 BGB verlangen, selbst wenn es sich um eine teilbare Leistung handeln sollte. Der Mandant kann daher weder Zahlung des gesamten Geldbetrags an sich einklagen noch Leistung an sich in Höhe seines Erbteils verlangen, weil andernfalls das Auseinandersetzungsverfahren umgangen würde.

Praxistipp

Wurde fälschlicherweise die Leistung an den Miterben verlangt, sollte der Klageantrag dahingehend geändert werden, dass nicht Zahlung an den Miterben selbst, sondern an die Erbengemeinschaft begehrt wird. Hierbei handelt es sich um eine nach § 264 Nr. 2 ZPO stets zulässige Beschränkung des ursprünglichen Klageantrags.

Widerspruch der Miterben

Der einzelne Miterbe kann auch gegen den Widerspruch der übrigen Miterben seine Rechte geltend machen, weil es sich um ein Sonderrecht des einzelnen Miterben handelt und weil im Hinblick auf die gesamtschuldnerische Haftung jedes Erben nach § 2058 BGB nicht einzelne Erben verhindern können, dass Forderungen, die sich im Nachlass befinden, nicht auch sowohl für die Nachlassgläubiger als auch für alle Miterben realisiert werden (Staudinger/Werner, § 2039 BGB Rdnr. 24).

Warnhinweis

Handelt es sich um eine Darlehensforderung, die zur Fälligkeit der Kündigung bedarf, so fällt die Ausübung des Kündigungsrechts nicht unter § 2039 BGB (siehe hierzu Mandatssituation (Abwandlung) 8.4.2, S. 501).

Sachverhalt | Checkliste | Lösung | **Verfahren** | Muster

Streitwert

Für die Höhe des Streitwerts ist nicht der im Ergebnis bei Nachlassverteilung auf den klagenden Miterben entfallende Erlösanteil maßgeblich, sondern die Höhe der einzuklagenden Forderung, da der klagende Erbe als Prozessstandschafter für die gesamte Erbengemeinschaft gem. § 2039 BGB handelt. Der Streitwert richtet sich daher nach dem vollen Wert der Leistung gem. § 6 ZPO.

Warnhinweis

Es kommt jedoch dann zur Kürzung dieses Werts, wenn der Beklagte zugleich Miterbe ist. Bei der Geltendmachung einer zum Nachlass zugehörigen Forderung gegen den Miterben als Schuldner ist der Anteil des beklagten Miterben abzuziehen.

Parteifähigkeit

Mangels Rechtsfähigkeit ist die Erbengemeinschaft nicht parteifähig (§ 50 Abs. 1 ZPO). Sie kann daher weder klagen noch verklagt werden.

Prozessführungsbefugnis

Der klagende Miterbe macht ein fremdes, nämlich ein der Gesamthandgemeinschaft zustehendes Recht in eigenem Namen geltend. § 2039 BGB stellt damit einen Fall gesetzlich normierter Prozessstandschaft dar.

Praxistipp

§ 2039 BGB ermächtigt einzelne Miterben nicht nur zur Verfolgung von Nachlassforderungen im Erkenntnisverfahren, sondern ermöglicht einzelnen Miterben auch die Zwangsvollstreckung – ggf. gegen den Widerspruch der anderen Miterben.

Warnhinweis

§ 2039 BGB gilt nur für Aktivprozesse. Für Passivprozesse sind die §§ 2058 ff. BGB zu berücksichtigen.

Subjektive Klagehäufung

Sofern mehrere (nicht aber alle) Miterben auf der Klägerseite stehen, stellt dies eine subjektive Klagehäufung dar. Bei den Miterben handelt es sich insoweit um einen Fall einfacher Streitgenossenschaft.

Praxistipp

Eine Gesamthandklage liegt in diesen Fällen nicht vor und die Rechtskraft des Urteils erstreckt sich insoweit nicht auf die übrigen Miterben.

Klagebegründung

Die Klagebegründung muss Ausführungen zur Zugehörigkeit der Forderung zum Nachlass enthalten.

Praxistipp

Von Vorteil ist es, wenn im Rahmen der Klage eines Miterben die übrigen Miterben als Zeugen im Verfahren benannt werden können.

Sachverhalt | Checkliste | Lösung | Verfahren | Muster

Klage eines Miterben auf Geltendmachung einer Nachlassforderung

Amtsgericht/Landgericht
...
Straße, Hausnr./Postfach
PLZ Ort

Klage

des Herrn ...

– Kläger –

Prozessbevollmächtigte: ...

gegen

Frau ...

– Beklagte –

wegen Schadensersatz

Namens und mit Vollmacht des Klägers erhebe ich Klage und werde **beantragen**:

1. Die Beklagte wird verurteilt, an die Erbengemeinschaft nach ..., bestehend aus dem Kläger und der Beklagten einen Betrag i.H.v. ... € nebst Zinsen i.H.v. 5 Prozentpunkten über dem Basiszinssatz seit dem ... zu bezahlen.
2. Die Beklagte trägt die Kosten des Rechtsstreits
3. Das Urteil ist vorläufig – ggf. gegen Sicherheitsleistung – vollstreckbar.
4. Für den Fall der Säumnis beantragen wir den Erlass eines Versäumnisurteils.

Begründung:

Der Kläger macht mit der Klage gegen den Beklagten im Wege der Prozessstandschaft für die Erbengemeinschaft nach dem ... einen Anspruch aus Rückzahlung einer Darlehensforderung geltend.

Am ... ist Frau ... mit letztem Wohnsitz in ... verstorben. Die Erblasserin war zum Zeitpunkt ihres Todes verwitwet und wurde aufgrund gesetzlicher Erbfolge von den Parteien als einzige Abkömmlinge zu gleichen Teilen beerbt.

Beweis: Erbschein des Amtsgerichts – Nachlassgericht – ... vom ....

Zum Nachlass der Verstorbenen gehört eine Darlehensforderung.

Ausweislich des Darlehensvertrags vom ... hatte der Erblasser der Beklagten am ... einen Betrag i.H.v. ... € darlehensweise zur Verfügung gestellt. Die Rückzahlung sollte am ... erfolgen.

Beweis: Darlehensvertrag vom ... in Kopie

– als Anlage –

Nach dem Tod des ... ist der bereits zum Todeszeitpunkt fällige Rückzahlungsanspruch im Wege der Gesamtrechtsnachfolge nach § 1922 BGB auf die Erbengemeinschaft übergegangen.

Nach § 2039 BGB ist der Kläger als Miterbe berechtigt, die Forderungen der Erbengemeinschaft gegenüber der Beklagten einzuziehen.

Mit Schreiben vom ... unter Fristsetzung zum ... wurde die Beklagte letztmalig aufgefordert, das Darlehen i.H.v. ... € an die Erbengemeinschaft zu zahlen.

Beweis: Schreiben vom ... in Kopie

– als Anlage –

Bisher ist jedoch keine Reaktion seitens der Beklagten erfolgt.

Die Klage ist daher geboten.

Beglaubigte und einfache Anschrift anbei.

Rechtsanwältin/Rechtsanwalt

Abwandlung 8.4.4: Verkauf eines zum Nachlass gehörenden Grundstücks – Bestellung eines Ergänzungspflegers

Sachverhalt | Checkliste | Lösung | Verfahren | Muster

Miterben sind nach dem Tod der Oma aufgrund eines Testaments die beiden Kinder A und B und die 16-jährige Enkeltochter C. C ist das Kind der A.

Da das Haus nach dem Tod der Oma leersteht, möchten es die Erben gerne gemeinsam verkaufen. Nachdem ein Käufer gefunden ist, der das Nachlassgrundstück für insgesamt 300.000 € erwerben möchte, wird ein Notar mit der Erstellung eines Notarvertrags beauftragt. Der Kaufpreis i.H.v. 300.000 € soll nach dem Wunsch aller Erben entsprechend der Erbquote geteilt und jeweils ein Betrag von 100.000 € auf das jeweilige Konto des Miterben gezahlt werden. Der beauftragte Notar hat Bedenken, ob zur Wirksamkeit des Vertrags die Bestellung eines Ergänzungspflegers notwendig ist.

Sachverhalt | Checkliste | **Lösung** | Verfahren | Muster

Diese Frage stellt sich, da an dem Kaufvertrag sowohl die minderjährige C als auch ihr gesetzlicher Vertreter A als Mitglieder derselben Erbengemeinschaft beteiligt sind.

Grundsätzlich stellt der Abschluss eines Kaufvertrags über ein erbengemeinschaftliches Grundstück, bei dem ein gesetzlicher Vertreter (Elternteil) sowohl für sich selbst als Mitglied der Erbengemeinschaft als auch für den von ihm Vertretenen (Kind), welcher ebenfalls Mitglied der Erbengemeinschaft ist, handelt, per se noch kein die Vertretung ausschließendes Insichgeschäft dar (Thüringisches OLG, Beschl. v. 27.06.1995 – 6 W 219/95, NJW 1995, 3126). Dies ergibt sich daraus, dass der Ausschlusstatbestand nach §§ 1629 Abs. 2 Satz 1, 1795 Abs. 2, 181 BGB nicht gilt, wenn Vertreter und Vertretener auf derselben Seite des Rechtsgeschäfts stehen. Beim Verkauf eines erbengemeinschaftlichen Grundstücks an einen Dritten stehen sowohl der Elternteil als auch das minderjährige Kind auf derselben Seite, nämlich der Veräußererseite.

„Versteckte" Erbauseinandersetzung

Problematisch ist jedoch die im Kaufvertrag angedachte Regelung, wonach der Kaufpreis zwischen den Mitgliedern der Erbengemeinschaft (entsprechend den Erbquoten) aufgeteilt und auf unterschiedliche Konten gezahlt werden soll. Denn dies stellt nicht nur eine bloß rechnerische Verteilung dar. Grund hierfür ist, dass der Kaufpreis im Wege der dinglichen Surrogation als Nachlassgegenstand an die Stelle des verkauften erbengemeinschaftlichen Grundstücks tritt. Bei der Verteilungsabrede handelt es sich daher notwendigerweise um eine stillschweigende Einigung zwischen den Miterben, wonach jeder Miterbe damit einverstanden ist, dass der nach § 2041 BGB zum Nachlass gehörende Erlös aus dem Verkauf an die einzelnen Mitglieder entsprechend ihrer Erbquoten verteilt wird (OLG München, Beschl. v. 17.07.2015 – 34 Wx 179/15, NJW-RR 2015, 1222). Im Ergebnis wird der Kaufpreis aus der gesamthänderischen Bindung des erbengemeinschaftlichen Vermögens herausgenommen. Dies stellt eine „versteckte" Erbauseinandersetzung dar. Bei dieser Erbauseinandersetzung stehen der gesetzliche Vertreter und der Vertretene als Mitglieder der Erbengemeinschaft nicht auf derselben Seite, sondern sie stehen sich gegenüber. Das Handeln des gesetzlichen Vertreters für sich selbst und zugleich für den Vertretenen stellt daher ein **nach § 181 BGB unzulässiges Insichgeschäft** dar (J. Mayer, MittBayNot 2010, 345, 350). Dieses bedarf für seine Wirksamkeit der Bestellung eines Ergänzungspflegers nach § 1909 BGB durch das Familiengericht.

Rechtsfolge

Ein vom Elternteil ohne Ergänzungspflegschaft verbotswidrig vorgenommenes Insichgeschäft führt zur schwebenden Unwirksamkeit des unter Verstoß gegen § 181 BGB abgeschlossenen Vertrags (Jürgens, Betreuungsrecht, 5. Aufl. 2014, § 1795 BGB Rdnr. 21). Im schlimmsten Fall erlangt der Käufer trotz Kaufpreiszahlung kein Eigentum am Grundstück und das Grundbuch wird unrichtig.

Praxistipp

Soll daher eine Erlösverteilung zum Inhalt des Kaufvertrags gemacht werden, verbleibt zur Vermeidung der Problematik nur der Weg der Bestellung eines Ergänzungspflegers bzw. eines Ergänzungsbetreuers, der anstelle des ausgeschlossenen Elternteils bzw. des Betreuers beim Abschluss des Kaufvertrags handelt. Ist die Bestellung eines Ergänzungspflegers nicht gewünscht, sollte die Auseinandersetzung am Veräußerungserlös zum Gegenstand einer gesonderten Vereinbarung (etwa zusammen mit der Auseinandersetzung an weiteren noch im Nachlass befindlichen Gegenständen) gemacht werden. Im Kaufvertrag wäre zu regeln, dass der Kaufpreis auf ein Konto der Erbengemeinschaft zu zahlen ist.

Abwandlung 8.4.5: Berechtigung für die Löschung eines Grundpfandrechts

Sachverhalt | Checkliste | Lösung | Verfahren | Muster

Die drei Geschwister sind die gesetzlichen Erben ihres Vaters zu je 1/3. Zum Nachlass gehört ein Grundstück, wofür im Grundbuch noch ein Grundpfandrecht für die Bank X eingetragen ist. Auf Nachfragen bei der Bank X stellt sich heraus, dass das dem Grundpfandrecht zugrundeliegende Darlehen vollständig zurückgezahlt ist und die Bank X bereits die Löschung der Grundschuld bewilligt hat. Zwei der Miterben beantragen daher beim Grundbuchamt die Löschung des Grundpfandrechts. Das Amt lehnt die Löschung ab.

Sachverhalt | Checkliste | Lösung | Verfahren | Muster

Das Grundbuchamt bedarf zum Vollzug der Löschung der Grundschuld der Zustimmung sämtlicher als Miterben eingetragenen Eigentümer. Demgegenüber reicht der Nachweis, dass die Löschung der Grundschuld von der Zustimmung einer Mehrheit der Miterben gedeckt ist, nicht aus.

Zwar können nach der neueren Rechtsprechung des BGH (BGHZ 183, 131 = NJW 2010, 765 betr. die Kündigung eines Mietverhältnisses) Maßnahmen der ordnungsgemäßen Verwaltung i.S.d. § 2038 Abs. 1 BGB auch Verfügungsgeschäfte umfassen und damit im Außenverhältnis unmittelbar wirksam werden. Diese Rechtsprechung ist jedoch auf den grundbuchverfahrensrechtlichen Nachweis einer Zustimmung der Miterben nicht übertragbar. Denn auch nach der neueren Rechtsprechung des BGH ist die Wirksamkeit einer Verfügung einer Mehrheit von Miterben davon abhängig, dass es sich im Einzelfall sachlich um eine Maßnahme der ordnungsgemäßen Verwaltung i.S.d. § 2038 Abs. 1 BGB handelt. Dies setzt indessen eine Nachprüfung tatsächlicher Verhältnisse voraus, die im Grundbucheintragungsverfahren nicht stattfindet.

Wie mit einer nicht mehr valutierten Grundschuld zu verfahren ist, ob die Erbengemeinschaft im Rahmen ordnungsgemäßer Verwaltung die Verwertung der Rangstelle des Grundpfandrechts (etwa durch Neuvalutierung) einer Löschung des Rechts vorzieht, ist eine Frage, die individuell von den Verhältnissen der jeweiligen Erbengemeinschaft und dem Stand einer etwa beabsichtigten Auseinandersetzung abhängt. Diese Fragen können im Grundbucheintragungsverfahren keiner tatsächlichen Überprüfung unterzogen werden. Insbesondere kann es nicht Aufgabe des Grundbuchamts sein, durch Verwertung anderweitiger Verfahrensakten den Stand der Auseinandersetzung der Erbengemeinschaft festzustellen und auf dieser Grundlage zu beurteilen, ob in tatsächlicher Hinsicht überwiegende Gründe für eine Löschung des Grundpfandrechts bestehen (OLG Hamm, Beschl. v 05.02.2014 – I-15 W 1/14, ZErb 2014, 141).

Grundbuchverfahrensrechtlich muss daher die Zustimmungserklärung jedes einzelnen Miterben in der Form des § 29 Abs. 1 GBO, also durch öffentliche oder öffentlich beglaubigte Urkunde, nachgewiesen werden.

Mandatssituation 8.5: Schadensersatzpflicht des Miterben

Sachverhalt | Checkliste | Lösung | Verfahren | Muster

Die Geschwister sind Miterben zu je 1/3. Zum Nachlass mit einem Gesamtwert von über 800.000 € gehörte neben Barvermögen und weiteren Immobilien ein Ferienhaus. Nach mehreren erfolglosen Veräußerungsversuchen boten im April 2012 Interessenten einen Kaufpreis von 150.000 € für den Erwerb des Ferienhauses, der dem Schätzwert des örtlichen Gutachterausschusses entsprach. Zwei Miterben drängten unter Hinweis auf den fortschreitenden Verfall des Ferienhauses auf einen Verkauf. Ihrer Aufforderung, dem Verkauf zuzustimmen, kam die dritte Miterbin nicht nach, weil sie die Hoffnung hatte, einen höheren Kaufpreis erzielen zu können. Die Kaufinteressenten sahen schließlich von einem Erwerb des Ferienhauses ab. Im Februar 2013 wurde es zu einem Preis von 100.000 € verkauft. Die zwei Miterben als Mandanten möchten, dass die weitere Miterbin der Erbengemeinschaft den Schaden ersetzt, der durch den nicht erfolgten Verkauf im April 2012 entstanden ist.

Sachverhalt | **Checkliste** | Lösung | Verfahren | Muster

Welche Vermögensgegenstände gehören zum Nachlass und wie ist dieser strukturell aufgebaut?	☐
Wann wurden die Miterben über mögliche Kaufinteressenten informiert und welchen Inhalt hatte die Information?	☐
Erfolgte zwischen den Miterben eine Abstimmung über die Voraussetzungen bzw. das Vorgehen bei einem Verkauf?	☐
Wenn ja, welche Rahmenbedingungen wurden von den Miterben gesetzt?	☐
Erfolgte eine Fristsetzung zur Zustimmung?	☐
Aus welchem Grund ist die Maßnahme (Verkauf) gescheitert?	☐
Ist dieser Grund zweifelsfrei den Miterben zurechenbar und beweisbar?	☐
Woraus ergibt sich der Schaden für die Erbengemeinschaft?	☐
Ist dieser bezifferbar und nachweisbar?	☐

Siehe hierzu im Übrigen die Checkliste in Mandatssituation 8.4, S. 495.

Sachverhalt | Checkliste | **Lösung** | Verfahren | Muster

Schadensersatzpflicht der Schwester

Eine Schadensersatzpflicht der Miterbin im Zusammenhang mit der Veräußerung des Ferienhauses setzt voraus, dass diese mit der nicht erteilten Zustimmung und der dadurch bewirkten Absage der Kaufinteressenten schuldhaft die ihr als Mitglied der Erbengemeinschaft obliegende Pflicht gegenüber dem Bruder als Miterben verletzt hat, bei Maßregeln mitzuwirken, die zur ordnungsgemäßen Verwaltung erforderlich sind (§ 280 Abs. 1, § 2038 Abs. 1 Satz 2 BGB).

Mitwirkungspflicht der Miterben

Nach § 2038 Abs. 1 Satz 2 erster Halbsatz BGB sind die Miterben einander verpflichtet, bei solchen Maßregeln mitzuwirken, die für eine ordnungsmäßige Verwaltung erforderlich sind. Während also im Rahmen der außerordentlichen Verwaltung noch jeder Miterbe über die Vornahme der Verwaltungsmaßnahme frei entscheiden kann, statuiert § 2038 Abs. 1 Satz 2 BGB für die ordentliche Verwaltung eine Pflicht der Erben, an erforderlichen ordnungsmäßigen Verwaltungsmaßnahmen mitzuwirken.

Maßnahmen der ordnungsmäßigen Verwaltung

Eine Mitwirkungspflicht ergibt sich hier aus § 2038 Abs. 1 Satz 2 BGB, weil das streitige Grundstücksgeschäft eine Verwaltungsmaßnahme i.S.d. Vorschrift ist, die aufgrund einer mehrheitlichen Entscheidung der Erbengemeinschaft durchgeführt werden soll.

Es ist anerkannt, dass sich die Verwaltung eines Nachlasses nicht in dessen Sicherung, Erhaltung und Nutzung erschöpft, sondern auch die **Veräußerung von Nachlassgegenständen** umfasst (BGH, Urt. v. 28.09.2005 – IV ZR 82/04, NJW 2006, 439; OLG Koblenz, Versäumnisurt. v. 22.07.2010 – 5 U 505/10; Gergen, in: MüKo-BGB/Gergen, 5. Aufl., § 2038 Rdnr. 16). Allerdings folgt daraus nicht, dass kraft Mehrheitsbeschlusses jedwede Verfügung zulässig wäre. Veräußerungen, die eine „wesentliche Veränderung" nach sich ziehen, sind gegen den Willen einzelner Miterben nicht möglich (§ 2038 Abs. 2 Satz 1, § 745 Abs. 3, § 2038 Abs. 3 Satz 1 BGB). Zudem ist die Mehrheitsmeinung nur dann verbindlich, wenn es um die „ordnungsgemäße" Verwaltung des Nachlasses geht (§ 2038 Abs. 1 Satz 2 BGB).

Ordnungsmäßige Verwaltung gem. § 2038 Abs. 1 Satz 2 i.V.m. § 745 BGB umfasst alle Maßnahmen, die der Beschaffenheit des betreffenden Nachlassgegenstands und dem Interesse aller Miterben nach billigem Ermessen entsprechen.

Auch Verfügungen

Unter den Begriff gemeinschaftliche Verwaltung des Nachlasses i.S.v. § 2038 Abs. 1 BGB fallen grundsätzlich auch Verfügungen über Nachlassgegenstände (BGH, Urt. v. 28.09.2005 – IV ZR 82/04, ZEV 2006, 24), denn § 2038 Abs. 1 Satz 2 erster Halbsatz BGB spricht sehr viel umfassender als etwa § 2040 Abs. 1 BGB, der sich nur auf Verfügungen bezieht, von „Maßregeln".

Praxistipp

Im Vorfeld einer Maßnahme der ordnungsgemäßen Verwaltung kann die Mitwirkung der Miterben im Klageweg erzwungen werden. Zu verklagen sind die Erben, die entweder gegen die Maßnahme gestimmt oder sich überhaupt nicht an der Verwaltung beteiligt haben. Liegt ein Beschluss der Erbengemeinschaft noch nicht vor, ist ausschließlich die weiter reichende Klage auf Zustimmung zu der beabsichtigten Maßnahme zu erheben. Das obsiegende Urteil gegen einen Miterben, der seine Mitwirkung verweigert hat, ersetzt gem. § 894 ZPO dessen verweigerte Zustimmung.

Eine „wesentliche Veränderung" gem. §§ 2038 Abs. 2 Satz 1, 745 Abs. 3 BGB setzt voraus, dass die Zweckbestimmung oder Gestalt des Nachlasses als Ganzes (BGHZ 140, 63) in einschneidender Weise geändert würde (BGHZ 101, 24). Dafür spielt nur eine untergeordnete Rolle, ob die Zusammensetzung des Nachlasses umgestaltet werden soll. Bedeutsam ist vielmehr, ob der Substanzwert gemindert würde, weil der Gesetzeszweck dahin geht, wirtschaftliche Einbußen bis zur Teilung des Nachlasses zu vermeiden (BGH, Urt. v. 28.09.2005 – IV ZR 82/04, NJW 2006, 439).

Verkauf keine unzulässige Teilauseinandersetzung

Die Annahme einer ordnungsgemäßen Verwaltungsmaßnahme beim Verkauf einer zum Nachlass gehörenden Immobilie scheitert auch nicht daran, dass es sich bei der Veräußerung der Immobilie um eine unzulässige

Teilauseinandersetzung handelt. Die beabsichtigte freihändige Veräußerung des Nachlassgrundstücks stellt sich vielmehr als eine unschädliche, die Erbauseinandersetzung lediglich vorbereitende Maßnahme dar, die ihre Eigenschaft als Verwaltungsmaßregel nicht in Frage stellt (BGH, Urt. v. 28.09.2005 – IV ZR 82/04, ZEV 2006, 24). Die Veräußerungspläne des Mandanten betrafen daher eine gem. § 2038 Abs. 1 Satz 2 BGB grundsätzlich mitwirkungspflichtige Verwaltungsmaßregel.

Keine wesentliche Veränderung des Gegenstands

Die Miterbin war auch nicht deswegen von ihrer Mitwirkungspflicht entbunden, weil in der Veräußerung eine „wesentliche Veränderung des Gegenstands" gelegen hätte, die gem. §§ 2038 Abs. 2 Satz 1, 745 Abs. 3 Satz 1 BGB nicht verlangt werden kann. Wesentlich ist eine Veränderung, wenn durch die beabsichtigte Verwaltungsmaßnahme die Zweckbestimmung oder Gestalt in einschneidender Weise geändert wird, wobei für die Wesentlichkeit einer Veränderung auf den gesamten Nachlass abzustellen ist.

Bloße Umstrukturierung des Nachlasses

Durch den Verkauf des Grundstücks tritt der Erlös im Wege der dinglichen Surrogation an die Stelle der Immobilie (§ 2041 Satz 1 BGB). Durch den Verkauf wird also nur die Zusammensetzung des Nachlasses verändert, nicht jedoch der Substanzwert gemindert. Vor diesem Hintergrund stellt sich die geplante Veräußerung eines von mehreren Nachlassgrundstücken als bloße Umstrukturierung des Gesamtnachlasses dar, mit der lediglich das ursprünglich bestehende etwa gleichwertige Verhältnis von Barvermögen und Grundbesitz zugunsten des Barvermögens verschoben werden sollte. Bei einem Gesamtnachlasswert von über 800.000 € kann eine solche Veränderung des Nachlassbestands in Höhe des zu erzielenden Kaufpreises von 150.000 € nicht als wesentlich gewertet werden, denn die wirtschaftliche Grundlage der Erbengemeinschaft blieb davon unberührt (BGH, Urt. v. 28.09.2005 – IV ZR 82/04, ZEV 2006, 24). Ebenso wenig wird dadurch der Charakter des gesamten Nachlasses geändert (BGHZ 140, 63, 69).

Warnhinweis

Anders wäre der Fall zu beurteilen, wenn das Grundstück später nicht veräußert, sondern im Rahmen einer Teilungsversteigerung versteigert wurde. Bei einer Versteigerung von Nachlassgegenständen zur Vorbereitung der Teilung handelt es sich nicht um eine Maßnahme ordnungsgemäßer Erbenverwaltung, da es dabei nicht um den wirtschaftlichen Erhalt des Gemeinschaftsvermögens geht.

Schadensersatzpflicht

Durch die schuldhafte Verletzung ihrer Mitwirkungspflicht hat sich die Miterbin daher schadensersatzpflichtig gemacht.

Sachverhalt | Checkliste | Lösung | **Verfahren** | Muster

Klage auf Schadensersatz

Soweit die Schwester außergerichtlich nicht bereit ist, den durch ihre Verweigerung der Erklärung ihrer Zustimmung zum Verkauf entstandenen Schaden zu ersetzen, müsste der Mandant den der Erbengemeinschaft zustehenden Schadensersatzanspruch im Wege einer Klage auf Schadensersatz geltend machen.

Aktivlegitimation

Bei der hier geltend gemachten Schadensersatzforderung handelt es sich um eine Nachlassforderung gem. § 2039 BGB. Der Mandant als Miterbe ist daher berechtigt, den Anspruch alleine für die Erbengemeinschaft geltend zu machen.

Sachverhalt | Checkliste | Lösung | Verfahren | **Muster**

Klage auf Schadensersatz wegen fehlender Mitwirkung

Amtsgericht/Landgericht
...
Straße, Hausnr./Postfach
PLZ Ort

Klage

des Herrn ...

– Kläger zu 1.) –

und

des Herrn ...

– Kläger zu 2.) –

Prozessbevollmächtigte: ...

gegen

Frau ...

– Beklagte –

wegen Schadensersatz

Namens und mit Vollmacht der Kläger erhebe ich Klage und werde

beantragen:

1. Die Beklagte wird verurteilt, an die Erbengemeinschaft nach ..., bestehend aus den Klägern zu 1.) und 2.) und der Beklagten, einen Betrag i.H.v. ... € nebst Zinsen i.H.v. fünf Prozentpunkten über dem Basiszinssatz seit dem ... zu bezahlen.

2. Die Beklagte trägt die Kosten des Rechtsstreits
3. Das Urteil ist vorläufig – ggf. gegen Sicherheitsleistung – vollstreckbar.

Für den Fall der Säumnis beantragen wir den Erlass eines Versäumnisurteils.

Begründung:

Die Kläger machen mit der Klage gegen die Beklagte Schadensersatzansprüche wegen fehlender Mitwirkungshandlungen geltend.

Am ... ist Frau ... mit letztem Wohnsitz in ... verstorben. Die Erblasserin war zum Zeitpunkt ihres Todes verwitwet und wurde aufgrund gesetzlicher Erbfolge von den Parteien als einzige Abkömmlinge zu gleichen Teilen beerbt.

Beweis: Erbschein des Amtsgerichts – Nachlassgericht – ... vom ...

Zum Nachlass der Verstorbenen gehören ...

Darüber hinaus gehört zum Nachlass ein Grundstück in ..., Flurstücknr. ..., eingetragen im Grundbuch .... Das Grundstück ist nach erfolgter Grundbuchberichtigung Eigentum der Erbengemeinschaft.

Beweis: Beglaubigter Grundbuchauszug vom ....

Die Zeugen Frau und Herr ... kamen im ... auf die Erbengemeinschaft zu und boten dieser an, das zum Nachlass gehörende Grundstück zum Preis von ... zu kaufen.

Beweis: Zeugenaussage der Frau und des Herrn ..., ladungsfähige Anschrift:

Der Kaufpreis entsprach dem Verkehrswert, den ein Sachverständiger für die Bewertung bebauter und unbebauter Grundstücke für die Immobilie zum Todestag festgestellt hatte.

Beweis: Sachverständigengutachten vom ... in Kopie

– als Anlage –

Die Kläger waren mit dem Verkauf einverstanden.

Die Beklagte verweigerte jedoch ihre Zustimmung zu der Veräußerung. Zuletzt wurde sie mit Schreiben vom ... vergeblich aufgefordert, bei dem Verkauf mitzuwirken.

Beweis: Schreiben vom ... in Kopie

– als Anlage –

Nachdem ein kurzfristiger Verkauf an die Zeugen Frau und Herr ... nicht möglich war, zogen diese ihr Angebot im ... zurück.

Erst im ... unter dem Eindruck der drohenden Renovierungsarbeiten erklärte sich die Beklagte bereit, das Grundstück ... zu veräußern. Nunmehr waren jedoch lediglich noch Interessenten zu gewinnen, die bereit waren, einen Kaufpreis von maximal ... € zu zahlen.

Beweis: Zeugnis des Immobilienmaklers ..., ladungsfähige Anschrift

Die Immobile konnte dann schließlich am ... an die Eheleute ... verkauft werden, wobei ein Kaufpreis von ... € vereinbart und auch gezahlt worden ist.

Durch die grundlose Weigerung der Beklagten, an dem Verkauf an die Zeugen Frau und Herr ... mitzuwirken, ist der Erbengemeinschaft ein Schaden i.H.v. ... € zzgl. Zinsen entstanden. Hätte die Beklagte im ... dem Verkauf an die Zeugin Frau und Herrn ... zugestimmt, hätte die Erbengemeinschaft einen Kaufpreis von ... € erzielt.

Aufgrund dieses Sachverhalts wurde die Beklagte mit Schreiben vom ... aufgefordert, der Erbengemeinschaft den Schaden i.H.v. ... € zu ersetzen.

Beweis: Schreiben vom ... in Kopie

– als Anlage –

Bisher ist jedoch keine Reaktion seitens der Beklagten erfolgt.

Die Klage ist daher geboten.

Beglaubigte und einfache Anschrift anbei.

Rechtsanwältin/Rechtsanwalt

Mandatssituation 8.6: Reparatur des Wasserrohrs als Maßnahme der Notgeschäftsführung?

Sachverhalt | Checkliste | Lösung | Verfahren | Muster

Die Geschwister sind Miterben zu je 1/2. Zum Nachlass gehört ein Mehrfamilienhaus in Dresden, welches vermietet ist. Der Mandant, der selber in Dresden wohnt, kümmert sich um die Verwaltung des Mehrfamilienhauses, während seine Schwester in Hamburg lebt. Als es zu einem Wasserrohrbruch im Bad der Dachwohnung kommt und ein Durchsickern des Wassers in die darunterliegenden Wohnungen zu befürchten ist, beauftragt der Mandant eine Sanitärfirma mit der notdürftigen Beseitigung des Rohrbruchs und bezahlt deren Rechnung. Seine Schwester in Hamburg konnte der Mandant trotz mehrfacher Versuche nicht erreichen. Der Mandant möchte die an die Sanitärfirma entrichteten Kosten von seiner Schwester erstattet bekommen. Diese verweigert jedoch die Bezahlung, da sie die Kosten für zu hoch hält.

Sachverhalt | **Checkliste** | Lösung | Verfahren | Muster

Existiert zwischen den Miterben eine Vereinbarung über die Beauftragung von Drittfirmen und wie ist die Begleichung der durch eine beauftragte Firma entstehenden Kosten geregelt?	☐
Welche Maßnahmen wurden in Auftrag gegeben?	☐
Warum wurden diese Maßnahmen bzw. Arbeiten in Auftrag gegeben?	☐
Gab es hierzu vorab Absprachen zwischen den Miterben?	☐
Wenn nicht, warum wurde vorab keine Absprache getroffen?	☐
Wie und wann wurde versucht, die Miterben zu erreichen? Gibt es hierfür Beweise?	☐
Wer hat die Firma beauftragt und in wessen Namen (im eigenen oder im Auftrag der Erbengemeinschaft)?	☐

Siehe hierzu im Übrigen die Checkliste in Mandatssituation 8.4, S. 495.

Sachverhalt | Checkliste | **Lösung** | Verfahren | Muster

Anspruch auf Ersatz der Kosten

Soweit es sich bei der Reparatur des Wasserrohrbruchs um eine notwendige Maßnahme i.S.v. § 2038 Abs. 1 Satz 2 zweiter Halbsatz BGB gehandelt hat, war der Mandant zur Abwendung des Schadens von der Erbengemeinschaft verpflichtet und kann Ersatz der hierfür notwendigen Kosten von seiner Schwester verlangen.

Notwendige Maßnahme

Nach § 2038 Abs. 1 Satz 2 zweiter Halbsatz BGB wird bei Vorliegen einer notwendigen Maßnahme die Handlungsfähigkeit der Erbengemeinschaft in besonderen Ausnahmefällen gewährleistet. Eine notwendige Maßnahme liegt vor, wenn ohne sie der Nachlass insgesamt oder Teile hiervon Schaden nehmen würden.

Maßnahme der ordnungsgemäßen Verwaltung

Die Regelung des § 2038 Abs. 1 Satz 2 zweiter Halbsatz BGB ist im Wesentlichen deckungsgleich mit § 744 Abs. 2 Satz 1 BGB, denn notwendige Maßregeln sind zwangsläufig gleichzeitig Maßnahmen der ordnungsgemäßen Verwaltung. Entspricht eine Maßnahme nach billigem Ermessen schon nicht der Beschaffenheit des betreffenden Nachlassgegenstands oder nicht dem Interesse aller Miterben, so kann sie erst recht kein Fall der notwendigen Verwaltung sein. Daher müssen auch bei der notwendigen Verwaltungsmaßnahme die Voraussetzungen der ordnungsgemäßen Verwaltung vorliegen.

Dringlichkeit

Neben dem Vorliegen einer Maßnahme der ordnungsgemäßen Verwaltung muss die Maßnahme zur Erhaltung des Nachlasses erforderlich und derart dringlich sein, dass sie keinen weiteren Aufschub duldet. Ebenso wie bei der ordnungsgemäßen Verwaltung kommt es auch hier auf den Standpunkt eines vernünftig und wirtschaftlich denkenden Beurteilers zu dem Zeitpunkt an, an dem die Handlung vorgenommen werden soll. Die Vorschrift ist eng auszulegen, da sie andernfalls die übrigen Regelungen des Einstimmigkeits- bzw. Mehrheitsprinzips aushöhlen würde. Soweit ohne weitere objektive Gefährdung des Nachlasses oder von Teilen davon eine Zustimmung der Erben eingeholt werden kann, liegt daher kein Fall der Notverwaltung vor.

Keine Notgeschäftsführung bei abweichendem Beschluss

Das Recht zur alleinigen Vornahme von Notverwaltungsmaßnahmen stellt eine Ausnahmeregelung dar, um bei dringenden Gefahrenlagen die Handlungsfähigkeit der Erbengemeinschaft zu beschleunigen und Schaden vom Nachlass abwenden zu können. Sie beruht auf dem Gedanken, dass die Abwendung des Schadens im Interesse der Miterben ist. Gegen den Willen der Miterben ist daher eine Notgeschäftsführung nicht möglich. Wurde daher bereits ein Beschluss von den Miterben mit Stimmenmehrheit gem. §§ 2038 Abs. 2, 745 BGB gefasst, kann dieser Beschluss nicht ohne Änderung der tatsächlichen Voraussetzungen umgangen werden.

Praxistipp

Fragen Sie daher im Mandantengespräch ausdrücklich beim Mandanten nach, ob die nunmehr durchgeführte Maßnahme bereits vorher einmal Thema in der Erbengemeinschaft war.

Pflicht zum Tätigwerden

Nach § 2038 Abs. 1 Satz 2 zweiter Halbsatz BGB ist ein Miterbe verpflichtet, Maßnahmen durchzuführen, die einerseits keinen Aufschub dulden und andererseits erforderlich sind, um Schaden vom Nachlass abzuwenden. Der Miterbe, dem ein Handeln möglich ist, kann es sich daher nicht aussuchen, ob er im Rahmen der Notverwaltung tätig wird oder nicht. Wird der Miterbe, der die Möglichkeit zur Notverwaltung hat, nicht tätig, macht er sich gegenüber der Erbengemeinschaft schadensersatzpflichtig.

Verpflichtung der Miterben

Bei Vorliegen einer Notstandsmaßnahme nach § 2038 Abs. 1 Satz 2 zweiter Halbsatz BGB kann der Kläger den Nachlass allein verpflichten. Ihm steht eine gesetzliche Vertretungsmacht zu. Voraussetzung für die Verpflichtung des Nachlasses ist jedoch, dass für den Vertragspartner objektiv erkennbar war, dass eine Nachlassverbindlichkeit begründet werden soll. Hierzu muss der Erbe entweder im Namen der Erbengemeinschaft handeln oder die Haftung auf den Nachlass beschränken. War dies der Fall, so haften alle Miterben gesamtschuldnerisch für die Verbindlichkeit, § 2058 BGB. Hat der handelnde Erbe Vorleistungen gegenüber dem Dritten erbracht, kann er gegenüber den übrigen Erben Gesamtschuldnerausgleich gem. §§ 2058, 426 BGB geltend machen.

Praxistipp

Bei Vergabe des Auftrags sollte daher darauf geachtet werden, dass der Miterbe den Auftrag nicht im eigenen Namen, sondern ausdrücklich im Namen der Erbengemeinschaft abschließt.

Auftragserteilung im eigenen Namen

Handelt der Miterbe, wie im Beispielsfall, im eigenen Namen, so kann er lediglich anteiligen Aufwendungsersatz bzw. Freistellungsansprüche gem. §§ 2038 Abs. 1 Satz 2, 748 BGB geltend machen.

Praxistipp

Als weitere Anspruchsgrundlage kommt § 670 BGB in Betracht.

Warnhinweis

Als Vertreter der verklagten Miterben sollten Sie eine Haftungsbeschränkung gem. § 2059 BGB analog gegenüber dem handelnden Erben geltend machen (Palandt/Weidlich, § 2038 Rdnr. 12). Prozessual wird die Haftungsbeschränkung durch einen Vorbehalt gem. § 780 ZPO geltend gemacht (BGH, Urt. v. 02.02.2010 – VI ZR 82/09).

Anspruch vor Auseinandersetzung

Der handelnde Miterbe kann von der Erbengemeinschaft Ersatz seiner Aufwendungen nach § 2038 Abs. 2 i.V.m. § 748 BGB verlangen und muss damit auch nicht bis zur Auseinandersetzung der Erbengemeinschaft warten.

Sachverhalt | Checkliste | Lösung | **Verfahren** | Muster

Zuständiges Gericht

Die örtliche Zuständigkeit richtet sich wahlweise nach §§ 12, 13 oder 27 ZPO. § 28 ZPO ist hier nicht einschlägig, da der Mandant als Kläger nur sich selbst aus dem Vertrag mit der Sanitärfirma verpflichtet hat. Es liegt damit nur eine eigene Verbindlichkeit des Mandanten, jedoch keine Nachlassverbindlichkeit vor. Bei mehreren Erben ist § 28 ZPO jedoch nur einschlägig, wenn eine gesamtschuldnerische Haftung der Miterben für die eingeklagte Forderung gem. §§ 2060 ff. BGB besteht (Zöller/Vollkommer, § 28 Rdnr. 4).

Streitwert

Der Streitwert bemisst sich nach der im Klageantrag geltend gemachten Forderung.

Begründung

In der Klageschrift ist substantiiert darzulegen und zu beweisen, dass es sich bei der von der Klägerin/dem Kläger im eigenen Namen vorgenommenen Maßnahme um eine Maßnahme der Notverwaltung i.S.d. § 2038 Abs. 1 Satz 2 zweiter Halbsatz BGB handelt. Hilfeweise sollten jedoch auch Ausführungen zum Anspruch aus § 683 bzw. § 684 BGB gemacht werden. Sollten die Voraussetzungen einer Notstandsmaßnahme i.S.d.

§ 2038 Abs. 1 Satz 2 zweiter Halbsatz BGB nämlich nicht vorliegen, kann der handelnde Miterbe seinen Anspruch auf die Vorschriften der Geschäftsführung ohne Auftrag gem. § 683 bzw. § 684 BGB stützen (BGH, Urt. v. 20.05.1987 – IVa ZR 42/86, NJW 1987, 3001).

Klage auf Erstattung der Handwerkerkosten

Amtsgericht/Landgericht
...
Straße, Hausnr./Postfach
PLZ Ort

Klage

des Herrn ...

– Kläger –

Prozessbevollmächtigte: ...

gegen

Frau ...

– Beklagte –

wegen Forderung

Namens und mit Vollmacht des Klägers erhebe ich Klage und werde beantragen:

1. Die Beklagte wird verurteilt, an den Kläger einen Betrag i.H.v. ... € nebst Zinsen i.H.v. fünf Prozentpunkten über dem Basiszinssatz seit dem ... zu bezahlen.
2. Die Beklagte trägt die Kosten des Rechtsstreits.
3. Das Urteil ist vorläufig – ggf. gegen Sicherheitsleistung – vollstreckbar.

Begründung:

Der Kläger macht mit der Klage gegen die Beklagte einen Aufwendungsersatzanspruch für von ihm verauslagte Kosten geltend.

Am ... ist Frau ... mit letztem Wohnsitz in ... verstorben. Die Erblasserin war zum Zeitpunkt ihres Todes verwitwet und wurde aufgrund gesetzlicher Erbfolge von den Parteien als einzige Abkömmlinge zu gleichen Teilen beerbt.

Beweis: Erbschein des Amtsgerichts – Nachlassgericht – ... vom ....

Zum Nachlass der Verstorbenen gehört ein Grundstück in ..., Flurstücknr. ..., eingetragen im Grundbuch .... Das Grundstück ist nach erfolgter Grundbuchberichtigung Eigentum der Erbengemeinschaft.

Beweis: Beglaubigter Grundbuchauszug vom ....

Das Grundstück ist mit einem Mehrfamilienhaus bebaut, welches vermietet ist.

Am ... riefen die Mieter der Wohnung im Dachgeschoss des Mehrfamilienhauses Frau/Herr ... bei dem Kläger an und teilten mit, dass ein Rohr in der Wand des Badezimmers offensichtlich defekt sei und das Bad komplett unter Wasser stehe.

Beweis: Zeugenaussage der Frau/des Herrn ...

Der Kläger fuhr daraufhin sofort zum Haus, um den Schaden zu besichtigen, konnte jedoch auch durch das Abstellen der Wasserversorgung den Wasserfluss nicht stoppen.

Beweis: wie vor

Noch am selben Tag beauftragte der Kläger daher im eigenen Namen die Firma ... mit der notdürftigen Reparatur des Wasserrohrs, um das weitere Eindringen von Wasser in die Böden und Zwischendecken der darunterliegenden Stockwerke des Hauses zu verhindern. Die Beauftragung der Sanitärfirma ... GmbH war unbedingt notwendig, um weiteren Schaden für das streitgegenständliche Gebäude abzuwenden.

Beweis: Einholung eines Sachverständigengutachtens

Zeugenaussage des Herrn ... als Geschäftsführer der Sanitärfirma ... GmbH

Am Tag des Wasserschadens hatte der Kläger mehrfach versucht, die Beklagte unter der Telefonnummer ... zu erreichen, und zwar um ..., ... und um .... Die Beklagte ging jedoch nicht ans Telefon. Der Kläger hinterließ ihr auch eine Nachricht auf dem Anrufbeantworter. Auch auf diese reagierte die Beklagte nicht.

Beweis: Einzelverbindungsnachweis der Telekom in Kopie

– als Anlage –

Mit Rechnung vom ... stellte die Sanitärfirma ... GmbH die Arbeiten vom ... i.H.v. ... € in Rechnung.

Beweis: Rechnung der Sanitärfirma vom ... in Kopie

– als Anlage –

Der Kläger hat die Rechnung durch Überweisung vom ... vollständig ausgeglichen.

Beweis: Überweisungsträger des Klägers vom ... in Kopie

– als Anlage –

Der Kläger macht mit der Klage den hälftigen Rechnungsbetrag i.H.v. ... € gegenüber der Beklagten geltend und stützt seinen Anspruch auf §§ 2308 Abs. 1 Satz 2, 745 BGB. Danach ist jeder Erbe verpflichtet, die Kosten für die Erhaltung eines Nachlassgegenstands entsprechend seinem Erbteil zu tragen. Da die streitgegenständliche Maßnahme keinen Aufschub duldete, liegt eine Notstandsverwaltungsmaßnahme gem. § 2038 Abs. 1 Satz 2 zweiter Halbsatz BGB vor. Der Kläger kann mithin von der Beklagten anteilige Erstattung der Reparaturkosten für den Wasserschaden verlangen.

Der Kläger hat die Beklagte mehrfach, letztmalig mit Schreiben vom ... unter Fristsetzung zum ... aufgefordert, die geltend gemachte Klageforderung zu bezahlen.

Beweis: Schreiben des Klägers vom ... in Kopie

– als Anlage –

Bisher ist jedoch keine Reaktion seitens der Beklagten erfolgt. Die Klage ist daher geboten. Beglaubigte und einfache Anschrift anbei. Rechtsanwältin/Rechtsanwalt

Mandatssituation 8.7: Ausscheiden eines Miterben aus der Erbengemeinschaft

Sachverhalt | Checkliste | Lösung | Verfahren | Muster

Die drei Geschwister sind Miterben zu je 1/3. Zum Nachlass gehören ein Mehrfamilienhaus und ein Wertpapierdepot. In seinem Testament hat der Erblasser Dauertestamentsvollstreckung angeordnet und die Auseinandersetzung für zehn Jahre ausgeschlossen. Der Mandant als Miterbe zu 1/3 benötigt Geld und möchte aus der Erbengemeinschaft ausscheiden und seinen Anteil veräußern.

Sachverhalt | **Checkliste** | Lösung | Verfahren | Muster

Welche Gegenstände gehören zum Nachlass?	☐
Welche Unterlagen besitzt der Mandant zum Nachlass (Kontoauszüge, Sparbücher, Rechnungen, Darlehensverträge, Depotauszüge usw.)?	☐
Liegt ein Nachlassverzeichnis vor?	☐
Welchen Wert hat der Nachlass?	☐
Befinden sich im Nachlass Immobilien oder Geschäftsanteile?	☐
Haben die Miterben bereits Nachlassgegenstände im Rahmen von Teilaus-einandersetzungen verteilt?	☐
Sind alle Nachlassverbindlichkeiten beglichen?	☐
Ist der Nachlass teilbar oder liegt eine Einigung über die Übernahme einzelner Nachlassgegenstände durch die Miterben vor?	☐

Verfügung über den Miterbenanteil (§ 2033 BGB)

Die starke Bindung innerhalb der zwangsweise entstehenden Erbengemeinschaft kann zu einer Bürde für die Miterben werden. Dies gilt insbesondere dann, wenn der Erblasser die Auseinandersetzung auf Dauer ausgeschlossen hat oder wenn Streitigkeiten unter den Miterben eine einvernehmliche Auseinandersetzung unmöglich machen. § 2033 Abs. 1 BGB gibt jedem Miterben deshalb das Recht, über seinen Anteil am Nachlass zu verfügen. Hierdurch erhält er die Möglichkeit, seinen Anteil am Vermögen des Erblassers schon vor der Auseinandersetzung wirtschaftlich zu verwerten, indem er ihn entweder veräußert oder als Kreditsicherheit einsetzt.

Unbeschränkbares Verfügungsrecht

Das Verfügungsrecht der Miterben ist ein Individualrecht, das weder vom Erblasser unmittelbar durch Verfügung von Todes wegen oder mittelbar durch Ernennung eines Testamentsvollstreckers, noch von den Miterben selbst durch entsprechende Vereinbarung ausgeschlossen oder beschränkt werden kann. Geschützt vor dem Eindringen Dritter in die Erbengemeinschaft werden die Miterben allein durch ihr gesetzliches Vorkaufsrecht. Eine Verfügung über den Anteil der Miterben am Nachlass ist lediglich vor Eintritt des Erbfalls ausgeschlossen (§ 311b Abs. 4 BGB).

Praxistipp

Möglich ist allein der Abschluss einer schuldrechtlichen Verpflichtung unter künftigen gesetzlichen Erben über ihren gesetzlichen Erbteil (§ 311b Abs. 5 BGB).

Verfügungsberechtigte

Berechtigt, über seinen Anteil am Nachlass zu verfügen, ist jeder Miterbe. Die Höhe seiner Beteiligung am Nachlass ist dabei unerheblich.

Verfügungsgegenstand

Gegenstand der Verfügung ist nicht das Erbrecht als solches, sondern der Anteil des Miterben am Nachlass, also die quotale Beteiligung des Miterben am Gesamthandvermögen. Verfügt werden kann sowohl über den Anteil am Nachlass im Ganzen als auch über einen Bruchteil hiervon. Die Verfügung umfasst die gesamte mitgliedschafts- und vermögensrechtliche Stellung des Miterben in der Erbengemeinschaft, insbesondere auch die daraus fließenden Ansprüche auf Teilhabe an der Verwaltung und Nutzung des Nachlasses, sowie auf Verteilung des Überschusses bei der Auseinandersetzung.

Verfügungszeitraum

Über seinen Anteil kann der Miterbe verfügen, solange die Erbengemeinschaft besteht, also noch Teile des gesamthänderisch gebundenen Sondervermögens vorhanden sind. So lange auch nur noch ein einziger Nachlassgegenstand vorhanden ist, ist die Erbengemeinschaft noch nicht auseinandergesetzt und eine Verfügung des Miterben über seinen Erbteil möglich. Demgegenüber kann der Miterbe über seinen Anteil an einem einzelnen Nachlassgegenstand nicht verfügen (§ 2033 Abs. 2 BGB). Dies gilt selbst dann, wenn der Nachlass nur noch aus einem einzigen Gegenstand besteht, denn möglich ist nur eine gemeinsame Verfügung aller Miterben über einen oder mehrere Nachlassgegenstände insgesamt (§ 2040 Abs. 1 BGB).

Praxistipp

Eine unwirksame Verfügung über den Anteil eines Miterben an einem einzelnen Nachlassgegenstand kann auch nicht nachträglich über § 185 Abs. 2 BGB durch Genehmigung der übrigen Miterben oder Zuteilung des Gegenstands im Rahmen der Auseinandersetzung geheilt werden. Zulässig ist jedoch, dass sich ein Miterbe schuldrechtlich verpflichtet, einen Nachlassgegenstand für den Fall zu verschaffen, dass er ihm bei der Auseinandersetzung zufällt.

Form

Die Verfügung über einen Erbteil muss gem. § 2033 Abs. 1 Satz 2 BGB notariell beurkundet werden (§ 128 BGB, § 20 BNotO). Zu beurkunden ist sowohl die Abtretungserklärung des Veräußerers als auch die Annahmeerklärung des Erwerbers. Entsprechendes gilt für das zugrundeliegende schuldrechtliche Verpflichtungsgeschäft, sei es ein Erbteilskauf (§§ 2371, 1922 Abs. 2 BGB) oder ein anderer Vertrag, der auf die Veräußerung eines angefallenen oder erworbenen Erbteils gerichtet ist (§§ 2385 Abs. 1, 1922 Abs. 2 BGB). Ein Verstoß gegen das Erfordernis der notariellen Beurkundung führt gem. § 125 Satz 1 BGB zur Nichtigkeit des Verfügungsvertrags. Durch Vollziehung der Übertragung wird ein Mangel in der Form nicht geheilt, denn das Gesetz sieht anders als bei Grundstücken (dort § 311b Abs. 2 Satz 2 BGB) keine Heilung vor. Auch eine analoge Anwendung wird vom BGH abgelehnt (BGH, Urt. v. 02.02.1967 – III ZR 193/64, NJW 1967, 1128).

Sicherung von Leistung und Gegenleistung

In der Praxis bereitet die Sicherung von Leistung und Gegenleistung bei der Erbteilsveräußerung größere Probleme und führt häufig zu kreativen Konstruktionen. Hintergrund ist, dass der Erwerber das Risiko trägt, dass der Erbteil dem Veräußerer entweder überhaupt nicht zusteht, dass er bereits anderweitig veräußert bzw. belastet wurde oder dass sich der Umfang des Nachlasses zuungunsten des Erwerbers ändert, wenn der Veräußerer gemeinsam mit den übrigen Miterben über Nachlassgegenstände verfügt. Hiervor ist der Erwerber auch über die Regeln des gutgläubigen Erwerbs gem. §§ 892 ff., 932 ff., 2366 BGB nicht geschützt, da hier nicht einzelne Gegenstände erworben werden. Auch das bei einer Grundstücksveräußerung übliche Sicherungsmittel der Vormerkung gem. §§ 883 ff. BGB steht nicht zur Verfügung, selbst wenn der Nachlass nur aus einem Grundstück besteht. Zur Sicherung der Kaufpreiszahlung und der Übertragung des Erbteils im vereinbarten Umfang sollte daher auf eine Übertragung unter aufschiebender Bedingung der Kaufpreiszahlung oder eine Übertragung unter auflösender Bedingung des Rücktritts des Veräußerers zurückgegriffen werden. Auch eine Hinterlegung des Kaufpreises auf einem Notaranderkonto ist möglich.

Praxistipp

Von der teilweise empfohlenen Möglichkeit, zuerst den Verkauf und nach Kaufpreiszahlung die dingliche Übertragung getrennt zu beurkunden, ist abzuraten, denn auch hierbei besteht für den Käufer die Gefahr, dass er den Erbteil trotz vollständiger Zahlung nicht erhält, weil der Verkäufer zwischenzeitlich in Insolvenz fällt, über den Erbteil anderweitig verfügt oder dieser gepfändet wird. Zudem ist eine solche Vorgehensweise erheblich kostenintensiver, da bei getrennter Beurkundung eine doppelte Gebühr gemäß der Vorbem. 2.1 vor Nr. 21100 KV GNotKG anfällt.

Vorkaufsrecht der Miterben (§§ 2034–2037 BGB)

Verkauft ein Miterbe seinen Anteil am Nachlass, steht den Miterben ein Vorkaufsrecht zu. Hierdurch soll das Eindringen Dritter in die Erbengemeinschaft verhindert werden.

Voraussetzungen des Vorkaufsrechts

Voraussetzung für das Entstehen eines Vorkaufsrechts der Miterben ist ein freihändiger Erbteilsverkauf nach §§ 2371, 1922 Abs. 2 BGB. Andere Rechtsgeschäfte, die auf Veräußerung eines Erbteils gerichtet sind, aber keinen Verkauf im rechtlichen Sinne darstellen (z.B. Schenkung), können das Vorkaufsrecht nicht auslösen. Gegenstand des Kaufvertrags muss der Anteil eines Miterben am Nachlass oder ein Bruchteil dieses Anteils sein. Kein Vorkaufsrecht entsteht daher, wenn ein Nachlassgegenstand zum Zweck der Auseinandersetzung im Wege des Pfandverkaufs oder der Teilungsversteigerung verkauft wird (§ 2042 Abs. 2 i.V.m. § 753 Abs. 1 Satz 1 BGB).

Praxistipp

Mangels Freihändigkeit besteht auch bei einem Verkauf im Wege der Zwangsvollstreckung oder aus einer Insolvenzmasse kein Vorkaufsrecht (§ 471 BGB).

Warnhinweis

Umgehungsgeschäfte, mit denen die Vertragsparteien versuchen, die Ausübung des gesetzlichen Vorkaufsrechts durch die übrigen Miterben zu verhindern, können ebenfalls ein Vorkaufsrecht auslösen. Voraussetzung hierfür ist, dass sie bei wirtschaftlicher Betrachtungsweise einem Erbteilsverkauf gleichstehen.

Ausübungsfrist

Das Vorkaufsrecht kann nach § 2034 Abs. 2 Satz 1 BGB nur innerhalb einer Frist von zwei Monaten ausgeübt werden. Die Ausübungsfrist läuft für jeden Vorkaufsberechtigten gesondert und beginnt jeweils mit dem Zugang der Mitteilung über den Abschluss des Kaufvertrags (§ 469 Abs. 1 BGB; BGH, NJW 2002, 820). Die Mitteilung kann formlos erfolgen, muss aber klar und verständlich sein. Sie setzt die Frist nur dann in Lauf, wenn sie den Inhalt des Kaufvertrags zutreffend und vollständig wiedergibt

(OLG Köln, RdL 1958, 327). Beweispflichtig für den Zugang der Mitteilung und den Zeitpunkt des Empfangs ist der Veräußerer (OLG Köln, RdL 1958, 327).

Praxistipp

Zum Nachweis des Fristanlaufs sollte der Zugang der Mitteilung über den Abschluss des Kaufvertrags bei den Miterben unbedingt durch Zeugen oder Einschreibebestätigung der Post nachweisbar sein.

Empfänger der Ausübungserklärung

Bis zur Übertragung des verkauften Erbteils ist das Vorkaufsrecht durch Erklärung des Vorkaufsberechtigten gegenüber dem Verkäufer auszuüben (§ 464 Abs. 1 Satz 1 BGB); nach der Erbteilübertragung ist das Vorkaufsrecht gegenüber dem Käufer (§ 2035 Abs. 1 BGB) und im Fall einer Weiterveräußerung gegenüber dem weiteren Erwerber (§ 2037 BGB) auszuüben. Der Verkäufer hat die übrigen Miterben von der Übertragung des Anteils unverzüglich zu benachrichtigen (§ 2035 Abs. 2 BGB). Solange dies nicht geschehen ist, können die Miterben ihr Recht auch nach der Übertragung wirksam gegenüber dem Verkäufer ausüben.

Form und Inhalt der Ausübungserklärung

Die Ausübungserklärung bedarf keiner besonderen Form. Aus Beweisgründen sollte sie aber schriftlich mit Zugangsbestätigung erfolgen. Inhaltlich muss sie den unbedingten Willen erkennen lassen, anstelle des Käufers in den Erbteilskaufvertrag eintreten zu wollen. Die Erklärung von Vorbehalten oder Einschränkungen ist daher nicht zulässig.

Gemeinschaftliche Ausübung

Das Vorkaufsrecht steht den Miterben gemeinschaftlich zu. Die Miterben können das Vorkaufsrecht daher nur im Ganzen, d.h. einheitlich für den veräußerten Erbteil ausüben (§ 472 Satz 1 BGB).

Praxistipp

Einer gleichzeitig abgegebenen Ausübungserklärung bedarf es hierfür zwar nicht, jedoch eines gemeinsamen Willensentschlusses der Miterben. Dieser gemeinsame Willensentschluss der Miterben sollte dokumentiert und darauf in der Ausübungserklärung auch Bezug genommen werden.

Will ein Miterbe sein Recht nicht ausüben oder ist es ihm gegenüber erloschen, so sind die übrigen Miterben vorkaufsberechtigt (§ 472 Satz 2 BGB), und zwar wiederum gemeinschaftlich und im Ganzen.

Warnhinweis

Gehört ein Grundstück zum Nachlass, so können die Eltern das Vorkaufsrecht für ihr minderjähriges Kind nur mit familiengerichtlicher Genehmigung ausüben (§§ 1643 Abs. 1, 1821 Abs. 1 Nr. 5 BGB). Bei Vorliegen einer Betreuung oder Pflegschaft bedarf die Ausübung des Vorkaufsrechts der Genehmigung des Vormundschaftsgerichts (§§ 1821 Abs. 1 Nr. 5, 1908i Abs. 1 Satz 1, 1915 Abs. 1 Satz 1 BGB).

Alleingang eines Miterben

Möchte ein Miterbe den veräußerten Erbteil allein erwerben, kann er das Vorkaufsrecht auch unter der Bedingung ausüben, dass die übrigen Miterben auf ihr Vorkaufsrecht verzichten oder dass es ihnen gegenüber erlischt. Hierin liegt kein Verzicht auf die Ausübung des Vorkaufsrechts i.S.v. § 472 Satz 2 BGB, der die übrigen Miterben zur alleinigen Ausübung des Vorkaufsrechts unter Ausschluss desjenigen berechtigen würde, der sein Recht nur allein ausüben will (BGH, NJW 1982, 330).

Rechtsfolgen der Ausübung des Vorkaufsrechts

Wird das Vorkaufsrecht gegenüber dem Verkäufer ausgeübt, dann kommt zwischen den vorkaufsberechtigten und dem verkaufenden Miterben ein Erbteilskaufvertrag unter den Bedingungen zustande, die dieser mit dem Käufer vereinbart hatte (§ 464 Abs. 2 BGB). Die vorkaufsberechtigten Miterben erwerben den verkauften Erbteil also nicht unmittelbar, sondern haben nur einen Anspruch auf Übertragung des Erbteils, der ihnen in gesamthänderischer Verbundenheit zusteht. Mehrere Miterben erwerben den Anteil als Gesamthänder, der sich entsprechend des Verhältnisses ihrer Nachlassanteile nach Anwachsungs- bzw. Erhöhungsgrundsätzen teilt (BayObLGZ 1980, 328). Wird das Vorkaufsrecht gegenüber dem Käufer ausgeübt, dann sind die Miterben verpflichtet, diesen bereits entrichteten Kaufpreis Zug um Zug gegen Übertragung des Erbteils zu erstatten (OLG Hamburg, MDR 1961, 852). Ist der Kaufpreis dann nicht bezahlt, sind sie zur Freistellung verpflichtet. Bis dahin steht dem Käufer ein Zurückbehaltungsrecht zu.

Erlöschen des Vorkaufsrechts

Das Vorkaufsrecht erlischt, wenn die Miterben die Ausübungsfrist des § 2034 Abs. 2 Satz 1 BGB ungenutzt verstreichen lassen. Es kann jedoch auch durch Verzicht sämtlicher Miterben zum Erlöschen gebracht werden. Ein solcher Verzicht ist formlos möglich und kann schon vor der Mitteilung über die Erbteilsübertragung nach § 469 Abs. 1 BGB erfolgen.

Praxistipp

In der Praxis empfiehlt sich daher, schon vorab zu klären, ob die übrigen Miterben mit dem Verkauf des Erbteils einverstanden sind. Ist dies der Fall, sollte schon vor Abschluss des Kaufvertrags eine Verzichtserklärung von diesen Miterben eingeholt werden.

Rechte und Pflichten des Erbteilserwerbers

Der Erwerber rückt mit der Übertragung des Erbteils in die vermögensrechtliche Stellung des Miterben am Nachlass ein. Er erwirbt eine gesamthänderische Berechtigung an sämtlichen Nachlassgegenständen. Bei der Verwaltung des Nachlasses und bei der Auseinandersetzung der Erbengemeinschaft ist er fortan wie ein Miterbe zu behandeln. Er kann daher Nachlassforderungen nach § 2039 BGB für sich und die übrigen Miterben im eigenen Namen geltend machen und jederzeit nach § 2042

Abs. 1 BGB die Auseinandersetzung der Erbengemeinschaft verlangen. Als Miterbe haftet er neben dem veräußernden Miterben für die Nachlassverbindlichkeiten gem. §§ 2382, 1922 Abs. 2 BGB. Eine bereits getroffene Regelung über die Verwaltung und den Gebrauch des Nachlasses gilt auch ihm gegenüber.

Praxistipp

Einen auf seinen Namen lautenden Erbschein kann der Erbteilserwerber nicht beantragen. Zum Nachweis seiner Beteiligung am Nachlass kann er einen Erbschein auf den Namen des Erben beantragen, um diesen bei Bedarf mit einer Ausfertigung der Urkunde über die Ersatzveräußerungen vorlegen zu können.

Grundbuchberichtigung

Gehört ein Grundstück zum Nachlass, dann ist der Erwerber im Wege der Grundbuchberichtigung im Grundbuch einzutragen (§ 92 Abs. 1 GBO). Die Berichtigung setzt die Voreintragung aller Miterben voraus (§ 39 GBO).

Sachverhalt | Checkliste | Lösung | Verfahren | **Muster 1**

Erbteilsveräußerungsvertrag

Erbteilsveräußerungsvertrag

Vor mir, dem Notar ...

mit dem Amtssitz ...,

erscheinen heute:

1. Frau ..., geb. ..., wohnhaft in ...

– nachstehend Verkäuferin genannt –

2. Herr ..., geb. ..., wohnhaft in ...

– nachstehend Käufer genannt –

Auf ein Ersuchen der Erschienenen beurkundete ich ihre vor mir bei gleichzeitiger Anwesenheit abgegebenen Erklärungen wie folgt:

§ 1 Erbfolge

Die Erschienene zu 1., Frau ..., ist ausweislich des Erbscheins des Amtsgerichts – Nachlassgerichts – ..., Az.: ..., welcher bei Beurkundung in Ausfertigung vorlag, zu 1/3 Anteil Miterbin nach dem am ... verstorbenen Herrn ....

§ 2 Nachlassbestand

1. Grundvermögen

Zum ungeteilten Nachlass gehört das im Grundbuch des Amtsgerichts ... wie folgt eingetragene Grundstück:

Grundbuchamt des Amtsgerichts ...

Blatt ...

Flurstück ...

Eingetragener Eigentümer: ...

Eintragungen in:

Abteilung II: keine Belastungen

Abteilung III: keine Belastungen

2. Bewegliches Vermögen – Sonstiger Nachlass

Der sonstige Nachlass ist bereits unter den Erben abschließend auseinandergesetzt.

§ 3 Erbteilsübertragung

Die Verkäuferin verkauft hiermit ihren vorbezeichneten Erbteil am Nachlass des verstorbenen Herrn ... mit allen Rechten und Pflichten an den dies annehmenden Käufer zur Alleinberechtigung.

§ 4 Erbteilsübertragung/Kaufpreis

Die Erbteilsübertragung erfolgt im Wege des Kaufs.

Der Kaufpreis beträgt ... €.

Der gesamte Kaufpreis ist innerhalb von ... Wochen durch den Käufer an die Verkäuferin zu zahlen, nachdem der Notar den Vertragschließenden schriftlich mitgeteilt hat, dass

a) entsprechend der Vereinbarung unter § 6 in dieser Urkunde der Widerspruch gem.§ 899 BGB in das Grundbuch eingetragen ist und zwischenzeitlich keine weiteren Eintragungen in das Grundbuch erfolgt sind,

b) die Verzichtserklärungen der übrigen Miterben auf ihr gesetzliches Vorkaufsrecht dem Notar vorliegen oder die Frist für die Ausübung des Vorkaufsrechts abgelaufen ist, ohne dass die Beteiligten den Notar von einer Vorkaufsausübung schriftlich verständigt haben.

Zahlt der Käufer bei Fälligkeit nicht, kommt er auch ohne Mahnung in Verzug. Er muss dann insbesondere die gesetzlichen Verzugszinsen zahlen.

Der Käufer unterwirft sich wegen der Zahlung des Kaufpreises nebst Zinsen dem Verkäufer gegenüber der sofortigen Zwangsvollstreckung aus dieser Urkunde. Zum Zweck der Konkretisierung im Fall der Zwangsvollstreckung gelten Verzugszinsen i.H.v. 8 % ab dem Tag der Beurkundung als abstrakt anerkannt. Mehrere Schuldner haften als Gesamtschuldner.

Der Verkäuferin kann nach Eintritt der Kaufpreisfälligkeit auf deren Antrag ohne Nachweis weiterer Tatsachen eine vollstreckbare Ausfertigung dieser Urkunde erteilt werden.

§ 5 Rücktrittsrecht der Verkäuferin

Zahlt der Käufer den Kaufpreis bei Fälligkeit nicht vollständig, ist die Verkäuferin berechtigt, von diesem Vertrag zurückzutreten.

Die Rücktrittserklärung hat mit eingeschriebenem Brief mit Rückschein zu erfolgen. Eine Durchschrift wird an den Notar erbeten.

Eine Frist zur Ausübung des Rücktrittsrechts endete sechs Wochen nach Eintritt der Kaufpreisfälligkeit.

Die Kosten der Rückabwicklung des Vertrags, insbesondere der Notar- und Gerichtsgebühren sowie etwaiger Steuern, trägt der Käufer.

§ 6 Nutzen, Lasten, Gefahrübergang, Haftung des Verkäufers

Die Nutzungen und Lasten sowie die Gefahren des zufälligen Untergangs oder der zufälligen Verschlechterung der Erbschaftsgegenstände gehen mit dem Tag der Zahlung des vollständigen Kaufpreises auf den Käufer über.

Die Verkäuferin verzichtet auf Ersatz aller von ihr auf die Erbschaft gemachten Aufwendungen, erfüllten Verbindlichkeiten, Abgaben und außerordentlichen Lasten.

Etwaige Erbschaftsteuer aufgrund ihrer Erbfolge hat allein die Verkäuferin zu tragen.

Die Verkäuferin garantiert dem Käufer, dass der vorgenannte Grundbesitz zur Erbschaft gehört, dass keine Nachlassverbindlichkeiten bestehen, soweit in dieser Urkunde nichts anderes bestimmt ist, dass eine etwa angefallene Erbschaftsteuer bezahlt ist, dass der vertragsgegenständliche Erbteil nicht anderweitig veräußert oder verpfändet wurde und auch nicht gepfändet oder mit sonstigen Rechten Dritter belastet ist und dass zwischen den Erben auch schuldrechtlich kein Auseinandersetzungsvertrag abgeschlossen ist.

Darüber hinaus beschränkt sich die Haftung der Verkäuferin für Rechtsmängel darauf, dass ihr das Erbrecht zusteht, dass das Erbrecht nicht durch das Recht eines Nacherben oder durch die Ernennung eines Testamentsvollstreckers beschränkt ist, dass keine Vermächtnisse, Auflagen Pflichtteilslasten, Ausgleichspflichten und Teilungsanordnungen bestehen, dass keine unbeschränkte Haftung gegenüber den Nachlassgläubigern oder einzelnen von ihnen eingetreten ist.

Ansprüche und Rechte des Käufers wegen eines Sachmangels der zur Erbschaft gehörenden Sachen sind ausgeschlossen. Dies gilt auch für alle Ansprüche auf Schadensersatz, es sei denn, die Verkäuferin handelt vorsätzlich. Die Verkäuferin versichert, dass ihr versteckte Sachmängel der zur Erbschaft gehörenden Sachen nicht bekannt sind. Für bestimmte Eigenschaften, insbesondere hinsichtlich des Zustands und der Lastenfreiheit der zur Erbschaft gehörenden Sachen, übernimmt die Verkäuferin keine Garantie.

Eine Verpflichtung der Verkäuferin, dasjenige, was sie von dem Abschluss des heutigen Vertrags aufgrund eines zur Erbschaft gehörenden Rechts oder als Ersatz für die Zerstörung, Beschädigung oder Entziehung eines Erbschaftsgegenstands oder durch ein Rechtsgeschäft, das sich auf die Erbschaft bezog, erlangt hat, an den Käufer mit zu übertragen, besteht nicht.

Die Verkäuferin ist nicht verpflichtet, Wertersatz für Erbschaftsgegenstände, die in der Zeit bis zum Abschluss des heutigen Vertrags verbraucht, entgeltlich veräußert oder unentgeltlich belastet wurden, zu leisten.

§ 7 Übertragung und Grundbucheintragung

Die Verkäuferin überträgt hiermit den verkauften Erbteil unter der auflösenden Bedingung, dass sie aufgrund des in § 4 dieser Urkunde vorbehaltenen Rücktrittsrechts wegen Nichtzahlung des vollständigen Kaufpreises von diesem Vertrag zurücktritt, mit allen Rechten und Pflichten mit sofortiger dinglicher Wirkung an den dies annehmenden Käufer zur Alleinberechtigung.

Das Grundbuch ist durch diese Erbteilsübertragung unrichtig geworden. Der Käufer beantragt die Berichtigung des Grundbuchs.

Die Verkäuferin bewilligt und der Käufer beantragt die Eintragung eines Widerspruchs gem. § 899 BGB gegen die Richtigkeit des Grundbuchs.

Der Käufer bewilligt und beantragt bereits heute die Löschung dieses Widerspruchs Zug um Zug mit Vollzug der vorstehend beantragten Berichtigung des Grundbuchs.

Zum Schutz der Verkäuferin bis zum Wegfall der auflösenden Bedingung durch den nach § 161 Abs. 3 BGB durch gutgläubigen Erwerb möglichen Verlust ihrer Rechtsposition bewilligt und beantragt der Käufer gleichzeitig, mit Vollzug der vorstehend beantragten Berichtigung des Grundbuchs die in der auflösenden Bedingung liegende Verfügungsbeschränkung des Käufers in das Grundbuch einzutragen.

Die Verkäuferin bewilligt und der Käufer beantragt bereits heute die Löschung der eingetragenen Verfügungsbeschränkung.

Der Notar wird angewiesen, die Löschung der Verfügungsbeschränkung erst zu veranlassen, wenn ihm die Zahlung des Kaufpreises zur Überzeugung nachgewiesen wurde. Vorher soll er keine Ausfertigungen oder beglaubigte Abschriften dieser Urkunde erteilen, welche die Erklärungen zur Löschung der Verfügungsbeschränkung enthalten. Die Verkäuferin wird dem Notar unverzüglich Mitteilung vom Eingang des Kaufpreises machen. Etwaige Verzugszinsen hat der Notar nicht zu berücksichtigen.

§ 8 Vorkaufsrecht

Die Beteiligten bevollmächtigen hiermit den Notar, den Miterben diesen Vertrag nach Eintritt seiner Rechtswirksamkeit im Hinblick auf ihr gesetzliches Vorkaufsrecht nach den §§ 234 ff. BGB durch Übersendung einer Ausfertigung dieser Urkunde mitzuteilen.

Üben die Miterben ihr gesetzliches Vorkaufsrecht aus, ist die Verkäuferin im Verhältnis zum Käufer berechtigt, von diesem Vertrag zurückzutreten. Im Fall des Rücktritts hat die Verkäuferin den Käufer von allen aus diesem Vertrag entstandenen Kosten freizustellen, soweit diese Kosten nicht von den Vorkaufsberechtigten zu tragen sind. Darüber hinausgehende Ansprüche des Käufers sind ausgeschlossen.

In Gegenwart des Notars vorgelesen, genehmigt und unterschrieben:

Unterschrift

Sachverhalt | Checkliste | Lösung | Verfahren | **Muster 2**

Information an Miterben über Erbteilsveräußerung

per Einschreiben mit Rückschein

Frau
...
Straße, Hausnr./Postfach
PLZ Ort

Nachlassangelegenheit nach dem Tod der ...,

verst. am ... in ...

Sehr geehrte Frau ...,

hiermit zeige ich an, dass mich Ihr Bruder, Herr ..., mit der Wahrnehmung seiner rechtlichen Interessen in der Nachlassangelegenheit nach dem Tod Ihrer gemeinsamen Mutter, Frau ..., beauftragt hat. Eine auf mich lautende Vollmachtsurkunde habe ich beigefügt.

Namens und im Auftrag meines Mandanten, Herrn ..., darf ich Ihnen mitteilen, dass dieser mit Vertrag vom ..., UR-Nr. ... des Notars ... in ... seinen hälftigen Anteil am Nachlass der verstorbenen Frau ... an Herrn ... verkauft hat. Eine Abschrift des notariellen Vertrags ist als Anlage beigefügt.

Als Miterbin steht Ihnen ein gesetzliches Vorkaufsrecht zu, das Sie binnen zwei Monaten nach Zugang dieser Benachrichtigung gegenüber mir oder meinem Mandanten ausüben können. Bitte teilen Sie mir oder meinem Mandanten baldmöglichst mit, ob Sie auf die Ausübung ihres Vorkaufsrechts verzichten wollen oder nicht.

Mit freundlichen Grüßen

Rechtsanwältin/Rechtsanwalt

Abwandlung 8.7.1: Abschichtungsvertrag

Sachverhalt | Checkliste | Lösung | Verfahren | Muster

Sachverhalt wie Mandatssituation 8.7, S. 522. Jedoch hat sich der Mandant bereits mit den Geschwistern geeinigt, dass diese seinen Erbteil übernehmen.

Ausscheiden durch Abschichtung

Eine Erbengemeinschaft kann nicht nur durch Teilung oder Veräußerung der Nachlassgegenstände oder durch Übertragung von Erbteilen auseinandergesetzt werden, sondern nach der Rechtsprechung des BGH (Urt. v. 21.01.1998 – IV ZR 346/96, BGHZ 138, 8) kann ein Miterbe auch durch eine sogenannte Abschichtung aus der Erbengemeinschaft ausscheiden. Dieser Weg wird auch als „dritter Weg" der Erbauseinandersetzung bezeichnet.

Inhalt einer Abschichtungsvereinbarung

Eine Abschichtungsvereinbarung enthält die Erklärung aller Miterben, dass das Rechtsverhältnis unter ihnen in Bezug auf bestimmte Miterben beendet wird. Hierdurch wird das Rechtsverhältnis unmittelbar umgestaltet. Die Abschichtungsvereinbarung enthält damit nicht nur eine Verpflichtung zur Abgabe entsprechender Erklärungen, sondern hat rechtsgestaltende Wirkung.

Wirkung

Als Folge des Ausscheidens wächst der Anteil des ausgeschiedenen Miterben den verbleibenden Miterben kraft Gesetzes an (BGHZ 138, 8). Verbleibt nur ein Miterbe, führt die Anwachsung zu dessen Alleineigentum am Nachlass und somit zum Erlöschen der Erbengemeinschaft.

Praxistipp

Für das Ausscheiden des Miterben und der Anwachsung des Anteils bei den verbleibenden Miterben sollte zweckmäßigerweise ein bestimmter Termin festgelegt werden (Wesser/Saalfrank, NJW 2003, 2937).

Warnhinweis

Der Vollzug sogenannter Abschichtungsvereinbarungen lässt die Erbenstellung des abgefundenen Miterben unverändert. Die Abschichtung bewirkt daher nicht, dass der aus der Erbengemeinschaft ausgeschiedene Miterbe im zu erteilenden Erbschein nicht mehr als gesetzlicher Erbe aufgeführt werden darf (OLG Brandenburg v. 14.05.2013 – 3 W 20/13, ZEV 2014, 614).

Formfreiheit

Eine Abschichtung ist formfrei zulässig (BGHZ 138, 8; OLG Celle, ZEV 2002, 363), da sie weder als Verpflichtung zur Veräußerung (§§ 2371, 2385 BGB) noch als Verfügung über den Erbteil (§ 2033 Abs. 1 Satz 2 BGB) zu verstehen ist. Nur wenn als Abfindung die Leistung eines Gegenstands vereinbart wird, der durch formbedürftiges Rechtsgeschäft übertragen werden muss (z.B. ein Grundstück oder GmbH-Anteil), ist die für dieses Rechtsgeschäft geltende Form zu beachten (§ 311b Abs. 1 Satz 1 BGB bzw. § 15 Abs. 4 Satz 1 GmbHG). Diese Formfreiheit gilt selbst dann, wenn ein Grundstück zum Nachlass gehört (Palandt/Weidlich, § 2042 Rdnr. 10; abl. Keller, ZEV 1998, 281). Ohne Bedeutung für die

Formfreiheit der Abschichtungsvereinbarung ist die Herkunft der Abfindung; diese kann aus dem Nachlass oder aus dem Privatvermögen stammen. Nur wenn als Abfindung ein Grundstück übertragen werden soll, ist dafür die Beurkundungspflicht des § 311b Abs. 1 BGB zu beachten (BGHZ 138, 8).

Grundbuchberichtigung nach Abschichtung

Die Eintragung des Miterben in das Grundbuch als nunmehriger Alleineigentümer bedarf der Berichtigungsbewilligung aller Miterben (§ 19 GBO) oder des Nachweises der Unrichtigkeit des Grundbuchs (§ 22 GBO). Die der Abschichtung zugrundeliegenden Erklärungen sind in der Form des § 29 GBO nachzuweisen. Eine notarielle Beurkundung ist hierzu nicht zwingend erforderlich (LG Köln, NJW 2003, 2993); ausreichend ist eine notarielle Beglaubigung (Wesser/Saalfrank, NJW 2003, 2937).

Vollzug des Eigentumsübergangs außerhalb des Grundbuchs

Gehört ein Grundstück oder ein Miteigentumsanteil hieran zum Erbe, so vollzieht sich der Eigentumsübergang nach Abschluss eines solchen Abschichtungsvertrags außerhalb des Grundbuchs (OLG Zweibrücken, Beschl. v. 25.11.2011 – 3 W 124/11, NJOZ 2012, 1307). Einer Auflassungserklärung der Miterben zum Eigentumsübergang bedarf es hierfür nicht.

Praxistipp

Durch den Abschluss des Abschichtungsvertrags ist der Miterbe aus der Erbengemeinschaft ausgeschieden und sein Miteigentumsanteil den übrigen Miterben angewachsen. Diese Rechtsänderung ist im Grundbuch einzutragen.

Formelle Voraussetzung für Grundbuchänderung

Formelle Voraussetzung für die Eintragung einer Rechtsänderung im Grundbuch ist nach §§ 13, 19 GBO neben einem Antrag eines Antragsberechtigten die in der Form des § 29 GBO erklärte Bewilligung der Eintragung durch denjenigen, dessen Recht von ihr betroffen ist.

Keine Beeinträchtigung der grundbuchmäßigen Rechte der übrigen Miterben

Durch die Löschung des durch Abschichtung ausgeschiedenen Miterben werden die grundbuchmäßigen Rechte der übrigen Miterben nicht rechtlich nachteilig berührt, denn an ihrer Eintragung im Grundbuch ändert sich durch die Löschung des ausgeschiedenen Miterben nichts (OLG Zweibrücken, Beschl. v. 25.11.2011 – 3 W 124/11, NJOZ 2012, 1307). Soweit aus dem Ausscheiden eines Miterben aus der Miteigentümergemeinschaft für die übrigen Miterben mittelbar Rechtsnachteile folgen können, etwa da die zu zahlende Grundsteuer nunmehr von weniger Eigentümern aufgebracht werden muss, berührt dies nicht deren grundbuchmäßige Stellung (Böttcher, RPfleger 2007, 437; Mayer, MittBayNot 2010, 345; OLG Jena, NJW-RR 2011, 1236).

Mangels Beeinträchtigung der grundbuchmäßigen Rechte der übrigen Miterben bedarf es einer Bewilligung der Grundbuchberichtigung durch die übrigen Miterben nicht. Bei der Grundbuchberichtigung durch Berichtigungsbewilligung muss die Bewilligung daher nur von ausscheidenden Miterben erklären werden.

Praxistipp

Dies führt gerade bei hohen Nachlassimmobilienwerten zu erheblichen Gebührenvorteilen. Für die notarielle Beglaubigung der Erklärungen wird nach Nr. 25100 KV GNotKG eine 0,2-Gebühr, mindestens jedoch 20 € und höchstens 70 € erhoben. Eine notarielle Beurkundung, die bei herkömmlicher Erbauseinandersetzung erforderlich ist, löst demgegenüber nach Nr. 21100 KV GNotKG eine 2,0-Gebühr i.H.v. mindestens 120 € ohne Geltung einer Gebührenobergrenze aus.

Sachverhalt | Checkliste | Lösung | Verfahren | Muster

Abschichtungsvertrag

Abschichtungsvereinbarung

Vor mir, dem Notar ...

mit dem Amtssitz ...,

erscheinen heute:

1. Frau ..., geb. ..., wohnhaft in ...

2. Herr ..., geb. ..., wohnhaft in ...

3. Herr ..., geb. ..., wohnhaft in ...

Auf Ersuchen der Erschienenen beurkunde ich ihre vor mir bei gleichzeitiger Anwesenheit abgegebenen Erklärungen wie folgt:

§ 1 Vorbemerkungen

Die Erschienenen:

1. Frau ..., geb. ..., wohnhaft in ...

2. Herr ..., geb. ..., wohnhaft in ...

3. Herr ..., geb. ..., wohnhaft in ...

sind ausweislich des Erbscheins des Amtsgerichts – Nachlassgericht – ..., Az.: ..., der bei Beurkundung in Ausfertigung vorlag, zu je 1/3 Anteil Miterben nach dem am ... verstorbenen verwitweten Herrn ... – nachstehend auch Erblasser genannt.

Der Erschienene zu 3.) beabsichtigt, aus der Erbengemeinschaft auszuscheiden.

Die Einzelheiten des Ausscheidens aus der Gesamthand ergeben sich aus den nachfolgenden Regelungen.

§ 2 Nachlassbestand

Zum ungeteilten Nachlass gehören mehrere Grundstücke, u.a. das im Grundbuch des Amtsgerichts ... wie folgt eingetragene Grundstück:

Grundbuchamt des Amtsgerichts ...

Blatt ...

Flurstück ...

Eingetragener Eigentümer: ...

Eintragungen in:

Abteilung II: keine Belastungen

Abteilung III: keine Belastungen

§ 3 Ausscheidungsvereinbarung

1. Ausscheiden des Erschienenen zu 3.)

Die Erschienenen zu 1.)–3.) sind sich darüber einig, dass der Erschienene zu 3.) aus der Erbengemeinschaft ausscheidet.

2. Abfindungszahlung

Die Erschienenen zu 1.) und 2.) verpflichten sich, dem Erschienenen zu 3.) für dessen Ausscheiden aus der Erbengemeinschaft folgende Gegenleistung als Abfindung zu erbringen:

a) Übertragung des im Grundbuchamt des Amtsgerichts ...,Blatt ..., Flst. ... eingetragenen Grundeigentums mit einer Fläche von ... qm.

b) Zahlung von 100.000 €. Der Betrag ist innerhalb von zwei Wochen nach Abschluss des Vertrags zur Zahlung fällig.

3. Besitzübergang

Der Übergang von Besitz, Nutzen und Lasten erfolgt ab heute. Die Gefahr des zufälligen Untergangs und der zufälligen Verschlechterung sowie die mit dem jeweils zugeteilten Nachlassgegenstand verbundene Haftung geht mit dem heutigen Tag auf den Erschienenen zu 3.) über.

4. Übertragung und Auflassung

Die Erschienenen sind sich über den dinglichen Übergang sämtlicher zugeteilter Gegenstände und Rechte einig, insbesondere über den Eigentumsübergang des Grundstücks von der Erbengemeinschaft auf Herrn ....

Die Erschienenen sind sich somit einig, dass das Eigentum an dem vorstehenden unter § 2 aufgeführten Grundeigentum an Herrn ... zum Alleineigentum übergeht, und bewilligen und beantragen seine Eintragung im Grundbuch.

In Gegenwart des Notars vorgelesen, genehmigt und unterschrieben:

Unterschrift ______________________________

Abwandlung 8.7.2: Übertragung eines Erbteils durch gerichtlichen Vergleich nach § 278 ZPO (Beschlussvergleich)

Sachverhalt | Checkliste | Lösung | Verfahren | Muster

Sachverhalt wie Mandatssituation 8.7, S. 522. Im Rahmen eines Rechtsstreits über die Auseinandersetzung der Erbengemeinschaft vor dem Landgericht kommen alle Miterben überein, dass die Geschwister dem Mandanten seinen Erbteil abkaufen. Daraufhin stellt das Landgericht mit Beschluss nach § 278 Abs. 6 ZPO fest, dass sich die Prozessparteien durch ihre übereinstimmenden Erklärungen verglichen haben. Inhalt des Vergleichs ist der Verkauf des Erbteils des Mandanten an seine Geschwister, der dinglich auf diese übertragen wurde.

Wird das Grundbuchamt aufgrund dieses gerichtlichen Vergleichs die Grundbuchberichtigung durchführen, wenn zum Nachlass ein Grundstück gehört?

Sachverhalt | Checkliste | **Lösung** | Verfahren | Muster

Ein Vertrag, durch den ein Miterbe über seinen Anteil an einem Nachlass verfügt, bedarf nach § 2033 Abs. 1 Satz 2 BGB der notariellen Beurkundung. Fraglich ist, ob diese erforderliche Form der notariellen Beurkundung durch den Abschluss des Vergleichs nach § 278 Abs. 6 ZPO gewahrt ist, also ob die notarielle Beurkundung durch einen Vergleich „ersetzt“ werden kann (vgl. hierzu ausführlich Zimmer, NJW 2013, 3280). Hierzu werden verschiedene Meinungen vertreten:

1. Unter Verweis auf den Willen des Gesetzgebers wird die Auffassung vertreten, dass ein Vergleich im schriftlichen Verfahren dieselbe Wirksamkeit entfalten soll wie ein in der mündlichen Verhandlung protokollierter Vergleich und dieser die Form der notariellen Beurkundung wahre (so OLG Frankfurt, Beschl. v. 14.12.2010 – 5 UF 105/10). Ähnlich hatte das BAG bereits 2006 argumentiert und die Auffassung vertreten, dass § 127a BGB jedenfalls analog anwendbar sei, um dem Willen des Gesetzgebers gerecht zu werden, dass der im schriftlichen Verfahren abgeschlossene Vergleich in seinen Wirkungen dem protokollierten Vergleich gleichstehe (BAG, Urt. v. 23.11.2006 – 6 AZR 394/06, NJW 2007, 1831).
2. Eine vermittelnde Auslegung nimmt offenbar das OLG München (Beschl. v. 28.09.2010 – 12 UF 1153/10) ein, wonach § 127a BGB nur dann entsprechend anzuwenden sei, wenn die Vereinbarung auf Vorschlag des Gerichts zustande gekommen ist, weil nur so die Beratungsfunktion indirekt erfüllt werde.
3. Abweichend hiervon hält das OLG Brandenburg die Form des § 127a BGB nicht für erfüllt, wenn die Parteien einen Vergleich gem. § 278

Abs. 6 ZPO geschlossen haben, unabhängig davon, ob die Vereinbarung auf Vorschlag des Gerichts zustande kam (OLG Brandenburg, Beschl. v. 09.10.2007 – 10 UF 123/07; Staudinger/Hertel, BGB, Stand: Oktober 2011, § 127a Rdnr. 48). Der in einem schriftlichen Verfahren nach § 278 Abs. 6 ZPO abgeschlossene Prozessvergleich könne die notarielle Beurkundung nach § 127a BGB im Sinne einer Erbteilsveräußerung nach § 2033 Abs. 1 Satz 2 BGB nicht ersetzen. Hiergegen spreche sowohl der eindeutige Wortlaut des § 127a BGB als auch der Schutzzweck der Beurkundung über eine Beratung der Beteiligten gewährleisten soll.

4. Für den Fall einer in einem im schriftlichen Verfahren erklärten Auflassung hat das OLG Düsseldorf ausgeführt, die erforderliche Form sei nicht gewahrt, weil es an der nach § 925 Abs. 1 Satz 1 BGB für die Auflassung erforderlichen gleichzeitigen Anwesenheit der Beteiligten fehle (OLG Düsseldorf, Urteil v. 28.08.2006 – I-3 Wx 137/06, NJW-RR 2006, 1609).

5. In einer aktuellen Entscheidung hat sich das OLG Celle (Beschl. v. 14.06.2013 – 4 W 65/13) der Argumentation des OLG Brandenburg angeschlossen, da der Sinn und Zweck einer notariellen Beurkundung, die Parteien vor übereilten Entscheidungen zu schützen und sie auf eventuelle Gefahren hinzuweisen, durch einen im schriftlichen Verfahren geschlossenen Vergleich nach § 278 Abs. 6 ZPO kaum zu gewährleisten sei. Dies mag nach Auffassung des OLG Celle allenfalls der Fall sein, wenn entweder die Prozessbevollmächtigten der Parteien diese Funktion übernehmen oder aber das Gericht einen eigenen Vorschlag unterbreitet und darüber hinaus den Parteien durch entsprechende Anmerkungen vor Augen geführt hat, welche Verpflichtung sie mit dem Abschluss des Vergleichs eingehen und welche Risiken bestehen.

Praxistipp

„Eine Protokollierung beurkundungsbedürftiger Erklärungen kommt danach – wenn überhaupt – nur noch dort in Betracht, wo die Belehrung der Beteiligten hinreichend sichergestellt ist (Zimmer, NJW 2013, 3280)."

6. Nach der Ansicht der Literatur scheidet eine analoge Anwendung von § 127a BGB auf den nach § 278 Abs. 6 ZPO errichteten Prozessvergleich aus, weil bereits die erforderliche, dem notariellen Beurkundungsverfahren vergleichbare Protokollierung des Vergleichs fehlt. Die entsprechende Anwendbarkeit von § 127a BGB scheitert daher daran, dass der Beschlussvergleich nach § 278 Abs. 6 ZPO in seiner äußeren Form nicht mit der nach dem Beurkundungsgesetz zustande gekommenen Niederschrift vergleichbar ist.

   Das Grundbuchamt wir eine Grundbuchberichtigung aufgrund des protokollierten Vergleichs nicht durchführen. Der Vergleich im schriftlichen Verfahren ersetzt ggf. die Schriftform, nicht aber die notarielle Beurkundung (Zimmer, NJW 2013, 3280).

Mandatssituation 8.8: Erbauseinandersetzung

Sachverhalt | Checkliste | Lösung | Verfahren | Muster

Die drei Geschwister sind Miterben zu je 1/3. Zum Nachlass gehört ein Grundstück mit einem Mehrfamilienhaus. Der Mandant als Miterbe möchte die Erbengemeinschaft auseinandersetzen und fragt, ob eine Teilung des Mehrfamilienhauses unter den Miterben durch Begründung von Wohnungseigentum möglich ist.

Sachverhalt | **Checkliste** | Lösung | Verfahren | Muster

Welche Gegenstände (unbewegliche und bewegliche Gegenstände und Sachen) fallen in den Nachlass?	☐
Liegt ein Nachlassverzeichnis vor?	☐
Sind kraft Gesetzes eingetretene Surrogate gem. § 2041 BGB an die Stelle von Nachlassgegenständen getreten?	☐
Haben sich die Miterben bereits über die Verteilung geeinigt?	☐
Liegt bereits eine Teilauseinandersetzung bezüglich einzelner Nachlassgegenstände vor?	☐
Hat der Erblasser eine Teilungsanordnung getroffen oder die Auseinandersetzung des Nachlasses ausgeschlossen?	☐
Wurde eine Vereinbarung zwischen den Miterben über den Ausschluss, den Aufschub oder die Art und Weise der Auseinandersetzung des Nachlasses geschlossen?	☐
Sind Minderjährige oder unter Betreuung stehende Personen an der Erbengemeinschaft beteiligt?	☐
Hat ein Miterbe ausgleichspflichtige Zuwendungen erhalten?	☐

Praxistipp

Lassen Sie sich die Kopien der Anzeigen von Kreditinstituten über hinterlassene Guthabenkonten gem. § 33 Abs. 1 ErbStG vorlegen und besorgen Sie sich das Nachlassverzeichnis durch Akteneinsicht in die Nachlassakte.

Auseinandersetzung der Erbengemeinschaft

Die Auseinandersetzung umfasst sämtliche Vorgänge, die zur Aufhebung der Erbengemeinschaft erforderlich sind. Hierzu gehören insbesondere die Berichtigung der Nachlassverbindlichkeiten nach § 2046 BGB, die Verteilung des Überschusses nach § 2047 BGB und die Ausgleichung von Vorempfängen nach §§ 2050 ff. BGB. Abgeschlossen ist die Auseinandersetzung, wenn sämtliche Nachlassgegenstände auf die Miterben verteilt, d.h. aus dem gesamthänderisch gebundenen Sondervermögen in das Eigenvermögen der Miterben überführt worden sind.

Praxistipp

Bei der Übertragung ist die jeweilige für den einzelnen Nachlassgegenstand vorgesehene Form einzuhalten: Bei beweglichen Sachen: Einigung und Übergabe (§ 929 BGB), bei Grundstücken: Auflassung und Eigentumseintragung im Grundbuch (§§ 925, 873 BGB), bei Forderungen: Abtretung (§ 398 BGB), bei Verbindlichkeiten: Schuldübernahme (§§ 414 ff. BGB).

Anspruch auf Auseinandersetzung

Die Erbengemeinschaft ist nach dem Gesetz keine auf Dauer angelegte Gemeinschaft, sondern von Anfang an auf ihre Aufhebung ausgerichtet. § 2042 Abs. 1 BGB gibt jedem Miterben deshalb das Recht, jederzeit die Auseinandersetzung der Erbengemeinschaft zu verlangen. Dieses Recht steht jedem Miterben unabhängig davon zu, wie groß sein Anteil am Nachlass ist. Inhaltlich ist der Anspruch auf Mitwirkung bei allen für die Auseinandersetzung erforderlichen Maßnahmen gerichtet. Anspruchsgegner sind die übrigen Miterben und deren Rechtsnachfolger.

Praxistipp

Aufgrund der Möglichkeit, jederzeit die Auseinandersetzung verlangen zu können, können auch Miterben mit geringer Beteiligung am Nachlass Einfluss auf die Auseinandersetzung nehmen und durch ein Auseinandersetzungsverlangen Druck auf die Miterben ausüben.

Auseinandersetzung zur Unzeit

Eine Vorschrift, welche die Auseinandersetzung zur Unzeit verbietet, gibt es für die Erbengemeinschaft nicht. Allenfalls lässt sich eine Schranke aus der Pflicht der Miterben zur gegenseitigen Rücksichtnahme aus § 242 BGB herleiten. Das Auseinandersetzungsverlangen könnte danach rechtsmissbräuchlich sein. Eine Anwendung wird sich jedoch nur in engen Ausnahmefällen ergeben.

Ausschluss oder Aufschub der Auseinandersetzung

Grundsätzlich kann die Auseinandersetzung jederzeit verlangt werden. Ausnahmsweise ist eine Auseinandersetzung jedoch ausgeschlossen, soweit die Erbanteile noch unbestimmt sind (§ 2041 BGB), der Erblasser die Auseinandersetzungen ausgeschlossen hat (§ 2044 BGB) oder ein Aufgebotsverfahren bzw. eine Anmeldefrist zum Aufgebotsverfahren läuft (§ 2045 BGB).

Ausschluss durch Vereinbarung unter den Miterben

Die Miterben können die Auseinandersetzung durch vertragliche Vereinbarung für immer oder für bestimmte Zeit ausschließen. Auch ist es aufgrund der Vertragsfreiheit möglich, dass die Miterben den Auseinandersetzungsanspruch von besonderen Voraussetzungen (z.B. der Einhaltung einer Kündigungsfrist) abhängig machen (§§ 2042 Abs. 2, 749 Abs. 2 BGB). Eine derartige Vereinbarung kann auch durch schlüssiges Verhalten der Miterben zustande kommen.

Warnhinweis

Zu beachten ist jedoch, dass eine derartige Vereinbarung von den Miterben nur einvernehmlich getroffen werden kann.

Vorrang der Einigung unter den Miterben

Zwingende gesetzliche Regeln für die Durchführung der Auseinandersetzung gibt es nicht. Vorrangig richtet sich die Auseinandersetzung nach der Vorstellung der Miterben. Die Miterben haben durch gestalterische Ausnutzung der Vertragsfreiheit viele Möglichkeiten, den Weg der Auseinandersetzung bis zur Aufhebung der Erbengemeinschaft zu beschreiten. Einvernehmlich können sich die Miterben dabei auch über eine Teilungsanordnung des Erblassers hinwegsetzen. Nur soweit eine Einigung unter den Miterben nicht möglich ist, kommt es auf etwaige Teilungsanordnungen des Erblassers an. Wenn auch solche nicht existieren, also weder eine vertragliche Vereinbarung der Miterben noch eine letztwillige Anordnung des Erblassers vorliegen, gelten die gesetzlichen Bestimmungen (§§ 2041 Abs. 2, 752 ff., 2046 ff. BGB).

Praxistipp

Einvernehmlich können die Miterben auch durch Teilauseinandersetzungsvereinbarungen den Nachlass sukzessive auseinandersetzen.

Gesetzliche Auseinandersetzungsregeln

Nach den gesetzlichen Auseinandersetzungsbestimmungen der §§ 2041 Abs. 2, 752 ff., 2046 ff. BGB läuft die Erbauseinandersetzung in mehreren Etappen ab. Als Erstes sind die Nachlassverbindlichkeiten nach § 2046 BGB zu berichtigen, anschließend ist der Überschuss nach § 2047 BGB an die Miterben unter Berücksichtigung von Vorempfängen nach §§ 2050 ff. BGB zu verteilen. Abgeschlossen ist die Auseinandersetzung, wenn sämtliche Nachlassgegenstände auf die Miterben verteilt sind.

Berichtigung der Nachlassverbindlichkeiten

Vor der Verteilung sind zunächst nach § 2046 BGB die Nachlassverbindlichkeiten zu berichtigen. Hierzu räumt § 2046 Abs. 1 Satz 1 BGB jedem Miterben das Recht ein, von den anderen Miterben zu verlangen, dass aus dem Nachlass zunächst die Nachlassverbindlichkeiten berichtigt werden.

Praxistipp

§ 2046 Abs. 1 Satz 1 BGB dient dem Schutz der Miterben, die nur bis zur Teilung des Nachlasses den Zugriff auf die Eigenvermögen verweigern können (§ 2059 Abs. 1 Satz 1 BGB). Zudem verlieren die Miterben bei voreiliger Verteilung des Nachlasses das Recht, die Anordnung einer Nachlassverwaltung nach § 2062 zweiter Halbsatz BGB beantragen zu können. Aus diesem Grund sollte darauf geachtet werden, dass die Nachlassverbindlichkeiten vor der vollständigen Teilung des Nachlasses berichtigt sind.

Zu den Nachlassverbindlichkeiten, die vorab zu berichtigen sind, gehören neben den vom Erblasser herrührenden Schulden auch Verbindlichkeiten aus Pflichtteilsrechten, Vermächtnissen und Auflagen (§ 1961 Abs. 2 BGB). Auch Nachlassverbindlichkeiten, die im Innenverhältnis nur einem oder einzelnen Miterben zur Last fallen (z.B. Vermächtnisse oder Auflagen), sind ebenfalls vorab zu berichtigen. Ist eine Nachlassverbindlichkeit noch nicht fällig oder streitig, sind die zu ihrer Berichtigung erforderlichen Mittel zurückzubehalten (§ 2046 Abs. 1 Satz 2 BGB).

Praxistipp

Auch bei Streit unter den Miterben über das Bestehen oder die Höhe von Ausgleichspflichten sind die hierfür erforderlichen Mittel zurückzubehalten. Gleiches gilt für Forderungen unter den Miterben gem. §§ 2042 Abs. 2, 756 BGB (OLG Celle, FamRZ 2003, 1224).

Versilberung des Nachlasses

Zur Berichtigung der Nachlassverbindlichkeiten ist der Nachlass erforderlichenfalls in Geld umzusetzen (sog. Versilberung, § 2046 Abs. 3 BGB). Die Versilberung erfolgt nach den §§ 753, 754 BGB. Bewegliche Sachen und Rechte werden nach den Vorschriften über den Pfandverkauf verwertet (§§ 1233 ff. BGB), Grundstücke im Wege der Zwangsversteigerung (§§ 180 ff. ZVG). Forderungen sind einzuziehen oder, wenn sie noch nicht eingezogen werden können, zu verkaufen (§ 754 BGB).

Verteilung des Überschusses

Der nach Berichtigung der Nachlassverbindlichkeiten verbleibende Überschuss ist auf die Miterben nach dem Verhältnis ihrer Erbteile zu verteilen (§ 2047 Abs. 1 BGB). Die Verteilung richtet sich nach den Vorschriften über die Aufhebung der Bruchteilsgemeinschaft gem. §§ 752–754 BGB. Danach sind die verbleibenden Nachlassgegenstände in erster Linie in Natur aufzuteilen. Nur soweit eine Teilung in Natur nicht möglich ist, erfolgt die Auseinandersetzung durch Verkauf des gemeinschaftlichen Gegenstands und Teilung des Erlöses.

Praxistipp

Da der Nachlass regelmäßig aus mehreren Gegenständen besteht, wird ein Teil des Nachlasses immer in Natur teilbar sein und ein anderer Teil nicht.

Teilung in Natur (§ 752 BGB)

Teilbare Gegenstände werden auf die Miterben nach dem Verhältnis ihrer Erbteile aufgeteilt (§ 752 Satz 1 BGB). Die Verteilung geschieht durch das Los (§ 752 Satz 2 BGB). Ein in Natur teilbarer Gegenstand liegt vor, wenn er sich in gleichartige und anteilsgerechte Teile zerlegen lässt und durch die Teilung keine Wertminderung eintritt.

Praxistipp

Fallen für die Teilung Kosten an, haben diese die Miterben nach dem Verhältnis ihrer Erbteile zu tragen (§§ 748, 756 BGB analog).

Warnhinweis

Die Teilung muss für jeden Gegenstand gesondert durchgeführt werden. Eine Teilung in der Gestalt, dass mehrere verschiedenartige Gegenstände oder Gruppen von Gegenständen in der Weise geteilt werden, dass jeder Miterbe im Ergebnis den gleichen Wert erhält, ist keine Teilung in Natur. Sie ist daher nur bei Einverständnis aller Miterben möglich.

Teilung durch Verkauf (§ 753 BGB)

Ist ein Gegenstand nicht teilbar, sondern unteilbar, ist er zu verkaufen (§ 753 Abs. 1 Satz 1 BGB). Der Verkauf erfolgt bei beweglichen Sachen und Rechten nach den Vorschriften über den Pfandverkauf (§§ 1233 ff. BGB) und bei Grundstücken im Wege der Zwangsversteigerung (§§ 180 ff. ZVG).

Praxistipp

Ein Miterbe kann verlangen, dass erfolglose Verkaufsversuche wiederholt werden. Die Kosten für einen misslungenen Wiederholungsversuch trägt jedoch der Miterbe gem. § 754 Satz 2 BGB.

Schriftstücke (§ 2047 Abs. 2 BGB)

Schriftstücke, die sich auf die persönlichen Verhältnisse des Erblassers, auf dessen Familie oder den ganzen Nachlass beziehen, werden nicht geteilt, sondern verbleiben gemeinschaftliches Eigentum alle Miterben (§ 2047 Abs. 2 BGB). Die Entscheidung darüber, wie diese Schriftstücke verwahrt oder genutzt werden, stellt eine Maßnahme der ordnungsgemäßen Verwaltung gem. §§ 2038 Abs. 2 Satz 1, 745 Abs. 1 BGB dar. Danach hat jeder Miterbe ein Recht auf Einsicht und sachgerechten Gebrauch (Staudinger/Werner, § 2047 Rdnr. 4).

> **Praxistipp**
>
> Familienbilder und andere Erinnerungsstücke fallen nicht unter § 2047 Abs. 2 BGB (Staudinger/Werner, § 2047 Rdnr. 4).

Der Erlös aus dem Verkauf tritt nach § 2041 BGB, also aufgrund dinglicher Surrogation, an die Stelle des nicht in natura teilbaren Gegenstands. Erst bei Teilungsreife des gesamten Nachlasses, insbesondere nach Tilgung der Schulden (§ 2046 BGB), wird der Erlös aus dem Verkauf in die Nachlassteilung einbezogen.

> **Warnhinweis**
>
> Während bei Grundstücken jeder einzelne Miterbe für sich den Antrag auf Teilungsversteigerung gem. §§ 2042 Abs. 2, 753 Abs. 1 BGB, § 181 ZVG stellen kann, müssen beim Pfandverkauf nach §§ 2042, 753 BGB alle Miterben einverstanden sein. Dies hat zur Konsequenz, dass ein Miterbe, der sich gegen den Pfandverkauf einer beweglichen Sache wehrt, auf Zustimmung verklagt werden muss.

Lösung Beispielsfall

Die einzelnen Wohnungen eines Mehrfamilienhauses weichen je nach Größe, Lage und Stockwerk in aller Regel so stark voneinander ab, dass auch bei wirtschaftlicher Betrachtungsweise keine Gleichartigkeit vorliegt. Eine Teilung des Grundstücks in Natur nach § 2042 Abs. 2 BGB i.V.m. § 752 BGB ist daher bei Uneinigkeit der Miterben ausgeschlossen. Auch die vom Mandanten gewünschte Begründung von Wohnungseigentum kann nicht gegen den Willen eines Miterben beschlossen werden. In diesem Fall träte an die Stelle der Erbengemeinschaft eine Wohnungseigentümergemeinschaft, die gem. § 11 WEG unauflöslich ist. Dies entspräche nicht dem Wesen der Auseinandersetzung, wonach die gesamthänderische Bindung unter den Miterben endgültig und umfassend gelöst, nicht aber durch eine neue, noch engere Bindung ersetzt werden soll. Die Teilung des zum Nachlass gehörenden Grundstücks hat daher durch Verkauf im Wege der Zwangsversteigerung nach § 180 ZVG und anschließender Teilung des Erlöses zu erfolgen (§ 2042 Abs. 2 BGB i.V.m. § 753 Abs. 1 Satz 1 BGB).

Sachverhalt | Checkliste | Lösung | **Verfahren** | Muster

Abschluss eines Erbteilungsvertrags

Es ist Aufgabe der Erben, sich über die konkrete Aufteilung des Nachlasses vertraglich zu einigen. Zu diesem Zweck können sie einen Teilungsvertrag schließen.

Vertragsfreiheit

Einen Erbteilungsvertrag kennt das Gesetz als Vertragstypus nicht. Es handelt sich, wenn mehr als zwei Miterben vorhanden sind, um einen mehrseitigen Vertrag, der nach der Rechtsprechung kaufähnlichen Charakter hat und auf den deshalb **Kaufrecht** analog anzuwenden ist, insbesondere das Recht der Mängelhaftung und der Leistungsstörungen (§§ 2042 Abs. 2, 757 BGB). Bezüglich der inhaltlichen Ausgestaltung dieses Vertrags sind die Erben frei. Sie können insbesondere von den gesetzlichen Auseinandersetzungsvorschriften der §§ 2042 ff. BGB abweichende Vereinbarungen treffen.

Praxistipp

Auch hier ist zu unterscheiden zwischen dem schuldrechtlichen Verpflichtungsgeschäft einerseits und dem dinglichen Erfüllungsgeschäft andererseits.

Form

Das Gesetz sieht für den Erbauseinandersetzungsvertrag keine besondere Form vor. Es gelten jedoch die allgemeinen Formvorschriften. Wird beispielsweise ein Grundstück übertragen, so gilt § 311b BGB. Bei der Übertragung eines GmbH-Anteils ist § 15 GmbHG zu beachten. Danach bedarf eine Vereinbarung, durch welche die Verpflichtung eines GmbH-Gesellschafters zur Abtretung eines Geschäftsanteils begründet wird, der notariellen Form (§ 15 Abs. 4 Satz 1 GmbHG).

Warnhinweis

Stellt der Erbteil des Ehepartners sein ganzes oder wesentliches Vermögen dar, denken Sie an das Zustimmungserfordernis nach §§ 1365, 1450 BGB. Nach § 1365 Abs. 1 BGB kann sich ein Ehegatte bei bestehender Zugewinngemeinschaft nur mit Zustimmung des anderen Ehegatten verpflichten, über sein Vermögen im Ganzen oder über sein wesentliches Vermögen zu verfügen. Das Gleiche gilt für eingetragene Lebenspartner, gleichgültig in welchem Vermögensstand (= Güterstand) sie leben (§ 8 Abs. 2 LPartG).

Ergänzungspfleger für minderjährige Miterben

Sind neben Eltern deren minderjährige Kinder an der Erbengemeinschaft beteiligt, so sind die Eltern im Hinblick auf §§ 1629, 1795, 181 BGB bei Vertragsabschluss von der Vertretung ihrer Kinder ausgeschlossen. Für jedes Kind ist daher ein Ergänzungspfleger nach § 1909 BGB zu bestellen.

Praxistipp

Die Bestellung eines Ergänzungspflegers für Kinder ist ausreichend, wenn die gesetzlichen Auseinandersetzungsregeln der §§ 2042 ff. BGB ohne jede vertragliche Abweichung eingehalten werden. Denn in diesem Fall handelt es sich lediglich um die Erfüllung einer gesetzlich begründeten Verbindlichkeit, so dass § 181 BGB nicht gilt.

Praxistipp

Nach der Systematik des FamFG ist für die Pflegschaft für einen Minderjährigen das Familiengericht zuständig. Dies ergibt sich nach der Abschaffung des Vormundschaftsgerichts aus der Verteilung der weiteren Pflegschaften auf Familien- und Betreuungsgericht. Es handelt sich insoweit um betreuungsgerichtliche Zuweisungssachen (§ 340 FamFG).

Erbauseinandersetzungsvertrag

Erbauseinandersetzungsvertrag

Vor mir, dem Notar ...

mit dem Amtssitz ...,

erscheinen heute:

1. Frau ..., geb. ..., wohnhaft in ...

2. Herr ..., geb. ..., wohnhaft in ...

3. Frau ..., geb. ..., wohnhaft in ...

Auf Ersuchen der Erschienenen beurkunde ich ihre von mir bei gleichzeitiger Anwesenheit abgegebenen Erklärungen wie folgt:

§ 1 Vorbemerkungen

Die Erschienenen:

1. Frau ..., geb. ..., wohnhaft in ...

2. Herr ..., geb. ..., wohnhaft in ...

3. Frau ..., geb. ..., wohnhaft in ...

sind ausweislich des Erbscheins des Amtsgerichts – Nachlassgericht – ..., Az.: ..., der bei Beurkundung in Ausfertigung vorlag, zu je 1/3 Anteil Miterben nach dem am ... verstorbenen verwitweten Herrn ... – nachstehend auch Erblasser genannt.

§ 2 Nachlassbestand

Zum ungeteilten Nachlass gehören nach Angaben der Beteiligten nur noch die nachstehend aufgeführten Aktiva und Passiva. Über den übrigen Nachlass haben sich die Erschienenen bereits auseinandergesetzt. Die nachstehend aufgeführten Werte des Aktivvermögens legen die Erschienenen jeweils übereinstimmend fest.

A. Aktiva

1. Zum Nachlass gehört ein im Grundbuch des Amtsgerichts ... in ... eingetragener Miteigentumsanteil an dem Grundstück ....

2. Ansprüche gegen Herrn ... auf Auskunft und Rechnungslegung über die durchgeführte Verwaltung sowie auf Herausgabe der in Besitz genommenen Unterlagen und Verträge (z.B. Mietvertrag) und Auszahlung der vereinnahmten Gelder (Mieteinnahmen, Kaution).

B. Passiva

1. Eine Grundschuld i.H.v. ... € für die ...-Bank Aktiengesellschaft nebst 10 % Zinsen jährlich, vollstreckbar nach § 800 ZPO. Die dieser Grundschuld zugrundeliegende Darlehensverbindlichkeit gegenüber der ...- Bank valutiert nach Angaben der Erschienenen noch mit ... €.

2. Verbindlichkeiten gegenüber dem Bestattungsinstitut ... aus der Rechnung vom ... i.H.v. ... €.

§ 3 Auseinandersetzung

Die Erschienenen heben die zwischen ihnen bestehende Erbengemeinschaft auf und setzen sich über das vorstehend unter § 2 beschriebene Gesamthandvermögen entsprechend ihrer Erbquoten zu je 1/3 wie folgt auseinander:

1. Zuteilung

Die Zuteilung erfolgt dergestalt, dass zur Alleinberechtigung und -inhaberschaft Herr ... das unter § 2 A Nr. 1 genannte Grundeigentum mit allen Rechten, Bestandteilen und Zubehör sowie die unter § 2 A Nr. 2 genannten Ansprüche erhält.

Herr ... verpflichtet sich gegenüber den Miterbinnen, Frau ... und Frau ..., sie von den unter § 2 B Nr. 1 und 2 genannten Verbindlichkeiten und ihrer bisherigen Haftung gegenüber den Gläubigern auch im Außenverhältnis mit Wirkung ab dem heutigen Tag freizustellen. Die Erfüllung dieser Freistellungsverpflichtung hat Herr ... innerhalb von zwei Monaten ab heute zur Bestätigung aller Gläubiger nachzuweisen.

2. Ausgleichszahlung

Als Ausgleich erhalten die Miterbinnen, Frau ... und Frau ..., von Herrn ... jeweils einen Betrag i.H.v. ... €.

3. Besitzübergang

Der Übergang von Besitz, Nutzen und Lasten erfolgt ab heute. Die Gefahr des zufälligen Untergangs und der zufälligen Verschlechterung sowie die mit dem jeweils zugeteilten Nachlassgegenstand verbundene Haftung gehen mit dem heutigen Tag auf den Erwerber des Nachlassgegenstands über.

4. Erbauseinandersetzung

Mit Erfüllung dieser Vereinbarung ist die Erbengemeinschaft nach dem Erblasser ... vollständig und vergleichsweise auseinandergesetzt.

5. Übertragung und Auflassung

Die Erschienenen sind sich über den dinglichen Übergang sämtlicher zugeteilter Gegenstände und Rechte einig, insbesondere über den Eigentumsübergang des Grundstückseigentums von der Erbengemeinschaft auf Herrn ....

Die Erschienenen sind sich somit einig, dass das Eigentum an dem vorstehenden unter § 2 A Nr. 1 aufgeführten Grundeigentum an Herrn ... zum Alleineigentum übergeht, und bewilligen und beantragen seine Eintragung im Grundbuch. Auf eine Voreintragung der Erbengemeinschaft wird verzichtet. Auf die beim Amtsgericht ..., Az. ..., geführte Nachlassakte wird zum Nachweis der Erbenstellung Bezug genommen.

In Gegenwart des Notars vorgelesen, genehmigt und unterschrieben:

Unterschrift

Abwandlung 8.8.1: Teilungsversteigerung

Sachverhalt | Checkliste | Lösung | Verfahren | Muster

Miterben können sich über den Verkauf der zum Nachlass gehörenden Immobilie nicht einigen.

Sachverhalt | Checkliste | Lösung | Verfahren | Muster

Teilungsversteigerung

Das Verfahren der Teilungsversteigerung dient dazu, einen unteilbaren Nachlassgegenstand, i.d.R. eine Immobilie, in einen teilbaren Versteigerungserlös zu überführen.

Praxistipp

Aber auch als Druckmittel eignet sich der Antrag auf Teilungsversteigerung. Es sollte bei blockierenden Miterben oder festgefahrenen Erbengemeinschaften in der Praxis überlegt werden, ob durch einen taktischen Versteigerungsantrag die Verhandlungsbereitschaft der Miterben erhöht werden kann.

Antragsberechtigte

Der Antragsteller und der bzw. die Antragsgegner müssen im Grundbuch eingetragen oder Erbe des eingetragenen Eigentümers sein (§§ 17 Abs. 1, 181 Abs. 2 Satz 1 ZVG).

Das Teilungsversteigerungsverfahren kann von jedem Miterben, unabhängig von seiner Erbquote, jederzeit beantragt werden. Der Antrag kann auch von mehreren Miterben oder allen Miterben gemeinschaftlich gestellt werden. Notwendig ist allein ein Antrag auf Teilungsversteigerung zur Aufhebung der Gemeinschaft.

Ein Miterbe kann jedoch nur dann einen Antrag auf Teilungsversteigerung eines zum Nachlass gehörenden Grundstücks stellen, wenn dies zum Zwecke der Gesamtauseinandersetzung der Erbengemeinschaft geschieht. Da eine bloße Teilauseinandersetzung des Nachlasses gegen den Willen eines

Miterben nicht durchgesetzt werden kann (BGH, Urt. v. 14.03.1984 – IVa ZR 87/82, NJW 1985, 51), ist das Recht eines Miterben, die Versteigerung der Nachlassgrundstücke teilungshalber zu betreiben, materiell-rechtlich dadurch bedingt, dass die Versteigerung die Auseinandersetzung der Erbengemeinschaft überhaupt bezweckt. Eine Versteigerung eines Nachlassgrundstücks lediglich zu dem Zweck, allein ihren Erlös zu teilen oder ungeteilt in der fortbestehenden Erbengemeinschaft zu belassen, kann gegen den Willen der übrigen Erben nicht verlangt werden (KG Berlin, Urt. v. 01.08.2012 – 21 U 169/10, ErbR 2013, 85 = FamRZ 2013, 1163). Das Recht zur Beantragung einer Teilungsversteigerung wurde daher vom KG in einem Fall verneint, in welchem die Parteien selbst vortrugen, der Erlös aus der Versteigerung des streitgegenständlichen Grundstücks solle nach den Vorstellungen der Miterben auf ein gemeinsames Konto eingezahlt werden, über das die Miterben nur gemeinsam verfügen konnten, eine weitere Auseinandersetzung wurde von den Miterben einvernehmlich nicht angestrebt (KG Berlin, Urt. v. 01.08.2012 – 21 U 169/10, ErbR 2013, 85 = FamRZ 2013, 1163).

Warnhinweis

In der Praxis wird häufig die Auseinandersetzung nur eines Teils des Nachlasses gewünscht. Das Gesetz sieht dagegen nur die vollständige Teilung des Gesamtnachlasses vor. Eine Teilauseinandersetzung ist nur möglich, entweder bei Einverständnis aller Miterben oder aber wenn besondere Gründe vorliegen, etwa Nachlassverbindlichkeiten nicht mehr bestehen und die Belange der übrigen Erben nicht gefährdet erscheinen (OLG Koblenz, Beschl. v. 09.01.2013 – 3 W 672/12).

Praxistipp

Der Antrag auf Teilungsversteigerung kann von jedem Miterben allein gestellt werden. Eine Einigung oder ein Beschluss sind hierfür nicht notwendig. Jeder Miterbe kann daher ohne Beteiligung der anderen Miterben und auch auf deren Widerspruch hin einen Antrag stellen.

Verfahrensablauf

Derjenige Miterbe, der den Versteigerungsantrag stellt, bestimmt zunächst allein den Verfahrensgang. Er kann einseitig, ohne Rücksprache mit den übrigen Miterben, die einstweilige Einstellung bewilligen oder seinen Versteigerungsantrag zurücknehmen.

Praxistipp

Durch diese Verfahrenseinleitung des Antragstellers kann dieser wesentlichen Einfluss auf das Verfahren nehmen und so seine Interessen im Versteigerungsverfahren durchsetzen. Wichtig ist daher, frühzeitig die Strategie danach auszurichten, ob der Miterbe die Immobilie selbst ersteigern möchte oder ob er ein Interesse daran hat, einen möglichst hohen Versteigerungserlös zu erzielen, um entsprechend werthaltig am Auseinandersetzungsguthaben zu partizipieren.

Beitritt der weiteren Miterben

Mit Zustellung der Antragsschrift werden die Miterben vom Gericht aufgefordert, mögliche Einwände zu erheben und mitzuteilen, ob sie dem Verfahren beitreten möchten.

Warnhinweis

Unterbleibt ein Beitritt durch die Miterben, die den Antrag nicht gestellt haben (Antragsgegner), so kann der Antragsteller jederzeit, also in jedem Stadium des Verfahrens, seinen Antrag zurücknehmen oder die einstweilige Einstellung des Verfahrens **bewilligen**. Sogar nach dem Ende der Bieterstunde kann der Antragsteller durch eine Einstellungsbewilligung einen Zuschlag an den Bieter nach § 33 ZVG verhindern. Er kann daher allein über Versagung oder Erteilung des Zuschlags entscheiden.

Praxistipp

Diese alleinige Verfahrensführung durch den antragstellenden Miterben können die weiteren Miterben nur durch einen Beitritt zum Verfahren verhindern. Nur durch diesen können sie selbst Einfluss auf das Verfahren nehmen und so ihre Verfahrensrechte wahren. Bei Vertretung eines Miterben als Verfahrensgegner sollte daher immer ein Verfahrensbeitritt erwogen werden.

Durch den Beitritt werden die Miterben selbst Beteiligte des Verfahrens und können so ebenso wie der antragstellende Miterbe Einfluss auf das Verfahren nehmen. Für den Beitritt sind die Form- und Fristvorschriften der §§ 44, 180 ZVG zu berücksichtigen.

Warnhinweis

Durch den Beitritt wird formal ein zweites Versteigerungsverfahren für den Antragsgegner eröffnet, in welchem die Parteirollen wechseln. Daher betreffen die einzelnen Verfahrenshandlungen immer nur das Verfahren, in welchem diese Handlungen ausgeübt werden (Kiderlen/Roth, NJW-Spezial 2008, 455).

Einstellungsantrag gem. § 180 Abs. 2 ZVG

Das Versteigerungsgericht hat das Verfahren bis zu sechs Monate einzustellen, wenn der Antragsgegner mit seinem Antrag gem. §§ 180 Abs. 2 Satz 3, 30b Abs. 1 ZVG erfolgreich ist. Der Antrag auf einstweilige Einstellung ist binnen einer Notfrist von zwei Wochen gem. §§ 180 Abs. 2 Satz 3, 30b Abs. 1 ZVG möglich. Sie ist einmal wiederholbar, eine zweite führt zur Aufhebung des Verfahrens. Die Fortsetzung des Verfahrens setzt einen entsprechenden Antrag voraus.

Praxistipp

Der Antrag auf einstweilige Einstellung ist allerdings fristgebunden. Die Einstellung muss innerhalb einer Notfrist von zwei Wochen ab Zustellung einer Belehrung über die Einstellungsmöglichkeit beantragt werden (§ 30b Abs. 1 Satz 2 ZVG), wobei die Belehrung i.d.R. zugleich mit dem Anordnungsbeschluss erteilt wird (§ 30b Abs. 1 Satz 3 ZVG).

Warnhinweis

Betreiben mehrere Antragsteller durch einen Beitritt das Verfahren, betrifft die einstweilige Einstellung immer nur das jeweilige Einzelverfahren. Es werden alle anderen eingeleiteten Verfahren fortgeführt, sofern für diese nicht ebenfalls die einstweilige Einstellung vom Antragsteller bewilligt wird.

Einstellung des Verfahrens

Erfolgt eine Bewilligung der einstweiligen Einstellung vom betreibenden Antragsteller, hat das Versteigerungsgericht kein Ermessen über die Frage, ob das Verfahren eingestellt wird. Wird hingegen die einstweilige Einstellung vom Antragsgegner beantragt (§ 180 Abs. 2 ZVG), sind die widerstreitenden Interessen der am Verfahren Beteiligten vom Gericht angemessen abzuwägen. Die Interessenabwägung muss ergeben, dass der Verfahrensaufschub dem Antragsteller zumutbar ist, andernfalls unterbleibt die Einstellung.

Praxistipp

Die Umstände, die vorgetragen werden können, um eine Einstellung zu erreichen, sind vielfältig. Ausreichend sind bevorstehende Reparaturen (BGH, NJW 1981, 2065), die bevorstehende Ausweisung des Versteigerungsobjekts als Bauland oder auch ernsthafte und erfolgversprechende Vergleichsverhandlungen zwischen den Beteiligten (LG Nürnberg-Fürth, JurBüro 1980, 1906). Ungeeignet für einen Einstellungsantrag sind Umstände, die länger als ein Jahr bestehen und nicht beseitigt werden können, und Streitigkeiten unter den Miterben über das Auseinandersetzungsguthaben (Storz/Kiderlen, S. 151).

Einwendungen gegen die Bewertungsgrundlage

Im Rahmen des Teilungsversteigerungsverfahrens wird vom Versteigerungsgericht ein Sachverständigengutachten über das Versteigerungsobjekt eingeholt und nach Eingang den Parteien zur Stellungnahme übersandt (§ 74a Abs. 5 ZVG). Diese Grundstücksbewertung stellt ein eigenständiges Verfahren dar. Daher ist dieses nach § 74 Abs. 5 Satz 3 ZVG selbständig mit dem Rechtsmittel der sofortigen Beschwerde angreifbar.

Praxistipp

Durch Anfechtung des Wertfestsetzungsbeschlusses z.B. wegen wesentlicher Änderung des zu begutachtenden Objekts (z.B. Beschädigung oder Renovierung der Gebäude) können Sie das gesamte Versteigerungsverfahren erheblich verzögern.

Am Objekt bestehende Grundpfandrechte fallen allesamt in das geringste Gebot; der verlierende Eigentümer ist also darauf verwiesen, den Anspruch auf (Rück-)übertragung der Grundschuld, soweit sie nicht mehr valutiert, geltend zu machen, und sodann die Duldung der Zwangsversteigerung in das Grundstück zu verlangen, die der Ersteigerer durch Leistung auf die Grundschuld abwehren kann (nach BGH, Urt. v. 04.02.2011 – V ZR 132/10, DNotZ 2011, 365). Der Grundschuldgläubiger ist aufgrund des durch die Sicherungsabrede begründeten Treuhandverhältnisses zu einer Verwertung in der Weise verpflichtet, dass der persönliche Schuldner von seiner Schuld vollständig befreit wird. Er muss allerdings im Versteigerungsverfahren nicht Grundschuldzinsen geltend machen, die nicht angefallen sind (BGH, Urt. v. 16.12.2011 – V ZR 52/11).

Antrag gem. § 765a ZPO

Auch in der Teilungsversteigerung ist nach nunmehr gefestigter Rechtsprechung § 765a ZPO anwendbar (BGH, NJW 2007, 3430; OLG Köln, NJW-RR 2008, 8; OLG Karlsruhe, Rpfleger 1994, 223). Nach BGH (FamRZ 2007, 1010) kommt eine Einstellung nach dieser Vorschrift aber nur ausnahmsweise in Betracht, wenn die Fortführung der Teilungsversteigerung für den Antragsgegner zu einem untragbaren Ergebnis führen würde.

Praxistipp

Die Möglichkeit eines Antrags nach § 765a ZPO kann daher genutzt werden, um einen als zu niedrig empfundenen Zuschlag zu verhindern, vor allem wenn ein krasses Missverhältnis zwischen Meistgebot und der gutachterlichen Verkehrswertschätzung herrscht. Hierdurch kann verhindert werden, dass die Immobilie durch ein extrem niedriges Gebot „verschleudert" wird (BGH, NJW-RR 2003, 1648; BGH, FamRZ 2006, 697). Möglich ist auch ein solcher Antrag, wenn die Fortführung der Teilungsversteigerung wegen einer schweren Erkrankung oder Suizidgefahr des Miterben unzumutbar ist (BVerfG, NJW-RR 2007, 228; BGH, NJW 2006, 508).

Zuschlagsversagung nach § 85a ZVG

Liegt das Meistgebot einschließlich des Kapitalwerts des bestehenbleibenden Rechts unter 5/10 des Verkehrswerts, ist der Zuschlag nach § 85a Abs. 1 ZVG von Amts wegen zu versagen. Wird der Zuschlag versagt, muss von Amts wegen ein neuer Versteigerungstermin bestimmt werden, in dem die 5/10-Grenze nicht mehr gilt.

Verteilung des Versteigerungserlöses

Nach der Versteigerung setzt sich die Gemeinschaft am Nachlassgrundbesitz als Gemeinschaft am Versteigerungserlös fort. Sind sich die Miterben einig, wie der Versteigerungserlös zu verteilen ist, erfolgt die Verteilung des Übererlöses durch das Versteigerungsgericht entsprechend der gemeinschaftlichen Weisung der Miterben.

Besteht keine Einigung zwischen den Miterben über die Erlösverteilung, weil z.B. ein Miterbe weitergehende Ansprüche an den Erlös stellt, hinterlegt das Versteigerungsgericht den gesamten Übererlös bei der Hinterlegungsstelle (§ 117 Abs. 2 Satz 3 ZVG). Die Miterben müssen dann einen Hinterlegungsprozess vor dem allgemeinen Prozessgericht führen, um eine Auszahlung zu erreichen. Ziel der Teilungsversteigerung ist nämlich nur die Umwandlung der Gemeinschaft am unteilbaren Grundstück in eine Gemeinschaft am teilbaren Erlös. Es ist jedoch nicht Aufgabe des Versteigerungsgerichts, den Übererlös an die Miterben zu verteilen.

Warnhinweis

Es ist somit ein Irrglaube, anzunehmen, dass nach dem Zuschlag automatisch eine Verteilung des Übererlöses entsprechend den Quoten an die Miterben erfolgt.

Besteht Einigkeit zwischen den Miterben nur über einen Teil des Erlöses, wird dieser entsprechend der Weisung an die Miterben ausgezahlt. Der restliche Betrag wird bei der Hinterlegungsstelle hinterlegt.

Praxistipp

Um einen langwierigen und kostspieligen Hinterlegungsprozess zu vermeiden, sollte frühzeitig auf eine Einigung der Miterben zur Verteilung des Übererlöses und eine dementsprechende Weisung an das Versteigerungsgericht hingewirkt werden. Diese kann dann unmittelbar zu Protokoll gegeben werden. Je nachdem, wie man sich auch hinsichtlich der weiteren Vorgehensweise einigt, kann sogar der Verteilungstermin vermieden werden.

Kann eine derart schnelle Einigung nicht erzielt werden, sollte die Zeit zwischen Versteigerungs- und Verteilungstermin für Einigungsbemühungen genutzt werden, um spätestens in Letzterem eine interne Verständigung der bisherigen Miteigentümer über die Verteilung des Übererlöses protokollieren lassen zu können. Entsprechende Erklärungen bedürfen keiner öffentlichen oder öffentlich beglaubigten Urkunden. Entscheidend ist, dass den Erklärungen übereinstimmend entnommen werden kann, wie viel an wen ausgezahlt werden soll. Es sollte aber bedacht werden, dass eine Verteilung auch schon am schlichten Fehlen einer entsprechenden Äußerung eines Beteiligten scheitern kann.

Können sich die Beteiligten nicht über die Verteilung im Ganzen einigen, so sollten doch zumindest Bemühungen unternommen werden, um die Verteilung wenigstens eines Teilerlöses zu ermöglichen.

Sachverhalt | Checkliste | Lösung | **Verfahren** | Muster

Antrag auf Teilungsversteigerung

Zur gerichtlichen Durchsetzung kann der Mandant einen Antrag auf Teilungsversteigerung stellen.

Zuständigkeit

Zuständig ist das Amtsgericht als Vollstreckungsgericht, in dessen Bezirk das Grundstück gelegen ist (§§ 180 Abs. 1, 35 ZVG).

Sachverhalt | Checkliste | Lösung | Verfahren | **Muster**

Antrag auf Anordnung der Teilungsversteigerung

Amtsgericht ...
Abteilung für Zwangsversteigerungssachen
...
Straße, Hausnr./Postfach
PLZ Ort

Antrag auf Teilungsversteigerung nach § 180 ZVG

des Herrn ...

– Antragsteller –

Prozessbevollmächtigte: ...

gegen

1. Frau ...

– Antragsgegnerin zu 1. –

und

2. Frau ...

– Antragsgegnerin zu 2. –

Namens und mit Vollmacht des Klägers

beantrage

ich hiermit die

Zwangsversteigerung des im Grundbuch von ..., Amtsgericht ..., Band ..., Heft ..., Bestandsverzeichnis Nr. ..., eingetragenen Gebäudegrundstücks der Gemarkung ..., Flst. Nr. ..., Fläche: ... zur Aufhebung der Gemeinschaft.

Begründung:

Im Grundbuch ist Herr ... als Eigentümer eingetragen.

Beweis: beglaubigte Grundbuchabschrift vom ....

Herr ... ist am ... verstorben. Erben sind seine drei Kinder ... zu je 1/3 in Erbengemeinschaft.

Beweis: Ausfertigung des Erbscheins des AG ...
Beiziehung der Nachlassakten des AG ..., Az.: ...

Weder der Erblasser hat einen Ausschluss der Auseinandersetzung der Gemeinschaft angeordnet noch haben die Erben einen solchen Auseinandersetzungsausschluss vereinbart.

Das Grundstück ist nach Abt. II und III des Grundbuchs nicht belastet.

Die Miteigentümer versuchen schon seit drei Jahren, das Gebäudegrundstück einvernehmlich zu veräußern. Dies ist bisher nicht gelungen. Zur Vorbereitung der Nachlassteilung ist nunmehr die Versteigerung des Gebäudes zum Zweck der Aufhebung der Gemeinschaft erforderlich.

Beglaubigte und einfache Anschrift anbei.

Rechtsanwältin/Rechtsanwalt

Abwandlung 8.8.2: Keine Einigung über Erbauseinandersetzung möglich

Sachverhalt | Checkliste | Lösung | Verfahren | Muster

Die Erben sind mittlerweile so untereinander zerstritten, dass überhaupt keine Einigung und kein Gespräch mehr möglich sind. Der Mandant möchte daher auf dem Klagewege eine Auseinandersetzung der Erbengemeinschaft erreichen.

Sachverhalt | Checkliste | Lösung | Verfahren | Muster

Erbauseinandersetzungsklage

Scheitert eine Einigung der Miterben über die Aufteilung des Nachlasses, kann jeder Miterbe als letztes Mittel die **Nachlassteilung** mittels Klage erzwingen, d.h., jeder Miterbe kann jederzeit die Auflösung der Gesamthandsgemeinschaft, nicht aber eine Teilauseinandersetzung verlangen (OLG Koblenz v. 18.02.2014 – 3 U 1142/13).

Teilungsreife

Begehrt ein Miterbe die Auseinandersetzung des Nachlasses, muss der Klageantrag grundsätzlich auf Zustimmung zu einem bestimmten Teilungsplan lauten, der vorzulegen ist. Voraussetzung für einen Auseinandersetzungsanspruch ist das Vorliegen einer Teilungsreife. Teilungsreife liegt vor, wenn sämtliche Nachlassverbindlichkeiten erfüllt sind (§ 2046 BGB) und der dann noch vorhandene Rest des Nachlasses entsprechend den Erbquoten in gleichartige Teile ohne Wertverlust aufgeteilt werden kann (§§ 2042 Abs. 2, 752 BGB). Ist ein Gegenstand nicht teilbar, sondern unteilbar, ist er zu verkaufen (§ 753 Abs. 1 Satz 1 BGB). Der Verkauf erfolgt bei beweglichen Sachen und Rechten nach den Vorschriften über den Pfandverkauf nach §§ 1233 ff. BGB und bei Grundstücken im Wege der Zwangsversteigerung nach §§ 180 ff. ZVG (siehe hierzu Mandatssituation (Abwandlung) 8.8.1, S. 548 ff.).

Vorrang von Teilungsanordnungen

Bei der Auseinandersetzung sind vorrangig die Teilungsanordnungen des Erblassers zu berücksichtigen, ebenso ausgleichungspflichtige Vorempfänge gem. §§ 2050 ff. BGB.

Teilungsreife durch Teilungsversteigerung

Soweit sich Immobilien im Nachlass befinden, ist grundsätzlich eine Teilungsversteigerung nach § 180 ZVG durchzuführen, um die notwendige Teilungsreife zu erhalten. Umstritten ist allerdings, ob es zwingend erforderlich ist, die Grundstücke vor Erhebung der Teilungsklage zunächst durch Teilungsversteigerung zu verwerten (BGH, NJW-RR 1988, 1156), oder ob ein Miterbe auch ohne vorherige Durchführung einer Teilungsversteigerung die Teilungsklage erheben kann, um so auf eine Gesamtauseinandersetzung des Nachlasses hinzuwirken (OLG Köln, NJW-RR 1997, 519).

Praxistipp

Auch wenn eine Teilungsklage trotz noch ausstehender Teilungsversteigerung für zulässig erachtet wird, empfiehlt sich in der Praxis, einzelne Streitpunkte vor Erhebung der Erbteilungsklage im Wege der Feststellungsklage zu klären und eine ohnehin erforderliche Teilungsversteigerung ebenfalls vorab zu beantragen. Dies verschlankt nicht nur den Prozessstoff, sondern vermindert die Gefahr der Klageabweisung. Zudem kann dieses Vorgehen dazu führen, dass eine spätere Erbteilungsklage sogar überflüssig wird.

Warnhinweis

Ist für den vorgelegten Teilungsplan eine familien- oder vormundschaftsgerichtliche bzw. sonstige behördliche Genehmigung erforderlich, so muss diese spätestens bis zum Erlass des Urteils vorliegen; anderenfalls ist die Klage als unbegründet abzuweisen.

Sachverhalt | Checkliste | Lösung | **Verfahren** | Muster

Erbauseinandersetzungsklage

Scheitert eine Einigung der Miterben über die Aufteilung des Nachlasses, so verbleibt dem Miterben nur die klageweise Erzwingung der Auseinandersetzung.

Zuständigkeit

Zuständig für die Klage ist je nach Streitwert das Amtsgericht (§ 23 Nr. 1 GVG) oder das Landgericht (§ 71 Abs. 1 GVG). Der Streitwert bemisst sich nach dem Interesse des Klägers an der Auseinandersetzung. Es ist nicht der volle Nachlasswert maßgeblich, sondern nur der Wert des klägerischen Erbteils, d.h. der Wert des auf den Kläger entfallenden Anteils am verbleibenden Überschuss. Örtlich zuständig ist neben dem Wohnsitzgericht des Beklagten (§§ 12, 13 ZPO) wahlweise auch das Gericht, in dessen Bezirk der Erblasser seinen letzten allgemeinen Gerichtsstand hatte (§ 27 Abs. 1 ZPO).

Passivlegitimation

Die Klage ist gegen die übrigen Miterben oder deren Rechtsnachfolger zu richten. Sofern sich nur einzelne Miterben dem vorgeschlagenen Teilungsplan widersetzen, sind nur sie zu verklagen. Mehrere zusammen verklagte Miterben sind keine notwendigen Streitgenossen nach § 62 ZPO, sondern nur einfache Streitgenossen nach § 59 ZPO (OLG Köln, OLGR 2004, 245).

Praxistipp

Vor der Klageerhebung sollte der Teilungsplan zunächst an sämtliche Miterben übersandt werden, verbunden mit der Aufforderung, diesem innerhalb einer bestimmten Frist zuzustimmen. Andernfalls laufen Sie Gefahr, dass im Prozess von einem Miterben ein sofortiges Anerkenntnis mit der Kostenfolge des § 93 ZPO abgegeben wird.

Klageantrag

Der Klageantrag ist auf Zustimmung zu einem bestimmten Teilungsplan zu richten. Hierzu hat der Kläger einen detaillierten Teilungsplan vorzulegen, der inhaltlich so gefasst ist, dass er das Ergebnis der vorzunehmenden Auseinandersetzung vollständig und zutreffend wiedergibt (OLG Celle, ZEV 2002, 263). Bereits kleinste Abweichungen führen zur Gesamtabweisung der Klage, da das Gericht nicht befugt ist, vom Antrag des Klägers abzuweichen.

Warnhinweis

Die Pflicht zur Vorlage eines Teilungsplans birgt für den klägerischen Anwalt ein hohes prozessuales Risiko. Zur Vermeidung einer Klageabweisung sollten mehrere Hilfsanträge mit den in Betracht kommenden Varianten gestellt werden.

Etwas anderes gilt nur, wenn der Erblasser die Auseinandersetzung umfassend durch Teilungsanordnung geregelt hat. In diesem Fall muss der Miterbe nicht auf Auseinandersetzung klagen, sondern kann ausnahmsweise unmittelbar Leistungsklage auf Übereignung der zugewiesenen Gegenstände erheben. Gleiches gilt, wenn ein Miterbe den gesamten Barüberschuss des Nachlasses in der Hand hat und auf den Kläger ein sofort berechenbarer Teilbetrag gem. § 2047 Abs. 1 BGB entfällt (BGH, NJW-RR 1989, 1206).

Rechtskraft

Mit Eintritt der Rechtskraft ersetzt das klagestattgebende Urteil nach § 894 ZPO die Zustimmung des oder der verklagten Miterben zum vorgeschlagenen Teilungsplan (§ 894 Abs. 1 Satz 1 ZPO). Es kommt mithin ein Auseinandersetzungsvertrag zwischen den Miterben entsprechend dem Teilungsplan zustande.

Warnhinweis

Nicht von der Zustimmungswirkung umfasst sind die zum Vollzug der Auseinandersetzung erforderlichen Handlungen und Erklärungen (Übereignung, Auflassung, Abtretung usw.). Diese müssen vom Miterben durchgesetzt und ggf. im Wege einer weiteren Klage erzwungen werden.

Praxistipp

Es empfiehlt sich daher, die zum Vollzug des Teilungsplans erforderlichen Handlungen und Erklärungen bei der Klage auf Zustimmung zum Teilungsplan mit einzuklagen (Krug, ZErb 2000, 15).

Sachverhalt | Checkliste | Lösung | Verfahren | Muster

Erbauseinandersetzungsklage

Amtsgericht/Landgericht
...
Straße, Hausnr./Postfach
PLZ Ort

Klage

des Herrn ...

– Kläger –

Prozessbevollmächtigte: ...

gegen

Frau ...

– Beklagte –

wegen Zustimmung zum Teilungsplan zur Auseinandersetzung einer Erbengemeinschaft

Namens und mit Vollmacht des Klägers erhebe ich Klage und werde

beantragen:

I. Die Beklagte wird verurteilt, zum Zweck der Auseinandersetzung des Nachlasses des am ... verstorbenen Herrn ..., zuletzt wohnhaft in ..., folgendem Teilungsplan zuzustimmen:

1. Die ... Aktie der ... AG zu je nominal ... €, verwahrt im Depot Nr. ... bei der ...- Bank, werden zwischen dem Kläger und der Beklagten hälftig geteilt. Die Beklagte und der Kläger stimmen einer Übertragung von je ... Aktien der ... AG auf die Beklagte und den Kläger zu.

2. Das auf dem Konto der ...-Bank in ..., BLZ ..., Kontonummer ..., lautend auf ... befindliche Guthaben wird an den Kläger und die Beklagte hälftig ausgezahlt. Das Konto soll nach der Auszahlung aufgelöst werden.

II. Die Kosten des Verfahrens trägt die Beklagte.

Für den Fall der Säumnis beantrage ich den Erlass eines Versäumnisurteils.

Begründung:

Der Kläger macht mit seiner Klage seinen Anspruch auf Auseinandersetzung aus § 2042 Abs. 1 BGB geltend.

Am ... ist Frau ... mit letztem Wohnsitz in ... verstorben. Die Erblasserin war zum Zeitpunkt ihres Todes verwitwet und wurde aufgrund gesetzlicher Erbfolge von den Parteien als einzige Abkömmlinge zu gleichen Teilen beerbt.

Beweis: Erbschein des Amtsgerichts – Nachlassgericht – ....vom ... in Kopie

– als Anlage –

Der ungeteilte Nachlass besteht noch aus dem Wertpapierdepot bei der ...-Bank und dem Guthaben bei der ...-Bank.

Beweis: Depotauszug der ...-Bank in Kopie

– als Anlage –

Kontoauszug der ...-Bank in Kopie

– als Anlage –

Weitere Nachlassgegenstände sind nicht mehr vorhanden. Sämtliche Nachlassverbindlichkeiten sind berichtigt. Lebzeitige Zuwendungen oder besondere Leistungen, die unter den Parteien zur Ausgleichung zu bringen wären, sind nicht ersichtlich.

Es bestehen weder vertragliche noch testamentarische oder gesetzliche Auseinandersetzungsverbote.

Die Beklagte ist nicht bereit, einer Aufteilung des Depot- und Kontoguthabens, wie hier beantragt, zuzustimmen. Trotz mehrfacher Aufforderung verweigert die Beklagte jede Mitwirkung.

Die Klage ist daher geboten.

Beglaubigte und einfache Anschrift anbei.

Rechtsanwältin/Rechtsanwalt

Mandatssituation 8.9: Berücksichtigung von Ausgleichspflichten

Sachverhalt | Checkliste | Lösung | Verfahren | Muster

Die drei Geschwister sind Miterben zu je 1/3. Der Nachlass beträgt 120.000 €. Bereits zu Lebzeiten haben die Kinder vom Erblasser Zuwendungen erhalten. Die Schwester erhielt zur Hochzeit im Jahr 1998 ein Grundstück im Wert von 80.000 €, welches sie dem Zweck entsprechend zur Gründung einer Familie mit ihrem Ehemann bebaut hat. Der Bruder hat im Jahr 2005 einen Betrag i.H.v. 40.000 € und der Mandant einen monatlichen „Zuschuss" zu seinem fünfjährigen Studium i.H.v. 400 € erhalten. Der Mandant fühlt sich benachteiligt und möchte, dass die Vorempfänge seiner Geschwister im Rahmen der Erbauseinandersetzung berücksichtigt werden.

Sachverhalt | **Checkliste** | Lösung | Verfahren | Muster

Ist gesetzliche Erbfolge unter den Abkömmlingen eingetreten oder haben die Abkömmlinge aufgrund eines Testaments oder Erbvertrags dasjenige geerbt, was sie als gesetzliche Erben erhalten hätten, bzw. wurden die Erbteile testamentarisch so bestimmt, dass sie zueinander in demselben Verhältnis stehen, wie bei der gesetzlichen Erbfolge?	☐
Welche Abkömmlinge haben bereits zu Lebzeiten Zuwendungen erhalten?	☐
Existieren Verträge oder Unterlagen (Überweisungen, Kontoauszüge), aus denen sich die Zuwendungen ergeben?	☐
In welcher Höhe sind Zuwendungen an die Abkömmlinge nachweisbar?	☐
Erfolgte seitens des Erblassers eine Anrechnungsbestimmung?	☐

Sachverhalt | Checkliste | **Lösung** | Verfahren | Muster

Ausgleichung nach §§ 2050 ff. BGB

Die Ausgleichungsvorschriften nach §§ 2050 ff. BGB finden Anwendung, wenn Abkömmlinge als gesetzliche Erben zur Erbfolge gelangen (§ 2050 BGB), wenn Abkömmlinge testamentarisch auf dasjenige eingesetzt werden, was sie als gesetzliche Erben erhalten würden (§ 2052 Abs. 1 BGB), oder wenn die Erbteile testamentarisch so bestimmt sind, dass sie zueinander in demselben Verhältnis stehen, wie bei der gesetzlichen Erbfolge (§ 2052 Abs. 1 BGB). Sind nur einzelne Abkömmlinge im Verhältnis ihrer gesetzlichen Erbquote bedacht, so findet die Ausgleichung nur unter ihnen statt.

Praxistipp

Denken Sie daher immer auch an eine Ausgleichung, wenn nur einzelne Abkömmlinge im Verhältnis ihrer gesetzlichen Erbquote bedacht wurden, andere dagegen übermäßig oder überhaupt nicht.

Beteiligte an der Ausgleichung

Die Ausgleichung wird nur zwischen Abkömmlingen (Kinder, Enkel, Urenkel etc.) des Erblassers durchgeführt. Andere Miterben (z.B. Ehegatte) sind an der Ausgleichung nicht beteiligt, so dass deren jeweiliger Erbteil bei der Ausgleichung abzuziehen ist. Fällt ein Abkömmling, der als Erbe zur Ausgleichung verpflichtet wäre, vor oder nach dem Erbfall weg, so ist der an seine Stelle tretende Abkömmling zur Ausgleichung verpflichtet (§ 2051 Abs. 1 BGB). Entsprechendes ist im Zweifel anzunehmen, wenn der Erblasser für den weggefallenen Abkömmling einen Ersatzerben eingesetzt hat (§ 2051 Abs. 2 BGB).

Praxistipp

Bei nichtehelichen Kindern gilt dies für Erbfälle, die seit dem 01.04.1998 eingetreten sind. Für Erbfälle vor diesem Zeitpunkt sind die Ausgleichungsvorschriften auf den Erbersatzanspruch analog anzuwenden (§ 1934b Abs. 3 a.F., Art. 227 Abs. 1 Nr. 1 EGBGB).

Sonderfall: gemeinschaftliches Testament

Ob bei einer Verfügung von Todes wegen im Rahmen eines **„Berliner Testaments“** nach § 2269 BGB auch der Erstversterbende „Erblasser“ i.S.d. Ausgleichungsvorschriften ist und insoweit bei einer Erbauseinandersetzung nach dem Letztversterbenden auch die Zuwendungen des Erstversterbenden auszugleichen sind, ist höchstrichterlich noch nicht geklärt. Der BGH (Urt. v. 13.07.1983 – IVa ZR 15/82, NJW 1983, 2875) hat die Frage, anders als die Parallelfrage bei der Anrechnungsbestimmung des § 2315 BGB, ausdrücklich offengelassen. Die h.M. in der Literatur bejaht eine Ausgleichungspflicht auch bezüglich der Zuwendungen des vorverstorbenen Ehegatten (MüKo-BGB/Ann, § 2050 Rdnr. 6; Staudinger/Werner, § 2052 Rdnr. 6; Palandt/Weidlich, § 2050 Rdnr. 5).

Ausgleichungsgegenstand

Ausgleichspflichtig kann jede lebzeitige Zuwendung des Erblassers an seine Abkömmlinge sein. Eine Zuwendung ist jede freigebige Leistung des Erblassers aus seinem Vermögen, die dem Vermögen des Abkömmlings zugutekommt und durch die sich das für die anderen Miterben zur Auseinandersetzung zur Verfügung stehende Erblasservermögen vermindert. Nicht erforderlich ist, dass die Zuwendung eine Schenkung i.S.d. § 516 Abs. 1 BGB ist. Ausreichend ist daher jeder Vermögensvorteil des Abkömmlings zu Lasten des Erblassers (Schindler, ZEV 2006, 389). Auch entgeltliche Leistungen des Erblassers sind auszugleichen, wenn und soweit der Abkömmling aus ihnen einen wirtschaftlichen Vorteil erlangt hat (RGZ 73, 372).

Nicht ausgleichspflichtig ist, was der Erblasser bereits zurückerhalten hat oder was dem Erblasser bzw. dem Nachlass wieder zurückgegeben werden muss (z.B. Darlehensverpflichtungen).

Ausgleichspflichtige Zuwendungen

Das Gesetz unterscheidet drei Arten von ausgleichspflichtigen Zuwendungen. Der Umfang ihrer Ausgleichspflicht unterscheidet sich danach, ob es sich um eine Ausstattung (§ 2050 Abs. 1 BGB), um Zuschüsse und Ausbildungsaufwendungen (§ 2050 Abs. 2 BGB) oder andere Zuwendungen (§ 2050 Abs. 3 BGB) handelt.

Ausstattung

Der Begriff der Ausstattung ist wie in § 1624 Abs. 1 BGB zu verstehen und umfasst damit die Zuwendungen des Erblassers, die dieser seinen Abkömmlingen zum Zweck der Verheiratung, der Erlangung einer selbständigen Lebensstellung, zur Begründung oder zur Erhaltung der Wirtschaft oder der Lebensstellung hat zukommen lassen. Zur Ausstattung gehören daher alle Vermögenswerte, die ein Kind von seinen Eltern anlässlich der Heirat als sogenannte Mitgift oder Aussteuer erhält oder die ihm sonst zur Begründung oder Erhaltung einer selbständigen Lebensstellung zugewendet worden sind (z.B. Einrichtung eines Betriebs oder einer Arztpraxis, Einrichtung der künftigen Ehewohnung, OLG Köln, FamRZ 1986, 703, Gewährung mietfreien Wohnens, LG Mannheim, NJW 1972, 2111, oder Aufnahme als Gesellschafter, OLG Hamburg, MDR 1978, 670). Soweit eine Ausstattung vorliegt, ist diese immer auszugleichen, es sei denn, der Erblasser hat bei der Zuwendung etwas anderes angeordnet (§ 2050 Abs. 1 BGB).

Zuschüsse und Ausbildungsaufwendungen

Nach § 2050 Abs. 2 BGB sind Zuschüsse, die zu dem Zweck gegeben worden sind, als Einkünfte verwendet zu werden, sowie Aufwendungen für die Vorbildung zu einem Beruf auszugleichen. Unter Zuschüssen versteht man dabei Zuwendungen, die mit einer gewissen Dauer und Regelmäßigkeit zur Deckung des laufenden Bedarfs gewährt wurden. Für die Einordnung der Zuwendung als Zuschuss ist die Zweckbestimmung des Erblassers entscheidend, die Zuwendung als Einkünfte zu verwenden, wobei der Wille des Erblassers im Zeitpunkt der Zuwendung entscheidend ist. Ohne diese Zweckbestimmung handelt es sich um eine andere Zuwendung i.S.d. § 2050 Abs. 3 BGB (Soergel/Wolf, § 2050 Rdnr. 14). Zuschüsse, die zu dem Zweck gegeben worden sind, als Einkünfte verwendet zu werden, sind jedoch nur dann auszugleichen, wenn sie das den Verhältnissen des Erblassers entsprechende Maß überstiegen haben (§ 2050 Abs. 2 BGB).

Praxistipp

In der Praxis sind derartige ausgleichspflichtige Zuschüsse angesichts der wachsenden Bedeutung des Ausbildungsunterhalts nach § 1610 Abs. 2 BGB selten.

Aufwendungen zur Vorbildung zu einem Beruf sind die Kosten für ein Hochschulstudium oder eine Promotion, nicht jedoch die Kosten der

Schulausbildung, da es sich bei diesen nicht um die Vorbildung zu einem Beruf handelt.

Warnhinweis

Von § 2050 Abs. 2 BGB werden die Aufwendungen nicht erfasst, die im Rahmen einer gesetzlichen Unterhaltspflicht nach § 1610 Abs. 2 BGB geleistet werden. Kommt der Erblasser mit der Leistung seiner gesetzlichen Unterhaltspflicht nach, liegt darin keine Zuwendung, da diese nicht freigiebig, sondern aufgrund einer gesetzlichen Verpflichtung erbracht wurde (MüKo-BGB/Ann, § 2050 Rdnr. 8; Soergel/Wolf, § 2050 Rdnr. 9).

Praxistipp

Kosten für die Berufsausbildung können daher nur dann unter § 2050 Abs. 2 BGB fallen, wenn eine zweite Berufsausbildung zu einem anderen Beruf finanziert wird (RGZ 114, 52).

Andere Zuwendungen

Alle anderen Zuwendungen unter Lebenden, also jede freigiebige Leistung des Erblassers zugunsten des Abkömmlings (z.B. gelegentliche Geschenke, einmalige Zuschüsse zur Schuldentilgung, zum Autokauf oder für eine Urlaubsreise) sind nach § 2050 Abs. 3 BGB grundsätzlich nicht auszugleichen, es sei denn, der Erblasser hat dies bei der Zuwendung angeordnet.

Gesetzliche Ausgleichungspflicht

Ausstattungen sind grundsätzlich immer auszugleichen, es sei denn, der Erblasser hat bei der Zuwendung etwas anderes angeordnet (§ 2050 Abs. 1 BGB). Zuschüsse und Ausbildungsaufwendungen sind auszugleichen, wenn sie das den Verhältnissen des Erblassers entsprechende Maß überstiegen haben (§ 2050 Abs. 2 BGB). Alle anderen Zuwendungen unter Lebenden sind nach § 2050 Abs. 3 BGB grundsätzlich nicht auszugleichen, es sei denn, der Erblasser hat dies bei der Zuwendung angeordnet.

Abweichende Erblasseranordnungen

Von diesen gesetzlichen Ausgleichungsbestimmungen kann der Erblasser abweichen, da sie nicht zwingend sind. Dem Erblasser steht es frei, eine abweichende Anordnung unter Lebenden zu treffen. Im Rahmen dieser Anordnung kann er die gesetzliche Ausgleichungspflicht ganz oder teilweise ausschließen oder anordnen, dass eine nicht ausgleichspflichtige Zuwendung ausgeglichen werden soll. Eine bestimmte Form für die Anordnung ist nicht vorgesehen.

Zeitpunkt der Anordnung

Eine Ausgleichungsanordnung muss, wie das Gesetz ausdrücklich vorschreibt (§ 2050 Abs. 3 BGB), bei der Zuwendung erfolgen, so dass der Empfänger sie ausdrücklich oder stillschweigend annehmen kann und die Möglichkeit hat, die Zuwendung im Hinblick auf die spätere Ausgleichspflicht auch ablehnen zu können. Eine nachträgliche Anordnung ist einseitig nicht möglich. Möglich ist aber eine nachträgliche Anordnung durch Verfügung von Todes wegen, wobei es sich dann um ein Vermächtnis zugunsten der übrigen Miterben handelt.

Kein Ausgleich des Mehrempfangs

Hat ein Miterbe durch die Zuwendungen mehr erhalten, als ihm bei der Auseinandersetzung zukommen würde, so hat er diesen Mehrempfang nicht herauszugeben (§ 2056 Satz 1 BGB). Der Nachlass wird bei Vorliegen eines Mehrempfangs eines Miterben unter den übrigen Miterben in der Weise geteilt, dass der Wert der Zuwendung und der Erbteil des Miterben außer Ansatz bleiben (§ 2056 Satz 2 BGB). Diese Regelung beruht auf dem mutmaßlichen Willen des Erblassers, wonach lebzeitige Zuwendungen in aller Regel auf Dauer beim Empfänger verbleiben sollen.

Ermittlung des Werts der Zuwendung

Vor der Durchführung der Ausgleichung sind zunächst der Wert des Nachlasses und die Werte der auszugleichenden Zuwendungen zu bestimmen. Hierbei ist der Wert des Nachlasses bezogen auf den Zeitpunkt des Erbfalls zu ermitteln.

> **Warnhinweis**
>
> Auf den Wert des Nachlasses zum Zeitpunkt der Auseinandersetzung kommt es dagegen nicht an.

Der Wert der Zuwendung bestimmt sich nach dem Zeitpunkt, zu der die Zuwendung erfolgt ist (§ 2050 Abs. 2 BGB). Maßgeblich ist der objektive Verkehrswert.

> **Praxistipp**
>
> Die Ermittlung des Werts eines Grundstücks zum Zeitpunkt der Zuwendung bereitet in der Praxis häufig Schwierigkeiten und ist oft nur durch Einholung eines Sachverständigengutachtens zu klären.

Der ermittelte Wert ist anschließend unter Berücksichtigung des Kaufkraftschwunds auf den Zeitpunkt des Erbfalls umzurechnen. Dies geschieht in der Weise, dass der Wert der Zuwendung mit dem für das Jahr des Erbfalls geltenden Verbraucherpreisindex multipliziert und durch den Preisindex für das Jahr der Zuwendung dividiert wird.

> **Praxistipp**
>
> Eine Liste der Preisindizes wird jährlich vom Statistischen Bundesamt in Wiesbaden erstellt und ist im Internet unter *www.destatis.de* erhältlich.

Keine Berücksichtigung der gezogenen Nutzungen aus der Zuwendung

Zwischenzeitlich gezogene Zinsen, Nutzungen und sonstige Erträge bleiben bei der Ausgleichung außer Betracht (Staudinger/Werner, § 2055 Rdnr. 10). Auch darauf, ob die Zuwendung beim Empfänger noch vorhanden ist, kommt es nicht an.

Abweichende Erblasseranordnungen zur Wertermittlung

Auch im Rahmen der Wertermittlung haben abweichende Anordnungen des Erblassers grundsätzlich Vorrang (OLG Hamm, MDR 1966, 330). Der Erblasser kann den Wert, zu welchem die Zuwendung auszugleichen ist, entweder selbst bestimmen oder aber festlegen, dass für die Wertberechnung abweichend von § 2050 Abs. 2 BGB der Zeitpunkt des Erbfalls oder der der Auseinandersetzung maßgeblich sein soll.

Durchführung der Ausgleichung

Die Ausgleichung wird in der Weise durchgeführt, dass jedem Miterben der Wert der Zuwendung, die er zur Ausgleichung zu bringen hat, auf seinen Erbteil angerechnet wird (§ 2055 BGB). Durch diese Anrechnung auf den Erbteil erfolgt ein rechnerischer Ausgleich, der den ausgleichsberechtigten Miterben keinen Zahlungsanspruch gibt, sondern nur zu einer von der Erbquote abweichenden Teilungsquote führt (BGH, NJW-RR 1989, 259).

Die Ausgleichung erfolgt rechnerisch in vier Schritten:

1. Schritt:
Zunächst sind die Anteile der an der Ausgleichung nicht beteiligten Miterben zu berechnen und vorweg vom Nachlass abzuziehen.

2. Schritt:
Dem so ermittelten Teil des Nachlasses, der den an der Ausgleichung beteiligten Abkömmlingen zukommt, werden die Werte sämtlicher Zuwendungen zugerechnet (§ 2055 Abs. 1 Satz 2 BGB).

3. Schritt:
Aus dieser rechnerischen Teilungsmasse (Ausgleichsnachlass) werden die Anteile der an der Ausgleichung beteiligten Abkömmlinge nach dem Verhältnis ihrer Erbteile errechnet.

4. Schritt:
Dann wird jedem Abkömmling der Wert der Zuwendung, die er auszugleichen hat, von seinem Anteil abgezogen (§ 2055 Abs. 1 Satz 1 BGB).

Erläuterung: Beispielsfall

Im Beispielsfall wurde der Erblasser von seinen drei Kindern zu je 1/3 gesetzlich beerbt. Der Wert des Nachlasses beträgt 120.000 €. Die Schwester hat zur Hochzeit ein Grundstück im Wert von 80.000 € erhalten, welches als Ausstattung auszugleichen ist. Auch der Bruder hat den erhaltenen Betrag i.H.v. 40.000 € zur Ausgleichung zu bringen. Diese Zuwendungen sind zu indexieren, um die Geldentwertung auszugleichen. Für die Schwester ergibt sich daher eine Zuwendung i.H.v. 67.200 € (80.000 € x 0,84) und für den Bruder eine Zuwendung i.H.v. 37.000 € (40.000 € x 0,925). Soweit der Sohn nur einen monatlichen Zuschuss zum Studium i.H.v. 400 € erhalten hat, handelt es sich insoweit nicht um eine Zuwendung. Der Erblasser hat mit dieser Zahlung allein seine gesetzliche Unterhaltspflicht erfüllt. Zudem wäre der Zuschuss nur dann auszugleichen, wenn er das den Verhältnissen des Erblassers entsprechende Maß überstiegen hat. Hiervon ist jedoch nicht auszugehen.

Der Mandant hat daher keine Zuwendung zur Ausgleichung zu bringen. Dem Nachlass sind nur die Vorempfänge der Schwester und des Bruders hinzuzurechnen. Diese rechnerische Teilungsmasse i.H.v. 224.200 € (120.000 € + 67.200 € + 37.000 €) wird nun unter den drei Geschwistern entsprechend der Erbteile verteilt. Jedem Miterben stünden also jeweils 74.733,33 € zu. Nach Abzug der Vorempfänge erhält aber die Schwester nur noch 7.533,33 € (74.733,33 € – 67.200 €), der Bruder nur noch 37.733,33 € (74.733,33 € – 37.000 €) und der Mandant 74.733,33 €.

Gerichtsstand

Für Klagen wegen Ausgleichung nach §§ 2050 ff., 2057a BGB ist der Gerichtsstand der Erbschaft gem. § 27 ZPO eröffnet (BGH, NJW 1992, 364), wahlweise auch das Wohnsitzgericht des Beklagten nach §§ 12, 13 ZPO.

Stufenklage nach § 254 ZPO

Soweit dem Mandanten die ausgleichspflichtigen Zuwendungen der Miterben bekannt sind, kann dieser direkt Klage auf Feststellung der Ausgleichspflicht nach § 256 Satz 1 ZPO erheben. Hat der Mandant jedoch keine oder nur partielle Erkenntnisse über ausgleichspflichtige Zuwendungen der Miterben, sollte er zunächst Auskunftsklage nach § 2057 Satz 1 BGB erheben. Prozesstaktisch sinnvoll ist auch eine Stufenklage nach § 254 ZPO, gerichtet auf

- Auskunftserteilung nach § 2057 Satz 1 BGB,
- Abgabe einer Versicherung an Eides statt (§§ 2057 Satz 2, 260 Abs. 2 BGB) und
- Feststellung der Ausgleichspflicht (§§ 2050 ff. BGB).

1. Stufe: Auskunftsanspruch nach § 2057 BGB

Jeder Miterbe ist verpflichtet, den übrigen Miterben auf Verlangen Auskunft über ausgleichspflichtige Zuwendungen zu erteilen (§ 2057 Satz 1 BGB). Der Anspruch auf Auskunftserteilung steht jedem Miterben zu, der Ausgleichung verlangen könnte. Er kann von jedem Miterben selbständig geltend gemacht werden.

Die Auskunftspflicht erstreckt sich auf alle Zuwendungen, die möglicherweise nach den §§ 2050 ff. BGB ausgleichspflichtig sein könnten. Sie umfasst einerseits nicht jede Kleinigkeit, die der Miterbe jemals vom Erblasser erhalten hat, andererseits ist aber auch nicht nur über solche Zuwendungen Auskunft zu erteilen, die nach Ansicht des Zuwendungsempfängers zweifellos auszugleichen sind (Sarges, ZEV 2000, 349; Palandt/Edenhofer, § 2057 Rdnr. 1). Anzugeben sind alle für die Ausgleichung wesentlichen Tatsachen, insbesondere Art und Menge des Vorempfangs, sämtliche wertbildenden Faktoren, der Zuwendungszeitpunkt und etwaige die Ausgleichungspflicht betreffenden Anordnungen des Erblassers. Ein gesetzlicher Anspruch auf Einholung eines Wertgutachtens besteht nicht. Er kann sich jedoch aus allgemeinen Grundsätzen ergeben (OLG Hamm, FamRZ 1983, 1279).

Der Klageantrag kann sich darauf beschränken, dass Auskunft über ausgleichspflichtige Zuwendungen begehrt wird. Es genügt, wenn der Kläger darlegt, dass er und der Beklagte an einer möglicherweise durchzuführenden Ausgleichung beteiligt sind. Konkrete Anhaltspunkte für eine ausgleichspflichtige Zuwendung müssen nicht vorgetragen werden (MüKo-BGB/Dietrich, § 2057 Rdnr. 8).

Der Streitwert der Auskunftsklage beträgt einen Bruchteil des Leistungsanspruchs und ist mit 1/4–1/10 des Leistungsanspruchs anzusetzen (OLG Naumburg, Beschl. v. 28.06.2006 – 3 WF 100/06, ZFE 2007, 275; Soergel/Wolf, § 2057 Rdnr. 7).

2. Stufe: Eidesstattliche Versicherung

Besteht Grund zu der Annahme, dass die Auskunft nicht mit der erforderlichen Sorgfalt erteilt worden ist, hat der Verpflichtete auf Verlangen des Berechtigten die Richtigkeit seiner Auskunft an Eides statt zu versichern (§§ 2057 Satz 2, 260 Abs. 2 BGB).

3. Stufe: Feststellung der Ausgleichspflicht

Grundsätzlich ist die Ausgleichung mit der Leistungsklage in Form einer Erbteilungsklage, gerichtet auf Abgabe der Willenserklärung mit dem Inhalt einer Zustimmung zum Teilungsplan geltend zu machen. Eine Leistungsklage auf Zahlung des Ausgleichsbetrags wäre unbegründet, da der Miterbe grundsätzlich keinen Anspruch darauf hat, die Ausgleichung im Wege der Realteilung durchzuführen (OLG München, Urt. v. 24.01.1991 – 29 U 4906/90, NJW-RR 1991, 1097).

Praxistipp

Nur wenn sich die Miterben bereits auseinandergesetzt haben, ohne eine ausgleichspflichtige Zuwendung zu berücksichtigen, kann durch Zahlungsklage ein Anspruch aus ungerechtfertigter Bereicherung geltend gemacht werden. Die Zahlungsklage setzt jedoch eine abgeschlossene und vollständige Auseinandersetzung voraus.

Feststellungsantrag

Eine Feststellungsklage eines Miterben gegen den Empfänger der ausgleichspflichtigen Zuwendung dahingehend, dass der Ausgleichspflichtige bei der Auseinandersetzung nichts mehr erhalte, ist zulässig, da eine Leistungsklage mangels eines bestehenden Anspruchs nicht möglich ist (BayObLGZ 1937, 253; MüKo-BGB/Ann, § 2057 Rdnr. 38; Soergel/Wolf, § 2057 Rdnr. 24). Eine Feststellungsklage kann zudem mit dem Ziel erhoben werden, feststellen zu lassen, dass und in welcher Höhe eine bestimmte Zuwendung auszugleichen ist. Ein solcher Feststellungsantrag kann auch konkludent in einem unbegründeten Zahlungsantrag enthalten sein (BGH, Urt. v. 04.03.1992 – IV ZR 309/90, NJW-RR 1992, 771).

Beweislast

Derjenige, der die Hinzurechnung des Vorempfangs zum Nachlass fordert, trägt nach allgemeiner Meinung die Beweislast für die Voraussetzungen der Ausgleichungspflicht. Im Fall einer Ausstattung hat der, der die Ausgleichung verlangt, also nachzuweisen, dass keine gewöhnliche Schenkung vorliegt. Behauptet er eine sonstige Zuwendung, hat er die Ausgleichungsanordnung des Erblassers zu beweisen und im Fall der Zuschüsse das Übermaß (Schindler, ZEV 2006, 389). Beweiserleichterungen kommen dem Berechtigten nur insoweit zugute, als bei größeren Zuwendungen Ausstattung naheliegen soll.

Praxistipp

Zum Erhalt der notwendigen Beweismittel sollte daher ggf. vorab der Auskunftsanspruch des § 2057 BGB gegen die Miterben geltend gemacht werden. Möglich ist auch eine Stufenklage des Miterben auf Auskunftserteilung, Eidesstattliche Versicherung und Feststellung der Ausgleichspflicht.

Dagegen muss derjenige, der sich auf den Ausschluss der Ausgleichspflicht beruft, diesen beweisen (Soergel/Wolf, § 2057 Rdnr. 24). Hat der Erblasser in einer Verfügung von Todes wegen festgelegt, dass hinsichtlich bestimmter Zuwendungen ein Ausgleich bereits stattgefunden habe, liegt die Beweislast, dass diese Zuwendungen nicht gleichwertig waren, bei demjenigen, der seinen Ausgleichsanspruch darauf stützt (OLG Frankfurt/M., NJW-RR 2008, 532, 533).

Streitwert

Der Streitwert richtet sich nach dem Ausgleichungsinteresse des Klägers, entspricht also dem Betrag, der von der Ausgleichungssumme auf diesen entfallen würde (BGH, FamRZ 1956, 381; Schneider, Rpfleger 1982, 268).

Sachverhalt | Checkliste | Lösung | Verfahren | **Muster**

Auskunftsklage hinsichtlich ausgleichungspflichtiger Vorempfänge

Amtsgericht/Landgericht
...
Straße, Hausnr./Postfach
PLZ Ort

Klage

des Herrn ...

– Kläger –

Prozessbevollmächtigte: ...

gegen

Frau ...

– Beklagte –

wegen Auskunft und eidesstattlicher Versicherung

Namens und mit Vollmacht des Klägers erhebe ich Klage und werde

beantragen:

1. Die Beklagte wird verurteilt, Auskunft zu erteilen über die ihr vom Erblasser ... zu Lebzeiten zugewandten Vorempfänge, die eine Ausgleichungspflicht nach den §§ 2050, 2316 ff. BGB begründen können.
2. Für den Fall, dass die Auskunft nicht mit der erforderlichen Sorgfalt erteilt worden sein sollte, wird die Beklagte weiter verurteilt, zu Protokoll an Eides statt zu versichern, dass sie nach bestem Wissen die Angaben so vollständig gemacht hat, wie sie dazu imstande war.
3. Die Kosten des Verfahrens trägt die Beklagte.

Für den Fall der Säumnis

beantrage

ich den Erlass eines Versäumnisurteils.

Begründung:

Der Kläger begehrt mit der vorliegenden Klage Auskunft über Vorempfänge, die der Beklagte zu Lebzeiten vom Erblasser erhalten hat.

Am ... ist Frau ... mit letztem Wohnsitz in ... verstorben. Die Erblasserin war zum Zeitpunkt ihres Todes verwitwet und wurde aufgrund gesetzlicher Erbfolge von den Parteien als einzige Abkömmlinge zu gleichen Teilen beerbt.

Beweis: Erbschein des Amtsgerichts – Nachlassgericht – ... vom ... in Kopie

– als Anlage –

Der ungeteilte Nachlass besteht aus einem Wertpapierdepot bei der ...-Bank und dem Guthaben bei der ...-Bank.

Beweis: Depotauszug der ...-Bank in Kopie

– als Anlage –

Kontoauszug der ...-Bank in Kopie

– als Anlage –

Weitere Nachlassgegenstände sind dem Kläger nicht bekannt.

Der Kläger begehrt nunmehr Auskunft darüber, ob die Beklagte Vorempfänge seitens des Erblassers zu dessen Lebzeiten erhalten hat, die er nach den Vorschriften der §§ 2050 ff. BGB unter Abkömmlingen zur Ausgleichung zu bringen hat. Der Auskunftsanspruch begründet sich auf § 2057 BGB. Dieser steht dem Kläger als Abkömmling zu.

Trotz mehrfacher Aufforderung hat die Beklagte eine Auskunftserteilung hinsichtlich der Vorempfänge abgelehnt und darauf hingewiesen, dass sie innerhalb der letzten zehn Jahre keine Zuwendungen erhalten hat. Da es jedoch im Rahmen des Auskunftsanspruchs nach § 2057 BGB auf eine Zehnjahresfrist nicht ankommt und die Beklagte verpflichtet ist, alle zu Lebzeiten zugewandten Zuwendungen, die eine Ausgleichspflicht nach §§ 2050 ff. BGB begründen können, offenzulegen, ist sie dem Auskunftsbegehren des Klägers nicht nachgekommen, so dass Klage geboten war.

Beglaubigte und einfache Anschrift anbei.

Rechtsanwältin/Rechtsanwalt

Abwandlung 8.9.1: Berücksichtigung von Pflegeleistungen

Sachverhalt | Checkliste | Lösung | Verfahren | Muster

Die drei Geschwister sind Miterben zu je 1/3. Der Nachlass beträgt 100.000 €. Die Schwester hat den Erblasser, welcher die Pflegestufe I hatte, bis zu seinem Tod zu Hause gepflegt, wofür ihr nach § 2057a Abs. 3 BGB insgesamt 10.000 € auszugleichen sind.

Sachverhalt | **Checkliste** | Lösung | Verfahren | Muster

Hat ein Abkömmling den Erblasser gepflegt?	☐
Hat der Abkömmling für die Pflegeleistungen bereits ein Entgelt erhalten?	☐
Liegt ein Pflegevertrag vor?	☐
Hatte der Erblasser eine Pflegestufe und wenn ja welche?	☐
In welchem Umfang erfolgten die Pflegeleistungen durch den Abkömmling?	☐
Ist diese Pflege beleg- bzw. nachweisbar?	☐

Sachverhalt | Checkliste | **Lösung** | Verfahren | Muster

Ausgleichung bei besonderen Leistungen (§ 2057a BGB)

Hat ein Abkömmling zu Lebzeiten des Erblassers durch unentgeltliche Leistungen in besonderem Maß dazu beigetragen, dass das Vermögen des Erblassers erhalten oder vermehrt wurde, dann kann er hierfür nach § 2057a BGB eine Ausgleichung verlangen. Anders als bei den §§ 2050–2057 BGB geht es bei § 2057a BGB nicht um Leistungen des Erblassers an seine Abkömmlinge, sondern umgekehrt um Leistungen der Abkömmlinge an den Erblasser.

Beteiligte an der Ausgleichung

Die Ausgleichung wird auch hier nur zwischen den Abkömmlingen des Erblassers durchgeführt, wenn die Abkömmlinge als gesetzliche Erben zur Erbfolge gelangt sind (§ 2050 BGB), die Abkömmlinge testamentarisch auf dasjenige eingesetzt wurden, was sie als gesetzliche Erben erhalten hätten (§ 2052 Abs. 1 BGB), oder wenn die Erbteile testamentarisch so bestimmt sind, dass sie zueinander in demselben Verhältnis stehen, wie bei der gesetzlichen Erbfolge (§ 2052 Abs. 1 BGB).

Praxistipp

Im Fall eines gemeinschaftlichen Testaments (§ 2269 BGB) oder Ehegattenerbvertrags (§ 2280 BGB) ist ebenso wie bei der Ausgleichung von Vorempfängen auch der zuerst versterbende Ehegatte als Erblasser anzusehen. Bei der Auseinandersetzung des Nachlasses nach dem Tod des überlebenden Ehegatten sind deshalb auch solche Leistungen zur Ausgleichung zu bringen, die der Abkömmling für den zuerst verstorbenen Ehegatten erbracht hat.

Ausgleichsfähige Leistungen

Ausgleichsfähig sind Leistungen eines Abkömmlings, die in besonderer Weise zur Erhaltung oder Vermehrung des Erblasservermögens beigetragen haben (§ 2057a Abs. 1 Satz 1 BGB). In Betracht kommen dabei folgende Leistungen:

- Mitarbeit im Haushalt, Beruf oder Geschäft des Erblassers
- Geldleistungen
- Pflegeleistungen
- Leistungen anderer Art

Dauer und Intensität der Leistung

Die für eine Ausgleichung in Betracht kommende Leistung muss die Leistung anderer Abkömmlinge nach Dauer und Intensität sichtbar übertreffen. Die in der Familie des Erblassers üblichen Leistungen sind daher nicht ausgleichsfähig (OLG Oldenburg, FamRZ 1999, 1466).

Mitarbeit im Haushalt, Beruf oder Geschäft

Ausgleichsfähig ist die Mitarbeit eines Abkömmlings im Haushalt, Beruf oder Geschäft des Erblassers während längerer Zeit. Nach dem Wortlaut der Vorschrift ist hiermit jede Mitarbeit in einem vom Erblasser ausgeübten Beruf, in seinem Betrieb oder seinem Haushalt gemeint. Der Begriff „Haushalt“ ist mit dem Begriff des Hausstands in § 1619 BGB gleichzusetzen und umfasst danach alle Bereiche des Erblassers, die seinen täglichen Lebensmittelpunkt und Aufenthaltsort darstellen. Die Mitarbeit umfasst danach diejenigen Tätigkeiten, die für eine ordnungsgemäße Haushaltsführung notwendig sind und ihm die häusliche Lebensführung erleichtern, z.B. die Reinigung der Wohnung und die Zubereitung der Mahlzeiten, ebenso wie die Besorgung der notwendigen Einkäufe. Unter Mitarbeit fällt jedes geistige oder körperliche Tätigwerden des Abkömmlings. Entscheidend ist, ob die Mitarbeit planmäßig über einen längeren Zeitraum hinweg und nicht nur gelegentlich und aus einmaligem Anlass erfolgte. Die Mitarbeit muss in besonderem Maß dazu beigetragen haben, das Vermögen des Erblassers zu erhalten oder zu vermehren. Dies ist immer dann der Fall, wenn der Erblasser ohne die Mitarbeit des Abkömmlings eine andere Arbeitskraft hätte einstellen oder bezahlen müssen (Staudinger/Werner, § 2057a Rdnr. 14). Hat ein Abkömmling nur teilweise unentgeltlich mitgearbeitet, ist dieser Teil ausgleichsfähig.

Erhebliche Geldleistungen

Hat der Abkömmling gegenüber dem Erblasser erhebliche Geldleistungen erbracht, so begründen diese ebenso wie die Mitarbeit eine Ausgleichungspflicht, wenn sie in besonderem Maß erfolgten und zu einer Erhaltung und Vermehrung des Erblasservermögens beigetragen haben. Erheblichkeit ist anzunehmen, wenn die Geldleistung ein gewisses Ausmaß erreicht und den Vermögensstand des Erblassers positiv beeinflusst hat.

Warnhinweis

Geldleistungen, die ein Abkömmling im Rahmen seiner gesetzlichen Unterhaltspflicht nach §§ 1601 ff. BGB erbracht hat, sind nicht ausgleichsfähig. Diese haben weder die Erhaltung noch die Vermehrung des Erblasservermögens bewirken können, da die Unterhaltspflicht die Vermögenslosigkeit des Erblassers voraussetzt (§ 1602 Abs. 1 BGB).

Pflegeleistungen nach § 2057a Abs. 1 Satz 2 BGB

Im Rahmen der ausgleichspflichtigen Leistungen spielen die Pflegeleistungen in der Praxis eine entscheidende Rolle, denn nach § 2057a Abs. 1 Satz 2 BGB kann ein Abkömmling die Ausgleichung verlangen, wenn er den Erblasser während längerer Zeit gepflegt hat. Was eine längere Zeit ist, ist nach den Umständen des Einzelfalls zu entscheiden, insbesondere danach, wie aufwendig und wie zeitintensiv die Pflegetätigkeit war. Der Abkömmling muss die Pflege nicht selbst durchführen, sondern kann sie durch seinen Ehepartner oder zusammen mit anderen von ihm beauftragten Personen leisten.

Änderung durch Reform des Erb- und Verjährungsrechts

Im Zuge der Reform des Erb- und Verjährungsrechts ist die Voraussetzung, dass der Abkömmling den Erblasser unter Verzicht auf nicht unerhebliche Teile seines Einkommens gepflegt hat, entfallen.

Leistungen anderer Art

Ausgleichungspflichtig sind neben den im Gesetz ausdrücklich genannten Leistungen auch beliebige Leistungen anderer Art. Ebenso wie jene müssen diese im besonderen Maß dazu beigetragen haben, das Vermögen des Erblassers zu erhalten oder zu vermehren. Hierzu gehören Sicherheitsleistungen, wie Bürgschaftsübernahme oder Bestellung einer Grundschuld, sowie die Einräumung von Wohn- und Nutzungsrechten.

Ausschluss der Ausgleichung

Die Ausgleichung ist ausgeschlossen, wenn für die Leistung ein angemessenes Entgelt gewährt oder vereinbart worden ist.

Höhe des Ausgleichsanspruchs

Der Ausgleichungsbetrag ist nach Billigkeitsgesichtspunkten zu bemessen. Dabei sind einerseits Dauer und Umfang der erbrachten Leistung und andererseits der Wert des Nachlasses zu berücksichtigen (§ 2057a Abs. 3 BGB). Eine genaue Berechnung aller Einzelposten ist nicht erforderlich. Im Streitfall entscheidet das Gericht nach freier Überzeugung gem. § 280

Abs. 2 ZPO. Dabei ist auf Orientierungshilfen, wie z.B. die Richtsätze für mithelfende Familienangehörige in der Landwirtschaft (so LG Ravensburg, BWNotZ 1989, 147; LG Ravensburg, AgrarR 1991, 252) oder Vergütungstabellen für Vergütungsvereinbarungen zwischen den Trägern der Pflegeversicherung und den ambulanten Pflegediensten zurückzugreifen (Kues, ZEV 2000, 434).

Praxistipp

Im Bereich der Bewertung von Pflegeleistungen kann auf die Beträge der ambulanten Pflegedienste für die häusliche Pflege nach § 30 Abs. 3 SGB XI zurückgegriffen werden.

Praxistipp

Die Entscheidung, auf welchen Betrag sich der Ausgleichungsanspruch beläuft, trifft grundsätzlich das Gericht. Im Rahmen der Feststellungsklage sollte daher in Abweichung zu § 253 Abs. 2 ZPO ein unbezifferter Antrag gestellt werden.

Abweichende Erblasseranordnungen

Die Regelung des § 2057a BGB ist nicht zwingend. Dem Erblasser steht es daher frei, die Ausgleichspflicht durch letztwillige Verfügung aufzuheben oder abzuändern. Möglich ist auch, dass der Erblasser für die Ausgleichung einen bestimmten Betrag letztwillig festsetzt.

Durchführung der Ausgleichung

Bei der Ausgleichung ist in diesen Fällen der Wert der Leistungen vom maßgeblichen Nachlasswert abzuziehen und sodann dem Erbteil des Ausgleichungspflichtigen hinzuzuzählen.

Erläuterung: Beispielsfall

Vom Nachlasswert i.H.v. 100.000 € ist der Ausgleichungsbetrag von 10.000 € abzuziehen. Dann ergibt sich als Wert für die Erbteile der Kinder jeweils 30.000 €. Dem Erbteil der Schwester sind die auszugleichenden 10.000 € hinzuzurechnen, so dass sie letztlich 40.000 € erhält, während ihre Brüder jeweils 30.000 € erhalten.

Sachverhalt | Checkliste | Lösung | **Verfahren** | Muster

Klageart

Ebenso wie bei der Ausgleichung von Vorempfängen kommt auch bei der Ausgleichung von besonderen Leistungen regelmäßig eine Feststellungsklage in Betracht.

Zuständigkeit

Zuständig für Klagen wegen der Ausgleichung nach § 2057a BGB ist neben dem Wohnsitzgericht des Beklagten (§§ 12, 13 ZPO) auch das Gericht, in dessen Bezirk der Erblasser seinen letzten allgemeinen Gerichtsstand hatte (§ 27 Abs. 1 ZPO).

Klageantrag

Da die Höhe des Ausgleichsbetrags nach Billigkeitsgesichtspunkten bemessen ist, kann auch ein unbezifferter Klageantrag gestellt werden (MüKo-BGB/Ann, § 2057a Rdnr. 37).

Streitwert

Stellt der Kläger einen bezifferten Antrag, richtet sich der Streitwert nach dem geforderten Betrag. Andernfalls kommen die für die Ermessensanträge entwickelten Grundsätze zur Anwendung.

Beweislast

Darlegungs- und beweispflichtig für die Voraussetzungen der Ausgleichspflicht ist der ausgleichsberechtigte Abkömmling. Dass für die Leistung ein angemessenes Entgelt gewährt oder vereinbart wurde oder dass dem Abkömmling ein Anspruch aus anderem Rechtsgrund zusteht, haben demgegenüber die ausgleichspflichtigen Abkömmlinge darzulegen und zu beweisen (Peterson, ZEV 2000, 432).

Schätzung des Ausgleichsbetrags

Bei der Bemessung des Ausgleichsbetrags handelt sich um eine Billigkeitsentscheidung mit entsprechend verminderter Substantiierungspflicht. Für die Schätzung durch das Gericht (§ 280 Abs. 2 ZPO) müssen vom ausgleichsberechtigten Abkömmling aber hinreichend feststellbare Anknüpfungstatsachen vorgetragen werden (OLG Oldenburg, FamRZ 1999, 1466).

Schriftsatz mit Berechnung

An
Herrn
...
Straße, Hausnr./Postfach
PLZ Ort

Nachlassangelegenheit nach dem Tod der ...,

verst. am ... in ...

Sehr geehrter Herr ...,

wie Ihnen bekannt ist, vertrete ich die rechtlichen Interessen Ihrer Schwester in der Nachlassangelegenheit nach dem Tod Ihrer gemeinsamen Mutter, Frau ....

Meine Mandantin hat mit mitgeteilt, dass Sie aufgrund des Erbscheins des Amtsgerichts ... vom ..., der Sie und meine Mandantin als Miterben zu je 1/2 ausweist, das Nachlasskonto der Erblasserin bei der ...-Bank kündigen und das verbleibende Guthaben i.H.v. 40.500 € je hälftig zwischen Ihnen und meiner Mandantin teilen möchten.

Dabei haben Sie jedoch übersehen, dass meiner Mandantin aufgrund ihrer Pflegleistungen in den letzten Jahren ein Ausgleichsanspruch nach § 2057a Abs. 1 Satz 2 BGB zusteht.

Wie Ihnen bekannt ist, hat meine Mandantin die Erblasserin in der Zeit von ... bis ... gepflegt.

Die Erblasserin war seit 2010 aufgrund zunehmender Demenz und einer chronischen Harnwegsinfektion hilfebedürftig. Sie wurde seit Mai 2010 von meiner Mandantin versorgt und gepflegt. Im Oktober 2011 erlitt die Erblasserin einen Schlaganfall und befand sich danach in der Pflegestufe 2. Ab diesem Zeitpunkt kümmerte sich meine Mandantin ausschließlich um die Erblasserin. Die Erblasserin war inkontinent und musste von meiner Mandantin rund um die Uhr gepflegt und versorgt werden. Dabei übernahm meine Mandantin folgende Pflegeleistungen:

- Tägliche Körperpflege (große Toilette, Windeln, Baden)
- Ernährung (Zubereitung der Nahrung und Aufsicht und Unterstützung bei der Nahrungsaufnahme)
- Mobilität (Fahrten zum Arzt und Apotheke, Spaziergänge)
- Hauswirtschaftliche Tätigkeiten (Reinigung der Wohnung, Einkauf, Waschen der Wäsche und Kleidung, Bügeln)

Durch diese Pflegeleistungen hat meine Mandantin in besonderem Maße dazu beigetragen, dass das Vermögen der Erblasserin erhalten wurde. Wäre meine Mandantin nicht zur häuslichen Pflege bereit gewesen, hätte die Erblasserin in einem Pflegeheim untergebracht werden müssen. Dies hätte einen monatlichen Aufwand von ca. 2.000 € für die Heimpflege der Erblasserin verursacht.

Die Höhe des Ausgleichsbetrags, welcher meiner Mandantin aufgrund der erbrachten Pflegeleistungen zusteht, orientiert sich an den Pflegesachleistungssätzen der betreffenden Pflegestufe gem. § 36 Abs. 3 SGB XI. Es ist danach von einem monatlichen Pflegebetrag i.H.v. 1.040 € ab 01.10.2011 auszugehen.

Für die erbrachten Pflegeleistungen steht meiner Mandantin daher ein Ausgleichsanspruch nach § 2057a Abs. 1 Satz 2 BGB i.H.v. 22.880 € (22 x 1.040 €) zu.

Vom Guthaben ist daher zunächst der Ausgleichungsbetrag für meine Mandantin i.H.v. 22.880 € abzuziehen. Der Rest i.H.v. 17.620 € ist hälftig zu teilen, sodass von dem Guthaben 8.810 € an Sie zu überweisen sind, während meine Mandantin 31.690 € erhält.

Mit freundlichen Grüßen

Rechtsanwältin/Rechtsanwalt

Abwandlung 8.9.2: Grundstücksübertragung im Wege vorweggenommener Erbfolge

Sachverhalt | Checkliste | Lösung | Verfahren | Muster

Die beiden Geschwister sind Miterben zu je 1/2. Bereits zu Lebzeiten hat die Schwester von den Eltern das Elternhaus gemäß Notarvertrag „im Wege vorweggenommener Erbfolge“ erhalten. Der Bruder als Mandant fühlt sich benachteiligt und möchte, dass das Hausgrundstück als Vorempfang im Rahmen der Erbauseinandersetzung berücksichtigt wird.

Sachverhalt | **Checkliste** | Lösung | Verfahren | Muster

Existiert für die Übertragung ein Vertrag?	☐
Welche Regelungen wurden im Vertrag bzw. in anderen Unterlagen (z.B. im Testament) zur Ausgleichung getroffen?	☐

Sachverhalt | Checkliste | **Lösung** | Verfahren | Muster

„Im Wege vorweggenommener Erbfolge"

Erfolgt zu Lebzeiten eine Zuwendung des Erblassers an einen Abkömmling „im Wege vorweggenommener Erbfolge", stellt sich die Frage, ob damit vom Erblasser eine Ausgleichungsbestimmung getroffen wurde. Im Wege der Auslegung ist zu ermitteln, ob der Erblasser damit eine Ausgleichung gem. § 2050 Abs. 3 BGB, eine Anrechnung gem. § 2315 Abs. 1 BGB oder kumulativ Ausgleichung und Anrechnung gem. § 2316 Abs. 4 BGB anordnen wollte.

Auslegungskriterien

Nach Ansicht des BGH kann aus der Formulierung „im Wege der vorweggenommenen Erbfolge" der Wille des Erblassers entnommen werden, dass der Zuwendungsempfänger den Wert der Zuwendung später im Erbfall zur Ausgleichung zu bringen hat (BGHZ 82, 274; BGH, NJW-RR 1989, 259). Die Redewendung „im Wege der vorweggenommenen Erbfolge" sei als Ausgleichungsanordnung zu verstehen (BGH, Urt. v. 23.09.1981 – IVa ZR 185/80, NJW 1982, 43).

Demgegenüber vertritt das OLG Celle (Urt. v. 03.07.2003 – 6 U 46/03, FamRZ 2004, 1823) die Auffassung, dem Zuwendungsempfänger solle mit dieser Formulierung nur deutlich gemacht werden, dass sich der Zuwendende vorbehalte, die Übertragung bei der späteren Abfassung einer Verfügung von Todes wegen zu berücksichtigen. Das Schrifttum schließt sich dem BGH weitgehend an und argumentiert, der Formulierung „im Wege vorweggenommener Erbfolge" sei der Wille des Erblassers zu entnehmen, den Zuwendungsempfänger zwar zeitlich, nicht aber wertmäßig zu bevorzugen. Der Zuwendungsempfänger erhält als künftiger Erbe bereits zu Lebzeiten Gegenstände bzw. Werte aus dem Vermögen des Erblassers, die er sonst erst im Erbfall erworben hätte. Unabhängig von diesen Einzelfallentscheidungen sollte daher der Vertrag daraufhin untersucht werden, ob der Begriff nur zur reinen Vertragsbezeichnung verwendet wurde oder ob in den einzelnen konkreten Vereinbarungen hierauf Bezug genommen wurde.

Beispielsfall

Wurde der Begriff „im Wege vorweggenommener Erbfolge" im Notarvertrag nur zur reinen Vertragsbezeichnung verwendet, aber in den einzelnen konkreten Vereinbarungen hierauf kein Bezug genommen, so wird man hierin keine Ausgleichungsbestimmung sehen können, da ein konkreter Vertragstypus, der eine Ausgleichung im Erbfall mit sich bringt, nicht existiert. Wird hingegen in den einzelnen Vertragsklauseln und Bedingungen die Bestimmung getroffen, dass die Übertragung „im Wege der vorweggenommenen Erbfolge" erfolgen soll, und erfolgt dies mit rechtsgeschäftlichem Willen, so ist diese Formulierung dem Wortlaut und der Form nach als Ausgleichungsbestimmung i.S.v. § 2050 Abs. 3 BGB zu qualifizieren.

Mandatssituation 8.10: Anspruch auf Umbettung (Totenfürsorge)

Sachverhalt | Checkliste | Lösung | Verfahren | Muster

Nach dem Tod des Vaters ist der Mandant aufgrund gesetzlicher Erbfolge Miterbe zu 1/2 neben seiner Schwester geworden. Der Vater hatte fast sein gesamtes Leben in Aachen gelebt. Auf dem Friedhof in Aachen sind auch seine Eltern und seine Ehefrau, die Mutter des Mandanten und seiner Schwester, beerdigt. Nach dem Tod der Ehefrau war der Vater zu seiner Tochter nach Berlin gezogen, die sich um ihn kümmerte. Dort war er auch verstorben. Da der Mandant wenig Kontakt zu seiner Schwester hatte, hatte er erst vor ein paar Tagen erfahren, dass diese bereits die Bestattung des Vaters in Berlin veranlasst hatte. Der Mandant ist damit aber nicht einverstanden. Er möchte, dass sein Vater neben seiner Ehefrau und der Mutter der Geschwister auf dem Familienfriedhof in Aachen beerdigt wird. Er ist der Ansicht, dies sei auch der Wille des Vaters gewesen. Dieser habe immer wieder geäußert, dass er neben seiner Ehefrau auf dem Friedhof in Aachen bestattet werden möchte. So habe er sich auch wiederholt gegenüber Verwandten und Bekannten geäußert. Zudem habe er das Nutzungsrecht am Grab seiner Frau vor Jahren verlängern lassen, um selbst in diesem Grab bestattet werden zu können. Der Schwester sei dieser Wille des Vaters bekannt gewesen. Trotzdem habe sie die Bestattung in Berlin veranlasst und sich einer Umbettung nach Aachen widersetzt.

Sachverhalt | **Checkliste** | Lösung | Verfahren | Muster

Hat der Erblasser zu Lebzeiten ausdrücklich eine Regelung zur Bestattung getroffen?	☐
In einer Patientenverfügung?	☐
– Im Rahmen einer letztwilligen Verfügung?	☐
– Durch Abschluss eines Grabpflegevertrags?	☐
Hat der Erblasser zugunsten einer Person die Totenfürsorge angeordnet?	☐
Hat der Erblasser sich ausdrücklich oder konkludent zu Lebzeiten zu seiner Bestattung geäußert?	☐
– Gegenüber Zeugen?	☐
– Durch Verlängerung oder Erwerb eines Familiengrabs?	☐
Wo hat der Erblasser gelebt? Zu welcher Stadt oder Person hat er den stärksten Bezug?	☐

Sachverhalt | Checkliste | **Lösung** | Verfahren | Muster

1. Zustimmung zur Umbettung

Der Mandant hätte einen Anspruch gegen seine Schwester auf Zustimmung zur Umbettung, wenn er Inhaber des Rechts auf Totenfürsorge wäre. Denn wenn dem Mandanten das Totenfürsorgerecht zusteht, hat er in Ausübung dieses Rechts auch zu entscheiden, wo der Verstorbene bestattet werden soll (OLG Karlsruhe, Urt. v. 26.07.2001 – 9 U 198/00, NJW 2001, 2980). Die sogenannte Totenfürsorge wahrzunehmen, insbesondere den Ort der letzten Ruhestätte zu bestimmen oder für die Bestattung an dem von ihm bestimmten Ort zu sorgen und seinen Leichnam erforderlichenfalls umzubetten, hat derjenige, den der Verstorbene hierzu bestimmt hat.

2. Das Recht der Totenfürsorge

Inhalt des Rechts der Totenfürsorge

Das Totenfürsorgerecht ist gesetzlich nicht geregelt. Es ist ein Gewohnheitsrecht und umfasst das Recht, über den Leichnam des Verstorbenen zu bestimmen und über die Art der Bestattung sowie die letzte Ruhestätte zu entscheiden. Das Totenfürsorgerecht ist ein sonstiges Recht i.S.v. § 823 Abs. 1 BGB (Palandt/Weidlich, Vor § 1922 Rdnr. 12). Abwehrrechte des Inhabers der Totenfürsorge ergeben sich daher aus § 1004 BGB und aus § 823 Abs. 1 i.V.m. § 249 BGB (BGH, Urt. v. 26.02.1992 – XII ZR 58/91, NJW-RR 1992, 834). Gegenstand kann auch die Ablage von Blumen auf dem Grab sein (AG Bergen auf Rügen, Urt. v. 29.10.2014 – 25 C 133/14, NJW-RR 2015, 648). Als Nachwirkung des familienrechtlichen Verhältnisses, das zwischen dem Erblasser und seinen Angehörigen bestanden hat, handelt es sich um ein Pflichtrecht familienrechtlicher Natur, woraus sich seine besondere Bindung ergibt. Es steht damit nicht den Erben zu, sondern seinen nächsten Familienangehörigen, es sei denn, der Erblasser hat einen Dritten ausdrücklich bestimmt.

Anordnung des Erblassers

Wem das Recht der Totenfürsorge zusteht, kann der Erblasser anordnen. Er kann über dieses Recht frei verfügen, es also einer bestimmten Person zuordnen.

Da es keine Formvorschriften für die Anordnung gibt, ist die Bestimmung formfrei möglich. Sie kann daher auch stillschweigend oder konkludent erfolgen oder aus einer Erklärung durch Auslegung zu ermitteln sein (Kurze, ErbR 2016, 299). Sie kann sich z.B. aus einer letztwilligen Verfügung ergeben. Wird von mehreren Angehörigen beispielsweise einer zum Alleinerben eingesetzt, spricht viel für seine konkludente Bestimmung zum Totenfürsorgeberechtigten; anders, wenn der Erblasser in Absprache mit seinen Angehörigen, die er zu Lebzeiten bedacht hat, eine gemeinnützige Organisation zur Erbin einsetzt. Darin wird wohl, ohne weitere Anhaltspunkte, kein Entzug der Totenfürsorgeberechtigung für die Angehörigen zu sehen sein.

Totenfürsorge aufgrund Vorsorgevollmacht?

Auch in der Vorsorgevollmacht kann über das Totenfürsorgerecht verfügt werden. Ohne eine ausdrückliche Erwähnung ist eine solche Verfügung aber nicht anzunehmen, und zwar auch dann nicht, wenn die Vollmacht über den Tod hinaus Geltung behalten soll (transmortale Vollmacht). Grund hierfür ist, dass der Vollmachtgeber in einer Vollmacht nur die Befugnis erteilt, seine Rechte stellvertretend wahrzunehmen. Das Totenfürsorgerecht ist aber zu Lebzeiten noch nicht entstanden. Zudem ist der Zweck einer solchen Vollmacht, die Übergangsphase zu gestalten (MüKo-BGB/Schubert, § 168 Rdnr. 45), und zwar beschränkt auf den Nachlass für die Erben (Palandt/Weidlich, § 1922 Rdnr. 33, Vor § 2197 Rdnr. 10).

Praxistipp

Nicht berechtigt zur Totenfürsorge sind der Testamentsvollstrecker und der Nachlasspfleger.

Recht steht i.d.R. den nächsten Angehörigen zu

Da hier kein erkennbarer Wille des Verstorbenen ersichtlich ist, welchem der beiden Kinder das Recht zur Totenfürsorge zustehen soll, sind nach dem gewohnheitsrechtlichen Rechtsgrundsatz beide als nächste Angehörige des Verstorbenen berechtigt und verpflichtet, über die Art der Bestattung zu entscheiden und den Ort der letzten Ruhestätte auszuwählen.

Recht zur Umbettung

Obliegt die Auswahl des Orts der Bestattung den Angehörigen und besteht unter ihnen Streit darüber, ob eine Umbettung erfolgen soll, weil der Bestattungsort nicht richtig oder nicht von der zur Entscheidung berechtigten Person ausgewählt worden ist, dann können Pietät und die Achtung vor der Totenruhe einem Verlangen nach Umbettung entgegenstehen (BGH, Urt. v. 26.10.1977 – IV ZR 151/76, FamRZ 1978, 15; so bereits RGZ 154, 269, 270 f.).

Dies gilt jedoch dann nicht, wenn der Verstorbene selbst den Ort seiner letzten Ruhe bestimmt hat. Über den letzten Willen des Verstorbenen dürfen sich die Angehörigen nicht hinwegsetzen. Er ist auch dann maßgeblich und von den Angehörigen zu achten, wenn dies eine Umbettung erforderlich macht (BGH, Urt. v. 26.10.1977 – IV ZR 151/76, FamRZ 1978, 15). Ein weiterer Grund für eine Umbettung ist daher nicht notwendig.

Anderenfalls könnte allein eine Eigenmächtigkeit des Angehörigen, der nach den gegebenen Verhältnissen am ehesten in der Lage oder befugt war, die Bestattungsmodalitäten in die Hand zu nehmen, entscheidend werden.

Besteht einer der nächsten Angehörigen darauf, dass dem Wunsch des Verstorbenen, an einem anderen Ort beerdigt zu werden, Rechnung getragen wird, so muss diesem Begehren stattgegeben werden.

Ausnahme: Rechtsmissbrauch

Etwas anderes kann nur dann gelten, wenn sich das Verlangen als rechtsmissbräuchlich darstellt. Dies ist dann der Fall, wenn ein Angehöriger die Umbettung verlangt, der in Kenntnis dessen, dass der Verstorbene den Wunsch hatte, an einem anderen Ort bestattet zu werden, sich vor der Beerdigung ausdrücklich und unbeeinflusst von der Situation der Trauer und nicht nur vorläufig mit dem von einem Angehörigen bestimmten Beerdigungsort einverstanden erklärt oder sich eine unangemessene lange Zeit mit seinem Verlangen auf Umbettung zurückhält. Die bloße Duldung der Beerdigung an dem von dem Verstorbenen nicht gewünschten Ort reicht hierfür im Allgemeinen nicht aus.

Praxistipp

Nicht notwendig ist es jedoch, dass der Berechtigte vorbeugend gegen die Bestattung mit einer einstweiligen Verfügung vorgeht. Denn nach Ansicht des BGH (Urt. v. 26.10.1977 – IV ZR 151/76) lassen es Pietät und die Trauer der Angehörigen nicht zu, von den Angehörigen zu verlangen, in der Zeit zwischen Todesfall und Bestattung ein gerichtliches Verfahren wegen des Bestattungsorts zu betreiben.

Bei der Ermittlung des Willens des Erblassers ist jede Willensäußerung beachtlich. Eine besondere Intensität der Äußerung wird von der Rechtsprechung nicht mehr vorausgesetzt. Maßgeblich und ausreichend ist die einfache Äußerung des Wunschs oder Willens des Verstorbenen über einen bestimmten Bestattungsort. Die Äußerung eines Willens, „unter allen Umständen“ an einem bestimmten Ort beerdigt zu werden, braucht nicht festgestellt zu werden. Der Wille braucht nicht einmal ausdrücklich geäußert zu sein; es genügen vielmehr Tatsachen und Umstände, aus denen der Wille des Verstorbenen hinsichtlich seiner Bestattung mit Sicherheit gefolgert werden kann. Demgemäß ist auch eine „beiläufige Äußerung“ als eine ausreichende Willensäußerung anzusehen, wenn sie nur inhaltlich eindeutig ist.

Für einen solchen Willen des Vaters sprechen im o.g. Fall auch die Umstände, nämlich die Tatsache, dass der Verstorbene in Aachen geboren ist und dort zeitlebens gewohnt hat; ebenso dass seine Frau dort beerdigt ist und das Nutzungsrecht am Grab seiner Frau hat verlängern lassen, um selbst in diesem Grab bestattet werden.

Soweit der Mandant daher beweisen kann, dass der Verstorbene den Wunsch geäußert hat, in Aachen beerdigt zu werden, hat dieser einen Anspruch gegen seine Schwester auf Einwilligung in die Umbettung des Vaters, den er ggf. gerichtlich durchsetzen muss.

Sachverhalt | Checkliste | Lösung | **Verfahren** | Muster

Streitigkeiten, die bei Ausübung des Rechts zur Totenfürsorge entstehen, sind privatrechtlicher, nicht vermögensrechtlicher Natur, die von den ordentlichen Gerichten zu entscheiden sind. Das gilt auch bei Streit um die Umbettung der Leiche.

Klageantrag

Das Totenfürsorgerecht ist als sonstiges Recht i.S.v. § 823 Abs. 1 BGB anerkannt. Im Fall seiner Verletzung können dem Rechtsinhaber Schadensersatz-, Beseitigungs- oder Unterlassungsansprüche zustehen (Palandt/ Weidlich, Einleitung vor § 1922 Rdnr. 9 ff.; OLG Karlsruhe, Urt. v. 26.07.2001 – 9 U 11/01, NJW 2001, 2808). Geltend zu machen ist die Einwilligung in eine bestimmte Bestattung bzw. Umbettung von … nach … .

Abwandlung 8.10.1: Anspruch auf Umbettung im Fall einer Bestattung im Ausland

Sachverhalt | Checkliste | Lösung | Verfahren | Muster

Der kinderlose Erblasser war mit einer Frau verheiratet, die aus der Türkei stammte. Er wuchs bei seinen Eltern in Neuaubing auf und lebte Zeit seines Lebens dort. Er war katholisch und bis zu seinem Tod nie in der Türkei. Er hinterließ kein Testament. Die Witwe des Verstorbenen hatte bereits angekündigt, den Leichnam in ihrem Heimatdorf in der Türkei bestatten zu lassen, da sie selbst dort begraben werden möchte. Zudem hätte der Erblasser gegenüber ihr und Bekannten mehrfach geäußert, er wolle neben seiner Ehefrau beerdigt werden. Die Mutter des Verstorbenen ist darüber empört und möchte verhindern, dass ihr Sohn in der Türkei beerdigt wird. Die geplante Bestattung in der Türkei entspreche nicht dem

Willen des Verstorbenen. Es sei besprochen gewesen, dass er in dem Familiengrab seiner Mutter in Neuaubing beerdigt werde. Er habe zu keinem Zeitpunkt den Wunsch geäußert, in der Türkei beerdigt zu werden.

Sachverhalt | **Checkliste** | Lösung | Verfahren | Muster

Hat der Erblasser zu Lebzeiten ausdrücklich eine Regelung zur Bestattung getroffen?	☐
In einer Patientenverfügung?	☐
– Im Rahmen einer letztwilligen Verfügung?	☐
– Durch Abschluss eines Grabpflegevertrags?	☐
Hat der Erblasser zugunsten einer Person die Totenfürsorge angeordnet?	☐
Hat der Erblasser sich ausdrücklich oder konkludent zu Lebzeiten zu seiner Bestattung geäußert?	☐
– Gegenüber Zeugen?	☐
– Durch Verlängerung oder Erwerb eines Familiengrabs?	☐
Wo hat der Erblasser gelebt? Zu welcher Stadt oder Person hat er den stärksten Bezug?	☐

Sachverhalt | Checkliste | **Lösung** | Verfahren | Muster

Wie zur Mandatssituation 8.10, S. 579 ausgeführt, steht das Recht der Totenfürsorge den nächsten Verwandten des Verstorbenen zu, in diesem Fall seiner Ehefrau.

Eigener Ermessens- und Beurteilungsspielraum des Totenfürsorgeberechtigten

Bei der Ausübung des Rechts hat sich der Inhaber im Rahmen des (mutmaßlichen) Willens des Verstorbenen zu bewegen. Innerhalb dieses Rahmens muss dem Inhaber aber ein erheblicher Ermessens- und Beurteilungsspielraum zuerkannt werden. Soweit sich daher das Vorhaben der Ehefrau im Rahmen des mutmaßlichen Willens des Verstorbenen bewegt, ist diese berechtigt, die Bestattung in der Türkei vorzunehmen. Davon ist hier auszugehen, da der Erblasser sowohl gegenüber der Ehefrau als auch gegenüber Bekannten mehrfach geäußert hatte, dass er mit seiner Ehefrau gemeinsam bestattet werden wolle.

Verschiedene Möglichkeiten der Totenfürsorge

Auch wenn der Erblasser gegenüber seiner Mutter einen abweichenden Willen geschildert haben soll, ändert dies nichts an der Wirksamkeit der Anordnung. Denn ist durchaus vorstellbar, dass sich der Verstorbene mit verschiedenen Möglichkeiten der Totenfürsorge befasst und angefreundet hat.

Maßgeblich ist allein, dass die Alternative, die die Ehefrau gewählt hat, nicht im Widerspruch zu den geäußerten Wünschen des Verstorbenen steht, sondern sich im Rahmen dessen bewegt, was der Verstorbene sich zu Lebzeiten gewünscht hat.

Keine Ausnahme bei erschwerten Bedingungen

Auch die Tatsache, dass diese Entscheidung für die Mutter eine nur schwer zu ertragende Härte mit sich bringt (ihr wird es, wenn überhaupt, nur unter erschwerten Bedingungen möglich sein, die Grabstelle ihres Sohns zu besuchen oder an der Beerdigung selbst teilzunehmen), ändert daran nichts. Maßgeblich ist allein, ob die Ausübung der Totenfürsorge mit dem erklärten oder mutmaßlichen Willen des Verstorbenen in Einklang zu bringen ist.

9

Kapitel 9: Erbenhaftung

A. Einführung

1. Erbenhaftungsmandat

Mandatssituation

Wenn es in einem Mandat um die Erbenhaftung geht, dann ist i.d.R. der **Nachlass überschuldet oder vorübergehend zahlungsunfähig.** In dieser Situation sollten Sie noch mehr als sonst darauf achten, dass zunächst Ihr Honorar bezahlt wird. Das Mandat bringt den Mandanten auf den ersten Blick keinen spürbaren Nutzen, weil kein Geld hereinkommt. Verdeutlichen Sie den Mandanten daher, dass Sie den Schaden von ihnen abwenden, der ihnen droht, wenn sie aufgrund eines Fehlers für Nachlassverbindlichkeiten mit ihrem Eigenvermögen haften müssen.

Ziel des Mandats

Im Ausgangspunkt ist klar, dass die Erben für die Nachlassverbindlichkeiten haften (§ 1967 Abs. 1 BGB, § 2058 BGB). Die Erben haben jedoch **zwei Vermögensmassen**, mit denen sie haften können: den **Nachlass** und ihr **Eigenvermögen.** Bei der Erbengemeinschaft bleiben diese Vermögensmassen bis zur Erbteilung getrennt. Beim Alleinerben verschmelzen die Vermögensmassen mit dem Erbfall zu einer einheitlichen Vermögensmasse, können jedoch nachträglich durch Haftungsbeschränkungsmaßnahmen wieder getrennt werden. Das Ziel des Mandats ist es, die Haftung der Erben auf den Nachlass zu beschränken und das Eigenvermögen der Erben zu schützen.

Definition: Erblasserschulden und Erbfallschulden

Im Erbenhaftungsrecht tauchen regelmäßig verschiedene Begriffe auf, die sich nicht aus sich selbst heraus erklären. Erblasserschulden sind Verbindlichkeiten, die bereits **vom Erblasser begründet** wurden. In § 1967 Abs. 2 BGB werden die Erblasserschulden als die „vom Erblasser herrührenden Schulden" beschrieben. Erbfallschulden sind Verbindlichkeiten, die erst **mit dem Erbfall entstehen** und zu Lebzeiten des Erblassers noch nicht bestanden haben, z.B. Beerdigungskosten, Pflichtteilsansprüche, Vermächtnisansprüche, Auflagen, Dreißigster (§ 1969 BGB), Voraus des Ehegatten (§ 1932 BGB), Erbschaftsteuer (BFH, Urt. v. 20.01.2016 – II R 34/14) und vom Nachlassverwalter ausgelöste Einkommensteuer (BFH, Urt. v. 10.11.2015 – VII R 35/13). In § 1967 Abs. 2 BGB werden die Erbfallschulden als Nachlassverbindlichkeiten beschrieben, „die den Erben als solchen treffen“. Die Erblasserschulden und die Erbfallschulden sind **„echte“ Nachlassverbindlichkeiten**, für die der Erbe seine Haftung auf den Nachlass beschränken kann.

Nachlasserbenschulden

Nachlasserbenschulden gehen auf Handlungen des Erben zurück. Wenn der Erbe selbst handelt, haftet er dafür auch mit seinem Eigenvermögen. Die Besonderheit bei Nachlasserbenschulden besteht darin, dass die Handlung des Erben zugleich eine Nachlassverbindlichkeit begründet. Dies setzt voraus, dass die Handlung des Erben eine Maßnahme der ordnungsgemäßen Verwaltung des Nachlasses ist. Andernfalls kann der Erbe keine Nachlassverbindlichkeit begründen. Dies gebietet der Schutz der (Alt-)Nachlassgläubiger, weil sich andernfalls deren Haftungsmasse immer weiter verringern würde. Für Nachlasserbenschulden kann der Erbe seine Haftung nicht auf den Nachlass beschränken, weil er zugleich aus seinem Eigenvermögen haftet. Das Interesse des Erben geht dahin, dass die Nachlasserbenschuld vom Nachlass getragen wird. Das ist unter den Voraussetzungen der §§ 1978, 1979, 670, 257 BGB möglich. In diesem Fall liegen im Nachlassinsolvenzverfahren Masseverbindlichkeiten nach § 324 Abs. 1 Nr. 1 oder 2 InsO vor.

Verletzung einer Verkehrssicherungspflicht

Zu den Nachlasserbenschulden gehört auch der Fall, dass der Erbe selbst eine Verkehrssicherungspflicht verletzt, die eine Nachlassimmobilie betrifft. In diesem Fall haftet der Erbe aufgrund der eigenen Pflichtverletzung mit seinem Eigenvermögen, ohne dass er die Haftung auf den Nachlass beschränken kann. Hier stellt sich regelmäßig die Frage nach der **Räum- und Streupflicht bei Nachlassimmobilien.** Bei einer Erbengemeinschaft muss kein Miterbe (kostenlos) zugunsten aller die Räumpflichten erfüllen.

Praxistipp

Sie sollten daher empfehlen, dass eine Firma beauftragt wird, wenn kein Miterbe sich freiwillig zur Übernahme bereit erklärt. Zudem sollten Sie darauf hinweisen, dass die Versicherungen überprüft werden. Ein längerer Leerstand der Nachlassimmobilie ist ein gefahrerhöhender Umstand, der dem Versicherungsunternehmen angezeigt werden muss.

Wohngeldschulden

Der Erbe einer Eigentumswohnung haftet für Wohngeldschulden mit seinem Eigenvermögen, sobald ihm das Halten der Eigentumswohnung zugerechnet werden kann. Das soll bereits dann vorliegen, wenn der Erbe die Wohnung nutzen, vermieten oder verkaufen kann, was der BGH mit der Annahme der Erbschaft bzw. dem Ablauf der Erbausschlagungsfrist vermutet. Für Ausnahmen soll der Erbe darlegungs- und beweispflichtig sein (BGH, Urt. v. 05.07.2013 – V ZR 81/12, Rdnr. 15 f.) Es stellt sich die Frage, ob zugleich Nachlassverbindlichkeiten vorliegen, so dass der Erbe beim Nachlass Regress nehmen kann. Das OLG Hamm hat dies bejaht (Beschl. v. 04.10.2013 – 3 Wx 11/12). Der Beschluss ist jedoch unzutreffend, weil er den Schutz der sogenannten Altnachlassgläubiger vernachlässigt. Es steht dem Erben nicht zu, den Kreis der Nachlassgläubiger willkürlich auszuweiten und ihnen so die Haftungsmasse zu entziehen (Küpper, ZEV 2014, 35).

2. Dauerhafte Haftungsbeschränkung

Haftungsbeschränkungsmaßnahmen

Den Erben stehen **drei Maßnahmen** zur endgültigen Haftungsbeschränkung zur Verfügung: das Nachlassinsolvenzverfahren, die Nachlassverwaltung und die Dürftigkeitseinrede.

Warnhinweis

Achtung: Der Vorbehalt der Haftungsbeschränkung muss im Prozess ausdrücklich beantragt werden. Siehe dazu näher die Ausführungen in Mandatssituation 9.2, S. 600 f.

Nachlassverwaltung

Die Nachlassverwaltung führt in Fällen mit einem dürftigen Nachlass i.d.R. dazu, dass der Nachlassverwalter den Insolvenzantrag stellt. Trotzdem wird der Weg über die Nachlassverwaltung häufig eingeschlagen, weil dies den Erben Aufwand und Ärger gegenüber dem Insolvenzgericht spart. Zu beachten ist § 2062 BGB. Danach können **Miterben** den Antrag auf Anordnung der Nachlassverwaltung **nur gemeinschaftlich** stellen. Nach der Teilung des Nachlasses können die Miterben die Nachlassverwaltung nicht mehr beantragen. Es sollte daher auf keinen Fall voreilig der Nachlass geteilt werden. Die Zweijahresfrist in § 1981 Abs. 2 Satz 2 BGB gilt nur für Nachlassgläubiger und spielt für den Antrag der Erben keine Rolle.

Für die Nachlassverwaltung fallen eine allgemeine Verfahrensgebühr nach Nr. 12310 KV GNotKG und Jahresgebühren nach Nr. 12311 KV GNotKG an. Der Geschäftswert richtet sich nach dem Wert des von der Verwaltung betroffenen Vermögens (§ 64 GNotKG).

Nachlassinsolvenz

Die Erben haben nach § 1980 Abs. 1 Satz 1 BGB eine **Insolvenzantragspflicht.** Die Verletzung dieser Pflicht kann zu Schadensersatzansprüchen führen. In der Praxis wird die Pflicht regelmäßig verletzt und die Verletzung bleibt i.d.R. folgenlos. Sie sollten jedoch nicht darauf vertrauen, dass das auch in der Zukunft so bleibt. Der Vorteil des Antrags auf Eröffnung des Nachlassinsolvenzverfahrens liegt darin, dass diesen auch ein Miterbe allein stellen kann. Der Nachteil liegt darin, dass gegenüber dem Insolvenzgericht in diesem Fall der **Eröffnungsgrund glaubhaft** gemacht werden muss (§ 317 Abs. 2 Satz 1 BGB). Dazu muss eine nachvollziehbare **Auflistung** der Nachlassgegenstände und der Nachlassverbindlichkeiten vorgelegt werden (BGH v. 30.06.2011 – IX ZA 35/11). Zudem fordert das Insolvenzgericht häufig einen **Erbschein** (mit Verweis auf LG Köln v.

24.06.2003 – 19 T 84/03). Die Erben haben jedoch kein Interesse, für den Erbschein auch noch Geld auszugeben. Wie sich die Dauer des Erbscheinverfahrens mit der Insolvenzantragspflicht vertragen soll, ist bisher ungeklärt.

Wird das Nachlassinsolvenzverfahren eröffnet, sind die Erben den Nachlassgläubigern gegenüber nach § 1978 BGB **wie Beauftragte** verantwortlich. Nach § 1979 BGB darf ein Erbe eine Nachlassverbindlichkeit nur berichtigen, wenn er den Umständen nach annehmen darf, dass der Nachlass zur Berichtigung aller Nachlassverbindlichkeiten ausreicht. Andernfalls kann der Insolvenzverwalter den Schaden geltend machen, der der Gesamtheit der Nachlassgläubiger durch die Bevorzugung eines Nachlassgläubigers entstanden ist. Es ist sogar möglich, dass dadurch erst die für die Eröffnung des Nachlassinsolvenzverfahrens erforderliche Masse geschaffen wird. Nach § 1980 Abs. 2 BGB schadet den Erben auch fahrlässige Unkenntnis.

Kosten bei Abweisung mangels Masse

Umstritten ist, ob der Erbe für die Kosten bei der Abweisung eines Insolvenzantrags mangels Masse mit seinem Eigenvermögen haftet. Weitere Informationen dazu finden sich bei Busch, ErbR 2012, 335, 338 und Herzog, ErbR 2013, 70, 82.

Praxistipp

Der Erbe ist in der Zwickmühle. Wenn er den Insolvenzantrag stellt und keine Masse vorhanden ist, dann riskiert er eine Haftung für die entstandenen Kosten. Unterlässt der Erbe hingegen den Insolvenzantrag und es stellt sich später heraus, dass eine kostendeckende Insolvenzmasse vorhanden gewesen wäre, so soll der Erbe den Gläubigern nach § 1980 Abs. 1 Satz 2 BGB haften (Noell, ZInsO 2012, 814, 816). Beide Alternativen können nicht zutreffen, aber eine Entscheidung durch die Rechtsprechung steht aus. Vorerst sollte sich der Erbe daher an der Alternative orientieren, die nach seinem Kenntnisstand wahrscheinlich die richtige ist.

Verantwortlichkeit des Erben

Ist die Nachlassverwaltung angeordnet oder das Nachlassinsolvenzverfahren eröffnet, ist der Erbe für den Zeitraum ab der Erbschaftsannahme den Nachlassgläubigern wie ein Beauftragter verantwortlich (§ 1978 Abs. 1 BGB). Die Vorschrift verweist insbesondere auf die Auskunftspflichten in § 666 BGB und die Herausgabepflicht in § 667 BGB.

Dürftigkeitseinrede

Die Dürftigkeitseinrede kommt in **zwei Versionen** vor, einer einfachen und einer schwierigen. Einfach ist die Dürftigkeitseinrede, wenn die Nachlassverwaltung oder die Eröffnung des Insolvenzverfahrens mangels Masse abgelehnt worden sind. Dann muss der Erbe nicht mehr nachweisen, dass der Nachlass dürftig ist. Schwieriger ist es ohne eine entsprechende Abweisung mangels Masse. Die Dürftigkeitseinrede kann auch erhoben werden, wenn von vornherein absehbar ist, dass für eine Nachlassverwaltung oder einen Nachlassinsolvenzantrag keine Masse vorhanden ist. In diesem Fall muss der Erbe die Dürftigkeit des Nachlasses vollumfänglich darlegen und beweisen, wenn er von einem Nachlassgläubiger in Anspruch genommen wird. Als **Rechtsfolge** der Dürftigkeitseinrede muss der Erbe den Nachlassgläubigern den Nachlass zur Befriedigung im Wege der Zwangsvollstreckung herausgeben (§ 1990 Abs. 1 Satz 2 BGB). Dabei gilt die rechtskräftige Verurteilung des Erben gegenüber den anderen Gläubigern wie die Befriedigung (§ 1991 Abs. 3 BGB). Zu beachten ist weiterhin, dass die **Verbindlichkeiten aus Pflichtteilsrechten und Vermächtnissen nachrangig** sind (§ 1991 Abs. 4 BGB, § 327 Abs. 1 InsO). Wenn die Dürftigkeitseinrede zu Recht erhoben wird, kann ein Gläubiger nicht mit einer ihm gegen den Nachlass zustehenden Forderung gegen eine Eigenforderung des Erben aufrechnen (OLG Oldenburg, Beschl. v. 13.05.2015 – 6 W 36/15).

Überschwerungseinrede

Beruht die Überschuldung des Nachlasses nur auf Vermächtnissen oder Auflagen, so kann der Erbe die Überschwerungseinrede erheben, ohne dass die Voraussetzungen der Dürftigkeitseinrede vorliegen müssen (§ 1992 BGB). In diesem Fall ist jedoch zunächst zu prüfen, ob sich nicht bereits aufgrund einer ergänzenden Testamentsauslegung ergibt, dass die Vermächtnisse oder Auflagen auf den vorhandenen Nachlass zu kürzen sind. Es ist danach zu fragen, ob der Erblasser gewollt hätte, dass der Nachlass durch Vermächtnisse oder Auflagen überschuldet wird.

§ 102 SGB XII

Die Haftung der Erben für die **Kosten der Sozialhilfe** ist nach § 102 Abs. 2 SGB XII bereits kraft Gesetzes auf den Nachlass beschränkt.

3. Vorübergehende Haftungsbeschränkung

Vorübergehende Haftungsbeschränkung bei Miterben vor der Teilung

Bei Miterben ist die Einrede nach § 2059 Abs. 1 Satz 1 BGB wichtig. Bis zur Teilung können die Nachlassgläubiger nur gegen den gesamten Nachlass vorgehen oder den Erbteil des betreffenden Miterben pfänden. Ein Zugriff auf das (sonstige) Eigenvermögen des jeweiligen Miterben ist nicht möglich. § 2046 Abs. 1 Satz 1 BGB ordnet an, dass die Miterben vor der Teilung des Nachlasses die Nachlassverbindlichkeiten berichtigen sollen. Verstoßen die Miterben dagegen, droht ihnen eine unangenehme Überraschung aus § 2062 BGB. Danach können die Miterben nach der Teilung des Nachlasses keine Nachlassverwaltung mehr beantragen.

Warnhinweis

Wenn die Voraussetzungen des Nachlassinsolvenzverfahrens und der Dürftigkeitseinrede nicht vorliegen, haftet damit nach der Teilung jeder Miterbe als Gesamtschuldner für die volle Nachlassverbindlichkeit. Wenn er dann von den anderen Miterben keinen Gesamtschuldnerausgleich erlangen kann, etwa weil diese insolvent sind, dann muss der Miterbe die Nachlassverbindlichkeit i.E. zum Teil aus seinem Eigenvermögen begleichen. Miterben sollten daher auf keinen Fall den Nachlass zu früh teilen.

Aufgebot der Nachlassgläubiger

Das Aufgebotsverfahren führt ein Schattendasein. Dies beruht praktisch wohl darauf, dass nach einer gewissen Wartefrist erfahrungsgemäß keine Nachlassgläubiger mehr auftauchen, wenn sich bis dahin keine gemeldet haben. Nach fünf Jahren können den Erben zudem die Erleichterungen der Verschweigungseinrede nach § 1974 BGB zugutekommen. Dennoch sollten Sie Ihre Mandanten **über die Möglichkeit des Aufgebotsverfahrens** aufklären. Zum einen können Nachlassgläubiger, die sich im Aufgebotsverfahren nicht gemeldet haben, nach § 1973 BGB nachrangig befriedigt werden. Zum anderen knüpft die Haftung der Erben bei einem verspäteten Nachlassinsolvenzantrag nach § 1980 Abs. 2 BGB daran an, dass die Erben das Aufgebot der Nachlassgläubiger nicht beantragt haben, obwohl sie Grund dazu hatten, das Vorhandensein unbekannter Nachlassverbindlichkeiten anzunehmen. Letztlich steht den Erben nach § 2015 Abs. 1 BGB während der Dauer des Aufgebotsverfahrens eine Einrede zu, wenn der Antrag innerhalb eines Jahres seit der Annahme der Erbschaft gestellt wird.

Die **Antragsbefugnis** besteht bereits dann, wenn der Antragsteller seine Erbenstellung schlüssig darlegt und das Gericht keine Tatsachen kennt, die dagegen sprechen (OLG München, Beschl. v. 08.06.2015 – 34 Wx 163/15). Jeder Miterbe, der Nachlasspfleger, der Nachlassverwalter und der Testamentsvollstrecker können den Antrag stellen; Letztere nur, wenn sie den Nachlass verwalten (§ 455 FamFG). Bei mehreren Anträgen ergeht dennoch nur eine Entscheidung (OLG München v. 08.06.2015 – 34 Wx 163/15). Die öffentliche Aufforderung richtet sich an alle Nachlassgläubiger, unabhängig davon, ob ihr Anspruch fällig, betagt, bedingt oder sogar rechtsbedingt ist (OLG Köln, Beschl. v. 25.09.2015 – 2 Wx 191/15). Nachlassgläubiger, die die Frist zur Anmeldung ihrer Forderung versäumen, können keine Wiedereinsetzung in den vorigen Stand erhalten. Möglich ist nur eine Wiedereinsetzung in die Beschwerdefrist, die aber nichts nützt (OLG Köln, Beschl. v. 25.09.2015 – 2 Wx 191/15). Wer zu spät anmeldet, wird daher nur nachrangig befriedigt, wenn der Nachlass dafür ausreicht.

Dreimonatseinrede

Nach § 2014 BGB kann der Erbe die **Berichtigung einer Nachlassverbindlichkeit** bis zum Ablauf der ersten drei Monate nach der Annahme der Erbschaft **verweigern**. Nach § 305 Abs. 1 ZPO kann der Erbe in diesem Zeitraum trotzdem unter dem Vorbehalt der beschränkten Haftung verurteilt werden. Nach § 782 ZPO kann der Erbe in der Zwangsvollstreckung verlangen, dass diese auf Sicherungsmaßnahmen beschränkt wird. Durchsetzen muss der Erbe dies nach § 785 ZPO mit der Vollstreckungsgegenklage.

Verzug trotz Einrede

Da die Einreden nach §§ 2014 und 2015 BGB **nur prozessual** wirken, schließen sie den Verzug des Erben nicht aus, was zu Verzugszinsen, Schadensersatz und Vertragsstrafen führen kann.

4. Ausnahmen von der Haftungsbeschränkungsmöglichkeit

Ausnahme: öffentlich-rechtliche Verbindlichkeiten

Bei öffentlich-rechtlichen Verbindlichkeiten soll es den Erben nach der Rechtsprechung verwehrt sein, ihre Haftung auf den Nachlass zu beschränken, wenn die Verbindlichkeiten z.B. aus einem Grundstück herrühren, das zum Nachlass gehört. Begründet wird das damit, dass diese Verbindlichkeiten angeblich direkt **in der Person der Erben** entstehen. Hierzu sei auf die folgenden Entscheidungen verwiesen:

- **Grundsteuer:** OVG Münster vom 27.02.2001 – 9 B 157/01
- **Abwasserbeiträge:** OVG Thüringen vom 09.04.2009 – 4 EO 592/05
- **Niederschlagswassergebühren:** OVG Lüneburg vom 06.03.2008 – 9 ME 149/08
- **Bauordnungsrechtliche Inanspruchnahme:** OVG Magdeburg vom 23.02.2015 – 2 M 147/14 (ohne Erwähnung der Haftungsbeschränkungsmöglichkeit); OVG Lüneburg vom 26.02.2014 – 1 LB 100/09, Rdnr. 53, erwähnt hingegen eine Haftungsbeschränkungsmöglichkeit im Vollstreckungsverfahren.
- **Haftung als Zustandsstörer (Feuerwehreinsatz, Schädlingsbekämpfung, Müllbeseitigung, bauaufsichtsrechtliche Maßnahmen etc.):** OVG Magdeburg vom 29.03.2016 – 2 M 156/15; HessVGH vom 27.03.2014 – 8 A 1251/12; VG Hannover vom 03.09.2015 – 10 A 6190/13.

Ausnahme: Vormerkung

Nach § 884 BGB kann sich der Erbe nicht auf die Beschränkung seiner Haftung berufen, soweit der Anspruch des Nachlassgläubigers durch eine Vormerkung gesichert ist.

B. Mandatssituationen

Mandatssituation 9.1: Erbausschlagung

Sachverhalt | Checkliste | Lösung | Verfahren | Muster

Der Mandant ist zum Erben berufen. Er kennt die genaue Vermögenssituation des Erblassers nicht und hat Angst davor, dass er für etwaige Nachlassverbindlichkeiten haften muss. Der Mandant fragt daher, ob er die Erbschaft ausschlagen soll.

Sachverhalt | **Checkliste** | Lösung | Verfahren | Muster

Stammbaum	☐
Testament, ggf. Eröffnungsniederschrift, Erbschein	☐
Welche Kenntnisse hat der Mandant von der Zusammensetzung des Nachlasses?	☐
Hat der Mandant die Erbschaft schon angenommen?	☐
Wo hat der Mandant seinen Wohnsitz bzw. seinen gewöhnlichen Aufenthalt (bei Auslandsbezug)?	☐

Sachverhalt | Checkliste | **Lösung** | Verfahren | Muster

Beratung

Der Mandant kann sich für die **Ausschlagung oder die Annahme** der Erbschaft entscheiden. Dabei handelt es sich letztlich um eine wirtschaftliche Entscheidung, die der Mandant selbst treffen muss. Sie müssen den Mandanten jedoch über seine Möglichkeiten aufklären, damit er eine eigenverantwortliche Entscheidung treffen kann.

Erbausschlagungsfrist

Zunächst ist zu prüfen, ob der Mandant die Erbschaft noch ausschlagen kann. Wichtig ist die **Erbausschlagungsfrist nach § 1944 BGB**. Sie beträgt sechs Wochen und beginnt mit der Kenntnis vom Anfall der Erbschaft und dem Grund der Berufung. Bei gesetzlicher Erbfolge sollten Sie sicherheitshalber die Kenntnis vom Tod als Fristbeginn ansehen. Wenn der Erbe davon ausgeht, dass es ein Testament gibt, kann auch der Zeitpunkt maßgeblich sein, zu dem er erfährt, dass es das Testament nicht gibt. Diese Variante ist aber streitanfällig und sollte nur genutzt werden, wenn die andere Frist schon verstrichen ist. Bei testamentarischer Erbfolge beginnt die Frist nicht vor Bekanntgabe der Verfügung von Todes wegen (§ 1944 Abs. 2 Satz 2 BGB).

Nach § 1944 Abs. 3 zweite Alternative BGB beträgt die Erbausschlagungsfrist **sechs Monate**, wenn sich der Erbe beim Fristbeginn im Ausland aufhält. Verfügungen von Todes wegen werden in den meisten Fällen ohne Termin eröffnet und dann per Post an die Beteiligten geschickt. Der Fristbeginn ist der Tag, an dem der Brief des Nachlassgerichts im Briefkasten ist. Es genügt, wenn sich der Erbe an diesem Tag über die nächstgelegene Grenze begibt und dort idealerweise einige Belege produziert.

Achtung: Falls die Erbausschlagung vom Familiengericht genehmigt werden muss (§ 1643 Abs. 2 BGB), wird die Erbausschlagungsfrist während des Genehmigungsverfahrens gehemmt. Der Beschluss, der die Erbausschlagung genehmigt, muss dann aber innerhalb der verbleibenden Frist zum Nachlassgericht gelangen.

Keine Ausschlagung nach Annahme der Erbschaft

Zu hinterfragen ist weiterhin, ob der Mandant die Erbschaft bereits angenommen hat, so dass die Erbausschlagung gar nicht mehr möglich ist (§ 1943 BGB). Die Nachlassgerichte neigen dazu, den Erben ein **Formular** mitzuschicken, in dem verschiedene Angaben abgefragt werden. Dort kann der Erbe i.d.R. ankreuzen, dass er die Erbschaft annimmt. Teilweise steht dort auch: „Ich nehme die Erbschaft an", ohne dass dies noch angekreuzt werden muss. Es sollte daher **dringend abgefragt** werden, was mit diesem Formular geschehen ist. Das Formular wird nicht benötigt. Es sollte sicherheitshalber vernichtet oder wenigstens mit Bleistift durchgestrichen werden.

Weiterhin ist zu prüfen, ob der Mandant die Erbschaft konkludent angenommen hat. Das kann passieren, indem der Mandant Ansprüche geltend macht, die nur einem Erben zustehen, etwa Auskunftsansprüche oder Herausgabeansprüche.

Anfechtung der Erbausschlagung

Wenn der Mandant die Erbschaft ausschlägt, besteht das Risiko, dass sich **später** herausstellt, dass der **Nachlass doch werthaltig** war. Der Mandant kann dann versuchen, die Erbausschlagung wegen eines Eigenschaftsirrtums nach § 119 Abs. 2 BGB anzufechten (Frist und Form: §§ 1954 f. BGB). Die **Anfechtung** setzt voraus, dass sich der Mandant bei der Erbausschlagung **über die Zusammensetzung des Nachlasses geirrt** hat. Der Mandant müsste also konkrete Vorstellungen davon gehabt haben, wie sich der Nachlass zusammengesetzt hat. Diese Vorstellungen müssen sich als unzutreffend herausgestellt haben.

Praxistipp

Es genügt hingegen nicht, dass der Mandant überhaupt keine Vorstellungen zum Nachlassbestand hatte und aus dieser Unwissenheit ausgeschlagen hat (OLG Schleswig, Beschl. v. 31.07.2015 – 3 Wx 120/14, ZEV 2016, 82). Ebenso wenig genügt es, wenn der Mandant nur deshalb ausgeschlagen hat, weil vor ihm andere Erben wegen angeblicher Überschuldung des Nachlasses ausgeschlagen haben (OLG Düsseldorf v. 07.06.2013 – 7 U 130/12, ErbR 2015, 91). In diesem Fall wusste der Mandant, dass er die Nachlasszusammensetzung nicht kennt. Die Erbausschlagung ist dann nicht anfechtbar. Aus diesem Grund ist der Weg über eine Erbausschlagung und eine mögliche spätere Anfechtung riskant und i.d.R. nicht zu empfehlen.

Annahme der Erbschaft

Wenn der Erbe die Erbschaft annimmt bzw. die Erbausschlagungsfrist verstreichen lässt, dann besteht das Risiko, dass der **Nachlass überschuldet** ist. Der Erbe kann seine Haftung in diesem Fall nach den oben dargestellten Möglichkeiten auf den Nachlass beschränken. Das kostet den Erben i.d.R. Zeit, Nerven und Geld für einen Rechtsanwalt. Dafür besteht bei dieser Möglichkeit nicht die Gefahr, dass der Erbe am Ende eine werthaltige Erbschaft verliert.

Anfechtung der Annahme

Auch die Annahme bzw. die Versäumung der Erbausschlagungsfrist lässt sich anfechten, wenn sie auf einem entsprechenden Irrtum beruht. Kann der Erbe darlegen, dass er aus konkreten Gründen dachte, dass ein Gegenstand zum Nachlass gehört oder eine Verbindlichkeit nicht zum Nachlass gehört, dann kann er die Annahme der Erbschaft anfechten. Diese Anfechtung gilt als Erbausschlagung (§ 1957 Abs. 1 BGB). Auch hier genügt es nicht, dass der Erbe nur allgemein vorträgt, er habe die Erbschaft für werthaltig gehalten. Der Vortrag muss Substanz haben. Anerkannt wurde z.B. die Vorstellung, eine gegen den Nachlass gerichtete Forderung sei verjährt. Als ein Gericht später feststellte, dass die Nachlassverbindlichkeit nicht verjährt war, konnte der Erbe die Annahme der Erbschaft erfolgreich anfechten (OLG München v. 28.07.2015 – 31 Wx 54/15).

Für den Fall, dass die Anfechtung nicht durchgreift, sind zusätzlich die Haftungsbeschränkungsmaßnahmen erforderlich. Die Frage ist nur, ob das Insolvenzgericht einen Nachlassinsolvenzantrag als zulässig ansieht, wenn es den vollständigen Sachverhalt kennt. Das sollte Sie jedoch nicht davon abhalten, den Antrag zu stellen.

Praxistipp

Im Zweifel empfiehlt es sich also, die Erbschaft **nicht** auszuschlagen.

Sachverhalt | Checkliste | Lösung | **Verfahren** | Muster

1. Vor der Annahme der Erbschaft bzw. vor Ablauf der Erbausschlagungsfrist

Vor der Annahme der Erbschaft muss sich der Erbe noch nicht mit den Nachlassgläubigern auseinandersetzen. Eine Klage wegen einer Nachlassverbindlichkeit ist in dieser Zeit nach § 1958 BGB unzulässig. Vielmehr muss der Gläubiger in diesem Zeitraum eine Nachlasspflegschaft nach § 1961 BGB beantragen. Ein nach § 239 Abs. 1 ZPO durch den Tod einer Partei unterbrochener Rechtsstreit muss vor der Annahme der Erbschaft vom Erben nicht fortgesetzt werden (§ 239 Abs. 5 ZPO). Auch Zwangsvollstreckungsmaßnahmen in das Eigenvermögen des Erben sind vor der Annahme der Erbschaft noch nicht möglich (§§ 778, 779 ZPO). Wird der Erbe vor der Annahme der Erbschaft gemahnt, soll er nicht in Verzug geraten, weil es an einem Verschulden fehle (§ 286 Abs. 4 BGB).

2. Wahl der Erbausschlagung

Form, Frist, Kosten

Entscheidet sich der Mandant für eine Erbausschlagung, so ist darauf zu achten, dass die Erbausschlagung **öffentlich beglaubigt** sein muss (§ 1945 Abs. 1 BGB). Zusätzlich muss die Erbausschlagung **fristgemäß beim Nachlassgericht** eingehen (§ 1944 BGB, § 1945 Abs. 1 erster Halbsatz). Darauf muss insbesondere geachtet werden, wenn der Mandant die Erbausschlagung von einem Notar beglaubigen lässt. Es muss dann dafür Sorge getragen werden, dass die Erklärung **rechtzeitig** beim Nachlassgericht zugeht. Die Erbausschlagung beim Nachlassgericht hat den Vorteil, dass **keine Umsatzsteuer** auf die Kosten anfällt. Nach § 344 Abs. 7 Satz 1 FamFG kann die Erbschaft auch am Nachlassgericht am Wohnsitz des Mandanten ausgeschlagen werden. Nach Art. 13 EuErbVO kann die Erbausschlagung auch in einem anderen Mitgliedstaat erklärt werden, wenn der Mandant dort seinen gewöhnlichen Aufenthalt hat und die Gerichte des Mitgliedstaates auch nach dem dortigen Recht für die Entgegennahme solcher Erklärungen zuständig sind.

Aufnahme von Gründen in die Ausschlagungserklärung?

Es stellt sich die Frage, ob der Mandant seine Kenntnisse von der Zusammensetzung des Nachlasses in die Erbausschlagungserklärung aufnehmen sollte. Nach dem Gesetz müssen die Gründe für eine etwaige spätere Anfechtung nicht in der Erbausschlagungserklärung enthalten sein. Einige Gerichte argumentieren hingegen damit, dass es sich bei der Erbausschlagung um eine **amtsempfangsbedürftige Willenserklärung** handle und bei der Irrtumsprüfung nur das zu prüfen sei, was sich aus der Erklärung ergebe (AG Eilenburg v. 20.11.2008 – VI 0364/06). Der BGH ließ für die Anfechtung einer Erbausschlagung ausdrücklich offen, ob ein Grund angegeben werden muss. Wenn aber ein Grund angegeben wurde, dann sei die spätere Geltendmachung anderer Gründe eine neue (i.d.R. verfristete) Anfechtungserklärung (BGH, Beschl. v. 02.12.2015 – IV ZB 27/15). Es ist daher sicherer, die dem Erben bekannte Zusammensetzung des Nachlasses anzugeben. Dies setzt voraus, dass der Erbe sich vorher die Mühe macht, konkrete Informationen über die Nachlasszusammensetzung zu ermitteln.

Praxistipp

Bloße pauschale Floskeln ohne Bezug zum konkreten Fall sind eher gefährlich. Wenn der Erbe beispielsweise lediglich behauptet, der Nachlass sei überschuldet, enthält diese Behauptung keine Aussage dazu, welche Vorstellungen er von der konkreten Zusammensetzung des Nachlasses hat. Vielmehr vermittelt die Floskel den Eindruck, dass es dem Erben an konkreten Vorstellungen fehlt.

Kosten der Erbausschlagung

Für die Beurkundung der Erbausschlagung entsteht eine 0,5-Gebühr nach Nr. 21201 Nr. 7 KV GNotKG, mindestens 30 €. Die Gebühr richtet sich nach dem Nettonachlass zum Zeitpunkt der Beurkundung (§ 103 Abs. 1 GNotKG). Wenn der Nachlass tatsächlich nicht überschuldet ist, muss der ausschlagende Erbe die Gebühren aus dem tatsächlichen Nettonachlass zahlen. In diesem Fall bereut er seinen Fehler somit doppelt, falls die Anfechtung der Erbausschlagung ohne Erfolg bleibt.

3. Annahme der Erbschaft bzw. Ablauf der Erbausschlagungsfrist

Insolvenzantragspflicht

Entscheidet sich der Mandant gegen eine Ausschlagung der Erbschaft, kann er im Grundsatz abwarten, bis die Gläubiger tätig werden. Der Erbe ist allerdings nach § 1980 Abs. 1 Satz 1 BGB verpflichtet, das Nachlassinsolvenzverfahren zu beantragen, wenn er von der Zahlungsunfähigkeit oder Überschuldung des Nachlasses erfährt. Die **Verletzung** dieser Verpflichtung führt nach § 1980 Abs. 1 Satz 2 BGB zu einer **Schadensersatzpflicht des Erben.** Nach § 1980 Abs. 2 Satz 1 BGB tritt die Schadensersatzpflicht auch ein, wenn der Erbe aus Fahrlässigkeit keine Kenntnis von der Zahlungsunfähigkeit oder Überschuldung des Nachlasses hat. § 1980 Abs. 1 Satz 2 BGB nennt hierfür den Fall, dass der Erbe kein Aufgebotsverfahren beantragt hat, obwohl er Grund hatte, das Vorhandensein unbekannter Nachlassverbindlichkeiten anzunehmen.

Aufgebotsverfahren

Ob der Mandant ein Aufgebotsverfahren beantragen will, muss er vor diesem Hintergrund selbst entscheiden. Sie müssen den Mandanten in jedem Fall **über** die **Möglichkeit** des Aufgebotsverfahrens **aufklären.**

Exkurs

Bei Miterben gibt es noch das Privataufgebot nach § 2061 BGB. Damit kann ein Miterbe die Haftung nach der Teilung gegenüber den ausgeschlossenen Gläubigern auf einen seiner Erbquote entsprechenden Teil beschränken (aber nicht auf den Nachlass).

Kosten

Es entstehen die folgenden Kosten:

- **Gericht:** 0,5-Verfahrensgebühr nach Tabelle A gem. Nr. 15212 Nr. 3 KV GNotKG
- **Anwalt:** 1,0-Verfahrensgebühr nach Nr. 3324 VV RVG, weiterhin möglich, aber unwahrscheinlich ist die 0,5-Terminsgebühr nach Nr. 3332 VV RVG und die 1,0-Einigungsgebühr nach Nr. 1003 VV RVG

Der Gegenstandswert beträgt 15 % der Nachlassverbindlichkeiten, bei dürftigem Nachlass ggf. nur 5 % (OLG Hamm v. 11.05.2012 – 15 W 129/12, FamRZ 2013, 399).

Weiteres Vorgehen

Für das weitere Vorgehen wird auf Mandatssituation 9.2, S. 600 f. verwiesen.

Sachverhalt | Checkliste | Lösung | Verfahren | **Muster**

Aufgebotsantrag

An das Amtsgericht[1)]
...
Straße, Hausnr./Postfach
PLZ Ort

In der Nachlasssache ...,[2)]

geboren am ..., gestorben am ..., zuletzt wohnhaft in ... (nachfolgend: Erblasser),

vertrete ich die rechtlichen Interessen des ....[3)] Mein Mandant ist ausweislich des beiliegenden Erbscheins des Amtsgerichts ... vom ... Alleinerbe des Erblassers.

Ich beantrage namens und im Auftrag meines Mandanten das **Aufgebot der Nachlassgläubiger** und anschließend den Erlass des Ausschließungsbeschlusses.

Es liegt kein Grund vor, aus dem mein Mandant für die Nachlassverbindlichkeiten unbeschränkt haftet.

Als Anlage füge ich ein Verzeichnis der meinem Mandanten bekannten Nachlassgläubiger bei.

Rechtsanwältin/Rechtsanwalt

1) Adressieren an das nach § 454 Abs. 2 FamFG zuständige Amtsgericht.
2) Name des Erblassers.
3) Name des Mandanten (Erbe).

Mandatssituation 9.2: Forderung eines Nachlassgläubigers

Sachverhalt | Checkliste | Lösung | Verfahren | Muster

Ein Gläubiger hatte eine Forderung gegen den Erblasser. Nach dem Tod des Erblassers wendet sich der Gläubiger an den Erben und fordert die Bezahlung der Verbindlichkeit.

Sachverhalt | Checkliste | Lösung | Verfahren | Muster

Wer ist Erbe? Erbschein, Testament, Eröffnungsniederschrift, Stammbaum	☐
Gibt es einen Titel?	☐
Gibt es Unterlagen über die Forderung?	☐
Befinden sich im Nachlass Unternehmen oder Gesellschaftsanteile?	☐
Stammt die Forderung aus einem Unternehmen?	☐

Sachverhalt | Checkliste | Lösung | Verfahren | Muster

Wird die Forderung anerkannt?

Lässt sich der Erbe wegen einer Nachlassverbindlichkeit verklagen, so **haftet er für die Kosten des Rechtsstreits mit seinem Eigenvermögen.** Eine Haftungsbeschränkung auf den Nachlass ist für diese Kosten nicht möglich. Der Erbe kann sich nach § 93 ZPO durch ein sofortiges Anerkenntnis vor der Kostenlast schützen, wenn er keine Veranlassung zur Erhebung der Klage gegeben hat. Das funktioniert dann nicht, wenn der Gläubiger den Erben vor der Klageerhebung zur Zahlung aufgefordert hat und dem Erben keine Einreden zur Seite standen.

Warnhinweis

Bitte vergessen Sie beim Anerkenntnis nicht den Haftungsvorbehalt nach § 780 Abs. 1 ZPO (siehe dazu unter „Verfahren", S. 600 f.)!

Wenn der Gläubiger einen Mahnbescheid beantragt, muss der Erbe hiergegen Widerspruch einlegen, da im Mahnverfahren keine Haftungsbeschränkung auf den Nachlass möglich ist. Der Erbe kann dann im streitigen Verfahren ein sofortiges Anerkenntnis nach § 93 ZPO abgeben (mit Haftungsvorbehalt). Die Kosten trägt dann der Gläubiger (OLG Naumburg, Beschl. v. 05.05.2015 – 12 W 92/14).

Praxistipp

Der Erbe sollte daher bereits nach der außergerichtlichen Aufforderung durch den Gläubiger entscheiden, ob er die Nachlassverbindlichkeit bezahlt oder Haftungsbeschränkungsmaßnahmen ergreift. Ausnahmsweise mag es gelingen, das Gericht davon zu überzeugen, dass ein sofortiges Anerkenntnis vorliegt, wenn der Gläubiger immer umfangreich über den Stand der Nachlassabwicklung informiert wird (vgl. etwa OLG München, Beschl. v. 27.06.1996 – 7 W 1669/95). Dieser Weg ist jedoch riskant und sollte nach Möglichkeit vermieden werden.

Welche Haftungsbeschränkungsmaßnahme?

Wählt der Erbe die Haftungsbeschränkung, muss er sich für eine Haftungsbeschränkungsmaßnahme entscheiden. Die Dürftigkeitseinrede kommt in zwei Varianten vor. Leicht zu erheben ist die Dürftigkeitseinrede, wenn zuvor die Nachlassverwaltung oder die Eröffnung des Nachlassinsolvenzverfahrens mangels Masse abgewiesen wurden. Andernfalls muss der Erbe nachweisen, dass die Anordnung der Nachlassverwaltung oder die Eröffnung des Nachlassinsolvenzverfahrens mangels einer die Kosten deckenden Masse nicht tunlich war. Dazu muss der Erbe den Bestand des Nachlasses darlegen und beweisen. Wenn der Nachlass nicht ganz einfach aufgebaut ist, ist das ein Experiment, auf das sich der Erbe nicht einlassen sollte. Es fragt sich daher, ob die **Nachlassverwaltung oder die Nachlassinsolvenz** das Mittel der Wahl ist. Eigentlich müsste immer die Nachlassinsolvenz gewählt werden. Zum einen besteht nach § 1980 Abs. 1 Satz 1 BGB eine Insolvenzantragspflicht des Erben. Zum anderen stellt der Nachlassverwalter am Ende auch nur einen Insolvenzantrag, sobald er die Überschuldung oder Zahlungsunfähigkeit des Nachlasses feststellt. Die Nachlassverwaltung kann aber einfacher zu beantragen sein. Die Insolvenzgerichte verlangen teilweise einen Erbschein, sogar wenn die Erbfolge durch ein notarielles Testament mit Eröffnungsniederschrift nachgewiesen wird. In diesem Fall ist es einfacher, die Nachlassverwaltung zu beantragen, als zunächst ein Erbscheinsverfahren durchzuführen.

Inventar

Das Inventar bietet dem Erben den Vorteil, dass nach § 2009 BGB vermutet wird, dass zur Zeit des Erbfalls keine weiteren Nachlassgegenstände vorhanden waren. Dies kann dem Erben im Rahmen einer späteren Vollstreckungsabwehrklage nützen. Neben diesem Vorteil droht dem Erben vom Inventar vor allem ein **großer Nachteil:** Der Erbe kann die Möglichkeit zur Beschränkung seiner Haftung auf den Nachlass verlieren. Der **Verlust der Haftungsbeschränkungsmöglichkeit droht, wenn**

- der Erbe nach § 1994 Abs. 1 Satz 2 BGB eine vom Amtsgericht auf Antrag eines Nachlassgläubigers gesetzte Inventarfrist verstreichen lässt,
- der Erbe eine Inventaruntreue nach § 2005 Abs. 1 Satz 1 BGB begeht,
- der Erbe Auskünfte gegenüber dem Gericht, der Behörde oder dem Notar verzögert oder verweigert (Inventarversäumung, § 2005 Abs. 1 Satz 2 BGB) oder
- wenn der Erbe die Abgabe der eidesstattlichen Versicherung verweigert (§ 2006 Abs. 3 BGB).

Der Erbe muss nach § 2002 BGB eine zuständige Behörde oder einen zuständigen Notar zur Inventarerrichtung hinzuziehen. Nach § 2003 Abs. 1 Satz 1 BGB kann der Erbe den Notar nicht selbst beauftragen, sondern das Nachlassgericht muss das tun.

Kosten

Für das Inventar entstehen die folgenden **Kosten:**

- **Gericht:** Nr. 12410–12412 KV GNotKG,
- **Aufnahme des Inventars durch Gericht oder Notar:** Nr. 23500–23502 KV GNotKG.

Praxistipp

Aus Sicht des Erben ist das Inventar eine Angriffswaffe des Gläubigers. Wenn der Nachlassgläubiger nicht auf die Idee kommt, ein Inventar zu verlangen, sollte der Erbe nicht von sich aus ein Inventar errichten.

Geschäftsfortführung

Vorsicht ist geboten, wenn die Erben ein **Handelsgeschäft** des Erblassers fortführen. In diesem Fall droht nach § 27 Abs. 1 HGB die **persönliche Haftung** der Erben. Die allgemeinen zivilrechtlichen Haftungsbeschränkungsmaßnahmen greifen dann nicht. Die Erben können die Haftungsbeschränkungsmöglichkeit erhalten, indem sie nach den Vorgaben des § 27 Abs. 2 HGB die Fortführung des Geschäfts einstellen.

OHG

Je nach dem Gesellschaftsvertrag einer OHG können ein oder mehrere Erben in die Rechtsstellung des Erblassers als Gesellschafter eintreten. Dies führt nach §§ 130 Abs. 1, 128 Satz 1 HGB zur **Haftung** der Erben **für** die (alten und neuen) **Gesellschaftsverbindlichkeiten.** Nach § 139 HGB können die Erben ihren Verbleib in der Gesellschaft davon abhängig machen, dass ihnen die Stellung eines Kommanditisten eingeräumt wird. Dadurch bleiben die Haftungsbeschränkungsmöglichkeiten nach dem BGB bestehen (§ 139 Abs. 4 HGB). Zu beachten ist die **Frist** des § 139

Abs. 3 HGB. Zu achten ist weiterhin auf die Eintragung des Kommanditisten im Handelsregister, um eine Haftung nach § 176 Abs. 2 HGB zu vermeiden. Wenn die Erben aus der Gesellschaft ausscheiden, muss dies nach § 143 Abs. 2 HGB im Handelsregister eingetragen werden. Andernfalls droht eine Rechtsscheinhaftung der Erben.

Sachverhalt | Checkliste | Lösung | **Verfahren** | Muster

Vorbehalt der beschränkten Erbenhaftung

Wenn Sie einen Erben wegen einer Nachlassverbindlichkeit vertreten, dann sollten Sie reflexartig den **Haftungsvorbehalt nach § 780 Abs. 1 ZPO** beantragen. Wenn ein Urteil ohne Haftungsvorbehalt ergeht, kann der Nachlassgläubiger in das Eigenvermögen des verurteilten Erben vollstrecken und der Erbe kann das nicht mehr verhindern.

Praxistipp

Der Haftungsvorbehalt sollte immer auch für die Kosten und die Zinsen beantragt werden, auch wenn eine Haftungsbeschränkung für die Kosten regelmäßig nur möglich ist, wenn der Prozess bereits zu Lebzeiten des Erblassers begonnen und von den Erben fortgesetzt wurde.

An den Vorbehalt müssen Sie auch denken, wenn Sie einen Vergleich abschließen. Wenn sich der Erbe im Vergleich verpflichtet, dann muss er damit rechnen, dass er dafür mit seinem Eigenvermögen haftet. Deshalb ist im Vergleich eine Klarstellung bzw. Regelung erforderlich.

Prüfung im Vollstreckungsverfahren

Der Haftungsvorbehalt kann auch **vorsorglich** beantragt werden, wenn noch nicht einmal klar ist, ob die Voraussetzungen einer Haftungsbeschränkungsnorm überhaupt vorliegen. Diese Voraussetzungen werden dann erst im Vollstreckungsverfahren geprüft. Dann müssen sie aber vorliegen, sonst läuft der Haftungsvorbehalt ins Leere.

Haftungsvorbehalt im Kostenfestsetzungsbeschluss

In den Fällen, in denen die Erben die Haftung auch für die Kosten beschränken können, genügt es nicht, den Vorbehalt nach § 780 Abs. 1 ZPO erstmalig im Kostenfestsetzungsverfahren zu beantragen. Der Vorbehalt muss im Erkenntnisverfahren und zusätzlich nochmals im Kostenfestsetzungsverfahren beantragt werden, weil der Kostenfestsetzungsbeschluss ein Vollstreckungstitel nach § 794 Abs. 1 Nr. 2 ZPO ist und § 795 ZPO hierfür auf die §§ 780 ff. ZPO verweist.

Antrag gestellt, im Urteil vergessen

Wurde der Vorbehalt nach § 780 Abs. 1 ZPO beantragt, aber im Urteil vergessen, so ist die **Ergänzung des Urteils** nach § 321 Abs. 1 ZPO zu beantragen. Zu beachten ist hierbei die **Zweiwochenfrist** in § 321 Abs. 2 ZPO.

Vorbehalt in Gründen erwähnt, im Tenor vergessen

Wurde der Vorbehalt nach § 780 Abs. 1 ZPO in den Urteilsgründen erwähnt und lediglich im Tenor vergessen, so ist das **Urteil** nach § 319 Abs. 1 ZPO **zu berichtigen.**

Rettung: Berufung

Wenn der Vorbehalt nach § 780 Abs. 1 ZPO in der ersten Instanz nicht beantragt wurde, kann dieser Fehler neuerdings mit der Berufung gerettet werden (BGH v. 02.02.2010 – VI ZR 82/09).

Klageabweisung, wenn Erschöpfung des Nachlasses feststeht

Wenn das Gericht zu der Erkenntnis gelangt, dass der Nachlass erschöpft ist, kann es die Klage des Nachlassgläubigers **direkt abweisen** und muss nicht trotzdem unter Vorbehalt der beschränkten Erbenhaftung verurteilen (BGH, Urt. v. 23.01.2013 – VIII ZR 68/12, Rdnr. 19).

Durchsetzung: Vollstreckungsgegenklage

Der Vorbehalt nach § 780 Abs. 1 ZPO hält den Nachlassgläubiger zunächst nicht davon ab, in das Eigenvermögen des verurteilten Erben zu vollstrecken. Der Erbe muss gegen die Vollstreckungsmaßnahme mit der Vollstreckungsgegenklage vorgehen (§§ 785, 767 ZPO). Materiell-rechtlich setzt die Vollstreckungsgegenklage voraus, dass die Haftung des Erben durch eine Haftungsbeschränkungsmaßnahme auf den Nachlass beschränkt ist. Der Vorbehalt nach § 780 Abs. 1 ZPO genügt ohne die Haftungsbeschränkungsmaßnahme nicht.

Praxistipp

Nach der erfolgreichen Vollstreckungsgegenklage müssen Sie die Einstellung der Zwangsvollstreckung nach § 775 Nr. 1 ZPO und die Aufhebung der Vollstreckungsmaßregeln nach § 776 ZPO beantragen. Bereits zuvor sollten Sie eine einstweilige Anordnung nach §§ 785, 769 ZPO beantragen.

Kosten

Für die Vollstreckungsgegenklage entstehen die üblichen Kosten eines Zivilprozesses. Die einstweilige Anordnung löst keine zusätzlichen Gerichtsgebühren aus. Für den Rechtsanwalt ist sie keine besondere Angelegenheit (§ 19 Abs. 1 Satz 2 Nr. 11 RVG).

Sachverhalt | Checkliste | Lösung | Verfahren | Muster 1

Antrag auf Eröffnung des Nachlassinsolvenzverfahrens

Amtsgericht[1)]
...
Straße, Hausnr./Postfach
PLZ Ort

Antrag auf Eröffnung des Insolvenzverfahrens über den Nachlass des ...[2)]

In der vorbezeichneten Angelegenheit vertrete ich die rechtlichen Interessen des ...,[3)] wohnhaft in .... Meine Vollmacht füge ich in Kopie bei.

Namens und im Auftrag meines Mandanten

beantrage

ich,

über den Nachlass des am ... geborenen und am ... verstorbenen ..., zuletzt wohnhaft ..., das Insolvenzverfahren zu eröffnen.

Begründung:

Mein Mandant ist Alleinerbe des Erblassers. Als Anlage füge ich eine Kopie des Erbscheins des Amtsgerichts ... vom ... – Az.: ... bei.

Der Nachlass ist überschuldet. Hierzu füge ich als Anlage ein Nachlassverzeichnis bei.

und/oder

Der Nachlass ist zahlungsunfähig. Der Gläubiger ... hat gegen den Nachlass eine fällige Forderung i.H.v. ... €. Diese Forderung kann vom Konto des Erblassers mit einem Kontostand von ... € nicht bezahlt werden.

oder

Es droht die Zahlungsunfähigkeit des Nachlasses. An die ...-Bank sind monatliche Raten i.H.v. ... € zu zahlen. Weiterhin macht der Gläubiger ... eine Forderung i.H.v. ... € geltend. Die Beerdigungskosten belaufen sich zudem auf ... €. Dem steht ein Kontoguthaben i.H.v. ... € gegenüber. Demnach können die Raten der Bank ab dem ... nicht mehr bezahlt werden.

Rechtsanwältin/Rechtsanwalt

1) Häufig besteht eine zentrale Zuständigkeit bestimmter Amtsgerichte für das Insolvenzverfahren. Die Zuständigkeit können Sie unter *www.justiz.de* überprüfen.
2) Erblasser.
3) Erbe.

Sachverhalt | Checkliste | Lösung | Verfahren | **Muster 2**

Antrag auf Anordnung der Nachlassverwaltung

An das Nachlassgericht
...
Straße, Hausnr./Postfach
PLZ Ort

Az.: ...

In der Nachlasssache ...[1]

vertrete ich die Interessen des .... Mein Mandant ist Alleinerbe des Erblassers ausweislich des Erbscheins vom .... Namens und im Auftrag meines Mandanten

beantrage

ich die Nachlassverwaltung.

Ein die Kosten der Nachlassverwaltung deckender Nachlass ist vorhanden ....[2]

Rechtsanwältin/Rechtsanwalt

1) Angaben: Erblasser, geboren, verstorben, letzter Wohnsitz.
2) Weitere Ausführungen.

Sachverhalt | Checkliste | Lösung | Verfahren | **Muster 3**

Textbaustein: Haftungsvorbehalt

Weiterhin

beantrage

ich namens und im Auftrag des Beklagten,

dem Beklagten die Beschränkung seiner Haftung auf den Nachlass des Erblassers ...,[1] geboren am ..., gestorben am ..., zuletzt wohnhaft in ... vorzubehalten. Der Vorbehalt der Haftungsbeschränkung wird hinsichtlich der Hauptsacheforderung, der Nebenforderungen und der Kosten beantragt.

1) Vorname, Name.

Vollstreckungsgegenklage

Amtsgericht/Landgericht[1)]
...
Straße, Hausnr./Postfach
PLZ Ort

In Sachen

...

– Kläger –

Prozessbevollmächtigte: ...

gegen

...[2)]

– Beklagter –

wegen Unzulässigkeit der Zwangsvollstreckung

erhebe ich namens und im Auftrag des Klägers

Klage

zum ...gericht ... mit dem

Antrag:

1. Die Zwangsvollstreckung aus dem Urteil des ...[3)] vom ..., Az. ... in das nicht zum Nachlass des Erblassers ... gehörende Vermögen wird für unzulässig erklärt.
2. Die Pfändung des Gegenstands ...[4)] wird für unzulässig erklärt.
3. Die in den Anträgen zu 1. und 2. bezeichnete Zwangsvollstreckung wird bis zum Erlass des Urteils eingestellt, hilfsweise gegen Sicherheitsleistung eingestellt.

Für den Fall, dass der Beklagte entgegen § 276 Abs. 1 Satz 1, Abs. 2 ZPO nicht rechtzeitig anzeigt, dass er sich gegen die Klage verteidigen will, wird bereits jetzt der Erlass eines Versäumnisurteils nach § 331 Abs. 3 Satz 1 ZPO beantragt.

Begründung:

I. Sachverhalt

Der Kläger ist Erbe des Erblassers ..., geboren am ..., gestorben am ..., zuletzt wohnhaft in ... gemäß Erbschein des Amtsgerichts ... vom .... Das ...gericht ... verurteilte den Kläger mit Urteil vom ..., an den Beklagten einen Betrag i.H.v. ... € nebst Zinsen hieraus i.H.v. fünf Prozentpunkten über dem

Basiszinssatz seit dem ... zu zahlen. Im Urteil wurde dem Kläger die Beschränkung seiner Haftung auf den Nachlass vorbehalten.

Beweis: Urteil vom ... in Kopie als

– Anlage K1 –

Der Kläger hat seine Haftung auf den Nachlass beschränkt. Hierzu beantragte der Kläger die Eröffnung des Nachlassinsolvenzverfahrens. Diese wurde mit Beschluss des ...gerichts ... vom ... mangels Masse abgewiesen. Der Kläger erhebt die Dürftigkeitseinrede.

Beweis: Beschluss des ...gerichts ... vom ... in Kopie als

– Anlage K2 –

Der Beklagte betreibt die Zwangsvollstreckung aus dem Urteil vom .... Der Gerichtsvollzieher pfändete am ... den Gegenstand ....[5]

Beweis: Vollstreckungsprotokoll vom ... in Kopie als

– Anlage K3 –

Der vom Beklagten gepfändete Gegenstand ...[6] gehört nicht zum Nachlass, sondern zum Eigenvermögen des Klägers. Der Kläger hat den Gegenstand bereits zu Lebzeiten erworben.

Beweis: Rechnung vom ... in Kopie als

– Anlage K4 –

II. Rechtliche Würdigung

Der Kläger wendet sich mit seiner Vollstreckungsgegenklage nach §§ 785, 767 ZPO und seinem Antrag auf einstweilige Anordnung nach §§ 785, 769 ZPO gegen die Zwangsvollstreckung des Beklagten in sein Eigenvermögen. Dem Kläger wurde im Urteil des ...gerichts ... vom ... die Beschränkung seiner Haftung auf den Nachlass vorbehalten.

Die Voraussetzungen der Dürftigkeitseinrede nach § 1990 Abs. 1 Satz 1 BGB liegen vor, weil die Eröffnung des Nachlassinsolvenzverfahrens mangels Masse abgewiesen wurde. Nach § 1990 Abs. 1 Satz 2 BGB muss der Kläger dem Beklagten lediglich den Nachlass zur Befriedigung im Wege der Zwangsvollstreckung zur Verfügung stellen. Der vom Beklagten gepfändete Gegenstand gehört jedoch nicht zum Nachlass, sondern zum Eigenvermögen des Klägers.

Die einstweilige Einstellung der Zwangsvollstreckung ist geboten, um eine Verwertung des gepfändeten Gegenstands durch den Beklagten zu verhindern, durch die das Recht des Klägers unwiederbringlich beeinträchtigt würde.

Rechtsanwältin/Rechtsanwalt

1) Prozessgericht erster Instanz nach §§ 785, 767 Abs. 1 ZPO.
2) Name und Anschrift des Erben.
3) Gericht.
4) Genaue Bezeichnung.
5) Nähere Bezeichnung des Gegenstands.
6) Nähere Bezeichnung des Gegenstands.

Mandatssituation 9.3: Gesamtschuldnerausgleich unter Miterben

Sachverhalt | Checkliste | Lösung | Verfahren | Muster

In einer ungeteilten Erbengemeinschaft hat ein Miterbe verschiedene Nachlassverbindlichkeiten beglichen. Jetzt verlangt dieser Miterbe von den anderen Miterben den anteiligen Ersatz der beglichenen Verbindlichkeiten.

Sachverhalt | **Checkliste** | Lösung | Verfahren | Muster

Wer ist Erbe? Erbschein, Testament, Eröffnungsniederschrift, Stammbaum	☐
Gibt es einen Titel?	☐
Gibt es Unterlagen über die Forderung?	☐
Hat ein Miterbe ausgleichungspflichtige Vorempfänge erhalten?	☐
Ausgleichungspflicht nach § 2057a BGB?	☐

Sachverhalt | Checkliste | **Lösung** | Verfahren | Muster

Gesamtschuldner

Miterben haften als Gesamtschuldner (§ 2058 BGB). Wenn ein Miterbe einen Nachlassgläubiger befriedigt, erhält er nach § 426 Abs. 1 Satz 1 BGB eine Ausgleichsforderung gegen die anderen Miterben. Zudem geht nach § 426 Abs. 2 Satz 1 BGB die Nachlassforderung auf den Miterben über, soweit er von den anderen Miterben den Gesamtschuldnerausgleich verlangen kann.

Gesamtschuldnerausgleich kann Verjährung überwinden

Der Gesamtschuldnerausgleich nach § 426 Abs. 1 Satz 1 BGB unterliegt einer eigenen Verjährung. Das kann dazu führen, dass ein Miterbe **im Innenverhältnis Gesamtschuldnerausgleich** leisten muss, obwohl die Forderung des Nachlassgläubigers bereits verjährt war. Im Ergebnis kann ein Nachlassgläubiger damit die volle Befriedigung einer verjährten Nachlassforderung erlangen, wenn er einen Miterben davon überzeugt, dass er an ihn leistet und sodann den Gesamtschuldnerausgleich im Innenverhältnis geltend macht. Der BGH hat dies in seinem Teilurteil vom 25.11.2009 (IV ZR 70/05) gebilligt. Eine **Ausnahme** könnte allenfalls aus Treu und Glauben denkbar sein, wenn der Nachlassgläubiger und der Miterbe sich darauf verständigen, dass der zahlende Miterbe seinen Anteil am Ende zurückvergütet erhält. Weiterhin ist zu prüfen, ob der Ausgleichsanspruch aus § 426 Abs. 1 Satz 1 BGB im konkreten Fall vielleicht auch schon verjährt ist.

Haftungsbeschränkung gegenüber Miterben

Wenn ein Miterbe den Gesamtschuldnerausgleich fordert, können die anderen Miterben ihre Haftung gegenüber dieser Forderung auf den Nachlass beschränken (Joachim, Die Haftung des Erben für Nachlassverbindlichkeiten, 4. Aufl., Rdnr. 549, S. 300, 6.5). Insbesondere können sich die Miterben bis zur Erbteilung hinter der Einrede aus § 2059 Abs. 1 Satz 1 BGB verstecken. Der ausgleichsberechtigte Miterbe kann darauf mit einer Erbteilspfändung (nach Klage) reagieren. Auf das Eigenvermögen der Miterben kann er hingegen nicht zugreifen.

Schreiben an Miterben, der Gesamtschuldnerausgleich geltend macht

Rechtsanwalt/Rechtsanwältin
...
Straße, Hausnr./Postfach
PLZ Ort

Ort, Datum

Ihr Zeichen: ...

Sehr geehrte(r) ...,

mein Mandant, ..., erhebt die Einrede des ungeteilten Nachlasses nach § 2059 Abs. 1 Satz 1 BGB. Mein Mandant muss Nachlassverbindlichkeiten nicht aus seinem Eigenvermögen begleichen. Weiterhin erhebt mein Mandant vorsorglich die Dürftigkeitseinrede nach § 1990 BGB. Auch danach haftet mein Mandant nicht mit seinem Eigenvermögen.

In Ihrem Schreiben vom ... teilten Sie mit, dass sich die Miterben nach Ihrer Ansicht nicht auf die Einreden nach §§ 2059 und 1990 BGB berufen können. Diese Ansicht ist unzutreffend. Wenn ein Miterbe eine Nachlassverbindlichkeit aus seinem Privatvermögen erfüllt, tut er dies zunächst auf eigenes Risiko. Er kann dann nicht über den Umweg des Gesamtschuldnerausgleichsanspruchs von den anderen Miterben eine Zahlung aus ihrem Privatvermögen verlangen. Andernfalls könnte das Haftungsbeschränkungssystem unterlaufen werden. Ich verweise hierzu auf Joachim, Die Haftung des Erben für Nachlassverbindlichkeiten, 4. Aufl., Rdnr. 549, S. 300.

Mit freundlichen kollegialen Grüßen

Rechtsanwältin/Rechtsanwalt

Kapitel 10: Pflichtteilsrecht

A. Einführung

1. Rechtsnatur des Pflichtteilsanspruchs

Die Abwehr und Durchsetzung von Pflichtteilsansprüchen ist eine der häufigsten Mandatssituationen im Erbrecht. Für die „Enterbten" stellt der Pflichtteilsanspruch die einzige Möglichkeit dar, am Vermögen ihrer Familie teilzuhaben, für die Erben eine unverständliche Einschränkung der Testierfreiheit des Erblassers. Die durch das Pflichtteilsrecht bewirkten Beschränkungen der Testierfreiheit genügen jedoch den verfassungsrechtlichen Vorgaben. So hat das Bundesverfassungsgericht 2005 entschieden, dass „*die grundsätzlich unentziehbare und bedarfsunabhängige wirtschaftliche Mindestbeteiligung der Kinder am Nachlass ... als tragendes Strukturprinzip des geltenden Pflichtteilsrechts durch die Erbrechtsgarantie des Art. 14 Abs. 1 Satz 1 GG geschützt ist*" (BVerfG, Beschl. v. 19.04.2005 – 1 BvR 1644/00, BVerfGE 112, 332).

Geldanspruch gegen den Erben

Anders als die Gesamtrechtsnachfolge des Erben richtet sich der Pflichtteilsanspruch als ausschließlich **schuldrechtlicher Anspruch** auf die Zahlung von Geld. Der Pflichtteilsberechtigte erhält diesen Geldanspruch allerdings nicht automatisch, er muss ihn vielmehr gegenüber den Erben geltend machen. Zur Durchsetzung dieses Anspruchs ist das enterbte Familienmitglied mit gesetzlichen Auskunftsansprüchen ausgestattet.

Verjährung innerhalb von drei Jahren

Der Pflichtteilsanspruch **verjährt** innerhalb einer Frist von **drei Jahren.** Die Frist beginnt gem. § 199 Abs. 1 BGB mit dem **Schluss des Kalenderjahres,** in welchem der Pflichtteilsanspruch entstanden ist (Tod des Erblassers) und der Pflichtteilsberechtigte von der ihn enterbenden Verfügung (z.B. Testament, Erbvertrag) Kenntnis erlangt hat bzw. ohne grobe Fahrlässigkeit erlangen musste.

Sonderfall: Kürzere Verjährungsfristen gegenüber dem Beschenkten

Abweichend von der Berechnung der Verjährungsfrist des Pflichtteilsanspruchs berechnet sich die Verjährungsfrist für Pflichtteilsergänzungsansprüche gegen den Beschenkten (**§ 2329 BGB**) schon **ab dem Erbfall.** Die Verjährung eines solchen Anspruchs beginnt **kenntnisunabhängig** mit dem Eintritt des Erbfalls zu laufen und endet damit auf den Tag genau nach Ablauf von drei Jahren (§ 2332 Abs. 1 BGB). Sie müssen als erbrechtlicher Berater daher den Lauf **unterschiedlicher Verjährungsfristen** beachten (vgl. Kapitel 10.A.11, S. 631 ff. sowie Mandatssituation 10.9, S. 695 ff.).

Warnhinweis

Diese Fristenproblematik birgt ein erhebliches Haftungsrisiko für den Anwalt, da die Frist des § 2329 BGB immer wieder übersehen wird. Notieren Sie daher vorsorglich **beide Fristen** (Pflichtteilsanspruch, Pflichtteilsergänzungsanspruch gegen den Beschenkten) auf den Zeitpunkt des Erbfalls. Sind Schenkungen an Dritte bereits bekannt, muss fristwahrend auch Klage gegen den Beschenkten erhoben werden.

Steuertipp

Steuerliche Gestaltungsmöglichkeiten durch Pflichtteile

Auch wenn grundsätzlich die Geltendmachung eines Pflichtteilsanspruchs eher als Kampfansage verstanden wird, sollte das Pflichtteilsrecht auch als steuerliches Gestaltungsmittel betrachtet werden. Denn dadurch lassen sich in manchen Fällen noch nach dem Todesfall steuerlich nachteilige Gestaltungen „retten". Zu nennen ist hier insbesondere das sogenannte Berliner Testament. Beerbt der überlebende Ehegatte zunächst den anderen Ehegatten und übernehmen als Schlusserben die Kinder den gesamten Nachlass der Eltern, kann diese Regelung steuerlich sehr teuer werden. Denn durch das Berliner Testament vereinigt sich i.d.R. bei dem überlebenden Ehegatten das gesamte Vermögen der Eltern, das dann beim Versterben des zweiten Ehegatten/Elternteils durch einen Erbgang auf die Kinder übergeht. Die Kinder verlieren dadurch den persönlichen Freibetrag gegenüber dem zuerst verstorbenen Elternteil und müssen aufgrund des progressiven Erbschaftsteuersatzes eine höhere Erbschaftsteuer zahlen, als wenn der Erwerb in zwei getrennten Erwerben beim Tod der Mutter und des Vaters vollzogen worden wäre. Diese Nachteile lassen sich in begrenztem Umfang durch die Geltendmachung des Pflichtteilsanspruchs beim zuerst verstorbenen Elternteil vermeiden.

Folgende Punkte sind dabei unbedingt zu beachten:
Wird der Pflichtteil aus rein steuerlichen Gründen geltend gemacht, müssen alle Beteiligten sich darüber einig sein und die Regelung verstehen! Hier ist unbedingt eine einfühlsame Beratung erforderlich. Denn versteht nur ein Beteiligter die Hintergründe der Geltendmachung des Pflichtteils allein aus steuerlichen Gründen nicht, können die daraus resultierenden Missverständnisse schnell der Familienfrieden zerstören.

Zu beachten sind auch sogenannte **Strafklauseln**, die eine Enterbung beim Tod des Zuletztversterbenden vorsehen, sollte der Pflichtteil beim Tod des Zuerstversterbenden geltend gemacht werden. Sind solche Strafklauseln in den Verfügungen von Todes wegen für den Fall der Geltendmachung eines Pflichtteils enthalten, ist zu klären, ob diese Regelungen der Geltendmachung des Pflichtteils auch bei Einverständnis der Beteiligten entgegenstehen.

Ist die Geltendmachung des Pflichtteils unter diesen Voraussetzungen möglich, ist es aus steuerlicher Sicht grundsätzlich auch zulässig, den Zahlungsanspruch bis zum Tod des Zweitversterbenden zu stunden.

2. Pflichtteilsberechtigte

2.1 Kreis der Berechtigten

Nicht alle Angehörigen haben Anspruch auf einen Pflichtteil. Unter der Voraussetzung, dass sie in der letztwilligen Verfügung ausdrücklich oder auch stillschweigend nicht berücksichtigt sind, haben nur die Kinder und Kindeskinder sowie der Ehegatte des Erblassers oder aber sein gleichgeschlechtlicher Lebenspartner einen Pflichtteilsanspruch.

2.2 Abkömmlinge des Erblassers

Abkömmlinge des Erblassers sind nach § 2303 i.V.m. § 1589 Satz 1 BGB alle Personen, die mit dem Erblasser in gerader, absteigender Linie verwandt sind. Dazu zählen also Kinder, Enkel, Urenkel usw. Auf den Grad der Verwandtschaft kommt es nicht an. Gemäß § 2309 BGB schließen die näheren Berechtigten die entfernteren Abkömmlinge aus.

Nichteheliche Kinder

Nichteheliche Kinder sind wie eheliche Kinder **pflichtteilsberechtigt.** Da gem. § 1591 BGB die Frau, die ein Kind geboren hat, auch die Mutter des Kindes ist, besteht für nichteheliche Kinder im Verhältnis zu ihrer Mutter ein uneingeschränktes Erb- und Pflichtteilsrecht. Zwischen **nichtehelichen Kindern** und ihren **Vätern** gilt für Erbfälle seit dem 01.04.1998 dasselbe gesetzliche Erb- und Pflichtteilsrecht wie zwischen ehelichen Kindern und ihren Vätern. Durch das „Zweite Gesetz zur erbrechtlichen Gleichstellung nichtehelicher Kinder zur Änderung der Zivilprozessordnung und der Abgabenordnung vom 12.04.2011“ (BGBl I, 615) wurde die einzige Ausnahme hiervon – betreffend allerdings nur die alten Bundesländer – aufgehoben. Nunmehr haben auch **vor** dem **01.07.1949** geborene nichteheliche Kinder für nach dem 28.05.2009 eintretende Erbfälle das volle Erb- und Pflichtteilsrecht nach ihren Vätern und ihren väterlichen Verwandten.

Keine Inzidentprüfung der Vaterschaft im Pflichtteilsprozess

Nach Anerkennung der Vaterschaft durch den Erblasser gem. § 1592 Nr. 2 BGB ist das Kind als Abkömmling des Erblassers zu behandeln, solange nicht rechtskräftig festgestellt ist, dass der Erblasser nicht der Vater ist (§ 1599 Abs. 1 BGB). Eine inzidente Prüfung der Vaterschaft im Rahmen des Pflichtteilsprozesses scheidet aus (OLG Koblenz, ZEV 2013, 389; bestätigt durch BGH, Nichtzulassungsbeschl. v. 23.07.2013 – IV ZR 370/12).

Adoptivkinder

Bei Adoptivkindern ist zu unterscheiden, ob die Kinder als Minderjährige oder Volljährige angenommen worden sind. Die **Adoption** eines **Minderjährigen** führt zur vollständigen Auflösung der verwandtschaftlichen Verhältnisse seiner biologischen Familie (§ 1755 BGB). Das adoptierte Kind ist wie ein leiblicher Abkömmling zu behandeln und erlangt daher gegenüber seiner neuen Familie volles Erb- und Pflichtteilsrecht (§ 1754 BGB).

Bei der **Adoption von Volljährigen** bleiben die Verwandtschaftsverhältnisse zur Herkunftsfamilie bestehen (§ 1770 Abs. 2 BGB), mit der Konsequenz, dass der adoptierte Volljährige sowohl nach seinen biologischen Eltern als auch nach seinen Adoptiveltern pflichtteilsberechtigt ist. Dies gilt nur dann nicht, wenn das Familiengericht im Adoptionsbeschluss die Wirkungen einer Minderjährigenadoption ausspricht (§ 1772 Abs. 1 BGB).

2.3 Eltern des Erblassers

Die Eltern des Erblassers haben nur dann einen eigenen Pflichtteilsanspruch, wenn der Erblasser keine Nachkommen hinterlassen hat oder diese bereits vorverstorben sind (§ 2309 BGB). Zu den pflichtteilsberechtigten Eltern gehören auch die Adoptiveltern (§§ 1754, 1767 Abs. 2 BGB). Wenn der Erblasser als Erwachsener adoptiert worden ist, haben neben den Adoptiveltern auch die leiblichen Eltern einen Pflichtteilsanspruch, es sei denn, das Familiengericht hat die Wirkungen der Minderjährigenadoption angeordnet. Zu den pflichtteilsberechtigten Eltern gehört neben der Mutter auch der Vater eines vor dem 01.07.1949 nichtehelich geborenen Kindes, wenn der Erbfall nach dem 28.05.2009 eingetreten ist und die Vaterschaft feststeht oder anerkannt ist (§ 1592 Nr. 2, 3 BGB.)

2.4 Ehegatte des Erblassers

Der Ehegatte des Erblassers ist pflichtteilsberechtigt, wenn zum Zeitpunkt seines Todes eine **rechtsgültige Ehe** bestanden hat. Der Ehegatte ist nicht mehr pflichtteilsberechtigt, wenn zum Zeitpunkt des Erbfalls die Voraussetzungen für die Scheidung der Ehe erfüllt waren und der Erblasser die Scheidung beantragt oder ihr zugestimmt hat (§ 1933 Abs. 1 Satz 1 BGB). Das Pflichtteilsrecht des Ehegatten ist dann ausgeschlossen, wenn das Scheidungsbegehren wirksam zugestellt und dadurch gem. § 261 Abs. 1 ZPO die Rechtshängigkeit der Scheidungssache begründet worden ist (BGH, NJW 1990, 2382).

2.5 Gleichgeschlechtlicher Lebenspartner

Der Partner einer nach dem LPartG geschlossenen gleichgeschlechtlichen Lebensgemeinschaft ist pflichtteilsberechtigt, wenn die Lebenspartnerschaft beim Erbfall noch rechtsgültig bestand (§ 10 Abs. 6 Satz 1 LPartG) und er durch eine Verfügung von Todes wegen von der Erbfolge ausgeschlossen wurde. Sind diese Voraussetzungen erfüllt, ist der Lebenspartner wie ein Ehegatte zu behandeln (§ 10 Abs. 6 Satz 2 LPartG). Seit dem 01.10.2017 ist die gleichgeschlechtliche Lebensgemeinschaft der Ehe gleichgestellt.

2.6 Fehlende Pflichtteilsberechtigung

Geschwister des Erblassers und deren Abkömmlinge (Neffen und Nichten), die Großeltern sowie nicht adoptierte Stiefkinder haben kein Pflichtteilsrecht. **Nicht pflichtteilsberechtigt** sind ferner diejenigen, die vor oder gleichzeitig mit dem Erblasser verstorben sind oder durch einen näheren Verwandten ausgeschlossen sind (§ 2309 BGB) oder auf ihr Erb- und Pflichtteilsrecht **verzichtet** haben. Auch derjenige, der vom Erblasser wirksam für **pflichtteilsunwürdig** erklärt (§§ 2345 Abs. 2, 2339 BGB) oder dem der Pflichtteil unter den Voraussetzungen des § 2333 BGB **entzogen** worden ist, steht kein Pflichtteilsrecht zu. Hat ein Pflichtteilsberechtigter die Erbschaft pflichtteilsschädlich ausgeschlagen hat, ohne dass die Voraussetzungen der §§ 2306 und 1371 Abs. 3 BGB vorliegen, verliert er seine Pflichtteilsberechtigung.

3. Höhe des Pflichtteilsanspruchs

3.1 Ermittlung der Pflichtteilsquote

Ausgangsüberlegung: Fiktive gesetzliche Erbfolge

Die Höhe des Pflichtteilsanspruchs bestimmt sich nach der Höhe der Hälfte des gesetzlichen Erbteils des Pflichtteilsberechtigten (§ 2303 Abs. 1 Satz 2 BGB), d.h., es ist

- unter Hinwegdenken der letztwilligen Verfügung
- zunächst **fiktiv** die gesetzliche Erbfolge

zu ermitteln.

Grund(zähl)regel (§ 2310 Satz 1 BGB)

Die Vorschrift des § 2310 Satz 1 BGB bestimmt, dass bei der Ermittlung der fiktiven gesetzlichen Erbfolge auch diejenigen mitzuzählen sind, die durch letztwillige Verfügung ausgeschlossen sind oder die Erbschaft ausgeschlagen haben oder für erbunwürdig erklärt worden sind. Durch das rechnerische „Mitzählen" der in § 2310 BGB genannten Personen wird erreicht, dass sich die Pflichtteilsquote der verbliebenen Berechtigten nicht erhöht.

Ausnahmeregelung des § 2310 Satz 2 BGB

Wer jedoch durch Erbverzicht von der gesetzlichen Erbfolge ausgeschlossen ist, wird nicht mehr mitgezählt (§ 2310 BGB).

Beispiel

Die verwitwete Erblasserin hinterlässt vier Kinder. Kind 1 ist gewillkürter Alleinerbe, schlägt jedoch die Erbschaft aus. Kind 2 hatte einen Erbverzicht und Kind 3 einen Pflichtteilsverzicht erklärt. Kind 4 ist enterbt und pflichtteilsberechtigt. Das auf das gesetzliche Erbrecht verzichtende Kind 2 wird gemäß der Zählregel des § 2310 Satz 2 BGB bei der Ermittlung der fiktiven gesetzlichen Erbquote nicht mitgezählt. Kind 1, Kind 3 und Kind 4 werden berücksichtigt (§ 2310 Satz 1 BGB). Ihnen steht **fiktiv** eine gesetzliche Erbquote von 1/3 (§ 1924 Abs. 1, 4 BGB) und damit jeweils eine Pflichtteilsquote von 1/6 zu. Kind 4 erhält demnach eine Pflichtteilsquote von 1/6 (vgl. dazu auch Mandatssituation 10.1, S. 635 ff.).

3.2 Erbrecht des Ehegatten

Güterstand des Erblassers ist zu ermitteln

Die Höhe der jeweiligen Pflichtteilsquote ist u.U. vom **Güterstand des Erblassers** abhängig. War der Erblasser zum Zeitpunkt seines Todes verheiratet oder lebte er in einer gleichgeschlechtlichen Lebenspartnerschaft, hat der jeweilige Güterstand nicht nur Auswirkungen auf das Pflichtteilsrecht des Ehegatten oder Lebenspartners, sondern auch auf die Pflichtteilsquote etwaiger anderer Pflichtteilsberechtigter.

Praxistipp

War der Erblasser verheiratet, ist immer zunächst das gesetzliche Erbrecht des Ehegatten zu bestimmen. Erst wenn dieses feststeht, kann das gesetzliche Erbrecht und damit die Pflichtteilsquote der Kinder verlässlich berechnet werden. Jede Berechnung ohne konkrete Berücksichtigung des Güterstands des Erblassers ist untauglich.

3.2.1 Zugewinngemeinschaft

Lebte der Erblasser im Güterstand der Zugewinngemeinschaft, ist für die Bestimmung der Pflichtteilsquote zu ermitteln, ob es zur sogenannten **erb-** oder zur **güterrechtlichen Lösung** kommt.

Erbrechtliche Lösung mit „großem Pflichtteil"

Wird der Ehegatte gesetzlicher oder gewillkürter Erbe oder nimmt er ein ihm zugewandtes Vermächtnis an, tritt die erbrechtliche Lösung ein, d.h., dem Ehegatten steht gem. § 1931 Abs. 1 BGB neben Verwandten der ersten Ordnung **1/4**, neben Verwandten der zweiten Ordnung **1/2** des Nachlasses zu. Zusätzlich erhält er **ein weiteres 1/4** als Folge des pauschalisierten Zugewinnausgleichs gem. § 1371 Abs. 1 BGB (erbrechtliche Lösung mit sog. großem Pflichtteil).

Beispiel

Der verheiratete, im gesetzlichen Güterstand lebende Erblasser hinterlässt seine Ehefrau und drei Kinder. Ein Testament hinterlässt er nicht. Es tritt gesetzliche Erbfolge ein. Die Ehefrau erhält 1/4 gem. § 1931 Abs. 1 BGB sowie ein weiteres 1/4 gem. § 1371 Abs. 1 BGB, mithin 1/2 des Nachlasses.

Güterrechtliche Lösung mit „kleinem Pflichtteil"

Zur güterrechtlichen Lösung kommt es, wenn der Ehegatte weder zum gesetzlichen oder gewillkürten Erben bestimmt und auch nicht mit einem Vermächtnis bedacht worden ist. Er erhält dann den sogenannten **kleinen** Pflichtteil (§ 1931 Abs. 1 BGB). Die Höhe des kleinen Pflichtteils bestimmt sich nach der Hälfte des (nicht erhöhten) gesetzlichen Ehegattenerbteils. Daneben erhält der Ehegatte noch den konkret zu bestimmenden Zugewinnausgleich gem. § 1371 Abs. 2 BGB (güterrechtliche Lösung mit sog. kleinem Pflichtteil).

Taktische Ausschlagung

Bei der güterrechtlichen Lösung kann der Ehegatte überlegen, ob er die ihm zugefallene Erbschaft auch insgesamt ausschlägt. Er kann dann ausnahmsweise (§ 1371 Abs. 3 BGB) trotz der Ausschlagung den kleinen Pflichtteil und den tatsächlich erzielten Zugewinn verlangen. Für welche Lösung sich der bedachte Ehegatte entscheidet, bleibt einer konkreten Berechnung vorbehalten. Dabei ist zu beachten, dass sich der Pflichtteil des Ehegatten in diesem Fall nach dem nicht erhöhten Erbteil des Ehegatten gem. § 1371 Abs. 2 zweiter Halbsatz BGB berechnet. Auch ist zu berücksichtigen, dass der Zugewinnausgleichsanspruch eine Nachlassverbindlichkeit darstellt, d.h., der Pflichtteilsanspruch berechnet sich nur vom Restwert des Nachlasses.

3.2.2 Gütergemeinschaft

Bei der Gütergemeinschaft beträgt der Pflichtteil des überlebenden Ehegatten neben den Abkömmlingen 1/8 (§ 1931 Abs. 1 Satz 1 BGB). Neben Verwandten der zweiten Ordnung oder Großeltern erhält der Ehegatte 1/4. Es ist zu beachten, dass bei der Gütergemeinschaft verschiedene Vermögensmassen existieren (§§ 1415 ff. BGB). Am Gesamtgut sind beide Ehegatten wirtschaftlich zu 1/2 beteiligt, das Sonder- und Vorbehaltsgut steht dem Erblasser allein zu.

3.2.3 Gütertrennung

Bei der Gütertrennung erbt der Ehegatte gem. § 1931 Abs. 4 BGB neben einem oder zwei Kindern zu **gleichen Teilen**, bei mehr als zwei Kindern immer zu 1/4. Somit beträgt die Erbquote neben einem Kind 1/2, neben zwei Kindern 1/3 und bei mehr als zwei Kindern 1/4.

4. Pflichtteilsrestanspruch

Der Pflichtteilsrestanspruch sichert dem Pflichtteilsberechtigten den ihm zustehenden vollen Pflichtteil zu, wenn ihm ein unzureichender Erbteil hinterlassen worden ist. Er hat dann Anspruch auf den Zusatzpflichtteil gem. § 2305 BGB. Auch wenn der Pflichtteilsberechtigte mit einem Vermächtnis bedacht ist, steht ihm unter den Voraussetzungen des § 2307 Abs. 1 Satz 2 BGB i.V.m. § 2305 BGB ein Pflichtteilsrestanspruch zu. Dieser errechnet sich aus der Differenz zwischen dem ihm zugewandten Vermächtnis und seinem Pflichtteil. Bleibt das Vermächtnis wertmäßig hinter seinem Pflichtteil zurück, steht ihm die Differenz zu.

5. Auskunftsansprüche

5.1 Vorbemerkung

Zentrale Problematik im Pflichtteilsrecht

Die Kenntnis über den Umfang und den Wert des Nachlasses ist zwingende Voraussetzung, um den Pflichtteilsanspruch berechnen zu können. Regelmäßig hat der Pflichtteilsberechtigte wenig bis gar keine Kenntnis von den Vermögens- und Eigentumsverhältnissen des Erblassers. Der Testierende hat das häufig so gewollt. Der „Enterbte" soll nach seinem ausdrücklichen Wunsch gerade nicht – bzw. auf ein Mindestmaß beschränkt – lediglich finanziell, jedoch nicht dinglich am Nachlass beteiligt werden. Als Gläubiger eines einfachen Zahlungsanspruchs steht dem Pflichtteilsberechtigten nicht die Rechtsposition des Erben zu. So hat er als „Nichterbe" keine Möglichkeit, sich selbst diese Informationen – z.B. durch Anfragen bei Geldinstituten etc. – zu beschaffen bzw. weitergehende Ermittlungen anzustellen.

Praxistipp

Kommt der Erbe dem Verlangen des Pflichtteilsberechtigten, Auskunft über den Nachlass zu erteilen, nach, kann darin – nach den Umständen des Einzelfalls – ein Anerkenntnis des Pflichtteilsanspruchs liegen (OLG Hamburg, Beschl. v. 10.09.2013 – 2 W 5/13). Da durch ein Anerkenntnis regelmäßig die Verjährungsfrist neu zu laufen beginnt (§ 212 BGB), sollten Sie als Berater die Forderung auf Erteilung von Auskünften bzw. die Erfüllung des Auskunftsverlangens wohl überlegt und gezielt einsetzen.

Erteilte Auskunft kann Neubeginn der Verjährung zur Folge haben

5.2 Umfang der Auskunft

Erben sind zur Auskunft verpflichtet

Das Gesetz verschafft dem Pflichtteilsberechtigten mit **§ 2314 BGB** einen umfassenden Auskunftsanspruch gegenüber den Erben. Die Erben sind verpflichtet, dem Pflichtteilsberechtigten über den Bestand des Nachlasses Auskunft zu erteilen. Sie haben die für den Erbfall relevanten Vermögenspositionen offenzulegen. Dazu gehören zunächst die Aktiva und die Passiva des Nachlasses zum Todestag. Zusätzlich muss aber auch Auskunft erteilt werden über den sogenannten **fiktiven Nachlassbestand**. Das sind diejenigen Vermögensgegenstände und sonstigen Berechnungsfaktoren, die bei der Berechnung des Pflichtteils einschließlich des Pflichtteilsergänzungsanspruchs (§§ 2325 ff. BGB) Berücksichtigung finden (zur Auskunftspflicht des Erben in Bezug auf eine vom Erblasser beherrschte Stiftung nach liechtensteinischem Recht: BGH, ZEV 2015, 163).

Auskunft über Schenkungen

Der Pflichtteilsberechtigte hat daher Anspruch auf Auskunft über sämtliche Schenkungen des Erblassers der letzten **zehn Jahre vor seinem Tod** (einschließlich behaupteter Anstands- und Pflichtschenkungen), **aber auch über einen Zeitraum von zehn Jahren hinaus**, wenn sich der Erblasser am Schenkungsgegenstand ein Nießbrauchs- oder sonstiges Nutzungsrecht vorbehalten hat. War der Erblasser verheiratet und erhielt der Ehegatte eine Schenkung, ist auch diese offenzulegen, unabhängig davon, wie lange sie zurückliegt. Ferner hat der Erbe über alle Vermögensverfügungen zu informieren, die eine Ausgleichungspflicht nach §§ 2050, 2316 BGB auslösen können.

Praxistipp

Vertreten Sie den Pflichtteilsberechtigten, müssen Sie bei der Geltendmachung des Auskunftsanspruchs darauf achten, dass der Auskunftsverpflichtete nur insoweit zur Auskunft verpflichtet ist, wie sie der Berechtigte geltend macht. Fehlerhaft sind daher Auskunftsersuchen, die sich lediglich auf unentgeltliche Zuwendungen innerhalb der letzten zehn Jahre vor dem Tag des Versterbens des Erblassers beschränken (vgl. Muster 1 „Außergerichtliche Aufforderung zur Auskunft" zur Mandatssituation 10.2, S. 650 f.).

5.3 Form der Auskunftserteilung

Unterschiedliche Bestandsverzeichnisse

§ 2314 BGB gibt dem Pflichtteilsberechtigten unter Verweis auf § 260 BGB das Recht, ein Bestandsverzeichnis zu verlangen. Der Pflichtteilsberechtigte kann entscheiden, ob ihm ein **privates Verzeichnis** (§ 2314 Abs. 1 BGB) oder ein **amtliches Verzeichnis** (§ 2314 Abs. 1 Satz 3 BGB), für das der Notar zuständig ist (§ 20 BNotO), vorzulegen ist. Das Verzeichnis ist so zu erstellen, dass es insgesamt übersichtlich ist. Nachlassaktiva und -passiva sind zu separieren, Gegenstände einzeln zu verzeichnen.

Keine allgemeine Belegvorlagepflicht

Ein allgemeiner Anspruch auf **Belegvorlage** steht dem Pflichtteilsberechtigten nicht zu (OLG Koblenz, MDR 2012, 1101). Allerdings soll der Pflichtteilsberechtigte dann einen Anspruch auf weiter gehende Unterlagen haben, wenn diese die Voraussetzung dafür sind, den Wert der jeweiligen Nachlassgegenstände festzustellen (BGH, NJW 1961, 602; Palandt/Grüneberg, § 260 Rdnr. 15). Das heißt: Steht dem Pflichtteilsberechtigten ein Wertermittlungsanspruch zu, sind der Auskunft Dokumente beizufügen, die den Pflichtteilsberechtigten in die Lage versetzen, die ihm erteilten Auskünfte zu überprüfen. Das ist beispielsweise dann der Fall, wenn sich im realen oder fiktiven Nachlass ein Unternehmen oder ein Anteil daran befindet und der Pflichtteilsberechtigte ohne Kenntnis der Geschäftsunterlagen (z.B. Bilanzen oder Gewinn- und Verlustrechnung) den Wert nicht beurteilen kann (BGH, a.a.O.; OLG Düsseldorf, NJW-RR 1997, 454). Auch für Immobilien des Erblassers, für die im Rahmen des Wertermittlungsanspruchs ein Sachverständigengutachten einzuholen ist, kann der Pflichtteilsberechtigte die für die Wertberechnung erforderlichen Unterlagen, z.B. einen Grundbuchauszug, verlangen (Palandt/Weidlich, § 2314 Rdnr. 10; van der Auwera, ZEV 2008, 359 ff.)

Anwesenheitsrecht bei Aufnahme des Verzeichnisses

Gemäß § 2314 Abs. 1 Satz 2 BGB hat der Pflichtteilsberechtigte das Recht, sowohl bei der Aufnahme des privaten also auch des amtlichen Verzeichnisses persönlich anwesend zu sein. Dieses Recht beseitigt das Informationsdefizit des Pflichtteilsberechtigten jedoch nicht. Es bietet ihm lediglich die **persönliche Anwesenheit** – auch im Beisein seines Vertreters –, jedoch keine weitergehenden Ermittlungsbefugnisse. Praxisuntauglich ist dieses Recht dennoch nicht. Der aufmerksame Pflichtteilsberechtigte wird die Sorgfalt der ihm erteilten Auskünfte besser einschätzen können. Ist er bei der Aufnahme eines notariellen Verzeichnisses zugegen, kann er ebenso beurteilen, ob der Notar den Nachlass selbst ermittelt und Erkundigungen eingeholt hat oder ob er lediglich die Auskünfte des Erben aufgenommen und zusammengefasst hat.

Keine Anwesenheits- und Mitwirkungsverpflichtung bei Aufnahme des Verzeichnisses

Hingegen besteht keine Verpflichtung des Pflichtteilsberechtigten, bei der Aufnahme des notariellen Nachlassverzeichnisses anwesend zu sein, denn § 2314 Abs. 1 BGB sieht lediglich ein Anwesenheitsrecht, nicht hingegen eine Anwesenheits- oder Mitwirkungspflicht des Auskunftsgläubigers vor (OLG Stuttgart, Beschl. v. 27.01.2014 – 19 W 3/14).

Anspruch auf Abgabe der eidesstattlichen Versicherung

Hegt der Pflichtteilsberechtigte ernsthafte Bedenken, dass die geschuldete **Auskunft unsorgfältig oder** auch **falsch** erteilt worden ist, kann er verlangen, dass der Auskunftsschuldner gem. § 260 Abs. 2 BGB seine Erklärungen an Eides statt versichert. Er hat seine Zweifel konkret darzulegen. Pauschalbehauptungen des Pflichtteilsberechtigten etwa dahingehend, „der Erblasser müsse über wesentlich mehr verfügen oder er war sehr vermögend“, sind für die Durchsetzung des Anspruchs ungenügend. Die Rechtsprechung fordert substantiierten Vortrag dazu, worauf sich die Erkenntnis des Pflichtteilsberechtigten stützt, dass die erteilte Auskunft falsch sein soll (OLG Oldenburg, NJW-RR 1992, 777; LG Dessau-Roßlau, NJW-Spezial 2012, 71).

Vorlage des notariellen Nachlassverzeichnisses

Der Pflichtteilsberechtigte kann – ohne weitere Begründung – auch zusätzlich zum privaten Nachlassverzeichnis die Vorlage eines **notariellen Nachlassverzeichnisses** verlangen (§ 2314 Abs. 1 Satz 3 BGB). Dieser Weg ist zu wählen, wenn von vornherein ernsthafte Zweifel daran bestehen, dass der Erbe seine Auskunftspflicht nicht mit der erforderlichen Sorgfalt und Gewissenhaftigkeit erledigen wird.

Nach nunmehr gefestigter Rechtsprechung werden an den beurkundenden Notar **hohe Ansprüche** bei der Aufnahme des Nachlassverzeichnisses gestellt, die allerdings nicht jedem Notar bekannt sind. So verbietet es die Rechtsprechung, dass der Notar lediglich als „Schreibgehilfe“ des Auskunftsverpflichteten fungiert und dessen Angaben als „notarielles Nachlassverzeichnis“ niederlegt. Stattdessen muss und soll der Notar eigene Ermittlungen einleiten, Belege auswerten, Plausibilität prüfen und zum Ausdruck bringen, für den Inhalt verantwortlich zu sein (OLG Schleswig-Holstein, Urt. v. 25.01.2011 – 3 U 36/10, NJW-RR 2011, 946; OLG Koblenz, Beschl. v. 18.03.2014 – 2 W 495/13, NJW 2014, 1972). Das BVerfG hat in einem Nichtannahmebeschluss über eine Verfassungsbeschwerde wegen eines unvollständigen notariellen Nachlassverzeichnisses die obergerichtliche Rechtsprechung de facto bestätigt (BVerfG, Beschl. v. 25.04.2016 – 1 BvR 2423/14, NJW 2016, 2943).

Kein Berichtigungs- oder Vervollständigungsanspruch bei Vorliegen der Mindestanforderungen gem. § 2314 BGB

Stellt der Notar das Ergebnis eigener Überprüfungen fest und bringt somit zum Ausdruck, selbst für das Ergebnis verantwortlich zu sein, und erfüllt das Nachlassverzeichnis auch die Minimalanforderungen des § 260 BGB, besteht grundsätzlich kein Anspruch auf Berichtigung oder Vervollständigung des Nachlassverzeichnisses (OLG Hamburg, Urt. v. 28.09.2016 – 2 U 29/15).

6. Wertermittlungsanspruch

Feststellung der Verkehrswerte

Dem Pflichtteilsberechtigten steht neben dem Auskunftsanspruch auch ein Wertermittlungsanspruch gem. § 2314 Abs. 1 Satz 2 BGB zu. Der Wertermittlungsanspruch ist vom Auskunftsanspruch zu unterscheiden. Während der Auskunftsanspruch die Ermittlung des realen oder fiktiven Nachlasses ermöglichen soll, geht es beim Wertermittlungsanspruch um die Feststellung der Verkehrswerte eines Nachlassgegenstands. Dieses Wissen benötigt der Pflichtteilsberechtigte, um seinen Anspruch konkret zu beziffern.

Praxistipp

Auskunfts- und Wertermittlungsansprüche werden in der Praxis häufig nicht auseinander gehalten. Klageanträge auf „Auskunft durch Einholung eines Sachverständigengutachtens" sind daher falsch (zum Klageantrag vgl. auch das Muster 2 „Stufenklage auf Wertermittlung und Zahlung" zur Mandatssituation 10.3, S. 662 f.).

Ein Wertermittlungsanspruch besteht allerdings nur insoweit, wie der Pflichtteilsberechtigte Vermögenswerte des realen oder fiktiven Nachlasses, wie z.B. Unternehmen, Grundstücke und sonstige werthaltige Gegenstände, ohne sachverständige Kenntnis nicht beurteilen kann. Der Wertermittlungsanspruch setzt die unstreitige Zugehörigkeit zum Nachlass des Erblassers voraus.

Beweislastverteilung

Bestreitet der auskunftsverpflichtete Erbe, dass ein Gegenstand zum Nachlass gehört, so trägt der Pflichtteilsberechtigte die Darlegungs- und Beweislast für die Nachlasszugehörigkeit. Diese Beweislastverteilung gilt auch dann, wenn ein Pflichtteilsergänzungsanspruch gem. § 2325 BGB in Betracht kommt (BGHZ 89, 24 = NJW 1984, 487; OLG Schleswig, ZEV 2007, 277). Jedoch räumt die Rechtsprechung in den Fällen einer gemischten Schenkung (siehe Kapitel 10.A.7.4, S. 623) dem Pflichtteilsberechtigten Beweiserleichterungen (keine Beweislastumkehr!) ein. Gelingt es dem Pflichtteilsberechtigten, bei der Bewertung der sogenannten gemischten Schenkung das Gericht von dem **groben Missverhältnis** zwischen den ausgetauschten Leistungen zu überzeugen, obliegt es dem Erben, die Vermutung der Unentgeltlichkeit zu erschüttern (BGH, NJW 1981, 2458; BGH, NJW 2002, 2469).

Wertermittlung und zeitnaher Verkauf

Wurde der Nachlassgegenstand alsbald nach dem Erbfall veräußert, kann ein Wertermittlungsanspruch in bestimmten Fällen entbehrlich sein; der Anspruch kann dann entfallen. Bei einem zeitnahen Verkauf stellt die Rechtsprechung auf den tatsächlich erzielten Verkaufserlös ab (BGH, NJW-RR 1993, 131). Da jede Schätzung mit einem Unsicherheitsfaktor belastet ist, hält der BGH nach gefestigter Rechtsprechung die Schätzung für nachrangig, wenn ein Verkauf erfolgt ist. Dem Pflichtteilsberechtigten bleibt jedoch der Nachweis gestattet, dass der Verkaufserlös den Verkehrswert zum Todestag unrichtig widerspiegelt. Eine Bindung an den tatsächlich erzielten Verkaufserlös kommt dann nicht mehr in Betracht, wenn der darlegungs- und beweispflichtige Pflichtteilsberechtigte Tatsachen vorträgt und unter Beweis stellt, nach welchen der Verkaufserlös nicht dem tatsächlichen Verkehrswert im Zeitpunkt des Erbfalls entspricht (BGH, ZEV 2015, 349).

Praxistipp

Die Rechtsprechung zu der Frage, wann eine **Veräußerung** als **zeitnah** zum Erbfall anzusehen ist, ist uneinheitlich und nicht gesichert. Selbst ein fünf Jahre nach dem Erbfall erzielter Kaufpreis kann relevant sein (BGH, NJW-RR 1993, 131). Es kommt auf den Einzelfall an. Sie sollten Ihren Mandanten ausdrücklich auf die ungesicherte Rechtsprechung hinweisen. Ob diese Rechtsprechung des BGH auch den Wertermittlungsanspruch in der Auskunftsstufe einer Stufenklage entfallen lässt, ist noch nicht geklärt. Das OLG Frankfurt/M. hält auch im Verkaufsfall einen Anspruch auf Einholung eines Wertgutachtens für gegeben (OLG Frankfurt/M., ZEV 2011, 379).

7. Pflichtteilsergänzungsanspruch gem. § 2325 BGB

7.1 Normzweck

Schutz des Pflichtteilsberechtigten

Der sogenannte Pflichtteilsergänzungsanspruch ist ein selbständiger, **außerordentlicher** Pflichtteilsanspruch. Er kann unabhängig vom Pflichtteilsanspruch entstehen (BGH, NJW 1988, 1667). Mit dem Pflichtteilsergänzungsanspruch soll der Pflichtteilsberechtigte vor **„Aushöhlungsmaßnahmen" des Erblassers** zu dessen Lebzeiten geschützt werden. Damit wird der gesetzgeberische Gedanke, die engsten Familienangehörigen am Nachlass des Erblassers teilhaben zu lassen, konsequent fortgeführt. Durch unentgeltliche Verfügungen des Erblassers eingetretene Nachlassminderungen werden ausgeglichen, indem beim Erbfall die Erblasserschenkungen gem. § 2325 BGB dem vorhandenen Nachlass hinzugerechnet werden. Der Pflichtteil des Berechtigten wird dann aus dem so erhöhten (fiktiven) Nachlasswert errechnet.

Warnhinweis

Die Geltendmachung bzw. die Abwehr von Pflichtteilsergänzungsansprüchen ist sehr praxisrelevant. Achten Sie sorgfältig darauf, mögliche Ergänzungsansprüche innerhalb der besonderen Verjährungsfristen zu verfolgen (vgl. dazu auch Kapitel 10.A.11.3, S. 633)!

7.2 Gläubiger des Pflichtteilsergänzungsanspruchs

Anspruchsberechtigte

Der Anspruch aus § 2325 BGB kann von demjenigen geltend gemacht werden, der (abstrakt) zum **Kreis der Pflichtteilsberechtigten** zählt (§ 2303 BGB). Der Pflichtteilsergänzungsanspruch von Abkömmlingen setzt nicht voraus, dass diese schon im Zeitpunkt der Schenkung pflichtteilsberechtigt waren. Nach geänderter Rechtsprechung des BGH (Aufgabe der „**Theorie der Doppelberechtigung**") genügt es, wenn die Pflichtteilsberechtigung im Zeitpunkt des Erbfalls besteht (BGH, NJW 2012, 2730). Es ist hingegen keine Anspruchsvoraussetzung, dass dem Anspruchsberechtigten auch ein Pflichtteilsanspruch tatsächlich zusteht. Eine den Pflichtteils(ergänzungs)berechtigten enterbende Verfügung des Erblassers ist nicht Anspruchsvoraussetzung des Pflichtteilsergänzungsanspruchs (BGH, NJW 1973, 995). Sonst könnte der Erblasser sein Vermögen zu Lebzeiten verschenken und eine enterbende Verfügung zu Lasten seines Abkömmlings unterlassen. Im Ergebnis können damit auch die Erben unter den Voraussetzungen des § 2326 BGB einen Pflichtteilsergänzungsanspruch geltend machen.

7.3 Schuldner des Pflichtteilsergänzungsanspruchs

Schuldner des Pflichtteilsergänzungsanspruchs sind grundsätzlich die Erben. Der gegen sie gerichtete Zahlungsanspruch ist Nachlassverbindlichkeit (§ 1967 BGB).

Subsidiäre Haftung des Letztbeschenkten gem. § 2329 BGB

Der Erbe ist nur ausnahmsweise nicht ergänzungspflichtig. Dies kann z.B. dann der Fall sein, wenn er wegen der Unzulänglichkeit des Nachlasses die Einrede der Haftungsbeschränkung erhebt (§§ 1975, 1990, 1991 BGB). Auch wenn der Erbe wegen Gefährdung seines eigenen Pflichtteils die Pflichtteilsergänzung wegen § 2328 BGB verweigern kann, kommt eine Haftung des Beschenkten gem. § 2329 BGB in Betracht.

Warnhinweis

Die Verjährung des Pflichtteilsergänzungsanspruchs gegen den Beschenkten beginnt **kenntnisunabhängig** mit dem Eintritt des Erbfalls zu laufen und endet damit auf den Tag genau nach Ablauf von drei Jahren (§ 2332 Abs. 1 BGB).

Bei mehreren Beschenkten haftet gem. § 2329 Abs. 3 BGB zunächst derjenige, der zuletzt beschenkt worden ist. Soweit der zuletzt Beschenkte zur Haftung „nicht verpflichtet" ist, kann auch der früher Beschenkte mit dem Geschenk zur Ergänzung des Pflichtteils in Anspruch genommen werden.

Ebenso darf der mehrfach vom Erblasser Beschenkte darauf vertrauen, dass er nur wegen der späteren Geschenke in Haftung genommen wird, soweit diese die Ergänzung des Pflichtteilsanspruchs abdecken (OLG Celle, Urt. v. 14.11.2013 – 6 U 31/13).

7.4 Schenkung

Der Schenkungsbegriff des § 2325 BGB ist deckungsgleich mit der Definition der Schenkung in § 516 BGB. Danach ist von einer Schenkung auszugehen, wenn der Beschenkte objektiv bereichert ist und der Erblasser und der Beschenkte über die objektive Unentgeltlichkeit der Zuwendung einig sind (vgl. Palandt/Weidlich, § 2325 Rdnr. 7). Auch sogenannte **gemischte Schenkungen** sind u.U. ausgleichungspflichtig. Sie sind dadurch gekennzeichnet, dass sich bei **entgeltlichen Vereinbarungen** Leistung und Gegenleistung nicht wertgleich gegenüberstehen und sich die Vertragspartner über die teilweise Unentgeltlichkeit der erfolgten Zuwendung einig sind (BGH, NJW-RR 1996, 754). Es besteht eine Ergänzungspflicht hinsichtlich des unentgeltlichen Teils der Zuwendung (OLG Hamm, ZEV 2000, 277) zugunsten des Pflichtteilsberechtigten.

7.5 Die Ausschlussfrist des § 2325 Abs. 3 BGB

Zehnjahresfrist bei der Pflichtteilsergänzung

Die Ansprüche auf Pflichtteilsergänzung gem. §§ 2325 ff. BGB sind allerdings zeitlich begrenzt. Die starre **Zehnjahresfrist** des § 2325 Abs. 3 erster Halbsatz BGB a.F. ist durch das Gesetz zur Änderung des Erb- und Verjährungsrechts (v. 24.09.2009, BGBl I, 3142) wesentlich geändert worden. Mit der Neuregelung hat der Gesetzgeber versucht, dem Interessenkonflikt zwischen dem Schutz des Pflichtteilsberechtigten vor benachteiligenden Schenkungen einerseits und dem Streben des Beschenkten nach Rechtssicherheit Rechnung zu tragen (BT-Drucks. 16/8954 zu Nr. 25).

Abschmelzung

Es gilt nunmehr das sogenannte **Abschmelzmodell** (oder auch **Pro-Rata-Lösung**). § 2325 Abs. 3 BGB sieht vor, dass Schenkungen des Erblassers nur noch im ersten Jahr vor dem Tod des Erblassers in voller Höhe, im zweiten Jahr vor dem Erbfall noch zu 90 %, im dritten Jahr zu 80 % usw. zu berücksichtigen sind. Für jedes weitere Jahr, das zwischen der Schenkung und dem Erbfall liegt, wird der Schenkungswert um 10 % gemindert. Das Abschmelzmodell findet Anwendung auf alle Erbfälle, die seit dem 01.01.2010 eintreten.

Jahre zwischen Leistung und Eintritt des Erbfalls	Berücksichtigung des Schenkungswerts mit:
im ersten Jahr vor dem Erbfall	100 %
im zweiten Jahr vor dem Erbfall	90 %
im dritten Jahr vor dem Erbfall	80 %
im vierten Jahr vor dem Erbfall	70 %
im fünften Jahr vor dem Erbfall	60 %
im sechsten Jahr vor dem Erbfall	50 %
im siebten Jahr vor dem Erbfall	40 %
im achten Jahr vor dem Erbfall	30 %
im neunten Jahr vor dem Erbfall	20 %
im zehnten Jahr vor dem Erbfall	10 %

Sind seit der Schenkung zehn Jahre verstrichen, geht der Pflichtteilsberechtigte mit seinem Ergänzungsanspruch leer aus, da die Zehnjahresfrist des § 2325 Abs. 3 BGB eine **absolute Ausschlussfrist** ist.

Beispiel

Der Erblasser E setzt testamentarisch seine Tochter zur Alleinerbin ein. Seinem Freund F schenkt er im März 2006 einen Betrag von 20.000 €. E stirbt im Januar 2011. Im Hinblick auf das Geschenk für den Freund F ist die Abschmelzregel des § 2325 Abs. 3 Satz 1 BGB anzuwenden, wonach das Geschenk nach Verstreichenlassen eines Jahres mit jedem weiteren Jahr mit 10 % weniger zu berücksichtigen ist. Das Geschenk ist demnach noch mit 60 % des Ausgangswerts, mithin mit 12.000 € anzusetzen.

Fristbeginn

Für den Beginn der Ausschlussfrist kommt es auf den Eintritt des rechtlichen Leistungserfolgs an. Bei Schenkungen beweglicher Sachen beginnt die Frist mit Vollendung des Eigentumsübergangs, bei Grundstücksschenkungen ist die Eintragung im Grundbuch erforderlich (BGH, NJW 1988, 821).

Ausnahmen von der Zehnjahresfrist

Die Pro-Rata-Regelung findet keine Anwendung im Fall einer **Grundstücksübertragung unter Nießbrauchsvorbehalt.** Infolge der **„Genuss-Rechtsprechung"** des BGH (fehlende wirtschaftliche Ausgliederung aus dem Vermögen des Erblassers, BGH, NJW 1994, 1791) beginnt die Ausschlussfrist des § 2325 Abs. 3 BGB nicht zu laufen. Maßgebender Zeitpunkt der Leistung ist nicht der Eigentumsübergang, sondern erst der Wegfall des Nutzungsrechts.

Anlauf der Zehnjahresfrist bei vorbehaltenem Wohnungsrecht?

Die Frage, ob und inwieweit ein vorbehaltenes Wohnungsrecht dem Fristbeginn gem. § 2325 Abs. 3 BGB entgegenstehen kann, wird durch die Rechtsprechung der Oberlandesgerichte unterschiedlich entschieden. Wenn sich der Erblasser ein Wohnungsrecht nur an einem Teil vorbehält, geht die überwiegende Rechtsprechung von einem Fristanlauf aus (OLG Karlsruhe, ZEV 2008, 244; OLG Oldenburg, ZEV 2006, 80). Bezieht sich das eingeräumte Wohnungsrecht auf das gesamte Haus, soll keine Frist anlaufen (OLG Zweibrücken, ErbR 2015, 379; OLG München, ZEV 2008, 480 f.) Der BGH, der diese Rechtsprechung bestätigt hat (BGH, Urt. v. 29.06.2016 – IV ZR 474/15, ErbR 2016, 570 ff.), stellt maßgeblich auf die Umstände des Einzelfalls ab, anhand derer geprüft werde müsse, ob der Beginn des Fristablaufs gem. § 2325 Abs. 3 BGB gehindert sei.

Sonderregel für Ehegatten: kein Fristbeginn

Auch bei Zuwendungen an Ehegatten und eingetragene Lebenspartner (§ 10 Abs. 6 Satz 2) verbleibt es dabei, dass die Zehnjahresfrist nicht vor Auflösung der Ehe zu laufen beginnt (§ 2325 Abs. 3 Satz 3 BGB).

Beispiel

Erblasser E schenkt seiner Ehefrau 15 Jahre vor seinem Tod ein Mehrfamilienhaus und setzt sie als Alleinerbin ein. Der gemeinsame Sohn verlangt nach dem Tod des Vaters den Pflichtteil sowie seinen Pflichtteilsergänzungsanspruch. Gemäß § 2325 Abs. 3 Satz 3 BGB ist die Schenkung voll ergänzungspflichtig, auch wenn sie schon 15 Jahre zurückliegt.

In der Literatur wird diese Regelung wegen des Verstoßes gegen Art. 6 Abs. 1, Art. 3 Abs. 1 GG als verfassungswidrig bezeichnet und die ersatzlose Aufhebung gefordert (z.B. Derleder, ZEV 2014, 8 ff.). Der Gesetzgeber ist dieser Forderung im Hinblick auf eine Kammerentscheidung des BVerfG, die diese Norm für verfassungsgemäß hält, bislang nicht gefolgt (BVerfG, Beschl. v. 06.04.1990 – 1 BvR 171/90, NJW 1991, 217).

Praxistipp

Ob die Pro-Rata-Regelung des § 2325 Abs. 3 BGB auch auf die Haftung des Letztbeschenkten gem. § 2329 BGB anzuwenden ist, ist in der Literatur umstritten (für die Anwendung der Abschmelzregel z.B. van Eymeren, ZEV 2011, 343, 344 f.; a.A. Trappe, ZEV 2010, 388).

8. Anrechnungspflichtige Zuwendungen nach § 2315 BGB

Anrechnung mindert den Pflichtteilsanspruch

Häufig erhalten Pflichtteilsberechtigte vom Erblasser sogenannte lebzeitige Zuwendungen. Eine Zuwendung i.S.d. § 2315 BGB ist eine **freiwillige Zuwendung** des Erblassers an den Pflichtteilsberechtigten, auf die dieser keinen Anspruch hat und die das Vermögen des Erblassers mindert (OLG Düsseldorf, ZEV 1994, 173). Bei Vorliegen der Voraussetzungen des § 2315 BGB führen diese Zuwendungen zu einer spürbaren Reduzierung des konkreten Pflichtteilsanspruchs. Der Erbe hingegen erfährt eine deutliche Entlastung bei der Erfüllung der Pflichtteilsansprüche, denn die Anrechnung mindert den Pflichtteil um den Wert der Zuwendung.

Anrechnungsbestimmung

Die in § 2315 BGB vorgesehene Anrechnung greift jedoch nur dann, wenn der Erblasser bereits **vor** oder spätestens **bei der** Zuwendung eine sogenannte **Anrechnungsbestimmung** getroffen hat. Das heißt, der Erblasser trifft die Anweisung, dass sich der pflichtteilsberechtigte Empfänger die lebzeitige Zuwendung auf seinen Pflichtteil anrechnen lassen muss. Besonders zu beachten ist, dass sich die Anrechnungsbestimmung **ausdrücklich** auf den Pflichtteil zu beziehen hat. Eine allgemeine Anweisung des Erblassers, dass sich der Zuwendungsempfänger die Zuwendung auf seinen „Erbteil" anzurechnen hat, führt nicht ohne weiteres zu einer Pflichtteilsverkürzung des Empfängers (OLG Schleswig, ZEV 2008, 386). Eine **nachträgliche Anrechnungsbestimmung** des Erblassers, z.B. in einer letztwilligen Verfügung, ist **nicht möglich** (Palandt/Weidlich, § 2315 Rdnr. 3).

Form

Die Erklärung des Erblassers ist dabei an **keine besondere Form** gebunden. Sie kann mündlich, schriftlich und auch stillschweigend erfolgen (Palandt/Weidlich, a.a.O.). Damit der Pflichtteilsberechtigte entscheiden kann, ob er die Zuwendung mit den Folgen der Anrechnung annimmt oder nicht, muss ihm die Anrechnungsbestimmung in jedem Fall zugehen (Palandt/Weidlich, § 2315 Rdnr. 4; OLG Düsseldorf, ZEV 1994, 173). Der Erbe ist **darlegungs- und beweispflichtig** sowohl für die Zuwendung als auch für den Zugang der Anrechnungsbestimmung (OLG Schleswig, ZEV 2008, 396).

Praxistipp

Der zukünftige Erblasser sollte sich zum Zweck der Beweissicherung die Zuwendung und den Zugang der Anrechnungsbestimmung quittieren lassen.

Durchführung der Anrechnung

Da die Anrechnung nach § 2315 BGB sich nur auf den Pflichtteil des Betroffenen auswirkt, erfolgt die Berechnung im Rahmen der Pflichtteilsberechnung gesondert für jeden Pflichtteilsberechtigten. Es wird zunächst der sogenannte **Anrechnungsnachlass** gebildet. Dieser setzt sich zusammen aus dem Nachlasswert und der indexierten Zuwendung. Sodann erfolgt die Berechnung des Pflichtteilsanspruchs aus dem Anrechnungsnachlass. Von der Pflichtteilsquote ist der Wert der Zuwendung abzuziehen. Der verbleibende Rest ist der Pflichtteilsanspruch des Berechtigten unter Berücksichtigung des § 2315 BGB. Zuwendungen, die den Pflichtteil etwa übersteigen, muss der Berechtigte nicht an den Nachlass herausgeben

Beispiel

Der Mandant wird von seinem verwitweten Vater enterbt. Im Jahr 2010 erhält er von ihm eine anrechnungspflichtige Zuwendung i.H.v. 5.000 €.

Der Vater verstirbt im April 2013. Alleinerbin ist die einzige Schwester des Mandanten. Der Nachlasswert beträgt 50.000 €. Der Pflichtteilsanspruch des Mandanten berechnet sich wie folgt:

Nachlass	50.000 €
zzgl. anrechnungspflichtiger Zuwendung (indexiert: 5.000 x 105,1 ./. 100; Basisjahr 2010 = 100)	5.255,00 €
Bildung Anrechnungsnachlass	55.255,00 €
Pflichtteilsquote des Mandanten 1/4	13.813,75 €
abzgl. Zuwendung	5.255,00 €
Pflichtteilsanspruch des Mandanten	**8.558,75 €**

Der Mandant hat bei einer Pflichtteilsquote von 1/4 (§ 1924 Abs. 1, 4 i.V.m. § 2303 BGB) gegenüber der Alleinerbin einen Pflichtteilsanspruch i.H.v. 8.558,75 €.

9. Pflichtteil bei Ausgleich von lebzeitigen Zuwendungen (Ausgleichspflichtteil nach § 2316 BGB)

9.1 Vorbemerkung

Zuwendungen des Erblassers sind zur Ausgleichung zu bringen, wenn die **Zuwendung** gem. § 2050 Abs. 1 und 2 BGB **kraft Gesetzes ausgleichungspflichtig** ist oder wenn der Erblasser bei der Zuwendung eine entsprechende **Anordnung** getroffen hat. Ist der Abkömmling enterbt, ist unter den Voraussetzungen des § 2316 BGB zu prüfen, ob sich die empfangene Zuwendung auf den Pflichtteil auswirkt. Die Ausgleichung nach § 2316 BGB kann den ordentlichen Pflichtteil kürzen oder aber, wenn Leistungen eines Abkömmlings an den Erblassers gem. § 2057a BGB auszugleichen sind, auch erhöhen.

Warnhinweis

Die Ausgleichung gem. § 2316 BGB ist nicht mit der Anrechnung nach § 2315 BGB zu verwechseln. Beide Vorschriften unterscheiden sich wesentlich. Eine Ausgleichung nach § 2316 BGB findet **nur** unter **mehreren Abkömmlingen** statt und kann zu einer Umverteilung bzw. Verschiebung der Pflichtteilsansprüche zwischen den pflichtteilsberechtigten Abkömmlingen führen. Dagegen kann die Anrechnung gem. § 2315 BGB auch für einen einzigen Pflichtteilsberechtigten stattfinden und dessen Pflichtteilsanspruch mindern. Sie setzt immer zwingend eine Anrechnungsbestimmung des Erblassers voraus.

Wesentlicher Unterschied zur Anrechnung gem. § 2315 BGB

9.2 Beteiligte der Ausgleichung

§ 2316 Abs. 1, 3 BGB bestimmt, dass nur die **Abkömmlinge des Erblassers** an der Ausgleichung teilnehmen. Der Ehegatte des Erblassers, auch wenn er pflichtteilsberechtigt ist, bleibt bei der Ausgleichung unberücksichtigt.

Wenigstens ein weiterer Abkömmling notwendig

Die Ausgleichung findet nur statt, wenn zum Zeitpunkt des Todes des Erblassers mindestens ein weiterer Abkömmling vorhanden ist, der bei (fiktiver) gesetzlicher Erbfolge Miterbe sein würde. Dabei werden auch diejenigen mitgezählt, die die Erbschaft ausgeschlagen bzw. auf den Pflichtteil verzichtet haben, enterbt oder für erbunwürdig erklärt worden sind (§ 2310 BGB). Hingegen scheidet gem. § 2316 Abs. 1 Satz 2 BGB derjenige Abkömmling aus, der einen Erbverzicht erklärt hat.

9.3 Ausgleichspflichtige Zuwendungen des Erblassers

Definition

Unter Zuwendungen i.S.d. § 2316 i.V.m. § 2050 ff. BGB werden alle Vermögensdispositionen des Erblassers zugunsten des Abkömmlings verstanden, die diesem einen Vermögensvorteil verschaffen (Palandt/Weidlich, § 2050 Rdnr. 5). Der Abkömmling muss auf Kosten des Nachlasses vom Erblasser einen Vermögenvorteil erlangt haben.

Ausgleichspflicht kraft gesetzlicher Anordnung

Bereits kraft Gesetzes sind folgende (sog. „**geborene**") Zuwendungen auszugleichen:

- Ausstattungen nach §§ 2050 Abs. 1, 1624 BGB
- Zuschüsse zu Einkünften (§ 2050 Abs. 2 BGB)
- Aufwendungen für die Vorbildung zu einem Beruf (§ 2050 Abs. 2 BGB)

Ausgleichspflicht kraft Anordnung des Erblassers

Alle anderen Zuwendungen des Erblassers sind nur ausgleichungspflichtig, wenn der Erblasser **bei der Zuwendung** die Ausgleichung angeordnet hat (§ 2050 Abs. 3 BGB).

Leistungen eines Abkömmlings gem. § 2057a BGB

Unter den Voraussetzungen des § 2057a BGB sind Leistungen eines pflichtteilsberechtigten Abkömmlings auszugleichen, die im besonderen Maße dazu beigetragen haben, das Vermögen des Erblasser zu mehren oder zu erhalten.

9.4 Berechnung des Pflichtteils bei ausgleichspflichtigen Zuwendungen (Ausgleichspflichtteil)

Mehrstufige Berechnung erforderlich

Die Vorschrift des § 2316 BGB verweist auf die Ausgleichspflichten im Falle einer (fiktiven) gesetzlichen Erbfolge. Die Berechnung erfolgt in mehreren Schritten.

1. Schritt: Ermittlung des Ausgleichnachlasses

Da an der Ausgleichung nur die Abkömmlinge teilnehmen, sind vom Nachlass die (fiktiven) gesetzlichen Erbteile der Personen (z.B. Ehegatte) abzuziehen, die nicht an der Ausgleichung teilnehmen.

2. Schritt: Bildung des Ausgleichsnachlasses

In einem weiteren Schritt werden nunmehr alle ausgleichspflichtigen, indexierten Zuwendungen dem realen Nachlass hinzugerechnet oder bei Vorliegen der Voraussetzungen des § 2057a BGB der Wert der besonderen Mitarbeit oder Pflegetätigkeit des Abkömmlings wieder abgezogen.

3. Schritt: Ermittlung des Ausgleichungserbteils

In einem dritten Schritt wird die Ausgleichserbquote durch Division aller an der Ausgleichung beteiligten Personen ermittelt.

4. Schritt: Saldierung

Von dem ermittelten Ausgleichserbteil muss sich der Abkömmling alle ausgleichspflichtigen Vorempfänge abziehen lassen oder bei Anwendung von § 2057a BGB wird dem Ausgleichserbteil der anzurechnende Wert wieder hinzuaddiert.

5. Ermittlung des Pflichtteils

Der Pflichtteil beträgt die Hälfte des ermittelten Ausgleichserbteils.

Beispiel

Mandantin A hat zwei Schwestern, B und C. Alleinerbe nach dem Tod ihrer Mutter ist der Ehemann. Die Eheleute lebten im gesetzlichen Güterstand. Der Nachlasswert beträgt 100.000 €. Mandantin A erhielt von ihrer Mutter im Jahr 2010 eine Ausstattung von 10.000 €. Schwester B erhielt kraft ausdrücklicher Anordnung ebenfalls im Jahr 2010 eine ausgleichspflichtige Zuwendung i.H.v. 10.000 €. Schwester C erhielt nichts. Der Pflichtteil der Mandantin A berechnet sich wie folgt:

Realer Nachlass	100.000,00 €
Abzug fiktiver Erbteil Ehemann (1/2)	50.000,00 €
=	50.000,00 €
zzgl. Vorempfang Mandantin (indexiert)	10.510,00 €
zzgl. Vorempfang Schwester (indexiert)	10.510,00 €
Ausgleichsnachlass	71.020,00 €
Ausgleichserbquote (drei Kinder)	23.673,33 €
Abzug Vorempfang Mandantin	10.510,00 €
Ausgleichungserbteil	13.163,33 €
daraus 1/2 = Ausgleichspflichtteil	**6.581,66 €**

Die Mandantin erhält bei einer Pflichtteilsquote von 1/6 (§ 1924 i.V.m. § 2303 BGB) einen Pflichtteilsanspruch i.H.v. 6.581,66 €.

Treffen Anrechnung (§ 2315 BGB) und Ausgleichung (§ 2316 BGB) zusammen, ist die Vorschrift des § 2316 Abs. 4 BGB zu beachten. Zu Berechnungsbeispielen vgl. auch Bonefeld/Daragan/Tanck/Riedel, Arbeitshilfen im Erbrecht, S. 144 f.).

10. Pflichtteilsentziehung

Pflichtteilsentziehung gegen den Willen des Berechtigten

Der Erblasser hat die Möglichkeit, den Pflichtteil unabhängig vom Willen des Pflichtteilsberechtigten zu entziehen, also auch ohne dessen Zustimmung oder Einwilligung in einen Pflichtteilsverzichtsvertrag. Die Pflichtteilsentziehung nimmt dem Berechtigten dessen verfassungsmäßig garantierte Mindestbeteiligung am Nachlass und geht damit über die bloße Enterbung hinaus. Diese Möglichkeit ist auf wenige gesetzlich festgelegte Fälle beschränkt und soll schwerste Pflichtverstöße innerhalb der Familie sanktionieren.

Die Gründe für die Entziehung des Pflichtteils sind abschließend dem enumerativen Katalog des § 2333 Abs. 1 BGB zu entnehmen. Sie sind weder ausdehnungs- noch analogiefähig (BGH, Urt. v. 01.03.1974 – IV ZR 58/72, NJW 1974, 1084). Umfasst ist ein Fehlverhalten gegenüber dem Erblasser und seinen Abkömmlingen, Eltern, dem Ehegatten und sonstigen nahestehenden Personen, wie z.B. Stief- und Pflegekinder sowie Lebenspartner. Die Pflichtteilsentziehung setzt bei allen Entziehungsgründen ein **Verschulden** des Pflichtteilsberechtigten voraus.

Nach dem Leben trachten (§ 2333 Abs. 1 Nr. 1 BGB)

Der Pflichtteil kann dann entzogen werden, wenn der pflichtteilsberechtigte Abkömmling oder Ehegatte entweder dem Erblasser selbst oder diesem zumindest nahestehenden Personen **nach dem Leben trachtet**. Der Pflichtteilsberechtigte muss schuldhaft handeln. Dabei kommt es aber nicht auf Verschulden im strafrechtlichen Sinne an. Entscheidend ist es, dass der Pflichtteilsberechtigte durch sein Tun das Leben seines Opfers beenden will und sein Tun von dem Ziel getrieben ist, den Tod des Opfers herbeizuführen (BVerfG, Beschl. v. 19.04.2005 – 1 BvR 1644/00, 1 BvR 188/03, NJW 2005, 1561).

Verbrechen oder schweres vorsätzliches Vergehen (§ 2333 Abs. 1 Nr. 2 BGB)

Die pflichtteilsrelevante Verfehlung knüpft an Straftaten des Kern- und Nebenstrafrechts an. Eine rechtskräftige Verurteilung oder Strafanzeige ist dabei nicht Tatbestandsvoraussetzung. Maßgeblich ist, dass der Pflichtteilsberechtigte sich eines Verbrechens oder eines schweren vorsätzlichen Vergehens gegenüber dem oben beschriebenen geschützten Personenkreis schuldig gemacht hat. Entscheidend ist die Einzelfallbewertung.

Böswillige Verletzung der Unterhaltspflicht (§ 2333 Abs. 1 Nr. 3 BGB)

Entscheidungserheblich ist die Unterhaltspflichtverletzung gegenüber dem Erblasser selbst, nicht gegenüber anderen Personen. Nicht nur dem Abkömmling kann der Pflichtteil entzogen werden, sondern auch den Eltern, Ehegatten oder dem Lebenspartner (§ 2333 Abs. 2 BGB). Die Verletzung der Unterhaltsverpflichtung setzt Leistungsfähigkeit des Verpflichteten und Bedürftigkeit des Erblassers voraus (§§ 1601, 1603, 1606 BGB). Böswillig handelt der Pflichtteilsberechtigte dann, wenn er Kenntnis von seiner Unterhaltspflicht hat und sein Handeln auf einer verwerflichen Gesinnung beruht (Palandt/Weidlich, § 2333 BGB Rdnr. 9). Die Verweigerung persönlicher Pflege im Krankheitsfall stellt keinen Pflichtteilsentziehungsgrund nach § 2333 Abs. 1 Nr. 3 BGB dar, da Unterhalt grundsätzlich nur als Geldleistung geschuldet wird (OLG Frankfurt, Urt. v. 29.10.2013 – 15 U 61/12).

Unzumutbare Teilhabe des Abkömmlings am Nachlass infolge rechtskräftiger Verurteilung/ Unterbringung (§ 2333 Abs. 1 Nr. 4 BGB)

Der Pflichtteilsentziehungsgrund knüpft an eine rechtskräftige Verurteilung des Pflichtteilsberechtigten wegen einer vorsätzlich begangenen Straftat an, wegen derer der Pflichtteilsberechtigte mindestens zu einer Freiheitsstrafe von einem Jahr – und zwar ohne Bewährung – verurteilt worden sein muss. Auch die rechtskräftige Unterbringung in einem psychiatrischen Krankenhaus oder in einer Erziehungsanstalt erfüllt die objektive Voraussetzung des § 2333 Abs. 1 Nr. 4 BGB. Dem Erblasser muss es aufgrund der begangenen Straftat unzumutbar sein, den Pflichtteilsberechtigten an seinem Nachlass teilhaben zu lassen (Palandt/Weidlich, § 2333 BGB Rdnr. 12). Die Tat, auf die die Pflichtteilsentziehung gestützt wird, muss zum Zeitpunkt der Errichtung der letztwilligen Verfügung bereits vollendet sein. Der sich daraus ergebende Grund der Unzumutbarkeit für den Erblasser muss ebenfalls bereits zum Zeitpunkt der Errichtung des Testaments vorliegen (§ 2336 Abs. 2 Satz 2 BGB).

Formerfordernis

Die formalen Hürden für eine erfolgreiche Entziehung des Pflichtteils durch den Erblasser sind hoch. Der Pflichtteil kann nur durch letztwillige Verfügung entzogen werden (§ 2336 Abs. 1 BGB). Der Erblasser muss die Person des betroffenen Pflichtteilsberechtigten und auch den Entziehungsgrund konkret bezeichnen. Der Kernsachverhalt ist mindestens anzugeben (OLG Köln, Urt. v. 05.06.1997 – 1 U 111/96, ZEV 1998, 144).

Beweislast

Die tatbestandlichen Voraussetzungen dafür, dass ein Pflichtteilsentziehungsgrund vorliegt, hat der Pflichtteilsschuldner zu beweisen (§ 2336 Abs. 3 BGB).

Verzeihung

Der Erblasser kann dem Pflichtteilsberechtigten verzeihen (§ 2337 BGB). Die Verzeihung, die keine Willenserklärung des Erblasers sein muss, kann formlos, auch durch schlüssiges Handeln erfolgen. Durch die Verzeihung, für die der Pflichtteilsberechtigte beweispflichtig ist, wird die angeordnete Entziehung unwirksam.

11. Verjährung

11.1 Verjährungsfrist

Verjährungsfrist: drei Jahre

Der Pflichtteilsanspruch verjährt in drei Jahren (§ 195 BGB). Diese Frist gilt für sämtliche Pflichtteilsansprüche, also auch für Pflichtteilsergänzungsansprüche nach §§ 2325 ff. BGB, Ausgleichungsansprüche nach § 2316 BGB oder Pflichtteilsrestansprüche nach §§ 2305, 2307 BGB.

Durch die recht kurze Verjährungsfrist soll eine zeitnahe Abwicklung des Nachlasses herbeigeführt und möglichen Beweisschwierigkeiten Rechnung getragen werden.

11.2 Beginn der Verjährungsfrist

Voraussetzungen

Der Beginn der Verjährungsfrist bestimmt sich seit der Geltung des Gesetz zur Änderung des Erb- und Verjährungsrechts vom 24.09.2009 (BGBl I, 3142), das am 01.01.2010 in Kraft getreten ist, nach der allgemeinen Regelverjährung des § 199 Abs. 1 BGB und setzt zwei Tatsachen voraus: zum einen **die Kenntnis vom Tod des Erblassers** (Kenntnis von der Anspruchsentstehung) sowie zusätzlich die Kenntnis von der letztwilligen, den Pflichtteilsberechtigten **enterbenden Verfügung des Erblassers** (Kenntnis vom Anspruch).

Beispiel

Die enterbte Tochter, deren Vater am 20.08.2013 verstorben ist, erfährt am 01.09.2013 durch Übersendung des Eröffnungsprotokolls durch das Nachlassgericht, dass ihre Stiefmutter Alleinerbin ihres Vaters ist. Die Verjährungsfrist für den Pflichtteilsanspruch beginnt gem. §§ 199 Abs. 1 Satz 1, 187 Abs. 1 BGB am 01.01.2014 und endet am 31.12.2016.

Kenntnis von der enterbenden Verfügung des Erblassers

Der Pflichtteilsberechtigte muss erkannt haben, dass er von der gesetzlichen Erbfolge ausgeschlossen ist. Das allgemeine Wissen von der Existenz eines Testaments, ohne den Inhalt zu kennen, reicht daher nicht aus. Ebenso kann es an einer fristauslösenden Kenntnis (§ 2332 Abs. 1 BGB) fehlen, wenn der Pflichtteilsberechtigte nach seiner Auslegung des Testaments die Beeinträchtigung seines gesetzlichen Erbrechts überhaupt nicht erkennt und diese Auslegung nicht völlig fernliegend ist (vgl. BGH, NJW 2000, 288).

Kenntnisstand des ursprünglichen Gläubigers entscheidend

Im Fall eines Gläubigerwechsels (z.B. durch Versterben des ursprünglichen Pflichtteilsberechtigten) kommt es für den Beginn und den Lauf der Verjährung zunächst darauf an, wann der ursprüngliche Gläubiger vom Eintritt des Erbfalls und der ihn beeinträchtigenden Verfügung erfahren hat (vgl. BGH, ZEV 2014, 304).

Sonderfall: Beginn der Verjährungsfrist bei lang andauernder Feststellung der Vaterschaft

Setzt die gerichtliche Geltendmachung des Pflichtteilsanspruchs aufgrund der Rechtsausübungssperre des § 1600d Abs. 4 BGB die rechtskräftige Feststellung der Vaterschaft voraus, kann der Pflichtteilsanspruch verjähren (OLG Düsseldorf, Urt. v. 09.06.2017 – 7 U 78/16).

Praxistipp

Verjährungshemmende Maßnahmen

Droht der Pflichtteilsanspruch aus Sicht des Pflichtteilsberechtigten zu verjähren, sind sofort verjährungshemmende oder -unterbrechende Maßnahmen einzuleiten. Entweder ist der Erbe – soweit schon bekannt – unmittelbar aufzufordern, auf die Einrede der Verjährung zu verzichten, oder falls dies nicht möglich ist, Stufenklage auf Auskunft und Zahlung (§ 254 ZPO) einzureichen. Wie bei Klagen zur Hemmung und Unterbrechung der Verjährung allgemein notwendig, müssen Sie Ihren Mandanten ausdrücklich darauf hinweisen, dass er den angeforderten Gerichtskostenvorschuss unverzüglich einzuzahlen hat, da ansonsten der Verlust des Pflichtteilsanspruchs droht.

Verjährungshemmende Stundungsvereinbarung

Bittet der Erbe den Pflichtteilsberechtigten, den Pflichtteil vorläufig nicht geltend zu machen, und folgt dieser der Bitte, so kann darin eine – verjährungshemmende, konkludente – Stundungsvereinbarung liegen (OLG Karlsruhe, Urt. v. 15.10.2015 – 9 U 149/14, ErbR 2016, 457 f.).

Warnhinweis

Keine Hemmung bei isolierter Auskunftsklage

Beachten Sie, dass die reine Auskunftsklage keine verjährungshemmende Wirkung entfaltet. Droht der Ablauf der Verjährungsfrist, sollte **immer** eine Stufenklage (Auskunfts- und unbezifferter Zahlungsantrag) erhoben werden (vgl. auch Mandatssituation 10.2, S. 645 ff.) oder ein Einredeverzicht verhandelt werden. Sind Auskünfte nicht mehr notwendig und ist der Wert des Nachlasses bekannt, kann auch sofort Zahlungsklage erhoben werden.

11.3 Die Sonderverjährungsfrist gegen den Beschenkten (§ 2332 Abs. 1 BGB)

Sonderregelung für den Verjährungsbeginn gegen den Beschenkten

Achtung: Trotz der Vereinheitlichung der Verjährungsfristen durch die Erbrechtsreform im Jahr 2010 (Gesetz zur Änderung des Erb- und Verjährungsrechts v. 24.09.2009, BGBl I, 3142) hat der Gesetzgeber die Verjährungsfrist hinsichtlich der Pflichtteilergänzungsansprüche gegen den Beschenkten (§§ 2329, 2332 Abs. 1 BGB) nicht verändert.

Das bedeutet, dass der Pflichtteilergänzungsanspruch gegen den Beschenkten unverändert ab Eintritt des Erbfalls verjährt. Die **Verjährungsfrist beginnt** bereits **mit dem Erbfall.** Auf eine etwaige Kenntnis kommt es nicht an.

Beispiel

Der Erblasser verstirbt am 20.08.2012. Der Pflichtteilsberechtigte erfährt vom Tod des Erblassers erst am 10.02.2013, von der ihn enterbenden Verfügung sowie von einer Schenkung des Erblassers an einen Dritten hat er bereits fünf Jahre vor dem Tod erfahren. Der Pflichtteilsergänzungsanspruch gegen den beschenkten Dritten aus § 2329 BGB würde kenntnisunabhängig bereits mit Ablauf des 20.08.2015 (§§ 2332, 195, 188 Abs. 2 BGB) verjähren.

11.4 Verjährungsbeginn bei notwendiger Ausschlagung eines Erbteils/Vermächtnisses

Muss der Pflichtteilsberechtigte zur Entstehung seines Pflichtteilsanspruchs erst einen ihm zugewandten Erbteil oder ein Vermächtnis ausschlagen (§§ 2306, 2307, 1371 Abs. 3 BGB), läuft die Verjährungsfrist ebenfalls mit Kenntnis der verjährungserheblichen Tatsachen (Kenntnis vom Tod des Erblassers und beeinträchtigende Verfügung) und **nicht** erst mit der Ausschlagung. Die Zeit, in der sich der Pflichtteilsberechtigte zur Ausschlagung oder Annahme des ihm Zugewandten entschieden hat, **hemmt nicht** die mit dem Erbfall beginnende **Verjährungsfrist** für den Pflichtteilsanspruch (§ 2332 Abs. 2 BGB).

B. Mandatssituationen

Mandatssituation 10.1: Ermittlung der Pflichtteilsquote

Sachverhalt | Checkliste | Lösung | Verfahren | Muster

Der Vater Ihres Mandanten (K 1) ist verstorben. Er war ohne Ehevertrag verheiratet und hinterlässt seine Ehefrau und seine drei Kinder. Die Ehefrau hat er zur Alleinerbin eingesetzt. Das eine Geschwisterkind (K 2) hat die Erbschaft ausgeschlagen und das andere (K 3) hatte mit dem Vater vor fünf Jahren einen Erbverzichtsvertrag abgeschlossen.

Ihr Mandant möchte von Ihnen wissen, ob er einen Pflichtteilsanspruch hat und wie hoch dieser sein wird.

Sachverhalt | **Checkliste** | Lösung | Verfahren | Muster

Wann (genaues Datum!) und wie hat der Mandant nachweisbar vom Tod des Erblassers erfahren (gibt es Schriftverkehr, Briefe, Briefumschläge, Traueranzeigen etc.)? Verjährungsfrist berechnen und notieren!	☐
Wann und wie hat der Mandant vom Testament des Erblassers nachweisbar Kenntnis erlangt (genaues Datum, gibt es amtliche Schriftstücke vom Nachlassgericht, ist der Zugang nachweisbar)? Verjährungsfrist berechnen und notieren!	☐

Ist die Abstammung des Mandanten vom Erblasser mit Personenstandsurkunden lückenlos belegbar (Geburtsurkunde des Mandanten, evtl. Heiratsurkunde bei Änderung des Geburtsnamens, Geburts- und Sterbeurkunde des Elternteils, von dem der Erblasser abstammt, Stammbuch der Familie)?	☐
Sind dem Mandanten weitere, auch nichteheliche Abkömmlinge (Geschwister) seines Vaters bekannt?	☐
Hat der Mandant Kenntnis über die Vermögensverhältnisse und den Güterstand des Erblassers (Zusammensetzung des Nachlasses, Immobilien, Barvermögen, Bankkonten etc./Ehevertrag)?	☐
Sind dem Mandanten lebzeitige Verfügungen des Erblassers bekannt?	☐
Sind Ihrem Mandanten der letzte Wohnsitz des Erblassers und die Anschrift der zweiten Ehefrau bekannt?	☐
Besteht eine Rechtsschutzversicherung für Ihren Mandanten?	☐

Warnhinweis

Der Pflichtteilsanspruch verjährt gem. § 195 BGB bereits innerhalb einer Frist von drei Jahren! Gerade bei Erbfällen, die etwas länger zurückliegen, muss Ihre erste Maßnahme die exakte Berechnung und das Notieren möglicher Verjährungsfristen sein. Bereits im Erstgespräch müssen Sie Ihren Mandanten gezielt danach befragen.

Sachverhalt | Checkliste | Lösung | Verfahren | Muster

1. Der Pflichtteilsanspruch dem Grunde nach

Pflichtteilsberechtigung feststellen!

Pflichtteilsberechtigt sind nur die nächsten Angehörigen. § 2303 BGB regelt, dass Abkömmlinge des Erblassers, die von der Erbfolge durch Verfügung von Todes wegen ausgeschlossen sind, einen Pflichtteilsanspruch haben. Abkömmlinge sind die mit dem Erblasser in gerader, absteigender Linie Verwandten, also Kinder, Enkelkinder, Urenkel usw. (§ 1589 Satz 1 BGB). Ihr Mandant ist als Sohn des Erblassers pflichtteilsberechtigt. Sie müssen ferner prüfen, ob Ihr Mandant durch die Verfügung von Todes wegen von der Erbfolge ausgeschlossen worden ist, entweder durch die Errichtung eines negativen Testaments i.S.d. § 1938 BGB oder erschöpfend durch die Einsetzung anderer Personen als Erben. Laut Testament haben sich der Erblasser und seine zweite Ehefrau gegenseitig zu alleinigen Vollerben eingesetzt. Ihr Mandant ist daher durch das Testament von der gesetzlichen Erbfolge ausgeschlossen. Mit dem Tod des Erblassers hat Ihr Mandant einen Pflichtteilsanspruch gegen die Alleinerbin erworben.

2. Der Pflichtteilsanspruch der Höhe nach

Ermittlung der Pflichtteilsquote

Gemäß § 2303 Abs. 1 Satz 2 BGB beträgt die Höhe des Pflichtteils die Hälfte des Werts des gesetzlichen Erbteils. Bei der Ermittlung des gesetzlichen Erbteils wird die letztwillige Verfügung **nicht** beachtet, sondern der **fiktive gesetzliche Erbteil des Pflichtteilsberechtigten** bestimmt. Dieser ist davon abhängig, ob andere gesetzliche Erben und wenn ja, zu welcher Quote berufen wären. Es ist also unter Hinwegdenken des Testaments oder eines Erbvertrags die **abstrakte gesetzliche Erbfolge zu ermitteln** (MüKo-BGB/Lange, § 2310 Rdnr. 1).

Der Erblasser war verheiratet. Das gesetzliche Erbrecht des Ehegatten ist von zwei Faktoren abhängig. Zum einen richtet sich die Quote nach dem gewählten Güterstand und zum anderen danach, neben welchen Verwandten der Ehegatte zur gesetzlichen Erbfolge gelangt. Gemäß § 1931 Abs. 1 BGB erbt der überlebende Ehegatte neben Verwandten der ersten Ordnung ein Viertel, neben Verwandten der zweiten Ordnung oder neben Großeltern die Hälfte. Lebten die Ehegatten im gesetzlichen Gütestand der Zugewinngemeinschaft, erhöht sich gem. §§ 1931 Abs. 1, 1371 Abs. 1 BGB der gesetzliche Erbteil pauschal um ein Viertel (vgl. dazu ausführlich Kapitel 2.A.2.2.2.1, S. 36 ff.).

Da für den Erblasser und seine zweite Ehefrau der gesetzliche Güterstand der Zugewinngemeinschaft galt, steht der Ehefrau gem. § 1931 Abs. 1 BGB neben den Kindern des Erblassers, als Erben der 1. Ordnung, ein Viertel des Nachlasses zu. Hinzu kommt ein weiteres Viertel infolge des pauschalisierten Zugewinnausgleichs gem. § 1371 Abs. 1 BGB. Auf die Ehefrau entfällt mithin 1/2 des Nachlasses.

Grundregel § 2310 Satz 1 BGB beachten!

Die Vorschrift des § 2310 Satz 1 BGB bestimmt, dass bei der Ermittlung der abstrakten Erbfolge auch diejenigen mitzuzählen sind, die durch letztwillige Verfügung ausgeschlossen sind oder die Erbschaft ausgeschlagen haben oder für erbunwürdig erklärt worden sind. K 2 ist daher trotz Ausschlagung der Erbschaft bei der Ermittlung der gesetzlichen Erbfolge – abstrakt – mitzuzählen.

Ausnahmeregel des § 2310 Satz 2 BGB

Bei der Ermittlung der abstrakten gesetzlichen Erbfolge wird jedoch derjenige nicht mitgezählt, der durch einen **Erbverzichtsvertrag** mit dem Erblasser von der Erbfolge ausgeschlossen ist (§ 2310 Satz 2 BGB). K 3 hatte vor fünf Jahren einen solchen Vertrag mit dem Erblasser geschlossen, so dass er nicht mehr mitzuzählen ist.

Warnhinweis

Beachten Sie, dass die Zählregel des § 2310 Satz 2 BGB **nicht** anwendbar ist, wenn lediglich ein Pflichtteilsverzicht (§ 2346 Abs. 2 BGB) erklärt worden ist (BGH, NJW 1982, 2498). Für eine exakte Berechnung der Pflichtteilsquote ist es somit unerlässlich, den entsprechenden Verzichtsvertrag mit dem Erblasser einzusehen und zu prüfen.

Für die Ermittlung der abstrakten gesetzlichen Erbfolge werden im Ergebnis Ihr Mandant und K 2 mitgezählt. Sie teilen sich die verbleibende andere Hälfte des Nachlasses zu je 1/4 (§ 1924 Abs. 1, 4 BGB). Ihrem Mandanten steht eine Pflichtteilsquote in Höhe der Hälfte seines (abstrakten) gesetzlichen Erbteils, mithin von **1/8** zu (§ 2303 Abs. 1 BGB).

Praxistipp

War der Erblasser verheiratet, ist zunächst das gesetzliche Erbrecht des Ehegatten zu bestimmen. Erst wenn dieses feststeht, kann das gesetzliche Erbrecht und damit die Pflichtteilsquote der Kinder verlässlich berechnet werden. Kann Ihnen der Mandant weder den Güterstand des Erblassers mitteilen, noch die letztwillige Verfügung vorlegen oder hat sich der überlebende Ehegatte noch nicht entschieden, ob er das Erbe ausschlagen will oder nicht, können Sie als Berater keine exakten Aussagen zur Pflichtteilsquote Ihres Mandanten treffen. Weitere Ermittlungen sind erforderlich. Darauf sollten Sie den Mandanten hinweisen.

Sachverhalt | Checkliste | Lösung | **Verfahren** | Muster

Als Berater sollten Sie Ihrem Mandanten die Unterschiede zwischen Erstberatung, weiter gehender Beratung und Beauftragung zur Wahrnehmung der rechtlichen Interessen erläutern und klären, inwiefern Sie für Ihren Mandanten tätig werden sollen. Wünscht der Mandant ausschließlich die anwaltliche Erstberatung, ist der Auftrag nach Abschluss der Beratung beendet.

Erstberatung

Es empfiehlt sich, während der Beratung ein standardisiertes Formular auszufüllen. Dieses sollte die Personalien des Mandanten, den Tag der Beratung, – falls vorhanden – den Namen der Rechtsschutzversicherung und die stichpunktartige Beschreibung der Beratung sowie einen Stammbaum fixieren. Für den Fall, dass ausschließlich eine Erstberatung stattgefunden hat und der Mandant Verbraucher ist, kann der Rechtsanwalt höchstens 190 € nebst 19 % Mehrwertsteuer, also gesamt 226,20 € liquidieren.

Praxistipp

Zur Vermeidung späterer gebührenrechtlicher Streitigkeiten empfiehlt es sich, den Rechnungsbetrag für die Beratung mit in den Beratungsvermerk aufzunehmen und vom Mandanten unterschreiben zu lassen.

Übernahme durch Rechtsschutzversicherung

Im Erbrecht steht dem Versicherungsnehmer sogenannter **Beratungsrechtsschutz** (§ 2k ARB) zu, d.h., die Rechtsschutzversicherung übernimmt die Kosten für einen Rat oder eine Auskunft, wenn diese **nicht** mit einer anderen gebührenpflichtigen Tätigkeit des Rechtsanwalts zusammenhängen. Voraussetzung ist, dass für den Versicherungsnehmer eine

Änderung der Rechtslage eingetreten ist (§ 4 ARB). Diese liegt unzweifelhaft dann vor, wenn der Erbfall eingetreten und der Mandant durch Testament oder Erbvertrag enterbt worden ist.

Warnhinweis

Sobald Sie eine Geschäftsgebühr nach Nr. 2300 VV RVG auslösen, entfällt der Beratungsrechtsschutz. Achten Sie daher darauf, dass Sie sich anlässlich der reinen Beratung keine Standardvollmacht, sondern allenfalls den Beratungsvermerk unterzeichnen lassen. Sollten gebührenpflichtige Tätigkeiten Ihrerseits unvermeidbar (z.B. Einholen von Auskünften) oder vom Mandanten gewünscht sein, müssen Sie Ihren Mandanten darauf hinweisen, dass dadurch der Beratungsrechtsschutz entfällt. Einige Rechtsschutzversicherungen verlangen die ausdrückliche Erklärung, dass Sie lediglich beratend tätig geworden sind.

Praxistipp

Zuweilen hat der Mandant die Rechtsschutzversicherung erst vor kurzem abgeschlossen. Um Nachfragen des Rechtsschutzversicherers auch im Hinblick auf die Erfüllung der Wartezeit zu vermeiden, schildern Sie anlässlich der Abrechnung mit der Rechtsschutzversicherung den Sachverhalt aus versicherungsrechtlicher Sicht so genau wie möglich (Todestag des Erblassers, durch welche Verfügung wurde der Mandant von der Erbfolge ausgeschlossen etc.). Dies erspart zeitaufwendiges Beantworten von Nachfragen des Versicherers.

Weitergehende Beratung

Soweit der Mandant eine weitergehende Beratung wünscht, ist der Anwalt gehalten, gem. § 34 Abs. 1 RVG auf den Abschluss einer **Gebührenvereinbarung** hinzuwirken. Kommt keine Vereinbarung zustande, sind die Gebührenansprüche des Rechtsanwalts auf den Betrag von 250 € zzgl. Auslagen und Mehrwertsteuer begrenzt (Mayer, in: Gerold/Schmidt, § 34 Rdnr. 50).

Sachverhalt | Checkliste | Lösung | Verfahren | Muster

Abrechnung mit der Rechtsschutzversicherung

Rechtsschutzversicherung
...
Straße, Hausnr./Postfach
PLZ Ort

Versicherungsnehmer: ...

Versicherungsnummer: 412/...

Schadennummer: [falls vorhanden]

Sehr geehrte Damen und Herren,

am ... habe ich Ihren Versicherungsnehmer in einer erbrechtlichen Angelegenheit beraten. Es ging um Folgendes:

Am ... ist der Vater Ihres Versicherungsnehmers verstorben. Er hat mit letztwilliger Verfügung seine zweite Ehefrau zur Alleinerbin eingesetzt. In der Erstberatung habe ich über die Pflichtteilsansprüche dem Grunde und der Höhe nach beraten. Ferner habe ich den Mandanten über die zu beachtenden Verjährungsfristen aufgeklärt.

Die Kosten meiner Inanspruchnahme stelle ich wie folgt in Rechnung:

Kostenrechnung: ...

Rechnungs-Nr.: ...

Ich bitte um Überweisung des Rechnungsbetrags auf eines meiner Honorarkonten unter Angabe der Rechnungsnummer und des Aktenzeichens.

Mit freundlichen Grüßen

Rechtsanwältin/Rechtsanwalt

Mandatssituation 10.2: Ermittlung des Nachlasses – Durchsetzung von Auskunftsansprüchen

Sachverhalt | Checkliste | Lösung | Verfahren | Muster

Ihre Mandanten (K 1 und K 2) sind nach dem Tod ihres Vaters pflichtteilsberechtigt. Der Vater war zum Zeitpunkt seines Todes verheiratet und lebte im Güterstand der Zugewinngemeinschaft. Alleinerbin ist die zweite Ehefrau des Vaters. Zu ihrem Vater hatten die Mandanten schon seit langem keinen Kontakt mehr. Sie haben nur vage Vorstellungen von den Vermögensverhältnissen ihres Vaters. Sie wissen allerdings, dass der Vater Alleineigentümer einer Immobilie war und dass diese kurz vor dem Tod des Vaters veräußert worden ist. Die Ehefrau hat bereits anlässlich der Beerdigung bekanntgegeben, dass ihr der gesamte Verkaufserlös zustehe, da sie die Immobilie allein finanziert und der Vater keinerlei Einkünfte gehabt habe. Sie verweigert jegliche Auskünfte über die Immobilie. Ihre Mandanten beauftragen Sie mit der Durchsetzung ihrer Pflichtteilsansprüche.

Sachverhalt | **Checkliste** | Lösung | Verfahren | Muster

Wann (genaues Datum!) und wie hat die Mandantschaft nachweisbar vom Tod des Erblassers erfahren (gibt es Schriftverkehr, Briefe, Briefumschläge, Traueranzeigen etc.)? Verjährungsfrist berechnen und notieren!	☐
Sind den Mandanten lebzeitige Verfügungen des Erblassers bekannt?	☐
Wann und wie hat die Mandantschaft vom Testament des Erblassers nachweisbar Kenntnis erlangt (genaues Datum, gibt es amtliche Schriftstücke vom Nachlassgericht, ist der Zugang nachweisbar)? Verjährungsfrist berechnen und notieren!	☐
Ist die Abstammung der Mandanten vom Erblasser mit Personenstandsurkunden lückenlos belegbar (Geburtsurkunde der Mandanten, eventuell Heiratsurkunde bei Änderung des Geburtsnamens, Geburts- und Sterbeurkunde des Elternteils, von dem der Erblasser abstammt, Stammbuch der Familie)?	☐
Sind den Mandanten weitere, auch nichteheliche Abkömmlinge (Geschwister) ihres Vaters bekannt?	☐
Haben die Mandanten Kenntnis über die Vermögensverhältnisse und den Güterstand des Erblassers (Zusammensetzung des Nachlasses, Immobilien, Barvermögen, Bankkonten etc./Ehevertrag)?	☐
Sind Ihren Mandanten der letzte Wohnsitz des Erblassers und die Anschrift der zweiten Ehefrau bekannt?	☐

Haben die Mandanten Kenntnis von den Vermögensverhältnissen des Erblassers (Zusammensetzung des Nachlasses, Immobilien, Barvermögen, Bankkonten etc.)?	☐
Wenn nicht, sollten unter Fristsetzung gegenüber der Erbin Auskunfts- und Wertermittlungsansprüche gem. § 2314 BGB geltend gemacht werden!	☐
Sind Ihren Mandanten der letzte Wohnsitz des Vaters und die Anschrift der zweiten Ehefrau des Vaters bekannt?	☐
Grundbuchauskunft veranlassen; insbesondere eine Abschrift des Kaufvertrags verlangen!	☐

Sachverhalt | Checkliste | Lösung | Verfahren | Muster

1. Außergerichtliche Aufforderung zur Auskunft

Wenn Ihr Mandant nicht weiß, wie sich der Nachlass im Einzelnen zusammensetzt, beginnt Ihre Tätigkeit regelmäßig mit der außergerichtlichen Geltendmachung des Auskunfts- oder auch Wertermittlungsanspruchs gegenüber dem Erben. Gemäß **§ 2314 Abs. 1 Satz 1 BGB** hat der Erbe dem Pflichtteilsberechtigten, der kein Erbe geworden ist, Auskunft über den Bestand des Nachlasses zu erteilen. Die Auskunft soll dem Pflichtteilsberechtigten das Wissen zur Verfügung stellen, welches er zur Geltendmachung seines Pflichtteilsanspruchs benötigt, damit er selbst den Wert ermitteln und den Anspruch beziffern kann.

Bestands- oder Vermögensverzeichnis oder Wertermittlung

Der Erbe hat ein Bestands- oder Vermögensverzeichnis gem. § 260 BGB zu errichten. Der Pflichtteilsberechtigte kann entscheiden, ob ihm ein **privates Verzeichnis** (§ 2314 Abs. 1 BGB) oder ein **amtliches Verzeichnis** (§ 2314 Abs. 1 Satz 3 BGB), für das der Notar zuständig ist (§ 20 BNotO), vorzulegen ist. Ist der Pflichtteilsberechtigte trotz Kenntnis aller Informationen zum Nachlass nicht in der Lage, seinen Anspruch zu beziffern, kann er gegenüber dem Erben gem. § 2314 Abs. 1 Satz 2 BGB auch den vom Auskunftsanspruch unabhängigen **Wertermittlungsanspruch** geltend machen. Dies wird insbesondere dann der Fall sein, wenn es sich um Vermögenswerte (z.B. Immobilien oder Unternehmen) handelt, deren Wert nur ein Sachverständiger beurteilen kann.

Stichtag: Todestag des Erblassers

Die Auskunft ist stichtagsbezogen auf den Todestag des Erblassers zu erteilen. Relevant sind somit sämtliche Vermögenspositionen, die dem Erblasser zum Zeitpunkt seines Todes zustanden. Dazu gehören auch Forderungen, die vor seinem Tod entstanden, aber noch nicht realisiert worden sind.

Praxistipp

Zumeist ist der Erbe in diesem Verfahrensstadium noch nicht anwaltlich vertreten. Vermeiden Sie konfrontationsauslösende Floskeln. Stellen Sie stattdessen ausdrücklich klar, dass Ihr Mandant an einer einvernehmlichen außergerichtlichen Regelung interessiert ist und die Geltendmachung des Auskunftsanspruchs keine streitige Auseinandersetzung einleiten soll.

Umfang der Auskunft

Der Erbe hat ein Verzeichnis gem. § 260 BGB zu erstellen. Die Rechtsprechung verlangt ein geordnetes und übersichtliches Gesamtverzeichnis, welches die Aktiv- und Passivwerte darstellt (BGH, NJW 1961, 602). Der Pflichtteilsberechtigte muss in die Lage versetzt werden, seinen Pflichtteilsanspruch beziffern zu können. Aufzulisten sind daher sämtliche **Nachlassgegenstände (reale Nachlassaktiva)**, die zum Zeitpunkt des Todes im Eigentum oder auch Besitz des Erblassers standen. Ferner sind die Verbindlichkeiten (**Passiva**) geordnet darzustellen. Zu erklären hat sich der Erbe weiterhin zu **Forderungen**, zu **ehebedingten Zuwendungen**, zum sogenannten **fiktiven Nachlass** (die für den Pflichtteilsergänzungsanspruch bedeutsamen Schenkungen gem. §§ 2325 ff. BGB) sowie zu Verträgen zugunsten Dritter auf den Todesfall gem. §§ 328, 331 BGB, und, falls erforderlich, **auch zum Güterstand des Erblassers.**

Praxistipp

Weisen Sie in Ihrem Aufforderungsschreiben deutlich darauf hin, dass es nicht dem Erben als Auskunftsverpflichteten obliegt, etwaige Zuwendungen oder die Zugehörigkeit von Gegenständen zum Nachlass rechtlich einzuordnen, sondern Ihnen als Vertreter des Pflichtteilsberechtigten.

Vorlage von Belegen

Eine allgemeine Verpflichtung, das Bestandsverzeichnis mit Belegen zu versehen, ergibt sich aus dem Gesetz nicht. Im Einzelfall kann sich jedoch eine Belegvorlagepflicht ergeben. Beruft sich die Ehefrau wie hier darauf, dass ihr – trotz entgegenstehender Eigentumsverhältnisse – der Verkaufserlös der Immobilie allein zustehe, hat sie den Rechtsgrund offenzulegen und mit entsprechenden Dokumenten zu belegen. Es ist ihr verwehrt, ihre Auskunftspflicht mit der pauschalen Behauptung abzuwehren, sie habe einen Nachlassgegenstand des Erblassers allein finanziert. Sie hat vielmehr Unterlagen vorzulegen, aus denen sich der von ihr behauptete Anspruch ergibt (z.B. Vertragsurkunde) und die belegen, dass sie den Erwerb der Immobilie allein finanziert und der Erblasser über keinerlei Einkünfte verfügt hat (z.B. durch Vorlage von Steuerbescheiden, Kontoauszügen etc.). Zur Offenlegung von Tatsachen, die erst eine rechtliche Einordnung ermöglichen vgl. auch OLG Hamburg, NJW-RR 1989, 1285 f.

Belege von vornherein beifügen

Auch wenn es keine allgemeine Verpflichtung zur Vorlage von Belegen gibt, sollte der auf Auskunft in Anspruch genommene Erbe das Nachlassverzeichnis – wann immer möglich – mit nachvollziehbaren Belegen versehen. Diese Vorgehensweise reduziert das Streitpotential des oft emotionsbelasteten Verhältnisses zwischen Erben und Pflichtteilsberechtigten enorm und führt i.d.R. zu einer zügigen Abwicklung des Anspruchs.

Praxistipp

Es empfiehlt sich, den Erben sogleich zur Erstellung eines **notariellen Nachlassverzeichnisses** aufzufordern. Es bietet eine höhere Vollständigkeits- und Richtigkeitsgewähr als das private Nachlassverzeichnis.

Praxistipp

Der Auskunftsschuldner ist bei der Aufforderung zur Auskunft ebenso darauf hinzuweisen, dass der Pflichtteilsanspruch mit dem Ablauf der Frist zur Erteilung der Auskunft unbeziffert fällig gestellt wird und demzufolge auch Verzugszinsen anfallen. Ein konkretes Datum sollte daher unbedingt genannt werden.

Beispiel

„... Ich weise abschließend auf Folgendes hin: Die Höhe des Pflichtteilsanspruchs steht zwar noch nicht fest, jedoch ist der Pflichtteilsanspruch meines Mandanten als Geldanspruch zu verzinsen. Er wird ausdrücklich zunächst unbeziffert ebenfalls bis zum 30.05. ... fällig gestellt. ... Mit Ablauf dieser Frist haben Sie Verzugszinsen i.H.v. fünf Prozentpunkten über dem Basiszinssatz zu zahlen. ..."

Warnhinweis

Haftungsrisiko

Versäumt der Rechtsanwalt alsbald nach Mandatserteilung für den Pflichtteilsberechtigten die verzugsbegründende Mahnung, kann er für den Zinsverlust haften (OLG Düsseldorf, Urt. v. 13.05.2011 – I-7 U 192/09, ErbR 2018, 170 m. Anm. Horn).

Steuertipp

Achtung! Wechselwirkung zur Erbschaftsteuer beachten!

Die Erbschaftsteuer entsteht bei einem Pflichtteilsanspruch erst zu dem Zeitpunkt, zu dem der Pflichtteilsanspruch geltend gemacht wird (§ 9 Abs. 1 Nr. 1b ErbStG). Solange er noch nicht geltend gemacht ist, wird keine Erbschaftsteuer fällig; im Gegenzug kann der Erbe erst den geltend gemachten Pflichtteilsanspruch als Nachlassverbindlichkeit nach § 10 Abs. 5 ErbStG abziehen. Nach Auffassung des BFH lässt auch die unbezifferte Geltendmachung des Pflichtteilsanspruchs die Erbschaftsteuer entstehen (BFH, Urt. v. 19.07.2006 – 2 R 1/05, DStRE 2006, 1406).

Ist der Pflichtteilsanspruch einmal geltend gemacht, lässt auch der spätere Verzicht darauf die Erbschaftsteuer nicht mehr entfallen. Wird dann im Vergleichswege eine unter dem Wert des Pflichtteilsanspruchs liegende Abfindung vereinbart, führt das nicht dazu, dass sich die Erbschaftsteuer entsprechend verringert.

Anders ist es, wenn für den noch nicht geltend gemachten Pflichtteil eine Abfindung für den Verzicht auf den Pflichtteil vereinbart wird. Dann unterliegt nur diese Abfindung der Erbschaftsteuer (§ 3 Abs. 1 Nr. 4 ErbStG).

Im Aushandeln einer Abfindung kann nicht bereits die Geltendmachung des Pflichtteilsanspruchs gesehen werden. Allerdings ist die Abgrenzung nicht immer einfach, so dass in der Korrespondenz mit dem Erben besonders sorgfältig auf die Formulierungen zu achten ist. Wird der Pflichtteilsanspruch geltend gemacht und dann darauf verzichtet, ist die Abfindungsleistung grundsätzlich für die Erbschaftsteuer ohne Bedeutung, solange die Abfindung wertmäßig dem Pflichtteilsanspruch entspricht. Besteht zwischen beiden ein krasses Missverhältnis, kann diese Vereinbarung schenkungsteuerlich bedeutsam werden, da die Schenkungsteuer unentgeltliche Zuwendungen unter Lebenden erfasst.

Sachverhalt | Checkliste | Lösung | **Verfahren** | Muster

Warnhinweis

Werden Sie von mehreren Pflichtteilsberechtigten beauftragt, beachten Sie unbedingt die Gefahr des Entstehens einer Interessenkollision. Gemäß § 43a Abs. 4 BRAO ist es Ihnen untersagt, widerstreitende Interessen zu vertreten.

Interessenkollision der Pflichtteilsberechtigten vermeiden

Regelmäßig verfolgen mehrere Pflichtteilsberechtigte dasselbe Ziel, nämlich die schnelle und erfolgreiche Realisierung ihrer Pflichtteilsansprüche. Mitunter kann sich jedoch im Verlauf der Bearbeitung des Mandats eine Interessenkollision ergeben, wenn Vorempfänge (§ 2316 BGB) oder Geschenke (§ 2327 BGB) anzurechnen sind. Wenn einer von mehreren Auftraggebern Ihr Mandat kündigt, sind Sie verpflichtet, auch die anderen Mandatsbeziehungen niederzulegen. Die Auftraggeber riskieren, dass sie jeweils neue Anwälte beauftragen und Gebühren doppelt bezahlen müssen.

Vorempfänge klären

Aus diesem Grund sollten Sie die Klärung anrechnungspflichtiger Vorempfänge und die damit verbundene potentielle Gefahr einer Interessenkollision bereits im Erstkontakt offen ansprechen. Belehren Sie Ihre Mandanten möglichst schriftlich über die mögliche Gefahr der Interessenkollision und einer damit verbundenen Mandatsniederlegung.

Praxistipp

Überdenken Sie genau, zu welchen Konditionen Sie tätig werden wollen und können. Die Geltendmachung des Pflichtteils für mehrere Pflichtteilsberechtigte führt erfahrungsgemäß zu einem sehr viel höheren Bearbeitungsaufwand, da Abstimmungs- und Informationsprozesse gegenüber mehreren Beteiligten notwendig werden. Schließen Sie – wenn irgend möglich – eine Honorarvereinbarung (Stunden-/Zeit-Vereinbarung), die dem Aufwand betriebswirtschaftlich gerecht wird.

2. Klage auf Auskunft

Isolierte Auskunftsklage

Weigert sich der Erbe, ein Verzeichnis zu erstellen, oder aber wird die Aufnahme eines notariellen Nachlassverzeichnisses immer wieder verzögert, sollte zügig der Gerichtsweg eingeschlagen werden. Oftmals erkennen die Auskunftsverpflichteten erst nach Zustellung der Klage, dass der geltend gemachte Auskunftsanspruch vom Pflichtteilsberechtigten ernsthaft verlangt wird.

Der Pflichtteilsberechtigte kann sein Auskunftsrecht im Wege der Auskunftsklage (Leistungsklage) geltend machen. Rechtshängig ist dann lediglich der isolierte Auskunftsanspruch aus § 2314 BGB.

Warnhinweis

Wegen der kurzen Verjährungsfrist im Pflichtteilsrecht ist regelmäßig die Erhebung einer **Stufenklage** zu empfehlen. Denn nur die Stufenklage hemmt die Verjährung des Pflichtteilsanspruchs sofort gem. § 204 Abs. 1 Nr. 1 BGB, ohne dass der Pflichtteilsanspruch beziffert werden muss.

Stufenklage

Wird die Auskunft im Wege der Stufenklage geltend gemacht, liegt ein Fall der objektiven Klagehäufung gem. § 254 ZPO vor, und zwar das stufenweise Verlangen folgender Ansprüche:

1. Stufe: Verlangen nach Auskunft über den Bestand und die Zusammensetzung des Nachlasses
2. Stufe: Verlangen nach bedingter Abgabe der eidesstattlichen Versicherung (§ 260 Abs. 2 BGB)
3. Stufe: Verlangen nach Wertermittlung hinsichtlich bestimmter Nachlassgegenstände
4. Stufe: Geltendmachung des Zahlungsanspruchs des aus der Auskunft ermittelten Pflichtteils

Es wird über jeden der mit der Stufenklage geltend gemachten Einzelansprüche grundsätzlich gesondert verhandelt (§ 128 ZPO) und entschieden. In jeder Stufe wird durch Teilurteil (§ 301 ZPO), in der letzten Stufe – der **Leistungsstufe** – durch Schlussurteil entschieden. Im **Schlussurteil** wird sodann auch einheitlich über die Kosten des gesamten Verfahrens entschieden (§§ 91, 93 ZPO).

Praxistipp

Optimal ist die Stufenklage auch deshalb, da sie das nicht unerhebliche Haftungsrisiko des Rechtsanwalts minimiert und Kosten spart. Ferner bemüht sich der in Anspruch genommene Erbe unter dem Druck des gerichtlichen Verfahrens regelmäßig das Nachlassverzeichnis zeitnah zu erstellen, so dass bereits in der 1. Stufe anlässlich der mündlichen Verhandlung ein Vergleich über den Pflichtteil insgesamt geschlossen werden kann.

Auskunftsstufe (1. Stufe)

Der Antrag in der Auskunftsstufe muss **so genau wie möglich gefasst** sein. Er sollte – um späteren Vollstreckungshindernissen vorzubeugen – konkret all die Informationen abfordern, die der Erbe offenzulegen hat. Der vollstreckungsfähige Klageantrag muss also so formuliert werden, dass der Beklagte sich zu allen vom Erblasser hinterlassenen Vermögensgegenständen und Schulden zu erklären hat. Von der Auskunftspflicht sind ebenso alle Schenkungen und Zuwendungen des Erblassers erfasst, die nur rein rechnerisch dem fiktiven Nachlass (§§ 2325 ff. BGB) zuzuordnen sind, sowie die Klärung des Güterstands des Erblassers (BGH, NJW 1961, 602).

Praxistipp

Bei der Formulierung des Klageantrags ist zu beachten, dass der Auskunftsverpflichtete nur soweit zur Auskunft verpflichtet werden kann, wie der Berechtigte sie auch geltend gemacht hat. Somit hat der Erbe ohne besonderes Verlangen des Pflichtteilsberechtigten keine Auskunft hinsichtlich des sogenannten **fiktiven Nachlasses** zu erteilen (BGH, NJW 1982, 176, 177). Ist der Klageantrag hinsichtlich des fiktiven Nachlasses zu unbestimmt, kann der Erbe bspw. nicht mit Zwangsmitteln zur Auskunft gezwungen werden, sich zu Schenkungen des Erblassers zu äußern, die dieser in den Jahren vor dem Erbfall vorgenommen hat (OLG München, FamRZ 2004, 821; OLG Celle, NJW-RR 2005, 1374).

Praxistipp

Ferner ist darauf zu achten, die Auskunft ausdrücklich auch **über den Zehnjahreszeitraum (§ 2325 BGB)** hinaus geltend zu machen, soweit Schenkungen unter Einräumung von Nutzungsvorbehalten, Schenkungen an den Ehegatten oder aber ausgleichspflichtige Zuwendungen gem. §§ 2050 ff., 2057, 2057a, 2316 BGB relevant sind. Empfehlenswert sind die Vorschläge zu den einzelnen Klageanträgen von Kuhn/Trappe, ZEV 2011, 514, 515 sowie von Fleischer/Horn, ZErb 2013, 105 ff.

Stufe der eidesstattlichen Versicherung (2. Stufe)

Hat der Erbe aufgrund des Teilurteils Auskunft erteilt, ist zu prüfen, ob der Antrag auf Abgabe der eidesstattlichen Versicherung auf der zweiten Stufe zu stellen ist. Dies wird dann der Fall sein, wenn der Erbe zwar ein vollständiges Nachlassverzeichnis erstellt hat, der Pflichtteilsberechtigte jedoch dartun kann, dass **einzelne Angaben unzutreffend** sind. Hat sich der Erbe hingegen erkennbar zu einigen Positionen überhaupt nicht erklärt (z.B. zum fiktiven Nachlassbestand), muss zunächst **Ergänzung** des Nachlassverzeichnisses geltend gemacht werden (OLG Oldenburg, NJW-RR 1992, 777).

Wertermittlungsstufe (3. Stufe)

Befinden sich im Nachlass Vermögensgegenstände, die der Pflichtteilsberechtigte nicht selbst bewerten kann, kann er zur Vorbereitung seines Zahlungsantrags den ihm zustehenden **Wertermittlungsanspruch** in einer weiteren Stufe verfolgen. Es ist jedoch darauf zu achten, dass die Wertermittlungsstufe nicht pauschal zeitgleich mit der Auskunftsstufe geltend gemacht wird, denn erst die erteilte Auskunft versetzt den Pflichtteilsberechtigten in die Lage zu entscheiden, hinsichtlich welcher Nachlassgegenstände er auf eine Wertermittlung durch den Erben angewiesen ist, um seinen Pflichtteilsanspruch zu beziffern (OLG Koblenz v. 08.11.2012 – 2 U 834/11, BeckRS 2013, 02065). Ist dem Pflichtteilsberechtigten hingegen bei Klageeinreichung bereits ein bestimmter Nachlassgegenstand bekannt, der zwingend zu bewerten ist, kann der Wertermittlungsantrag bereits mit der Auskunftsstufe verfolgt werden.

Praxistipp

Achten Sie bei der Formulierung des Klageantrags auf eine vollstreckungsfeste Formulierung. Der zu bewertende Gegenstand muss so genau wie möglich bezeichnet werden.

Beispiel

„Die Beklagte wird verurteilt, ein Verkehrswertgutachten zum ... zu der Immobilie in ... [Straße], ... [Stadt], eingetragen im Grundbuch von ..., Band ..., Gemarkung ..., Flur ..., Flurnummer ..., mit einer Größe von ... von einem unparteiischen Sachverständigen einzuholen und den Klägern vorzulegen."

Warnhinweis

Die durch die Erhebung der Stufenklage eingetretene Hemmung der Verjährung kann enden, wenn nach der Vorlage des aufgrund einer Verurteilung zur Wertermittlung eingeholten Sachverständigengutachtens das Verfahren nicht innerhalb angemessener Frist weiter betrieben wird (OLG Düsseldorf, Urt. v. 29.01.2016 – I-7 U 230/14, ErbR 2018, 169).

Zum Ende der Verjährung bei einer Stufenklage

Leistungsstufe (4. Stufe)

Ist der Pflichtteilsberechtigte aufgrund der ordnungsgemäß erteilten Auskunft in der Lage, seinen Anspruch zu beziffern, kann er die zweite Stufe (Abgabe der eidesstaatlichen Versicherung) oder eine etwaige (weitere) Wertermittlungsstufe überspringen und unmittelbar in die Leistungsstufe übergehen (Tanck, in: Mayer/Süß/Tanck/Bittler/Wälzholz, § 14 Rdnr. 206). Er **stellt den bezifferten Klageantrag** und es ergeht ein Schlussurteil.

In seltenen Fällen ergibt sich erst nach Erfüllung der Auskunftsstufe, dass ein Pflichtteilsanspruch nicht besteht, da ein hinreichender Nachlass nicht vorhanden ist. Der Kläger muss sodann diese Stufe für erledigt erklären. Es trifft ihn grundsätzlich auch die Kostenfolge. Für den Fall jedoch, dass der Erbe seiner Auskunftsverpflichtung nicht oder nicht rechtzeitig nachgekommen ist, stellt die Rechtsprechung dem Pflichtteilsberechtigten einen **materiell-rechtlichen Schadensersatzanspruch** hinsichtlich der Verfahrenskosten zur Seite, so dass der Erbe als Auskunftsschuldner die Kosten zu tragen hat (BGH, Urt. v. 05.05.1994, NJW 1994, 2895).

Darlegungs- und Beweislast

1. Auskunftsstufe

Der Pflichtteilsberechtigte, der zunächst die Auskunftsstufe verfolgt, muss darlegen und auch beweisen, dass er zum Kreis der Pflichtteilsberechtigten gehört und dass er durch eine Verfügung von Todes wegen enterbt ist (§ 2303 BGB). Dies geschieht regelmäßig durch Vorlage von Personenstandsurkunden, die seine Abstammung vom Erblasser belegen. Auch die enterbende letztwillige Verfügung ist darzutun und notfalls zu beweisen.

2. Stufe der eidesstattlichen Versicherung

Hinsichtlich der Geltendmachung des Anspruchs auf eidesstattliche Versicherung sind Verdachtsgründe darzutun und zu beweisen, dass das Nachlassverzeichnis nicht mit der gehörigen Sorgfalt erstellt worden ist.

3. Wertermittlungsstufe

Der Pflichtteilsberechtigte muss seine Pflichtteilsberechtigung darlegen und beweisen sowie die Zugehörigkeit des zu bewertenden Gegenstand zum Nachlass (BGH, NJW 1984, 487). Handelt es sich um einen Gegenstand, der dem fiktiven Nachlass zuzuordnen ist, so steht ihm ein Wertermittlungsanspruch nur zu, wenn er die Schenkung des Nachlassgegenstandes darlegt und beweist (OLG Schleswig, Urt. v. 15.08.2006, NJW-RR 2008, 16).

4. Leistungsstufe

In der Leistungsstufe hat derjenige, der einen Pflichtteilsanspruch geltend macht, die Quote und die Höhe seines Anspruchs darzulegen und zu beweisen (OLG Brandenburg, FamRZ 1998, 179). Besteht Streit hinsichtlich der Bewertung von Nachlassgegenständen, trägt der Pflichtteilsberechtigte die Beweislast für einen von ihm behaupteten höheren Wert.

Zuständigkeit

Die **sachliche** Zuständigkeit des Amts- oder Landgerichts richtet sich nach den allgemeinen Vorschriften des GVG (§§ 23, 71 Abs. 1 GVG).

Bei der **örtlichen** Zuständigkeit hat der Kläger die Wahl zwischen zwei Gerichten:

- besonderer Gerichtsstand des Erblassers (§ 27 ZPO, Wohnsitz des Erblassers)
- allgemeiner Gerichtsstand des Erben (§§ 12, 13 ZPO, Wohnsitz des Erben)

Rechtsmittel

Gegen das Schlussurteil, aber auch gegen jedes Teilurteil kann Berufung eingelegt werden, sofern die Berufungsvoraussetzungen vorliegen, insbesondere wenn der Wert des Beschwerdegegenstands 600 € übersteigt.

Praxistipp

Will sich der Mandant die Möglichkeit des Rechtsmittels auch hinsichtlich der einzelnen Stufen (z.B. Auskunftsstufe) erhalten, empfiehlt es sich, in der Klageschrift den zu erwartenden Pflichtteilsanspruch entsprechend den Beschwergrenzen zu beziffern (< 6.000 €), denn das Interesse des Klägers an den einzelnen Stufen wird von den Gerichten regelmäßig mit 1/10–1/5 angenommen (z.B. OLG Stuttgart, Beschl. v. 14.12.2012 – 5 W 54/12, NJW-RR 2013, 637).

Kosten

Streitwertermittlung

Regelmäßig kann bei der Auskunfts- oder der Stufenklage der Streitwert nur geschätzt werden. Das Gericht bewertet bei der Streitwertfestsetzung das Auskunftsinteresse des Klägers. Selbiges kann variieren. Je weniger der Kläger weiß, umso höher ist sein Auskunftsinteresse zu bewerten. Der Wert der Auskunftsstufe wird i.d.R. mit einer Quote von 1/10 bis zu 1/4 des zu erwartenden Pflichtteilsanspruchs zugrunde gelegt. Erst wenn der Zahlungsanspruch feststeht, kann der Streitwert endgültig festgesetzt werden (§ 18 GKG).

Praxistipp

Die Gerichtspraxis ist bei der vorläufigen Festsetzung des Streitwerts in Bezug auf Auskunfts- oder Stufenklagen uneinheitlich. Gerade wenn der Pflichtteilsberechtigte vor Erfüllung seiner Ansprüche nicht genügend finanzielle Mittel zur Verfügung hat, aber auch nicht Prozesskostenhilfe beanspruchen kann, lohnt es sich, dem Gericht ausführlich die aus Ihrer Sicht anzusetzende Berechnungsgrundlage für die Schätzung des Streitwerts darzustellen. Viele Gerichte folgen dieser ersten vorläufigen Berechnung, vorausgesetzt sie ist in sich schlüssig. Sie sollten Ihren Mandanten ebenso schriftlich darüber belehren, dass sich das Kostenrisiko letztlich nach dem endgültigen Streitwert – den sie nicht vorhersagen können – bestimmt.

Gerichtskosten

Es fallen drei Gerichtsgebühren an (Nr. 1210 KV GKG). Die Höhe richtet sich zunächst nach der Auskunftsstufe; wenn der Zahlungsanspruch feststeht, bildet dieser den endgültigen Streitwert.

Rechtsanwaltsvergütung

In der Regel fallen eine 1,3-Verfahrensgebühr und eine 1,2-Terminsgebühr an (§ 13 RVG; Nr. 3100, 3104 VV RVG). Für besonders umfangreiche Beweisaufnahmen kann eine 0.3-Zusatzgebühr gem. Nr. 1010 VV RVG entstehen. Werden mehrere Pflichtteilsberechtigte vertreten, erhöht sich die Verfahrensgebühr um jeweils 0,3 gem. Nr. 1008 VV RVG für jeden weiteren Pflichtteilsberechtigten. Schließen die Parteien einen Vergleich, entsteht zudem eine 1,0-Einigungsgebühr gem. § 13 RVG, Nr. 1000, 1003 VV RVG.

Kostenentscheidung

Für die Kostenentscheidung gelten keine Besonderheiten. Derjenige, der unterliegt, hat die Kosten zu tragen (§§ 91 ff. ZPO).

Sachverhalt | Checkliste | Lösung | Verfahren | **Muster 1**

Außergerichtliche Aufforderung zur Auskunft

Frau
...
Straße, Hausnr./Postfach
PLZ Ort

[Ort/Datum]

Sehr geehrte Frau ...,

ich vertrete Herrn/Frau .... Meine **Vollmacht** ist als Anlage beigefügt.

Meine Mandanten haben mich davon unterrichtet, dass Ihr verstorbener Ehemann Sie aufgrund letztwilliger Verfügung (Testament vom ...) zur Alleinerbin eingesetzt hat. Meine Mandanten sind als Kinder somit enterbt und berechtigt, Pflichtteilsansprüche geltend zu machen.

Um den Anspruch beziffern zu können, muss zunächst der Nachlasswert festgestellt werden. Meine Mandanten machen deshalb den gesetzlichen Auskunftsanspruch nach § 2314 BGB geltend. Dieser richtet sich gegen Sie als Alleinerbin.

Sie sind verpflichtet, ein notarielles Nachlassverzeichnis (§ 2314 Abs. 1 Satz 3 BGB) vorzulegen, das den Bestand des Nachlasses zum Todeszeitpunkt wiedergibt. In diesem sind geordnet alle Aktiva und Passiva aufzuführen. Ich weise aus Erfahrung daraufhin, dass meinen Mandanten ein Anspruch auf ein geordnetes Gesamtverzeichnis zusteht. Einzelne – in verschiedenen Schreiben erwähnte – Angaben sind unzulässig.

Darüber hinaus sind alle von dem Erblasser in den letzten zehn Jahren vor seinem Todestag vorgenommenen unentgeltlichen Zuwendungen, auch Anstandsschenkungen, aufzulisten (§ 2325 BGB). Dies gilt auch für gemischte Zuwendungen, also Zuwendungen, welche teilweise entgeltlich und teilweise unentgeltlich waren. Bitte geben Sie **alle Zuwendungen an**, also auch solche, die Dritte erhalten haben.

Beachten Sie dringend Folgendes:

Diese Angaben sind **fristunabhängig** zu erteilen, wenn der Erblasser

- sich Nießbrauchs- oder Wohnungsrechte vorbehalten oder sonstige Nutzungs- und Rückforderungsrechte vereinbart hat,
- während der Ehezeit Schenkungen einschließlich Anstandsschenkungen an seinen Ehegatten gewährt hat oder
- Zuwendungen und Leistungen gewährt hat, die gem. §§ 2050 ff., 2057, 2057a, 2316 BGB zur Ausgleichung kommen könnten.

Erteilen Sie bitte auch Auskunft über etwa vorhandene Lebensversicherungen oder sonstige Verträge, die der Erblasser etwa zugunsten Dritter abgeschlossen hat (z.B. Sparverträge, welche mit dem Tod des Erblassers an den Begünstigten auszuzahlen sind).

Ich bitte **Sie dringend, keine rechtliche Einordnung** von Nachlassgegenständen vorzunehmen. Dies werde ich selbst veranlassen. Auch wenn Sie der Auffassung sind, dass bestimmte Gegenstände in Ihrem Alleineigentum stehen, müssen Sie diese angeben.

Meinen Mandanten steht auch ein Wertermittlungsanspruch zu. Ich habe Sie daher aufzufordern, die im Nachlass befindliche Immobilie durch einen Sachverständigen bewerten zu lassen. Für die Vorlage des Sachverständigengutachtens habe ich mir eine Frist bis ... notiert.

Die Wertermittlungspflicht bezieht sich ferner z.B. auf im Nachlass befindliche Schmucksachen, Kunstgegenstände, Antiquitäten, Unternehmensbeteiligen, Kraftfahrzeuge usw.

In Ihrem Interesse empfehle ich, Verbindlichkeiten und Erbfallkosten, z.B. die Kosten der Bestattung, ebenfalls anzugeben.

Insbesondere begehren meine Mandanten auch Auskunft über die Veräußerung der Immobilie des Erblassers in ... kurz vor seinem Tod. Hierzu fordere ich Sie auf, den notariellen Übertragungsvertrag vorzulegen.

Ich bitte Sie, das notarielle Bestandsverzeichnis bis zum ... zu übermitteln und die einzelnen Positionen des Verzeichnisses durch Belege nachvollziehbar zu machen.

Mit freundlichen Grüßen

Rechtsanwältin/Rechtsanwalt

Sachverhalt | Checkliste | Lösung | Verfahren | Muster 2

Nachlassverzeichnis

Nachlassverzeichnis

des am ... in ... verstorbenen Erblassers ....

Erstellt am ... durch die Erbin ....

Das Nachlassverzeichnis beinhaltet Aktiv- und Passivnachlass – soweit bis dato bekannt – des Erblassers zum Zeitpunkt des Erbfalls (Todestag) am ....

I. Aktiva

1. Geldvermögen

a. Guthaben bei der Sparkasse ... zur Konto-Nr. ...	... €
b. Sparguthaben bei der Commerzbank zur Konto-Nr ...:	... €
c. Wertpapierdepot bei der Commerzbank Nr.: ...	... €
Zwischensumme	... €

2. Immobilienvermögen

1/2 Miteigentumsanteil an dem Grundstück in ... eingetragen

im Grundbuch von ... (Amtsgericht ...) , Blatt ...

im Wert von ... (Verweis auf Verkehrswertgutachten)

(Alternativ: Wenn ein Gutachten noch nicht vorliegt, könnte wie folgt formuliert werden: Bei dem Grundstück handelt es sich um ein Grundstück in der Nähe von ... mit einer Gesamtfläche von ... qm. Es wurde vom Erblasser und seiner Ehefrau im Jahr 1987 aus jeweils eigenen Mitteln erworben bzw. jeweils finanziert (siehe Bausparkonto des Erblassers). Hinsichtlich der Bewertung des hälftigen Miteigentumsanteils für den Nachlass ist ein Sachverständigengutachten in Auftrag gegeben worden. Mit der Fertigstellung ist jedoch erst ab dem ... zu rechnen.)

3. Wertgegenstände

Waffensammlung (vier überholungsbedürftige	
Langwaffen, zwei Kurzwaffen)	... €
Zwischensumme	... €

4. Hausrat

a. gemeinsame eheliche Wohnung, Hausrat ca. 30 Jahre alt und	
stammt überwiegend aus dem Nachlass der Mutter der Erbin	... €
b. Ölbild „Hund"	... €
c. Ölbild „Blume im Kornfeld"	... €
d. Ölbild „Blume im Schnee"	... €
e. Klavier	... €
Zwischensumme	... €

5. Schenkungen zu Lebzeiten des Erblassers und Verträge zugunsten Dritter zu seinen Lebzeiten hat der Erblasser nicht getätigt.

Aktiva gesamt **... €**

II. Passiva	
1. Erblasserschulden	
a. Verbindlichkeiten bei ... Bausparkasse	... €
b. rückständiger Unterhalt Oktober 2000	... €
c. Arztrechnung vom ...	... €
Zwischensumme	... €
2. Erbfallkosten	
a. Beerdigungskosten	... €
b. anteilige Miete ...	... €
Zwischensumme	... €
Passiva gesamt	**...** €

Ort/Datum

Unterschrift

Sachverhalt | Checkliste | Lösung | Verfahren | Muster 3

Stufenklage auf Auskunft und Zahlung

Landgericht
...
Straße, Hausnr./Postfach
PLZ Ort

Stufenklage auf Auskunft und Zahlung

des Herrn M. wohnhaft ...

des Herrn K. wohnhaft ...

– Kläger –

Prozessbevollmächtigte:

Rechtsanwältin/Rechtsanwalt ...

gegen

Frau K. wohnhaft ...

– Beklagte –

voraussichtliche Prozessbevollmächtigte:

Rechtsanwältin/Rechtsanwalt ...

wegen: Auskunft, eidesstattlicher Versicherung, Pflichtteilszahlung,

Namens und in Vollmacht der Kläger erhebe ich Klage und

beantrage:

I. die Beklagte wird verurteilt, durch Vorlage eines Bestandsverzeichnisses, welches durch einen Notar aufzunehmen ist, Auskunft über den Nachlass des am ... verstorbenen und in ... wohnhaft gewesenen Erblassers, ..., zu erteilen, welches mindestens folgende Angaben enthält:

a) alle zum Nachlass gehörenden Gegenstände und Rechte nebst Angabe wertrelevanter Faktoren, z.B. Bargeld, Bankguthaben, Wertpapiere, Forderungen, Beteiligungen, Versicherungen, Schließfächer mit Inhaltsbeschreibung, Schmuck, Antiquitäten, Immobilien, Gebäude, Unternehmensbeteiligungen, Urheberrechte, Patente,

b) alle Nachlassverbindlichkeiten,

c) alle Verträge zugunsten Dritter auf den Todesfall, z.B. Lebensversicherungen, Unfallversicherungen und Bausparguthaben, und zwar unter Angabe des Zuwendungsvollzugs (Eigentumsübergang),

d) alle Zuwendungen unter einer Überlebensbedingung gem. § 2301 BGB,

e) alle lebzeitigen Zuwendungen und Anstandsschenkungen, die der Erblasser in den letzten zehn Jahren vor seinem Tod der Beklagten sowie Dritten gewährt hat.

Diese Angaben sind unabhängig von einer Frist zu erteilen, wenn der Erblasser

- sich Nießbrauchs- oder Wohnungsrechte vorbehalten oder sonstige Nutzungs- und Rückforderungsrechte vereinbart hat,
- während der Ehezeit Schenkungen einschließlich Anstandsschenkungen an seinen Ehegatten gewährt hat oder
- Zuwendungen und Leistungen gewährt hat, die gem. §§ 2050 ff., 2057, 2057a, 2316 BGB zur Ausgleichung kommen könnten.

II. zu Protokoll an Eides statt zu versichern, dass die Beklagte nach bestem Wissen den Stand des Nachlasses so vollständig und richtig angegeben hat als sie dazu im Stande ist.

III. Die Beklagte wird verurteilt, ein Verkehrswertgutachten zum ... zu der Immobilie in ... [Straße], ... [Stadt], eingetragen im Grundbuch von ..., Band ..., Gemarkung ..., Flur ..., Flurnummer ..., mit einer Größe von ... von einem unparteiischen Sachverständigen einzuholen und den Klägern vorzulegen.

IV. An die Kläger den Pflichtteil i.H.v. 1/8 des sich aus der Auskunft und Wertermittlung ergebenden Wertes des Nachlasses und der Zuwendungen nebst fünf Prozentpunkten über dem Basiszinssatz ab dem ... zu zahlen.

V. Den Erlass eines Anerkenntnis- oder Versäumnisurteils, wenn die gesetzlichen Voraussetzungen dafür vorliegen.

VI. Die Beklagte trägt die Kosten des Rechtsstreits.

Begründung:

Am ... verstarb der Vater der Kläger, Herr .... Dieser war verheiratet mit der Beklagten. Die Kläger sind die einzigen Abkömmlinge des Erblassers. Die Beklagte wurde testamentarisch vom Erblasser zur Alleinerbin eingesetzt.

Beweis: Gemeinschaftliches Testament vom ...
nebst Eröffnungsprotokoll

– Anlage K 1 –

und Geburtsurkunde der Klägers

– Anlage K 2 –

Die Kläger sind enterbt.

Bei gesetzlicher Erbfolge wären die Kläger neben der Beklagten Miterben zu 1/4 nach dem Nachlass des Vaters geworden (§ 1924 Abs. 1, 4 BGB). Der Pflichtteil beträgt hiervon 1/8 (§ 2303 Abs. 1 BGB).

Mit Schreiben vom ... erhoben die Kläger Pflichtteilsansprüche gegenüber der Beklagten.

Beweis: Schreiben vom ...

– Anlage K 4 –

Dieses Schreiben ging der Beklagten am ... eigenhändig zu.

Beweis: Kopie des Rückscheins

– Anlage K 5 –

Mit vorgenanntem Schreiben war die Beklagte aufgefordert worden, ein notarielles Nachlassverzeichnis zu errichten.

Beweis: wie vor

Für die Beklagte meldeten sich die Rechtsanwälte ... mit Schreiben vom ....

– Anlage K 6 –

[Es folgen ggf. weitere Ausführungen zur Nichterfüllung des Auskunftsanspruchs.]

Zusammenfassend ist festzustellen, dass die Kläger nunmehr seit dem ... genügend Verständnis für die aus welchen Gründen auch immer eingetretenen Verzögerungen auf der Beklagtenseite entgegengebracht haben. Da die Auskunft bis heute nicht erteilt worden ist, ist Klage geboten.

Der zunächst noch unbezifferte Pflichtteilsanspruch ist zum ... fällig gestellt worden. Ab diesem Zeitpunkt befindet sich die Beklagte im Verzug.

Gerichtskosten i.H.v. ... € sind nach einem vorläufigen Wert des Auskunftsanspruchs i.H.v. 10.000 € (ca. 1/10 des Zahlungsanspruchs der Kläger) per Verrechnungsscheck beigefügt (*Ausführungen zum Streitwert, wenn möglich*).

Sollte das Gericht noch weiteren Vortrag oder Beweisantritt für erforderlich halten, bitte ich um einen richterlichen Hinweis gem. § 139 ZPO.

Beglaubigte und einfache Abschrift anbei.

Rechtsanwältin/Rechtsanwalt

Mandatssituation 10.3: Der Wertermittlungsanspruch

Sachverhalt | Checkliste | Lösung | Verfahren | Muster

Ihre Mandantin ist die pflichtteilsberechtigte Tochter des Erblassers. Alleinerbin ist die zweite Ehefrau des Vaters. Über den Nachlass hat die Alleinerbin durch Vorlage eines Bestandsverzeichnisses Auskunft erteilt. Daher ist Ihrer Mandantin bekannt, dass sich im Nachlass auch eine größere Immobilie befand. Diese ist jedoch ca. sechs Monate nach dem Erbfall veräußert worden. Die Einholung eines Sachverständigengutachtens zum Wert der Immobilie lehnt die Alleinerbin mit Hinweis darauf ab, dass das Grundvermögen veräußert und damit der Wert bekannt sei. Ihre Mandantin fragt Sie, welche Möglichkeiten bestehen, um den Wert der Immobilie feststellen zu lassen.

Sachverhalt | **Checkliste** | Lösung | Verfahren | Muster

Wann (genaues Datum!) und wie hat der Mandant nachweisbar vom Tod des Erblassers erfahren (gibt es Schriftverkehr, Briefe, Briefumschläge, Traueranzeigen etc.)? Verjährungsfrist berechnen und notieren!	☐
Sind dem Mandanten lebzeitige Verfügungen des Erblassers bekannt?	☐
Wann und wie hat der Mandant vom Testament des Erblassers nachweisbar Kenntnis erlangt (genaues Datum, gibt es amtliche Schriftstücke vom Nachlassgericht, ist der Zugang nachweisbar)? Verjährungsfrist berechnen und notieren!	☐
Ist die Abstammung des Mandanten vom Erblasser mit Personenstandsurkunden lückenlos belegbar (Geburtsurkunde des Mandanten, eventuell Heiratsurkunde bei Änderung des Geburtsnamens, Geburts- und Sterbeurkunde des Elternteils, von dem der Erblasser abstammt, Stammbuch der Familie)?	☐
Sind dem Mandanten weitere, auch nichteheliche Abkömmlinge (Geschwister) seines Vaters bekannt?	☐
Hat der Mandant Kenntnis über die Vermögensverhältnisse und den Güterstand des Erblassers (Zusammensetzung des Nachlasses, Immobilien, Barvermögen, Bankkonten etc./Ehevertrag)?	☐
Sind Ihrem Mandanten der letzte Wohnsitz des Erblassers und die Anschrift der zweiten Ehefrau bekannt?	☐
Für alle Gegenstände, die bewertet werden sollen, ist die Zugehörigkeit zum Nachlass nachzuweisen.	☐
Grundbuchauszug, Grundstückskaufvertrag anfordern	☐
Erforderlichenfalls Grundbuchakte einsehen	☐

Eigenständiger Anspruch auf Wertermittlung

Im Nachlass befinden sich häufig auch Vermögenswerte, wie z.B. Unternehmen, Grundstücke und sonstige werthaltige Gegenstände, deren Wert nicht ohne sachverständige Kenntnis beurteilt werden kann. Damit der Pflichtteilsberechtigte seinen Anspruch konkret beziffern kann, steht ihm gegen den Erben daher unabhängig vom Auskunftsanspruch auch ein Wertermittlungsanspruch zu.

Keine Identität zwischen Auskunfts- und Wertermittlungsanspruch

Auskunft und Wertermittlung sind grundverschiedene Instrumentarien in der Hand des Pflichtteilsberechtigten. Während die Geltendmachung von Auskunftsansprüchen regelmäßig auf die schlichte Weitergabe von Wissen durch den Erben gerichtet ist, hat der Erbe beim Wertermittlungsanspruch eine sachverständige Bewertung eines konkreten Nachlassgegenstandes durch einen Dritten zu fördern und zu dulden. Das Ergebnis der Bewertung soll dem Pflichtteilsberechtigten ermöglichen, sein Prozessrisiko für eine Zahlungsklage sachgerecht abzuwägen.

1. Der Pflichtteilsanspruch der Tochter

Anspruchsvoraussetzungen

Es muss das Bestehen eines Pflichtteilsanspruchs festgestellt werden. Mit dem Tod des Erblassers und der enterbenden Verfügung zugunsten der zweiten Ehefrau hat Ihre Mandantin als einziger Abkömmling gem. § 2303 BGB einen eigenen Pflichtteilsanspruch gegen die Alleinerbin erworben.

2. Zugehörigkeit zum Nachlass

Der Wertermittlungsanspruch setzt ferner voraus, dass die Nachlasszugehörigkeit des zu bewertenden Gegenstands feststeht. Die Immobilie gehört – auch nach Auskunft der Erbin – zum Vermögen des Erblassers, so dass diese Tatbestandsvoraussetzung erfüllt ist.

Problem: Fiktive Nachlassgegenstände

Bei der Durchsetzung von Pflichtteilsergänzungsansprüchen muss der Pflichtteilsberechtigte zunächst beweisen, dass die nicht im Nachlass vorhandenen Gegenstände früher zum Vermögen des Erblassers gehörten, um den Anspruch auf Wertermittlung hinsichtlich dieser Gegenstände durchsetzen zu können (BGH, NJW 1984, 487; OLG Frankfurt, NJW-Spezial 2012, 712).

Praxistipp

Einsicht in das Grundbuch beantragen

Der Anspruch auf Wertermittlung sollte nur dann verfolgt werden, wenn auch feststeht, dass der zu begutachtende Gegenstand zum Nachlass gehört. Nach Eintritt des Erbfalls hat der Pflichtteilsberechtigte regelmäßig ein berechtigtes Interesse an einer Einsicht des Grundbuchs. Beantragen Sie unter Hinweis auf die Rechtsprechung (z.B. LG Stuttgart,

ZEV 2005, 313; OLG Karlsruhe, Beschl. v. 05.09.2013 – 11 Wx 57/13; OLG München, ZErb 2013, 42 oder zuletzt OLG Düsseldorf, ZEV 2014, 218) Einsicht in das Grundbuch und – soweit erforderlich – auch die Abschrift des Übertragungsvertrags.

a) Vorlage von Belegen

Umfang der Wertermittlung

Der Erbe schuldet dem Pflichtteilsberechtigten die Vorlage solcher Dokumente und Belege, die für die konkrete Wertberechnung des Nachlassgegenstands notwendig sind (OLG Köln, ZEV 2006, 77, 78). Wertermittlungsbedeutsame Unterlagen im Zusammenhang mit einer Unternehmensbewertung sind die Bilanzen, Gewinn- und Verlustrechnungen/Geschäftsbücher/Belege der letzten fünf Jahre (OLG Düsseldorf, NJW-RR 1997, 454). Durch das Anfordern bestimmter Belege verliert der pflichtteilsberechtigte Nichterbe auch nicht den eigentlichen Wertermittlungsanspruch. Dieser bleibt ihm daneben erhalten (OLG Köln, ZEV 1999, 110, 112).

b) Sachverständigengutachten

Ist der Pflichtteilsberechtige – auch nach Vorlage wertermittlungsrelevanter Unterlagen – nicht in der Lage, den Wert des Nachlassgegenstands selbst zu ermitteln, kann er seinen Anspruch auf Vorlage eines Sachverständigengutachtens geltend machen.

Praxistipp

Prüfen Sie genau, ob es sinnvoll ist, diesen Anspruch für einen Pflichtteilsberechtigten zu verfolgen. Die mitunter beträchtlichen Kosten sind immer Nachlassverbindlichkeiten. Gerade bei überschaubaren Nachlässen rechnet es sich für den Pflichtteilsberechtigten mitunter nicht, auf der Erstellung eines Gutachtens zu bestehen, da sich der Pflichtteilsbetrag durch diese Kosten anteilig reduziert.

Nicht notwendig: öffentlich vereidigter Sachverständiger

Der Erbe hat das Gutachten in Auftrag zu geben. Er hat darauf zu achten, dass der Sachverständige unabhängig ist. Nicht erforderlich ist jedoch, dass er einen **öffentlich vereidigten** Sachverständigen auswählt (OLG Düsseldorf, NJW-RR 1997, 454).

Warnhinweis

Die Rechtsprechung geht von einer Alleinzuständigkeit des Erben für die Auswahl und Beauftragung des Sachverständigen aus. Beauftragen Sie daher nicht voreilig für den Pflichtteilsberechtigten ein Sachverständigengutachten. Die Kosten hierfür können zwar u.U. im Rahmen von § 91 ZPO erstattungsfähig sein, gehen aber keinesfalls zu Lasten des Nachlasses (OLG Karlsruhe, NJW-RR 1990, 393).

Der Gutachter muss zwar nicht öffentlich vereidigt sein, jedoch muss sein Gutachten auch erfüllungstauglich sein. Diese Anforderungen erfüllt ein Gutachten nicht, wenn der Sachverständige ohne weitere Erläuterung eine Bewertung allein nach Maßgabe der von ihm bevorzugten Methode vornimmt. Auch wenn sich der Sachverständige in Ausnutzung der ihm zustehenden Wahlfreiheit hinsichtlich der von ihm angewandten Methode für eine entscheidet, hat diesem Wertansatz eine Bewertung auch nach anderen Methoden voranzugehen. Nur so kann der Pflichtteilsberechtigte anhand des Gutachtens eine Bewertung des Nachlasses vornehmen und den Zahlungsanspruch realistisch beziffern (OLG München, NJW-RR 1998, 390).

Qualität des Gutachtens

Stichtag für die Bewertung ist der Todestag des Erblassers. Auf diesen Zeitpunkt hat das Gutachten abzustellen. Für den Fall, dass der zu bewertende Gegenstand im Rahmen von Pflichtteilsergänzungsansprüchen nach dem Niederstwertprinzip (vgl. dazu Mandatssituation 10.5, S. 672) zu ermitteln ist, kommt es auch auf den Tag des Erbfalls und den Zeitpunkt des Schenkungsvollzugs (Eintragung im Grundbuch) an.

Wertermittlungsstichtag: Todestag des Erblassers

Wurde der Nachlassgegenstand alsbald nach dem Erbfall veräußert, stellt die Rechtsprechung auf der Leistungsstufe i.d.R. auf den **tatsächlich erzielten Verkaufserlös** ab. Insbesondere bei sich widersprechenden Wertangaben (Sachverständigengutachten, erzielter Verkaufserlös) hat sich die Bewertung von Nachlassgegenständen – von außergewöhnlichen Verhältnissen abgesehen – am tatsächlich erzielten Verkaufserlös zu orientieren. Da jede Schätzung mit einem Unsicherheitsfaktor belastet ist, hält der BGH nach gefestigter Rechtsprechung die Schätzung für nachrangig, wenn ein Verkauf erfolgt ist. Dem Pflichtteilsberechtigen bleibt jedoch der Nachweis gestattet, dass der Verkaufserlös den Verkehrswert zum Todestag unrichtig widerspiegelt (BGH, NJW 2011, 1004).

Verkauf des Nachlassgegenstands

Außergewöhnliche Umstände liegen u.U. dann vor, wenn etwa der Erbe und der Käufer zum Nachteil des Pflichtteilsberechtigten kollusiv zusammenwirken. Die Veräußerung an nahe Verwandte allein rechtfertigt jedoch noch nicht die Annahme außergewöhnlicher Umstände (Riedel, in: Damrau, Praxiskommentar Erbrecht, § 2311 BGB Rdnr. 74).

Die Rechtsprechung zu der Frage, wann eine **Veräußerung** als **zeitnah** zum Erbfall anzusehen ist, ist uneinheitlich und liegt im richterlichen Ermessen. Selbst ein fünf Jahre nach dem Erbfall erzielter Kaufpreis kann relevant sein (BGH, NJW-RR 1993, 131). Es kommt auf den Einzelfall an.

Zeitnaher Verkauf

Ob diese Rechtsprechung des BGH auch den Wertermittlungsanspruch in der Auskunftsstufe entfallen lässt, ist noch nicht geklärt. Das OLG Frankfurt hält auch im Verkaufsfall einen Anspruch auf Einholung eines Wertgutachtens für gegeben (OLG Frankfurt, ZEV 2011, 379).

Wertermittlungsanspruch kann trotz Veräußerung bestehen bleiben

Warnhinweis

Weisen Sie den pflichtteilsberechtigten Mandanten vor Klageerhebung auf die ungefestigte Rechtsprechung hin und nehmen Sie diese zum Anlass, auf einen Vergleich hinzuwirken.

Ergebnis:

Ihrer Mandantin steht trotz Veräußerung der Nachlassimmobilie gem. § 2314 Abs. 1 Satz 2 zweite Alternative BGB gegen die Alleinerbin ein Anspruch auf Wertermittlung durch Einholung eines Sachverständigengutachtens zu.

Sachverhalt | Checkliste | Lösung | **Verfahren** | Muster

Erster Schritt

Der Erbe ist unter Fristsetzung außergerichtlich zur Vorlage eines Sachverständigengutachtens aufzufordern.

Klage auf Wertermittlung

Weigert sich der Erbe, ein Gutachten in Auftrag zu geben, muss der Prozessweg beschritten werden.

Leistungsklage

Der Pflichtteilsberechtigte kann den Wertermittlungsanspruch prozessual auf verschiedene Weise geltend machen. Er kann, wenn der Nachlass sonst abschließend bekannt ist und die Beteiligten ausschließlich über den Wert eines Nachlassgegenstands streiten, den Wertermittlungsanspruch isoliert im Wege der Leistungsklage verfolgen. Rechtshängig ist dann lediglich der Wertermittlungsanspruch aus § 2314 Abs. 1 Satz 2 zweite Alternative BGB. Hier droht jedoch die **Gefahr der Verjährung**, da die ausschließliche Geltendmachung des Wertermittlungsanspruchs die Verjährungsfrist (wie auch bei der isolierten Auskunftsklage, vgl. Mandatssituation 10.2, S. 645) nicht hemmt.

Verfolgung durch Stufenklage

Der Wertermittlungsanspruch kann auch im Wege der Stufenklage verfolgt werden, entweder als weitere Stufe zur Auskunftsstufe und i.V.m. Leistungsansprüchen oder als Stufenklage, die zunächst den Wertermittlungsanspruch in der ersten Stufe und in der Leistungsstufe den noch unbezifferten Pflichtteilsanspruch verfolgt.

Praxistipp

Wegen der kurzen Verjährungsfrist im Pflichtteilsrecht ist regelmäßig die Erhebung einer Stufenklage zu empfehlen. Denn nur die **Stufenklage** hemmt die Verjährung des Pflichtteilsanspruchs sofort gem. § 204 Abs. 1 Nr. 1 BGB, ohne dass der Pflichtteilsanspruch beziffert werden muss.

Klageantrag

Der Antrag muss so genau wie möglich gefasst sein. Es ist ungenügend, nur etwa Auskunft durch Vorlage eines Sachverständigengutachtens zu beantragen. Selbst wenn es zu einem Teilurteil käme, hätte dieses Urteil keinen vollstreckungsfähigen Inhalt. Der zu bewertende Gegenstand muss daher so konkret wie möglich beschrieben werden.

Der Pflichtteilsberechtige muss darlegen und auch beweisen, dass er pflichtteilsberechtigt ist. Er hat ferner die Darlegungs- und Beweislast, dass der zu bewertende Gegenstand zum Nachlass gehört (BGH, NJW 1984, 487; OLG Frankfurt, NJW-Spezial 2012, 712). Darlegungs- und Beweislast

Es ergeben sich keine Besonderheiten. Auf die Ausführungen in der Mandatssituation 10.2, S. 648 f. wird verwiesen. Zuständigkeit

Der Wertermittlungsanspruch bereitet – wie auch der Auskunftsanspruch – die eigentliche Leistungsstufe vor. Der Streitwert der Wertermittlung ist zu schätzen. Entscheidend kommt es auf das Interesse des Klägers an. Kann er ohne die Wertermittlungsklage seinen Pflichtteilsanspruch überhaupt nicht beziffern, hat er regelmäßig ein hohes Interesse, und der Streitwert richtet sich nach dem zu erwartenden Zahlungsanspruch. Streitwert

Es fallen drei Gerichtsgebühren an (Nr. 1210 KV GKG). Die Höhe richtet sich bei der Stufenklage zunächst nach der Wertermittlungsstufe; wenn der Zahlungsanspruch feststeht, bildet dieser den endgültigen Streitwert. Gerichtskosten

In der Regel fallen eine 1,3-Verfahrensgebühr und eine 1,2-Terminsgebühr an (§ 13 RVG; Nr. 3100, 3104 VV RVG). Für besonders umfangreiche Beweisaufnahmen kann eine 0,3-Zusatzgebühr gem. Nr. 1010 VV RVG entstehen. Schließen die Parteien einen Vergleich, entsteht zudem eine 1,0-Einigungsgebühr gem. § 13 RVG, Nr. 1000, 1003 VV RVG. Rechtsanwaltsvergütung

Für die Kostenentscheidung gelten keine Besonderheiten. Derjenige, der unterliegt, hat die Kosten zu tragen (§§ 91 ff. ZPO). Kostenentscheidung

Gegen das Schlussurteil, aber auch gegen jedes Teilurteil kann Berufung eingelegt werden, sofern die Berufungsvoraussetzungen vorliegen, insbesondere wenn der Wert des Beschwerdegegenstands 600 € übersteigt. Rechtsmittel

Sachverhalt | Checkliste | Lösung | Verfahren | Muster 1

Schreiben an Grundbuchamt

Amtsgericht Berlin-Mitte
– Grundbuchamt –
Straße, Hausnr./Postfach
PLZ Ort

Grundbuch von Berlin-Mitte, Blatt 1111 N

Sehr geehrte Damen und Herren,

ich vertrete Frau ..., wohnhaft in .... Eine Vollmacht füge ich im Original anbei.

Meine Mandantin ist die enterbte Tochter des Herrn ..., verstorben am .... Eine Kopie des Testaments und das Eröffnungsprotokoll vom ... füge ich bei. Meine Mandantin macht Pflichtteilsansprüche gegenüber der Alleinerbin, Frau ..., geltend.

Meiner Mandantin ist bekannt, dass zum Nachlass des Vaters auch die o.g. Immobilie gehört. Zum Zwecke der Geltendmachung der Pflichtteilsansprüche benötige ich einen unbeglaubigten Grundbuchauszug. Sollte das Grundstück weiterveräußert worden sein, bitte ich um Übersendung einer beglaubigten Abschrift des Vertrags. Das rechtliche Interesse meiner Mandantin ergibt sich aus vorstehendem Sachverhalt (vgl. auch LG Stuttgart, ZEV 2005, 313; OLG München, ZErb 2013, 42).

Ihnen gegenüber verbürge ich mich für die sofortige Zahlung aller Kosten.

Mit freundlichen Grüßen

Rechtsanwältin/Rechtsanwalt

Sachverhalt | Checkliste | Lösung | Verfahren | **Muster 2**

Stufenklage auf Wertermittlung und Zahlung

Landgericht
...
Straße, Hausnr./Postfach
PLZ Ort

Stufenklage auf Wertermittlung und Zahlung

der Frau ... wohnhaft

– Klägerin –

Prozessbevollmächtigte:

Rechtsanwältin/Rechtsanwalt ...

gegen

Frau ... wohnhaft

– Beklagte –

voraussichtliche Prozessbevollmächtigte:

Rechtsanwältin/Rechtsanwalt ...

wegen: Wertermittlung und Pflichtteilszahlung,

Namens und in Vollmacht der Klägerin erhebe ich Klage und

beantrage,

die Beklagte im Wege der

Stufenklage

zu verurteilen,

1) ein Verkehrswertgutachten zum ... zu der Immobilie in ... [Straße], ... [Stadt], eingetragen im Grundbuch von ..., Band ..., Gemarkung ..., Flur ..., Flurnummer ..., mit einer Größe von ... qm, von einem unparteiischen Sachverständigen einzuholen und der Klägerin vorzulegen,

2) nach Wertermittlung gemäß Klageantrag 1) an die Klägerin den Pflichtteil in Höhe einer Pflichtteilsquote von ... des sich nach dem Klageantrag zu 1 berechneten Nachlasswerts nebst ... % Zinsen über dem Basiszinssatz seit dem ... zu zahlen.

Begründung:

Die Klägerin ist die Tochter des Erblassers. Durch letztwillige Verfügung vom ... hat der Erblasser die Beklagte zu seiner Alleinerbin eingesetzt. Mit dem Tod des Erblassers und der enterbenden Verfügung zugunsten der Beklagten hat die Klägerin gem. § 2303 BGB einen Pflichtteilsanspruch gegen die Beklagte erworben.

Beweis: Testamentseröffnung des Amtsgerichts vom ...

– Anlage K 1 –

Nach außergerichtlicher Aufforderung der Klägerin hat die Beklagte Auskunft zum Bestand des Nachlasses erteilt.

Beweis: Bestandsverzeichnis vom ...

– Anlage K 2 –

Das Bestandsverzeichnis führt zwar u.a. das im Klageantrag zu Ziff. 1 näher bezeichnete Grundstück auf, enthält jedoch keine Angaben zum Wert des Grundstücks zum Todestag des Erblassers.

Beweis: wie vor

Die Beklagte wurde daraufhin durch Schreiben vom ... ausdrücklich aufgefordert, bis zum ... zum Wert des Grundstücks ein Sachverständigengutachten zum Stichtag (Todestag des Erblassers) vorzulegen.

Beweis: Schreiben vom ...

– Anlage K 3 –

Diese Frist verstrich ergebnislos.

Der Klägerin steht gem. § 2314 Abs. 1 Satz 2 zweite Alternative BGB ein Wertermittlungsanspruch gegen die Beklagte zu. Sie ist als leibliche Tochter des Erblassers pflichtteilsberechtigt.

Sie ist anhand der bislang vorgelegten Unterlagen und erteilten Informationen nicht in der Lage, den Wert der Immobilie abzuschätzen und ihren Pflichtteilsanspruch zu beziffern (wird weiter ausgeführt).

Den zunächst noch unbezifferten Pflichtteilsanspruch (Klageantrag zu 2) hat die Beklagte in Höhe des gesetzlichen Zinssatzes seit dem ... zu verzinsen (§§ 286 Abs. 1 und 2, 288 Abs. 1 BGB). Nach § 2317 Abs. 1 BGB entsteht der Pflichtteilsanspruch mit Eintritt des Erbfalls und kann sofort verlangt werden

(§ 271 Abs. 1 BGB). Durch Mahnschreiben vom ..., der Beklagten zugegangen am ..., ist der Pflichtteilanspruch zum ... fällig gestellt worden. Mit Zugang der Mahnung tritt Verzug auch dann ein, wenn der Pflichtteilsanspruch noch nicht beziffert werden kann (vgl. BGH, NJW 1981, 1729).

Beweis: Mahnschreiben vom ...

– Anlage K 4 –

Gerichtskosten i.H.v. ... € sind nach einem vorläufigen Wert des Wertermittlungsanspruchs i.H.v. 10.000 € (ca. 1/10 des Zahlungsanspruchs der Klägerin) per Verrechnungsscheck beigefügt (*Ausführungen zum Streitwert, wenn möglich*).

Sollte das Gericht noch weiteren Vortrag oder Beweisantritt für erforderlich halten, bitte ich um einen richterlichen Hinweis gem. § 139 ZPO.

Beglaubigte und einfache Abschrift anbei.

Rechtsanwältin/Rechtsanwalt

Mandatssituation 10.4: Pflichtteilsberechtigter Vermächtnisnehmer

Sachverhalt | Checkliste | Lösung | Verfahren | Muster

Die Mutter Ihres Mandanten ist verstorben. Sie war zum Zeitpunkt ihres Todes verwitwet und hinterließ zwei Söhne. Sie hat den Bruder Ihres Mandanten (Sohn 1) zum Alleinerben eingesetzt und Ihren Mandanten (Sohn 2) mit einem Vermächtnis bedacht. Sohn 1 hat Ihrem Mandanten bereits vollumfänglich Auskunft zum Nachlass der Mutter erteilt. Danach hat die Mutter einen Nettonachlasswert von 200.000 € hinterlassen. Der aktive Nachlass setzt sich ausschließlich aus Geldvermögen (Bankkonten/ Wertpapiere etc.) zusammen. Sohn 1 hat Ihren Mandanten unter Fristsetzung aufgefordert, sich zum Vermächtnis zu erklären.

Ihr Mandant fragt, was jetzt zu tun ist. Welche Ansprüche stehen ihm zu?

Das notarielle Testament der Erblasserin enthält folgende Regelung:

„Vermächtnisanordnung. Zu Lasten des Erben (Sohn 1) ordne ich vermächtnisweise an, dass mein Sohn 2 von meinem gesamten zum Todeszeitpunkt vorhandenen Geldvermögen einschließlich etwaiger Lebensversicherungen, soweit sie nicht durch namentliche Nennung eines konkreten Bezugsberechtigten einem Dritten zugewendet werden, abzgl. aller von mir herrührenden Schulden sowie der Beerdigungs- und Grabsteinkosten, jedoch ohne Abzug aller sonstigen Nachlassverbindlichkeiten i.S.d. § 1967 Abs. 2 BGB, die Hälfte erhält.

Das Vermächtnis ist jedoch dadurch aufschiebend bedingt, dass der Vermächtnisnehmer innerhalb von einem Monat nach Kenntniserlangung über die Eröffnung des heutigen Testaments durch das Nachlassgericht nach meinem Tode gegenüber dem bzw. den Erben wirksam erklärt hat, dass mit Erfüllung dieses Vermächtnisses alle seine Ansprüche an meinen Nachlass abgegolten sind und ihm insofern und betreffend mein lebzeitiges Vermögen bzw. von mir zu Lebzeiten getätigter Verfügungen keine weiter gehenden Ansprüche, insbesondere keine Pflichtteilsansprüche, Pflichtteilsergänzungsansprüche oder sonstige Ausgleichsansprüche mehr zustehen. Erklärt der Vermächtnisnehmer diesen Verzicht nicht oder nicht fristgerecht, entfällt das Vermächtnis ersatzlos.

Das Vermächtnis fällt erst dann an, wenn der Vermächtnisnehmer gemäß der vorstehenden Bedingung den von mir geforderten Verzicht gegenüber dem bzw. den Erben erklärt hat. Das Vermächtnis ist innerhalb von einem Monat hiernach zu erfüllen.“

Sachverhalt | **Checkliste** | Lösung | Verfahren | Muster

Notieren Sie vorsorglich die Verjährungsfristen für den Pflichtteilsanspruch sowie für das Vermächtnis!	☐
Sind dem Mandanten weitere letztwillige Verfügungen seiner Mutter bekannt?	☐
Hat der Mandant Kenntnis über die Vermögensverhältnisse der Erblasserin (Zusammensetzung des Nachlasses, Immobilien, Barvermögen, Bankkonten etc.)?	☐
Wenn nicht, sollten unter Fristsetzung gegenüber dem Erben Auskunfts- und Wertermittlungsansprüche gem. § 2314 BGB geltend gemacht werden!	☐
Ist der Mandant vom Alleinerben zur Annahme des Vermächtnisses aufgefordert worden?	☐
Hat er bereits die Erfüllung des Vermächtnisses eingefordert oder Zahlungen entgegengenommen?	☐

Sachverhalt | Checkliste | **Lösung** | Verfahren | Muster

1. Schritt: Pflichtteilsberechtigung prüfen

§ 2307 BGB regelt die Reaktionsmöglichkeiten des Pflichtteilsberechtigten für den Fall, dass er enterbt und ihm ein Vermächtnis zugewandt worden ist. Es ist daher zunächst die Pflichtteilsberechtigung festzustellen. Als Sohn der Erblasserin gehört der Mandant zum Kreis der Pflichtteilsberechtigten (§ 2303 BGB). Da er durch die Verfügung von Todes wegen von der Erbfolge ausgeschlossen wurde, steht ihm gem. § 2303 BGB ein Pflichtteilsrecht zu.

2. Schritt: Pflichtteilsquote feststellen

Die Erblasserin war verwitwet. Die Söhne teilen sich den Nachlass der Mutter als Erben der ersten Ordnung zu gleichen Teilen (§ 1924 Abs. 1 und 4 BGB). Gemäß § 2303 Abs. 1 Satz 1 BGB beträgt die Höhe des Pflichtteils die Hälfte des Werts des gesetzlichen Erbteils. Auf ihren Mandanten entfällt daher eine Quote von 1/4.

Vermächtnis zugewandt?

Der Tatbestand des § 2307 BGB setzt voraus, dass dem Pflichtteilsberechtigten ein Vermächtnis hinterlassen worden ist. Ein Vermächtnis ist die testamentarische Zuwendung eines Vermögensvorteils durch den Erblasser (§ 1939 BGB). Ihrem Mandanten wurde der hälftige Anteil am gesamten Geldvermögen der Mutter – jedoch ohne Erbeinsetzung – und damit ein Vermächtnis zugewandt.

Vermächtnis ausschlagen?

§ 2307 BGB sieht ein unbeschränktes Wahlrecht zugunsten des Pflichtteilsberechtigten vor. Der Pflichtteilsberechtigte kann das **Vermächtnis annehmen oder ausschlagen.** Schlägt er das Vermächtnis aus, gilt dessen Anfall als nicht erfolgt (§ 2180 Abs. 3 i.V.m. § 1953 Abs. 1 BGB). Der Pflichtteilsberechtige kann den vollen Pflichtteil geltend machen. Die Entscheidung ist für den Pflichtteilsberechtigten regelmäßig schwierig und immer einzelfallabhängig. Der Pflichtteilsberechtigte wird den Wert des ihm zugewandten Vermächtnisses zum Zeitpunkt des Erbfalls und seinen Pflichtteilsanspruch/Pflichtteilsergänzungsanspruch vergleichen müssen. Ihm steht hierfür der Auskunftsanspruch gem. § 2314 BGB zu. Ist dem Mandanten der Wert des Nachlasses unbekannt, sind zunächst Auskunftsansprüche gegenüber dem Erben geltend zu machen (vgl. hierzu Mandatssituation 10.2, S. 641 ff.).

Praxistipp

Achten Sie bei der Geltendmachung der Auskunftsansprüche darauf, dass Sie Ihrem Schreiben keine Formulierungen hinzufügen, die als Annahme des Vermächtnisses verstanden werden könnten. Stellen Sie im Zweifel klar, dass mit der Geltendmachung der Auskunftsansprüche keine Erklärungen zur Annahme oder Ausschlagung des Vermächtnisses verbunden sind.

Können Sie nach Auskunftserteilung die Höhe des Pflichtteilsanspruchs Ihres Mandanten beurteilen und wurde diesem z.B. ein Vermächtnis mit zweifelhaftem Wert vermacht, wird die Ausschlagung des Vermächtnisses der richtige Weg sein. Im Beratungsfall kommt es auf eine Vergleichsrechnung an.

Beispiel

Die Pflichtteilsquote des Mandanten beträgt 1/4. Bei einem Nachlasswert von 200.000 € beträgt sein Pflichtteilsanspruch daher 50.000 €. Das ihm zugewandte Vermächtnis entspricht wertmäßig 100.000 €.

Zwischenergebnis

Das Ihrem Mandanten zugewandte Vermächtnis stellt sich wertmäßig günstiger dar als der Pflichtteilsanspruch.

Pflichtteilsrestanspruch

Nimmt der Pflichtteilsberechtigte das Vermächtnis an, steht ihm u.U. ein Pflichtteilsrestanspruch gem. § 2305 BGB zu. Dieser errechnet sich aus der Differenz zwischen dem ihm zugewandten Vermächtnis und seinem Pflichtteil. Bleibt das Vermächtnis wertmäßig hinter seinem Pflichtteil zurück, steht ihm die Differenz zu.

Beispiel

In der Mandatssituation befindet sich im Nachlass zusätzlich zum Barvermögen eine Immobilie mit einem Verkehrswert i.H.v. 700.000 €.

Pflichtteilsanspruch des Mandanten:

Realnachlass	= 900.000 € (200.000 € + 700.000 €)
Pflichtteilsquote 1/4	= 225.000 € (Pflichtteilsanspruch)
	./. 100.000 € (Vermächtnis)
	125.000 € Pflichtteilsrestanspruch (§ 2305 BGB)

Sachverhalt | Checkliste | Lösung | Verfahren | Muster

Annahmeerklärung

Die **Annahme** des Vermächtnisses kann erst **nach** dem Erbfall, jedoch **formlos** erfolgen.

Konkludente Annahme?

Aufgrund des nicht vorgeschriebenen Formerfordernisses kann die Annahme eines Vermächtnisses auch durch schlüssiges Verhalten gegenüber dem Erben erklärt werden (vgl. Palandt/Weidlich, § 2180 Rdnr. 1). Hat der Pflichtteilsberechtigte das Vermächtnis angefordert oder auch kommentarlos entgegengenommen, kann hierin bereits eine konkludente Annahme zu sehen sein (OLG Stuttgart, ZEV 1998, 24).

Konkludente Ausschlagung?

Umgekehrt kann der pflichtteilsberechtigte Vermächtnisnehmer auch durch konkludentes Handeln das ihm zugewandte Vermächtnis ausschlagen (vgl. z.B. OLG Köln, Beschl. v. 05.12.2005 – 2 U 103/05, FamRZ 2007, 169). Ob die Ausschlagung des Vermächtnisses vom Pflichtteilsberechtigten – etwa durch die Geltendmachung des Pflichtteilsanspruchs – gewollt war, hängt jedoch **immer** von den Umständen des konkreten Falls ab (vgl. Staudinger/Haas, § 2307 Rdnr. 12).

Grundsätzlich: keine Ausschlagungs- oder Annahmefrist für Vermächtnisse

Sind die Voraussetzungen des § 2307 BGB erfüllt, steht dem Pflichtteilsberechtigten ein Wahlrecht zu. Der Pflichtteilsberechtigte kann das Vermächtnis ausschlagen oder es annehmen. Beide Erklärungen sind vom Gesetz her weder form- noch fristgebunden, jedoch empfangsbedürftig und bedingungsfeindlich.

Warnhinweis

Haftungsfalle

Auch wenn die Erklärung zur Annahme oder Ausschlagung des Vermächtnisses nicht fristgebunden ist, sollte vorsorglich die Verjährungsfrist des Pflichtteilsanspruchs beachtet und notiert werden. Die **Verjährungsfrist beginnt** mit Kenntnis der verjährungserheblichen Tatsachen (Kenntnis vom Tod des Erblassers und beeinträchtigende Verfügung) und **nicht** erst mit der Ausschlagung des Vermächtnisses. Der Zeitraum, währenddessen sich der Pflichtteilsberechtigte zur Ausschlagung oder Annahme eines Vermächtnisses entschieden hat, **hemmt nicht** die mit dem Erbfall beginnende **Verjährungsfrist** für den Pflichtteilsanspruch (§ 2332 Abs. 2 BGB).

Gesetzliche Fiktion nach Ablauf einer Erklärungsfrist

Trotz gesetzlich nicht vorgesehener Annahme- oder Ausschlagungsfrist kann der mit dem Vermächtnis beschwerte Erbe dem Pflichtteilsberechtigten gem. § 2307 Abs. 2 BGB eine angemessene Frist zur Erklärung über die Annahme setzen. Erklärt der Pflichtteilsberechtigte nicht fristgemäß die Annahme des Vermächtnisses, gilt nach Ablauf dieser Frist gem. § 2307 Abs. 2 BGB das Vermächtnis als ausgeschlagen. Der Pflichtteilsberechtigte ist dann auf die Geltendmachung seines Pflichtteilsanspruchs beschränkt.

Praxistipp

Aufgrund der Rechtsfolgen der gesetzlichen Fiktion sollte eine vom Erben oder vom Erblasser gesetzte Erklärungsfrist wie eine **Notfrist** behandelt werden. Notieren Sie diese sofort und mit entsprechender Vorfrist. Weisen Sie Ihren Mandanten schriftlich auf den Lauf/Ablauf und die damit verbundenen Rechtsfolgen hin.

Im Beratungsfall hatte die Erblasserin das **Vermächtnis unter der aufschiebenden Bedingung** angeordnet, dass Ihr Mandant auf weitere Ansprüche (Pflichtteilsrestansprüche, Pflichtteilsergänzungsansprüche) verzichtet. Das Vermächtnis kommt somit nur zur Entstehung, wenn der Pflichtteilsberechtigte diesen Verzicht erklärt. Eine solche Gestaltung ist zulässig (Staudinger/Haas, § 2307 Rdnr. 22), denn dem Pflichtteilsberechtigten bleibt regelmäßig die Entscheidung überlassen, das Vermächtnis auszuschlagen und anstelle dessen den vollen Pflichtteil zu verlangen (BayObLG v. 08.12.2003 – 1 ZBR 107/02, BayObLGZ 2003, 338).

Ergebnis

Da das Vermächtnis für den Mandanten vorteilhafter ist als die Durchsetzung seines Pflichtteilsanspruchs, sollte das Vermächtnis innerhalb der gesetzten Frist angenommen und eingefordert werden.

Sachverhalt | Checkliste | Lösung | Verfahren | Muster

Annahmeschreiben an beschwerten Erben

Einschreiben/Rückschreiben

Herrn
...
Straße, Hausnr./Postfach
PLZ Ort

Nachlass Ihrer am ... verstorbenen Mutter, Frau ...

Sehr geehrter Herr ...,

ich vertrete Herrn ... in obiger Nachlassangelegenheit. Vollmacht im Original anbei.

Am ... ist Ihre gemeinsame Mutter, Frau ..., in ... verstorben.

Mit Verfügung vom ..., meinem Mandanten zugegangen am ..., ist diesem das notarielle Testament der Mutter vom ... durch das Nachlassgericht ... übersandt worden. Gemäß § ... des Testaments hat die Mutter folgende Anordnung getroffen:

„IV. Vermächtnisanordnung

[wird ausgeführt]"

Dies vorausgeschickt, erkläre ich namens und in Vollmacht meines Mandanten, Herrn ..., dass dieser das Vermächtnis gemäß der oben ausgeführten Vermächtnisanordnung annimmt.

Ich erkläre namens und in Vollmacht meines Mandanten außerdem, dass mit Erfüllung des Vermächtnisses vom ... die Ansprüche meines Mandanten am Nachlass der Mutter als abgegolten anzusehen sind und ihm keine weiter gehenden Ansprüche, insbesondere keine Pflichtteilsansprüche, Pflichtteilsergänzungsansprüche oder sonstige Ausgleichungsansprüche mehr zustehen.

Ich habe Sie aufzufordern, nunmehr folgende Zahlung bis zum ... auf folgendes Konto meines Mandanten zu leisten: (wird ausgeführt)

Vorsorglich weise ich ferner darauf hin, dass das Vermächtnis gemäß der Anordnung der Erblasserin innerhalb eines Monats nach Zugang der Verzichtserklärung fällig ist. Sollten Sie also nicht bis zum ... gezahlt haben, kommen Sie mit Ablauf des ... in Verzug und haben für den Verzugszeitraum neben der Vermächtnisforderung auch Zinsen i.H.v. 5 % über dem Basiszinssatz zu zahlen.

Mit freundlichen Grüßen

Rechtsanwältin/Rechtsanwalt

Mandatssituation 10.5: Pflichtteilsergänzung bei Zuwendungen des Erblassers

Sachverhalt | Checkliste | Lösung | Verfahren | Muster

Die verwitwete Erblasserin hat ihre beiden Kinder enterbt und ihre Enkeltochter zur Alleinerbin eingesetzt. Die Alleinerbin hat ein notarielles Nachlassverzeichnis überreicht. Aus diesem geht hervor, dass die Erblasserin der Alleinerbin im April 2010 eine Eigentumswohnung überschrieben hat. Die Erblasserin behielt sich an dieser Wohnung ein lebenslanges unentgeltliches Nießbrauchsrecht vor. Sie war zum Zeitpunkt der Übertragung 77 Jahre alt. In dem notariellen Übertragungsvertrag wird der Wert des Nießbrauchs mit 8.000 € (jährlich) angegeben. Der Wert der Eigentumswohnung betrug zu diesem Zeitpunkt unstreitig 100.000 €. Die Erblasserin verstarb am 14.04.2013. Der Wert der Immobilie zum Zeitpunkt des Erbfalls betrug 150.000 €.

Der Sohn der Erblasserin beauftragt Sie mit der Durchsetzung seiner Pflichtteilsansprüche, dabei besteht kein Handlungsbedarf hinsichtlich des ordentlichen Pflichtteilsanspruchs. Es besteht Streit über die Frage, ob die Übertragung der Eigentumswohnung Pflichtteilsergänzungsansprüche auslöst.

Sachverhalt | **Checkliste** | Lösung | Verfahren | Muster

Die Abstammung des Mandanten von der Erblasserin ist mit Personenstandsurkunden zu belegen.	☐
Wann (genaues Datum!) und wie hat der Mandant nachweisbar vom Tod der Erblasserin erfahren (gibt es Schriftverkehr, Briefe, Briefumschläge, Traueranzeigen etc.)?	☐
Vorsorglich die Verjährungsfrist gem. § 2332 BGB berechnen und notieren!	☐
Hat der Mandant Kenntnis über die Vermögensverhältnisse und den Güterstand der Erblasserin (Zusammensetzung des Nachlasses, Immobilien, Barvermögen, Bankkonten etc./Ehevertrag)?	☐
Sind dem Mandanten lebzeitige Verfügungen des Erblassers bekannt?	☐
Grundbuchauszug, Übertragungsvertrag beim Grundbuchamt anfordern!	☐

Sachverhalt | Checkliste | **Lösung** | Verfahren | Muster

1. Besteht ein Pflichtteilsergänzungsanspruch gem. § 2325 BGB?

Zweck der Vorschrift

§ 2325 BGB soll den Pflichtteilsberechtigten davor schützen, dass der Erblasser durch Zuwendungen zu Lebzeiten sein Vermögen aushöhlt. **§ 2325 BGB** stellt als **selbständiger, außerordentlicher Pflichtteilsanspruch** zwei Voraussetzungen auf:

- Der Erblasser muss den Nachlass durch eine Schenkung gemindert haben und
- der Anspruchsteller muss zum Kreis der Pflichtteilsberechtigten gehören.

1.1 Anspruchsvoraussetzung: Pflichtteilsberechtigung

Gläubiger

Ihr Mandant ist als Abkömmling der Erblasserin (§ 1924 Abs. 1 BGB) von der Erbfolge ausgeschlossen. Ihm steht ein Pflichtteilsanspruch gem. § 2303 BGB zu.

Pflichtteilsquote

Die Erblasserin war zum Zeitpunkt ihres Todes verwitwet. Ihr Mandant und das andere Geschwisterkind sind ihre einzigen Abkömmlinge. Gemäß § 1924 Abs. 4 BGB erben die Kinder des Erblassers jeweils zu gleichen Teilen, mithin jeder 1/2 des Nachlasses. Ihrem Mandanten steht daher – wie auch dem anderen Abkömmling – eine Pflichtteilsquote i.H.v. einem 1/4 zu (§ 2303 Abs. 1 BGB).

1.2 Anspruchsvoraussetzung: Schenkung

Definition: Schenkung

§ 2325 BGB setzt eine Schenkung **gem. § 516 BGB** voraus. Von einer Schenkung ist auszugehen, wenn der Empfänger durch die Zuwendung eines Vermögensvorteils **objektiv bereichert** ist und Schenker und Beschenkter sich über die Unentgeltlichkeit der Leistung einig sind. Ob eine Zuwendung entgeltlich oder unentgeltlich ist, bestimmen letztlich die Vertragsparteien im Rahmen der zwischen ihnen getroffenen Vereinbarungen (**subjektive Einigkeit**).

Unanwendbarkeit der Pro-Rata-Regelung

Durch die Einräumung des lebenslangen Nießbrauchrechts zugunsten der Erblasserin fehlt es an der wirtschaftlichen Ausgliederung des zugewendeten Gegenstands („Genuss-Rechtsprechung" des BGH, NJW 1994, 1791). Die **Frist** des § 2325 Abs. 3 BGB **läuft nicht** an und die **Pro-Rata-Regelung** ist nicht anzuwenden.

Lebzeitige Zuwendungen des Erblassers sind gestattet

Grundsätzlich ist es jedem Erblasser gestattet, Vermögensgegenstände bereits zu Lebzeiten zu übertragen (**lebzeitige Zuwendungen**). Die mit Rücksicht auf die künftige Erbfolge vorgenommene Übertragung von Vermögenswerten auf einen oder mehrere Empfänger, die als Erben vorgesehen sind, wird als **vorweggenommene Erbfolge** bezeichnet.

Übergabevertrag

Eine typische Vertragsgestaltung ist der Übergabevertrag. Charakteristisch für diesen Vertragstypus ist, dass der Übernehmer (Beschenkte) bestimmte Verpflichtungen übernimmt. So kann er sich dazu verpflichten, Pflegedienste zugunsten des Übergebers oder Abfindungszahlungen an seine Geschwister zu leisten. Häufig behält sich der Übergeber auch einen Nutzungsvorbehalt am übergebenen Gegenstand vor. Diese übernommenen Gegenleistungen haben **entgeltlichen Charakter** und können den Wert der ergänzungspflichtigen Zuwendung deutlich reduzieren. Einigen sich die Parteien darauf, dass die Gegenleistung des Übernehmers mit der Leistung des Übergebers gleichwertig ist (Äquivalenz), liegt **keine** ergänzungspflichtige Schenkung vor.

Gemischte Schenkungen

Wenn jedoch ein Teil der unentgeltlichen Zuwendung nicht durch die Gegenleistung abgegolten ist, liegt eine sogenannte **gemischte Schenkung** vor (BGH, NJW-RR 1993, 773, 774). Relevant für den **Ergänzungspflichtteil nach § 2325 BGB** ist dann der Schenkungsanteil, also der Teil, der nicht mehr von der Gegenleistung gedeckt ist. Ob Leistung und Gegenleistung gleichwertig sind, richtet sich dabei grundsätzlich nach der maßgeblichen subjektiven Wertung der Parteien, ist also Ausfluss ihrer Vertragsfreiheit (BGH, NJW 1995, 1349). Allerdings ist es nicht möglich, **willkürlich** eine Entgeltlichkeit nach außen zu beschreiben, wenn objektiv keine gegeben ist (BGH, NJW 1961, 604). Der Schutz zugunsten des Pflichtteilsberechtigten beginnt da, wo die Gegenleistung des Zuwendungsempfängers im Verhältnis zur Zuwendung auffällig **niedrig** und offensichtlich **willkürlich bemessen** ist.

2. Wie ist der Anspruch zu beziffern?

2.1 Bewertung einer Schenkung verbrauchbarer Sachen

Verkehrswert

Steht eine Schenkung fest, ist sie zu bewerten, damit der Ergänzungsanspruch – der vom Erben in Geld auszugleichen ist – beziffert werden kann. Auszugehen ist grundsätzlich vom Verkehrswert. Soweit es sich um **verbrauchbare Sachen**, wie z.B. Geld, Wertpapiere etc. handelt, ordnet § 2325 Abs. 2 Satz 1 BGB die Bewertung mit ihrem gemeinen Wert zum Tag der unentgeltlichen Hingabe an.

2.2 Bewertung einer Schenkung nicht verbrauchbarer Sachen

Niederstwertprinzip

Komplizierter ist die Bewertung bei nicht verbrauchbaren Gegenständen, wie z.B. Grundstücken, Kunstgegenständen, Schmuck etc. **§ 2325 Abs. 2 Satz 2 BGB** sieht für die Bewertung das Niederstwertprinzip vor. Danach ist der Wert zum Zeitpunkt des Schenkungsvollzugs (inflationsbereinigt) und der Wert zum Zeitpunkt des Erbfalls festzustellen und zu vergleichen. Bei divergierenden Werten ist der niedrigere anzusetzen (BGH, ZEV 2003, 416). Zielrichtung des Niederstwertprinzips ist nach der Vorstellung des Gesetzgebers, dass der Pflichtteilsberechtigte nicht an den Wertsteigerungen der verschenkten Sache partizipiert. Hat die verschenkte Sache an Wert verloren, muss er dies durch die Reduzierung seiner tatsächlichen Pflichtteilsquote hinnehmen (Pawlytta, in: Mayer/Süß/Tanck/Bittler/Wälzholz, Handbuch Pflichtteilsrecht, § 7 Rdnr. 98).

2.3 Bewertung einer Immobilienschenkung unter Einräumung eines Nutzungsvorbehalts

Bewertungsschritte des BGH

Wurden – wie in der Mandatssituation – am verschenkten Grundstück auch Nutzungsrechte vorbehalten (z.B. ein lebenslänglicher Nießbrauch oder ein Wohnungsrecht), ist nach gefestigter Rechtsprechung des BGH das vereinbarte Nutzungsrecht nur dann schenkungswertmindernd abzuziehen, wenn der Wert des verschenkten Gegenstands zum Zeitpunkt des Schenkungsvollzugs der geringere war (BGH, ZEV 2003, 416). Es ist daher in folgenden Bewertungsschritten vorzugehen:

- **Erster Bewertungsschritt:**
  Vergleich der Werte nach dem Niederstwertprinzip

Geringerer Wert entscheidend

Es ist der Wert zum Zeitpunkt der Schenkung, **ohne** Berücksichtigung des Werts des vorbehaltenen Nutzungsrechts, jedoch unter Berücksichtigung des Kaufkraftschwunds festzustellen und mit dem Wert zum Zeitpunkt des Erbfalls zu vergleichen.

Vergleichbarkeit herstellen

Um eine Vergleichbarkeit der Werte zum Zeitpunkt des Schenkungsvollzugs und zum Zeitpunkt des Erbfalls herstellen zu können, ist wie folgt vorzugehen:

Berechnungsformel

(1) Es ist zunächst der inflationsbereinigte Wert der Immobilie zum Zeitpunkt des Zuwendungsvollzugs festzustellen. Dieser berechnet sich nach folgender Formel:

$$\frac{\text{Wert zum Zeitpunkt der Zuwendung} \times \text{Lebenshaltungskostenindex im Erbfall}}{\text{Lebenshaltungskostenindex im Zeitpunkt des Zuwendungsvollzugs}}$$

Praxistipp

Die maßgeblichen Verbraucherpreisindices finden Sie unter: www.destatis.de. Sie können sich die Werte auch vom telefonischen Ansagedienst des Statistischen Bundesamts unter der Rufnummer 0611/752888 ansagen lassen.

Die Erblasserin übertrug der Alleinerbin im April 2010 die Eigentumswohnung im Wert von 100.000 €.

$$\frac{100.000\,€ \times 105{,}1\ \text{(Lebenshaltungskostenindex April 2013)}}{100\ \text{(Lebenshaltungskostenindex April 2010)}}$$

Der inflationsbereinigte Grundstückswert zum Zeitpunkt der Schenkung (April 2010) beträgt in der Mandatssituation also **105.100 €**.

(2) Der Grundstückswert zum Zeitpunkt des Erbfalls beträgt **150.000 €**.

(3) Vergleich: Nach der Vergleichsrechnung steht fest, dass der zum Zeitpunkt des Schenkungsvollzugs (April 2010) inflationsbereinigte Wert der geringere Wert ist.

Praxistipp

Maßgebend für den Zeitpunkt der Schenkung ist der Grundbuchvollzug, also der Tag der tatsächlichen Grundbucheintragung (BGH, ZEV 1996, 186, 188).

- **Zweiter Bewertungsschritt:**
  Nutzungsrecht ist zu kapitalisieren und abzuziehen

Ist – wie auch in der Mandatssituation – der Wert zum Zeitpunkt des Schenkungsvollzugs der niedrigere, ist wie folgt weiter vorzugehen:

Bewertung des vorbehaltenen Nutzungsrechts

Der Wert der vorbehaltenen Nutzung ist zu kapitalisieren. Der BGH geht dabei grundsätzlich von der statistischen Lebenserwartung des Schenkers/Übergebers aus. In Ausnahmefällen kann davon abgewichen werden (Pawlytta, in: Mayer/Süß/Tanck/Bittler/Wälzholz, Handbuch Pflichtteilsrecht, § 7 Rdnr. 123). Für die konkrete Berechnung ist der entsprechende Wert (Vervielfältiger) aus **Anlage 9 zu § 14 Bewertungsgesetz** zu entnehmen.

Praxistipp

Die jeweils aktuelle Tabelle finden Sie auf der Website des Bundesministeriums für Finanzen (www.bundesfinanzministerium.de) unter dem Menüpunkt: Service/Publikationen/BMF-Schreiben.

Zum Zeitpunkt der Übertragung im April 2010 war die Erblasserin 77 Jahre alt. Gemäß der Sterbetafel 2010 des Statistischen Bundesamts betrug **der maßgebliche Vervielfältiger** 8,29 (BMF-Schreiben v. 01.10.2009 – IV C 2 – S 3104/09/10001). Dieser Vervielfältiger ist mit dem Jahreswert des Nießbrauchs von 8.000 € zu multiplizieren. Der somit ermittelte – abstrakte – kapitalisierte Nutzungswert ergibt insgesamt einen Wert i.H.v. 66.320 € (8.000 € x 8,29 = 66.320 €). Dieser Betrag ist von dem Wert zum Zeitpunkt des Schenkungsvollzugs abzuziehen, so dass sich ein ergänzungspflichtiger Restwert wie folgt ergibt:

Wert der ETW (2010) (ohne Inflationsausgleich)	100.000 €
abzgl. kapitalisierter Nießbrauch	66.320 €
pflichtteilsergänzungspflichtiger Restwert	33.680 €

Der ermittelte Restwert i.H.v. 33.680 € ist inflationsbereinigt auf den Todestag umzurechnen (BGH, NJW 1992, 2887):

$$\frac{33.680 \times 105{,}1 \text{ (Index April 2013)}}{100 \text{ (Index April 2010)}} = 35.397{,}68 \text{ €}$$

Ergebnis

Pflichtteilsergänzungspflichtig ist nur der Restwert (Differenz zwischen Zuwendungswert und Wert des Nießbrauchs; inflationsbereinigt). Aus diesem Wert errechnet sich der Pflichtteilsergänzungsanspruch des Mandanten. Bei einer Pflichtteilsquote von 1/4 steht ihm gegenüber der Erbin ein Pflichtteilsergänzungsanspruch von insgesamt **8.849,42 €** (35.397,68 x 1/4) zu.

Es wird zunächst auf die Ausführungen zum Verfahren zur Mandatssituation 10.2, S. 644 ff. verwiesen.

Aufforderung zur Auskunft- und Wertermittlung

Da sich der Auskunfts- und Wertermittlungsanspruch gem. § 2314 BGB auch auf die Schenkungen des Erblassers bezieht (BGH, NJW 1962, 245), ist der Erbe zunächst zur Auskunft und ggf. zur Wertermittlung aufzufordern. Es wird auf die diesbezüglichen Ausführungen zur Mandatssituation 10.2, S. 641 ff. und Mandatssituation 10.3, S. 657 ff. verwiesen.

Klage auf Pflichtteilsergänzung

Weigert sich der Erbe, den Pflichtteilsergänzungsanspruch zu erfüllen, muss Zahlungsklage erhoben werden. Will der in Anspruch genommene Erbe auch kein Wertgutachten in Auftrag geben, sollte die Stufenklage erhoben werden. Auf die diesbezüglichen Ausführungen zur Mandatssituation 10.3, S. 660 f. wird verwiesen.

Klageantrag

Es ist ein Antrag auf Zahlung geltend zu machen, da der Pflichtteilsergänzungsanspruch ein auf Geld gerichteter Anspruch ist.

Warnhinweis

Erhebt der in Anspruch genommene Erbe im Pflichtteilsergänzungsprozess die **Einrede der Dürftigkeit des Nachlasses** und **beantragt** einen **Haftungsbeschränkungsvorbehalt gem. § 780 ZPO**, muss darauf sofort prozessual reagiert werden, ansonsten wird die Klage abgewiesen (BGH, ZEV 2000, 274). Ist der Erbe zugleich auch Beschenkter, ist von der Zahlungsklage zu einem Anspruch auf Duldung der Zwangsvollstreckung in den verschenkten Gegenstand überzugehen. Diese Klageänderung ist nach BGH zulässig (BGH, NJW 1974, 1327).

Formulierungsbeispiel

Nach Erhebung der Dürftigkeitseinrede wird im Wege der Klageänderung der Klageantrag wie folgt umgestellt:

„Die Beklagte wird verurteilt, die Zwangsvollstreckung in das Grundstück XYZ, eingetragen im Grundbuch von ..., Band ..., Blatt ..., Flurstück-Nr. ..., mit einer Größe von ... qm zum Zwecke der Befriedigung des dem Kläger zustehenden Anspruchs i.H.v. ... € nebst Zinsen i.H.v. von fünf Prozentpunkten über dem Basiszinssatz seit Rechtshängigkeit zu dulden.“

Warnhinweis

Steht bereits fest, dass der Erbe zugleich auch Beschenkter ist, ist in der Klage ausdrücklich klarzustellen, dass der Beklagte sowohl aus § 2325 BGB als auch aus § 2329 BGB in Anspruch genommen wird. Unterbleibt eine Inanspruchnahme des Erben/Beschenkten aus der Vorschrift des § 2329 BGB, und beruft sich der Erbe im Laufe des Verfahrens auf die Dürftigkeit des Nachlasses, kann der Anspruch aus § 2329 BGB wegen des unterschiedlichen Anlaufs der Verjährungsfristen unbemerkt verjähren (vgl. auch Kapitel 10.A.1, S. 611).

Darlegungs- und Beweislast

Der Anspruchsteller, der einen Pflichtteilsergänzungsanspruch verfolgt, muss darlegen und auch beweisen, dass der Erblasser einen bestimmten Gegenstand **verschenkt** hat. Er hat den Wert der Schenkung und insbesondere die Unentgeltlichkeitsabreden zwischen Erblasser und Beschenktem darzulegen und zu beweisen. Gelingt es dem Anspruchsteller, bei der Bewertung der sogenannten gemischten Schenkung das Gericht von dem **groben Missverhältnis** zwischen den ausgetauschten Leistungen zu überzeugen, obliegt es dem Erben, die Vermutung der Unentgeltlichkeit zu erschüttern. Im Rahmen dieser **Beweiserleichterung** (nicht zu verwechseln mit der Beweislastumkehr!) zugunsten des Pflichtteilsberechtigten, hat nun der auf Pflichtteilsergänzung in Anspruch Genommene die seinerzeit für die Bewertung maßgebenden Vorstellungen der Beteiligten darzulegen (BGH, NJW 1981, 2458; BGH, NJW 2002, 2469).

Sachverhalt | Checkliste | Lösung | Verfahren | **Muster**

Pflichtteilsergänzungsklage

Landgericht
...
Straße, Hausnr./Postfach
PLZ Ort

Klage

des Herrn ...

– Klägers –

Prozessbevollmächtigte: ...

gegen

Frau ...

Beklagte,

wegen Pflichtteilsergänzung

Streitwert: 8.849,42 €

Namens und in Vollmacht des Klägers erhebe ich Klage und werde **beantragen**:

1. Die Beklagte wird verurteilt, an den Kläger einen Betrag i.H.v. 8.849,42 € zzgl. 5 % Zinsen über dem Basiszinssatz seit Rechtshängigkeit der Klage zu zahlen.
2. Die Kosten des Rechtsstreits trägt die Beklagte.
3. Für den Fall der Anordnung des schriftlichen Vorverfahrens beantrage ich schon jetzt den Erlass eines Versäumnisurteils gem. § 331 Abs. 3 ZPO; für den Fall des Anerkenntnisses beantrage ich den Erlass eines Anerkenntnisurteils gem. § 307 Abs. 2 ZPO.

Begründung:

Der Kläger ist der leibliche Sohn der am 14.04.2013 in Berlin verstorbenen Erblasserin. Die Beklagte ist die Enkeltochter der Erblasserin. Durch handschriftliches Testament vom ... hat die Erblasserin die Beklagte zur Alleinerbin eingesetzt, so dass der Kläger von der gesetzlichen Erbfolge ausgeschlossen und enterbt ist.

Beweis: Handschriftliches Testament der Erblasserin vom ...

Mit notariellem Übertragungsvertrag vom 02.04.2010 übertrug die Erblasserin ihre Eigentumswohnung an die Alleinerbin.

Beweis: Beglaubigte Kopie des notariellen Übertragungsvertrags vom 02.04.2010; UR-Nr. .../2010

Die Erblasserin behielt sich an der übertragenen Wohnung ein lebenslanges unentgeltliches Nießbrauchrecht vor. Der Wert des Nießbrauchs wurde von den Vertragsbeteiligten mit 8.000 € (jährlich), der Wert der Eigentumswohnung mit 100.000 € angegeben.

Die Erblasserin ist am 14.04.2013 verstorben. Zu diesem Zeitpunkt betrug der Wert der Immobilie gemäß dem beigefügten Wertgutachten 150.000 €.

Beweis: Sachverständigengutachten vom ....

Die schenkungsweise Übertragung des Eigentums an der vorbezeichneten Eigentumswohnung ist ergänzungspflichtig. Trotz Eigentumsübergang ist die Zehnjahresfrist des § 2325 Abs. 3 BGB nicht angelaufen. Die Erblasserin hatte sich ein Nießbrauchsrecht vorbehalten. Nach der „Genuss-Rechtsprechung" des BGH hat sie damit den Schenkungsgegenstand nicht endgültig aus ihrem Vermögen ausgegliedert und ihn nur formal verloren (BGH, ZEV 1994, 233).

Dem Kläger steht somit wegen der unentgeltlichen Übertragung des Grundstücks an die Alleinerbin ein Pflichtteilsergänzungsanspruch zu. Dieser berechnet sich nach ständiger Rechtsprechung des BGH unter Anwendung des Niederwertprinzips wie folgt:

Grundstückswert zum Zeitpunkt der Schenkung	100.000 €
inflationsbereinigter Wert:	105.100 €
Grundstückswert zum Todestag:	150.000 €
Jahreswert des Nutzungsrechts:	8.000 €
Alter der Erblasserin zum Zeitpunkt der Schenkung	77 Jahre
Kapitalisierter Nutzungswert (8.000 € x 8,29 nach Anlage 9 zu § 14 Abs. 1 BewG)	66.320 €
Ergänzungspflichtiger Restwert:	
Grundstückswert zum Zeitpunkt der Schenkung	100.000 €
abzüglich kapitalisierter Nießbrauch	– 66.320 €
pflichtteilsergänzungspflichtiger Restwert:	33.680 €

Der somit ermittelte Restwert i.H.v. 33.680 € (Differenz zwischen Immobilien- und Nießbrauchswert) ist inflationsbereinigt auf den Todestag umzurechnen (BGH, NJW 1992, 2887):

$$\frac{33.680,00 \times 105,1 \text{ (Index April 2013)}}{100 \text{ (Index April 2010)}} = 35.397,68\ €$$

Beweis: Sachverständigengutachten

Damit beträgt der der Berechnung des Pflichtteilsergänzungsanspruchs des Klägers zugrunde zu legende fiktive Nachlasswert 35.397,68 €. Bei einer Pflichtteilsquote von 1/4 steht dem Kläger gegenüber der Beklagten somit ein Pflichtteilsergänzungsanspruch i.H.v. 8.849,42 € (35.397,68 € x 1/4) zu.

Dem Kläger steht der geltend gemachte Zinsanspruch zu. Die Beklagte hat den Betrag i.H.v. 8.849,42 € in Höhe des gesetzlichen Zinssatzes seit dem ... zu verzinsen (§§ 286 Abs. 1 und 2, 288 Abs. 1 BGB). Durch Schreiben vom ..., der Beklagten zugegangen am ..., ist der Pflichtteilergänzungsanspruch des Klägers zum ... fällig gestellt und die Beklagte zur Zahlung aufgefordert worden.

Beweis: Schreiben vom ...

Eine Zahlung ist nicht erfolgt, so dass Klage geboten ist.

Beglaubigte und einfache Abschrift anbei.

Rechtsanwältin/Rechtsanwalt

Mandatssituation 10.6: Die beschenkten Pflichtteilsberechtigten

Sachverhalt | Checkliste | Lösung | Verfahren | Muster

Der Mandant ist eines von drei Kindern. Es geht um den Nachlass seines im Jahr 2012 verstorbenen Vaters. Die Mutter ist vorverstorben, als der Mandant noch ein Kind war. Der Vater hat neu geheiratet. Die zweite Ehefrau (F) hat den Mandanten und seine Geschwister großgezogen und den Haushalt für den Erblasser geführt. Sie hat während der Ehe nur eine kleine eigene Altersvorsorge bilden können. Außerdem hat sie 15 Jahre lang unentgeltlich im Geschäft des Erblassers mitgearbeitet. Der Erblasser lebte mit F im gesetzlichen Güterstand der Zugewinngemeinschaft. Er hat sie zur Alleinerbin eingesetzt. F erhält eine monatliche Witwenrente von 3.000 € und eine eigene Rente von 400 €. Diese Rentenansprüche hatte sie bereits auch im Jahr 1995 zu erwarten. Es geht um die Würdigung verschiedener lebzeitiger Zuwendungen des Erblassers.

Über den Nachlass hat die F durch Vorlage eines notariellen Bestandsverzeichnisses Auskunft erteilt. Danach sind folgende Zuwendungen des Erblassers festzustellen:

- Der zweiten Ehefrau F hat der Erblasser im Jahr 1995 ein Grundstück zur Sicherung ihrer Altersvorsorge übertragen. Der Wert zum Zeitpunkt der Übertragung betrug 350.000 €, zum Zeitpunkt des Erbfalls 400.000 €.
- Der Schwester A hat der Erblasser anlässlich ihrer Hochzeit einmalig 1.000 € sowie jedes Jahr zu Weihnachten 100 € geschenkt.
- Bruder B erhielt sechs Monate vor dem Tod des Vaters einmalig 50.000 € zur Abwendung eines Insolvenzverfahrens.
- Ihr Mandant empfing im Jahr 1999 einmalig eine nicht näher bezeichnete Zuwendung i.H.v. 50.000 €.

Der Gesamtnachlass beträgt 50.000 €.

Der Mandant beauftragt Sie, unter Berücksichtigung der vorgenannten Zuwendungen seinen Pflichtteilsanspruch zu berechnen.

Sachverhalt | **Checkliste** | Lösung | Verfahren | Muster

Die Abstammung des Mandanten von dem Erblasser ist mit Personenstandsurkunden zu belegen.	☐
Wann (genaues Datum!) und wie hat der Mandant nachweisbar vom Tod des Erblassers erfahren (gibt es Schriftverkehr, Briefe, Briefumschläge, Traueranzeigen etc.)?	☐
Verjährungsfrist berechnen und notieren!	☐

Hat der Mandant Kenntnis über die Vermögensverhältnisse und den Güterstand des Erblassers (Zusammensetzung des Nachlasses, Immobilien, Barvermögen, Bankkonten etc./Ehevertrag)?	☐
Sind dem Mandanten weitere lebzeitige Verfügungen des Erblassers bekannt?	☐

Sachverhalt | Checkliste | **Lösung** | Verfahren | Muster

1. Besteht ein Pflichtteilsergänzungsanspruch gem. § 2325 BGB?

Der Pflichtteilsanspruch des Mandanten könnte sich erhöhen, wenn die Voraussetzungen eines Pflichtteilsergänzungsanspruchs vorlägen. **§ 2325 BGB** stellt als **selbständiger, außerordentlicher Pflichtteilsanspruch** zwei Voraussetzungen auf: Der Erblasser muss den Nachlass durch eine **Schenkung** gemindert haben und der Anspruchsteller muss zum Kreis der **Pflichtteilsberechtigten** gehören.

1.1 Anspruchsvoraussetzung: Pflichtteilsberechtigung

Ihr Mandant ist als Abkömmling der Erblasserin (§ 1924 Abs. 1 BGB) von der Erbfolge ausgeschlossen. Ihm steht ein Pflichtteilsanspruch gem. § 2303 BGB zu.

Pflichtteilsquote

Der Erblasser war im gesetzlichen Güterstand der Zugewinngemeinschaft verheiratet. Der zweiten Ehefrau steht daher gem. § 1931 Abs. 1 BGB neben den Kindern ein Viertel des Nachlasses sowie gem. § 1371 Abs. 1 BGB ein weiteres Viertel infolge des pauschalisierten Zugewinnausgleichs zu. Sie erbt mithin fiktiv insgesamt 1/2 des Nachlasses. Ihr Mandant und seine Geschwister teilen sich den restlichen Nachlass von 1/2. Gemäß § 1924 Abs. 4 BGB erben Kinder zu gleichen Teilen, mithin jeder 1/3. Ihrem Mandanten steht daher eine Pflichtteilsquote i.H.v. einem 1/6 zu (§ 2303 Abs. 1 BGB).

1.2 Anspruchsvoraussetzung: Schenkung

Ein Pflichtteilsergänzungsanspruch gem. § 2325 BGB ist nur dann relevant, wenn der Erblasser aus seinem Vermögen einem Dritten einen Vermögensvorteil zugewandt hat und der Zuwendungsempfänger objektiv bereichert ist. Auf die Ausführungen in der Mandatssituation 10.5, S. 671 wird verwiesen.

2. Ausschluss des Pflichtteilsergänzungsanspruchs wegen Pflicht- oder Anstandsschenkungen (§ 2330 BGB)?

Ausnahme: § 2330 BGB

§ 2330 BGB sieht vor, dass bestimmte Schenkungen des Erblassers nicht zu berücksichtigen sind. Damit nimmt der Gesetzgeber Rücksicht auf besondere persönliche Beziehungen des Erblassers bzw. seine individuellen Lebensumstände. Dazu gehören die sogenannten **Pflichtschenkungen** des Erblassers.

Pflichtschenkungen des Erblassers

Überträgt der Erblasser zu Lebzeiten Vermögenswerte, kann die Schenkung durch eine **sittliche Pflicht** des Erblassers gerechtfertigt sein. Die Rechtsprechung fordert hierfür Lebensumstände, die eine Schenkung geboten erscheinen lassen bzw. das Unterlassen der Zuwendung dem Erblasser als Verletzung der für ihn bestehenden Pflicht zur Last zu legen wäre (BGH, NJW 1984, 2939). Die Beantwortung der Frage, wann es sich um **Pflichtschenkung** i.S.d. § 2330 BGB handelt, ist immer eine Frage, die im **Einzelfall** zu entscheiden ist. Eine einseitige Betrachtung nur zugunsten des Zuwendungsempfängers scheidet aus. Der BGH würdigt im Rahmen einer Gesamtabwägung auch die Interessen der Pflichtteilsberechtigten, nämlich die Erhaltung ihrer Mindestbeteiligung am Nachlass des Erblassers. Auch die Berücksichtigung der Interessen der pflichtteilsberechtigten Kinder entspricht nach BGH der Erfüllung einer sittlichen Pflicht.

2.1 Schenkung des Grundstücks an die F

F stellt sich auf den Standpunkt, es handelt sich um eine Pflichtschenkung, da sie die Kinder des Erblassers großgezogen, ihm den Haushalt geführt und unentgeltlich im Geschäft mitgearbeitet hat. Daher habe sie nicht für eine angemessene Alterssicherung vorsorgen können. **Pflichtschenkungen** sind jedoch nur Schenkungen, die **sittlich geboten** sind. Zwar sprechen für die F gute Gründe, warum der Erblasser ihr dankbar war und sie nach seinem Tod versorgen wollte. Allerdings ist die Lebenssituation der Eheleute auch aus dem Blickwinkel der pflichtteilsberechtigten Kinder zu betrachten. Die F erzielt ein Gesamtrenteneinkommen von 3.400 € netto und hatte diese Ansprüche auch bereits im Zeitpunkt der Zuwendung zu erwarten. Sie ist damit ausreichend versorgt. Die Überlassung des Grundstücks unter Ausschluss aller Pflichtteilsberechtigten ist daher nicht zwingend geboten, um ihren Lebensunterhalt zu sichern (zu dieser Problematik OLG Karlsruhe, OLGZ 1990, 457; BGH, NJW 1984, 2939).

Keine Anwendung der Zehnjahresfrist

Bei Schenkungen an den Ehegatten läuft die Frist nicht vor der Auflösung der Ehe (§ 2325 Abs. 3 zweiter Halbsatz BGB) an. Die F war mit dem Erblasser bis zu seinem Tod verheiratet, so dass § 2325 Abs. 3 BGB keine Anwendung findet.

Zwischenergebnis: Die Schenkung des Grundstücks ist pflichtteilsergänzungspflichtig (§ 2325 BGB).

2.2 Schenkungen an die Schwester A

Anstandsschenkungen

Schwester A vertritt die Auffassung, dass das Hochzeitsgeschenk i.H.v. 1.000 € sowie die jährlichen weihnachtlichen Zuwendungen von jeweils 100 € **Anstandsschenkungen** sind. Darunter versteht die Rechtsprechung kleinere Zuwendungen wie die üblichen Gelegenheitsgaben zu besonderen Tagen oder Anlässen (Weihnachten, Geburtstag, Hochzeit, Taufe) oder kleinere Zuwendungen aus Dankbarkeit. Starre gesetzliche Vorgaben gibt es bei diesem Rechtsbegriff nicht. Letztlich spielt die örtliche und gesellschaftliche **Verkehrssitte** eine große Rolle. Die einzelfallbezogene Prüfung des Sachverhalts ist somit erforderlich (BGH, NJW 1981, 111). In der Mandatssituation ergeben sich keine Anhaltspunkte dafür, dass die durchaus üblichen Schenkungen des Erblassers an die Schwester A der Verkehrssitte widersprechen. Alle Zuwendungen sind unter dem Rechtsbegriff der Anstandsschenkung zu subsumieren.

Zwischenergebnis: Die Zuwendungen des Erblassers an die Schwester A bleiben bei der Berechnung von Pflichtteilsergänzungsansprüchen (§ 2325 BGB) gem. § 2330 BGB unberücksichtigt.

2.3 Schenkung an den Bruder B

Ablösung von Schulden für den Bruder B

Die Zuwendung des Erblassers i.H.v. 50.000 € an den Bruder B zur Vermeidung des drohenden Insolvenzverfahrens ist unter Berücksichtigung der obigen Ausführungen weder Pflicht- noch Anstandsschenkung i.S.d. § 2330 BGB und unterliegt damit der Pflichtteilsergänzung.

3. Berücksichtigung von Zuwendungen an den Pflichtteilsberechtigten (§ 2327 BGB)

Anrechnung von Eigengeschenken

Erhält der Pflichtteilsberechtigte vom Erblasser selbst eine Zuwendung (**Eigengeschenk**) und steht ihm ein Pflichtteilsergänzungsanspruch gem. § 2325 BGB dem Grunde nach zu, bestimmt § 2327 BGB, dass dieses Eigengeschenk dem Nachlass hinzuzurechnen und auf den Pflichtteilsergänzungsanspruch anzurechnen ist. Die Berücksichtigung dieser Zuwendung an den Pflichtteilsberechtigten setzt – anders als beim ordentlichen Pflichtteilsanspruch – **keine** Anrechnungsbestimmung des Erblassers (§ 2315 BGB) oder ein Eingreifen der gesetzlichen Ausgleichungsvorschrift des § 2316 BGB voraus.

Über den „Umweg" des Pflichtteilsergänzungsanspruchs wird die Zuwendung an den Pflichtteilsberechtigten dem Nachlass hinzugerechnet und nach Berechnung des Pflichtteilsergänzungsanspruchs als Eigengeschenk wieder abgezogen, mit anderen Worten: Der Pflichtteilsberechtigte kann im Ergebnis einen Pflichtteilsergänzungsanspruch nur unter Anrechnung seiner eigenen Geschenke geltend machen.

3.1 Voraussetzung: Schenkung an den Pflichtteilsberechtigten

Nicht alle Zuwendungen des Erblassers sind Schenkungen i.S.d. § 2327 BGB. Auch im Rahmen des § 2327 BGB bleiben Schenkungen unberücksichtigt, die der Erblasser mit Rücksicht auf eine **sittliche Pflicht** oder aus **Anstand** vorgenommen hat (§ 2330 BGB). Aus dem Sachverhalt ergibt sich kein Anhaltspunkt, dass die Schenkung des Erblassers gegenüber dem Mandanten eine Pflicht- oder Anstandsschenkung i.S.d. § 2330 BGB ist. Es liegt daher eine pflichtteilsergänzungspflichtige Schenkung vor.

3.2 Voraussetzung: Schenkung an einen Dritten

§ 2327 BGB sieht als weitere Tatbestandsvoraussetzung vor, dass der Erblasser **mindestens noch eine weitere Schenkung** vorgenommen hat, d.h., der Erblasser muss neben dem Pflichtteilsberechtigten noch eine weitere, dritte Person beschenkt haben (z.B. andere Pflichtteilsberechtigte, familienfremde Personen, den Erben etc.). Die lebzeitigen Zuwendungen an die Schwester A bleiben als Anstandsschenkungen gem. § 2330 BGB unberücksichtigt und scheiden daher aus. Hingegen hatte der Erblasser sowohl die F als auch dem Bruder B und damit Dritte beschenkt, so dass diese Voraussetzung erfüllt ist.

Keine Anwendung der Zehnjahresfrist (§ 2325 Abs. 3 BGB)

Da der Mandant die Schenkung im Jahr 1999 erhalten und der Erblasser im Jahr 2012 verstorben ist, fragt sich, ob die Schenkung wegen der Frist gem. § 2325 Abs. 3 BGB überhaupt noch zu berücksichtigen ist. Die Rechtsprechung zieht im Rahmen des § 2327 BGB jedoch keine temporäre Grenze wie in § 2325 BGB, so dass Eigengeschenke ohne zeitliche Begrenzung anzurechnen sind (vgl. Palandt/Weidlich, § 2327 Rdnr. 1).

Zwischenergebnis: Das Eigengeschenk an den Mandanten i.H.v. 50.000 € ist anzurechnen.

4. Berechnung des Pflichtteilsergänzungsanspruchs unter Berücksichtigung von § 2327 BGB

Den Ergänzungspflichtteil berechnet man aus der Summe aller pflichtteilsergänzungsrelevanten Schenkungen abzüglich des Eigengeschenks. Die Schenkungen werden mit ihrem jeweiligen Wertansatz gem. § 2325 Abs. 2 BGB berücksichtigt.

Berechnung gem. § 2327 BGB	
Schenkung an Mandanten (fiktiver Nachlass)	50.000 €
Schenkung an Bruder B (fiktiver Nachlass)	50.000 €
Schenkung an F (fiktiver Nachlass)	350.000 €
Ergänzungsnachlass gesamt	**450.000 €**
hiervon 1/6 Pflichtteilsquote	75.000 €
abzgl. Eigengeschenk	50.000 €
Ergänzungspflichtteil	**25.000 €**

Hinzu kommt außerdem der ordentliche Pflichtteil, der sich wie folgt berechnet:

50.000 € (Realnachlass) x 1/6	8.333,33 €
Gesamtanspruch des M (Pflichtteil + Ergänzungspflichtteil)	33.333,33 €

Praxistipp

Weitere Berechnungsbeispiele, auch für den Fall, dass ein Eigengeschenk durch eine Bestimmung des Erblassers gem. § 2315 BGB anrechnungspflichtig ist, finden Sie in der Literatur (z.B. Pawlytta, in: Mayer/Süß/Tanck/Bittler/Wälzholz, Handbuch Pflichtteilsrecht, S. 303 ff. oder Tanck, in: Bonefeld/Daragan/Tanck/Riedel, Arbeitshilfen im Erbrecht, S. 148 f.).

Ergebnis: Dem Mandanten steht ein ordentlicher Pflichtteil i.H.v. 8.333,33 € sowie ein Ergänzungspflichtteil i.H.v. 25.000 €, mithin ein Zahlungsanspruch von insgesamt 33.333,33 € zu.

Sachverhalt | Checkliste | Lösung | **Verfahren** | Muster

Siehe hierzu die Ausführungen zum Verfahren in Mandatssituation 10.2, S. 644 ff.

Darlegungs- und Beweislast

Der pflichtteilsberechtigte Anspruchsteller, der einen Pflichtteilsergänzungsanspruch verfolgt, muss nach den allgemeinen Grundsätzen darlegen und auch beweisen, dass der Erblasser einen bestimmten Gegenstand **verschenkt** hat. Auf die Ausführungen in Mandatssituation 10.5, S. 671 ff. wird verwiesen.

Der Erbe bzw. der in Anspruch genommene Beschenkte hat wiederum seine Einwendung gegen den Klageanspruch darzulegen und zu beweisen, dass der Pflichtteilsberechtigte ein Eigengeschenk erhalten hat (BGH, NJW 1964, 1414).

Mandatssituation 10.7: Pflichtteilsvergleich zur einvernehmlichen Regelung des Pflichtteils

Sachverhalt | Checkliste | Lösung | Verfahren | Muster

Der Erblasser hat seine zweite Ehefrau zur Alleinerbin eingesetzt. Ihr Mandant ist vom Vater enterbt und pflichtteilsberechtigt. Die Alleinerbin erfüllt fristgerecht ihre Auskunftspflicht durch Vorlage eines notariellen Nachlassverzeichnisses. Die Parteien streiten außergerichtlich über die Höhe des realen Nachlasses, über einen Pflichtteilsergänzungsanspruch zugunsten Ihres Mandanten und über die Berücksichtigung eines Eigengeschenks, welches der Mandant vom Erblasser erhalten hatte.

Der Mandant möchte den Familienfrieden wieder herstellen und fragt nach den Möglichkeiten eines Vergleichs.

Sachverhalt | **Checkliste** | Lösung | Verfahren | Muster

Liegt ein vollständiges Nachlassverzeichnis vor?	☐
Sind alle Zuwendungen/Schenkungen des Erblassers bekannt?	☐
Kann der Pflichtteilsanspruch bzw. Pflichtteilsergänzungsanspruch berechnet werden?	☐
Kann die Pflichtteilsquote berechnet werden?	☐
Sind Änderungen in der Zusammensetzung des Nachlasses zu erwarten?	☐
Steuerliche Folgen sollten überschlägig berechnet werden.	☐

Sachverhalt | Checkliste | **Lösung** | Verfahren | Muster

1. Ziel eines Pflichtteilsvergleichs

Das Verhältnis zwischen Erben und Pflichtteilsberechtigten ist häufig emotionsgeladen, ihre Interessen sind in den meisten Fällen konträr. Der Pflichtteilsberechtigte wird z.B. darauf Wert legen, mögliche Nachabfindungsansprüche (z.B. nachträgliche Feststellung von Nachlassaktiva) verbindlich zu regeln, während der Erbe i.d.R. an einer abschließenden Abgeltungsklausel interessiert ist.

Ein Pflichtteilsvergleich kann den Familienfrieden für den Mandanten wieder herstellen, spart Kosten und ist prozessökonomisch. Er kann sowohl außergerichtlich als auch gerichtlich geschlossen werden. Die divergierenden Interessen der Beteiligten können so in Einklang gebracht werden.

2. Form

Grundsätzlich: formfrei

Pflichtteilsanspruch und Pflichtteilsergänzungsanspruch sind gegen den Erben gerichtete Zahlungsansprüche. Wie auch in anderen schuldrechtlichen Forderungsangelegenheiten kann hierüber ein Vergleich geschlossen werden. Es gibt keine Formerfordernisse.

Praxistipp

Selbstverständlich sollte ein Vergleich über einen Pflichtteilsanspruch – wann immer möglich – schriftlich abgeschlossen werden. Hohes Streitpotential, das dadurch entstehen kann, dass bestimmte Mindestregelungen in mündlichen Vereinbarungen häufig „übersehen" werden, kann so vermieden werden.

Ausnahmen von der Formfreiheit

Wenn sich im Nachlass Immobilien oder Gesellschaftsanteile befinden und diese etwa zur Abgeltung eines Pflichtteilsanspruchs übertragen werden sollen, ist in jedem Fall ein notarieller Vertrag abzuschließen.

3. Mindestregelungen

3.1 Verbindliche Wertfeststellungen

Der der Pflichtteilsberechnung zugrunde zu legende Nachlassbestand sollte verbindlich festgestellt werden. Aus der Sicht des Pflichtteilsberechtigten ist es wichtig, dass sowohl der reale als auch der fiktive Nachlassbestand vollständig und richtig angegeben sind.

Praxistipp

Es empfiehlt sich, das **Nachlassverzeichnis** als **wesentlichen Bestandteil** in die Vereinbarung aufzunehmen und als Anlage beizufügen.

3.2 Regelungen zur Pflichtteilsquote

Der Vergleich sollte eine verbindliche Erklärung des Erben enthalten, dass dem Pflichtteilsberechtigten eine bestimmte Pflichtteilsquote am Nachlass des Erblassers zusteht.

3.3 Zusicherungen

Die Angaben des Erben **zum realen und fiktiven Nachlass** sind für die Berechnung des Pflichtteilsanspruchs elementar. Der Erbe sollte die Vollständigkeit und Richtigkeit der Angaben im Nachlassverzeichnis zusichern. Bei der Berechnung des konkreten Pflichtteilsanspruchs können auch lebzeitige Vorempfänge oder Schenkungen des Erblassers von Bedeutung sein. Sowohl der Pflichtteilsberechtigte als auch der Erbe sollten daher wechselseitig **zusichern**, dass sie keine (oder keine weiteren) lebzeitigen Zuwendungen des Erblassers empfangen haben bzw. dass ihnen keine (oder keine weiteren) bekannt sind.

3.4 Nachabfindungsklausel

Nachabfindungsansprüche regeln

Es muss daran gedacht werden, dass die Zusammensetzung oder der Wert des Nachlasses **sich später ändern** können. Für diesen Fall empfiehlt sich die Aufnahme einer Nachabfindungsklausel, mit der die **Anpassung des Pflichtteilsanspruchs** geregelt werden kann. Ob eine solche Klausel gewünscht und vertraglich vereinbart werden soll, ist von der Mandatssituation abhängig und daher eine Entscheidung des Einzelfalls.

Praxistipp

Liegen bereits bei Abschluss des Vergleichs konkrete Anhaltspunkte dafür vor, dass sich Änderungen in der Zusammensetzung des Nachlasses ergeben werden, ist eine diesbezügliche Vereinbarung zu empfehlen. Der Vergleichstext sollte in jedem Fall Nachabfindungsansprüche nach § 2313 Abs. 1 Satz 3 BGB regeln.

3.5 Abgeltungsklausel

Der Vergleich sollte eine Abgeltungsklausel enthalten. Diese ist so präzise wie möglich zu formulieren. Haben die Parteien eine Nachabfindungsklausel vereinbart, ist die Abgeltungsklausel unter dem Vorbehalt etwaiger Änderungen gemäß der Nachabfindungsklausel zu formulieren.

Sachverhalt | Checkliste | Lösung | **Verfahren** | Muster

Außergerichtlicher Pflichtteilsvergleich

Wird der Pflichtteilsvergleich außergerichtlich geschlossen, ist er nicht ohne weiteres vollstreckungsfähig. § 796a ZPO regelt die **Voraussetzungen für die Vollstreckbarerklärung** eines Anwaltsvergleichs:

- Die Vergleichserklärungen müssen durch Anwälte abgegeben worden sein.
- Mindestens eine Partei muss sich entsprechend der Regelungen im Vergleich der sofortigen Zwangsvollstreckung unterwerfen.
- Der mit dem Tag des Zustandekommens versehene Vergleich ist auf Antrag bei dem Amtsgericht niederzulegen, bei dem eine Vergleichspartei ihren allgemeinen Gerichtsstand hat.

Soll der Vergleich vollstreckt werden, ist gem. § 796b ZPO die Vollstreckbarerklärung durch das Gericht im Wege des Beschlusses zu beantragen. Der Beschluss ist Vollstreckungstitel gem. § 794 Abs. 1 Nr. 4b ZPO.

Alternativ kann der Vergleich gem. § 796c ZPO vor einem Notar in Verwahrung genommen und für vollstreckbar erklärt werden. Die Zustimmung beider Parteien ist jedoch erforderlich.

Pflichtteilsvergleich vor dem Prozessgericht

Ist bereits ein Verfahren vor dem Prozessgericht anhängig, ist der gerichtlich protokollierte Vergleich als Prozessvergleich gem. § 794 Abs. 1 Nr. 1 ZPO vollstreckungsfähig. Weiterhin besteht die Möglichkeit, einen außerhalb des Verfahrens ausgehandelten Vergleich dem Gericht schriftlich zu unterbreiten oder einen durch das Gericht schriftlich unterbreiteten Vergleichsvorschlag durch Schriftsatz gegenüber dem Gericht anzunehmen (§ 278 Abs. 6 ZPO). Der Gerichtsbeschluss, der das Zustandekommen und den Inhalt des Vergleichs gem. § 278 Abs. 6 Satz 2 ZPO feststellt, ist Vollstreckungstitel i.S.d. § 794 Abs. 1 ZPO.

Achtung! Wechselwirkung zur Erbschaftsteuer beachten

Steuertipp

Steht ein Pflichtteilsvergleich im Raum und übersteigt der Wert des Anspruchs den persönlichen Freibetrag des Pflichtteilsberechtigten, sollte der Pflichtteil nicht voreilig geltend gemacht werden. Denn erst mit der Geltendmachung des Pflichtteilsanspruchs entsteht die Erbschaftsteuer (§ 9 Abs. 1 Nr. 1b ErbStG). Das bedeutet auch, dass das Finanzamt die Erbschaftsteuer auf den (geltend) gemachten Pflichtteil festsetzen und erheben kann, selbst wenn der Pflichtteilsberechtigte noch keine Zahlung vom Erben erhalten hat. Diese Nachteile bestehen nicht, solange der Pflichtteilsanspruch noch nicht geltend gemacht wurde. Kommt es ohne Geltendmachung des Pflichtteilsanspruchs zu einer Abfindungsvereinbarung, unterliegt diese Abfindung der Erbschaftsteuer, wenn damit auf den Pflichtteilsanspruch verzichtet wird (§ 3 Abs. 2 Nr. 4 ErbStG).

Sachverhalt | Checkliste | Lösung | Verfahren | **Muster**

Außergerichtlicher Pflichtteilsvergleich

Regelung des Pflichtteilsanspruchs

zwischen

1. Frau ..., Berlin

– Beteiligte zu 1) –

und

2. Herrn ..., Berlin,

– Beteiligter zu 2) –

§ 1 Vorbemerkung

Am ... verstarb der Erblasser .... Er hinterließ seine Ehefrau (Beteiligte zu 1) und den Sohn ..., (Beteiligter zu 2). Der Erblasser hat die Beteiligte zu 1) als Alleinerbin berufen und den Beteiligten zu 2) enterbt. Die Alleinerbin hat durch Vorlage des notariellen Nachlassverzeichnisses des Notars ... vom ... Auskunft über den Nachlass des Erblassers erteilt. Dieses Verzeichnis ist Geschäftsgrundlage dieses Vergleichs. Die nachfolgende Vereinbarung regelt die Pflichtteilsansprüche/Pflichtteilsergänzungsansprüche des Beteiligten zu 2) am Nachlass des Erblassers.

§ 2 Gegenstand der Vereinbarung

1. Die Beteiligte zu 1) erkennt an, dass dem Beteiligten zu 2) eine Pflichtteilsquote von ... am Nachlass des Erblassers zusteht. Bei der Ermittlung der Pflichtteilsquote sind die Parteien übereinstimmend davon ausgegangen, dass der Erblasser mit der Beteiligten zu 1) im gesetzlichen Güterstand der Zugewinngemeinschaft gelebt hat.
2. Die Beteiligte zu 1) erkennt an, dass dem Beteiligten zu 2) ein Pflichtteilsanspruch/ Pflichtteilsergänzungsanspruch i.H.v. ... € am Nachlass des Erblassers zusteht.
3. Gemäß dem Nachlassverzeichnis vom ... (Anlage 1), welches wesentlicher Bestandteil dieser Vereinbarung ist, beträgt der Nettonachlasswert ... €. Diese Wertfeststellung erkennen die Parteien als verbindlich für die Pflichtteilsberechnung an.
4. Es stehen ferner folgende unentgeltliche Zuwendungen des Erblassers fest:
   - ...
   - ...
   - ...

5. Die Vereinbarung regelt alle Pflichtteils- und Pflichtteilsergänzungsansprüche, soweit sie sich aus dem als Anlage 1 beigefügten Nachlassverzeichnis ergeben.

§ 3 Zahlung

6. Dem Beteiligten zu 2) steht ein Gesamtpflichtteilsanspruch (ordentlicher Pflichtteil sowie Pflichtteilsergänzungsanspruch) gegenüber der Beteiligten zu 1) i.H.v. ... € zu. Dieser ist bis zum ... (Fälligkeit) auf nachfolgendes Konto zu zahlen:

Kontonummer: ...

Bankleitzahl: ...

Kreditinstitut: ...

Kontoinhaber: ...

Für den Fall nicht fristgerechter Zahlung verpflichtet sich die Beteiligte zu 1), den rückständigen Betrag mit ... % p.a. zu verzinsen.

§ 4 Nachabfindung/Anpassung

Die Parteien sind sich darüber einig, dass dem Beteiligten zu 2) Nachabfindungsansprüche zustehen, sollte sich der Wert und die Zusammensetzung des Nachlasses im Verhältnis zu dem in der Anlage 1 beigefügten Nachlassverzeichnis ändern. Die Beteiligte zu 1) verpflichtet sich, dem Beteiligten zu 2) nachträglich bekannt werdende Aktiva unverzüglich mitzuteilen, den Pflichtteilsanspruch des Beteiligten zu 2) neu zu berechnen und den Differenzbetrag innerhalb einer Frist von einem Monat nach schriftlicher Geltendmachung durch den Beteiligten zu 2) auf das unter § 3 benannte Konto auszugleichen.

[alternativ:

(Anpassung auch zulasten des Pflichtteilsberechtigten)

Die Vertragsparteien vereinbaren ausdrücklich, eine nachträgliche Abfindung für den Fall, dass sich wider Erwarten zusätzliche Nachlassaktiva ergeben, die nicht im Nachlassverzeichnis enthalten sind. Selbiges gilt ebenso für den Fall, dass wider Erwarten weitere Pflichtteilsberechtigte ihren Anspruch gegen die Erbin durchsetzen. Beide Vertragsbeteiligte verzichten für diesen Fall auf die Einrede der Verjährung.]

[alternativ:

(Ausschluss der Anpassung)

Die Vertragschließenden sind sich darüber einig, dass nachträglich bekannt werdende Nachlassaktiva oder Nachlasspassiva, die im Bestandsverzeichnis nicht enthalten sind, nicht zu einer Erhöhung oder Reduzierung des Zahlungsanspruchs (§ 3) des Beteiligten zu 2) führen.]

§ 5 Zusicherung

Die Beteiligte zu 1) sichert zu, dass sie das Nachlassverzeichnis, welches wesentlicher Bestandteil dieser Vereinbarung ist, vollständig und sorgfältig erstellt hat und

- dass ihr keine weiteren Schenkungen i.S.v. § 2325 BGB oder ausgleichpflichtige Zuwendungen i.S.v. §§ 2316, 2050 ff. BGB bekannt sind und

- dass ihr keine weiteren Tatsachen bekannt sind, die für die Berechnung des Pflichtteilsanspruchs, einschließlich des Pflichtteilsergänzungsanspruchs des Beteiligten zu 2) relevant sind.

Der Beteiligte zu 2) versichert, dass er keine ausgleichpflichtigen Zuwendungen nach §§ 2050, 2316 BGB oder anrechnungspflichtige Zuwendungen nach § 2315 BGB oder sonstige Schenkungen (§§ 2325 ff. BGB) vom Erblasser erhalten hat.

§ 6 Abgeltung

Mit Zahlung des Pflichtteilsbetrags i.H.v. ... € sind sämtliche wechselseitigen Ansprüche der Beteiligten, vorbehaltlich etwaiger Änderungen gem. § 4, im Zusammenhang mit dem unter § 1 näher beschriebenen Erbfall abgegolten.

§ 7 Salvatorische Klausel

Sollte eine dieser Bestimmungen dieser Vereinbarung unwirksam sein, wird die Wirksamkeit der übrigen Bestimmungen davon nicht berührt. Die Beteiligten verpflichten sich, anstelle der unwirksamen Bestimmung eine dieser Bestimmung möglichst nahekommende Regelung zu treffen.

Jede Partei trägt die mit dieser Vereinbarung zusammenhängenden Kosten, insbesondere die des jeweiligen Rechtsberaters, selbst.

Berlin, den ...

Unterschrift

Mandatssituation 10.8: Wahlrecht des beschwerten/beschränkten pflichtteilsberechtigten Erben zur Annahme oder Ausschlagung des Erbteils (§ 2306 Abs. 1 BGB)

Sachverhalt | Checkliste | Lösung | Verfahren | Muster

Der Erblasser hat seine zweite Ehefrau, mit der er im Güterstand der Zugewinngemeinschaft lebte, und seine einzige Tochter aus erster Ehe unter Verweis auf die gesetzliche Erbfolge zu Miterben je zur Hälfte berufen. Er hinterlässt 100.000 € Barvermögen und ein Grundstück im Wert von 150.000 €. Er hat weiterhin zugunsten seiner Ehefrau angeordnet, dass diese unter Anrechnung auf ihren Erbteil allein sein Grundstück erhalten soll. Er verfügte auch, dass seine Ehefrau nicht zu Abfindungsleistungen verpflichtet sein soll, wenn und soweit sie dadurch mehr als die Hälfte des Gesamtnachlasses erhält.

Nachdem die Tochter von dem Testament ihres Vaters Kenntnis erlangte, kommt sie zu Ihnen und fragt, was sie gegen die Zuweisung des Grundstücks an ihre Stiefmutter unternehmen kann.

Sachverhalt | Checkliste | Lösung | Verfahren | Muster

Ist der Erbe zugleich pflichtteilsberechtigt?	☐
Ist eine Beschränkung oder Beschwerung zu seinen Lasten angeordnet?	☐
Wann genau hat der Mandant nachweisbar vom Erbfall, Berufungsgrund sowie von den Beschwerungen oder Beschränkungen Kenntnis erlangt (ggf. Datum, gibt es amtliche Schriftstücke vom Nachlassgericht, ist der Zugang nachweisbar)?	☐
Innerhalb welcher Frist muss die Ausschlagung erfolgen?	☐
Wer ist Empfänger der Anfechtungserklärung?	☐

Sachverhalt | Checkliste | Lösung | Verfahren | Muster

Voraussetzungen der Ausschlagung wegen Beschwerungen oder Beschränkungen

Gemäß § 2306 BGB steht dem pflichtteilsberechtigten Erben, dem ein beschwerter oder beschränkter Erbteil hinterlassen wurde, ein Wahlrecht zu.

1. Pflichtteilsberechtigter Erbe

Der Tatbestand des § 2306 Abs. 1 BGB setzt voraus, dass ein Pflichtteilsberechtigter Erbe ist. Dabei kann sich die Erbenstellung sowohl aus einer letztwilligen Verfügung als auch aus dem Gesetz ergeben. Es muss sowohl die Pflichtteilsberechtigung als auch die Erbenstellung der Tochter festgestellt werden.

Mit dem Tod des Erblassers zählt die Tochter als Abkömmling des Erblassers (§ 1924 Abs. 1 BGB) gem. § 2303 BGB zu den Pflichtteilsberechtigten. Der Erblasser hat seine Tochter in seinem Testament unter Verweis auf die gesetzliche Erbfolge zur Miterbin zu 1/2 berufen. Damit ergibt sich für die Tochter eine Erbenstellung i.S.d. § 2306 BGB. Es ist für die Anwendung des § 2306 BGB unerheblich, ob sich die Erbenstellung aus einer letztwilligen Verfügung oder von Gesetzes wegen ergibt (OLG Schleswig, NJW 1961, 1929).

2. Beschränkungen und Beschwerungen

Der Anwendungsbereich des § 2306 Abs. 1 BGB ist nur eröffnet, wenn der pflichtteilsberechtigte Erbe mit den im Gesetz abschließend aufgezählten Belastungen beschwert worden ist. Folgende Beschränkungen bzw. Beschwerungen sind möglich:

- Teilungsanordnung
- vom Erblasser angeordnete Vermächtnisse oder Auflagen
- die Anordnung der Testamentsvollstreckung
- die Anordnung der Vor- und Nacherbschaft

Der Erblasser hatte seiner Ehefrau unter Anrechnung auf ihren Erbteil, jedoch ohne Ausgleichsverpflichtung gegenüber der Tochter, sein Grundstück zugewiesen. Die Tochter ist somit durch eine Teilungsanordnung gem. § 2048 BGB, aber durch das Vorausvermächtnis i.S.d. § 2150 BGB zugunsten der Ehefrau belastet (zur Abgrenzung von Teilungsanordnung und Vorausvermächtnis siehe Kapitel 5.A.2.2.10, S. 182 f. und Mandatssituation 5.3, S. 209 ff.).

3. Rechtsfolge der Beschwerung

Wahlrecht

Der beschwerte Pflichtteilsberechtigte hat ein Wahlrecht. Er kann entweder das ihm Hinterlassene annehmen oder aber die Erbschaft ausschlagen und den Pflichtteil verlangen. Nimmt der Berechtigte den ihm zugewendeten Erbteil an, bleibt er Erbe mit den sich daraus ergebenden Rechten und Pflichten. Er hat auch die angeordneten Beschwerungen und Beschränkungen gegen sich geltend zu lassen.

4. Annahme oder Ausschlagung?

Wirtschaftliche Abwägung

Ist der Anwendungsbereich des § 2306 Abs. 1 BGB eröffnet, hat der pflichtteilsberechtigte Erbe eine wirtschaftliche Abwägung zu treffen. Schlägt die Tochter nicht aus, erhält sie aufgrund der Teilungsanordnung 100.000 €, die Ehefrau wertmäßig 150.000 €. Den überschießenden Wert von 50.000 € muss die Tochter als Beschwerung gegen sich geltend lassen.

Schlägt sie aus, erhält sie den Pflichtteil. Gemäß § 2303 Abs. 1 Satz BGB beträgt die Höhe des Pflichtteils die Hälfte des Werts des gesetzlichen Erbteils. Die Ehefrau erbt gem. § 1931 Abs. 1 BGB i.V.m. § 1371 Abs. 1 BGB 1/2 und Ihre Mandantin als einzige Tochter die verbleibende andere Hälfte. Die Pflichtteilsquote beträgt mithin 1/4. Ihre Mandantin kann vom Gesamtnachlass i.H.v. 250.000 € insgesamt 62.500 € beanspruchen.

Ergebnis

Ihrer Mandantin ist zu raten, den beschwerten Erbteil anzunehmen und nicht gem. § 2306 BGB die Erbschaft auszuschlagen.

Abwandlung 10.8.1: Ausschlagung des Erbteils durch den beschwerten pflichtteilsberechtigten Erben nach Anfechtung der versäumten Ausschlagungsfrist

Sachverhalt | Checkliste | Lösung | Verfahren | Muster

Wie Mandatssituation 10.8, S. 690, aber das der Tochter hinterlassene Barvermögen beträgt 50.000 €, und das der Ehefrau vererbte Grundstück ist 300.0000 € wert. Die Tochter kommt 12 Wochen, nachdem sie vom Tod und dem Testament ihres Vaters Kenntnis erlangt hat, zu Ihnen. Sie erklärt Ihnen, dass sie das Erbe nicht ausgeschlagen hat, weil sie annahm, im Falle einer Ausschlagung vollumfänglich vom Nachlass ausgeschlossen zu sein, damit also auch den Pflichtteil zu verlieren.

Sachverhalt | Checkliste | **Lösung** | Verfahren | Muster

Schlägt die Tochter nicht aus, erhält sie aufgrund der Teilungsanordnung 50.000 € und die Ehefrau 300.000 €. Der Pflichtteilsanspruch Ihrer Mandantin beträgt demgegenüber 87.500 € (1/4 von 350.000 €).

Zwischenergebnis

Ihrer Mandantin ist zu raten, ihren Erbteil auszuschlagen.

1. Ausschlagungsfrist

Die Ausschlagungsfrist von sechs Wochen richtet sich nach § 1944 Abs. 2 Satz 1 BGB. Der Beginn der Frist setzt Kenntnis vom Erbfall sowie vom Berufungsgrund voraus. Zusätzlich stellt § 2306 Abs. 1 Satz 2 zweiter Halbsatz BGB eine klare Sonderregelung für den Beginn der Frist auf. Der Pflichtteilsberechtigte muss nicht nur vom Anfall der Erbschaft und dem Berufungsgrund, sondern auch von den ihn treffenden Beschränkungen und Beschwerungen Kenntnis erlangt haben. Da die Tochter bereits seit 12 Wochen sowohl vom Tod ihres Vaters, ihrer Erbenstellung, aber auch den Beschwerungen informiert war, ist die Ausschlagungsfrist abgelaufen.

2. Anfechtung der versäumten Ausschlagung

Beachtlicher Inhaltsirrtum

Es ist zu prüfen, ob ein beachtlicher Inhaltsirrtum gem. § 119 Abs. 1 erste Alternative BGB i.V.m. § 2306 Abs. 1 BGB vorliegt. Es kommt ein Rechtsfolgenirrtum in Betracht. Nach BGH (Urt. v. 29.06.2016 – IV ZR 387/15, ZEV 2016, 574) kann der mit Beschränkungen und Beschwerungen eingesetzte Erbe – auch nach der Neufassung des § 2306 Abs. 1 BGB – darüber irren, er dürfe die Erbschaft nicht ausschlagen, um seinen Anspruch auf den Pflichtteil nicht zu verlieren.

Ergebnis

Die irrige Annahme der Tochter, sie dürfe nicht ausschlagen, um ihren Pflichtteilsanspruch nicht zu verlieren, stellt daher einen beachtlichen Inhaltsirrtum gem. § 119 Abs. 1 BGB erste Alternative i.V.m § 2306 BGB dar.

Sachverhalt | Checkliste | Lösung | **Verfahren** | Muster

Anfechtungsfrist

Gemäß § 1956 BGB kann die Versäumung der Ausschlagungsfrist in gleicher Weise wie die Annahme der Erbschaft angefochten werden.

> **Warnhinweis**
>
> Die Anfechtung der Fristversäumung hat innerhalb einer Frist von sechs Wochen ab Kenntnis des Anfechtungsgrundes zu erfolgen (§ 1956 i.V.m. § 1954 BGB.)

Die Tochter erfährt erst durch Ihre Rechtsberatung, dass sie ihren Pflichtteil nicht verliert. Die Frist ist daher noch nicht versäumt.

Form der Anfechtung

Die Anfechtungserklärung hat gem. §§ 1954, 1955, BGB gegenüber dem Nachlassgericht zu erfolgen.

Warnhinweis

Es ist das Formerfordernis des § 1945 BGB zu beachten. Die Tochter muss ihre Anfechtungserklärung persönlich beim Nachlassgericht oder notariell errichten.

Zuständig ist gem. § 343 Abs. 1 FamFG das Gericht, bei dem der Erblasser seinen letzten gewöhnlichen Aufenthalt hatte oder das Amtsgericht, in dessen Bezirk der Anfechtende seinen Wohnsitz (§ 344 Abs. 7 FamFG) hat.

Darlegungs- und Beweislast

Darlegungs- und beweispflichtig für den Irrtum ist Ihre Mandantin, für den Verlust des Anfechtungsrechts infolge Fristablaufs derjenige, der sich darauf beruft.

Sachverhalt | Checkliste | Lösung | Verfahren | Muster

Anfechtungserklärung

Amtsgericht ...
– Nachlassgericht –
Straße, Hausnr./Postfach
PLZ Ort

In der Nachlasssache

Erblasser ...

mit der Geschäftsnummer:

...VI .../17

erscheint Frau ... und erklärt Folgendes:

Am ... ist mein Vater verstorben. Ich wollte die Erbschaft in Wirklichkeit nicht annehmen. Vielmehr habe ich die Frist zur Ausschlagung deshalb versäumt, weil ich der Annahme war, dass ich im Fall einer Ausschlagung gänzlich vom Nachlass meines Vaters ausgeschlossen wäre. Das heißt, ich ging davon aus, dass ich durch die Ausschlagung auch meinen Pflichtteilsanspruch verliere. Insofern habe ich mich über den Regelungsgehalt des § 2306 Abs. 1 BGB geirrt.

Ich erkläre daher die Anfechtung der von mir versäumten Frist zur Ausschlagung der Erbschaft anlässlich des Todes meines Vaters.

Ort, Datum ______________________________

Unterschrift ______________________________

Vorstehende Unterschrift wurde vor mir vollzogen.

Notarin/Notar ____________________________

Mandatssituation 10.9: Abwehr von Pflichtteilsansprüchen: Einrede der Verjährung

Sachverhalt | Checkliste | Lösung | Verfahren | Muster

Ihre Mandantin ist die Alleinerbin des bereits am 01.08.2003 verstorbenen Erblassers. Der Erblasser war zum Zeitpunkt seines Todes verwitwet. Seine Tochter, zu der er seit 40 Jahren keinen Kontakt mehr hatte, war bereits 1988 vorverstorben. Die Enkelin des Erblassers, die von der vorverstorbenen Tochter abstammt, erhebt am 10.12.2012 Pflichtteilsklage gegen Ihre Mandantin und behauptet, frühestens im August 2009 vom Tod des Erblassers und erst am 02.05.2012 vom Testament des Erblassers erfahren zu haben.

Ihre Mandantin möchte jetzt von Ihnen wissen, ob und welche erbrechtlichen Ansprüche der Enkeltochter zustehen und ob sie diese nach so langer Zeit überhaupt erfüllen muss? Sie hat zudem erhebliche Zweifel, dass die Enkeltochter – so wie von ihr behauptet – tatsächlich erst am 02.05.2012 vom Testament des Erblassers erfahren hat.

Sachverhalt | **Checkliste** | Lösung | Verfahren | Muster

Wann ist der Erblasser verstorben?	☐
Hat der Erblasser eine letztwillige Verfügung hinterlassen?	☐
Ist die Abstammung der Enkeltochter des Erblassers bekannt (Geburtsurkunde der Enkeltochter, Stammbuch des Erblassers, Stammbuch seiner Tochter etc.)?	☐

Der Familienstand des Erblassers ist zu klären (war er verheiratet, verwitwet).	☐
Sind der Mandantin weitere (auch nichteheliche) Abkömmlinge des Erblassers bekannt?	☐
Ist die Enkeltochter pflichtteilsberechtigt (Pflichtteilsanspruch dem Grunde nach)?	☐
In welcher Höhe stehen ihr Ansprüche zu (Pflichtteilsquote muss bestimmt werden)?	☐
Akteneinsicht in die Nachlassakte veranlassen	☐

Sachverhalt | Checkliste | **Lösung** | Verfahren | Muster

Da hier die langen Zeiträume zwischen Erbfall und Geltendmachung des Pflichtteilsanspruchs offensichtlich sind, ist zwingend zu prüfen, ob für den Pflichtteilsschuldner, also Ihre Mandantin, die **Einrede der Verjährung** erhoben werden kann.

Allgemeine Verjährungsfrist: drei Jahre!

Pflichtteilsansprüche, aber auch Pflichtteilsergänzungs-, Aufstockungs- oder Pflichtteilsrestansprüche sowie Ansprüche, die zu ihrer Durchsetzung dienen (Auskunfts- und Wertermittlungsansprüche), **verjähren** einheitlich innerhalb von **drei Jahren** (§ 195 BGB).

Ausnahme: § 2329 BGB!

Warnhinweis

Richtet sich jedoch der Pflichtteilsergänzungsanspruch gegen den Beschenkten, so beginnt die Verjährungsfrist gem. § 2332 Abs. 1 BGB **kenntnisunabhängig** bereits **mit** dem **Erbfall**.

Voraussetzungen für den Verjährungsbeginn

Es ist zunächst der Beginn der Verjährungsfrist festzustellen. Dieser bestimmt sich nach dem neuen Verjährungsrecht (ErbVerjRÄndG v. 24.09.2009, BGBl I, 3142), das am 01.01.2010 in Kraft getreten ist, nach der allgemeinen Regelverjährung des § 199 Abs. 1 BGB und setzt zwei Tatsachen voraus: zum einen **die Kenntnis vom Tod des Erblassers** (Kenntnis von der Anspruchsentstehung), zum anderen zusätzlich die **Kenntnis von der** letztwilligen, den Pflichtteilsberechtigten **enterbenden Verfügung des Erblassers** (Kenntnis von den anspruchsbegründenden Umständen).

Nach Angaben der Mandantin hat sie die Enkeltochter im August 2009 persönlich über den Tod des Großvaters informiert. Diese Tatsache räumt die Enkeltochter in ihrem Anspruchsschreiben auch ein.

Praxistipp

Um die Angaben der Enkeltochter zu überprüfen, sollten Sie zwingend Akteneinsicht beim zuständigen Nachlassgericht beantragen.

Nach Einsicht in die Nachlassakte ergibt sich, dass die Enkeltochter bereits am 10.10.2009 von der letztwilligen, sie enterbenden Verfügung des Erblassers Kenntnis erhielt.

Berechnung der Verjährungsfrist

Kenntnis von den anspruchsbegründenden Umständen erlangt der Pflichtteilsberechtigte, wenn er von der ihn enterbenden Verfügung erfährt. Der Pflichtteilsberechtigte muss anhand der letztwilligen Verfügung erkennen können, dass er enterbt ist. Dieser Zeitpunkt ist hier der 10.10.2009. An diesem Tag ist der Enkeltochter das Eröffnungsprotokoll nebst letztwilliger Verfügung des Erblassers zugegangen. Die allgemeine Verjährungsfrist nach §§ 195, 199 BGB begann damit grundsätzlich am Schluss des Jahres 2009 und endete am 31.12.2012. Zu beachten ist jedoch Folgendes:

Geltung des neuen Verjährungsrechts

Das neue Verjährungsrecht gilt grundsätzlich für alle bestehenden und am 01.1.2010 noch nicht verjährten Ansprüche. Würde die Verjährung der Ansprüche nach altem Recht allerdings früher eintreten als nach neuem Recht, so ist die Verjährungsfrist nach altem Recht zu berechnen (Art. 229, § 23 Abs. 2 Satz 2 EGBGB). Nach altem Recht (§ 2332 BGB a.F.) begann die Verjährungsfrist am 11.10.2009 und endete mit Ablauf des 10.10.2012. Die Klage wurde jedoch erst am 10.12.2012 und damit verspätet erhoben. Der Pflichtteilsanspruch der Enkeltochter gegen Ihre Mandantin ist verjährt.

Warnhinweis

Achtung: unterschiedliche Verjährungsfristen, kenntnisunabhängig

Die Verjährungsfrist hinsichtlich möglicher Pflichtteilsergänzungsansprüche gegen den Beschenkten (§ 2329 BGB), auch wenn er zugleich Erbe oder Miterbe ist, beginnt nicht, wie sonst bei den Pflichtteilsansprüchen, am Schluss des Jahres (§ 199 Abs. 1 BGB), sondern **bereits mit dem Erbfall**. Der Verjährungsbeginn wird also nicht – wie bei der regelmäßigen Verjährung gem. § 199 BGB – auf das Jahresende hinausgeschoben. Ebenso kommt es auf eine etwaige Kenntnis nicht an.

Ein Pflichtteilsergänzungsanspruch der Enkeltochter gegen den Beschenkten (§ 2329 BGB) wäre wegen § 2332 Abs. 1 BGB verjährt. Die Verjährungsfrist begann mit dem Erbfall zu laufen und endete mit Ablauf des 01.08.2006.

Jedem Stamm nur ein Pflichtteil – § 2309 BGB: Pflichtteilsverdrängung

Pflichtteilsberechtigt sind nur die nächsten Angehörigen. § 2303 BGB regelt, dass Abkömmlinge des Erblassers, die von der Erbfolge durch Verfügung von Todes wegen ausgeschlossen sind, einen Pflichtteilsanspruch haben. Abkömmlinge sind die mit dem Erblasser in gerader, absteigender Linie Verwandten, also Kinder, Enkelkinder, Urenkel usw. (§§ 1924, 1589 Satz 1 BGB). Gemäß § 2309 BGB wäre das Pflichtteilsrecht der Enkeltochter jedoch ausgeschlossen, wenn die vorverstorbene Tochter des Erblassers einen Pflichtteilsanspruch verlangen könnte oder das ihr Hinterlassene annimmt (sog. **Pflichtteilsverdrängung**). Da die Tochter des Erblassers jedoch bereits 1988 vorverstorben ist und keine weiteren, vorrangigen Abkömmlinge vorhanden sind, steht der Enkeltochter gem. § 2303 BGB ein Pflichtteilsrecht zu. Mit dem Tod des Erblassers hat die Enkeltochter gem. § 2317 BGB einen eigenen Pflichtteilsanspruch gegen die Alleinerbin erworben.

Höhe der Pflichtteilsquote ist zu bestimmen

Gemäß § 2303 Abs. 1 Satz 1 BGB beträgt die Höhe des Pflichtteils die Hälfte des Werts des gesetzlichen Erbteils. Es ist daher zunächst der gesetzliche Erbanspruch der Enkeltochter festzustellen. Nach den Angaben der Mandantin, aber auch aus den Nachlassakten ergibt sich, dass der Erblasser nur einen einzigen Abkömmling hatte und zum Zeitpunkt seines Todes verwitwet war. Da keine weiteren Abkömmlinge vorhanden sind, würde die Enkeltochter den Nachlass allein erben (§ 1924 BGB). Ihr steht daher die Hälfte des Nachlasses als Pflichtteil zu.

Sachverhalt | Checkliste | Lösung | **Verfahren** | Muster

Einrede der Verjährung

Für die Mandantin ist bereits außergerichtlich die Einrede der Verjährung zu erheben.

Darlegungs- und Beweislast

Der Erbe als Anspruchsgegner trägt die volle Beweislast für den Beginn und den Ablauf der Verjährungsfrist. Erhebt der Erbe die Einrede der Verjährung, hat er die der Verjährung zugrundeliegenden Tatsachen, insbesondere die Kenntnis vom Erbfall und der sie beeinträchtigenden Verfügung darzulegen und zu beweisen (MüKo-BGB/Lange, § 2314 Rdnr. 51).

Sachverhalt | Checkliste | Lösung | Verfahren | **Muster**

Klageerwiderung/Einrede der Verjährung

Landgericht

...

Straße, Hausnr./Postfach

PLZ Ort

In dem Rechtsstreit ...

Aktenzeichen ...

nehme ich Bezug auf den Meldeschriftsatz vom ... und

beantrage,

die Klage abzuweisen.

Begründung:

Es wird bestritten, dass der Erblasser tatsächlich der Großvater der Klägerin ist (wird ausgeführt).

Beweis: ...

Nicht nur die Pflichtteilsberechtigung, sondern auch der geltend gemachte Anspruch der Höhe nach wird ausdrücklich bestritten. Die Beklagte hat bisher nicht dargetan, dass weitere Abkömmlinge des Erblassers nicht existieren. Das Gegenteil ist der Fall. Der Erblasser hatte noch eine weitere nichteheliche Tochter (wird ausgeführt)

Wie bereits auch außergerichtlich erklärt wurde, wird nochmals

die Einrede der Verjährung

erhoben. Es ist insbesondere davon auszugehen, dass die Klägerin bereits seit Sommer 2009 vom Eintritt des Erbfalls und seit dem 10.10.2009 auch Kenntnis von der sie enterbenden Verfügung hatte. Die Klägerin wurde im Sommer 2009 anlässlich eines Besuchs bei der Beklagten mündlich vom Tod des Großvaters unterrichtet. Das Gespräch fand am 10.08.2009 gegen 16.00 Uhr im Garten der Beklagten im Beisein Ihres Ehemannes, dem Zeugen ... statt.

Beweis: Zeugnis des Herrn ..., zu laden über die Beklagte

Nach Einsicht in die Akten beim Nachlassgericht konnte Folgendes festgestellt werden: Der Klägerin ist das Eröffnungsprotokoll mit der sie enterbenden letztwilligen Verfügung ihres Großvaters (Erblasser) am 10.10.2009 zugestellt worden. Sie erhielt somit spätestens an diesem Tag Kenntnis vom Erbfall und der beeinträchtigenden Verfügung.

Beweis: Kopie des Zustellungsnachweises nebst Eröffnungsprotokoll des Nachlassgerichts vom 10.09.2009

– Anlage B 1 –

Die allgemeine Verjährungsfrist für den Pflichtteilsanspruch der Klägerin, die nach §§ 195, 199 BGB am Schluss des Jahres 2009 begonnen und zum Ende des Jahres 2012 abgelaufen wäre, gilt hier nicht.

Die Verjährungsfrist ist nach altem Recht zu berechnen (Art. 229 § 23 Abs. 2 Satz 2 EGBGB), da diese im Vergleich zum neuen Recht früher abläuft. Nach altem Recht (§ 2332 BGB a.F.) begann die Verjährungsfrist am 11.10.2009 und endete mit Ablauf des 10.10.2012. Die Klage wurde jedoch erst am 10.12.2012 und damit verspätetet erhoben. Der Pflichtteilsanspruch der Klägerin ist damit gem. § 2332 BGB a.F. verjährt.

Auch ein Pflichtteilsergänzungsanspruch der Klägerin gegen die Beklagte (§ 2329 BGB) wäre wegen § 2332 Abs. 1 BGB verjährt. Die Verjährungsfrist beginnt nicht, wie sonst bei Pflichtteilsansprüchen, am Schluss des Jahres (§ 199 Abs. 1 BGB), sondern bereits mit dem Erbfall. Auf eine etwaige Kenntnis vom Tod des Erblassers kommt es nicht an.

Die Verjährungsfrist begann demnach mit dem Erbfall zu laufen und endete mit Ablauf des 01.08.2006 (§ 2332 Abs. 1 BGB).

Nach alldem ist die Klage abzuweisen, da der geltend gemachte Anspruch verjährt ist.

Rechtsanwältin/Rechtsanwalt

11

Kapitel 11: Prozessführung

A. Einführung

1. Gerichtsstand im Erbprozess

1.1 Besonderer Gerichtsstand der Erbschaft (§ 27 ZPO)

Gerichtsstand für Ansprüche im Zusammenhang mit Erbschaft

Für die Einheitlichkeit und für die Erleichterung der Rechtsverfolgung steht § 27 ZPO als besonderer Gerichtsstand der Erbschaft zur Verfügung. Diese Vorschrift gibt einen Gerichtsstand für diejenigen Ansprüche und Rechtsverhältnisse, die durch den Erbfall als solchen entstehen. **Zweck dieser Regelung** ist es, die Prozesse über einen Erbfall bei einem Gericht zusammenzufassen, und zwar bei einem sach- sowie vollstreckungsnahen Gericht. Damit können alle Klagen, welche die Feststellung des Erbrechts, Ansprüche des Erben gegen einen Erbschaftsbesitzer, Ansprüche aus Vermächtnissen oder sonstigen Verfügungen von Todes wegen, Pflichtteilsansprüche oder die Teilung der Erbschaft zum Gegenstand haben, vor dem Gericht erhoben werden, bei dem der Erblasser zur Zeit seines Todes den allgemeinen Gerichtsstand gehabt hat (§ 27 Abs. 1 ZPO).

Warnhinweis

Allein erbrechtliche Streitigkeiten, die nicht den Eintritt des Erbfalls bedingen, werden von § 27 Abs. 1 ZPO nicht erfasst (OLG Celle, MDR 1962, 992).

Warnhinweis

Für Erbfälle mit Auslandsbezügen, für die in Anwendung der EuErbVO die internationale Zuständigkeit in Deutschland eröffnet ist, bestimmt sich die örtliche Zuständigkeit nach § 2 IntErbRVG. Danach sind die §§ 27 und 28 ZPO **nicht** anwendbar (siehe Kapitel 14.A.4.3, S. 946).

Anknüpfungspunkt allgemeiner Gerichtsstand

Der Gerichtsstand des § 27 ZPO knüpft damit an den allgemeinen Gerichtsstand des Erblassers zum Zeitpunkt seines Todes an. Der Gerichtsstand ergibt sich aus §§ 12 ff. ZPO. Ausgangspunkt ist daher der Wohnort des Erblassers gem. § 13 ZPO.

Praxistipp

Für den Gerichtsstand nach § 27 ZPO spielt es keine Rolle, ob sich in dem Gerichtsbezirk des Wohnorts noch die Nachlassgegenstände befinden oder sich dort jemals befunden haben.

Wohnsitz des Erblassers

Unter Wohnsitz wird der Ort verstanden, an dem sich jemand **permanent** niedergelassen hat, und zwar in der Absicht, diesen Ort zum Mittelpunkt seiner wirtschaftlichen und gesellschaftlichen Tätigkeit zu machen. Eine polizeiliche Anmeldung ist hierbei ein Indiz, aber kein Beweis für den

Wohnsitz des Erblassers (BGH, NJW-RR 1995, 507). Abzugrenzen ist der Begriff des Wohnsitzes von dem Begriff des Aufenthalts.

Erblasser mit mehreren Wohnsitzen

Bei mehreren allgemeinen Gerichtsständen des Erblassers ergibt sich ein Wahlrecht gem. § 35 ZPO.

Erblasser ohne Wohnsitz

Hatte der Erblasser keinen Wohnsitz, ist nach § 16 ZPO zunächst der allgemeine Gerichtsstand einer Person durch den Aufenthaltsort im Inland zu bestimmen. Besteht ein solcher ebenfalls nicht, so ist der letzte bekannte Wohnsitz ausschlaggebend.

Anderer Gerichtsstand zulässig

Da es sich um einen sogenannten Wahlgerichtsstand (§ 35 ZPO) handelt, können noch andere Gerichtsstände danebentreten oder vereinbart werden. Wird ein Gerichtsstand zwischen den Parteien vereinbart, geht dieser vor.

Warnhinweis

Die Vereinbarung eines Gerichtsstands (sog. Prorogation) ist allerdings nur unter den besonderen Voraussetzungen des § 38 ZPO, der auch die Rechtsfolgen einer Vereinbarung regelt, zulässig.

1.2 Hilfsgerichtsstand nach § 27 Abs. 2 ZPO

Für die Fälle, in denen ein deutscher Erblasser zur Zeit seines Todes keinen allgemeinen Gerichtsstand im Inland, sondern **im Ausland** hat, gilt § 27 Abs. 2 ZPO. Danach können alle unter § 27 Abs. 1 ZPO fallenden Klagen vor dem Gericht des Bezirks des letzten inländischen Wohnsitzes erhoben werden. Damit wird ein Hilfsgerichtsstand für alle diejenigen Fälle geschaffen, bei denen es an einem allgemeinen Gerichtsstand zum Zeitpunkt des Todes im Inland fehlt.

1.3 Erweiterter Gerichtsstand der Erbschaft nach § 28 ZPO

Gerichtsstand für Nachlassschulden

In § 28 ZPO ist der Wahlgerichtsstand für Klagen der Nachlassgläubiger wegen Nachlassschulden geregelt.

Praxistipp

Auch hierbei handelt es sich um einen Wahlgerichtsstand, so dass geprüft werden muss, ob noch andere Gerichtsstände existieren.

Nachlassverbindlichkeit

Der Klagegegenstand muss eine vom Erblasser herrührende Nachlassverbindlichkeit i.S.d. § 1967 BGB oder ein dinglicher oder gleichgestellter Anspruch nach § 1971 BGB sein. Nachlassverbindlichkeiten liegen vor, wenn sie **vom Erblasser selbst** herrühren (§ 1967 BGB) **oder** es sich um **Nachlasserbenschulden** handelt. Hierzu gehören auch die dinglichen Ansprüche, die gegen den Erblasser begründet waren, sowie die den Erben als solchen treffenden Verbindlichkeiten (z.B. Anspruch der Mutter des noch nicht geborenen Erben nach § 1963 BGB; Beerdigungskosten gem. § 1968 BGB; Unterhalt der Angehörigen des Erblassers gem. § 1969 BGB; Ansprüche aus Rechtsgeschäften des Testamentsvollstreckers oder des Nachlasspflegers oder Ansprüche aus einer Geschäftsführung des Beauftragten oder ohne Auftrag im Interesse der Erbschaft gem. §§ 683, 681 BGB).

Gerichtsstand bei Alleinerben

Richtet sich die Klage gegen einen Alleinerben, so ist sie am Gerichtsstand des § 28 ZPO zulässig, solange sich noch mindestens ein Nachlassgegenstand im Bezirk des Gerichts befindet, unabhängig von seinem Wert. Der Gerichtsstand nach § 28 ZPO entfällt daher, wenn der Nachlassgegenstand veräußert oder aus dem Gerichtsbezirk des Erblassers entfernt wird.

Warnhinweis

Etwas anderes kann allein dann gelten, wenn der Gegenstand arglistig entgegen den Grundsätzen von Treu und Glauben (§ 242 BGB) aus oder in den Gerichtsstand der Erbschaft verbracht wird, nur um diesen Gerichtsstand zu begründen oder zu verhindern.

Gerichtsstand bei Erbengemeinschaft

Anders bei der Erbengemeinschaft: Hier kommt es nicht darauf an, ob sich der Nachlassgegenstand noch im Gerichtsstand der Erbschaft befindet oder jemals dort befunden hat. Sind mehrere Erben vorhanden, besteht der Gerichtsstand der Erbschaft, solange diese als Gesamtschuldner für die streitige Nachlassverbindlichkeit nach den Bestimmungen der §§ 2058 ff., 421 ff. BGB haften (BayObLG, NJW-RR 2004, 944).

Praxistipp

Am Gerichtsstand des § 28 ZPO können daher auch Klagen wegen anderer Nachlassverbindlichkeiten erhoben werden, solange sich der Nachlass noch ganz oder teilweise im Bezirk des Gerichts befindet oder die vorhandenen mehreren Erben noch als Gesamtschuldner haften.

2. Streitgenossenschaft

2.1 Vorbemerkung

Im Erbprozess kann es notwendig sein, mehrere Personen mit einer Klage in Anspruch zu nehmen. Die Beklagten sind in diesen Fällen entweder einfache oder notwendige Streitgenossen. Die **Problematik** der Streitgenossenschaft stellt sich in Erbsachen regelmäßig dann, wenn die Frage auftritt, ob der einzelne Erbe klagen kann oder ob man beispielsweise eine oder mehrere Personen verklagen muss.

2.2 Arten der Streitgenossenschaft

Grundsätzlich unterscheidet man bei der Streitgenossenschaft die einfache und die notwendige Streitgenossenschaft.

2.2.1 Einfache Streitgenossenschaft

Voraussetzungen

Die einfache Streitgenossenschaft liegt vor, wenn

- mehrere Kläger/Beklagte hinsichtlich des Streitgegenstands in Rechtsgemeinschaft stehen (§ 59 erste Alternative ZPO),
- mehrere Kläger/Beklagte aus demselben tatsächlichen oder rechtlichen Grund berechtigt oder verpflichtet sind (§ 59 zweite Alternative ZPO), oder
- gleichartige oder auf einem im Wesentlichen gleichartigen tatsächlichen und rechtlichen Grund beruhende Ansprüche oder Verpflichtungen den Gegenstand des Rechtsstreits bilden (§ 60 ZPO).

Fall der subjektiven Klagehäufung

Die einfache Streitgenossenschaft stellt eine subjektive Klagehäufung dar, da jeder Kläger/Beklagte selbst Partei des Prozesses ist.

Gemeinsame Prozessführung nicht notwendig

Bei ihr ist die gemeinsame Verhandlung und Entscheidung im Rahmen eines Prozesses lediglich zweckmäßig, beispielsweise aus Gründen der Prozessökonomie, jedoch nicht zwingend notwendig. Aus diesem Grund sind die einzelnen Prozessrechtsverhältnisse der jeweiligen Kläger/Beklagten jeweils selbständig zu betrachten. Auch der Ausgang des Prozesses kann für die einzelnen Streitgenossen unterschiedlich sein. Wichtigster Fall ist hierbei die Erbengemeinschaft. Da die Erbengemeinschaft auch nach der Entscheidung des BGH zur Rechtsfähigkeit der Gesellschaft bürgerlichen Rechts selbst keine eigene Rechtspersönlichkeit besitzt, sind die Miterben selbst Partei des Prozesses.

2.2.2 Notwendige Streitgenossenschaft

Voraussetzungen

Demgegenüber führt die notwendige Streitgenossenschaft zu einer Mehrheit von Prozessrechtsverhältnissen, die zu einer gemeinsamen Verhandlung und Entscheidung verbunden werden. Die Streitgenossenschaft ist eine notwendige, wenn **zusätzlich** zu den Voraussetzungen der einfachen Streitgenossenschaft

- das streitige Rechtsverhältnis allen Streitgenossen gegenüber nur einheitlich festgestellt werden kann (sog. notwendige Streitgenossenschaft aus prozessrechtlichen Gründen, unechte notwendige Streitgenossenschaft), § 62 Abs. 1 erste Alternative ZPO, oder
- die Streitgenossenschaft aus einem sonstigen Grund eine notwendige ist (sog. notwendige Streitgenossenschaft aus materiell-rechtlichen Gründen, echte notwendige Streitgenossenschaft), § 62 Abs. 1 zweite Alternative ZPO.

Notwendigkeit einer einheitlichen Entscheidung

Bei Vorliegen einer notwendigen Streitgenossenschaft muss gegenüber allen Streitgenossen eine inhaltlich übereinstimmende Entscheidung ergehen. Das Gesetz unterscheidet je nachdem, ob die Notwendigkeit einer einheitlichen Entscheidung auf prozessualen oder materiell-rechtlichen Vorschriften beruht, zwischen der prozessrechtlich notwendigen (§ 62 Abs. 1 erste Alternative ZPO) und der materiell-rechtlich notwendigen (§ 62 Abs. 1 zweite Alternative ZPO) Streitgenossenschaft.

Notwendige Streitgenossenschaft aus prozessualen Gründen

Die erste Alternative des § 62 Abs. 1 ZPO betrifft die notwendige Streitgenossenschaft aus prozessualen Gründen. Die Streitgenossenschaft ist dann notwendig, wenn die Rechtskraft der gegenüber nur einem Streitgenossen ergangenen Entscheidung sich auch auf den anderen Streitgenossen erstrecken würde. Hier müsste aus prozessualen Gründen auch dann einheitlich entschieden werden, wenn die Prozesse nacheinander durchgeführt würden.

Praxistipp

Infolgedessen ist bei gleichzeitigen Prozessen notwendige Streitgenossenschaft anzunehmen.

Notwendige Streitgenossenschaft aus materiell-rechtlichen Gründen

Aus materiell-rechtlichen Gründen ist die Streitgenossenschaft eine notwendige, wenn die Klage nur Erfolg haben kann, wenn sie durch oder gegen mehrere Parteien erhoben wird. In diesen Fällen ist die Klage durch oder gegen nur eine Partei mangels Prozessführungsbefugnis als unzulässig abzuweisen.

Warnhinweis

Eine zum Zeitpunkt der Klageerhebung vorliegende materiell-rechtlich notwendige Streitgenossenschaft wird durch zwischenzeitliche Änderungen in der Rechtszuständigkeit nicht berührt, so dass ausgeschiedene Mitglieder Partei nach § 265 Abs. 2 ZPO bleiben, während neue Mitglieder nur durch einen Beitritt nach § 265 Abs. 2 ZPO die Parteistellung erlangen (BGH, NJW 2000, 291).

Eine notwendige Streitgenossenschaft aus materiell-rechtlichen Gründen entsteht beispielsweise dann, wenn die gemeinschaftliche Klageerhebung notwendig ist, weil das geltend gemachte Recht einer von ihnen gebildeten Gesamthandsgemeinschaft zusteht.

2.3 Streitgenossenschaft und Erbengemeinschaft

2.3.1 Erbengemeinschaft

Eine notwendige Streitgenossenschaft aus materiell-rechtlichen Gründen entsteht dann, wenn die gemeinschaftliche Klageerhebung notwendig ist, weil das von den Miterben geltend gemachte Recht der von den Miterben gebildeten Gesamthandsgemeinschaft zusteht. Da die Erbengemeinschaft eine als solche nicht rechts- und parteifähige Gesamthandsgemeinschaft ist, müssten die Miterben eigentlich als notwendige Streitgenossen gemeinsam auf Leistung klagen.

2.3.2 Aktivprozesse der Erbengemeinschaft

Allerdings ist bei der Erbengemeinschaft die Vorschrift des § 2039 BGB zu berücksichtigen. Diese Vorschrift aus dem materiellen Recht räumt den einzelnen Teilhabern eine **Einzelprozessführungsbefugnis** ein mit dem Inhalt, den Anspruch der Gemeinschaft (durch Leistung an diese, nicht an sich selbst) geltend zu machen. Aufgrund dieser Einzelprozessführungsbefugnis jedes einzelnen Miterben besteht im Rahmen von Aktivprozessen der Erbengemeinschaft keine notwendige Streitgenossenschaft (BGHZ 92, 351, 354). Keine notwendige Streitgenossenschaft liegt ebenso vor in den Fällen der Notgeschäftsführung, da auch § 744 Abs. 2 BGB jedem einzelnen Miterben eine Einzelprozessführungsbefugnis einräumt.

2.3.3 Passivprozesse der Erbengemeinschaft

Ein Gläubiger kann die Miterben einer Erbengemeinschaft im Wege der Gesamtschuldklage nach § 2058 BGB oder im Wege der Gesamthandklage nach § 2059 Abs. 2 BGB in Anspruch nehmen.

Gesamtschuldklage nach § 2058 BGB

Bei Klagen gegen die Erbengemeinschaft muss nach h.M. keine einheitliche Entscheidung ergehen. Somit besteht keine notwendige Streitgenossenschaft z.B. bei Klage gegen Miterben bei der Gesamtschuldklage nach § 2058 BGB.

Gesamthandklage nach § 2059 Abs. 2 BGB

Etwas anderes gilt jedoch dann, wenn der Kläger im Wege der sogenannten Gesamthandklage nach § 2059 Abs. 2 BGB vorgeht, also die Befriedigung aus dem ungeteilten Nachlass von sämtlichen Miterben verlangt. Grundsätzlich ist zwar auch bei einer Gesamthandklage nach § 2059 Abs. 2 BGB keine notwendige Streitgenossenschaft gegeben. Nach der Rechtsprechung des BGH (Urt. v. 15.06.1959 – II ZR 44/58, NJW 1959, 1683) ist die Notwendigkeit einer einheitlichen Feststellung aber dann anzunehmen, wenn auch bei einem Nacheinander der Prozesse sich die materielle Rechtskraft des ersten Urteils auf den zweiten Prozess erstrecken würde. Richtet sich eine Leistungsklage daher gegen die Miterben einer Erbengemeinschaft, liegt eine materiell-rechtlich notwendige Streitgenossenschaft immer dann vor, sofern die Miterben nur gemeinsam zur Erfüllung in der Lage sind (BGH, NJW 2000, 291). Dies ist der Fall **bei echten Gesamthandverbindlichkeiten** (z.B. dem Anspruch auf Auflassung), die nur aufgrund einer gemeinsamen Verfügung der Miterben nach § 2040 Abs. 1 BGB erfüllt werden können (BGH, NJW 1962, 1722).

Praxistipp

Im Ergebnis ist daher immer zu prüfen, ob nur alle Erben gemeinsam den Anspruch erfüllen können.

Ausnahme: Leistungsbereitschaft einiger Miterben

Bei den Gesamthandklagen nach § 2059 Abs. 2 BGB müssen grundsätzlich **alle Erben** verklagt werden. Von der Notwendigkeit, die anderen notwendigen Streitgenossen mit in den Rechtsstreit einzubeziehen, hat der BGH (Urt. v. 02.12.1981 – IVa ZR 252/80, NJW 1982, 44) jedoch eine Ausnahme gemacht, wenn dieser von vornherein leistungsbereit ist. In den Fällen ist auch ein Teilurteil gegen einen von mehreren notwendigen Streitgenossen zulässig, wenn die übrigen Miterben erklärt haben, zu der mit der Klage begehrten Leistung verpflichtet und Leistungsbereit zu sein. Dies stellt eine Ausnahme von dem Grundsatz dar, dass die Entscheidung bei einer notwendigen Streitgenossenschaft nicht durch Teilurteil gegen nur einen Streitgenossen ergehen darf.

Warnhinweis

Ist hinsichtlich einer Klage eine notwendige Streitgenossenschaft der Erben gegeben, ist es sinnvoll, vorab zu prüfen, welche Erben ggf. leistungsbereit sind. Denn hinsichtlich dieser Erben fehlt dann das Rechtsschutzbedürfnis.

2.4 Auswirkungen der Streitgenossenschaft

2.4.1 Prozessführung

Gemäß §§ 59, 267, 282 Abs. 3 ZPO wirkt die Verhandlung nur eines Streitgenossen zur Hauptsache nicht auch gegen die anderen Streitgenossen. Behauptungen oder Bestreiten durch einen Streitgenossen wirken daher nur für oder gegen diesen, solange sich nicht die übrigen ausdrücklich oder konkludent anschließen.

2.4.2 Klagerücknahme

Jeder Streitgenosse kann die Klage mit der Wirkung zurücknehmen, dass er aus dem Prozess und der Streitgenossenschaft ausscheidet. Allerdings gilt dies nur für die Fälle der notwendigen Streitgenossenschaft aus prozessualen Gründen. Liegt eine notwendige Streitgenossenschaft aus materiell-rechtlichen Gründen vor, ist eine einseitige Klagerücknahme durch einen Streitgenossen ausgeschlossen. Daher entfalten auch Anerkenntnis, Verzicht oder Klageänderung nur dann Wirkung, wenn sie durch alle Streitgenossen erfolgen.

2.4.3 Rechtsmittel

Einfache Streitgenossenschaft

Wird über einen Streitgenossen in einem einheitlichen Urteil entschieden, so wirkt das Rechtsmittel eines jeden Streitgenossen bei der einfachen Streitgenossenschaft nur für ihn.

Das Rechtsmittel des gemeinsamen Gegners kann zwar, muss aber nicht gegen alle Streitgenossen gerichtet werden. Bezeichnet der gemeinsame Gegner nur einen der siegreichen Streitgenossen als Rechtsmittelbeklagten, so ist im Zweifel der andere Streitgenosse an dem Verfahren der höheren Instanz nicht beteiligt und die Rechtskraft des Urteils wird nur im Verhältnis zu dem bezeichneten Rechtsmittelbeklagten gehemmt.

Daher ist der rechtskräftig ausgeschiedene Streitgenosse erster Instanz bei Berufung des gemeinsamen Gegners nur gegen den anderen Streitgenossen mit der unselbständigen Anschlussberufung ausgeschlossen.

Notwendige Streitgenossenschaft

Anders bei der notwendigen Streitgenossenschaft: Dort kann der einzelne Streitgenosse Rechtsmittel einlegen, während die anderen untätig bleiben. So kann ein Streitgenosse die durch die Zustellung an ihn in Lauf gesetzte Frist wahren, während ein anderer die gegen ihn laufende versäumt und ein dritter Streitgenosse das rechtzeitig eingelegte Rechtsmittel wieder zurücknimmt. Die Prozessführung des tätigen Streitgenossen wird dadurch nicht gehindert.

Gemäß § 62 Abs. 2 ZPO kommt die Prozessführung des weiterhin tätigen Streitgenossen in der Rechtsmittelinstanz aber allen Streitgenossen zugute. Auch der säumige Streitgenosse, der selbst kein Rechtsmittel eingelegt hat, wird Partei im Rechtsmittelverfahren.

Praxistipp

Auch der erstinstanzlich „vergessene" Streitgenosse, der also nicht im Klagerubrum aufgeführt ist, erlangt damit Parteistellung.

Warnhinweis

Durch die Rücknahme des eingelegten Rechtsmittels geht die Parteistellung daher nicht verloren, solange auch nur noch ein Streitgenosse als Rechtsmittelführer auftritt.

3. Streitwerte bei Erbprozessen

3.1 Vorbemerkung

Erbrechtliche Auseinandersetzungen vor Gericht bergen häufig ein **erhebliches Kosten- und Rechtsmittelrisiko**, da anders als bei den gängigen Zahlungsprozessen der **Streitwert** in Erbsachen **zunächst nicht bezifferbar** ist. Dies ist häufig der Fall, wenn die Wirksamkeit einer letztwilligen Verfügung, die Anordnung einer Testamentsvollstreckung, ein teilentgeltliches Geschäft, der Umfang sowie Wert des Nachlasses oder dessen Auseinandersetzung in Rede stehen. Aber auch bei einer Auskunftsklage oder Stufenklage lässt sich der Streitwert bei Klageerhebung nur selten korrekt errechnen.

Die Kenntnis über den Streitwert ist jedoch von erheblicher Bedeutung, da davon nicht nur die Höhe der Gerichts- und Anwaltsgebühren abhängt, sondern auch die Möglichkeit der unterlegenen Partei, eine für sie ungünstige Entscheidung in einer höheren Instanz überprüfen zu lassen. Zudem ist bereits bei Fragen der sachlichen Zuständigkeit der Gerichte der Streitwert ausschlaggebend.

Aufgrund der Vielfalt der Erbstreitigkeiten kann hier nicht im Einzelnen auf alle möglichen Streitwerte bei erbrechtlichen Klagen eingegangen werden. Die Darstellung beschränkt sich auf einige praxisrelevante Fälle.

3.2 Klage auf Feststellung eines Erbrechts

Die Klage auf Feststellung eines Erbrechts ist mit dem behaupteten Wert des Erbanteils mit dem üblichen Abzug i.H.v. 10 % bis 1/3 des Leistungsantrags für Feststellungsklagen anzusetzen. Geht es zudem um eine Vorerbschaft, erfolgt ein weiterer Abschlag (BGH, Urt. v. 10.05.1989 – IVa ZR 126/88, FamRZ 1989, 958).

3.3 Klagen unter Miterben

Streiten Miterben untereinander über die Auseinandersetzung des Nachlasses oder macht ein Miterbe für den Nachlass einen Anspruch gegen einen Dritten geltend, so richten sich Streitwert und Beschwer stets nach dem eigenen wirtschaftlichen Interesse des Miterben, also nicht nach dem Wert des gesamten Nachlasses (BGH v. 24.04.1975 – III ZR 173/72, NJW 1975, 1415 – immer noch die Leitentscheidung).

3.3.1 Streitwert der Teilungsklage

Interesse des Klägers

Nach derzeitiger Rechtsprechung ist nach § 3 ZPO regelmäßig nur das Interesse des Klägers und somit sein Anteil am Nachlass maßgebend, denn der Streitwert richtet sich nach dem Wert des Erbanteils, den der Kläger mit der Auseinandersetzung begehrt. Hierbei sind auch die aufgelaufenen Zinsen streitwerterhöhend zu berücksichtigen, denn es handelt sich nicht um eine Nebenforderung i.S.v. § 4 Abs. 1 zweiter Halbsatz ZPO, sondern sie sind Berechnungsfaktor des Hauptanspruchs (BGH, Beschl. v. 03.12.1997 – IV ZR 133/97, NJW-RR 1998, 1284).

Streit nur bezüglich einzelner Vermögensgegenstände

Ist dagegen im Rahmen der Teilung nur die Aufteilung eines einzelnen Vermögensgegenstands streitig, ist der Gegenstandswert auf diesen streitigen Gegenstand zu beschränken (z.B. bei Streit über die Verteilung einzelner Immobilien bemisst sich der Streitwert nur nach den Grundstückswerten, über deren Verteilung Streit besteht, und zwar auch dann, wenn der der Klage zugrundeliegende Teilungsplan den ganzen Nachlass betrifft).

Feststellung der Unzulässigkeit einer Erbauseinandersetzung

Bei einer Klage auf Feststellung der Unzulässigkeit einer Erbauseinandersetzung ist demgegenüber das Interesse des Klägers am Fortbestehen der Erbengemeinschaft maßgeblich (OLG Hamm, JurBüro 1977, 1616).

3.3.2 Streitwert bei Klage auf Grundstücksauflassung

Klage eines Miterben gegen anderen Miterben auf Auflassung eines Nachlassgrundstücks

Bei der Klage eines Miterben gegen andere Miterben auf Auflassung eines Nachlassgrundstücks an einen Dritten ist nach Ansicht des BGH mit der wirtschaftlichen Betrachtungsweise der Streitwert nach dem Anteil desjenigen Miterben zu bestimmen, der durch die Klage zur Auflassung an einen Dritten gezwungen werden soll (BGH, Urt. v. 24.04.1975 – III ZR 173/72, NJW 1975, 1415).

Anders OLG Koblenz

Anders entschied das OLG Koblenz (Beschl. v. 22.07.2010 – 5 U 505/10), das über den Wert einer Klage auf Zustimmung zur Grundstücksveräußerung zu entscheiden hatte. Es entschied, dass der Streitwert für eine Klage auf Auflassung gegen Miterben sich weder nach dem vollen Grundstückswert bemisst noch von dem Interesse abhängt, das der Rechtsverteidigung des Beklagten zugrunde liegt, sondern mit einem Betrag in Höhe der Quote des Anteils am Grundstückspreis, wie er der dem Kläger als Miterben zugutekommt. Deshalb richte sich der Streitwert nach der Erbquote des Klägers und nicht des Beklagten.

Klage eines Dritten gegen Miterben auf Auflassung eines Nachlassgrundstücks

Erhebt dagegen ein Nachlassgläubiger gegen einen oder einzelne sich weigernde Miterben Klage auf Mitwirkung bei der Auflassung von Nachlassgrundstücken an einen Dritten, so bestimmt sich der Streitwert nicht nach dem Teil der Grundstückswerte, der dem Erbteil des oder der mehreren Miterben entspricht, sondern nach dem vollen Wert der Grundstücke. Denn Miterben können wegen des Gesamthandverhältnisses über Nachlassgrundstücke nur gemeinsam verfügen (OLG Nürnberg, Beschl. v. 16.03.2012 – 12 W 444/12).

3.4 Streitwert bei Geltendmachung von Nachlassforderungen

Bei der Geltendmachung von Nachlassforderungen ist der Streitwert der Wert in Höhe des der Erbengemeinschaft zustehenden Anspruchs.

Forderung der Erbengemeinschaft (§ 2039 BGB)

Dies gilt auch dann, wenn nur ein Miterbe eine Forderung der Erbengemeinschaft für die Erbengemeinschaft geltend macht. Auch in diesem Fall besteht der Streitwert in der vollen Höhe des der Erbengemeinschaft zustehenden Anspruchs, da es nicht nur um das anteilige Interesse des Klägers geht.

Miterben als Nachlassschuldner

Wird gegen einen Miterben geklagt, der gleichzeitig Nachlassschuldner ist, so wird der Streitwert um den Anteil des verklagten Miterben gekürzt.

Feststellung auf Nichtbestehen einer Nachlassverbindlichkeit

Klagt ein Miterbe gegen einen Miterben auf Feststellung, dass eine Nachlassverbindlichkeit nicht besteht, richtet sich der Streitwert nach dem vollen Wert, den die Nachlassverbindlichkeit haben soll, da die Feststellung der gesamten Erbengemeinschaft zugutekommt.

3.5 Streitwert bei Testamentsvollstreckung

Streitigkeiten zwischen Erben und Testamentsvollstrecker

Bei Streitigkeiten zwischen dem oder den Erben und dem Testamentsvollstrecker ist zu beachten, dass die Beschwer des Testamentsvollstreckers nicht durch den Wert des Nachlasses beschrieben wird. Stehen die Befugnisse eines Testamentsvollstreckers im Streit, so liegt die Höchstgrenze bei 10 % des Nachlasswerts (BGH, Urt. v. 17.12.2003 – IV ZR 28/03, ZEV 2004, 290).

Löschung eines Testamentsvollstreckungsvermerks

Das OLG Frankfurt (Urt. v. 14.07.2006 – 20 W 369/05, MittBayNot 2007, 511) hat für die Löschung eines Testamentsvollstreckungsvermerks im Grundbuch die Verfügungseinschränkung hinsichtlich des Grundstücks (Wert 1,3 Mio. €) mit 15.000 € angesetzt.

In dieselbe Richtung geht ein Beschluss des OLG Hamm (Beschl. v. 06.11.2000 – 15 W 188/00, ZEV 2001, 271), der bei der Ernennung eines zweiten Testamentsvollstreckers für einen Restnachlass als Wert nur einen geringen Bruchteil ansetzt.

Ernennung eines Testamentsvollstreckers

Der Geschäftswert eines die Entlassung eines Testamentsvollstreckers betreffenden Verfahrens richtet sich auch dann nach § 65 Abs. 1 GNotKG, wenn der Antrag von hierzu nicht Berechtigten gestellt worden ist (OLG Karlsruhe, Beschl. v. 13.01.2016 – 11 Wx 108/15).

3.6 Streitwert der Auskunfts-, insbesondere Stufenklage

Stufenklage im Erbrecht

Die Bedeutung der Stufenklage (§ 254 ZPO) liegt vor allem im **Pflichtteilsrecht.** Sie ist für den Pflichtteilsberechtigten häufig das einzige Mittel, um sich ein Bild über Umfang sowie Wert des Nachlasses zu machen und dann seinen Anspruch zu berechnen. Sie spielt darüber hinaus bei Ansprüchen des Erben gegen den Erbschaftsbesitzer und bei der Rechnungslegung durch Testamentsvollstrecker bzw. Nachlassverwalter sowie die anschließende Herausgabe von Nachlassgegenständen eine Rolle.

Streitwert bei der Stufenklage

Der Gesamtstreitwert der Stufenklage bemisst sich nach dem höchsten Wert der einzelnen Stufen, i.d.R. also nach dem Zahlungsantrag.

Eine Zwischenfeststellungsklage innerhalb einer Pflichtteilsstufe führt nicht zur Erhöhung des Streitwerts (LG Düsseldorf v. 21.03.2014 – 7 O 132/13).

Teilstreitwert der ersten (Auskunfts-)Stufe

Hinsichtlich des Teilstreitwerts der ersten (Auskunfts-)Stufe ist danach zu unterscheiden, ob das Gericht die Auskunftsklage abweist oder den Beklagten verurteilt, die Auskunft zu erteilen (Klingelhöffer, ZEV 2009, 379).

Weist das Gericht die Klage in der Auskunftsstufe ab, etwa weil der Kläger die nötige tatsächliche Kenntnis hat, um den Zahlungsantrag zu beziffern oder weil der Anspruch verjährt ist, so ist der Streitwert für die Auskunft mit einer Quote von 10–25 % des Zahlungsanspruchs zu beziffern. Die Quote ist umso höher anzusetzen, je geringer die Kenntnisse des Klägers und sein Wissen über die zur Begründung des Leistungsanspruchs maßgeblichen Tatsachen sind (BGH, Urt. v. 25.01.2006 – IV ZR 195/04, ZEV 2006, 265; BGH, Beschl. v. 12.10.2011 – XII ZB 127/11, NJW-RR 2012, 130).

Ob dies anders ist, wenn es dem Kläger lediglich um die bloße Auskunft geht, nicht dagegen um die Vorbereitung einer Leistungsklage, war bisher streitig (vgl. OLG Köln, OLGR 2009, 680, 681; OLG Düsseldorf, OLGR 1995, 192; Zöller, a.a.O.; Schneider/Herget, Streitwertkommentar, 12. Aufl., Rdnr. 4467). Nach einer Entscheidung des BGH (BGH, Beschl. v. 14.10.2015 – IV ZB 21/15) ist auch in diesen Fällen unter Anwendung von § 3 ZPO das maßgebliche Interesse zu schätzen.

Verurteilt das Gericht den Beklagten zur Auskunft und/oder Vorlage eines Verzeichnisses, so bemisst sich der Streitwert nach dem Aufwand an Zeit und Kosten, welcher dem Beklagten entsteht, und zwar auch dann, wenn dieser einen erbrechtlichen Anspruch des Klägers bereits dem Grunde nach bestritten hat. Seine Beschwer ergibt sich aus seinem Interesse, die Auskunft nicht erteilen zu müssen (Klingelhöffer, ZEV 2009, 379). Dass der Wert sich aus dem Aufwand ergibt, den eine sorgfältig erteilte Auskunft erfordert, entspricht der ständigen Rechtsprechung des BGH zu erbrechtlichen Auskunftsklagen (vgl. hierzu BGH, Urt. v. 14.01.2009 – XII ZB 146/08, NJW-RR 2009, 793: Auskunft über Beteiligungen von 30 Mio. €; BGH, Urt. v. 01.10.2008 – IV ZB 27/07, ZEV 2009, 38: Auskunft zur Vorbereitung eines Vermächtnisanspruchs; BGH, Urt. v. 30.04.2008 – IV ZR 287/07, FamRZ 2008, 1346: Auskunftsklage gegen Erbschaftsbesitzer).

Teilstreitwert der Verurteilung zur Abgabe einer eidesstattlichen Versicherung

Der Aufwand ist auch dann Anknüpfungspunkt, wenn es um die Verurteilung zur Abgabe einer eidesstattlichen Versicherung geht (BGH, Urt. v. 21.06.2000 – XII ZB 12/97, NJW 2000, 3073). Der mit der Erteilung der Auskunft verbundene Aufwand ist indes nicht mehr maßgeblich, wenn der Gläubiger die Auskunft mit der Anordnung eines Zwangsgeldes durchsetzen will. Nunmehr richtet sich der Wert nach dem Interesse des Schuldners, das Zwangsgeld nicht bezahlen zu müssen, also nach dessen Höhe (OLG Brandenburg, Urt. v. 23.11.2007 – 7 W 68/07).

B. Mandatssituationen

Mandatssituationen 11.1: Klagen auf Feststellung des Erbrechts

Mandatssituation 11.1.1: Klage auf Feststellung des Erbrechts

Sachverhalt | Checkliste | Lösung | Verfahren | Muster

Erblasser E verstirbt und hinterlässt ein Testament, wonach A Alleinerbin ist. Sein Sohn S, als gesetzlicher Erbe, ist der Ansicht, dass der Erblasser E zum Zeitpunkt der Testamentserrichtung nicht mehr testierfähig war. Trotz seiner Einwendungen erlässt das Nachlassgericht einen Erbschein, der die A als Alleinerbin ausweist. Der Sohn S möchte, dass sein Erbrecht festgestellt wird.

Sachverhalt | **Checkliste** | Lösung | Verfahren | Muster

Vorlage der Sterbeurkunde zum Nachweis des Todeszeitpunkts des Erblassers	☐
Vorlage der Geburts- oder Abstammungsurkunde zum Nachweis des Verwandtschaftsverhältnisses des Mandanten zum Erblasser, auf dem das Erbrecht beruht	☐
Beschaffung von Urkunden über die weiteren noch lebenden oder bereits verstorbenen Personen, durch die der Mandant von der Erbfolge ausgeschlossen oder durch die sein Erbteil gemindert werden würde	☐
Beibringung von Nachweisen für die mögliche Testierunfähigkeit des Erblassers (z.B. Betreuungsakten, Pflegeversicherungsgutachten, psychiatrisch relevante Gutachten, Pflegedokumentationen, ärztliche Dokumentationen)	☐

Sachverhalt | Checkliste | **Lösung** | Verfahren | Muster

Klage auf Feststellung des Erbrechts

Die Klage auf Feststellung des Erbrechts erfasst diejenigen Streitigkeiten, in denen entweder die durch rechtsgeschäftliche Anordnung (Testament oder Erbvertrag) bestimmte oder die gesetzliche Erbfolge in Rede steht. Davon sind insbesondere die Feststellungsklagen nach § 256 ZPO betroffen, die der Kläger auf ein vermeintliches Erbrecht aufgrund gesetzlicher Erbfolge (§§ 1922, 2032 Abs. 1, 1936 BGB), Testaments (§ 2087 Abs. 1 BGB), Erbvertrags (§ 2278 Abs. 1 BGB) oder des Rechts des Nacherben (§§ 2100, 2108 Abs. 1, 2142 BGB) gründet. Grundsätzlich ist die Feststellung des Erbrechts immer dann erforderlich, wenn es mehrere Erbenprätendenten gibt, wenn also jeder behauptet, Alleinerbe des Erblassers zu sein.

Verhältnis zum Erbscheinverfahren

Derjenige, der ein Erbrecht für sich in Anspruch nimmt, kann dies im Erbscheinverfahren geltend machen und/oder eine Feststellungsklage erheben (zum Verhältnis beider Verfahrensarten im Überblick siehe Zimmermann, ZEV 2010, 457). Die beiden Verfahren schließen sich nicht gegenseitig aus, sondern können auch nebeneinander geführt werden. Grund hierfür ist, dass im Erbscheinverfahren keine der materiellen Rechtskraft fähigen Entscheidungen über das Erbrecht getroffen werden, die Bindungswirkung für einen späteren streitigen Prozess über die Feststellung des Erbrechts hätten. Denn die richterliche Entscheidung im Erbscheinverfahren entfaltet keine materielle Rechtskraft, weil sich die Erbfolge durch die Erteilung oder Ablehnung des Erbscheins nicht sachlich ändert. Wird daher einem der potentiellen Erben ein Erbschein erteilt, bedeutet dies keine endgültige Klarstellung des Erbrechts.

Keine Bindungswirkung des Erbscheinverfahrens

Die fehlende Bindungswirkung ergibt sich daraus, dass dem Erbschein keine Rechtskraftwirkung zukommt. Er kann vielmehr jederzeit nach § 2361 BGB eingezogen werden. Das Nachlassgericht kann einen Erbschein dabei auch dann einziehen, wenn es ihn nach erneuter Überprüfung für unrichtig hält, selbst wenn seit der Erteilung des Erbscheins ein langer Zeitraum verstrichen ist, zwischenzeitlich keine neuen Tatsachen aufgetreten sind und die der Erbscheinerteilung zugrundeliegende Testamentsauslegung von den Betroffenen widerspruchslos hingenommen wurde. Hinzu kommt, dass nach der Vorstellung des Gesetzgebers im Erbschein nur eine provisorische Entscheidung getroffen werden soll, die die Erbprätendenten dagegen nicht an einer abschließenden Streitentscheidung im Zivilprozess hindert.

Unabhängig vom entgegenstehenden Inhalt eines Erbscheins kann daher der wirkliche Erbe vor dem Prozessgericht mithin jederzeit gegen den Erbscheinserben Klage auf Feststellung seines Erbrechts erheben, wobei das Prozessgericht nicht gehindert ist, von den Feststellungen des Nachlassgerichts abzuweichen. Auch die Durchführung einer umfangreichen Beweisaufnahme im Erbscheinverfahren lässt das Rechtsschutzbedürfnis für eine Feststellungsklage nicht entfallen (BGH, ZEV 2010, 468). Umgekehrt ist das Nachlassgericht nach h.M. an die Entscheidung des Prozessgerichts im streitigen Verfahren jedenfalls dann gebunden, wenn außer den Prozessparteien keine weiteren Erbprätendenten vorhanden sind.

Praxistipp

Ob dem Erbprätendenten vor Erhebung einer Feststellungsklage zur Durchführung des Erbscheinverfahrens zu raten ist, hängt vom Einzelfall ab; der Amtsermittlungsgrundsatz des Nachlassgerichts kann von Vorteil sein, umgekehrt eröffnet die Beibringungsmaxime im streitigen Verfahren mehr taktische Möglichkeiten. Unter Umständen schafft ein Erbschein unter den Beteiligten ausreichenden „Rechtsfrieden", wenn es um Rechts- oder Auslegungsfragen geht, zumal in den Beschwerdeinstanzen auf das Erbrecht spezialisierte Kollegialgerichte entscheiden. Wenn die Fronten bereits verhärtet sind und/oder sich die Notwendigkeit einer umfangreichen Beweisaufnahme abzeichnet, bietet es sich meist an, im Interesse der Verfahrensbeschleunigung sofort vor dem Prozessgericht zu klagen.

Sachverhalt | Checkliste | Lösung | **Verfahren** | Muster

Erbfeststellungsklage

Zur gerichtlichen Durchsetzung des Erbrechts kommt eine Klage auf Feststellung des Erbrechts in Betracht.

Zuständigkeit

Zur örtlichen Zuständigkeit der Gerichte in Erbrechtsangelegenheiten vgl. die Ausführungen in Kapitel 11.A.1, S. 703 ff. Für die Feststellungsklage ist das Gericht am Wohnsitz des Beklagten (§ 13 ZPO) oder auch das Gericht am besonderen Gerichtsstand der Erbschaft (§§ 27, 35 ZPO) zuständig. Die sachliche Zuständigkeit ergibt sich aus §§ 23, 71 GVG.

Streitwert

Der Streitwert wird nach § 3 ZPO bemessen. Maßgebend ist der Wert des umstrittenen Erbrechts bzw. Erbanteils (BGH, ZEV 2011, 656). Bei einer positiven Feststellungsklage ist i.d.R. ein Abschlag von 20 % geboten, im Einzelfall kann auch ein höherer Abzug angemessen sein. So ist beispielsweise beim Erbrecht eines Vorerben wegen dessen schwächerer Stellung ein höherer Abschlag von 25 % vorzunehmen (Hengst, in: Zöller, § 3 Rdnr. 16). Einer negativen Feststellungsklage um das Erbrecht ist dagegen der volle Wert zugrunde zu legen, da sie im Erfolgsfall alle erbrechtlichen Ansprüche ausschließt (Greger, in: Zöller, § 256 Rdnr. 30). Eine unstreitige wirtschaftliche Beteiligung am Nachlass – etwa bei einer Klage des Pflichtteilsberechtigten gegen den testamentarisch eingesetzten Erben auf Feststellung seines gesetzlichen Erbrechts – ist abzuziehen (BGH, NJW 1975, 539).

Rechtsmittelstreitwert

Streiten mehrere Erbprätendenten um das Erbrecht und legt der Beklagte Berufung gegen die Feststellung ein, er sei nicht Erbe geworden, so ist für den Streitwert in der Rechtsmittelinstanz sein wirtschaftliches Interesse maßgebend, nicht dasjenige des Klägers. Daher ist, berühmt er sich des Alleinerbrechts, der gesamte Nachlasswert zugrunde zu legen, auch wenn der Kläger seinerseits nur eine geringere Erbquote geltend macht (BGH, ZEV 2007, 134).

Feststellungsinteresse

Ein Feststellungsinteresse ist gem. § 256 ZPO dann gegeben, wenn das Bestehen oder Nichtbestehen eines Rechtsverhältnisses streitig ist und der Kläger ein rechtliches Interesse daran hat, dass das Rechtsverhältnis durch richterliche Entscheidung alsbald festgestellt wird. Bei einer Feststellungsklage liegt eine solche Gefährdung i.d.R. schon darin, dass der Beklagte das Recht des Klägers ernstlich bestreitet oder er sich eines eigenen Rechts gegenüber dem Kläger berühmt. Das Erbrecht ist als Rechtsverhältnis i.S.d. § 256 Abs. 1 ZPO qualifiziert (BGH, Urt. v. 14.04.2010 – IV ZR 135/08), denn es regelt die Rechtsbeziehungen einer Person zu einer bzw. mehreren anderen Personen oder auch zu Sachen. Es kann daher im Wege der Feststellungsklage im Zivilprozess geltend gemacht werden.

Zukünftiges Erbrecht kein Rechtsverhältnis i.S.d. § 256 ZPO

Unzulässig sind jedoch Feststellungsklagen künftiger gesetzlicher oder testamentarischer Erben. Hinsichtlich der Erbfolge nach einer noch lebenden Person wird von der Rechtsprechung regelmäßig entweder bereits ein der Feststellungsklage zugängliches Rechtsverhältnis oder jedenfalls das Feststellungsinteresse verneint. Die bloße Möglichkeit, Erbe zu werden, stelle kein gegenwärtiges konkretes Rechtsverhältnis i.S.d. § 256 ZPO dar. Denn vor dem Erbfall hat der gesetzliche oder testamentarische Erbanwärter nur eine Hoffnung auf den Erbschaftserwerb, evtl. auch eine rechtlich begründete Erwartung, aber noch keine gesicherte Rechtsposition im Sinne eines Anwartschaftsrechts (OLG Frankfurt, FamRZ 1997, 1021).

Warnhinweis

Unzulässig sind daher auch Feststellungsklagen mit dem Ziel, die Testierunfähigkeit einer lebenden Person feststellen zu lassen, auch wenn deren Nachweis nach dem Erbfall wesentlich schwerer zu führen ist (OLG Köln, JW 1930, 2064). Aber auch der deshalb vereinzelt vorgeschlagenen Vorgehensweise der Beweissicherung im Wege eines Beweissicherungsverfahrens hat das OLG Frankfurt (FamRZ 1997, 1021) eine Absage erteilt und ein selbständiges Beweisverfahren als unzulässig zurückgewiesen. Das Interesse einer lebenden Person, keine Rechenschaft über die beabsichtigte Verteilung ihres Nachlasses ablegen zu müssen, sei höher zu bewerten sei als etwaige Nachteile für den Erbanwärter durch eine Beweisaufnahme nach dem Erbfall.

Kein Vorrang des Erbscheinverfahrens

Ein Feststellungsinteresse ist auch gegeben, wenn vorab kein Erbscheinverfahren durchgeführt wurde. Das hat der BGH in seinem Urteil vom 14.04.2010 für eine Erbschaftsfeststellungsklage klargestellt. Denn der Zulässigkeit der Feststellungsklage steht es nicht entgegen, dass ein Urteil im streitigen Verfahren nur zwischen den Parteien wirkt und keine Bindungswirkung für das Erbscheinverfahren mit seinen weiteren Beteiligten hat. Für das Vorliegen des Feststellungsinteresses und des Rechtsschutzbedürfnisses ist es unerheblich, ob andere Gerichte einschließlich solcher der freiwilligen Gerichtsbarkeit an ein Sachurteil gebunden sind. Auch kann der Feststellungsprozess nicht wegen fehlender Vorgreiflichkeit gem. § 148 ZPO bis zur Erledigung des Erbscheinverfahrens ausgesetzt werden, wohl aber umgekehrt das Erbscheinverfahren. Zudem hat die Feststellungsklage Vorrang vor einer Verfassungsbeschwerde gegen die Endentscheidung im Erbscheinverfahren (BVerfG, ZEV 2006, 74).

Praxistipp

Da im Erbscheinverfahren keine Entscheidung mit materieller Rechtskraft ergeht, liegt das Feststellungsinteresse unabhängig davon vor, ob ein Erbschein bereits erteilt ist.

Kein Vorrang der Leistungsklage

Das Feststellungsinteresse ist auch davon unabhängig, ob eine Leistungsklage möglich wäre. Denn in einem solchen Prozess über eine Leistungsklage wäre das Erbrecht nur als Vorfrage zu prüfen – nämlich ob überhaupt der Herausgabeanspruch des vermeintlichen Erben gegen den Erbschaftsbesitzer besteht –, es würde jedoch keine rechtskräftige Feststellung des Erbrechts erfolgen. Der Kläger, der für sich ein Erbteil in Anspruch nimmt, kann daher auf Feststellung seines Erbteils klagen und muss keine Leistungsklage auf Herausgabe des Nachlasses gegen den Erbschaftsbesitzer erheben. Bedingung für das Bestehen des Feststellungsinteresses ist allerdings der Eintritt des Erbfalls. Vor dem Eintritt des Erbfalls hat der gesetzliche oder testamentarische Erbe noch keine konkrete Rechtsposition. Eine Ausnahme davon liegt vor, wenn der Erbe bereits eine gesicherte Rechtsposition hat, die ihm der Erblasser nicht mehr einseitig entziehen kann.

Klageantrag

Im Klageantrag ist der begehrte Erbanspruch genau zu bezeichnen. Bei einer Miterbschaft muss die Erbquote genau angegeben werden. Zudem sind im Antrag die Beschränkungen des Erbrechts aufzunehmen.

Subjektive Klagehäufung

Passivlegitimiert bei der Erbfeststellungsklage ist derjenige, der sich anstelle des Klägers oder neben ihm eines Erbrechts berühmt. Dabei kommt es nicht darauf an, dass der Betreffende bereits einen Erbschein beantragt hat oder ihm bereits ein Erbschein erteilt worden ist.

Zu beachten ist, dass sich die materielle Rechtskraft des Feststellungsurteils, das dann auch Bindungswirkung für das Nachlassgericht entfaltet, nur auf das Verhältnis zwischen den Prozessparteien erstreckt.

Warnhinweis

Daher müssen mehrere Erbprätendenten im Wege der subjektiven Klagehäufung als Streitgenossen in Anspruch genommen werden. Nur so kann eine umfassende Rechtskraftwirkung des Urteils erreicht werden, auch mit Wirkung für alle Beteiligte des Erbscheinverfahrens.

Keine notwendige Streitgenossenschaft

Im Fall der notwendigen Streitgenossenschaft aus materiell-rechtlichen Gründen nach § 62 Abs. 1 zweite Alternative ZPO ist die Klage nur eines oder gegen nur einen Streitgenossen mangels Prozessführungsbefugnis unzulässig (BGHZ 92, 351, 353). Das Erfordernis einer gemeinschaftlichen Klage ergibt sich aus der lediglich gemeinschaftlich vorhandenen materiell-rechtlichen Verfügungsbefugnis. Ein derartiger Fall einer notwendigen Streitgenossenschaft liegt auf Seiten beklagter Miterben, gegen die auf Feststellung des Bestehens oder Nichtbestehens des Erbrechts geklagt wird, nicht vor (BGH, Urt. v. 14.04.2010 – IV ZR 135/08). Dies ergibt sich schon daraus, dass in einem derartigen Prozess erst geklärt werden soll, wer Erbe geworden ist, und deshalb eine Klage gegen einen einzelnen oder mehrere einzelne Miterben nicht unzulässig sein kann. Durch eine solche Feststellungsklage wird dagegen kein Recht geltend gemacht, das materiell-rechtlich nur gegen alle in Betracht kommenden Miterben gleichzeitig ausgeübt werden könnte.

Beweislast für die Testierunfähigkeit

Die Beweislast im streitigen Verfahren trifft denjenigen, der sich auf die Testierunfähigkeit beruft. Steht allerdings die Testierunfähigkeit vor und nach der Errichtung fest, so spricht der erste Anschein für die Testierunfähigkeit. Dann trägt die Feststellungslast für einen lichten Augenblick, wer sich auf ihn beruft (BGH, Urt. v. 11.03.1988 – V ZR 27/87, NJW 1988, 3011).

Testierunfähigkeit

Nach § 2229 Abs. 4 BGB ist testierunfähig, wer wegen krankhafter Störung der Geistestätigkeit, wegen Geistesschwäche oder wegen Bewusstseinsstörungen nicht in der Lage ist, die Bedeutung einer von ihm abgegebenen Willenserklärung einzusehen und nach dieser Einsicht zu handeln. Das Gesetz verbindet danach nicht mit jeder Geisteskrankheit oder -schwäche die Testierunfähigkeit, sondern sieht die Fähigkeit, die Bedeutung der letztwilligen Verfügung zu erkennen und sich bei seiner Entschließung von normalen Erwägungen leiten zu lassen, als maßgebend an (BayObLG, FamRZ 2002, 1066). Der Testierende muss in der Lage sein, sich ein klares Urteil darüber zu bilden, welche Tragweite seine Anordnungen haben, insbesondere welche Wirkungen sie auf die persönlichen und wirtschaftlichen Verhältnisse der Betroffenen ausüben. Das umfasst auch die Gründe, welche für und gegen die Anordnungen sprechen. Nach seinem so gebildeten Urteil muss der Testierende grundsätzlich frei von Einflüssen Dritter handeln können. Das schließt nicht aus, dass er Anregungen Dritter aufnimmt und sie kraft eigenen Entschlusses in seiner letztwilligen Verfügung umsetzt (OLG Bamberg, Beschl. v. 18.06.2012 – 6 W 20/12, ZErb 2012, 212).

Gemäß § 2229 Abs. 4 BGB hat die Prüfung der Testier(un)fähigkeit grundsätzlich auf zwei Beurteilungsebenen zu erfolgen, nämlich erstens hinsichtlich der ggf. vorliegenden Krankheit (diagnostische Ebene) und zweitens hinsichtlich der daraus resultierenden Auswirkungen auf die freie Willensbestimmung (Symptom- bzw. Verhaltensebene). Aus diesem Grund werden vor allem zu diesen beiden Bereichen Informationen benötigt. Darüber hinaus müssen Angaben zum zeitlichen Verlauf des Störungsbilds getätigt werden (Cording, ZEV 2010, 23).

Zeugeneinvernahme – Verschwiegenheitspflicht

Die Verschwiegenheitspflicht des Arztes bildet insoweit in aller Regel kein Hindernis, da die Aufklärung von Zweifeln an der Testierfähigkeit im wohlverstandenen Interesse des Erblassers liegt und daher seinem mutmaßlichen Willen entspricht (BayObLG, Beschl. v. 23.03.1994 – 1Z BR 12/94, MittBayNot 1995, 56; im Hinblick auf Rechtsanwälte und Notare vgl. OLG Frankfurt, Beschl. v. 19.02.1997 – 20 W 409/94, FamRZ 1997, 1306). Daneben kommt die Vernehmung von Zeugen (Pflegepersonen, Nachbarn, Verwandten) in Betracht, die über auffällige Verhaltensweisen berichten können.

Einholung eines Sachverständigengutachtens

Die Frage, ob die Voraussetzungen der Testierfähigkeit gegeben sind, ist im Wesentlichen tatsächlicher Natur. Sie lässt sich nach ständiger Rechtsprechung zwar i.d.R. nur mit Hilfe eines psychiatrischen Sachverständigen beantworten. Allerdings ist die Einholung eines Sachverständigengutachtens nur dann erforderlich, wenn aufgrund konkreter Anhaltspunkte Anlass besteht, an der Testierfähigkeit des Erblassers im Zeitpunkt der Testamentserrichtung zu zweifeln (OLG Bamberg, Beschl. v. 12.03.2012 – 6 W 12/12, ZErb 2012, 212). Nicht ausreichend sind Vermutungen und Wahrscheinlichkeitsurteile für mögliche Krankheitsbilder ohne Anknüpfung an auffälliges symptomatisches Verhalten des Erblassers im Zusammenhang mit der Testamentserrichtung (OLG Düsseldorf, NJW-RR 2012, 1100).

Testierfähigkeit bei Alkoholabhängigkeit

Allein eine Alkoholabhängigkeit geht für sich genommen nicht mit einer Einschränkung der Testierfähigkeit einher (OLG Brandenburg, ErbR 2014, 393 und OLG Brandenburg Beschl. v. 19.12.2013 – 3 Wx 5/12, ErbR 2014, 341). Der Alkoholmissbrauch schränkt die Kritik-, Urteils- und Handlungsfähigkeit lediglich vorübergehend für die Phasen der akuten Alkoholintoxikation ein, er hat aber keinen überdauernden Einfluss auf die Testierfähigkeit. Das Urteilsvermögen und die eigene Lebenssituation sind bei Suchtkranken zwar typischerweise einseitig bewertet (i.S.v. Bagatellisierung, Leugnung und Rationalisierung der Suchterkrankung sowie deren Folgen), jedoch hat auch diese psychisch einseitige Bewertung keine Auswirkungen auf die Testierfähigkeit (OLG Brandenburg, ErbR 2014, 393).

Testierfähigkeit eines Krebspatienten

Demensprechend ist auch die von der Testierfähigkeit eines medikamentös gegen Schmerzen behandelten Krebspatienten auszugehen, wenn die Behandlung nach einer Stellungnahme der behandelnden Ärzte nicht zu einer Bewusstseinstrübung geführt hat (OLG Brandenburg, Beschl. v. 13.01.2014 – 3 W 49/13, ErbR 2014, 141). Allein die theoretische Möglichkeit, dass eine Schmerztherapie mit den genannten Mitteln bei entsprechender Dosierung dazu führen kann, dass die Wahrnehmung eines Patienten so beeinträchtigt ist, dass er die Bedeutung einer von ihm abgegebenen Willenserklärung nicht mehr erkennen kann, bietet aber allein keinen Grund zu der Annahme, dass auch bei ihm eine solche Bewusstseinsstörung vorgelegen hat. Insoweit besteht ohne Beschreibung von konkreten, gegen die Testierfähigkeit sprechenden Einschränkungen der geistigen Fähigkeiten des Erblassers zum Zeitpunkt der Errichtung des Testaments kein Anlass für weitere Ermittlungen. Auch der Amtsermittlungsgrundsatz gebietet es nicht, ein Sachverständigengutachten einzuholen (OLG Brandenburg, Beschl. v. 13.01.2014 – 3 W 49/13, ErbR 2014, 141).

Praxistipp

Die Frage der Testierfähigkeit erlangt in zahlreichen Verfahren an Bedeutung (Stichwort: **Altersdemenz**). In der Praxis bedarf es daher i.d.R. umfangreicher und sorgfältiger Ermittlungen unter Einbeziehung der Vorgeschichte und aller äußeren Umstände. Insbesondere sind dabei das von den Beteiligten dargelegte Verhalten des Erblassers, das die Zweifel verursacht hat, sowie die tatsächlichen Umstände, die den medizinischen Befund ausmachen und den Geisteszustand im Zeitpunkt der Testamentserrichtung beeinflusst haben können, aufzuklären. Herangezogen werden können Betreuungsakten, Pflegeversicherungsgutachten, weitere psychiatrisch relevante Gutachten, Pflegedokumentationen und ärztliche Dokumentationen (dazu ausführlich Cording, ZEV 2010, 23).

Objektive Klagehäufung

Ist einem vermeintlichen Erben ein unrichtiger Erbschein erteilt worden, so muss der wirkliche Erbe nicht dessen Einziehung durch das Nachlassgericht abwarten (§ 2361 BGB). Der wirkliche Erbe hat einen eigenständigen Anspruch auf Herausgabe des unrichtigen Erbscheins an das Nachlassgericht (§ 2362 Abs. 1 BGB). Klagt der wirkliche Erbe auf Feststellung des Erbrechts, so kann dieser Herausgabeanspruch im Wege der objektiven Klagehäufung zusammen mit der Feststellungsklage erhoben werden. Ist ein Erbschein erteilt, sollte die Feststellungsklage um den Antrag auf Herausgabe des Erbscheins an das Nachlassgericht (§ 2362 Abs. 1 BGB analog) erweitert werden. Hierbei ist zu beachten, dass auch für diesen Antrag das ordentliche Gericht zuständig ist und nicht etwa ein Verfahren der freiwilligen Gerichtsbarkeit durchgeführt werden muss.

Praxistipp

Neben den angeführten Anträgen sollte geprüft werden, ob diese mit einem weiteren Antrag in Form einer Stufenklage verbunden werden sollten. Da der Gegner der Feststellungsklage oftmals Erbschaftsbesitzer bzw. im Besitz eines unrichtigen Erbscheins ist, ist er auch verpflichtet, dem wirklichen Erben Auskunft über den Bestand der Erbschaften und den Verbleib der Erbschaftsgegenstände zu erteilen. In diesen Fällen ist es daher sinnvoll, den Auskunftsanspruch im Wege der Stufenklage mit der Feststellungsklage zu verbinden.

Warnhinweis

Zu beachten ist, dass während des Streits um das Erbrecht Pflichtteilsansprüche verjähren können. Dem kann entgegengetreten werden, indem die Klage oder Widerklage der Parteien mit der hilfsweisen Klage auf Feststellung des Pflichtteilsanspruchs oder der hilfsweisen Stufenklage auf Auskunft und Auszahlung des Pflichtteils verbunden wird.

Sachverhalt | Checkliste | Lösung | Verfahren | **Muster**

Klage auf Feststellung des Erbrechts

Amtsgericht/Landgericht
...
Straße, Hausnr./Postfach
PLZ Ort

Klage

der Frau ...

– Klägerin –

Prozessbevollmächtigte: ...

gegen

Frau ...

– Beklagte –

Prozessbevollmächtigte: ...

wegen Feststellung des Erbrechts

Namens und in Vollmacht der Klägerin erhebe ich Klage und werde

beantragen:

1. Es wird festgestellt, dass die Klägerin Alleinerbin des am ... in ... verstorbenen Erblassers, Herrn ..., zuletzt wohnhaft in ..., geworden ist.
2. Die Beklagte wird im Wege der Stufenklage verurteilt,
   a) der Klägerin Auskunft zu erteilen über den Nachlassbestand des am ... in ... verstorbenen Erblassers, Herrn ..., zum Stichtag des Erbfalls, sowie über alle aus den Nachlassgegenständen gezogenen Nutzungen und Surrogate und über den Verbleib der Erbschaftsgegenstände,
   b) für den Fall, dass die Auskunft nicht mit der erforderlichen Sorgfalt erteilt worden sein sollte, zu Protokoll und an Eides statt die Richtigkeit ihrer Angaben zu versichern,
   c) die nach Auskunftserteilung zu Nr. 2a noch näher zu bezeichnenden Nachlassgegenstände oder deren Surrogate Zug um Zug gegen Ersatz der notwendigen Verwendungen an die Klägerin herauszugeben.
3. Die Beklagte trägt die Kosten des Verfahrens.

Begründung:

Die Parteien streiten darum, wer von ihnen Alleinerbin am Nachlass des am ... in ... verstorbenen Erblassers, Herrn ..., geworden ist.

Die Alleinerbfolge stellt ein klärungsbedürftiges Rechtsverhältnis i.S.d. § 256 Abs. 1 ZPO dar. Die Parteien sind dabei in ihrer Entscheidung frei, ob sie die Erbfolge durch Feststellungsklage oder im Rahmen des Erbscheinsverfahrens klären lassen. Eine Entscheidung im Erbscheinsverfahren hat keine Auswirkungen auf das Feststellungsverfahren.

Die Klägerin ist das einzige Kind des Herrn ..., geb. am .... Dieser ist am ... in ... verstorben. Die Beklagte ist eine Bekannte des Erblassers.

Der Erblasser hat angeblich am ... ein handschriftliches Testament zugunsten der Beklagten errichtet. Darin wurde die Beklagte zur Alleinerbin eingesetzt.

Beweis: Testament vom ... in Kopie als

– Anlage K 1 –

Die Beklagte hat dieses Testament vom ... persönlich dem Amtsgericht ... als Nachlassgericht übergeben.

Das Amtsgericht ... hat es am ... unter dem Az.: ... eröffnet.

Beweis: Eröffnungsprotokoll des Amtsgerichts ... vom ... in Kopie als

– Anlage K 2 –

Dieses Testament kann eine Erbenstellung der Beklagten jedoch nicht begründen.

Zum Zeitpunkt der Testamentserrichtung am ... war der Erblasser, Herr ..., bereits testierunfähig.

Beweis: Einholung eines Sachverständigengutachtens

Bereits seit dem ... litt der Erblasser an starker Demenz, die bereits im Jahr ... dazu führte, dass er Verwandte und Freunde nicht mehr erkannte und zeitlich und örtlich desorientiert war.

Beweis: Auszug aus der Krankenakte des Erblassers

Dies können auch die Bekannten des Erblassers, Frau ... und Herr ..., bezeugen. Sie können aussagen, dass der Erblasser, Herr ..., bereits bei ihrem Treffen im ... sie nicht erkannte und zuordnen konnte.

Beweis: Zeugenaussage der Frau ... und des Herrn ..., ladungsfähige Anschrift: ...

Aufgrund seiner starken Demenz war der Erblasser bereits seit dem ... zeitlich und örtlich desorientiert und konnte die Folgen seines Handelns daher nicht mehr abschätzen. Dies kann auch der behandelnde Arzt des Erblassers, Herr Dr. ..., bezeugen.

Beweis: Zeugenaussage des Herrn Dr. ..., ladungsfähige Anschrift: ...

Aufgrund dieser Erkrankung stand der Erblasser seit dem ... unter Betreuung durch die Klägerin.

Beweis: Betreuerbestellung vom ... in Kopie als

– Anlage K 3 –

Der Erblasser konnte daher am ... kein wirksames Testament mehr errichten, so dass die Klägerin als einzige Tochter nach der gesetzlichen Erbfolge Alleinerbin des Erblassers, Herrn ..., geworden ist.

Die Verpflichtung zur Abgabe einer eidesstattlichen Versicherung ergibt sich aus § 260 Abs. 2 BGB.

Der Wert des Nachlasses beträgt ca. ... €.

Beglaubigte und einfache Abschrift anbei.

Rechtsanwältin/Rechtsanwalt

Mandatssituation 11.1.2: Feststellungswiderklage/ Drittwiderklage des Alleinerben

Sachverhalt | Checkliste | Lösung | Verfahren | Muster

Wie Mandatssituation 11.1.1, S. 715, aber A als Alleinerbe möchte nun ebenfalls sein Erbrecht nach dem Erblasser E festgestellt haben.

Sachverhalt | **Checkliste** | Lösung | Verfahren | Muster

Vorlage der Sterbeurkunde zum Nachweis des Todeszeitpunkts des Erblassers	☐
Vorlage der Geburts- oder Abstammungsurkunde zum Nachweis des Verwandtschaftsverhältnisses des Mandanten zum Erblasser, auf dem das Erbrecht beruht	☐
Beschaffung von Urkunden über die weiteren noch lebenden oder bereits verstorbenen Personen, durch die der Mandant von der Erbfolge ausgeschlossen oder durch die sein Erbteil gemindert werden würde	☐
Beibringung von Nachweisen für die mögliche Testierunfähigkeit des Erblassers (z.B. Betreuungsakten, Pflegeversicherungsgutachten, psychiatrisch relevante Gutachten, Pflegedokumentationen, ärztliche Dokumentationen)	☐

Sachverhalt | Checkliste | **Lösung** | Verfahren | Muster

Feststellungswiderklage

Der Beklagte in einem Feststellungsprozess kann seinerseits sein Erbrecht feststellen lassen. Aus prozessökonomischen Gesichtspunkten sollte dies im Wege der Widerklage geschehen.

Sachverhalt | Checkliste | Lösung | **Verfahren** | Muster

Feststellungsinteresse

Das Feststellungsinteresse gem. § 256 ZPO liegt bereits darin, dass der Kläger das Erbrecht des Beklagten ernstlich bestreitet und sein eigenes Erbrecht rechtskräftig festgestellt haben möchte.

Klageantrag

Auch innerhalb der Feststellungswiderklage/Drittwiderklage ist das Rechtsverhältnis, über welches zu entscheiden ist, genau zu bezeichnen, also ob ein Alleinerbrecht oder ein Miterbrecht geltend gemacht wird. Bei Miterben ist die Erbquote genau anzugeben. Zudem sind auch hier im Antrag die Beschränkungen des Erbrechts aufzunehmen.

Ausführungen zum Erbrecht

Im Rahmen der Klagebegründung ist ausführlich darzustellen, weshalb das vom Kläger geltend gemachte Erbrecht nicht besteht, insbesondere sind detaillierte Ausführungen zu etwaigen Unwirksamkeits- und Nichtigkeitsgründen einer Verfügung von Todes wegen vorzutragen und unter Beweis zu stellen.

Feststellungsantrag bzgl. Nachlassgegenstand

Sollten neben dem grundsätzlichen Streit über die Wirksamkeit einer Verfügung von Todes wegen weitere einzelne Streitpunkte, wie z.B. die Zugehörigkeit eines Gegenstands zum Nachlass, bestehen, können diese ebenfalls im Rahmen der Feststellungsklage geltend gemacht werden.

Besonderheit Drittwiderklage

Im Rahmen der Drittwiderklage muss auf die von der Rechtsprechung geforderte Sachdienlichkeit der subjektiven Klagehäufung eingegangen werden, wobei es ausreicht, dass bzgl. des Erbrechts gegenüber den potentiellen Erbprätendenten nur eine einheitliche Entscheidung ergehen kann (BGH, NJW 1991, 1838). Des Weiteren ist Voraussetzung, dass auch gegenüber dem Dritten ein Feststellungsinteresse besteht.

Sachverhalt | Checkliste | Lösung | Verfahren | **Muster**

Feststellungswiderklage des Alleinerben

Amtsgericht/Landgericht
...
Straße, Hausnr./Postfach
PLZ Ort

Klage

der Klägerin ...

– Klägerin –

Prozessbevollmächtigte: ...

gegen

Frau ...

– Beklagte –

wegen Feststellung des Erbrechts

zeigen wir an, dass wir die Beklagte anwaltlich vertreten, und

beantragen,

die Klage kostenpflichtig abzuweisen.

Gleichzeitig erheben wir

Widerklage

gegen die Klägerin.

Im Termin zur mündlichen Verhandlung werden wir

beantragen

1. festzustellen, dass die Beklagte und Widerklägerin Alleinerbin des am ... in ... verstorbenen Erblassers, Herrn ..., zuletzt wohnhaft ..., geworden ist.
2. Die Kosten des Verfahrens trägt die Klägerin und Widerbeklagte.

Begründung:

Unstreitig ist, dass die Klägerin und Widerbeklagte das einzige Kind des Herrn ..., geb. am ... ist, welcher am ... in ... verstorben ist.

Unstreitig ist auch, dass der Erblasser am ... ein handschriftliches Testament zugunsten der Beklagten und Widerklägerin errichtet hat. Darin wurde die Beklagte zur Alleinerbin eingesetzt.

Beweis: Handschriftliches Testament des Erblassers vom ...

Beiziehung der Akten des Nachlassgerichts AG ... (Az.: ...).

Entgegen den Ausführungen in der Klageschrift war der Erblasser, Herr ..., zum Zeitpunkt der Testamentserrichtung jedoch nicht testierunfähig.

Beweis: Einholung eines Sachverständigengutachtens

Dass der Erblasser testierfähig war und sich Gedanken über die Folgen des Testaments gemacht hat, können auch die Freunde des Erblassers, Frau ... und Herr ..., bezeugen. Diese haben mit dem Erblasser im Vorfeld der Errichtung des Testaments am ... gesprochen. In dem Gespräch ging es um die Absicherung der Beklagten. Die Zeugen können daher aussagen, dass ....

Beweis: Einholung eines Sachverständigengutachtens

Beglaubigte und einfache Abschrift anbei.

Rechtsanwältin/Rechtsanwalt

Mandatssituation 11.1.3: Antrag auf Erlass einer einstweiligen Verfügung zur Eintragung eines Widerspruchs im Grundbuch

Sachverhalt | Checkliste | Lösung | Verfahren | Muster

Erblasser E verstirbt und hinterlässt ein Testament, wonach A Alleinerbe ist. B als gesetzlicher Erbe ist der Ansicht, E war zum Zeitpunkt der Testamentserrichtung nicht mehr testierfähig. B befürchtet, dass A das Grundstück, welches zum Nachlass gehört, kurzfristig verkaufen will.

Sachverhalt | Checkliste | Lösung | Verfahren | Muster

Wer ist im Grundbuch als Eigentümer eingetragen?	☐
Existiert bereits ein Erbschein zugunsten des A? Wurde dieser vom Nachlassgericht wieder eingezogen?	☐
Nachweise für die materielle Berechtigung des B (Nachweise gesetzlicher Erbfolge und Testierunfähigkeit)	☐
Bestehen Anhaltspunkte dafür, dass A das Grundstück verkaufen will? Woraus ergeben sich diese? Gibt es Schriftstücke oder Zeugenaussagen?	☐

Sachverhalt | Checkliste | Lösung | Verfahren | Muster

Eintragung eines Widerspruchs im Grundbuch

Ist das Grundbuch unrichtig, kann der materiell Berechtigte nach § 899 BGB einen Widerspruch gegen die Richtigkeit des Grundbuchs eintragen lassen. Voraussetzung hierfür ist jedoch nach § 899 Abs. 2 BGB, dass der Grundbuchberechtigte die Eintragung bewilligt oder eine einstweilige Verfügung ergangen ist.

Verhinderung des gutgläubigen Erwerbs

Der Widerspruch hat eine Warn- und Sicherungsfunktion. Er weist darauf hin, dass eine Grundbucheintragung möglicherweise unrichtig ist, und schließt deshalb einen gutgläubigen Erwerb aus (§ 892 Abs. 1 Satz 1 BGB). Zugleich sichert die Eintragung eines Widerspruchs dem Berechtigten den Grundbuchberichtigungsanspruch aus § 894 BGB.

Antrag auf Eintragung durch den Berechtigten

Die Eintragung eines Widerspruchs im Grundbuch erfolgt auf Antrag des Berechtigten, d.h. des wahren, aber nicht im Grundbuch eingetragenen Eigentümers.

Einwilligung der Eintragung durch den Verpflichteten

Weitere Voraussetzung für die Eintragung des Widerspruchs ist die Eintragungsbewilligung des Verpflichteten, d.h. des im Grundbuch eingetragenen Eigentümers gem. § 894 Abs. 2 Satz 1 BGB i.V.m. §§ 13, 19, 29, 39 GBO. Diese Eintragungsbewilligung ist zugleich die materiell-rechtliche Einwilligung zur Eintragung des Widerspruchs und die formelle Eintragungsbewilligung nach § 19 GBO. Auf Abgabe dieser Einwilligung hat der Berechtigte einen Anspruch nach § 894 BGB, da er als wahrer Eigentümer die verfahrensrechtlich notwendige Bewilligung zur Berichtigung des Grundbuchs verlangen kann. Das für die Zulässigkeit der Berichtigungsklage erforderliche Rechtsschutzinteresse entfällt trotz der verfahrensrechtlichen Berichtigungsmöglichkeit der §§ 22, 29 GBO nicht, da eine solche Entscheidung mangels materieller Rechtskraft die Zivilgerichtsbarkeit nicht bindet.

Da der Erbscheinserbe die Eintragung eines Widerspruchs in der Praxis kaum bewilligen wird, bleibt dem wirklichen Erben nur die Möglichkeit der Beantragung einer einstweiligen Verfügung.

Beantragung einer einstweiligen Verfügung

Sachverhalt | Checkliste | Lösung | Verfahren | Muster

Zur gerichtlichen Durchsetzung des Eigentumsrechts kommt zunächst eine Klage auf Berichtigung des Grundbuchs in Betracht. Da der wahre Erbe jedoch ein Interesse an einer schnellen Eintragung hat, um einen gutgläubigen Erwerb auszuschließen, kommt nur eine einstweilige Verfügung in Betracht.

Antrag auf Erlass einer einstweiligen Verfügung

Die Eintragung erfolgt aufgrund einer einstweiligen Verfügung desjenigen, dessen Recht durch die Berichtigung des Grundbuchs betroffen wird.

Antragsberechtigung

Der Verfügungsanspruch ist vom Antragsteller glaubhaft zu machen. Die Glaubhaftmachung bezeichnet eine besondere Art der Beweisführung mit einer freien Form der Beweisaufnahme und einem minderen Maß an richterlicher Überzeugung, nämlich der überwiegenden Wahrscheinlichkeit. Die Pflicht zur Glaubhaftmachung des Sachverhalts folgt aus §§ 936, 920 Abs. 2 ZPO und kann durch Vorlage von Dokumenten, Fotos oder durch eidesstattliche Versicherung von Zeugen, aber auch des Antragstellers erfolgen.

Glaubhaftmachung des Verfügungsanspruchs

Eines besonderen Verfügungsgrunds bedarf es nicht. Die Gefährdung des materiellen Berichtigungsanspruchs im Sinne eines Verfügungsgrunds wird nach § 899 Abs. 2 Satz 2 BGB unwiderlegbar unterstellt.

Kein Verfügungsgrund notwendig

Praxistipp

Zwar ist gem. § 899 Abs. 2 Satz 2 BGB die Glaubhaftmachung einer Gefährdung des Rechts nicht erforderlich. Die Regelung begründet insoweit jedoch lediglich eine widerlegliche gesetzliche Vermutung (vgl. Lorenz, in: Erman, BGB, 13. Aufl., § 899 Rdnr. 10; Vollkommer, in: Zöller, ZPO, 30. Aufl., § 935 Rdnr. 12, Huber, in: Musielak, ZPO, 10. Aufl., § 935 Rdnr. 13). Da der an die Auflassungsvormerkung anknüpfende Gutglaubensschutz jedoch nicht auf Mängel des Kausalgeschäfts gerichtet ist, kommt ein gutgläubiger Erwerb der Vormerkung im Fall der Unwirksamkeit des zu sichernden Anspruchs nicht in Betracht, so dass es in diesem Fall ausnahmsweise am erforderlichen Eilbedürfnis nach §§ 935, 940 ZPO fehlt (KG, Urt. v. 30.01.2014 – 22 W 44/13).

Zuständig ist nach § 942 Abs. 2 ZPO das Amtsgericht, in dessen Bezirk sich der Streitgegenstand befindet, da die einstweilige Verfügung einen Widerspruch gegen die Richtigkeit des Grundbuchs zum Gegenstand hat.

Zuständigkeit

Das Gericht stellt einen Beschluss über die Anordnung einer einstweiligen Verfügung dem Antragsteller zu. Der Antragsteller muss die Zustellung

Zustellung

sodann im Wege der Parteizustellung bewirken. Dies geschieht dadurch, dass ein Gerichtsvollzieher beauftragt wird, der dem Gegner den Beschluss zustellt (§§ 936, 922 Abs. 2 ZPO). Die durch Urteil erlassene einstweilige Verfügung dagegen wird gem. § 317 ZPO durch das Gericht zugestellt.

Gegenstandswert

Der Gegenstandswert einer einstweiligen Anordnung ist durch das Gericht nach § 53 GKG, § 3 ZPO lediglich auf einen Bruchteil der Hauptsache festzusetzen. Der Wert beträgt zumeist 1/3 des für das Hauptverfahren bestimmten Werts.

Gerichtskosten

Die Gerichtskosten einer einstweiligen Verfügung richten sich nach Nr. 1410–1412 VV GKG. Nach § 12 Abs. 1 GKG sind Eilverfahren von der Vorauszahlungspflicht befreit.

Rechtsanwaltsvergütung

Die Anwaltsvergütung richtet sich nach § 3 ZPO i.V.m. § 23 Abs. 1 Satz 1 RVG und § 48 Abs. 1 Satz 1 GKG. Die Verfahrensgebühr beträgt i.d.R. 1,3-Gebühren gem. Nr. 3100 VV RVG. Hinzu kommen kann eine Terminsgebühr i.H.v. 1,2 gem. Nr. 3104 VV RVG.

Warnhinweis

Die Schwäche des Vorgehens auf Eintragung eines Widerspruchs besteht darin, dass nach § 892 Abs. 1 Satz 1 BGB nur ein „eingetragen(er)" Widerspruch den gutgläubigen Erwerb ausschließt. Um Verzögerungen bis zur Eintragung des Widerspruchs zu vermeiden, sollten Sie ein gerichtliches Eintragungsersuchen nach § 941 ZPO bereits in der Antragsschrift anregen.

Sachverhalt | Checkliste | Lösung | Verfahren | **Muster**

Eintragung eines Widerspruchs im Grundbuch

Amtsgericht
...
Straße, Hausnr./Postfach
PLZ Ort

Eilt! Bitte sofort vorlegen!

Antrag auf Erlass einer einstweiligen Verfügung

Herr ...

– Antragsteller –

gegen

Herrn ...

– Antragsgegner –

wegen Eintragung eines Widerspruchs im Grundbuch

Namens und mit Vollmacht des Antragstellers

beantrage

ich – **wegen Dringlichkeit der Angelegenheit ohne mündliche Verhandlung** – den Erlass folgender einstweiliger Verfügung:

1. Es wird angeordnet, einen Widerspruch gegen die Eintragung des ...[1] als Eigentümer des im Grundbuch des Amtsgerichts ..., Gemarkung ..., Band ..., Blatt ..., Flurstück-Nr. ... eingetragenen Grundstücks zugunsten des ...[2] einzutragen.
2. Das Grundbuchamt des Amtsgerichts ... wird ersucht, den Widerspruch gegen die Richtigkeit des Grundbuchs unter Bezugnahme auf die einstweilige Verfügung unter Nr. 1 in das Grundbuch einzutragen.

Begründung:

Am ... ist Frau ... mit letztem Wohnsitz in ... verstorben. Die Erblasserin war zum Zeitpunkt ihres Todes verwitwet. Aufgrund eines handschriftlichen Testaments vom ... wurde der A mit Erbschein des Amtsgerichts – Nachlassgericht – ... vom ... zum Erben bestimmt.

Beweis: Erbschein des Amtsgerichts – Nachlassgericht – ... vom ....

Aufgrund dieses Erbscheins erfolgte am ... die Eintragung des A ins Grundbuch.

A ist jedoch nicht Erbe der Frau ... geworden. Vielmehr ist B der wahre Erbe der Erblasserin ....

Rechtsanwältin/Rechtsanwalt

1) Genaue Bezeichnung des Antragsgegners/Verfügungsbeklagten
2) Genaue Bezeichnung des Antragstellers/Verfügungsklägers

Mandatssituation 11.1.4: Antrag auf Erlass einer einstweiligen Verfügung wegen Eintragung eines Rechtshängigkeitsvermerks

Sachverhalt | Checkliste | Lösung | Verfahren | Muster

Wie Mandatssituation 11.1.3, S. 727, jedoch hat B gegen A bereits Klage auf Übertragung des Grundstücks und Zustimmung sowie Eintragungsbewilligung erhoben. Während die Klage bereits rechtshängig geworden ist, befürchtet B, dass der A während des laufenden Verfahrens das Grundstück kurzfristig verkaufen will.

Sachverhalt | Checkliste | Lösung | Verfahren | Muster

Wer ist im Grundbuch als Eigentümer eingetragen?	☐
Existiert bereits ein Erbschein zugunsten des A? Wurde dieser vom Nachlassgericht wieder eingezogen?	☐
Nachweise für die materielle Berechtigung des B (Nachweise gesetzlicher Erbfolge und Testierunfähigkeit)	☐
Bestehen Anhaltspunkte dafür, dass A das Grundstück verkaufen will? Woraus ergeben sich diese? Gibt es Schriftstücke oder Zeugenaussagen?	☐

Sachverhalt | Checkliste | Lösung | Verfahren | Muster

Vermerk bereits bei rechtshängiger Klage

Ist das Grundbuch nur möglicherweise unrichtig, da eine Klage über die dingliche Berechtigung des im Grundbuch eingetragenen Eigentümers zugestellt ist, kann der Kläger im Grundbuch einen sogenannten **Rechtshängigkeitsvermerk** eintragen lassen. Die Rechtshängigkeit setzt hierbei die Zustellung einer Klageschrift voraus (§§ 261 Abs. 1, 253 Abs. 1 ZPO).

Praxistipp

Der Rechtshängigkeitsvermerk kommt in der Praxis sehr selten vor und wird teilweise vollständig übersehen. Er bietet allerdings eine gute Möglichkeit, den guten Glauben im Grundbuch für potentiell gutgläubige Grundstückserwerber zu zerstören, auch wenn er kein Veräußerungsverbot darstellt.

Unterschied zum Widerspruch gegen die Unrichtigkeit des Grundbuchs

Während beim Widerspruch die Unrichtigkeit des Grundbuchs wegen der Unrichtigkeit der materiellen Rechtslage geltend gemacht wird, besagt der Rechtshängigkeitsvermerk nur, dass ein Rechtsstreit bzgl. einer unmittelbaren rechtlichen Beziehung der Partei zum Grundstück anhängig ist. Im Gegensatz zum Widerspruch beinhaltet der Rechtshängigkeitsvermerk damit nur den Hinweis auf eine möglicherweise eintretende Unrichtigkeit des Grundbuchs, die aber durch rein prozessuale Handlungen verhindert werden kann, während der Widerspruch die Unrichtigkeit der materiellen Rechtslage zum Inhalt hat. Der Rechtshängigkeitsvermerk ist damit ein Sicherungsmittel von wesentlich geringerem Gewicht als ein Widerspruch.

Praxistipp

Der Rechtshängigkeitsvermerk setzt die Zustellung einer Klage voraus, bei der um das dingliche Recht an einem Grundstück gestritten wird. Mittels Zustellung der Klage erfährt der Beklagte daher vom Rechtsstreit und könnte noch kurzfristig an einen gutgläubigen Erwerber die Immobilie rechtswirksam verkaufen. Wird mit einer einstweiligen Verfügung die Eintragung eines Widerspruchs im Grundbuch begehrt, kann diese ohne mündliche Verhandlung und u.U. auch ohne vorherige Mitteilung an den Antragsgegner ergehen. Dann erfährt der Antragsgegner erst nach Eintragung des Widerspruchs vom Verfahren.

Verfahrensgegenstand

Der Rechtshängigkeitsvermerk setzt die Zustellung einer Klage voraus, bei der um das **dingliche Recht** an einem Grundstück gestritten wird. Nicht ausreichend ist für die Eintragung beim Grundbuchamt ein Klageantrag, der nur auf schuldrechtliche Ansprüche (z.B. Vermächtniserfüllung) hinsichtlich des streitbefangenen Grundstücks gerichtet ist.

Warnhinweis

Ein Rechtshängigkeitsvermerk ist nur zulässig, soweit um ein dingliches Recht an einem Grundstück gestritten wird. Dementsprechend stellt die Beantragung eines Rechtshängigkeitsvermerks zur Sicherung eines schuldrechtlichen Anspruchs auf Rückübertragung des Eigentums an einem Grundstück einen Anwaltsfehler dar (AG Mosbach, Urt. v. 01.03.2012 – 1 C 104/11).

Keine Eintragung aufgrund Unrichtigkeitsnachweises

Ein Rechtshängigkeitsvermerk kann in das Grundbuch aufgrund Bewilligung des Berechtigten oder einstweiliger Verfügung eingetragen werden, nicht jedoch aufgrund eines Unrichtigkeitsnachweises in entsprechender Anwendung des § 22 GBO (BGH, Beschl. v. 07.03.2013 – V ZB 83/12; OLG Köln, Beschl. v. 02.01.2012 – 2 Wx 240/11; OLG Nürnberg, Beschl. v. 26.03.2012 – 15 W 328/12).

Waren die Eintragungsvoraussetzungen bis zum o.g. BGH-Beschluss noch umstritten und ging die wohl h.M. bis dahin davon aus, dass neben der Bewilligung und dem Ersatz durch eine einstweilige Verfügung auch der Nachweis der Rechtshängigkeit in Form des § 29 GBO ausreichend sei, um die Eintragung eines Rechtshängigkeitsvermerks im Grundbuch zu erreichen, entschied sich der BGH explizit für die Gegenansicht. Dies begründet er u.a. damit, dass ein Rechtshängigkeitsvermerk für den Betroffenen faktisch die gleiche Wirkung wie die Eintragung eines Widerspruchs habe, denn auch ein Rechtshängigkeitsvermerk stehe dem Verkauf oder der Belastung des Grundstücks entgegen. Ein solch schwerer Eingriff in Form einer faktischen Grundbuchsperre sei nach der in § 899 BGB getroffenen Wertung (welche aufgrund der inhaltlichen Nähe des Rechtshängigkeitsvermerks zum Widerspruch auch beim Rechtshängigkeitsvermerk Berücksichtigung finden muss) erst dann berechtigt, wenn durch ein Gericht geprüft und bejaht wurde, dass die Begründetheit des Hauptsacheanspruchs zumindest glaubhaft gemacht wurde. Grund hierfür sei, dass allein aufgrund der Rechtshängigkeit eines dinglichen Anspruchs, der eine im Grundbuch verzeichnete Rechtsposition betrifft, das Grundbuch nicht unrichtig wird und das Grundbuch im Übrigen nur gegenwärtige und keine zukünftigen Rechtsverhältnisse bekundet.

Voraussetzungen einer einstweiligen Verfügung

Da in den meisten Fällen eine Bewilligung durch den Berechtigten nicht vorliegen wird, kann die Eintragung des Rechtshängigkeitsvermerks nur aufgrund einer einstweiligen Verfügung durchgesetzt werden. Hierbei handelt es sich um eine sogenannte Sicherungsverfügung gem. § 935 ZPO, die auf die Sicherung des Status quo abzielt.

Verfügungsanspruch

Der Antrag auf Erlass einer einstweiligen Verfügung setzt zunächst das Vorliegen eines Verfügungsanspruchs und eines Verfügungsgrunds voraus. Der Verfügungsanspruch beschreibt hierbei den materiell-rechtlichen Anspruch des Antragstellers gegen den Antragsgegner. In Betracht kommen hier der Grundbuchberichtigungsanspruch oder possessorische Besitzschutzansprüche.

Verfügungsgrund

Der Verfügungsgrund ergibt sich aus § 935 ZPO und beschreibt im Wesentlich den Faktor der Dringlichkeit und Eilbedürftigkeit. In einigen Fällen geht das Gesetz davon aus, dass ohne weiteres eine Dringlichkeit gegeben ist. Dies hat zur Folge, dass es einer Glaubhaftmachung des Verfügungsgrunds nicht bedarf. Darüber hinaus setzen nach h.M. possessorische Besitzschutzansprüche (§§ 861, 862 BGB) keinen besonderen Verfügungsgrund voraus, was aus der rechtspolitischen Zielsetzung dieser Ansprüche und der Systematik der §§ 863 ff. BGB geschlossen wird.

Glaubhaftmachung

Verfügungsanspruch und Verfügungsgrund sind grundsätzlich vom Antragsteller gem. §§ 936, 920 Abs. 2 ZPO glaubhaft zu machen. Als Mittel der Glaubhaftmachung sind gem. § 294 ZPO alle Beweismittel einschließlich der eidesstattlichen Versicherung zugelassen. Die Glaubhaftmachung weicht insofern vom Vollbeweis ab, als dass § 294 ZPO nur einen „geringeren Grad von Wahrscheinlichkeit“ (z.B. BGH, Beschl. v. 11.09.2003 – IX ZB 37/03) bzw. lediglich eine „überwiegende Wahrscheinlichkeit“ (z.B. BGH, Beschl. v. 09.02.1998 – II ZB 15/97) voraussetzt.

Im Bezug auf den Rechtshängigkeitsvermerk sind jedoch die Anforderungen an die Glaubhaftmachung umstritten. Dies bezieht sich zunächst auf die Frage, ob beim Rechtshängigkeitsvermerk auch der Verfügungsgrund, mithin die Gefährdung des geltend gemachten Hauptanspruchs, glaubhaft zu machen ist (e.A. OLG Stuttgart, NJW 1960, 1109, a.A. OLG Zweibrücken, Beschl. v. 23.01.1989 – 3 W 189/88). Dies wird teilweise unter Verweis auf eine Vergleichbarkeit mit den possessorischen Besitzschutzrechten verneint.

Ferner umstritten ist, ob der Antragsteller im einstweiligen Verfahren die Begründetheit der Hauptsacheklage, d.h. das materiell-rechtliche Bestehen eines streitbefangenen Anspruchs, oder lediglich die Tatsache der Rechtshängigkeit glaubhaft machen muss (e.A. LG Braunschweig, NdsRpfl 1955, 174; a.A. OLG Zweibrücken, Beschl. v. 23.01.1989 – 3 W 189/88).

Im Hinblick auf die Entscheidung des BGH, dass es zur Eintragung eines Rechtshängigkeitsvermerks einer einstweiligen Verfügung bedarf und allein der Nachweis der Rechtshängigkeit im Rahmen des Grundbuchberichtigungsverfahrens nicht ausreichend ist, deutet jedoch in die Richtung, dass aus Sicht des BGH auch die Begründetheit der Klage glaubhaft zu machen ist.

Verfahren/ Nachweis der einstweiligen Verfügung

Die Eintragung eines Rechtshängigkeitsvermerks ist beim Grundbuchamt zu beantragen. Fehlt es an der Zustimmung des im Grundbuch Eingetragenen, muss zusätzlich eine einstweilige Verfügung bei Gericht beantragt werden, die diese Zustimmung ersetzt. Wird daraufhin die beantragte einstweilige Verfügung erlassen, ist diese dem Grundbuchamt im Rahmen des Antrags durch Vorlage der Beschlussausfertigung nachzuweisen. Einer Vollstreckungsklausel bedarf er genauso wenig, wie des Nachweises der Zustellung der einstweiligen Verfügung an den Grundstückseigentümer (vgl. Demharter, GBO, 31. Aufl., Anhang zu § 13 Rdnr. 34).

Muster Rechtshängigkeitsvermerk

Der Rechtshängigkeitsvermerk kann wie folgt formuliert werden: „*Gegen die Eintragung …*[1] *hat …*[2] *Klage erhoben; gemäß Bewilligung …/gemäß einstweiliger Verfügung …. Eingetragen am….*“ (vgl. Demharter, GBO, 31. Aufl., Anhang zu § 13 Rdnr. 34).

Zuständigkeit

Zuständig für die Eintragung ist das Grundbuchamt, für die in seinem Amtsgerichtsbezirk liegenden Grundstücke. Zuständig für den Erlass der einstweiligen Verfügung ist gem. § 937 Abs. 1 ZPO grundsätzlich das Gericht der Hauptsache. Gemäß § 942 Abs. 2 ZPO ist auch das Amtsgericht zuständig, in dessen Bezirk das Grundstück belegen ist.

Gegenstandswert

Die Grundbuchkosten berechnen sich aus 15–20 % des Verkehrswerts des Grundbesitzes. Dies ist auch hinsichtlich des Gegenstandswerts der einstweiligen Verfügung anzunehmen.

Gerichtskosten

Mangels gesetzlicher Regelung ist analog Nr. 14340 und 14341 KV GNotKG eine 0,5-Gebühr für die Eintragung des Rechtshängigkeitsvermerks im Grundbuch anzunehmen (BayObLG, JurBüro 1993, 22). Im Verfahren der einstweiligen Verfügung entsteht im Anordnungsverfahren eine 1,5-Gebühr gem. Nr. 1410 KV GKG; bei einer mündlichen Verhandlung fallen drei Gebühren gem. Nr. 1412 KV GKG an.

1) Bezeichnung des im Grundbuch eingetragenen Eigentümers.
2) Bezeichnung des Klägers.

Sachverhalt | Checkliste | Lösung | Verfahren | Muster

Eintragung eines Rechtshängigkeitsvermerks ins Grundbuch

Amtsgericht ...
– Grundbuchamt –
Straße, Hausnr./Postfach
PLZ Ort

Betr.: Gemarkung ... Blatt ...

Sehr geehrte Damen und Herren,

anliegend übersende ich die Bestätigung des Landgerichts ... vom ... über die Rechtshängigkeit einer Klage zwischen meinem Mandanten ... und dem im vorbezeichneten Grundbuch in Abteilung I eingetragenen Eigentümer. Die Klage hat das Ziel, den Beklagten (Buchberechtigten in Abteilung I des vorbezeichneten Grundbuchs) zu verurteilen, der Berichtigung des Grundbuchs durch Eintragung meines Mandanten als Eigentümer in Abteilung I zuzustimmen.

Ich beantrage die

Eintragung eines Rechtshängigkeitsvermerks im vorbezeichneten Grundbuch.

Der Verkehrswert des Grundbesitzes beträgt ... €.

Um Vollzugsmitteilung wird gebeten.

Mit freundlichen Grüßen

Rechtsanwältin/Rechtsanwalt

Mandatssituationen 11.2: Klagen im Zusammenhang mit Auskunftsansprüchen

Mandatssituation 11.2.1: Stufen- und Leistungsklage des Pflichtteilsberechtigten

Sachverhalt | Checkliste | Lösung | Verfahren | Muster

Mit letztwilliger Verfügung hatte die Erblasserin ihre Tochter zur Alleinerbin eingesetzt. Ihr Sohn wurde damit enterbt und möchte seinen Pflichtteilsanspruch geltend machen.

Sachverhalt | **Checkliste** | Lösung | Verfahren | Muster

Siehe hierzu die Checkliste in Mandatssituation 10.2, S. 640 f.

Sachverhalt | Checkliste | **Lösung** | Verfahren | Muster

Pflichtteilsanspruch

Der Pflichtteilsanspruch nach § 2303 BGB gibt den Abkömmlingen, dem Ehegatten und u.U. den Eltern einen schuldrechtlichen Anspruch auf einen Mindestanteil am Wert des Nachlasses. Begründet wird das Pflichtteilsrecht traditionell mit einer über den Tod hinausgehenden Sorgfaltspflicht des Erblassers und mit dem Gedanken einer Familiengebundenheit des Vermögens. Aus diesem Gedanken der Familiengebundenheit des Vermögens wird beim Erbfall ein Pflichtteilsanspruch, wenn der Pflichtteilsberechtigte den Erbfall erlebt. Das Gesetz garantiert damit nach § 2303 BGB für die engsten Familienangehörigen ein Minimum an wirtschaftlicher Teilhabe am Nachlass des Erblassers, das sich in der Hälfte des Werts des gesetzlichen Erbteils erschöpft.

Auskunftsanspruch

Da der Pflichtteilsberechtigte mit Ausnahme der Fälle des §§ 2305, 2306 BGB nicht am Nachlass beteiligt ist, kennt er meist jedoch weder den Nachlassumfang noch den Wert der Nachlassgegenstände. Aus diesem Grund ist der Pflichtteilsberechtigte darauf angewiesen, dass ihm der Pflichtteilsschuldner diese Auskünfte erteilt und den Wert der Nachlassgegenstände ermittelt. Nur auf einer solch umfassenden Informationsbasis kann der Pflichtteilsberechtigte seinen Zahlungsanspruch beziffern. Um dieses Informationsdefizit zu überbrücken, gibt § 2324 BGB dem Pflichtteilsberechtigten die Möglichkeit, sich die notwendigen Informationen zu beschaffen.

Praxistipp

Zu unterscheiden sind im Rahmen des § 2314 Abs. 1 BGB die verschiedenen Ansprüche des Pflichtteilsberechtigten auf Auskunft und Wertermittlung.

Umfang des Auskunftsanspruchs

Dem Pflichtteilsberechtigten steht der Auskunftsanspruch auf Vorlage eines privaten Bestandsverzeichnisses nach § 2314 Abs. 1 BGB, ein Anspruch auf Vorlage eines amtlichen Nachlassverzeichnisses nach § 2314 Abs. 1 Satz 3 BGB sowie ein Wertermittlungsanspruch auf Kosten des Nachlasses nach § 2314 Abs. 1 Satz 2 BGB zu. Diese Ansprüche konkurrieren frei und schließen sich gegenseitig grundsätzlich nicht aus. Zum Auskunfts- und Wertermittlungsanspruch des Pflichtteilsberechtigten im Einzelnen siehe Mandatssituation 10.2, S. 641 ff. und Mandatssituation 10.3, S. 657 ff. Zur Berechnung der Höhe des Pflichtteilsanspruchs siehe Mandatssituation 10.1, S. 636 ff.

Auswahl des/der Beklagten

Für Pflichtteilszahlungsansprüche haften sämtliche Erben – bis zum Eintritt des Nacherbfalls nur die Vorerben – als Gesamtschuldner (§§ 1967 Abs. 2, 2058, 2303 Abs. 1 Satz 1 BGB). Der Pflichtteilsberechtigte kann sowohl gegen einen einzelnen als auch gegen alle Miterben vorgehen. Erhebt der vor der Erbauseinandersetzung in Anspruch genommene Miterbe die Einrede der ungeteilten Erbengemeinschaft nach § 2059 Abs. 1 Satz 1 BGB, haftet er nur mit seinem Anteil am Nachlass.

Stufenklage

Eine Stufenklage liegt nur dann vor, wenn in der Klageschrift zumindest zwei Anträge in dem Stufenverhältnis verbunden sind. Im Regelfall sind dies der Auskunfts- und der Leistungsantrag. Hinzukommen kann das Verlangen auf Abgabe der eidesstattlichen Versicherung, welches stets nach dem Auskunfts- oder Rechnungslegungsantrag zu stellen ist.

Warnhinweis

Wenn die Stufenklage als Leistungsklage möglich ist, fehlt grundsätzlich das Rechtsschutzbedürfnis für eine Feststellungsklage.

Vorteile der Stufenklage

Die Stufenklage ermöglicht, dass der gesamte Streitstoff dem Gericht in einer einheitlichen Klage vorgelegt wird, obgleich die Verhandlung und Entscheidung grundsätzlich nur nach der vom Kläger gewählten Stufenfolge zulässig ist. Es werden so mehrere Einzelprozesse vermieden. Die Stufenklage ist damit eine prozessökonomische Art der Verfahrenserledigung und kann wesentlich zu einer Beschleunigung des Verfahrens führen.

Die Besonderheit der Stufenklage nach § 254 ZPO besteht darin, dass der Zahlungsantrag in der letzten Stufe zunächst unbeziffert gestellt werden kann. Über jede Stufe ist gesondert zu verhandeln und mit Teilurteil zu entscheiden. Nach jedem Teilurteil ist jeweils die Vollstreckung möglich, soweit erforderlich.

Praxistipp

Auch wenn bei Klageerhebung noch nicht feststeht, ob die Geltendmachung des Wertermittlungsanspruchs und des Anspruchs auf Abgabe der eidesstattlichen Versicherung erforderlich und zweckmäßig sein wird, ist es zum Zweck der Verjährungshemmung sinnvoll, in die Klageschrift auch auf diese Ansprüche gerichtete unbestimmte, später zu konkretisierende Anträge aufzunehmen.

Zuständigkeitsstreitwert

Gemäß § 5 ZPO sind bei der Berechnung des Zuständigkeitsstreitwerts die Einzelwerte der mit der Klage geltend gemachten Ansprüche zusammenzurechnen (OLG Brandenburg, MDR 2002, 536). Die Gegenstandswerte der Ansprüche auf Auskunftserteilung, eidesstattliche Versicherung und Leistung sind daher zusammenzurechnen (anders beim Gebührenstreitwert).

Der Wert des Leistungsanspruchs ist nach § 3 ZPO zu schätzen, wobei es gem. § 4 ZPO grundsätzlich auf den Zeitpunkt der Klageeinreichung ankommt. Maßgeblich sind die Vorstellungen des Klägers unter realistischer Würdigung der Sach- und Rechtslage.

Der Wert des Auskunftsanspruchs bemisst sich nach dem wirtschaftlichen Interesse, das der Kläger im Hinblick auf das Leistungsbegehren an der Auskunft hat. Dieses beträgt i.d.R. 10–20 % des Leistungsanspruchs. Die gelegentlich vertretene Auffassung, im Einzelfall könne der Wert des Auskunftsanspruchs sogar an den Wert des Leistungsantrags heranreichen, erscheint unter Berücksichtigung von Sinn und Zweck des Auskunftsanspruchs zweifelhaft, da der Auskunftsanspruch als Hilfsanspruch lediglich dem Interesse des Klägers dient, den Zahlungsanspruch beziffern und begründen zu können. Allein mit der Auskunft hat der Kläger sein Endziel noch lange nicht erreicht (Teschner, ErbR 2012, 194).

Praxistipp

Für die Höhe des Bruchteils des Leistungsanspruchs ist entscheidend, ob der Kläger für die Bezifferung in jeder Hinsicht auf Informationen des Beklagten angewiesen ist oder jedenfalls schon über Teilkenntnisse verfügt. Kann er den Leistungsanspruch auch ohne Mitwirkung des Beklagten weitgehend präzisieren und benötigt er nur einige ergänzende Hinweise, ist der Wert naturgemäß niedriger, als wenn er ohne Auskünfte des Beklagten überhaupt nicht weiß, woran er ist. In der Praxis haben sich Werte von 1/10–1/4 des Leistungsbegehrens eingespielt.

Beim Wert des Anspruchs auf Abgabe der eidesstattlichen Versicherung kommt es auf das Interesse des Klägers an der eidesstattlichen Versicherung an. In der Rechtsprechung wird der Wert überwiegend mit 1/2 des Werts des Auskunftsanspruchs angegeben.

Objektive Klagehäufung

Prozessual stellt die Stufenklage einen Sonderfall der objektiven Klagehäufung nach § 260 ZPO dar. Die Besonderheit liegt darin, dass bei Obsiegen des Klägers über die Klageanträge nicht gleichzeitig, sondern stufenweise entschieden wird.

Erste Stufe: Auskunftsanspruch

Bei der Formulierung der Anträge der Auskunftsstufe ist darauf zu achten, dass die verlangte Auskunft konkretisiert ist. Das Auskunftsverlangen muss stets genau bezeichnet werden. Ist das nicht der Fall, wird die Zwangsvollstreckung aus dem gerichtlichen Tenor nicht möglich sein. Der Klageantrag muss daher einen vollstreckungsfähigen Inhalt haben. Die Entscheidung darüber darf grundsätzlich nicht in das Vollstreckungsverfahren verlagert werden, das auf die Klärung der Frage beschränkt ist, ob der Schuldner der ihm gebotenen Verpflichtung nachgekommen ist.

Wird die Vorlage von Belegen in Bezug auf die erteilte Auskunft verlangt, müssen im Klageantrag die geforderten Belege im Einzelnen aufgeführt werden. Allerdings sind gewisse Verallgemeinerungen häufig unvermeidlich, weil andernfalls die Möglichkeit, gerichtlichen Rechtsschutz zu erlangen, durch prozessuale Anforderungen unzumutbar erschwert würde (BGH, Urt. v. 28.09.2011 – VIII ZR 242/10). Es wird daher für zulässig gehalten, im Klageantrag und im Urteilstenor lediglich den Wortlaut des § 2314 BGB zu wiederholen (SchlHOLG, Beschl. v. 07.04.2011 – 3 W 81/10, ZErb 2011, 216). Es erleichtert die Durchsetzung des Anspruchs aber erheblich, wenn die begehrten Handlungen so genau wie möglich bezeichnet werden.

Praxistipp

Es kann auch sinnvoll sein, einzelne benötigte Informationen, etwa zu einem bestimmten Bankkonto, Wertpapierdepot oder Gesellschaftsanteil oder zu einem bestimmten tatsächlichen Vorgang wie einer Zuwendung an eine bestimmte Person, unter „insbesondere" aufzuführen. Gelegentlich kann der Auskunftsantrag sogar auf solche Einzelinformationen beschränkt werden (Fleischer/Horn, ZErb 2013, 105).

Der Pflichtteilsberechtigte kann wählen, ob er ein privatschriftliches Verzeichnis (§ 2314 Abs. 1 Satz 1 BGB) oder ein amtliches Verzeichnis, das gem. § 2314 Abs. 1 Satz 3 BGB durch einen zuständigen Beamten oder Notar aufzunehmen ist, verlangt. Er kann erst das privatschriftliche und danach das amtliche Verzeichnis verlangen, aber nicht umgekehrt (Fleischer/Horn, ZErb 2013, 105).

Erledigung des Auskunftsanspruchs

Wenn nach Erhebung einer Stufenklage der Beklagte die verlangte Auskunft erteilt und nur noch hinsichtlich der weiteren Klageansprüche Einwände vorträgt, kann der Kläger den Rechtsstreit im Hinblick auf den Auskunftsanspruch (teilweise) nach § 91a ZPO für erledigt erklären (MüKo-ZPO/Lüke, § 254 Rdnr. 23 f.). Falls sich der Beklagte dem anschließt, ergeht keine isolierte Kostenentscheidung durch Beschluss, sondern ist die Kostenentscheidung nach § 91a ZPO in der abschließenden Entscheidung mit zu berücksichtigen. Schließt sich der Beklagte der Erledigungserklärung nicht an, entscheidet das Gericht durch Teilurteil über die Erledigung des Rechtsstreits.

Ergänzung der Auskunftserteilung durch eidesstattliche Versicherung?

Nach ihrem Sinn und Zweck soll die Auskunft den Kläger in die Lage versetzen, den Umfang seiner Leistungsansprüche selbst zu ermitteln. Daher muss sie inhaltlich bestimmt und nachvollziehbar sein (BGH, NJW-RR 1987, 876). Enthält sie Lücken, die der Auskunftspflichtige seiner Einlassung nach in tatsächlicher Hinsicht noch ausfüllen kann, ergeht ein Urteil auf Auskunftserteilung, das nach § 888 ZPO vollstreckt wird (OLG Stuttgart, Justiz 1994, 241). Der Beklagte ist dann seiner Pflicht zur Erstellung eines ordnungsgemäßen Bestandsverzeichnisses noch nicht nachkommen. Erklärt indes der auf Vorlage eines Bestandsverzeichnisses in Anspruch genommene testamentarische Erbe, Genaueres könne er nicht mitteilen, da die Wohnung des Verstorbenen kurz nach dessen Tod ausgebrannt sei, bleibt dem Kläger wiederum nur der Weg des § 260 Abs. 2 BGB. Die Zwangsvollstreckung richtet sich insoweit nach § 889 ZPO.

Zweite Stufe: Abgabe der eidesstattlichen Versicherung

Nach Erledigung der ersten Stufe ist zu überlegen, ob der Kläger in der zweiten Stufe gem. § 260 Abs. 2 BGB verlangt, dass der Beklagte die Richtigkeit und Vollständigkeit der von ihm erteilten Auskunft eidesstattlich versichert. Dieser Anspruch auf Abgabe der eidesstattlichen Versicherung setzt voraus, dass die Auskunft „nicht mit der erforderlichen Sorgfalt" erteilt worden ist. In der Praxis wird dieser Sachantrag oft ins Blaue hinein gestellt; begründet ist er jedoch nur dann, wenn der Kläger die mangelnde Sorgfalt mit bestimmten Anhaltspunkten belegen kann, die im Streitfall von ihm zu beweisen sind.

Praxistipp

Der Antrag auf Erteilung der eidesstattlichen Versicherung nach § 259 Abs. 2 BGB muss in die Klageschrift noch nicht aufgenommen werden. Wird er bereits angekündigt, so empfiehlt es sich, klarzustellen, dass er nur für den Fall berechtigter Zweifel an der Rechnungslegung gestellt werden soll.

Darlegungs- und Beweislast in der zweiten Stufe

Indes muss der Kläger nicht etwa die Unvollständigkeit der Auskunft beweisen, sondern nur Tatsachen, welche die Annahme einer Unvollständigkeit, sei es aufgrund mangelnder Sorgfalt oder gar vorsätzlich, also einen Verdacht begründen. In dieser besonderen Darlegungs- und Beweislast liegt die prozessuale Schwierigkeit der zweiten Stufe, auch wenn ein Verdacht ausreicht. Bei Weigerung des Beklagten zur freiwilligen Abgabe der eidesstattlichen Versicherung ist deshalb sorgfältig abzuwägen, ob sie tatsächlich im Prozess aufgerufen werden soll. Letztlich muss aus objektiver Sicht Grund zur Annahme bestehen, dass der zur Auskunft Verpflichtete die Auskunft nicht mit der erforderlichen Sorgfalt erbracht hat. Das kann etwa dann der Fall sein, wenn die Auskunft selbst zweifelhafte oder unbestimmte Angaben enthält (OLG Schleswig, Urt. v. 18.05.2010 – 3 U 54/09). Ein Anhaltspunkt für eine unrichtige, unsorgfältige oder unvollständige Auskunft kann sich im Einzelfall auch daraus ergeben, wenn der Auskunftsverpflichtete seine Angaben jedenfalls zunächst nur widerwillig und bruchstückhaft erbracht und erst später vervollständigt oder gar berichtigt hat (Teschner, ErbR 2012, 194). Zudem ist die Annahme mangelnder Sorgfalt dann berechtigt, wenn der Auskunftspflichtige sich über das Begehren des Klägers abfällig geäußert oder wenn er seine Angaben im Nachhinein vielleicht sogar mehrfach berichtigt hat (OLG Köln, NJW-RR 1998, 126). Die bloße Weigerung, eine Auskunft zu erteilen, führt demgegenüber nur zur Zwangsvollstreckung nach § 888 ZPO. Spätestens vor dem Eintritt in die zweite Stufe muss der Kläger die Voraussetzungen der eidesstattlichen Versicherung im Einzelnen darlegen.

Sprung von der Auskunftsstufe in die Leistungsstufe

Ist die Auskunft nach Verurteilung auf der ersten Stufe erfolgt, kann man angesichts der vorstehend beschriebenen Risiken der zweiten Stufe und der realistischen Beantwortung der Frage, ob dem Kläger eine Versicherung an Eides statt wirklich weiterhilft, überlegen, diese Stufe zu überspringen und sogleich in die Leistungsstufe überzugehen. Auch wenn die zweite Stufe im Antrag der Klagschrift ausdrücklich aufgeführt ist, bedarf es für diesen „Sprung“ in die dritte Stufe keiner Erledigungserklärung oder gar Klagerücknahme betreffend den Antrag auf Abgabe der eidesstattlichen Versicherung. Denn dieser Antrag ist von vornherein eben nur ein Hilfsantrag, der – wenn er wegen einer überzeugenden Auskunft nicht mehr mit Erfolg gestellt werden kann – fallengelassen werden kann und nicht weiter verfolgt werden muss.

Rückkehr in die erste Stufe auch nach Durchlaufen der zweiten Stufe

Indes kann es im Hinblick auf die verschiedenen Auskunftsansprüche im Einzelfall bedenkenswert sein, auf der ersten Stufe zu verbleiben und im Wege der Klagerweiterung ebenfalls nach § 264 Nr. 2 ZPO einen zusätzlichen Auskunftsanspruch geltend zu machen. Eine Rückkehr zur ersten Stufe kommt in Betracht, wenn die zweite Stufe der Stufenklage bereits durchlaufen und die Versicherung an Eides statt abgegeben wurde, ohne dass der Kläger von der Richtigkeit der erteilten Auskunft aber überzeugt ist (OLG Schleswig, ZEV 2011, 376).

Praxistipp

Dieser Weg bietet sich vornehmlich bei § 2314 BGB an, denn diese Norm gewährt den Auskunftsanspruch in verschiedenen Stufen. So kann der Gläubiger sich mit der Vorlage eines ohne seine Mitwirkung vom Erben privat hergestellten Verzeichnisses begnügen (§ 2314 Abs. 1 Satz 1 BGB); er kann vom Erben aber auch die Zuziehung bei der Aufstellung des Verzeichnisses (§ 2314 Abs. 1 Satz 2 erster Halbsatz BGB), die Ermittlung des Werts der Nachlassgegenstände (§ 2314 Abs. 1 Satz 2 zweiter Halbsatz BGB) und schließlich die Aufnahme des Verzeichnisses durch eine Amtsperson verlangen (§ 2314 Abs. 1 Satz 3 BGB). Diese unterschiedlichen Arten von Auskunftsansprüchen stehen dem Pflichtteilsberechtigten grundsätzlich kumulativ zu, so dass er sie neben- oder hintereinander geltend machen kann. Der Pflichtteilsberechtigte kann daher neben oder nach der Erstellung eines Privatverzeichnisses auch noch ein notarielles Nachlassverzeichnis verlangen, und zwar selbst dann, wenn er bei der Erstellung des Privatverzeichnisses zugegen war und es zuvor im Klageweg erzwungen hatte.

Teilurteil

Seinen Abschluss findet der auf den beiden ersten Stufen geführte Rechtsstreit jeweils durch Erlass eines Teilurteils, mit dem z.B. der Beklagte zur Auskunftserteilung oder zur Abgabe der eidesstattlichen Versicherung verurteilt wird. Bis zur Rechtskraft dieses Teilurteils und bis zur Erfüllung des dem Kläger darin zuerkannten Anspruchs, ggf. im Wege der Zwangsvollstreckung, ist der Rechtsstreit unterbrochen. Termin zur Fortsetzung der mündlichen Verhandlung auf der nächsthöheren Stufe wird nur auf Antrag bestimmt (OLG Karlsruhe, FamRZ 1997, 1224).

Dritte Stufe: Zahlungsantrag

Der Antrag der letzten Stufe ist auf Zahlung gerichtet (Leistungsstufe).

Wird eine Stufenklage erhoben, ist der Zahlungsantrag zunächst unbeziffert zu stellen (§ 254 ZPO).

Praxistipp

Zur Vermeidung von Missverständnissen empfiehlt sich die Formulierung, es werde Zahlung „... in nach Auskunftserteilung und Wertermittlung zu bestimmender Höhe" verlangt. Die häufig verwendeten Formulierungen „... den Wert der sich aus der Auskunft ergebenden Nachlassbestandteile zu ermitteln" bzw. „... den sich aus der Auskunft ergebenden Betrag zu zahlen" können den Eindruck erwecken, Gegenstand der Klage sei lediglich der von dem Beklagten in der Auskunftsstufe offenbarte Sachverhalt, während der Kläger sich zweifellos vorbehalten will, auch von ihm selbst ermittelte Tatsachen in den Prozess einzuführen und sich aus ihnen ergebende Ansprüche geltend zu machen. So ist der Kläger nicht auf den Betrag beschränkt, der sich aus der Auskunft ergibt, „sondern behält die volle Dispositionsfreiheit, wie er den Leistungsanspruch errechnen und beziffern will" (Fleischer/Horn, ZErb 2013, 105).

Gebührenstreitwert

Gemäß § 44 GKG ist für den Gebührenstreitwert der Stufenklage allein der am höchsten bewertete Anspruch maßgeblich. Dieser Gebührenstreitwert ist in der Klageschrift gem. § 61 GKG anzugeben. Eine nachträgliche Herabsetzung ist nicht möglich.

Im Regelfall orientiert man sich daher am Leistungsantrag. Bei Stufenklagen, bei denen es nicht zu einer Bezifferung in der Leistungsstufe kommt, ist der Gebührenstreitwert gem. § 44 GKG nach der beanspruchten Leistung festzusetzen. Diese ist nach der Erwartung der Partei bei Beginn der Instanz zu schätzen (KGR Berlin 2007, 888 = MDR 2008, 45). Maßgeblich für die Bemessung des Werts des Leistungsbegehrens sind die zu Beginn des Rechtsstreits vom Kläger geäußerten Erwartungen; durch eine spätere Verringerung ermäßigt sich der Streitwert nicht, wohl aber sind die geäußerten Erwartungen der Berichtigung zugänglich. Die bei Klageeinreichung bestehende Erwartung des Klägers bleibt so lange wertbestimmend, bis er seinen Leistungsantrag beziffert. Lediglich die mit oder nach der Bezifferung entstehenden Gebühren sind nach dem veränderten Streitwert zu berechnen (OLG Rostock, Beschl. v. 15.10.2007 – 6 W 62/07). Auch der noch nicht bezifferte Leistungsantrag wird mit Einreichung der Stufenklage anhängig und mit ihrer Zustellung rechtshängig und kann deshalb bei der Wertfestsetzung nicht unberücksichtigt bleiben. Das gilt auch dann, wenn dieser deshalb unbeziffert geblieben ist, weil sich die Hauptsache erledigt hat (OLG Stuttgart, AGS 2007, 632).

Praxistipp

Der gebührenrechtliche Vorteil der so beschriebenen Stufenklage besteht also darin, dass die Werte der Klageanträge in den verschiedenen Stufen nicht zusammengerechnet werden, sondern nur der höchste Wert (i.d.R. der Wert der Leistungsstufe) maßgeblich ist. Der Vorteil kann sich im Einzelfall aber auch als Nachteil darstellen, wenn nämlich die Klage etwa schon auf der Auskunftsstufe insgesamt abgewiesen wird.

Steckengebliebene Stufenklage

Wird ein Gebührentatbestand nur hinsichtlich des Auskunftsantrags verwirklicht, fällt die Gebühr für diesen Teil der Stufenklage lediglich aus dem geringeren Wert des Auskunftsanspruchs an (OLG Stuttgart, Beschl. v. 06.11.2007 – 8 W 444/07).

Praxistipp

Will der Kläger sich die Möglichkeit erhalten, im Fall einer Abweisung des Auskunftsanspruchs Berufung einzulegen, sollte er den erwarteten Pflichtteilsanspruch auf mehr als 6.000 € beziffern; die Vorbereitungsansprüche werden mit einer Quote des Leistungsinteresses bewertet, die je nach dem Interesse an der Auskunft, der Wertermittlung und der eidesstattlichen Versicherung üblicherweise zwischen 10 und 25 % angenommen wird (Fleischer/Horn, ZErb 2013, 105).

Zum Klageantrag, zur Darlegungs- und Beweislast und zum Gegenstandswert vgl. im Einzelnen die Ausführungen in Mandatssituation 10.2, S. 646 ff.

Sachverhalt | Checkliste | Lösung | Verfahren | **Muster**

Stufen- und Leistungsklage

Amtsgericht/Landgericht
...
Straße, Hausnr./Postfach
PLZ Ort

Stufenklage auf Auskunft und Zahlung

des Herrn M. wohnhaft ...

des Herrn K. wohnhaft ...

– Kläger –

Prozessbevollmächtigte:

Rechtsanwältin/Rechtsanwalt ...

gegen

Frau K. wohnhaft ...

– Beklagte –

voraussichtliche Prozessbevollmächtigte:

Rechtsanwältin/Rechtsanwalt ...

wegen: Auskunft, eidesstattlicher Versicherung, Pflichtteilszahlung,

Namens und in Vollmacht der Kläger erhebe ich Klage und

beantrage:

I. die Beklagte wird verurteilt, durch Vorlage eines Bestandsverzeichnisses, welches durch einen Notar aufzunehmen ist, Auskunft über den Nachlass des am ... verstorbenen und in ... wohnhaft gewesenen Erblassers, ... zu erteilen, welches mindestens folgende Angaben enthält:

a) alle zum Nachlass gehörenden Gegenstände und Rechte nebst Angabe wertrelevanter Faktoren, z.B. Bargeld, Bankguthaben, Wertpapiere, Forderungen, Beteiligungen, Versicherungen, Schließfächer mit Inhaltsbeschreibung, Schmuck, Antiquitäten, Immobilien, Gebäude, Unternehmensbeteiligungen, Urheberrechte, Patente.

b) alle Nachlassverbindlichkeiten,

c) alle Verträge zugunsten Dritter auf den Todesfall, z.B. Lebensversicherungen, Unfallversicherungen und Bausparguthaben, und zwar unter Angabe des Zuwendungsvollzugs (Eigentumsübergang),

d) alle Zuwendungen unter einer Überlebensbedingung gem. § 2301 BGB,

e) alle lebzeitigen Zuwendungen und Anstandsschenkungen, die der Erblasser in den letzten zehn Jahren vor seinem Tod der Beklagten sowie Dritten gewährt hat.

Diese Angaben sind unabhängig von einer Frist zu erteilen, wenn der Erblasser

- sich Nießbrauchs- oder Wohnungsrechte vorbehalten oder sonstige Nutzungs- und Rückforderungsrechte vereinbart hat,
- während der Ehezeit Schenkungen einschließlich Anstandsschenkungen an seinen Ehegatten gewährt hat oder
- Zuwendungen und Leistungen gewährt hat, die gem. §§ 2050 ff., 2057, 2057a, 2316 BGB zur Ausgleichung kommen könnten.

II. zu Protokoll an Eides Statt zu versichern, dass die Beklagte nach bestem Wissen den Stand des Nachlasses so vollständig und richtig angegeben hat als sie dazu im Stande ist.

III. Die Beklagte wird verurteilt, ein Verkehrswertgutachten zum ... zu der Immobilie in ... (Straße), ... (Stadt), eingetragen im Grundbuch von ..., Band ..., Gemarkung ..., Flur ..., Flurnummer ..., mit einer Größe von ... von einem unparteiischen Sachverständigen einzuholen und den Klägern vorzulegen.

IV. An die Kläger den Pflichtteil i.H.v. 1/8 des sich aus der Auskunft und Wertermittlung ergebenden Wertes des Nachlasses und der Zuwendungen nebst 5 % Punkten über dem Basiszinssatz ab dem ... zu zahlen.

V. Den Erlass eines Anerkenntnis- oder Versäumnisurteils, wenn die gesetzlichen Voraussetzungen dafür vorliegen.

VI. Die Beklagte trägt die Kosten des Rechtsstreits.

Begründung:

Am ... verstarb der Vater der Kläger, Herr .... Dieser war verheiratet mit der Beklagten. Die Kläger sind die einzigen Abkömmlinge des Erblassers. Die Beklagte wurde testamentarisch vom Erblasser zur Alleinerbin eingesetzt.

Beweis: Gemeinschaftliches Testament vom ...

nebst Eröffnungsprotokoll

– Anlage K 1 –

und Geburtsurkunde der Klägers

– Anlage K 2 –

Die Kläger sind enterbt.

Bei gesetzlicher Erbfolge wären die Kläger neben der Beklagten Miterben zu 1/4 nach dem Nachlass des Vaters geworden (§ 1924 Abs. 1, 4 BGB). Der Pflichtteil beträgt hiervon 1/8 (§ 2303 Abs. 1 BGB).

Mit Schreiben vom ... erhoben die Kläger Pflichtteilsansprüche gegenüber der Beklagten.

Beweis: Schreiben vom ...

– Anlage K 4 –

Dieses Schreiben ging der Beklagten am ... eigenhändig zu.

Beweis: Kopie des Rückscheins

– Anlage K 5 –

Mit vorgenanntem Schreiben war die Beklagte aufgefordert worden, ein notarielles Nachlassverzeichnis zu errichten.

Beweis: wie vor

Für die Beklagte meldeten sich die Rechtsanwälte ... mit Schreiben vom ...

– Anlage K 6 –

[Es folgen ggf. weitere Ausführungen zur Nichterfüllung des Auskunftsanspruchs.]

Zusammenfassend ist festzustellen, dass die Kläger nunmehr seit dem ... genügend Verständnis für die aus welchen Gründen auch immer eingetretenen Verzögerungen auf der Beklagtenseite entgegengebracht haben. Da die Auskunft bis heute nicht erteilt worden ist, ist Klage geboten.

Der zunächst noch unbezifferte Pflichtteilsanspruch ist zum ... fällig gestellt worden. Ab diesem Zeitpunkt befindet sich die Beklagte im Verzug.

Gerichtskosten i.H.v. ... € sind nach einem vorläufigen Wert des Auskunftsanspruchs i.H.v. 10.000 € (ca. 1/10 des Zahlungsanspruchs der Kläger) per Verrechnungsscheck beigefügt. (*Ausführungen zum Streitwert, wenn möglich*)

Sollte das Gericht noch weiteren Vortrag oder Beweisantritt für erforderlich halten, bitte ich um einen richterlichen Hinweis gem. § 139 ZPO.

Beglaubigte und einfache Abschrift anbei.

Rechtsanwältin/Rechtsanwalt

Mandatssituation 11.2.2: Auskunftsstufenklage gegen den Bevollmächtigten

Sachverhalt | Checkliste | Lösung | Verfahren | Muster

Die Geschwister sind Miterben zu je 1/2 nach dem Tod der Mutter. Bereits zu Lebzeiten erledigte die Tochter für die Mutter die Besorgungen und hatte Bankvollmacht. Mit dieser Bankvollmacht hat sie in den letzten Jahren mehrere Barabhebungen vom Konto der Mutter getätigt. Die Schwester erklärt hierzu, dass sie für die einzelnen Barabhebungen entsprechende Anweisungen der Mutter erhalten und dieser das Geld auch jeweils übergeben habe. Der Sohn als Miterbe besitzt demgegenüber keine Kenntnis über den Nachlass, da er in den letzten Jahren nur wenig Kontakt zu Mutter und Schwester hatte. Er bittet um Vertretung gegenüber der Schwester.

Sachverhalt | **Checkliste** | Lösung | Verfahren | Muster

Siehe hierzu die Checkliste in Mandatssituation 13.3, S. 917.

Sachverhalt | Checkliste | **Lösung** | Verfahren | Muster

Kein allgemeiner Auskunftsanspruch

Im Unterschied zum Anspruch des Pflichtteilsberechtigten kennt das BGB keine allgemeine Auskunftspflicht unter Miterben. Auch der BGH lehnt wechselseitige Auskunftspflichten zwischen Miterben, allein basierend auf der Erbengemeinschaft als solcher, ab, weil es an einer hierfür notwendigen Sonderbeziehung fehle.

Auskunftspflicht nach § 242 BGB

Anders sieht es jedoch aus, wenn einzelne Miterben bessere oder alleinige Kenntnis über den Nachlassbestand oder Teile hiervon haben und die anderen Miterben diese Kenntnisse nicht oder nur mit unverhältnismäßigem Aufwand erlangen können. In diesem Ausnahmefall bejaht die Rechtsprechung mit unterschiedlicher Nuancierung eine Auskunftsverpflichtung nach § 242 BGB.

Warnhinweis

Dieser Auskunftsanspruch ist jedoch subsidiär. Soweit speziellere erbrechtliche Vorschriften bestehen, wie hier Auskunftsansprüche gegen die Schwester gem. § 2027 Abs. 2 BGB (aufgrund des Besitzes des Nachlasses durch die Schwester) und/oder gem. §§ 666, 681 BGB (aufgrund der Verwaltung des Nachlasses durch die Schwester), sind diese vorrangig. Zu den speziellen gesetzlichen Auskunftspflichten siehe Mandatssituation 8.2, S. 454.

Anspruchsgrundlage

Nach § 666 Satz 1 BGB ist der Beauftragte verpflichtet, dem Auftraggeber auf Verlangen über den Stand des Geschäfts Auskunft zu erteilen und nach Beendigung des Auftrags Rechenschaft abzulegen. Die Pflicht zur Rechenschaftslegung beinhaltet dabei die Pflicht zur Vorlage einer gesonderten Aufstellung der Einnahmen und Ausgaben gem. § 666 i.V.m. § 259 BGB. Weiterhin ist der Beauftrage nach § 667 zweite Alternative BGB zur Herausgabe des „aus der Geschäftsbesorgung" Erlangten verpflichtet. Gemeint sind damit alle Vorteile, die ihre Grundlage in der Auftragsausführung finden und in einem inneren Zusammenhang mit ihr stehen. Diese der Erblasserin zu Lebzeiten zustehenden Ansprüche sind mit deren Tod gem. §§ 1922, 666 BGB auf die Erben übergegangen.

Für den Auskunfts- und Herausgabeanspruch spielt es keine Rolle, ob die Schwester die in Rede stehenden Geldbeträge aufgrund konkreter Anweisungen der Mutter oder eigenmächtig von den Sparkonten abgehoben hat. Entweder hat jeweils ein Auftrag der Mutter nach § 662 BGB vorgelegen, so dass die Herausgabepflicht der Schwester sich unmittelbar aus den §§ 662, 667 BGB ergibt, oder die Schwester muss für die Kontoabhebungen als Geschäftsführerin ohne Auftrag einstehen. In diesem Fall ergibt sich die Anwendung von § 667 BGB über die Verweisung in §§ 677, 681 Satz 2 BGB.

Darlegungs- und Beweislast

Beweisrechtlich gilt Folgendes: Für ihre Behauptung, die unstreitig von ihr abgehobenen Geldbeträge jeweils der Mutter übergeben zu haben, trägt die Schwester als Bevollmächtigte die Darlegungs- und Beweislast. Das gilt unabhängig davon, ob man insoweit auf den allgemeinen Gesichtspunkt der grundsätzlich vom Schuldner zu beweisenden Erfüllung des Herausgabeanspruchs nach § 667 BGB abstellt oder auf die besonderen auftragsrechtlichen Verhältnisse. Auftragsrechtlich hat zunächst der Gläubiger im Rahmen des von ihm geltend gemachten Anspruchs aus § 667 BGB neben dem Bestehen eines Auftragsverhältnisses auch dessen Inhalt nebst etwaiger vom Vollmachtgeber erteilter Weisungen darzulegen und zu beweisen (Pamp, ErbR 2013, 227). Der Schwester obliegen daher die Darlegung und der Beweis für die auftragsgemäße Verwendung der erhaltenen bzw. erlangten Mittel.

Soweit sich die Schwester auf eine Schenkung beruft, trägt sie die Beweislast auch für das Schenkungsversprechen. Ein diesbezügliches non liquet wirkt deshalb in einem solchen Fall gegen den Bereicherungsschuldner

(Horn, ZErb 2012, 38). Zu den weiteren Voraussetzungen des Anspruchs auf Auskunftserteilung und Rechenschaftslegung, insbesondere zum Bestehen eines Vertrauensverhältnisses und zur Verwirkung, siehe Mandatssituation 13.3, S. 918 ff. und zum Sonderfall unter Miterben siehe Mandatssituation (Abwandlung) 8.2.1, S. 452 ff.

Sachverhalt | Checkliste | Lösung | **Verfahren** | Muster

Auch im Bereich der Auskunfts- und Rechenschaftslegung des Bevollmächtigten bietet sich die Stufenklage an, da zunächst Auskunft benötigt wird, um den Leistungsanspruch genau beziffern zu können. Zur Stufenklage im Einzelnen siehe Mandatssituation 11.2.1, S. 738 ff. Stufenklage

Sachverhalt | Checkliste | Lösung | Verfahren | **Muster**

Stufen- und Leistungsklage

Amtsgericht/Landgericht
...
Straße, Hausnr./Postfach
PLZ Ort

Klage

In Sachen

...

– Kläger –

Prozessbevollmächtigte: ...

gegen

...

– Beklagte –

wegen Forderung

Vorläufiger Streitwert: ... €

erhebe ich namens und im Auftrag des Klägers Klage und werde im Wege der Stufenklage beantragen:

1. gegenüber dem Kläger Rechenschaft abzulegen über sämtliche Geschäfte, die die Beklagte mit einer Vollmacht oder im Auftrag des ... (nachfolgend: Erblasser) getätigt hat. Die Rechenschaft ist in Form einer geordneten Zusammenstellung der Einnahmen und der Ausgaben zu legen. Belege sind vorzulegen, soweit Belege erteilt zu werden pflegen;
2. für den Fall, dass die Zusammenstellung nicht mit der erforderlichen Sorgfalt erstellt wird, zu Protokoll an Eides statt zu versichern, dass sie die Angaben nach bestem Wissen so vollständig getätigt hat, wie sie dazu imstande war;

3. den sich nach der Rechnungslegung nach 1. ggf. ergebenden Betrag nebst Zinsen hieraus i.H.v. fünf Prozentpunkten über dem Basiszinssatz p.a. seit dem ... an den Kläger zu zahlen.

Begründung:

I. Sachverhalt

Der Kläger ist der Sohn und Alleinerbe des Herrn ..., geboren am ..., gestorben am ..., zuletzt wohnhaft in ... (nachfolgend Erblasser).

Beweis: Erbschein des Amtsgerichts ... vom ... in Kopie als

– Anlage K1 –

Die Beklagte war die Lebensgefährtin des Erblassers. Der Erblasser hatte der Beklagten eine Vorsorgevollmacht und eine Kontovollmacht erteilt.

Beweis: Vorsorgevollmacht vom ... in Kopie als

– Anlage K2 –

Kontovollmacht vom ... in Kopie als

– Anlage K3 –

Die Beklagte hob vom Konto des Erblassers vor und nach seinem Tod Geldbeträge ab, u.a. einen Betrag i.H.v. ... € am ... und einen Betrag i.H.v. ... € am ....

Beweis: Kontoauszüge in Kopie als

– Anlage K4 –

Der Kläger forderte die Beklagte mit Anwaltsschreiben vom ... auf, Rechenschaft zu legen und den sich aus der Rechnungslegung ergebenden Betrag zu zahlen.

Beweis: Anwaltsschreiben des Klägers vom ... in Kopie als

– Anlage K5 –

Das Schreiben ist der Beklagten am ... zugegangen. Die Beklagte kam dieser Aufforderung nicht nach.

II. Rechtliche Würdigung

Der mit dem Klageantrag zu 1. verfolgte Anspruch auf Rechnungslegung ergibt sich aus § 666 dritte Variante BGB. Der Umfang der Rechnungslegung folgt aus § 259 Abs. 1 BGB.

Für den Fall, dass die Beklagte die Auskünfte nach dem Klageantrag zu 1. nicht ordnungsgemäß erteilt, kann der Kläger nach § 259 Abs. 2 BGB die Abgabe der eidesstattlichen Versicherung verlangen.

Mit dem Klageantrag zu 3. verfolgt der Kläger als letzte Stufe der Stufenklage die Zahlungsansprüche, die sich aus der Rechnungslegung ergeben. Dies können Ansprüche aus § 667 BGB oder Schadensersatzansprüche nach § 280 Abs. 1 Satz 1 BGB sein.

Die Beklagte kam mit dem Zugang des Schreibens vom ... (Anlage K5) am ... nach § 286 Abs. 1 Satz 1 BGB in Verzug.

Rechtsanwältin/Rechtsanwalt

1) Verzugseintritt

Mandatssituation 11.2.3: Klageerwiderung des Bevollmächtigten

Sachverhalt | Checkliste | Lösung | Verfahren | Muster

Die Schwester als Vorsorgebevollmächtigte der Mutter möchte sich gegen die Klage verteidigen. Sie ist der Ansicht, aufgrund des Gefälligkeitsverhältnisses und ihres Näheverhältnisses zur Mutter nicht zur Auskunftserteilung und Rechnungslegung verpflichtet zu sein. Zudem habe sie einen Teil des Geldes von der Mutter zu Lebzeiten geschenkt bekommen.

Sachverhalt | **Checkliste** | Lösung | Verfahren | Muster

Siehe hierzu die Checkliste in Mandatssituation 13.3, S. 917.

Sachverhalt | Checkliste | **Lösung** | Verfahren | Muster

Einwendungen gegen den Auskunfts- und Rechnungslegungsanspruch

Die Frage, ob ein Auftrag oder nur ein Gefälligkeitsverhältnis vorliegt, hat weitreichende Folgen, da bei Fehlen des Rechtsbindungswillens der Anspruch des § 666 BGB nicht besteht. Zudem ist aufgrund der Tatsache, dass die Erblasserin zu Lebzeiten keine Rechnungslegung verlangt hat, an einen Verzicht zu denken. Diese beiden Einwendungen kommen in der Praxis überproportional häufig vor und sollen daher hier näher dargestellt werden.

Erster Einwand: Gefälligkeitsverhältnis

Gegen den Auskunfts- und Rechnungslegungsanspruch verteidigt sich der Beauftragte häufig damit, es fehle an einem für ein Auftragsverhältnis notwendigen Rechtsbindungswillen der Parteien. Nach der Rechtsprechung ist jedoch bei Erteilung einer Kontovollmacht grundsätzlich von einem Rechtsbindungswillen auszugehen, wenn die Konten im Wesentlichen das ganze Vermögen des Erblassers ausmachen oder sich nicht unerhebliche Werte auf den Konten befinden (LG Hamburg, Urt. v. 29.01.2010 – 316 O 322/09). Zurückhaltung hinsichtlich der Annahme des Rechtsbindungswillens nimmt die Rechtsprechung allein bei extrem engen persönlichen Beziehungen zwischen den Beteiligten an. Hierzu hat der BGH entschieden, dass zwischen Ehegatten wegen des besonderen Vertrauensverhältnisses regelmäßig kein Auftragsverhältnis bestehe, wenn einer von ihnen die Wirtschaftsführung im Wesentlichen allein übernimmt (BGH, Urt. v. 05.07.2000 – XII ZR 26/98, NJW 2000, 3199). Zur Begründung führt er aus, dass sich Ehegatten durch derartige Regelungen ihrer Aufgabenbereiche besonderes Vertrauen schenken. Dem wirtschaftenden Ehegatten dürfte daher nicht einseitig das Risiko auferlegt werden, im Nachhinein Ausgaben nicht mit der gleichen Genauigkeit angeben und belegen zu können, wie das in Rechtsverhältnissen ohne Inanspruchnahme von personalem Vertrauen erforderlich oder geboten ist. Daraus haben verschiedene Instanzgerichte abgeleitet, dass es auch in anderen persönlichen oder familiären Beziehungen, die durch ein ähnliches Vertrauensverhältnis geprägt sind, mangels besonderer Anhaltspunkte an einem Rechtsbindungswillen fehle, wenn eine unentgeltliche Geschäftsbesorgung stattfindet (OLG Düsseldorf, ZEV 2007, 184). Inzwischen hat der BGH aber klargestellt, dass seine Rechtsprechung zur Ehe nicht auf andere Fallgestaltungen übertragbar ist (BGH, Beschl. v. 26.06.2008 – III ZR 30/08, MDR 2008, 1161).

Zweiter Einwand: Verzicht auf Rechnungslegung bzw. Verwirkung

In der Praxis wird immer wieder der Einwand erhoben, dass der Erblasser über Jahre hinweg keine Auskunft bzw. Rechnungslegung verlangt hat und somit der Anspruch **verwirkt** sei bzw. der Erblasser darauf **verzichtet** habe. Zwar kann nach Ansicht des BGH (Urt. v. 31.01.1963 – VII ZR 284/61, NJW 1963, 950) ein Anspruch auf Rechnungslegung entfallen, wenn er jahrelang nicht geltend gemacht worden ist und seine nachträgliche Erhebung daher gegen Treu und Glauben verstoßen würde. Allein der Umstand, dass der Erblasser jahrelang keine Auskunft eingefordert hat, führt jedoch nicht automatisch dazu, dass der Auskunftsanspruch dauerhaft entfallen ist. Dies gilt insbesondere dann, wenn Zweifel an der Zuverlässigkeit des Beauftragten in Bezug auf seine Geschäftsführung bestehen (BGH, Beschl. v. 26.06.2008 – III ZR 30/08).

Ein stillschweigender Verzicht i.S.v. § 397 BGB auf die Ansprüche aus § 666 BGB wird in der Rechtsprechung mit Rücksicht auf die endgültigen Rechtswirkungen einer solchen Vereinbarung nur in engen Ausnahmefällen und bei Vorliegen ganz besonderer Umstände angenommen. Diese Umstände sind von dem in Anspruch genommenen Bevollmächtigten darzulegen und ggf. zu beweisen.

Praxistipp

Im Zusammenhang mit einem etwaigen stillschweigenden Verzicht auf die Ansprüche aus § 666 BGB ist mit Blick auf etwaige Leistungsansprüche ein Urteil des BGH aus dem Jahr 2000 zu beachten. Danach erfasst ein etwaiger Verzicht des Berechtigten auf die Rechte aus § 666 BGB jedenfalls nicht sämtliche, bei genauer Abrechnung sich ergebenden Zahlungsansprüche; vielmehr kann hier allenfalls der Schluss gerechtfertigt sein, mit dem Verzicht auf Rechenschaft sei stillschweigend zugleich auf verhältnismäßig unwesentliche Spitzen von Zahlungsansprüchen (Abrundung einer Summe auf einen glatten Betrag oder Nichtberücksichtigung von Kleinbeträgen) verzichtet worden (Pamp, ErbR 2013, 231).

Dritter Einwand: Unmöglichkeit

Eine Unmöglichkeit der Auskunftserteilung ist nicht allein deshalb anzunehmen, weil die Informationsbeschaffung oder -gewährung infolge des Zeitablaufs und der informellen Handhabung der Zuwendungen für den Bevollmächtigten mit Schwierigkeiten verbunden ist. Die Berufung auf Erinnerungslücken reicht ebenso wenig aus wie die pauschale Behauptung, keine detailliertere Auskunft zu Zeitraum und Höhe etwaiger finanzieller Zuwendungen mehr geben zu können. Der Auskunftsschuldner ist vielmehr gehalten, sein Erinnerungsvermögen „gehörig an[zu]spannen" und „alle zumutbaren Möglichkeiten zu erschöpfen," um seiner Verpflichtung nachzukommen (Osterloh-Konrad, ErbR 2012, 326).

Sachverhalt | Checkliste | Lösung | **Verfahren** | Muster

Im Rahmen der Klageerwiderung hat der Beklagte diese Einwendungen vorzutragen und unter Beweis zu stellen. Klageerwiderung

Sachverhalt | Checkliste | Lösung | Verfahren | **Muster**

Klageerwiderung des Bevollmächtigten

Amtsgericht/Landgericht
...
Straße, Hausnr./Postfach
PLZ Ort

In dem Rechtsstreit

... ./. ...

zeige ich an, dass ich den Beklagten vertrete, und

beantrage

namens und in Vollmacht des Beklagten,

die Klage abzuweisen.

Begründung:

Entgegen den Ausführungen des Klägers in der Klageschrift ist die Beklagte nicht rechenschaftspflichtig, weil kein Auftragsverhältnis bestand.

Die Verwaltungstätigkeit der Beklagten ist als bloße Gefälligkeit ihrer Mutter gegenüber anzusehen. Die Beklagte, die voll berufstätig ist, wollte sich nicht rechtlich binden, sondern übernahm lediglich aus familiärer Verbundenheit bestimmte Bank- und Behördengänge ihrer Mutter.

Selbst wenn man von einem Auftragsverhältnis i.S.d. §§ 662 ff. BGB ausgehen würde, begegnet die Annahme einer umfassenden Rechnungslegungspflicht der Beklagten nach §§ 666, 259 BGB durchgreifenden rechtlichen Bedenken.

Der konkrete Umfang der geschuldeten Rechnungslegung beurteilt sich zwar grundsätzlich nach § 259 BGB; jedoch ist anerkannt, dass gerade für verwaltende Tätigkeiten von Angehörigen, die auf einem besonderen familiären Vertrauensverhältnis basieren, weitreichende Einschränkungen gelten. Insbesondere kann ein nachträgliches Verlangen nach einer detaillierten Abrechnung gegen Treu und Glauben verstoßen, wenn jahrelang auf Rechnungslegung verzichtet wurde, so dass sich der Auftragnehmer darauf verlassen konnte, dass er nicht über alle Einnahmen und Ausgaben detailliert und unter Vorlage entsprechender Belege Rechenschaft würde ablegen müssen (BGHZ 39, 87, 92 f.).

In einem familiären Verhältnis werden grundsätzlich keine Empfangsbestätigungen und keine Quittungen erteilt, auch eine detaillierte Rechnungslegung ist ungewöhnlich. Daher muss derjenige, der für einen engen Verwandten unentgeltlich dessen Bankgeschäfte besorgt, nicht damit rechnen, nachträglich mit der Forderung nach umfassender Abrechnung konfrontiert zu werden.

Aus diesen Gründen ist im vorliegenden Fall eine Rechnungslegungspflicht der Beklagten ausgeschlossen. Denn ihre Mutter hat von ihr nie genaue Abrechnungen verlangt; die Unterlagen zu ihrer Tätigkeit hat sie dementsprechend zum großen Teil nicht aufgehoben. Für die vielen Stunden Arbeit, welche die Beklagte aus familiärer Verbundenheit für ihre Mutter aufgewandt hat, darf sie nicht auch noch bestraft werden.

Auch die anerkannte Ausnahme von dieser Regel bei begründetem Verdacht unsorgfältiger Geschäftsführung greift nicht ein.

Denn derartige Zweifel sind vorliegend nicht einmal im Ansatz dargelegt. Dafür, dass die Beklagte sich gegen den Willen ihrer Mutter in Ausübung ihrer Vollmacht bereichert hätte, fehlt jeder Anhaltspunkt. Zwar wurden, wie die Klägerin zutreffend darlegt, vom Konto der Verstorbenen teilweise Rechnungen beglichen, die sich an die Beklagte richteten. Sie betrafen jedoch Kosten, die bei Reparaturarbeiten und für die Unterhaltung des Hauses der Erblasserin angefallen sind.

Aus den von der Klägerin selbst als Anlagensammlung K 6 vorgelegten Rechnungen ergibt sich jeweils der Bezug zu dem Hausgrundstück ... der Erblasserin.

Nur um der Erblasserin zu helfen, hat die Beklagte die entsprechenden Handwerker persönlich kontaktiert und die Vertragsabwicklung übernommen. Dass ihr die Klägerin aus dieser – weiteren – Gefälligkeit einen Strick zu drehen versucht, ist bezeichnend.

Gibt es demnach keinen Grund, an der Zuverlässigkeit und Redlichkeit der Beklagten zu zweifeln, so bleibt es bei dem Ausschluss einer umfassenden Rechenschaftspflicht. Der Beklagten liegen außerdem keine anderen Unterlagen vor als diejenigen, die sich die Klägerin inzwischen durch Einholung von Bankauskünften selbst beschafft hat. Darüber hinausgehende Informationen kann sie nicht liefern.

Die Klage ist daher vollumfänglich abzuweisen.

Beglaubigte und einfache Abschrift anbei.

Rechtsanwältin/Rechtsanwalt

Mandatssituation 11.2.4: Auskunftsklage eines Miterben über ausgleichungspflichtige Vorempfänge

Sachverhalt | Checkliste | Lösung | Verfahren | Muster

Die drei Geschwister sind Miterben zu je 1/3. Sie haben bereits zu Lebzeiten vom Erblasser verschiedene Zuwendungen erhalten. Diese Vorempfänge sollen im Rahmen der Erbauseinandersetzung berücksichtigt werden.

Sachverhalt | **Checkliste** | Lösung | Verfahren | Muster

Siehe hierzu die Checkliste in Mandatssituation 8.9, S. 560.

Sachverhalt | Checkliste | **Lösung** | Verfahren | Muster

Vorrang ausgleichungspflichtiger Vorempfänge

Im Rahmen der Auseinandersetzung sind vorrangig ausgleichungspflichtige Vorempfänge gem. §§ 2050 ff. BGB zu berücksichtigen.

Ausgleichung nach §§ 2050 ff. BGB

Die Ausgleichungsvorschriften nach §§ 2050 ff. BGB finden Anwendung,

- wenn Abkömmlinge als gesetzliche Erben zur Erbfolge gelangen (§ 2050 BGB),
- wenn Abkömmlinge testamentarisch auf dasjenige eingesetzt werden, was sie als gesetzliche Erben erhalten würden (§ 2052 Abs. 1 BGB), oder
- wenn die Erbteile testamentarisch so bestimmt sind, dass sie zueinander in demselben Verhältnis stehen, wie bei der gesetzlichen Erbfolge (§ 2052 Abs. 1 BGB).

Sind nur einzelne Abkömmlinge im Verhältnis ihrer gesetzlichen Erbquote bedacht, so findet die Ausgleichung nur unter ihnen statt.

Ausgleichspflichtige Zuwendungen

Das Gesetz unterscheidet drei Arten von ausgleichspflichtigen Zuwendungen. Der Umfang ihrer Ausgleichspflicht unterscheidet sich danach, ob es sich um eine Ausstattung (§ 2050 Abs. 1 BGB), um Zuschüsse und Ausbildungsaufwendungen (§ 2050 Abs. 2 BGB) oder andere Zuwendungen (§ 2050 Abs. 3 BGB) handelt. Zu den Begriffen und der Durchführung der Ausgleichung siehe Mandatssituation 8.9, S. 562 ff.

Sachverhalt | Checkliste | Lösung | **Verfahren** | Muster

Stufenklage nach § 254 ZPO

Soweit dem Mandanten die ausgleichspflichtigen Zuwendungen der Miterben bekannt sind, kann dieser direkt Klage auf Feststellung der Ausgleichspflicht nach § 256 Satz 1 ZPO erheben. Hat der Mandant jedoch keine oder nur partiell Erkenntnis über ausgleichspflichtige Zuwendungen der Miterben, sollte er zunächst Auskunftsklage nach § 2057 Satz 1 BGB oder Stufenklage nach § 254 ZPO erheben. Zum Verfahren siehe Mandatssituation 8.9, S. 566 ff.

Sachverhalt | Checkliste | Lösung | Verfahren | Muster

Auskunftsklage hinsichtlich ausgleichungspflichtiger Vorempfänge

Amtsgericht/Landgericht
...
Straße, Hausnr./Postfach
PLZ Ort

Klage

des Herrn ...

– Kläger –

Prozessbevollmächtigte: ...

gegen

Frau ...

– Beklagte –

wegen Auskunft und eidesstattlicher Versicherung

Namens und mit Vollmacht des Klägers erhebe ich Klage und werde

beantragen:

1. Die Beklagte wird verurteilt, Auskunft zu erteilen über die ihr vom Erblasser ... zu Lebzeiten zugewandten Vorempfänge, die eine Ausgleichungspflicht nach den §§ 2050, 2316 ff. BGB begründen können.
2. Für den Fall, dass die Auskunft nicht mit der erforderlichen Sorgfalt erteilt worden sein sollte, wird die Beklagte weiter verurteilt, zu Protokoll an Eides statt zu versichern, dass sie nach bestem Wissen die Angaben so vollständig gemacht hat, wie sie dazu imstande war
3. Die Kosten des Verfahrens trägt die Beklagte.

Für den Fall der Säumnis

beantrage

ich den Erlass eines Versäumnisurteils.

Begründung:

Der Kläger begehrt mit der vorliegenden Klage Auskunft über Vorempfänge, die der Beklagte zu Lebzeiten vom Erblasser erhalten hat.

Am ... ist Frau ... mit letztem Wohnsitz in ... verstorben. Die Erblasserin war zum Zeitpunkt ihres Todes verwitwet und wurde aufgrund gesetzlicher Erbfolge von den Parteien als einzige Abkömmlinge zu gleichen Teilen beerbt.

Beweis: Erbschein des Amtsgerichts – Nachlassgericht – ... vom ... in Kopie

– als Anlage –

Der ungeteilte Nachlass besteht aus einem Wertpapierdepot bei der ...-Bank und dem Guthaben bei der ...-Bank.

Beweis: Depotauszug der ...-Bank in Kopie

– als Anlage –

Kontoauszug der ...-Bank in Kopie

– als Anlage –

Weitere Nachlassgegenstände sind dem Kläger nicht bekannt.

Der Kläger begehrt nunmehr Auskunft darüber, ob die Beklagte Vorempfänge seitens des Erblassers zu dessen Lebzeiten erhalten hat, die er nach den Vorschriften der §§ 2050 ff. BGB unter Abkömmlingen zur Ausgleichung zu bringen hat. Der Auskunftsanspruch begründet sich auf § 2057 BGB. Dieser steht dem Kläger als pflichtteilsberechtigtem Abkömmling zu.

Trotz mehrfacher Aufforderung hat die Beklagte eine Auskunftserteilung hinsichtlich der Vorempfänge abgelehnt und darauf hingewiesen, dass sie innerhalb der letzten zehn Jahre keine Zuwendungen erhalten hat. Da es jedoch im Rahmen des Auskunftsanspruchs nach § 2057 BGB auf eine Zehnjahresfrist nicht ankommt und die Beklagte verpflichtet ist, alle zu Lebzeiten zugewandten Zuwendungen, die eine Ausgleichspflicht nach §§ 2050 ff. BGB begründen können, offenzulegen, ist sie dem Auskunftsbegehren des Klägers nicht nachgekommen, so dass Klage geboten war.

Beglaubigte und einfache Anschrift anbei.

Rechtsanwältin/Rechtsanwalt

Mandatssituationen 11.3: Klagen im Zusammenhang mit Miterben

Mandatssituation 11.3.1: Klage eines Miterben auf eine bestimmte Benutzungsregelung

Sachverhalt | Checkliste | Lösung | Verfahren | Muster

Die Geschwister sind Miterben zu je 1/5 nach dem Tod der Mutter. Zum Nachlass gehören mehrere Immobilien und bewegliches Vermögen. Zwischen den Geschwistern kommt es immer wieder zu Streit über die Verwaltung des Nachlasses, insbesondere zu Reparatur- und Erneuerungsarbeiten an den Immobilien und zu deren Nutzung.

Sachverhalt | **Checkliste** | Lösung | Verfahren | Muster

Haben die Miterben eine Vereinbarung über die Nutzung und Kosten der laufenden Verwaltung geschlossen?	☐
Wenn ja, existiert diesbezüglich ein Vertrag oder ein sonstiges Schriftstück?	☐
Welchen Inhalt hat die zwischen den Miterben geschlossene Vereinbarung?	☐
In welchem Umfang nutzt der Miterbe den Nachlassgegenstand?	☐
Wie viele Quadratmeter des Hauses werden vom Miterben allein benutzt?	☐
Wie hoch ist die ortsübliche Miete?	☐
Gibt es werterhöhende oder wertmindernde Faktoren?	☐
Wie ist die Zahlung der Nebenkosten (Versicherung, Grundsteuer, Müllgebühr usw.) unter den Miterben geregelt bzw. von wem werden diese bisher bezahlt?	☐

Siehe hierzu weiter die Checkliste in Mandatssituation 8.4, S. 495.

Sachverhalt | Checkliste | **Lösung** | Verfahren | Muster

Gesetzliche Regelungen zur Verwaltung der Erbengemeinschaft

Die Erbengemeinschaft verfolgt das Ziel, auseinandergesetzt zu werden. Zwischen dem Zeitpunkt des Entstehens, nämlich dem Erbfall, und der endgültigen Auflösung der Gesamthandsgemeinschaft muss der Nachlass von den Miterben verwaltet werden. Die Nachlassverwaltung ist in den §§ 2038–2040 BGB geregelt, wobei § 2038 Abs. 2 BGB auf die Normen der Bruchteilsgemeinschaft verweist. Art und Inhalt der Verwaltung bleibt somit primär den Miterben überlassen.

Verwaltung

Der Begriff der „Verwaltung" ist weit und umfassend zu verstehen: Er umfasst alle tatsächlichen und rechtlichen Maßnahmen, die zur Verwahrung, Sicherung, Erhaltung und Vermehrung sowie zur Gewinnung der Nutzungen und Bestreitung laufender Verbindlichkeiten des Nachlasses erforderlich oder geeignet sind. In einer neueren Entscheidung hat der BGH darüber hinaus klargestellt, dass zur Verwaltung grundsätzlich auch Verfügungen über Nachlassgegenstände zählen (BGH, Urt. v. 28.09.2005 – IV ZR 82/04, NJW 2006, 439).

Interne Willensbildung

Im Rahmen der Nachlassverwaltung durch Miterben ist immer vorab rechtlich zu prüfen, ob für die interne Willensbildung der Erbengemeinschaft eine Mehrheitsentscheidung für die konkrete Verwaltungsmaßnahme ausreichend oder ob Einstimmigkeit notwendig ist. Zur Beschlussfassung siehe Kapitel 8.A.4.4, S. 426 sowie Mandatssituation 8.3, S. 485 ff.

Liegt ein Beschluss mit der erforderlichen Mehrheit im Innenverhältnis vor, ist des Weiteren zu klären, wie dieser im Außenverhältnis umgesetzt werden kann. Problematisch ist dies vor dem Hintergrund des Spannungsverhältnisses zwischen der Vorschrift des § 2038 Abs. 1 Satz 2 zweiter Halbsatz BGB und des § 2040 BGB.

Ordnungsgemäße, außerordentliche Verwaltung und Notgeschäftsführung

Mit Stimmenmehrheit können Maßnahmen der ordnungsgemäßen Verwaltung gefasst werden. Ein einstimmiger Beschluss der Erbengemeinschaft ist für Maßnahmen der außerordentlichen Verwaltung notwendig. Im Rahmen von Notstandsmaßnahmen kann jeder Miterbe die Erbengemeinschaft allein verpflichten, d.h., er benötigt nicht die Zustimmung der übrigen Miterben. Zu den Begriffen der einzelnen Maßnahmen der ordnungsgemäßen Verwaltung, außerordentlichen Verwaltung und Notgeschäftsführung siehe Kapitel 8.A.4.3, S. 425 f. sowie Mandatssituation 8.5, S. 511 ff. und Mandatssituation 8.6, S. 517 ff.

Sachverhalt | Checkliste | Lösung | **Verfahren** | Muster

Miterben sind Partei des Rechtsstreits

Zu beachten ist, dass die Erbengemeinschaft kraft Gesetzes mit dem Erbfall gem. § 1922 Abs. 1 BGB entsteht und im Gegensatz zu anderen Gesamthandsgemeinschaften nicht rechtsfähig und prozessfähig ist (BGH, Urt. v. 17.10.2006 – VIII ZB 94/05, NJW 2002, 3389). Auch in einem Prozess unter Beteiligung der vollständigen Gemeinschaft sind daher die einzelnen Miterben selbst Partei. Dies hat zur Folge, dass jeder Einzelne unterschiedlichen prozessualen oder materiell-rechtlichen Einwendungen ausgesetzt sein und Einwendungen selbständig geltend machen kann. Zur Rechtsfähigkeit der Erbengemeinschaft und den daraus resultierenden Folgen für das Klageverfahren siehe Kapitel 8.A.2, S. 418 f. und Mandatssituation (Abwandlung) 8.4.3, S. 505.

Rechtsanwaltsvergütung

Nach der Rechtsprechung stellt eine aus mehreren Personen bestehende Erbengemeinschaft daher auch gebührenrechtlich eine Auftraggebermehrheit i.S.v. Nr. 1008 VV RVG dar. Sie ist weder rechts- noch parteifähig und kann einer BGB-Gesellschaft nicht gleichgestellt werden (OLG Köln, Beschl. v. 11.06.2014 – 17 W 87/14). Dies gilt sogar dann, wenn die Erbengemeinschaft in den vom Erblasser erteilten Auftrag eintritt.

Praxistipp

Die gerichtliche Geltendmachung der Nachlassforderung durch einen Miterben unterbricht auch die Verjährung gegenüber den übrigen Erben.

Klage auf bestimmte Regelung der Verwaltung und Nutzung des entsprechenden Nachlassgegenstands

Streiten die Miterben über die Nutzung eines Nachlassgegenstands, kann die Einwilligung der übrigen Miterben zu einer bestimmten Verwaltungs- und Benutzungsregelung im Klageweg geltend gemacht werden.

Die Klage ist dabei nicht auf eine rechtsgestaltende Entscheidung zu richten, sondern vielmehr in Form der Leistungsklage zu erheben. Es ist Klage auf Einwilligung zu einer bestimmten Regelung der Verwaltung oder der Nutzung des entsprechenden Nachlassgegenstands, mithin auf Abgabe einer Willenserklärung, zu erheben.

Zum Klageantrag, zur Darlegungs- und Beweislast und zum Gegenstandswert vgl. die Ausführungen in Mandatssituation (Abwandlung) 8.3.1, S. 491 f.

Sachverhalt | Checkliste | Lösung | Verfahren | **Muster**

Klage auf Einwilligung zu einer bestimmten Verwaltungs- und Benutzungsregelung

Amtsgericht/Landgericht
...
Straße, Hausnr./Postfach
PLZ Ort

Klage

des Herrn ...

– Kläger –

Prozessbevollmächtigte: ...

gegen

Frau ...

– Beklagte –

wegen Zustimmung zur Benutzungsregelung

Namens und mit Vollmacht des Klägers erhebe ich Klage und werde

beantragen:

1. Die Beklagte wird verurteilt, dem nachfolgend dargestellten Wohnraummietvertrag zuzustimmen: „...“
2. Die Kosten des Verfahrens trägt die Beklagte.
3. Das Urteil ist vorläufig – ggf. gegen Sicherheitsleistung – vollstreckbar.

Begründung:

Am ... ist Frau ... mit letztem Wohnsitz in ... verstorben. Die Erblasserin war zum Zeitpunkt ihres Todes verwitwet und wurde aufgrund gesetzlicher Erbfolge von den Parteien als einzige Abkömmlinge zu gleichen Teilen beerbt.

Beweis: Erbschein des Amtsgerichts – Nachlassgericht – ... vom ...

Zum Nachlass der Verstorbenen gehört ein Zweifamilienhaus in ..., das vor dem Erbfall von der Beklagten und der Erblasserin gemeinsam bewohnt wurde. Die Erblasserin bewohnte die Wohnung im Erdgeschoss, während die Beklagte in der Wohnung im 1. OG wohnt.

Die Wohnung im Erdgeschoss steht seit dem Tod der Erblasserin am ... leer und wurde bisher nicht vermietet.

Die Wohnung besteht aus drei Zimmern, Küche und Bad und hat eine Größe von ... qm. Für eine derartige Wohnung wird in ... eine Kaltmiete von ... €/qm gezahlt.

Beweis: Vorlage des qualifizierten Mietspiegels in Kopie

– als Anlage –

Einholung eines Sachverständigengutachtens

Der Kläger hat einen Mieter gefunden. Dieser ist bereit, die ortsübliche Miete von ... zu bezahlen und würde den Mietvertrag zum ... abschließen.

Beweis: Einvernahme des Zeugen ...

Mietangebot und Zusage des Zeugen in Kopie

– als Anlage –

Der Abschluss des Mietvertrags ist dringend geboten, um weiteren finanziellen Schaden von der Erbengemeinschaft abzuwenden.

Beweis: Mietvertrag vom ... in Kopie

– als Anlage –

Der Kläger hat die Beklagte mehrfach, letztmalig mit Schreiben vom ..., unter Fristsetzung zum ... aufgefordert, dem Abschluss des Mietverhältnisses mit Herrn ... zuzustimmen.

Beweis: Schreiben des Klägers vom ... in Kopie

– als Anlage –

Bisher ist jedoch keine Reaktion seitens der Beklagten erfolgt.

Der Kläger hat gegenüber der Beklagten einen Anspruch auf Zustimmung zum Abschluss des Mietverhältnisses gem. §§ 2038 Abs. 1 Satz 2 i.V.m. § 745 BGB. Der Abschluss des Mietverhältnisses stellt eine Maßnahme der ordnungsgemäßen Verwaltung dar. Aufgrund der bisherigen Weigerung der Beklagten, die Zustimmung zum Abschluss des Mietverhältnisses abzugeben, ist die Klage geboten.

Beglaubigte und einfache Anschrift anbei.

Rechtsanwältin/Rechtsanwalt

Mandatssituation 11.3.2: Klage eines Miterben auf Schadensersatz wegen fehlender Mitwirkung

Sachverhalt | Checkliste | Lösung | Verfahren | Muster

Die Geschwister sind Miterben zu je 1/2. Zum Nachlass mit einem Gesamtwert von über 800.000 € gehörte neben Barvermögen und weiteren Immobilien auch ein Ferienhaus. Nach mehreren erfolglosen Veräußerungsversuchen boten im April 2012 Interessenten einen Kaufpreis von 150.000 € für den Erwerb des Ferienhauses. Da die Tochter jedoch einen Verkauf ablehnte, sahen die Kaufinteressenten schließlich von einem Erwerb ab. Später wurde das Ferienhaus zu einem Preis von 100.000 € verkauft. Der Bruder als Mandant möchte, dass die Schwester den Schaden ersetzt, der durch den nicht erfolgten Verkauf im April 2012 entstanden ist.

Sachverhalt | **Checkliste** | Lösung | Verfahren | Muster

Siehe hierzu die Checkliste in Mandatssituation 8.5, S. 511.

Sachverhalt | Checkliste | **Lösung** | Verfahren | Muster

Anspruch auf Schadensersatz

Soweit die Miterben sich über eine Verwaltungsmaßnahme nicht einigen können und/oder einzelne Miterben an der Umsetzung nicht mitwirken, können Schadensersatzansprüche entstehen. Zu den Voraussetzungen eines Schadensersatzanspruchs gegen einen Miterben siehe Mandatssituation 8.5, S. 511.

Sachverhalt | Checkliste | Lösung | **Verfahren** | Muster

Klage auf Schadensersatz

Im Klagewege müsste dann der der Erbengemeinschaft zustehende Schadensersatzanspruch mit einer Zahlungsklage geltend gemacht werden. Zum Klageantrag und zur Aktivlegitimation siehe Mandatssituation 8.5, S. 514.

Sachverhalt | Checkliste | Lösung | Verfahren | **Muster**

Klage auf Schadensersatz wegen fehlender Mitwirkung

Amtsgericht/Landgericht
...
Straße, Hausnr./Postfach
PLZ Ort

Klage

des Herrn ...

– Kläger –

Prozessbevollmächtigte: ...

gegen

Frau ...

– Beklagte –

wegen Schadensersatz

Namens und mit Vollmacht des Klägers erhebe ich Klage und werde

beantragen:

1. Die Beklagte wird verurteilt, an die Erbengemeinschaft nach ..., bestehend aus dem Kläger und der Beklagten, einen Betrag i.H.v. ... € nebst Zinsen i.H.v. fünf Prozentpunkten über dem Basiszinssatz seit dem ... zu bezahlen.
2. Die Beklagte trägt die Kosten des Rechtsstreits.
3. Das Urteil ist vorläufig – ggf. gegen Sicherheitsleistung – vollstreckbar.

Für den Fall der Säumnis beantragen wir den Erlass eines Versäumnisurteils.

Begründung:

Der Kläger macht mit der Klage gegen den Beklagten Schadensersatzansprüche wegen fehlender Mitwirkungshandlungen geltend.

Am ... ist Frau ... mit letztem Wohnsitz in ... verstorben. Die Erblasserin war zum Zeitpunkt ihres Todes verwitwet und wurde aufgrund gesetzlicher Erbfolge von den Parteien als einzige Abkömmlinge zu gleichen Teilen beerbt.

Beweis: Erbschein des Amtsgerichts – Nachlassgericht – ... vom ...

Zum Nachlass der Verstorbenen gehören ...

Darüber hinaus gehört zum Nachlass ein Grundstück in ..., Flurstücknr. ..., eingetragen im Grundbuch .... Das Grundstück ist nach erfolgter Grundbuchberichtigung Eigentum der Erbengemeinschaft.

Beweis: Beglaubigter Grundbuchauszug vom ....

Die Zeugen Frau und Herr ... kamen im ... auf die Erbengemeinschaft zu und boten dieser an, das zum Nachlass gehörende Grundstück zum Preis von ... € zu kaufen.

Beweis: Zeugenaussage der Frau und des Herrn ..., ladungsfähige Anschrift

Der Kaufpreis entsprach dem Verkehrswert, den ein Sachverständiger für die Bewertung bebauter und unbebauter Grundstücke für die Immobilie zum Todestag festgestellt hatte.

Beweis: Sachverständigengutachten vom ... in Kopie

– als Anlage –

Der Kläger war mit dem Verkauf einverstanden.

Die Beklagte verweigerte jedoch ihre Zustimmung zu der Veräußerung. Zuletzt wurde sie mit Schreiben vom ... vergeblich aufgefordert, bei dem Verkauf mitzuwirken.

Beweis: Schreiben vom ... in Kopie

– als Anlage –

Nachdem ein kurzfristiger Verkauf an die Zeugen Frau und Herr ... nicht möglich war, zogen diese ihr Angebot im ... zurück.

Erst im ... unter dem Eindruck der drohenden Renovierungsarbeiten erklärte sich die Beklagte bereit, das Grundstück ... zu veräußern. Nunmehr waren jedoch lediglich noch Interessenten zu gewinnen, die bereit waren, einen Kaufpreis von maximal ... € zu zahlen.

Beweis: Zeugnis des Immobilienmaklers ..., ladungsfähige Anschrift

Die Immobile konnte dann schließlich am ... an die Eheleute ... verkauft werden, wobei ein Kaufpreis von ... € vereinbart und auch gezahlt worden ist.

Durch die grundlose Weigerung der Beklagten, an dem Verkauf an die Zeugen Frau und Herr ... mitzuwirken, ist der Erbengemeinschaft ein Schaden i.H.v. ... € zzgl. Zinsen entstanden. Hätte die Beklagte im ... dem Verkauf an die Zeugen Frau und Herrn ... zugestimmt, hätte die Erbengemeinschaft einen Kaufpreis von ... € erzielt.

Aufgrund dieses Sachverhalts wurde die Beklagte mit Schreiben vom ... aufgefordert, der Erbengemeinschaft den Schaden i.H.v. ... € zu ersetzen.

Beweis: Schreiben vom ... in Kopie

– als Anlage –

Bisher ist jedoch keine Reaktion seitens der Beklagten erfolgt.

Die Klage ist daher geboten.

Beglaubigte und einfache Anschrift anbei.

Rechtsanwältin/Rechtsanwalt

Mandatssituation 11.3.3: Klage eines Miterben auf Erstattung der Handwerkerkosten

Sachverhalt | Checkliste | Lösung | Verfahren | Muster

Die Geschwister sind Miterben zu je 1/2. Zum Nachlass gehört ein Mehrfamilienhaus in Dresden, welches vermietet ist. Der Mandant, der selbst in Dresden wohnt, kümmert sich um die Verwaltung des Mehrfamilienhauses; seine Schwester lebt in Hamburg. Als es zu einem Wasserrohrbruch im Bad der Dachwohnung kommt und ein Durchsickern des Wassers in die darunterliegenden Wohnungen zu befürchten ist, beauftragt der Mandant eine Sanitärfirma mit der notdürftigen Beseitigung des Rohrbruchs. Der Mandant möchte, dass seine Schwester ihm die an die Sanitärfirma entrichteten Kosten erstattet.

Sachverhalt | **Checkliste** | Lösung | Verfahren | Muster

Existiert zwischen den Miterben eine Vereinbarung über die Beauftragung von Drittfirmen und wie ist Begleichung der durch eine beauftragte Firma entstandenen Kosten geregelt?	☐
Welche Maßnahmen wurden in Auftrag gegeben?	☐
Warum wurden diese Maßnahmen bzw. Arbeiten in Auftrag gegeben?	☐
Gab es hierzu vorab Absprachen zwischen den Miterben?	☐
Wenn nicht, warum wurde vorab keine Absprache getroffen?	☐
Wie und wann wurde versucht, die Miterben zu erreichen? Gibt es hierfür Beweise?	☐
Wer hat die Firma beauftragt und in wessen Namen (im eigenen oder im Auftrag der Erbengemeinschaft)?	☐

Siehe hierzu im Übrigen die Checkliste in Mandatssituation 8.4, S. 495.

Sachverhalt | Checkliste | **Lösung** | Verfahren | Muster

Anspruch auf Ersatz der Kosten

Soweit es sich bei der Reparatur des Wasserrohrbruchs um eine notwendige Maßnahme i.S.v. § 2038 Abs. 1 Satz 2 zweiter Halbsatz BGB gehandelt hat, war der Bruder als Miterbe zur Abwendung des Schadens von der Erbengemeinschaft verpflichtet und kann Ersatz der hierfür notwendigen Kosten von den weiteren Miterben verlangen.

Notwendige Maßnahme

Voraussetzung hierfür ist jedoch, dass es sich um eine notwendige Maßnahme gehandelt hat. Zu den Voraussetzungen einer notwendigen Maßnahme, zur notwendigen Dringlichkeit und zur Verpflichtung der Miterben siehe Mandatssituation 8.6, S. 517 ff.

Sachverhalt | Checkliste | Lösung | **Verfahren** | Muster

Klage auf Erstattung der Handwerkerkosten

Soweit durch einen Miterben eine notwendige Maßnahme i.S.v. § 2038 Abs. 1 Satz 2 zweiter Halbsatz BGB zur Abwendung des Schadens von der Erbengemeinschaft durchgeführt wurde, kann er Ersatz der hierfür notwendigen Kosten von den anderen Miterben verlangen. Zu den Voraussetzungen eines Anspruchs auf Ersatz der Kosten siehe Mandatssituation 8.6, S. 517 ff. Im Klagewege müsste dann der Zahlungsanspruch geltend gemacht werden. Zum Verfahren im Einzelnen siehe Mandatssituation 8.6, S. 519 f.

Sachverhalt | Checkliste | Lösung | Verfahren | **Muster**

Klage auf Erstattung der Handwerkerkosten

Amtsgericht/Landgericht
...
Straße, Hausnr./Postfach
PLZ Ort

Klage

des Herrn ...

– Kläger –

Prozessbevollmächtigte: ...

gegen

Frau ...

– Beklagte –

wegen Forderung

Namens und mit Vollmacht des Klägers erhebe ich Klage und werde

beantragen:

1. Die Beklagte wird verurteilt, an den Kläger einen Betrag i.H.v. ... € nebst Zinsen i.H.v. fünf Prozentpunkten über dem Basiszinssatz seit dem ... zu bezahlen.
2. Die Beklagte trägt die Kosten des Rechtsstreits.
3. Das Urteil ist vorläufig – ggf. gegen Sicherheitsleistung – vollstreckbar.

Begründung:

Der Kläger macht mit der Klage einen Aufwendungsersatzanspruch für von ihm verauslagte Kosten geltend.

Am ... ist Frau ... mit letztem Wohnsitz in ... verstorben. Die Erblasserin war zum Zeitpunkt ihres Todes verwitwet und wurde aufgrund gesetzlicher Erbfolge von den Parteien als einzige Abkömmlinge zu gleichen Teilen beerbt.

Beweis: Erbschein des Amtsgerichts – Nachlassgericht – ... vom ....

Zum Nachlass der Verstorbenen gehört ein Grundstück in ..., Flurstücknr. ..., eingetragen im Grundbuch .... Das Grundstück ist nach erfolgter Grundbuchberichtigung Eigentum der Erbengemeinschaft.

Beweis: Beglaubigter Grundbuchauszug vom ....

Das Grundstück ist mit einem Mehrfamilienhaus bebaut, welches vermietet ist.

Am ... riefen die Mieter der Wohnung im Dachgeschoss des Mehrfamilienhauses Frau/Herr ... bei dem Kläger an und teilten mit, dass ein Rohr in der Wand des Badezimmers offensichtlich defekt sei und das Bad komplett unter Wasser stehe.

Beweis: Zeugenaussage der Frau/des Herrn ....

Der Kläger fuhr daraufhin sofort zum Haus, um den Schaden zu besichtigen, konnte jedoch auch durch das Abstellen der Wasserversorgung den Wasserfluss nicht stoppen.

Beweis: wie vor

Noch am selben Tag beauftragte der Kläger daher im eigenen Namen die Firma ... mit der notdürftigen Reparatur des Wasserrohrs, um das weitere Eindringen von Wasser in die Böden und Zwischendecken der darunterliegenden Stockwerke des Hauses zu verhindern. Die Beauftragung der Sanitärfirma ... GmbH war unbedingt notwendig, um weiteren Schaden für das streitgegenständliche Gebäude abzuwenden.

Beweis: Einholung eines Sachverständigengutachtens

Zeugenaussage des Herrn ... als Geschäftsführer der Sanitärfirma ... GmbH

Am Tag des Wasserschadens hatte der Kläger mehrfach versucht, die Beklagte unter der Telefonnummer: ... zu erreichen, und zwar um ..., ... und um .... Die Beklagte ging jedoch nicht ans Telefon. Der Kläger hinterließ ihr auch eine Nachricht auf dem Anrufbeantworter. Auch auf diese reagierte die Beklagte nicht.

Beweis: Einzelverbindungsnachweis der Telekom in Kopie

– als Anlage –

Mit Rechnung vom ... stellte die Sanitärfirma ... GmbH die Arbeiten vom ... i.H.v. ... € in Rechnung.

Beweis: Rechnung der Sanitärfirma vom ... in Kopie

– als Anlage –

Der Kläger hat die Rechnung durch Überweisung vom ... vollständig ausgeglichen.

Beweis: Überweisungsträger des Klägers vom ... in Kopie

– als Anlage –

Der Kläger macht mit der Klage den hälftigen Rechnungsbetrag i.H.v. ... € gegenüber der Beklagten geltend und stützt seinen Anspruch auf §§ 2308 Abs. 1 Satz 2, 745 BGB. Danach ist jeder Erbe verpflichtet, die Kosten für die Erhaltung eines Nachlassgegenstands entsprechend seinem Erbteil zu tragen. Da die streitgegenständliche Maßnahme keinen Aufschub duldete, liegt eine Notstandsverwaltungsmaßnahme gem. § 2038 Abs. 1 Satz 2 zweiter Halbsatz BGB vor. Der Kläger kann mithin von der Beklagten anteilige Erstattung der Reparaturkosten für den Wasserschaden verlangen.

Der Kläger hat die Beklagte mehrfach, letztmalig mit Schreiben vom ... unter Fristsetzung zum ... aufgefordert, die geltend gemachte Klageforderung zu bezahlen.

Beweis: Schreiben des Klägers vom ... in Kopie

– als Anlage –

Bisher ist jedoch keine Reaktion seitens der Beklagten erfolgt.

Die Klage ist daher geboten.

Beglaubigte und einfache Anschrift anbei.

Rechtsanwältin/Rechtsanwalt

Mandatssituation 11.3.4: Klage eines Miterben auf Geltendmachung einer Nachlassforderung

Sachverhalt | Checkliste | Lösung | Verfahren | Muster

Die Geschwister sind Miterben zu je 1/2 nach dem Tod der Mutter. Zum Nachlass gehört neben den Immobilien auch eine Nachlassforderung über 2.500 €. Der Sohn als Miterbe möchte die Forderung gegenüber dem Schuldner allein geltend machen.

Sachverhalt | **Checkliste** | Lösung | Verfahren | Muster

Siehe hierzu die Checkliste in Mandatssituation (Abwandlung) 8.4.3, S. 503.

Sachverhalt | Checkliste | **Lösung** | Verfahren | Muster

Prinzip gesamthänderischer Bindung

Nach dem Prinzip der gesamthänderischen Bindung könnten Forderungen, die zum Nachlass gehören, grundsätzlich nur von allen Erben gemeinsam geltend gemacht und eingezogen werden.

Leistung an alle Miterben

Von diesem Prinzip der gesamthänderischen Bindung macht § 2039 Satz 1 BGB eine Ausnahme und räumt jedem Miterben die Befugnis ein, eine Nachlassforderung allein geltend zu machen. Allerdings kann der Miterbe nur Leistung an alle Miterben, Hinterlegung für alle Miterben oder Ablieferung an einen gerichtlich bestellten Verwahrer nach den Grundsätzen des § 432 Abs. 1 BGB verlangen, selbst wenn es sich um eine teilbare Leistung handeln sollte.

Nachlassforderung

Zu den Nachlassansprüchen im Rahmen des § 2039 BGB zählen die Ansprüche, welche dem Erblasser zustanden und mit dem Erbfall auf die Erben übergegangen sind, sowie solche, welche zugunsten der Erbengemeinschaft nach dem Erbfall entstanden sind. Keine Nachlassansprüche sind demgegenüber Gestaltungsrechte, welche nur von den Erben gemeinsam geltend gemacht werden können.

Kostentragungspflicht

Sofern ein Miterbe nach § 2039 BGB alleine klagt, trägt er die Kosten für den Fall des Unterliegens zunächst selbst. Fraglich ist aber, ob er im Innenverhältnis der Miterben untereinander einen Aufwendungsersatzanspruch gem. § 670 BGB analog hat. Ein solcher Aufwendungsersatzanspruch ist anerkannt für die Fälle, in denen der klagende Miterbe den Umständen nach die Prozessführung für erforderlich halten durfte. Zu bejahen ist dies regelmäßig, wenn die Klage erfolgreich ist. Aber auch für den Fall den Unterliegens hat der BGH (BGH, NJW 2003, 3268) entschieden, dass die Erbengemeinschaft die Kosten insgesamt zu tragen hat. Die Einziehung von Nachlassforderungen liege nämlich im Interesse der Erbengemeinschaft als solcher, weshalb der klagende Miterbe regelmäßig die Erstattung der hierfür notwendigen Kosten über § 683 BGB von der Erbengemeinschaft fordern kann. Für das hierzu notwendige Interesse und den mutmaßlichen Willen der Erbengemeinschaft als Geschäftsherrn kommt es auf den Zeitpunkt der Klageerhebung an. Aus diesem Grund kann der klagende Miterbe in den meisten Fällen auch bei Unterliegen im Prozess die Kosten bei den übrigen Miterben liquidieren.

Praxistipp

Um diesem Erstattungsrisiko zu entgehen, sollte der klagende Miterbe die Klage als Bevollmächtigter der übrigen Miterben erheben.

Sachverhalt | Checkliste | Lösung | **Verfahren** | Muster

Außergerichtliche Geltendmachung

Vor Erhebung der Klage ist der Schuldner der Nachlassforderung zunächst in Verzug zu setzen. § 2039 BGB ermächtigt den Miterben auch dahingehend, dass er allein den Schuldner außergerichtlich in Verzug setzen kann.

Gerichtliche Geltendmachung

Führt die außergerichtliche Zahlungsaufforderung nicht zum Erfolg, ist Klage auf Leistung an alle Miterben durch einen klagebereiten Miterben zu erheben.

Praxistipp

Aus prozesstaktischen Gründen bietet es sich an, beim Aktivprozess der Erbengemeinschaft einzelne klagebereite Miterben als Kläger auftreten zu lassen. Die übrigen Miterben können dann als Zeugen im Prozess benannt werden. Auch hemmt die Klage nur eines einzelnen Miterben die Verjährung auch für die übrigen Miterben.

Streitwert

Der Streitwert der Klage des einzelnen Miterben richtet sich nicht nach der geringen Erbquote des Einzelmiterben, sondern bei der Leistungsklage ist die Höhe der eingeklagten Gesamtforderung maßgeblich. Ist der Nachlassschuldner hingegen selbst Miterbe und wird von einem anderen Miterben verklagt, ist der Anteil des klagenden Miterben vom Gegenstandswert abzuziehen.

Gesetzliche Prozessstandschaft

Der einzelne Miterbe klagt in eigenem Namen in gesetzlicher Prozessstandschaft und nicht als Vertreter der anderen Erben. § 2039 BGB gewährt kein Vertretungsrecht.

Klageantrag

Der Klageantrag hat auf Leistung an die in Erbengemeinschaft verbundenen Miterben zu lauten, auch wenn neben dem fordernden Miterben lediglich noch ein weiterer Miterbe vorhanden ist.

Warnhinweis

Nicht zu klagen ist auf Leistung an die Erbengemeinschaft, da diese keine eigene Rechtsfähigkeit hat.

Prozesskostenhilfe

Für die Gewährung der Prozesskostenhilfe kommt es grundsätzlich nur auf die Verhältnisse des klagenden Miterben an. Die Grenze bildet die Sittenwidrigkeit in den Fällen, wenn vermögende Miterben den vermögenslosen Miterben für das Klageverfahren nur vorschieben, um auf diese Art und Weise Prozesskostenhilfe für den Rechtsstreit zu erlangen.

Warnhinweis

Der Anwalt, der Erben im Prozess vertritt, hat stets an die Haftungsbeschränkung gem. § 780 ZPO zu denken, die ausdrücklich beantragt werden muss. Dies gilt auch, wenn ein Miterbe klagt. Für den Fall des Unterliegens ist ausdrücklich Haftungsbeschränkung auch hinsichtlich der Kostentragungspflicht zu beantragen.

Sachverhalt | Checkliste | Lösung | Verfahren | Muster

Klage eines Miterben auf Geltendmachung einer Nachlassforderung

Amtsgericht/Landgericht
...
Straße, Hausnr./Postfach
PLZ Ort

Klage

des Herrn ...

– Kläger –

Prozessbevollmächtigte: ...

gegen

Frau ...

– Beklagte –

wegen Schadensersatz

Namens und mit Vollmacht des Klägers erhebe ich Klage und werde

beantragen:

1. Die Beklagte wird verurteilt, an die Erbengemeinschaft nach ..., bestehend aus dem Kläger und der Beklagten, einen Betrag i.H.v. ... € nebst Zinsen i.H.v. fünf Prozentpunkten über dem Basiszinssatz seit dem ... zu bezahlen.
2. Die Beklagte trägt die Kosten des Rechtsstreits.
3. Das Urteil ist vorläufig – ggf. gegen Sicherheitsleistung – vollstreckbar.

Für den Fall der Säumnis beantragen wir den Erlass eines Versäumnisurteils.

Begründung:

Der Kläger macht mit der Klage im Wege der Prozessstandschaft für die Erbengemeinschaft nach dem ... einen Anspruch aus Rückzahlung einer Darlehensforderung gegen die Beklagte geltend.

Am ... ist Frau ... mit letztem Wohnsitz in ... verstorben. Die Erblasserin war zum Zeitpunkt ihres Todes verwitwet und wurde aufgrund gesetzlicher Erbfolge von den Parteien als einzige Abkömmlinge zu gleichen Teilen beerbt.

Beweis: Erbschein des Amtsgerichts – Nachlassgericht – ... vom ....

Zum Nachlass der Verstorbenen gehört eine Darlehensforderung.

Ausweislich des Darlehensvertrags vom ... hatte der Erblasser dem Beklagten am ... einen Betrag i.H.v. ... € darlehensweise zur Verfügung gestellt. Die Rückzahlung sollte am ... erfolgen.

Beweis: Darlehensvertrag vom ... in Kopie

– als Anlage –

Nach dem Tod des ... ist der bereits zum Todeszeitpunkt fällige Rückzahlungsanspruch im Wege der Gesamtrechtsnachfolge nach § 1922 BGB auf die Erbengemeinschaft übergegangen.

Nach § 2039 BGB ist der Kläger als Miterbe berechtigt, die Forderungen der Erbengemeinschaft gegenüber dem Beklagten einzuziehen.

Mit Schreiben vom ... unter Fristsetzung zum ... wurde der Beklagte letztmalig aufgefordert, das Darlehen i.H.v. ... € an die Erbengemeinschaft zu zahlen.

Beweis: Schreiben vom ... in Kopie

– als Anlage –

Bisher ist jedoch keine Reaktion seitens der Beklagten erfolgt.

Die Klage ist daher geboten.

Beglaubigte und einfache Anschrift anbei.

Rechtsanwältin/Rechtsanwalt

Mandatssituation 11.3.5: Erbauseinandersetzungsklage

Sachverhalt | Checkliste | Lösung | Verfahren | Muster

Die Erben sind mittlerweile so untereinander zerstritten, dass überhaupt keine Einigung und kein Gespräch mehr möglich sind. Der Mandant möchte daher auf dem Klagewege eine Auseinandersetzung der Erbengemeinschaft erreichen.

Sachverhalt | **Checkliste** | Lösung | Verfahren | Muster

Welche Gegenstände (unbewegliche und bewegliche Gegenstände und Sachen) fallen in den Nachlass?	☐
Liegt ein Nachlassverzeichnis vor?	☐
Sind kraft Gesetzes eingetretene Surrogate gem. § 2041 BGB an die Stelle von Nachlassgegenständen getreten?	☐
Haben sich die Miterben bereits über die Verteilung geeinigt?	☐
Liegt bereits eine Teilauseinandersetzung bezüglich einzelner Nachlassgegenstände vor?	☐

Hat der Erblasser eine Teilungsanordnung getroffen oder die Auseinandersetzung des Nachlasses ausgeschlossen?	☐
Wurde eine Vereinbarung zwischen den Miterben über den Ausschluss, den Aufschub oder die Art und Weise der Auseinandersetzung des Nachlasses geschlossen?	☐
Sind Minderjährige oder unter Betreuung stehende Personen an der Erbengemeinschaft beteiligt?	☐
Hat ein Miterbe ausgleichspflichtige Zuwendungen erhalten?	☐

Sachverhalt | Checkliste | **Lösung** | Verfahren | Muster

Erbauseinandersetzungsklage

Scheitert eine Einigung der Miterben über die Aufteilung des Nachlasses, kann jeder Miterbe als letztes Mittel die Nachlassteilung mittels Klage erzwingen. Die Teilungsklage (oder auch Auseinandersetzungs- oder Erbteilungsklage) als besonderer Klagetypus bietet dem klagenden Miterben als „Ultima Ratio" die Möglichkeit, von dem oder den anderen Miterben die Zustimmung zu einem qualifizierten Teilungsplan („Vertragsangebot") für die Auflösung des Gesamthandvermögens der Erbengemeinschaft zu erzwingen.

Teilungsreife

Eine Erbteilungsklage, deren Ziel die Auseinandersetzung des gesamten Nachlasses ist, hat nur dann Aussicht auf Erfolg, wenn der Nachlass teilungsreif ist. Teilungsreife liegt vor, wenn sämtliche Nachlassverbindlichkeiten erfüllt sind (§ 2046 BGB) und der dann noch vorhandene Rest des Nachlasses entsprechend den Erbquoten in gleichartige Teile ohne Wertverlust aufgeteilt werden kann (§§ 2042 Abs. 2, 752 BGB). Ist ein Gegenstand nicht teilbar, sondern unteilbar, ist er zu verkaufen (§ 753 Abs. 1 Satz 1 BGB). Der Verkauf erfolgt bei beweglichen Sachen und Rechten nach den Vorschriften über den Pfandverkauf nach §§ 1233 ff. BGB und bei Grundstücken im Wege der Zwangsversteigerung nach §§ 180 ff. ZVG (siehe Mandatssituation (Abwandlung) 8.8.2, S. 555 f.).

Vorrang von Teilungsanordnungen

Bei der Auseinandersetzung sind vorrangig die Teilungsanordnungen des Erblassers zu berücksichtigen, ebenso ausgleichungspflichtige Vorempfänge gem. §§ 2050 ff. BGB.

Erbauseinandersetzungsklage hinsichtlich eines Teils des Nachlasses

Eine Teilklage ist nur ausnahmsweise hinsichtlich einer gegenständlich beschränkten Auseinandersetzung möglich, wenn besondere Gründe dies rechtfertigen. Vereinzelt wurde dies unter folgenden Voraussetzungen anerkannt:

- Nachlassverbindlichkeiten bestehen nicht mehr und
- es werden weder berechtigte Belange der Erbengemeinschaft noch der einzelnen Miterben durch die Teilauseinandersetzung gefährdet.

Zudem ist eine gegenständlich beschränkte Auseinandersetzungsklage möglich, wenn ein Teil des Nachlasses wegen nicht fälliger oder streitiger Verbindlichkeiten zurückbehalten wird (§ 2046 Abs. 2 BGB). Dann ist eine gegenständliche, auf den übrigen Nachlass beschränkte Teilauseinandersetzung zulässig.

Sachverhalt | Checkliste | Lösung | **Verfahren** | Muster

Erbauseinandersetzungsklage

Scheitert eine Einigung der Miterben über die Aufteilung des Nachlasses, so verbleibt dem Miterben nur die klageweise Erzwingung der Auseinandersetzung.

Gestaltungsurteil

Das rechtskräftige Urteil als Ergebnis einer erfolgreichen Teilungsklage fingiert gem. § 894 Abs. 1 ZPO die Zustimmung der verklagten Miterben zum Teilungsplan.

Klageantrag

Der Klageantrag ist auf Zustimmung zu einem bestimmten Teilungsplan zu richten. Hierzu hat der Kläger einen detaillierten Teilungsplan vorzulegen, der inhaltlich so gefasst ist, dass er das Ergebnis der vorzunehmenden Auseinandersetzung vollständig und zutreffend wiedergibt. Zum Verfahren im Einzelnen siehe Mandatssituation (Abwandlung) 8.8.2, S. 556 ff.

Sachverhalt | Checkliste | Lösung | Verfahren | **Muster**

Erbauseinandersetzungsklage

Amtsgericht/Landgericht
...
Straße, Hausnr./Postfach
PLZ Ort

Klage

des Herrn ...

– Kläger –

Prozessbevollmächtigte: ...

gegen

Frau ...

– Beklagte –

wegen Zustimmung zum Teilungsplan zur Auseinandersetzung einer Erbengemeinschaft

Namens und mit Vollmacht des Klägers erhebe ich Klage und werde

beantragen:

I. Die Beklagte wird verurteilt, zum Zweck der Auseinandersetzung des Nachlasses des am ... verstorbenen Herrn ..., zuletzt wohnhaft in ..., folgendem Teilungsplan zuzustimmen:

   1. Die ... Aktie der ... AG zu je nominal ... €, verwahrt im Depot Nr. ... bei der ...- Bank werden zwischen dem Kläger und der Beklagten hälftig geteilt. Die Beklagte und der Kläger stimmen einer Übertragung von je ... Aktien der ... AG auf die Beklagte und den Kläger zu.

   2. Das auf dem Konto der ...-Bank in ..., BLZ ..., Kontonummer ..., lautend auf ... befindliche Guthaben wird an den Kläger und die Beklagte hälftig ausgezahlt. Das Konto soll nach der Auszahlung aufgelöst werden.

II. Die Kosten des Verfahrens trägt die Beklagte.

Für den Fall der Säumnis beantrage ich den Erlass eines Versäumnisurteils.

Begründung:

Der Kläger macht mit seiner Klage seinen Anspruch auf Auseinandersetzung aus § 2042 Abs. 1 BGB geltend.

Am ... ist Frau ... mit letztem Wohnsitz in ... verstorben. Die Erblasserin war zum Zeitpunkt ihres Todes verwitwet und wurde aufgrund gesetzlicher Erbfolge von den Parteien als einzige Abkömmlinge zu gleichen Teilen beerbt.

Beweis: Erbschein des Amtsgerichts – Nachlassgericht – ....vom ... in Kopie

– als Anlage –

Der ungeteilte Nachlass besteht noch aus dem Wertpapierdepot bei der ...-Bank und dem Guthaben bei der ...-Bank.

Beweis: Depotauszug der ...-Bank in Kopie

– als Anlage –

Kontoauszug der ...-Bank in Kopie

– als Anlage –

Weitere Nachlassgegenstände sind nicht mehr vorhanden. Sämtliche Nachlassverbindlichkeiten sind berichtigt. Lebzeitige Zuwendungen oder besondere Leistungen, die unter den Parteien zur Ausgleichung zu bringen wären, sind nicht ersichtlich.

Es bestehen weder vertragliche noch testamentarische oder gesetzliche Auseinandersetzungsverbote.

Die Beklagte ist nicht bereit, einer Aufteilung des Depot- und Kontoguthabens, wie hier beantragt, zuzustimmen. Trotz mehrfacher Aufforderung verweigert die Beklagte jede Mitwirkung.

Die Klage ist daher geboten.

Beglaubigte und einfache Anschrift anbei.

Rechtsanwältin/Rechtsanwalt

Mandatssituation 11.3.6: Widerklage gegen Erbauseinandersetzungsklage

Sachverhalt | Checkliste | Lösung | Verfahren | Muster

Die drei Geschwister sind Miterben zu je 1/3. Sie haben bereits zu Lebzeiten vom Erblasser verschiedene Zuwendungen erhalten. Diese Vorempfänge sollen im Rahmen der Erbauseinandersetzung berücksichtigt werden.

Sachverhalt | **Checkliste** | Lösung | Verfahren | Muster

Welche Gegenstände (unbewegliche und bewegliche Gegenstände und Sachen) fallen in den Nachlass?	☐
Liegt ein Nachlassverzeichnis vor?	☐
Sind kraft Gesetzes eingetretene Surrogate gem. § 2041 BGB an die Stelle von Nachlassgegenständen getreten?	☐
Haben sich die Miterben bereits über die Verteilung geeinigt?	☐
Liegt bereits eine Teilauseinandersetzung bezüglich einzelner Nachlassgegenstände vor?	☐
Hat der Erblasser eine Teilungsanordnung getroffen oder die Auseinandersetzung des Nachlasses ausgeschlossen?	☐
Wurde eine Vereinbarung zwischen den Miterben über den Ausschluss, den Aufschub oder die Art und Weise der Auseinandersetzung des Nachlasses geschlossen?	☐
Sind Minderjährige oder unter Betreuung stehende Personen an der Erbengemeinschaft beteiligt?	☐
Hat ein Miterbe ausgleichspflichtige Zuwendungen erhalten?	☐

Sachverhalt | Checkliste | **Lösung** | Verfahren | Muster

Vorrang ausgleichungspflichtiger Vorempfänge

Im Rahmen der Auseinandersetzung sind vorrangig ausgleichungspflichtige Vorempfänge gem. §§ 2050 ff. BGB zu berücksichtigen. Die Auseinandersetzung der Erbengemeinschaft nach § 2042 Abs. 1 BGB kann daher nicht erfolgen, solange nicht Klarheit über ausgleichungspflichtige Vorempfänge herrscht. Ein im Wege der Erbteilungsklage verklagter Miterbe kann deshalb so lange nicht zur Erteilung der Zustimmung zu einem vorgelegten Teilungsplan verurteilt werden, wie der Kläger seinerseits nicht Auskunft über Zuwendungen erteilt hat, die er möglicherweise nach § 2057 BGB zur Ausgleichung zu bringen hat. Der Auskunftsanspruch des Beklagten hat also Vorrang vor dem Auseinandersetzungsanspruch des Klägers.

Die Ausgleichungsvorschriften nach §§ 2050 ff. BGB finden Anwendung,

Ausgleichung nach §§ 2050 ff. BGB

- wenn Abkömmlinge als gesetzliche Erben zur Erbfolge gelangen (§ 2050 BGB),
- wenn Abkömmlinge testamentarisch auf dasjenige eingesetzt werden, was sie als gesetzliche Erben erhalten würden (§ 2052 Abs. 1 BGB), oder
- wenn die Erbteile testamentarisch so bestimmt sind, dass sie zueinander in demselben Verhältnis stehen, wie bei der gesetzlichen Erbfolge (§ 2052 Abs. 1 BGB).

Sind nur einzelne Abkömmlinge im Verhältnis ihrer gesetzlichen Erbquote bedacht, so findet die Ausgleichung nur unter ihnen statt.

Ausgleichspflichtige Zuwendungen

Das Gesetz unterscheidet **drei Arten** ausgleichspflichtiger Zuwendungen. Der Umfang ihrer Ausgleichspflicht unterscheidet sich danach, ob es sich

- um eine Ausstattung (§ 2050 Abs. 1 BGB),
- um Zuschüsse und Ausbildungsaufwendungen (§ 2050 Abs. 2 BGB) oder
- andere Zuwendungen (§ 2050 Abs. 3 BGB) handelt.

Zu den Begriffen und der Durchführung der Ausgleichung siehe Mandatssituation 8.9, S. 562 f.

Sachverhalt | Checkliste | Lösung | **Verfahren** | Muster

Geltendmachung im Wege der Widerklage

Der im Wege der Erbteilungsklage verklagte Miterbe kann seinen Auskunftsanspruch daher dem klägerischen Anspruch im Wege der Widerklage entgegenhalten.

Sachverhalt | Checkliste | Lösung | Verfahren | **Muster**

Widerklage gegen Erbauseinandersetzungsklage

Amtsgericht
...
Straße, Hausnr./Postfach
PLZ Ort

Widerklage

der Klägerin ...

– Beklagte und Widerklägerin –

Prozessbevollmächtigte: ...

gegen

Frau ...

– Klägerin und Widerbeklagte –

Prozessbevollmächtigte:

wegen Zustimmung zu einem Teilungsplan, Auskunft und eidesstattlicher Versicherung.

Namens und mit Vollmacht der Beklagten und Widerklägerin werde ich

beantragen:

1. Die Klage wird abgewiesen.
2. Die Klägerin wird verurteilt, der Beklagten Auskunft zu erteilen über Zuwendungen, die sie von dem am ... verstorbenen ..., zuletzt wohnhaft in ..., zu dessen Lebzeiten erhalten und möglicherweise zur Ausgleichung zu bringen hat.
3. Für den Fall, dass die Auskunft nicht mit der erforderlichen Sorgfalt erteilt worden sein sollte, wird die Klägerin weiter verurteilt, zu Protokoll an Eides statt zu versichern, dass sie nach bestem Wissen die Angaben so richtig und vollständig gemacht hat, als sie dazu imstande ist.
4. Die Klägerin trägt die Kosten des Verfahrens

Begründung:

Die Klägerin macht mit der Klage ihren Anspruch auf Auseinandersetzung aus § 2042 Abs. 1 BGB geltend. Die Auseinandersetzung kann jedoch nicht erfolgen, solange die Klägerin der Beklagten keine Auskunft über Zuwendungen erteilt hat, die sie vom Erblasser erhalten und möglicherweise zur Ausgleichung zu bringen hat. Da die Klägerin bislang jede Auskunft darüber verweigert hat, ob und ggf. welche Zuwendungen sie vom Erblasser erhalten hat, macht die Beklagte ihren Anspruch auf Auskunftserteilung aus § 2057 BGB im Wege der Widerklage geltend.

Die Parteien sind Geschwister. Sie haben den am ... verstorbenen ... je zur Hälfte beerbt.

Beweis: Beglaubigte Abschrift des Erbscheins des Amtsgerichts ... in Kopie als

– Anlage K 1 –

Die Klägerin hat die schriftliche Anfrage der Beklagten nach ausgleichungspflichtigen Vorempfängen vom ... unbeantwortet gelassen. Sie hat bisher keinerlei Auskunft zu etwaigen unentgeltlichen Zuwendungen von Seiten des Erblassers an sie erteilt.

Beweis: Schreiben der Beklagten an die Klägerin vom ... in Kopie als

– Anlage K 2 –

Solange keine Klarheit über ausgleichungspflichtige Zuwendungen i.S.d. §§ 2050 ff. BGB besteht, kann eine Erbteilung nicht durchgeführt werden. Die Auskunftspflicht der Klägerin nach § 2057 BGB hat Vorrang vor ihrem Anspruch auf Erbteilung nach § 2042 Abs. 1 BGB. Deshalb ist die von der Klägerin erhobene Klage auf Zustimmung zu dem vorgelegten Teilungsplan abzuweisen, der Widerklage bezüglich des Auskunftsverlangens ist stattzugeben.

Beglaubigte und einfache Abschrift anbei.

Rechtsanwältin/Rechtsanwalt

Mandatssituation 11.3.7: Teilungsversteigerung

Sachverhalt | Checkliste | Lösung | Verfahren | Muster

Die Geschwister, Bruder und Schwester, sind Miterben zu je 1/2. Sie können sich über den Verkauf der zum Nachlass gehörenden Immobilie nicht einigen, wodurch auch die Auseinandersetzung des Nachlasses nicht möglich ist. Die Schwester möchte daher die Teilungsversteigerung der Immobilie beantragen.

Sachverhalt | **Checkliste** | Lösung | Verfahren | Muster

Welche unbeweglichen Gegenstände fallen in den Nachlass?	☐
Haben sich die Miterben bereits über die Verteilung geeignet?	☐
Hat der Erblasser eine Teilungsanordnung getroffen oder die Auseinandersetzung des Nachlasses ausgeschlossen?	☐
Wurde eine Vereinbarung zwischen den Miterben über den Ausschluss, den Aufschub oder die Art und Weise der Auseinandersetzung des Nachlasses geschlossen?	☐
Sind Minderjährige oder unter Betreuung stehende Personen an der Erbengemeinschaft beteiligt?	☐

Sachverhalt | Checkliste | **Lösung** | Verfahren | Muster

Teilungsversteigerung

Das Verfahren der Teilungsversteigerung dient in erster Linie dazu, einen unteilbaren Nachlassgegenstand, i.d.R. eine Immobilie, in einen **teilbaren Versteigerungserlös** zu überführen und dadurch im Vorverfahren die Teilungsreife des Nachlasses herbeizuführen. Aber auch unabhängig von einer folgenden Erbauseinandersetzung kann die Teilungsversteigerung zur **Versilberung** des Nachlasses eingesetzt werden.

Antragsberechtigte

Das Teilungsversteigerungsverfahren kann von jedem Miterben, unabhängig von seiner Erbquote, jederzeit beantragt werden. Notwendig ist allein ein Antrag auf Teilungsversteigerung zur Aufhebung der Gemeinschaft. Zum Verfahrensablauf, insbesondere zum Beitritt und zur einstweiligen Einstellung des Verfahrens siehe Mandatssituation (Abwandlung) 8.8.1, S. 549 ff.

Sachverhalt | Checkliste | Lösung | **Verfahren** | Muster

Antrag auf Teilungsversteigerung

Zur gerichtlichen Durchsetzung kann die Schwester einen Antrag auf Teilungsversteigerung stellen.

Antrag auf Anordnung der Teilungsversteigerung

Amtsgericht ...
Abteilung für Zwangsversteigerungssachen
...
Straße, Hausnr./Postfach
PLZ Ort

Antrag auf Teilungsversteigerung nach § 180 ZVG

des Herrn ...

– Antragsteller –

Prozessbevollmächtigte: ...

gegen

1. Frau ...

– Antragsgegnerin zu 1. –

und

2. Frau ...

– Antragsgegnerin zu 2. –

Namens und mit Vollmacht des Klägers

beantrage

ich hiermit die

> Zwangsversteigerung des im Grundbuch von ..., Amtsgericht ..., Band ..., Heft ..., Bestandsverzeichnis Nr. ..., eingetragenen Gebäudegrundstücks der Gemarkung ..., Flst.-Nr. ..., Fläche: ... zur Aufhebung der Gemeinschaft.

Begründung:

Im Grundbuch ist Herr ... als Eigentümer eingetragen.

Beweis: beglaubigte Grundbuchabschrift vom ....

Herr ... ist am ... verstorben. Erben sind seine drei Kinder ... zu je 1/3 in Erbengemeinschaft.

Beweis: Ausfertigung des Erbscheins des AG ...

Beiziehung der Nachlassakten des AG ... Az.: ...

Weder der Erblasser hat einen Ausschluss der Auseinandersetzung der Gemeinschaft angeordnet noch haben die Erben einen solchen Auseinandersetzungsausschluss vereinbart.

Das Grundstück ist nach Abt. II und III des Grundbuchs nicht belastet.

Die Miteigentümer versuchen schon seit drei Jahren, das Gebäudegrundstück einvernehmlich zu veräußern. Dies ist bisher nicht gelungen. Zur Vorbereitung der Nachlassteilung ist nunmehr die Versteigerung des Gebäudes zum Zweck der Aufhebung der Gemeinschaft erforderlich.

Beglaubigte und einfache Anschrift anbei.

Rechtsanwältin/Rechtsanwalt

Mandatssituation 11.3.8: Antrag auf Einstellung der Teilungsversteigerung

Sachverhalt | Checkliste | Lösung | Verfahren | Muster

Der Bruder als Miterbe möchte die von der Schwester beantragte Teilungsversteigerung verhindern, da er einen Käufer für die Immobilie gefunden hat.

Sachverhalt | **Checkliste** | Lösung | Verfahren | Muster

Welche unbeweglichen Gegenstände fallen in den Nachlass?	☐
Haben sich die Miterben bereits über die Verteilung geeignet?	☐
Hat der Erblasser eine Teilungsanordnung getroffen oder die Auseinandersetzung des Nachlasses ausgeschlossen?	☐
Wurde eine Vereinbarung zwischen den Miterben über den Ausschluss, den Aufschub oder die Art und Weise der Auseinandersetzung des Nachlasses geschlossen?	☐
Sind Minderjährige oder unter Betreuung stehende Personen an der Erbengemeinschaft beteiligt?	☐

Sachverhalt | Checkliste | **Lösung** | Verfahren | Muster

Einstellungsantrag gem. § 180 Abs. 2 ZVG

Auf Antrag des Antragsgegners hat das Versteigerungsgericht das Verfahren bis zu einer Dauer von sechs Monaten einzustellen, wenn dies bei Abwägung der widerstreitenden Interessen der Miteigentümer angemessen erscheint. Der Antrag auf einstweilige Einstellung ist binnen einer Notfrist von zwei Wochen gem. §§ 180 Abs. 2 Satz 3, 30b Abs. 1 ZVG möglich.

Praxistipp

Der Antrag auf einstweilige Einstellung ist fristgebunden. Die Einstellung muss innerhalb einer Notfrist von zwei Wochen ab Zustellung einer Belehrung über die Einstellungsmöglichkeit beantragt werden (§ 30b Abs. 1 Satz 2 ZVG), wobei die Belehrung i.d.R. zugleich mit dem Anordnungsbeschluss erteilt wird (§ 30b Abs. 1 Satz 3 ZVG).

Warnhinweis

Betreiben mehrere Antragsteller durch einen Beitritt das Verfahren, betrifft die einstweilige Einstellung immer nur das jeweilige Einzelverfahren. Es werden alle anderen eingeleiteten Verfahren fortgeführt, sofern für diese nicht ebenfalls die einstweilige Einstellung bewilligt wird.

Verlängerung der Einstellung für weitere sechs Monate

Der Antrag auf einstweilige Einstellung der Teilungsversteigerung kann einmal wiederholt werden.

Praxistipp

Soll die Teilungsversteigerung solange wie möglich hinausgezögert werden, sollten Sie in jedem Fall die Sechsmonatsfrist notieren und den Einstellungsantrag kurz vor Ablauf der Sechsmonatsfrist wiederholen.

Ablauf des Verfahrens

Zum Einstellungsantrag des Antragsgegners muss der Antragsteller gem. § 180 Abs. 2 und 3 ZVG gehört werden. Das Gericht kann auch eine mündliche Verhandlung gem. § 30b Abs. 2 ZVG anordnen. Erfolgt daraufhin eine Bewilligung der einstweiligen Einstellung vom betreibenden Antragsteller, hat das Versteigerungsgericht kein Ermessen über die Frage, ob das Verfahren eingestellt wird. Bewilligt dieses hingegen die einstweilige Einstellung nicht, sind die widerstreitenden Interessen der Verfahrensbeteiligten abzuwägen.

Interessenabwägung

Im Rahmen der Interessenabwägung sind die widerstreitenden Interessen der am Verfahren Beteiligten vom Gericht angemessen abzuwägen Die Interessenabwägung muss darüber hinaus ergeben, dass der Verfahrensaufschub dem Antragsteller **zumutbar** ist. Es muss daher während der Einstellungsdauer mit einer Verbesserung wichtiger Umstände zu rechnen sein, wobei aufgrund der Wiederholungsmöglichkeit des Antrags gem. § 180 Abs. 2 Satz 2 ZVG eine mögliche **Änderung der Umstände** innerhalb eines Jahres ausreichend ist.

Gründe für Einstellung

Die Umstände, die vorgetragen werden können, um eine Einstellung zu erreichen, sind vielfältig.

Ausreichend sind

- bevorstehende Reparaturen (BGH, NJW 1981, 2065),
- die bevorstehende Ausweisung des Versteigerungsobjekts als Bauland,
- glaubhafte erfolgversprechende Bemühungen, die für den Erhalt des Familienbesitzes erforderlichen Kreditmittel zu beschaffen,
- Schwierigkeiten bei der ernsthaften Bemühung um Ersatzwohnraum oder auch
- ernsthafte und erfolgversprechende Vergleichsverhandlungen zwischen den Beteiligten (LG Nürnberg-Fürth, JurBüro 1980, 1906).

Ungeeignet für einen Einstellungsantrag sind

- Umstände, die länger als ein Jahr bestehen und nicht beseitigt werden können, und
- Streitigkeiten unter den Miterben über das Auseinandersetzungsguthaben (Storz/Kiderlen, S. 151).

Praxistipp

Die Anträge auf Einstellung des Verfahrens haben allein den Sinn, das Verfahren zu verzögern. Eine weitere Möglichkeit der **Verfahrensverzögerung** besteht darin, gegen die Entscheidung des Gerichts das Rechtsmittel der sofortigen Beschwerde gem. § 30b Abs. 3 ZVG einzulegen. Hierdurch wird das Verfahren meist um mehre Monate bis zu einem Jahr verzögert.

Sachverhalt | Checkliste | Lösung | **Verfahren** | Muster

Antrag auf Einstellung der Teilungsversteigerung

Der Bruder sollte, um Zeit für die Einholung der Zustimmung der Schwester zum Verkauf der Immobilie zu gewinnen, einen Antrag auf Einstellung der Teilungsversteigerung stellen.

Sachverhalt | Checkliste | Lösung | Verfahren | **Muster**

Antrag auf Einstellung der Teilungsversteigerung

Amtsgericht
...
Straße, Hausnr./Postfach
PLZ Ort

Antrag auf Einstellung der Teilungsversteigerung gem. § 180 Abs. 2 ZVG

In Sachen

... ./. ...

zeige ich unter Vorlage einer beglaubigten Vollmachtsurkunde an, dass ich die Antragsgegnerin anwaltlich vertrete.

Namens und mit Vollmacht der Antragsgegnerin

beantrage

ich,

das am ... angeordnete Versteigerungsverfahren einstweilen für die Dauer von sechs Monaten einzustellen.

Begründung:

Die Antragstellerin und die Antragsgegnerin sind neben der weiteren Beteiligten, Frau ..., nach dem Tod ihrer Eltern, Frau ... und Herr ..., Miteigentümer des Grundstücks am ... in ....

Beweis: Erbschein des Amtsgerichts ... vom ... in Kopie als

– Anlage 1 –

Alle drei Miterben und Miteigentümer des Grundstücks sind an einer Erbauseinandersetzung interessiert. In diesem Zusammenhang wurden auch die Antragstellerin und die weitere Miteigentümerin angeschrieben, um eine einvernehmliche Vermögensauseinandersetzung unter der Einbeziehung des im Miteigentum stehenden Grundstücks zu erreichen.

Beweis: Schreiben vom ... in Kopie als

– Anlage 2 –

Es ist daher zu erwarten, dass eine einvernehmliche Erbauseinandersetzung unter Einbeziehung des im Miteigentum stehenden Grundstücks möglich ist und die Verhandlungen in Kürze zu einem positiven Abschluss gebracht werden können.

Die Antragstellerin ist nach wie vor an einer Übernahme des Grundstücks interessiert. Sie ist auch in der Lage, den Übernahmepreis zu zahlen.

Beweis: Schreiben der Bank vom ... in Kopie als

– Anlage 3 –

Allein die Höhe der Ausgleichszahlung ist zwischen den Beteiligten derzeit noch streitig.

Es ist jedoch damit zu rechnen, dass im Sechsmonatszeitraum eine vergleichsweise Regelung erfolgen wird.

Unter Abwägung der widerstreitenden Interessen der verschiedenen Miteigentümer ist die Einstellung des Verfahrens auf längstens sechs Monate anzuordnen.

Beglaubigte und einfache Abschrift anbei.

Rechtsanwältin/Rechtsanwalt

Mandatssituation 11.3.9: Widerklage gegen Teilungsversteigerung

Sachverhalt | Checkliste | Lösung | Verfahren | Muster

Der Bruder als Miterbe möchte sich gegen die von der Schwester beantragte Teilungsversteigerung wehren, da der Erblasser die Auseinandersetzung der Erbengemeinschaft testamentarisch ausgeschlossen hatte.

Sachverhalt | **Checkliste** | Lösung | Verfahren | Muster

Welche unbeweglichen Gegenstände fallen in den Nachlass?	☐
Haben sich die Miterben bereits über die Verteilung geeignet?	☐
Hat der Erblasser eine Teilungsanordnung getroffen oder die Auseinandersetzung des Nachlasses ausgeschlossen?	☐
Wurde eine Vereinbarung zwischen den Miterben über den Ausschluss, den Aufschub oder die Art und Weise der Auseinandersetzung des Nachlasses geschlossen?	☐
Sind Minderjährige oder unter Betreuung stehende Personen an der Erbengemeinschaft beteiligt?	☐

Sachverhalt | Checkliste | **Lösung** | Verfahren | Muster

Richtige Klageart

Dem Antragsgegner, der materielle Einwendungen gegen eine Teilungsversteigerung vorbringen will, steht hierfür der Weg des § 771 ZPO analog offen (Stöber, ZVG, 19. Aufl., § 180 Rdnr. 9.8). Er hat daher die Einwendungen im Wege der Widerspruchsklage geltend zu machen. Obgleich die Norm des § 771 ZPO eine Zwangsvollstreckung voraussetzt, hält die h.M. diese Klageart für Einwendungen im Teilungsversteigerungsverfahren für zulässig (OLG Hamburg, NJW 1961, 610).

Abgrenzung Widerspruchsklage und Antrag nach § 180 Abs. 1 Satz 1 ZVG

Nach § 180 Abs. 2 Satz 1 ZVG hat das Versteigerungsgericht das Verfahren auf Teilungsversteigerung für **bis zu sechs Monate** auf Antrag eines Miteigentümers einzustellen, wenn dies bei Abwägung der widerstreitenden Interessen der verschiedenen Miteigentümer angemessen erscheint und der Aufschub der Auseinandersetzung dem Antragsteller zumutbar ist. Mit einen Antrag nach § 180 Abs. 2 ZVG kann der Antragsgegner daher die **vorübergehende Einstellung des Verfahrens** erreichen. Möchte der Antragsgegner demgegenüber aufgrund materiell-rechtlicher Einwendungen dauerhaft die Versteigerung aufheben lassen, hilft ihm § 280 Abs. 2 ZVG nicht weiter. Von § 180 Abs. 2 ZVG werden nämlich materiell-rechtliche Einwendungen des Antraggegners, mit welchen er dauerhaft die Versteigerung einstellen lassen kann, nicht erfasst. In diesem Fall bleibt ihm nur die Erhebung der Widerklage nach § 771 ZPO analog.

Praxistipp

Für den Nacherben gilt als lex specialis § 773 ZPO.

Warnhinweis

Durch das Nebeneinander der Vorschriften des § 180 Abs. 2 ZVG und des § 771 ZPO ist genau zu eruieren, in welcher Verfahrensart die Einwendungen des Mandanten gegen eine Teilungsversteigerung geltend zu machen sind.

Voraussetzungen des § 771 ZPO analog

Die Widerspruchsklage ist begründet, wenn materielle Gründe vorliegen, welche die dauerhafte Einstellung der Teilungsversteigerung rechtfertigen.

Ausschluss der Auseinandersetzung durch Erblasser

Bereits der Erblasser selbst kann gem. § 2044 Abs. 1 Satz 1 BGB in seiner letztwilligen Verfügung die Auseinandersetzung des Nachlasses ausschließen. Wird die Versteigerung dennoch von einem Miterben eingeleitet, kann jeder andere Miterbe über § 771 ZPO widersprechen.

Ausschluss der Auseinandersetzung durch Miterben

Aber auch die Miterben können durch Vereinbarung die Auseinandersetzung hinsichtlich einer Nachlassimmobilie ausschließen. Diese Vereinbarung ist formlos möglich und kann auch stillschweigend erfolgen. Eine solche Vereinbarung der Miterben hat schuldrechtliche Wirkung und kann daher bei einem Verstoß über § 771 ZPO geltend gemacht werden.

Ausschluss wegen Härtefall

Aber auch wenn die Versteigerung den der Versteigerung widersprechenden Antragsgegner wesentlich härter treffen würde, als dies in den vom Gesetzgeber gedachten Normalfällen der Fall ist, kann als materiell-rechtliche Norm auch § 242 BGB nach § 771 ZPO analog einer Teilungsversteigerung entgegengehalten werden (BGH, NJW 1972, 818; OLG Celle, NJW 1968, 802).

Praxistipp

Liegen hingegen sachliche Gründe vor, welche die Aufhebung der Erbengemeinschaft an der Nachlassimmobilie mittels Teilungsversteigerung ausnahmsweise rechtfertigen, kann sich wiederum der Antragsteller gegen die vorbezeichneten materiellen Einwendungen zur Wehr setzen.

Warnhinweis

Da die Widerspruchsklage nach § 771 ZPO vorläufig die Durchführung der Teilungsversteigerung nicht hindert, ist sie mit einem Antrag auf einstweilige Einstellung der Teilungsversteigerung zu verbinden.

Sachverhalt | Checkliste | Lösung | Verfahren | Muster

Die örtliche Zuständigkeit für die Widerspruchsklage richtet sich nach dem Sitz des Gerichts, in dessen Bezirk „die Zwangsvollstreckung erfolgt". Nach §§ 771 Abs. 1, 802 ZPO ist daher das Gericht örtlich zuständig, in dessen Bezirk das zur Versteigerung gebrachte Nachlassgrundstück liegt. Die sachliche Zuständigkeit folgt aus §§ 23, 71 GVG, also je nach Streitwert ist das LG oder AG zuständig. Zuständigkeit

Der Streitwert wird durch den Wert des Vollstreckungsgegenstands der Höhe nach begrenzt (OLG München, Rpfleger 1977, 336) und ist gem. § 3 ZPO zu schätzen, wobei das Klägerinteresse häufig nur einen Bruchteil des Grundstückwerts ausmacht. Streitwert

Sachverhalt | Checkliste | Lösung | Verfahren | Muster

Widerklage gegen Teilungsversteigerung

Amtsgericht
...
Straße, Hausnr./Postfach
PLZ Ort

Widerklage

in Sachen

der Frau ...

– Beklagte und Widerklägerin –

Prozessbevollmächtigte: ...

gegen

Frau ...

– Klägerin und Widerbeklagte –

Prozessbevollmächtigte: ...

zeige ich an, dass ich die Beklagte anwaltlich vertrete. Namens und mit Vollmacht der Antragsgegnerin

beantrage

ich,

1. Die vom Beklagten betriebene Teilungsversteigerung des im Grundbuch von ... eingetragenen Grundstücks wird für unzulässig erklärt.
2. Die Teilungsversteigerung wird bis zur Rechtskraft des Urteils einstweilen eingestellt.

Begründung:

Die Parteien sind nach dem Tod ihrer Mutter, Frau ..., Miteigentümer des Grundstücks am ... in ....

Beweis: Erbschein des Amtsgerichts ... vom ... in Kopie als

– Anlage 1 –

Mit Antrag vom ... beantragte die Klägerin die Teilungsversteigerung zur Aufhebung der Gemeinschaft.

Die Aufhebung der Erbengemeinschaft nach dem Tod der Frau ... ist jedoch derzeit ausgeschlossen.

Im Testament vom ... hat die Erblasserin verfügt, dass eine Auseinandersetzung des Nachlasses, insbesondere ein Verkauf der Immobilie, zu Lebzeiten der Beklagten ausgeschlossen ist.

Beweis: Testament vom ... in Kopie als

– Anlage 2 –

Da testamentarische Anordnungen vorgehen, ist die Teilungsversteigerung in das zum Nachlass gehörende Grundstück, eingetragen im Grundbuch von ..., für unzulässig zu erklären.

Beglaubigte und einfache Abschrift anbei.

Rechtsanwältin/Rechtsanwalt

Mandatssituationen 11.4: Zwangsvollstreckung und Erbenhaftung

Mandatssituation 11.4.1: Zwangsvollstreckung des Auskunftsanspruchs nach § 888 ZPO

Sachverhalt | Checkliste | Lösung | Verfahren | Muster

Auch nachdem der Bruder als Pflichtteilsberechtigter seine Schwester im Wege der Stufenklage auf Auskunft über den Umfang des Nachlasses verklagt und ein entsprechendes Urteil erstritten hat, weigert sich die Schwester, die Auskunft zu erteilen. Der Bruder als Mandant möchte deshalb den titulierten Auskunftsanspruch vollstrecken.

Sachverhalt | **Checkliste** | Lösung | Verfahren | Muster

Liegt ein vollstreckbarer Titel vor bzw. ist das Urteil, aus dem vollstreckt werden soll, zumindest vorläufig vollstreckbar?	☐
Hat das Urteil einen vollstreckungsfähigen Inhalt?	☐

Bestehen Einwendungen gegen den durch das Urteil festgestellten Anspruch, die im Wege der Vollstreckungsgegenklage gem. § 767 ZPO geltend gemacht werden können?	☐
Bestehen materiell-rechtliche Einwendungen gegen den im Urteil festgestellten Anspruch?	☐

Sachverhalt | Checkliste | **Lösung** | Verfahren | Muster

Zwangsvollstreckung des Auskunftsanspruchs nach § 888 ZPO

Die meisten Pflichtteilsprozesse werden in Form einer **Stufenklage** geführt. Auf der ersten Stufe ist Auskunft zu verlangen. Wird der Gegner verurteilt, gibt aber weiterhin keine Auskunft, ist der Anspruch zu vollstrecken.

Auskunftsanspruch als unvertretbare Handlung

Die Zwangsvollstreckung eines Auskunftsanspruchs fällt unter § 888 ZPO, da es sich bei Auskunftsansprüchen um unvertretbare Handlungen handelt. Der erbrechtliche Auskunftsanspruch selbst kann vom Schuldner nur kraft eigenen persönlichen Wissens befriedigt werden.

Warnhinweis

Hat der Schuldner Auskunft erteilt, sollte diese Auskunft zunächst überprüft werden. Keinesfalls sollte voreilig erklärt werden, die Auskunft sei vollständig erfüllt. Eine Zwangsvollstreckung aus einem Auskunftstitel wird nämlich hierdurch unzulässig, obwohl keine ausreichende Auskunft erteilt wurde.

Sachverhalt | Checkliste | Lösung | **Verfahren** | Muster

Antrag auf Vollstreckung des Auskunftsanspruchs

Erteilt der Schuldner trotz Urteil keine Auskunft, ist der Auskunftsanspruch zu vollstrecken.

Zuständigkeit

Der Antrag ist an das **Prozessgericht des ersten Rechtszugs** zu stellen. Das Prozessgericht hat vor Erlass der Anordnung den Schuldner nach § 891 ZPO grundsätzlich anzuhören. Dabei kann sogar eine mündliche Verhandlung anberaumt werden, bei der eine Beweisaufnahme erfolgen kann.

Anwaltszwang auch für Vollstreckungsantrag

Wurde der Auskunftstitel vor dem Landgericht erstritten, so gilt der vor dem Landgericht geltende Anwaltszwang auch für den Vollstreckungsantrag nach § 888 ZPO.

Zwangsvollstreckungsantrag

Der Zwangsvollstreckungsantrag richtet sich nach dem Antrag, der im Rahmen der Auskunftsklage gestellt wurde. Er darf nicht über das nach dem Titel Geschuldete hinausgehen.

Zustellung des Beschlusses

Nach Erlass des Beschlusses durch das Gericht wird dem Antragsteller der Beschluss nur zugestellt, wenn sein Antrag ganz oder teilweise zurückgewiesen wird. Wurde dem Antrag stattgegeben, erhält er nur eine formlose Mitteilung vom Beschlusserlass.

Praxistipp

Der vom Gericht erlassene Beschluss enthält keine Kostenentscheidung, da die Kosten der Zwangsvollstreckung gem. § 788 ZPO zu den Kosten des Verfahrens gehören.

Zwangsmittel

Als Zwangsmittel kommt ein Zwangsgeld oder eine Zwangshaft in Betracht.

Zwangshaft

Die Zwangshaft kann nur dann sofort angeordnet werden, wenn eindeutig feststeht, dass eine Zwangsgeldanordnung wirkungslos bleibt. Dementsprechend wird eine Zwangshaft lediglich dann angeordnet, wenn zuvor die Anordnung von Zwangsgeld erfolglos geblieben ist oder aber der Schuldner vermögenslos ist. Die Zwangshaft darf selbst nicht den Höchstrahmen von sechs Monaten nach § 912 ZPO überschreiten.

Zwangsgeld

Ein Zwangsgeld kann einen Betrag zwischen 5 € und 25.000 € haben. Mit der Festsetzung des Zwangsgeldes ist zugleich für den Fall, dass dieses nicht beigetrieben werden kann, Ersatzhaft festzusetzen. Das Mindestmaß für die Zwangshaft beträgt einen Tag nach Art. 6 Abs. 1 EGStGB, das Höchstmaß sechs Monate.

Praxistipp

Da das Gericht über das Zwangsgeld nach freiem Ermessen entscheidet, braucht der Antragsteller das festzusetzende Zwangsgeld nicht zu beziffern. Es ist daher nicht empfehlenswert, die Höhe des Zwangsgeldes anzugeben, weil andernfalls dem Gericht die Möglichkeit genommen wird, ein höheres Zwangsgeld festzusetzen.

Zwangsgeldandrohung

In der Rechtsprechung noch nicht geklärt ist die Frage, ob es einer separaten Androhung der Zwangsmittel in einem **Titel oder** in einem gesonderten **Beschluss** bedarf. Überwiegend wird die Ansicht vertreten, dass die Anordnung der Zwangsmittel selbst als Androhung wirkt, solange der Anordnungsbeschluss noch nicht vollzogen ist.

Praxistipp

In der Praxis sollte daher **kein Androhungsbeschluss** beantragt werden, da das Gericht den Antrag als unzulässig zurückweisen kann.

Vollstreckung des Zwangsgeldes zugunsten der Staatskasse

Die Vollstreckung eines Zwangsgeldes erfolgt nicht zugunsten des Gläubigers, sondern vielmehr zugunsten der Staatskasse nach den Bestimmungen über die Zwangsvollstreckung wegen Geldforderungen nach §§ 803–882a ZPO. Die Beitreibung des Zwangsgeldes folgt somit entweder durch den Gerichtsvollzieher oder aber aufgrund eines Pfändungs- und Überweisungsbeschlusses durch das Vollstreckungsgericht. Auch hier hat die Zahlung an die Staatskasse zu erfolgen, was ausdrücklich im Pfändungs- und Überweisungsbeschluss mit aufzunehmen ist.

Praxistipp

Aufgrund der Vollstreckung zugunsten der Staatskasse empfiehlt es sich, einen entsprechenden Hinweis im Zwangsvollstreckungsantrag für den Gerichtsvollzieher aufzunehmen.

Vollzug der Ersatzhaft

Sofern das Zwangsgeld nicht beigetrieben werden kann, kann der Gläubiger die festgesetzte Ersatzhaft vollziehen lassen, wobei der Festsetzungsbeschluss auch nachgeholt werden kann.

Vollstreckung der Zwangshaft

Die Zwangshaft wird durch einen Haftbefehl vollstreckt, der durch den Gerichtsvollzieher durchgeführt wird.

Wiederholung des Antrags auf Festsetzung des Zwangsgeldes

Für den Fall, dass der Schuldner nicht binnen angemessener Frist nach Zugang der Androhung des Zwangsgeldes die Auskunft erteilt, muss der Antrag auf Festsetzung des Zwangsgeldes wiederholt werden.

Auskunftserteilung

Der Schuldner kann auch nach Erlass des Festsetzungsbeschlusses die geschuldete Handlung jederzeit ausführen. Sobald der Schuldner die Auskunft erteilt hat, ist die Zwangsvollstreckung einzustellen. Voraussetzung hierfür ist, dass der Gläubiger die Erfüllung erklärt und sie mittels § 775 Nr. 4 ZPO nachgewiesen werden kann.

Unvollständige Auskunftserteilung

Sofern der Gläubiger die Erfüllung bestreitet, ist der Weg der Vollstreckungsgegenklage nach § 767 ZPO zu beschreiten. Der Erfüllungseinwand ist im Vollstreckungsverfahren grundsätzlich unbeachtlich.

Warnhinweis

Hat der Gläubiger jedoch die Erfüllung eingeräumt, fehlt bereits für den Vollstreckungsantrag das Rechtsschutzinteresse. Ist das Zwangsgeld bereits beigetrieben worden, kann der Schuldner dieses im Beschlussverfahren gem. § 776 ZPO analog von der Staatskasse zurückverlangen, wenn der Zwangsgeldbeschluss oder der zugrundeliegende Titel aufgehoben wird oder durch die Erfüllung zum Zeitpunkt der Beitreibung die Vollstreckung rechtswidrig geworden war.

Rechtsbehelfe

Als Rechtsbehelf steht dem Schuldner die sofortige Beschwerde gem. § 793 ZPO zur Verfügung. Über die sofortige Beschwerde entscheidet nach § 568 Abs. 1 ZPO das dem Prozessgericht übergeordnete Gericht. Wenn dieses Gericht ein Oberlandesgericht ist, ist eine weitere Beschwerde nach § 567 Abs. 4 ZPO ausgeschlossen. Auch gegen die Auferlegung der Verfahrenskosten steht dem Schuldner die sofortige Beschwerde nach § 793 ZPO zur Verfügung. Gleiches gilt für die Androhung von Zwangsgeld.

Vollstreckungserinnerung nach § 766 ZPO

Die Vollstreckungserinnerung nach § 766 ZPO kommt nur dann zum Tragen, soweit der Gerichtsvollzieher im Rahmen der Vollstreckung des Zwangsgeld- oder des Zwangshaftbeschlusses tätig wird.

Gebührenstreitwert

Der Streitwert richtet sich nach dem Interesse des Gläubigers an der Durchführung der Zwangsvollstreckung. Somit ist er regelmäßig der Höhe nach identisch mit dem Wert der Hauptsache, der ebenfalls nach § 3 ZPO geschätzt wird.

Gerichtsgebührenfreiheit

Gerichtsgebühren fallen für das Verfahren nicht an.

Gerichtsvollzieherkosten

Für die Beitreibung des Zwangsgeldes bzw. der Vollziehung der Zwangshaft fallen Gebühren des Gerichtsvollziehers nach § 17 GvKostG bzw. § 26 GvKostG an.

Sachverhalt | Checkliste | Lösung | Verfahren | **Muster**

Antrag auf Zwangsvollstreckung der Auskunftserteilung nach § 888 ZPO

Amtsgericht
– Vollstreckungsgericht –
...
Straße, Hausnr./Postfach
PLZ Ort

Antrag nach § 888 ZPO

In der Zwangsvollstreckungssache

des Herrn ...

– Antragsteller –

Prozessbevollmächtigte: ...

gegen

Frau ...

– Antragsgegnerin –

wegen Zwangsvollstreckung der Auskunftserteilung

Namens und mit Vollmacht des Gläubigers

beantrage

ich ein

Zwangsgeld

festgesetzt und für den Fall, dass dieses nicht beigetrieben werden kann,

Zwangshaft.

zu beschließen:

Gegen die Schuldnerin wird wegen der nicht erteilten Auskunft über den Bestand und den Verbleib des Nachlasses des am ... in ... verstorbenen Erblassers ... durch Vorlage eines Bestandsverzeichnisses, welches insbesondere folgende Punkte umfasst:

- alle beim Erbfall tatsächlich vorhandenen Gegenstände und Forderungen,
- alle Nachlassverbindlichkeiten,
- alle ergänzungspflichtigen Schenkungen, die der Erblasser zu Lebzeiten getätigt hat und die unter Abkömmlingen des Erblassers nach den erbrechtlichen Vorschriften ausgleichspflichtig sind nach §§ 2050 ff. BGB oder anrechnungspflichtig sind nach §§ 2315 ff. BGB

und

Auskunft über den Wert des so ermittelten Nachlassbestands zu geben, soweit sich dieser Wert nicht bereits aus der Auskunft selbst ergibt.

Begründung:

Mit Urteil vom ... wurde die Beklagte zur Auskunftserteilung im oben genannten Umfang verurteilt. Das Urteil ist seit dem ... rechtskräftig und wurde der Beklagten am ... zugestellt.

Beweis: Vollstreckbare Ausfertigung des Urteils vom ... nebst Zustellungsbescheinigung als

– Anlage 1 –

Mit Schreiben vom ... wurde die Beklagte nochmals zur Auskunftserteilung aufgefordert.

Beweis: Schreiben vom ... in Kopie als

– Anlage 2 –

Eine Auskunftserteilung erfolgte jedoch nicht, so dass antragsgemäß zu verurteilen ist.

Rechtsanwältin/Rechtsanwalt

Mandatssituation 11.4.2: Zwangsvollstreckung des Wertermittlungsanspruchs nach § 888 ZPO

Sachverhalt | Checkliste | Lösung | Verfahren | Muster

Auch den mittlerweile titulierten Wertermittlungsanspruch möchte der Bruder vollstrecken lassen.

Sachverhalt | **Checkliste** | Lösung | Verfahren | Muster

Liegt ein vollstreckbarer Titel vor bzw. ist das Urteil, aus dem vollstreckt werden soll, zumindest vorläufig vollstreckbar?	☐
Hat das Urteil einen vollstreckungsfähigen Inhalt?	☐
Bestehen Einwendungen gegen den durch das Urteil festgestellten Anspruch, die im Wege der Vollstreckungsgegenklage gem. § 767 ZPO geltend gemacht werden können?	☐
Bestehen materiell-rechtliche Einwendungen gegen den im Urteil festgestellten Anspruch?	☐

Sachverhalt | Checkliste | **Lösung** | Verfahren | Muster

Auch der Wertermittlungsanspruch kann bei Nichterteilung vollstreckt werden.

Wertermittlungsanspruch als unvertretbare Handlung

Umstritten ist, ob es sich bei der Zwangsvollstreckung des Wertermittlungsanspruchs um eine vertretbare oder unvertretbare Handlung handelt. Nach h.M. handelt es sich beim Wertermittlungsanspruch nach § 2314 BGB um eine unvertretbare Handlung und somit nach § 888 ZPO zu vollstrecken. Der für die Wertermittlung heranzuziehende Sachverständige bedarf der Mitwirkung des Schuldners, der sich im Besitz der Nachlassgegenstände und aller erforderlichen Informationen oder Unterlagen befindet. Auch bei der Ermittlung von Werten im Rahmen von Pflichtteilsergänzungsansprüchen wegen lebzeitiger Zuwendungen ist die Mitwirkung des Schuldners unverzichtbar. Zudem lässt sich auch eine sachgerechte Bewertung der Immobilien ohne Kenntnis der zur damaligen Zeit erfolgten Bewirtschaftung nicht durchführen. In Übereinstimmung mit der h.M. sollte daher die Vollstreckung nach § 888 ZPO gewählt werden.

Praxistipp

Eine Vollstreckung nach § 887 ZPO kommt somit nur dann in Betracht, wenn eine Mitwirkung des Schuldners entbehrlich ist.

Praxistipp

Auch bei der Verurteilung zur Vorlage eines notariellen Nachlassverzeichnisses handelt es sich um eine unvertretbare Handlung, die nach § 888 ZPO vollstreckt wird.

Sachverhalt | Checkliste | Lösung | **Verfahren** | Muster

Antrag auf Vollstreckung des Wertermittlungsanspruchs

Hier gelten die Ausführungen zur Vollstreckung des Auskunftsanspruchs entsprechend (siehe Mandatssituation 11.4.1, S. 789 ff.).

Mandatssituation 11.4.3: Zwangsvollstreckung des Antrags auf Abgabe der eidesstattlichen Versicherung nach § 889 ZPO

Sachverhalt | Checkliste | Lösung | Verfahren | Muster

Auch die Abgabe der eidesstattlichen Versicherung möchte der Bruder vollstrecken lassen.

Sachverhalt | **Checkliste** | Lösung | Verfahren | Muster

Liegt ein vollstreckbarer Titel vor bzw. ist das Urteil, aus dem vollstreckt werden soll, zumindest vorläufig vollstreckbar?	☐
Hat das Urteil einen vollstreckungsfähigen Inhalt?	☐
Bestehen Einwendungen gegen den durch das Urteil festgestellten Anspruch, die im Wege der Vollstreckungsgegenklage gem. § 767 ZPO geltend gemacht werden können?	☐
Bestehen materiell-rechtliche Einwendungen gegen den im Urteil festgestellten Anspruch?	☐

Sachverhalt | Checkliste | **Lösung** | Verfahren | Muster

Antrag auf Vollstreckung des Antrags auf Abgabe der eidesstattlichen Versicherung

Gibt der Erbe die eidesstattliche Versicherung nicht freiwillig ab, muss der Gläubiger auf Abgabe der eidesstattlichen Versicherung klagen und nach § 889 ZPO die Zwangsvollstreckung betreiben.

Praxistipp

Bei freiwilliger Erfüllung vor Verurteilung ist die eidesstattliche Versicherung vor dem Gericht der freiwilligen Gerichtsbarkeit nach §§ 361, 413 FamFG abzugeben. Zuständig ist dann der Rechtspfleger nach § 3 Nr. 1b RPflG.

Warnhinweis

Erfolgt die freiwillige Abgabe dagegen **nach der Verurteilung**, richtet sich diese nicht mehr nach den Vorschriften der freiwilligen Gerichtsbarkeit.

Vollstreckung nach § 889 ZPO

Die zwangsweise Abgabe der eidesstattlichen Versicherung nach § 260 BGB richtet sich nach § 889 ZPO.

Voraussetzungen der Vollstreckung

Voraussetzung der Vollstreckung ist, dass der Schuldner zur Abgabe einer eidesstattlichen Versicherung nach bürgerlichem Recht verurteilt worden ist. Das Urteil muss nicht notwendigerweise rechtskräftig sein. Ein **vorläufig vollstreckbares Urteil** ist ausreichend, wobei allerdings im Urteil die Fassung der eidesstattlichen Versicherung festgelegt sein sollte.

Warnhinweis

Die Abgabe der eidesstattlichen Versicherung nach Terminierung durch das Vollstreckungsgericht gilt nicht als eigentliche Zwangsvollstreckung. Es ist in diesem Fall nach § 889 Abs. 2 ZPO vorzugehen.

Sachverhalt | Checkliste | Lösung | **Verfahren** | Muster

Zuständigkeit

Die örtliche Zuständigkeit richtet sich nach § 13 ZPO, so dass das Wohnsitzgericht des Schuldners zuständig ist.

Keine Terminsbestimmung erforderlich

Nach ergangenem Urteil richtet sich die Zwangsvollstreckung ausschließlich nach § 889 Abs. 1 ZPO, wobei ein Antrag weder des Gläubigers noch des Schuldners auf Bestimmung eines Termins erforderlich ist.

Antrag

Der Antrag ist zusammen mit dem Titel beim Vollstreckungsgericht einzureichen. Anschließend bestimmt der Rechtspfleger gem. § 20 Nr. 17 RPflG einen Termin, zu dem der Schuldner geladen wird.

Mandatssituationen 11.5: Klagen im Zusammenhang mit der Erbenhaftung

Mandatssituation 11.5.1: Vorbehalt der beschränkten Haftung nach § 780 ZPO

Sachverhalt | Checkliste | Lösung | Verfahren | Muster

Der Mandant ist Alleinerbe seines Vaters. Nachdem der Nachlass gerade einmal gereicht hat, um die Bestattungskosten zu bezahlen, wird der Mandant als Erbe seines Vaters auf Rückzahlung eines Darlehens, welches seinem Vater gewährt worden war, i.H.v. 50.000 € in Anspruch genommen. Der Mandant möchte für diese Darlehensforderung nicht persönlich haften.

Sachverhalt | **Checkliste** | Lösung | Verfahren | Muster

Liegen die Voraussetzungen der Nachlassverwaltung oder der Nachlassinsolvenz (§ 1975 BGB) vor?	☐
Ist der Nachlass dürftig?	☐
Wann erfolgte die Geltendmachung der Forderung: vor Erbschaftsannahme oder nach Erbschaftsannahme, aber vor Teilung des Nachlasses, oder nach Teilung des Nachlasses?	☐
Wurde ein Nachlassverwalter, Nachlasspfleger oder ein Verwaltungstestamentsvollstrecker eingesetzt?	☐

Sachverhalt | Checkliste | **Lösung** | Verfahren | Muster

Vorbehalt der Erbenhaftung

Wird der Erbe in einem Rechtsstreit über eine Nachlassverbindlichkeit in Anspruch genommen, muss er den Vorbehalt der Erbenhaftung **rechtzeitig geltend machen**, wenn er sich die Möglichkeit erhalten will, später der Zwangsvollstreckung aus diesem Titel mit dem Einwand der beschränkten Haftung zu begegnen. Er kann diese Haftungsbeschränkung in seinem Sachvortrag vor dem erkennenden Gericht einwenden, er kann auch einen entsprechenden Prozessantrag stellen.

Warnhinweis

Der fehlende Vorbehalt schließt alle Einreden zur Beschränkung der Erbenhaftung aus. Das gilt unabhängig davon, ob die die Haftungsbeschränkung begründenden Umstände vor oder nach dem Schluss der mündlichen Verhandlung entstanden sind. Der Vorbehalt ist daher bereits im Feststellungs- oder Grundurteil zu erheben. Im Rahmen einer schlichten Leistungsklage ist der Vorbehalt vorsorglich selbst dann geltend zu machen, wenn der Erbe nicht einmal weiß, ob die Voraussetzungen der Haftungsbeschränkung überhaupt eintreten werden.

§ 780 ZPO gilt für alle Haftungsbeschränkungen

Die Vorschrift des § 780 ZPO gilt für alle denkbaren Haftungsbeschränkungen, nicht nur für die Dürftigkeitseinrede nach § 1990 BGB. Sie kann also geltend gemacht werden für den Fall des Vorliegens der Voraussetzungen der Nachlassverwaltung oder der Nachlassinsolvenz (§ 1975 BGB). Eine Haftungsbeschränkung kann vorbehalten werden bei Dürftigkeit des Nachlasses nach § 1992 BGB wegen übermäßiger Auflagen und Vermächtnisse. Sie kann erfolgen bei Gläubigerausschluss im Aufgebotsverfahren nach § 1973 BGB, wegen der Verschweigungseinrede nach § 1974 BGB, im Hinblick auf den Erschöpfungseinwand nach § 1989 BGB sowie auch mit dem Verweigerungsrecht des Miterben nach § 2059 BGB.

Überschuldung nicht erforderlich

Die Einrede der Dürftigkeit dient dazu, den Zugriff des Gläubigers auf das eigene Vermögen des Erben zu vermeiden. Daher ist eine Überschuldung nicht erforderlich.

Praxistipp

Mangels Notwendigkeit der Überschuldung sollte der Vorbehalt **immer** geltend gemacht werden, denn es ist nie sicher, dass keine weiteren Gläubiger vorhanden sind und der Wert des Nachlasses bekannt ist und keinen Schwankungen unterliegt (z.B. bei Wertpapieren). Es ist daher nie absehbar, ob der Nachlass bei Abschluss des Verfahrens noch den notwendigen Wert aufweist, um eine Forderung auszugleichen.

Beschränkung auf Nachlassverbindlichkeiten

Nur soweit der Erbe wegen einer **Nachlassverbindlichkeit** in Anspruch genommen wird, ist es ihm möglich, die Haftungsbeschränkung herbeizuführen, so dass er nur mit dem Nachlass und nicht auch mit seinem Eigenvermögen haftet. Aus diesem Grund sind Nachlassverbindlichkeiten, Nachlasserbenverbindlichkeiten und Eigenverbindlichkeiten voneinander abzugrenzen. Nachlassverbindlichkeiten richten sich nur gegen den Nachlass. In diesem Fall kann der Erbe sich durch Herbeiführung der Haftungsbeschränkung seiner Haftung mit seinem Eigenvermögen entziehen.

Nachlasserbenverbindlichkeiten dagegen haben eine Doppelstellung. Sie sind Nachlassverbindlichkeiten und zugleich Eigenverbindlichkeit des Erben. Der Erbe haftet in diesem Fall mit seinem Eigenvermögen, er kann jedoch Ersatz seiner Aufwendungen aus dem Nachlass nach §§ 1978, 1979 BGB verlangen, wenn diese als ordnungsgemäße Verwaltung des Nachlasses angesehen werden können.

Eigenverbindlichkeiten des Erben sind demgegenüber keine Nachlassverbindlichkeiten. Für sie haftet der Erbe nicht in seiner Eigenschaft als Erbe, sondern allein mit seinem eigenen Vermögen. Auf sie finden die Vorschriften über Nachlassverbindlichkeiten und die Möglichkeiten der Herbeiführung der Haftungsbeschränkung keine Anwendung.

Warnhinweis

Der Vorbehalt kann daher vom Erben nur bezüglich der vom Nachlassgläubiger geltend gemachten Nachlassverbindlichkeiten erhoben werden, die bereits in der Person des Erblassers entstanden waren. Prozesskosten, die durch den vom Erben geführten Rechtsstreit mit einem Nachlassgläubiger entstanden sind, sind keine Nachlassverbindlichkeiten. Ein Vorbehalt kann sich deshalb nur auf sie erstrecken, wenn diese bereits in der Person des Erblassers durch dessen Prozessführung entstanden sind, was i.d.R. nicht der Fall sein wird. In diesem Fall muss der Vorbehalt nicht nur wegen der Hauptsacheentscheidung selbst, sondern ausdrücklich auch wegen der Kostenentscheidung erklärt werden.

Entbehrlichkeit des Vorbehalts

Entbehrlich ist der Vorbehalt **nur** in den in § 780 Abs. 2 ZPO gesetzlich geregelten Fällen

- bei Verurteilung des Fiskus als Erbe,
- bei Verurteilung eines Nachlassverwalters,
- bei Verurteilung eines Nachlasspflegers und
- bei Verurteilung eines Verwaltungstestamentsvollstreckers.

Entscheidung über Vorbehalt

In § 780 Abs. 1 ZPO wird dem Prozessgericht die Möglichkeit eröffnet, die Entscheidung über die Haftungsbeschränkung in das Vollstreckungsverfahren zu verlagern. Ob das erkennende Gericht in dem anhängigen Rechtsstreit sachlich entscheidet und damit den Einwand endgültig erledigt oder ob es den förmlichen Vorbehalt nur in den Urteilstenor aufnimmt, steht in seinem Ermessen.

Praxistipp

Üblicherweise nimmt das Gericht den Vorbehalt nur in den Urteilstenor auf. Die Frage der effektiven Haftungsbeschränkung bleibt dann offen, in das Urteil wird lediglich der Haftungsbeschränkungsvorbehalt nach § 780 ZPO aufgenommen.

Durchsetzung des Vorbehalts im Zwangsvollstreckungsverfahren

Nimmt das Gericht den Vorbehalt nur in den Urteilstenor auf, muss sich der Erbe gegenüber dem vollstreckenden Nachlassgläubiger mit der **Vollstreckungsabwehrklage** nach § 785 ZPO wehren. Erst in diesem Rechtsstreit wird der Streit über die Berechtigung der Haftungsbeschränkung entschieden.

Warnhinweis

Hat das Prozessgericht demgegenüber die vom Erben geltend gemachte Beschränkung der Erbenhaftung bereits im Erkenntnisverfahren geprüft und verneint, so verurteilt es den Erben ohne Vorbehalt. Will der Erbe in einem solchen Fall die beschränkte Erbenhaftung geltend machen, so kann dies nur im Rechtsmittelweg geschehen. Eine Geltendmachung in der Vollstreckung ist nach § 780 ZPO ausgeschlossen. Hat das Gericht die vom Erben geltend gemachte Haftungsbeschränkung demgegenüber geprüft und bejaht, so verurteilt es zur Leistung aus dem Nachlass. Es handelt sich dabei nicht um den bloßen Vorbehalt gem. § 780 Abs. 1 ZPO, sondern es wird **diejenige Situation** geschaffen, die anderenfalls nach §§ 780, 781, 785 ZPO erst durch eine haftungsbeschränkende Klage nach § 785 ZPO hergestellt werden kann.

Sachverhalt | Checkliste | Lösung | **Verfahren** | Muster

Berücksichtigung von Amts wegen

Die Einrede der Haftungsbeschränkung bedarf grundsätzlich keines Antrags. Das Gericht muss, wenn eine Haftungsbeschränkung geltend gemacht wird, den Vorbehalt von Amts wegen im Urteil aufnehmen.

Praxistipp

Dennoch ist es ratsam, einen entsprechenden **Antrag** zu stellen, damit das Gericht die geltend gemachte Haftungsbeschränkung nicht übersieht. Sollte ein Mahnbescheid ergangen sein, ist es ratsam, im Widerspruch die **Einrede ausdrücklich** geltend zu machen. Der Widerspruch sollte in diesem Fall mit einem individuell verfassten Schreiben eingelegt werden, in welchem zum Haftungsvorbehalt vorgetragen wird. Der Haftungsvorbehalt ist dann im Vollstreckungsbescheid aufzunehmen.

Warnhinweis

Sollte es im Verfahren zu einem Vergleich kommen, so ist auch in diesem die Haftungsbeschränkung aufzunehmen, da sie anderenfalls nicht mehr beachtlich ist. Die Bezeichnung einer Partei im Vergleichstext als Erbe reicht nicht aus, um die Haftungsbeschränkung vorzubehalten (BGH, NJW 1991, 2839).

Geltendmachung bei Fehlen der Haftungsbeschränkung im Urteil

Ist die geltend gemachte Haftungsbeschränkung nicht im Urteil aufgenommen worden, kann dies in der Rechtsmittelinstanz **nachgeholt** werden, da die Einrede auch in der Rechtsmittelinstanz von Amts wegen zu beachten ist.

Warnhinweis

Leider kommt es vor, dass auch das erkennende Gericht den vom Erben erhobenen Vorbehalt nicht im Urteil berücksichtigt. Der Erbe kann dann unter Beachtung der Zweiwochenfrist Urteilsergänzung nach § 321 ZPO verlangen.

Vorbehalt der beschränkten Haftung nach § 780 ZPO

Amtsgericht/Landgericht
...
Straße, Hausnr./Postfach
PLZ Ort

In dem Rechtsstreit

... ./. ...

zeige ich an, dass ich den Beklagten vertrete, und

beantrage

Namens und mit Vollmacht des Beklagten,

die Klage abzuweisen.

Weiterhin

beantrage

ich hilfsweise

dem Beklagten im Urteil gem. § 780 ZPO vorzubehalten, sich auf die Beschränkung seiner Haftung sowohl für die Hauptforderung als auch für die Nebenforderungen und die Kosten auf den Bestand des Nachlasses berufen zu dürfen, den er nach dem Tod des Herrn ..., verstorben am ..., zuletzt wohnhaft in ... erhalten hat.

Begründung:

I.

Die Klage ist abzuweisen, da der vom Kläger geltend gemachte Anspruch nicht besteht.

Die geltend gemachte Kaufpreisforderung ist nicht geschuldet, da der Kaufvertrag durch Anfechtung nach § 119 BGB unwirksam wurde ....

II.

Sollte das Gericht entgegen den Ausführungen zu Nr. I. zu dem Ergebnis kommen, dass dem Kläger der geltend gemachte Anspruch zusteht, wäre der Beklagte befugt, seine Haftung für die Forderung auf den Nachlass zu beschränken.

Der Nachlass ist zwar nicht vollständig überschuldet. Der Beklagte hatte als Erbe aber bereits den Antrag auf Eröffnung der Nachlassinsolvenz gestellt. Der Antrag auf Eröffnung des Nachlassinsolvenzverfahrens wurde mangels einer die Kosten deckenden Masse des Nachlasses eingestellt.

Beweis: Vorlage des Einstellungsbeschlusses vom ... in Kopie als

– Anlage B 1 –

Damit sind die Voraussetzungen des § 1990 BGB gegeben. Der Beklagte erhebt aus diesem Grund ausdrücklich die Einrede der Dürftigkeit des Nachlasses. Die Klage ist damit auch aus diesem Grund abzuweisen.

Sollte das Gericht über die Voraussetzungen der Wirksamkeit der Einrede nicht selbst entscheiden, ist dem Beklagten die Beschränkung seiner Haftung auf den Nachlass im Urteil vorzubehalten.

Der Beklagte hat das Recht, sich auf die Einrede der Dürftigkeit berufen zu können, nicht verloren. Die Voraussetzungen des § 2013 BGB liegen nicht vor.

Die Klage ist daher vollumfänglich abzuweisen. Zumindest jedoch ist dem Beklagten die Haftung auf den Bestand des Nachlasses nach dem Tod des Herrn ... zu beschränken.

Beglaubigte und einfache Abschrift anbei.

Rechtsanwältin/Rechtsanwalt

Mandatssituation 11.5.2: Geltendmachung des Haftungsvorbehalts nach § 785 ZPO

Sachverhalt | Checkliste | Lösung | Verfahren | Muster

Der Mandant hat sich im erstinstanzlichen Urteil die Haftungsbeschränkung im Urteil vorbehalten lassen. Trotzdem vollstreckt der Darlehensgeber mit dem vollstreckbaren Urteil jetzt in das Privatvermögen des Mandanten.

Sachverhalt | **Checkliste** | Lösung | Verfahren | Muster

Wurde im erstinstanzlichen Urteil die Haftungsbeschränkung vorbehalten?	☐
Liegt ein Titel gegen alle Erben vor oder nur gegen einen einzelnen Miterben?	☐

Läuft die Inventarfrist des § 1994 Abs. 1 Satz 1 BGB noch?	☐
Liegt ein Fall der Inventaruntreue nach § 2005 BGB vor?	☐
Wurde die Abgabe der eidesstattlichen Versicherung i.S.v. § 2006 Abs. 3 BGB verweigert?	☐

Sachverhalt | Checkliste | **Lösung** | Verfahren | Muster

Rechtsfolgen des Vorbehalts

Ist der Vorbehalt der Haftungsbeschränkung im Urteil aufgenommen, haftet für die Nachlassverbindlichkeiten gegenüber den Nachlassgläubigern **ausschließlich der Nachlass**, ohne dass die Nachlassgläubiger auf das Privatvermögen des Erben zugreifen könnten. Vollstreckt der Gläubiger daher aus einem mit dem Haftungsbeschränkungsvorbehalt versehenen Urteil in das Eigenvermögen des Erben, so stehen diesem die Möglichkeiten der §§ 781, 785, 767 ZPO zu.

Warnhinweis

Zu beachten ist jedoch, dass die Haftungsbeschränkung nach § 781 ZPO nur wirkt, wenn sie im Zwangsvollstreckungsverfahren geltend gemacht wird. Denn da es sich um eine Einrede handelt, ist sie vom Gericht nur zu berücksichtigen, wenn sie erhoben wird. Auf die Vollstreckung aus Kostenfestsetzungsbeschlüssen findet die Haftungsbeschränkung nach § 795 Satz 1 ZPO entsprechende Anwendung.

Geltendmachung der Haftungsbeschränkung in der Zwangsvollstreckung

Die Haftungsbeschränkung ist nach § 785 ZPO im Wege der Vollstreckungsgegenklage geltend zu machen. Hält sich also der Gläubiger nicht an die Beschränkung, muss erneut ein Verfahren geführt werden, in dem dann, anders als im Erkenntnisverfahren, das Vorliegen der Voraussetzungen der Haftungsbeschränkung zwingend zu prüfen ist.

Verlust der Einrede

Die Beschränkung der Haftung des Erben auf den Nachlassbestand endet, wenn unbeschränkte Haftung des Erben eingetreten ist, § 2013 BGB. Die **Darlegungs- und Beweislast** für den Eintritt der unbeschränkten Haftung des Erben trägt der Nachlassgläubiger. Die Einrede der beschränkten Haftung geht verloren bei Versäumung der Inventarfrist des § 1994 Abs. 1 Satz 1 BGB, bei Inventaruntreue nach § 2005 BGB oder bei Verweigerung der eidesstattlichen Versicherung (§ 2006 Abs. 3 BGB).

Sachverhalt | Checkliste | Lösung | **Verfahren** | Muster

Zuständigkeit

Zuständig ist hierfür das Gericht des ersten Rechtszugs, aus dessen Urteil vollstreckt wird, und zwar ohne Rücksicht auf den Wert der gepfändeten Sachen.

Vollstreckungsabwehrklage

Die Haftungsbeschränkungen des Erben auf den Nachlassbestand sind **in zwei Fällen** durch eine Vollstreckungsabwehrklage geltend zu machen. Dies zum einen dann, wenn bereits vor dem Tod des Erblassers ein rechtskräftiges Urteil gegen den Erblasser erstritten wurde, und zum anderen dann, wenn der Erbe entweder ein Verfahren gegen den Erblasser nach dessen Tod gem. §§ 239 ff. ZPO aufnehmen konnte oder der Erbe selbst unmittelbar verklagt wurde, das Gericht sich aber bei der Abfassung des Urteils hinsichtlich der Haftungsbeschränkung auf die Tenorierung des Vorbehalts nach § 780 ZPO im Urteil beschränkt hat.

Antrag

Der Antrag ist gerichtet auf die Unzulässigkeit der Vollstreckung als solche.

Praxistipp

Sind jedoch bereits konkrete Vollstreckungsmaßnahmen in konkrete Vermögensgegenstände eingeleitet worden, kann auch ein Antrag auf Unzulässigkeit dieser konkreten Zwangsvollstreckungsmaßnahme gestellt werden. In diesem Fall handelt es sich um eine **Drittwiderspruchsklage** nach § 771 ZPO.

Warnhinweis

Wird nur eine Drittwiderspruchsklage nach § 771 ZPO erhoben, ist zu beachten, dass eine erneute Klage zu erheben ist, wenn ein anderer Gegenstand gepfändet wird und der Erbe wiederum geltend macht, dieser gehöre auch zu seinem Eigenvermögen.

Darlegungs- und Beweislast

Verteidigt sich der Erbe in der Zwangsvollstreckung mit der Vollstreckungsabwehrklage nach §§ 785, 767, 769, 770 ZPO, so trägt er die Darlegungs- und Beweislast dafür, dass die Voraussetzungen für eine Beschränkung der Erbenhaftung tatsächlich vorliegen.

Darlegungs- und Beweislast zur Forderung und zum Vermögen

Die Darlegungs- und Beweislast im Vollstreckungsabwehrklageverfahren trägt der Erbe. Er hat darzulegen und ggf. zu beweisen, dass es sich bei der zu vollstreckenden Forderung um eine solche handelt, die den Nachlass betrifft, also eine **Nachlassschuld** vorliegt. Er hat des Weiteren darzulegen und zu beweisen, dass das Vermögen, in welches vollstreckt wird oder werden soll, sein **Eigenvermögen** ist. Dies wird insbesondere dann schwer sein, wenn der Erbe sein Vermögen mit dem Nachlassvermögen vermischt, wie z.B. durch Einzahlung von zum Nachlass gehörenden Geldbeträgen auf sein eigenes Konto.

Praxistipp

Der Erbe sollte daher zur Meidung von Darlegungs- und Beweisnot möglichst dafür sorgen, die Vermögen **getrennt zu verwalten**, bis geklärt ist, ob die Erhebung der Einrede der Haftungsbeschränkung erforderlich ist. Hierauf sollten Sie Ihren Mandanten ausführlich hinweisen.

Darlegungs- und Beweislast zur Haftungsbeschränkung

Der Erbe als Kläger der Vollstreckungsabwehrklage hat die tatbestandlichen Voraussetzungen für eine Haftungsbeschränkung auf den Nachlass darzulegen und zu beweisen. Der beklagte Gläubiger hat ggf. den Eintritt der unbeschränkten Haftung des Erben nach § 2013 BGB darzulegen und nachzuweisen.

Glaubhaftmachung erforderlich

Nach § 769 Abs. 1 Satz 2 ZPO sind die tatsächlichen Behauptungen, welche den Einstellungsantrag begründen, glaubhaft zu machen. An die Glaubhaftmachung werden **hohe Anforderungen** gestellt.

Sachverhalt | Checkliste | Lösung | Verfahren | **Muster**

Vollstreckungswiderklage

Amtsgericht/Landgericht
...
Straße, Hausnr./Postfach
PLZ Ort

Klage

des Herrn ...

– Kläger –

Prozessbevollmächtigte:

gegen

Frau ...

– Beklagte –

Prozessbevollmächtigte: ...

wegen Unzulässigkeit der Vollstreckung

Namens und mit Vollmacht des Klägers erhebe ich Klage und werde

beantragen:

1. Die Zwangsvollstreckung aus dem Urteil des Amtsgerichts/Landgerichts ... vom ... zum Az. ... in das nicht zum Nachlass des ..., verstorben am ... in ..., gehörende Vermögen des Klägers wird für unzulässig erklärt.

Ich

beantrage

des Weiteren im Wege der einstweiligen Anordnung,

2. die Zwangsvollstreckung aus dem Urteil des Amtsgerichts/Landgerichts ... vom ... zum Az. ... vorläufig ohne Sicherheitsleistung einzustellen.

Begründung:

Die Beklagte vollstreckt aus dem im Antrag bezeichneten Urteil. Dem Urteil liegt eine Forderung zugrunde, die sich als Nachlassverbindlichkeit des Erblassers darstellt. Der Darlehensbetrag i.H.v. 50.000 €, zu dessen Rückzahlung der Kläger in dem Urteil verurteilt wurde, wurde aufgrund eines Darlehensvertrags zwischen dem Erblasser und der Beklagten geschuldet.

Beweis: Vorlage der Darlehensurkunde in Kopie als

– Anlage K 1 –

Die Verurteilung erfolgte, weil dem Kläger im Ausgangsverfahren der Beweis der Erfüllung des Anspruchs nicht gelang.

Die Vollstreckung soll nun in das Eigenvermögen des Klägers erfolgen. Der Beklagte hat die Vollstreckung bei Nichtzahlung des Betrags mit Schreiben vom ... angedroht.

Beweis: Vorlage des Schreibens vom ... in Kopie als

– Anlage K 2 –

Damit droht ernsthaft die Zwangsvollstreckung auch in das Eigenvermögen des Klägers. Die Konten des Erblassers sind aufgelöst. Gegenstände aus dem Nachlass sind nicht mehr vorhanden.

Die Haftung des Klägers ist wegen Dürftigkeit des Nachlasses beschränkt auf den Nachlass. Der Nachlass des Erblassers bestand lediglich aus den folgenden Vermögensgegenständen: ....

Beweis: Nachlassverzeichnis in Kopie als

– Anlage K 3 –

Dieses Vermögen wurde verwertet und durch die Kosten der Beerdigung verbraucht. Der noch verbliebene Restbetrag wurde auf dem Konto ... des Erblassers eingezahlt, das lediglich noch ein Guthaben i.H.v. 120 € aufweist.

Beweis: Bestattungskosten und Kontoauszug vom ... in Kopie als

– Anlage K 4 –

Dem Erben wurde in dem im Antrag bezeichneten Urteil die Einrede der Dürftigkeit des Nachlasses vorbehalten.

Beweis: Vorlage der Ausfertigung des Urteils in Kopie als

– Anlage K 5 –

Die vorläufige Einstellung der Zwangsvollstreckung ohne Sicherheitsleistung im Wege der einstweiligen Anordnung ist geboten.

Zur Glaubhaftmachung des Vorliegens der Voraussetzungen für die Haftungsbeschränkung verweise ich auf die in der Anlage beigefügten Unterlagen.

Beglaubigte und einfache Abschrift anbei.

Rechtsanwältin/Rechtsanwalt

Mandatssituation 11.5.3:
Antrag auf Einleitung eines Aufgebotsverfahrens

Sachverhalt | Checkliste | Lösung | Verfahren | Muster

Der Sohn ist Alleinerbe seines Vaters geworden, zu dem er in den letzten Jahren keinen Kontakt mehr hatte. Da sein Vater bereits seit längerem arbeitslos war und in ungeordneten Verhältnissen lebte, befürchtet der Sohn, dass der Nachlass überschuldet ist. Aufgrund des Fehlens von Unterlagen und Kontoauszügen kann sich der Sohn keinen Überblick über den Nachlass und vor allem die Nachlassgläubiger verschaffen.

Sachverhalt | **Checkliste** | Lösung | Verfahren | Muster

Was wurde bisher zur Ermittlung möglicher Nachlassgläubiger unternommen?	☐
Worauf begründet sich die Vermutung, dass unbekannte Nachlassgläubiger existieren?	☐
Welchen Wert hat der Nachlass und wie hoch sind die bekannten Nachlassverbindlichkeiten?	☐

Sachverhalt | Checkliste | **Lösung** | Verfahren | Muster

Ist der Nachlass unübersichtlich und kann sich der Erbe nur schwer einen Überblick über die Nachlassverbindlichkeiten verschaffen, kann er ein Aufgebotsverfahren durchführen. Aufgebotsverfahren

Sinn des Aufgebotsverfahrens ist neben der Feststellung der angemeldeten Ansprüche von Gläubigern der Ausschluss der übrigen Nachlassgläubiger mit der Folge der Erschöpfungseinrede nach § 1973 Abs. 1 BGB. Ausschluss der übrigen Nachlassgläubiger

Sachverhalt | Checkliste | Lösung | **Verfahren** | Muster

Zu den weiteren Voraussetzungen und dem Verfahren siehe die Ausführungen in Kapitel 9.A.3, S. 590.

Sachverhalt | Checkliste | Lösung | Verfahren | **Muster**

Antrag auf Einleitung eines Aufgebotsverfahrens

Amtsgericht[1)]
...
Straße, Hausnr./Postfach
PLZ Ort

In der Nachlasssache ...[2)]

geboren am ..., gestorben am ..., zuletzt wohnhaft in ... (nachfolgend: Erblasser)

vertrete ich die rechtlichen Interessen des ...[3)]. Mein Mandant ist ausweislich des beiliegenden Erbscheins des Amtsgerichts ... vom ... Alleinerbe des Erblassers.

Ich

beantrage

Namens und mit Vollmacht meines Mandanten das

Aufgebot der Nachlassgläubiger

und anschließend den Erlass des Ausschließungsbeschlusses.

Es liegt kein Grund vor, aus dem mein Mandant für die Nachlassverbindlichkeiten unbeschränkt haftet.

Als Anlage füge ich ein Verzeichnis der meinem Mandanten bekannten Nachlassgläubiger bei.

Rechtsanwältin/Rechtsanwalt

1) Adressieren an das nach § 454 Abs. 2 FamFG zuständige Amtsgericht.
2) E (Erblasser)
3) M = Mandant (Erbe)

Mandatssituation 11.6: Ansprüche des Vertragserben

Sachverhalt | Checkliste | Lösung | Verfahren | Muster

Die Parteien sind Geschwister. Ihre Eltern hatten einen notariellen Erbvertrag geschlossen, wonach sich die Eheleute zunächst gegenseitig zu Alleinerben eingesetzt und bestimmt hatten, dass nach dem Tod des überlebenden Ehegatten der Nachlass zu gleichen Teilen an ihre gemeinsamen drei Kinder fallen soll. Nach dem Tod der Mutter als der Letztversterbenden stellen die Geschwister fest, dass das gemeinsame Hausgrundstück der Eltern nicht mehr im Nachlass vorhanden ist. Dieses wurde nach dem Tod des Vaters von der Mutter an einen der Söhne gegen Einräumung eines lebenslänglichen Wohnrechts übertragen. Die Geschwister sind hierüber verärgert und der Ansicht, die Schenkung des Hausgrundstücks an den Bruder sei unwirksam.

Sachverhalt | Checkliste | **Lösung** | Verfahren | Muster

Wirksamkeit des Übertragungsvertrags

Grundsätzlich beschränkte der Erbvertrag nicht das Recht der Mutter, über ihr Vermögen durch Rechtsgeschäft unter Lebenden zu verfügen. Nach § 2286 BGB kann der durch einen Erbvertrag gebundene Erblasser vielmehr ohne jede Beschränkung über sein Vermögen durch Rechtsgeschäft unter Lebenden verfügen. Hierbei macht diese Vorschrift keinen Unterschied, welcher Absicht die Verfügung dient und in welchem Umfang das Vermögen von ihr betroffen wird. Der mit dem Sohn geschlossene Übertragungsvertrag ist daher wirksam und der Bruder Eigentümer der Immobilie geworden.

Die Geschwister können jedoch bei Vorliegen einer beeinträchtigenden Schenkung nach § 2287 BGB vom Bruder die Herausgabe aufgrund ungerechtfertigter Bereicherung verlangen.

Anspruch auf Herausgabe des Geschenks

Nach § 2287 BGB kann vom Beschenkten die Herausgabe des Geschenks nach den Vorschriften über die Herausgabe einer ungerechtfertigten Bereicherung gefordert werden, wenn der Erblasser in der Absicht, den Vertragserben zu beeinträchtigen, diese Schenkung vorgenommen hat. Die Vorschrift schützt den Vertragserben gegen Missbrauch der zu Lebzeiten immer noch vorhandenen Verfügungsfreiheit des Erblassers.

Bestehen eines Erbvertrags oder bindendes Testament

Voraussetzung für den Anspruch aus § 2287 BGB ist, dass zwischen dem Erblasser und dem Vertragserben ein formgültiger (§ 2276 BGB) und **wirksamer Erbvertrag** bestanden hat.

Der Anspruch aus § 2287 Abs. 1 BGB wegen einer beeinträchtigenden Schenkung ist jedoch auch auf wechselbezügliche letztwillige Verfügungen eines **gemeinschaftlichen Testaments, das nach dem Tod des Erstverstorbenen Ehegatten unwiderruflich geworden ist,** entsprechend anzuwenden.

Schenkung i.S.v. § 516 BGB

Weiterhin setzt der Anspruch aus § 2287 Abs. 1 BGB das Vorliegen einer **Schenkung** voraus, unter der eine solche i.S.d. §§ 516 ff. BGB zu verstehen ist.

Deshalb hat die Zuwendung zumindest **auch unentgeltlich** zu erfolgen. Bei der Beurteilung, ob eine gemischte Schenkung vorliegt, sind vereinbarte Gegenleistungen (beispielsweise Nießbrauch oder Pflegeverpflichtung) zu berücksichtigen. Vereinbarte dingliche Belastungen und damit auch ein vorbehaltener Nießbrauch oder ein Wohnrecht verringern von vornherein den Wert eines schenkungsweise zugewendeten Grundstücks und sind daher bei der Berechnung des Werts in Abzug zu bringen.

Beeinträchtigungsabsicht

Neben der Schenkung ist vom Vertragserben die **Beeinträchtigungsabsicht** des Erblassers darzulegen, um seinen Anspruch durchsetzen zu können.

Für den Anspruch ist somit die Absicht des Erblassers erforderlich, dem Vertragserben die Vorteile seiner Erbeinsetzung zu entziehen oder zu schmälern. Voraussetzung ist jedoch nicht, dass eine Beeinträchtigungsabsicht das Hauptmotiv für die Schenkung war. Da die Absicht des Erblassers, den Beschenkten zu begünstigen, mit dessen Absicht, den Vertragserben zu benachteiligen in regelmäßig untrennbarem Zusammenhang steht, ist hat die Rechtsprechung die **„Missbrauchskontrolle"** eingeführt

Erforderlich hierfür ist, dass der Erblasser das ihm verbliebene Recht zu lebzeitigen Verfügungen missbraucht hat. Ein solcher Missbrauch liegt vor, wenn ein beachtenswertes **lebzeitiges Eigeninteresse des Erblassers** an der Verfügung nicht ersichtlich ist, vielmehr diese erkennbar darauf angelegt ist, dass anstelle des Vertragserben ein Dritter das Vermögen oder Teile hiervon ohne angemessene Gegenleistung erhält. Ein den Missbrauch ausschließendes lebzeitiges Eigeninteresse ist anzunehmen, wenn nach dem Urteil eines objektiven Beobachters die Verfügung in Anbetracht der gegebenen Umstände auch unter Berücksichtigung der erbvertraglichen Bindung als billigenswert und gerechtfertigt erscheint.

Sind die Voraussetzungen des § 2287 Abs. 1 BGB mit dem Tod des Erblassers gegeben, kann der Vertragserbe in Höhe seiner Erbquote einen Herausgabeanspruch gegen den Beschenkten nach den Vorschriften der ungerechtfertigten Bereicherung geltend machen. Insoweit handelt es sich um eine Rechtsfolgeverweisung, da die Anspruchsvoraussetzungen selbst in § 2287 BGB geregelt sind.

Aufgrund der Rechtsfolgenverweisung ist der Vertragserbe dem Einwand des § 818 Abs. 3 BGB (Entreicherung des Schenkungsempfängers) ausgesetzt. Kann die Herausgabe des Geschenks nicht erfolgen, ist Wertersatz nach § 818 Abs. 3 BGB zu leisten. Die verschärfte Haftung des § 819 BGB streitet zugunsten des Vertragserben, sobald der Beschenkte von den Tatsachen Kenntnis erhält, die seine Herausgabepflicht begründen. Liegt dieser Zeitpunkt bereits vor dem Erbfall, wirkt § 819 BGB auf diesen zurück.

Praxistipp

Zur erfolgreichen Geltendmachung des Anspruchs aus § 2287 BGB müssen die Geschwister daher dartun und ggf. beweisen, dass die Mutter ihren Grundbesitz ganz oder zumindest teilweise dem Bruder geschenkt und die Schenkung in der Absicht gemacht hat, die weiteren Kinder als Schlusserben zu beeinträchtigen.

Sachverhalt | Checkliste | Lösung | **Verfahren** | Muster

Die **örtliche und sachliche Zuständigkeit** ergibt sich aus allgemeinen Grundsätzen. Umstritten ist die Frage sein, ob hier auch der besondere Gerichtsstand der Erbschaft nach § 27 ZPO gilt. Da der Anspruch des Vertragserben gegen den Beschenkten nicht zum Nachlass gehört (BGHZ 78, 1; BGHZ 108, 73), ist § 27 ZPO nicht anwendbar.

Antragsbefugt ist nur der Vertragserbe, wobei Voraussetzung für die Klagebefugnis der Anfall der Erbschaft ist. Ein erbvertraglicher Miterbe kann den nicht in die gesamthänderische Bindung fallenden Anspruch nur zu einem seiner Erbquote entsprechenden Bruchteil, nicht aber insgesamt geltend machen (LG Frankfurt a.M., Beschl. v. 23.03.2012 – 19 W 2/12).

Beklagter ist hier ausschließlich der Beschenkte (§ 2287 BGB).

Der **Streitwert** ergibt sich aus dem Wert des Geschenks (§ 3 ZPO).

Der Anspruch ist grundsätzlich **auf Herausgabe nach §§ 818–822 BGB gerichtet.** Bei gemischter Schenkung, also teilweiser Unentgeltlichkeit der Zuwendung, ist der **Anspruch insgesamt auf die Herausgabe zu richten,** sofern der unentgeltliche Charakter überwiegt. Sofern der Beschenkte Gegenleistungen erbracht hat, sind diese zu erstatten.

Anderenfalls ist der Anspruch des Vertragserben auf Erstattung der Wertdifferenz gerichtet. Die Durchsetzung des Herausgabeanspruchs erfolgt **Zug um Zug gegen Ausgleich der entgeltlichen Leistung.**

Eine für die Zuwendung bereits geleistete Schenkungsteuer kann jedoch nicht bereicherungsmindernd entgegengehalten werden, da der Beschenkte diese nach Herausgabe des Geschenks wieder zurückverlangen kann (§ 29 Abs. 1 Nr. 1 ErbStG).

Sofern die Verwendungen, vom Beklagten/Beschenkten begründet eingewendet werden, ist ein ursprünglich auf Herausgabe des Geschenks gestellter Klageantrag in einen Klageantrag auf Zug-um-Zug-Verurteilung umzustellen.

Für die **Gerichtskosten** geht die Rechtsprechung davon aus, dass der Wert des Herausgabeanspruchs anzusetzen ist (§ 12 Abs. 1 GKG, §§ 3–5 ZPO). Die Rechtsanwaltsgebühren ergeben sich aus §§ 13, 2 Abs. 2 RVG, Nr. 3100 VV RVG.

Klage des Erbvertragserben gegen den Beschenkten auf Herausgabe eines Grundstücks

Amtsgericht/Landgericht
...
Straße, Hausnr./Postfach
PLZ Ort

Klage

des Herrn ...

– Kläger –

Prozessbevollmächtigte: ...

gegen

Frau ...

– Beklagte –

Prozessbevollmächtigte: ...

wegen Herausgabe des Grundstücks ...

Namens und mit Vollmacht des Klägers erhebe ich Klage und werde

beantragen:

1. Die Beklagte wird verurteilt, das im Grundbuch von ..., Band ... Blatt ..., eingetragene Grundstück BV lfd. Nr. ... Flur ... Flurstück ..., Gebäude- und Freifläche ..., in einer Größe von ... qm, an den Kläger herauszugeben, aufzulassen und die entsprechende Eigentumsänderung im Grundbuch zu bewilligen.
2. Die Beklagte hat die Kosten des Rechtsstreits zu tragen.

Begründung:

Der Kläger ist aufgrund des Erbvertrags vom ..., URNr. ..., Erbe des am ... verstorbenen Erblassers ..., zuletzt wohnhaft ..., geworden.

Beweis: Erbvertrag vom ... und Eröffnungsprotokoll des Nachlassgerichts ... vom ... zu Az. ... (Fotokopien liegen an)

Der Kläger musste bei der Ermittlung des Nachlasses feststellen, dass der Erblasser bereits zu Lebzeiten das in seinem Alleineigentum stehende Grundstück auf seine Lebensgefährtin, Frau ..., aufgelassen und die Eintragung in das Grundbuch bewilligt hat. Die Eigentumsumschreibung erfolgte am ....

Beweis: Grundbuchabschrift vom ... nebst Grundstücksübertragungsvertrag vom ..., URNr. ... des Notars ... (Fotokopien liegen an)

Nach dem Wortlaut des Grundstücksübertragungsvertrags erfolgte die Übereignung des Grundstücks in „Anerkennung der langjährigen Pflegeleistungen" der Beklagten.

Beweis: Grundstücksübertragungsvertrag vom ..., wie vor

Nach der Mitteilung des behandelnden Hausarztes war der Erblasser bis zu seinem Tod jedoch in keiner Weise pflegebedürftig. Dies gilt insbesondere für den Zeitraum vor und bei Abschluss des Grundstücksübertragungsvertrags.

Beweis: Ärztliches Attest vom ... (Fotokopie liegt an) sowie Zeugnis des behandelnden Hausarztes

Der Erblasser lebte mit der Beklagten bereits seit Jahren in nichtehelicher Lebensgemeinschaft.

Beweis: Parteivernehmung der Beklagten

Die Übertragung des Grundstücks auf die Beklagte ist von keinem sachlichen Eigeninteresse des Erblassers geleitet, da der Erblasser weder pflegebedürftig war, noch aus sonstigen sittlich zu rechtfertigenden Gründen berechtigt gewesen wäre, das Grundstück zum Nachteil des Klägers auf die Lebensgefährtin zu übertragen. Die Lebensgefährtin selbst bedurfte auch im Hinblick auf ihr erhebliches eigenes Vermögen zur Sicherstellung ihrer Versorgung keiner lebzeitigen Vermögenszuwendungen durch den Erblasser, so dass von einer Schenkung ohne lebzeitiges Eigeninteresse des Erblassers auszugehen ist. Eine Einigung über die Unentgeltlichkeit der Vermögensübertragung zwischen dem Erblasser und der Beklagten lag vor. Insoweit äußerte sich sowohl der Erblasser als auch die Lebensgefährtin gegenüber Bekannten.

Beweis: Zeugnis der Ehefrau des Klägers

Die Übertragung erfolgte gleichfalls in Beeinträchtigungsabsicht des Erblassers, weil sich dieser aus irrationalen Gründen mit dem Kläger zerstritten hatte und seine ursprüngliche, in dem Erbvertrag verfolgte Zielsetzung, diesen zum Erbvertragserben einzusetzen, eindeutig durch die lebzeitige Übertragung des Grundstücks auf die Beklagte verhindern wollte. Der Erblasser hatte unter dem Einfluss der Beklagten ohne Angabe von Gründen den Kontakt zu dem Kläger seit fünf Jahren abgebrochen.

Beweis: Zeugnis der Ehefrau des Klägers ...

Der Wert des Grundstücks wird mit ... € angegeben.

Rechtsanwältin/Rechtsanwalt

12

Kapitel 12: Testamentsvollstreckung

A. Einführung

1. Testamentsvollstreckung als erbrechtliches Gestaltungsmittel

Einflussnahme des Erblassers

Der Erblasser kann durch die Anordnung der Testamentsvollstreckung (§§ 2197–2228 BGB) in einer Verfügung von Todes wegen über seinen Tod hinaus **Einfluss auf den Nachlass** nehmen. Dies erfolgt dadurch, dass er eine Person seines Vertrauens mit Verfügungsbefugnissen für die Zeit nach seinem Versterben hinsichtlich des Nachlasses ausstattet. Es handelt sich beim **Testamentsvollstrecker** somit um die Person, die nach dem Tod des Erblassers dessen Willen weiter zur Geltung bringt.

Abgrenzung zur Vollmacht über den Tod hinaus

Die Testamentsvollstreckung ist von der **Vollmacht** zu unterscheiden, die der Erblasser einer dritten Person erteilt und die über seinen Tod hinaus wirkt. Eine Vollmacht, die der Erblasser zu seiner Vertretung erteilt hat, erlischt im Zweifel nicht mit seinem Tod (§§ 672 Satz 1, 675 Abs. 1 und 168 Satz 1 BGB). Der Erblasser kann im Rahmen der Bevollmächtigung sogar ausdrücklich anordnen, dass die Vollmacht nicht mit seinem Tod erlischt (sog. **transmortale Vollmacht**). Er kann aber eine Vollmacht auch in der Weise erteilen, dass diese erst nach seinem Tod wirksam werden soll (sog. **postmortale Vollmacht**). In beiden Fällen vertritt der Bevollmächtigte nach dem Tod des Vollmachtgebers dessen Erben. Seine Vollmacht ist auf den **Nachlass beschränkt**; er kann – auch bei einer Generalvollmacht – nicht das sonstige Vermögen der Erben verpflichten.

Der Bevollmächtigte hat bei seinem Handeln zwar die Interessen der Erben zu beachten, gleichzeitig spielen aber auch die fortwirkenden Interessen des Erblassers für sein Handeln eine Rolle.

Widerruf der Vollmacht

Die **Erben** können die über den Tod des Vollmachtgebers hinaus wirkende **Vollmacht** jederzeit **widerrufen.** Der Widerruf kann durch jeden Miterben einzeln und mit Wirkung für sich erklärt werden. Die Widerruflichkeit kann nicht einseitig durch einen Verzicht ausgeschlossen werden. Ein Ausschluss kann sich nur aus einer Vereinbarung mit dem Bevollmächtigten ergeben. Zu beachten ist, dass auch eine zulässigerweise **unwiderruflich** erteilte **Vollmacht** jederzeit aus **wichtigem Grund widerrufen** werden kann. Eine Vollmacht, der kein Kausalgeschäft zugrunde liegt, kann nicht unwiderruflich erteilt werden. Zudem wird eine unwiderruflich erteilte **Generalvollmacht** wegen der damit verbundenen Knebelung der Erben als sittenwidrig (§ 138 BGB) angesehen.

Anders als bei der Testamentsvollstreckung besteht bei der Vollmacht über den Tod hinaus eine konkurrierende Zuständigkeit der Erben und des Bevollmächtigten.

Praxistipp

Die Vollmacht ist in der Praxis meist nur eine Übergangsregelung zur Abwicklung des Nachlasses bis zur Feststellung der Erben durch das Nachlassgericht. Der Bevollmächtigte soll Verbindlichkeiten begleichen, insbesondere die Kosten der Beerdigung aus dem Nachlass entnehmen können.

Ziel der Testamentsvollstreckung

Die Anordnung der Testamentsvollstreckung geht meist hinsichtlich des Umfangs der Befugnisse, aber auch in ihrer zeitlichen Dimension über eine Abwicklungsvollmacht hinaus. Mit ihr will der Erblasser regelmäßig erreichen:

- Die Auseinandersetzung des Nachlasses und die Erfüllung eingeräumter Vermächtnisse ohne Streit zwischen den bedachten Personen;
- die Überwachung angeordneter Auflagen;

- den Schutz des Nachlasses vor Personen, denen die nötige Sachkunde fehlt (z.B. noch in Ausbildung befindliche Kinder und Enkel, sorgeberechtigte Schwiegerkinder, verschwenderische Nachkommen, auf staatliche Leistungen angewiesene Personen);
- die (mittelbare) Auswahl der bedachten Personen im Hinblick auf bestimmte Vermögensgegenstände, insbesondere hinsichtlich einer Unternehmensnachfolge; und schließlich
- den Schutz des Nachlassvermögens vor dem Zugriff Dritter (z.B. Sozialhilfebehörden, private Gläubiger, insbesondere unterhaltsberechtigte Personen).

Praxistipp

Im Prinzip handelt es sich bei der Testamentsvollstreckung um eine Anordnung des Erblassers, die ein gewisses **Misstrauen** gegenüber den Erben oder Vermächtnisnehmern zum Ausdruck bringt. Umgekehrt belegt sie sein Vertrauen in die Person des Testamentsvollstreckers.

2. Rechtsstellung des Testamentsvollstreckers

2.1 Inhaber des vom Erblasser verliehenen Amts

Träger eines privaten Amts

Der Testamentsvollstrecker ist – anders als der Bevollmächtigte – **nicht gesetzlicher Vertreter** der Erben, insbesondere handelt er nicht in deren Namen. Er ist auch nicht gesetzlicher Vertreter des Nachlasses, da es sich bei diesem um kein Rechtssubjekt handelt. Er ist nach der geltenden **Amtstheorie** Inhaber eines privaten, vom Erblasser verliehenen Amts (BGH, Urt. v. 29.04.1954 – IV ZR 152/53, BGHZ 13, 203, 205; BGH, Urt. v. 02.10.1957 – IV ZR 217/57, BGHZ 25, 275, 279 f.; BGH, Urt. v. 29.04.1959 – V ZR 11/58, BGHZ 30, 67, 69; BGH, Urt. v. 22.01.1964 – V ZR 37/62, BGHZ 41, 23).

Abgrenzung von anderen Amtsträgern

Der Testamentsvollstrecker unterscheidet sich von anderen Amtsträgern dadurch, dass er nicht durch Hoheitsakt legitimiert, insbesondere nicht durch das Nachlassgericht eingesetzt wird. Seine Rechtsmacht beruht vielmehr auf der **Verleihung durch den Erblasser.** Seine ihm vom Erblasser verliehene Verwaltungs- und Verfügungsmacht hinsichtlich des Nachlasses macht ihn von den Weisungen der Erben unabhängig. Gleichzeitig wird dadurch auch Eigengläubigern der Erben der Zugriff auf den Nachlass verwehrt (vgl. BGH, Beschl. v. 14.05.2009 – V ZB 176/08, BGHZ 181, 127 = DNotZ 2010, 64 = FamRZ 2009, 1321 = MDR 2009, 949 = NJW 2009, 2458 = ZErb 2009, 221 = ZEV 2009, 391).

Verhältnis zum Erben; Treuhandverhältnis

Trotz der Amtsstellung des Testamentsvollstreckers besteht zwischen ihm und den Erben ein **gesetzliches „Pflichtverhältnis eigener Art“** (BGH, Urt. v. 02.10.1957 – IV ZR 217/57, BGHZ 25, 275, 283). Es handelt sich um ein **Treuhandverhältnis**, das durch den Erblasser begründet wird und den Erben begünstigt. Der Erblasser ist zunächst Begründer des Treuhandverhältnisses. Deshalb hat sich der Testamentsvollstrecker bei der Erledigung seiner Aufgaben am **Willen des Erblassers** zu orientieren. Die von ihm verfolgten Ziele hat er zur Ausführung zu bringen. Der Erbe ist „lediglich" Begünstigter der Testamentsvollstreckung. Deshalb ist ihm die Befugnis zur Verfügung und Verwaltung des Nachlasses zugunsten des Testamentsvollstreckers entzogen (§§ 2205, 2212 BGB). Er ist auf eine Kontrolle des Testamentsvollstreckers beschränkt (§§ 2215, 2218 BGB), kann darauf klagen, dass er seine Pflichten erfüllt, und kann schließlich die Entlassung des Testamentsvollstreckers nur aus wichtigem Grund betreiben (§ 2227 BGB).

Allerdings geht das Treuhandverhältnis nicht so weit, dass der Testamentsvollstrecker auch Träger des Nachlasses wäre; er erhält „nur" ein **Verfügungsrecht** am Vermögen des Erben. Träger der Vermögensmasse „Nachlass" bleibt somit der Erbe.

2.2 Anordnung der Testamentsvollstreckung

Die Anordnung der Testamentsvollstreckung muss durch den Erblasser selbst in einer **Verfügung von Todes wegen** erfolgen (§ 2065 BGB). Durch Rechtsgeschäft unter Lebenden kann die Anordnung nicht erfolgen. Form

Die Anordnung der Testamentsvollstreckung ist von der Ernennung des Testamentsvollstreckers zu unterscheiden, auch wenn beide häufig zusammenfallen. Bei der Anordnung der Testamentsvollstreckung handelt es sich um eine Belastung des Nachlasses und eine Beschränkung der Erben (vgl. § 2301 BGB).

Die Anordnung kann in einem Testament oder einem Erbvertrag erfolgen. Ein **einseitig errichtetes Testament** kann sich auf die Anordnung der Testamentsvollstreckung beschränken. In diesem Fall betrifft die Testamentsvollstreckung die gesetzlichen Erben. In einem **gemeinschaftlichen Testament** von Ehegatten oder eingetragenen Lebenspartnern kann es sich bei der Anordnung der Testamentsvollstreckung um keine wechselbezügliche Verfügung handeln, sondern nur um eine einseitige Verfügung, die vom jeweiligen Erblasser ohne Zustimmung des Partners geändert werden kann (§ 2270 Abs. 3 BGB). Auch beim **Erbvertrag** ist die Anordnung der Testamentsvollstreckung keine vertragliche, sondern eine einseitige Verfügung (§§ 2278 Abs. 2, 2299 Abs. 1 BGB). Wird sie versehentlich als vertraglich bezeichnet, kann sie in eine einseitige Verfügung umgedeutet werden (Reimann, in: Bengel/Reimann, Handbuch der Testamentsvollstreckung, 6. Aufl., Kap. 2 Rdnr. 16).

Bestimmen Ehegatten oder eingetragene Lebenspartner in einem gemeinschaftlichen Testament einen Dritten zum Testamentsvollstrecker, ist zu prüfen, ob diese Bestimmung für beide Nachlässe gelten oder nur für den Nachlass des Überlebenden Bedeutung haben soll. Nach h.M. sollen zwei voneinander unabhängige Testamentsvollstreckungen gewollt sein (BayObLG, Beschl. v. 25.06.1985 – BReg. 1 Z 25, 26/85, BayObLGZ 1985, 233). Haben sich dagegen die Partner gegenseitig zu Erben eingesetzt, ohne anzugeben, für welchen Nachlass die Testamentsvollstreckung gelten soll, wird die Auslegung im Zweifel ergeben, dass der Testamentsvollstrecker nur für den Nachlass des überlebenden Teils eingesetzt ist.

Praxistipp

Um Auslegungsprobleme zu vermeiden, sollte in der Verfügung stets angegeben werden, welche Erbfälle die Testamentsvollstreckung betreffen soll.

Haben Ehegatten in einem gemeinschaftlichen Testament oder Erbvertrag eine für den Längstlebenden bindende Schlusserbeneinsetzung vorgenommen, ohne dabei eine Testamentsvollstreckung anzuordnen, so ist es dem Längstlebenden grundsätzlich verwehrt, nachträglich eine solche einseitig anzuordnen. Die nachträgliche Anordnung würde zu einer Beeinträchtigung des Schlusserben führen, die nicht mit der Bindungswirkung zu vereinbaren ist (OLG Köln, FamRZ 1990, 1402; BayObLG, FamRZ 1991, 111). Etwas anderes gilt selbstverständlich dann, wenn durch die Ehegatten die Bindungswirkung insoweit eingeschränkt worden ist (OLG Köln, Beschl. v. 16.10.2013 – 2 Wx 252/13).

Checkliste

1.	**Ist die Anordnung einer Testamentsvollstreckung anzuraten, um**	
	– den Nachlass einem geschäftlich unerfahrenen Erben zu erhalten und Misswirtschaft des Erben, der noch nicht über die erforderliche Sachkunde oder Erfahrung besitzt, zu verhindern?	...
	– die Unternehmensnachfolge zu regeln?	...
	– bei gesellschaftsrechtlichen Beteiligungen sofortigen Handlungsbedarf sicherzustellen?	...
	– die Durchführung testamentarischer Anordnungen, wie z.B. Auflage oder Vermächtnis, zu sichern?	...
	– die Verwaltung und Abwicklung des Nachlasses zu sichern und zu vereinfachen?	...
	– den Nachlass vor dem Zugriff von Eigengläubigern der Erben zu schützen?	...
2.	**Anordnung der Testamentsvollstreckung durch Testament oder einseitige Verfügung im Rahmen eines Erbvertrags**	
	– Im gemeinschaftlichen Testament ist die Anordnung der Testamentsvollstreckung keine wechselbezügliche Verfügung.	...

3.	**Wer soll zum Testamentsvollstrecker bestimmt werden?**	
	– Soll ein oder sollen mehrere Testamentsvollstrecker benannt werden? Sind die Personen nach dem Erbfall zur Annahme des Amts bereit?	...
	– Soll eine Person als Ersatztestamentsvollstrecker benannt werden?	...
	– Soll der Testamentsvollstrecker ermächtigt werden, Mitvollstrecker oder seinen Nachfolger zu benennen?	...
	– Soll die Bestimmung der Person des Testamentsvollstreckers einem Dritten – wem? – überlassen werden? Nach welchen Regeln soll der Dritte auswählen? Was soll gelten, wenn der Dritte von seinem Bestimmungsrecht keinen Gebrauch macht?	...
	– Soll das Nachlassgericht um die Auswahl und Ernennung eines Testamentsvollstreckers ersucht werden?	...
4.	**Sollen die Aufgaben des Testamentsvollstreckers beschränkt werden?**	
	– Soweit kein anderer Wille zum Ausdruck kommt, ist die Verwaltungs- und Verfügungsbefugnis des Testamentsvollstreckers unbeschränkt. Mehrere Testamentsvollstrecker führen ohne besondere Regelung ihr Amt gemeinschaftlich.	...
	– Ein Mindestumfang für die verbleibenden Befugnisse des Testamentsvollstreckers ist nicht vorgeschrieben.	...
	– Sollen die Aufgaben auf einzelne Verwaltungs-, Verfügungs- oder Verpflichtungsaufgaben inhaltlich beschränkt werden?	...
	– Sollen die Befugnisse auf einzelne Nachlassgegenstände beschränkt werden?	...
	– Sollen die Befugnisse zeitlich eingegrenzt werden?	...
5.	**Sollen die Befugnisse des Testamentsvollstreckers erweitert werden?**	
	– Soll eine Dauervollstreckung mit einer Höchstdauer von 30 Jahren bestimmt werden?	...
	– Soll der Testamentsvollstrecker auch Verbindlichkeiten für den Nachlass eingehen können, die nicht zur ordnungsgemäßen Verwaltung erforderlich sind?	...
	– Soll der Testamentsvollstrecker von der Beschränkung des § 181 BGB befreit werden?	...
	– Sollen dem Testamentsvollstrecker neben seinen gesetzlichen Befugnissen Sonderaufgaben übertragen werden?	...
	– Soll dem Testamentsvollstrecker eine postmortale Vollmacht erteilt werden?	...

2.3 Bestimmung des Testamentsvollstreckers

Der Erblasser hat zwei Möglichkeiten, die Bestimmung (Ernennung) des Testamentsvollstreckers vorzunehmen: Er kann entweder die Person des vorgesehenen Amtsinhabers selbst bestimmen oder einen Bestimmungsmodus vorgeben.

Abgrenzung zur Anordnung der Testamentsvollstreckung

Die Ernennung des Testamentsvollstreckers ist von der Anordnung der Testamentsvollstreckung zu unterscheiden: Die **Ernennung** betrifft die **Bestimmung der Person** des Testamentsvollstreckers und ggf. für dessen Wegfall zusätzlich der Person des Ersatztestamentsvollstreckers (§ 2197 Abs. 2 BGB).

Bestimmung durch Erblasser selbst

Das Gesetz geht von der Bestimmung der Person des Testamentsvollstreckers **durch den Erblasser** selbst aus. Dieser kann einen oder mehrere Testamentsvollstrecker ernennen.

Formulierungsvorschlag

„*Ich bestimme meinen Bruder ... zum Testamentsvollstrecker.*"

Hinweis

Im Hinblick auf die Funktion des Testamentsvollstreckers für die Erfüllung des Willens des Erblassers ist die Ernennung durch ihn selbst der Regelfall. Demgegenüber ist die Gefahr, dass die benannte Person entweder das Amt nicht antritt oder wegfällt, eher gering einzustufen. Vor allem kann ihr durch Einsetzung eines **Ersatztestamentsvollstreckers** oder die hilfsweise Möglichkeit der Bestimmung durch einen **Dritten** begegnet werden. Umgekehrt wird die Testamentsvollstreckung regelmäßig umso schlechter funktionieren, je mehr sich das Ernennungsrecht von der Person des Erblassers entfernt (zutreffend Reimann, in: Bengel/Reimann, Handbuch der Testamentsvollstreckung, 6. Aufl., § 2 Rdnr. 145).

Anders als bei der Anordnung der Testamentsvollstreckung besteht für die Bestimmung der Person des Testamentsvollstreckers kein Fremdbestimmungsverbot.

Bestimmung durch eine andere Person

Der Erblasser hat drei Möglichkeiten, den Testamentsvollstrecker **durch eine andere Person** zu bestimmen:

– Die Bestimmung **durch einen Dritten**, den wiederum der Erblasser bestimmt (§ 2198 Abs. 1 Satz 1 BGB). Die Bestimmung erfolgt durch den Dritten mittels amtsempfangsbedürftiger Willenserklärung in öffentlich **beglaubigter Form** gegenüber dem zuständigen Nachlassgericht (§ 343 FamFG). Der Erblasser kann den Kreis der Personen, aus dem die Auswahl zu treffen ist, einschränken. Bestimmt der zur Auswahl berechtigte Dritte den Testamentsvollstrecker nicht, kann ihm das Nachlassgericht hierzu eine Frist setzen.
  Bestimmung durch einen Dritten:
  „*Ich ordne Testamentsvollstreckung an. Den Testamentsvollstrecker soll Herr/Frau ... aus dem Kreis meiner Geschwister bestimmen.*"

Formulierungsvorschlag

- Die Bestimmung **durch das Nachlassgericht**, wenn der Erblasser in seiner Verfügung dieses um Ernennung des Testamentsvollstreckers ersucht (§ 2200 Abs. 1 BGB). Dies kann entweder ausdrücklich oder konkludent erfolgen. In diesem Fall entscheidet der Richter durch einen den Beteiligten bekanntzugebenden Beschluss (§ 16 Abs. 1 Nr. 2 RPflG, §§ 38, 40 Abs. 1, 15 Abs. 1 FamFG). Mangels ausdrücklicher Weisungen stehen die Ernennung und die Auswahl der Person in seinem Ermessen.
  Bestimmung durch das Nachlassgericht: Formulierungsvorschlag
  „Ich ordne Testamentsvollstreckung an. Ich ersuche das zuständige Nachlassgericht, den Testamentsvollstrecker zu ernennen."
- Die Bestimmung **durch den Testamentsvollstrecker** selbst, wenn dieser durch den Erblasser ermächtigt ist, einen Mitvollstrecker oder einen Nachfolgevollstrecker zu ernennen (§ 2199 BGB).
  Bestimmung durch den Testamentsvollstrecker: Formulierungsvorschlag
  „Ich ordne Testamentsvollstreckung an. Zum Testamentsvollstrecker ernenne ich meinen Bruder ... Dieser wird ermächtigt, nach § 2199 BGB einen Nachfolger zu ernennen."

Ersatztestamentsvollstrecker

Ein Ersatztestamentsvollstrecker wird **nachrangig** für den Fall bestimmt, dass der vorgesehene Vollstrecker wegfällt, weil er das Amt nicht annimmt, aus dem Amt ausscheidet oder verstirbt. Er hat gleichsam eine **Reservefunktion**, um sicherzustellen, dass entsprechend dem Willen des Erblassers eine Testamentsvollstreckung besteht.

Die Ermächtigung bleibt mangels anderweitiger Anordnung des Erblassers auch dann bestehen, wenn der Testamentsvollstrecker aufgrund einer Pflichtverletzung aus seinem Amt entlassen wird (OLG Schleswig, FamRZ 2015, 606).

Formulierungsvorschlag

Ersatztestamentsvollstrecker:
Variante 1: *„Ersatztestamentsvollstrecker ist meine Schwester ..."*
Variante 2: *„Einen Ersatztestamentsvollstrecker möchte ich nicht benennen, bitte jedoch das zuständige Nachlassgericht, ggf. einen Ersatztestamentsvollstrecker zu benennen."*
Variante 3: *„Ein Ersatztestamentsvollstrecker wird von mir ausdrücklich nicht bestimmt. Die Testamentsvollstreckung entfällt, sobald kein von mir selbst ernannter Testamentsvollstrecker mehr im Amt ist."*

Rechtsfolgen bei Nichtannahme des Amts oder nachträglichem Wegfall

Nimmt der durch den Erblasser eingesetzte Testamentsvollstrecker das Amt nicht an oder fällt er nachträglich weg und hat der Erblasser nicht ausdrücklich eine Regelung zur Frage des Ersatztestamentsvollstreckers getroffen, so ist sein mutmaßlicher Wille zu ermitteln. Dabei ist vorrangig darauf abzustellen, ob die Testamentsvollstreckung in erster Linie aus sachlichen Gründen zum Zweck der erleichterten Nachlassabwicklung angeordnet worden ist oder ausschließlich aufgrund der besonderen persönlichen Beziehung des Erblassers zur Person des benannten Testamentsvollstreckers. Im ersteren Fall wird man von einer stillschweigenden Ermächtigung des Nachlassgerichts zur Ernennung eines Ersatztestamentsvollstreckers gem. § 2200 BGB ausgehen müssen, während im zweiten Fall die Testamentsvollstreckung ersatzlos entfallen würde (OLG Hamm, ZEV 2015, 532).

Mehrere Testamentsvollstrecker

Mehrere Testamentsvollstrecker führen ihr Amt grundsätzlich **gemeinschaftlich**, d.h. gleichzeitig (§ 2224 Abs. 1 Satz 1 BGB). Der Erblasser kann **wählen**, ob mehrere Testamentsvollstrecker als **Kollegium** („Mittestamentsvollstrecker") handeln sollen oder ob er eine Anordnung über die Amtsführung, insbesondere eine **Geschäftsverteilung**, vornehmen möchte (Nebentestamentsvollstrecker). Mehrere Testamentsvollstrecker können bei umfangreichen Nachlässen sinnvoll sein. Hier kann eine wechselseitige Überwachungspflicht oder eine Aufgabenteilung naheliegen. Beispiel ist eine Testamentsvollstreckung im Unternehmensbereich bei Familienbetrieben, bei der ein Manager oder eine führende Fachkraft, ein Jurist oder ein Steuerberater sowie ein Verwandter zusammenwirken. Auf diese Weise können Fachkompetenz und wechselseitige Kontrolle miteinander kombiniert werden.

Formulierungsvorschlag

Mehrere Testamentsvollstrecker:
„Die Testamentsvollstrecker führen ihr Amt gemeinschaftlich. Alle Maßnahmen bedürfen der Einstimmigkeit. Kommt keine Einstimmigkeit zustande, hat die beabsichtigte Maßnahme zu unterbleiben."

2.4 Person des Testamentsvollstreckers (Amtsfähigkeit)

Voraussetzungen in der Person

Die Amtsfähigkeit betrifft die Frage, wer Testamentsvollstrecker werden kann. Das Gesetz enthält in § 2201 BGB hierzu nur eine Einschränkung. Die Ernennung des Testamentsvollstreckers ist danach unwirksam, wenn er zu der Zeit, zu welcher er das Amt anzutreten hat, **geschäftsunfähig** (§ 104 BGB) oder z.B. aufgrund **Minderjährigkeit** in der **Geschäftsfähigkeit beschränkt** ist oder zur Besorgung seiner Vermögensangelegenheiten einen **Betreuer** (§ 1896 BGB) erhalten hat. Einer Aufhebung oder Anfechtung bedarf es in diesen Fällen nicht.

Treten die vorstehend genannten Umstände nach Annahme des Amts ein, endet das Amt (§ 2255 BGB). Stirbt der als Testamentsvollstrecker Benannte vor der Annahme oder später, endet sein Amt.

Wegfall der Anordnung der Testamentsvollstreckung?

Ob in diesen Fällen, in denen eine bestimmte Person als Testamentsvollstrecker **wegfällt**, auch die Anordnung der Testamentsvollstreckung entfällt, richtet sich danach, ob eine Ersatztestamentsvollstreckung angeordnet ist oder nicht. Der Wille des Erblassers, die Testamentsvollstreckung auch nach dem Wegfall des von ihm Benannten fortdauern zu lassen, muss dabei zumindest andeutungsweise im Testament zum Ausdruck kommen (LG Heidelberg, Urt. v. 13.05.2008 – 2 O 392/07; zur **Andeutungstheorie** des BGH vgl. BGH, Urt. v. 08.12.1982 – IVa ZR 94/81, BGHZ 86, 41–51).

Praxistipp

Rechtsdienstleistungen im Zusammenhang mit einer Testamentsvollstreckung sind grundsätzlich zulässig, und zwar unabhängig davon, ob es sich um eine Verwaltungs- oder um eine Abwicklungsvollstreckung handelt (§ 5 Abs. 2 Nr. 1 RDG).

Auswahl der Person

Da keine weiteren gesetzlichen Beschränkungen bestehen, kann jede inländische oder ausländische natürliche oder juristische Person Testamentsvollstrecker sein.

Hinsichtlich der **natürlichen Personen** kommen vor allem dem Erblasser **nahestehende Personen** in Betracht. Dabei kann es sich um Verwandte, Ehegatten, eingetragene Lebenspartner und Lebensgefährten handeln.

Daneben kommen aber auch „**Amtspersonen**" in Betracht. Meist besteht auch zu diesen eine enge Beziehung. Deshalb handelt es sich überwiegend um Rechtsanwälte, Steuerberater und Wirtschaftsprüfer.

Der **Urkundsnotar** kann nicht in der von ihm beurkundeten Verfügung zum Testamentsvollstrecker bestellt werden (§§ 27, 7 BeurkG). Aufgrund des Mitwirkungsverbots des § 3 Abs. 1 Satz 1 Nr. 4 BeurkG darf auch der Sozius des als Testamentsvollstrecker vorgesehenen Notars diese Verfügung nicht beurkunden. Allerdings würde ein diesbezüglicher Verstoß die entsprechende Bestimmung im Testament nicht unwirksam machen (BGH, Beschl. v. 18.12.1996 – IV ZB 9/96, BGHZ 134, 230 = NJW 1997, 946); anders ist das, wenn der beurkundende Notar selbst zum Testamentsvollstrecker ernannt wird. Zulässig ist es dagegen, wenn der Erblasser den Urkundsnotar in einem separat verfassten Ergänzungstestament zum Testamentsvollstrecker ernennt.

Der **Leiter eines Heims** und **Heimmitarbeiter** können nach den landesrechtlichen Vorschriften, die an die Stelle des § 14 HeimG getreten sind, jedenfalls bei Gewährung einer Vergütung nicht Testamentsvollstrecker sein, wenn der Beschwerte im Heim untergebracht ist (§ 14 Abs. 5 LHeimG BW; Art. 8 BayPfleWoqG; § 12 BerlWTG; § 14 Abs. 2 BbgPBWoG; § 5a Abs. 4 HmbWBG; § 6 EQG M-V; § 10 Abs. 1 WTG NRW; § 28 Abs. 4 SbStG SH).

Alleinerbe

Der **Alleinerbe** kann grundsätzlich nicht alleiniger Testamentsvollstrecker sein, da er ohnehin verfügungsbefugt ist (BayObLG, FamRZ 2005, 535). Dagegen kann er unproblematisch zu einem von mehreren Testamentsvollstreckern ernannt werden, wenn diese das Amt gemeinschaftlich führen. Er kann ferner Erbentestamentsvollstrecker sein, wenn sich die Testamentsvollstreckung auf die sofortige Erfüllung eines Vermächtnisses beschränkt und das Nachlassgericht bei groben Pflichtverstößen einen anderen Testamentsvollstrecker bestimmen kann (BGH, Urt. v. 06.01.2005 – IV ZR 296/03, NJW-RR 2005, 591). Gleiches gilt für die Vermächtnisvollstreckung (§ 2323 BGB).

Miterbe

Auch ein **Miterbe** kann zum Testamentsvollstrecker bestellt werden. Dadurch erlangt er Verfügungs- und Verwaltungsrechte, die ihm als Miterben nicht zustehen (BGH, Urt. v. 21.03.1990 – IV ZR 169/89, BGHZ 111, 36 = NJW 1990, 2055, 2056 = DNotZ 1992, 241; BayObLG, FamRZ 1996, 186).

Vorerbe bzw. Nacherbe

Der **Vorerbe** kann zum Nacherbenvollstrecker ernannt werden, wenn er dieses Amt gemeinsam mit einem Mitvollstrecker ausübt. Umgekehrt kann der **Nacherbe** Testamentsvollstrecker für den Vorerben sein.

Vormund, Betreuer

Eltern und der **Vormund** eines minderjährigen Kindes sowie der **Betreuer** einer erwachsenen Person können zugleich Testamentsvollstrecker sein. Wegen des eventuell gegebenen Interessenkonflikts kann die Bestellung eines Ergänzungspflegers bzw. -betreuers (§ 1796 Abs. 2 BGB) erforderlich werden (OLG Zweibrücken, Beschl. v. 03.12.2003 – 3 W 235/03, ZEV 2004, 161 = FamRZ 2004, 834).

Praxistipp

Die **Gefahr eines Interessenkonflikts** und das damit verbundene Risiko der Bestellung eines Ergänzungsbetreuers bzw. -pflegers können durch die Bestellung eines **Mittestamentsvollstreckers** problemlos vermieden werden.

Pflichtteilsberechtigter

Ein **Pflichtteilsberechtigter** unterliegt dagegen keinem Interessenkonflikt, so dass er Testamentsvollstrecker sein kann.

Vermächtnisnehmer

Unstrittig ist, dass ein **Vermächtnisnehmer** zum Testamentsvollstrecker ernannt werden kann, um sein Vermächtnis zu erfüllen.

Juristische Personen

Neben natürlichen Personen können auch **juristische Personen** Testamentsvollstrecker sein (§ 2210 Satz 3 BGB). Wie eine GmbH und eine AG können auch juristische Personen des öffentlichen Rechts, z.B. Gemeinden und die großen Kirchen, zum Testamentsvollstrecker bestellt werden. Dies gilt in gleicher Weise für rechtsfähige Personengesellschaften, also die OHG und KG. Aber auch die BGB-Gesellschaft und der nicht rechtsfähige Verein haben seit der Anerkennung der Rechtsfähigkeit der BGB-Gesellschaft die Möglichkeit, Testamentsvollstrecker zu werden (siehe nur Scherer/Feick, ZEV 2003, 341). Auch Banken und andere Kreditinstitute kommen als Testamentsvollstrecker in Betracht. Dagegen kann eine Behörde mangels eigener Rechtspersönlichkeit nicht Testamentsvollstrecker sein. Häufig wird in diesem Fall die Auslegung ergeben, dass der Inhaber eines bestimmten Amts, z.B. der Behördenleiter, Testamentsvollstrecker sein soll. Dagegen kann das Nachlassgericht nicht zum Testamentsvollstrecker ernannt werden, da es sonst seinen Aufgaben in Bezug auf die Testamentsvollstreckung nicht nachkommen könnte.

Praxistipp

Bei Kreditinstituten als Testamentsvollstrecker kann bei der Anlage von Nachlassvermögen „im eigenen Haus" ein Interessenkonflikt auftreten.

3. Aufgaben des Testamentsvollstreckers

Nachlasssichtung

Zu den ersten und vorrangigen Aufgaben des Testamentsvollstreckers gehört die **Sichtung des Nachlasses.** Nach der Übernahme des Amts muss sich der Testamentsvollstrecker **umfassende Kenntnis** über den zu verwaltenden Nachlass verschaffen. Dazu gehört allerdings nicht zwingend die Kenntnis solcher Nachlassunterlagen, die für die künftige Verwaltung des Nachlasses keine Rolle spielen, weil diese z.B. jahrelang zurückliegen (OLG Düsseldorf, FamRZ 2000, 191 = FGPrax 1999, 154).

Regelaufgabe

Hauptaufgabe des Testamentsvollstreckers ist nach § 2203 BGB die **Ausführung der letztwilligen Verfügung** des Erblassers. Dabei sind zwei verschiedene Formen der Testamentsvollstreckung zu unterscheiden:

- die sogenannte **Abwicklungsvollstreckung** (§§ 2203, 2204 BGB) (**Regel- bzw. Normalfall** der Testamentsvollstreckung; siehe Kapitel 12.A.4.1, S. 828 ff.);
- die sogenannte **Verwaltungs- bzw. Dauervollstreckung** (§ 2209 BGB) (siehe Kapitel 12.A.4.2, S. 830 f.).

Abwicklungsvollstreckung, Auseinandersetzungsvollstreckung

Von der **Abwicklungsvollstreckung** nach § 2203 BGB ist auszugehen, wenn der Erblasser die Testamentsvollstreckung ohne nähere Angaben angeordnet hat. Bei **mehreren Miterben** hat der Testamentsvollstrecker insbesondere die Auseinandersetzung unter den Miterben zu bewirken (§ 2204 Abs. 1 BGB); man bezeichnet dies dann auch als **Auseinandersetzungsvollstreckung.**

Verwaltungs- bzw. Dauervollstreckung

Eine weitere Form der Testamentsvollstreckung ist in § 2209 BGB geregelt. Der Erblasser kann nach § 2209 Satz 1 erster Halbsatz BGB dem Testamentsvollstrecker die Verwaltung des Nachlasses übertragen, „ohne ihm andere Aufgaben als die Verwaltung zuzuweisen". In dieser reinen **Verwaltungsvollstreckung** liegt also eine **Reduzierung des Aufgabenbereichs** des Testamentsvollstreckers gegenüber den §§ 2203, 2204 BGB, da dann die Auseinandersetzung nicht zu seinen Aufgaben gehört. Für die Verwaltung stehen dem Testamentsvollstrecker die Befugnisse aus den §§ 2205, 2207 BGB zu. Im Fall der **Dauervollstreckung** fällt dem Testamentsvollstrecker nach der Erledigung der gewöhnlichen Aufgaben (§§ 2203 ff. BGB) anschließend zusätzlich die Aufgabe der Verwaltung des Nachlasses für eine bestimmte Zeit zu (vgl. § 2209 Satz 1 zweiter Halbsatz BGB).

Höchstdauer der Dauervollstreckung

Gemäß § 2210 Satz 1 BGB **endet** eine solche Dauervollstreckung spätestens nach 30 Jahren, es sei denn, der Erblasser hat angeordnet, dass die Verwaltung bis zum Tod des Erben oder des Testamentsvollstreckers oder bis zum Eintritt eines anderen Ereignisses in der Person des einen oder des anderen fortdauern soll (§ 2210 Satz 2 BGB). Ist die Fortdauer der Testamentsvollstreckung über 30 Jahre hinaus bis zum Tod des Testamentsvollstreckers angeordnet worden, so verliert die Anordnung der Testamentsvollstreckung ihre Wirksamkeit mit dem Tode des letzten Testamentsvollstreckers, der innerhalb von 30 Jahren seit dem Erbfall zum Testamentsvollstrecker ernannt wurde (BGH, Urt. v. 05.12.2007 – IV ZR 275/06, BGHZ 174, 346–359).

Einschränkungen durch den Erblasser

Wie sich aus den §§ 2208, 2209 BGB (s.a. **Nacherbenvollstreckung** nach § 2222 BGB sowie **Vermächtnisvollstreckung** nach § 2223 BGB) ergibt, kann der Erblasser den Aufgabenbereich durch entsprechende letztwillige Anordnungen differenziert gestalten. Er kann z.B. die Verwaltung für einen bestimmten Zeitraum und danach die Auseinandersetzung unter den Miterben anordnen. Auch kann er die Verwaltung gegenständlich auf einzelne Nachlassgegenstände beschränken (§ 2208 Abs. 1 Satz 2 BGB). Er kann den Aufgabenbereich des Testamentsvollstreckers auch auf die Beaufsichtigung der Erben bei der Ausführung der letztwilligen Verfügung eingrenzen (§ 2208 Abs. 2 BGB; sog. **beaufsichtigende Vollstreckung**); in diesem Fall stehen dem Testamentsvollstrecker die Befugnisse aus den §§ 2203–2206 BGB nicht zu, sondern er hat lediglich einen (gerichtlich einklagbaren) Anspruch gegen die Erben auf Vollzug der letztwilligen Verfügung des Erblassers.

Abschließende Formen der Testamentsvollstreckung

Die vom Gesetz bestimmten und oben aufgezeigten Formen der Testamentsvollstreckung sind **abschließend** geregelt. Darüber hinaus können die Befugnisse des Testamentsvollstreckers nicht wirksam erweitert werden.

Soweit der Erblasser **keine ausdrücklichen Anordnungen** erteilt hat, muss der Testamentsvollstrecker auf seinen mutmaßlichen Willen Rücksicht nehmen, wobei dieser sich auch aus Umständen ergeben kann, die außerhalb des Testaments liegen.

Unbeachtlichkeit von Anordnungen des Erblassers

Im Einvernehmen mit dem/den Erben können jedoch auch vom Testamentsvollstrecker Anweisungen des Erblassers unbeachtet bleiben (MüKo-BGB/Zimmermann, 7. Aufl., § 2203 Rdnr. 4).

Außerkraftsetzen von Anordnungen des Erblassers

Darüber hinaus kann das **Nachlassgericht** auf Antrag des Testamentsvollstreckers oder eines anderen Beteiligten Anordnungen des Erblassers außer Kraft setzen, wenn diese den Nachlass erheblich gefährden (§ 2216 Abs. 2 Satz 2 BGB).

4. Arten der Testamentsvollstreckung

4.1 Abwicklungsvollstreckung, §§ 2203, 2204 BGB

Regelaufgaben

Der mit der **Abwicklungsvollstreckung** betraute Testamentsvollstrecker hat die **Aufgabe**, den **Nachlass** gemäß dem Willen des Erblassers **abzuwickeln** (vgl. § 2203 BGB). Dabei ist es seine Pflicht, durch die Abwicklung denjenigen Endzustand herbeizuführen, den der Erblasser hinsichtlich seines Nachlassvermögens herstellen wollte. Mit der vollständigen Erfüllung dieser Aufgabe **endet** das Amt des Abwicklungsvollstreckers von selbst, ohne dass es der Aufhebung der Testamentsvollstreckung oder einer Entlassung des Testamentsvollstreckers durch das Nachlassgericht bedarf (BGHZ 41, 23). Im Rahmen der Abwicklung hat der Testamentsvollstrecker die Nachlassverbindlichkeiten zu erfüllen, Vermächtnisse und Auflagen auszuführen und den Rest dem Erben auszukehren. Bei einer **Mehrheit von Erben** hat er unter ihnen die **Nachlassauseinandersetzung** zu bewirken (§ 2204 BGB).

Die Verwaltung des Nachlasses dient ausschließlich dem Zweck, die Aufgaben der Verwaltung und Auseinandersetzung durchzuführen, anders als im Fall der Verwaltungsvollstreckung, bei der die Nachlassverwaltung keine Hilfsfunktion hat, sondern dem Testamentsvollstrecker als selbständige Aufgabe übertragen ist (§ 2209 BGB).

Durchführung der Abwicklung

Nach der Annahme seines Amts hat der Testamentsvollstrecker sich alsbald Kenntnis vom Umfang seiner Aufgaben und der auszuführenden letztwilligen Verfügungen zu verschaffen (OLG Düsseldorf, FamRZ 2000, 191 = FGPrax 1999, 154). Deshalb wird er möglichst bald die **Testamentseröffnung** herbeiführen. Er kann einen **Erbschein** beantragen sowie die Einziehung desselben verlangen.

Pflichten

Zu den Pflichten des Testamentsvollstreckers gehört es auch, die **Rechtswirksamkeit** der **letztwilligen Verfügungen** zu **prüfen** und dabei das **Testament** in eigener Verantwortung **auszulegen.** Ernsthafte Bedenken an der Gültigkeit des Testaments und Auslegungsschwierigkeiten sollte der Testamentsvollstrecker nach Möglichkeit im Einvernehmen mit den Erben zu klären suchen.

Ausführungspflicht

Soweit die Aufgaben des Testamentsvollstreckers nicht gem. § 2208 BGB beschränkt sind, hat er alle letztwilligen Verfügungen des Erblassers auszuführen, die ein Dritter ausführen kann. Namentlich betrifft die Ausführungspflicht des Testamentsvollstreckers

- das Herbeiführen der **Eintragung** des Erben als Eigentümer eines Nachlassgrundstücks (samt Testamentsvollstreckervermerk, § 52 GBO) im Grundbuch;
- den **Vollzug von Vermächtnissen** (BGH, WM 1970, 930), **Auflagen** und **Pflichtteilsansprüchen;**
- die Nachlassauseinandersetzung unter mehreren Erben (§ 2204 BGB);
- die Erledigung sonstiger vom Erblasser zugewiesener besonderer Verwaltungsaufgaben.

Steuerliche Pflichten

Der Testamentsvollstrecker muss alle, das von ihm verwaltete Vermögen betreffenden **steuerrechtlichen Pflichten** erfüllen, gleichgültig, ob sie vor oder nach dem Erbfall entstanden sind. In diesen Pflichtenkreis fällt die Abgabe aller gebotenen **Steuererklärungen**, namentlich der **Erbschaftsteuererklärung**, sowie die Verpflichtung, dafür zu sorgen, dass die Steuern aus den Mitteln, die der Testamentsvollstrecker verwaltet, entrichtet werden (§ 34 AO). Der Erbschaftsteuerbescheid muss dem Testamentsvollstrecker bekanntgemacht werden (BFH, BB 1982, 602), damit er für die Bezahlung der Steuer sorgen und auf Verlangen des Finanzamts aus dem Nachlass Sicherheit leisten kann.

Art und Weise der Abwicklung

Sein Handeln sowie die Art und Weise seiner Amtsführung hat der Testamentsvollstrecker an dem (ausdrücklich geäußerten oder mutmaßlichen) **Willen des Erblassers** zu orientieren. In diesem Rahmen ist der Testamentsvollstrecker bei der Verwaltung gegenüber dem Erben und dem Nachlassgericht **selbständig** und **unabhängig** (BGHZ 25, 275). Das Nachlassgericht übt keine allgemeine Aufsicht über die Amtsführung aus (Palandt/Weidlich, 78. Aufl., Einf. vor § 2197 BGB Rdnr. 4). Auch der Erblasser kann den Testamentsvollstrecker nicht der Aufsicht des Nachlassgerichts unterstellen, da dies ein Eingriff in öffentliches Recht wäre (OLG Köln, OLGZ 87, 280). Das Nachlassgericht kann allerdings die Testamentsvollstreckung durch etwaige Entscheidungen bei einer **Meinungsverschiedenheit** zwischen mehreren Testamentsvollstreckern (§ 2224 Abs. 1 Satz 1 BGB) beeinflussen. Schließlich kann im **Entlassungsverfahren** nach § 2227 BGB auf Antrag eines Beteiligten stets geprüft werden, ob die Tätigkeit des Testamentsvollstreckers seinen Pflichten entspricht; insofern hat das Nachlassgericht eine eingeschränkte Überwachungsfunktion (Palandt/Weidlich, a.a.O.).

Das Nachlassgericht ist auch nicht befugt, die Testamentsvollstreckung als solche aufzuheben, materiell-rechtliche Entscheidungen hinsichtlich der Verwaltung zu treffen, sich von Amts wegen in die Geschäftsführung einzumischen oder Streitigkeiten zwischen Testamentsvollstrecker und Erben – etwa über die Art der Verwaltung und Auseinandersetzung des Nachlasses – zu entscheiden. Letzteres fällt in die Zuständigkeit nicht der freiwilligen, sondern der streitigen Gerichtsbarkeit (OLG Zweibrücken, Rpfleger 2004, 105).

Praxistipp

Der Testamentsvollstrecker kann, weil er bei der Führung seines Amts nicht der Kontrolle und Aufsicht durch das Nachlassgericht unterliegt, von diesem auch **nicht** durch **Beugemittel** (§ 35 FamFG) zur Erfüllung seiner Pflichten gegenüber dem Erben angehalten werden (OLG Zweibrücken, Rpfleger 2004, 105).

Auch von **Weisungen des Erben** ist der Testamentsvollstrecker **unabhängig**. Wirksame letztwillige Verfügungen hat der Testamentsvollstrecker auch gegen den übereinstimmenden Willen der Erben auszuführen.

4.2 Verwaltungsvollstreckung bzw. Dauervollstreckung, § 2209 BGB

Die Vorschrift des § 2209 BGB lässt im Grunde **zwei Sonderformen** – die sich **gegenseitig ausschließen** – der Testamentsvollstreckung zu, nämlich

- die sogenannte schlichte **Verwaltungsvollstreckung** und
- die sogenannte **Dauervollstreckung.**

Verwaltungsvollstreckung

Bei der schlichten **Verwaltungsvollstreckung** (§ 2209 Satz 1 erster Halbsatz BGB) wird dem Testamentsvollstrecker **allein die Verwaltung des Nachlasses** ohne andere Aufgaben zugewiesen. Das bedeutet, dass dem Testamentsvollstrecker die **Regelaufgaben** der **Ausführung der letztwilligen Verfügung** (§ 2203 BGB) und der **Nachlassauseinandersetzung** (§ 2204 BGB) **nicht** übertragen sind.

Dauervollstreckung

Bei der **Dauervollstreckung** (§ 2209 Abs. 1 zweiter Halbsatz BGB) hat der Testamentsvollstrecker auch **nach Erledigung der Regelaufgaben** (s. §§ 2203, 2204 BGB) die **Verwaltung fortzuführen.** Ist ihre Anordnung nicht ausdrücklich erfolgt, kann sie angenommen werden, wenn der Nachlass eines Alleinerben von einem Testamentsvollstrecker zu verwalten ist und diesem keine besonderen Aufgaben zugewiesen sind (BayObLGZ 1992, 175; BGH, NJW 1983, 3247). Die Erledigung der Regelaufgaben führt hier gerade nicht zur Beendigung des Amts des Testamentsvollstreckers. Das Amt dauert vielmehr fort bis zur zeitlichen Grenze des § 2210 BGB. Der Inhalt des Verwaltungsrechts und die Verwaltungsbefugnisse decken sich hierbei mit denjenigen der schlichten Verwaltungsvollstreckung. Die Verwaltung wird, soweit im Einzelfall nicht anders angeordnet, nicht zum Zweck der Erledigung bestimmter Aufgaben, sondern eben zum Zweck der Verwaltung des Nachlassvermögens geführt.

Praxistipp

Die Dauervollstreckung beschränkt Erben erheblich und stellt sozusagen eine Art **fürsorgliche Bevormundung** für sie dar.

Verwaltungsvollstreckung und Verfügungsbeschränkung des Erben

Die **Verwaltungsvollstreckung** schließt den/die Erben von der Verfügung über die der Verwaltung unterworfenen Gegenstände des Nachlasses aus (§ 2211 BGB) und verhindert den Zugriff der privaten Gläubiger des/der Erben auf das Nachlassvermögen (§ 2214 BGB). Erstreckt sich die Anordnung der Verwaltungsvollstreckung auf mehrere Erben, ist die Auseinandersetzung für die Dauer der Verwaltung ausgeschlossen (§ 2044 BGB). Insbesondere daran zeigt es sich, dass die Verwaltungsvollstreckung den **Zweck** erfüllen kann, den gesamten Nachlass, einzelne Nachlassgegenstände oder eine Gesamtheit von Nachlassgegenständen über einen großen Zeitraum ungeteilt zu erhalten.

Die **Verwaltungsvollstreckung** ist regelmäßig auf die **Erzielung von Erträgen** aus dem Nachlass gerichtet. Diese unterliegen der Verwaltung des Testamentsvollstreckers. Wie er die Erträge verwenden und wie viel er von diesen an die Erben herausgeben muss, richtet sich nach den Anordnungen des Erblassers, sonst nach dessen mutmaßlichem Willen und den Grundsätzen einer ordnungsgemäßen Verwaltung nach § 2216 Abs. 1 BGB.

5. Rechte und Pflichten des Testamentsvollstreckers

Zur Erfüllung seiner Aufgaben als Testamentsvollstrecker überträgt ihm das Gesetz bestimmte Rechte und Pflichten.

5.1 Rechte des Testamentsvollstreckers, § 2205 BGB

Verwaltungsbefugnis

Die Befugnisse zur **Verwaltung des Nachlasses** gem. § 2205 Satz 1 BGB stehen dem Testamentsvollstrecker unabhängig davon zu, ob ihm eine Abwicklungs- (§ 2203 BGB) oder eine Verwaltungs- bzw. Dauervollstreckung (§ 2209 BGB) übertragen ist – sofern der Erblasser keine Beschränkungen nach § 2208 BGB angeordnet hat.

Inbesitznahme

Gemäß § 2205 Satz 2 BGB hat der Testamentsvollstrecker insbesondere das Recht, den Nachlass in **Besitz** zu nehmen.

Verfügungsrecht

Außerdem ist der Testamentsvollstrecker berechtigt, über die Nachlassgegenstände zu verfügen. Das **Verfügungsrecht** ergibt sich ebenfalls aus § 2205 Satz 2 BGB und ist grundsätzlich – mit Ausnahme der unentgeltlichen Verfügung (§ 2205 Satz 3 BGB) – unbeschränkt. Die Verfügungsbefugnis des Testamentsvollstreckers erfasst nur die Nachlassgegenstände, nicht aber den Erbteil, also die erbrechtliche Beteiligung des Miterben insgesamt; über seinen Erbteil kann (nur) der Miterbe selbst verfügen (§ 2033 Abs. 1 BGB). Umgekehrt ist die Verfügungsbefugnis dem Erben hinsichtlich der der Testamentsvollstreckung unterliegenden Nachlassgegenstände gem. § 2211 Abs. 1 BGB entzogen. Hinsichtlich der Verfügungsbefugnis des Erben werden gutgläubige Dritte insoweit entsprechend §§ 932 ff., 892 ff. BGB geschützt (§ 2211 Abs. 2 BGB). Die Verfügungsbeschränkung des Erben beginnt bereits mit dem Erbfall, also schon vor dem Amtsbeginn (§ 2201 Abs. 1 BGB) des Testamentsvollstreckers.

Unentgeltliche Verfügungen

Zu **unentgeltlichen Verfügungen** ist der Testamentsvollstrecker – mit Ausnahme von Anstandsschenkungen – nicht befugt (§ 2205 Satz 3 BGB). Unentgeltlichkeit liegt nach ständiger Rechtsprechung dann vor, wenn zum einen objektiv aus dem Nachlass ein Wert weggegeben wird, ohne dass dem eine objektiv gleichwertige Gegenleistung gegenübersteht, und wenn kumulativ dazu der Testamentsvollstrecker entweder positiv weiß oder bei ordnungsgemäßer Verwaltung der Nachlassmasse hätte wissen müssen, dass dem keine gleichwertige Gegenleistung an die Erbschaftsmasse gegenübersteht (BGH, NJW 1991, 842; vgl. auch Schaub, ZEV 2001, 257). Die Rechtsgrundlosigkeit einer Verfügung steht der Unentgeltlichkeit gleich (Palandt/Weidlich, 78. Aufl., § 2205 BGB Rdnr. 28). Eine Leistung, die in Erfüllung einer nur vermeintlich bestehenden Nachlassverbindlichkeit vorgenommen wird, ist objektiv eine unentgeltliche. Bei **Verstoß** gegen § 2205 Satz 3 BGB ist die Verfügung (schwebend) unwirksam (MüKo-BGB/Zimmermann, 7. Aufl., § 2205 Rdnr. 76); eine Heilung durch die Genehmigung der Erben (und Vermächtnisnehmer) ist möglich. Die Verfügungsbeschränkung ist in dem Sinne zwingend, dass der Erblasser den Testamentsvollstrecker davon nicht befreien kann. Da diese Verfügungsbeschränkung dem Schutz des/der Erben bzw. Vermächtnisnehmer dient, kann mit deren Zustimmung diese Schranke überwunden werden (h.M., ausf. dazu MüKo-BGB/Zimmermann, a.a.O.).

Insichgeschäft

Bedeutsam im Zusammenhang mit Verfügungen des (erbenden wie des nichterbenden) Testamentsvollstreckers ist die **Problematik des Insichgeschäfts (§ 181 BGB)**. Die Bestimmung des § 181 BGB ist auf den Testamentsvollstrecker nicht direkt, sondern nur entsprechend anwendbar (BGH, NJW 1969, 841; BGH 1981, 1271; OLG Frankfurt, NJW-RR 1998, 795), da der Testamentsvollstrecker nicht Vertreter der Erben ist, sondern **Partei kraft Amtes** (Amtstheorie; siehe Kapitel 12.A.2.1, S. 818). Der Testamentsvollstrecker kann eine In-Sich-Verfügung analog § 181 BGB vornehmen, wenn er lediglich in Erfüllung einer vom Erblasser stammenden Verbindlichkeit handelt oder wenn dies vom Erblasser gestattet ist (MüKo-BGB/Zimmermann, 7. Aufl., § 2205 Rdnr. 84 f.). Grenze bildet jedoch immer die **ordnungsgemäße Verwaltung** (§ 2216 Abs. 1 BGB), so dass ein Insichgeschäft des Testamentsvollstreckers, das gegen das Gebot ordnungsgemäßer Verwaltung verstößt, selbst dann unwirksam ist, wenn es vom Willen des Erblassers gedeckt wäre (MüKo-BGB/Zimmermann, a.a.O.). Ein in entsprechender Anwendung des § 181 BGB unzulässiges Geschäft ist schwebend unwirksam und kann durch eine Genehmigung der Erben analog § 177 BGB geheilt werden (MüKo-BGB/Zimmermann, 7. Aufl., § 2205 Rdnr. 88).

Eingehung von Verbindlichkeiten

Gemäß § 2206 Abs. 2 BGB ist der Testamentsvollstrecker befugt, **Verbindlichkeiten** für den Nachlass einzugehen, soweit dies zur **ordnungsgemäßen Verwaltung** erforderlich ist (BGH, NJW 1983, 40). Von letzterer Einschränkung kann der Erblasser den Testamentsvollstrecker jedoch gem. § 2207 Satz 1 BGB befreien.

Erwirbt der Testamentsvollstrecker für den Nachlass ein Grundstück, dann bedarf er auch dann, wenn der Erbe minderjährig ist, hierzu nicht der familiengerichtlichen Genehmigung (OLG Karlsruhe, NJW-RR 2015, 1097).

Lediglich für unentgeltliche Verfügungen trifft das Gesetz zwingende Beschränkungen: §§ 2205 Satz 3, 2207 Satz 2 BGB. Die Reichweite der Verpflichtungsbefugnis des Testamentsvollstreckers deckt sich jedenfalls mit derjenigen seiner Verfügungsbefugnis (§ 2206 Abs. 1 Satz 2 BGB).

Gutglaubensschutz

Da es für einen **Dritten** als möglichen Vertragspartner schwierig zu erkennen ist, ob ein Vertrag auf Seiten des Testamentsvollstreckers (objektiv) ordnungsgemäßer Verwaltung entspricht, hat die Rechtsprechung darüber hinaus schon frühzeitig auf die Sicht des Dritten abgestellt und den **guten Glauben** des Vertragsgegners an die Befugnis des Testamentsvollstreckers zur Eingehung der Verbindlichkeit geschützt (BGH, NJW 1983, 40). Wenn der Vertragsgegner ohne jede Fahrlässigkeit annehmen durfte, dass die Eingehung der Verbindlichkeit zur ordnungsgemäßen Verwaltung erforderlich ist, so kommt der Vertrag wirksam zustande.

5.2 Pflichten des Testamentsvollstreckers

5.2.1 Inbesitznahme

Inbesitznahme

Zunächst ist der Testamentsvollstrecker **berechtigt** (§ 2205 Abs. 1 Satz 2 BGB) und **verpflichtet**, die **Nachlassgegenstände in Besitz** zu nehmen. Da der Besitz nicht unmittelbar vom Erblasser auf den Testamentsvollstrecker übergeht, muss er sich diesen verschaffen.

5.2.2 Nachlassverzeichnis

Nachlassverzeichnis

Unverzüglich (legaldefiniert in § 121 Abs. 1 Satz 1 BGB) nach der Annahme des Amts hat der Testamentsvollstrecker dem Erben ein **Verzeichnis** der seiner Verwaltung unterliegenden und der ihm bekannten **Nachlassverbindlichkeiten** (Nachlassverzeichnis) mitzuteilen (§ 2215 Abs. 1 BGB; BayObLG, FamRZ 1998, 325).

Stichtag

Das Verzeichnis ist gem. § 2215 Abs. 2 BGB auf den **Tag der Annahme des Testamentsvollstreckeramts** zu erstellen und durch den Testamentsvollstrecker zu unterschreiben. Einer gesonderten Aufforderung des Erben zur Vorlage des Nachlassverzeichnisses bedarf es nicht.

Verstoß

Das Nachlassverzeichnis stellt die **Grundlage für eine ordnungsgemäße Verwaltung** dar. Seine Errichtung ist daher eine der wesentlichen Pflichten des Testamentsvollstreckers, von der ihn auch der Erblasser nicht wirksam befreien kann. Ein Verstoß gegen diese Pflicht kann einen **Entlassungsgrund** gem. § 2227 Abs. 1 BGB darstellen.

Beihilfe zur Inventarerstellung

Darüber hinaus ist der Testamentsvollstrecker verpflichtet, den Erben bei der Errichtung des Inventars zu unterstützen (§ 2215 Abs. 1 BGB a.E.). Das Nachlassverzeichnis ist ein wichtiges Beweismittel für die Abwicklung der angeordneten Testamentsvollstreckung im Verhältnis zum Erben.

Amtliches Nachlassverzeichnis

Der Testamentsvollstrecker ist auch berechtigt, das Verzeichnis durch die zuständige Behörde, einen zuständigen Beamten oder Notar aufnehmen zu lassen (§ 2215 Abs. 4 BGB). Verlangt der Erbe die amtliche Nachlassverzeichnung, ist der Testamentsvollstrecker hierzu verpflichtet (§ 2215 Abs. 4 BGB). Der Notar ist gem. § 20 Abs. 1 BNotO zur Aufnahme zuständig. Im Übrigen gibt es entsprechende Landesregelungen. Die Kosten des Verzeichnisses fallen dem Nachlass zur Last (§ 2215 Abs. 5 BGB).

Überlassung von Nachlassgegenständen

Nachlassgegenstände, die der Testamentsvollstrecker zur Erfüllung seiner Aufgaben nicht mehr benötigt, muss er dem Erben auf dessen Verlangen **herausgeben** und zur freien Verfügung überlassen (§ 2217 Abs. 1 BGB). Diese Freigabe kann von den Erben im Klageweg erzwungen werden. Die Herausgabe von Nutzungen an den Erben erfolgt im Rahmen des § 2216 BGB.

5.2.3 Ordnungsgemäße Verwaltung des Nachlasses

Ordnungsgemäße Nachlassverwaltung

Gemäß § 2216 Abs. 1 BGB ist der Testamentsvollstrecker zur **ordnungsgemäßen Verwaltung** des Nachlasses verpflichtet (BGHZ 25, 280; BGH,

NJW-RR 1989, 642). Die Ordnungsmäßigkeit der Verwaltung bestimmt sich nach objektiven Kriterien: nach dem Zweck der Verwaltung, nach den letztwilligen Anordnungen des Erblassers und nach den Umständen des einzelnen Falls. Jedoch ist dem Testamentsvollstrecker ein (enger) Spielraum für pflichtgemäßes Ermessen eingeräumt (BGH, FamRZ 1995, 478).

Auskunfts- und Rechenschaftspflicht

Den Testamentsvollstrecker trifft entsprechend § 666 BGB eine **Auskunfts- und Rechenschaftspflicht** (§ 2218 Abs. 1 BGB), die § 2218 Abs. 2 BGB bei einer länger dauernden Verwaltung in eine jährliche Rechnungslegungspflicht erweitert. Hiernach hat der Testamentsvollstrecker die Erben auch von sich aus laufend über bedeutsame Vorgänge zu informieren, damit diese Gelegenheit erhalten, auf das Handeln des Testamentsvollstreckers Einfluss zu nehmen (OLG Karlsruhe, Urt. v. 08.05.2015 – 10 U 29/13).

Entsprechend § 667 BGB hat der Testamentsvollstrecker bei Beendigung seines Amts die Pflicht zur Herausgabe des Nachlasses an die Erben.

Pflichtverletzung/ Haftung

Bei schuldhafter (§§ 276, 278 BGB) Verletzung der ihm obliegenden Verpflichtungen **haftet** der Testamentsvollstrecker dem Erben bzw. dem Vermächtnisnehmer (soweit ein Vermächtnis zu vollstrecken ist, vgl. § 2223 BGB) auf Ersatz des daraus entstehenden Schadens (§ 2219 BGB; BGHZ 30, 73); mehrere schuldhaft handelnde Testamentsvollstrecker haften gesamtschuldnerisch (§ 2219 Abs. 2 BGB). Ein Schadenersatzanspruch des Erben gegen den Testamentsvollstrecker kommt insbesondere bei einer Verletzung der Pflicht zur ordnungsgemäßen Verwaltung nach § 2216 BGB in Betracht.

6. Prozessführung des Testamentsvollstreckers

6.1 Rechtsstellung des Testamentsvollstreckers im Prozess

Partei kraft Amtes

Der Testamentsvollstrecker ist auch im Prozess **nicht Vertreter der Erben**, er ist vielmehr selbst **Partei kraft Amtes** (vgl. BGH, NJW 1988, 1390). Er ist in dem von ihm geführten Prozess Partei und kann als solche vernommen werden (§§ 445 ff. ZPO), der Erbe als Zeuge (§§ 373 ff. ZPO). Der Erbe kann dem vom Testamentsvollstrecker geführten Prozess als Nebenintervenient beitreten und gilt dann als Streitgenosse des Testamentsvollstreckers.

Prozessführungsbefugnis

Die §§ 2212, 2213 BGB regeln, **wer** zur **Prozessführung berechtigt** ist, wenn ein Recht für oder gegen einen Nachlass gerichtlich geltend gemacht wird, für den ein Testamentsvollstrecker ernannt ist.

Regelungsgegenstand des § 2212 BGB ist das **Prozessführungsrecht im Aktivprozess**, d.h. die gerichtliche Geltendmachung von Rechten, die zum Nachlass gehören.

§ 2213 BGB betrifft dagegen das **Prozessführungsrecht im Passivprozess**, in dem ein Anspruch gegen den Nachlass gerichtlich geltend gemacht wird.

Ergänzende Vorschriften

Diese Vorschriften werden ergänzt durch zahlreiche Regelungen in der ZPO, nämlich § 327 ZPO zur Rechtskraftwirkung eines zwischen dem Testamentsvollstrecker und einem Dritten ergangenen Urteils und den §§ 748, 749, 779 Abs. 2, 780 Abs. 2 ZPO zur Zwangsvollstreckung in einen der Testamentsvollstreckung unterliegenden Nachlass.

6.2 Aktivprozess

Prozessführungsbefugnis des Testamentsvollstreckers

In Aktivprozessen ist der Testamentsvollstrecker **prozessführungsbefugt**, soweit das den Gegenstand des Prozesses bildende Recht seiner Verwaltung unterliegt (§ 2212 BGB). Hierzu gehört auch ein in den Nachlass fallender Pflichtteilsanspruch (BGH, Urt. v. 05.11.2014 – IV ZR 104/14). Mehrere Testamentsvollstrecker, die das Amt gem. § 2224 Abs. 1 BGB gemeinschaftlich führen, sind notwendige Streitgenossen nach § 62 ZPO.

Dies führt dazu, dass die Erben insoweit von der Prozessführungsbefugnis ausgeschlossen sind. Dies gilt jedoch nicht für eine negative Feststellungsklage, da sie nach ständiger Rechtsprechung aus der Sicht des Nachlasses als Passivprozess i.S.d. § 2213 BGB anzusehen ist (vgl. BGH, NJW 1988, 1390).

Der Testamentsvollstrecker kann **alle Prozesshandlungen** vornehmen, also insbesondere Klage, Prozessaufrechnung, Einrede, Vollstreckungsgegenklage, Vergleich, Zwangsvollstreckung, Arrest und einstweilige Verfügung. Unerheblich ist, ob der Prozess vor einem ordentlichen Gericht oder vor einem Verwaltungsgericht stattfindet. Allerdings ist der Testamentsvollstrecker zur Führung eines Prozesses über die Feststellung des Erbrechts als solches i.d.R. nicht berechtigt (BGH, NJW 1960, 523). Auch der Anspruch des Vertragserben aus § 2287 BGB wegen böswilliger Schenkungen gehört nicht zum Nachlass und kann vom Testamentsvollstrecker deshalb nur mit Ermächtigung des Erben als dessen gewillkürter Prozessstandschafter geltend gemacht werden (BGH, NJW 1980, 2461).

Wechsel in der Person während des Prozesses

Einen vom Erblasser geführten Rechtsstreit, der durch **seinen Tod unterbrochen** worden ist (§ 239 ZPO), kann der Testamentsvollstrecker, soweit er prozessführungsbefugt ist, aufnehmen (§§ 241, 243 ZPO). Bei Wechsel der Person des Testamentsvollstreckers gelten die §§ 241, 246 ZPO. Erlischt das Amt oder Verwaltungsrecht des Testamentsvollstreckers während des Prozesses aus einem nicht in seiner Person liegenden Grund, so tritt eine Unterbrechung des Verfahrens nach § 239 ZPO ein oder es muss, sofern ein Prozessbevollmächtigter bestellt ist, einem Aussetzungsantrag nach § 246 ZPO entsprochen werden (BGH, NJW 1964, 2301).

Gerichtsstand

Soweit seine Prozessführungsbefugnis reicht, kann der Testamentsvollstrecker bei Aktivprozessen den **Gerichtsstand** des § 27 ZPO in Anspruch nehmen, wenn einer der dort geregelten Fälle gegeben ist (MüKo-BGB/Zimmermann, 7. Aufl., § 2212 Rdnr. 14).

Prozessführungsbefugnis des Erben

§ 2212 BGB enthält keine zwingende Regelung (BGH, NJW 1963, 297). Der Erblasser kann deshalb das **Prozessführungsrecht dem Erben zuteilen.** Auch kann der prozessführungsbefugte Testamentsvollstrecker den Erben zur Prozessführung wirksam ermächtigen. Der Erbe kann dann als gewillkürter Prozessstandschafter auf Leistung an sich selbst klagen (BGH, WM 1967, 53).

Rechtskraft

Nach § 327 Abs. 1 ZPO **wirkt** ein **Urteil,** das zwischen dem Testamentsvollstrecker und einem Dritten über ein der Verwaltung des Testamentsvollstreckers unterliegendes Recht ergeht, mit **Rechtskraft** für und gegen den Erben. Dies gilt nicht für andere als die in § 327 ZPO genannten Entscheidungen (MüKo-ZPO/Gottwald, 5. Aufl., § 327 Rdnr. 10).

6.3 Passivprozess

Prozessführungsbefugnis des Testamentsvollstreckers

§ 2113 BGB regelt das **Prozessführungsrecht** für Passivprozesse. Als solcher wird jeder gerichtliche Streit, gleichgültig vor welcher Gerichtsbarkeit und in welcher Verfahrensart, in dem eine Leistung aus dem Nachlass oder die Feststellung einer Nachlassverbindlichkeit begehrt wird, angesehen (MüKo-BGB/Zimmermann, 7. Aufl., § 2213 Rdnr. 2). Nicht in den Anwendungsbereich des § 2213 BGB gehört die Geltendmachung eines Anspruchs gegen den Testamentsvollstrecker persönlich (BGH, WM 1988, 125).

Vor der Annahme der Erbschaft hat der Erbe keine passive Prozessführungsbefugnis. Schon in diesem Stadium kann aber eine Klage gegen den Testamentsvollstrecker erhoben werden (§ 2213 Abs. 2 BGB), sobald er das Amt angenommen hat (§ 2202 Abs. 1 BGB) und soweit er in der Sache prozessführungsberechtigt ist.

Nach Annahme der Erbschaft ist der Erbe zwar im Passivprozess prozessführungsberechtigt, will der Gläubiger aber die Zwangsvollstreckung in die der Testamentsvollstreckung unterliegenden Nachlassgegenstände betreiben, benötigt er neben dem Urteil gegen den Erben auf Leistung stets auch ein Urteil gegen den Testamentsvollstrecker auf Duldung der Zwangsvollstreckung (§ 748 Abs. 2 ZPO); ein Urteil gegen den Erben allein wirkt nicht gegen den Testamentsvollstrecker (Palandt/Weidlich, 78. Aufl., § 2213 BGB Rdnr. 7).

Testamentsvollstreckung über den ganzen Nachlass

Bei der von Amts wegen zu prüfenden (vgl. BGH, NJW 1964, 2301) Prozessführungsbefugnis des Testamentsvollstreckers im Passivprozess ist danach zu unterscheiden, ob dieser den ganzen Nachlass oder nur einzelne Nachlassgegenstände verwaltet. Verwaltet er den **ganzen Nachlass,** kann der Nachlassgläubiger den Testamentsvollstrecker verklagen, und zwar allein oder neben dem Erben (§ 2213 Abs. 1 Satz 1 BGB, § 748 Abs. 1 ZPO; BGH, NJW 1988, 1390).

Beschränkte Testamentsvollstreckung

Liegt beim Testamentsvollstrecker hingegen nur die Verwaltung **einzelner Nachlassgegenstände** (§ 2208 Abs. 1 Satz 2 BGB), so ist die gerichtliche Geltendmachung des Gläubigeranspruchs nur gegen den Erben zulässig (§ 2213 Abs. 1 Satz 2 BGB). Eine Leistungsklage gegen den Testamentsvollstrecker ist mangels Prozessführungsbefugnis nicht zulässig, eine Duldungsklage gegen ihn nach § 2213 Abs. 3 BGB aber erforderlich, wenn der Gläubiger in die der Verwaltung unterliegenden Nachlassgegenstände vollstrecken will (§ 748 Abs. 2 ZPO). Gegenüber der Duldungsklage kann der Testamentsvollstrecker alle materiellen Einwendungen und Einreden des Erben erheben (MüKo-BGB/Zimmermann, 7. Aufl., § 2213 Rdnr. 10).

Pflichtteilsansprüche

Pflichtteilsansprüche kann der Testamentsvollstrecker nur erfüllen, wenn sie unstreitig sind, dann allerdings auch ohne die Zustimmung des Erben, den er gleichwohl vorher anhören sollte (Palandt/Weidlich, 78. Aufl., § 2213 BGB Rdnr. 6). Ein Pflichtteilsanspruch kann im Streitfall aber nur gegen den Erben gerichtlich geltend gemacht werden, auch wenn der Testamentsvollstrecker den gesamten Nachlass verwaltet. Die Rechtskraft des eventuell ergehenden Leistungsurteils wirkt jedoch nicht gegen den Testamentsvollstrecker (BGHZ 51, 25). Will der Pflichtteilsgläubiger in den vom Testamentsvollstrecker verwalteten Nachlass vollstrecken, muss er ihn auf Duldung in Anspruch nehmen (§ 748 Abs. 3 ZPO), auch wenn der Erbe den Pflichtteilsanspruch anerkannt hat (Gottwald, Zwangsvollstreckung, 7. Aufl., § 748 ZPO Rdnr. 3). Dies kann getrennt, aber auch im Prozess gegen den Erben erfolgen (Palandt/Weidlich, a.a.O.). Fehlt bei der Zwangsvollstreckung ein gegen ihn ergangener Titel, kann der Testamentsvollstrecker Erinnerung nach § 766 ZPO einlegen oder die Drittwiderspruchsklage nach § 771 ZPO erheben (Gottwald, Zwangsvollstreckung, 7. Aufl., § 748 ZPO Rdnr. 5).

Gerichtsstand

Sowohl der Erbe als auch der Testamentsvollstrecker können am **Gerichtsstand** der Erbschaft verklagt werden (§§ 27, 28 ZPO), der Testamentsvollstrecker auch an seinem allgemeinen Gerichtsstand (MüKo-BGB/Zimmermann, 7. Aufl., § 2213 Rdnr. 17).

Rechtskraft

Urteile gegen den Erben **wirken mit Rechtskraft** in einem Rechtsstreit mit diesem nur für, nicht aber gegen den Testamentsvollstrecker, auch nicht im Pflichtteilsprozess (RGZ 109, 106 f.). Hat der Erbe dagegen eine günstige Entscheidung erstritten, kann sich auch der Testamentsvollstrecker hierauf berufen (MüKo-ZPO/Gottwald, 5. Aufl., § 327 Rdnr. 13). Dagegen wirken Urteile gegen den Testamentsvollstrecker hinsichtlich des Nachlasses auch gegen den Erben (§ 327 Abs. 2 ZPO).

6.4 Zwangsvollstreckung

Zwangsvollstreckung in Nachlassvermögen, das der Verwaltung des Testamentsvollstreckers unterliegt

Für die Zwangsvollstreckung in einen vom Testamentsvollstrecker im Ganzen verwalteten Nachlass ist ein gegen ihn ergangenes Urteil erforderlich und ausreichend (§ 748 Abs. 1 ZPO; Gottwald, Zwangsvollstreckung, 7. Aufl., § 748 ZPO Rdnr. 2). Der Vorbehalt der beschränkten Erbenhaftung ist unnötig (§ 780 Abs. 2 ZPO). Im Fall der Teilverwaltung bedarf es eines Leistungsurteils gegen den Erben, der sich die Haftungsbeschränkung im Urteil vorbehalten lassen muss (§ 780 Abs. 1 ZPO). Zur Zwangsvollstreckung in die verwaltungsunterworfenen Nachlassgegenstände ist ein Duldungsurteil gegen den Testamentsvollstrecker erforderlich (vgl. § 748 Abs. 2 ZPO i.V.m. § 2213 Abs. 1 Satz 2, Abs. 3 BGB).

Vollstreckungsmaßnahmen gegen Erben

Aus einem nur gegen den Erben ergangenen Urteil kann bei Bestehen einer Testamentsvollstreckung nur vollstreckt werden, wenn dem Testamentsvollstrecker kein Verwaltungsrecht zusteht, und dann auch nur in das persönliche Vermögen des Erben. Das Urteil entfaltet keine Rechtskraft gegen den Testamentsvollstrecker und es kann daher, solange das Verwaltungsrecht des Testamentsvollstreckers besteht, nicht in den Nachlass vollstreckt werden (MüKo-ZPO/Heßler, 5. Aufl., § 748 Rdnr. 26). Zur Umschreibung eines gegen den Erblasser erwirkten Vollstreckungstitels für und gegen den Testamentsvollstrecker und zur Umschreibung eines gegen des Testamentsvollstrecker erwirkten Titels auf den Erben vgl. Gottwald, Zwangsvollstreckung, 7. Aufl., § 749 ZPO Rdnr. 1–5.

Testamentsvollstrecker als persönlich Beklagter

Nicht in den Anwendungsbereich des § 2213 BGB gehört die Geltendmachung eines Anspruchs **gegen den Testamentsvollstrecker persönlich** (MüKo-BGB/Zimmermann, 7. Aufl., § 2213 Rdnr. 3). Persönlich Beklagter ist der Testamentsvollstrecker etwa, wenn er auf Leistung von Schadenersatz wegen Pflichtverletzung in Anspruch genommen wird, wenn Nachlassgegenstände herausverlangt werden, wenn seine Rechtsstellung als Testamentsvollstrecker von der Entscheidung abhängt oder wenn es um die Gültigkeit des Testaments geht, auf dem seine Ernennung beruht.

6.5 Zwangsversteigerung

Nach Annahme der Erbschaft ist der Testamentsvollstrecker befugt, Antrag auf Zwangsversteigerung von Nachlassgrundstücken, die seiner Verwaltung unterstehen, zu stellen, wenn ein Nachlassgläubiger für seine Forderung ein Recht auf Befriedigung aus dem Nachlassgrundstück hat. Im Rahmen einer ordnungsgemäßen Verwaltung kann der Testamentsvollstrecker im Zwangsversteigerungsverfahren mit Wirkung für den Nachlass Gebote abgeben. Erhält er den Zuschlag, so ist er im Zuschlagsbeschluss zu erwähnen und bei der Eintragung der Erben im Grundbuch mit einzutragen.

7. Testamentsvollstreckerzeugnis

7.1 Allgemeines

Nachweisfunktion

Zum Nachweis seiner Rechte im Rechtsverkehr bedient sich der Erbe des Erbscheins. Der gutgläubige Dritte kann sich auf die Richtigkeit des Inhalts des Erbscheins verlassen (§ 2365 BGB). Im Rahmen der Anordnung einer Testamentsvollstreckung hat das **Testamentsvollstreckerzeugnis** für den Testamentsvollstrecker die gleiche Funktion (BayObLGZ 1984, 225). Allerdings kann die Legitimation des Testamentsvollstreckers nicht nur durch das Testamentsvollstreckerzeugnis erfolgen. Der Testamentsvollstrecker kann den Beweis seiner Ernennung und Amtsannahme auch in anderer Weise, insbesondere durch Vorlage des Testaments und der Ausfertigung der Annahmeerklärung, führen (RGZ 100, 282; BGH, WM 1961, 479). Zur Eintragung des **Testamentsvollstreckungsvermerks** gem. § 52 GBO genügt es nämlich, wenn die letztwillige Verfügung, auf welcher die Testamentsvollstreckung beruht, in einer öffentlichen Urkunde enthalten ist und die Niederschrift über ihre Eröffnung vorgelegt wird. Entsprechendes gilt im Handelsregisterverfahren. Das Testamentsvollstreckerzeugnis wird durch die Bestätigung des Nachlassgerichts über die Annahme des Amts gem. § 2202 BGB nicht entbehrlich.

Praxistipp

Im rechtsgeschäftlichen Verkehr kann immer die Vorlage des Testamentsvollstreckerzeugnisses verlangt werden. Insbesondere die Banken verlangen regelmäßig dessen Vorlage.

Öffentlicher Glaube

Das Testamentsvollstreckerzeugnis begründet allein die **Vermutung der Vollständigkeit und Richtigkeit** und genießt **öffentlichen Glauben** (§ 2368 erster Halbsatz i.V.m. § 2365 BGB). Auch im Übrigen finden die Vorschriften über den Erbschein auf das Testamentsvollstreckerzeugnis entsprechende Anwendung (§ 2368 BGB).

Verfahrensrecht

Aufgrund des IntErbRErbschÄndG vom 29.06.2015 (BGBl I, 1042), welches für Erbfälle ab dem 17.08.2015 Anwendung findet, wurden zahlreiche verfahrensrechtliche Regelungen zum Erbschein und zum Testamentsvollstreckerzeugnis ohne größere inhaltliche Änderungen aus dem BGB in die §§ 352–354 FamFG überführt. Die zentrale Verweisungsnorm für die Anwendbarkeit der Vorschriften über den Erbschein findet sich nunmehr in § 354 Abs. 1 FamFG.

Vermutungswirkung

Das Testamentsvollstreckerzeugnis bezeugt allerdings nicht das Bestehen bzw. das Fortbestehen des Amts (BGHZ 41, 23), da es gem. § 2368 Satz 2 zweiter Halbsatz BGB (im Gegensatz zum Erbschein) mit Beendigung des Amts des Testamentsvollstreckers **von selbst kraftlos** wird. Die mit dem Testamentsvollstreckerzeugnis verbundene Vermutung (§ 2365 BGB) und ein möglicher gutgläubiger Erwerb werden damit gegenstandslos (Palandt/Weidlich, 78. Aufl., § 2368 BGB Rdnr. 10). Das Testamentsvollstreckerzeugnis bezeugt auch nicht, dass sich die Verfügungsmacht des Testamentsvollstreckers auf einen bestimmten Nachlassgegenstand bezieht (Palandt/Weidlich, 78. Aufl., § 2368 BGB Rdnr. 8). **Nicht vermutet** wird, dass eine im Testamentsvollstreckerzeugnis angegebene Beschränkung der Befugnisse des Testamentsvollstreckers tatsächlich besteht (KG, OLGZ 1991, 261).

7.2 Arten des Testamentsvollstreckerzeugnisses

Ein Testamentsvollstrecker

Ist nur ein Testamentsvollstrecker ernannt, dessen Rechte sich auf den gesamten Nachlass beziehen, ist **ein Testamentsvollstreckerzeugnis** zu erteilen.

Sind mehrere Testamentsvollstrecker ernannt, so sind ein **Teilzeugnis** über das Recht eines einzelnen, ein **gemeinschaftliches Zeugnis** über das Recht aller sowie ein **gemeinschaftliches Teilzeugnis** über die Rechte mehrerer Testamentsvollstrecker zulässig. Bei einem Teilzeugnis sind die **Mitvollstrecker** anzugeben; etwas anderes gilt, wenn ein Testamentsvollstrecker nach außen zu völlig selbständigem Handeln ermächtigt ist. Mehrere Testamentsvollstrecker

Bei Testamentsvollstreckung für Vor- und Nacherbfolge ist nur ein einheitliches Zeugnis zu erteilen (BayObLG, NJW 1959, 1920). Vor- und Nacherbfolge

Sofern das deutsche Nachlassgericht gem. §§ 105, 343 FamFG international zuständig ist, kann es gem. § 354 Abs. 1 i.V.m. § 352c FamFG bei Anwendung ausländischen Erbrechts auch ein **Fremdrechtstestamentsvollstreckerzeugnis** erteilen. Dies setzt jedoch ferner voraus, dass eine mit dem deutschen Recht der Testamentsvollstreckung vergleichbare Vollstreckung vorliegt. Gemäß § 354 Abs. 1 i.V.m. § 352c FamFG kann der Antrag auch auf die im Inland befindlichen Gegenstände beschränkt werden (BayObLGZ 1986, 466). Fremdrechtstestamentsvollstreckerzeugnis

7.3 Erteilungsverfahren

Zuständig zur Erteilung des Testamentsvollstreckerzeugnisses ist das für den konkreten Erbfall gem. § 2368 BGB i.V.m. § 23a GVG zuständige **Nachlassgericht**. Funktionell zuständig ist der **Richter** (§ 16 Abs. 1 Nr. 6 RPflG). Dies gilt auch im Geltungsbereich der Höfeordnung (str.; BGHZ 58, 105). Zuständigkeit

Die Erteilung setzt einen **formlosen Antrag** des Testamentsvollstreckers voraus (§ 2368 BGB). In der Antragstellung liegt zugleich die Annahme des Amts. Jeder von mehreren Testamentsvollstreckern kann verlangen, dass ein Testamentsvollstreckerzeugnis erteilt wird (§§ 354 Abs. 1, 352a Abs. 1 FamFG). **Antragsberechtigt** ist auch ein Nachlassgläubiger, aber nur unter den Voraussetzungen der §§ 792, 896 ZPO (MüKo-BGB/J. Mayer, 7. Aufl., § 2368 Rdnr. 7). Auch der **Erbe** hat ein eigenes Antragsrecht (str.; wie hier MüKo-BGB/J. Mayer, 7. Aufl., § 2368 Rdnr. 6 m.w.N.; a.A. OLG Hamm, NJW 1974, 505; BayObLG, MDR 1978, 142). Antragsberechtigung

Zum notwendigen Inhalt des Antrags gehören diejenigen Tatsachen, die im Testamentsvollstreckerzeugnis zu verlautbaren sind. Es gelten die Anforderungen zum Antrag auf Erteilung eines Erbscheins sinngemäß (MüKo-BGB/J. Mayer, 7. Aufl., § 2368 Rdnr. 8). Antragsbegründung

Es sind deshalb **anzugeben**: die Zeit des Todes des Erblassers; die Verfügung von Todes wegen, aufgrund deren er ernannt wird; ob und welche weiteren Verfügungen von Todes wegen des betroffenen Erblassers vorhanden sind; ob ein Rechtsstreit über seine Ernennung anhängig ist; die Angabe über einen etwaigen Wegfall der Person, durch die er, der antragstellende Testamentsvollstrecker, von seinem Amt ausgeschlossen wäre oder durch die seine Rechtsstellung vermindert würde. Anzugeben ist wei- Inhalt ter, ob ein Rechtsstreit über das Testamentsvollstreckeramt anhängig ist, sowie der Wegfall konkurrierend ernannter Testamentsvollstrecker (MüKo-BGB/J. Mayer, 7. Aufl., § 2368 Rdnr. 8).

Nachweise

Der Nachweis der angegebenen Tatsachen erfolgt grundsätzlich durch **Urkunden**, im Übrigen wie im Rahmen der Erbscheinserteilung durch **Versicherung an Eides statt** (§ 354 Abs. 1 i.V.m. §§ 352, 352a Abs. 4 FamFG, § 294 ZPO). Für die Beurkundung der eidesstattlichen Versicherung (mit Antrag auf Zeugniserteilung) sind außer den Notaren auch die Amtsgerichte, dort der Rechtspfleger, zuständig (§§ 354 Abs. 1, 352 Abs. 3 FamFG).

Anhörung

Vor der Erteilung des Testamentsvollstreckerzeugnisses kann das Nachlassgericht nach seinem Ermessen die Erben oder einen vorhandenen Mitvollstrecker als Beteiligte hinzuziehen. In jedem Fall sind sie jedoch über die Antragstellung zu informieren und wie beim Erbscheinsverfahren als Beteiligte hinzuzuziehen, sofern sie es beantragen (Palandt/Weidlich, 78. Aufl., § 2368 BGB Rdnr. 5).

Feststellungsbeschluss

Beabsichtigt das Nachlassgericht, dem Antrag zu entsprechen, so erlässt es gem. §§ 352e Abs. 1, 354 Abs. 1 FamFG zunächst gem. § 352e Abs. 1 Satz 2 FamFG einen Feststellungsbeschluss, der mit Erlass gem. § 352e Abs. 1 Satz 3 FamFG wirksam wird, sofern keine widersprechenden Anträge vorliegen. Das Testamentsvollstreckerzeugnis kann dann auf Grundlage dieses Beschlusses sogleich erteilt werden. Hierzu sind eine Ausfertigung und die Aushändigung der Urkunde erforderlich.

Widersprechende Anträge

Liegen **widersprechende Anträge** vor, so unterbleibt die Erteilung des Testamentsvollstreckerzeugnisses bis zur Rechtskraft des Beschlusses. In dem Feststellungsbeschluss ist in diesen Fällen ein Zusatz aufzunehmen, dass „die sofortige Wirksamkeit des Beschlusses ausgesetzt und die Erteilung des Testamentsvollstreckerzeugnisses bis zur Rechtskraft des Beschlusses zurückgestellt wird", § 352 Abs. 2 Satz 2 FamFG (Kroiß, Das neue Nachlassverfahrensrecht, S. 126).

Zurückweisung des Antrags

Sofern der Antrag nicht die formellen und/oder materiellen Voraussetzungen erfüllt, weist das Nachlassgericht ihn gem. §§ 38, 352e, 354 Abs. 1 FamFG zurück.

7.4 Inhalt des Testamentsvollstreckerzeugnisses

Inhalt

Das Testamentsvollstreckerzeugnis **muss enthalten:**

- die **Bezeichnung des Erblassers** mit **Todestag,**
- die **Namen aller Testamentsvollstrecker,**
- **Abweichungen** von der **gesetzlichen Verfügungsmacht** sowie **Beschränkungen** und **Erweiterungen.**

Enthält das Zeugnis hinsichtlich der Befugnisse des Testamentsvollstreckers keine Angaben, so führt das dazu, dass dem Testamentsvollstrecker die nach dem gewöhnlichen gesetzlichen Inhalt mit seinem Amt verbundenen Befugnisse zustehen (MüKo-BGB/J. Mayer, 7. Aufl., § 2368 Rdnr. 32).

Als **Beschränkungen** sind alle Abweichungen von der gesetzlichen Regelbefugnis (§§ 2203–2207 BGB) aufzunehmen, z.B.: Beschränkungen

- **gegenständliche Beschränkungen** (z.B. auf einen Bruchteil des Nachlasses, auf bestimmte Gegenstände oder durch Ausnahme bestimmter Gegenstände);
- Beschränkungen hinsichtlich **bestimmter Maßnahmen**, insbesondere negative Teilungsanordnungen (Palandt/Weidlich, 78. Aufl., § 2368 BGB Rdnr. 2);
- die Beschränkung darauf, den Nachlass **nur** zu **verwalten** (Verwaltungsvollstreckung, § 2209 Satz 1 erster Halbsatz BGB);
- die Beschränkung auf die **Überwachung des Erben** (§ 2208 Abs. 2 BGB; BayObLG, FamRZ 1991, 612) oder nur auf sonstige schuldrechtlich wirkende Aufgaben und Rechte (MüKo-BGB/J. Mayer, 7. Aufl., § 2368 Rdnr. 37);
- die Beschränkung auf die **Rechte des Nacherben** gegenüber dem Vorerben oder die zusätzliche Verleihung dieser Rechte (Palandt/Weidlich, 78. Aufl., § 2368 BGB Rdnr. 2). Bei der Anordnung von Vor- und Nacherbfolge ist ein einheitliches Testamentsvollstreckerzeugnis zu erteilen (BayObLG, NJW 1959, 1920);
- die **Sonderformen** der Testamentsvollstreckung, wie z.B. die Verwaltungs- bzw. die Dauervollstreckung (OLG Zweibrücken, FamRZ 1998, 581; BayObLGZ 1992, 175) einschließlich eines besonderen Endzeitpunkts;
- die Beschränkung oder Erweiterung in Form der Stellung als **Vermächtnisvollstrecker** (§ 2223 BGB);
- abweichende Anordnungen bezüglich des Wegfalls einzelner **Mitvollstrecker** (§ 2224 Abs. 1 Satz 3 BGB).

Anzugeben sind stets nur solche Abweichungen, die für den Rechtsverkehr mit Dritten bedeutsam sind, nicht interne Verwaltungsanordnungen (§ 2216 Abs. 2 BGB). Verwaltungsanordnungen

Das Nachlassgericht kann dem Testamentsvollstrecker auch ein Zeugnis darüber erteilen, dass sein Amt noch fortdauert. Schließlich kann auch nach Beendigung der Testamentsvollstreckung dem Testamentsvollstrecker ein Zeugnis über sein erloschenes Amt erteilt werden (KG, NJW 1964, 1905; OLG Stuttgart, DNotZ 1981, 294). Ein nach § 2368 Satz 2 zweiter Halbsatz BGB kraftlos gewordenes Testamentsvollstreckerzeugnis darf mit einem Vermerk über die Beendigung im Umlauf verbleiben.

7.5 Rechtsmittel

Gegen die Entscheidungen des Nachlassgerichts ist gem. §§ 58 ff. FamFG die sofortige Beschwerde der statthafte Rechtsbehelf. Sofortige Beschwerde

Der Erbe selber ist allerdings lediglich im Hinblick auf die Erteilung eines Testamentsvollstreckerzeugnisses **beschwerdebefugt**, da ihm im Fall der Ablehnung des Antrags mangels Antragsbefugnis die formelle Beschwer fehlt.

Sofern das Nachlassgericht der Beschwerde nicht gem. § 68 FamFG abhilft, entscheidet das Oberlandesgericht als Beschwerdegericht.

Ist die Beschwerde gegen die Erteilung eines Testamentsvollstreckerzeugnisses erfolgreich, so weist das Beschwerdegericht das Nachlassgericht an, das Testamentsvollstreckerzeugnis einzuziehen, da dieses hierfür gem. §§ 354 Abs. 1, 353 Abs. 1 FamFG ausschließlich zuständig ist.

Rechtsbeschwerde

Gegen diese Einziehungsanordnung des Beschwerdegerichts besteht seit der FGG-Reform nunmehr gem. §§ 70 ff. FamFG die Möglichkeit der Rechtsbeschwerde, die an die Stelle der bisherigen weiteren Beschwerde getreten ist. Die Rechtsbeschwerde ist im Gegensatz zur weiteren Beschwerde jedoch zulassungsgebunden. Gemäß § 70 Abs. 2 Satz 1 FamFG ist die Rechtsbeschwerde **zuzulassen**, wenn

- die Rechtssache grundsätzliche Bedeutung hat oder
- die Fortbildung des Rechts oder die Sicherung einer einheitlichen Rechtsprechung eine Entscheidung des Rechtsbeschwerdegerichts erfordert.

Das Rechtsbeschwerdegericht ist gem. § 70 Abs. 2 Satz 2 FamFG an die Zulassung gebunden. Die **Frist** zur Einlegung der Rechtsbeschwerde beträgt einen Monat nach der schriftlichen Bekanntgabe des Beschlusses (§ 71 Abs. 1 FamFG); innerhalb derer muss die Rechtsbeschwerde auch **begründet** werden (§ 71 Abs. 2 FamFG).

7.6 Kosten

Gebühren

Für Verfahren über den Antrag auf **Erteilung des Testamentsvollstreckerzeugnisses** gelten gem. Vorbem. 1.2.2 KV GNotKG die Vorschriften über das Erbscheinsverfahren entsprechend. Es fällt daher eine 1,0-Gebühr Nr. 12210 KV GNotKG an. Daneben kann für Verfahren zur Abnahme der eidesstattlichen Versicherung die Gebühr Nr. 23300 KV GNotKG mit einem Gebührensatz von 1,0 entstehen (Vorbem. 1 Abs. 2 KV GNotKG).

Die Gebühr Nr. 12210 KV GNotKG betrifft die Erteilung des ersten Testamentsvollstreckerzeugnisses. Weitere Testamentsvollstreckerzeugnisse werden nach Nr. 12213 KV GNotKG wegen des geringeren Aufwands privilegiert (0,3).

Gesonderte Teilzeugnisse mehrerer Testamentsvollstrecker werden jeweils von der Gebühr Nr. 12210 KV GNotKG erfasst.

Wird das Testamentsvollstreckerzeugnis mit dem Erbschein in einer Urkunde verbunden, sind jeweils gesonderte Gebühren zu erheben.

Der **Geschäftswert** für die Erteilung des Testamentsvollstreckerzeugnisses bestimmt sich nach § 40 Abs. 5 GNotKG. Er beträgt 20 % des Nachlasswerts im Zeitpunkt des Erbfalls; Nachlassverbindlichkeiten werden nicht abgezogen. Geschäftswert

Kostenschuldner ist der Antragsteller (§ 22 Abs. 1 GNotKG), darüber hinaus sind es die Erben (§ 27 Nr. 3 GNotKG; § 2206 BGB). Kostenschuldner

Ausfertigungen des Testamentsvollstreckerzeugnisses kann jeder verlangen, der ein **rechtliches Interesse** daran glaubhaft macht (§ 357 Abs. 2 FamFG). Ausfertigungen

Das **Finanzamt** erhält gem. § 12 ErbStDV eine Mitteilung über die Erteilung des Testamentsvollstreckerzeugnisses. Mitteilung an das Finanzamt

Beantragt ein **vermeintlicher Testamentsvollstrecker** ein Testamentsvollstreckerzeugnis und widersetzen sich dem die Erben, so hat der vermeintliche Testamentsvollstrecker, wenn er zu Unrecht von seiner Ernennung ausgegangen ist, die ihm entstandenen Kosten persönlich zu tragen. Er darf in diesen Fällen die Kosten weder dem Nachlass entnehmen, noch steht ihm ein Aufwendungsersatzanspruch gegen die Erben zu (LG Düsseldorf, Urt. v. 27.07.2007 – 20 S 39/07). Vermeintlicher Testamentsvollstrecker

8. Angabe der Testamentsvollstreckung im Erbschein

Wird ein Erbschein erteilt, ist auch die Testamentsvollstreckung darin als **Beschränkung der Verfügungsmacht** der Erben zu **vermerken**; schuldrechtliche Beschränkungen haben im Erbschein keinen Platz. Ob ein Erbschein erforderlich ist, haben die Erben in eigener Verantwortung nach Sachlage und Notwendigkeit zu prüfen. Im rechtsgeschäftlichen Verkehr kann stets die Vorlegung eines Erbscheins verlangt werden. Durch die Verlautbarung der Testamentsvollstreckung im Erbschein (§ 352b FamFG) wird die **Verfügungsbeschränkung** des Erben **Dritten bekanntgemacht.** Testamentsvollstreckervermerk

Abweichend vom Wortlaut des § 352b FamFG wird der **Name des Testamentsvollstreckers** im Erbschein **nicht** angegeben; es wird vielmehr lediglich vermerkt, **dass Testamentsvollstreckung angeordnet** ist. Diese Verlautbarung hat auch zu erfolgen, wenn in den Fällen der §§ 2198, 2200 BGB zwar Testamentsvollstreckung angeordnet, aber ein Testamentsvollstrecker noch nicht ernannt ist (Zimmermann/Schmidt-Recla, Erbrechtliche Nebengesetze, 2. Aufl., § 352b FamFG Rdnr. 25). Der Name des Testamentsvollstreckers ergibt sich aus dem Testamentsvollstreckerzeugnis. Kein Name

Der Testamentsvollstreckervermerk ist in den Erbschein **von Amts wegen**, also ohne speziellen Antrag, aufzunehmen, sofern nur ein Erbschein beantragt wurde. Die Eintragung im Erbschein erübrigt sich, wenn der ernannte Testamentsvollstrecker die Annahme abgelehnt hatte und auch ein Amtseintragung

Ersatzmann nicht ernannt ist oder wenn zwischen Erbfall und Erbscheinserteilung die Testamentsvollstreckung weggefallen ist (BayObLG, Rpfleger 1974, 345).

Sonderfälle

Auch die **Nacherbentestamentsvollstreckung** (§ 2222 BGB) ist anzugeben. Bei **aufschiebender Bedingung** wird die Testamentsvollstreckung erst mit deren Eintritt im Erbschein vermerkt. Betrifft die Testamentsvollstreckung nur einen **Miterben**, so ist sie nur in dessen Teilerbschein oder in einem gemeinschaftlichen Erbschein unter Beschränkung auf seinen Erbteil zu vermerken (§ 2353 BGB, § 352b FamFG).

Ist nur eine **Vermächtnisvollstreckung** (§ 2223 BGB) angeordnet, ist die Testamentsvollstreckung in dem Erbschein, der nur das Erbrecht der Erben, nicht aber deren schuldrechtliche Beschränkungen auszuweisen hat, nicht zu erwähnen (Zimmermann/Schmidt-Recla, Erbrechtliche Nebengesetze, 2. Aufl., § 352b FamFG Rdnr. 25).

Kein Eintragungserfordernis

Die Testamentsvollstreckung ist im Erbschein nicht zu erwähnen, wenn sie den Erben zu **keinem Zeitpunkt in der Verfügungsmacht** beschränkt, z.B. bei einer nur beaufsichtigenden Testamentsvollstreckung gem. § 2208 Abs. 2 BGB (BayObLG, FamRZ 1991, 986).

Umfang der Befugnisse des Testamentsvollstreckers

Grundsätzlich ist in den Erbschein **kein Hinweis auf den Umfang** der Befugnisse des Testamentsvollstreckers aufzunehmen; das gilt jedenfalls bei der normalen **Abwicklungsvollstreckung** nach § 2203 BGB. Fraglich ist, ob Beschränkungen der Befugnis des Testamentsvollstreckers im Übrigen im Erbschein anzugeben sind. Handelt es sich um gegenständliche Beschränkungen, mit der Folge, dass der Erbe über bestimmte Nachlassgegenstände verfügungsbefugt ist, ist dies (auch) im Erbschein zu verlautbaren. Dies gilt sowohl, wenn der Testamentsvollstrecker nur für bestimmte Gegenstände des Nachlasses verfügungsbefugt ist (§ 2208 Abs. 1 Satz 2 BGB), als auch, wenn bestimmte Gegenstände von seiner Verfügungsbefugnis ausgenommen sind.

Unrichtigkeit

Der Erbschein ist bei **fehlender Angabe** der Testamentsvollstreckung **unrichtig** und damit **einzuziehen** (§ 2361 BGB). Ein Wechsel in der Person des Testamentsvollstreckers berührt die Richtigkeit des Erbscheins bei Fortbestehen der Testamentsvollstreckung nicht.

Herausgabe- und Auskunftsanspruch

Nach § 2363 i.V.m. § 2362 BGB hat der Testamentsvollstrecker einen Herausgabeanspruch und kann die **Herausgabe des unrichtigen Erbscheins** verlangen. Trotz fehlender Verweisung in § 2363 BGB auf § 2362 Abs. 2 BGB wird dem Testamentsvollstrecker auch nach Inkrafttreten des IntErbRErbschÄndG vom 29.06.2015 (BGBl I, 1042) am 17.08.2015 weiterhin zusätzlich ein **Auskunftsanspruch** gegen den Inhaber des unrichtigen Erbscheins zugesprochen. Dieser Auskunftsanspruch wird nunmehr aus dem allgemeinen Verwaltungsrecht des Testamentsvollstreckers gem. §§ 2205, 2209 BGB hergeleitet (Palandt/Weidlich, 78. Aufl., § 2363 BGB Rdnr. 1).

9. Eintragung im Handelsregister

Handelsregister-eintragung?

Ob die Testamentsvollstreckung auch im Handelsregister bekanntzumachen ist, ist eine noch nicht endgültig geklärte Frage. Von der Rechtsprechung wird dies überwiegend abgelehnt, da keine ausreichende rechtliche Grundlage für die im Gesetz nicht vorgesehene Eintragung der ein Handelsgeschäft betreffenden Testamentsvollstreckung bestehe (KG, Beschl. v. 04.07.1995 – 1 W 5374/92, ZEV 1996, 67). In der Literatur hingegen wird eine Eintragungsfähigkeit aus Gründen des Verkehrsschutzes überwiegend bejaht (Palandt/Weidlich, 78. Aufl., Einf. vor § 2197 BGB Rdnr. 7). Insoweit wird vertreten, die Eintragung nicht nur für solche Tatsachen zu ermöglichen, deren Eintragung in das Handelsregister ausdrücklich vom Gesetz vorgeschrieben wird, sondern darüber hinaus auch insoweit, als es der Sinn und Zweck des Handelsregisters erfordert (vgl. im Einzelnen MüKo-BGB/Zimmermann, 7. Aufl., § 2205 Rdnr. 18 ff. jeweils für die unterschiedlichen Testamentsvollstreckungen in Bezug auf Gesellschaften und gesellschaftsrechtliche Beteiligungen).

10. Eintragung im Grundbuch und in anderen Registern

Allgemeines

Dem Testamentsvollstreckervermerk im Erbschein (siehe Kapitel 12.A.8, S. 845 f.) entsprechen nach Sinn und Inhalt die **Testamentsvollstreckervermerke** im **Grundbuch** (§ 52 GBO), im **Schiffs- und Schiffsbauregister** (§§ 55, 74 SchiffsRegO) und im **Register für Pfandrechte an Luftfahrzeugen** (§ 86 LuftfzRG). Der Vermerk hat zur Folge, dass Verfügungen des Erben nicht mehr eingetragen werden dürfen, weil diesem die Verfügungsbefugnis entzogen ist (§ 2211 BGB). Durch die Eintragung wird das Grundbuch für Verfügungen des Erben gesperrt (Palandt/Weidlich, 78. Aufl., Einf. vor § 2197 BGB Rdnr. 6). Solange der Vermerk eingetragen ist (§ 891 BGB), hat das Grundbuchamt Eintragungsanträge, die auf eine Bewilligung des Erben gestützt sind, zurückzuweisen.

Nachweis

Der **Nachweis**, dass Testamentsvollstreckung angeordnet ist, ist gegenüber dem Grundbuchamt gem. § 35 GBO zu führen, also entweder durch Vorlage eines Testamentsvollstreckerzeugnisses oder durch öffentlich beurkundete Verfügung von Todes wegen i.V.m. der Niederschrift über ihre Eröffnung. Die Vorlage eines Erbscheins reicht allein nicht aus, ist jedoch i.d.R. zum Nachweis der gleichzeitig einzutragenden Erbfolge erforderlich.

Prüfungskompetenz des Grundbuchamts

Gemäß § 35 Abs. 2 Satz 1 zweite Alternative, Abs. 1 Satz 2 GBO steht dem Grundbuchamt eine eigene **Prüfungskompetenz** zu (OLG München, Beschl. v. 08.09.2005 – 32 Wx 058/05, 32 Wx 58/05). Es hat die letztwillige Verfügung einer inhaltlichen Prüfung in Bezug auf die Erbeinsetzung sowie hinsichtlich etwaiger Beschränkungen durch eine Testamentsvollstreckung zu unterziehen, die auch eine Auslegung des Testaments umfasst (OLG Stuttgart, Beschl. v. 10.09.1991 – 8 W 227/91). Wird die Verfügungsbefugnis jedoch durch ein Testamentsvollstreckerzeugnis nachgewiesen, ist das Grundbuchamt zu einer ergänzenden oder berichtigenden Auslegung der Verfügungen von Todes wegen nicht berechtigt (BayObLG, Beschl. v. 22.03.1990 – BReg 2 Z 112/89).

Eintragung

Im Grundbuch (§ 52 GBO) ist die Testamentsvollstreckung **gleichzeitig mit der Eintragung der Erben** (KG, DNotZ 1956, 195), aber niemals ohne diese zu vermerken (BayObLG, FGPrax 1996, 32), wenn der Nachlassgegenstand seiner Verwaltung unterliegt. Das Gleiche gilt auch für das Schiffsregister und das Register für Pfandrechte an Luftfahrzeugen (§ 55 SchiffsRegO; siehe auch § 86 Abs. 1 Satz 1 LuftfzRG).

Bedingung

Steht die Testamentsvollstreckung unter einer Bedingung, so hat die Eintragung des Testamentsvollstreckervermerks erst nach Eintritt der Bedingung zu erfolgen (OLG Köln, ZEV 2015, 277).

Inhalt

Eine mögliche **Beschränkung** der Befugnisse des Testamentsvollstreckers ist im Grundbuch nicht zu vermerken. Ist Nacherbenvollstreckung (§ 2222 BGB) angeordnet, so ist diese jedoch anzugeben. Die Eintragung der Testamentsvollstreckung im Grundbuch hat auch dann zu erfolgen, wenn sich die Testamentsvollstreckung auf ein Vermächtnis bezieht und der vermachte Gegenstand ein Grundstück ist (BayObLG, Rpfleger 1990, 365).

Löschung

Der Testamentsvollstreckervermerk wird, wenn er gegenstandslos ist, nach den §§ 84 ff. GBO, in allen anderen Fällen auf Antrag **gelöscht.** Die Löschung erfolgt bei Nachweis der Unrichtigkeit des Grundbuchs (§§ 22, 84 GBO), wenn die Testamentsvollstreckung in Wirklichkeit nicht bestand, oder bei Nachweis der Beendigung der Testamentsvollstreckung durch öffentliche Urkunden (§ 29 Abs. 1 Satz 2 GBO). Ergibt sich aus dem Testamentsvollstreckerzeugnis die Beendigung der Testamentsvollstreckung, genügt dessen Vorlage (BayObLGZ 1990, 51). Dagegen kommt eine Löschung allein aufgrund der Bewilligung des Testamentsvollstreckers nicht in Betracht (OLG Hamm, Rpfleger 1958, 15), vielmehr ist der Grund hinreichend nachzuweisen; in der Löschungsbewilligung kann jedoch zugleich eine Freigabe nach § 2217 BGB liegen.

Amtsniederlegung

Bei Niederlegung des Amts durch einen Testamentsvollstrecker ist jedoch noch nicht nachgewiesen, dass auch die Testamentsvollstreckung als solche beendet ist, da der Erblasser Ersatzbestimmungen getroffen haben kann (OLG Hamm, Rpfleger 1958, 15).

Grundbuchberichtigung

Den Antrag auf Berichtigung des Grundbuchs durch Eintragung des Erben als Eigentümer kann der Testamentsvollstrecker stellen (BayObLG, FGPrax 1996, 32). Der (Mit-)Erbe selber ist jedoch ebenfalls berechtigt, eine Grundbuchberichtigung zu beantragen, da es sich hierbei nicht um eine Verfügung i.S.d. § 2211 BGB handelt (OLG Stuttgart, Beschl. v. 30.07.2013 – 8 W 173/12 und 8 W 279/12).

11. Vergütung des Testamentsvollstreckers

Aufwendungsersatz

Der Testamentsvollstrecker hat zum einen gegen die Erben einen Anspruch auf **Aufwendungsersatz** wie ein Beauftragter, was sich aus § 2218 Abs. 1 BGB ergibt, der eine entsprechende Anwendung des § 670 BGB anordnet; ein Vertragsverhältnis zwischen Testamentsvollstrecker und Erben besteht nicht (siehe Kapitel 12.A.2.1, S. 818).

Angemessene Vergütung

Daneben hat der Testamentsvollstrecker gem. § 2221 BGB einen Anspruch auf „**angemessene Vergütung**", sofern nicht der Erblasser etwas anderes bestimmt hat. Da es eine gesetzliche Gebührenordnung für den Testamentsvollstrecker nicht gibt und die gesetzlichen oder berufsüblichen Gebührenordnungen für bestimmte Berufe (etwa das RVG) nicht anwendbar sind, hängt die angemessene Höhe der Vergütung des Testamentsvollstreckers von den Umständen des einzelnen Falls ab. Der Grundgedanke des § 2221 BGB verbietet dabei seine schematische Anwendung (OLG Karlsruhe, JurBüro 2001, 206 = ZEV 2001, 69 = AGS 2002, 269 = ZNotP 2001, 69). **Maßgebliche Kriterien** sind u.a.: der dem Testamentsvollstrecker übertragene Pflichtenkreis, der Umfang seiner Verantwortung, die Schwierigkeiten der einzelnen Aufgaben, die Dauer der Abwicklung bzw. Verwaltung, Zahl und Alter der Beteiligten, die Notwendigkeit oder Anwendung besonderer Fähigkeiten und Kenntnisse sowie auch eine besondere Geschicklichkeit mit entsprechendem Erfolg (OLG Köln, ZEV 1995, 70; Palandt/Weidlich, 78. Aufl., § 2221 BGB Rdnr. 3).

Höhe der Vergütung

Die konkrete Höhe der Vergütung kann als Prozentsatz vom Bruttonachlasswert berechnet werden (Palandt/Weidlich, 78. Aufl., § 2221 BGB Rdnr. 4). Für die Nachlassbewertung greift die Praxis auf diverse **Tabellen** zurück (Palandt/Weidlich, a.a.O.). Als Grundlage für die Berechnung der Testamentsvollstreckungsvergütung können (nach wie vor) die Richtlinien des Vereins für das Notariat in Rheinpreußen (abgedruckt bei Plassmann, JW 1935, 1831) herangezogen werden (im Anschluss an BGH, NJW 1967, 2400). Allerdings gewinnen die Vergütungsempfehlungen des Deutschen Notarvereins zunehmend an Bedeutung (OLG Schleswig-Holstein, Urt. v. 25.08.2009 – 3 U 46/08). Daneben wird die Regelvergütung z.T. auch nach der **Tabelle von Tschischgale** (JurBüro 1965, 89) bemessen (OLG Frankfurt, MDR 2000, 788 = AGS 2000, 127). Als weitere Vergütungsempfehlungen sind die **Möhring'sche Tabelle** sowie die **Eckelkemper'sche Tabelle** zu nennen.

Umsatzsteuer

Ob die **Umsatzsteuer** zusätzlich verlangt werden kann, ist ebenfalls umstritten. Zum Teil wird die Testamentsvollstreckervergütung als Bruttovergütung angesehen, so dass ein zusätzlicher Anspruch auf die Umsatzsteuer abgelehnt wird (OLG Frankfurt, MDR 2000, 788 = AGS 2000, 127; OLG Köln, ZEV 1995, 70; a.A. OLG Schleswig-Holstein, Urt. v. 25.08.2009 – 3 U 46/08; Klingelhöffer, ZEV 1994, 121; Kirnberger, ZEV 1998, 342). Soweit man jedoch die Vergütungsempfehlungen des Deutschen Notarvereins zugrunde legt, so ist die Umsatzsteuer darin noch nicht enthalten.

Mehrere Testamentsvollstrecker

Sind **mehrere Testamentsvollstrecker** ernannt, kann jeder die seiner Tätigkeit entsprechende Vergütung unabhängig von dem anderen verlangen. Dabei können die Vergütungen durchaus unterschiedlich hoch sein, weil es auf die Aufgaben und Leistungen des einzelnen Testamentsvollstreckers ankommt (BGH, NJW 1967, 2400).

Bestimmung durch den Erblasser

Der Erblasser kann die Höhe der Vergütung auch in der letztwilligen Verfügung **verbindlich** festlegen (Palandt/Weidlich, 77. Aufl., § 2221 BGB Rdnr. 1). Nimmt der Testamentsvollstrecker in diesem Fall das Amt an, kann er auch nur diese Vergütung verlangen (LG München I, Urt. v. 02.02.2007 – 20 O 16805/06). Ist die so festgesetzte Vergütung unangemessen hoch, so ist hinsichtlich des den angemessenen Betrag übersteigenden Teils der Vergütung ein Vermächtnis an den Testamentsvollstrecker anzunehmen.

Fälligkeit; Vorschuss

Fällig ist die Vergütung des Testamentsvollstreckers grundsätzlich erst mit dem Schluss seiner Verwaltung (§§ 614, 628 BGB); ein Recht auf Vorschuss hat er nicht. Bei längerer Verwaltung, insbesondere Dauervollstreckung, ist jedoch jährliche Fälligkeit für Teilzahlungen auf die angemessene Vergütung anzunehmen (BayObLGZ 1972, 380). Bei der Bemessung der einzelnen Beträge ist auch der Umfang der gerade im Abrechnungszeitraum erbrachten Leistungen zu berücksichtigen (OLG Köln, NJW-RR 1995, 202).

Konstituierungsgebühr

Hat der Testamentsvollstrecker zu Beginn der Testamentsvollstreckung eine besonders arbeitsreiche und verantwortungsvolle Tätigkeit leisten müssen, kann er ausnahmsweise eine sogenannte **Konstituierungsgebühr** verlangen (OLG Köln, NJW-RR 1994, 269 = ZEV 1994, 120 m. Anm. Klingelhöffer; BGH, NJW 1963, 1615; BayObLGZ 1972, 379). Dies gilt auch dann, wenn die Erben diese Gebühr mit dem Testamentsvollstrecker vereinbart haben.

Verwirkung

Es gilt zu beachten, dass ein Testamentsvollstrecker seinen Anspruch auf Vergütung auch **verwirken** kann. Das ist beispielsweise dann der Fall, wenn er seine Pflichten zumindest grob fahrlässig verletzt hat. Hiervon ist auszugehen, wenn der Testamentsvollstrecker die ihm übertragenen Aufgaben nicht erfüllt (OLG Hamm, Urt. v. 07.11.2013 – 10 U 100/12).

Zugleich Rechtsanwalt

Einem Testamentsvollstrecker, der **gleichzeitig Rechtsanwalt** ist, können **Anwaltsgebühren** nach dem Rechtsanwaltsvergütungsgesetz (RVG) nur dann zugebilligt werden, wenn ein Testamentsvollstrecker, der nicht gleichzeitig Rechtsanwalt ist, sich zur Erledigung der Verpflichtungen eines Anwalts bedient hätte oder bedienen musste (OLG Frankfurt, MDR 2000, 788 = AGS 2000, 127).

Kostenschuldner

Schuldner der Vergütung sind die **Erben**. Als Erbfallschuld handelt es sich um eine **Nachlassverbindlichkeit**, die aus dem Nachlass zu leisten ist (Palandt/Weidlich, 78. Aufl., § 2221 BGB Rdnr. 12). Für den Fall der Anordnung der Testamentsvollstreckung nur bezüglich eines Erbteils ist, wenn der Erblasser keine Anordnung getroffen hat, die **Miterbengemein-**

schaft Kostenschuldner (BGH, NJW 1997, 1362 = FamRZ 1997, 493 = MDR 1997, 502; a.A. OLG Hamburg, NJW-RR 1996, 455: derjenige Miterbe, der von der Anordnung betroffen ist). Bei Vermächtnistestamentsvollstreckung geht die Vergütung zu Lasten des Vermächtnisnehmers (Palandt/Weidlich, a.a.O.). Der Testamentsvollstrecker kann den angemessenen Vergütungsbetrag selbst dem **Nachlass entnehmen**; § 181 BGB steht dem nicht entgegen, da es sich um die Erfüllung einer (Nachlass-)Verbindlichkeit handelt.

Im Streitfall ist für die Klage des Testamentsvollstreckers gegen den Erben oder sonstigen Schuldner der Vergütung nicht das Nachlassgericht, sondern das **Prozessgericht** zuständig (BGH, WM 1972, 101). Den Klageantrag (§ 253 ZPO) muss der Testamentsvollstrecker betragsmäßig beziffern (Palandt/Weidlich, 78. Aufl., § 2221 BGB Rdnr. 13). Ein unbezifferter Leistungsantrag kann deshalb nicht gestellt werden. Klage

12. Beendigung des Amts des Testamentsvollstreckers

12.1 Allgemeines

Im Hinblick auf den Übergang der Verwaltungs-, Verfügungs- und Verpflichtungsbefugnisse auf den Testamentsvollstrecker (§§ 2205 ff. BGB), die damit verbundene Verdrängung der entsprechenden Rechte des Erben sowie den Ausschluss des Zugriffs von Eigengläubigern des Erben auf den Nachlass (§ 2214 BGB) hat die Frage der Beendigung des Amts des Testamentsvollstreckers eine große und weitreichende Bedeutung. Von der Frage, wann das Amt des Testamentsvollstreckers erlischt, ist zu unterscheiden, wann die Testamentsvollstreckung insgesamt beendet ist. Beide Zeitpunkte müssen nicht zusammenfallen. Praxisrelevanz

Die Dauer einer Testamentsvollstreckung richtet sich primär nach den Anordnungen des Erblassers, jedoch mit der in § 2210 BGB gesetzten zeitlichen Schranke. Dauer

Insgesamt kommen folgende **Beendigungsgründe** in Betracht: Beendigungsgründe

- die Gründe des § 2225 BGB, nämlich Tod des Testamentsvollstreckers, oder der Eintritt seiner Amtsunfähigkeit i.S.d. § 2201 BGB;
- die Kündigung durch den Testamentsvollstrecker (§ 2226 BGB);
- die Entlassung des Testamentsvollstreckers durch das Nachlassgericht (§ 2227 BGB);
- Anordnung des Erblassers, insbesondere die vom Erblasser angeordnete Befristung oder auflösende Bedingung des Testamentsvollstreckeramts;
- bezüglich der Verwaltungsvollstreckung nach § 2209 BGB der Ablauf der gesetzlichen Frist des § 2210 BGB;
- die Erledigung aller dem Testamentsvollstrecker zugewiesenen Aufgaben.

Das Amt endet nicht mit dem Tod des Erben, wenn der Erblasser den Testamentsvollstrecker nicht nur für den Erben oder auch Vorerben oder auf dessen Lebenszeit benannt hat, und auch nicht durch die irrige Vorstellung des Testamentsvollstreckers, er habe alle Aufgaben erledigt (MüKo-BGB/Zimmermann, 7. Aufl., § 2225 Rdnr. 2).

12.2 Tod des Testamentsvollstreckers

Natürliche Person als Testamentsvollstrecker

Das Amt eines Testamentsvollstreckers erlischt mit seinem **Tod** (§ 2225 erste Alternative BGB); es geht nicht auf dessen Erben über. Der Erbe hat den Tod dem Nachlassgericht anzuzeigen und ist einstweilen besorgungspflichtig (MüKo-BGB/Zimmermann, 7. Aufl., § 2225 Rdnr. 4). Stirbt der Testamentsvollstrecker bereits vor dem Erbfall, so ist bereits seine Ernennung unwirksam.

Juristische Personen als Testamentsvollstrecker

Ist eine **juristische Person** zum Testamentsvollstrecker bestellt, so steht der **Verlust der Rechtsfähigkeit** dem Tod einer natürlichen Person gleich (Palandt/Weidlich, 78. Aufl., § 2225 BGB Rdnr. 2). Wird eine Kapitalgesellschaft in eine andere Kapitalgesellschaft oder wird eine Körperschaft oder Anstalt des öffentlichen Rechts in eine Aktiengesellschaft umgewandelt, geht das Amt des Testamentsvollstreckers durch eine derartige Umwandlung nur dann verloren, wenn der Rechtsträger erlischt (MüKo-BGB/Zimmermann, 7. Aufl., § 2225 Rdnr. 4).

12.3 Geschäftsunfähigkeit und andere Gründe

Nachträglicher Eintritt von Unwirksamkeitsgründen

Das Amt erlischt, wenn der Testamentsvollstrecker geschäftsunfähig (§ 104 BGB) oder in der Geschäftsfähigkeit beschränkt wird (§ 106 BGB), ferner wenn nach § 1896 BGB zur Besorgung seiner Vermögensangelegenheiten ein Betreuer bestellt wird, und zwar unabhängig vom Aufgabenkreis des Betreuers (vgl. § 2225 zweite Alternative i.V.m. § 2201 BGB).

12.4 Kündigung des Testamentsvollstreckers

Zeitpunkt

Der Testamentsvollstrecker kann **jederzeit kündigen** (§ 2226 Satz 1 BGB), die Kündigung ist also im Außenverhältnis mit dem Zeitpunkt, zu dem gekündigt wird, wirksam. Dies gilt auch, wenn der Testamentsvollstreckung ein Auftragsverhältnis zugrunde liegt und dieses eine Kündigungsfrist vorsehen sollte, ferner wenn der Testamentsvollstrecker auf das Kündigungsrecht verzichtet hat (§§ 2226 Satz 3, 671 Abs. 3 BGB); ein solcher Verzicht hat keine absolute Wirkung (Palandt/Weidlich, 78. Aufl., § 2226 BGB Rdnr. 1). Der Erblasser kann die Kündigung des Amts nicht ausschließen, u.U. aber durch auflösend bedingte Zuwendungen erschweren.

Erklärungsgegner

Die Kündigung erfolgt durch Erklärung gegenüber dem **Nachlassgericht** (§ 2226 Satz 2 BGB). Die Kündigung ist unwiderruflich, kann aber nach §§ 119, 123 BGB durch Erklärung gegenüber dem Nachlassgericht angefochten werden (Palandt/Weidlich, 78. Aufl., § 2226 BGB Rdnr. 1).

Die Kündigung wird mit **Eingang beim Nachlassgericht** wirksam (§ 130 BGB). In der Kündigung kann jedoch ein späterer Zeitpunkt festgelegt werden, zu dem sie wirksam werden soll. Wirksamwerden

Die Kündigung bedarf **keiner besonderen Form.** Wegen der Bedeutung sollte sie jedoch entweder schriftlich oder mündlich zu Protokoll des Urkundsbeamten des Nachlassgerichts erfolgen. Form

Die Kündigung kann auf einen Teil des Amts, also auf einen Teil der Aufgaben und Geschäfte des Testamentsvollstreckers, beschränkt werden, wenn sich seine Berechtigung hierzu aus der letztwilligen Verfügung entnehmen lässt (Palandt/Weidlich, 78. Aufl., § 2226 BGB Rdnr. 2). Teilkündigung

Von **mehreren Testamentsvollstreckern** kann jeder für sich kündigen. Ob dann auch das Amt der übrigen Vollstrecker erlischt oder ob es fortbesteht, hängt von der letztwilligen Verfügung und ihrer Auslegung ab (§ 2224 Abs. 1 Satz 2, 3 BGB). Klarstellungen in der letztwilligen Anordnung sind zweckmäßig. Mehrere Testamentsvollstrecker

Umstritten ist die Frage, ob der Testamentsvollstrecker durch **Vereinbarung mit dem/den Erben** sich zur Amtsniederlegung zu einem bestimmten Zeitpunkt verpflichten kann. Eine solche Vereinbarung wird nach wohl h.M. für zulässig und einklagbar erachtet (MüKo-BGB/Zimmermann, 7. Aufl., § 2226 Rdnr. 5; BGHZ 25, 281; BGH, NJW 1962, 912; FamRZ 1966, 140). Die Nichteinhaltung der Vereinbarung könnte u.U. auch einen Entlassungsgrund (§ 2227 BGB) darstellen (OLG Hamm, JMBl NRW 1958, 101). Unzulässig dürfte allerdings die Verpflichtung des Testamentsvollstreckers sein, das Amt jederzeit auf Verlangen eines oder aller Erben niederzulegen, es sei denn, dass der Erblasser dies ausdrücklich oder stillschweigend gebilligt hat (BGHZ 25, 275). Vereinbarung mit dem Erben

Für die Entgegennahme der Kündigung durch das Nachlassgericht fällt eine Pauschalgebühr i.H.v. 15 € an (Nr. 12410 Anm. Abs. 1 Nr. 4 KV GNotKG). Kosten

12.5 Entlassung durch das Nachlassgericht, § 2227 BGB

Siehe hierzu die Ausführungen in Kapitel 6.A.5, S. 307 ff.

12.6 Anordnung des Erblassers

Ist in der letztwilligen Verfügung ein **Endtermin** für die Testamentsvollstreckung oder eine **auflösende Bedingung** vorgesehen, so erlischt das Amt des Testamentsvollstreckers mit Eintritt des Endtermins oder der auflösenden Bedingung. Endtermin, auflösende Bedingung

Eine **Verwaltungsvollstreckung** (§ 2209 BGB) endet im Regelfall spätestens 30 Jahre nach dem Erbfall (§ 2210 Satz 1 BGB). Der Erblasser kann jedoch anordnen, dass die Verwaltung bis zum Tod des Erben oder des Testamentsvollstreckers oder bis zum Eintritt eines anderen Ereignisses in der Person des einen oder des anderen – nicht aber Dritten – fortdauern Verwaltungsvollstreckung soll (§ 2210 Satz 2 BGB). Ist der Erbe oder der Testamentsvollstrecker eine juristische Person, so verbleibt es bei der 30-jährigen Frist (§ 2110 Satz 3 i.V.m. § 2163 Abs. 2 BGB). Als Erbe i.S.v. § 2210 BGB gilt auch der Nacherbe. Die Zeitschranke des § 2210 BGB gilt nur bei der Verwaltungsvollstreckung, nicht bei der ausführenden Vollstreckung nach § 2203 BGB.

12.7 Erledigung aller Aufgaben durch den Testamentsvollstrecker

Das Amt des Testamentsvollstreckers erlischt ferner durch **vollständige Erledigung aller ihm zugewiesenen Aufgaben,** wozu regelmäßig die Ausführung der letztwilligen Verfügungen des Erblassers und die Bewirkung der Auseinandersetzung unter mehreren Erben (§§ 2203, 2204 BGB) gehört (BGHZ 41, 23). Dazu gehört auch die Vereinbarung von Miterben, die Nachlassauseinandersetzung auf Dauer zu unterlassen und die Erbengemeinschaft fortzuführen, wenn die übrigen Aufgaben des Testamentsvollstreckers zu diesem Zeitpunkt erledigt sind (MüKo-BGB/Zimmermann, 7. Aufl., § 2225 Rdnr. 1). Bei einer **Nacherbenvollstreckung** (§ 2222 BGB) erlischt das Amt des Testamentsvollstreckers mit Eintritt des Nacherbfalls.

12.8 Wirkungen der Beendigung des Amts

Zu **unterscheiden** ist, ob durch den Eintritt des Beendigungsgrunds nur das Amt des Testamentsvollstreckers – bei Fortdauer der Testamentsvollstreckung – erlischt oder zugleich die Testamentsvollstreckung endet. Letzteres trifft bei Ablauf der 30-jährigen Frist des § 2210 BGB und bei vollständiger Erledigung der Testamentsvollstreckeraufgaben zu. In diesen Fällen ist auch die Ernennung eines neuen Testamentsvollstreckers durch das Nachlassgericht (§ 2200 BGB) von vornherein gegenstandslos und ohne rechtliche Wirkung. In den übrigen Fällen der Beendigung des Amts tritt damit zugleich das Ende der Testamentsvollstreckung nur dann ein, wenn der Erblasser oder ein von ihm ermächtigter Bestimmungsberechtigter **keine Ersatzanordnung** getroffen hat und kein zur weiteren Amtsführung befugter Mitvollstrecker vorhanden ist (vgl. § 2224 Abs. 1 Satz 2 BGB). Bei Fortdauer der Testamentsvollstreckung kann deren Beendigung auch nicht durch Vereinbarung zwischen dem Erben und dem Testamentsvollstrecker herbeigeführt werden (MüKo-BGB/Zimmermann, 7. Aufl., § 2225 Rdnr. 6).

Endet allerdings zugleich mit dem Erlöschen des Testamentsvollstreckeramts die Testamentsvollstreckung, erhält der Erbe die Verfügungsmacht über die Nachlassgegenstände (§ 2211 BGB). Der Testamentsvollstrecker **verliert** seine **Verwaltungs-, Verfügungs- und Verpflichtungsbefugnis.** Nach Beendigung des Amts vorgenommene Rechtshandlungen sind grundsätzlich unwirksam.

Testamentsvollstreckerzeugnis

Das **Testamentsvollstreckerzeugnis** wird mit Beendigung des Amts **von selbst kraftlos** (§ 2368 Satz 2 zweiter Halbsatz BGB) und verliert seine Beweiskraft ohne Rücksicht darauf, ob ein Dritter das Erlöschen kennt.

Das Zeugnis kann nicht i.S.v. § 2361 BGB „eingezogen“ oder für kraftlos erklärt werden; das Nachlassgericht soll es aber zur Wahrung der Rechtssicherheit von Amts wegen zurückfordern (OLG Köln, Rpfleger 1986, 261) und entweder bei den Gerichtsakten behalten oder auf ihm vermerken, wann das Amt erloschen ist.

13. Haftung des Testamentsvollstreckers, § 2219 BGB

13.1 Grundlagen der Haftung

Die Haftung des Testamentsvollstreckers ist in § 2219 BGB geregelt. Sie stellt eine strenge Haftung für jedwedes Verschulden bei der Amtsführung des Testamentsvollstreckers dar und ist damit ein Gegenstück zu der ziemlich umfassenden Machtstellung, die der Testamentsvollstrecker gegenüber dem von ihm verwalteten Nachlass innehat. Rechtsgrundlage

§ 2219 BGB lautet: „(1) Verletzt der Testamentsvollstrecker die ihm obliegenden Verpflichtungen, so ist er, wenn ihm ein Verschulden zur Last fällt, für den daraus entstehenden Schaden dem Erben und, soweit ein Vermächtnis zu vollziehen ist, auch dem Vermächtnisnehmer verantwortlich. (2) Mehrere Testamentsvollstrecker, denen ein Verschulden zur Last fällt, haften als Gesamtschuldner.“

Zwischen dem Testamentsvollstrecker und dem Erben oder Vermächtnisnehmer wird durch die Bestimmung des § 2219 BGB ein gesetzliches Schuldverhältnis begründet. Gesetzliches Schuldverhältnis

Das Gesetz legt die klassischen **Voraussetzungen** einer Haftung als Tatbestandsmerkmale fest: Anspruchsvoraussetzungen

- Der Testamentsvollstrecker muss die ihm obliegenden **Verpflichtungen verletzt** haben.
- Es muss ihm ein **Verschulden** zur Last fallen und aus dieser schuldhaften Pflichtverletzung
- muss **kausal** ein **Schaden** entstehen.

Der **Haftungsumfang** ist nicht begrenzt, wohl aber der Kreis der **Haftungsgläubiger.** Lediglich der Erbe, bei mehreren Erben alle Miterben, oder bei der Vermächtnisvollziehung der Vermächtnisnehmer können Ansprüche gegen den Testamentsvollstrecker geltend machen. Anspruchsberechtigter

Die Bestimmung des § 2219 BGB lässt die mögliche Haftung des Testamentsvollstreckers aus **unerlaubter Handlung** unberührt. Freilich ist die Haftung nach § 2219 BGB umfassender, weil sie auch die Haftung für Vermögensschäden bei Fahrlässigkeit umfasst. Eine Rolle spielen die Regeln über die unerlaubte Handlung jedoch allenfalls bei der Haftung des Testamentsvollstreckers Dritten gegenüber. Deliktshaftung

Steuerhaftung

Schließlich kann den Testamentsvollstrecker aus der Ausübung seines Amts eine **steuerliche Haftung** nach § 69 AO treffen. Die Gefahr dieser Haftung ist für die Amtsführung des Testamentsvollstreckers von erheblicher Bedeutung und auch bei Prüfung der zivilrechtlichen Haftung zu berücksichtigen.

13.2 Gegenüber welchen Beteiligten kommt eine Haftung in Betracht?

Erbe

Die Bestimmung des § 2219 Abs. 1 BGB begrenzt die Haftung des Testamentsvollstreckers eindeutig dahin, dass er lediglich dem **Erben** verantwortlich ist.

Nacherbe

Der **Nacherbe** wird erst Erbe, wenn der Nacherbfall eintritt. Seine Stellung vor Eintritt des Nacherbfalls berechtigt ihn nicht, Schadensersatzansprüche gegen den Testamentsvollstrecker zu erheben. Ist der Nacherbfall eingetreten und der Nacherbe damit Vollerbe geworden, so wird er nur dann für Schadenersatzansprüche gegen den Testamentsvollstrecker legitimiert sein, wenn dieser nicht nur bis zum Nacherbfall eingesetzt war und damit kein gesetzliches Schuldverhältnis zum Nacherben begründet war.

Schlusserbe

Auch der **Schlusserbe** eines gemeinschaftlichen Testaments ist nicht Erbe i.S.d. § 2219 BGB. Ist Testamentsvollstreckung über den Nachlass des Erstversterbenden angeordnet, so können sich daraus für den Schlusserben keine eigenen Rechte aus § 2219 BGB gegen den Testamentsvollstrecker ergeben.

Mehrere Erben

Mehrere Erben sind **Gesamtgläubiger**, wenn der Schaden dem Nachlass insgesamt zugefügt worden ist. Wurde aber nur ein Miterbe in seinem Erbanteil geschädigt, so steht der Anspruch ihm allein zu. Er kann ihn dann auch nur allein geltend machen. Im Übrigen gehört der Anspruch des Erben aus § 2219 BGB zum Nachlass (§ 2041 Satz 1 BGB). Bei fortdauernder Testamentsvollstreckung steht die Aktivlegitimation für Ersatzansprüche gegen den früheren Testamentsvollstrecker dem Nachfolger zu, der Erbe selbst wäre nach § 2212 BGB daran gehindert.

Vermächtnisnehmer

Neben dem Erben haftet der Testamentsvollstrecker auch noch gegenüber dem **Vermächtnisnehmer**, soweit ein Vermächtnis zu vollziehen ist. Das gilt auch für Unter- und Nachvermächtnisse (zu den gesetzlichen Auslegungs- und Ergänzungsregelungen beim Vermächtnis siehe Kapitel 5.A.2.2.9, S. 181 f.). Die Haftung gegenüber dem Vermächtnisnehmer ist nicht auf den Fall einer Vermächtnisvollstreckung nach § 2223 BGB beschränkt. Die Haftung des Testamentsvollstreckers tritt aber auch gegenüber dem Vermächtnisnehmer nur unter den in § 2219 BGB festgelegten Voraussetzungen ein.

Dritte

Gegenüber **dritten Personen**, mögen sie am Nachlass beteiligt sein oder nicht, haftet der Testamentsvollstrecker gem. § 2219 BGB allenfalls dann, wenn es sich um **Rechtsnachfolger** von Erben oder Vermächtnisnehmern handelt und sonst nicht. Es kommt insoweit allerdings eine Haftung des Testamentsvollstreckers für **unerlaubte Handlungen** nach den §§ 823 ff. BGB gegenüber jedermann in Betracht.

Finanzamt

Soweit der Testamentsvollstrecker nach § 69 AO in Anspruch genommen wird, besteht eine Haftung nur gegenüber dem **Finanzamt.** Inwieweit der Testamentsvollstrecker sich wegen einer solchen steuerlichen Inanspruchnahme wieder an den Nachlass oder nach dessen Verteilung an die Erben und sonstigen Begünstigten halten kann, hängt vom Einzelfall ab.

13.3 Zeitliche Begrenzung der Haftung

Die Bestimmung des § 2219 BGB setzt **keinen ausdrücklichen zeitlichen Rahmen.** Da als Haftungsschuldner „der Testamentsvollstrecker" genannt ist, wird eine bestehende Testamentsvollstreckung im Grunde vorausgesetzt. Ungeachtet des Umstands, dass sein Amt formell noch nicht begonnen hat, wird eine Haftung nach § 2219 BGB auch für diese **vorzeitigen Handlungen** des Testamentsvollstreckers angenommen. Nach **Beendigung des Amts** vorgenommene Rechtshandlungen des Testamentsvollstreckers sind grundsätzlich unwirksam (vgl. Kapitel 12.A.12.8, S. 854). Gleichwohl sind Fälle denkbar, in denen der Testamentsvollstrecker das Amt – verschuldet oder unverschuldet – trotz Beendigung fortführt. Auch in diesem Fall hat er seine Pflichten gegenüber Erben oder Vermächtnisnehmern ebenso zu erfüllen, wie wenn er bestellter Testamentsvollstrecker wäre. Für die Haftung bei Pflichtverletzungen gilt daher nichts anders als bei bestehender Testamentsvollstreckung.

War die **Bestellung** des Testamentsvollstreckers **unwirksam,** ohne dass dies bemerkt wurde, so ändert dies an der Verantwortlichkeit nach § 2219 BGB nichts (vgl. BGH, WM 1967, 25).

13.4 Voraussetzungen der Haftung

Pflichtverletzung

Der Testamentsvollstrecker haftet, wenn er seine **Pflichten schuldhaft verletzt.** Die Pflichten des Testamentsvollstreckers ergeben sich zunächst aus dem **Gesetz** (§§ 2203–2209, 2215–2218, 2226 Satz 3 i.V.m. § 671 Abs. 2, 3 BGB). Die Generalklausel findet sich in § 2216 BGB. Danach ist der Testamentsvollstrecker zur ordnungsmäßigen Verwaltung des Nachlasses verpflichtet (§ 2216 Abs. 1 BGB). Neben der Pflicht zur ordnungsgemäßen Verwaltung treten als weitere Aufgaben die Übernahme des Nachlasses, die Auseinandersetzung, die Rechnungslegung und Herausgabe und vieles andere mehr. Zu den Pflichten des Testamentsvollstreckers siehe ausführlich Kapitel 12.A.5.2, S. 834 f.

Wille des Erblassers

Auch aus dem **Willen des Erblassers** können sich die Pflichten des Testamentsvollstreckers ableiten. Der Wille des Erblassers lässt sich stets und in erster Linie aus der letztwilligen Verfügung ersehen. Der Testamentsvollstrecker kann aber auch einen nicht ausdrücklich im Testament niedergelegten Willen befolgen, wenn er ihm bekannt war.

Der Wille des Erblassers ist regelmäßig an den Umständen zum **Zeitpunkt der Errichtung** der letztwilligen Verfügung festzumachen, spätestens an den Umständen in dem Zeitpunkt, zu dem der Erblasser letztmals zu Änderungen eines niedergelegten Willens in der Lage war. Diese Umstände können sich nach dem Tod ändern.

Verschulden

Neben der Pflichtverletzung ist Voraussetzung der Haftung, dass dem Testamentsvollstrecker ein **Verschulden** zur Last fällt. Ob ein Verschulden vorliegt, ist stets aus der Sicht des Zeitpunkts zu beurteilen, in welchem die behauptete Fehlleistung des Testamentsvollstreckers fällt. Der Begriff des Verschuldens ist in § 276 BGB definiert. Der Testamentsvollstrecker hat danach **Vorsatz und Fahrlässigkeit** zu vertreten. Ist ihm keine dieser beiden Verschuldensformen nachzuweisen, so kommt eine Haftung nicht in Betracht.

Einzelfall

Bei Beurteilung der Testamentsvollstreckerhaftung, insbesondere bei der Prüfung des Verschuldens, ist stets auf den **Einzelfall** abzustellen und zu fragen, welche Sorgfaltspflichten und welcher Sorgfaltsmaßstab gerade in diesem Fall, bei der konkreten Person und bei den konkreten Umständen anzuwenden sind.

Subjektiver Maßstab

Für die Beurteilung der **Fahrlässigkeit**, also für die Anwendung der im Verkehr erforderlichen Sorgfalt, ist daher auf eine **subjektive** und nicht auf eine objektive **Betrachtung** abzustellen. Es geht nicht um die Frage, wie ein Testamentsvollstrecker von optimaler Erfahrung oder auch von durchschnittlicher Befähigung gehandelt hätte. Maßstab der Beurteilung muss sein, welche Sorgfalt man gerade von diesem Testamentsvollstrecker im Hinblick auf seine Vorbildung, seine berufliche Tätigkeit und sein Alter bei gewissenhafter Amtsführung erwarten darf (vgl. BGH, WM 1967, 25).

Vorhersehbarkeit

Eine weitere Voraussetzung für die Annahme der **Fahrlässigkeit** ist, dass der (schädliche) **Erfolg vorhergesehen werden kann** (BGHZ 39, 281, 285). Das bedeutet aber nicht, dass dem Testamentsvollstrecker alle Konsequenzen seines jeweiligen Handelns oder Unterlassens deutlich vor Augen stehen müssten. Wesentlich ist, ob ein fähiger und kundiger Beobachter – hier ist nun ein **objektiver Maßstab** anzulegen, nicht also auf die jeweilige konkrete Person abzustellen – aufgrund des gegebenen Tatbestands den schädigenden Erfolg allgemein vorhersehen konnte.

Beraterauswahl

Kann der Testamentsvollstrecker den an sein Amt gestellten Anforderungen nicht selbst nachkommen, will er aber auch das Amt nicht ablehnen oder niederlegen, so muss er sich kundiger Berater **bedienen.** Der Testamentsvollstrecker haftet den Erben für die **gewissenhafte Auswahl des Beraters.** Fällt ihm insoweit kein Verschulden zur Last, so muss er für die Fehler des Beraters grundsätzlich nicht einstehen.

Kausalität

Die Pflichtverletzung des Testamentsvollstreckers muss für den beim Erben oder Vermächtnisnehmer eingetretenen **Schaden ursächlich** sein. Es ist daher jeweils zu prüfen, welchen Verlauf die Dinge bei pflichtgemäßem

Verhalten genommen hätten und wie die Vermögenslage des Erben oder Vermächtnisnehmers sein würde, wenn der Testamentsvollstrecker die Pflichtverletzung nicht begangen, sondern pflichtgemäß gehandelt hätte. Erforderlich ist also ein Vergleich der durch den Fehler tatsächlich entstandenen Vermögenslage mit der Vermögenslage, die aller Voraussicht nach ohne den Fehler eingetreten wäre.

Der **ursächliche Zusammenhang** zwischen dem Fehler des Testamentsvollstreckers, beispielsweise der falschen rechtlichen Beurteilung, und dem schädlichen Erfolg, etwa der eingetretenen Verjährung eines Anspruchs, zählt zur **haftungsbegründenden Kausalität**. Für die **haftungsausfüllende Kausalität** ist dann entscheidend, ob und inwieweit der verjährte Anspruch bei rechtzeitiger Geltendmachung hätte realisiert werden können. Insoweit hat der Geschädigte die Beweiserleichterung des § 287 ZPO.

13.5 Haftung mehrerer Testamentsvollstrecker

Nach der Bestimmung des § 2219 Abs. 2 BGB haften mehrere Testamentsvollstrecker, denen ein Verschulden zur Last fällt, als **Gesamtschuldner**. Aus dem Wortlaut folgt, dass damit die **Mitvollstrecker** nach § 2224 BGB gemeint sind und nicht etwa nacheinander tätige Testamentsvollstrecker. Andernfalls würde der Testamentsvollstrecker, der nach der Entlassung seines Vorgängers diesen in Anspruch nehmen muss, mit ihm gesamtschuldnerisch haften. Die gesamtschuldnerische Haftung betrifft deshalb ausschließlich die Mitvollstreckung, bei der beide oder auch die mehreren Testamentsvollstrecker das Amt gemeinschaftlich führen. Gesamtschuldner

13.6 Haftung des Testamentsvollstreckers für Dritte

Das Amt des Testamentsvollstreckers ist **höchstpersönlich**. Der Testamentsvollstrecker kann es nicht im Ganzen auf einen anderen übertragen. Will er das Amt einem anderen übergeben, so kommt allenfalls in Betracht, dass er sein Amt niederlegt und mit Ermächtigung des Erblassers nach § 2199 Abs. 2 und 3 BGB einen Nachfolger ernennt. Überträgt der Testamentsvollstrecker unerlaubterweise die Wahrnehmung seiner Aufgaben einem Dritten, so haftet er bei Eintritt eines Schadens allein aus dieser Übertragung der Befugnisse. Höchstpersönlichkeit

Für einzelne Verrichtungen, aber auch für ganze Teilaufgaben darf der Testamentsvollstrecker **Dritte** beschäftigen. Hier ist dann zu differenzieren: Delegation

Gehilfen: § 2218 BGB verweist auf die Vorschriften des Auftragsrechts und damit auf § 664 BGB. Danach haftet der Testamentsvollstrecker für das Verschulden eines Gehilfen wie für eigenes Verschulden; dies ergibt sich aus der Weiterverweisung auf § 278 BGB. Es sind grundsätzlich nur diejenigen Personen erfasst, die der Testamentsvollstrecker nicht mit eigenverantwortlicher Tätigkeit betraut, also **ausschließlich Hilfskräfte**. In erster Linie würde es sich dabei um Büroangestellte oder Buchführungskräfte handeln, aber auch kaufmännische oder juristische Hilfsarbeiter Gehilfen sind in der Funktion des Gehilfen denkbar. Dem Testamentsvollstrecker wird es regelmäßig gestattet sein, Gehilfen zur Unterstützung zuzuziehen. Seine eigene Verantwortung wird dadurch nicht geschmälert.

Spezialisten

Spezialisten: Im Grundsatz darf der Testamentsvollstrecker nicht eigene Verantwortungsbereiche an andere Personen übertragen. Dieser Grundsatz kann aber dann keine Anwendung finden, wenn der Testamentsvollstrecker durch das Ausmaß der für die Testamentsvollstreckung notwendigen Tätigkeit oder durch die Schwierigkeit der Materie gezwungen ist, **sach- und fachkundige Personen** zuzuziehen, denen Teilbereiche seiner Tätigkeit in eigener Verantwortung übertragen werden. Bei dieser Übertragung einzelner Obliegenheiten an Fachleute erschöpft sich die Verpflichtung des Vollstreckers darin, einen geeigneten Fachmann zu finden und rechtzeitig zu beauftragen, ihn vollständig zu informieren, ihn zu honorieren und, soweit möglich, zu überwachen. Der Testamentsvollstrecker haftet in solchen Fällen lediglich für die **sorgfältige Auswahl**, die **Information** und im Rahmen seiner Möglichkeit für die **Beaufsichtigung** des von ihm eingeschalteten Dritten (MüKo-BGB/Zimmermann, 7. Aufl., § 2218 Rdnr. 6).

Erbe/Miterbe als Mitarbeiter

Der Testamentsvollstrecker kann aber auch den **Erben** oder einen der **Miterben als Mitarbeiter** in einer der oben angeführten Funktionen heranziehen. Begeht der Erbe eine Pflichtverletzung, wird er (selbst) schwerlich dem Testamentsvollstrecker vorhalten können, er hätte schuldhaft einen nicht ausreichend qualifizierten Helfer eingesetzt. Die anderen Miterben können jedoch u.U. in diesem Fall beim Testamentsvollstrecker Regress nehmen, wenn durch die Einschaltung eines Miterben ein Schaden entstanden ist und dem Testamentsvollstrecker daran ein nach § 2219 BGB haftungsbegründendes Verschulden trifft.

13.7 Mitverschulden der Geschädigten

Nimmt der Erbe oder der Vermächtnisnehmer den Testamentsvollstrecker in Anspruch, muss er sich u.U. den Einwand des Mitverschuldens nach § 254 BGB entgegenhalten lassen. Der Einwand kann sich auf Grund und Höhe des Anspruchs beziehen. Den Sachverhalt, der den Mitverschuldenseinwand begründen soll, muss der Testamentsvollstrecker darlegen und beweisen. Er kann sich auf den gesamten Anspruch oder auf Teile davon beziehen und führt im Erfolgsfall zu einer prozentualen Minderung bis zum Fortfall der Haftung.

13.8 Verjährung der Haftung

Für den Anspruch aus § 2219 Abs. 1 BGB ist eine besondere Verjährungsfrist im Gesetz nicht vorgesehen. Für Ansprüche aus § 2219 BGB gilt seit dem 01.01.2010 die **regelmäßige Verjährungsfrist von drei Jahren** gem. § 195 BGB. Bei Ansprüchen, die vor dem 01.01.2010 entstanden sind, ist die Überleitungsvorschrift des Art. 229 § 23 EGBGB zu beachten.

13.9 Haftungsbefreiung durch den Erblasser

Befreiungsverbot

Der Erblasser kann den Testamentsvollstrecker nicht von der Haftung gegenüber Erben und Vermächtnisnehmer aus § 2219 BGB befreien. Dieses Befreiungsverbot ist in § 2220 BGB ausdrücklich festgelegt. Eine entsprechende Bestimmung des Erblassers innerhalb oder außerhalb seiner letztwilligen Verfügung wäre demnach unwirksam, der Testamentsvollstrecker könnte sich nicht darauf berufen. Das gilt auch für den Versuch, das Verbot des § 2220 BGB zu umgehen (MüKo-BGB/Zimmermann, 7. Aufl., § 2220 Rdnr. 3).

Das Befreiungsverbot wird damit gerechtfertigt, dass der Erbe nicht mit gebundenen Händen der Willkür eines Testamentsvollstreckers ausgeliefert sein soll (MüKo-BGB/Zimmermann, 7. Aufl., § 2220 Rdnr. 1).

Erbe und Vermächtnisnehmer selbst können indessen auf Haftungsansprüche gegenüber dem Testamentsvollstrecker **verzichten** oder ihm **Haftungserleichterungen** gewähren. § 2220 BGB steht dem nicht entgegen; Erbe und Vermächtnisnehmer können auf den Schutz dieser Vorschrift verzichten (MüKo-BGB/Zimmermann, 7. Aufl., § 2202 Rdnr. 4). Eine Haftungsbeschränkung mag etwa dann in Betracht kommen, wenn die Erben eine bestimmte Person dazu bewegen wollen, die oft recht undankbare Aufgabe der Testamentsvollstreckung zu übernehmen.

13.10 Haftpflichtprozess

Wird gegen den Testamentsvollstrecker wegen Verletzung seiner Pflichten aus § 2219 BGB **Haftpflichtklage** erhoben, so ist zu unterscheiden:

- Ist der Nachlass als solcher geschädigt und ein neuer Testamentsvollstrecker bestellt, so kann nur er die Klage erheben.
- Ist der Nachlass als solcher geschädigt, aber kein neuer Testamentsvollstrecker bestellt, so kann der Erbe oder die Erbengemeinschaft den Anspruch gerichtlich verfolgen, und zwar auch schon dann, während der in Anspruch genommene Testamentsvollstrecker im Amt ist. Die Klage eines einzelnen Miterben kann sich in diesem Fall nach § 2039 BGB nur auf Leistung an die Erbengemeinschaft richten.
- Ist ein einzelner Miterbe geschädigt, etwa weil er bei der Erbauseinandersetzung einen zu geringen Anteil erhalten oder sonst wie benachteiligt wurde, so kann er die Klage erheben.
- Erhebt der Vermächtnisnehmer Ansprüche gegen den Testamentsvollstrecker, so ist nur er zur Klage befugt.

Zuständigkeit

Die **örtliche und sachliche** gerichtliche **Zuständigkeit** für eine Haftpflichtklage gegen den Testamentsvollstrecker richtet sich nach den allgemeinen Vorschriften. Der besondere und der erweiterte Gerichtsstand der Erbschaft nach §§ 27, 28 ZPO ist für Schadenersatzansprüche gegen den Testamentsvollstrecker nicht einschlägig.

Verfahren

Das **Verfahren** richtet sich nach den allgemeinen Verfahrensregeln.

13.11 Möglichkeiten der Haftpflichtversicherung

Gegen die Gefahren der **Regresshaftung** kann der Testamentsvollstrecker sich durch den Abschluss einer Haftpflichtversicherung schützen. Bei umfangreichen Nachlässen und bei der Notwendigkeit der Klärung schwieriger Fragen kann der Abschluss einer Versicherung schon zum Schutz des Erben geboten sein.

Vermögensschäden

In erster Linie werden Erben oder Vermächtnisnehmer Ansprüche gegen den Testamentsvollstrecker wegen angeblich erlittener Vermögensschäden erheben. Hier kann den Testamentsvollstrecker eine **Vermögensschaden-Haftpflichtversicherung** schützen.

Berufshaftpflicht

Bei Rechtsanwälten, Rechtsbeiständen, Wirtschaftsprüfern und Steuerberatern ist das Risiko der Tätigkeit als Testamentsvollstrecker schon in die **Berufshaftpflichtversicherung** mit eingeschlossen. Für diese Berufe ist weitgehend die Pflichtversicherung eingeführt.

Prozesskosten

Der **Haftpflichtversicherer** ist neben der Hauptsache auch für die Kosten eines gegen den Versicherungsnehmer anhängig gewordenen, einen gedeckten Haftpflichtanspruch betreffenden **Haftpflichtprozesses eintrittspflichtig.** Der Kostenaufwand wird nicht auf die Höchstversicherungssumme angerechnet, kann also die Leistungen des Versicherers über die Höchstversicherungssumme hinaus erhöhen.

Versicherungsprämie

Die **Prämie** für die nach den Umständen gebotenen Versicherungen und auch für eigene Haftpflichtversicherungen kann sich der Testamentsvollstrecker aus dem Nachlass wieder vergüten. Die Verträge sind auch im Interesse des Erben oder Vermächtnisnehmers abgeschlossen; der Testamentsvollstrecker sollte nicht gezwungen sein, die Prämie aus dem Privatvermögen oder auch aus dem von ihm durch die Testamentsvollstreckung verdienten Honorar zu entnehmen. Es handelt sich hier um **Aufwendungsersatz** nach §§ 2218, 670 BGB.

14. EuErbVO und Testamentsvollstreckung

Verhältnis des ENZ zu nationalen Erbnachweisen

Seit Geltung der Verordnung (EU) Nr. 650/2012 (EU-Erbrechtsverordnung – EuErbVO) am 17.08.2015 besteht bei internationalen Erbfällen die Möglichkeit der Beantragung eines Europäischen Nachlasszeugnisses (ENZ). Das ENZ ist ein unionsweit einheitlicher Erbnachweis, der neben den nationalen Erbnachweisen steht (Art. 62 Abs. 3 EuErbVO).

Ausstellungsbehörde

Zuständig für die Ausstellung ist die Behörde in dem Mitgliedstaat, in dem der Erblasser seinen letzten gewöhnlichen Aufenthalt hatte.

Antragsbefugnis

Dem **Testamentsvollstrecker** kommt gem. Art. 65 Abs. 1 i.V.m. Art. 63 Abs. 1 EuErbVO dabei ein **eigenes Antragsrecht** zu.

Angaben für Antrag; Zweck des ENZ

Neben den üblichen Angaben zur Person des Erblassers und des Antragstellers sowie des Sachverhalts, aus dem sich die Erbfolge ergibt, und etwaig anhängigen Rechtsstreitigkeiten bedarf es auch der Angabe des Zwecks für die Beantragung. Die zulässigen Zwecke legt dabei Art. 63 EuErbVO fest. Der Antrag setzt dabei insbesondere voraus, dass das ENZ der Verwendung in einem anderen Mitgliedstaat dient.

Beglaubigte Abschrift; Gültigkeitsdauer

Eine Besonderheit des ENZ liegt im Vergleich zum deutschen Erbschein darin, dass dem Antragsteller lediglich eine beglaubigte Abschrift ausgehändigt wird und der Beglaubigungsvermerk mit einem Ablaufdatum von **sechs Monaten** ab Ausstellung versehen wird (Art. 70 Abs. 3 Satz 1 EuErbVO). Lediglich in ordnungsgemäß begründeten Einzelfällen kann die Ausstellungsbehörde eine längere Gültigkeitsfrist beschließen (Art. 70 Abs. 3 Satz 2 EuErbVO). Dies dürfte insbesondere bei einer **Dauertestamentsvollstreckung** in Betracht kommen. Die Urschrift wird durch die ausstellende Behörde verwahrt (Art. 70 Abs. 1 EuErbVO).

Inhalt des ENZ

Die **Befugnisse und Beschränkungen** des Testamentsvollstreckers sind in dem ENZ gem. Art. 68 Buchst. o) EuErbVO mit aufzunehmen.

Reichweite des Inhalts

Fraglich ist insoweit jedoch, wie umfangreich die Darstellung zu sein hat. Aus Gründen der Praxistauglichkeit wird befürwortet, dass die Bestimmung des Art. 68 Buchst. o) EuErbVO **restriktiv** auszulegen ist, um die ausstellende Behörde nicht zu überfordern (Dorsel, ZErb 2014, 215). Auch wenn der Wortlaut der Vorschrift, wonach die Beschränkungen „nach dem auf die Rechtsfolge von Todes wegen anzuwendenden Recht" enthalten sein sollen, auch eine weitergehende Auslegung zulässt, ist dieser restriktiven Auslegung zuzustimmen. Einer Aufnahme der sich bereits aus dem Gesetz ergebenden Beschränkungen bedarf es nicht. Gleiches gilt für die gesetzlichen Rechte bzw. Beschränkungen des Testamentsvollstreckers. Auch wenn Art. 69 Abs. 4 EuErbVO besagt, dass Beschränkungen, welche nicht im Zeugnis genannt sind, als nicht gegeben gelten, so gibt es keinen Grund, dies auf die sich bereits aus dem Gesetz ergebenden Beschränkungen auszudehnen. Die Gutglaubenswirkung kann nicht über die gesetzlichen Befugnisse hinausgehen. Dem Rechtsverkehr ist es zuzumuten, sich über die sich hieraus ergebene Reichweite zu informieren. Insoweit muss die Parallele zu den erforderlichen Angaben im Erbschein und Testamentsvollstreckerzeugnis gezogen werden.

Richtigkeitsvermutung; Wirkung des ENZ

Ebenso wie dem deutschen Erbschein kommt dem ENZ eine Richtigkeitsvermutung zu (Art. 69 Abs. 2 EuErbVO). Diese erstreckt sich auch auf die im ENZ enthaltenen Angaben zur Person und zu den Befugnissen des Testamentsvollstreckers (Art. 69 Abs. 2 Satz 2 EuErbVO).

Gemäß Art. 69 Abs. 4 EuErbVO ist der Testamentsvollstrecker eine Person, die berechtigt ist, über Nachlassvermögen zu verfügen. Auf der anderen Seite kann ein Nachlassschuldner aber auch mit befreiender Wirkung an den im ENZ ausgewiesenen Testamentsvollstrecker leisten (Art. 69

Abs. 3 EuErbVO). Da der Testamentsvollstrecker im ENZ namentlich genannt wird, bedurfte es daneben nicht der Einführung eines separaten Europäischen Testamentsvollstreckerzeugnisses.

Die Gutglaubenswirkung ist jedoch dadurch, dass sie bereits bei grob fahrlässiger Verkennung der Unrichtigkeit entfällt (Art. 69 Abs. 4 EuErbVO), gegenüber dem in § 2366 BGB geregelten öffentlichen Glauben des Erbscheins leicht eingeschränkt.

Risiko für den Erben

Im Gegensatz zum deutschen Recht ist in der EuErbVO eine Einziehung von unrichtigen Abschriften nicht vorgesehen. Da die EuErbVO auch keine dem § 2368 Satz 2 zweiter Halbsatz BGB vergleichbare Vorschrift kennt (automatisches Kraftloswerden des Testamentsvollstreckungszeugnisses mit Beendigung des Amts), können Dritte daher selbst dann noch auf die Richtigkeit des ENZ vertrauen, wenn die Testamentsvollstreckung bereits beendet ist oder sich der Inhalt aus anderen Gründen als fehlerhaft herausgestellt hat, solange nur eine beglaubigte Abschrift existiert, deren Gültigkeitsdatum noch nicht abgelaufen ist. Hierdurch besteht ein erhöhtes Risiko für den wahren Erben.

Im Fall sich widersprechender ENZ wird überwiegend zum Schutz des wahren Erben davon ausgegangen, dass der Gutglaubensschutz vollständig entfällt (Buschbaum, ZEV 2012, 525). Hiervon kann jedoch nur dann ausgegangen werden, wenn der Dritte von der Existenz beider ENZ Kenntnis hat oder hätte haben müssen.

Fraglich ist dabei, inwieweit es dem wahren Erben bei der Anwendbarkeit deutschen Rechts möglich ist, über eine analoge Anwendung des § 2362 Abs. 1 BGB dieses Risiko zu reduzieren (so Buschbaum, ZEV 2012, 525).

Praxistipp

Die Beantragung eines ENZ für den Testamentsvollstrecker kann gerade bei Auslandsvermögen sinnvoll sein und ihn aufgrund der damit verbundenen Gutglaubenswirkung schützen, wenn er an die im ENZ ausgewiesenen Erben den Nachlass auskehrt. Aufgrund der kurzen „Haltbarkeit" von lediglich sechs Monaten ist für den Testamentsvollstrecker jedoch Eile geboten, will er nicht ständig neue beglaubigte Abschriften beantragen und den Nachlass mit den damit verbundenen Kosten belasten.

B. Mandatssituationen

Mandatssituation 12.1: Der Testamentsvollstrecker in spe

Sachverhalt | Checkliste | Lösung | Verfahren | Muster

Der Mandant (M) ist in einem handschriftlichen Testament durch den Erblasser zum Testamentsvollstrecker ernannt worden. Seine Aufgabe soll es sein, das vom Erblasser angeordnete Grundstücksvermächtnis zugunsten von V (Vermächtnisnehmer) zu erfüllen und den Nachlass zwischen den eingesetzten Erben (A und B) auseinanderzusetzen und bis zur Auseinandersetzung zu verwalten. Das Testament enthält keine Regelung in Bezug auf seine Vergütung.

Der Erbfall ist eingetreten. Das Testament des Erblassers mit der angeordneten Testamentsvollstreckung ist bereits durch das Nachlassgericht eröffnet und gem. § 348 Abs. 3 FamFG dem Mandanten gegenüber bekanntgegeben worden. Der Mandant hat das Amt des Testamentsvollstreckers noch nicht angenommen, weil er unsicher ist, was auf ihn zukommt, wenn er das Amt annimmt.

Sachverhalt | Checkliste | Lösung | Verfahren | Muster

Ist der Mandant grundsätzlich dazu in der Lage, das Amt eines Testamentsvollstreckers zu übernehmen (zeitlich, räumlich, intellektuell)?	☐
Prüfen Sie die vorliegenden Informationen in Bezug auf die Zusammensetzung des Nachlasses. Gibt es besondere Schwierigkeiten wie z.B. Geschäftsbetrieb, Gesellschaftsbeteiligungen, Auslandsvermögen o.Ä., die mit einer erhöhten Haftungsgefahr des Testamentsvollstreckers verbunden sind?	☐
Welchen Umfang hat die Testamentsvollstreckung? Ist das Verwaltungsrecht gem. § 2208 BGB eingeschränkt?	☐
Welche Vergütungserwartung hat der Mandant und stellt diese in Anbetracht der Werthaltigkeit des Nachlasses eine „angemessene" Vergütung i.S.d. § 2221 BGB dar?	☐
Hat der Erblasser zu Lebzeiten Vollmachten erteilt, die widerrufen werden müssten?	☐
Verfügt der Testamentsvollstrecker selbst über eine Vollmacht des Erblassers über den Tod hinaus – wenn ja, in welcher Form?	☐
Hat der Mandant schon Verfügungen über den Nachlass vorgenommen?	☐

Annahme des Testamentsvollstreckeramts

Der Mandant ist als ernannter Testamentsvollstrecker frei darin zu entscheiden, ob er das **Amt** des Testamentsvollstreckers **annimmt oder nicht.** Der Testamentsvollstrecker kann sich insbesondere nicht bereits zu Lebzeiten wirksam vertraglich zur Annahme des Amts verpflichten.

Es gibt grundsätzlich auch **keine Frist,** innerhalb derer die Entscheidung des M zur Annahme des Amts zu erfolgen hat, es sei denn, eine solche wird durch das Nachlassgericht auf Antrag eines Beteiligten gem. § 2202 Abs. 3 BGB bestimmt. Erfolgt die Annahme dann nicht innerhalb der gesetzten Frist, gilt das Amt gem. § 2202 Abs. 3 zweiter Halbsatz BGB als abgelehnt.

Warnhinweis

Die Testamentsvollstreckung beginnt mit der Annahme des Amts gegenüber dem Nachlassgericht und nicht erst mit Erhalt der Annahmebestätigung oder des Testamentsvollstreckerzeugnisses. Hat der Testamentsvollstrecker bereits vor der Annahme des Amts Rechtsgeschäfte für den Nachlass vorgenommen, so sind diese – es sei denn, er verfügte insoweit über eine entsprechende Vollmacht – unwirksam und müssten von ihm nach Amtsannahme gem. §§ 177, 184 BGB nachträglich genehmigt werden.

Vergütung des Testamentsvollstreckers

Bei der Entscheidung, ob M das Amt des Testamentsvollstreckers annehmen soll, ist auch die Vergütungsfrage zu klären. Der Erblasser kann im Rahmen des Testaments bestimmen, welche Vergütung der Testamentsvollstrecker für seine Tätigkeit erhalten soll. Hat er eine solche Bestimmung – wie im vorliegenden Fall – nicht getroffen, so steht dem Testamentsvollstrecker gem. § 2221 BGB ein Anspruch auf eine **angemessene Vergütung** zu. Zur Beurteilung der Angemessenheit ist eine einzelfallbezogene Bewertung vorzunehmen. Hierzu sind die in der Literatur entwickelten Richtlinien und Vergütungsempfehlungen heranzuziehen (siehe Kapitel 12.A.11, S. 849 ff.).

Praxistipp

Um spätere Konflikte mit den Erben im Zusammenhang mit der Angemessenheit der Vergütung zu vermeiden, empfiehlt es sich, vor Annahme des Amts eine **schriftliche Vergütungsvereinbarung** mit den Erben zu schließen.

Pflichten und Haftung des Testmentsvollstreckers

Auch wenn M das Amt des Testamentsvollstreckers grundsätzlich gem. § 2226 BGB jederzeit wieder kündigen könnte, sollten Sie ihm bereits vor Amtsannahme aufzeigen, welche Aufgaben auf ihn zukommen und welche Pflichten er zu erfüllen hat. Ferner sollten Sie ihm auch die Haftungsgefahren schildern.

Praxistipp

Sofern es sich bei M nicht um einen Berufsträger handelt, welcher bereits über eine Berufshaftpflichtversicherung verfügt, die Schäden im Zusammenhang mit der Ausübung des Testamentsvollstreckeramts abdeckt, sollte der Abschluss einer separaten **Vermögensschadenshaftpflichtversicherung** in Betracht gezogen werden.

Nach erfolgter Annahme des Amtes hätte M den **Nachlass in Besitz zu nehmen.** Damit sichergestellt ist, dass ausschließlich er über den Nachlass verfügen kann, sollte er unverzüglich sämtliche ihm bekannten **Vollmachten,** welche durch den Erblasser erteilt worden sind, **widerrufen** und herausverlangen.

Sodann müsste er gem. § 2215 BGB unverzüglich ein **Verzeichnis über den Nachlass erstellen,** in welches sämtliche seiner Verwaltung unterliegenden Nachlassgegenstände und bekannte Nachlassverbindlichkeiten aufzunehmen sind. Das Nachlassverzeichnis ist mit dem Datum der Aufnahme zu versehen und unterschrieben den Erben vorzulegen.

Die Erben sollten in die Erstellung des Nachlassverzeichnisses mit einbezogen werden. Abgesehen davon, dass die Erben gem. § 2215 Abs. 3 BGB einen Anspruch darauf haben, bei der Aufnahme hinzugezogen zu werden, stellt sich regelmäßig die Frage, in welcher Detailgenauigkeit insbesondere der Hausrat des Erblassers aufzunehmen ist. Zudem sollte der Testamentsvollstrecker sicherstellen, dass nicht bereits vor Annahme seines Amts seitens der Erben oder durch Dritte über nachlasszugehörige Vermögenswerte verfügt worden ist.

Ordnungsgemäße Verwaltung des Nachlasses

Der Testamentsvollstrecker ist gem. § 2216 BGB zur ordnungsgemäßen Verwaltung des Nachlasses verpflichtet. Anordnungen des Erblassers hat er dabei grundsätzlich zu befolgen. Lediglich für den Fall, dass die Befolgung den Nachlass erheblich gefährden würde, kann er oder ein anderer Beteiligter sie durch das Nachlassgericht gem. § 2216 Abs. 2 Satz 2 BGB außer Kraft setzen lassen.

Letztwillige Verfügungen des Erblassers hat er gem. § 2203 BGB zur Ausführung zu bringen.

Auseinandersetzung des Nachlasses

Ist – wie vorliegend – eine Auseinandersetzungsvollstreckung angeordnet, hat der Testamentsvollstrecker gem. § 2204 BGB den Nachlass unter den Erben auseinanderzusetzen.

Die Auseinandersetzung erfolgt dabei gem. § 2204 BGB nach den Vorschriften der §§ 2042–2057a BGB.

Gemäß § 2046 BGB hätte M hiernach zunächst sämtliche **Nachlassverbindlichkeiten** zu **befriedigen.**

Warnhinweis

Bevor der Testamentsvollstrecker Verfügungen über den Nachlass tätigt, hat er sich zunächst davon zu überzeugen, dass der Nachlass nicht überschuldet ist. Anderenfalls wäre er gem. § 1980 BGB – wie jeder Erbe auch – verpflichtet, unverzüglich einen Antrag auf **Eröffnung eines Nachlassinsolvenzverfahrens** zu stellen. Macht er dies nicht, ist er gem. § 1980 Abs. 1 Satz 2 BGB schadensersatzpflichtig. In diesem Zusammenhang gilt es darauf hinzuweisen, dass auch der Testamentsvollstrecker gem. § 455 Abs. 2 FamFG berechtigt ist, ein **Aufgebotsverfahren** gem. § 433 ff. FamFG zu beantragen.

Zu den Nachlassverbindlichkeiten gehören gem. § 1967 Abs. 2 BGB auch Pflichtteilsansprüche, Vermächtnisse und Auflagen.

Warnhinweis

Der Testamentsvollstrecker sollte lediglich unstreitige Verbindlichkeiten ohne Rücksprache mit den Erben aus dem Nachlass begleichen, da anderenfalls die Gefahr besteht, dass er sich ihnen gegenüber gem. § 2219 BGB schadensersatzpflichtig macht.

Gemäß § 2213 BGB können Ansprüche, die sich gegen den Nachlass richten, sowohl gegen den Testamentsvollstrecker als auch gegen den Erben geltend gemacht werden, sofern dem Testamentsvollstrecker insoweit auch die Verwaltungs- und Verfügungsbefugnis über den Nachlass zusteht. Eine Ausnahme bildet gem. § 2213 Abs. 1 Satz 3 BGB jedoch der **Pflichtteilsanspruch.** Dieser kann lediglich gegenüber dem Erben geltend gemacht werden. Allerdings kann der Testamentsvollstrecker gem. § 2213 Abs. 3 BGB stets dahingehend in Anspruch genommen werden, dass er die Zwangsvollstreckung in die seiner Verwaltung unterliegenden Nachlassgegenstände zu dulden hat. Dies ist auch erforderlich, da anderenfalls eine Zwangsvollstreckung gem. § 748 ZPO in den der Testamentsvollstreckung unterliegenden Nachlass nicht möglich ist (siehe Kapitel 12.A.6.4, S. 838 f.).

Der Testamentsvollstrecker hat keine Verbindlichkeiten zu erfüllen, bei denen es sich um Verbindlichkeiten der Erben handelt und die damit den Nachlass nicht betreffen. Diese Gläubiger können sich gem. § 2214 BGB nicht an die in der Verwaltung des Testamentsvollstreckers liegenden

Nachlassgegenstände halten. Sie können allenfalls im Wege der Zwangsvollstreckung den Erbanteil des jeweiligen Miterben gem. § 859 Abs. 2 ZPO pfänden.

Zu den Aufgaben des M als Testamentsvollstrecker würde es damit auch gehören, das zugunsten von V angeordnete Grundstücksvermächtnis zu erfüllen.

Bevor seitens des Testamentsvollstreckers jedoch ein Vermächtnis erfüllt wird, muss er abklären, ob der Vermächtnisnehmer das **Vermächtnis** gem. § 2180 BGB überhaupt **annimmt.**

Warnhinweis

Sofern Pflichtteilsansprüche und Vermächtnisse oder Auflagen zusammentreffen, sind unbedingt mögliche **Kürzungstatbestände** gegenüber dem Vermächtnisnehmer und/oder Auflagenbegünstigten gem. §§ 2318 ff. BGB zu beachten.

Steuerverbindlichkeiten

Zu den wichtigsten Aufgaben des Testamentsvollstreckers gehört es gem. § 34 Abs. 3 AO auch sicherzustellen, dass alle im Zusammenhang mit dem Nachlass bestehenden Steuerverbindlichkeiten bezahlt werden und insbesondere die **Erbschaftsteuer** von ihm vollständig an das Finanzamt abgeführt wird (§ 32 Abs. 1 Satz 2 ErbStG).

Werden dem Testamentsvollstrecker im Rahmen seiner Verwaltung Umstände bekannt, die erkennen lassen, dass der Erblasser in der Vergangenheit seinen steuerlichen Verpflichtungen nicht hinreichend nachgekommen ist, so hat der Testamentsvollstrecker dies zu korrigieren und entsprechende Steuererklärungen beim Finanzamt einzureichen.

Warnhinweis

Der Testamentsvollstrecker haftet gem. § 69 i.V.m. § 34 AO persönlich für Ansprüche aus dem Steuerschuldverhältnis. Damit er im Rahmen der Erbschaftsteuererklärung vollständige Angaben machen kann, muss er die Erben insbesondere nach **relevanten Vorschenkungen** gem. § 14 ErbStG fragen. Zudem sollte er sich nach weiteren nachlasszugehörigen Vermögenswerten erkundigen.

Der Testamentsvollstrecker sollte Nachlassvermögen erst freigeben oder die Erbauseinandersetzung vollziehen, wenn sichergestellt ist, dass keine Steuerverbindlichkeiten mehr bestehen oder sichergestellt ist, dass diese aus dem seiner Verwaltung noch unterliegendem Nachlassvermögen vollständig befriedigt werden können.

Warnhinweis

Da der Erbschaftsteuerbescheid bereits mit der Bekanntgabe an den Testamentsvollstrecker gem. § 124 AO wirksam wird, beginnt zu diesem Zeitpunkt auch die Rechtsbehelfsfrist zu laufen. Der Testamentsvollstrecker sollte daher zur Vermeidung einer Haftung gem. § 2219 BGB den Bescheid **unverzüglich** unter Hinweis auf die Anfechtungsfrist an die Erben weiterleiten, damit diese sodann selbständig über die Einlegung von Rechtsbehelfen entscheiden können.

Der Testamentsvollstrecker wird darüber hinausgehend i.d.R. mangels eigener Beschwer nicht zur Einlegung eines Rechtsbehelfs berechtigt sein. Sofern er einen Rechtsbehelf gegen Steuerbescheide einlegen möchte, die den Nachlass oder die Erben betreffen, so bedarf es hierzu also einer **gesonderten Bevollmächtigung** seitens der Erben (vgl. BFH, Urt. v. 08.06.1988 – II R 14/85, BStBl II, 946).

Auszahlung an die Erben

Nachdem seitens des M sodann alle Verbindlichkeiten erfüllt worden sind, hätte er – mangels weiterer Anordnungen des Erblassers – den **Überschuss** gem. § 2047 BGB unter den Erben A und B nach dem Verhältnis ihrer Erbteile **aufzuteilen.**

Warnhinweis

Der Testamentsvollstrecker sollte sicherstellen, dass er an die „Richtigen" Auszahlungen vornimmt. Nur wenn die Erben ihr Erbrecht durch **Erbschein** nachweisen können, kann der Testamentsvollstrecker gem. § 2365 BGB davon ausgehen, dass ihnen das dort ausgewiesene Recht auch tatsächlich zusteht. Aus Gründen anwaltlicher Vorsicht muss M daher geraten werden, Auszahlungen nur gegen Vorlage eines Erbscheins zu veranlassen.

Die Auseinandersetzung setzt dabei zunächst jedoch die **Teilungsreife** des Nachlasses voraus. Etwas anderes gilt lediglich dann, wenn der Erblasser gem. § 2048 Satz 1 BGB entsprechende Teilungsanordnungen getroffen oder dem Testamentsvollstrecker gestattet hat, die Teilung nach billigem Ermessen gem. § 2048 Satz 2 BGB vorzunehmen.

Soweit der Nachlass nicht teilbar ist, hat der Testamentsvollstrecker die Teilungsreife herzustellen. Hierzu ist i.d.R. auch eine **Verwertung von Nachlassgegenständen** erforderlich.

Praxistipp

Bevor der Testamentsvollstrecker Verwertungshandlungen vornimmt, sollte er unbedingt den Erben die Gelegenheit geben, sich **einvernehmlich** über die Auseinandersetzung des Nachlasses zu verständigen. Der

Testamentsvollstrecker sollte versuchen, die Rolle eines Mediators einzunehmen. Nur dann, wenn dies nicht gelingt, führt an einer Verwertung des Nachlasses kein Weg vorbei.

Im Rahmen der Verwertung gilt es für M zu beachten, dass er gem. § 2205 Satz 3 BGB zu **unentgeltlichen Verfügungen** grundsätzlich **nicht berechtigt** ist. Eine freihändige Verwertung von Nachlassgegenständen setzt daher voraus, dass er sich zuvor, sicherheitshalber durch Einholung entsprechender **Sachverständigengutachten**, ein vollständiges Bild über den Wert der jeweiligen nachlasszugehörigen Gegenstände verschafft hat. Als Alternative bietet sich die Versteigerung von Nachlassgegenständen durch **Auktionshäuser** an.

Auch bei der freihändigen Veräußerung sollte der Testamentsvollstrecker den Erben stets ein Vorkaufsrecht gewähren, um nicht später mit dem Vorwurf konfrontiert zu werden, einen Gegenstand unter Wert verkauft zu haben. Sollten sämtliche Erben mit der Veräußerung eines nachlasszugehörigen Gegenstands zu einem bestimmten Preis einverstanden sein, bedarf es keines Sachverständigengutachtens.

Warnhinweis

Nur dann, wenn eine Verwertung mangels Werthaltigkeit ausscheidet, kommt eine Entsorgung in Betracht. Zur Vermeidung von Haftungsgefahren sollte jedoch zuvor den Erben eine Übernahme angeboten werden.

Prozessführung

Sofern zum Nachlass **Rechte** gehören, sind diese, soweit sie der Testamentsvollstreckung unterliegen, durch M geltend zu machen. Gemäß § 2212 BGB wird dem Testamentsvollstrecker insoweit auch das **ausschließliche Prozessführungsrecht** eingeräumt (Kapitel 12.A.6.2, S. 836 f.).

Der Testamentsvollstrecker macht entsprechende Rechte in eigenem Namen als Partei kraft Amtes geltend und nicht als Vertreter der Erben.

Bevor der Testamentsvollstrecker einen Aktivprozess führt, sollte er unter Berücksichtigung des mit dem Verfahren verbundenen Kostenrisikos das Vorgehen mit den Erben abstimmen.

Warnhinweis

Daneben kann es sinnvoll sein, den Erben gem. §§ 72 ff. ZPO den Streit zu verkünden, um einen Haftungsregress gem. § 2219 BGB zu vermeiden.

Unter Umständen kommt zur Haftungsreduzierung seitens des Testamentsvollstreckers auch eine **Ermächtigung der Erben** zur Prozessführung im Wege der gewillkürten Prozessstandschaft in Betracht (MüKo-BGB/Zimmermann, 7. Aufl., § 2212 Rdnr. 18). Sofern hierdurch jedoch lediglich das Kostenrisiko verschoben werden soll, wäre eine solche unzulässig (Zimmermann, Die Testamentsvollstreckung, 4. Aufl., Rdnr. 597).

An dieser Stelle gilt es darauf hinzuweisen, dass dem Testamentsvollstrecker gem. § 666 i.V.m. § 2218 BGB gegenüber den Erben eine **allgemeine Benachrichtigungspflicht** obliegt. Hiernach hat er die Erben regelmäßig unaufgefordert über „wichtige Einzelfragen und bedeutende anstehende Entscheidungen" (Bonefeld, in: Damrau/Tanck, 3. Aufl., § 2218 BGB Rdnr. 21) rechtzeitig zu informieren (OLG Karlsruhe, Urt. v. 08.05.2015 – 10 U 29/13). Bei der Beurteilung ist auf einen „umsichtigen und gewissenhaften Testamentsvollstrecker" (Bonefeld, in: Damrau/Tanck, 3. Aufl., § 2218 BGB Rdnr. 21) abzustellen. Auch wenn der Testamentsvollstrecker gegenüber den Erben nicht weisungsgebunden ist, soll es dem Testamentsvollstrecker hierdurch ermöglicht werden, die Vorstellungen der Erben bei der Verwaltung angemessen mitzuberücksichtigen. Zugleich sollen die Erben die Möglichkeit erhalten, auf den Testamentsvollstrecker Einfluss zu nehmen und ihn erforderlichenfalls auf Unterlassung zu verklagen (Zimmermann, Die Testamentsvollstreckung, 4. Aufl., Rdnr. 318). Auf Verlangen der Erben hat der Testamentsvollstrecker ihnen auch weitere Auskünfte zu erteilen, sofern diese zumutbar sind und im schutzwürdigen Interesse der Erben liegen (Zimmermann, Die Testamentsvollstreckung, 4. Aufl., Rdnr. 319).

Erstellung des Teilungsplans

Ist die Teilungsreife des Nachlasses hergestellt, hat M zum Zweck der Auseinandersetzung gem. § 2204 Abs. 2 BGB einen Teilungsplan zu erstellen. Die Erben sind vor Ausführung des Teilungsplans anzuhören.

Praxistipp

Der Teilungsplan sollte daher zunächst lediglich **als Entwurf** übersandt werden, da der endgültige Teilungsplan eine einseitige empfangsbedürftige Willenserklärung darstellt und mit Zugang bei den Erben bindend wird, so dass eine Änderung seitens des Testamentsvollstreckers ohne Zustimmung aller Erben dann nicht mehr zulässig ist (Zimmermann, Die Testamentsvollstreckung, 4. Aufl., Rdnr. 655).

Erfolgt eine Anhörung nicht, führt dies jedoch nicht zur Unwirksamkeit des Teilungsplans. Eine Genehmigung des Plans ist seitens der Erben nicht erforderlich.

Der Teilungsplan bedarf zum Zweck der abschließenden Auseinandersetzung noch der Umsetzung seitens des Testamentsvollstreckers. Sofern ein oder mehrere Erben dies verhindern wollen, müssen sie dagegen klageweise vorgehen.

Insoweit ist umstritten, ob die Erben einen eigenen Teilungsplan aufstellen müssen, zu dem sie mit der Klage die Zustimmung begehren oder ob ihnen auch ein Rechtsschutzbedürfnis für die Erhebung einer Feststellungsklage zusteht (insoweit differenzierend: Zimmermann, Die Testamentsvollstreckung, 4. Aufl., Rdnr. 678). Jedenfalls dem Testamentsvollstrecker wird ein solches Rechtsschutzbedürfnis bei widersprechenden Erben zugebilligt, um die Rechtsunsicherheit vor der Umsetzung des Auseinandersetzungsplans zu beseitigen (Zimmermann, Die Testamentsvollstreckung, 4. Aufl., Rdnr. 680).

Praxistipp

Der Erstellung eines Teilungsplans bedarf es wiederum nicht, wenn es dem Testamentsvollstrecker gelingt, mit den Erben eine einvernehmliche Regelung über die Erbauseinandersetzung zu erzielen. Daher sollte auch zu diesem Zeitpunkt seitens des Testamentsvollstreckers noch einmal der Versuch des Abschlusses eines Erbauseinandersetzungsvertrags unternommen werden.

Erbauseinandersetzungsvertrag

Stimmen alle Erben dem Teilungsplan ausdrücklich zu, so ist von dem Zustandekommen eines Erbauseinandersetzungsvertrags auszugehen. Das bloße Schweigen reicht insoweit regelmäßig jedoch nicht aus, selbst wenn eine seitens des Testamentsvollstreckers gesetzte Frist verstrichen ist (Zimmermann, Die Testamentsvollstreckung, 4. Aufl., Rdnr. 683; Bonefeld, in: Damrau/Tanck, 3. Aufl., § 2204 BGB Rdnr. 15). Hintergrund ist, dass es einer Zustimmung bzw. Genehmigung des Plans seitens der Erben überhaupt nicht bedarf, so dass auch keine Verpflichtung der Erben angenommen werden kann, ihren ablehnenden Willen zu äußern. Da in der Praxis jedoch regelmäßig eine Mitwirkung der Erben an der Ausführung des Teilungsplans erforderlich ist, liegt häufig eine konkludente Zustimmung der Erben vor, so dass auch auf diesem Wege oftmals wieder von dem Zustandekommen eines Erbauseinandersetzungsvertrags ausgegangen werden kann.

Der Testamentsvollstrecker ist u.U. verpflichtet, bei der Aufstellung des Teilungsplans auch mögliche **Ausgleichungstatbestände** (§§ 2050 ff. BGB) zu berücksichtigen. Das setzt voraus, dass vorliegend Abkömmlinge im Wege der gesetzlichen Erbfolge Erben werden oder ein Fall des § 2052 BGB gegeben ist. Um Ausgleichungen berücksichtigen zu können, steht dem Testamentsvollstrecker ein entsprechender Auskunftsanspruch gegen die Abkömmlinge zu.

Vergütungsanspruch

Im Rahmen des Teilungsplans/Erbauseinandersetzungsvertrags hätte M sodann auch seinen Vergütungsanspruch zu berücksichtigen. Der Vergütungsanspruch ist mit dem Schluss der Verwaltung fällig und kann durch den Testamentsvollstrecker dem Nachlass entnommen werden.

Ist die **Testamentsvollstreckervergütung** Gegenstand des vorläufigen Teilungsplans, so stellt die Zustimmung der Erben zum Teilungsplan auch zugleich die Zustimmung zur Entnahme der Testamentsvollstreckervergütung dar.

Anspruch auf Rechnungslegung

Spätestens nach erfolgter Erbauseinandersetzung hätte M gegenüber den Erben gem. § 666 i.V.m. § 2218 BGB Rechnung zu legen. Dauert die Testamentsvollstreckung länger, so steht den Erben gem. § 2218 Abs. 2 BGB auch ein Anspruch auf jährliche **Rechnungslegung** zu. Der Erblasser kann gem. § 2220 BGB den Testamentsvollstrecker nicht wirksam von seiner Pflicht zur Rechnungslegung befreien.

Praxistipp

Da die Erben jedoch auf ihren Rechnungslegungsanspruch verzichten können, erscheint es häufig sinnvoll, mit ihnen abzustimmen, inwieweit sie dazu bereit sind. Dies betrifft i.d.R. insbesondere die Frage, inwieweit Belege vorzulegen sind. Darüber hinaus sollte eine Rechnungslegung bereits zusammen mit der Vorlage des vorläufigen Teilungsplans erfolgen, da sich Einwendungen der Erben in Bezug auf die Rechnungslegung auch auf den Teilungsplan auswirken können.

Wird eine Rechnungslegung seitens der Erben verlangt, so hat der Testamentsvollstrecker gem. § 259 Abs. 1 BGB eine geordnete Zusammenstellung der Einnahmen und Ausgaben nebst Belegen vorzulegen.

Praxistipp

Auch wenn dem Testamentsvollstrecker kein Anspruch auf eine „Entlastung" gegenüber den Erben zusteht, sollte er diese bitten, ihm eine solche zu erteilen. Bei einem Streit über die Abrechnung hat der Testamentsvollstrecker die Möglichkeit, mittels einer Feststellungsklage gerichtlich klären zu lassen, dass keine weiteren Ansprüche bestehen (Zimmermann, Die Testamentsvollstreckung, 4. Aufl., Rdnr. 322).

Herausgabe von Unterlagen

Zur abschließenden Beendigung hätte M auch die **nachlasszugehörigen Unterlagen** an die Erben **herauszugeben.** Hierzu gehören alle Unterlagen, die sich bereits im Nachlass befunden haben, sowie die, die während der Dauer der Testamentsvollstreckung angefallen sind. Ausgenommen hiervon sind lediglich die Unterlagen, die im Eigentum des Testamentsvollstreckers stehen.

Praxistipp

Da die Unterlagen an alle Erben gemeinschaftlich herauszugeben sind, sollte der Testamentsvollstrecker darauf hinwirken, dass die Erben einen Miterben zur Entgegennahme bevollmächtigen oder auf ihren Herausgabeanspruch verzichten.

Annahmeerklärung

Entscheidet M sich dafür, das Amt des Testamentsvollstreckers anzunehmen, so müsste er zunächst gem. § 2202 Abs. 2 BGB eine **Annahmeerklärung** gegenüber dem Nachlassgericht abgeben. Die Annahmeerklärung kann erst nach Eintritt des Erbfalls abgegeben werden und darf weder eine Bedingung noch eine Zeitbestimmung enthalten. Beides würde gem. § 2202 Abs. 2 Satz 2 Halbsatz 2 BGB zur Unwirksamkeit führen. Die Erklärung kann gem. § 25 FamFG entweder schriftlich oder zur Niederschrift beim zuständigen Nachlassgericht abgegeben werden.

Annahmebestätigung

Der Testamentsvollstrecker kann sich die Amtsannahme durch das Nachlassgericht bestätigen lassen. Daneben kann der Testamentsvollstrecker beim Nachlassgericht die Erteilung eines Testamentsvollstreckerzeugnisses gem. § 2368 BGB i.V.m §§ 352 ff. FamFG beantragen.

Praxistipp

Sofern die Anordnung der Testamentsvollstreckung und die Ernennung des Testamentsvollstreckers in einem notariellen Testament erfolgt ist oder die Ernennung durch das Nachlassgericht gem. § 2200 BGB vorgenommen wurde, genügt die **Annahmebestätigung** regelmäßig als Legitimationsnachweis für den Testamentsvollstrecker. Der Beantragung eines kostenträchtigen Testamentsvollstreckerzeugnisses bedarf es in diesen Fällen dann nicht. Ein Testamentsvollstreckerzeugnis ist auch dann entbehrlich, wenn der Testamentsvollstrecker über eine Vollmacht über den Tod hinaus verfügt.

Testamentsvollstreckerzeugnis

Die Beantragung eines **Testamentsvollstreckerzeugnisses** hat gem. §§ 352, 354 FamFG beim zuständigen Nachlassgericht (§ 343 FamFG) zu erfolgen. Es gelten insoweit die allgemeinen Antragsvoraussetzungen des § 23 FamFG. Gemäß § 354 i.V.m. § 352 Abs. 3 FamFG ist in diesem Zusammenhang regelmäßig die Abgabe einer eidesstattlichen Versicherung vor dem Gericht oder einem Notar erforderlich.

Der Testamentsvollstrecker hat dem Nachlassgericht die **Beendigung der Testamentsvollstreckung anzuzeigen.** Zugleich hat er dem Nachlassgericht ein ihm erteiltes Testamentsvollstreckerzeugnis zu den Nachlassakten zurückzureichen. Da das Testamentsvollstreckerzeugnis mit Beendigung der Testamentsvollstreckung gem. § 2368 Satz 2 Halbsatz 2 BGB kraftlos wird, hat das Nachlassgericht sicherzustellen, dass das Zeugnis nicht im Umlauf bleibt und ein falscher Rechtsschein entsteht (MüKo-BGB/Grziwotz, 7. Aufl., § 2368 Rdnr. 50).

Sachverhalt | Checkliste | Lösung | Verfahren | **Muster 1**

Annahmeerklärung

Amtsgericht
– Nachlassgericht –
...
Straße, Hausnr./Postfach
PLZ Ort

Az.: ...

Nachlass des ...

Annahmeerklärung

Sehr geehrte Damen und Herren,

ich nehme zur Kenntnis, dass der am ... verstorbene Erblasser in seinem maßgeblichen Tes-tament vom ..., durch das Amtsgericht ... eröffnet am ..., Testamentsvollstreckung angeord-net und mich zum Testamentsvollstrecker ernannt hat.

Hiermit erkläre ich, dass ich das Amt des Testamentsvollstreckers

annehme.

Ich bitte Sie höflich, mir den Eingang der Annahmeerklärung zu bestätigen.

Mit freundlichen Grüßen

Rechtsanwältin/Rechtsanwalt

Sachverhalt | Checkliste | Lösung | Verfahren | **Muster 2**

Information und Einbeziehung der Erben

Frau/Herr
...
Straße, Hausnr./Postfach
PLZ Ort

Nachlass des ...

Information und Einbeziehung der Erben

Sehr geehrte Frau/geehrter Herr,

hiermit möchte ich mich Ihnen als Testamentsvollstrecker des am ... verstorbenen Herrn ... vorstellen. Herr ... hat in seinem Testament vom ... Testamentsvollstreckung angeordnet und mich zum Testamentsvollstrecker ernannt. Ich gehe davon aus, dass Sie durch das Amtsgericht ... unmittelbar über die Eröffnung des Testaments bereits in Kenntnis gesetzt worden sind. Ich habe das Amt des Testamentsvollstreckers mit Schreiben vom ... gegenüber dem Amtsgericht ... angenommen. Eine Kopie der Annahmebestätigung/Testamentsvollstreckerzeugnisses füge ich zu Ihrer Kenntnisnahme in der Anlage bei.

Durch die Anordnung der Testamentsvollstreckung sind die Erben in ihrer Rechtsstellung beschränkt. Vor diesem Hintergrund bitte ich Sie, nicht über Nachlassgegenstände zu verfügen, und mir mitzuteilen, ob und wenn ja, welche Verfügungen Ihrerseits bereits über Nachlassgegenstände erfolgt sind.

Ich bitte Sie in diesem Zusammenhang höflich um Mitteilung, ob Ihnen Informationen in Bezug auf zu Lebzeiten durch den Erblasser erteilte Vollmachten vorliegen. Sofern nach den Ihnen vorliegenden Informationen entsprechende Vollmachten durch den Erblasser erteilt worden sind, bitte ich um Mitteilung des jeweiligen Bevollmächtigten nebst Kontaktdaten.

Um den letzten Willen des Erblassers zu erfüllen, werde ich nunmehr den Nachlass vollständig in Besitz nehmen und unverzüglich ein Nachlassverzeichnis erstellen. In das Nachlassverzeichnis werde ich sämtliche nachlasszugehörigen Vermögenswerte und Verbindlichkeiten aufnehmen, so dass Sie sich einen vollständigen Überblick über die Zusammensetzung des von mir verwalteten Nachlasses verschaffen können. Sollten Ihnen Informationen im Hinblick auf nachlasszugehörige Vermögenswerte vorliegen, wäre ich Ihnen für eine Mitteilung sehr dankbar. Sofern sich in Ihrem Besitz Unterlagen und/oder nachlasszugehörige Vermögensgegenstände befinden, bitte ich Sie, mir diese kurzfristig herauszugeben. Das Nachlassverzeichnis kann so schneller erstellt und damit zugleich die Nachlassabwicklung beschleunigt werden.

Um darüber hinausgehend meiner Verpflichtung zur Abgabe einer Erbschaftsteuermeldung ordnungsgemäß nachzukommen sowie eventuelle Ausgleichsansprüche berücksichtigen zu können, bitte ich Sie ferner mir mitzuteilen, welche Zuwendungen der Erblasser zu Lebzeiten an Sie getätigt hat. Sollten Ihnen in diesem Zusammenhang auch Zuwendungen an Dritte bekannt sein, wäre ich Ihnen auch insoweit für eine entsprechende Information sehr verbunden.

Aufgrund der selbständigen Stellung des Testamentsvollstreckers bin ich gesetzlich verpflichtet, den Nachlass unabhängig von den Erben zu verwalten. Mir ist jedoch sehr daran gelegen, Sie über mein Handeln regelmäßig in Kenntnis zu setzen und Sie bei relevanten Entscheidungen mit einzubeziehen.

Ich werde Sie daher über meine weitere Vorgehensweise regelmäßig unterrichten und Ihnen auf Wunsch gerne Auskunft erteilen. Nach Abschluss der Testamentsvollstreckung werde ich Ihnen zusammen mit einem Teilungsplan die Rechnungslegung übersenden.

Zum Zwecke der Abstimmung der weiteren Vorgehensweise wäre ich Ihnen dankbar, wenn Sie mit mir einen gemeinsamen Gesprächstermin vereinbaren könnten. Im Rahmen dieses Gesprächs würde ich insbesondere gerne mit Ihnen abstimmen, ob Ihrerseits Interesse an einer Übernahme von nachlasszugehörigen Gegenständen besteht und inwieweit auf eine Auflistung einzelner Haushaltsgegenstände etc. vorliegend verzichtet werden kann.

Für Rückfragen stehe ich selbstverständlich gerne zur Verfügung.

Mit freundlichen Grüßen

Testamentsvollstrecker/Testamentsvollstreckerin

Anlage
Kopie Annahmebestätigung/Testamentsvollstreckerzeugnis

Sachverhalt | Checkliste | Lösung | Verfahren | Muster 3

Anschreiben an Vermächtnisnehmer

Frau/Herrn
...
Straße, Hausnr./Postfach
PLZ Ort

Nachlass des ...

Sehr geehrte/r Frau/Herr ...,

hiermit möchte ich mich Ihnen als Testamentsvollstrecker des am ... verstorbenen Herrn ... vorstellen. Herr ... hat in seinem Testament vom ... Testamentsvollstreckung angeordnet und mich zum Testamentsvollstrecker ernannt. Ich gehe davon aus, dass Sie durch das Amtsgericht ... bereits unmittelbar über die Eröffnung des Testaments in Kenntnis gesetzt worden sind. Ich habe das Amt des Testamentsvollstreckers mit Schreiben vom ... gegenüber dem Amtsgericht ... angenommen. Eine Kopie der/des Annahmebestätigung/Testamentsvollstreckerzeugnisses füge ich zu Ihrer Kenntnisnahme in der Anlage bei.

Seitens des Erblassers ist zu Ihren Gunsten ein Vermächtnis angeordnet worden. Ihnen wurde ... vermacht. Ich darf Sie hiermit bitten, verbindlich mitzuteilen, ob Sie das zu Ihren Gunsten angeordnete Vermächtnis annehmen oder ausschlagen. Bitte berücksichtigen Sie, dass die Ihrerseits abzugebende Erklärung weder unter einer Bedingung noch einer Zeitbestimmung stehen darf. Zum Eingang Ihrer Erklärung habe ich mir hier den

...[1)]

notiert.

Sofern Sie das Vermächtnis annehmen, werde ich einen entsprechenden Vermächtniserfüllungsvertrag im Entwurf vorbereiten, und Ihnen diesen zum Zweck der weiteren Abstimmung kurzfristig übersenden.

Für Rückfragen stehe ich selbstverständlich gerne zur Verfügung.

1) 14-Tage-Frist.

Mit freundlichen Grüßen

...

als Testamentsvollstrecker

Anlagen

Kopie Annahmebestätigung/Testamentsvollstreckerzeugnis

Annahme-/Ausschlagungserklärung

Sachverhalt | Checkliste | Lösung | Verfahren | Muster 4

Anschreiben an Erben nebst Entwurf des Teilungsplans

Frau/Herrn
...
Straße, Hausnr./Postfach
PLZ Ort

Nachlass des ...

Sehr geehrte/r Frau/Herr ...,

ich freue mich, Ihnen mitteilen zu können, dass die Testamentsvollstreckung kurz vor dem Abschluss steht. Sämtliche Nachlassverbindlichkeiten, einschließlich der Erbschaftsteuer, sind durch mich zwischenzeitlich beglichen worden. Darüber hinausgehend habe ich den Nachlass nunmehr insoweit verwertet, als es zur Herstellung der Teilungsreife erforderlich war. Meine Rechnungslegung füge ich zur Kenntnisnahme in der Anlage nebst Belegen in Kopie bei. Selbstverständlich können die Originalbelege nach vorheriger Terminabstimmung bei mir eingesehen werden.

Zum Zweck der Beendigung der Testamentsvollstreckung bedarf es nunmehr lediglich noch der abschließenden Aufteilung des Überschusses an die Erben. In der Anlage überreiche ich Ihnen den Entwurf eines von mir gefertigten Teilungsplans, auf Grundlage dessen ich beabsichtige, die abschließende Ausschüttung vorzunehmen.

Ich darf Sie höflich bitten, mir hierzu Ihre Zustimmung zu erteilen. Eine entsprechende Zustimmungserklärung füge ich vorbereitet in der Anlage ebenfalls bei, mit der höflichen Bitte, mir diese im Fall Ihrer Zustimmung unterzeichnet zurückzusenden.

Für den Eingang habe ich mir hier den

...[1]

notiert.

Sollten Einwendungen Ihrerseits gegen den vorbereiteten Teilungsplan und/oder die Rechnungslegung bestehen, bitte ich Sie, mir diese bis zum vorbezeichneten Datum mitzuteilen.

1) 14-Tage-Frist.

Abschließend bitte ich Sie noch höflich um Mitteilung, ob Ihrerseits eine Herausgabe der hier noch befindlichen nachlassbezogenen Unterlagen gewünscht wird oder diese von mir vernichtet werden können. Bitte beachten Sie in diesem Zusammenhang, dass eine Herausgabe meinerseits lediglich an alle Erben gemeinschaftlich erfolgen kann. Für den Fall, dass eine Herausgabe gewünscht wird, wäre mir daher durch alle Miterben gemeinschaftlich ein/e Bevollmächtigte/r zu benennen, der/dem ich die Unterlagen übergeben kann.

Für Rückfragen stehe ich selbstverständlich gerne zur Verfügung.

Mit freundlichen Grüßen

...

als Testamentsvollstrecker

Anlagen

Entwurf Teilungsplan

Rechnungslegung

Zustimmungs-/Entlastungserklärung

Sachverhalt | Checkliste | Lösung | Verfahren | **Muster 5**

Entlastung des Testamentsvollstreckers

Frau/Herr
...
Testamentsvollstrecker
...
Straße, Hausnr./Postfach
PLZ Ort

Nachlass des ...

Entlastung des Testamentsvollstreckers

Ich bestätige hiermit, dass der Testamentsvollstrecker mir gegenüber vom Zeitpunkt des Tods des Erblassers bis zum Zeitpunkt der Unterzeichnung dieser Erklärung ordnungsgemäß Rechnung gelegt hat. Vor diesem Hintergrund erteile ich ihm hiermit umfassend Entlastung für den vorbezeichneten Zeitraum. Ich bestätige ferner, dass der Testamentsvollstrecker sämtliche ihm obliegenden Pflichten im Zusammenhang mit der Testamentsvollstreckung ordnungsgemäß erfüllt hat. Auf Ansprüche gegenüber dem Testamentsvollstrecker, die über den Auszahlungsanspruch gemäß dem Teilungsplan vom ... hinausgehen, gleich ob bekannt oder (noch) unbekannt und unabhängig vom Rechtsgrund, wird meinerseits hiermit verzichtet.

Ort, Datum ______________________________

Unterschrift ______________________________

Sachverhalt | Checkliste | Lösung | Verfahren | Muster 6

Zustimmung zum Teilungsplan

Frau/Herr
...
Testamentsvollstrecker
...
Straße, Hausnr./Postfach
PLZ Ort

Nachlass des ...

Zustimmung zum Teilungsplan

Hiermit erteile ich meine Zustimmung zu dem mir seitens des Testamentsvollstreckers im Entwurf vorgelegten Teilungsplan vom .... Ich bin damit einverstanden, dass seitens des Testamentsvollstreckers der Nachlass entsprechend dem Teilungsplan nach vorheriger Entnahme der Testamentsvollstreckervergütung auseinandergesetzt wird und die Auszahlungen entsprechend dem Teilungsplan vom Testamentsvollstrecker veranlasst werden. Die Auszahlung des auf mich entfallenden Erbanteils bitte ich auf nachfolgendes Konto vorzunehmen:

IBAN ...

Ort, Datum ________________________________

Unterschrift ________________________________

Sachverhalt | Checkliste | Lösung | Verfahren | Muster 7

Verzicht auf Unterlagen

Frau/Herr
...
Testamentsvollstrecker
...
Straße, Hausnr./Postfach
PLZ Ort

Nachlass des ...

Verzicht auf Unterlagen

Soweit sich im Besitz des Testamentsvollstreckers noch nachlassbezogene Unterlagen befinden, so wird meinerseits auf eine Herausgabe verzichtet. Ich bin ausdrücklich damit einverstanden, dass seitens des Testamentsvollstreckers sämtliche nachlassbezogenen Unterlagen vernichtet werden können.

Ort, Datum ______________________________

Unterschrift ______________________________

Sachverhalt | Checkliste | Lösung | Verfahren | Muster 8

Abschlussschreiben

Amtsgericht
– Nachlassgericht –
...
Straße, Hausnr./Postfach
PLZ Ort

Az.: ...

Nachlass des ...

Sehr geehrte Damen und Herren,

hiermit möchte ich Sie darüber in Kenntnis setzen, dass die Testamentsvollstreckung meinerseits beendet wurde. Sämtliche Nachlassverbindlichkeiten wurden bedient. Der sich ergebende Überschuss wurde unter Berücksichtigung der Anordnungen des Erblassers an die Erben ausgeschüttet.

Zu meiner Entlastung überreiche ich in der Anlage die mir erteilte Ausfertigung des Testamentsvollstreckerzeugnisses zurück mit der Bitte, diese zur Nachlassakte zu nehmen und die Beendigung der Testamentsvollstreckung darin zu vermerken.

Für Rückfragen stehe ich selbstverständlich gerne zur Verfügung.

Mit freundlichen Grüßen

Unterschrift ______________________________

Anlage

Testamentsvollstreckerzeugnis

Mandatssituation 12.2: Der ungeliebte Testamentsvollstrecker

Sachverhalt | Checkliste | Lösung | Verfahren | Muster

Der Mandant (M) ist Mitglied einer Erbengemeinschaft nach seinem verstorbenen Vater. Seine Erbquote beträgt 1/2. Weiterer Miterbe zu 1/2 ist sein Bruder (T). Der Erblasser hat in seinem Testament Testamentsvollstreckung angeordnet und den T zum Testamentsvollstrecker bestimmt. Er soll laut dem Testament den Nachlass abwickeln und die Auseinandersetzung bewirken. In der Eingehung von Verbindlichkeiten soll er nicht beschränkt sein. Von den Beschränkungen des § 181 BGB ist er befreit. Regelungen in Bezug auf eine Ersatztestamentsvollstreckung enthält das Testament nicht.

T hat das Amt des Testamentsvollstreckers angenommen. Der Mandant fühlt sich bislang von T nicht hinreichend informiert. Auskünfte erteilt er nur lückenhaft und auf mehrfache Nachfrage. Ein Nachlassverzeichnis hat er ihm, nachdem nun bereits zehn Monate seit dem Tod vergangen sind, noch nicht vorgelegt. Der Mandant traut T nicht zu, den Nachlass ordnungsgemäß zu verwalten. Er möchte bei der weiteren Nachlassabwicklung mitentscheiden.

Sachverhalt | **Checkliste** | Lösung | Verfahren | Muster

Ist wirksam eine Testamentsvollstreckung angeordnet worden? Dies kann insbesondere dann fraglich sein, wenn der Erblasser aufgrund eines gemeinschaftlichen Testaments oder Erbvertrags in seiner Testierfreiheit eingeschränkt war.	☐
Prüfen Sie in diesem Zusammenhang, ob die Formerfordernisse für die Errichtung eines Testaments eingehalten wurden.	☐
Ist die Person des Testamentsvollstreckers durch den Erblasser hinreichend bestimmt worden?	☐
Sofern die Bestimmung des Testamentsvollstreckers durch einen Dritten erfolgen sollte, prüfen Sie, ob die Frist und Form gem. § 2198 BGB eingehalten wurde.	☐
Erfolgte eine Bestimmung durch das Nachlassgericht, gilt es zu klären, ob alle Beteiligten vor der Ernennung angehört wurden.	☐
Ist der Testamentsvollstrecker geschäftsfähig?	☐
Hat der Testamentsvollstrecker das Amt wirksam angenommen? Hierzu ist gem. § 2202 BGB eine unbedingte und unbefristete Erklärung gegenüber dem Nachlassgericht erforderlich.	☐

Welche Aufgaben sind dem Testamentsvollstrecker übertragen worden? Auseinandersetzung, Vermächtniserfüllung, Dauervollstreckung?	☐
Dauert die Testamentsvollstreckung noch an oder ist sie bereits erloschen?	☐
Wurde ein Testamentsvollstreckerzeugnis erteilt?	☐
Welche Pflichtverletzungen werden dem Testamentsvollstrecker vorgeworfen?	☐
Kommt eine Ausschlagung der Erbschaft seitens des Mandanten gem. § 2306 BGB – noch – in Betracht und ist diese zielführend?	☐
Ist der Testamentsvollstrecker bereit, sein Amt zu kündigen, ggf. gegen Zahlung einer Abfindung?	☐
Ist eine Entlassung notwendig, um dem Ziel des Mandanten zu entsprechen?	☐
Welche Folgen hätte eine Entlassung des Testamentsvollstreckers?	☐
Prüfen Sie in diesem Zusammenhang, ob durch den Erblasser ein Ersatztestamentsvollstrecker ernannt oder gewünscht ist.	☐
Wer soll den Ersatztestamentsvollstrecker bestimmen?	☐
Welche – zusätzlichen – Kosten wären mit einer Ersatztestamentsvollstreckung verbunden?	☐
Ist der Mandant antragsberechtigt?	
Stellt die seitens des Mandanten dargestellte Pflichtverletzung einen wichtigen Grund i.S.v. § 2227 BGB dar?	

Verfügungsbefugnis des T

Der Testamentsvollstrecker ist gem. § 2216 BGB zur ordnungsgemäßen Verwaltung des Nachlasses verpflichtet. Hierzu ist er berechtigt, den Nachlass gem. § 2205 BGB in Besitz zu nehmen und über Nachlassgegenstände ohne Zustimmung oder Mitwirkung der Erben zu verfügen.

Ausnahme

Unentgeltliche Verfügungen sind dem Testamentsvollstrecker gem. § 2205 Satz 3 BGB untersagt, es sei denn, sie entsprechen einer sittlichen Pflicht oder einer auf den Anstand zu nehmenden Rücksicht.

Warnhinweis

Eine Verfügung über einen Nachlassgegenstand ist auch dann zum Teil unentgeltlich, wenn die Veräußerung unter dem tatsächlichen Verkehrswert erfolgt. Es handelt sich hierbei dann um eine sogenannte „gemischte Schenkung".

Praxistipp

Sollte der Mandant Testamentsvollstrecker sein, ist ihm zu empfehlen, einen professionellen Verwerter mit der Verwertung von Nachlassgegenständen zu beauftragen und ggf. zuvor ein Sachverständigengutachten über den Wert einzuholen; dies gilt insbesondere bei der Veräußerung von nachlasszugehörigen Immobilien. Vertreten Sie einen Erben, prüfen Sie, ob der Testamentsvollstrecker unentgeltliche Verfügungen vorgenommen hat.

Soweit die Testamentsvollstreckung reicht, sind die Erben in ihrer Verfügungsgewalt über den Nachlass gem. § 2211 BGB beschränkt.

T ist vor diesem Hintergrund als Testamentsvollstrecker – seine wirksame Ernennung und ordnungsgemäße Annahme des Amts unterstellt – befugt, ohne Mitwirkung des Mandanten über den Nachlass zu verfügen.

Verpflichtung zur Vorlage eines Nachlassverzeichnisses gem. § 2215 BGB

Eine primäre Verpflichtung des Testamentsvollstreckers ist es jedoch, den Erben unverzüglich nach Annahme des Amts ein Nachlassverzeichnis über die seiner Verwaltung unterliegenden Gegenstände und Nachlassverbindlichkeiten vorzulegen (§ 2215 BGB), welches mit der Angabe des Tags der Aufnahme zu versehen und von ihm zu unterzeichnen ist. Auf Verlangen des Erben ist dieser bei der Aufnahme hinzuzuziehen. Ferner steht dem Erben ein Anspruch darauf zu, dass das Verzeichnis durch die zuständige Behörde oder durch einen zuständigen Beamten oder Notar aufgenommen wird.

Praxistipp

Auch wenn grundsätzlich keine Verpflichtung besteht, dem Nachlassverzeichnis Belege beizufügen, sollte dies im Interesse der Transparenz seitens des Testamentsvollstreckers gemacht werden, zumal sich für diesen eine Belegvorlagepflicht im Rahmen der Rechnungslegung gem. §§ 2218, 666 BGB ohnehin ergibt.

Sind durch den Erblasser zwei oder mehr Testamentsvollstrecker gemeinschaftlich ernannt worden, trifft sie die Verpflichtung zur Vorlage eines Nachlassverzeichnisses gem. § 2215 BGB gemeinschaftlich (OLG Schleswig, Beschl. v. 08.06.2006 – 3 Wx 64/05, 3 Wx 65/06).

Auch soweit die Testamentsvollstreckung lediglich über einen Miterbenanteil angeordnet ist, hat der Testamentsvollstrecker ein Nachlassverzeichnis über den gesamten Nachlass zu erstellen und mitzuteilen (vgl. OLG München, Beschl. v. 30.12.2008 – 31 Wx 99/08, 31 Wx 099/08).

Warnhinweis

Im Gegensatz zu dem auf den Tag des Todes zu errichtenden Nachlassverzeichnisses des Erben, welches dieser auf Verlangen dem Pflichtteilsberechtigten vorzulegen hat, ist das Nachlassverzeichnis des Testamentsvollstreckers auf den Tag der Annahme des Amts zu erstellen. In der Praxis empfiehlt es sich jedoch, auch den Nachlass zum Zeitpunkt des Todes zu ermitteln. Dies gilt auch vor dem Hintergrund des Erfordernisses der Abgabe einer Erbschaftsteuererklärung seitens des Testamentsvollstreckers.

Der Verpflichtung zur Vorlage eines Nachlassverzeichnisses ist T trotz Aufforderung durch den Mandanten bislang nicht nachgekommen. Fraglich ist, ob dies seine Entlassung als Testamentsvollstrecker rechtfertigt.

Entlassung gem. § 2227 BGB

Gemäß § 2227 BGB kann das Nachlassgericht beim Vorliegen eines wichtigen Grunds den Testamentsvollstrecker entlassen.

Praxistipp

Das Recht des Erben, den Testamentsvollstrecker zu entlassen, kann durch den Erblasser nicht wirksam eingeschränkt werden.

Wichtiger Grund

Ein wichtiger Grund liegt gem. § 2227 Satz 2 BGB insbesondere bei einer groben Pflichtverletzung des Testamentsvollstreckers oder bei seiner Unfähigkeit zur ordnungsgemäßen Geschäftsführung vor. Hierbei handelt es sich um zwei Beispielsfälle, die nicht abschließend sind. Ein wichtiger Grund wird darüber hinaus auch in einem (verschuldensunabhängigen) Verhalten des Testamentsvollstreckers gesehen, das der Ausführung des letzten Willens des Erblassers hinderlich oder mit einer erheblichen Gefährdung der Interessen oder gar Schädigung der Nachlassbeteiligten verbunden ist.

Grobe Pflichtverletzung

Die Verpflichtung zur Vorlage des Nachlassverzeichnisses stellt eine ganz wesentliche Verpflichtung des Testamentsvollstreckers dar, die eine entscheidende Grundlage für die Ausübung der Kontrolle durch die Erben bildet und Ausgangspunkt für die Rechnungslegung und Haftung des Testamentsvollstreckers sowie die Herausgabe des Nachlasses nach Beendigung des Amts ist.

Ein Testamentsvollstrecker, der seine vorbezeichnete Verpflichtung zur Vorlage eines Nachlassverzeichnisses gem. § 2215 BGB nicht erfüllt, begeht daher regelmäßig eine grobe Pflichtverletzung, aufgrund derer ein

Entlassungsgrund gegeben ist (vgl. KG, Beschl. v. 17.05.2013 – 6 W 33/13; BayObLG, Beschl. v. 18.07.1997 – 1Z BR 83/97). Ein ordnungsgemäßes Verzeichnis i.S.d. § 2215 BGB liegt insbesondere dann nicht vor, wenn ein wesentlicher Teil des Nachlasses nicht ins Verzeichnis aufgenommen wird (vgl. OLG Schleswig, Beschl. v. 19.09.2008 – 3 Wx 98/03).

Warnhinweis

Wird die Pflichtverletzung über einen längeren Zeitraum hingenommen, kann dies dazu führen, dass die Pflichtverletzung nicht mehr als „grob" angesehen wird (vgl. OLG Köln, Beschl. v. 25.11.1991 – 2 Wx 26/91).

Verschulden

Der Testamentsvollstrecker muss die grobe Pflichtverletzung jedoch auch verschuldet haben. Insoweit wird der Maßstab des § 276 BGB zugrunde gelegt, da es sich bei der Testamentsvollstreckung um ein gesetzliches Schuldverhältnis zwischen den Erben und dem Testamentsvollstrecker handelt (vgl. Zimmermann, Die Testamentsvollstreckung, 4. Aufl., Rdnr. 798).

Nicht jeder Verstoß ist daher als grobe schuldhafte Pflichtverletzung anzusehen. Im Rahmen einer Gesamtschau sind alle Umstände des jeweiligen Einzelfalls in die Bewertung mit einzubeziehen. Auch wenn ein unvollständiges oder erst verspätet vorgelegtes Nachlassverzeichnis grundsätzlich eine schwere Pflichtwidrigkeit indiziert, spielt bei der Beurteilung der Umfang des Nachlasses ebenso eine Rolle wie ggf. erforderliche Mitwirkungspflichten der weiteren Beteiligten (vgl. BayObLG, Beschl. v. 28.07.2003 – 1Z BR 140/02). Zudem scheidet ein Verschulden aus, wenn eine Unvollständigkeit auf noch ungeklärten Rechtsverhältnissen beruht, wobei der Testamentsvollstrecker in diesen Fällen verpflichtet ist, die Unsicherheit von sich aus zu offenbaren (vgl. OLG Köln, Beschl. v. 25.11.1991 – 2 Wx 26/91). Auch der Qualifikation des Testamentsvollstreckers ist Rechnung zu tragen. Ist der Testamentsvollstrecker juristischer Laie und beruhen die Mängel auf Unkenntnis und nicht auf einer Verweigerungshaltung und werden diese aufgrund eines gerichtlichen Hinweises behoben, kann die für eine Entlassung erforderliche Schwere der Pflichtverletzung noch nicht erreicht sein (vgl. OLG Schleswig, Beschl. v. 01.12.2015 – 3 Wx 42/15).

Gefährdung der Interessen der Erben

Daneben müssen die Interessen der Erben ernstlich gefährdet sein (OLG Köln, Beschl. v. 25.11.1991 – 2 Wx 26/91; OLG Zweibrücken, Beschl. v. 29.01.1997 – 3 W 219/96). Dies ist nicht der Fall, wenn die Erben anderweitig über den Bestand des Nachlasses in allen Einzelheiten informiert sind (vgl. OLG Zweibrücken, Beschl. v. 29.01.1997 – 3 W 219/96). Ferner kann eine Gefährdung auch entfallen, wenn der Nachlass überschaubar und den Erben im Wesentlichen bekannt ist (vgl. OLG Schleswig, Beschl. v. 01.12.2015 – 3 Wx 42/15).

Praxistipp

Auch ohne Verschulden kann ein Entlassungsgrund aufgrund einer Unfähigkeit des Testamentsvollstreckers oder eines sonstigen Grunds (z.B. Misstrauen oder Nachlassgefährdung) in Betracht kommen. Ein Antrag auf Entlassung eines Testamentsvollstreckers sollte daher, wenn möglich, auf mehrere Versäumnisse des Testamentsvollstreckers gestützt werden, damit das Gesamtbild eine Entlassung des Testamentsvollstreckers rechtfertigt.

Weitere Entlassungsgründe

Neben Versäumnissen des Testamentsvollstreckers im Zusammenhang mit der Errichtung und Vorlage eines Nachlassverzeichnisses werden in der Rechtsprechung und Literatur u.a. nachfolgende weitere Entlassungsgründe angenommen bzw. diskutiert:

- Untätigkeit (BayObLG, ZEV 1998, 348; BGH, NJW 1962, 912)
- eigennütziges Verhalten (KG, OLGE 44, 96)
- erhebliche Verstöße gegen testamentarische Anordnungen des Erblasser (OLG Zweibrücken, RPfleger 1989, 370)
- Verstöße gegen gesetzliche Pflichten (Damrau/Bonefeld, 3. Aufl., § 2227 BGB Rdnr. 8)
- strafbare Untreue gem. § 266 StGB (Damrau/Bonefeld, 3. Aufl., § 2227 BGB Rdnr. 8)
- fehlende Sicherung von Vermögen (BayObLG, ZEV 2005, 168)
- Ermessensüberschreitung bei Verwaltung (BayObLG, ZEV 1998, 348)
- Bevorzugung einzelner Miterben (BGH, NJW 1957, 1916)
- unzulässige Übertragung der Amtsführung auf eine andere Person (Zimmermann, Die Testamentsvollstreckung, 4. Aufl., Rdnr. 799)
- schwerwiegender Verstoß gegen Anhörungspflichten nach § 2204 Abs. 2 BGB (RGZ 130, 131)
- hartnäckige Verweigerung der Auskunfts- und Rechenschaftslegung über den Stand der Verwaltung gem. §§ 666, 2218 BGB (BayObLG, NJW-RR 1988, 645)
- leichtfertige oder ungerechtfertigte Führung von Prozessen, die das Interesse der Erben gefährden (Mayer/Bonefeld, Testamentsvollstreckung, 4. Aufl., § 13 Rdnr. 26)
- Auszahlung hoher Beträge auf streitige Forderungen (OLG Zweibrücken, FamRZ 1988, 788)
- unzulässiges Insichgeschäft (OLG Frankfurt, ZEV 1998, 350)
- Täuschung über den Wert des Nachlasses (OLG Naumburg, ZErb 2006, 199)
- Unfähigkeit zur ordentlichen Führung der Geschäfte, z.B. wegen eigenen Insolvenzverfahrens, Verurteilung zu einer Freiheitsstrafe, Abgabe der eidesstattlichen Versicherung über die eigenen Vermögensverhältnisse (Horn, ZEV 2010, 126)
- Entnahme einer überhöhten Vergütung zur Unzeit (KG, FamRZ 2011, 930)
- Weigerung zur Erteilung von Auskünften (AG Düsseldorf, Beschl. v. 27.06.2011 – 91aVI 867/07)

Warnhinweis

Allein der Umstand, dass das Verhältnis zwischen dem Testamentsvollstrecker und den Erben angespannt, u.U. gar feindselig ist, rechtfertigt keine Entlassung des Testamentsvollstreckers, da anderenfalls die Gefahr bestünde, dass die Erben durch ihr Verhalten einen Entlassungsgrund provozieren. Das Amt des Testamentsvollstreckers setzt kein Vertrauensverhältnis zu den Erben voraus. Entscheidend ist vielmehr das Vertrauen des Erblassers in den von ihm ernannten Testamentsvollstrecker. Allerdings kann auch ein auf Tatsachen beruhendes Misstrauen oder ein erheblicher Interessengegensatz einen wichtigen Grund zur Entlassung darstellen. Letzteres setzt jedoch voraus, dass Umstände vorliegen, die es naheliegend erscheinen lassen, dass der Erblasser bei deren Kenntnis die Ernennung des gewählten Testamentsvollstreckers widerrufen hätte, sofern auch objektiv betrachtet der Widerruf im Interesse der Erben und sonstigen Beteiligten liegt (vgl. BayObLG, Beschl. v. 10.01.1997 – 1Z BR 65/95).

Ergebnis

Da vorliegend keine Gründe ersichtlich sind, die es rechtfertigen, dass T seinem Bruder bislang kein Nachlassverzeichnis vorgelegt hat, ist von einer schuldhaften groben Pflichtverletzung seitens T auszugehen, die seine Entlassung gem. § 2227 BGB rechtfertigt.

Sachverhalt | Checkliste | Lösung | **Verfahren** | Muster

Formloser Antrag an das zuständige Nachlassgericht

Da der Testamentsvollstrecker nicht der Aufsicht des Nachlassgerichts unterliegt, wird das Nachlassgericht nicht von Amts wegen tätig. Erforderlich für eine Entlassung ist daher der Antrag eines Berechtigten, welcher jedoch formlos gestellt werden kann.

Praxistipp

Eine Rücknahme des Antrags ist bis zu einer rechtskräftigen Entscheidung möglich. Vor diesem Hintergrund kann bereits die Stellung eines Antrags in vielen Fällen den Testamentsvollstrecker dazu anhalten, seinen Verpflichtungen gegenüber dem Mandanten (Erben) nachzukommen. Darüber hinaus besteht die Möglichkeit, dass der Testamentsvollstrecker unter dem Druck des Entlassungsverfahrens von sich aus das Amt kündigt.

Zuständig ist das Nachlassgericht, in dessen Bezirk der Erblasser seinen letzten gewöhnlichen Aufenthalt hatte (§§ 342, 343, 355 FamFG).

Warnhinweis

Der Erblasser kann in seiner letztwilligen Verfügung Streitigkeiten über die Entlassung des Testamentsvollstreckers nicht wirksam einem Schiedsgericht zuweisen, da es dem Erblasser verwehrt ist, die Rechte der Erben aus § 2227 BGB einzuschränken (vgl. OLG Karlsruhe, Beschl. v. 28.07.2009 – 11 Wx 94/07).

Praxistipp

Sofern die Beteiligten die Vorteile eines Schiedsgerichtsverfahrens nutzen möchten, steht es ihnen frei, sich auf die Durchführung eines Schiedsgerichtsverfahrens einvernehmlich zu verständigen.

Antragsberechtigung

Antragsberechtigt sind alle materiell Beteiligten, d.h. diejenigen, die ein rechtliches Interesse an der Person des Testamentsvollstreckers bzw. der Testamentsvollstreckung haben. Hierzu zählen der Erbe, Miterbe, Vor- und Nacherbe, Vermächtnisnehmer, Mitvollstrecker und bestimmungsberechtigter Dritter gem. § 2198 BGB. In Bezug auf den Miterben, dessen Erbanteil nicht der Testamentsvollstreckung unterliegt, ist eine Antragsberechtigung – wenn überhaupt – nur dann gegeben, wenn seine Rechte durch eine Pflichtwidrigkeit des Testamentsvollstreckers bei der Verwaltung oder Auseinandersetzung des Nachlasses konkret gefährdet sind (vgl. OLG Hamm, Beschl. v. 11.08.2009 – I-15 Wx 115/09). Ob zum Kreis der Beteiligten auch der Pflichtteilsberechtigte und Auflagenbegünstigte gehören, ist streitig (vgl. Zimmermann, Die Testamentsvollstreckung, 4. Aufl., Rdnr. 805 f. m.w.N.). Da der Pflichtteilsberechtigte hinsichtlich seiner Pflichtteilsforderung letztendlich lediglich ein Nachlassgläubiger ist, ist nicht nachvollziehbar, weshalb ihm ein Antragsrecht zugestanden werden sollte.

Warnhinweis

Ist der Berechtigte minderjährig und ist den Eltern durch den Erblasser die Vermögenssorge gem. § 1638 Abs. 1 BGB entzogen worden, bedarf es der Bestellung eines Ergänzungspflegers gem. § 1909 BGB (BGH, Beschl. v. 30.11.1988 – IVa ZB 12/88; OLG Schleswig, Beschl. v. 23.03.2007 – 8 WF 191/06, 8 WF 195/06).

Versagungsermessen

Trotz Vorliegen eines wichtigen Grunds steht dem Nachlassgericht ein sogenanntes Versagungsermessen zu. Es hat dabei das Entlassungsinteresse gegen das Fortführungsinteresse abzuwägen (vgl. KG Berlin, Beschl. v. 28.09.2010 – 1 W 21/10 u.a.). Dabei ist der mutmaßliche Wille des Erblassers ebenso zu berücksichtigen wie die Interessen der Erben, die eine Fortführung der Testamentsvollstreckung wünschen (vgl. KG, Beschl. v. 06.05.2014 – 6 W 166/13). In diesem Zusammenhang gilt es auch darauf abzustellen, ob eine Ersatztestamentsvollstreckung angeordnet ist oder ob es den Erben nach der Entlassung des Testamentsvollstreckers möglich ist, den Nachlass selber ordnungsgemäß zu verwalten und abzuwickeln. War dem Erblasser die Testamentsvollstreckung durch die in Frage stehende Person erkennbar besonders wichtig und ist eine weitere Gefährdung der Erben bei einer Fortführung der Testamentsvollstreckung nicht zu erwarten, kann auch bei einer groben Pflichtverletzung von der Entlassung abgesehen werden, wenn im Fall einer Entlassung des Testamentsvollstreckers die abschließende Auseinandersetzung der Erbengemeinschaft praktisch kaum durchführbar wäre (vgl. OLG Schleswig, Beschl. v. 01.12.2015 – 3 Wx 42/15).

Anhörung des Testamentsvollstreckers

Dem Testamentsvollstrecker muss vor einer Entscheidung rechtliches Gehör gewährt werden. Er muss als Beteiligter gem. § 345 Abs. 4 Satz 1 Nr. 2 FamFG hinzugezogen werden. Die übrigen Beteiligten sind ebenfalls formlos anzuhören.

Entscheidung

Gemäß § 16 Abs. 1 Nr. 5 RPflG entscheidet der Nachlassrichter auf Grundlage der im Antrag vorgetragenen Gründe sowie seiner von Amts wegen erfolgten Ermittlungen. Hinsichtlich der Reichweite seiner eigenen Ermittlungen wird ihm hierbei ein Ermessen eingeräumt (OLG Zweibrücken, FamRZ 1999, 472; OLG Oldenburg, FamRZ 1999, 472).

Die Entscheidung ergeht im Wege des Beschlusses und ist mit Zustellung an den Testamentsvollstrecker gem. §§ 15, 40 FamFG wirksam.

Der Verfahrensgegenstand ist gem. § 322 ZPO nicht der materiellen Rechtskraft fähig, so dass nach Zurückweisung des Entlassungsantrags ein neuer Antrag gestellt werden kann. Wird dieser jedoch auf genau denselben Vorwurf gestützt, so fehlt dem Antragsteller hierfür das Rechtsschutzbedürfnis.

Beschwerde

Gegen die Entscheidung ist das Rechtsmittel der Beschwerde gem. §§ 58 ff. FamFG zulässig. Darüber hinaus besteht im Anschluss ggf. die Möglichkeit der Rechtsbeschwerde gem. §§ 70 ff. FamFG.

Der Einlegung der vorbezeichneten Rechtsmittel kommt keine aufschiebende Wirkung zu. Auf Antrag kann das Beschwerdegericht den Testamentsvollstrecker jedoch gem. § 64 Abs. 3 FamFG vorläufig im Amt belassen.

Einstweilige Verfügung

Dem Testamentsvollstrecker kann nicht mittels einer einstweiligen Verfügung seine Amtsausübung untersagt oder er vorübergehend aus seinem Amt entlassen werden. Hierzu fehlt es an einer Rechtsgrundlage (vgl. OLG Schleswig, Beschl. v. 09.03.2010 – 3 W 29/10; OLG Köln, Beschl. v. 08.10.1986 – 2 Wx 57/86). Erben können mittels einstweiliger Verfügung ihre Ansprüche auf ordnungsgemäße Verwaltung seitens des Testamentsvollstreckers ggf. jedoch im Zivilprozess unter den Voraussetzungen des §§ 935 ff. ZPO durchsetzen.

Kosten

Kostenschuldner ist gem. § 22 GNotKG zunächst der Antragsteller. Es kann gem. § 81 FamFG eine Kostenerstattung angeordnet werden.

Für das Verfahren entsteht eine 0,5-Gebühr nach Nr. 12420 KV GNotKG. Der Geschäftswert beträgt gem. § 65 GNotKG 10 % des Bruttonachlasswerts im Zeitpunkt des Erbfalls.

Warnhinweis

Ob mit der Entlassung des Testamentsvollstreckers auch die Testamentsvollstreckung insgesamt beendet ist, hängt von der Frage ab, ob durch den Erblasser eine Ersatztestamentsvollstreckung angeordnet worden ist. Regelmäßig wird von einem konkludenten Ersuchen des Erblassers an das Nachlassgericht gem. § 2200 BGB ausgegangen.

Praxistipp

Nach erfolgreicher Entlassung des Testamentsvollstreckers sollte darauf geachtet werden, dass eventuell erteilte Testamentsvollstreckezeugnisse seitens des Nachlassgerichts eingezogen werden. Dies gilt auch für Erbscheine, die einen Testamentsvollstreckervermerk enthalten, wenn die Testamentsvollstreckung nach erfolgter Entlassung endet.

Sachverhalt | Checkliste | Lösung | Verfahren | Muster 1

Aufforderung zur Vorlage des Nachlassverzeichnisses mit Fristsetzung

Herrn/Frau
...
Straße, Hausnr./Postfach
PLZ Ort

Sehr geehrte(r) Herr/Frau ...,

hiermit zeigen wir Ihnen an, ausweislich der in der Anlage beigefügten Vollmacht, die rechtlichen Interessen von ... anwaltlich zu vertreten.

Gegenstand unserer Mandatierung ist die Prüfung und Durchsetzung der rechtlichen Interessen unseres Mandanten im Zusammenhang mit dem Nachlass des/der am ... in ... verstorbenen ....

Ausweislich des durch das AG ... am ... eröffneten Testaments des Erblassers vom ... ist unser Mandant Miterbe zu .... Der Erblasser hat im vorbezeichneten Testament Testamentsvollstreckung angeordnet und Sie zum Testamentsvollstrecker ernannt. Sie haben das Amt des Testamentsvollstreckers mit Erklärung vom ... gegenüber dem Nachlassgericht angenommen.

In Ihrer Eigenschaft als Testamentsvollstrecker sind Sie gem. § 2215 BGB u.a. verpflichtet, unserem Mandanten unverzüglich ein Verzeichnis über den Ihrer Verwaltung unterliegenden Nachlass zu übermitteln.

Dieser Verpflichtung sind Sie bis zum heutigen Tag trotz mehrfacher Aufforderung seitens unseres Mandanten, zuletzt mit Schreiben vom ..., nicht innerhalb der von diesem gesetzten Frist nachgekommen.

Wir fordern Sie vor diesem Hintergrund namens und in Vollmacht unseres Mandanten hiermit noch einmal auf, Ihre vorbezeichnete Verpflichtung zur Vorlage eines Nachlassverzeichnisses nunmehr bis zum

...

zu erfüllen.

Sollte die vorbezeichnete Frist fruchtlos verstreichen, werden wir beim zuständigen Nachlassgericht Ihre Entlassung als Testamentsvollstrecker gem. § 2227 BGB beantragen. Sollten Sie Ihrerseits bereit sein, Ihr Amt als Testamentsvollstrecker niederzulegen, so sehen wir einer Kündigung Ihres Amts gegenüber dem Nachlassgericht gem. § 2226 BGB bis zum vorbezeichneten Datum entgegen.

Da Sie sich mit der Erfüllung Ihrer vorbezeichneten Verpflichtung im Verzug befinden, haben Sie darüber hinausgehend die Kosten unserer Inanspruchnahme gemäß der nachfolgenden Rechtsanwaltsvergütungsberechnung zu tragen:

...

Einem Ausgleich der Kosten unserer Inanspruchnahme sehen wir ebenfalls bis zum vorbezeichneten Datum entgegen.

Mit freundlichen Grüßen

Rechtsanwältin/Rechtsanwalt

Anlage

Vollmacht

Antrag auf Entlassung Testamentsvollstrecker

Amtsgericht
– Nachlassgericht –
...
Straße, Hausnr./Postfach
PLZ Ort

Az.: ...

Nachlass des ...

Antrag auf Entlassung des Testamentsvollstreckers

Hiermit zeigen wir an, ausweislich der in der Anlage beigefügten Vollmacht, die rechtlichen Interessen von ... anwaltlich zu vertreten.

Am ... ist ... mit letztem Wohnsitz in ... verstorben. Ausweislich des durch das AG ... am ... eröffneten Testaments des Erblassers ist dieser durch unseren Mandanten zu ... sowie durch ... zu ... beerbt worden. Im vorbezeichneten Testament hat der Erblasser Testamentsvollstreckung angeordnet und ... zum Testamentsvollstrecker ernannt. Der Testamentsvollstrecker hat das Amt mit Erklärung vom ... gegenüber dem Nachlassgericht angenommen und übt es weiterhin aus. Es wird insoweit Bezug genommen auf die Akten des Amtsgerichts – Nachlassgericht – Az. ....

Namens unseres Mandanten und kraft anliegender Vollmacht

beantragen

wir nunmehr:

> den Testamentsvollstrecker ... gem. § 2227 BGB zu entlassen und diesem die Kosten des Entlassungsverfahrens aufzuerlegen.

Begründung:

Gemäß § 2227 BGB ist der Testamentsvollstrecker zu entlassen, wenn ein wichtiger Grund vorliegt. Ein wichtiger Grund liegt gem. § 2227 Satz 2 BGB insbesondere bei einer groben Pflichtverletzung des Testamentsvollstreckers oder bei seiner Unfähigkeit zur ordnungsgemäßen Geschäftsführung vor. Der Testamentsvollstrecker hat vorliegend seine ihm obliegenden Pflichten grob verletzt. Trotz mehrfacher Aufforderung des Antragstellers ist er seiner Verpflichtung zur Vorlage eines ordnungsgemäßen Nachlassverzeichnisses gem. § 2215 BGB nicht nachgekommen. Soweit seinerseits Auskünfte erteilt worden sind, waren diese offensichtlich unvollständig.

Die Verpflichtung zur Vorlage des Nachlassverzeichnisses stellt eine ganz wesentliche Verpflichtung des Testamentsvollstreckers dar, da das Nachlassverzeichnis eine entscheidende Grundlage für die Ausübung der Kontrolle durch die Erben bildet und Ausgangspunkt für die Rechnungslegung und Haftung des Testamentsvollstreckers sowie die Herausgabe des Nachlasses nach Beendigung des Amts ist. Der Testamentsvollstrecker, der seine vorbezeichnete Verpflichtung zur Vorlage eines Nachlassverzeichnisses gem. § 2215 BGB nicht erfüllt, begeht damit regelmäßig eine grobe Pflichtverletzung, aufgrund derer ein Entlassungsgrund gegeben ist (vgl. KG, Beschl. v. 17.05.2013 – 6 W 33/13; BayObLG, Beschl. v. 18.07.1997 – 1 Z BR 83/97).

Ein ordnungsgemäßes Verzeichnis i.S.d. § 2215 BGB liegt insbesondere nicht vor, wenn ein wesentlicher Teil des Nachlasses nicht ins Verzeichnis aufgenommen wird (vgl. OLG Schleswig, Beschl. v. 19.09.2008 – 3 Wx 98/03).

Gründe, die ein Verschulden des Testamentsvollstreckers entfallen ließen, sind vorliegend nicht ersichtlich.

Durch die vorbezeichnete Pflichtverletzung des Testamentsvollstreckers sind auch die Interessen des Antragstellers ernstlich gefährdet. Dieser ist nicht in der Lage, sich anderweitig über den Bestand des Nachlasses zu informieren.

Soweit der Testamentsvollstrecker mangels hinreichender Fachkenntnis nicht in der Lage sein sollte, ein ordnungsgemäßes Nachlassverzeichnis zu erstellen, hat er sich fachkundige Hilfe einzuholen. Anderenfalls muss er als unfähig angesehen werden, so dass auch vor diesem Hintergrund ein Entlassungsgrund gem. § 2227 Satz 2 zweite Alternative BGB gegeben wäre.

Da der Testamentsvollstrecker seinen Verpflichtungen trotz mehrfacher Aufforderung nicht nachgekommen ist, entspricht es auch dem billigen Ermessen, ihm gem. § 81 FamFG die Kosten des Entlassungsverfahrens aufzuerlegen.

Mit freundlichen Grüßen

Rechtsanwältin/Rechtsanwalt

13

Kapitel 13: Vorsorgevollmacht und Patientenverfügung

A. Einführung

1. Beratungsanlass

Praktische Bedeutung

Vorsorgevollmachten und Patientenverfügungen sind zum Massenphänomen geworden. Als Rechtsanwalt werden Sie mit dem Thema vor allem in zwei Konstellationen in Berührung kommen. Zum einen gibt es Mandanten, die Sie aufsuchen, damit Sie ihre **Vorsorgeregelungen gestalten.** Das Thema Vorsorgevollmacht und Patientenverfügung sollte von Ihnen auch bei jeder Testamentsgestaltung angesprochen werden. Zum anderen passiert es regelmäßig, dass ein Vorsorgebevollmächtigter oder Kontobevollmächtigter **Beträge vom Konto des Erblassers** abhebt, die die Erben gerne zurückhaben möchten.

Vollmacht = rechtliches Können

Durch die Bevollmächtigung erhält der Bevollmächtigte die Vertretungsmacht, Willenserklärungen abzugeben, die für und gegen den Vollmachtgeber wirken (§ 164 Abs. 1 Satz 1 BGB). Wichtig ist daran, dass die Vollmacht nur das rechtliche **Können** regelt. Aus der Vollmacht ergibt sich nicht, was der Bevollmächtigte mit der Vollmacht tun **soll** oder **darf.**

2. Innenverhältnis

Regelungsinhalt

Das rechtliche **Sollen und Dürfen** des Bevollmächtigten **muss im Innenverhältnis geregelt** werden. Das Innenverhältnis wird auch als Grundverhältnis oder bei der **Vorsorgevollmacht** neuerdings auch als Vorsorgevertrag bezeichnet. Im Idealfall schließen der Bevollmächtigte und der Vollmachtgeber einen Vertrag ab, in dem sie das Innenverhältnis ausgestalten. Bei vielen notariellen Vorsorgevollmachten und bei der Mehrzahl der im Internet zu findenden Muster findet sich keine ordnungsgemäße Ausgestaltung des Innenverhältnisses. In diesen Fällen muss danach gefragt werden, ob im Innenverhältnis durch die Benutzung der Vorsorgevollmacht ein **Auftrag** zustande gekommen ist. Auf diese Frage wird in Mandatssituation 13.3, S. 918, Stichwort: Rechtsbindungswille, näher eingegangen.

Innenverhältnis = zweiseitiger Vertrag

Das Innenverhältnis ist ein zweiseitiger Vertrag. In notariellen Vorsorgevollmachten finden sich teilweise Regelungen, die nach dem Vertragstext nur im Innenverhältnis gelten sollen. Die Urkunde wird dann i.d.R. nur vom Vollmachtgeber unterschrieben. Dabei wird vergessen, dass der Bevollmächtigte diesen Vertrag auch annehmen muss. Diese Annahme kann später (konkludent) darin liegen, dass der Bevollmächtigte von der Vorsorgevollmacht Gebrauch macht. Zwingend ist dies aber nicht, wenn der Bevollmächtigte mit den Regelungen in der notariellen Urkunde nicht einverstanden ist und das auch noch nach außen kommuniziert, z.B. mit dieser Formulierung:

Formulierungsvorschlag

„*Ich benutze diese Vorsorgevollmacht nur aus Gefälligkeit. Ich lehne rechtliche Bindungen ab. Insbesondere lehne ich eine Haftung für leicht fahrlässige Fehler und eine Auskunftspflicht über meine Tätigkeiten ab. Ich verpflichte mich nicht, mich um die Angelegenheiten des Vollmachtgebers zu kümmern oder diese Vorsorgevollmacht auch in der Zukunft zu nutzen.*“

In diesem Fall kann im Innenverhältnis eine Geschäftsführung ohne Auftrag vorliegen.

Legitimation

Ein Vertragspartner besteht i.d.R. darauf, dass sich der Bevollmächtigte legitimiert, damit sich der Vertragspartner auf den Rechtsschein der Vollmachtsurkunde verlassen kann (§ 172 Abs. 1 BGB, § 171 Abs. 1 BGB). Bei einseitigen Rechtsgeschäften muss der Bevollmächtigte eine Vollmachtsurkunde vorlegen, wenn er verhindern möchte, dass der Geschäftsgegner die Erklärung nach § 174 Satz 1 BGB unverzüglich zurückweist.

Praxistipp

Wichtig ist dabei, dass sowohl nach § 172 BGB als auch nach § 174 BGB eine **Originalurkunde** vorgelegt werden muss. Bei notariellen Vollmachtsurkunden ersetzt die Ausfertigung die Urschrift (§ 47 BeurkG). Nicht ausreichend ist eine beglaubigte Abschrift.

Diese Feinheit verstehen die Mandanten i.d.R. nicht, weil sich die Ausfertigung von der beglaubigten Abschrift letztlich nur durch den aufgebrachten Stempelabdruck unterscheidet.

B. Mandatssituationen

Mandatssituation 13.1: Vorsorgepaket

Sachverhalt | Checkliste | Lösung | Verfahren | Muster

Der Mandant sucht seinen Rechtsanwalt auf, weil er eine Vorsorgevollmacht oder Patientenverfügung haben möchte.

Sachverhalt | **Checkliste** | Lösung | Verfahren | Muster

Wie setzt sich das Vermögen zusammen? Grundstücke? Gesellschaftsanteile? Unternehmen? Lebensversicherungen oder Bausparverträge mit Bezugsrechten zugunsten Dritter?	☐
Gibt es ein Testament?	☐
Wurden bereits Kontovollmachten erteilt?	☐
Wer soll bevollmächtigt werden und in welcher Rangfolge?	☐
Welche Ziele verbindet der Mandant mit der Patientenverfügung?	☐
Daten des Vollmachtgebers erfassen	☐
Daten der Bevollmächtigten erfassen, insbesondere Handynummern	☐

Sachverhalt | Checkliste | **Lösung** | Verfahren | Muster

Haftungsbegrenzung

Bevor Sie das Mandat annehmen, sollten Sie **Ihr Haftungsrisiko** begrenzen. Da es immer möglich ist, dass der Mandant noch im Lotto gewinnt, bevor er geschäftsunfähig wird, ist eine Haftungsbegrenzungsvereinbarung zu empfehlen, wenn Ihre Haftung nicht bereits kraft Ihrer Gesellschaftsform begrenzt ist. Nach § 52 Abs. 1 Nr. 2 BRAO können Sie die Haftung mittels vorformulierter Vertragsbedingungen für Fälle einfacher Fahrlässigkeit auf 1 Mio. € begrenzen, wenn insoweit Versicherungsschutz besteht.

Vergütung

Es empfiehlt sich der Abschluss einer **Vergütungsvereinbarung**. Andernfalls stellt sich die Frage, ob Sie sich im Bereich der Beratung nach § 34 RVG befinden oder ob eine Geschäftsgebühr nach Nr. 2300 VV RVG anfällt. Nach der Vorbemerkung 2.3 VV RVG kommt es darauf an, ob Sie bei der Gestaltung eines Vertrags mitwirken. Die Vorsorgevollmacht und die Patientenverfügung sind einseitige Willenserklärungen. Das Grundverhältnis sollte hingegen durch einen Vertrag ausgestaltet werden. Es fragt sich jedoch, welcher Gegenstandswert hierfür angesetzt werden kann – das Vermögen des Mandanten oder nur ein Bruchteil davon. Diese Unsicherheiten vermeiden Sie mit einer Vergütungsvereinbarung.

Gestaltungsaufgabe

Wenn der Mandant Sie als Rechtsanwalt mit der Gestaltung des Vorsorgepakets beauftragt, hat er sich damit zugleich gegen eine Vielzahl billigerer bzw. kostenloser Muster entschieden, die er im Buchhandel und im Internet findet. Teilweise bringt der Mandant auch schon Muster mit, die er anderweitig erworben hat. Das heißt für Sie, dass Sie zumindest schon einmal gesehen haben sollten, was an Mustertexten existiert. Als Referenz empfiehlt sich, dass Sie sich die aktuellen **Muster** des bayerischen Justizministeriums bzw. des Bundesjustizministeriums herunterladen und durchlesen. Diese Mustertexte weisen in der aktuellen Fassung deutlich weniger Fehler auf als in der Vergangenheit. Neuerdings wird sogar empfohlen, dass das Innenverhältnis ausgestaltet wird, wobei aber noch kein Muster hierzu verfügbar ist. Die Schwäche der genannten Mustertexte liegt darin, dass dort immer Kreuzchen bei „ja" oder „nein" gesetzt werden müssen. Wenn der Vollmachtgeber „nein" ankreuzt, reißt er Löcher in die Gestaltung, die eine Betreuung erforderlich machen. Der Mandant erwartet von Ihnen eine individuelle Gestaltung, die auf seine Bedürfnisse angepasst ist. Die hier publizierten Mustertexte sind **bewusst kurz** gehalten und konzentrieren sich auf das, was Sie unbedingt regeln sollten. Die Verwendbarkeit einer Vollmacht leidet enorm darunter, wenn sie zu umfangreich ist. Auf der anderen Seite wollen die späteren Geschäftsgegner sich gerne wiederfinden.

Inhalt des Vorsorgepakets

Ein Vorsorgepaket hat **drei Kernelemente**:

- die Vorsorgevollmacht,
- die Patientenverfügung und
- den Vertrag zur Ausgestaltung des Innenverhältnisses (Vorsorgevertrag).

Diese Kernelemente können mit zahlreichen Zusatzleistungen ausgeschmückt werden. Das beginnt bei einem Kärtchen, das der Vollmachtgeber mitführt und über seiner Krankenkarte verwahrt. Auf diesem Kärtchen sollten der Bevollmächtigte und dessen Handynummer vermerkt sein. Weiterhin können Sie z.B. eine Bestattungsverfügung oder ein Testament entwerfen.

Unbeschränkte Generalvollmacht

In der Praxis hat es sich bewährt, dass der Vollmachtgeber dem Bevollmächtigten eine unbeschränkte Außenvollmacht erteilt. Beschränkungen des Bevollmächtigten werden lediglich im Innenverhältnis geregelt. Das führt dazu, dass der Bevollmächtigte die Vollmacht missbrauchen kann. Zwar stehen dem Vollmachtgeber dann Schadensersatzansprüche aus dem Innenverhältnis zu. Er trägt jedoch das Insolvenzrisiko des Bevollmächtigten.

Vertrauen ist wichtig

Voraussetzung für die Erteilung einer Vorsorgevollmacht ist daher, dass der Vollmachtgeber dem Bevollmächtigten vertraut. Andernfalls kommt allenfalls eine Gestaltung über eine Betreuungsverfügung in Betracht. In der Literatur werden Gestaltungen diskutiert, nach denen der Bevollmächtigte erst in den Besitz der Vollmachtsurkunde gelangt, wenn der Vollmachtgeber geschäftsunfähig ist. Diese Gestaltungen sind mit der folgenden Erwägung nicht sinnvoll: Wenn der Vollmachtgeber dem Bevollmächtigten nicht vertraut, solange er noch geschäftsfähig ist und ihn kontrollieren kann, dann sollte er dem Bevollmächtigten auch keine Vollmacht für den Fall erteilen, dass er geschäftsunfähig ist und ihn nicht mehr kontrollieren kann.

Keine Bedingungen

Die ersten Vorsorgevollmachten waren häufig mit der Bedingung versehen, dass sie erst gelten, wenn der Vollmachtgeber geschäftsunfähig ist. Diese Bedingung ist **nicht praxistauglich**. Der Bevollmächtigte kann den Nachweis der Geschäftsunfähigkeit nicht rechtssicher erbringen. Selbst wenn ein Gutachten vorgelegt wird, muss dieses nicht richtig sein. Außerdem lässt sich kein Geschäftsgegner darauf ein, ein mehrseitiges Gutachten zu lesen. Theoretisch könnte der Bedingungseintritt jeweils in einem Prozess durch ein gerichtliches Gutachten geklärt werden. Praxistauglich ist das nicht.

Ganz außergewöhnliche Geschäfte

Es gibt Stimmen in der Rechtsprechung und in der Literatur, wonach „ganz außergewöhnliche Geschäfte" nicht vom Vollmachtsumfang umfasst sind. Teilweise wird das dahingehend präzisiert, dass es sich dabei um Geschäfte handeln soll, mit denen der Bevollmächtigte den Vollmachtgeber schädigt. Dabei handelt es sich jedoch nicht um eine Frage des Vollmachtsumfangs, sondern um die Fallgruppen des **Missbrauchs der Vertretungsmacht** (Kollusion und Evidenz). Das führt zu der Frage, wie man als Gestalter einem Gericht klar macht, dass man eine umfassende Generalvollmacht gestalten will, ohne Ausnahmen. Hierzu kann zumindest ein klarstellender Satz in die Vollmachtsurkunde aufgenommen werden.

Befreiung von den Beschränkungen des § 181 BGB

Üblicherweise wird der Bevollmächtigte von den Beschränkungen des § 181 BGB befreit. Zu Recht wird teilweise gefragt, wozu diese Befreiung erforderlich ist. In der Regel sollte der Bevollmächtigte keine Insichgeschäfte tätigen müssen, die nicht im Innenverhältnis angelegt sind und damit unter die Erfüllung einer Verbindlichkeit i.S.d. § 181 BGB fallen. Ein Beispiel hierfür ist die Zahlung einer etwaigen Vergütung oder von Auslagenersatz. Dennoch wird die Befreiung von den Beschränkungen des § 181 BGB i.d.R. aufgenommen, damit diese Fragen gar nicht erst diskutiert werden müssen.

„Insbesondere"-Aufzählung

Vorsorgevollmachten enthalten in der Praxis i.d.R. eine Aufzählung, die mit dem Wort „insbesondere" eingeleitet wird. Diese Aufzählung ist überflüssig und bläht die Vollmacht unnötig auf. Wenn die Vollmacht für alles gilt, müssen die einzelnen Rechtsgeschäfte nicht aufgeführt werden. Die „Insbesondere"-Aufzählung ist jedoch der Ignoranz in der Praxis geschuldet. Jeder Geschäftsgegner möchte sich gerne in der Vollmachtsurkunde wiederfinden. Andernfalls wird die Vollmacht nicht akzeptiert. Deshalb ist es einfacher, die Vollmacht mit dem „Insbesondere"-Teil zu belasten, als später mit dem Geschäftsgegner zu streiten.

In **Gesundheitsangelegenheiten** muss die Vollmachtsurkunde ausdrücklich drei Regelungen enthalten:

- die Unterbringung nach § 1906 Abs. 1, Abs. 5 Satz 1 BGB,
- sonstige freiheitsentziehende Maßnahmen nach § 1906 Abs. 4, Abs. 5 Satz 1 BGB und
- die Einwilligung bzw. Nichteinwilligung in schwere Heilbehandlungen nach § 1904 BGB.

Banken

Banken haben ihre eigenen Formulare für Bankvollmachten. Dies führt in der Praxis oft dazu, dass andere Vollmachten pauschal zurückgewiesen werden. Dies ist rechtswidrig und kann zu einem Schadensersatzanspruch gegen die Bank führen (LG Detmold v. 14.01.2015 – 10 S 110/14). Gegebenenfalls muss der Vollmachtgeber, vertreten durch den Bevollmächtigten, die Bank auf Leistung oder Feststellung der Vollmacht verklagen. In der Praxis wird dem Vollmachtgeber i.d.R. empfohlen, eine **zusätzliche Vollmacht** auf einem Bankformular zu erteilen. Dies ist für den Vollmachtgeber einfacher, als einen späteren Rechtsstreit zu riskieren. Nachteilig ist, dass die Bank dem Vollmachtgeber den Inhalt der Vollmacht vorschreibt und so individuelle Gestaltungen verhindert.

Betreuungsverfügung

Beim Vorsorgepaket spielt die Betreuungsverfügung keine große Rolle. Sie wird lediglich als Notanker in die Vorsorgevollmacht mit eingebaut, falls das Gericht eine Lücke in der Vollmacht entdecken will.

Vorsorgeregister

Die Vorsorgevollmacht kann im Vorsorgeregister der **Bundesnotarkammer** registriert werden. Dadurch soll vermieden werden, dass das Betreuungsgericht einen Betreuer bestellt, obwohl eine Vorsorgevollmacht vorliegt. Im Normalfall dürfte die Registrierung im Vorsorgeregister überflüssig sein. Wenn der Bevollmächtigte geeignet ist, wird er mitbekommen, wenn ein Betreuungsbedarf entsteht, und ggf. gegen ein Betreuungsverfahren vorgehen. Wenn sich in der Geldbörse über der Krankenkarte ein Hinweis auf die Vorsorgevollmacht befindet und die Nummer des Bevollmächtigten zusätzlich im Handy unter dem Kürzel „ICE“ (in case of emergencies) eingespeichert ist, dürfte sichergestellt sein, dass der Bevollmächtigte informiert wird. Aber natürlich entscheidet der Mandant, ob er die Registrierung im Vorsorgeregister wünscht. Nähere Informationen finden Sie unter www.vorsorgeregister.de.

Ausgestaltung des Innenverhältnisses

Das hier publizierte Muster enthält wichtige Punkte für die Ausgestaltung des Innenverhältnisses. Dabei sollten Sie nicht zögern, die Wünsche des Mandanten umfänglich aufzunehmen. Zum Beispiel kann geregelt werden,

- dass ein Grundstück des Mandanten unter bestimmten Voraussetzungen auf ein Enkelkind übertragen werden soll,
- ob das Vermögen in Aktien angelegt werden soll,
- in welchem Umfang der Bevollmächtigte Schenkungen tätigen soll.

Sinnvoll ist auch eine Regelung, ob der Bevollmächtigte bei einem **Berliner Testament** die Erbschaft des überlebenden Ehegatten ausschlagen darf, wenn er dadurch selbst Erbe wird. Diese Regelung ist zum einen missbrauchsanfällig. Zum anderen ermöglicht sie es, Vermögen vor dem Sozialleistungsträger zu retten.

Mehrere Bevollmächtigte

Bei der Gestaltung ist zu beachten, dass ein Vorsorgebevollmächtigter auch ausfallen kann, etwa indem er stirbt oder selbst geschäftsunfähig wird. Für diesen Fall sollte der Vollmachtgeber weitere Bevollmächtigte vorsehen, wenn entsprechende Vertrauenspersonen zur Verfügung stehen. Über die rechtliche Ausgestaltung der **Ersatzbevollmächtigung** gibt es verschiedene Ansichten. Teilweise werden alle Vollmachten in einer Vollmachtsurkunde erteilt, von der dann mehrere Ausfertigungen erstellt werden. Der Vorteil dieser Gestaltung ist, dass das Gesamtkonzept aus der Vollmachtsurkunde ersichtlich wird. Nachteilig ist hingegen, dass der Geschäftsgegner mehr Informationen erhält, als er benötigt. Zudem ergeben sich weitere Schwierigkeiten, wenn die Vollmacht **widerrufen** wird. Dann stellt sich die Frage, ob ein Bevollmächtigter auch mit der Ausfertigung des anderen Bevollmächtigten handeln kann. Vorzugswürdig ist es daher, jede Vollmacht in einer gesonderten Urkunde zu erteilen. Das Rangverhältnis der Bevollmächtigten findet sich dann lediglich im Innenverhältnis. Auch das Innenverhältnis sollte mit jedem Bevollmächtigten gesondert ausgestaltet werden.

Kontroll-/ Unterstützungsbevollmächtigter

Möglich ist auch, dass der Vollmachtgeber einen sogenannten Kontroll- oder Unterstützungsbevollmächtigten bevollmächtigt. Dieser hat dann lediglich die Aufgabe, die **Ansprüche** des Vollmachtgebers **aus dem Innenverhältnis** geltend zu machen, insbesondere also Auskünfte und Rechenschaft zu fordern und ggf. dem Bevollmächtigten Entlastung zu erteilen.

Vergütung des Bevollmächtigten

Für viele Mandanten ist es klar, dass der Vorsorgebevollmächtigte unentgeltlich tätig wird. Diese Sicht der Dinge ändert sich schnell, wenn der Vorsorgebevollmächtigte erfahren muss, mit welchem Zeit- und Kraftaufwand seine Tätigkeit verbunden sein kann. Dann ist es schön, wenn der Bevollmächtigte eine kleine Anerkennung in Form einer Vergütung erhält. Zudem kann auf diese Weise ein kleiner Teil des Vermögens gerettet werden, wenn es durch die Pflege langsam abgeschmolzen wird und absehbar ist, dass der Vollmachtgeber Sozialleistungen benötigen wird.

Auf der anderen Seite steht die Frage, welche **steuerlichen Folgen** die Vergütung hat. Diese Frage muss der Bevollmächtigte nach seinen individuellen Lebensumständen abklären, wenn der Vorsorgefall eingetreten ist. Gestaltungsfreiheit erhält der Bevollmächtigte dadurch, dass er selbst entscheiden kann, in welcher **Höhe** er eine Vergütung erhält. Dabei empfiehlt sich die Angabe eines Höchstbetrags. In der Praxis sind dabei Beträge von 100 €–200 € üblich.

Weiterhin wurde die Frage aufgeworfen, ob durch die Vergütung eine **verbotene Rechtsdienstleistung** entsteht, weil § 6 RDG dann nicht mehr greift. Nach § 2 Abs. 1 RDG ist eine Rechtsdienstleistung nur gegeben, wenn eine rechtliche Prüfung des Einzelfalls erforderlich ist. Auf einen großen Teil der Tätigkeit des Bevollmächtigten dürfte das nicht zutreffen. Bei rechtlichen Schwierigkeiten sollte der Bevollmächtigte jedoch ohnehin im Namen des Vollmachtgebers einen Rechtsanwalt beauftragen.

Patientenverfügung

Die Patientenverfügung besteht typischerweise aus zwei Teilen. In einem kurzen **Einleitungsteil** werden zunächst die Situationen beschrieben, in denen die Patientenverfügung Anwendung finden soll. Damit wird verhindert, dass z.B. die Behandlung in einer medizinisch notwendigen Unfallsituation ausgeschlossen wird, bei der der Mandant mit großer Wahrscheinlichkeit wieder vollständig genesen würde. Im **zweiten Teil** entscheidet der Mandant sodann, ob er bestimmte Behandlungen etc. wünscht oder nicht, wobei defensive Patientenverfügungen viel häufiger auftreten als Patientenverfügungen, in denen eine Behandlung gewünscht wird.

Praxistipp

Teilweise wird empfohlen, dass der Mandant die Patientenverfügung um einen „Besinnungsaufsatz" ergänzen soll, der seine persönlichen Erfahrungen und Wertentscheidungen enthält. Diese Ausführungen können später eine wertvolle Auslegungs- und Entscheidungshilfe sein.

Erfahrungsgemäß fällt es den Mandanten aber extrem schwer, dieses Ansinnen tatsächlich umzusetzen. Sprechen Sie daher mit dem Mandanten ab, ob er sich dies antun möchte. Die Patientenverfügung hat auch so ihren Wert.

Sachverhalt | Checkliste | Lösung | **Verfahren** | Muster

Form der Vorsorgevollmacht

Die Vorsorgevollmacht sollte aus Nachweisgründen mindestens in **Schriftform** abgefasst werden. In Gesundheitsangelegenheiten und für die meisten Vermögensangelegenheiten genügt die Schriftform auch. Bestimmte Geschäfte erfordern eine **öffentlich beglaubigte Vollmacht.** Zu nennen sind hier vor allem Grundstücksgeschäfte wegen § 29 Abs. 1 GBO. Aber auch die Vollmacht zur Erbausschlagung bedarf nach § 1945 Abs. 3 BGB der öffentlichen Beglaubigung. Ferner ist nach den **Meldegesetzen** einiger Bundesländer eine öffentliche Beglaubigung der Vorsorgevollmacht erforderlich, wobei man sich dort fragt, was die Folge sein soll, wenn die Abmeldung oder Ummeldung mangels Beglaubigung einfach gar nicht erfolgt.

Nach der Rechtsprechung bedarf die Vollmacht der Form des Rechtsgeschäfts, auf das sich die Vollmacht bezieht, wenn der Vollmachtgeber bereits durch die Vollmachtserteilung rechtlich oder faktisch genauso gebunden wird wie durch den Abschluss des Geschäfts selbst. Dies dürfte im Bereich der Vorsorgevollmachten keine Rolle spielen.

Öffentliche Beglaubigung

Für die öffentliche Beglaubigung sind nach § 129 Abs. 1 BGB die **Notare** zuständig. Weiterhin lässt § 63 BeurkG die Einrichtung von nach Landesrecht zuständigen Stellen zu. Beispiele sind der **Ratsschreiber** nach § 32 Abs. 4 des Landesgesetzes über die freiwillige Gerichtsbarkeit Baden-Württemberg oder der **Vorsteher des Ortsgerichts** nach § 13 Abs. 1 Ortsgerichtsgesetz Hessen. Daneben ist für Vorsorgevollmachten die Beglaubigung durch die Betreuungsbehörde nach § 6 Abs. 2 BtBG möglich. Diese kostet nach § 6 Abs. 5 BtBG nur 10 € je Vollmachtsurkunde und ist der Beglaubigung durch einen Notar deshalb vorzuziehen.

Notarielle Beglaubigung

Für die Vollmacht zum Abschluss eines **GmbH-Gesellschaftsvertrags** sieht § 2 Abs. 2 GmbHG die notarielle Beglaubigung vor. Nach § 23 Abs. 1 Satz 2 AktG bedarf die Vollmacht zur Feststellung der Satzung einer **Aktiengesellschaft** ebenfalls einer notariellen Beglaubigung. In diesen Fällen genügt die Beglaubigung durch die Betreuungsbehörde nicht, auch wenn dies wohl ein Fehlgriff des Gesetzgebers ist.

Notarielle Beurkundung

Das Gesetz sieht die notarielle Beurkundung einer Vollmacht nur in § 492 Abs. 4 Satz 2 BGB für die Vollmacht zum Abschluss eines Verbraucherdarlehensvertrags vor. Die notarielle Beurkundung der Vollmacht ist auch dort nicht erforderlich, sie ermöglicht es aber, die vielen Detailangaben zu sparen, die sonst für eine schriftliche Vollmacht zum Abschluss eines Verbraucherdarlehensvertrags erforderlich sind. In der Praxis sollte dies **nicht erforderlich** sein. Wenn der Vorsorgebevollmächtigte beginnt, Verbraucherdarlehensverträge für den Vollmachtgeber aufzunehmen, läuft etwas falsch, zumal der Vollmachtgeber diese Darlehen i.d.R. nicht zurückzahlen kann. Wenn ein entsprechender Finanzbedarf entsteht, ist dieser regelmäßig mit den Mitteln des Sozialrechts zu lösen.

Die notarielle Beurkundung hat aber einen **Vorteil.** Sie ermöglicht es, dass der Notar unbegrenzt viele Ausfertigungen erteilt, wenn dies so in die Urkunde aufgenommen wurde. Das kann nützlich sein, wenn der Bevollmächtigte eine Vielzahl von Kündigungen aussprechen muss.

Regelmäßige Überprüfung

Es finden sich nach wie vor Muster, die vorsehen, dass eine Vorsorgevollmacht oder Patientenverfügung alle zwei bis drei Jahre neu unterschrieben werden soll. Damit soll sichergestellt werden, dass die Vorsorgeregelungen auch nach Jahren noch anerkannt werden. Erforderlich ist das nicht. Die Erklärungen gelten auch mit einer Unterschrift ewig, solange sie nicht widerrufen werden.

Praxistipp

Die regelmäßige Unterschrift kann kontraproduktiv sein, wenn sie irgendwann vergessen wird. Kann daraus dann die Konsequenz gezogen werden, dass die Erklärung nicht mehr gelten sollte? Daher sind mehrfache Unterschriften und Bestätigungen zu unterlassen.

Unabhängig davon sollten die Vorsorgeregelungen natürlich regelmäßig darauf überprüft werden, ob sich die Lebensverhältnisse oder die Wertvorstellungen geändert haben.

Vorsorgevollmacht

Vorsorgevollmacht

von

...

– Vollmachtgeber –

für

...

– Bevollmächtigter –

Der Vollmachtgeber bevollmächtigt den Bevollmächtigten zu seiner Vertretung, soweit dies gesetzlich möglich ist. Der Bevollmächtigte kann also alle Erklärungen für den Vollmachtgeber abgeben, die der Vollmachtgeber auch selbst abgeben könnte, ohne Ausnahmen, die hier nicht ausdrücklich genannt sind.

Der Bevollmächtigte ist von den Beschränkungen des § 181 BGB befreit. Der Bevollmächtigte darf also sogenannte Insichgeschäfte im Namen des Vollmachtgebers mit sich im eigenen Namen oder als Vertreter eines Dritten vornehmen.

Der Bevollmächtigte ist nicht berechtigt, den mit ihm selbst geschlossenen Vertrag im Namen des Vollmachtgebers sowie die Bevollmächtigung eines zweiten Bevollmächtigten oder eines Unterstützungsbevollmächtigten oder den mit diesen geschlossenen Vertrag zu widerrufen bzw. zu kündigen.

Die Vollmacht umfasst **insbesondere** die nachfolgend aufgeführten Befugnisse (diese Aufzählung ist eigentlich überflüssig und nur deshalb vorhanden, weil zu viele Personen nicht einsehen, dass diese Vollmacht ohne die Aufzählung auch wirklich alles umfasst. Wenn nachfolgend etwas nicht genannt ist, ist es aber trotzdem von der Vollmacht umfasst):

Vermögensangelegenheiten

- Verträge und Verfügungen über Immobilien
- Entgegennahme von Geld, Schriftstücken und anderen Sachen
- Eingehung von Verbindlichkeiten
- Alle Geschäfte, die mit der Kontoführung im Zusammenhang stehen. Diese Vollmacht gilt insbesondere auch gegenüber Banken und anderen Geldinstituten. Der Bevollmächtigte kann also Konten und Depots jeder Art eröffnen und auflösen, über jeweilige Guthaben verfügen (z.B. durch Überweisungen, Barabhebungen oder Schecks), Kreditverträge abschließen oder ändern, Konto- und Kreditkündigungen entgegennehmen, eingeräumte Kredite in Anspruch nehmen, von der Möglichkeit einer Kontoüberziehung Gebrauch machen, Wertpapiere und Devisen an- und verkaufen sowie die Auslieferung an sich verlangen, Schrankfach- und Verwahrverträge abschließen, Bankkunden- und Kreditkarten beantragen, Sicherheiten bestellen und zurücknehmen, Abrechnungen und Mitteilungen entgegennehmen und anerkennen, insbesondere Kontoauszüge, Wertpapieraufstellungen, Depotaufstellungen und Erträgnisaufstellungen und am Online-Banking teilnehmen

- Abschluss von Vergleichen und Erklärung von Verzichten
- Ausschlagung einer Erbschaft oder eines Vermächtnisses
- Vertretung gegenüber Behörden, Versicherungen, Renten- und Sozialleistungsträgern
- Abschluss von Vereinbarungen mit Kliniken, Alters- und Pflegeheimen und zum Zwecke hierfür Bestellung von Sicherungshypotheken auch für den Sozialhilfeträger
- Auflösung des Haushalts
- Entgegennahme und Öffnen der für den Vollmachtgeber bestimmten Postsendungen
- Entscheidung über Art und Umfang der Beerdigung (Totenfürsorge)
- Inbesitznahme und Verwaltung des Nachlasses

Gesundheitssorge und Selbstbestimmungsrecht

- Einsicht in die Krankenunterlagen. Meine behandelnden Ärzte und nichtärztliches Personal werden von der Schweigepflicht entbunden.
- Kontrolle, ob die Klinik, die Ärzte und das Pflegepersonal bei Bewusstlosigkeit oder Entscheidungsunfähigkeit mir eine angemessene ärztliche und pflegerische Betreuung und eine menschenwürdige Unterbringung zukommen lassen. Die Kontrolle bezieht sich auch auf eine Sterbebegleitung.
- Die Entscheidung über die Durchführung einer Untersuchung des Gesundheitszustands, einer Heilbehandlung oder eines ärztlichen Eingriffs.
- Die Entscheidung über Maßnahmen nach § 1904 Abs. 1 BGB, also die Einwilligung in eine Untersuchung des Gesundheitszustands, eine Heilbehandlung oder einen ärztlichen Eingriff, auch wenn die begründete Gefahr besteht, dass ich aufgrund dieser Maßnahme versterbe oder einen schweren und länger andauernden gesundheitlichen Schaden erleiden kann.
- Die Entscheidung über Maßnahmen nach § 1904 Abs. 2 BGB, also die Nichteinwilligung oder der Widerruf der Einwilligung in eine Untersuchung des Gesundheitszustands, eine Heilbehandlung oder einen ärztlichen Eingriff, auch wenn die Maßnahme medizinisch angezeigt ist und die begründete Gefahr besteht, dass ich aufgrund des Unterbleibens oder des Abbruchs dieser Maßnahme sterben oder einen schweren und länger dauernden gesundheitlichen Schaden erleiden kann.
- Die Entscheidung bei einer Maßnahme nach § 1906 Abs. 1 BGB, also einer Unterbringung, die zum eigenen Wohl erforderlich ist, weil aufgrund einer psychischen Krankheit oder geistigen oder seelischen Behinderung die Gefahr besteht, dass ich mich selbst töte, oder erhebliche Gefahr besteht, dass ich mir gesundheitlichen Schaden zufüge, oder eine Untersuchung des Gesundheitszustands, eine Heilbehandlung oder ein ärztlicher Eingriff notwendig ist, die ohne Unterbringung nicht durchgeführt werden kann, und ich aufgrund einer psychischen Krankheit oder geistigen oder seelischen Behinderung die Notwendigkeit einer solchen Unterbringung nicht erkenne oder nicht nach dieser Einsicht handeln kann.
- Die Entscheidung bei einer Maßnahme nach § 1906 Abs. 4 BGB, wenn ich mich also in einer Anstalt, einem Heim oder sonstigen Einrichtung aufhalte, ohne dort untergebracht zu sein, und mir die Freiheit über einen längeren Zeitraum oder regelmäßig durch Bettgitter, Bauchgurt oder andere mechanische Vorrichtungen, Medikamente oder auf andere Weise entzogen werden soll.

- Einwilligung in eine Untersuchung des Gesundheitszustands, eine Heilbehandlung oder einen ärztlichen Eingriff gegen den natürlichen Willen des Vollmachtgebers (dazu müssen die Voraussetzungen nach § 1906a Abs. 1 bzw. 4 BGB vorliegen und das Betreuungsgericht muss die Maßnahme genehmigen).
- Die Entscheidung über die Verabreichung von Medikamenten, die erhebliche unerwünschte Nebenwirkungen haben oder haben können.
- Die Entscheidung darüber, ob bei einem voraussichtlich länger andauernden Zustand der Bewusstlosigkeit (Wachkoma) eine künstliche Ernährung oder Flüssigkeitszufuhr eingeleitet oder abgebrochen wird.
- Die Entscheidung über einen Behandlungsabbruch oder die Einstellung lebenserhaltender oder lebensverlängernder Maßnahmen, wenn das Grundleiden mit infauster Prognose einen irreversiblen Verlauf genommen hat und ich mich in einem Zustand befinde, in dem ein bewusstes und umweltbezogenes Leben mit eigener Persönlichkeitsgestaltung nicht mehr möglich ist. Zu den lebenserhaltenden Maßnahmen gehören insbesondere künstliche Wasser- und Nahrungszufuhr, Sauerstoffzufuhr, künstliche Beatmung, Medikation, Bluttransfusion und Dialyse.
- Die Entscheidung bei Fragen der Aufenthaltsbestimmung, vor allem die Entscheidung über eine Unterbringung in einem Pflegeheim oder Hospiz, in einer geschlossenen Anstalt, die Aufnahme in ein Krankenhaus oder eine ähnliche Einrichtung.
- Die Entscheidung über den Umgang mit mir und den Zugang zu mir. Der Umgang (bzw. Zugang) mit einem anderen Bevollmächtigten oder dem Unterstützungsbevollmächtigten kann nicht untersagt werden.
- Die Entscheidung darüber, ob nach dem Tod zu Transplantationszwecken Organe oder zu anderen Zwecken Gewebe entnommen werden dürfen.

Wann gilt die Vollmacht (Beginn und Ende)?

Die Vollmacht wird mit der Unterzeichnung wirksam.

Die Vollmacht erlischt nicht, falls der Vollmachtgeber geschäftsunfähig werden sollte. Sie erlischt auch nicht durch den Tod des Vollmachtgebers. Sie ruht aber bei Geschäftsunfähigkeit des Bevollmächtigten und erlischt beim Tod des Bevollmächtigten. Die Erben des Bevollmächtigten sind auch bei Gefahr im Verzug nicht zum Gebrauch der Vollmacht befugt.

Die Vollmacht ist frei widerruflich. Ein Betreuer kann die Vollmacht nur widerrufen, wenn sowohl für die Bestellung des Betreuers als auch für den Widerruf ein wichtiger Grund vorlag.

Darf der Bevollmächtigte Untervollmacht erteilen?

Der Bevollmächtigte darf an andere Personen Untervollmachten erteilen, so dass diese den Vollmachtgeber vertreten können. Der Bevollmächtigte kann sich selbst Untervollmachten erteilen, z.B. auf dem Formular einer Bank.

Vorsorgliche Betreuungsverfügung

Diese Vollmacht dient auch dazu, eine rechtliche Betreuung i.S.d. BGB zu verhindern. Sollte das Betreuungsgericht dennoch eine Betreuung oder eine Kontrollbetreuung für erforderlich halten, möchte ich, dass der Bevollmächtigte als Betreuer eingesetzt wird. Im Fall der Bestellung eines Betreuers oder Kontrollbetreuers seitens des Betreuungsgerichts gelten alle Anweisungen gegenüber dem Bevollmächtigten (auch aus anderen Urkunden) auch für den Betreuer.

Salvatorische Klausel

Sollten einzelne Bestimmungen dieser Vorsorgevollmacht unwirksam sein oder werden, so soll das nicht die Wirksamkeit meiner Vorsorgevollmacht im Übrigen berühren. Unwirksame Bestimmungen sollen entsprechend ihrem Sinn ausgelegt und durch wirksame ersetzt werden.

Über den weit reichenden Umfang dieser Vollmacht gerade auch im Hinblick auf den Bereich der Unterbringung auch mit freiheitsentziehenden Maßnahmen, der Einwilligung in Operationen und sonstige Behandlungen auch mit der Gefahr für Leben oder Gesundheit und im Hinblick auf einen Behandlungsabbruch oder die Einstellung lebenserhaltender oder lebensverlängernder Maßnahmen bin ich mir bewusst.

Ort, Datum [ggf. Beglaubigungsvermerk]	Unterschrift des Vollmachtgebers

Sachverhalt | Checkliste | Lösung | Verfahren | Muster 2

Patientenverfügung

Patientenverfügung

von

...

Wann gilt die Patientenverfügung?

Diese Patientenverfügung gilt, wenn ich in den folgenden Situationen meinen Willen nicht mehr bilden oder verständlich äußern kann:

- wenn ich mich mit großer Wahrscheinlichkeit in einem nicht mehr abwendbaren Sterbeprozess befinde;
- wenn ich mich im Endstadium einer unheilbaren, tödlich verlaufenden Krankheit befinde, selbst wenn der Todeszeitpunkt noch nicht absehbar ist;
- wenn infolge einer Gehirnschädigung meine Fähigkeit, Einsichten zu gewinnen, Entscheidungen zu treffen und mit anderen Menschen in Kontakt zu treten, unwiederbringlich erloschen ist, selbst wenn der Todeszeitpunkt noch nicht absehbar ist. Dies umfasst insbesondere das Wachkoma und die Dauerbewusstlosigkeit, auch wenn nicht mit letzter Sicherheit ausgeschlossen werden kann, dass ich aus diesem Zustand wieder aufwache;

- wenn ich infolge eines weit fortgeschrittenen Hirnabbauprozesses (z.B. bei Demenzerkrankung) auch mit ausdauernder Hilfestellung nicht mehr in der Lage bin, Nahrung und Flüssigkeit auf natürliche Weise zu mir zu nehmen;
- bei vergleichbaren Krankheitszuständen, die hier nicht ausdrücklich erwähnt sind.

Was gilt in den beschriebenen Situationen?

Für die vorstehend bezeichneten Situationen treffe ich folgende Anordnungen:

Ich wünsche keine lebenserhaltenden Maßnahmen, insbesondere keine künstliche Beatmung. Soweit diese Maßnahmen bereits begonnen wurden, sind sie einzustellen. Ich verlange eine fachgerechte Schmerz- und Symptombehandlung und lindernde Maßnahmen zur wirksamen Bekämpfung von Luftnot, Angst, Unruhe, Erbrechen und anderen Krankheitserscheinungen.

Wenn alle sonstigen medizinischen Maßnahmen zur Schmerz- und Symptomkontrolle versagen, wünsche ich auch bewusstseinsdämpfende Mittel zur Beschwerdelinderung.

Ich wünsche keine künstliche Ernährung unabhängig davon, auf welchem Weg die Nahrung zugeführt wird, insbesondere keine Magensonde.

Ich wünsche die Reduzierung künstlicher Flüssigkeitszufuhr bis zum vollständigen Einstellen unter ärztlicher Kontrolle. Das Durstgefühl soll soweit möglich vermieden werden, insbesondere durch eine fachgerechte Mundpflege.

Ich wünsche keine Wiederbelebungsversuche, keine Antibiotika, Bluttransfusion oder Dialyse.

Ich wünsche eine Seelsorge durch .../die Aufnahme in einem Hospiz/die Einschaltung eines ambulanten Hospizdiensts.

Ich habe eine Vorsorgevollmacht erteilt. Der Bevollmächtigte ist ..., Telefonnummer ....

Werden für die Durchführung einer Organspende ärztliche Maßnahmen (z.B. eine kurzfristige künstliche Beatmung) erforderlich, die ich in meiner Patientenverfügung untersagt habe, geht die von mir erklärte Bereitschaft zur Organspende vor [*alternativ: gehen die Aussagen in meiner Patientenverfügung vor*].

Ort, Datum	Unterschrift des Mandanten

Vorsorgevertrag (Innenverhältnis: Langfassung)

Vorsorgevertrag

zwischen ...

– Vollmachtgeber –

und ...

– Bevollmächtigter –

Der Vollmachtgeber erteilt dem Bevollmächtigten eine Vorsorgevollmacht und ggf. eine gesonderte Bankvollmacht. Dazu wird im Innenverhältnis die folgende Vereinbarung getroffen.

Vorbemerkung

Der Vollmachtgeber erteilt dem Bevollmächtigten eine Vorsorgevollmacht und ggf. gesonderte Bankvollmachten. Diese Vereinbarung regelt das Innenverhältnis zwischen dem Vollmachtgeber und dem Bevollmächtigten für die Vorsorgevollmacht und für die Bankvollmachten.

Der Bevollmächtigte verpflichtet sich, zum Wohl des Vollmachtgebers dessen Angelegenheiten mit den Vollmachten zu besorgen.

Auf diesen Vertrag finden die gesetzlichen Regelungen zum Auftrag (§§ 662 ff. BGB) Anwendung, soweit hier nichts Abweichendes geregelt ist

Beginn

[[Gegebenenfalls: Der Bevollmächtigte darf von der ihm erteilten Vorsorgevollmacht erst dann Gebrauch machen, wenn ... nicht mehr von der ihm erteilten Vollmacht Gebrauch machen kann oder will.]]

Der Bevollmächtigte darf von der ihm erteilten Vorsorgevollmacht nur dann und insoweit Gebrauch machen, als der Vollmachtgeber aufgrund körperlicher oder geistiger Krankheit oder Behinderung seine Angelegenheiten ganz oder teilweise nicht mehr selbst besorgen kann oder will. Der Bevollmächtigte darf die Vorsorgevollmacht auch gebrauchen, wenn er von dem Vollmachtgeber hierzu im Einzelfall ermächtigt wurde.

Beendigung

Diese Vereinbarung erlischt nicht mit dem Eintritt der Geschäftsunfähigkeit oder durch den Tod des Vollmachtgebers. Die Vereinbarung erlischt mit dem Tod des Bevollmächtigten. Die Pflichten ruhen bei Geschäftsunfähigkeit des Bevollmächtigten. Die Erben des Bevollmächtigten sind nicht zu Notmaßnahmen berechtigt oder verpflichtet.

Dieser Vertrag kann von dem Vollmachtgeber und dem Bevollmächtigten jederzeit gekündigt werden. Ein Grund ist nicht erforderlich. Die Kündigung bedarf der Schriftform.

Der Bevollmächtigte hat seine Kündigung oder die des Vollmachtgebers unverzüglich den verbleibenden Bevollmächtigten oder dem Betreuungsgericht anzuzeigen. Mit dieser Anzeige endet der Vertrag auch dann, wenn die Wirksamkeit der Kündigung aufgrund der Geschäftsunfähigkeit des Vollmachtgebers in Frage steht. Der Bevollmächtigte ist verpflichtet, die Geschäfte des Vollmachtgebers bis zur zuverlässigen Unterrichtung der verbleibenden Bevollmächtigten oder des Betreuungsgerichtes fortzuführen und hat für eine ordnungsgemäße Übergabe zu sorgen.

Schenkungen

Der Bevollmächtigte darf in Vertretung des Vollmachtgebers keine Schenkungen machen oder Bürgschaften erklären. Ausgenommen sind Schenkungen, mit denen einer sittlichen Pflicht oder dem Anstand entsprochen wird oder die nach den Lebensverhältnissen des Vollmachtgebers üblich sind oder seinem freien Wunsch entsprechen.

[[Gegebenenfalls: Der Bevollmächtigte soll jedoch das Grundstück in der ...straße, PLZ, Ort, eingetragen im Grundbuch von ..., Blatt ... unentgeltlich an ... übertragen, wenn der Vollmachtgeber dauerhaft in ein Pflegeheim umziehen muss.]]

Ausschlagung einer Erbschaft

Der Bevollmächtigte darf eine Erbschaft des Vollmachtgebers nicht ausschlagen.

oder

Der Bevollmächtigte darf eine Erbschaft des Vollmachtgebers nicht ausschlagen, wenn er dadurch selbst ganz oder teilweise in die Erbenstellung des Vollmachtgebers eintritt oder ein Vermächtnis erhält.

oder

Der Bevollmächtigte darf eine Erbschaft des Vollmachtgebers ausschlagen, selbst wenn er oder einer seiner Abkömmlinge dadurch selbst ganz oder teilweise in die Erbenstellung des Vollmachtgebers eintritt oder ein Vermächtnis erhält.

Aufgabenübertragung durch den Bevollmächtigten auf Dritte

Der Bevollmächtigte darf seine Aufgaben aus diesem Vertrag nicht im Ganzen auf Dritte übertragen oder die Erledigung aller Angelegenheiten einem Dritten überlassen. Der Bevollmächtigte darf von ihm ausgewählte Vertrauenspersonen mit der Erledigung einzelner Angelegenheiten betrauen. Entscheidungen, die die Zustimmung zu ärztlichen Behandlungen, zu Unterbringungen und zu unterbringungsähnlichen Maßnahmen oder die die Aufhebung oder Begründung des Wohnsitzes des Vollmachtgebers betreffen, können nicht übertragen werden.

oder

Der Bevollmächtigte darf seine Aufgaben aus diesem Vertrag im Ganzen auf Abkömmlinge des Vollmachtgebers übertragen und ihnen die erforderlichen Untervollmachten erteilen.

oder

Der Bevollmächtigte darf seine Aufgaben aus diesem Vertrag im Ganzen auf Dritte übertragen und ihnen die erforderlichen Untervollmachten erteilen.

Vergütung

Der Bevollmächtigte erhält keine Vergütung.

oder

Der Bevollmächtigte erhält für seine Tätigkeit eine Nettovergütung von bis zu ... € (in Worten: ... Euro) im Monat. Den genauen Betrag kann der Bevollmächtigte in diesem Rahmen nach seinem Ermessen bestimmen.

(In beiden Fällen:)

Der Bevollmächtigte kann die ihm entstandenen Auslagen aus dem Vermögen des Vollmachtgebers entnehmen.

Eingeschränkte Auskunfts- und Rechenschaftspflicht

Der Bevollmächtigte muss über Ausgaben i.H.v. 500 € je Monat keine Auskünfte erteilen und keine Rechenschaft legen. Rechenschaft ist nur über die Beträge zu legen, die über 500 € hinausgehen.

Haftungsbeschränkung

Die Haftung des Bevollmächtigten für Pflichtverletzungen ist auf Vorsatz und grobe Fahrlässigkeit beschränkt.

Der Vollmachtgeber muss dem Bevollmächtigten Schäden ersetzen, die dieser bei der Ausführung dieser Vereinbarung erleidet.

Verwendung der Vollmacht nach dem Tod des Vollmachtgebers

Der Bevollmächtigte darf die Vollmacht auch nach dem Tod des Vollmachtgebers weiterverwenden, bis die Erben die Vollmacht widerrufen.

oder

Der Bevollmächtigte darf die Vollmacht nach dem Tod des Vollmachtgebers nicht mehr verwenden.

Salvatorische Klausel

Sollte eine Bestimmung dieses Vertrags ungültig sein oder werden oder eine Bestimmung oder der Vertrag insgesamt eine Lücke aufweisen, wird die Gültigkeit des Vertrags im Übrigen dadurch nicht berührt. Anstelle der unwirksamen Regelung gilt die Regelung als vereinbart, die dem Willen der Vertragsparteien am nächsten kommt. Entsprechendes gilt für die Ausfüllung einer Lücke.

Ort, Datum

________________________ ________________________

Unterschrift Vollmachtgeber Unterschrift Bevollmächtigter

Mandatssituation 13.2: Die (notarielle) Vollmacht ohne Innenverhältnis

Sachverhalt | Checkliste | Lösung | Verfahren | Muster

Anlässlich einer Beratung kommt das Gespräch auf das Thema Vorsorgevollmacht. Der Mandant berichtet, dass er bei einem Notar eine Vorsorgevollmacht errichtet hat. Es stellt sich jedoch heraus, dass keine Regelungen zum Grundverhältnis zwischen dem Vollmachtgeber und dem Bevollmächtigten getroffen wurden.

Sachverhalt | Checkliste | Lösung | Verfahren | Muster

Notarielle Vollmachtsurkunde	☐
Wie ist die voraussichtliche Erbfolge geregelt?	☐

Sachverhalt | Checkliste | Lösung | Verfahren | Muster

Problem: fehlendes Innenverhältnis

Wenn ein Mandant in einer erbrechtlichen Beratung eine notarielle Vorsorgevollmacht erwähnt, ist Aufmerksamkeit geboten. In der Regel beurkunden Notare lediglich eine Vollmacht. Das Innenverhältnis zwischen dem Vollmachtgeber und dem Bevollmächtigten wird nur selten ausgestaltet. Im Zweifel kommt später im Innenverhältnis ein **Auftrag** zustande.

Praxistipp

Das Auftragsrecht enthält jedoch Regelungen, die einem Bevollmächtigten, der unentgeltlich tätig wird, regelmäßig nicht zumutbar sind. Sie sollten den Beteiligten daher empfehlen, einen Vertrag zur Regelung des Innenverhältnisses abzuschließen.

Auskunftspflicht

Die Auskunfts- und Rechenschaftspflicht aus § 666 BGB zwingt den Bevollmächtigten dazu, jeden Kassenbeleg aufzuheben und umfassend Buch zu führen. Das ist bei den Einkäufen des täglichen Lebens nicht zumutbar, zumal der Vorsorgebevollmächtigte oftmals unentgeltlich tätig wird. Die Geltendmachung des Auskunftsanspruchs droht vor allem dann, wenn der Vorsorgebevollmächtigte nicht als Alleinerbe eingesetzt ist. Häufig verlangen die (Mit-)Erben nach dem Tod des Vollmachtgebers die **Rechnungslegung.**

Die Auskunftsansprüche können jedoch auch in anderen Fällen relevant werden. Zum einen kann das Gericht einen Kontrollbetreuer einsetzen, der die Auskunftsansprüche des Vollmachtgebers gegenüber dem Bevollmächtigten geltend macht (§ 1896 Abs. 3 BGB). Zum anderen kann die Frage eines möglichen Vollmachtsmissbrauchs auch im **Pflichtteilsprozess** thematisiert werden. Deshalb dürfte es angemessen sein, die Auskunftserteilung in einem bestimmten Umfang auszuschließen, der in der Höhe etwa den monatlichen Lebensbedarf des Vollmachtgebers abdeckt.

Haftung

Das Auftragsrecht kennt keine Haftungsprivilegierung. Der Bevollmächtigte haftet daher für jede einfache Fahrlässigkeit. Auch wenn der Aufgabenumfang i.d.R. unklar ist, weil die notarielle Vorsorgevollmacht dazu (auch) nichts sagt, liegt hier ein erhebliches **Haftungsrisiko.** Möglich ist es etwa, dass der Vorsorgebevollmächtigte es versäumt, einen Antrag auf Sozialleistungen zu stellen, nachdem das Vermögen des Vollmachtgebers aufgebraucht ist. In der Regel ist es sachgerecht, die **Haftung** des Bevollmächtigten **auf grobe Fahrlässigkeit zu beschränken.**

Sachverhalt | Checkliste | Lösung | **Verfahren** | Muster

Geschäftsfähigkeit

Der Abschluss des Innenverhältnisses erfordert die Geschäftsfähigkeit des Vollmachtgebers, die als gesetzlicher Regelfall vermutet wird. Wer sich auf die Geschäftsunfähigkeit beruft, muss dies beweisen. Wenn der Vollmachtgeber geschäftsfähig ist, kann er problemlos einen Vertrag zur Ausgestaltung des Innenverhältnisses abschließen. Was ist aber, wenn **Zweifel an der Geschäftsfähigkeit** des Vollmachtgebers bestehen? In diesem Fall kann der Vollmachtgeber den Vertrag zunächst auch unterschreiben. Ob der Vertrag wirksam ist, stellt sich dann eben später heraus. Die Parteien haben im Vergleich zur bestehenden Situation nichts zu verlieren.

Innenverhältnis durch Insichgeschäft?

Wenn der Bevollmächtigte von den Beschränkungen des § 181 BGB befreit ist, kann er das Innenverhältnis auch ausgestalten, indem er es als Vertreter des Vollmachtgebers mit sich selbst abschließt. Eine solche Gestaltung ist rechtstechnisch möglich. Ein Verstoß gegen Treu und Glauben oder eine Sittenwidrigkeit dürfte nicht vorliegen, wenn das Innenverhältnis angemessen ausgestaltet wird. Dennoch ist es möglich, dass ein Richter das Insichgeschäft für unwirksam erachtet, weil bei einer solchen Gestaltung Gefühle mitschwingen. Der Bevollmächtigte hat jedoch nichts zu verlieren, weil er dann auch nur wieder so dasteht, als hätte er das Insichgeschäft nicht vorgenommen.

Praxistipp

Es gibt zwei Möglichkeiten zur Ausgestaltung des Innenverhältnisses für eine Vorsorgevollmacht. Zum einen können Sie das Innenverhältnis so ausgestalten, wie es in der Mandatssituation 13.1, S. 902 f. und S. 911 ff. (Muster) empfohlen ist. Zum anderen können Sie das nachfolgende Muster (S. 916) als Minimallösung anbieten. Besprechen Sie in jedem Fall mit Ihrem Mandanten, ob der Vollmachtgeber in der Vergangenheit liegende Umstände genehmigen und Entlastung erteilen sollte.

Sachverhalt | Checkliste | Lösung | Verfahren | Muster

Vertrag zur Ausgestaltung des Innenverhältnisses für eine Vorsorgevollmacht (Vorsorgevertrag: Kurzfassung)

Vorsorgevertrag

zwischen ...

– Vollmachtgeber –

und ...

– Bevollmächtigter –

Der Vollmachtgeber hat dem Bevollmächtigten eine Vorsorgevollmacht erteilt. Dazu wird im Innenverhältnis die folgende Vereinbarung getroffen.

Eingeschränkte Auskunfts- und Rechenschaftspflicht

Der Bevollmächtigte muss über Ausgaben i.H.v. 500 € je Monat keine Auskünfte erteilen und keine Rechenschaft legen. Rechenschaft ist nur über die Beträge zu legen, die 500 € hinausgehen.

Haftungsbeschränkung

Die Haftung des Bevollmächtigten für Pflichtverletzungen ist auf Vorsatz und grobe Fahrlässigkeit beschränkt.

Bisherige Geschäftsführung

Der Vollmachtgeber genehmigt die bisherige Geschäftsführung des Bevollmächtigten und erteilt ihm Entlastung.

Ort, Datum ____________________

____________________ ____________________

Unterschrift Vollmachtgeber Unterschrift Bevollmächtigter

Mandatssituation 13.3: Vollmachtsmissbrauch

Sachverhalt | Checkliste | Lösung | Verfahren | Muster

Die Lebensgefährtin des Erblassers hat eine Vorsorgevollmacht oder eine Kontovollmacht, mit der sie vor und nach dem Tod des Erblassers Geldbeträge von dessen Konto abhebt. Der Sohn und alleinige Erbe des Erblassers sucht Sie auf, weil er die Geldbeträge zurückhaben möchte.

Sachverhalt | **Checkliste** | Lösung | Verfahren | Muster

Wo befinden sich die Originale oder Ausfertigungen der Vollmachtsurkunde?	☐
Wurden Untervollmachten erteilt?	☐
Sind im Testament Strafklauseln für den Fall des Vollmachtswiderrufs enthalten?	☐
Gibt es eine Regelung des Innenverhältnisses?	☐
Was weiß der Mandant über die abgehobenen Geldbeträge und den Verbleib des Geldes?	☐
Sind Kontoauszüge vorhanden?	☐

Sachverhalt | Checkliste | **Lösung** | Verfahren | Muster

Ihr Mandant hat ein **Hauptziel:** Er möchte das Geld von der Lebensgefährtin zurückbekommen. Im Gesetz finden sich zahlreiche Anspruchsgrundlagen, die diesem Ziel zugrunde gelegt werden können: Taktik

- § 667 BGB: Herausgabepflicht im Auftragsrecht
- § 280 Abs. 1 BGB: Schadensersatz bei auftragswidriger Verwendung des Geldes
- § 687 Abs. 2 Satz 1, § 667 BGB: angemaßte Eigengeschäftsführung
- § 812 Abs. 1 Satz 1 zweite Alternative BGB: Eingriffskondiktion
- § 823 Abs. 2 BGB, §§ 246, 266 StGB: Schadensersatz bei Unterschlagung oder Untreue
- § 826 BGB: bei vorsätzlicher sittenwidriger Schädigung

Sie sollten jedoch **nicht vorschnell** aufgrund einer der vorgenannten Anspruchsgrundlagen einen **Leistungsantrag stellen.** Die Anspruchsgrundlagen haben gemeinsam, dass die Darlegungs- und Beweislast im Wesentlichen beim Anspruchsteller liegt. Der Mandant hat i.d.R. gewisse Kenntnisse. Zum Beispiel können bei der Bank Kopien alter Kontoauszüge beschafft werden. Die näheren Umstände der Auftragsführung und insbesondere den Verbleib des Geldes kennt aber nur die Lebensgefährtin. Der Anspruch Ihres Mandanten hängt davon ab, wie sich die Lebensgefährtin einlässt. Wenn die Lebensgefährtin ihre Einlassung geschickt gestaltet, endet das Mandat an einem Punkt, an dem Ihr Mandant die Beweislast trägt und den Vortrag der Lebensgefährtin nicht mehr widerlegen kann.

Praxistipp

Dem sollten Sie dadurch vorbeugen, dass Sie geschickt taktieren. Fordern Sie zunächst Auskünfte bzw. Rechnungslegung von der Lebensgefährtin. Haken Sie bei unvollständigen oder widersprüchlichen Auskünften nach und „quetschen" Sie die Auskunftsansprüche so lange aus, bis nichts mehr herauskommt! Bis zu diesem Punkt sollten Sie das Wissen des Mandanten keinesfalls offenlegen.

Das Wissen Ihres Mandanten können Sie nach der Auskunftserteilung bzw. Rechnungslegung nutzen, um die Einlassung der Lebensgefährtin zu widerlegen. Wenn Anhaltspunkte für einen **versuchten Betrug** vorliegen, sollten Sie einen **Strafantrag** stellen, auch wenn die Staatsanwaltschaft i.d.R. wenig motiviert ist, bei der Durchsetzung zivilrechtlicher Ansprüche behilflich zu sein. Eine Strafbarkeit der Lebensgefährtin können Sie auch erreichen, wenn Sie die **eidesstattliche Versicherung** nach § 259 Abs. 2 BGB verlangen und diese unrichtig abgegeben wird. Dem Hauptziel Ihres Mandanten dient das allerdings nicht, weshalb die praktische Relevanz der eidesstattlichen Versicherung gering ist. Hinzu kommt, dass der Mandant nach § 261 Abs. 2 BGB die Kosten der eidesstattlichen Versicherung selbst tragen muss. Die eidesstattliche Versicherung hat nur dann Sinn, wenn der Mandant sie nutzen möchte, um die Staatsanwaltschaft zu weiteren Ermittlungen zu motivieren.

Was gilt im Innenverhältnis?

Der Weg über Auskunfts- und Rechenschaftsansprüche ist natürlich nur dann zielführend, wenn dem Mandanten solche Ansprüche zustehen. Die Rechtsprechung hält bei dieser Frage einige Unannehmlichkeiten bereit, auf die Sie den Mandanten vorbereiten sollten. Die Vollmacht sorgt nur dafür, dass die Lebensgefährtin das Geld abheben konnte. Sie sagt nichts darüber aus, was sie mit dem Geld tun sollte oder ob sie es behalten darf. Diese Fragen sind aus dem Innenverhältnis zu beantworten. Im **Idealfall** ist das Innenverhältnis **schriftlich** ausgestaltet. Deshalb müssen Sie den Mandanten losschicken, damit er in den Unterlagen des Erblassers nach einem etwaigen Vertrag zur Regelung des Innenverhältnisses sucht. Häufig findet sich keine Ausgestaltung des Innenverhältnisses. Dann stellt sich die Frage, ob auf das Innenverhältnis **Auftragsrecht** angewendet werden kann.

Rechtsbindungswille

Dies ist eine Frage nach dem Rechtsbindungswillen. Wollten sich der Erblasser und seine Lebensgefährtin rechtlich binden oder bewegt sich die Vollmachtserteilung im Bereich eines reinen Gefälligkeitsverhältnisses? Die Frage nach dem Rechtsbindungswillen ist im Ausgangspunkt eine Tatsachenfrage, für die sämtliche **Umstände des Einzelfalls** heranzuziehen sind. Aufgrund der erheblichen Bedeutung von Vorsorgevollmachten und Kontovollmachten lässt sich der Rechtsbindungswille eigentlich nicht ernsthaft verneinen, insbesondere wenn mit der Vollmacht ein Zugriff auf sämtliche Konten des Erblassers möglich ist. Und dennoch hält die Rechtsprechung hier einige böse Überraschungen für Ihren Mandanten bereit.

Parallelwertung in der Laiensphäre

Kontovollmachten und Vorsorgevollmachten sind Massenphänomene. Es besteht daher eine gewisse Wahrscheinlichkeit, dass Sie an einen Richter geraten, der davon auch betroffen ist. Zu Beginn der Güteverhandlung kommen dann gelegentlich Bemerkungen von der Richterbank, die auf die eigene Betroffenheit des Richters hinweisen. Diese Bemerkungen sind regelmäßig Anlass zur Besorgnis. In der Rechtsprechung finden sich zahlreiche Entscheidungen zugunsten des Bevollmächtigten, die den Eindruck vermitteln, dass sie vom Ergebnis her begründet sind. Diesem Negativbeispiel kann das Gericht leider nur zu leicht folgen.

Rechtsbindungswille in der Rechtsprechung

Der BGH hatte zunächst entschieden, dass **zwischen Ehegatten kein Auftragsverhältnis** zustande kommt, wenn ein Ehegatte die Wirtschaftsführung allein übernimmt und dazu mit einer Vollmacht auf die Einkünfte des anderen Ehegatten zugreifen muss (BGH v. 05.07.2000 – XII ZR 26/98). Daraus entstand in der Rechtsprechung ein Wildwuchs an Entscheidungen, in denen die Gerichte dies auf andere Sachverhalte übertragen wollten:

- OLG Köln vom 19.09.2012 – 16 U 196/11: Tochter
- OLG Brandenburg vom 07.12.2011 – 3 U 94/11: Kontovollmacht an Pflegeperson
- OLG Brandenburg vom 19.03.2009 – 12 U 171/08: Nachbarin und langjährige Freundin
- OLG Naumburg vom 06.07.2007 – 10 U 27/07: Enkel
- OLG Düsseldorf vom 28.03.2006 – 4 U 102/05: Lebensgefährtin
- OLG Zweibrücken vom 09.09.2004 – 4 U 168/03: Lebensgefährtin
- LG Potsdam vom 24.08.2012 – 8 O 63/11: Sohn
- LG München I vom 19.07.2010 – 34 O 25145/09: Lebensgefährtin

Der BGH stellte dazu in seinem Beschluss vom 26.06.2008 – III ZR 30/08 klar, dass die Rechtsprechung zu den Ehegatten nicht auf Fallgestaltungen mit sonstigem familiären oder personalen Einschlag übertragbar ist und in diesen Fällen die auftragsrechtlichen Bestimmungen Anwendung finden können. Das hielt die Gerichte aber nicht davon ab, dies weiterhin gegenteilig zu entscheiden, was die Daten der obigen Entscheidungen belegen. Erfreulicherweise finden sich auch **Entscheidungen, die den Rechtsbindungswillen der Beteiligten bejahten:**

- OLG Hamm vom 18.10.2018 – I-10 U 91/17: Tochter mit Bankvollmacht
- OLG Schleswig vom 18.03.2014 – 3 U 50/13: Tochter
- OLG Brandenburg vom 20.11.2013 – 4 U 130/12: Vorsorgevollmacht an Ehefrau des verstorbenen Sohns
- OLG Brandenburg vom 19.03.2013 – 3 U 1/12: Sohn
- OLG Brandenburg vom 07.12.2011 – 3 U 94/11: Vorsorgevollmacht an Pflegeperson
- OLG Naumburg vom 04.11.2002 – 4 U 120/02: Freund
- LG Hamburg vom 29.01.2010 – 316 O 322/09: Tochter (Rechtsanwältin)

Rechnungslegung

Wenn die vorstehenden Schwierigkeiten überwunden sind, stehen dem Mandanten die **Auskunftsansprüche aus § 666 BGB** zu. Die Vorschrift enthält drei Auskunftsansprüche. Bedeutend ist für den Mandanten die dritte Variante des § 666 BGB, wonach der Auftraggeber nach der Ausführung des Auftrags Rechenschaft verlangen kann. Nach § 259 Abs. 1 BGB muss die Lebensgefährtin eine **geordnete Zusammenstellung aller Einnahmen und Ausgaben** erstellen und die üblichen Belege beifügen. Dabei gibt es keine zeitliche Grenze. Die Rechenschaftspflicht erstreckt sich über die **gesamte Dauer** der Auftragsführung. Wenn die Lebensgefährtin das Geld für sich vereinnahmt hat, fällt ihr die Rechnungslegung naturgemäß schwer.

Praxistipp

In dieser Situation kann es sich anbieten, der Lebensgefährtin anzubieten, dass sie sich gegen Zahlung eines bestimmten Betrags „freikaufen" kann. Das setzt allerdings voraus, dass der Mandant in etwa abschätzen kann, welche Beträge die Lebensgefährtin vereinnahmt hat.

Vertraglicher Ausschluss

Vorab ist zu prüfen, ob die Rechnungslegung aufgrund vertraglicher Vereinbarungen ausgeschlossen oder beschränkt ist. Der BGH lässt es zu, dass der Vollmachtgeber den Anspruch höchstpersönlich ausgestaltet, so dass er nicht in seinen Nachlass fällt und weder von einem Testamentsvollstrecker noch von den Erben geltend gemacht werden kann (BGH v. 19.09.1989 – XI ZR 103/88).

Treu und Glauben

Bei der Rechnungslegung hält die Rechtsprechung erneut eine unangenehme Überraschung für Ihren Mandanten bereit. **Ansprüche** auf Rechnungslegung **können** nach Treu und Glauben **entfallen**, wenn diese vom Erblasser jahrelang nicht geltend gemacht worden sind, so dass der Bevollmächtigte nicht mehr damit rechnen musste, in Anspruch genommen zu werden (OLG Hamm v. 18.10.2018 – I-10 U 91/17). Das gilt allerdings nicht, wenn Zweifel an der Zuverlässigkeit des Bevollmächtigten und seiner Geschäftsführung bestehen (BGH v. 26.06.2008 – III ZR 30/08). Weiterhin kann sich der Bevollmächtigte nicht auf Treu und Glauben berufen, wenn der Erblasser körperlich oder geistig nicht mehr in der Lage dazu war, die Rechnungslegung zu fordern. Die Verteidigung über Treu und Glauben wird i.d.R. mit Sachvortrag verbunden, wonach die Lebensgefährtin den Erblasser **liebevoll und treusorgend bis zum Tod gepflegt** habe. Es habe ein besonders tiefes Vertrauen bestanden und der Erblasser wäre nie auf die Idee gekommen, die Geschäftsführung der Lebensgefährtin zu hinterfragen.

Dieser Vortrag stößt beim Gericht leider zu leicht auf offene Ohren, selbst wenn er mit Nichtwissen bestritten wird. Ihr Mandant sollte daher versuchen, auf Unregelmäßigkeiten hinzuweisen. Auffällig sind in diesem Zusammenhang Abhebungen nach dem Tod des Erblassers, wenn diese nicht für die Beerdigungskosten verwendet werden. Weiterhin ist es auffällig, wenn sich zum Lebensende hin die Abhebungen häufen. Wenn sich die Geschäftsführung des Bevollmächtigten ändert, kann er sich nicht darauf berufen, dass seine (andere) Geschäftsführung zuvor nie beanstandet wurde.

Konkludenter Verzicht auf die Rechnungslegung

Der Erblasser kann auf seinen Anspruch auf Rechnungslegung verzichten oder diesen abbedingen. Das lädt zu der Verteidigung ein, der Erblasser habe konkludent auf den Rechnungslegungsanspruch verzichtet (OLG Düsseldorf v. 18.12.2014 – 3 U 88/14, ZEV 2015, 125). Da ein Verzicht i.d.R. ungern abgegeben wird, sind hierbei jedoch hohe Anforderungen an die konkludente Willenserklärung zu stellen, die regelmäßig nicht erfüllt sind.

Unmöglichkeit der Rechnungslegung

Wenn sich die Lebensgefährtin nicht mehr an die Vorgänge erinnern kann, ist ihr die Rechnungslegung unmöglich und sie wird von ihrer Verpflichtung frei (§ 275 Abs. 1 BGB). So leicht kommt die Lebensgefährtin mit diesem Einwand jedoch nicht davon. Zunächst muss sie die vorhandenen Belege und Aufzeichnungen auswerten (OLG Saarbrücken v. 25.08.1999 – 1 U 1004/98, Rdnr. 32). Zudem trägt die Lebensgefährtin für die Unmöglichkeit die Beweislast.

Verjährung des Anspruchs auf Rechnungslegung

Hin und wieder wird gegen den Anspruch auf Rechnungslegung die Einrede der Verjährung erhoben. Es gilt hier die regelmäßige Verjährung. Zu beachten ist dabei aber, dass der Anspruch auf Rechnungslegung erst **mit dem Ende des Auftrags fällig** wird und sich dann über die gesamte Auftragsdauer erstreckt. Der Anspruch auf Rechnungslegung kann also bei einem einheitlichen Auftrag **nicht** teilweise für Abhebungen verjähren, die länger als drei Jahre zurückliegen.

Erfüllung

Die Lebensgefährtin kann sich dahingehend einlassen, dass sie dem Erblasser die abgehobenen Beträge übergeben hat. Das funktioniert natürlich nur bei Abhebungen vor dem Tod des Erblassers. Es lohnt sich in diesem Zusammenhang auch immer wieder, den Gesundheitszustand des Erblassers zu hinterfragen. Aber auch sonst hat es die Lebensgefährtin mit dieser Verteidigung schwer. Rechtlich behauptet sie die Erfüllung des Herausgabeanspruchs aus § 667 BGB (§ 362 Abs. 1 BGB). Die Erfüllung **muss der Schuldner beweisen** (OLG Schleswig v. 18.03.2014 – 3 U 50/13, Rdnr. 27; OLG Naumburg v. 04.11.2002 – 4 U 120/02, Rdnr. 38). Der Anspruch Ihres Mandanten hängt dann davon ab, ob die Lebensgefährtin beweisen kann, dass sie das Geld an den Erblasser herausgegeben hat. Ausnahmsweise kann sich die Beweislast für die Erfüllung jedoch zu Lasten Ihres Mandanten umkehren. Wenn die Lebensgefährtin nach den obigen Darstellungen nach Treu und Glauben von ihrer Verpflichtung zur Rechnungslegung entbunden ist, entfällt auch die Beweislast für die Erfüllung des Herausgabeanspruchs (OLG Hamm v. 18.10.2018 – I-10 U 91/17; OLG Düsseldorf v. 23.09.1998 – 11 U 77/97).

Schenkungseinwand

Ebenso schwer hat es die Lebensgefährtin, wenn sie sich darauf beruft, der Erblasser habe ihr das Geld mündlich geschenkt. Der Schenkungsvertrag ist nach § 518 Abs. 1 Satz 1 BGB zunächst formnichtig. Durch die Bewirkung der Schenkung wird der Formmangel nach § 518 Abs. 2 BGB geheilt.

Die Lebensgefährtin kann die Schenkung auch selbst mit der Vollmacht bewirken. Die Rechtsprechung legt ihr in diesem Fall jedoch die **Beweislast** für das Schenkungsversprechen auf (BGH v. 14.11.2006 – X ZR 34/05).

Auftragsgemäße Verwendung

Schwierig wird es für Ihren Mandanten, wenn die Lebensgefährtin behauptet, sie habe die vereinnahmten Gelder auftragsgemäß verwendet. Die Lebensgefährtin muss **konkret darlegen, wofür** sie das Geld verwendet hat. Ihr Mandant muss dann aber beweisen, dass diese Verwendung auftragswidrig und damit eine Pflichtverletzung nach § 280 Abs. 1 Satz 1 BGB war (OLG Schleswig v. 16.03.2010 – 3 U 76/09, Rdnr. 46). Wenn die Lebensgefährtin **nachvollziehbare Ausgaben** für den Erblasser behauptet, wird das Ihr Mandant i.d.R. einsehen. Möglich ist es aber auch, dass die Lebensgefährtin behauptet, sie habe das Geld im Auftrag des Erblassers an eine dritte Person weitergeleitet. Das Gegenteil wird Ihr Mandant regelmäßig nicht beweisen können.

Häufig wird die Lebensgefährtin einwenden, sie habe mit dem abgehobenen Geld den Lebensunterhalt des Erblassers bezahlt. Wenn sich auf den Kontoauszügen des Erblassers keine weiteren nennenswerten Ausgaben finden, wird die Lebensgefährtin mit diesem Einwand gehört. Das Gericht wird dann nach § 287 Abs. 2 ZPO einen Mindestbetrag schätzen, der für den Lebensunterhalt des Erblassers ausgegeben worden sein müsste. So hat das OLG Brandenburg (Urt. v. 20.11.2013 – 4 U 130/12) die Ausgaben nach Zeugeneinvernahme für reichlich vier Jahre auf 16.000 € geschätzt.

Vergütung

Falls Sie keine Vergütungsvereinbarung abschließen, entstehen die üblichen Gebühren nach dem RVG nach dem Gegenstandswert. Der Gegenstandswert richtet sich hier entweder nach dem tatsächlichen Anspruch des Mandanten oder nach den Erwartungen des Mandanten, wenn diese höher waren. Der Mandant ist also gut beraten, zunächst extrem niedrige Erwartungen zu äußern.

Praxistipp

Sie sollten sich auf dieses Problemfeld nicht einlassen und jedenfalls einen Mindestgegenstandswert oder eine zeitabhängige Vergütung vereinbaren.

Sachverhalt | Checkliste | Lösung | **Verfahren** | Muster

1. Vollmachtswiderruf

Adressat des Widerrufs

Wenn ein Missbrauch der Vollmacht im Raum steht, muss diese zunächst widerrufen werden. Der Widerruf kann gegenüber dem Bevollmächtigten oder **gegenüber dem Geschäftsgegner** erklärt werden (§ 168 Satz 3, § 167

Abs. 1 BGB). Der Widerruf gegenüber dem Bevollmächtigten genügt für sich genommen nicht, wenn ein Vertrauenstatbestand nach den §§ 170 ff. BGB vorliegt.

Vollmachtsurkunde

Praktisch bedeutsam ist die Vollmachtsurkunde nach § 172 BGB. Wenn dem Geschäftsgegner ein Original oder eine Ausfertigung einer Vollmachtsurkunde vorgelegt wird, kann er sich darauf verlassen, wenn er nichts vom Widerruf der Vollmacht weiß. Deshalb muss die Vollmachtsurkunde nach § 175 BGB **zurückgefordert** werden. Sind in der Vollmachtsurkunde andere Erklärungen enthalten, kann der Erbe nach der Rechtsprechung nur verlangen, dass auf der Vollmachtsurkunde ein Vermerk über den Widerruf angebracht wird.

Vollmachtswiderruf gegenüber Banken

Ein Problem ist der Vollmachtswiderruf gegenüber einer Bank. Nach Nr. 5 Abs. 1 der AGB der Banken muss sich der Erbe durch einen Erbschein ausweisen. Die Bank kann jedoch mit einer Ausfertigung oder beglaubigten Abschrift von Testament/Erbvertrag und Eröffnungsniederschrift begnügen. Der BGH entschied (mit Urt. v. 08.10.2013 – XI ZR 401/12), dass diese Klausel unwirksam ist.

Praxistipp

Im Moment besteht daher Unsicherheit, wie sich die Banken nun verhalten sollen und welche Nachweise sie verlangen können. In der Praxis ist bereits feststellbar, dass Banken nicht mehr auf einem Erbschein beharren. Dies dürfte dazu führen, dass Banken die Konten nun noch schneller und bereitwilliger **sperren**, um nicht doppelt zahlen zu müssen. Bitte prüfen Sie, ob die jeweilige Bank reagiert hat und ihre Klausel wirksam angepasst hat.

Warnhinweis

Denken Sie unbedingt daran, dem Vollmachtswiderruf eine Originalvollmacht des Erben beizufügen. Andernfalls riskieren Sie die Zurückweisung nach § 174 Satz 1 BGB. Der Zugang des Vollmachtswiderrufs muss zudem nachweisbar sein.

Strafklauseln

Es ist theoretisch möglich, dass sich im Testament eine Strafklausel befindet, die eine Sanktion an den Widerruf der Vollmacht bindet. Praktisch dürfte das selten sein. Dennoch sollten Sie den Mandanten darüber **aufklären**.

2. Stufenmahnung/Stufenklage

Der Anspruch auf Rechnungslegung und Zahlung kann im Rahmen einer Stufenklage (§ 254 ZPO) verfolgt werden. Außergerichtlich ist eine Stufenmahnung zu empfehlen. Wichtig ist auch, dass der Bevollmächtigte mit dem ersten Schreiben in Verzug gesetzt wird.

Kosten für Kontoauszüge

Der Erbe kann sich i.d.R. bei der Bank Kopien alter Kontoauszüge beschaffen. Die Banken verlangen dafür regelmäßig ein Entgelt, wobei es ihnen gelegentlich schwer fällt, dafür eine Rechtsgrundlage zu benennen. Nach OLG Koblenz vom 29.03.2012 (14 W 167/12) sollen die Kosten für die Beschaffung der Kontoauszüge später im Kostenfestsetzungsverfahren **erstattungsfähig** sein. Das OLG Koblenz hat allerdings zu wenig geprüft, ob die Forderung der Bank überhaupt berechtigt war. Der BGH (Urt. v. 17.12.2013 – XI ZR 66/13) kassierte eine Klausel, die für die Nacherstellung von Kontoauszügen 15 € je Auszug vorsah.

Sachverhalt | Checkliste | Lösung | Verfahren | **Muster 1**

Außergerichtliches Anschreiben mit Vollmachtswiderruf

Frau
...
Straße, Hausnr./Postfach
PLZ Ort

Datum

Sehr geehrte Frau ...,

ich vertrete die rechtlichen Interessen des Herrn .... Eine Originalvollmacht füge ich bei. Mein Mandant ist der Sohn und Alleinerbe Ihres Lebensgefährten Herrn ... (nachfolgend Erblasser). Sie waren Inhaberin einer Kontovollmacht und einer Vorsorgevollmacht des Erblassers.

Namens meines Mandanten widerrufe ich hiermit diese Vollmachten und sämtliche weitere Vollmachten, die Ihnen der Erblasser erteilt hat. Ich fordere Sie namens meines Mandanten auf,

1. alle Vollmachtsurkunden zu meinen Händen herauszugeben und

2. Auskunft zu erteilen, ob und an wen Sie Untervollmachten erteilt haben.

Dieser Anspruch steht meinem Mandanten aus § 175 BGB zu.

Sie haben Geld vom Konto des Erblassers abgehoben. Nach § 666, § 259 Abs. 1 BGB müssen Sie über die Auftragsführung Rechenschaft ablegen. Falls Sie aus der Auftragsführung Geld erlangt haben, müssen Sie dieses an meinen Mandanten herausgeben (§ 667 BGB). Falls Sie Geld auftragswidrig verwendet haben, müssen Sie hierfür Schadensersatz leisten (§ 280 BGB). Ich fordere Sie daher weiterhin namens meines Mandanten auf,

3. meinem Mandanten Rechenschaft über Ihre Auftragsführung abzulegen und hierzu ein geordnetes Verzeichnis aller Einnahmen und Ausgaben vorzulegen. Soweit Belege vorhanden sind, sind diese vorzulegen;

4. den sich aus der Rechnungslegung ggf. ergebenden Betrag an meinen Mandanten zu zahlen.

Für die Erfüllung der unter 1.–3. genannten Ansprüche meines Mandanten setze ich Ihnen namens meines Mandanten eine Frist bis zum .... Weiterhin fordere ich Sie namens meines Mandanten bereits jetzt auf, den sich nach 4. ergebenden Betrag an meinen Mandanten zu zahlen.

Mit freundlichen Grüßen

Rechtsanwältin/Rechtsanwalt

Sachverhalt | Checkliste | Lösung | Verfahren | **Muster 2**

Stufenklage

Amtsgericht/Landgericht
...
Straße, Hausnr./Postfach
PLZ Ort

Stufenklage

In Sachen

...

– Kläger –

Prozessbevollmächtigte: ...

gegen ...

– Beklagte –

wegen Forderung

Vorläufiger Streitwert: ... €

erhebe ich namens und im Auftrag des Klägers **Klage** zum ... mit dem

Antrag:

Die Beklagte wird im Wege der Stufenklage verurteilt,

1. gegenüber dem Kläger Rechenschaft abzulegen über sämtliche Geschäfte, die die Beklagte mit einer Vollmacht oder im Auftrag des ... (nachfolgend: Erblasser) getätigt hat. Die Rechenschaft ist in Form einer geordneten Zusammenstellung der Einnahmen und der Ausgaben zu legen. Belege sind vorzulegen, soweit Belege erteilt zu werden pflegen;
2. für den Fall, dass die Zusammenstellung nicht mit der erforderlichen Sorgfalt erstellt wird, zu Protokoll an Eides statt zu versichern, dass sie die Angaben nach bestem Wissen so vollständig getätigt hat, wie sie dazu imstande war;
3. den sich nach der Rechnungslegung nach 1. ggf. ergebenden Betrag nebst Zinsen hieraus i.H.v. fünf Prozentpunkten über dem Basiszinssatz p.a. seit dem ...[1] an den Kläger zu zahlen.

Begründung:

I. Sachverhalt

Der Kläger ist der Sohn und Alleinerbe des Herrn ..., geboren am ..., gestorben am ..., zuletzt wohnhaft in ... (nachfolgend Erblasser).

Beweis: Erbschein des Amtsgerichts ... vom ... in Kopie als

– Anlage K1 –

Die Beklagte war die Lebensgefährtin des Erblassers. Der Erblasser hatte der Beklagten eine Vorsorgevollmacht und eine Kontovollmacht erteilt.

Beweis: Vorsorgevollmacht vom ... in Kopie als

– Anlage K2 –

Kontovollmacht vom ... in Kopie als

– Anlage K3 –

Die Beklagte hob vom Konto des Erblassers vor und nach seinem Tod Geldbeträge ab, u.a. einen Betrag i.H.v. ... € am ... und einen Betrag i.H.v. ... € am ...

Beweis: Kontoauszüge in Kopie als

– Anlage K4 –

Der Kläger forderte die Beklagte mit Anwaltsschreiben vom ... auf, Rechenschaft zu legen und den sich aus der Rechnungslegung ergebenden Betrag zu zahlen.

Beweis: Anwaltsschreiben des Klägers vom ... in Kopie als

– Anlage K5 –

Das Schreiben ist der Beklagten am ... zugegangen. Die Beklagte kam dieser Aufforderung nicht nach.

II. Rechtliche Würdigung

Der mit dem Klageantrag zu 1. verfolgte Anspruch auf Rechnungslegung ergibt sich aus § 666 dritte Variante BGB. Der Umfang der Rechnungslegung folgt aus § 259 Abs. 1 BGB.

Für den Fall, dass die Beklagte die Auskünfte nach dem Klageantrag zu 1. nicht ordnungsgemäß erteilt, kann der Kläger nach § 259 Abs. 2 BGB die Abgabe der eidesstattlichen Versicherung verlangen.

Mit dem Klageantrag zu 3. verfolgt der Kläger als letzte Stufe der Stufenklage die Zahlungsansprüche, die sich aus der Rechnungslegung ergeben. Dies können Ansprüche aus § 667 BGB oder Schadensersatzansprüche nach § 280 Abs. 1 Satz 1 BGB sein.

Die Beklagte kam mit dem Zugang des Schreibens vom ... (Anlage K5) am ... nach § 286 Abs. 1 Satz 1 BGB in Verzug.

Rechtsanwältin/Rechtsanwalt

1) Verzugseintritt.

**Abwandlung 13.3.1:
Vollmachtswiderruf bei Erbengemeinschaft**

Sachverhalt | Checkliste | Lösung | Verfahren | Muster

Der Erblasser wird nach der gesetzlichen Erbfolge beerbt – von seiner Ehefrau zu 1/2, seiner Tochter zu 1/4 und seinem Sohn zu 1/4. Die Ehefrau des Erblassers hat eine Vorsorgevollmacht oder eine Kontovollmacht. Sie vertreten den Sohn des Erblassers und wollen als erste Maßnahme die Vollmachten der Ehefrau widerrufen.

Sachverhalt | Checkliste | Lösung | Verfahren | Muster

Widerruf bei Miterben

Der Widerruf einer Vollmacht ist rechtlich problematisch, wenn mehrere Miterben existieren und nicht jeder einzelne widerrufen will. Nach der h.M. kann **jeder Miterbe seinen Teil** der Vollmacht so widerrufen, als wenn die Vollmacht in mehrere Einzelvollmachten zerfällt. Diese Ansicht verstößt gegen die gesamthänderische Bindung aus § 2033 Abs. 2 BGB. Zutreffend dürfte es sein, die Regelungen über die Erbengemeinschaft anzuwenden (Papenmeier, Transmortale und postmortale Vollmachten als Gestaltungsmittel, S. 128 ff.). Nach der neuen Rechtsprechung des BGH ist davon auszugehen, dass ein Widerruf der Vollmacht durch die Mehrheit der Miterben als **ordnungsgemäße Verwaltungsmaßnahme** möglich ist (BGH v. 11.11.2009 – XII ZR 210/05). Dabei ist zu beachten, dass ein Miterbe in analoger Anwendung von § 34 BGB, § 47 Abs. 4 GmbHG, § 43 Abs. 6 GenG von seinem Stimmrecht ausgeschlossen ist, wenn er selbst der Bevollmächtigte ist (BGH v. 29.03.1971 – III ZR 255/68). Die Ehefrau des Erblassers ist hier also bei der Entscheidung ausgeschlossen, ob die Vollmacht widerrufen werden soll. Die Tochter und der Sohn haben zusammen eine Mehrheit. Der Sohn hat allein jedoch keine Mehrheit in der Erbengemeinschaft, wenn sich die Tochter auf die Seite der Ehefrau stellt.

Ausnahmen

Der Widerruf einer transmortalen Vollmacht wird i.d.R. eine Maßnahme der ordnungsgemäßen Verwaltung sein. Denkbar sind aber auch Ausnahmen, z.B. wenn die Erben vertraglich verpflichtet sind, die Vollmacht zu erteilen, so dass beim Widerruf Schadensersatzansprüche drohen. Dann kann eine außerordentliche Verwaltungsmaßnahme vorliegen, die einstimmig erfolgen muss. Nach § 2038 Abs. 1 Satz 2 zweiter Halbsatz BGB kann ein Miterbe die transmortale Vollmacht allein widerrufen, wenn eine Notverwaltungsmaßnahme vorliegt. Der Widerruf wirkt für die gesamte Erbengemeinschaft. Das Vorliegen einer Notverwaltungsmaßnahme lässt sich leicht bejahen, wenn der Bevollmächtigte bereits deutlich gemacht hat, dass er die Vollmacht missbrauchen will. Schwieriger ist es, wenn sich der Miterbe nur auf die abstrakte Missbrauchsgefahr stützt, die jeder Vollmacht innewohnt. In diesem Fall lässt sich zum Zeitpunkt des Widerrufs nicht sicher voraussagen, wie ein Richter den Sachverhalt später einschätzen wird. Wenn sich die Tochter gegen den Widerruf der Vollmachten stellt, kann sich der Sohn nur auf eine Notverwaltungsmaßnahme stützen und sollte dies auch unbedingt tun.

Praxistipp

In der Praxis empfiehlt es sich, alle möglichen Varianten in das Widerrufsschreiben aufzunehmen, also Widerruf für den Erben selbst und für die Erbengemeinschaft, zudem auch als Notverwaltungsmaßnahme.

Sachverhalt | Checkliste | Lösung | Verfahren | Muster

Außergerichtliches Anschreiben mit Vollmachtswiderruf bei Erbengemeinschaft

Frau
...
Straße, Hausnr./Postfach
PLZ Ort

Datum

Sehr geehrte Frau ...,

ich vertrete die rechtlichen Interessen des Herrn .... Eine Originalvollmacht füge ich bei. Mein Mandant ist der Sohn und ein Miterbe Ihres verstorbenen Ehemanns, Herrn ... (nachfolgend Erblasser). Sie waren Inhaberin einer Kontovollmacht und einer Vorsorgevollmacht des Erblassers.

Namens meines Mandanten widerrufe ich hiermit diese Vollmachten und sämtliche weitere Vollmachten, die Ihnen der Erblasser erteilt hat. Mein Mandant ist berechtigt, die Vollmacht als sogenannte Notverwaltungsmaßnahme mit Wirkung für die gesamte Erbengemeinschaft zu widerrufen, damit verhindert wird, dass Sie die Vollmacht missbrauchen. Zugleich widerruft mein Mandant vorsorglich den ihn betreffenden Teil der Vollmacht.

Ich fordere Sie namens meines Mandanten auf,

1. alle Vollmachtsurkunden zu meinen Händen herauszugeben und
2. Auskunft zu erteilen, ob und an wen Sie Untervollmachten erteilt haben.

Dieser Anspruch steht meinem Mandanten aus § 175 BGB zu.

Hierfür setze ich Ihnen namens meines Mandanten eine Frist bis zum ....

Mit freundlichen Grüßen

Rechtsanwältin/Rechtsanwalt

Abwandlung 13.3.2: Vollmachtsmissbrauch zu Lebzeiten des Erblassers

Sachverhalt | Checkliste | Lösung | Verfahren | Muster

Der Sohn berichtet bereits vor dem Tod seines Vaters, dass er den Verdacht hat, dass dessen Lebensgefährtin ihre Vorsorgevollmacht oder Bankvollmacht missbraucht.

Sachverhalt | Checkliste | **Lösung** | Verfahren | Muster

Sohn kann nicht für Vater handeln

Vor dem Tod des Erblassers sind die Möglichkeiten des Sohns beschränkt, zumal unklar ist, ob der Sohn jemals Erbe wird. Es kann ein anderslautendes Testament geben oder der Sohn kann noch vor dem Erblasser versterben. Es gibt keine gesetzliche Vertretungsmacht des Sohns für seinen Vater. Der Sohn sollte in dieser Situation Beweise sichern und insbesondere auch Ausfallerscheinungen des Erblassers dokumentieren, die auf eine Geschäfts- und Testierunfähigkeit hindeuten.

Kontrollbetreuung

Darüber hinaus kann der Sohn beim Betreuungsgericht (Amtsgericht) eine Kontrollbetreuung anregen, wenn der Erblasser seine Angelegenheiten nicht mehr selbst besorgen kann. Nach § 1896 Abs. 2 Satz 2 BGB darf keine Betreuung angeordnet werden, wenn die Aufgaben durch einen Bevollmächtigten ebenso gut wie durch einen Betreuer besorgt werden können. Nach § 1896 Abs. 3 BGB kann ein Betreuer mit dem Aufgabenkreis „Geltendmachung von Rechten des Betreuten gegenüber seinem Bevollmächtigten" bestimmt werden. Dieser Kontrollbetreuer kann die Auskunftsrechte des Vollmachtgebers wahrnehmen und (wenn sein Aufgabenkreis sich darauf erstreckt) die Vollmacht widerrufen. Wenn das Betreuungsgericht davon ausgeht, dass der Betreuer die Vollmacht widerrufen muss, muss es gleich einen Betreuer mit umfassendem Aufgabenkreis bestellen.

Hohe Anforderungen

Die Anforderungen sind allerdings hoch, da die Kontrollbetreuung nach § 1896 Abs. 2 Satz 1 BGB ebenfalls erforderlich sein muss. Die Kontrollbetreuung ist erforderlich, wenn der Bevollmächtigte nicht geeignet ist, insbesondere weil die Interessenwahrnehmung durch den Bevollmächtigten eine konkrete Gefahr für das Wohl des Betroffenen befürchten lässt (BGH, Beschl. v. 14.08.2013 – XII ZB 206/13).

Beispiele:

- Der Bevollmächtigte ist unredlich (BGH, Beschl. v. 26.02.2014 – XII ZB 301/13). Dabei darf ihm ein Verschulden seines Rechtsanwalts aber nicht zugerechnet werden (BGH, Beschl. v. 13.02.2013 – XII ZB 647/12). Diebstahlsvorwurf durch Vollmachtgeber: BGH, Beschl. v. 09.09.2015 – XII ZB 125/15.

- Der Bevollmächtigte kann ein störendes Verhalten eines Dritten nicht unterbinden (BGH, Beschl. v. 07.08.2013 – XII ZB 671/12).
- Der Bevollmächtigte ist mit dem Umfang und der Schwierigkeit der vorzunehmenden Geschäfte überfordert (BGH, Beschl. v. 09.09.2015 – XII ZB 125/15) bzw. die zu besorgenden Geschäfte sind besonders schwierig oder besonders umfangreich (BGH, Beschl. v. 01.08.2012 – XII ZB 438/11).
- Es bestehen erhebliche Interessenkonflikte zwischen Vollmachtgeber und Bevollmächtigtem (BGH, Beschl. v. 16.07.2014 – XII ZB 142/14).
- Bei Zweifeln, ob eine Vorsorgevollmacht wirksam widerrufen wurde, kann die Vollmacht in der Praxis nicht sinnvoll benutzt werden (BGH, Beschl. v. 19.08.2015 – XII ZB 610/14).
- Die Vollmacht hat nicht die erforderliche Form für Grundstücksgeschäfte und der dafür zu bestellende Betreuer benötigt Auskünfte, um seine Aufgabe ordnungsgemäß auszuführen (BGH, Beschl. v. 03.02.2016 – XII ZB 307/15, XII ZB 454/15).

Der Aufgabenkreis Vollmachtswiderruf muss dem Betreuer ausdrücklich zugewiesen werden (BGH, Beschl. v. 28.07.2015 – XII ZB 674/14). Zuvor muss das Betreuungsgericht mildere Mittel ausschöpfen, insbesondere den Bevollmächtigten zur Auskunft bzw. Rechnungslegung auffordern und zur ordnungsgemäßen Tätigkeit anhalten (BGH, Beschl. v. 14.10.2015 – XII ZB 177/15; BGH, Beschl. v. 23.09.2015 – XII ZB 624/14).

Wenn mehrere Bevollmächtigte oder ein Kontrollbevollmächtigter bereits für die notwendige Überwachung sorgen, dann ist eine Betreuung nicht erforderlich (BGH, Beschl. v. 30.03.2011 – XII ZB 537/10).

Sachverhalt | Checkliste | Lösung | **Verfahren** | Muster

Das Betreuungsgericht führt sein Verfahren von Amts wegen. Es gilt der Amtsermittlungsgrundsatz (§ 26 FamFG). Der Sohn kann nach § 303 Abs. 2 Nr. 1 FamFG Beschwerde gegen den Beschluss des Betreuungsgerichts einlegen.

Sachverhalt | Checkliste | Lösung | Verfahren | **Muster**

Anregung der Bestellung eines Betreuers oder Kontrollbetreuers

Amtsgericht
...
– Betreuungsgericht –
Straße, Hausnr./Postfach
PLZ Ort

Anregung der Bestellung eines Betreuers oder Kontrollbetreuers

Betroffener: Vorname, Name, Geburtsdatum, Anschrift

Ich vertrete die rechtlichen Interessen des Herrn .... Mein Mandant ist ein Sohn des Betroffenen. Der Betroffene hat Frau ... eine Vorsorgevollmacht und eine Bankvollmacht erteilt. Es besteht der Verdacht, dass die Bevollmächtigte die Vollmacht missbraucht und gegen die Interessen des Betroffenen handelt.

[Sachverhalt im Einzelnen schildern]

Rechtsanwältin/Rechtsanwalt

Mandatssituation 13.4: Oder-Konto

Sachverhalt | Checkliste | Lösung | Verfahren | Muster

Der Erblasser wurde nach der gesetzlichen Erbfolge von seiner Ehefrau zu 1/2 und von seinem einzigen Sohn zu 1/2 beerbt. Der Sohn berichtet, dass die Ehefrau des Erblassers Inhaberin einer Vorsorgevollmacht und einer Kontovollmacht sei. Er habe von der Bank erfahren, dass die Ehefrau die gemeinsamen Oder-Konten auf sich umgeschrieben habe.

Sachverhalt | **Checkliste** | Lösung | Verfahren | Muster

Liegen die Vollmachtsurkunden vor?	☐
Liegen die Vertragsunterlagen zum Konto vor?	☐
Wurde(n) die Vollmacht(en) bereits widerrufen und gegenüber wem? Zugangsnachweis?	☐

Sachverhalt | Checkliste | **Lösung** | Verfahren | Muster

Grundlage der Kontoumschreibung

Nach dem Sachverhalt ist offen, auf welcher Grundlage die Ehefrau des Erblassers die Konten auf sich umgeschrieben hat. Die Ehefrau könnte als Bevollmächtigte gehandelt haben. Vorsorglich müssen die Vorsorgevollmacht und die Bankvollmacht auch widerrufen werden. In der Praxis nutzt die Ehefrau i.d.R. nicht die Vollmachten, sondern ihre Einzelverfügungsbefugnis.

Einzelverfügungsbefugnis

Die **Einzelverfügungsbefugnis** ist eine vertragliche Ausgestaltung des Kontovertrags. Grundsätzlich müssen mehrere Kontoinhaber alle Handlungen gemeinschaftlich gegenüber der Bank vornehmen. Bei der Einzelverfügungsbefugnis wird abweichend von diesem Grundsatz im Bankvertrag vereinbart, dass **jeder Kontoinhaber allein über das gesamte Konto** verfügen kann. Diese Verfügungen gehen zugunsten oder Lasten aller Kontoinhaber.

„Sperrung" des Kontos

Wenn die Ehefrau noch nicht oder nicht vollständig über ein Oder-Konto verfügt hat, liegt es im Interesse des Sohns, dieses Konto zu „sperren". Technisch gesehen muss der Sohn die Einzelverfügungsbefugnis der Ehefrau beseitigen, so dass alle Kontoinhaber gemeinschaftlich handeln müssen. Eine Einzelverfügungsbefugnis umfasst allerdings nicht ohne weiteres das Recht, das Konto in ein Und-Konto umzuwandeln. Hierzu bedarf es einer **Änderung des Kontovertrags**, an der grundsätzlich alle Kontoinhaber und die Bank mitwirken müssen. Im Kontovertrag kann aber auch einem Kontoinhaber das Recht eingeräumt werden, das Oder-Konto ohne die Mitwirkung der anderen Kontoinhaber in ein Und-Konto umzuwandeln. Dann bedarf es nur der Zustimmung der Bank. Ebenfalls möglich ist es, dass einem oder mehreren Kontoinhabern in den AGB der Bank ein **Weisungsrecht gegenüber der Bank** eingeräumt wird, mit dem diese ohne die Zustimmung der Bank das Oder-Konto in ein Und-Konto **umwandeln** können. Wenn die Vertragsunterlagen vorliegen, können Sie prüfen, ob ein Widerruf der Einzelverfügungsbefugnis möglich ist. Andernfalls bleibt nur der Widerruf auf Verdacht. Zugleich kann auch der Sohn über das Konto verfügen, wenn er sich als Erbe legitimieren kann. Damit kann er ggf. einer Verfügung der Ehefrau zuvorkommen. Im Sachverhalt sind diese Maßnahmen allerdings nicht mehr möglich, da die Ehefrau das Konto bereits auf sich umgeschrieben hat.

Dingliche Surrogation

Bei der Umschreibung von Oder-Konten wurde bisher in Literatur und Rechtsprechung die dingliche Surrogation nach § 2041 BGB vernachlässigt. Die Ehefrau und der Sohn des Erblassers bilden eine Erbengemeinschaft. Nach § 2041 BGB fällt dasjenige, was aufgrund eines zum Nachlass gehörenden Rechts erworben wird, wieder in den Nachlass. Die Ehefrau erlangt ihre Stellung als alleinige Kontoinhaberin auf Kosten der Mitberechtigung des Erblassers. Damit bleibt die **Kontenumschreibung** nach § 2041 BGB im Hinblick auf die Mitberechtigung des Nachlasses **folgenlos**, sofern die Bank nach § 2041 Satz 2 BGB, § 2019 Abs. 2 BGB bösgläubig gemacht wird. In der Rechtsprechung sind bisher keine Fälle ersichtlich, in denen ein Miterbe dies gegenüber einer Bank geltend gemacht hat.

Ansprüche gegen die Ehefrau

Wenn der Sohn den Weg über die dingliche Surrogation scheut oder damit nicht durchdringt, kann er direkt gegen die Ehefrau vorgehen. Vorrangig sind vertragliche Ansprüche zwischen dem Erblasser und seiner Ehefrau. Üblicherweise werden keine Abreden getroffen oder zumindest nicht nachweisbar festgehalten. Dann sind die beiden Ehegatten als Gesamtgläubiger nach § 430 BGB je zur Hälfte berechtigt. Auch nach den Vorschriften über die Gemeinschaft sind beide nach § 742 BGB im Zweifel zu gleichen Teilen berechtigt. Zu beachten ist, dass der Anspruch der Erbengemeinschaft zusteht und der Sohn daher nach § 2039 Satz 1 BGB die Leistung an alle Erben fordern muss.

Sachverhalt | Checkliste | Lösung | **Verfahren** | Muster

Schreiben an die Bank

Zunächst sollten Sie die Bank anschreiben, damit diese von der dinglichen Surrogation erfährt. Im Idealfall legen Sie dem Schreiben eine Ausfertigung des Erbscheins bei. Sie können beim Nachlassgericht so viele Ausfertigungen beantragen, wie Sie möchten. Die Gerichte sind zwar regelmäßig nicht begeistert. Davon sollten Sie sich jedoch nicht beeindrucken lassen und hartnäckig bleiben.

Praxistipp

In der Regel genügen die Bitte um eine rechtsmittelfähige Entscheidung oder die Dienstaufsichtsbeschwerde bzw. deren Ankündigung sowie der Hinweis auf die mögliche Amtshaftung.

Wenn es (noch) keinen Erbschein gibt, dann ist die zweite Wahl eine Legitimation durch eine beglaubigte Abschrift des Testaments und eine Ausfertigung oder beglaubigte Abschrift der Eröffnungsniederschrift nach Nr. 5 der AGB Banken. Wenn es auch daran fehlt, schicken Sie der Bank alles, was Sie haben. Ihr Mandant hat nichts zu verlieren, aber viel zu gewinnen, wenn er die Bank bösgläubig machen kann.

Forderung gegenüber der Miterbin

In der Praxis wird regelmäßig vorrangig gegen den Ehegatten vorgegangen. Dieser ist im Innenverhältnis zu den anderen Miterben nicht berechtigt, das Konto auf sich umzuschreiben oder über den Anteil des Erblassers zu verfügen. Dies ist einem Richter regelmäßig leichter zu vermitteln als die dingliche Surrogation.

Schreiben an Bank

Bank/Sparkasse
...
Straße, Hausnr./Postfach
PLZ Ort

Datum

Betrifft: ...

Sehr geehrte Damen und Herren,

ich vertrete die rechtlichen Interessen des .... Mein Mandant ist Miterbe nach Ihrem Kunden Herrn ..., geboren am ..., gestorben am ..., zuletzt wohnhaft ... (nachfolgend Erblasser). Ich füge Ihnen hierzu eine Ausfertigung des Erbscheins vom ... und meine Originalvollmacht bei. Ich bitte um Rücksendung der Ausfertigung des Erbscheins.

Der Erblasser unterhielt bei Ihnen zusammen mit seiner Ehefrau ein Oder-Konto unter der Nr. .... Frau ... hat dieses Konto nach der Kenntnis meines Mandanten auf sich „umgeschrieben". Bitte übersenden Sie mir hierzu die entsprechende Erklärung in Kopie.

Ich teile Ihnen weiterhin mit, dass die Mitberechtigung des Erblassers an dem o.g. Konto dem Nachlass nicht durch die Umschreibung entzogen wurde. Nach § 2041 Satz 1 BGB fand dingliche Surrogation statt. Die Miterbin Frau ... hat die Alleinberechtigung am Konto durch ein Rechtsgeschäft auf Kosten des Nachlasses erworben. Die dingliche Surrogation führt dazu, dass die Erbengemeinschaft wiederum mitberechtigt ist.

Ich

widerrufe

namens meines Mandanten die Einzelverfügungsbefugnis der Frau ....

Bitte bestätigen Sie mir bis zum ..., dass das Konto Nr. ... nunmehr als ein Und-Konto der Frau ... und der Erbengemeinschaft nach dem Erblasser geführt wird.

Ich weise Sie darauf hin, dass Sie bei unberechtigten Auszahlungen an Frau ... nochmals an die Erbengemeinschaft leisten müssen.

Rechtsanwältin/Rechtsanwalt

Sachverhalt | Checkliste | Lösung | Verfahren | Muster 2

Schreiben an Ehefrau

Frau
...
Straße, Hausnr./Postfach
PLZ Ort

Datum

Betreff: ...

Sehr geehrte Frau ...,

ich vertrete die rechtlichen Interessen des .... Mein Mandant ist Miterbe nach Ihrem verstorbenen Ehemann, Herrn ... (nachfolgend Erblasser). Sie haben das Konto Nr. ... des Erblassers bei der ... Bank auf sich umgeschrieben.

Diese Umschreibung hatte rechtlich keine Auswirkungen, da nach § 2041 Satz 1 BGB eine dingliche Surrogation eingetreten ist. Die Erbengemeinschaft nach Ihrem Ehemann ist weiterhin am Bankkonto mitberechtigt. Ich habe dies der Bank mitgeteilt und Ihre Einzelverfügungsbefugnis widerrufen.

Sie waren gegenüber der Erbengemeinschaft nach Ihrem Ehemann auch nicht berechtigt, das Konto auf sich umzuschreiben. Mangels anderer Anhaltspunkte gehe ich davon aus, dass die Hälfte des Kontovermögens am Todestag des Erblassers in den Nachlass fällt. Ich schlage vor, dass Sie zusammen mit meinem Mandanten ein gemeinsames Und-Konto für die Erbengemeinschaft eröffnen und den dem Erblasser zustehenden Betrag auf dieses Konto überweisen. Sollte die Eröffnung eines gemeinsamen Kontos nicht möglich sein, fordere ich Sie auf, den dem Erblasser zustehenden Betrag zugunsten der Erbengemeinschaft beim Amtsgericht zu hinterlegen.

Hierfür setze ich Ihnen namens meines Mandanten eine Frist bis zum

....

Mein Mandant ist bereit, gegenüber der Bank dabei mitzuwirken, dass die Ihnen zustehende Hälfte des Kontoguthabens auf ein Konto von Ihnen übertragen wird.

Rechtsanwältin/Rechtsanwalt

Kapitel 14: Der Erbfall mit internationalen Bezügen

A. Einführung

1. Überblick

Im Englischen heißt das Internationale Recht „Conflict of Laws". Dieser Terminus beschreibt treffend das Bedürfnis für Regelungen, wenn verschiedene Rechtsordnungen zueinander in Konkurrenz geraten. Für zivilrechtliche Rechtsverhältnisse spricht man vom Internationalen Privatrecht (IPR).

Definition

IPR ist der Inbegriff derjenigen Rechtsnormen, die bestimmen, welche von mehreren gleichzeitig nebeneinander bestehenden Privatrechtsordnungen auf ein konkretes Lebensverhältnis zur Anwendung kommen soll.

Die internationale Staatengemeinschaft hat sich in vielfacher Hinsicht um die Harmonisierung des IPR bemüht. Für Rechtsgebiete, für die bisher keine verbindlichen völkerrechtlichen Abkommen getroffen wurden, ist das IPR **nationales** Recht, das vom jeweiligen Gesetzgeber für sein Hoheitsgebiet erlassen wurde. Jede nationale Rechtsordnung besitzt daher ihr eigenes Kollisionsrecht zur Bestimmung der internationalen Zuständigkeit und des anwendbaren Rechts bei grenzüberschreitenden Rechtsverhältnissen. Das deutsche IPR ist im Einführungsgesetz zum BGB (EGBGB) kodifiziert und bei internationalen Fällen von Amts wegen anzuwenden (BGH, NJW 1996, 54). Deshalb muss bei einem Fall mit grenzüberschreitendem Bezug das jeweilige IPR der betroffenen Staaten geprüft und in Übereinstimmung gebracht werden. Denn letztlich geht es darum zu klären, welche Rechtsordnung von mehreren betroffenen Staaten vorrangig anzuwenden ist.

Die besondere Herausforderung bei der Bearbeitung eines internationalen Erbfalls ist zunächst die vergleichende Betrachtung mehrerer in Frage kommender Rechtsordnungen; der Mandant muss über die Vor- und Nachteile der möglichen Rechtsforen informiert werden.

2. Rechtsquellen

2.1 Vorbemerkung

Vorrangige völkerrechtliche Abkommen/ Staatsverträge

Völkerrechtliche Abkommen, die die Bundesrepublik abgeschlossen hat, gehen den deutschen nationalen Regelungen vor. Folgende Abkommen sind zu beachten:

2.2 Internationale Abkommen

- **Deutsch-türkischer Konsularvertrag** vom 28.05.1929
  Der deutsch-türkische Konsularvertrag gilt weiterhin (aufschlussreich zur Anwendung des Konsularvertrags OLG Köln v. 21.02.2014 – 2 Wx 30/14, 2 Wx 43/14, ErbR 2014, 586).

- **Deutsch-sowjetischer Konsularvertrag** vom 25.04.1958
  Der Konsularvertrag ist nach der Auflösung der Sowjetunion am 01.01.1992 mit den meisten Nachfolgestaaten der UdSSR als völkerrechtlicher Vertrag fortgeführt worden. Dies gilt für Kirgisistan, Russische Föderation, Kasachstan, Georgien, Armenien, Ukraine, Usbekistan, Belarus, Tadschikistan, Aserbaidschan und Moldawien. Im Verhältnis zu diesen Staaten gilt der Konsularvertrag daher fort. Im Verhältnis zu den übrigen Nachfolgestaaten ist die Anwendung des Vertrags ungeklärt.

- **Deutsch-iranisches Niederlassungsabkommen** vom 17.02.1929
  Das deutsch-iranische Abkommen ist weiterhin anwendbar.

- **Haager Testamentsformübereinkommen** vom 05.10.1961
  Das Testamentsabkommen ist am 01.01.1966 für die Bundesrepublik Deutschland in Kraft getreten. Es bestimmt, welches Recht für die Formerfordernisse bei der Errichtung eines Testaments maßgeblich ist. Ziel des Übereinkommens ist es, Testamenten möglichst zur Formwirksamkeit zu verhelfen.

- **Europäische Erbrechtsverordnung** (EuErbVO)
  Die EuErbVO (Verordnung (EU) Nr. 650/2012 des Europäischen Parlaments und des Rates vom 04.07.2012 über die Zuständigkeit, das anzuwendende Recht, die Anerkennung und die Vollstreckung von Entscheidungen und die Annahme und Vollstreckung öffentlicher Urkunden in Erbsachen sowie zur Einführung eines Europäischen Nachlassverzeichnisses, ABl 2012 L 201/107) ist am 16.08.2012 in Kraft getreten. Praktische Anwendung findet die Verordnung für Erbrechtsfälle, die drei Jahre nach ihrem Inkrafttreten und damit ab dem 17.08.2015 eingetreten sind. Die Erbrechtsverordnung gilt für alle Mitgliedstaaten mit Ausnahme von Dänemark, Irland und dem Vereinigten Königreich.

- **Europäische Güterrechts- und Partnerschaftsverordnung** (EuGüVO/EuPartVO)
  Die EuGüVO und die EuPartVO (Verordnung des Rates über die Zuständigkeit, das anzuwendende Recht, die Anerkennung und die Vollstreckung von Entscheidungen im Bereich des Ehegüterrechts, KOM (2011) 126 – **EuGüVO** – sowie die Verordnung des Rates über die Zuständigkeit, das anzuwendende Recht, die Anerkennung und Vollstreckung von Entscheidungen im Bereich des Güterrechts eingetragener Partnerschaften (KOM (2011) 127 – **EuPartVO**) sind am 29.07.2016 in Kraft getreten. Praktische Anwendung finden sie seit ihrem Geltungsbeginn, dem 29.01.2019.

Praktische Anwendung ab 29.01.2019

Geltungsbereich

Die Verordnungen gelten nur für 18 der europäischen Mitgliedstaaten, und zwar neben Deutschland für Belgien, Bulgarien, Finnland, Frankreich, Griechenland, Italien, Kroatien, Luxemburg, Malta, die Niederlande, Österreich, Portugal, Schweden, Slowenien, Spanien, Tschechien, Zypern und zukünftig auch für Estland.

2.3 Staatsverträge

Voraussetzung für den Vorrang von Staatsverträgen ist stets, dass ihr Anwendungsbereich eröffnet ist. Hierbei ist Folgendes zu prüfen:

Anwendungsbereich eröffnet?

1. Gilt das Übereinkommen schon/noch für die Bundesrepublik Deutschland?
2. Ist das Übereinkommen abhängig von der Gegenseitigkeit oder kann es auf jeden Staatsangehörigen angewandt werden?
3. Hat einer der betroffenen Staaten die Anwendbarkeit des Abkommens durch einen Vorbehalt eingeschränkt?
4. Ist der Anwendungsbereich des Übereinkommens eröffnet, und zwar in

   - räumlicher,
   - sachlicher und
   - persönlicher Hinsicht?

Wenn keine vorrangige Verordnung oder kein Staatsvertrag anwendbar ist, ist auf die allgemeinen Kollisionsnormen des EGBGB zurückzugreifen.

Verhältnis bilateraler Abkommen zur EuErbVO

Die EuErbVO lässt die Anwendung bestehender Abkommen der Mitgliedstaaten mit Drittstaaten unberührt (Art. 75 EuErbVO). In Deutschland sind daher das deutsch-türkische Nachlassabkommen, das deutsch-iranische Niederlassungsabkommen und der deutsch-sowjetische Konsularvertrag vorrangig anzuwenden und verdrängen insoweit die EuErbVO.

Die EuGüVO und die EuPartVO lassen gem. Art. 62 ebenfalls die Anwendung bestehender Abkommen der Mitgliedstaaten mit Drittstaaten unberührt. Aus deutscher Sicht ist somit auch im Bereich des Güterrechts das deutsch-iranische Niederlassungsabkommen vorrangig anzuwenden.

2.4 EGBGB

Wesentliche Rechtsquelle des deutschen IPR

Das EGBGB ist neben **vorrangigen** völkerrechtlichen Vereinbarungen/Staatsverträgen die wesentliche Rechtsquelle des deutschen IPR.

Aufbau des EGBGB

Art. 3–6:	Verhältnis zu Regelungen der Europäischen Union und zu völkerrechtlichen Vereinbarungen
Art. 7–10:	Rechts- und Geschäftsfähigkeit einer Person
Art. 11–12:	Bestimmung des Formstatuts für Rechtsgeschäfte
Art. 13–24:	Internationales Familienrecht
Art. 25–26:	Internationales Erbrecht
Art. 38–42:	Internationales außervertragliches Schuldrecht
Art. 43–46:	Internationales Sachenrecht
Art. 46a–46d:	Besondere Vorschriften zur Durchführung von Regelungen der Europäischen Gemeinschaft nach Art. 3 Nr. 1 EGBGB
Art. 220:	Übergangsvorschrift zum Gesetz vom 25.07.1986 zur Neuregelung des IPR
Art. 221 ff.:	Übergangsvorschriften aus Anlass jüngerer Änderungen des BGB und des EGBGB

Die allgemeinen Regeln des IPR sind jedoch nur lückenhaft kodifiziert. Daher ist in vielen Fällen ergänzend auf die von Literatur und Rechtsprechung entwickelten Grundsätze zurückzugreifen.

Für Erbfälle, die **vor dem 17.08.2015** und damit vor dem Wirksamwerden der EuErbVO eingetreten sind, finden sich die wichtigsten Regelungen des deutschen Kollisionsrechts für das Erbrecht in Art. 25 und Art. 26 EGBGB a.F. Art. 25 EGBGB a.F. bestimmt das auf die Erbfolge anzuwendende Recht. Er enthält die **Grundregel**, dass für die **Anknüpfung** des anwendbaren Rechts **an das Heimatrecht des Erblassers im Zeitpunkt seines Todes** abzustellen ist. Hiervon kann nur abgewichen werden, wenn der Erblasser wirksam ein anderes Recht gewählt hat. Art. 26 EGBGB a.F. regelt die Rechtsfindung für den Bereich letztwilliger Verfügungen.

Für Erbfälle, die **ab dem 17.08.2015** eingetreten sind, ist dagegen die EuErbVO maßgeblich, die die Regelungen des EGBGB verdrängt. Da die EuErbVO universelle Anwendung beansprucht, ist sie nicht nur auf Erbfälle zwischen Mitgliedstaaten, sondern auch auf Erbfälle mit Bezügen zu Drittstaaten anzuwenden (Art. 20 und 34 EuErbVO).

Unterscheidung zwischen Erbfällen vor und nach dem Geltungsbeginn der EuErbVO

Im Folgenden werden die Prüfungsschritte für Erbfälle, die in den Anwendungsbereich der EuErbVO fallen, dargestellt. Die Bearbeitung von „Altfällen" wird gesondert in Kapitel 14 **„Anhang: Erbfälle vor dem 17.08.2015"**, S. 1006 ff. behandelt.

3. Europäische Erbrechtsverordnung (EuErbVO)

3.1 Überblick

Für Erbfälle ab dem 17.08.2015 findet ausschließlich das in der EuErbVO kodifizierte Kollisionsrecht Anwendung. Ziel der EuErbVO ist es, eine möglichst einheitliche Rechtsanwendung zu gewährleisten, so dass der gesamte Nachlass ein und demselben Recht unterliegt. Es soll nur noch ein einziges Gericht für die Abwicklung des Nachlasses zuständig sein. Hierfür soll grundsätzlich an die Rechtsordnung und das Gericht am letzten gewöhnlichen Aufenthalt des Erblassers angeknüpft werden. Das Erbstatut am letzten gewöhnlichen Aufenthalt des Erblassers wird nur dann verdrängt, wenn der Erblasser eine wirksame Rechtswahl zugunsten seines Staatsangehörigkeitsrechts getroffen hat. Die EuErbVO ist in Deutschland unmittelbar geltendes Recht. Da sich aus der Verordnung jedoch ein erheblicher Anpassungsbedarf, z.B. im Bereich des Erbscheinverfahrens ergibt, wurde das Gesetz zum Internationalen Erbrecht und zur Änderung von Vorschriften zum Erbschein (IntFamRVG) geschaffen. Darin wurden u.a. die Verfahrensvorschriften zum Erbschein aus dem BGB in das FamFG übertragen und Vorschriften im RVG, in der GBO, im GNotKG und im GKG angepasst.

Grundsätze der EuErbVO

Bei der Bearbeitung eines internationalen Erbrechtsfalls, der ab dem 17.08.2015 eingetreten ist, sind somit folgende Prinzipien zu berücksichtigen:

- Domizilprinzip und Gleichlauf der internationalen Zuständigkeit und des anwendbaren Rechts: Statt der Staatsangehörigkeit ist der **letzte gewöhnliche Aufenthalt** des Erblassers für die internationale Zuständigkeit und das anwendbare Recht maßgeblich.
- **Rechtswahl:** Die EuErbVO ermöglicht die erbrechtliche Rechtswahl zugunsten des Heimatrechts des Erblassers.
- **Grundsatz der Nachlasseinheit:** Unabhängig von Art und Belegenheit des Nachlasses soll das berufene Erbstatut einheitlich für den gesamten Nachlass gelten.
- **Sachnormverweisung:** Zwischen den Mitgliedstaaten finden keine Rück- und Weiterverweisungen statt. Diese sind nur noch im Verhältnis gegenüber Drittstaaten und im Fall einer Rechtswahl beachtlich.
- **Universelle Geltung:** Die Verordnung findet nicht nur zwischen ihren Mitgliedstaaten Anwendung, sondern gilt auch gegenüber Drittstaaten.
- Nachweis der Erbfolge: Das **Europäische Nachlasszeugnis** bietet die Möglichkeit eines einheitlichen Erbnachweises für alle Mitgliedstaaten.

Seit dem 29.01.2019 ist des Weiteren zu beachten, dass Art. 4 EuGüVO/EuPartVO den Nachlassgerichten die Kompetenz zuweist, im Rahmen von Nachlassfällen über die güterrechtlichen Wirkungen im Zusammenhang mit der Rechtsnachfolge zu entscheiden.

3.2 Verhältnis zu internationalen Übereinkommen (Art. 75 EuErbVO)

Die EuErbVO lässt die Anwendung bestehender Abkommen der Mitgliedstaaten mit Drittstaaten unberührt (Art. 75 EuErbVO). Für Deutschland bedeutsam ist der Vorrang folgender Abkommen: Haager Testamentsformübereinkommen, deutsch-türkisches Nachlassabkommen, deutsch-iranisches Niederlassungsabkommen und der deutsch-sowjetische Konsularvertrag.

3.3 Anwendungsbereich (Art. 1 EuErbVO)

Folgende Bereiche fallen nicht in den Regelungsbereich der EuErbVO:

Das materielle Erbrecht bleibt unberührt in der Kompetenz der einzelnen Mitgliedstaaten. Des Weiteren werden folgende Rechtsgebiete nicht vom Regelungsumfang der Verordnung umfasst:

- das Erbschaft- und Schenkungsteuerrecht,
- das Güterrecht,
- die Vermögensübertragung zu Lebzeiten,
- das Gesellschafts- und Handelsregisterrecht,
- das Sachen- und Grundbuchrecht,
- die Rechte von Bevollmächtigten.

3.4 Chronologische Übersicht über Entscheidungen des EuGH zur Anwendung der EuErbVO

- Zu den Wirkungen eines dinglich wirkenden Grundstücksvermächtnisses: EuGH v. 12.10.2017 – Rs. C-218/16 – Kubicka, ErbR 2018, 84 = ZErb 2017, 358 = FamRZ 2017, 2060
- Zur erbrechtlichen Qualifizierung von § 1371 Abs. 1 BGB: EuGH v. 01.03.2018 – Rs. C-558/16 – Mahnkopf, ErbR 2018, 324
- Zur internationalen Zuständigkeit für die Genehmigung erbrechtlicher Handlungen eines Minderjährigen: EuGH v. 06.10.2015 – Rs. C-404/14 – Matousková, NJW 2016, 387; EuGH v. 19.04.2018 – Rs. C-565/16, RNotZ 2018, 552–556
- Zur internationalen Zuständigkeit für deutsche Erbscheine: EuGH v. 21.06.2018 – Rs. C-20/17 – Oberle, ErbR 2018, 503
- Zur Form, in der das ENZ beantragt werden muss: EuGH v. 17.01.2019 – Rs. C-102/18 – Brisch, BeckRS 2019, 109
- Zu den Begriffen der „Entscheidung“, „öffentliche Urkunde“ und „Gericht“ in Erbsachen: EuGH, Urt. v. 23.05.2019 – C-658/17 (WB), ErbR 2019, 421

4. Internationale Zuständigkeit

4.1 Überblick

Wenn an anderer Stelle die Frage des anwendbaren Rechts (Erbstatut) behandelt wird, ist hiervon losgelöst die internationale Zuständigkeit zu bestimmen. Diese getrennt zu prüfende Frage entscheidet, in welchem Land die gerichtliche Zuständigkeit gegeben ist. Es handelt sich somit um eine **Verfahrensfrage**, während die Bestimmung des anwendbaren Erbstatuts die Bestimmung des materiellen Rechts betrifft. Soweit Staatsverträge die internationale Zuständigkeit regeln, sind diese vorrangig anzuwenden.

Die Geltung der EuErbVO führt seit dem 17.08.2015 zu einem grundlegenden Wechsel bei der Bestimmung der internationalen Zuständigkeit für erbrechtliche Streitigkeiten. Für die Bestimmung der internationalen Zuständigkeit ist nicht mehr die Staatsangehörigkeit, sondern der gewöhnliche Aufenthalt des Erblassers zum Todeszeitpunkt maßgeblich (zur Prüfung von Altfällen siehe Kapitel 14, Anhang: Erbfälle vor dem 17.08.2015, S. 1006 ff.).

4.2 Internationale Zuständigkeit gemäß der Kapitel II EuErbVO

Zuständigkeitsgrundregel (Art. 4 und 10 EuErbVO)

Die **internationale** Zuständigkeit wird in Kapitel II der EuErbVO (Art. 4–15 EuErbVO) geregelt. Dagegen bleibt die Regelung der **örtlichen, sachlichen und funktionellen** Zuständigkeit den Mitgliedstaaten vorbehalten (Art. 2 EuErbVO). So unterscheidet die Erbrechtsverordnung nicht zwischen zivilprozessualen Verfahren und Verfahren der freiwilligen Gerichtsbarkeit und verdrängt die Regelungen zur internationalen Zuständigkeit in §§ 12 ff., 27 und 28 ZPO sowie §§ 105 und 343 f. FamFG.

Ausgangspunkt der Verordnung ist die allgemeine Zuständigkeit am letzten gewöhnlichen Aufenthalt des Erblassers (Art. 4 EuErbVO). Sodann wird die internationale Zuständigkeit für die Fälle geregelt, in denen der Erblasser eine Rechtswahl oder die Erben eine Gerichtsstandsvereinbarung getroffen haben (Art. 5–8 EuErbVO). Schließlich wird die Zuständigkeit für Fälle bestimmt, in denen der Erblasser seinen gewöhnlichen Aufenthalt zum Zeitpunkt seines Todes nicht in einem Mitgliedstaat hatte (Art. 10 EuErbVO).

Das Internationale Erbrechtsverfahrensgesetz (IntErbRVG) setzt die Vorgaben der EuErbVO im deutschen Verfahrensrecht um.

4.3 Örtliche Zuständigkeit für zivilprozessuale Erbstreitigkeiten

Regelungsinhalt des IntErbRVG

§ 2 IntErbRVG regelt die internationale örtliche Zuständigkeit für zivilprozessuale erbrechtliche Gerichtsverfahren. Hierbei handelt es sich um ausschließliche Zuständigkeiten. Die Absätze 1–3 betreffen die örtliche Zuständigkeit im Fall einer Rechtswahl und Gerichtsstandsvereinbarung. Die Absätze 4 und 5 regeln die Anknüpfungspunkte in Fällen, in denen keine Rechtswahl oder Gerichtsstandsvereinbarung maßgeblich ist. § 2 Abs. 4 IntErbRVG übernimmt die allgemeine Zuständigkeitsregel des Art. 4 EuErbVO und knüpft an den gewöhnlichen Aufenthalt des Erblassers im Zeitpunkt seines Todes an. Hatte der Erblasser im Zeitpunkt seines Todes seinen gewöhnlichen Aufenthalt nicht im Inland, ist gem. § 2 Abs. 4 Satz 2 IntErbRVG das Gericht örtlich zuständig, in dessen Bezirk der Erblasser seinen letzten gewöhnlichen Aufenthalt im Inland hatte. Fehlt es hieran, ist das AG Schöneberg in Berlin örtlich zuständig.

4.4 Örtliche Zuständigkeit in Nachlassverfahren

Örtliche Zuständigkeit für das ENZ

§ 34 IntErbRVG regelt die örtliche und sachliche Zuständigkeit für alle Entscheidungen das ENZ betreffend (Kapitel VI der EuErbVO). Gemäß Art. 64 EuErbVO wird das ENZ in dem Mitgliedstaat ausgestellt, dessen Gerichte nach den Art. 4, 7, 10 oder 11 EuErbVO zuständig sind.

Die Absätze 1 und 2 betreffen die örtliche Zuständigkeit im Fall einer Rechtswahl und Gerichtsstandsvereinbarung. Absatz 3 regelt die Zuständigkeit in den Fällen, in denen keine Rechtswahl oder Gerichtsstandsvereinbarung maßgeblich ist. Satz 1 übernimmt die allgemeine Zuständigkeitsregel des Art. 4 EuErbVO und knüpft an den gewöhnlichen Aufenthalt des Erblassers im Zeitpunkt seines Todes an. Hatte der Erblasser im Zeitpunkt seines Todes seinen gewöhnlichen Aufenthalt nicht im Inland, ist gem. § 34 Abs. 1 Satz 2 IntErbRVG das Gericht örtlich zuständig, in dessen Bezirk der Erblasser seinen letzten gewöhnlichen Aufenthalt im Inland hatte. Fehlt es hieran, ist das AG Schöneberg in Berlin örtlich zuständig (Satz 3). Das AG Schöneberg hat die Möglichkeit, die Sache aus wichtigem Grund an ein anderes Nachlassgericht zu verweisen (Satz 4). Nach OLG München hat das Amtsgericht eine konkrete Ermessensausübung vorzunehmen. Eine Verweisung mit dem pauschalen Hinweis auf die Belegenheit von Nachlassgegenständen in anderen Gerichtsbezirken sei tatbestandlich nicht gedeckt (OLG München, Beschl. v. 12.04.2018 – 31 AR 52/18, FamRZ 2018, 1276 m. Anm. Mankowski).

Örtliche Zuständigkeit für das deutsche Nachlassverfahren

Für alle weiteren Fälle, in denen sich die Zuständigkeit der deutschen freiwilligen Gerichtsbarkeit aus der Anwendung der EuErbVO ergibt und für die das IntErbRVG keine explizite Zuständigkeitsregelung vorsieht, bestimmt § 47 IntErbRVG als Auffangnorm die Zuständigkeit gem. § 2 IntErbRVG. Für eine ausführliche Darstellung der Zuständigkeit im nachlassgerichtlichen Verfahren wird auf die Ausführungen zum Erbscheinsverfahren in Kapitel 6.A.3.2, S. 293 ff. zur internationalen Zuständigkeit verwiesen.

EuGH: Art. 4–11 EuErbVO verdrängen nationale Zuständigkeitsvorschriften

In Literatur und Rechtsprechung war umstritten, ob das deutsche Nachlassgericht gem. § 105 FamFG einen gegenständlich beschränkten Erbschein erteilen darf, wenn aufgrund der EuErbVO die Gerichte eines anderen Vertragsstaates international zuständig sind. Diese Frage hat das Kammergericht dem EuGH im Fall **Oberle** zur Entscheidung vorgelegt:

Fall Oberle

Der Erblasser war Ende 2015 mit gewöhnlichem Aufenthalt in Frankreich, ohne letztwillig verfügt zu haben, verstorben. Er hinterließ Nachlass in Frankreich und Deutschland. Die Erben beantragten beim AG Schöneberg auf der Grundlage von §§ 105, 343 Abs. 3 FamFG einen gegenständlich beschränkten Fremdrechtserbschein (§ 352c FamFG).

Der EuGH hat entschieden, dass Art. 4 EuErbVO dahingehend auszulegen ist, dass für einen Rückgriff auf nationale Zuständigkeiten kein Raum besteht, wenn eine gerichtliche Zuständigkeit aufgrund des gewöhnlichen Aufenthalts des Erblassers im Todeszeitpunkt in einem anderen Vertragsstaat gegeben ist (EuGH, Urt. v. 21.06.2018 – Rs. C-20/17, FamRZ 2018, 1262, weiterführend Mankowski, Europäische Regeln über die internationale Zuständigkeit für deutsche Erbscheine!, ErbR 2018, 482). Aus Art. 4–11 EuErbVO folgt die prinzipielle Zuständigkeitskonzentration auf den Staat, in welchem der Erblasser zum Zeitpunkt seines Todes seinen gewöhnlichen Aufenthalt hatte, mit der Folge, dass der beantragte Erbschein nicht erteilt werden durfte. Die Erben mussten stattdessen ein ENZ in Frankreich beantragen. Die Vorschriften der EuErbVO haben unmittelbare Geltung für das deutsche Erbscheinverfahren und gehen den Vorschriften des autonomen deutschen Zuständigkeitsrechts vor, so dass § 105 FamFG verdrängt wird. Aus der Entscheidung in Sachen **Oberle** folgt, dass die Erben die Nachlassabwicklung nur in dem Land gerichtlich durchführen können, in dem der Erblasser seinen letzten gewöhnlichen Aufenthalt hatte, auch wenn der Nachlass und die Erben sich in einem anderen Land befinden.

Praxistipp

Will der Testator es den in Deutschland befindlichen Erben ersparen, für den in Deutschland belegenen Nachlass einen Erbnachweis im Ausland beantragen zu müssen, kann er deutsches Erbstatut wählen (Art. 22 EuErbVO) und so den Erben die Möglichkeit eröffnen, gem. Art. 5 und 7 EuErbVO die Zuständigkeit des deutschen Gerichts zu vereinbaren.

5. Bestimmung des Erbstatuts

5.1 Prüfungsschritte

Ausgangspunkt der Prüfung ist Art. 20 EuErbVO, der die universelle Anwendung der Erbrechtsverordnung auch gegenüber Drittstaaten vorsieht. Das bedeutet, dass die Verordnung nicht nur im Verhältnis der Mitgliedstaaten untereinander, sondern auch im Verhältnis zu Staaten, die nicht an die EuErbVO gebunden sind, anzuwenden ist.

Gemäß Art. 21 EuErbVO ist danach wie folgt vorzugehen:

Im **ersten** Schritt ist zu prüfen, ob nach Art. 75 EuErbVO vorrangige Staatsverträge bestehen (aus deutscher Sicht sind beachtlich: der deutsch-türkische Konsularvertrag, der deutsch-sowjetische Konsularvertrag und das deutsch-iranische Niederlassungsabkommen).

Ist dies nicht der Fall, ist im **zweiten** Schritt zu prüfen, ob eine wirksame konkludente oder explizite Rechtswahl (Art. 22 EuErbVO) oder die Rechtswahlfiktion gem. Art. 83 Abs. 4 EuErbVO maßgeblich ist (zur Rechtswahl nach der EuErbVO siehe Kapitel 14.A.8.2, S. 962 f.; zum Übergangsrecht zur Rechtswahl siehe Kapitel 14.A.8.5, S. 963 ff.).

Wenn keine gültige Rechtswahl getroffen wurde, beurteilt sich das anwendbare Recht nach dem Recht des Staates, in dem der Erblasser seinen gewöhnlichen Aufenthalt im Zeitpunkt seines Todes hatte.

5.2 Unionsrechtlicher Begriff des „letzten gewöhnlichen Aufenthalts"

In der Verordnung wird der Begriff „des gewöhnlichen Aufenthalts" nicht definiert.

Definition anhand der Rechtsprechung

Vorläufig muss daher die bisherige **Rechtsprechung des EuGH** zum gewöhnlichen Aufenthalt aus anderen Rechtsgebieten herangezogen werden, um diesen Anknüpfungspunkt inhaltlich zu bestimmen. In verschiedenen familiengerichtlichen Entscheidungen (EuGH v. 02.04.2009 – C-523/07; EuGH v. 22.12.2012 – C-497/10) wurde der Begriff des gewöhnlichen Aufenthalts als der Ort definiert, „der Ausdruck einer gewissen sozialen und familiären Integration (einer Person) ist". Dabei sollen die Gründe für diesen Aufenthalt und den Umzug in diesen Staat, die Staatsangehörigkeit, Sprachkenntnisse sowie die familiären und sozialen Bindungen zu berücksichtigen sein (Internetportal für Europäische Gesetzestexte und Rechtsprechung: *http://eur-lex.europa.eu/*; weiterführend Mankowski. Der gewöhnliche Aufenthalt des Erblassers unter Art. 21 Abs. 1 EuErbVO, IPRax 2015, 39, und Emmerich, Der gewöhnliche Aufenthalt als erbrechtliches und subjektives Merkmal – eine Untersuchung der Regelanknüpfung der EU-ErbVO, ErbR 2016, 122).

Mittlerweile liegen zwei **deutsche obergerichtliche Entscheidungen** über die Bestimmung des gewöhnlichen Aufenthalts unter Anwendung der EuErbVO vor (KG, Beschl. v. 26.04.2016 – 1 AR 8/16 und OLG Hamm, Beschl. v. 02.01.2018 – 10 W 35/17, ZEV 2018, 343). Die Entscheidung des Kammergerichts lässt sich allerdings schlecht verallgemeinern, da es um einen für einen Grenzpendler atypischen Fall ging, bei dem der Pendler nicht von seiner Heimat zur Arbeit, sondern vom Ausland zu der in seiner Heimat befindlichen Arbeit pendelte.

Das OLG Hamm hat darauf abgestellt, dass der gewöhnliche Aufenthalt als objektives Element den tatsächlichen Aufenthalt des Erblassers und als subjektive Komponente dessen Aufenthalts- und Bleibewillen voraussetzt. Allerdings bestätigt auch diese Entscheidung letztlich nur, dass das Kriterium „letzter gewöhnlicher Aufenthalt" seine Tücken hat und im Einzelfall äußerst schwierig zu bestimmen ist.

5.3 Verweisungen

Die EuErbVO hat es sich zum Ziel gesetzt, den internationalen Entscheidungseinklang im Verhältnis zu Drittstaaten zu gewährleisten.

Gleichlauf zwischen internationaler Zuständigkeit und anwendbarem Recht vermeidet Nachlassspaltung

Es soll eine möglichst einheitliche Rechtsanwendung für den gesamten weltweiten Nachlass erreicht werden, unabhängig davon, ob es sich um bewegliches oder unbewegliches Vermögen handelt. An diesem Ziel orientieren sich die Verweisungsregeln des Art. 34 EuErbVO.

Art. 34 EuErbVO: Rück- und Weiterverweisung bei Fällen mit Drittstaatbezug

Dabei ist zu unterscheiden, ob es sich um eine Verweisung auf das IPR des ausländischen Staates (**Gesamtnormverweisung**) handelt oder ob lediglich auf Sachnormen des fremden Rechts (**Sachnormverweisung**) verwiesen wird. Gemäß Art. 34 Abs. 1 EuErbVO sollen Verweisungen auf das Recht eines Drittstaates als Gesamtnormverweisung behandelt werden. Dies hat zur Folge, dass es bei Fällen mit Drittstaaten durchaus zu einer Rückverweisung (renvoi) und zu einer rechtlichen Nachlassspaltung kommen kann, während in Absatz 2 klargestellt wird, dass die Verweisung u.a. im Fall der Rechtswahl nur als Sachnormverweisung zu verstehen ist.

Beispiel 1

Gesamtnormverweisung

Sachverhalt: Ein deutscher Erblasser verstirbt mit letztem gewöhnlichen Aufenthalt im Vereinigten Königreich. Er hinterlässt unbeweglichen Nachlass in Deutschland. Eine Rechtswahl hat er nicht getroffen.

Lösung: Gemäß Art. 21 Abs. 1 EuErbVO ist das britische Erbrecht anzuwenden. Dem steht nicht entgegen, dass das Vereinigte Königreich nicht durch die EuErbVO gebunden und daher wie ein Drittstaat zu behandeln ist, da die Verordnung gem. Art. 20 EuErbVO universelle Geltung besitzt. Gemäß Art. 34 Abs. 1 EuErbVO ist nicht nur das britische Sachrecht, sondern auch das britische Kollisionsrecht anzuwenden. Das britische internationale Erbrecht knüpft für die Bestimmung des anwendbaren Rechts bei unbeweglichem Vermögen jedoch an das Recht des Staates an, in dem das unbewegliche Vermögen belegen ist. Somit verweist das britische Kollisionsrecht bzgl. des unbeweglichen Vermögens zurück auf das deutsche Erbrecht.

Beispiel 2

Sachnormverweisung bei Rechtswahl

Sachverhalt: Ein britischer Erblasser verstirbt mit letztem gewöhnlichen Aufenthalt in Deutschland. Er hinterlässt unbeweglichen Nachlass in Deutschland. Er hat eine Rechtswahl zugunsten britischen Erbrechts getroffen.

Lösung: Gemäß Art. 23 EuErbVO richtet sich das anwendbare Recht nach der zulässigen Rechtswahl des Erblassers. Vorliegend ist somit britisches Recht anzuwenden. Aus Art. 34 Abs. 2 EuErbVO ergibt sich, dass im Fall einer Rechtswahl nur das Sachrecht, nicht auch das Kollisionsrecht des gewählten Rechts angewandt werden soll. Entsprechend ist aus deutscher Sicht auf den gesamten Nachlass des Erblassers einheitlich britisches Recht anzuwenden, eine etwaige Rückverweisung nach britischem Recht ist unbeachtlich.

5.4 Vorfragen

EuErbVO erfasst nicht Bestimmung der Vorfragen zu Personenstand und Familienverhältnissen

Bei der Anwendung des jeweiligen Erbstatuts muss inzident als Vorfrage die Erfüllung verschiedener Tatbestandsvoraussetzungen geklärt werden.

Zum Beispiel:

- Gültigkeit einer letztwilligen Verfügung
- Wirksamkeit einer Eheschließung bzw. Scheidung
- Wirkungen einer Adoption
- Wirkungen gleichgeschlechtlicher Ehen

Wenn diese Vorfragen außerhalb von internationalen Übereinkommen zu prüfen sind, wendet die h.M. deutsches IPR an (sog. selbständige Anknüpfung, Palandt/Thorn, EGBGB, Einl. vor Art. 3 Rdnr. 29). Wenn Übereinkommen anzuwenden sind, richtet sich die Beurteilung der Vorfragen nach dem autonomen Recht dieser Übereinkommen.

Gemäß Art. 1 Abs. 2a EuErbVO ist die Bestimmung statusrechtlicher Vorfragen von der Verordnung ausgenommen. Problematisch ist, dass die

Verordnung nicht explizit vorgibt, ob diese Vorfragen nach dem Kollisionsrecht des Erbstatuts (unselbständige Anknüpfung) oder nach dem Recht, welches am Gerichtsstand gilt (lex fori, selbständige Anknüpfung), zu bestimmen sind. Für die **unselbständige** Anknüpfung spricht jedoch die Zielsetzung der EuErbVO, die Herbeiführung eines internationalen Entscheidungseinklangs innerhalb der Europäischen Union (Palandt/Thorn, Art. 1 EuErbVO Rdnr. 5; Dutta, FamRZ 2013, 4, 15). Entsprechend sind familienrechtliche Vorfragen im Rahmen der Erbrechtsverordnung nach dem IPR des berufenen Erbstatuts zu beurteilen.

Soweit es um die Klärung von Vorfragen außerhalb der EuErbVO geht, sind vorrangig die Regelungen des jeweiligen internationalen Abkommens, andernfalls deutsches IPR anzuwenden.

Praxistipp

Zur Beurteilung der Vorfragen in deutsch-türkischen Erbfällen siehe OLG Köln vom 21.02.2014 – 2 Wx 30/14, 2 Wx 43/14, ErbR 2014, 586. Die Entscheidung behandelt die Prüfung der Vorfrage, wie das Vorliegen der Scheidungsvoraussetzungen nach § 1933 BGB nach türkischem Scheidungsrecht zu beurteilen ist.

5.5 Kollisionsrechtliche Behandlung von letztwilligen Verfügungen

Die EuErbVO regelt in Art. 24 ff. die Anknüpfungspunkte für die Bestimmung der Zulässigkeit, der materiellen Wirksamkeit und der Bindungswirkung von Verfügungen von Todes wegen. Gemäß Art. 3 Abs. 1d EuErbVO zählt die Verordnung hierzu Einzeltestamente, gemeinschaftliche Testamente und auch Erbverträge. Unter den Begriff der materiellen Wirksamkeit fallen in der Verordnung auch die Fragen zur Testierfähigkeit, gesetzliche Testierverbote, formelle Höchstpersönlichkeit, Auslegung, Willensmängel und Testierwille (Art. 26 EuErbVO). Für Erbverträge wird der Anknüpfungspunkt für die Bestimmung der Bindungswirkungen in Art. 25 Abs. 1 EuErbVO speziell bestimmt. Diese Bestimmung wird man auch auf gemeinschaftliche Testamente anwenden müssen, da sich auch bei diesen die Frage der Bindungswirkung stellt. Anknüpfungspunkte für die Bestimmung der formellen Wirksamkeit finden sich in Art. 27 EuErbVO. Über diese Regelungen hinaus will die EuErbVO das Haager Testamentsformabkommen und sonstige bereits bestehende zwischenstaatliche Abkommen über die Rechtsnachfolge von Todes wegen, Testamente und Nachlassverwaltung angewandt wissen (Art. 75 EuErbVO).

5.6 Anwendung fremden Rechts

§ 293 ZPO verlangt von dem Gericht, dass es von Amts wegen (BGH, NJW 2003, 2685) das ausländische Recht ermitteln muss, wenn es ihm unbekannt ist. Bei der Ermittlung ausländischen Rechts darf sich der Tatrichter aber nicht auf die Heranziehung der Rechtsquellen beschränken, sondern muss unter Ausschöpfung der ihm zugänglichen Erkenntnismöglichkeiten auch die konkrete Ausgestaltung des Rechts in der ausländischen Rechtspraxis, insbesondere die ausländische Rechtsprechung, berücksichtigen (BGH, NJW 2003, 2685). Falls erforderlich, muss das Gericht gem. §§ 402 ff. ZPO Sachverständigengutachten, wie z.B. vom Max-Planck-Institut für internationales und ausländisches Recht, einholen. Ferner besteht nach dem Londoner Europäischen Übereinkommen vom 07.06.1968 betreffend Auskünfte über ausländisches Recht die Möglichkeit, von ausländischen Behörden Rechtsauskünfte und Gutachten anzufordern.

6. Auswirkung des Güterstands auf die Erbfolge

6.1 Überblick

Die Wechselwirkungen zwischen Güterrecht und Erbrecht werden von den nationalen Rechtsordnungen sehr unterschiedlich geregelt. Das güterrechtliche Viertel, wie wir es in § 1371 Abs. 1 BGB kennen, ist vielen Rechtsordnungen fremd. Das hängt u.a. damit zusammen, dass in den romanisch geprägten Rechtsordnungen beim Todesfall vor der Bestimmung des Nachlasses des erstverstorbenen Ehegatten zunächst der Anteil des längerlebenden Ehegatten am ehelichen Vermögen ermittelt und aufgeteilt wird.

Wenn erb- und güterrechtliche Bestimmungen unterschiedlicher Rechtsordnungen aufeinandertreffen, müssen Lösungen für die Vermengung verschiedener Rechtssysteme gefunden werden (vgl. Aiwanger, Alte Lieder auf neuen Instrumenten: Die europäischen Güterrechtsverordnungen und das Erbrecht, ErbR 2019, 202–209). Im deutschen Recht hat sich zu diesem Themenkreis, insbesondere zur Qualifizierung von § 1371 Abs. 1 BGB, eine umfangreiche Rechtsprechung entwickelt (siehe Kapitel 14 Anhang A.4.3, S. 1018 f.). Die Entscheidung des EuGH in Sachen **Mahnkopf** (Rs. C-558/169) stellt die in der deutschen Rechtsprechung entwickelte Systematik zur Anwendung von § 1371 Abs. 1 BGB jedoch sprichwörtlich auf den Kopf, um eine größtmögliche Vereinheitlichung des Unionsrechts zu bewirken und das ENZ als Erbnachweis zu stärken. Die Entscheidung in Sachen Mahnkopf zeigt besonders deutlich, dass es im unionsrechtlichen Kontext nicht auf die Rechtsprechung des einzelnen Vertragsstaates und dessen Anschauung zur nationalen Rechtssystematik, sondern auf eine unionsrechtliche Sicht ankommt. Es kann daher gar nicht stark genug betont werden, dass der Anwalt bei der Lösung grenzüberschreitender Erbfälle mit Güterrechtsbezug die „unionsrechtliche Brille“ aufsetzen und sich im Zweifel vom effet utile (völkerrechtlicher Grundsatz, eine Norm so auszulegen und anzuwenden, dass das Vertragsziel am besten und einfachsten erreicht werden kann) leiten lassen muss.

6.2 Europarechtliche Abgrenzung zwischen erb- und güterrechtlichen Normen

EuGüVO/EuPartVO gelten seit dem 29.01.2019

Für 18 der 25 europäischen Mitgliedstaaten gelten ab dem 29.01.2019 für Fragen des Güterrechts die Güterrechtsverordnungen für Ehegatten und eingetragene Lebenspartner:

- Verordnung des Rates über die Zuständigkeit, das anzuwendende Recht, die Anerkennung und die Vollstreckung von Entscheidungen im Bereich des Ehegüterrechts, KOM (2011) 126 (**EuGüVO**); Text der VO im Onlinemodul und auf der beigefügten CD-ROM abrufbar) sowie
- Verordnung des Rates über die Zuständigkeit, das anzuwendende Recht, die Anerkennung und Vollstreckung von Entscheidungen im Bereich des Güterrechts eingetragener Partnerschaften KOM (2011) 127 (**EuPartVO**); Text der VO im Onlinemodul und auf der beigefügten CD-ROM abrufbar).

Vom Anwendungsbereich der Erbrechtsverordnung ist das Güterrecht grundsätzlich ausgeschlossen (Art. 1 Abs. 2 Buchst. d) und Erwägungsgrund 12 EuErbVO). Es ist nur insoweit in die erbrechtliche Beurteilung eines Falls miteinzubeziehen, als die erbrechtlichen Ansprüche des überlebenden Ehegatten/Lebenspartners am Nachlass des Erstverstorbenen im Sinne einer erbrechtlichen Beteiligung betroffen sind, vgl. Art. 23 Abs. 2 Buchst. b) EuErbVO. Diese in der Erbrechtsverordnung angesiedelte Unterscheidung macht es notwendig, in jedem Einzelfall zu klären, ob eine Norm erb- oder güterrechtlich zu qualifizieren ist. Hierfür muss zusätzlich zum Erbstatut das anwendbare Güterrechtsstatut ermittelt werden.

Art. 4 der Güterrechtsverordnungen stellt insoweit klar, dass die Nachlassgerichte im Zusammenhang mit der Anwendung der Erbrechtsverordnung dazu ermächtigt sind, das für einen Nachlass relevante Güterrecht zu bestimmen.

Achtung: Für Ehen, die vor dem Geltungsbeginn der Güterrechtsverordnungen geschlossen wurden, ist das anwendbare Güterstatut weiterhin unter Anwendung des autonomen Kollisionsrechts, in Deutschland gem. Art. 15 i.V.m. Art. 14 EGBGB a.F., zu bestimmen.

Maßstab für die Abgrenzung von erb- und güterrechtlichen Normen

Unter welchen Voraussetzungen eine nationale Norm mit güterrechtlichem Bezug als **erbrechtlich** i.S.d. EuErbVO anzusehen ist, hat der EuGH in der Entscheidung Mahnkopf (EuGH, Urt. v. 01.03.2018 – Rs. C-558/16, FamRZ 2018, 632) definiert:

Danach ist der Anwendungsbereich der Erbrechtsverordnung nur dann eröffnet, wenn *„die betreffende Norm nicht die Aufteilung der Vermögenswerte zwischen den Ehegatten oder die Beendigung des Güterstands, sondern die Rechte des überlebenden Ehegatten an den Gegenständen betrifft, die schon zum Nachlassvermögen gehören"*.

6.3 Auswirkungen der EuGH-Rechtsprechung auf die güterrechtliche Beteiligung im Erbrecht

EuGH qualifiziert § 1371 Abs. 1 BGB erbrechtlich

In der deutschen Rechtsprechung ist § 1371 Abs. 1 BGB überwiegend als güterrechtliche Norm qualifiziert worden (BGH v. 13.05.2015 – IV ZB 30/14). Nach Vorlage durch das Kammergericht in Sachen Mahnkopf (KG, Vorlagebeschl. v. 25.10.2016 – 6 W 80/16) hat der EuGH sich über die deutsche Rechtsauffassung zugunsten einer unionsrechtlichen einheitlichen Anwendung der Verordnung hinweggesetzt und klargestellt, dass nationale Bestimmungen wie § 1371 Abs. 1 BGB erbrechtlich zu qualifizieren und im ENZ verbindlich auszuweisen sind (EuGH, Urt. v. 01.03.2018 – Rs. C-558/16, FamRZ 2018, 632).

Diese Richtungsweisung ist für die Funktionsfähigkeit des ENZ von großer Bedeutung. Zukünftig werden die Gerichte aller Vertragsstaaten § 1371 Abs. 1 BGB zugunsten des erbberechtigten Ehegatten berücksichtigen müssen, wenn deutsches Erbrecht zur Anwendung kommt. Tatbestandlich setzt dies allerdings voraus, dass die Ehegatten im Güterstand der Zugewinngemeinschaft gelebt haben. Ob dies der Fall war, werden die Gerichte in den anderen Mitgliedstaaten unter Anwendung der deutschen Kollisionsregel des Art. 15 EGBGB a.F. und für Ehen, die nach dem 29.01.2019 geschlossen worden sind, nach der EuGüVO als Vorfrage prüfen müssen. Ergibt die Prüfung, dass die Ehegatten in einem ausländischen Güterstand gelebt haben, muss das Nachlassgericht darüber befinden, ob der ausländische Güterstand dem deutschen gesetzlichen Güterstand gleichzustellen ist (Substitution).

Klarheit besteht aufgrund der Entscheidung in Sachen Mahnkopf somit nur in Erbfällen, in denen für das Güterrecht und das Erbrecht einheitlich deutsches Recht gilt. In Fällen, in denen deutsches Güterrecht, aber ausländisches Erbrecht Anwendung findet, kann eine Benachteiligung des erbenden Ehegatten eintreten, wenn er weder eine Erhöhung seines Erbteils erhält noch Rückgriff auf § 1371 Abs. 2 BGB, also die Durchsetzung des Zugewinnausgleichs, nehmen kann. Somit bleibt bei der Behandlung des güterrechtlichen Viertels im ENZ hinsichtlich der Feinabstimmung zwischen Erb- und Güterrecht durch **Substitution und Anpassung** im Einzelfall vieles offen.

Praxistipp

Beispiele zur Durchführung von Anpassung und Substitution werden besprochen von Weber, NJW 2018, 1356, 1358; Fornasier, FamRZ 2018, 634, DNotZ 2016, 424, 434; Dörner, ZEV 2018, 305/310; MüKo-IPR/Dutta, Rdnr. 16; ders., IPRax 2015, 32, 33.

Im folgenden Abschnitt werden die Auswirkungen des Güterstands auf die erbrechtlichen Quoten im Einzelnen dargestellt.

6.4 Typische Fälle des Auseinanderfallens von Erb- und Güterrechtsstatut

6.4.1 Vorbemerkung

Bei der Prüfung der güter- und erbrechtlichen Folgen ist besondere Sorgfalt bei der Bestimmung des zeitlichen Anwendungsraums geboten. So muss differenziert werden, ob der Fall in zeitlicher Hinsicht unter den Anwendungsbereich der EuErbVO (Erbfälle ab 17.08.2015) und der EuGü-

VO/EuPartVO fällt (Ehen und Partnerschaften, die ab dem 29.01.2019 geschlossen wurden) oder das alte autonome Kollisionsrecht anzuwenden ist.

6.4.2 Ausländisches Erbrecht trifft auf deutsches Güterrecht

Problem: Anpassung beim Wegfall des güterrechtlichen Viertels

Für alle seit der Anwendbarkeit der EuErbVO eingetretenen Erbfälle gilt nach jüngster EuGH-Entscheidung (**Mahnkopf**), dass § 1371 Abs. 1 BGB erbrechtlich zu qualifizieren ist. Daraus folgt, dass bei Anwendbarkeit von ausländischem Erbrecht eine Erhöhung der Erbquote gem. § 1371 Abs. 1 BGB ausgeschlossen ist (Palandt/Thorn, EGBGB, Art. 15 Rdnr. 27–29). Diese Rechtslage kann aus deutscher Sicht zu einer güterrechtlichen Ungleichbehandlung der Ehegatten führen, wenn der vom ausländischen Erbrecht gewährte Ehegattenerbteil nicht den güterrechtlichen Ausgleich mit abgelten soll. Es wird insoweit diskutiert, ob die entstandene Rechtslücke dadurch zu schließen ist, dass dem Ehegatten bei gesetzlicher Erbfolge nach ausländischem Erbstatut der Rückgriff auf den rechnerischen Zugewinnausgleich im Wege der teleologischen Reduktion der §§ 1371 Abs. 2, 1372 BGB erlaubt sein soll, obwohl er nicht enterbt wurde (Weber, NJW 2018, 1357). Wie und bei welchem Gericht diese Anpassung konkret durchzusetzen wäre, ist indes ungeklärt (vgl. Ring, ZErb 2018, 301). Hinzu kommt, dass die Klärung von güterrechtlichen Anpassungsfragen im Zusammenhang mit dem Erbfall für Ehen und eingetragene Lebenspartnerschaften auf die die Güterrechtsverordnungen Anwendung finden, typischerweise von ausländischen Nachlassgerichten vorzunehmen sein wird, denen die Systematik des deutschen Güterstands fremd ist. Denn in Art. 4 der Güterrechtsverordnungen wird die Zuständigkeit für Entscheidungen über den Güterstand i.V.m. dem Nachlass den international zuständigen Nachlassgerichten zugewiesen.

Beispiel

Wegzug: Deutsche Ehegatten heiraten in Deutschland und ziehen im Laufe der Ehe ins Ausland

Sachverhalt: Ein deutsches Ehepaar heiratet 2001, lebt viele Jahre in Deutschland, bis es nach Portugal zieht und dort den gewöhnlichen Aufenthalt begründet. Der Ehemann verstirbt 2018 und hinterlässt seine Frau und drei Kinder, ohne letztwillige Verfügung.

Lösung: Mangels Rechtswahl ist nach Art. 21 Abs. 1 EuErbVO das portugiesische Erbrecht berufen. Gemäß dem portugiesischen IPR bestimmt sich das Güterrechtsstatut nach der gemeinsamen Staatsangehörigkeit der Ehegatten (Art. 52 ff. CC). Insoweit kommt deutsches Güterrecht zur Anwendung. Dennoch bleibt die Anwendung von § 1371 Abs. 1 BGB (Erhöhung um das güterrechtliche Viertel) ausgeschlossen, da der EuGH entschieden hat, dass § 1371 Abs. 1 BGB als erbrechtlich zu qualifizieren ist und damit die bisherige deutsche Rechtsprechung zu dieser Thematik (BGH v. 13.05.2015 – IV ZB 30/14) verdrängt.

Somit erhält die Ehefrau nach portugiesischem Erbrecht neben den drei Kindern eine Erbquote von 1/4. Eine güterrechtliche Erhöhung scheidet aus. Um an den rechnerischen Zugewinnausgleich gem. §§ 1373 f. BGB zu gelangen, müsste die Witwe das Erbe ausschlagen oder das zuständige Nachlass- oder Familiengericht davon überzeugen, ihr im Wege der **Anpassung** den rechnerischen Zugewinn ohne Ausschlagung zu gewähren.

6.4.3 Deutsches Erbrecht trifft auf ausländisches Güterrecht

Wenn deutsches Erbrecht auf ausländisches Güterrecht trifft, muss als Vorfrage geklärt werden, ob der ausländische Güterstand einem deutschen Güterstand gleichgesetzt werden kann (Substitution [bedeutet die **Ersetzung eines Rechtsinstituts** durch ein funktionell gleichwertiges Rechtsinstitut einer anderen Rechtsordnung]).

Problem: Substitution und Anpassung

Aufgrund der EuGH-Entscheidung in Sachen Mahnkopf ist der Anwendungsbereich der §§ 1371 Abs. 1 und 1931 BGB eröffnet, wenn das Kollisionsrecht auf das deutsche Erbrecht verweist. Die Anwendung von § 1371 Abs. 1 BGB setzt tatbestandlich jedoch voraus, dass zwischen den Ehegatten der Güterstand der Zugewinngemeinschaft bestand. Die Anwendung von § 1931 BGB setzt voraus, dass zwischen den Ehegatten der Güterstand der Gütertrennung bestand. Insoweit muss ein Rechtsvergleich zwischen dem deutschen und dem ausländischen Güterstand vorgenommen werden, um zu ermitteln, welcher Tatbestand eröffnet ist.

In der Literatur wird vorgeschlagen, das Vorliegen einer Zugewinngemeinschaft immer dann anzunehmen, wenn nach dem geltenden Güterstand im Rahmen der Scheidung der Ehe ein güterrechtlicher Ausgleich erfolgt, im Fall der Beendigung der Ehe durch den Tod aber nicht, sondern stattdessen nach den erbrechtlichen Bestimmungen des Güterstatuts der Ehegatte relativ großzügig erbrechtlich bedacht wird (DNotI-Report 2018, 54).

Beispiel 1

Zuzug: Ausländische Ehegatten ziehen nach Deutschland

Sachverhalt: Eine in Deutschland ansässige rumänische Ehefrau hinterlässt im Jahr 2019 ihren rumänischen Ehemann und zwei Kinder, ohne einen Ehevertrag geschlossen und ohne ein Testament errichtet zu haben. Bei der Eheschließung im Jahr 2000 hatte das Paar seinen gemeinsamen gewöhnlichen Aufenthalt in Rumänien. Mangels Rechtswahl ist nach Art. 21 Abs. 1 EuErbVO das deutsche Erbrecht berufen. Gemäß Art. 15 i.V.m. Art. 14 Abs. 1 Nr. 2 EGBGB richtet sich das Güterrecht nach rumänischem Recht. Deutsches Erbrecht trifft auf ausländisches Güterrecht.

Lösung: § 1371 Abs. 1 BGB kommt im Wege der Substitution zur Anwendung, wenn es dem Normzweck von § 1371 Abs. 1 BGB entspricht, dem ausländischen Güterstand das für die deutsche Zugewinngemeinschaft entwickelte Ausgleichsmodell eines pauschalierten Zugewinnausgleichs überzustülpen (Weber, NJW 2018, 1357). In Rumänien gilt der gesetzliche Güterstand der Errungenschaftsgemeinschaft. Danach werden alle während der Ehe erworbenen Vermögensgegenstände gemeinsames Eigentum der Eheleute. Endet die Ehe durch den Tod, wird das eheliche Vermögen zunächst hälftig aufgeteilt, davon fällt ein Teil an den überlebenden Ehegatten, der andere Teil wird dem Nachlass zugeordnet. Da gemäß der rumänischen Errungenschaftsgemeinschaft ein güterrechtlicher Ausgleich auch beim Todesfall erfolgt, ist diese mit dem deutschen pauschalen Ausgleich im Todesfall nicht funktional vergleichbar. Die Aufstockung des gesetzlichen Erbteils des Ehegatten gem. § 1371 Abs. 1 BGB würde zu einer Übervorteilung des Ehegatten gegenüber anderen gesetzlichen Erben führen.

Ergebnis: Die Anwendung von § 1371 Abs. 1 BGB ist abzulehnen.

Beispiel 2

Gesetzlicher Güterstand: Gütertrennung

Sachverhalt: Eine österreichische Ehefrau mit gewöhnlichem Aufenthalt in Deutschland hinterlässt im Jahr 2019 ihren österreichischen Ehemann und zwei Kinder, ohne letztwillig verfügt zu haben. Bei der Eheschließung im Jahr 2000 hatte das Paar seinen gemeinsamen gewöhnlichen Aufenthalt in Österreich.

Lösung: Mangels Rechtswahl ist nach Art. 21 Abs. 1 EuErbVO das deutsche Erbrecht berufen. Als Vorfrage ist zu klären, in welchem Güterstand die Eheleute lebten. Gemäß Art. 15 i.V.m. Art. 14 Abs. 1 Nr. 2 EGBGB richtet sich das Güterrecht vorliegend aufgrund der gemeinsamen Staatsangehörigkeit nach österreichischem Recht (§ 1237 ABGB), wonach der gesetzliche Güterstand der Gütertrennung zur Anwendung kommt. Somit scheidet die Anwendung von § 1371 Abs. 1 BGB tatbestandlich aus. Stattdessen kommt § 1931 BGB zur Anwendung, wenn der österreichische Güterstand der deutschen Gütertrennung funktional entspricht. Dies ist der Fall, so dass die Substitution bejaht werden kann. Damit sind die Voraussetzungen für die Anwendung des § 1931 Abs. 4 BGB erfüllt. Der Ehemann und die beiden Kinder erben je zu 1/3.

Beispiel 3

Abwandlung mit erbrechtlicher Anpassung

Sachverhalt wie im Ausgangsfall, aber die Ehefrau hinterlässt ihren Ehemann und **drei** Kinder, ohne letztwillig verfügt zu haben.

Lösung: Anders als im Ausgangsfall scheidet die Erhöhung des Erbteils des Ehemannes nach § 1931 Abs. 4 BGB aus, da die Erblasserin mehr als zwei Kinder hinterlassen hat. Er erhält somit nach deutschem Erbrecht lediglich eine Erbquote von 1/4. Nach österreichischem Erbrecht würde er dagegen eine Erbquote von 1/3 erhalten. Aufgrund dieser Diskrepanz ist zu prüfen, ob eine erbrechtliche Anpassung zu erfolgen hat, denn durch die gemischte Anwendung von deutschem und österreichischem Recht soll der Betroffene nicht schlechter gestellt werden, als er stünde, wenn seine Rechtsposition einheitlich unter Anwendung nur einer Rechtsordnung erfolgen würde. Wenn nur deutsches Recht Anwendung fände, wäre vom Güterstand der Zugewinngemeinschaft auszugehen und der Ehemann würde eine Erbquote von 1/2 erhalten. Wenn nur österreichisches Recht Anwendung fände, wäre von Gütertrennung auszugehen, aber der Erblasser erhielte eine Erbquote von 1/3. Im Ergebnis ist der Erbteil nach § 1931 Abs. BGB durch Anpassung von 1/4 auf 1/3 zu erhöhen (vgl. Weber, NJW 2018, 1358).

6.5 Erb- und Güterrecht unter Anwendung vorrangiger völkerrechtlicher Abkommen

Die EuErbVO lässt die Anwendung bestehender Abkommen der Mitgliedstaaten mit Drittstaaten unberührt (Art. 75 EuErbVO). In Deutschland sind daher das deutsch-türkische Nachlassabkommen, das deutsch-iranische Niederlassungsabkommen und der deutsch-sowjetische Konsularvertrag vorrangig anzuwenden und verdrängen insoweit die EuErbVO.

Die EuGüVO und die EuPartVO lassen gem. Art. 62 ebenfalls die Anwendung bestehender Abkommen der Mitgliedstaaten mit Drittstaaten unberührt. Aus deutscher Sicht ist somit auch im Bereich des Güterrechts das deutsch-iranische Niederlassungsabkommen vorrangig anzuwenden.

Beispiel

Anwendung des deutsch-türkischen Konsularvertrags

Sachverhalt: Türkische Staatsangehörige, die in der Türkei geheiratet haben, besitzen Immobilien in Deutschland und haben ihren gewöhnlichen Aufenthalt in Deutschland. Der Ehemann hinterlässt seine Ehefrau und drei Kinder, ohne letztwillig verfügt zu haben (vgl. OLG Köln v. 11.02.2014 – 2 Wx 245/13, ErbR 2014, 586 = FamRZ 2015, 172).

Lösung: Der Anwendungsbereich des deutsch-türkischen Konsularvertrags ist eröffnet. Danach richtet sich das Erbstatut für unbeweglichen Nachlass nach dem Staat, in dem er belegen ist. Somit ist auf die in Deutschland belegenen Immobilien deutsches Erbrecht anzuwenden. Der Güterstand des Ehepaars richtet sich jedoch nach türkischem internationalen Recht. Das türkische IPR verweist auf das Recht am Belegenheitsort des unbeweglichen Vermögens (Art. 15 Abs. 2 Gesetz über das internationale Privat- und Zivilverfahrensrecht v. 27.11.2007). Dabei handelt es sich um eine Rückverweisung auf das deutsche Recht, welche angenommen wird (Art. 4 EGBGB). Zu einer Anwendung des § 1371 Abs. 1 BGB führt diese Rückverweisung indes nicht. Denn § 1371 BGB setzt die Entstehung einer Zugewinngemeinschaft deutschen Rechts voraus. Eine solche wird aber allein durch die Verweisung nicht begründet. Denn die Verweisungsnorm verweist auf das Recht am Lageort lediglich hinsichtlich der **Auseinandersetzungsregeln** des BGB. Da das türkische Güterrecht eine Erhöhung der Erbquote nicht vorsieht, ist als Auseinandersetzungsregel § 1931 Abs. 1 BGB anzuwenden.

Zur Bearbeitung deutsch-türkischer Erbfälle vgl. Sütçü, ZErb 2015, 43.

7. Der Vorbehalt des ordre public

7.1 ordre public bei Anwendung internationaler Abkommen

Art. 6 EGBGB: ordre public

Die Anwendung ausländischen Rechts soll nicht zu Ergebnissen führen, die gegen tragende Prinzipien der deutschen Rechtsordnung, insbesondere gegen die deutsche Verfassung verstoßen.

Art. 6 EGBGB:

Eine Rechtsnorm eines anderen Staates ist nicht anzuwenden, wenn ihre Anwendung zu einem Ergebnis führt, das mit wesentlichen Grundsätzen des deutschen Rechts offensichtlich unvereinbar ist. Sie ist insbesondere nicht anzuwenden, wenn die Anwendung mit den Grundrechten unvereinbar ist.

Wenn es aufgrund der Anwendung ausländischen Rechts zu eklatanten Verstößen gegen die deutschen Wertvorstellungen kommt, ist in eng begrenzten Einzelfällen eine Korrektur der Anwendung des ausländischen Rechts erforderlich. Dabei geht es jedoch lediglich um den Ausschluss einzelner Rechtsnormen. Wenn sich durch diese Vorgehensweise Lücken in der Rechtsanwendung ergeben, müssen diese durch Ersatzrecht und nur als Ultima Ratio durch Anwendung deutschen Rechts geschlossen werden.

Warnhinweis

Prüfungsmaßstab

Der Vorbehalt des ordre public ist nicht zu verwechseln mit einer abstrakten Kontrolle der Regeln des ausländischen Erbrechts. **Prüfungsgegenstand ist lediglich das konkrete Anwendungsergebnis einer Rechtsnorm im jeweiligen Einzelfall.** Diese Prüfung entspricht auch nicht der Prüfung der Verfassungsmäßigkeit deutscher Normen. Empfohlenes Prüfungsschema für eine Korrektur wegen Verstoßes gegen den ordre public bei Staudinger/Dörner, BGB, Art. 25 EGBGB Rdnr. 709 ff.

Aus der Formulierung des Art. 6 EGBGB „offensichtliche Unvereinbarkeit" folgt, dass es sich um eine **Ausnahmeregelung** handelt. Selbst wenn die ausländische Norm nicht mit dem Grundgesetz vereinbar ist, muss dadurch noch nicht der Anwendungsbereich des Art. 6 EGBGB eröffnet sein. Eine Korrektur nach Art. 6 EGBGB ist nicht schon dann veranlasst, wenn das Ergebnis der ausländischen Rechtsanwendung von zwingenden Normen des deutschen Rechts abweicht. Erforderlich ist darüber hinaus, dass dieser Verstoß zu einem eklatanten Maß des Widerspruchs und damit zu einem unerträglichen Ergebnis führt.

Schließlich muss eine hinreichende Inlandsbeziehung des Sachverhalts zum Entscheidungszeitpunkt vorliegen. Mit diesem Tatbestandsmerkmal soll gewährleistet werden, dass der grundsätzliche Respekt vor anderen Rechtsordnungen gewahrt wird. Ein Sachverhalt, der keinen relevanten Inlandsbezug hat, muss sich nicht an der deutschen Rechtsordnung messen lassen.

Typische Problemfälle:

- Rechtsordnungen, deren Erbstatut überhaupt kein Pflichtteils- oder Noterbenrecht der nächsten Verwandten oder des Ehegatten vorsehen.
- Religiös-, rasse- oder geschlechtsspezifisch motivierte Erbausschließungsgründe (Süß/Haas, Erbrecht in Europa, § 5).

Beispiele aus der Rechtsprechung:

- OLG Düsseldorf, Beschl. v. 19.12.2008 – 3 Wx 51/08, ZEV 2009, 190: ordre public und § 1371 BGB, Erbquote einer überlebenden Ehefrau bei Anwendung iranischen Erbrechts
- KG, Beschl. v. 26.02.2008 – 1 W 59/07, ZEV 2008, 440: Verstoß gegen den ordre public bei Erbrechtsausschluss nach ägyptischem Recht: „Die Anwendung des Art. 6 EGBGB setzt voraus, dass das an sich maßgebliche ausländische Recht mit wesentlichen Grundsätzen des deutschen Rechts offensichtlich unvereinbar ist, also zu einem Ergebnis führt, das den Kernbestand der inländischen Rechtsordnung antasten würde. Abzustellen ist dabei immer darauf, ob das Ergebnis der Anwendung ausländischen Rechts im konkreten Fall in untragbarem Widerspruch zu deutschen Gerechtigkeitsvorstellungen stünde – nicht lediglich abstrakt etwa gegen Verfassungsgebote verstieße –, und zwar auch dann, wenn man die Gleichstellung des ausländischen Staates und die Eigenständigkeit seiner Rechtsordnung berücksichtigt"
- OLG Hamm, Beschl. v. 28.02.2005 – 15 W 117/04, ZEV 2005, 436: Anwendung des ordre public bei Erbrechtsausschluss ausländischen Rechts mit religiös diskriminierendem Charakter
- OLG München, Beschl. v. 16.04.2012 – 31 Wx 45/12, ZEV 2012, 591: Anwendung des ordre public bei iranischem Erbrecht. Die Regelung, dass die Ehefrau eines Erblassers nur eine Erbquote von 1/4, während der Ehemann bei gleichem Sachverhalt eine Erbquote in Höhe der Hälfte des Nachlasses beanspruchen kann, verstößt gegen den verfassungsrechtlichen Grundsatz, dass niemand wegen seines Geschlechts benachteiligt werden darf.

Bislang hat die Rechtsprechung in Fällen, in denen das ausländische Erbstatut weder Pflichtteilsrechte noch pflichtteilsrechtsadäquate Rechtspositionen vorsah, ganz überwiegend einen Verstoß gegen Art. 6 EGBGB abgelehnt und betont, dass die Existenz eines familiären Pflichtteils- und Noterbenrechts nicht zum Bestand des deutschen ordre public gehöre (Süß, in: Mayer/Süß/Tanck/Bittler/Wälzholz, Handbuch Pflichtteilsrecht 3. Aufl. 2013, § 18 Rdnr. 309 ff.). Unter Bezugnahme auf die Entscheidungen des BVerfG vom 19.04.2005 (1 BvR 1644/00, 1 BvR 188/03, ZEV 2005, 301 = NJW 2005, 1561) wird jedoch in der Literatur ein Verstoß gegen den ordre public bei Beschneidung von Pflichtteilsrechten von verschiedenen Stimmen bejaht. Ob dieser **Meinungsstreit** zu einer Änderung der Rechtsprechung führen wird, ist offen. Rechtsprechungsübersicht bei Palandt/Thorn, Art. 35 EuErbVO Rdnr. 2.

Pflichtteil und ordre public

Siehe hierzu ausführlicher die Mandatssituation 14.6, S. 998 ff..

7.2 ordre Public bei Anwendung der EuErbVO

Selbstverständlich enthält auch die EuErbVO einen ordre-public-Vorbehalt in Art. 35 EuErbVO. Anfangs war in dem Vorschlagstext für die EuErbVO ein Zusatz vorgesehen, nachdem Abweichungen beim Pflichtteil als solche nicht für einen ordre-public-Verstoß ausreichen sollten. Da dieser Passus nicht mehr in der Verordnung enthalten ist, erscheint eine Berufung auf Art. 35 EuErbVO im Hinblick auf die Ausführungen des BVerfG zum Gedanken einer unentziehbaren Mindestbeteiligung der Kinder am Nachlass der Eltern unter engen Voraussetzungen denkbar. Allerdings entscheiden über die Anwendung des Art. 35 ErbVO nicht der BGH und nicht das BVerfG, sondern der EuGH (zur Umgehung von Pflichtteilsansprüchen durch Verlegung des Wohnsitzes, Stade, Die Erbrechtsverordnung aus französischer Sicht, ZErb 2015, 69).

EuErbVO und ordre public

Zukünftige Relevanz könnte Art. 35 EuErbVO auch hinsichtlich des gesetzlichen Erbrechts eingetragener Lebenspartner zukommen, wenn das Erbstatut mangels Anerkennung gleichgeschlechtlicher Verbindungen eine Erbberechtigung nicht vorsieht (vgl. Palandt/Thorn, EGBGB, Art. 35 Rdnr. 2).

8. Erbrechtliche Rechtswahl

8.1 Instrument der Nachlassplanung

Die Bestimmung des anwendbaren Erbstatuts durch Rechtswahl ist ein wichtiges Instrument der Nachlassplanung bei grenzüberschreitenden Sachverhalten. Bei der Nachlassplanung von Verheirateten und eingetragenen Lebenspartnern sollte die erbrechtliche Rechtswahl gemäß der EuErbVO mit der güterrechtlichen Rechtswahl gemäß den EuGüVO/EuPartVO abgestimmt werden, um die im 6. Abschnitt der Einführung Teil A beschriebenen Probleme bei dem Zusammentreffen unterschiedlicher erb- und güterrechtlicher Bestimmungen zu vermeiden. Unter Umständen sollte zur Vermeidung der beschriebenen Schwierigkeiten sogar

Planungssicherheit durch Rechtswahl

Gebrauch von den Rechtswahlmöglichkeiten im Rahmen eines Erbvertrags gemacht werden (vgl. Nordmeier, EuErbVO: Neues Kollisionsrecht für gemeinschaftliche Testamente, ZEV 2012, 513).

8.2 Rechtswahl nach der EuErbVO

Art. 22 EuErbVO: Rechtswahl

(1) Eine Person kann für die Rechtsnachfolge von Todes wegen das Recht des Staates wählen, dem sie im Zeitpunkt der Rechtswahl oder im Zeitpunkt ihres Todes angehört.

Eine Person, die mehrere Staatsangehörigkeiten besitzt, kann das Recht eines der Staaten wählen, denen sie im Zeitpunkt der Rechtswahl oder im Zeitpunkt ihres Todes angehört.

(2) Die Rechtswahl muss ausdrücklich in einer Erklärung in Form einer Verfügung von Todes wegen erfolgen oder sich aus den Bestimmungen einer solchen Verfügung ergeben.

(3) Die materielle Wirksamkeit der Rechtshandlung, durch die die Rechtswahl vorgenommen wird, unterliegt dem gewählten Recht.

(4) Die Änderung oder der Widerruf der Rechtswahl muss den Formvorschriften für die Änderung oder den Widerruf einer Verfügung von Todes wegen entsprechen.

Wahlmöglichkeiten des Erblassers

Die EuErbVO sieht in Art. 22 die Möglichkeit der Wahl des Heimatrechts und damit die Anknüpfung an das Recht der Staatsangehörigkeit des Erblassers vor. Nicht wählbar ist das Recht des gewöhnlichen Aufenthalts. Hat der Erblasser mehrere Staatsangehörigkeiten, kann er unter diesen wählen.

Gewählt werden darf auch das Recht eines Staates, welcher nicht Mitgliedstaat der EU ist. Denn nach Art. 20 EuErbVO ist das nach der Verordnung berufene Recht auch dann anzuwenden, wenn es nicht das Recht eines Mitgliedstaates ist. Soweit aufgrund der Verordnung das Recht eines Drittstaates berufen oder aufgrund einer Rechtswahl gewählt ist, bezieht sich dies auf das materielle Recht. Gemäß Art. 34 Abs. 2 EuErbVO ist eine Weiter- oder Rückverweisung aufgrund des Kollisionsrechts der gewählten Rechtsordnung ausgeschlossen.

Vorrang internationaler Abkommen

Gemäß Art. 75 EuErbVO gehen bereits bestehende internationale Übereinkommen der Verordnung vor. Hinsichtlich der Rechtswahl bedeutet dies, dass der deutsch-türkische Konsularvertrag, der deutsch-sowjetische Konsularvertrag und das deutsch-iranische Niederlassungsabkommen zu beachten sind. Den Staatsangehörigen, die von diesen Abkommen betroffen sind und ihren gewöhnlichen Aufenthalt in Deutschland haben, steht die Möglichkeit der Rechtswahl gemäß der EuErbVO nicht offen. Sie bleiben an das staatsvertraglich festgelegte Kollisionsrecht gebunden.

Inhalt

Die Rechtswahl bezieht sich gem. Art. 23 EuErbVO zwingend auf das gesamte materielle Erbrecht des gewählten Staates. Dabei spielt es keine

Rolle, ob das gewählte Recht eine Rechtswahl zulässt. Gemäß Art. 24 Abs. 2 EuErbVO kann zusätzlich für Fragen über die Testierfähigkeit, Erbunwürdigkeit, Stellvertretung bei der Errichtung einer Verfügung von Todes wegen, Auslegung und Anfechtung von Verfügungen (Art. 26 EuErbVO) das Recht gewählt werden, welches zum Erbstatut gewählt wurde.

Form

Die Rechtswahl hat in Form einer letztwilligen Verfügung zu erfolgen (Art. 22 Abs. 2 EuErbVO).

Formulierungsvorschlag

Ich bin ... Staatsangehöriger und habe meinen gewöhnlichen Aufenthalt in .... Für die Erbfolge in meinen gesamten Nachlass sowie für Fragen der Rechtswirksamkeit dieses Testaments wähle ich ... Recht als mein Staatsangehörigkeitsrecht, unabhängig vom Ort meines gewöhnlichen Aufenthalts im Zeitpunkt meines Todes.

8.3 Konkludente Rechtswahl

Gemäß Art. 22 Abs. 2 EuErbVO kann die Rechtswahl sowohl ausdrücklich als auch konkludent erfolgen. In Erwägungsgrund 39 Satz 2 EuErbVO werden Beispiele für eine mögliche konkludente Rechtswahl angeführt. Indizien für eine konkludente Rechtswahl können die Bezugnahme auf Rechtsinstitute einer bestimmten Rechtsordnung und die Verwendung charakteristischer Rechtsbegriffe sein.

8.4 Erbvertragliche Rechtswahl

Rechtswahl im Rahmen eines Erbvertrags

Art. 25 Abs. 3 EuErbVO gestattet es den Beteiligten eines Erbvertrags für Fragen der Zulässigkeit, der materiellen Wirksamkeit und der Bindungswirkung des Erbvertrags eine einheitliche Rechtswahl zu treffen. Ausnahmsweise darf im Rahmen dieser Rechtswahl ein Beteiligter das Recht eines Staates wählen, dessen Staatsangehörigkeit er nicht besitzt, wenn es der Staatsangehörigkeit des Vertragspartners entspricht. Diese Rechtswahl beschränkt sich jedoch auf Fragen der Errichtung des Erbvertrags (Errichtungsstatut) und ist nicht mit der in Art. 22 EuErbVO vorgesehenen Wahl des materiellen Erbrechts zu verwechseln.

8.5 Übergangsbestimmungen zur Rechtswahl (Art. 83 EuErbVO)

Im Rahmen der Feststellung des anwendbaren Rechts nach dem Eintritt eines Erbfalls sind die Rechtsfolgen einer Rechtswahl abhängig vom Zeitpunkt und dem eigens in Art. 83 EuErbVO geregelten Übergangsrecht zu prüfen. Entsprechend sind zunächst der Errichtungszeitpunkt und das sich daraus ergebende Kollisionsrecht festzustellen. Dabei sind folgende Konstellationen zu unterscheiden:

Rechtswahl und Tod **vor** dem 17.08.2015:

Ist der Erblasser bereits vor dem Geltungsbeginn der Verordnung verstorben, ist der Anwendungsbereich der EuErbVO nicht eröffnet. Es kommt das jeweilige autonome Kollisionsrecht, aus deutscher Sicht Art. 25

EGBGB a.F., zur Anwendung, Palandt, Arch III (online abrufbar https://rsw.beck.de/docs/librariesprovider57/default-document-library/aufgehobenes-recht/1_palarch_teil_iii_2016_75a.pdf#page=284).

Übergangsrecht für alte Rechtswahl

Rechtswahl **vor** dem 17.08.2015, Erbfall **nach** dem 17.08.2015:

Schon vor dem Geltungsbeginn der Erbrechtsverordnung konnte der Erblasser die zukünftige Anwendung seines Staatsangehörigkeitsrechts für die Zeit nach Geltungsbeginn der Verordnung sicherstellen. Art. 83 Abs. 2 EuErbVO sieht hierfür drei Alternativen vor. Soweit die Rechtswahl nach einer der drei Alternativen wirksam ist, bestimmt sie das Erbstatut am oder nach dem Stichtag des 17.08.2015:

- Alternative 1:
  Zum einen ist eine vor dem Geltungsbeginn getroffene Rechtswahl wirksam, wenn sie die tatbestandlichen Voraussetzungen des Kapitels III der EuErbVO erfüllt. Das ist der Fall bei wirksamer Rechtswahl nach Art. 22 EuErbVO.
- Alternative 2:
  Sodann ist die Rechtswahl wirksam, wenn sie nach den zum Zeitpunkt der Rechtswahl geltenden Vorschriften des IPR des Staates, in dem der Erblasser seinen gewöhnlichen Aufenthalt hatte, wirksam war.
- Alternative 3:
  Schließlich ist die Rechtswahl wirksam, wenn sie nach den zum Zeitpunkt der Rechtswahl geltenden Vorschriften des IPR in einem Staat, dessen Staatsangehörigkeit der Erblasser besaß, wirksam war.

Besondere Anpassungsproblematik bei Teilrechtswahl

Der Schutz dieser Übergangsbestimmungen weist jedoch Lücken auf. So entfällt die Wirksamkeit einer ehemals nach Art. 25 Abs. 2 EGBGB a.F. getroffenen Teilrechtswahl für in Deutschland belegene Immobilien, wenn der Erblasser zum Zeitpunkt der Errichtung der Rechtswahl nicht die deutsche Staatsangehörigkeit besaß, keinen gewöhnlichen Aufenthalt in Deutschland hatte und das Erbstatut seiner Staatsangehörigkeit und seines gewöhnlichen Aufenthalts die Möglichkeit einer entsprechenden Rechtswahl nicht vorsah.

Soweit für die Rechtswahl somit das jeweilige IPR vor dem Geltungsbeginn der EuErbVO Anwendung findet, muss dieses bei Erbfällen, die nach dem 17.08.2015 eingetreten sind, mit der Systematik der EuErbVO abgestimmt werden. Hierbei können besondere Fragestellungen auftauchen, wenn nur eine Teilrechtswahl getroffen wurde. Zur Anpassungsproblematik in diesem Fall weiterführend Dutta/Weber, Internationales Erbrecht, Art. 83 Rdnr. 18–20.

Vertrauensschutz in alte Testamente durch Rechtswahlfiktion

Testamentserrichtung ohne Rechtswahl **vor** dem 17.08.2015, Erbfall **nach** dem 17.08.2015:

Schließlich sieht Art. 83 Abs. 4 EuErbVO eine Rechtswahlfiktion für letztwillige Verfügungen vor, die vor dem 17.08.2105 errichtet wurden, auch wenn darin weder ausdrücklich noch konkludent eine Rechtswahl getroffen wurde. Durch die Fiktion soll das Vertrauen in letztwillige Verfügungen, die vor dem Geltungsbeginn der EuErbVO nach dem Heimatrecht des Erblassers errichtetet wurden, geschützt werden. Insoweit ist für die Bejahung der Fiktion nicht erforderlich, dass der Erblasser einen Rechtsanwendungswillen hatte. Die Fiktion endet jedoch, wenn der Erblasser seine letztwillige Verfügung nach dem Geltungsbeginn der Verordnung ändert oder widerruft.

8.6 Güterrechtswahl nach den EuGüVO/EuPartVO

Wollen Ehegatten oder eingetragene Lebenspartner ihre Nachlassfolge planen, sollte im Rahmen der erbrechtlichen Rechtswahl auch über eine mögliche Güterrechtswahl beraten werden, um Schwierigkeiten, die sich beim Auseinanderfallen von Erb- und Güterrechtsstatut ergeben können, zu vermeiden (siehe Kapitel 14.A.6.4, S. 954 ff.). Die Zulässigkeit der Rechtswahl des Güterrechts bestimmt sich seit dem Geltungsbeginn (29.01.2019) der EuGüVO/EuPartVO nach Art. 22 dieser Verordnungen.

Praxistipp

Soll im Zusammenhang mit der erbrechtlichen Rechtswahl auch die güterrechtliche Rechtswahl erfolgen, muss sie notariell beurkundet werden. In der Beratung sollte der Mandant darauf hingewiesen werden, dass nicht alle ausländischen Rechtsordnungen eine Rechtswahl anerkennen.

9. Internationales Erbschaftsteuerrecht

9.1 Überblick

Problem Mehrfachbesteuerung

Die Besteuerung eines grenzüberschreitenden Erbfalls ist durch das internationale Steuerrecht geregelt. Jeder Staat entscheidet aufgrund seiner Steuerhoheit allein, ob und inwieweit er internationale Erbfälle mit einer Erbschaftsteuer belegen will. **Da die Erbschaftsteuersysteme der Einzelstaaten nicht aufeinander abgestimmt sind, können internationale Erbfälle zu einer Mehrfachbesteuerung führen.** Zum Teil sehen nationale Regelungen zur Vermeidung der Doppel- und Mehrfachbesteuerung Bestimmungen zur Befreiung oder Anrechnung der Erbschaftsteuer bei internationalen Erbfällen vor. Um eine Doppelbesteuerung zu vermeiden, sollte bei der Nachfolgeplanung von im Ausland befindlichen Vermögen geprüft werden, ob das Entstehen einer Doppelbesteuerung durch Verlagerung von Vermögen vermeidbar ist.

9.2 Steuerpflichtiger Vorgang nach ErbStG

Inländer = Besteuerung des Weltvermögens

Eine unbeschränkte Steuerpflicht liegt vor, wenn entweder der Erblasser und Schenker einerseits oder der Erwerber bzw. Beschenkte Inländer i.S.d. § 2 Abs. 1 Nr. 1 Satz 2 ErbStG ist. Dies ist immer der Fall, wenn eine natürliche Person im Inland ihren Wohnsitz i.S.d. § 8 AO oder den gewöhnlichen Aufenthalt (§ 9 AO) hat. Die Steuerpflicht besteht unabhängig von der Staatsangehörigkeit. Die unbeschränkte Steuerpflicht gilt auch für deutsche Staatsangehörige, die sich nicht länger als fünf Jahre dauernd im Ausland aufgehalten haben. Wenn unbeschränkte Steuerpflicht vorliegt, unterliegt der gesamte **Erwerb** der deutschen Erbschaftsteuer. Dabei spielt es keine Rolle, ob sich das Vermögen im Inland oder im Ausland befindet oder ob weitere Beteiligte i.S.d. Gesetzes Steuerausländer sind.

Beispiel

Wandert ein deutscher Staatsangehöriger nach Australien aus und erbt dort innerhalb von fünf Jahren ein Haus, bleibt er für dieses Erbe in Deutschland unbeschränkt erbschaftsteuerpflichtig.

Ist weder der Erblasser noch der Erbe Inländer, unterliegt gleichwohl das **Inlandsvermögen** der Erbschaftsteuer. Inlandsvermögen i.S.d. § 121 BewG unterliegt der beschränkten Steuerpflicht nach § 2 Abs. 1 Satz 1 Nr. 3 ErbStG.

Geltung des Weltprinzips

Für die unbeschränkt Steuerpflichtigen gilt das Weltprinzip, d.h., grundsätzlich unterliegt der gesamte weltweite Vermögenserwerb und nicht nur das in Deutschland befindliche Vermögen der Erbschaft- und Schenkungsteuer. Im Gegenzug gelten zahlreiche Vergünstigungen des Erbschaftsteuerrechts nur für unbeschränkt Steuerpflichtige. Wichtigstes Beispiel ist die Gewährung der persönlichen Freibeträge nach § 16 ErbStG. Bei nach § 2 Abs. 1 Nr. 3 ErbStG beschränkt steuerpflichtige Beteiligte (z.B. Erblasser, Schenkerin) ist der persönliche Freibetrag um den in § 16 Abs. 2 Satz 2 ErbStG genannten Teilbetrag zu mindern. Damit wird erreicht, dass der persönliche Freibetrag nur im Verhältnis des inländischen Erwerbs zum Gesamterwerb gewährt wird. Denn im Gegensatz zu unbeschränkt steuerpflichtigen Personen müssen beschränkt steuerpflichtige Person nicht den gesamten (inländischen und ausländischen) Erwerb der deutschen Erbschafsteuer unterwerfen, sondern nur den inländischen.

Beispiel

Zum Nachlass der beschränkt steuerpflichtigen Tochter T gehört eine in Deutschland belegende Eigentumswohnung mit einem Wert von 300.000 € und ausländisches, nicht der deutschen Erbschaftsteuer unterliegendes Vermögen mit einem Wert von 200.000 €. Der persönliche Freibetrag ist daher um 2/5 zu mindern (Wert des ausländischen Vermögens in Höhe von 200.000 € im Verhältnis zum Gesamterwerb in Höhe von 500.000 €. Der Teilbetrag, um den der persönliche Freibetrag zu mindern ist, beträgt somit 160.000 € (2/5 von 400.000 €), der persönliche Freibetrag der T beträgt somit 240.000 €.

9.3 Doppelbesteuerungsabkommen

Vermögensanfälle mit Auslandsbezug können einer Steuerpflicht in zwei oder mehreren Staaten unterliegen. Dies ist eine Folge der unbeschränkten

Steuerpflicht und des Begriffs des Inlandsvermögens. Eine dadurch eintretende Doppelbesteuerung kann durch Doppelbesteuerungsabkommen verhindert werden. Doppelbesteuerungsabkommen für die Erbschaftsteuer bestehen mit folgenden Staaten:

- Dänemark,
- Frankreich,
- Griechenland,
- Schweden,
- Schweiz,
- Vereinigte Staaten von Amerika.

Das Doppelbesteuerungsabkommen mit Österreich ist gekündigt worden, weil Österreich die Erbschaftsteuer abgeschafft hat. Allerdings unterliegen diese Erwerbe in Österreich der Grunderwerbsteuer, die 2016 erheblich erhöht wurde.

9.4 Anrechnung nach § 21 ErbStG

Zur Milderung der negativen Auswirkungen einer Doppelbesteuerung sieht § 21 ErbStG die einseitige Anrechnung ausländischer Erbschaftsteuer vor. Nach dieser Regelung wird die an einen ausländischen Staat entrichtete Erbschaftsteuer auf die in Deutschland zu entrichtende Erbschaftsteuer angerechnet. Diese Steueranrechnung wird jedoch nur gewährt, wenn das Vermögen aus deutscher Sicht als Auslandsvermögen i.S.d. § 121 BGB anzusehen ist. Es kann aber zu Konflikten kommen, wenn der gleiche Vermögensgegenstand aus deutscher Sicht deutsches Vermögen und aus ausländischer Sicht Auslandsvermögen darstellt. Dann kann eine echte Doppelbesteuerung unvermeidbar werden.

Beispiel

Das Kontoguthaben eines Deutschen in Spanien ist aus deutscher Sicht Inlandsvermögen. Aus spanischer Sicht handelt es sich um spanisches Vermögen. Es kommt zu einer echten Doppelbesteuerung.

BFH: Billigkeitsmaßnahmen nach §§ 163, 227 AO bei übermäßiger Doppelbesteuerung

In einem Fall, in dem es um eine echte Doppelbesteuerung zwischen Deutschland und Frankreich vor dem Inkrafttreten des deutsch-französischen Doppelbesteuerungsabkommens ging, sieht der BFH Billigkeitsmaßnahmen nach §§ 163, 227 AO für angebracht wenn die Höhe der Steuerbelastung gegen das Übermaßverbot verstößt (BFH, Urt. v. 19.06.2013 – II R 10/12, ErbR 2013, 392).

Übersicht: Voraussetzungen für die Anrechnung

1. Ausländische Erbschaftsteuer wird nur angerechnet, wenn der Erwerb der unbeschränkten Steuerpflicht nach § 2 Abs. 1 Nr. 1 oder Abs. 3 ErbStG unterfällt. Bei beschränkter Steuerpflicht kommt eine Anrechnung ausländischer Steuer nicht in Betracht.

2. Auslandsvermögen i.S.d. § 21 Abs. 2 ErbStG. Dazu zählt z.B. im Ausland belegenes Grundvermögen oder ausländisches Betriebsvermögen (vgl. dazu auch den Verweis auf § 121 BewG).
3. Antrag auf Anrechnung (vgl. § 21 Abs. 1 Satz 1 ErbStG). Der Antrag kann bis zur Bestandskraft des Erbschaftsteuerbescheids gestellt werden, denn das Gesetz sieht für diesen Antrag keine Frist vor.
4. Der Steuerpflichtige muss im Ausland für diesen Erwerb zu einer Steuer herangezogen werden, die der deutschen Erbschaftsteuer entspricht (§ 21 Abs. 1 Satz 1 ErbStG), mit anderen Worten:
   - Die ausländische Steuer muss festgesetzt und
   - gezahlt worden sein.

   Darüber hinaus darf die ausländische Steuer keinem Ermäßigungsanspruch unterliegen.
5. Fünfjahresfrist beachten
   Die ausländische Steuer ist nur anrechenbar, wenn die deutsche Erbschaftsteuer innerhalb von fünf Jahren seit dem Zeitpunkt der Entstehung der ausländischen Steuer entstanden ist (§ 21 Abs. 1 Satz 4 ErbStG). Diese Regelung ist bedeutsam in Fällen, in denen die Entstehungszeitpunkte der deutschen und ausländischen Steuer auseinanderfallen.
6. Eine Anrechnung ist nur möglich, wenn das ausländische Vermögen der inländischen Besteuerung unterliegt. Ist die ausländische Steuer höher als die inländische, reduziert sich die inländische Steuer auf 0 €; eine Erstattung der ausländischen Steuer kommt nicht in Betracht.

   Diese Regelung hat erhebliche Bedeutung, wenn der Vermögenserwerb nur teilweise aus ausländischem Vermögen besteht. In diesem Fall ist das Verhältnis des ausländischen und inländischen Vermögens und die darauf entfallende Erbschaftsteuer zu ermitteln, um festzustellen, auf welchen Teil der deutschen Steuer die ausländische angerechnet werden kann.

   Zur Vereinfachung ist folgende Formel anzuwenden, um den Höchstbetrag, auf den die Anrechnung erfolgen soll, zu ermitteln:

$$\frac{\text{Deutsche Erbschaftsteuer} \times \text{steuerpflichtiges ausländisches Vermögen}}{\text{steuerpflichtiges Gesamtvermögen}}$$

= Höchstbetrag, auf den ausländische Steuer angerechnet werden kann

Praxistipp

Befindet sich im Gesamterwerb Vermögen aus verschiedenen Staaten, ist diese Berechnung für jeden Staat gesondert vorzunehmen.

10. Checkliste zur Anwendung der EuErbVO

Für Erbfälle ab dem 17.08.2015 stellt die EuErbVO die maßgebliche Rechtsgrundlage im internationalen Erbrecht dar. Aufgrund der Öffnungsklausel des Art. 75 Abs. 1 EuErbVO sind indes weiterhin vorrangig zu berücksichtigen: Rechtsquellen

- Das deutsch-iranische Niederlassungsabkommen,
- der deutsch-türkische Konsularvertrag,
- der deutsch-sowjetische Konsularvertrag.
- Gemäß Art. 75 EuErbVO gilt in Deutschland weiterhin das Haager Testamentsformübereinkommen.

Räumlicher Geltungsbereich:
Alle Mitgliedstaaten, außer Dänemark, Irland und UK.

Sachlicher Anwendungsbereich:
Rechtsnachfolge von Todes wegen, Art. 1 Abs. 1 Satz 1 EuErbVO; Konkretisierung und Abgrenzung zu Nachbargebieten in Art. 1 Abs. 2 (Negativliste) und Art. 23 Abs. 2 EuErbVO (Positivliste)

Zeitlicher Anwendungsbereich:
Erbfälle ab dem 17.08.2015, vgl. Art. 83 Abs. 1 EuErbVO, beachte Übergangsrecht (Art. 83 EuErbVO)

1. Internationale Zuständigkeit

Welche Gerichte sind international zuständig?

1.1 Allgemeine Aufenthaltszuständigkeit (Art. 4 EuErbVO)

Begriff des gewöhnlichen Aufenthalts: Autonome Auslegung, Einzelfallprüfung (Erwägungsgründe Nr. 23 und 24 EuErbVO)

1.2 Subsidiäre Zuständigkeit am Belegenheitsort (Art. 10 EuErbVO)

1.3 Abweichung im Fall einer Rechtswahl

- Durch förmliche Gerichtsstandsvereinbarung der Parteien (Art. 5 mit Wirkung Art. 6 Buchst. b, Art. 7 Buchst. a oder b EuErbVO)
- Durch formlose Gerichtsstandsanerkennung (Art. 7 Buchst. c EuErbVO)
- Auf Antrag einer Partei durch eine Ermessensentscheidung des nach der Grundregel zuständigen Gerichts (Art. 6 Buchst. a mit Wirkung Art. 7 Buchst. a EuErbVO)

1.4 Notzuständigkeit (Art. 11 EuErbVO)

1.5 Beschränkung auf in der Europäischen Union belegenes Nachlassvermögen (Art. 12 EuErbVO)

1.6 Entgegennahme bestimmter erbrechtlicher Erklärungen (Art. 13 EuErbVO)

2. Bestimmung des Erbstatuts

Welches Recht ist auf den Sachverhalt anzuwenden?

2.1 Allgemeine Kollisionsnorm (Art. 21 ff. EuErbVO)
- Grundregel (Art. 21 Abs. 2 EuErbVO) sowie Ausweichklausel (Art. 21 Abs. 2 EuErbVO)
- Rechtswahl (Art. 22 EuErbVO); beachte Übergangsregelungen in Art. 83 EuErbVO
- Umfang der Verweisungen (Art. 1 und 23 EuErbVO)

2.2 Sonderanknüpfungen
- Zulässigkeit, materielle Wirksamkeit und Bindungswirkung einer Verfügung von Todes wegen (Art. 24 ff. EuErbVO)
- Formelle Wirksamkeit einer Verfügung von Todes wegen (Art. 27, 75 EuErbVO) sowie Haager Testamentsformübereinkommen
- Formelle Wirksamkeit anderer erbrechtlicher Erklärungen (Art. 28 EuErbVO)
- Besondere Erbfolge für bestimmte Vermögensgegenstände (Art. 30 EuErbVO)
- Kommorienten (Art. 32 EuErbVO)
- Erbenlose Nachlässe und Rechte des Staates (Art. 33 EuErbVO)

2.3 IPR
- Anknüpfung von Vorfragen (Art. 1 Abs. 2 Buchst. a EuErbVO)
- Anpassung dinglicher Rechte (Art. 31 EuErbVO)
- Rück- und Weiterverweisung (Art. 34 EuErbVO)
- Ordre-public-Vorbehalt (Art. 35 EuErbVO)
- Konkretisierung der Verweisung bei Mehrrechtsstaaten (Art. 36 ff. EuErbVO)

3. Anerkennung und Vollstreckung, Art. 39 EuErbVO

Welche Wirkung entfaltet eine inländische Entscheidung im Ausland/eine ausländische Entscheidung im Inland?

3.1 Annahme öffentlicher Urkunden nach Art. 59 EuErbVO

3.2 Europäisches Nachlasszeugnis (siehe Kapitel 6.A.3.5, S. 296 ff.)

B. Mandatssituationen

Mandatssituation 14.1: Örtliche Zuständigkeit für den erbrechtlichen Zivilprozess

Sachverhalt | Checkliste | Lösung | Verfahren | Muster

Der Erblasser ist deutscher Staatsangehöriger mit gewöhnlichem Aufenthalt in Frankreich. Vor dem Wegzug nach Frankreich hatte der Erblasser seinen gewöhnlichen Aufenthalt in Stuttgart. Zum Nachlass gehört ein Kontoguthaben bei einer Bank mit Sitz in Düsseldorf und eine in Hamburg belegene Eigentumswohnung. Zur Alleinerbin hat der Erblasser seine in Paris wohnhafte Lebensgefährtin eingesetzt. Eine Rechtswahl hat der Erblasser nicht getroffen. Ihr Mandant, der einzige Sohn des Erblassers, wohnt in Berlin und will seinen Pflichtteil geltend machen. Welcher Gerichtsstand ist eröffnet?

Sachverhalt | **Checkliste** | Lösung | Verfahren | Muster

Gehen Sie die Prüfungsschritte für die Anwendung der EuErbVO durch (siehe Checkliste in Kapitel 14.A.10, S. 969 f.) und erheben Sie abhängig vom Sachverhalt u.a. folgende Daten:	
Chronologie verschiedener gewöhnlicher Aufenthalte	☐
Staatsangehörigkeit des Erblassers	☐
Sonstige Aspekte zur Klärung von Vorfragen (z.B. Geschäftsfähigkeit, Adoption)	☐
Zeitpunkt der Eheschließung/Begründung einer eingetragenen Lebenspartnerschaft zur Bestimmung des Güterstands	☐
Erfassung der gesetzlichen Erbfolge	☐
Ort und Zeitpunkt der Testamentserrichtung (zur Prüfung des anwendbaren Errichtungsstatuts und der Gültigkeit etwaiger gemeinschaftlicher Testamente und Erbverträge/Anwendbarkeit von Art. 83 EuErbVO)	☐
Erfassung von Bezügen zu Drittstaaten/Heranziehung vorrangiger Abkommen	☐

Sachverhalt | Checkliste | **Lösung** | Verfahren | Muster

Der Anwendungsbereich der EuErbVO ist eröffnet, da die EuErbVO auch für Frankreich bindend ist. Gemäß Art. 4 EuErbVO bestimmt sich die

Internationale Zuständigkeit

internationale Zuständigkeit nach dem Wohnsitz des Erblassers im Zeitpunkt seines Todes. Somit sind die französischen Gerichte zuständig. Eine internationale Zuständigkeit ist in Deutschland nicht gegeben.

Abwandlung 14.1.1: Domizil in einem Drittstaat

Sachverhalt | Checkliste | Lösung | Verfahren | Muster

Wie Mandatssituation 14.1, S. 971, aber der Erblasser mit deutscher Staatsangehörigkeit hatte seinen gewöhnlichen Aufenthalt im Zeitpunkt seines Todes in Kanada.

Sachverhalt | Checkliste | Lösung | Verfahren | Muster

1. Internationale Zuständigkeit

Der Anwendungsbereich der EuErbVO ist eröffnet, da kein vorrangiges bilaterales Abkommen besteht. Da der Erblasser zum Zeitpunkt seines Todes keinen Wohnsitz in einem Mitgliedstaat hatte, ist vorliegend die Zuständigkeit gem. Art. 10 Abs. 1a EuErbVO zu bejahen, da sich Nachlassvermögen des Erblassers in Deutschland befindet und der Erblasser deutscher Staatsangehöriger war. Somit ist die internationale Zuständigkeit für den gesamten Nachlass des Erblassers in Deutschland gegeben.

2. Örtliche Zuständigkeit

Die EuErbVO regelt jedoch nur die internationale Zuständigkeit. Die Regelung der örtlichen, sachlichen und funktionellen Zuständigkeit bleibt den Mitgliedstaaten vorbehalten. Die örtliche Zuständigkeit bei internationaler Zuständigkeit nach der EuErbVO richtet sich seit dem 17.08.2015 nach dem IntErbRVG. Gemäß § 2 Abs. 4 IntErbRVG ist im vorliegenden Fall das Gericht zuständig, in dessen Bezirk der Erblasser seinen letzten gewöhnlichen inländischen Aufenthalt hatte. Somit sind die sachlich zuständigen Gerichte in Stuttgart örtlich zuständig.

Abwandlung 14.1.2: Ausländischer Erblasser

Sachverhalt | Checkliste | Lösung | Verfahren | Muster

Wie Mandatssituation 14.1.1, (siehe dort), aber: Der Erblasser hat seine deutsche Staatsangehörigkeit aufgegeben und besaß im Zeitpunkt seines Todes die kanadische Staatsangehörigkeit. Auch die Lebensgefährtin hat ihren Wohnsitz nach Kanada verlegt.

Sachverhalt | Checkliste | Lösung | Verfahren | Muster

1. Internationale Zuständigkeit

Bei der Prüfung, ob für ein deutsches Gericht die internationale Zuständigkeit eröffnet ist, muss – wenn keine vorrangig anzuwendenden bilateralen Abkommen bestehen – Kapitel II der EuErbVO herangezogen werden. Die EuErbVO ist aus deutscher Sicht anzuwenden, obwohl Kanada kein Mitgliedstaat ist, da die EuErbVO gem. Art. 20 EuErbVO universelle Geltung besitzt und auch dann gelten soll, wenn nach ihren Bestimmungen das Recht eines Drittstaates anzuwenden ist. Da der Erblasser keinen gewöhnlichen Aufenthalt in einem der Mitgliedstaaten hatte, kommt Art. 10 EuErbVO zur Anwendung. Eine Zuständigkeit gem. Art. 10 Abs. 1a EuErbVO ist abzulehnen, da der Erblasser nicht mehr die deutsche Staatsangehörigkeit besaß. Auch die Voraussetzungen von Art. 10 Abs. 1b EuErbVO liegen nicht vor, da sich in Frankreich kein Nachlass befindet. Somit kann auf die Auffangzuständigkeit des Art. 10 Abs. 2 EuErbVO zurückgegriffen werden, die allein an die Belegenheit des Nachlasses anknüpft. Vorliegend sind die deutschen Gerichte somit nur für Nachlass, der sich in Deutschland befindet, zuständig.

2. Örtliche Zuständigkeit

Die EuErbVO regelt jedoch nur die internationale Zuständigkeit. Die Regelung der örtlichen, sachlichen und funktionellen Zuständigkeit bleibt den Mitgliedstaaten vorbehalten. Die örtliche Zuständigkeit richtet sich seit dem 17.08.2015 nach dem IntErbRVG. § 2 IntErbRVG regelt die internationale örtliche Zuständigkeit für zivilprozessuale erbrechtliche Gerichtsverfahren neu. § 2 Abs. 4 IntErbRVG übernimmt die allgemeine Zuständigkeitsregel des Art. 4 der EuErbVO und knüpft an den gewöhnlichen Aufenthalt des Erblassers im Zeitpunkt seines Todes an. Hatte der Erblasser im Zeitpunkt seines Todes seinen gewöhnlichen Aufenthalt nicht im Inland, ist gem. § 2 Abs. 4 Satz 2 IntErbRVG das Gericht örtlich zuständig, in dessen Bezirk der Erblasser seinen letzten gewöhnlichen Aufenthalt im Inland hatte. Vorliegend sind somit gem. § 2 Abs. 4 Satz 2 IntErbRVG die sachlich zuständigen Gerichte in Stuttgart für eine Pflichtteilsklage zuständig. Gemäß § 2 Abs. 5 IntErbRVG kann der Kläger alternativ auch zwischen dem Beklagtengerichtsstand (§ 12 ZPO) und dem Vermögensgerichtsstand (§ 23 ZPO) wählen. Nur §§ 27 und 28 ZPO sind gem. § 2 Abs. 5 IntErbRVG nicht anwendbar. Im vorliegenden Fall nutzt dem Mandanten § 12 ZPO wenig, da die Beklagte in Kanada lebt. Da die Beklagte keinen Wohnsitz im Inland hat, ist der Gerichtsstand des Vermögens gem. § 23 ZPO eröffnet. Für Forderungen aufgrund eines Bankguthabens kommt es auf den Sitz der Bank, nicht auf den Ort der kontoführenden Zweigniederlassung an (so BGH, NJW-RR 1988, 172; a.A. Roth in Stein/Jonas, § 23 Rdnr. 27: auch der Ort der Zweigniederlassung). Für die Eigentumswohnung kommt es auf den Lageort an. Somit ist für den Pflichtteilsberechtigten wahlweise die örtliche Zuständigkeit in Stuttgart, Düsseldorf und Hamburg eröffnet.

Internationale Zuständigkeit am Gerichtsstand des Nachlassvermögens

Gericht
...
Straße, Hausnr./Postfach
Hamburg

Klage auf Pflichtteilszahlung

des Herrn ...

– Kläger –

vertreten durch

Rechtsanwältin/Rechtsanwalt ...

gegen

Frau ...

wohnhaft in Kanada ...

– Beklagte –

vertreten durch

Rechtsanwältin/Rechtsanwalt ...

wegen Pflichtteilszahlung

Namens und im Auftrag des Klägers erhebe ich Klage und

beantrage,

1. die Beklagte zu verurteilen, an den Kläger ... € nebst 5 % Zinsen über dem Basiszinssatz ab dem ... zu zahlen;
2. ein Anerkenntnis- bzw. Versäumnisurteil zu erlassen, wenn die gesetzlichen Voraussetzungen dafür vorliegen.

Begründung:

I. Sachverhalt

Der Erblasser ist am ... verstorben. Er hatte seinen gewöhnlichen Aufenthalt im Zeitpunkt seinesTodes in Kanada. Bis zum Jahr ... besaß er die deutsche Staatsangehörigkeit. Diese gab er im Jahr ... auf und führte seitdem nur noch die kanadische Staatsangehörigkeit. Bevor der Erblasser nach Kanada zog, hatte er seinen gewöhnlichen Aufenthalt in Stuttgart (nähere Ausführungen). Sein Nachlass befindet sich in Deutschland. Es handelt sich um eine Immobilie in Hamburg und Kontoguthaben bei einer Bank mit Sitz in Düsseldorf.

1. Internationale Zuständigkeit

Die internationale Zuständigkeit der deutschen Gerichte ergibt sich aus Art. 10 Abs. 2 EuErbVO. Die örtliche Zuständigkeit bestimmt sich nach § 2 Abs. 4 und 5 IntErbRVG. Gemäß § 2 Abs. 5 IntErbRVG steht dem Kläger wahlweise auch der Gerichtsstand des Vermögens gem. § 23 ZPO offen. Die in Kanada wohnhafte Beklagte ist als Alleinerbin Eigentümerin des in Deutschland vorhandenen Vermögens des Erblassers geworden. Das Vorhandensein dieses Vermögens in der Stadt Hamburg begründet den Gerichtsstand des Vermögens. Als Ort, an dem sich das Vermögen befindet, gilt bei Immobilien der Lageort, bei einem Bankguthaben der Sitz der Bank (BGH, NJW-RR 1988, 172). ...

2. Inlandsbezug

Es besteht auch ein hinreichender Bezug des Rechtsstreits zum Inland, da der Erblasser den überwiegenden Teil seines Lebens in Deutschland verbracht hat, hier den Kläger, seinen Sohn, aufgezogen und den wesentlichen Teil seines Nachlasses erworben und behalten hat.

II.

...

Beglaubigte und einfache Abschrift anbei.

Rechtsanwältin/Rechtsanwalt

Mandatssituation 14.2: Formgültigkeit eines Testaments

Sachverhalt | Checkliste | Lösung | Verfahren | Muster

Der ledige Erblasser mit deutscher Staatsangehörigkeit und gewöhnlichem Aufenthalt in dem Bundesstaat Massachusetts der Vereinigten Staaten ist an seinem Wohnort in Boston im Jahr 2018 verstorben. Er hat anlässlich eines Heimatbesuchs im Jahr 2016 in Deutschland in Anwesenheit zweier Zeugen ein maschinenschriftliches Testament errichtet, welches von ihm und sodann von den Zeugen unterzeichnet wurde. Eine ausdrückliche Rechtswahl hat der Erblasser nicht getroffen. Er hat das Deutsche Rote Kreuz als Alleinerben eingesetzt. Der Bruder des Erblassers käme als gesetzlicher Erbe in Betracht und beruft sich auf die Unwirksamkeit des Testaments. Zum Nachlass gehören Konten in Deutschland und in Massachusetts. Der letzte gewöhnliche Aufenthalt des Erblassers in Deutschland befand sich in Berlin.

Sie werden beauftragt, die Interessen des Deutschen Roten Kreuzes als testamentarischer Alleinerbe hinsichtlich des in Deutschland vorhandenen Nachlasses durchzusetzen.

Sachverhalt | **Checkliste** | Lösung | Verfahren | Muster

Gehen Sie die Prüfungsschritte für die Anwendung der EuErbVO durch (siehe Checkliste in Kapitel 14.A.10, S. 969 f.) und erheben Sie abhängig vom Sachverhalt u.a. folgende Daten:	
Chronologie verschiedener gewöhnlicher Aufenthalte	☐
Staatsangehörigkeit des Erblassers	☐
Sonstige Aspekte zur Klärung von Vorfragen (z.B. Geschäftsfähigkeit, Adoption)	☐
Zeitpunkt der Eheschließung / Begründung einer eingetragenen Lebenspartnerschaft zur Bestimmung des Güterstands	☐
Erfassung der gesetzlichen Erbfolge	☐
Ort und Zeitpunkt der Testamentserrichtung (zur Prüfung des anwendbaren Errichtungsstatuts und der Gültigkeit etwaiger gemeinschaftlicher Testamente und Erbverträge/Anwendbarkeit von Art. 83 EuErbVO)	☐
Erfassung von Bezügen zu Drittstaaten/Heranziehung vorrangiger Abkommen	☐

Sachverhalt | Checkliste | **Lösung** | Verfahren | Muster

1. Vorüberlegung

Es soll die Erteilung eines Erbscheins zugunsten des Deutschen Roten Kreuzes beantragt werden. Die Prüfung des Falls ist in folgenden Schritten vorzunehmen:

- Anwendbares Recht zur Frage der Errichtung und der Rechtsfolgen des Testaments
- Internationale Zuständigkeit für ein Erbscheinsverfahren in Deutschland
- Inhalt des Erbscheins

Warnhinweis

Sofern es um die Interessenwahrnehmung in einer fremden Rechtsordnung geht, sollten Sie Ihren Mandanten schriftlich darauf hinweisen, dass Sie nur in Deutschland als Anwalt zugelassen sind und dass ggf. im Ausland ein dort zugelassener Anwalt zusätzlich beauftragt werden sollte. Beachten Sie, dass Ihre Berufshaftpflichtversicherung außerhalb der EU nicht eintritt (vertiefende Hinweise bei Swane, Die EU-Erbrechtsverordnung in der Testamentsgestaltung – Haftungsfallen aus anwaltlicher Sicht, ErbR 2014, 575).

2. Verfahren

2.1 Internationale Zuständigkeit

Bei der Prüfung, ob für ein deutsches Gericht die internationale Zuständigkeit eröffnet ist, muss – wenn keine vorrangig anzuwendenden bilateralen Abkommen bestehen – Kapitel II der EuErbVO herangezogen werden. Da der Erblasser keinen gewöhnlichen Aufenthalt in einem der Mitgliedstaaten hatte, kommt Art. 10 Abs. 1a EuErbVO zur Anwendung. Da der Erblasser zum Zeitpunkt seines Todes keinen Wohnsitz in einem Mitgliedstaat hatte, ist vorliegend die Zuständigkeit gem. Art. 10 Abs. 1a EuErbVO zu bejahen, da sich Nachlassvermögen des Erblassers in Deutschland befindet und der Erblasser deutscher Staatsangehöriger war. Somit ist die internationale Zuständigkeit für den gesamten Nachlass des Erblassers in Deutschland gegeben. Dies gilt auch für die Bestimmung der internationalen Zuständigkeit für die Erteilung eines Europäischen Nachlasszeugnisses (ENZ) (Art. 64 EuErbVO).

2.2 Örtliche Zuständigkeit

Die EuErbVO regelt jedoch nur die internationale Zuständigkeit. Die Regelung der örtlichen, sachlichen und funktionellen Zuständigkeit ist den Mitgliedstaaten vorbehalten. Die örtliche Zuständigkeit richtet sich nach dem IntErbRVG. Die örtliche Zuständigkeit für die Beantragung eines ENZ ist in § 34 IntErbRVG geregelt. Für die örtliche Zuständigkeit für das inländische Nachlassverfahren verweist § 47 IntErbRVG auf die Bestimmungen des FamFG. Hatte der Erblasser im Zeitpunkt seines Todes seinen gewöhnlichen Aufenthalt nicht im Inland, ist nach § 344 FamFG n.F. das Gericht zuständig, in dessen Bezirk der Erblasser seinen letzten gewöhnlichen Aufenthalt im Inland hatte. Fehlt es hieran, ist das AG Schöneberg in Berlin zuständig (§ 344 Satz 3 FamFG n.F.).

Gemäß § 47 IntErbRVG i.V.m. § 344 FamFG n.F. ist das in Berlin örtlich zuständige Nachlassgericht für das Erbscheinsverfahren zuständig, da der Erblasser seinen letzten inländischen gewöhnlichen Aufenthalt in Berlin hatte.

3. Anwendbares Recht

Das anwendbare Recht ist nach den Regeln der EuErbVO zu bestimmen, da die Verordnung gem. Art. 20 EuErbVO auch Geltung haben soll, wenn auf das Recht eines Drittstaates verwiesen wird (universelle Anwendung).

3.1 Anwendbares Recht hinsichtlich der Errichtung des Testaments

Da der Erblasser keine Rechtswahl getroffen hat, ist zunächst zu prüfen, ob vorrangige Staatsverträge anzuwenden sind.

3.1.1 Anwendbarkeit des Haager Testamentsformübereinkommens (Art. 26 EGBGB)

Gemäß Art. 75 Abs. 1 Satz 2 EuErbVO hat Deutschland als Vertragsstaat des Haager Übereinkommens über das auf die Form letztwilliger

Verfügungen anwendbare Recht vom 05.10.1961 (Testamentsformübereinkommen) dieses Abkommen gegenüber Staaten, die nicht an die EuErbVO gebunden sind, anzuwenden. Die Vereinigten Staaten haben das Testamentsformübereinkommen zwar nicht ratifiziert. Nach Art. 6 des Übereinkommens ist dessen Anwendungsbereich jedoch auch dann eröffnet, wenn das Recht eines Staates anzuwenden ist, der nicht Vertragsstaat des Abkommens ist.

Es ist somit zu prüfen, ob das Testament den formellen Anforderungen des Testamentsübereinkommens entspricht. Gemäß Art. 1c) des Übereinkommens ist ein Testament u.a. dann formgültig, wenn es den Formerfordernissen des Staates entspricht, in welchem der Testator zum Zeitpunkt der Errichtung seinen gewöhnlichen Aufenthalt hatte. Vorliegend hat der Erblasser zwar in Deutschland testiert. Da er aber zu diesem Zeitpunkt seinen gewöhnlichen Aufenthalt in Massachusetts hatte, genügt es, wenn die Formerfordernisse von Massachusetts eingehalten wurden.

3.1.2 Einhaltung der Formerfordernisse des ausländischen Rechts

Gemäß Chapter 191, Sec. 2 of the General Laws of Massachusetts muss das Testament schriftlich abgefasst und in Anwesenheit zweier Zeugen unterzeichnet werden (Zwei-Zeugen-Testament). Das Zeugentestament ist das in allen Staaten der USA gebräuchlichste Testament. Eigenhändigkeit wird nicht verlangt. Für die Einhaltung der Schriftform genügt Maschinenschrift (Ferid/Firsching/Dörner/Hausmann, Internationales Erbrecht, USA, Grundzüge F II Rdnr. 148). Grundsätzlich hat der Testator selbst zu unterschreiben. Diesem Errichtungsakt sollen zwei Zeugen beiwohnen, die das Testament ebenfalls zu unterzeichnen haben. Dabei sollen als Zeugen nicht fungieren dürfen: Personen, die durch das Testament begünstigt werden, und die Ehepartner. Da die vom Erblasser beigezogenen Testamentszeugen nicht durch das Testament begünstigt werden, sind keine Gesichtspunkte gegeben, die Zweifel an der Formgültigkeit nach dem Recht von Massachusetts begründen würden.

3.2 Anwendbares Recht hinsichtlich der Rechtswirkungen des Testaments

Mangels Rechtswahl und da keine vorrangigen bilateralen Staatsverträge zu berücksichtigen sind, beurteilt sich das anzuwendende Erbrecht nach Art. 21 EuErbVO. Entsprechend unterliegt die gesamte Rechtsnachfolge dem Recht von Massachusetts. Für die Übertragung der Konten auf den Erben wird ein Erbnachweis nach dem Recht von Massachusetts erforderlich sein. Unabhängig davon, ob es um die Erteilung eines gegenständlich beschränkten Eigenrechtserbscheins oder eines Fremdrechtserbscheins geht, gilt der Amtsermittlungsgrundsatz (§ 26 FamFG). Dieser erstreckt sich auch auf die Ermittlung des ausländischen Rechts. Der Nachlassrichter muss insoweit nicht nur das geschriebene Recht, sondern auch Rechtsprechung und Lehre berücksichtigen, soweit es zur Klärung der Rechtslage erforderlich ist. Falls erforderlich, ist ein Gutachten über das ausländische Recht einzuholen (Max-Planck-Institut, Universitätsinstitute für Rechtsvergleichung). Die Gerichte haben auch die Möglichkeit, amtliche Auskünfte des betreffenden Landes aufgrund des Europäischen Übereinkommens betreffend Auskünfte über ausländisches Recht vom 07.06.1968 einzuholen. Auskünfte erteilen aber auch die Botschaften und Konsulate. Die Kosten eines von einem der Beteiligten eingeholten Privatgutachtens können gem. § 80 FamFG entsprechend § 91 Abs. 1 Satz 2 ZPO als notwendige Kosten der Verfahrensführung erstattungsfähig sein.

Sachverhalt | Checkliste | Lösung | **Verfahren** | Muster

Erbscheinsverfahren

Zweckmäßigkeit eines deutschen Erbscheins für ausländischen Nachlass

Ein ENZ kann trotz Anwendbarkeit der EuErbVO nicht erteilt werden, da das ENZ nur zur Verwendung in einem Mitgliedstaat i.S.d. EuErbVO vorgesehen ist. Da die USA nicht an die EuErbVO gebunden sind, würde ein ENZ wohl auch kaum als Erbnachweis anerkannt werden.

Ein deutscher Erbschein wird in den USA ebenfalls in den seltensten Fällen als Erbrechtsnachweis anerkannt. Dem Mandanten würde ein Erbschein, der auch das ausländische Vermögen umfasst, somit wenig nutzen. Aus Kostengesichtspunkten sollte daher lediglich ein gegenständlich beschränkter Erbschein für den in Deutschland befindlichen Nachlass beantragt werden. Die Gerichtskosten richten sich dann lediglich nach den in Deutschland befindlichen Nachlasswerten (Nr. 12210 KV GNotKG). Zur Inbesitznahme der ausländischen Konten wird der Mandant in Massachusetts das nachlassgerichtliche Probate-Verfahren durchführen müssen.

Verwendung ausländischer Urkunden

Hinsichtlich der Verwendung ausländischer Urkunden im Nachlassverfahren wird auf die Ausführungen in Kapitel 14 Anhang: Erbfälle vor dem 17.08.2015, Mandatssituation 2, S. 1034 f. verwiesen.

Sachverhalt | Checkliste | Lösung | Verfahren | **Muster**

Erbscheinsantrag gegenständlich beschränkt

Erbscheinsantrag und eidesstattliche Versicherung

[Urkundeneingang]

Der Erschienene erklärt:

Der zuletzt in ... wohnhaft gewesene ... ist am ... verstorben. Er wurde am ... geboren. Er war ausschließlich deutscher Staatsangehöriger und hatte seinen letzten gewöhnlichen Aufenthalt in Boston, Massachusetts.

Er war unverheiratet. Er hat keine Kinder, auch keine adoptierten hinterlassen. Seine Eltern sind am ... vorverstorben. Er hatte nur ein Geschwister, seinen Bruder ....

Die letztwillige Verfügung des Erblassers ist von dessen Bruder beim Nachlassgericht abgeliefert worden.

Gemäß Art. 83 Abs. 1 EuErbVO bestimmt die Europäische Erbrechtsverordnung die Rechtsnachfolge von Todes wegen für alle seit dem 17.08.2015 eingetretenen Erbfälle mit Auslandsbezug. Gemäß Art. 21 Abs. 1 EuErbVO unterliegt die gesamte Rechtsnachfolge von Todes wegen dem Recht des Staates, in dem der Erblasser im Zeitpunkt des Todes seinen gewöhnlichen Aufenthalt hatte. Da die USA kein einheitliches Privatrecht kennen, kommt es nach Art. 36 Abs. 2 a) EuErbVO auf das Recht des Staates von Massachusetts an, da auf diesen Bundesstaat im Testament Bezug genommen wird. Somit kommt das Recht von Massachusetts als Erbstatut zur Anwendung.

Der Erblasser hat am ... ein Zweizeugen-Testament errichtet. Darin bestimmt der Erblasser das Deutsche Rote Kreuz zu seinem Alleinerben. Die Gültigkeit der letztwilligen Verfügung für den deutschen Rechtsbereich ergibt sich aus Art. 75 Abs. 1 Satz 2 EuErbVO, wonach Deutschland als Vertragsstaat das Haager Testamentsformübereinkommen anzuwenden hat. Gemäß Art. 6 und Art 1 c des Übereinkommens ist eine letztwillige Verfügung wirksam, wenn sie den Formerfordernissen des Staates entspricht, in welchem der Testator zum Zeitpunkt der Errichtung seinen gewöhnlichen Aufenthalt hatte. Da der Erblasser zum Zeitpunkt der Errichtung seinen gewöhnlichen Aufenthalt in Massachusetts hatte, ist das nach den Formerfordernissen des Chapter 191, Sec. 2 of the General Laws of Massachusetts errichtete Testament auch für den deutschen Rechtsbereich als formwirksam anzusehen.

Der Erblasser hinterlässt in Deutschland folgenden beweglichen Nachlass: .... Des Weiteren hinterlässt er in Massachusetts folgenden beweglichen Nachlass: .... Weiteres Vermögen in anderen Ländern hatte der Erblasser nicht. Danach ist hinsichtlich des gesamten Nachlasses aufgrund letztwilliger Verfügung der Antragsteller Alleinerbe geworden.

Nach Hinweis auf die Bedeutung einer Versicherung an Eides statt und nach Belehrung über die strafrechtlichen Folgen einer wissentlichen oder fahrlässig abgegebenen falschen eidesstattlichen Versicherung versichere ich hiermit an Eides statt:

Mir ist nichts bekannt, was der Richtigkeit meiner vor- und nachstehenden Angaben entgegensteht.

Andere Personen, welche von der Erbfolge ausgeschlossen werden oder deren Erbteil gemindert werden würde – außer dem Erwähnten –, sind und waren nicht vorhanden.

Ein Rechtsstreit über das Erbrecht ist nicht anhängig.

Es wird die Erteilung eines Erbscheins dahingehend beantragt, dass der Erblasser aufgrund letztwilliger Verfügung vom ... unter Beschränkung auf den in der Bundesrepublik Deutschland befindlichen beweglichen Nachlass in Anwendung des Erbrechts des Bundesstaats Massachusetts, USA von ... als Alleinerbe beerbt worden ist.

Es wird um Übersendung einer Ausfertigung des Erbscheins an den Erschienenen gebeten.

Rechtsanwältin/Rechtsanwalt

Mandatssituation 14.3: Übergangsrecht bei Rechtswahl

Sachverhalt | Checkliste | Lösung | Verfahren | Muster

Der Erblasser ist 2018 mit britischer Staatsangehörigkeit und letztem gewöhnlichen Aufenthalt in Frankfurt a.M. verstorben und hat im Jahr 2000 ein in englischer Sprache verfasstes, von zwei Zeugen unterzeichnetes Testament errichtet, unter Verwendung von Begriffen wie *Administrator, Trustee of my will, money bequest, residuary estate* und *Minor's receipt clause*. Er hinterlässt seine zweite Ehefrau und seine Tochter aus erster Ehe. Sein Nachlass besteht aus einer Immobilie in Frankfurt und Konten in Frankfurt und London. Der Erblasser hat seine Tochter enterbt. Die Tochter macht Pflichtteilszahlungen unter Berufung auf Art. 4 EuErbVO unter Anwendung deutschen Rechts geltend.

Die Witwe beauftragt Sie mit der Stellungnahme zu den geltend gemachten Pflichtteilsansprüchen und mit der Beantragung eines Erbscheins.

Sachverhalt | **Checkliste** | Lösung | Verfahren | Muster

Gehen Sie die Prüfungsschritte für die Anwendung der EuErbVO durch (siehe Checkliste in Kapitel 14.A.10, S. 969 f.) und erheben Sie abhängig vom Sachverhalt u.a. folgende Daten:	
Chronologie verschiedener gewöhnlicher Aufenthalte	☐
Staatsangehörigkeit des Erblassers	☐
Sonstige Aspekte zur Klärung von Vorfragen (z.B. Geschäftsfähigkeit, Adoption)	☐
Zeitpunkt der Eheschließung / Begründung einer eingetragenen Lebenspartnerschaft zur Bestimmung des Güterstands	☐
Erfassung der gesetzlichen Erbfolge	☐
Ort und Zeitpunkt der Testamentserrichtung (zur Prüfung des anwendbaren Errichtungsstatuts und der Gültigkeit etwaiger gemeinschaftlicher Testamente und Erbverträge/Anwendbarkeit von Art. 83 EuErbVO)	☐
Erfassung von Bezügen zu Drittstaaten/Heranziehung vorrangiger Abkommen	☐

Es soll geklärt werden, ob die Witwe rechtlich verpflichtet ist, die geltend gemachten Pflichtteilszahlungsansprüche der Tochter zu erfüllen. Die Prüfung des Falls ist in folgenden Schritten vorzunehmen:

- Internationale Zuständigkeit
- Örtliche Zuständigkeit
- Vorfragen
- Anwendbares Erbstatut:
  - Rechtswahl
  - Zeitliche Einordnung der Rechtswahl
  - Widerruf oder Änderung der Rechtswahl
  - Gewöhnlicher Aufenthalt

1. Internationale Zuständigkeit

Bei der Prüfung, ob für ein deutsches Gericht die internationale Zuständigkeit eröffnet ist, muss – wenn keine vorrangig anzuwendenden bilateralen Abkommen bestehen – Kapitel II der EuErbVO herangezogen werden. Da der Erblasser im Zeitpunkt seines Todes seinen gewöhnlichen Aufenthalt in Deutschland hatte, sind deutsche Gerichte gem. Art. 4 EuErbVO für den gesamten Nachlass des Erblassers international zuständig. Dies gilt auch für die Bestimmung der internationalen Zuständigkeit für die Erteilung eines ENZ (Art. 64 EuErbVO).

2. Örtliche Zuständigkeit

Die EuErbVO regelt jedoch nur die internationale Zuständigkeit. Die Regelung der örtlichen, sachlichen und funktionellen Zuständigkeit ist den Mitgliedstaaten vorbehalten. Die örtliche Zuständigkeit für die Beantragung eines ENZ ist in § 34 IntErbRVG geregelt. Danach ist das Gericht am gewöhnlichen Aufenthalt des Erblassers zum Zeitpunkt seines Todes örtlich zuständig. Für die örtliche Zuständigkeit für das inländische Nachlassverfahren verweist § 47 IntErbRVG auf die Bestimmungen des FamFG.

3. Vorfragen

Für den vorliegenden Fall sei unterstellt, dass es sich um eine wirksam errichtete und zulässige letztwillige Verfügung handelt.

4. Anwendbares Erbstatut

Da der Erbfall nach dem Geltungsbeginn der EuErbVO eingetreten ist und eine letztwillige Verfügung angewandt werden soll, die vor dem Geltungsbeginn errichtet wurde, sind die Übergangsbestimmungen des Art. 83 EuErbVO zu beachten. Vorliegend hat ein britischer Staatsangehöriger ersichtlich nach britischem Erbstatut vor dem Geltungsbeginn der EuErbVO testiert. Gemäß Art. 83 Abs. 4 EuErbVO wird eine Rechtswahl zugunsten des Heimatrechts des Erblassers fingiert, wenn er seine letztwillige Verfügung diesem Recht entsprechend errichtet hat. Denn Art. 83

Abs. 4 EuErbVO schützt das Vertrauen in den Bestand einer vor dem Geltungsbeginn wirksam nach dem Heimatrecht des Erblassers errichteten letztwilligen Verfügung.

Ergebnis:

Das britische Erbrecht ist aufgrund des Art. 83 Abs. 4 EuErbVO berufen.

5. Abwehr pflichtteilsrechtlicher Ansprüche

Die von der Tochter geltend gemachten pflichtteilsrechtlichen Ansprüche können unter Verweis auf die Anwendung britischen Erbrechts, das ein Noterbrecht zugunsten von Angehörigen nicht kennt, zurückgewiesen werden.

Sachverhalt | Checkliste | Lösung | **Verfahren** | Muster

ENZ oder Eigenrechtserbschein

Da Großbritannien nicht Vertragsstaat der EuErbVO geworden ist, hat das ENZ als Erbnachweis in Großbritannien keine bindende Wirkung und ist insoweit nicht viel zweckmäßiger als ein Erbschein. Da die Mandantin jedoch einen Erbnachweis zur Berichtigung des Grundbuchs benötigt, sollte aus Kostengesichtspunkten ein gegenständlich beschränkter Erbschein für den in Deutschland befindlichen Nachlass beantragt werden. Die Gerichtskosten richten sich dann lediglich nach den in Deutschland befindlichen Nachlasswerten (Nr. 12210 KV GNotKG).

Sachverhalt | Checkliste | Lösung | Verfahren | **Muster**

Gegenständlich beschränkter Erbschein

Begründung für einen Erbscheinsantrag

Der zuletzt in ... wohnhaft gewesene ... ist am ... verstorben. Er wurde am ... geboren. Er war ausschließlich britischer Staatsangehöriger und hatte seinen letzten gewöhnlichen Aufenthalt in Frankfurt am Main.

Er war verheiratet. Er hat eine Tochter ... hinterlassen.

Die Erbfolge des in Deutschland belegenen Nachlasses richtet sich nach der Europäischen Erbrechtsversordnung (EuErbVO), da der Erblasser nach dem Geltungsbeginn der Verordnung verstorben ist. Für letztwillige Verfügungen, die vor dem Geltungsbeginn der Verordnung errichtet wurden, sieht Art. 83 EuErbVO besondere Übergangsvorschriften vor. Das anwendbare Erbstatut hängt danach vorrangig davon ab, ob der Erblasser eine wirksame Rechtswahl getroffen hat oder eine solche gemäß Art. 83 Abs. 4 EuErbVO zu unterstellen ist, andernfalls vom letzten gewöhnlichen Aufenthalt des Erblassers gemäß Art. 21 EuErbVO.

Gemäß Art. 83 Abs. 1 EuErbVO ist eine vor dem Geltungsstichtag der Verordnung getroffene Rechtswahl zu berücksichtigen, wenn sie die Voraussetzungen des Art. 22 EuErbVO erfüllt. Nach Art. 22 EuErbVO kann sich die Rechtswahl auch konkludent aus den Bestimmungen einer letztwilligen Verfügung ergeben. Dieser Fall wird in der Literatur dann angenommen, wenn der Erblasser in seiner Verfügung auf bestimmte Rechtsinstitute einer bestimmten Rechtsordnung Bezug nimmt und charakteristische Rechtsbegriffe in seiner Muttersprache verwendet (Dutta/Weber, Internationales Erbrecht, Art. 22 RdNr. 20). Dieses Kriterium ist im vorliegenden Fall zu bejahen, da der Erblasser im Jahr 2000 ein Zwei-Zeugen-Testament nach britischem Recht errichtet hat. Die Verfügung ist in englischer Sprache verfasst und sieht typische britische Rechtinstitute, wie den *Administrator* und den *Trustee* vor.

Diese Umstände sprechen für die Annahme einer konkludenten Rechtswahl zugunsten des Heimatrechts des Erblassers gemäß Art. 83 Abs. 1 i.V.m. Art 22 EuErbVO.

Hilfsweise für den Fall, dass sich durch Auslegung nicht zur Überzeugung des Gerichts feststellen lassen sollte, dass die letztwillige Verfügung eine Rechtswahl zugunsten des britischen Rechts enthält, wäre Art. 83 Abs. 4 EuErbVO anzuwenden. Danach soll das Recht Anwendung finden, welches der Erblasser auf die Rechtsfolge von Todes wegen nach den Vorschriften des Kapitel III der Verordnung hätte wählen können. Das ist das Recht der eigenen Staatsangehörigkeit, sodass auch die Voraussetzungen nach Art. 83 Abs. 4 EuErbVO erfüllt sind. Somit kommt britisches Erbstatut zur Anwendung.

Die Gültigkeit der letztwilligen Verfügung für den deutschen Rechtsbereich ergibt sich aus Art. 75 Abs. 1 Satz 2 EuErbVO, wonach Deutschland als Vertragsstaat das Haager Testamentsformübereinkommen anzuwenden hat. Gemäß Art. 6 und Art 1 b des Übereinkommens ist eine letztwillige Verfügung wirksam, wenn sie den Formerfordernissen des Staates entspricht, dessen Staatsangehörigkeit der Testator zum Zeitpunkt der Errichtung besaß. Da der Erblasser zum Zeitpunkt der Errichtung britischer Staatsangehöriger war, ist das nach den britischen Formerfordernissen errichtete Testament auch für den deutschen Rechtsbereich als formwirksam anzusehen.

Der Erblasser hinterlässt folgenden Nachlass:

1. Eine Eigentumswohnung und ein Konto in Deutschland
2. Ein Sparkonto in Großbritannien

Vermögen in anderen Ländern hatte er nicht.

Nach Hinweis auf die Bedeutung einer Versicherung an Eides statt und nach Belehrung über die strafrechtlichen Folgen einer wissentlichen oder fahrlässig abgegebenen falschen eidesstattlichen Versicherung versichere ich hiermit an Eides statt:

Mir ist nichts bekannt, was der Richtigkeit meiner vor- und nachstehenden Angaben entgegensteht.

Andere Personen, welche von der Erbfolge ausgeschlossen werden oder deren Erbteil gemindert werden würde – außer den Erwähnten –, sind und waren nicht vorhanden.

Ein Rechtsstreit über das Erbrecht ist nicht anhängig.

Es wird die Erteilung eines Erbscheins dahingehend beantragt, dass der Erblasser aufgrund letztwilliger Verfügung vom ... unter Beschränkung auf den in der Bundesrepublik Deutschland befindlichen und beweglichen unbeweglichen Nachlass in Anwendung des britischen Erbrechts von ... als Alleinerbin beerbt worden ist.

Es wird um Übersendung einer Ausfertigung des Erbscheins an den Erschienenen gebeten.

Rechtsanwältin/Rechtsanwalt

Abwandlung 14.3.1: Konkludente Rechtswahl

Sachverhalt | Checkliste | Lösung | Verfahren | Muster

Wie Mandatssituation 14.3, S. 981, jedoch hat der Erblasser seine letztwillige Verfügung im Jahr 2016 ergänzt und hierbei wiederum in englischer Sprache unter Verwendung typischer britischer Rechtsinstitute testiert.

Die Witwe beauftragt Sie mit der Stellungnahme zu den geltend gemachten Pflichtteilsansprüchen und mit der Beantragung eines Erbscheins.

Sachverhalt | Checkliste | Lösung | Verfahren | Muster

Gehen Sie die Prüfungsschritte für die Anwendung der EuErbVO durch (siehe Checkliste in Kapitel 14.A.10, S. 969 f.) und erheben Sie abhängig vom Sachverhalt u.a. folgende Daten: Chronologie verschiedener gewöhnlicher Aufenthalte	☐
Staatsangehörigkeit des Erblassers	☐
Sonstige Aspekte zur Klärung von Vorfragen (z.B. Geschäftsfähigkeit, Adoption)	☐
Zeitpunkt der Eheschließung / Begründung einer eingetragenen Lebenspartnerschaft zur Bestimmung des Güterstands	☐
Erfassung der gesetzlichen Erbfolge	☐
Ort und Zeitpunkt der Testamentserrichtung (zur Prüfung des anwendbaren Errichtungsstatuts und der Gültigkeit etwaiger gemeinschaftlicher Testamente und Erbverträge/Anwendbarkeit von Art. 83 EuErbVO)	☐
Erfassung von Bezügen zu Drittstaaten/Heranziehung vorrangiger Abkommen	☐

Sachverhalt | Checkliste | Lösung | Verfahren | Muster

Es soll geklärt werden, ob die Witwe rechtlich verpflichtet ist, die geltend gemachten Pflichtteilszahlungsansprüche der Tochter zu erfüllen. Die Prüfung des Falls ist in folgenden Schritten vorzunehmen:

- Internationale Zuständigkeit
- Örtliche Zuständigkeit
- Vorfragen
- Anwendbares Erbstatut:

- Rechtswahl
- Zeitliche Einordnung der Rechtswahl
- Widerruf oder Änderung der Rechtswahl
- Gewöhnlicher Aufenthalt

1. Zuständigkeit und Vorfragen

Wie im Grundfall Mandatssituation 14.3, S. 982.

2. Anwendbares Erbstatut

2.1. Art. 83 EuErbVO

Da der Erbfall nach dem Geltungsbeginn der EuErbVO eingetreten ist und eine letztwillige Verfügung angewandt werden soll, die vor dem Geltungsbeginn errichtet wurde, sind die Übergangsbestimmungen des Art. 83 EuErbVO zu beachten. Vorliegend sind jedoch zwei sich ergänzende Verfügungen aus der Zeit vor und nach dem Geltungsbeginn der Erbrechtsverordnung auszulegen. Verfasst der Erblasser nach dem Geltungsbeginn der Erbrechtsverordnung ein neues Testament, oder ändert er das alte Testament, so endet die Rechtswahlfiktion des Art. 83 Abs. 4 EuErbVO. Aufgrund der Testamentsänderung aus dem Jahr 2016 scheidet somit vorliegend eine Rechtswahlfiktion gem. Art. 83 Abs. 4 EuErbVO aus.

2.2. Explizite oder konkludente Rechtwahl

Das anwendbare Recht ist nach den allgemeinen Kollisionsregeln der Art. 21 f. EuErbVO zu bestimmen. Entsprechend ist im ersten Schritt zu prüfen, ob eine wirksame Rechtswahl zu beachten ist.

Da eine explizite Rechtswahl nicht getroffen wurde, ist im Wege der Auslegung zu ermitteln, ob der Erblasser eine konkludente Rechtswahl zugunsten des britischen Rechts getroffen hat (vgl. Erwägungsgrund 39 Satz 2 EuErbVO). Hierfür sprechen mehrere Indizien: Der Erblasser hat auf Englisch und unter Verwendung typischer Rechtsbegriffe des britischen Erbrechts testiert. Das von ihm gewählte Zwei-Zeugen-Testament ist nur nach seinem Staatsangehörigkeitsrecht wirksam. Auch dieser Aspekt spricht dafür, dass er die Anwendung seines Heimatrechts bestimmten wollte.

Ergebnis:

Die in der Testamentsergänzung aus dem Jahr 2016 enthaltenden Indizien führen im Wege der ergänzenden Auslegung zu dem Ergebnis, dass der Erblasser in zulässiger Weise die Anwendung britischen Erbstatuts als das Recht seiner Staatsangehörigkeit gewählt hat.

3. Abwehr pflichtteilsrechtlicher Ansprüche

Die von der Tochter geltend gemachten pflichtteilsrechtlichen Ansprüche können unter Verweis auf die Anwendung britischen Erbrechts, das ein Noterbrecht zugunsten von Angehörigen nicht kennt, zurückgewiesen werden.

Sachverhalt | Checkliste | Lösung | **Verfahren** | Muster

ENZ oder Eigenrechtserbschein

Da Großbritannien nicht Vertragsstaat der EuErbVO geworden ist, hat das ENZ als Erbnachweis in Großbritannien keine bindende Wirkung und ist insoweit nicht viel zweckmäßiger als ein Erbschein. Da die Mandantin jedoch einen Erbnachweis zur Berichtigung des Grundbuchs benötigt, sollte aus Kostengesichtspunkten ein gegenständlich beschränkter Erbschein für den in Deutschland befindlichen Nachlass beantragt werden. Die Gerichtskosten richten sich dann lediglich nach den in Deutschland befindlichen Nachlasswerten (Nr. 12210 KV GNotKG).

Sachverhalt | Checkliste | Lösung | Verfahren | **Muster**

Zum Muster „Gegenständlich beschränkter Erbschein“ siehe das Muster zur Mandatssituation 14.3, S. 983 ff.

Abwandlung 14.3.2: Art. 21 EuErbVO, Recht am gewöhnlichen Aufenthalt zum Todesfall

Sachverhalt | Checkliste | Lösung | Verfahren | Muster

Wie Mandatssituation 14.3, S. 981, jedoch hat der Erblasser seine letztwillige Verfügung im Jahr 2016 ergänzt und hierbei anders als im Jahr 2000 in deutscher Sprache unter Verwendung einer Wiederverheiratungsklausel testiert.

Die Witwe beauftragt Sie mit der Stellungnahme zu den geltend gemachten Pflichtteilsansprüchen.

Sachverhalt | **Checkliste** | Lösung | Verfahren | Muster

Gehen Sie die Prüfungsschritte für die Anwendung der EuErbVO durch (siehe Checkliste in Kapitel 14.A.10, S. 969 f.) und erheben Sie abhängig vom Sachverhalt u.a. folgende Daten:	
Chronologie verschiedener gewöhnlicher Aufenthalte	☐
Staatsangehörigkeit des Erblassers	☐
Sonstige Aspekte zur Klärung von Vorfragen (z.B. Geschäftsfähigkeit, Adoption)	☐

Zeitpunkt der Eheschließung / Begründung einer eingetragenen Lebenspartnerschaft zur Bestimmung des Güterstands	☐
Erfassung der gesetzlichen Erbfolge	☐
Ort und Zeitpunkt der Testamentserrichtung (zur Prüfung des anwendbaren Errichtungsstatuts und der Gültigkeit etwaiger gemeinschaftlicher Testamente und Erbverträge/Anwendbarkeit von Art. 83 EuErbVO)	☐
Erfassung von Bezügen zu Drittstaaten/Heranziehung vorrangiger Abkommen	☐

Es soll geklärt werden, ob die Witwe rechtlich verpflichtet ist, die geltend gemachten Pflichtteilszahlungsansprüche der Tochter zu erfüllen. Die Prüfung des Falls ist in folgenden Schritten vorzunehmen:

- Internationale Zuständigkeit
- Örtliche Zuständigkeit
- Vorfragen
- Anwendbares Erbstatut:
  - Rechtswahl
  - Zeitliche Einordnung der Rechtswahl
  - Widerruf oder Änderung der Rechtswahl
  - Gewöhnlicher Aufenthalt

1. Zuständigkeit und Vorfragen

Wie im Grundfall Mandatssituation 14.3, S. 982.

2. Anwendbares Erbstatut

2.1. Art. 83 EuErbVO

Da der Erbfall nach dem Geltungsbeginn der EuErbVO eingetreten ist und eine letztwillige Verfügung angewandt werden soll, die vor dem Geltungsbeginn errichtet wurde, sind die Übergangsbestimmungen des Art. 83 EuErbVO zu beachten. Vorliegend sind jedoch zwei sich ergänzende Verfügungen aus der Zeit vor und nach dem Geltungsbeginn der Erbrechtsverordnung auszulegen. Verfasst der Erblasser nach dem Geltungsbeginn der Erbrechtsverordnung ein neues Testament, oder ändert er das alte Testament, so endet die Rechtswahlfiktion des Art. 83 Abs. 4 EuErbVO. Aufgrund der Testamentsänderung aus dem Jahr 2016 scheidet somit vorliegend eine Rechtswahlfiktion gem. Art. 83 Abs. 4 EuErbVO aus.

2.2. Explizite oder konkludente Rechtwahl

Das anwendbare Recht ist nach den allgemeinen Kollisionsregeln der Art. 21 f. EuErbVO zu bestimmen. Entsprechend ist im ersten Schritt zu prüfen, ob eine wirksame Rechtswahl zu beachten ist.

Da eine explizite Rechtswahl ersichtlich nicht getroffen wurde, ist im Wege der Auslegung zu ermitteln, ob der Erblasser eine wirksame Rechtswahl konkludent getroffen hat (vgl. Erwägungsgrund 39 Satz 2 EuErbVO). In der Testamentsergänzung aus dem Jahr 2016 hat der Erblasser anders als in seinem ersten Testament nicht mehr auf Englisch sondern in deutscher Sprache und unter Verwendung eines typisch deutschen Rechtsinstituts, der Wiederverheiratungsklausel, testiert. Die vorhandenen Indizien der Testamentsergänzung sprechen somit nicht mehr für die Wahl des britischen Rechts. Soweit Indizien für die Wahl deutschen Erbstatuts zu bejahen wären, scheidet eine gültige Rechtswahl aus, da die Wahl des Rechts des gewöhnlichen Aufenthalts in der Erbrechtsverordnung nicht vorgesehen ist.

Ergebnis:

Mangels wirksamer Rechtswahl ist deutsches Recht gem. Art. 21 Abs. 1 EuErbVO als Recht am gewöhnlichen Aufenthalt des Erblassers im Zeitpunkt seines Todes berufen mit der Folge, dass die Tochter pflichtteilsrechtliche Ansprüche gegen die Mandantin vor den deutschen Zivilgerichten durchsetzen kann.

Mandatssituation 14.4: Immobilie im Ausland

Sachverhalt | Checkliste | Lösung | Verfahren | Muster

Der Nachlass eines Erblassers mit deutscher Staatsangehörigkeit und letztem gewöhnlichen Aufenthalt in Deutschland setzt sich u.a. zusammen aus zwei Ferienhäusern in Frankreich und Dänemark. Die Ehefrau ist aufgrund letztwilliger Verfügung zur Alleinerbin eingesetzt worden. Sie will darüber beraten werden, welchen Erbscheinsantrag sie stellen sollte. Eine Rechtswahl hat der Erblasser nicht getroffen.

Sachverhalt | **Checkliste** | Lösung | Verfahren | Muster

Gehen Sie die Prüfungsschritte für die Anwendung der EuErbVO durch (siehe Checkliste in Kapitel 14.A.10, S. 969 f.) und erheben Sie abhängig vom Sachverhalt u.a. folgende Daten: Chronologie verschiedener gewöhnlicher Aufenthalte	☐
Staatsangehörigkeit des Erblassers	☐
Sonstige Aspekte zur Klärung von Vorfragen (z.B. Geschäftsfähigkeit, Adoption)	☐

Zeitpunkt der Eheschließung / Begründung einer eingetragenen Lebenspartnerschaft zur Bestimmung des Güterstands	☐
Erfassung der gesetzlichen Erbfolge	☐
Ort und Zeitpunkt der Testamentserrichtung (zur Prüfung des anwendbaren Errichtungsstatuts und der Gültigkeit etwaiger gemeinschaftlicher Testamente und Erbverträge/Anwendbarkeit von Art. 83 EuErbVO)	☐
Erfassung von Bezügen zu Drittstaaten/Heranziehung vorrangiger Abkommen	☐

1. Vorüberlegung

Es soll die Erteilung eines Erbscheins zugunsten der Witwe beantragt werden. Die Prüfung des Falls ist in folgendenSchritten vorzunehmen:

- Internationale Zuständigkeit
- Örtliche Zuständigkeit
- Anwendbares Erbstatut
- Antrag ENZ/Erbschein

2. Verfahren

2.1 Internationale Zuständigkeit

Bei der Prüfung, ob für ein deutsches Gericht die internationale Zuständigkeit eröffnet ist, muss – wenn keine vorrangig anzuwendenden bilateralen Abkommen bestehen – Kapitel II der EuErbVO herangezogen werden. Da der Erblasser im Zeitpunkt seines Todes seinen gewöhnlichen Aufenthalt in Deutschland hatte, sind deutsche Gerichte gem. Art. 4 EuErbVO für den gesamten Nachlass des Erblassers international zuständig. Dies gilt auch für die Bestimmung der internationalen Zuständigkeit für die Erteilung eines ENZ (Art. 64 EuErbVO).

2.2 Örtliche Zuständigkeit

Die EuErbVO regelt jedoch nur die internationale Zuständigkeit. Die Regelung der örtlichen, sachlichen und funktionellen Zuständigkeit ist den Mitgliedstaaten vorbehalten. Die örtliche Zuständigkeit bei internationaler Zuständigkeit nach der EuErbVO richtet sich seit dem 17.08.2015 nach dem IntErbRVG. Die örtliche Zuständigkeit für die Beantragung eines ENZ ist in § 34 IntErbRVG geregelt. Danach ist das Gericht am gewöhnlichen Aufenthalt des Erblassers zum Zeitpunkt seines Todes örtlich zuständig. Für die örtliche Zuständigkeit für das inländische Nachlassverfahren verweist § 47 IntErbRVG auf die Bestimmungen des FamFG.

3. Anwendbares Erbstatut

Der Anknüpfungspunkt für das anwendbare Recht bestimmt sich grundsätzlich wie bei der Bestimmung der internationalen Zuständigkeit nach dem gewöhnlichen Aufenthalt des Erblassers zum Zeitpunkt seines Todes (Art. 21 Abs. 1 EuErbVO). Entsprechend ist auf den gesamten Nachlass, auch auf den in Drittstaaten gelegenen Nachlass, deutsches Erbrecht anzuwenden (Art. 23 Abs. 1 EuErbVO). Das Kollisionsrecht der EuErbVO verdrängt damit auch Art. 3a EGBGB. Eine Nachlassspaltung kann sich nach der EuErbVO somit nur noch ergeben, wenn die EuErbVO auf das Recht eines Drittstaates verweist, dessen IPR für bewegliches oder unbewegliches Vermögen auf das Belegenheitsstatut verweist (Art. 34 EuErbVO), oder wenn eine Rechtswahl zu beachten ist.

Sachverhalt | Checkliste | Lösung | Verfahren | Muster

1. ENZ oder Eigenrechtserbschein

Es ist zu prüfen, ob für die Mandantin ein ENZ, ein Erbschein oder beides beantragt werden sollte. Das ENZ verdrängt den deutschen Erbschein nicht (Art. 62 Abs. 2 EuErbVO). Die Erben können nach eigenen Zweckmäßigkeitsgesichtspunkten entscheiden, welche Zeugnisse sie beantragen und nutzen wollen.

Vorliegend bietet sich die Beantragung eines ENZ an, da es sowohl in Frankreich als auch in Deutschland bindende Wirkung hat. Ob das ENZ auch für den Nachweis der Erbfolge in Dänemark tauglich ist, muss im Einzelfall recherchiert werden. Da die EuErbVO für **Dänemark** nicht bindend ist, müssen die Behörden das ENZ nicht als Erbnachweis anerkennen. In Dänemark ist ein Erbschein im deutschen Sinne wegen des besonderen dänischen Nachlassverfahrens jedoch häufig nicht erforderlich. Da die Mandantin Alleinerbin wird und daher eine Nachlassauseinandersetzung nicht erforderlich ist, könnte das ENZ oder ein deutscher Erbschein ausnahmsweise zum Nachweis der Erbenstellung für die in Dänemark erforderliche Grundbuchberichtigung zweckmäßig sein.

2. Kosten

Der Geschäftswert für das Erbscheinsverfahren und das ENZ richtet sich nach § 40 Abs. 1 Nr. 1 GNotKG. Die Gebühren bestimmen sich nach Tabelle B des Kostenverzeichnisses 12210 des GNotKG. Gemäß § 40 Abs. 3 GNotKG sind zur Bestimmung des Geschäftswerts nur die Nachlassgegenstände zu berücksichtigen, für die der Erbschein oder das Zeugnis Wirkung besitzen soll. Für Fälle, in denen sowohl die Ausstellung eines Erbscheins als auch die Ausstellung eines ENZ beantragt wird, sieht Nr. 12210 KV GNotKG eine Gebührenanrechnung vor: 75 % der Gebühr, die bereits für ein Verfahren über den Antrag auf Erteilung eines Erbscheins entstanden ist, werden auf die Gebühr für ein Verfahren über den Antrag auf Ausstellung eines ENZ angerechnet, wenn sich der Erbschein und das ENZ nicht widersprechen. Dies gilt entsprechend, wenn zuerst die Gebühr für ein Verfahren über den Antrag auf Ausstellung eines ENZ entstanden ist.

Sachverhalt | Checkliste | Lösung | Verfahren | **Muster**

Die EU hat einheitliche Formblätter für die Durchführung der EuErbVO erstellt, Durchführungsverordnung (EU) Nr. 1329/14 der Kommission vom 09.12.2014, veröffentlicht im Amtsblatt der Europäischen Union am 16.12.2014, L 359/30.

Das Formblatt IV, das für den Antrag auf Erteilung eines Europäischen Nachlasszeugnisses zu verwenden ist, finden Sie auf der beigefügten CD-ROM und im Onlinemodul im Verzeichnis der Arbeitshilfen.

Mandatssituationen 14.5: Erbrecht der Ehegatten und eingetragenen Lebenspartner

Ausgangsfall: Deutsches Erbrecht trifft auf deutsches Güterrecht

Sachverhalt | Checkliste | Lösung | Verfahren | Muster

Der Erblasser besitzt ausschließlich die französische Staatsangehörigkeit, seine Ehefrau besitzt ausschließlich die deutsche Staatsangehörigkeit. Die Eheleute hatten ihren gemeinsamen gewöhnlichen Aufenthalt zum Zeitpunkt der Eheschließung im Jahr 1995 in Berlin. Der Erblasser ist mit letztem gewöhnlichen Aufenthalt im Jahr 2018 ohne letztwillige Verfügung in Berlin verstorben. Er hinterlässt vier eheliche Kinder. Sie werden von der Witwe beauftragt, erb- und güterrechtliche Ansprüche am Nachlass durchzusetzen.

Sachverhalt | **Checkliste** | Lösung | Verfahren | Muster

Gehen Sie die Prüfungsschritte für die Anwendung der EuErbVO durch (siehe Checkliste in Kapitel 14.A.10, S. 969 f.) und erheben Sie abhängig vom Sachverhalt u.a. folgende Daten: Chronologie verschiedener gewöhnlicher Aufenthalte	☐
Staatsangehörigkeit des Erblassers	☐
Sonstige Aspekte zur Klärung von Vorfragen (z.B. Geschäftsfähigkeit, Adoption)	☐
Zeitpunkt der Eheschließung / Begründung einer eingetragenen Lebenspartnerschaft zur Bestimmung des Güterstands	☐
Erfassung der gesetzlichen Erbfolge	☐

Ort und Zeitpunkt der Testamentserrichtung (zur Prüfung des anwendbaren Errichtungsstatuts und der Gültigkeit etwaiger gemeinschaftlicher Testamente und Erbverträge/Anwendbarkeit von Art. 83 EuErbVO)	☐
Erfassung von Bezügen zu Drittstaaten/Heranziehung vorrangiger Abkommen	☐

Sachverhalt | Checkliste | **Lösung** | Verfahren | Muster

Die Prüfung des Falls ist in folgenden Schritten vorzunehmen:

- Internationale Zuständigkeit
- Örtliche Zuständigkeit
- Anwendbares Erbstatut
- Anwendbares Güterstatut

1. Internationale Zuständigkeit

Die internationale Zuständigkeit richtet sich nach dem letzten gewöhnlichen Aufenthalt des Erblassers zum Zeitpunkt seines Todes (Art. 4 EuErbVO). Somit sind ausschließlich die deutschen Gerichte für den gesamten Nachlass des Erblassers zuständig. Dies gilt gem. Art. 64 EuErbVO auch für die Bestimmung der internationalen Zuständigkeit für die Erteilung eines Europäischen Nachlasszeugnisses (ENZ).

2. Örtliche Zuständigkeit

Die EuErbVO regelt jedoch nur die internationale Zuständigkeit. Die Regelung der örtlichen, sachlichen und funktionellen Zuständigkeit ist den Mitgliedstaaten vorbehalten. Die örtliche Zuständigkeit richtet sich nach dem IntErbRVG. Nach § 34 IntErbRVG ist für die Beantragung eines ENZ das Gericht am gewöhnlichen Aufenthalt des Erblassers zum Zeitpunkt seines Todes örtlich zuständig. Für die örtliche Zuständigkeit für das inländische Nachlassverfahren verweist § 47 IntErbRVG auf die Bestimmungen des FamFG. Vorliegend ist das in Berlin am letzten Aufenthalt des Erblassers örtlich zuständige Nachlassgericht zuständig.

3. Bestimmung des Erbstatuts

Da eine Rechtswahl nicht getroffen wurde, bestimmt sich das anwendbare Recht nach dem gewöhnlichen Aufenthalt des Erblassers zum Zeitpunkt seines Todes (Art. 21 Abs. 1 EuErbVO). Entsprechend ist auf den gesamten Nachlass deutsches Erbrecht anzuwenden (Art. 23 Abs. 1 EuErbVO).

4. Abgrenzung Erb- und Güterrecht

Das eheliche Güterrecht ist vom Anwendungsbereich der EuErbVO grundsätzlich ausgeschlossen (Art. 1 Abs. 2 Buchst. d) und Erwägungsgrund 12 EuErbVO). Jedoch ist das Güterrecht insoweit in die erbrechtliche Beurteilung eines Falls miteinzubeziehen, als die erbrechtlichen

Ansprüche des überlebenden Ehegatten oder Lebenspartners am Nachlass des Erstverstorbenen im Sinne einer erbrechtlichen Beteiligung betroffen sind (vgl. Art. 23 Abs. 2 Buchst. b) EuErbVO). Da sich das Erb- und Güterrecht häufig überschneiden, ist es notwendig, in jedem Einzelfall zu klären, ob eine Norm erb- oder güterrechtlich zu qualifizieren ist. Hierfür muss zusätzlich zum Erbstatut das anwendbare Güterrechtsstatut ermittelt werden.

5. Bestimmung des Güterrechtsstatuts

Vorrangig zu berücksichtigen sind auch hier völkerrechtliche Abkommen und ggf. eine Güterrechtswahl der Ehegatten. Auf Ehen und Partnerschaften, die nach dem 29.01.2019 geschlossen wurden, sind die EuGüVO/ EuPartVO anzuwenden. Da die Ehe vor dem Geltungsbeginn der EuGüVO geschlossen wurde, richtet sich das anwendbare Güterrecht nach Art. 15 i.V.m. 14 EGBGB a.F. Aufgrund des gemeinsamen gewöhnlichen Aufenthalts der Ehegatten zum Zeitpunkt der Eheschließung ist deutsches Güterrecht berufen. Da die Eheleute keinen Ehevertrag und keine güterrechtliche Rechtswahl getroffen haben, ist festzustellen, dass für den Erblasser der Güterstand der Zugewinngemeinschaft galt.

Im zweiten Schritt ist zu prüfen, ob sich aus dem anwendbaren Güterrecht Auswirkungen auf die erbrechtliche Beteiligung des überlebenden Ehegatten/Lebenspartners ergeben. Insbesondere war bislang umstritten, ob das zusätzliche erbrechtliche Viertel des Ehegatten im ENZ auszuweisen ist.

Der EuGH hat in der Rechtssache Mahnkopf entschieden, dass § 1371 Abs. 1 BGB als erbrechtlich zu qualifizieren ist. Entsprechend ist das „güterrechtliche Viertel" des Ehegatten/Lebenspartners vom Nachlassgericht als Erbquote auszuweisen und im ENZ anzugeben (EuGH, Urt. v. 01.03.2018 – Rs. C-558/16, FamRZ 2018, 632).

6. Ergebnis

Die Voraussetzungen für die Anwendung des § 1371 Abs. 1 BGB sind erfüllt. Für die Mandantin kann ein Erbschein oder ein ENZ beantragt werden, welcher/es sie als Miterbin zu 1/2 ausweist. Alternativ kann sie gem. § 1371 Abs. 2 BGB das Erbe ausschlagen und den rechnerischen Zugewinnausgleich gegen den Nachlass geltend machen und vom übrigen Nachlass den kleinen Pflichtteil verlangen.

Abwandlung 14.5.1: Deutsches Erbrecht trifft auf ausländisches Güterrecht

Sachverhalt | Checkliste | Lösung | Verfahren | Muster

Wie im Ausgangsfall, jedoch haben die Eheleute 1995 mit gemeinsamem gewöhnlichen Aufenthalt in Frankreich geheiratet.

Sachverhalt | Checkliste | **Lösung** | Verfahren | Muster

Bestimmung des Güterrechtsstatuts

Vorrangig zu berücksichtigen sind auch hier völkerrechtliche Abkommen und ggf. eine Güterrechtswahl der Ehegatten. Auf Ehen und Partnerschaften, die nach dem 29.01.2019 geschlossen wurden, sind die EuGüVO/ EuPartVO anzuwenden. Da die Ehe vor dem Geltungsbeginn der EuGüVO geschlossen wurde, richtet sich das anwendbare Güterrecht nach Art. 15 i.V.m. 14 EGBGB a.F. Aufgrund des gemeinsamen gewöhnlichen Aufenthalts der Ehegatten zum Zeitpunkt der Eheschließung ist aus Sicht des deutschen IPR französisches Güterrecht berufen. Da die Eheleute keinen Ehevertrag und keine güterrechtliche Rechtswahl getroffen haben, ist festzustellen, dass für den Erblasser der gesetzliche Güterstand (la Communauté d'acquêts) galt.

Da der EuGH § 1371 Abs. 1 BGB als erbrechtlich qualifiziert (EuGH, Urt. v. 01.03.2018 – Rs. C-558/16, FamRZ 2018, 632), ist zu prüfen, ob vorliegend die Anwendung von § 1371 Abs. 1 BGB in Betracht kommt mit der Folge, dass der Erbanteil der Witwe um das güterrechtliche Viertel zu erhöhen wäre. Tatbestandliche Voraussetzung für die Anwendung des §1371 BGB ist zunächst, dass es sich beim französischen gesetzlichen Güterstand um einen Güterstand handelt, der inhaltlich der Zugewinngemeinschaft nach §§ 1363 ff. BGB gleichzusetzen ist (zur Substitution siehe Kapitel 14.A.6.4.2, S. 955 f.).

In der Literatur wird vorgeschlagen, das Vorliegen einer Zugewinngemeinschaft immer dann anzunehmen, wenn nach dem geltenden Güterstand im Rahmen der Scheidung der Ehe ein güterrechtlicher Ausgleich erfolgt, im Fall der Beendigung der Ehe durch den Tod aber nicht, sondern stattdessen nach den erbrechtlichen Bestimmungen des Güterstatuts der Ehegatten relativ großzügig erbrechtlich bedacht wird (DNotI-Report 2018, 54; Weber, NJW 2018, 1356, 1357 f.; Fornasier, in: Dutta/Weber, Internationales Erbrecht 2016, Art. 63 EuErbVO Rdnr. 32). Verbindlichere Vorgaben zur Anwendung des § 1371 BGB beim Aufeinandertreffen von deutschem Erbrecht und ausländischem Güterrecht werden sich erst durch weitere unionsrechtliche Rechtsprechung bilden.

Anwendung französischen Güterrechts

Anders als der deutsche gesetzliche Güterstand sieht das französische Güterrecht (Art. 1400 ff. Code Civil) im Fall der Beendigung der Ehe durch den Tod einen konkret zu ermittelnden güterrechtlichen Ausgleich der Vermögensmassen der Ehegatten vor. Zusätzlich erhält der Ehegatte – abhängig davon, welche Verwandten der Erblasser hinterlässt – wahlweise den Nießbrauch am gesamten Nachlass oder eine Erbquote. Zwischen den zu vergleichenden Güterständen besteht somit keine **funktionale Gleichwertigkeit**. Die Substitution kann im vorliegenden Fall nicht bejaht werden. Der Tatbestand des § 1371 Abs. 1 BGB ist somit nicht eröffnet.

Ergebnis:

Die Witwe kann den güterrechtlichen Ausgleich gemäß den französischen Bestimmungen vor der Aufteilung des Nachlasses durchführen lassen. In erbrechtlicher Hinsicht wird sie gem. § 1931 BGB Erbin mit einer Erbquote von einem Viertel.

Abwandlung 14.5.2: Ausländisches Erbrecht trifft auf deutsches Güterrecht

Sachverhalt | Checkliste | Lösung | Verfahren | Muster

Wie im Ausgangsfall, S. 992, jedoch hat der Erblasser eine wirksame testamentarische erbrechtliche Rechtswahl zugunsten des französischen Erbrechts getroffen.

Sachverhalt | Checkliste | Lösung | Verfahren | Muster

1. Bestimmung des Erbstatuts

Vorliegend bestehen keine Zweifel an der Wirksamkeit der getroffenen Rechtswahl. Der Erblasser hat formgültig für das Recht seiner Staatsangehörigkeit optiert (Art. 21 Abs. 1 EuErbVO). Entsprechend ist auf den gesamten Nachlass französisches Erbrecht anzuwenden (Art. 23 Abs. 1 EuErbVO).

2. Abgrenzung Erb- und Güterrecht

Das eheliche Güterrecht ist vom Anwendungsbereich der EuErbVO grundsätzlich ausgeschlossen (Art. 1 Abs. 2 Buchst. d) und Erwägungsgrund 12 EuErbVO). Jedoch ist das Güterrecht insoweit in die erbrechtliche Beurteilung eines Falls miteinzubeziehen, als die erbrechtlichen Ansprüche des überlebenden Ehegatten oder Lebenspartners am Nachlass des Erstverstorbenen im Sinne einer erbrechtlichen Beteiligung betroffen sind (vgl. Art. 23 Abs. 2 Buchst. b) EuErbVO). Da sich das Erb- und Güterrecht häufig überschneiden, ist es notwendig, in jedem Einzelfall zu klären, ob eine Norm erb- oder güterrechtlich zu qualifizieren ist. Hierfür muss zusätzlich zum Erbstatut das anwendbare Güterrechtsstatut ermittelt werden.

3. Bestimmung des Güterrechtsstatuts

Da die EuGüVO vorliegend in zeitlicher Hinsicht noch nicht zur Anwendung kommt, richtet sich das Güterrecht nach Art. 14 i.V.m. 15 EGBGB a.F. Aufgrund des gemeinsamen gewöhnlichen Aufenthalts der Ehegatten zum Zeitpunkt der Eheschließung ist deutsches Güterrecht berufen. Da die Eheleute keinen Ehevertrag und keine güterrechtliche Rechtswahl getroffen haben, ist festzustellen, dass für den Erblasser der Güterstand der Zugewinngemeinschaft galt.

Somit treffen französisches Erbrecht und deutsches Güterrecht aufeinander.

4. Erb- und güterrechtliche Ansprüche der Witwe

In erbrechtlicher Hinsicht kann die Witwe gem. Art. 1400 ff. Code Civil wahlweise eine Erbquote von einem Viertel oder den lebenslangen Nießbrauch am gesamten Nachlass beanspruchen.

5. Anwendbarkeit von § 1371 BGB

Fraglich ist, ob sie zusätzlich das güterrechtliche Viertel des § 1371 Abs. 1 BGB verlangen kann oder ob sie das Erbe ausschlagen muss, um an den rechnerischen Zugewinnausgleich gem. § 1371 Abs. 2 erster Halbsatz BGB zu gelangen. Aufgrund der Entscheidung des EuGH in der Rechtssache Mahnkopf (EuGH, Urt. v. 01.03.2018 – Rs. C-558/16, FamRZ 2018, 632) ist § 1371 Abs. 1 BGB im unionsrechtlichen Kontext als **erbrechtliche** Norm zu qualifizieren. Da vorliegend französisches Erbrecht Anwendung findet, kommt § 1371 Abs. 1 BGB als erbrechtliche Norm damit nicht zur Anwendung. Auch ein Rückgriff auf die deutsche Rechtsprechung (BGH v. 13.05.2015 – IV ZB 30/14), die § 1371 Abs. 1 BGB als güterrechtliche Norm versteht, ist dem Nachlassgericht nicht gestattet, da es das europäische Unionsrecht anzuwenden hat und damit an die vom EuGH vorgenommene Klassifizierung als erbrechtliche Norm gebunden ist.

Zwischenergebnis:

Die pauschale güterrechtliche Erhöhung der Erbquote um ein weiteres Viertel kann die Witwe nicht durchsetzen.

Die Entscheidung des EuGH in Sachen Mahnkopf führt im deutschen Güterrecht aktuell zu einer Normlücke im System der §§ 1371 ff. BGB mit der Folge, dass der überlebende Ehegatte, der keinen pauschalen Zugewinn über § 1371 Abs. 1 BGB erhält, das Erbe ausschlagen müsste, um Zugang zum güterrechtlichen Ausgleich nach § 1371 Abs. 2 BGB zu erhalten. Um Nachteile für den Ehegatten zu vermeiden, wird in der Literatur empfohlen, § 1371 Abs. 2 erster Halbsatz BGB auch dann anzuwenden, wenn das nach dem ausländischen Erbstatut bestehende Erbrecht des überlebenden Ehegatten ausschließlich eine erbrechtliche Funktion erfüllt und nicht zugleich dem güterrechtlichen Vermögensausgleich dient (Fornasier, Anmerkung zur Rechtssache Mahnkopf, FamRZ 2018, 634–635).

Zwischenergebnis:

Um den rechnerischen Zugewinnausgleich der §§ 1373–1383, 1390 BGB zu erhalten, muss die Witwe das Erbe ausschlagen oder juristisches Neuland betreten und die Durchsetzung des Zugewinnausgleichs ohne Ausschlagung unter Berufung auf die Stimmen der Literatur wagen.

Warnhinweis

Bezüglich der Durchsetzung des rechnerischen Zugewinnausgleichs besteht für den erbberechtigten Ehegatten vorläufig eine große Rechtsunsicherheit. Wenn der konkrete Zugewinnausgleich lukrativ ist, muss entschieden werden, ob das Erbe **fristgemäß** ausgeschlagen wird oder ob der Erbe das Risiko einer gerichtlichen Durchsetzung des Zugewinnausgleichs ohne Ausschlagung in analoger Anwendung des § 1371 Abs. 2 erster Halbsatz BGB auf sich nimmt. Für diese Entscheidung und für den Versuch einer gütlichen außergerichtlichen Lösung bleibt im Hinblick auf die Ausschlagungsfrist nicht viel Zeit.

Mandatssituation 14.6: Nachlassspaltung mit Pflichtteil und internationalem Entscheidungsdissens

Sachverhalt | Checkliste | Lösung | Verfahren | Muster

Der Nachlass eines ledigen Erblassers mit deutscher Staatsangehörigkeit und letztem gewöhnlichen Aufenthalt in Deutschland setzt sich zusammen aus einem Ferienhaus in Florida und Geldvermögen in den USA und Deutschland. Der Erblasser hat mit letztwilliger Verfügung seine Lebensgefährtin zur Alleinerbin eingesetzt und ausdrücklich testiert, dass er seinen einzigen im Jahr 1990 geborenen Sohn enterbe. Eine Rechtswahl zum anwendbaren Erbstatut hat der Erblasser nicht getroffen. Nach dem Eintritt des Erbfalls im Jahr 2018 werden Sie vom Sohn beauftragt, den Pflichtteilsanspruch zu ermitteln.

Sachverhalt | **Checkliste** | Lösung | Verfahren | Muster

Gehen Sie die Prüfungsschritte für die Anwendung der EuErbVO durch (siehe Checkliste in Kapitel 14.A.10, S. 969 f.) und erheben Sie abhängig vom Sachverhalt u.a. folgende Daten: Chronologie verschiedener gewöhnlicher Aufenthalte	☐
Staatsangehörigkeit des Erblassers	☐
Sonstige Aspekte zur Klärung von Vorfragen (z.B. Geschäftsfähigkeit, Adoption)	☐
Zeitpunkt der Eheschließung / Begründung einer eingetragenen Lebenspartnerschaft zur Bestimmung des Güterstands	☐

Erfassung der gesetzlichen Erbfolge	☐
Ort und Zeitpunkt der Testamentserrichtung (zur Prüfung des anwendbaren Errichtungsstatuts und der Gültigkeit etwaiger gemeinschaftlicher Testamente und Erbverträge/Anwendbarkeit von Art. 83 EuErbVO)	☐
Erfassung von Bezügen zu Drittstaaten/Heranziehung vorrangiger Abkommen	☐

Sachverhalt | Checkliste | Lösung | Verfahren | Muster

Die Prüfung des Falles ist in folgenden Schritten vorzunehmen:

- Internationale Zuständigkeit
- Örtliche Zuständigkeit
- Anwendbares Erbstatut aus Sicht des deutschen IPR
- Anwendbares Erbstatut aus Sicht des US-amerikanischen IPR
- ordre-Public-Vorbehalt
- Verfahren
- Anerkennung und Vollstreckung

1. Internationale Zuständigkeit

Bei der Prüfung, ob für ein deutsches Gericht die internationale Zuständigkeit eröffnet ist, ist – wenn keine vorrangig anzuwendenden bilateralen Abkommen bestehen – Kapitel II der EuErbVO heranzuziehen. Die EuErbVO ist aus deutscher Sicht anzuwenden, obwohl die USA kein Mitgliedstaat ist, da die EuErbVO gem. Art. 20 EuErbVO universelle Geltung besitzt und auch dann anzuwenden ist, wenn nach ihren Bestimmungen das Recht eines Drittstaates anzuwenden ist. Da der Erblasser im Zeitpunkt seines Todes seinen gewöhnlichen Aufenthalt in Deutschland hatte, sind deutsche Gerichte gem. Art. 4 EuErbVO für den gesamten Nachlass des Erblassers international zuständig.

2. Örtliche Zuständigkeit

Die EuErbVO regelt jedoch nur die internationale Zuständigkeit. Die Regelung der örtlichen, sachlichen und funktionellen Zuständigkeit bleibt den Mitgliedstaaten vorbehalten. Die örtliche Zuständigkeit für das inländische Nachlassverfahren ergibt sich aus § 47 IntErbRVG, welches auf die Bestimmungen des FamFG verweist.

3. Anwendbares Erbstatut

Der Anknüpfungspunkt für das anwendbare Recht bestimmt sich grundsätzlich wie bei der Bestimmung der internationalen Zuständigkeit nach dem gewöhnlichen Aufenthalt des Erblassers zum Zeitpunkt seines Todes (Art. 21 Abs. 1 EuErbVO). Entsprechend ist auf den gesamten Nachlass, auch den in Drittstaaten belegenen Nachlass, deutsches Erbrecht anzuwenden (Art. 23 Abs. 1 EuErbVO). Das Kollisionsrecht der EuErbVO verdrängt damit auch Art. 3a EGBGB. Eine Nachlassspaltung kann sich nach der EuErbVO somit nur noch ergeben, wenn die EuErbVO selbst auf das Recht eines Drittstaates verweist, dessen IPR für bewegliches oder unbewegliches Vermögen auf das Belegenheitsstatut verweist (Art. 34 EuErbVO). Somit ist aus deutscher Sicht einheitlich auf den gesamten Nachlass des Erblassers deutsches Erbrecht anzuwenden (vgl. Jahn, Änderung der Reichweite deutscher Pflichtteilsansprüche im Verhältnis zu Drittstaaten durch die EU-ErbVO, ErbR 2015, 552).

4. Pflichtteil nach deutschem Erbstatut

Es finden § 2303 Abs. 1 i.V.m. § 1924 Abs. 1 BGB Anwendung. Danach beträgt der Pflichtteilzahlungsanspruch des Sohns 1/2 hinsichtlich des gesamten Nachlasses einschließlich des Ferienhauses.

5. Entscheidungsdissens: Pflichtteil nach U.S.-amerikanischem Erbstatut

Nach dem Recht sämtlicher amerikanischer Bundesstaaten richtet sich die Erbfolge für den unbeweglichen Nachlass nach dem Recht des Lageorts (BGH, NJW 1993, 1920; Ferid/Firsching/Dörner/Hausmann, Internationales Erbrecht, USA Grundzüge C II Rdnr. 38, 39).

Für den Bundesstaat Florida ist das Erbrecht im Title XLII Chapter 731–735 der Florida Statutes (www.leg.state.fl.us) geregelt. Nach diesen Bestimmungen richtet sich das anwendbare Recht nach der Belegenheit des Nachlassgegenstands (vgl. OLG Celle, Beschl. v. 31.07.2002 – 6 W 96/02, NJOZ 2002, 2695). Aus Sicht der amerikanischen Gerichte besteht für das Erbrecht an dem Ferienhaus die internationale Zuständigkeit der Gerichte in Florida. Die Erbfolge bzgl. dieses Nachlassgegenstands richtet sich nach dem in Florida geltenden Recht. Das Erbrecht Floridas sieht jedoch ein Pflichtteilsrecht für enterbte (volljährige Kinder) nicht vor. Es kommt somit darauf an, wem es gelingt, seinen Erbanspruch zeitlich früher rechtshängig zu machen, um eine für sich materiell-rechtlich günstige Entscheidung zu erlangen. Unbeschadet einer Korrektur wegen eines möglichen Verstoßes gegen Art. 6 EGBGB beachten deutsche Gerichte die frühere internationale Rechtshängigkeit in einem anderen Staat und verneinen die Zulässigkeit einer inländischen Klage, wenn der Einwand der internationalen Rechtshängigkeit in entsprechender Anwendung des § 261 Abs. 3 BGB erhoben wird. Wenn die Lebensgefährtin ihren Erbanspruch in Florida zeitlich früher rechtshängig macht, als der Sohn die Pflichtteilsklage in Deutschland, muss sich das Gericht in Deutschland für international unzuständig erklären. Der Sohn läuft dann Gefahr, dass die Erbin ein Urteil erlangt, nach dem Pflichtteilsansprüche des Sohnes ausgeschlossen sind.

6. ordre public

Auch die EuErbVO sieht einen ordre-public-Vorbehalt in Art. 35 EuErbVO vor. Anfangs war in dem Vorschlagstext für die EuErbVO ein Zusatz vorgesehen, nachdem Abweichungen beim Pflichtteil als solche nicht für einen ordre-public-Verstoß ausreichen sollten. Da dieser Passus aber nicht in die Schlussfassung der Verordnung gelangte, erscheint eine Berufung auf den ordre-public-Vorbehalt im Hinblick auf die Ausführungen des BVerfG zum Gedanken einer unentziehbaren Mindestbeteiligung der Kinder am Nachlass der Eltern denkbar (Palandt/Thorn, Art. 35 EuErbVO Rdnr. 2).

Die deutsche Rechtsprechung hatte hierin lange keinen beachtlichen Verstoß gegen den ordre-public-Vorbehalt (Art. 6 EGBGB) gesehen. Seit der Entscheidung des BVerfG zum Pflichtteilsrecht (BVerfG v. 19.04.2005, NJW 2005, 1561) wird jedoch vertreten, dass ein Pflichtteil der Kinder nun auch bei ausländischem Erbstatut bei ausreichender Inlandsberührung des Falls durch den ordre public garantiert sei (KG v. 26.02.2008 – 1 W 59/07, NJW-RR 2008, 1109; Lorenz, ZEV 2005, 441; Looschelders, IPRax 2009, 248; a.A. Süß, in: Mayer/Süß/Tanck/Bittler/Wälzholz, Handbuch Pflichtteilsrecht, § 18 Rdnr. 309 ff.). Eine gerichtliche Entscheidung über diese Frage ist bisher jedoch nicht ergangen.

Die Erfolgsaussicht für die gerichtliche Durchsetzung einer Korrektur nach Art. 6 EGBGB sollte jedoch sehr vorsichtig betrachtet werden. Da Art. 6 EGBGB eine Ausnahmeregelung ist, kommt sie nur sehr restriktiv zum Einsatz. Es müsste ein – auch wirtschaftlich gesehen – schier unerträgliches Ergebnis vorliegen. Das könnte der Fall sein, wenn es sich bei der Immobilie in Florida um eine millionenschwere Villa handeln und der Erblasser im Inland nur einen sehr kleinen Nachlass hinterlassen würde.

Praxistipp

Sie müssen Ihren Mandanten darauf hinweisen, dass seine Ansprüche davon abhängen, wer in welcher Rechtsordnung zuerst prozessiert. Wenn es wie hier auf das sogenannte **forum shopping** ankommt, sollten Sie Ihrem Mandanten empfehlen, mit einem zweiten Anwalt in dem betreffenden Land zusammenzuarbeiten, der Ihnen das Wissen um das materielle und das Prozessrecht dieses Staates liefert.

Anerkennung und Vollstreckung in den USA

Deutsche Urteile gegen in den USA ansässige Personen müssen zum Zweck der Vollstreckung im Wege der sogenannten „comity“ (Anerkennungsgewährung) in örtliche amerikanische Urteile umgeschrieben werden (vgl. § 328 ZPO im umgekehrten Fall). Voraussetzungen für eine solche Anerkennung sind die ordnungsgemäße Zustellung der Ladung zum deutschen Termin (Haager Zustellungskonvention beachten!), ein rechtsgültiger deutscher Titel sowie eine Bindung des Beklagten zur Bundesrepublik Deutschland.

Mandatssituation 14.7: Bestimmung des Erbstatuts bei Rückverweisung, internationalem Entscheidungsdissens und ausländischem Noterbrecht

Sachverhalt | Checkliste | Lösung | Verfahren | Muster

Eine Schweizerin mit letztem gewöhnlichen Aufenthalt in Deutschland hinterlässt Nachlass in der Schweiz und in Deutschland. Sie werden von den Erben beauftragt zu prüfen, welches Erbrecht anzuwenden ist.

Sachverhalt | Checkliste | Lösung | Verfahren | Muster

Gehen Sie die Prüfungsschritte für die Anwendung der EuErbVO durch (siehe Checkliste in Kapitel 14.A.10, S. 969 f.) und erheben Sie abhängig vom Sachverhalt u.a. folgende Daten:	
Chronologie verschiedener gewöhnlicher Aufenthalte	☐
Staatsangehörigkeit des Erblassers	☐
Sonstige Aspekte zur Klärung von Vorfragen (z.B. Geschäftsfähigkeit, Adoption)	☐
Zeitpunkt der Eheschließung / Begründung einer eingetragenen Lebenspartnerschaft zur Bestimmung des Güterstands	☐
Erfassung der gesetzlichen Erbfolge	☐
Ort und Zeitpunkt der Testamentserrichtung (zur Prüfung des anwendbaren Errichtungsstatuts und der Gültigkeit etwaiger gemeinschaftlicher Testamente und Erbverträge/Anwendbarkeit von Art. 83 EuErbVO)	☐
Erfassung von Bezügen zu Drittstaaten/Heranziehung vorrangiger Abkommen	☐

Sachverhalt | Checkliste | Lösung | Verfahren | Muster

Die Prüfung des Falles ist in folgenden Schritten vorzunehmen:

- Internationale Zuständigkeit
- Örtliche Zuständigkeit
- Anwendbares Erbstatut aus Sicht des deutschen IPR
- Anwendbares Erbstatut aus Sicht des Schweizer IPR

1. Internationale Zuständigkeit

Da zwischen der Schweiz und Deutschland auf dem Gebiet des Erbrechts keine staatsvertraglichen Sonderbestimmungen bestehen, bestimmt sich das anwendbare Recht nach Kapitel II der EuErbVO. Die EuErbVO ist aus deutscher Sicht anzuwenden, obwohl die Schweiz kein Mitgliedstaat ist, da die EuErbVO gem. Art. 20 EuErbVO universelle Geltung besitzt und auch dann anzuwenden ist, wenn nach ihren Bestimmungen das Recht eines Drittstaates anzuwenden ist. Da die Erblasserin im Zeitpunkt ihres Todes ihren gewöhnlichen Aufenthalt in Deutschland hatte, sind deutsche Gerichte gem. Art 4 EuErbVO für den gesamten Nachlass zuständig.

2. Örtliche Zuständigkeit

Die örtliche Zuständigkeit für das inländische Nachlassverfahren ergibt sich aus § 47 IntErbRVG, welcher auf die Bestimmungen des FamFG verweist. Anknüpfungspunkt für die örtliche Zuständigkeit ist ebenfalls der gewöhnliche Aufenthalt des Erblassers zum Zeitpunkt seines Todes (§ 344 FamFG).

3. Anwendbares Erbstatut aus deutscher Sicht

Da die Erblasserin keine Rechtswahl getroffen hat, bestimmt sich das anwendbare Recht nach Kapitel II der EuErbVO. Der Anknüpfungspunkt für das anwendbare Recht bestimmt sich grundsätzlich wie bei der Bestimmung der internationalen Zuständigkeit nach dem gewöhnlichen Aufenthalt des Erblassers zum Zeitpunkt seines Todes (Art. 21 Abs. 1 EuErbVO). Entsprechend ist aus deutscher Sicht im vorliegenden Fall auf den gesamten Nachlass, auch dem in der Schweiz belegenen Nachlass, deutsches Erbrecht anzuwenden (Art. 23 Abs. 1 EuErbVO).

4. Anwendbares Erbstatut aus Schweizerischer Sicht

Auch aus schweizerischer Sicht ist deutsches Erbrecht anzuwenden, da das schweizerische Recht auf das Wohnsitzrecht verweist (Art. 90 Abs. 1 IPRG).

Abwandlung 14.7.1: Deutsche Erblasserin mit Schweizer Wohnsitz

Sachverhalt | Checkliste | Lösung | Verfahren | Muster

Eine Deutsche mit letztem gewöhnlichen Aufenthalt in der Schweiz hinterlässt ihren Nachlass in der Schweiz. Sie werden von den Erben beauftragt zu prüfen, welches Erbrecht anzuwenden ist.

Sachverhalt | Checkliste | **Lösung** | Verfahren | Muster

1. Internationale Zuständigkeit aus deutscher Sicht

Da die Erblasserin keine Rechtswahl getroffen hat und zwischen der Schweiz und Deutschland auf dem Gebiet des Erbrechts keine staatsvertraglichen Sonderbestimmungen bestehen, bestimmt sich das anwendbare Recht nach Kapitel II der EuErbVO. Die EuErbVO ist aus deutscher

Sicht anzuwenden, obwohl die Schweiz kein Mitgliedstaat ist, da die EuErbVO gem. Art. 20 EuErbVO universelle Geltung besitzt und auch dann anzuwenden ist, wenn nach ihren Bestimmungen das Recht eines Drittstaates anzuwenden ist. Da die Erblasserin im Zeitpunkt ihres Todes ihren gewöhnlichen Aufenthalt in der Schweiz hatte, kommt lediglich eine subsidiäre internationale Zuständigkeit der deutschen Gerichte nach Art. 10 EuErbVO in Betracht. Dies würde jedoch voraussetzen, dass die Erblasserin Nachlassvermögen in einem Mitgliedstaat der EuErbVO hinterlassen hat. Da sich ihr gesamter Nachlass in der Schweiz befindet, ist die internationale Zuständigkeit deutscher Gerichte zu verneinen. Eine konkurrierende Zuständigkeit gegenüber den schweizerischen Gerichten ist nicht gegeben.

2. Anwendbares Erbstatut aus deutscher Sicht

Selbst wenn die internationale Zuständigkeit in Deutschland eröffnet wäre, wäre in Anwendung des Art. 21 Abs. 1 EuErbVO Schweizer Erbstatut anzuwenden.

Abwandlung 14.7.2: Schweizerische Erblasserin mit Schweizer Wohnsitz und Nachlass in Deutschland

Sachverhalt | Checkliste | Lösung | Verfahren | Muster

Eine verwitwete Erblasserin mit Schweizer Staatsangehörigkeit und letztem gewöhnlichen Wohnsitz in der Schweiz hinterlässt einen großen Nachlass in Deutschland. Der enterbte Sohn lebt in Deutschland und will seine Ansprüche am Nachlass durchsetzen. Der Erbe hat vor dem deutschen Nachlassgericht einen Alleinerbschein beantragt.

Sachverhalt | Checkliste | Lösung | Verfahren | Muster

1. Internationale Zuständigkeit

Da die Erblasserin keine Rechtswahl getroffen hat und zwischen der Schweiz und Deutschland auf dem Gebiet des Erbrechts keine staatsvertraglichen Sonderbestimmungen bestehen, bestimmt sich das anwendbare Recht nach Kapitel II der EuErbVO. Die EuErbVO ist aus deutscher Sicht anzuwenden, obwohl die Schweiz kein Mitgliedstaat ist, da die EuErbVO gem. Art. 20 EuErbVO universelle Geltung besitzt und auch dann anzuwenden ist, wenn nach ihren Bestimmungen das Recht eines Drittstaates anzuwenden ist. Da die Erblasserin im Zeitpunkt ihres Todes ihren gewöhnlichen Aufenthalt in der Schweiz hatte, kommt lediglich eine subsidiäre internationale Zuständigkeit der deutschen Gerichte nach Art. 10 EuErbVO in Betracht. Da die Erblasserin nicht die deutsche Staatsangehörigkeit besaß (Art. 10 Abs. 1a EuErbVO) und auch innerhalb der letzten fünf Jahre vor ihrem Tod keinen gewöhnlichen Aufenthalt in Deutschland hatte (Art. 10 Abs. 1b EuErbVO), verbleibt lediglich die partielle internationale Zuständigkeit deutscher Gerichte für den Nachlass, der sich in Deutschland befindet (Art. 10 Abs. 2 EuErbVO).

2. Örtliche Zuständigkeit

Die örtliche Zuständigkeit für das inländische Nachlassverfahren ergibt sich aus § 47 IntErbRVG, welcher auf § 343 FamFG verweist. Danach ist gem. § 343 Abs. 3 FamFG jedes Gericht örtlich zuständig, in dessen Bezirk sich Nachlassgegenstände befinden.

3. Anwendbares Recht

Sowohl aus deutscher Sicht (Art. 4 EuErbVO) als auch aus schweizerischer Sicht (Art. 91 Abs. 1 IPRG, letzter gewöhnlicher Aufenthalt) ist schweizerisches Erbrecht berufen. Das Noterbrecht der enterbten Abkömmlinge ist als echte erbrechtliche Beteiligung ausgestaltet und wäre somit auch im Erbschein auszuweisen. Diese Erbberechtigung kann mit der Herabsetzungsklage (Art. 522 ZGB) geltend gemacht werden, indem die durch letztwillige Verfügung angeordnete Erbeinsetzung entsprechend der Noterbenquote gekürzt wird.

Definition Herabsetzungsklage nach ausländischem Recht

In verschiedenen ausländischen Rechtsordnungen (z.B. Belgien, Griechenland, Italien, Schweiz, Spanien, Portugal, Frankreich, Türkei) ist das Noterbrecht der Pflichtteilsberechtigten wie eine erbrechtliche dingliche Beteiligung am Nachlass ausgestaltet. Der Pflichtteilsberechtigte, der ein solches Noterbrecht durchsetzen möchte, kann die Anpassung des Testaments bis zur Gewährleistung seines Noterbrechts und eine entsprechende Teilung des Nachlasses entsprechend seiner Noterbrechtsquote durchsetzen. Auch in der Türkei ist das Pflichtteilsrecht als Noterbrecht ausgestaltet, jedoch nicht mit der Herabsetzungsklage, sondern durch Herausgabeklage durchzusetzen.

1. Herabsetzungsklage vor dem deutschen Zivilgericht

Es ist anerkannt, dass die Herabsetzungsklage, obwohl im deutschen Prozessrecht nicht vorgesehen, vor einem international zuständigen Gericht in Deutschland als Gestaltungsklage zulässig ist. Hiervon betroffen sind Fälle, in denen deutsche Gerichte über Nachlässe unter Anwendung ausländischen Erbstatuts zu entscheiden haben. Zuständig sind, wie für Klagen auf Zahlung von Pflichtteilsansprüchen deutschen Rechts, die Prozessgerichte.

2. Inländischer Erbschein bei ausländischem Noterbrecht

Der Pflichtteilsberechtigte, der beabsichtigt, seine Erbbeteiligung durch Herabsetzungsklage durchzusetzen, kann bewirken, dass das Erbscheinsverfahren bis zum Abschluss des Verfahrens über die Herabsetzungsklage ausgesetzt oder der Erbschein nur unter dem Vorbehalt der Herabsetzungsklage und damit wie mit einer Verfügungsbeschränkung erteilt wird (Süß, in: Mayer/Süß/Tanck/Bittler/Wälzholz, Handbuch Pflichtteilsrecht, § 18 Rdnr. 402 ff.).

Liegt bereits ein Herabsetzungsurteil vor, ist das Noterbrecht zwingend in den Erbschein mit aufzunehmen (vgl. OLG München v. 19.10.2010 – 31 Wx 51/10, ZEV 2011, 134, zum griechischen Noterbrecht).

Anhang: Erbfälle vor dem 17.08.2015

A. Einführung

1. Anwendung des Kollisionsrechts

Erster Schritt: Rechtsvergleich

Die besondere Herausforderung bei der Bearbeitung eines internationalen Erbfalls ist zunächst die vergleichende Betrachtung mehrerer in Frage kommender Rechtsordnungen; der Mandant muss über die Vor- und Nachteile der möglichen Rechtsforen informiert werden.

1.1 Anknüpfungspunkte

Die staatsvertraglichen oder gesetzlichen Regeln, die bestimmen, welche Rechtsordnung den zu beurteilenden Sachverhalt regeln soll, heißen **Kollisionsnormen.** Da die Kollisionsnormen das anzuwendende Recht bestimmen, müssen sie an bestimmte Tatbestandsmerkmale anknüpfen. Welche **Anknüpfungspunkte** dies sind, bestimmt das jeweilige anwendbare Statut. Das IPR der verschiedenen Staaten sieht folgende Anknüpfungspunkte für die Bestimmung des anwendbaren Rechts vor:

- **Anknüpfungsgrund:** z.B. Staatsangehörigkeit, gewöhnlicher Aufenthalt, Belegenheit einer Sache
- **Anknüpfungssubjekt:** bei Rechtsverhältnissen zwischen mehreren Personen
- **Anknüpfungszeitpunkt:** bei Veränderung der tatsächlichen Verhältnisse

Für Erbfälle, die vor dem Geltungsbeginn der EuErbVO eingetreten sind, ist bei der Bestimmung des Anknüpfungsgrunds zwischen den Staaten zu unterscheiden, die den Erbfall nach dem Recht der **Staatsangehörigkeit** des Erblassers beurteilen, und denen, die den Erbfall nach dem Recht des **gewöhnlichen Aufenthalts** beurteilen.

Staatsangehörigkeitsprinzip

Das Staatsangehörigkeitsprinzip gilt in folgenden Ländern:

- Deutschland
- Griechenland
- Italien
- Japan
- Österreich
- Polen
- Portugal
- Schweden
- Spanien

Wohnsitzprinzip

Das Wohnsitzprinzip ist häufig in internationalen Abkommen als Anknüpfungspunkt vorgesehen. Gemeint ist i.d.R. der gewöhnliche Aufenthaltsort. Damit ist im deutschen Recht der Daseinsmittelpunkt einer Person gemeint, unabhängig von der polizeilichen Anmeldung der betroffenen Person. Im angelsächsischen Recht gibt es einen ganz eigenen Begriff des Daseinsmittelpunkts: „domicile". Er unterscheidet sich vom gewöhnlichen Aufenthaltsort, da er auch auf kulturelle Bindungen zu einem Staat abstellt. Das Wohnsitzprinzip gilt vor allem in

- **anglo-amerikanischen Rechtsordnungen**

und in folgenden Staaten:

- Brasilien
- Dänemark
- Island
- Israel
- Norwegen
- Schweiz

Bürger dieser Staaten, die zum Zeitpunkt des Erbfalls ihren Wohnsitz in Deutschland hatten, werden i.d.R. nach deutschem Erbrecht beerbt. Lebte ein deutscher Erblasser in einem Staat, der dem Wohnsitzprinzip folgt, wird die Abwicklung des Erbfalls deutlich komplizierter. Nach Art. 25 EGBGB müssen deutsche Gerichte deutsches Erbrecht auf den Erbfall anwenden. Der Staat, in dem der Erblasser verstorben ist, wird dagegen das Recht am Wohnort anwenden. Es entsteht ein Fall des internationalen Entscheidungsdissenses zwischen den jeweils zuständigen Gerichten.

Interlokales Recht

Es gibt Staaten, in denen mehrere Privatrechtsordnungen nebeneinander existieren. Dann ist zusätzlich zum IPR auch das interlokale Kollisionsrecht zu beachten. Dies gilt z.B. für die USA, Großbritannien, Kanada und Spanien.

Interpersonales Recht

In einigen Ländern spielt auch die Religion der betroffenen Personen eine Rolle für die Bestimmung des anwendbaren Rechts. Dies gilt vor allem für islamische Staaten (z.B. Ägypten, Indonesien und Pakistan).

1.2 Verweisungen

Unter den Kollisionsnormen der jeweiligen beteiligten Rechtsordnungen soll letztlich die Rechtsordnung angewandt werden, zu der der Sachverhalt die **engste Verbindung** hat. Dabei muss immer beachtet werden, ob sich aus den Anknüpfungspunkten der jeweiligen beteiligten Rechtsordnungen Verweisungen auf andere Rechtsordnungen ergeben.

Grundsatz Gesamtnormverweisung

Auch das deutsche IPR verweist auf das Recht anderer Rechtsordnungen. Dabei ist zu unterscheiden, ob es sich um eine Verweisung auf das IPR des ausländischen Staates (**Gesamtnormverweisung**) handelt, oder ob lediglich auf Sachnormen des fremden Rechts (**Sachnormverweisung**) verwiesen wird. Der Grundfall der Verweisung ist in Art. 4 Abs. 1 Satz 1 EGBGB geregelt und beinhaltet eine Gesamtverweisung.

Art. 4 EGBGB Rück- und Weiterverweisung; Rechtsspaltung

(1) Wird auf das Recht eines anderen Staates verwiesen, so ist auch dessen Internationales Privatrecht anzuwenden, sofern dies nicht dem Sinn der Verweisung widerspricht. Verweist das Recht des anderen Staates auf deutsches Recht zurück, so sind die deutschen Sachvorschriften anzuwenden.

Es ist daher nicht nur das fremde Sachrecht, sondern auch das IPR des Staates, auf dessen Recht verwiesen wird, zu beachten. Hieraus folgt, dass das IPR des ausländischen Staates daraufhin zu prüfen ist, ob es die Verweisung annimmt. Dies ist der Fall, wenn das vom deutschen Recht berufene ausländische IPR ebenfalls zur Anwendung gelangt. Verweist es seinerseits jedoch auf eine andere Rechtsordnung, z.B. auf das Recht des Wohnsitzstaates, kann es zu einer **Rückverweisung** auf deutsches Recht oder zu einer Weiterverweisung auf das Recht eines dritten Staates kommen.

Beispiel

Der Erblasser war dänischer Staatsangehöriger mit Nachlass in Deutschland.

Lösung: Das deutsche IPR (Art. 25 Abs. 1 EGBGB a.F.) verweist auf das dänische Heimatrecht des Erblassers. Nach dem dänischen IPR richtet sich die Erbfolge jedoch nach dem Wohnsitzprinzip. Hatte der Erblasser seinen gewöhnlichen Aufenthalt in Deutschland, verweist das dänische Kollisionsrecht zurück auf das deutsche Recht. Das deutsche IPR nimmt diese Verweisung gem. Art. 4 Abs. 1 Satz 2 EGBGB an.

Bei einer Rückverweisung wird nur auf das Sachrecht und nicht auf das Kollisionsrecht verwiesen (Art. 4 Abs. 1 Satz 2 EGBGB). Sonst träte eine endlose Verweisungskette auf.

Weiterverweisung „renvoi"

Darüber hinaus gibt es Fälle, in denen das ausländische Kollisionsrecht auf das Recht eines dritten Staates verweist. Kommt es zu einer Weiterverweisung an einen Drittstaat, bestimmt sich die Frage, ob es sich um eine Gesamtnorm- oder Sachnormverweisung handelt, nach dem Recht des „zweiten" verweisenden Staates (Palandt/Thorn, EGBGB, Art. 4 Rdnr. 1 ff.).

Beispiel

Ein Franzose mit letztem Wohnsitz in Berlin verstirbt dort im Sommer 2013 und hinterlässt unbewegliches Vermögen in Italien.

Lösung: Art. 25 Abs. 1 EGBGB a.F. verweist vorliegend auf französisches Recht. Da es sich bei dieser Verweisung um eine Gesamtverweisung handelt, ist das französische IPR zunächst daraufhin zu untersuchen, ob es das eigene Recht für anwendbar erklärt oder ob es eine Verweisung auf eine andere Rechtsordnung vornimmt. Das französische IPR bestimmt, dass sich unbeweglicher Nachlass nach dem Recht am Ort der unbeweglichen Sache (lex rei sitae) vererbt. Somit will sich das französische Recht selbst nicht angewendet wissen. Da es aber auch nicht auf das deutsche Recht zurückverweist, kommt eine dritte, nämlich die italienische Rechtsordnung zur Anwendung.

Gespaltene Verweisung

Sowohl bei der Rückverweisung als auch bei der Weiterverweisung kann es zu einer gespaltenen Verweisung **auf mehrere Rechtsordnungen** kommen.

Beispiel

Ein chinesischer Staatsangehöriger verstirbt mit Wohnsitz in Deutschland, ohne ein Testament zu hinterlassen. Im Nachlass befinden sich eine Eigentumswohnung in London und Geldvermögen in Deutschland.

Lösung: Das deutsche IPR (Art. 25 Abs. 1 EGBGB a.F.) verweist auf das Heimatrecht des Erblassers. Art. 36 Erbgesetz der Volksrepublik China unterstellt den beweglichen Nachlass dem Recht des Wohnsitzes des Erblassers und den unbeweglichen Nachlass dem Lageort. Bezüglich des beweglichen Nachlasses kommt es somit zu einer Rückverweisung auf das deutsche Recht. Bezüglich der Eigentumswohnung kommt es zu einer Weiterverweisung auf das britische Recht. Da auch das britische IPR auf das Recht am Lageort abstellt, findet hinsichtlich der Eigentumswohnung britisches Erbrecht Anwendung.

1.3 Vorfragen

Bei der Anwendung des jeweiligen Erbstatuts müssen inzident als Vorfrage die Erfüllung verschiedener Tatbestandsvoraussetzungen geklärt werden.

Zum Beispiel:

- Gültigkeit einer letztwilligen Verfügung
- Wirksamkeit einer Eheschließung bzw. Scheidung
- Wirkungen einer Adoption
- Wirkungen gleichgeschlechtlicher Ehen

Wenn diese Vorfragen außerhalb von internationalen Übereinkommen zu prüfen sind, wendet die h.M. deutsches IPR an (sog. selbständige Anknüpfung, Palandt/Thorn, EGBGB, Einl. vor Art. 3 Rdnr. 29). Wenn Übereinkommen anzuwenden sind, richtet sich die Beurteilung der Vorfragen nach dem autonomen Recht dieser Übereinkommen.

Praxistipp

Beurteilung der Vorfragen in deutsch-türkischen Erbfällen: Die Entscheidung des OLG Köln behandelt die Prüfung der Vorfrage, wie das Vorliegen der Scheidungsvoraussetzungen nach § 1933 BGB nach türkischem Scheidungsrecht zu beurteilen sei (OLG Köln v. 21.02.2014 – 2 Wx 30/14, 2 Wx 43/14, ErbR 2014, 586).

1.4 Bestimmung der Gültigkeit letztwilliger Verfügungen

Art. 26 Abs. 1 EGBGB a.F.: Errichtungsstatut

Da sich zwischen der Errichtung eines Testaments und dem Tod des Erblassers das anwendbare Erbstatut mehrfach ändern kann, stellt Art. 26 EGBGB a.F. für die Frage der Wirksamkeit der Errichtung eines Testaments auf das Recht ab, welches zum Zeitpunkt der Errichtung das anwendbare Erbstatut gewesen wäre, so als wäre der Erblasser unmittelbar nach der Testamentserrichtung verstorben. Nach diesem sogenannten **Errichtungsstatut** ist z.B. zu beurteilen, ob Willensmängel beachtlich sind, die Möglichkeit eines Widerrufs besteht, eine Bedingung und die Errichtung eines gemeinschaftlichen Testaments zulässig sind.

Art. 26 Abs. 5 EGBGB a.F.: Effektives Erbstatut

Dagegen beurteilen sich die Wirkungen, die sich beim Eintritt des Erbfalls aus dem Testament ergeben, nach dem Erbstatut, welches zum Tod tatsächlich Anwendung findet, sogenanntes **effektives Erbstatut**. Somit bestimmen sich die Fragen, welche Kompetenzen dem Testamentsvollstrecker bei Anordnung der Testamentsvollstreckung zustehen, welche Folgen bei Anordnung von Vor- und Nacherbschaft eintreten und inwieweit sich das Pflichtteilsrecht beschränken lässt, nach dem effektiven Erbstatut.

Testierfähigkeit

Die **Testierfähigkeit** richtet sich grundsätzlich nach dem **Errichtungsstatut**. Zu beachten sind beispielsweise unterschiedliche Regelungen zum maßgeblichen Alter für die Testierfähigkeit. In Deutschland wird diese grundsätzlich mit Vollendung des 16. Lebensjahres, in vielen anderen Rechtsordnungen erst mit dem 18. Lebensjahr angenommen.

Formwirksamkeit

Zur Bestimmung des hinsichtlich der Formwirksamkeit eines Testaments anzuwendenden Rechts ist auf das **Haager Übereinkommen** über das auf die Form letztwilliger Verfügungen anwendbare Recht vom 05.10.1961 (**Testamentsformübereinkommen**) abzustellen, soweit keine vorrangigen bilateralen Abkommen zu berücksichtigen sind. Dessen Bestimmungen sind der Übersichtlichkeit halber in Art. 26 Abs. 1 EGBGB a.F. eingefügt worden, so dass im Folgenden lediglich auf Art. 26 EGBGB a.F. verwiesen wird.

Praxistipp

Das Haager Testamentsübereinkommen gilt auch gegenüber Staaten, die dem Abkommen nicht beigetreten sind (vgl. BGH, Urt. v. 07.07.2004 – IV ZR 135/03, NJW 2004, 3558).

favor testamenti

Vornehmliches Ziel des Übereinkommens ist es, Testamenten Wirksamkeit zu verschaffen. Somit genügt es für die Bejahung der Wirksamkeit, wenn nur eines der in Art. 26 Abs. 1 EGBGB a.F. aufgezählten Kriterien gegeben ist.

Praxistipp

Sehr anschaulich zum vertiefenden Verständnis der kollisionsrechtlichen Prüfung der Wirksamkeit eines Testaments ist die Entscheidung des OLG Frankfurt zur Formwirksamkeit eines Zeugennottestaments nach deutschem und spanischem Recht (OLG Frankfurt v. 12.12.2013 – 20 W 281/12, ErbR 2015, 50).

Gemeinschaftliches Testament von Eheleuten und eingetragenen Lebenspartnern

In vielen Rechtsordnungen ist die Errichtung gemeinschaftlicher Testamente **verboten.** Es herrscht der Grundsatz vor, dass die Bestimmung des „letzten Willens“ von jeder Einflussnahme, auch des Ehegatten, frei zu sein hat. In Europa gestatteten Deutschland, Litauen und Österreich nur den Ehegatten (in Deutschland auch den eingetragenen Lebenspartnern) die Testamentsform der gemeinschaftlichen Verfügung. Dagegen ist diese im dänischen, englischen und schwedischen Recht auch Unverheirateten, z.B. Geschwistern erlaubt (Süß, Erbrecht in Europa, § 4 Rdnr. 82 f.). Die Frage der Zulässigkeit gemeinschaftlicher Testamente gehört nicht in den Bereich der Form, sondern wird in den Ländern, in denen dieses Verbot gilt, meist nach dem jeweiligen Erbstatut beantwortet.

Erbvertrag

Für den Erbvertrag galt das Haager Testamentsformübereinkommen nicht.

2. Internationale Zuständigkeit

Wenn an anderer Stelle die Frage des anwendbaren Rechts (Erbstatut) behandelt wurde, so ist hiervon losgelöst in einem weiteren Schritt die internationale Zuständigkeit zu bestimmen. Diese getrennt zu prüfende Frage entscheidet, in welchem Land die gerichtliche Zuständigkeit gegeben ist. Es handelt sich somit um eine **Verfahrensfrage,** während die Bestimmung des anwendbaren Erbstatuts die Bestimmung des materiellen Rechts betrifft. Soweit Staatsverträge die internationale Zuständigkeit regeln, sind diese vorrangig anzuwenden.

2.1 Internationales Zivilprozessrecht

Anwendungsbereich

Nach dem internationalen Zivilprozessrecht ist zu bestimmen,

- ob das angerufene deutsche Gericht zur Entscheidung eines Sachverhalts international zuständig ist,
- ob die Entscheidung eines ausländischen Gerichts in Deutschland anerkannt und ggf. vollstreckt werden kann.

Das internationale Zivilprozessrecht wird durch EU-Verordnungen sowie eine Reihe von bi- und multilateralen Staatsverträgen geregelt und durch die ZPO ergänzt. Im Bereich des Erbrechts fanden weder die **EuGVVO** (Verordnung (EG) Nr. 1215/2012 über die gerichtliche Zuständigkeit und die Anerkennung und Vollstreckung von Entscheidungen in Zivil- und Handelssachen – Brüssel Ia) noch das **Luganer Übereinkommen** noch die **EuGVÜ** Anwendung.

Zu beachten ist jedoch das **deutsch-türkische Nachlassabkommen** (Anlage zum deutsch-türkischen Konsularvertrag). Danach sind jeweils die Gerichte des Landes zuständig, in dem sich der Nachlass befindet. Für die Klärung über Rechtsfragen betreffend die Erbfolge und Erb- und Pflichtteilsansprüche sind bei beweglichem Nachlass die Gerichte des Heimatstaates des Erblassers und bei unbeweglichem Nachlass die Gerichte des Belegenheitsstaates zuständig.

Örtliche Zuständigkeit indiziert die internationale Zuständigkeit

In allen Fällen, in denen keine Abkommen vorgehen, leitet sich die internationale Zuständigkeit aus den Vorschriften über die örtliche Zuständigkeit eines Staates ab. Es gilt der **Grundsatz**: Die örtliche Zuständigkeit indiziert die internationale Zuständigkeit (BGHZ 44, 46). Auch im deutschen Zivilprozessrecht ist die internationale Zuständigkeit nicht ausdrücklich geregelt. Für die internationale Zuständigkeit deutscher Gerichte bei erbrechtlichen Streitigkeiten können folgende Bestimmungen die internationale Zuständigkeit eines Gerichts eröffnen:

§ 12 ZPO	Beklagtengerichtsstand
§ 27 Abs. 1 ZPO	Gerichtsstand am allgemeinen Gerichtsstand des Erblassers zur Zeit seines Todes
§ 28 ZPO	Gerichtsstand der Erbschaft
§ 23 ZPO	Vermögensgerichtsstand Bei § 23 ZPO ist jedoch zu beachten, dass Art. 3 Abs. 2 (Anlage I) EuGVVO die Anwendung von § 23 ZPO ausschließt, wenn der Beklagte einen Wohnsitz i.S.d. Art. 59 und 60 EuGVVO in einem Mitgliedstaat besitzt.

2.2 Internationale Zuständigkeit in Nachlassverfahren

Siehe hierzu ausführlicher Kapitel 14 Anhang B. Mandatssituation 1.1, S. 1028.

Neuregelung durch FamFG

Für das Nachlassverfahren ist im Rahmen der Reform des Familienverfahrensrechts (2009) in § 105 FamFG eine explizite umfassende Regelung über die Zuständigkeit deutscher Gerichte in Erbfällen mit Auslandsberührung getroffen worden (siehe für einen ausführlichen Vergleich der alten und der neuen Rechtslage Bachmayer, Ausgewählte Problemfelder bei Nachlasssachen mit Auslandsberührung, BWNotZ 2012, 146).

Völkerrechtliche Verträge

Darüber hinaus war bei der Bestimmung der internationalen Zuständigkeit für Nachlassverfahren zusätzlich zu prüfen, ob völkerrechtliche Verträge bestehen, die vorrangig zu beachten sind. Auch für Nachlassverfahren sind die EuGVVO, das LugÜ und das EuGVÜ nicht anwendbar. **Bilaterale Übereinkommen** bestehen zwischen der Bundesrepublik und der Schweiz, Italien, Belgien, Österreich, Großbritannien, Griechenland, Niederlande, Tunesien, Norwegen, Israel, Spanien, Türkei, Iran und der ehemaligen Sowjetunion. Inwieweit in den Anwendungsbereich dieser Abkommen die Anerkennung von Entscheidungen in Nachlasssachen fällt, ist unklar (siehe hierzu mit weiterführenden Hinweisen BeckOK FamFG/Sieghörtner, § 108 Rdnr. 40).

Nach dieser Zuständigkeitsregelung, die für alle Verfahren gilt, die nach dem 01.09.2009 und vor dem 17.08.2015 eingeleitet worden sind, genügt es zur Bejahung der internationalen Zuständigkeit nach dem Gesetzeswortlaut schon, wenn auch nur ein Nachlassgegenstand eines über mehrere Staaten verteilten Nachlasses sich im Inland befindet. Der Antragsteller kann wählen, ob er einen Erbschein beantragt, der sich auf die im Inland befindlichen Nachlassgegenstände beschränkt, oder ob er einen Erbschein beantragt, der auch den ausländischen Nachlass umfasst (§ 352c Abs. 1 FamFG). Wozu dem Antragsteller zu raten ist, hängt von Kostengesichtspunkten und davon ab, ob die betreffende fremde Rechtsordnung den deutschen Erbschein überhaupt anerkennt oder nicht.

Anknüpfungspunkte nach FamFG

Die möglichen Anknüpfungspunkte für die Annahme der Zuständigkeit des deutschen Nachlassgerichts nach § 105 FamFG sind in §§ 343 und 344 FamFG aufgezählt:

1.	§ 343 Abs. 1 FamFG	Wohnsitz
2.	§ 343 Abs. 1 zweiter Halbsatz FamFG	Schlichter Aufenthalt
3.	§ 343 Abs. 3 FamFG	Belegenheit von Nachlassgegenständen
4.	§ 343 Abs. 7 FamFG	Ausschlagungszuständigkeit

Ist die internationale Zuständigkeit nach § 105 FamFG zu bejahen, erfasst sie nicht nur die Erteilung oder Einziehung eines Erbscheins, sondern auch sonstige rechtsgestaltende Erklärungen gegenüber dem Nachlassgericht bzw. Maßnahmen des Nachlassgerichts, wie z.B. die Ausschlagung, die Anordnung der Nachlasspflegschaft und die Entlassung des Testamentsvollstreckers.Divergierende Entscheidungen möglich

§ 106 FamFG stellt klar, dass die Zuständigkeit des deutschen Nachlassgerichts bzgl. seiner internationalen Zuständigkeit **keine ausschließliche, sondern** eine **konkurrierende Zuständigkeit** begründet. Es kann daher parallel zum deutschen Gericht auch ein ausländisches Gericht zuständig sein. Somit kann es zu divergierenden Entscheidungen kommen. Andererseits kann das deutsche Gericht die Entscheidung eines ausländischen Gerichts anerkennen (§ 108 FamFG). Voraussetzung ist, dass das deutsche Gericht die Anerkennungsfähigkeit der ausländischen Entscheidung bejaht (§ 109 FamFG). Es ist kein förmliches Anerkennungsverfahren erforderlich. Das deutsche Gericht prüft lediglich, ob Anerkennungshindernisse gem. § 109 FamFG bestehen.

Hierbei ist jedoch zu beachten, dass nach § 108 FamFG ausländische Entscheidungen nur anerkennungsfähig sind, soweit sie der formellen Rechtskraft fähig sind. Hierunter fallen Nachlasszeugnisse in aller Regel nicht.

3. Bestimmung des anwendbaren Erbstatuts

3.1 Bestimmung des Erbstatuts nach einem deutschen Erblasser

Prüfungsschritte

Zunächst ist zu prüfen, ob vorrangig internationale Abkommen anzuwenden sind. Danach ist die Frage zu prüfen, ob eine zulässige Rechtswahl getroffen wurde. Diese geht der Bestimmung des Kollisionsrechts vor. Liegt eine Rechtswahl nicht vor, sind sodann die Anknüpfungstatbestände zu klären. Wer welche Staatsangehörigkeit besitzt, ist in dem jeweiligen Staatsangehörigkeitsgesetz des betreffenden Landes geregelt. Wichtig ist, dass Rechtsverhältnisse, die die Voraussetzung für den Erwerb einer Staatsangehörigkeit bilden, immer nach dem Recht des Landes beurteilt werden, um dessen Staatsangehörigkeit es geht. Das deutsche Staatsangehörigkeitsrecht ist im Staatsangehörigengesetz geregelt. Besitzt eine Person eine doppelte oder mehrere Staatsangehörigkeiten, ist die effektive Staatsangehörigkeit gem. Art. 5 Abs. 1 Satz 1 EGBGB zu ermitteln.

3.2 Auslandsimmobilien

Art. 3a Abs. 2 EGBGB: Gesamtstatut weicht Einzelstatut

An sich gilt das nach § 25 Abs. 1 EGBGB a.F. ermittelte Erbstatut für das gesamte Vermögen des Erblassers (Gesamtstatut). Es ist jedoch anerkannt, dass dieser Grundsatz zu weichen hat, wenn der Staat, in dem Vermögen des Erblassers belegen ist, dieses Vermögen aufgrund der Belegenheit seinem Recht unterstellt (Belegenheitsstatut = Einzelstatut). Gemäß Art. 3a Abs. 2 EGBGB führt dieser Grundsatz dazu, dass es für Nachlassgegenstände, die sich in einem fremden Staat befanden und für die nach dem Kollisionsrecht dieses Staates besondere Vorschriften galten, zu einer rechtlichen Spaltung des Nachlasses kommt.

Art. 3a EGBGB: Sachnormverweisung; Einzelstatut

(1) Verweisungen auf Sachvorschriften beziehen sich auf die Rechtsnormen der maßgebenden Rechtsordnung unter Ausschluss derjenigen des Internationalen Privatrechts.

(2) Soweit Verweisungen im Dritten Abschnitt das Vermögen einer Person dem Recht eines Staates unterstellen, beziehen sie sich nicht auf Gegenstände, die sich nicht in diesem Staat befinden und nach dem Recht des Staates, in dem sie sich befinden, besonderen Vorschriften unterliegen.

Beispiel

Besaß ein deutscher Staatsangehöriger ein Haus in Florida, beurteilte sich die Erbfolge aus Sicht des deutschen IPR grundsätzlich nach seinem deutschen Heimatrecht. Dies galt jedoch nicht für die amerikanische Immobilie. Denn das Kollisionsrecht Floridas verweist zwar grundsätzlich auf das Erbstatut am Wohnort des Erblassers. Für Immobilien verweist es jedoch auf das Recht am Ort der Immobilie. In manchen Rechtsordnungen gilt dies sogar für bewegliches Vermögen. In diesen Fällen muss die Beurteilung des Nachlasses rechtlich aufgespalten werden. Für den Nachlass, der sich in Deutschland befindet, gilt das deutsche Recht. Für den Nachlass, der sich in Florida befindet, gilt das dortige Erbstatut.

Ferienhaus in Florida

Sonderanknüpfungen für Immobilien

Die Rechtsordnungen folgender Länder sehen entsprechende Sonderanknüpfungen für Immobilien vor:

- Albanien
- Argentinien
- Australien
- Belgien
- Bolivien
- Bulgarien
- China, Volksrepublik
- Frankreich
- Ghana
- Großbritannien
- Indien
- Irland
- Kanada
- Kasachstan
- Lettland
- Litauen
- Luxemburg
- Malaysia
- Mexiko
- Monaco
- Neuseeland
- Pakistan
- Panama
- Paraguay
- Rumänien
- Russland
- San Marino
- Südafrika
- Thailand
- Türkei
- Ukraine
- USA
- Weißrussland

3.3 Beweglicher Nachlass

Sonderstatut bei beweglichem Nachlass

Art. 3a Abs. 2 EGBGB kann auch für beweglichen Nachlass zur Anwendung kommen. Ob das Belegenheitsstatut zur Anwendung kommt, hängt allein davon ab, welche Gegenstände die ausländische Rechtsordnung aufgrund der Belegenheit ihrem Recht unterstellt. In einigen Staaten werden vor allem inländische Unternehmen dem eigenen Recht unterworfen. Es gibt aber auch Staaten, die sämtliche Nachlassgegenstände dem inländischen Recht unterstellen:

- Costa Rica
- Guatemala
- Lettland
- Mexiko
- Mississippi (USA)
- Panama
- Québec (Kanada)
- Uruguay

3.4 Bestimmung des Erbstatuts nach einem ausländischen Erblasser

Gemäß Art. 25 Abs. 1 EGBGB a.F. ist aus deutscher Sicht dem Staatsangehörigkeitsprinzip folgend das Recht des Staates maßgeblich, dem der Erblasser im Zeitpunkt seines Todes angehörte. Abweichend von diesem Grundsatz richtet sich das Erbstatut nach vorrangigen staatsvertraglichen Regelungen, soweit vorhanden.

Im Übrigen kommt es zur **Abweichung vom Staatsangehörigkeitsprinzip**, wenn der Erblasser eine **gültige Rechtswahl über das anzuwendende Erbstatut** getroffen hat. Schließlich kann **durch die deutsche** Verweisung auf ein ausländisches Recht eine Weiterverweisung auf das Recht eines dritten Staates oder eine Rückverweisung auf das deutsche Recht erfolgen.

3.5 Anwendung fremden Rechts

Pflichten des Nachlassgerichts

§ 293 ZPO verlangt von dem Gericht, dass es von Amts wegen (BGH, NJW 2003, 2685) das ausländische Recht ermitteln muss, wenn es ihm unbekannt ist. Bei der Ermittlung ausländischen Rechts darf sich der Tatrichter aber nicht auf die Heranziehung der Rechtsquellen beschränken, sondern muss unter Ausschöpfung der ihm zugänglichen Erkenntnismöglichkeiten auch die konkrete Ausgestaltung des Rechts in der ausländischen Rechtspraxis, insbesondere die ausländische Rechtsprechung berücksichtigen (BGH, NJW 2003, 2685). Falls erforderlich, muss das Gericht gem. §§ 402 ff. ZPO Sachverständigengutachten, wie z.B. vom Max-Planck-Institut für internationales und ausländisches Recht, einholen. Ferner besteht nach dem Londoner Europäischen Übereinkommen vom 07.06.1968 betreffend Auskünfte über ausländisches Recht die Möglichkeit, von ausländischen Behörden Rechtsauskünfte und Gutachten anzufordern.

4. Auswirkung des Güterstands auf die Erbfolge

In vielen Rechtsordnungen besteht eine enge Verknüpfung zwischen Erb- und Güterrecht. Im deutschen Erbrecht erhöht sich der gesetzliche Erbteil des überlebenden Ehegatten/des eingetragenen Lebenspartners zum Ausgleich des Zugewinns um 1/4, wenn er zum Zeitpunkt des Todes mit dem Erblasser verheiratet bzw. verpartnert war (§ 1371 BGB). Der Einfluss des Güterstands auf die Erbquote des Ehegatten/eingetragenen Lebenspartners ist jedoch international sehr unterschiedlich geregelt. Wenn erb- und güterrechtliche Bestimmungen unterschiedlicher Rechtsordnungen aufeinandertreffen, müssen Lösungen für die Vermengung verschiedener Rechtssysteme gefunden werden.

4.1 Typische Problemfälle

In folgenden Konstellationen (**ohne Rechtswahl und ohne letztwillige Verfügung**) können sich beim Auseinanderfallen von Erb- und Güterrechtsstatut die dargestellten Problemfälle ergeben.

Gemischt-nationale Ehe/eingetragene Lebenspartnerschaft in Deutschland

Besitzen die Eheleute/eingetragenen Lebenspartner unterschiedliche Staatsangehörigkeiten, kann höchstens bei einem von ihnen Einklang zwischen Güter- und Erbstatut bestehen.

Beispiel

Eine Deutsche und ein Spanier leben, heiraten (1995) und sterben (2013) in Deutschland. Wenn die Ehefrau stirbt, stimmen Erb- und Güterrechtsstatut überein. Wenn der Ehemann vorverstirbt, trifft das spanische Erbstatut auf das deutsche Güterstatut.

Fälle der Nachlassspaltung

Beispiel

Der deutsche Lebenspartner hinterlässt 2010 Geldvermögen in Deutschland und eine Immobilie in Frankreich. Hinsichtlich des deutschen Nachlasses stimmen Erb- und Güterrecht überein. Bezüglich der Immobilie in Frankreich treffen französisches Erbrecht und deutsches Güterrecht aufeinander.

4.2 Abgrenzung Güterrechtsstatut vom Erbstatut

Die dargestellten Überschneidungen ergeben sich, da beim Tod eines Ehegatten oder Lebenspartners gleichzeitig ein Vermögensanfall im Zusammenhang mit der Beendigung des Güterstands und ein Vermögensanfall aufgrund des Erbfalls stattfinden. Um in diesen Fällen die Erbquoten zutreffend ermitteln zu können, ist Schritt für Schritt zunächst das Güterrechtsstatut und sodann das Erbstatut festzustellen.

Bestimmung des Güterrechtsstatuts

Soweit keine völkerrechtlichen Abkommen vorrangig zu beachten sind und auch keine Rechtswahl beachtlich ist, bestimmt sich das Güterrechtsstatut nach dem gem. Art. 14 EGBGB a.F. bei Eheschließung bzw. bei Schließung der Partnerschaft für die Ehe- und Partnerschaftswirkungen maßgeblichen Statut. Für die Bestimmung des anwendbaren Güterrechts ist auch Art. 3a Abs. 2 EGBGB a.F. zu beachten. Somit kann es bei ausländischem Vermögen zu einer Güterrechtsspaltung kommen.

Praxistipp

Wenn das Güterrechtsstatut ermittelt ist, ist zu beachten, dass eine güterrechtliche Auseinandersetzung **Vorrang** vor der Nachlassverteilung hat. Sieht das anwendbare Güterrecht eine Vermögensteilung im Fall des Versterbens der Eheleute vor, ist diese u.U. vorrangig durchzuführen.

4.3 Ausländisches Erbrecht und deutsches Güterrecht

Anwendung des § 1371 Abs. 1 BGB

Treffen ausländisches Erbrecht und deutsches Güterrecht aufeinander, ist die Anwendung der §§ 1371 und 1931 BGB im Hinblick auf das jeweilige Erbrecht abzustimmen. Über die Frage, wie § 1371 Abs. 1 BGB umzusetzen ist, wenn ausländisches Erbrecht gilt, bestand lange Uneinigkeit in den OLG-Bezirken. Dies hängt damit zusammen, dass die Norm sich weder harmonisch dem Güterrecht noch dem Erbrecht zuordnen lässt. Die h.M. wendet § 1371 BGB an, wenn deutsches Güterrecht gilt. Die abweichende Ansicht wendet § 1371 BGB nur dann an, wenn auch deutsches Erbstatut gilt. Im Schrifttum und in der Rechtsprechung überwiegt die Auffassung, dass § 1371 BGB als güterrechtliche Norm zu qualifizieren und damit immer anzuwenden sei, wenn deutsches Güterrecht gelte. Nach der h.M. ist die nach dem ausländischen Erbrecht ermittelte Quote pauschal um das Zugewinnausgleichsviertel zu erhöhen.

BGH beendet Meinungsstreit und spricht sich für die güterrechtliche Qualifizierung des § 1371 Abs. 1 BGB aus

Im Mai 2015 hat der BGH (BGH v. 13.05.2015 – IV ZB 30/14) diesem Meinungsstreit ein Ende gesetzt und klargestellt, dass § 1371 Abs. 1 BGB i.S.d. Art. 15, 25 EGBGB rein güterrechtlich zu qualifizieren ist. Zweck der Vorschrift sei es, den Güterstand als Sonderordnung des Vermögens der Eheleute während und aufgrund ihrer Ehe abzuwickeln, nicht aber den Längstlebenden kraft seiner nahen Verbundenheit mit dem Verstorbenen an dessen Vermögen zu beteiligen. Der Gesetzgeber hätte bei Einführung des gesetzlichen Güterstands erkannt, dass der Ausgleich des Zugewinns durch Gewährung einer Ausgleichsforderung auf die Schwierigkeit stößt, exakte Feststellungen über Bestand und Wert des Anfangs- sowie des Endvermögens zu treffen, und diese Schwierigkeit besonders groß ist, wenn ein Ehegatte verstorben ist, da die Erben über den Bestand des Anfangs- und Endvermögens des Erblassers gemeinhin nicht Bescheid wissen. Die damit einhergehenden Probleme sollen durch die Pauschalisierung des § 1371 Abs. 1 BGB vermieden werden.

EuGH qualifiziert § 1371 Abs. 1 BGB erbrechtlich

Die im Jahr 2018 ergangene Entscheidung des EuGH in Sachen Mahnkopf (Rs. C-558/169) stellt die in der deutschen Rechtsprechung entwickelte Systematik zur Anwendung von § 1371 Abs. 1 BGB jedoch sprichwörtlich auf den Kopf, um eine größtmögliche Vereinheitlichung des Unionsrechts zu bewirken und das ENZ als Erbnachweis zu stärken.

Altfälle: güterrechtliche Qualifizierung

Die unionsrechtliche Auslegung von § 1371 Abs. 1 BGB ist aber nur für Erbfälle relevant, die unter den Anwendungsbereich der EuErbVO fallen. Es spricht insoweit nichts dagegen, auf **Altfälle** die Rechtsprechung des BGH anzuwenden und § 1371 Abs. 1 BGB bei der Lösung grenzüberschreitender **Erbfälle güterrechtlich zu qualifizieren** (vgl. OLG Düsseldorf, Beschl. v. 26.06.2018 – I-3 Wx 214/16, mit Anm. Looschelders, FamRZ 2018, 1783).

Beispiel

Der portugiesische Ehemann hinterlässt 2010 seine deutsche Frau und drei Kinder, ohne letztwillig verfügt zu haben. Der Nachlass befindet sich in Deutschland.

Lösung: Aufgrund der Geltung des Staatsangehörigkeitsprinzips richtet sich die Erbfolge nach dem portugiesischen Erbrecht. Die Eheleute hatten ihren gemeinsamen gewöhnlichen Aufenthalt in Deutschland, als sie heirateten. Insoweit kommt deutsches Güterrecht zur Anwendung. Nach portugiesischem Erbrecht steht der Ehefrau neben den drei Kindern eine Erbquote von 1/4 zu. Gemäß der h.M. findet § 1371 BGB Anwendung, da deutsches Güterrecht maßgeblich ist. Die Erbquote der Ehefrau ist gem. § 1371 Abs. 1 BGB zu Lasten der Kinder um 1/4 zu erhöhen. Im Ergebnis erbt die Frau zu 1/2, die Kinder je zu 1/6.

Anpassung bei unbilligen Ergebnissen

Diese Verfahrensweise kann aber zu einer Übervorteilung des Ehegatten gegenüber anderen Verwandten führen, wenn auch das ausländische Erbrecht schon einen güterrechtlichen Ausgleich zugunsten des Ehegatten vorsieht. In diesen Fällen behilft sich die Rechtsprechung mit einer Angleichung. Es soll dann nur eine teilweise oder keine Erhöhung nach § 1371 Abs. 1 BGB stattfinden (siehe Mäsch/Gotsche, Friktionen zwischen Erb- und Güterrechtsstatut, ZErb 2007, 43 m.w.N.).

Beispiele aus der Rechtsprechung:

- OLG Düsseldorf, ZEV 2009, 515: Erbquote bei rumänischer Errungenschaftsgemeinschaft
- OLG München, NJW-RR 2011, 299: Erbquote koreanischer Ehefrau nach deutschem Ehemann
- OLG München, Beschl. v. 16.04.2012 – 31 Wx 45/12, ZEV 2012, 591 ff.: Erbquote bei Anwendung iranischen Erbrechts und deutschem Güterrecht
- OLG Schleswig, Beschl. v. 19.08.2013 – 3 Wx 60/13, ZErb 2014, 52: Erbquote bei Anwendung österreichischen Erbrechts neben deutschem Güterrecht
- OLG Frankfurt, Beschl. v. 12.11.2013 – 21 W 17/13, FamRZ 2015, 144: Erbquote bei Anwendung griechischen Erbrechts neben deutschem Güterrecht
- OLG Düsseldorf, Beschl. v. 26.06.2018 – I-3 Wx 214/16, FamRZ 2018, 1783, mit Anm. Looschelders, S. 1785.

Anwendung des § 1931 Abs. 4 BGB

Bei § 1931 Abs. 4 BGB besteht weitgehend Einigkeit, dass diese Bestimmung nicht dem Güterstatut, sondern dem Erbstatut zuzuordnen sei.

Einen Beispielsfall zur Anwendung schwedischen Güterrechts bespricht Süß, ZErb 2015, 173.

4.4 Deutsches Erbrecht und ausländisches Güterrecht

Anwendung des § 1931 BGB

Kommt es für die Anwendung deutschen Erbrechts auf die Frage des Güterstands der Ehegatten nach ausländischem Recht an, ist zu ermitteln, ob der ausländische Güterstand einem deutschen Güterstand gleichgesetzt werden kann (Substitution). Substitution bedeutet die **Ersetzung eines Rechtsinstituts** durch ein funktionell gleichwertiges Rechtsinstitut einer anderen Rechtsordnung.

Fallbeispiel 1

Die deutsche Ehefrau hinterlässt 2010 ihren österreichischen Ehemann und zwei Kinder, ohne letztwillig verfügt zu haben. Bei der Eheschließung hatte das Paar seinen gemeinsamen gewöhnlichen Aufenthalt in Österreich.

Lösung: Aufgrund der Geltung des Staatsangehörigkeitsprinzips richtet sich die Erbfolge aus Sicht des deutschen IPR nach deutschem Erbrecht. Gemäß Art. 15 i.V.m. Art. 14 Abs. 1 Nr. 2 EGBGB a.F. richtet sich das Güterrecht nach österreichischem Recht. Da ein ausländischer Güterstand berufen ist, scheidet die Anwendung von § 1371 Abs. 1 BGB aus.

Es ist zu prüfen, von welchem Güterstand auszugehen ist. Aus der Verweisung gem. Art. 15 i.V.m. Art. 14 Abs. 1 Nr. 2 EGBGB a.F. findet mit § 1237 ABGB österreichisches IPR Anwendung. Danach ist als gesetzlicher Güterstand die Gütertrennung vorgesehen. Diese ist der deutschen Gütertrennung ihrer Funktion nach gleichzusetzen. Mithin sind die Voraussetzungen für die Anwendung des § 1931 Abs. 4 BGB erfüllt. Der Ehemann und die beiden Kinder erben je zu 1/3.

Fallbeispiel 2

Die deutsche Ehefrau hinterlässt 2010 ihren rumänischen Ehemann und zwei Kinder, ohne einen Ehevertrag geschlossen und ohne letztwillig verfügt zu haben. Bei der Eheschließung hatte das Paar seinen gemeinsamen gewöhnlichen Aufenthalt in Rumänien.

Lösung: Aufgrund der Geltung des Staatsangehörigkeitsprinzips richtet sich die Erbfolge aus Sicht des deutschen IPR nach deutschem Erbrecht. Gemäß Art. 15 i.V.m. Art. 14 Abs. 1 Nr. 2 EGBGB a.F. richtet sich das Güterrecht nach rumänischem Recht. Da ein ausländischer Güterstand berufen ist, scheidet die Anwendung von § 1371 Abs. 1 BGB aus.

Da deutsches Erbrecht anzuwenden ist, bleibt zu prüfen, ob § 1931 Abs. 4 BGB zur Anwendung kommen kann. Voraussetzung hierfür ist, dass der ausländische Güterstand mit dem der deutschen Gütertrennung vergleichbar ist. In Rumänien gilt der gesetzliche Güterstand der Errungenschaftsgemeinschaft. Die Errungenschaftsgemeinschaft sieht grundsätzlich einen Ausgleich des Ehegatten für seine Mitarbeit in der Ehezeit durch eine Beteiligung am Gesamtgut vor. Auf die Frage, ob eine

Beteiligung im konkreten Einzelfall entsteht, kommt es bei der Frage der Substitution nicht an. Da die Errungenschaftsgemeinschaft ihrem Grundsatz nach für einen Ausgleich des Vermögens der Ehegatten sorgt, ist diese mit der deutschen Gütertrennung nicht vergleichbar. Im Ergebnis scheidet die Anwendung des § 1931 Abs. 4 BGB aus. Der Ehemann erbt lediglich 1/4 gem. § 1931 Abs. 1 Satz 1 BGB (vgl. OLG Düsseldorf, ZEV 2009, 515).

Fallbeispiel 3

Türkische Staatsangehörige, die in der Türkei geheiratet haben, besitzen Immobilien in Deutschland. Der Ehemann hinterlässt seine Ehefrau und drei Kinder, ohne ein Testament gemacht zu haben (vgl. OLG Köln v. 11.02.2014 – 2 Wx 245/13, ErbR 2014, 586 = FamRZ 2015, 172).

Lösung: Der Anwendungsbereich des deutsch-türkischen Konsularvertrags ist eröffnet. Danach richtet sich das Erbstatut für unbeweglichen Nachlass nach dem Staat, in dem er belegen ist. Somit ist auf die in Deutschland belegenen Immobilien deutsches Erbrecht anzuwenden. Der Güterstand des Ehepaars richtet sich jedoch nach türkischem internationalen Recht. Das türkische IPR verweist auf das Recht am Belegenheitsort des unbeweglichen Vermögens, Art. 15 Abs. 2 Gesetz über das internationale Privat- und Zivilverfahrensrecht vom 27.11.2007. Dabei handelt es sich um eine Rückverweisung auf das deutsche Recht, welche angenommen wird (Art. 4 EGBGB). Zu einer Anwendung des § 1371 Abs. 1 BGB führt diese Rückverweisung indes nicht. Denn § 1371 BGB setzt die Entstehung einer Zugewinngemeinschaft deutschen Rechts voraus. Eine solche wird aber allein durch die Verweisung nicht begründet. Denn die Verweisungsnorm verweist auf das Recht am Lageort lediglich hinsichtlich der Auseinandersetzungsregeln des BGB. Da das türkische Güterrecht eine Erhöhung der Erbquote nicht vorsieht, ist als **Auseinandersetzungsregel** § 1931 Abs. 1 BGB anzuwenden.

Zur Bearbeitung deutsch-türkischer Erbfälle vgl. Sütçü, ZErb 2015, 43.

5. Rechtswahl

Rechtswahl nach deutschem IPR (Art. 25 Abs. 2 EGBGB a.F.)

Gemäß Art. 25 Abs. 2 EGBGB a.F. war eine Rechtswahl nur in engen Grenzen zulässig. Der Erblasser konnte lediglich für

- im Inland belegenes
- unbewegliches Vermögen

deutsches Recht wählen.

Die Wahl eines ausländischen Rechts war generell ausgeschlossen. Somit war die Möglichkeit der Rechtswahl bisher hauptsächlich für ausländische Staatsangehörige mit Vermögen in Deutschland von Interesse (vgl. OLG Nürnberg v. 03.12.2015 – 1 W 2197/15, ErbR 2016, 579 ff.:

Spanischer Staatsangehöriger wählt deutsches Recht für deutschen unbeweglichen Nachlass).

Soweit das ausländische anwendbare Recht eine Rechtswahl zuließ, wurde diese vom deutschen IPR akzeptiert.

6. Der Vorbehalt des ordre public

Art. 6 EGBGB: ordre public

Die Anwendung ausländischen Rechts soll nicht zu Ergebnissen führen, die gegen tragende Prinzipien der deutschen Rechtsordnung, insbesondere gegen die deutsche Verfassung verstoßen.

Art. 6 EGBGB:
Eine Rechtsnorm eines anderen Staates ist nicht anzuwenden, wenn ihre Anwendung zu einem Ergebnis führt, das mit wesentlichen Grundsätzen des deutschen Rechts offensichtlich unvereinbar ist. Sie ist insbesondere nicht anzuwenden, wenn die Anwendung mit den Grundrechten unvereinbar ist.

Wenn es aufgrund der Anwendung ausländischen Rechts zu eklatanten Verstößen gegen die deutschen Wertvorstellungen kommt, ist in eng begrenzten Einzelfällen eine Korrektur der Anwendung des ausländischen Rechts erforderlich. Dabei geht es jedoch lediglich um den Ausschluss einzelner Rechtsnormen. Wenn sich durch diese Vorgehensweise Lücken in der Rechtsanwendung ergeben, müssen diese durch Ersatzrecht und nur als Ultima Ratio durch Anwendung deutschen Rechts geschlossen werden.

Prüfungsmaßstab

Warnhinweis

Der Vorbehalt des ordre public ist nicht zu verwechseln mit einer abstrakten Kontrolle der Regeln des ausländischen Erbrechts. **Prüfungsgegenstand ist lediglich das konkrete Anwendungsergebnis einer Rechtsnorm im jeweiligen Einzelfall.** Diese Prüfung entspricht auch nicht der Prüfung der Verfassungsmäßigkeit deutscher Normen. Empfohlenes Prüfungsschema für eine Korrektur wegen Verstoßes gegen den ordre public bei Staudinger/Dörner, BGB, Art. 25 EGBGB Rdnr. 709 ff.

Aus der Formulierung des Art. 6 EGBGB „offensichtliche Unvereinbarkeit“ folgt, dass es sich um eine **Ausnahmeregelung** handelt. Selbst wenn die ausländische Norm nicht mit dem Grundgesetz vereinbar ist, muss dadurch noch nicht der Anwendungsbereich des Art. 6 EGBGB eröffnet sein. Eine Korrektur nach Art. 6 EGBGB ist nicht schon dann veranlasst, wenn das Ergebnis der ausländischen Rechtsanwendung von zwingenden Normen des deutschen Rechts abweicht. Erforderlich ist darüber hinaus, dass dieser Verstoß zu einem eklatanten Maß des Widerspruchs und damit zu einem unerträglichen Ergebnis führt.

Schließlich muss eine hinreichende Inlandsbeziehung des Sachverhalts zum Entscheidungszeitpunkt vorliegen. Mit diesem Tatbestandsmerkmal soll gewährleistet werden, dass der grundsätzliche Respekt vor anderen Rechtsordnungen gewahrt wird. Ein Sachverhalt, der keinen relevanten Inlandsbezug hat, muss sich nicht an der deutschen Rechtsordnung messen lassen.

Typische Problemfälle:

- Rechtsordnungen, deren Erbstatut überhaupt kein Pflichtteils- oder Noterbenrecht der nächsten Verwandten oder des Ehegatten vorsehen.
- Religiös-, rasse- oder geschlechtsspezifisch motivierte Erbausschließungsgründe (Süß/Haas, Erbrecht in Europa, § 5).

Beispiele aus der Rechtsprechung:

- OLG Düsseldorf, Beschl. v. 19.12.2008 – 3 Wx 51/08, ZEV 2009, 190: ordre public und § 1371 BGB, Erbquote einer überlebenden Ehefrau bei Anwendung iranischen Erbrechts
- KG, Beschl. v. 26.02.2008 – 1 W 59/07, ZEV 2008, 440: Verstoß gegen den ordre public bei Erbrechtsausschluss nach ägyptischem Recht: „*Die Anwendung des Art. 6 EGBGB setzt voraus, dass das an sich maßgebliche ausländische Recht mit wesentlichen Grundsätzen des deutschen Rechts offensichtlich unvereinbar ist, also zu einem Ergebnis führt, das den Kernbestand der inländischen Rechtsordnung antasten würde. Abzustellen ist dabei immer darauf, ob das Ergebnis der Anwendung ausländischen Rechts im konkreten Fall in untragbarem Widerspruch zu deutschen Gerechtigkeitsvorstellungen stünde – nicht lediglich abstrakt etwa gegen Verfassungsgebote verstieße –, und zwar auch dann, wenn man die Gleichstellung des ausländischen Staates und die Eigenständigkeit seiner Rechtsordnung berücksichtigt*“
- OLG Hamm, Beschl. v. 28.02.2005 – 15 W 117/04, ZEV 2005, 436: Anwendung des ordre public bei Erbrechtsausschluss ausländischen Rechts mit religiös diskriminierendem Charakter
- OLG München, Beschl. v. 16.04.2012 – 31 Wx 45/12, ZEV 2012, 591: Anwendung des ordre public bei iranischem Erbrecht. Die Regelung, dass die Ehefrau eines Erblassers nur eine Erbquote von 1/4, während der Ehemann bei gleichem Sachverhalt eine Erbquote in Höhe der Hälfte des Nachlasses beanspruchen kann, verstößt gegen den verfassungsrechtlichen Grundsatz, dass niemand wegen seines Geschlechts benachteiligt werden darf.

Pflichtteil und ordre public

Bislang hat die Rechtsprechung in Fällen, in denen das ausländische Erbstatut weder Pflichtteilsrechte noch pflichtteilsrechtsadäquate Rechtspositionen vorsah, ganz überwiegend einen Verstoß gegen Art. 6 EGBGB abgelehnt und betont, dass die Existenz eines familiären Pflichtteils- und Noterbenrechts nicht zum Bestand des deutschen ordre public gehöre (Süß, in: Mayer/Süß/Tanck/Bittler/Wälzholz, Handbuch Pflichtteilsrecht, § 18 Rdnr. 309 ff.). Unter Bezugnahme auf die Entscheidungen des BVerfG vom 19.04.2005 (1 BvR 1644/00, 1 BvR 188/03, ZEV 2005, 301

= NJW 2005, 1561) wird jedoch in der Literatur ein Verstoß gegen den ordre public bei Beschneidung von Pflichtteilsrechten von verschiedenen Stimmen bejaht. Ob dieser **Meinungsstreit** zu einer Änderung der Rechtsprechung führen wird, ist offen. Rechtsprechungsübersicht bei Palandt/Thorn, Art. 35 EuErbVO Rdnr. 2. Siehe hierzu ausführlicher Kapitel 14 **Anhang B. Mandatssituation** 5, S. 1047 ff.

7. Prüfungsschema für die Mandatsbearbeitung

Bei der Bearbeitung eines Mandats mit Auslandsbezügen ist besondere Sorgfalt geboten. Grundsätzlich ist bei der Fallbearbeitung jedem Hinweis auf einen Auslandsbezug nachzugehen. Ob dieser Bezugspunkt schlussendlich für die Bearbeitung des Mandats erheblich ist, sollte erst nach systematischer Prüfung entschieden werden.

Hinweise auf Auslandsbezug

Folgende Aspekte bieten typischerweise Anlass, das Mandat auf Auslandsbezüge „abzuklopfen“:

- Zeitlicher Anwendungsbereich: Ist der Erbfall vor oder nach dem Geltungsbeginn der EuErbVO (17.08.2015) eingetreten?
- Welche Staatsangehörigkeit besitzt der Ehegatte bzw. eingetragene Lebenspartner des Erblassers?
- Hat sich der Erblasser im Ausland aufgehalten? Wo hatte er seinen letzten gewöhnlichen Aufenthalt?
- Ist ausländisches, insbesondere Immobiliarvermögen vorhanden?
- Welcher Güterstand gilt für die Ehe/eingetragene Lebenspartnerschaft?
- Wurde eine Rechtswahl getroffen?
- Besteht ein Bezug zu einem Staat, mit dem Deutschland ein bilaterales Abkommen auf dem Gebiet des Erbrechts getroffen hat? (Türkei, Iran, Nachfolgestaaten der UdSSR)
- Hat der Erblasser nach ausländischem Recht ein Testament oder einen Ehevertrag errichtet?

Zur Ermittlung des anwendbaren Rechts und der internationalen Zuständigkeit sollten Sie regelmäßig ein Prüfschema verwenden. Wer im Internationalen Recht nicht geübt ist, läuft sonst Gefahr, zu fehlerhaften Ergebnissen zu gelangen. Wenn die Anwendung internationaler Abkommen in Betracht kommt, muss festgestellt werden, ob diese für die betroffenen Staaten auch vorbehaltlos gelten. Bei dem nachfolgenden Schema handelt es sich lediglich um eine Zusammenfassung der wichtigsten Prüfungsschritte. Es wird daher empfohlen, zur Vertiefung die Erläuterungen von Palandt/Thorn, EGBGB, Einl. vor Art. 3 Rdnr. 1–37 heranzuziehen. Es sind im Wesentlichen folgende vier Grundfragen zu unterscheiden und sodann im Einzelnen zu prüfen:

- Internationale Zuständigkeit
- Anwendbares Erbrecht
- Funktionelle Zuständigkeit
- Inhalt eines Erbscheins

1. Rechtswahl

- Ist eine wirksame Rechtswahl bzgl. der internationalen Zuständigkeit und des anwendbaren Rechts beachtlich?

2. Internationale Zuständigkeit

- Bestehen vorrangig zu beachtende internationale Übereinkommen, Staatsverträge oder EU-Verordnungen?
- Wenn nicht, gilt für Erbfälle, die vor dem 17.08.2015 eintreten, die Grundregel: Die örtliche Zuständigkeit indiziert die internationale Zuständigkeit. Das bedeutet, soweit nach deutschem Prozessrecht eine Zuständigkeit nach der ZPO (§§ 12, 15, 23, 27 und 28 ZPO) oder dem FamFG (§ 105 FamFG) gegeben ist, wird die internationale Zuständigkeit dieses Gerichts angenommen. Für Erbfälle, die ab dem 17.08.2015 eintreten, wird die Anwendung der vorgenannten Bestimmungen zur internationalen Zuständigkeit durch die Bestimmungen der EuErbVO (Kapitel II) und des IntErbRVG verdrängt.
- Verfahrensrecht: Das deutsche Gericht hat grundsätzlich nur sein eigenes Verfahrensrecht anzuwenden. Die Regelungen zur Darlegungs- und Beweislast richten sich jedoch nach dem anzuwendenden Sachrecht (Palandt/Thorn, EGBGB, Einl. vor Art. 3 Rdnr. 3 ff.).

3. Internationales Privatrecht/anwendbares Recht

3.1 Bestehen vorrangig zu beachtende internationale Übereinkommen, Staatsverträge oder EU-Verordnungen?

3.2 Wenn ja, ist zu prüfen, ob der Anwendungsbereich des Abkommens eröffnet ist in

- räumlicher,
- sachlicher,
- persönlicher und
- zeitlicher Hinsicht?

Für Erbfälle, die ab dem 17.08.2015 eintreten, wird sich die Bestimmung des anwendbaren Rechts grundsätzlich nach der EuErbVO (Kapitel III gewöhnlicher Aufenthalt oder Rechtswahl) bestimmen, so dass für die Anwendung von Art. 25 EGBGB kein Raum mehr bleibt.

3.3 Wenn nicht, ist zu prüfen, ob der Anwendungsbereich des EGBGB eröffnet ist. Hierfür sind folgende Anwendungsvoraussetzungen zu prüfen:

- Zeitlicher Geltungsbereich eröffnet (Art. 220 EGBGB)?
- Welche Kollisionsnorm des EGBGB ist anwendbar?
- Besteht eine vorrangige Rechtswahl?
- Sonst Klärung der Anknüpfungstatbestände

3.4 Feststellung der Anknüpfungspunkte

- Staatsangehörigkeit (deutsche Staatsangehörigkeit, vgl. RuStAG (Sartorius Nr. 15), Volksdeutsche (Art. 116 GG), Flüchtlinge)
- Mehrstaater (Art. 5 Abs. 1 EGBGB)

- Staatenlose (Art. 5 Abs. 2 EGBGB)
- Sonstige Anknüpfungen (Wohnsitz, gewöhnlicher Aufenthalt)

3.5 Wenn aufgrund der Anknüpfungspunkte auf eine ausländische Rechtsordnung verwiesen wird, sind folgende Punkte zu beachten:

- Wenn es sich um eine Gesamtverweisung gem. Art. 4 Abs. 1 EGBGB handelt, ist das ausländische IPR zu prüfen:
- Rückverweisung auf deutsche Sachnorm?
- Weiterverweisung auf andere ausländische Rechtsnorm als Sachnorm oder Gesamtverweisung?
- Kein Ausschluss der IPR-Verweisung durch Art. 3a Abs. 1 EBGB, Art. 4 Abs. 2 EGBGB oder Art. 4 Abs. 1 Satz 1 zweiter Halbsatz EGBGB?
- Unteranknüpfung bei Mehrrechtsstaaten (Art. 4 Abs. 3 EGBGB, interlokales Recht)
- Vorrang des Einzelstatus beachten (Art. 3a Abs. 2 EGBGB)

3.6 Anwendung fremden Rechts

- Ermittlung ausländischen Rechts (§ 293 ZPO, § 26 FamFG)
- Vorfragen (Palandt/Thorn, EGBGB, Einl. vor Art. 3 Rdnr. 29)
- Anpassung (Palandt/Thorn, EGBGB, Einl. vor Art. 3 Rdnr. 32)

3.7 Schranken gegenüber der Anwendung ausländischen Rechts (ordre public, Art. 6 EGBGB)

- Ausnahmevorschrift, Tatbestandsvoraussetzungen
- Offensichtliche Unvereinbarkeit mit wesentlichen Grundsätzen des deutschen Rechts?
- Anwendungsergebnis ist im konkreten Fall unerträglich?
- Hinreichender Inlandsbezug vorhanden?
- Falls Verstoß gegeben: Lücke durch ausländisches Recht schließen, hilfsweise deutsches Recht

B. Mandatssituationen

Mandatssituation 1: Örtliche Zuständigkeit für den erbrechtlichen Zivilprozess

Sachverhalt | Checkliste | Lösung | Verfahren | Muster

Der Erblasser war deutscher Staatsangehöriger und verstarb 2010 in Frankreich. Vor dem Wegzug nach Frankreich hatte der Erblasser seinen gewöhnlichen Aufenthalt in Stuttgart. Zum Nachlass gehört ein Kontoguthaben bei einer Bank mit Sitz in Düsseldorf und eine in Hamburg belegene Eigentumswohnung. Zur Alleinerbin hat der Erblasser seine in Paris wohnhafte Lebensgefährtin eingesetzt. Eine Rechtswahl hat der Erblasser nicht getroffen. Ihr Mandant, der einzige Sohn des Erblassers, wohnt in Berlin und will seinen Pflichtteil geltend machen. Welcher Gerichtsstand ist eröffnet?

Sachverhalt | Checkliste | Lösung | Verfahren | Muster

Gehen Sie alle Prüfungsschritte für einen Erbrechtsfall mit Auslandsbezug durch (siehe Prüfschema in Kapitel 14 Anhang A.7, S. 1025 f.).	☐
Stellen Sie fest, welche Staatsangehörigkeiten der Erblasser und wo er zu welcher Zeit seinen gewöhnlichen Aufenthalt hatte.	☐
Recherchieren Sie, ob vorrangige Staatsverträge bestehen.	☐
Besorgen Sie sich die maßgeblichen ausländischen Gesetzestexte.	☐
Überlegen Sie, ob für die Interessenwahrnehmung Ihres Mandanten ein auf den inländischen Nachlass beschränkter oder ein unbeschränkter Erbschein oder ein Europäisches Nachlasszeugnis beantragt werden sollte.	☐

Sachverhalt | Checkliste | Lösung | Verfahren | Muster

1. Vorüberlegung

Auf den Sachverhalt ist IPR anzuwenden, da als Anknüpfungspunkt für die Anwendbarkeit ausländischen Rechts der gewöhnliche Aufenthalt des Erblassers in Frankreich in Betracht kommt. Folgende Fragen sind zu unterscheiden:

- Internationale Zuständigkeit für eine Pflichtteilszahlungsklage in Deutschland
- Anwendbares Erbstatut

2. Internationale Zuständigkeit

Da das EuGVÜ und die EuGVVO auf das Erb- und Testamentsrecht keine Anwendung finden und kein bilaterales Abkommen über die gerichtliche Zuständigkeit besteht, richtet sich die internationale Zuständigkeit nach den Bestimmungen der ZPO über die örtliche Zuständigkeit (§§ 12 ff. ZPO).

Deutscher Staatsangehöriger

War der Erblasser deutscher Staatsangehöriger, sind deutsche Gerichte gem. §§ 27, 28 i.V.m. § 15 ZPO für erbrechtliche Klagen zuständig, auch wenn ein ausländisches Erbstatut anzuwenden ist oder der Nachlass sich im Ausland befindet. Wenn der Erblasser zum Zeitpunkt seines Todes im Inland keinen allgemeinen Gerichtsstand hatte, ist ersatzweise gem. § 27 Abs. 2 ZPO auf seinen letzten inländischen Aufenthaltsort abzustellen. Vorliegend ist somit das zuständige Zivilgericht in Stuttgart anzurufen.

In Fällen, in denen ein deutscher Erblasser nie einen inländischen Wohnsitz gehabt hat, ist das AG Schöneberg gem. § 15 ZPO hilfsweise zuständig.

Schließlich wäre noch an den Vermögensgerichtsstand gem. § 23 ZPO zu denken. Dessen Anwendbarkeit ist jedoch gem. Art. 3 Abs. 2 (Anlage I) EuGVVO ausgeschlossen, da die Beklagte einen Wohnsitz gem. Art. 59, 60 EuGVVO in einem Mitgliedstaat hat.

3. Ergebnis

Die Klage kann in Stuttgart erhoben werden.

Abwandlung 1.1: Ausländischer Erblasser

Sachverhalt | Checkliste | Lösung | Verfahren | Muster

Wie Mandatssituation 1, S. 1027, aber: Der Erblasser hat seine deutsche Staatsangehörigkeit aufgegeben, besaß im Zeitpunkt seines Todes nur die kanadische Staatsangehörigkeit und lebte mit seiner Lebensgefährtin in Kanada.

Sachverhalt | **Checkliste** | Lösung | Verfahren | Muster

Siehe hierzu die Checkliste in Kapitel 14 Anhang B. Mandatsituation 1, S. 1027.

Sachverhalt | Checkliste | **Lösung** | Verfahren | Muster

1. Internationale Zuständigkeit

Da kein bilaterales Abkommen mit Kanada auf dem Gebiet des Erbrechts besteht, richtet sich die internationale Zuständigkeit nach den Bestimmungen der ZPO über die örtliche Zuständigkeit (§§ 12 ff. ZPO).

2. Zuständigkeit bei ausländischem Erblasser

Wenn der Erblasser nicht die deutsche Staatsangehörigkeit besitzt, kann sich eine Zuständigkeit in Deutschland einerseits nach § 12 ZPO (Beklagtengerichtsstand), andererseits auch aufgrund des Gerichtsstands des Vermögens gem. § 23 ZPO ergeben. Hierfür ist jedoch Voraussetzung, dass der Sachverhalt einen ausreichenden Inlandsbezug aufweist (vgl. BGH v. 24.04.1996 – IV ZR 263/95, ZEV 1996, 223).

Vermögensgerichtsstand bei fehlendem Beklagtengerichtsstand

Da die Beklagte keinen Wohnsitz im Inland und auch nicht im EU-Inland hat, ist der Gerichtsstand des Vermögens gem. § 23 ZPO eröffnet. Für Forderungen aufgrund eines Bankguthabens kommt es auf den Sitz der Bank, nicht auf den Ort der kontoführenden Zweigniederlassung an (so BGH, NJW-RR 1988, 172; a.A. Roth in Stein/Jonas, § 23 Rdnr. 27: auch der Ort der Zweigniederlassung). Für die Eigentumswohnung kommt es auf den Lageort an.

3. Ergebnis

Die Klage kann gem. § 35 ZPO wahlweise am Erbschaftsgerichtsstand gem. § 23 ZPO in Düsseldorf oder in Hamburg erhoben werden.

Sachverhalt | Checkliste | Lösung | Verfahren | Muster 1

Internationale Zuständigkeit am Gerichtsstand des Nachlassvermögens

Gericht
...
Straße, Hausnr./Postfach
PLZ Ort

Klage auf Pflichtteilszahlung

des Herrn ...

– Kläger –

vertreten durch

Rechtsanwältin/Rechtsanwalt ...

gegen

Frau ...

wohnhaft in Kanada

– Beklagte –

vertreten durch

Rechtsanwältin/Rechtsanwalt ...

wegen Pflichtteilszahlung

Namens und im Auftrag des Klägers erhebe ich Klage und

beantrage,

1. die Beklagte zu verurteilen, an den Kläger ... € nebst 5 % Zinsen über dem Basiszinssatz ab dem ... zu zahlen;
2. ein Anerkenntnis- bzw. Versäumnisurteil zu erlassen, wenn die gesetzlichen Voraussetzungen dafür vorliegen.

Begründung:

I. Sachverhalt

Der Erblasser ist am ... verstorben. Er hatte seinen gewöhnlichen Aufenthalt in Kanada. Bis zum Jahr ... besaß er die deutsche Staatsangehörigkeit. Diese gab er im Jahr ... auf und führte seitdem nur noch die ... Staatsangehörigkeit.

1. Internationale Zuständigkeit

Die internationale Zuständigkeit des angerufenen Gerichts ist gegeben. Die internationale Zuständigkeit folgt aus der örtlichen Zuständigkeit (st. Rspr., BGHZ 44, 46; BGHZ 119, 392). Die örtliche Zuständigkeit ergibt sich vorliegend aus § 23 ZPO. Die in Kanada wohnhafte Beklagte ist als Alleinerbin Eigentümerin des in Deutschland vorhandenen Vermögens des Erblassers geworden. Das Vorhandensein dieses Vermögens in der Stadt ... begründet den Gerichtsstand des Vermögens. Als Ort, an dem sich das Vermögen befindet, gilt bei Immobilien der Lageort, bei einem Bankguthaben der Sitz der Bank (BGH, NJW-RR 1988, 172). ...

2. Inlandsbezug

Es besteht auch ein hinreichender Bezug des Rechtsstreits zum Inland, da der Erblasser den überwiegenden Teil seines Lebens in Deutschland verbracht hat, hier den Kläger, seinen Sohn, aufgezogen und den wesentlichen Teil seines Nachlasses erworben und behalten hat.

II.

...

Beglaubigte und einfache Abschrift anbei.

Rechtsanwältin/Rechtsanwalt

Mandatssituation 2: Formgültigkeit eines Testaments

Sachverhalt | Checkliste | Lösung | Verfahren | Muster

Der ledige Erblasser mit deutscher Staatsangehörigkeit und gewöhnlichem Aufenthalt in dem Bundesstaat Massachusetts der Vereinigten Staaten 2010 ist an seinem Wohnort in Boston verstorben. Er hat anlässlich eines Heimatbesuchs in Deutschland in Anwesenheit zweier Zeugen ein maschinen-schriftliches Testament errichtet, welches von ihm und sodann von den Zeugen unterzeichnet wurde. Eine Rechtswahl hat der Erblasser nicht getroffen. Er hat das Deutsche Rote Kreuz als Alleinerben eingesetzt. Der Bruder des Erblassers käme als gesetzlicher Erbe in Betracht und beruft sich auf die Unwirksamkeit des Testaments. Zum Nachlass gehören Konten in Deutschland und in Massachusetts. Der letzte gewöhnliche Aufenthalt des Erblassers in Deutschland befand sich in Berlin.

Sie werden beauftragt, die Interessen des Deutschen Roten Kreuzes als testamentarischer Alleinerbe hinsichtlich des in Deutschland vorhandenen Nachlasses durchzusetzen.

Sachverhalt | Checkliste | Lösung | Verfahren | Muster

Gehen Sie alle Prüfungsschritte für einen Erbrechtsfall mit Auslandsbezug durch (siehe Prüfschema in Kapitel 14 Anhang A.7, S. 1025 f.).	☐
Stellen Sie fest, welche Staatsangehörigkeiten der Erblasser und wo er zu welcher Zeit seinen gewöhnlichen Aufenthalt hatte.	☐
Recherchieren Sie, ob vorrangige Staatsverträge bestehen.	☐
Besorgen Sie sich die maßgeblichen ausländischen Gesetzestexte.	☐
Überlegen Sie, ob für die Interessenwahrnehmung Ihres Mandanten ein auf den inländischen Nachlass beschränkter oder ein unbeschränkter Erbschein oder ein Europäisches Nachlasszeugnis beantragt werden sollte.	☐

Sachverhalt | Checkliste | Lösung | Verfahren | Muster

1. Vorüberlegung

Es soll die Erteilung eines Erbscheins zugunsten des Deutschen Roten Kreuzes beantragt werden. Die Prüfung des Falls ist in folgenden Schritten vorzunehmen:

- Anwendbares Recht zur Frage der Errichtung und der Rechtsfolgen des Testaments
- Internationale Zuständigkeit für ein Erbscheinsverfahren in Deutschland
- Inhalt des Erbscheins

Warnhinweis

Sofern es um die Interessenwahrnehmung in einer fremden Rechtsordnung geht, sollten Sie Ihren Mandanten schriftlich darauf hinweisen, dass Sie nur in Deutschland als Anwalt zugelassen sind und dass ggf. im Ausland ein dort zugelassener Anwalt zusätzlich beauftragt werden sollte. Beachten Sie, dass Ihre Berufshaftpflichtversicherung außerhalb der EU nicht eintritt (vertiefende Hinweise bei Swane, Die EU-Erbrechtsverordnung in der Testamentsgestaltung – Haftungsfallen aus anwaltlicher Sicht, ErbR 2014, 575).

2. Anwendbares Recht hinsichtlich der Errichtung des Testaments

Da der Erblasser keine Rechtswahl getroffen hat, ist zunächst zu prüfen, ob vorrangig Staatsverträge anzuwenden sind.

2.1 Anwendbarkeit des Haager Testamentsübereinkommens (Art. 26 EGBGB a.F.)

Deutschland hat das Haager Übereinkommen über das auf die Form letztwilliger Verfügungen anwendbare Recht vom 05.10.1961 (Testamentsübereinkommen) ratifiziert. Es gilt für Deutschland seit dem 01.01.1966. Die Vereinigten Staaten haben das Übereinkommen nicht ratifiziert. Nach Art. 6 des Übereinkommens ist dessen Anwendungsbereich jedoch auch dann eröffnet, wenn das Recht eines Staates anzuwenden ist, der nicht Vertragsstaat des Abkommens ist. Das Übereinkommen ist folglich allseitig anzuwenden (Palandt/Thorn, EGBGB, Art. 26 Rdnr. 1; BGH, Urt. v. 07.07.2004 – IV ZR 135/03, NJW 2004, 3558).

Es ist somit zu prüfen, ob das Testament den formellen Anforderungen des Testamentsübereinkommens entspricht. Seine Bestimmungen sind inhaltlich in Art. 26 EGBGB a.F. aufgenommen worden. Gemäß Art. 26 Abs. 1 Nr. 1 und 3 EGBGB a.F. ist ein Testament u.a. dann formgültig, wenn es den Formerfordernissen des Staates entspricht, in welchem der Testator zum Zeitpunkt der Errichtung seinen gewöhnlichen Aufenthalt hatte. Vorliegend hat der Erblasser zwar in Deutschland testiert. Da er aber zu diesem Zeitpunkt seinen gewöhnlichen Aufenthalt in Massachusetts hatte, genügt es, wenn die Formerfordernisse von Massachusetts eingehalten wurden.

2.2 Einhaltung der Formerfordernisse des ausländischen Rechts

Gemäß Chapter 191, Sec. 2 of the General Laws of Massachusetts muss das Testament schriftlich abgefasst und in Anwesenheit zweier Zeugen unterzeichnet werden (Zwei-Zeugen-Testament). Das Zeugentestament ist das in allen Staaten der USA gebräuchlichste Testament. Eigenhändigkeit wird nicht verlangt. Für die Einhaltung der Schriftform genügt Maschinenschrift (Ferid/Firsching/Dörner/Hausmann, Internationales Erbrecht, USA, Grundzüge F II Rdnr. 148). Grundsätzlich hat der Testator selbst zu unterschreiben. Diesem Errichtungsakt sollen zwei Zeugen beiwohnen, die das Testament ebenfalls zu unterzeichnen haben. Dabei sollen als Zeugen nicht fungieren dürfen: Personen, die durch das Testament begünstigt werden, und die Ehepartner. Da die vom Erblasser beigezogenen Testamentszeugen nicht durch das Testament begünstigt werden, sind keine Gesichtspunkte gegeben, die Zweifel an der Formgültigkeit nach dem Recht von Massachusetts begründen würden (weiterführend zur Wirksamkeit eines Zeugentestaments bei Mitwirkung der begünstigten Person selbst: OLG Frankfurt, Beschl. v. 12.12.2013 – 20 W 281/12, ErbR 2015, 50).

3. Anwendbares Recht hinsichtlich der Rechtswirkungen des Testaments

Mangels Rechtswahl und da kein vorrangiger Staatsvertrag zu berücksichtigen ist, beurteilt sich das anzuwendende Erbrecht aus deutscher Sicht nach Art. 25 EGBGB a.F. Aufgrund der deutschen Staatsangehörigkeit ist das deutsche Erbrecht anzuwenden. Da sich im Nachlass keine ausländischen Immobilien befinden, ergibt sich auch keine Nachlassspaltung gem. Art. 3a Abs. 2 EGBGB. Da Geldforderungen zum beweglichen Nachlass zählen, ergibt sich auch kein abweichendes Erbstatut für die ausländischen Konten. Da Sie lediglich mit der Regelung des inländischen Nachlasses beauftragt sind, bleibt es bei der Anwendung des Art. 25 Abs. 1 EGBGB a.F. und der Anwendung des deutschen Erbstatuts. Jedoch wird für die Übertragung der Konten auf den Erben ein Erbnachweis nach dem Recht von Massachusetts erforderlich sein. Aus Sicht des US-Rechts kommt es nicht auf die Staatsangehörigkeit, sondern auf das domicile des Erblassers zum Zeitpunkt seines Todes an.

1. Örtliche Zuständigkeit

Gemäß § 105 FamFG ist die internationale Zuständigkeit eines deutschen Gerichts gegeben, wenn es nach deutschem Verfahrensrecht örtlich zuständig wäre. Für Nachlasssachen ist die örtliche Zuständigkeit in §§ 343, 344 FamFG geregelt. Da der Erblasser nicht in Deutschland verstorben ist und zum Zeitpunkt seines Todes keinen inländischen Wohnsitz hatte, ist § 343 Abs. 2 FamFG maßgebend. Danach ist das AG Schöneberg örtlich zuständig, wenn es um den Nachlass eines deutschen Erblassers mit ausländischem Wohnsitz geht.

2. Internationale Zuständigkeit des deutschen Gerichts

Ist ein deutsches Gericht nach §§ 343, 344 FamFG örtlich zuständig, ist es unabhängig von dem nach dem IPR anzuwendenden Sachrecht international zuständig. Daraus folgt, dass das deutsche Nachlassgericht uneingeschränkt ausländisches Erbrecht anwenden muss (vgl. Kroiß, Die internationale Zuständigkeit in Nachlassverfahren nach dem FamFG, ZEV 2009, 493). Unabhängig davon, ob es um die Erteilung eines gegenständlich beschränkten Eigenrechtserbscheins oder eines Fremdrechtserbscheins geht, gilt der Amtsermittlungsgrundsatz (§ 26 FamFG). Dieser erstreckt sich auch auf die Ermittlung des ausländischen Rechts. Der Nachlassrichter muss insoweit nicht nur das geschriebene Recht, sondern auch Rechtsprechung und Lehre berücksichtigen, soweit es zur Klärung der Rechtslage erforderlich ist. Falls erforderlich, ist ein Gutachten über das ausländische Recht einzuholen (Max-Planck-Institut, Universitätsinstitute für Rechtsvergleichung). Die Gerichte haben auch die Möglichkeit, amtliche Auskünfte des betreffenden Landes aufgrund des Europäischen Übereinkommens betreffend Auskünfte über ausländisches Recht vom 07.06.1968 einzuholen. Auskünfte erteilen aber auch die Botschaften und Konsulate. Die Kosten eines von einem der Beteiligten eingeholten Privatgutachtens können gem. § 80 FamFG entsprechend § 91 Abs. 1 Satz 2 ZPO als notwendige Kosten der Verfahrensführung erstattungsfähig sein.

3. Erbscheinsverfahren

Zweckmäßigkeit eines deutschen Erbscheins für ausländischen Nachlass

Ein deutscher Erbschein wird in den USA in den seltensten Fällen als Erbrechtsnachweis anerkannt. Dem Mandanten würde ein Erbschein, der auch das ausländische Vermögen umfasst, somit wenig nutzen. Aus Kostengesichtspunkten sollte daher lediglich ein gegenständlich beschränkter Erbschein für den in Deutschland befindlichen Nachlass beantragt werden. Die Gerichtskosten richten sich dann lediglich nach den in Deutschland befindlichen Nachlasswerten (§ 40 GNotKG, Nr. 12210 KV GNotKG).

Verwendung ausländischer Urkunden

Wenn ausländische Urkunden im Inland verwandt werden, ist u.U. eine Legalisation oder eine Apostille notwendig. Personenstandsurkunden und Ehefähigkeitszeugnisse, die von den Staaten, die Vertragsstaaten des Wiener ZIEC-Übereinkommens sind, ausgestellt werden, sind in Deutschland von jeder Förmlichkeit befreit. Vertragsstaaten sind:

- Belgien
- Bosnien-Herzegowina
- Deutschland
- Estland
- Frankreich
- Italien
- Kroatien
- Litauen
- Luxemburg
- Mazedonien
- Moldau
- Montenegro
- Niederlande
- Österreich
- Polen
- Portugal
- Schweiz
- Serbien
- Slowenien
- Spanien
- Türkei

Darüber hinaus hat die Bundesrepublik Deutschland mit folgenden Staaten bilaterale völkerrechtliche Verträge im Bereich des Personenstandswesen oder der Beglaubigung von Urkunden abgeschlossen:

- Belgien
- Dänemark
- Frankreich
- Griechenland
- Italien
- Luxemburg
- Österreich
- Schweiz

Haager Apostille

Mit allen Vertragsstaaten des Haager Übereinkommens zur Befreiung ausländischer öffentlicher Urkunden von der Legalisation vom 05.10.1961 wird die sonst erforderliche Legalisation durch die „Haager Apostille" „ersetzt". Die Apostille wird von den jeweils zuständigen Behörden des die Urkunde ausstellenden Staates erteilt. Es handelt sich um ein Formblatt, das der Urkunde hinzugefügt wird und dadurch die Echtheit der Urkunde bezeugt. Die Apostille für eine US-amerikanische Personenstandsurkunde erteilen in Deutschland die Konsulate der USA. Auf der Seite des Auswärtigen Amts wird ausführlich zu dem Stichwort „Internationaler Urkundenverkehr" erläutert, unter welchen Bedingungen deutsche Urkunden im Ausland und ausländische Urkunden im Inland verwendet werden können. Hinweise zu Personenstandsurkunden aus den USA werden auf der Internetseite der deutschen Vertretungen in den USA erteilt.

Sachverhalt | Checkliste | Lösung | Verfahren | **Muster 1**

Formgültigkeit eines ausländischen Testaments

Amtsgericht
...
Straße, Hausnr./Postfach
PLZ Ort

Nachlass nach ... ..., verstorben am ... in ...

In dem Nachlassverfahren ...

wird zu dem Schriftsatz des ... Stellung genommen:

Die von dem Beteiligten erhobenen Einwendungen gegen die Wirksamkeit des Testaments greifen nicht durch. Es handelt sich um einen Sachverhalt mit internationalen Bezügen, da der Erblasser seinen gewöhnlichen Aufenthalt in dem Bundesstaat Massachusetts in den Vereinigten Staaten hatte. In Deutschland hatte er schon seit vielen Jahren keinen gewöhnlichen Aufenthalt mehr. Er hat sich im Jahr ... polizeilich abgemeldet.

Beweis: Auszug Einwohnermeldeamtsauskunft vom ...

Das Testament, welches von dem Beteiligten für unwirksam gehalten wird, wurde im Jahr ... errichtet. Zu diesem Zeitpunkt hatte der Erblasser keinen gewöhnlichen Aufenthalt in Deutschland. Seine Wohnung hatte er in Boston.

Beweis: Mietvertrag in Kopie anbei

Deutschland ist Vertragsstaat des Haager Übereinkommens über das auf die Form letztwilliger Verfügungen anwendbare Recht vom 05.10.1961 (Testamentsübereinkommen). Es gilt für Deutschland seit dem 01.01.1966. Nach höchstrichterlicher Rechtsprechung (BGH, Urt. v. 07.07.2004 – IV ZR 135/03, NJW 2004, 3558) ist gem. Art. 6 des Übereinkommens dessen Anwendungsbereich auch dann eröffnet, wenn das Recht eines Staates anzuwenden ist, der nicht Vertragsstaat des Abkommens ist. Das Übereinkommen ist folglich allseitig anzuwenden (Palandt/Thorn, EGBGB, Art. 26 Rdnr. 1). Mithin ist der Anwendungsbereich des Art. 26 EGBGB eröffnet, der die Regelungen des Testamentsübereinkommens übernommen hat. Danach bestehen mehrere Anknüpfungspunkte für die Beurteilung der Formgültigkeit des Testaments:

Nach Art. 26 Abs. 1 Nr. 3 EGBGB ist eine letztwillige Verfügung formgültig, wenn sie dem Recht des Orts entspricht, an dem der Erblasser im Zeitpunkt der Errichtung der Verfügung oder im Zeitpunkt seines Todes seinen Wohnsitz oder gewöhnlichen Aufenthalt hatte. Vorliegend hatte der Erblasser seinen Wohnsitz und gewöhnlichen Aufenthalt zum Zeitpunkt der Errichtung der letztwilligen Verfügung und im Zeitpunkt seines Todes ausschließlich in Boston, Massachusetts. Nach dem Recht des U.S.-Bundesstaates Massachusetts reicht die Mitwirkung von zwei Zeugen bei der Testamentserrichtung aus. Das Testament muss nicht eigenhändig, sondern darf auch maschinenschriftlich verfasst sein. Der Erbscheinsantrag des Beteiligten ist somit zurückzuweisen.

Beglaubigte und einfache Abschrift anbei.

Rechtsanwältin/Rechtsanwalt

Sachverhalt | Checkliste | Lösung | Verfahren | **Muster 2**

Erbscheinsantrag gegenständlich beschränkt auf inländischen Nachlass

Erbscheinsantrag und eidesstattliche Versicherung

[Urkundeneingang]

Der Erschienene erklärt:

Der zuletzt in ... wohnhaft gewesene ... ist am ... verstorben. Er wurde am ... geboren. Er war ausschließlich deutscher Staatsangehöriger und hatte seinen letzten gewöhnlichen Aufenthalt in Boston, Massachusetts.

Er war unverheiratet. Er hat keine Kinder, auch keine adoptierten hinterlassen. Seine Eltern sind am ... vorverstorben. Er hatte nur ein Geschwister, seinen Bruder ....

Die letztwillige Verfügung des Erblassers ist von dessen Bruder beim Nachlassgericht abgeliefert worden.

Die Beerbung richtet sich gem. Art. 25 Abs. 1 EGBGB nach deutschem Recht. Der Erblasser hinterlässt in Deutschland folgenden Nachlass: .... Des Weiteren hinterlässt er in Massachusetts folgenden beweglichen Nachlass: .... Weiteres Vermögen in anderen Ländern hatte der Erblasser nicht. Danach ist hinsichtlich des gesamten Nachlasses aufgrund letztwilliger Verfügung der Erschienene Alleinerbe geworden.

Nach Hinweis auf die Bedeutung einer Versicherung an Eides statt und nach Belehrung über die strafrechtlichen Folgen einer wissentlichen oder fahrlässig abgegebenen falschen eidesstattlichen Versicherung versichere ich hiermit an Eides statt:

Mir ist nichts bekannt, was der Richtigkeit meiner vor- und nachstehenden Angaben entgegensteht.

Andere Personen, welche von der Erbfolge ausgeschlossen werden oder deren Erbteil gemindert werden würde, sind und waren nicht vorhanden.

Ein Rechtsstreit über das Erbrecht ist nicht anhängig.

Es wird die Erteilung eines Erbscheins dahingehend beantragt, dass der Erblasser aufgrund letztwilliger Verfügung vom ... unter Beschränkung auf die im Inland befindlichen Gegenstände in Anwendung deutschen Erbrechts von ... als Alleinerbe beerbt worden ist.

Es wird um Übersendung einer Ausfertigung des Erbscheins an den Erschienenen gebeten

Begründung:

[...]

Rechtsanwältin/Rechtsanwalt

Mandatssituation 3: Immobilie im Ausland

Sachverhalt | Checkliste | Lösung | Verfahren | Muster

Der Nachlass eines im Jahr 2014 verstorbenen Erblassers mit deutscher Staatsangehörigkeit und letztem gewöhnlichen Aufenthalt in Deutschland setzt sich u.a. zusammen aus zwei Ferienhäusern in Frankreich und Dänemark. Die Ehefrau ist aufgrund letztwilliger Verfügung zur Alleinerbin eingesetzt worden. Sie will darüber beraten werden, welchen Erbscheinsantrag sie stellen sollte. Eine Rechtswahl hat der Erblasser nicht getroffen.

Sachverhalt | **Checkliste** | Lösung | Verfahren | Muster

Gehen Sie alle Prüfungsschritte für einen Erbrechtsfall mit Auslandsbezug durch (siehe Prüfschema in Kapitel 14 Anhang A.7 S. 1025 f.).	☐
Stellen Sie fest, welche Staatsangehörigkeiten der Erblasser und seine Frau hatten und welcher Güterstand zum Zeitpunkt des Erbfalls galt.	☐
Recherchieren Sie, ob vorrangige Staatsverträge bestehen.	☐

Besorgen Sie sich die maßgeblichen ausländischen Gesetzestexte.	☐
Überlegen Sie, ob für die Interessenwahrnehmung Ihres Mandanten ein auf den inländischen Nachlass beschränkter oder ein unbeschränkter Erbschein oder ein Europäisches Nachlasszeugnis beantragt werden sollte.	☐

Sachverhalt | Checkliste | **Lösung** | Verfahren | Muster

1. Vorüberlegung

Es soll die Erteilung eines Erbscheins zugunsten der Witwe beantragt werden. Auf den Sachverhalt ist IPR anzuwenden, da sich der Nachlass teilweise im Ausland befindet. Folgende Fragen sind zu unterscheiden:

- Anwendbares Erbstatut
- Internationale Zuständigkeit für ein Erbscheinsverfahren in Deutschland
- Inhalt des Erbscheins

2. Prüfung des anwendbaren Erbstatuts

Anknüpfungspunkt: Staatsangehörigkeit

Art. 25 Abs. 1 EGBGB a.F. verweist auf das Heimatrecht des Erblassers, vorliegend somit auf das deutsche Erbrecht.

Sachnormverweisung

Grundsätzlich soll das Erbstatut für den gesamten Nachlass des Erblassers gelten. Hiervon gilt allerdings gem. Art. 3a EGBGB eine Ausnahme für Gegenstände, die sich nicht in dem Staat befinden, auf dessen Rechtsordnung verwiesen wird, und nach dem Recht des Staates, in dem sie sich befinden, besonderen Regeln unterliegen (lex rei sitae). Die Anwendung des Heimatrechts des Erblassers hat also zurückzutreten, wenn sich aus der Belegenheit des Nachlasses die Anwendbarkeit eines anderen Erbstatuts ergibt. Dann ist partiell für den Nachlass ein zusätzliches anderes nationales Erbrecht anzuwenden. Im vorliegenden Fall befinden sich zwei Nachlassgegenstände im Ausland. Es muss daher überprüft werden, ob es zu einer Sachnormverweisung gem. Art. 3a Abs. 2 EGBGB kommt.

Immobilie in Frankreich = Nachlassspaltung

Im französischen IPR gilt der Grundsatz der kollisionsrechtlichen Nachlassspaltung. Aus Art. 3 Abs. 2 Code Civil wird abgeleitet, dass Immobilien nach dem Recht des Staates des Lageorts vererbt werden. Mithin richtet sich die Erbfolge für das Haus in Frankreich nach französischem Erbrecht.

Dänemark = Domizilprinzip

Für das Ferienhaus in Dänemark ist zunächst das dänische IPR heranzuziehen. Im dänischen Recht gilt das Domizilprinzip (Ferid/Firsching/Dörner/Hausmann, Internationales Erbrecht, C. Kollisionsrecht, Rdnr. 1). Das dänische Recht knüpft für die Bestimmung des anwendbaren Rechts an den Wohnsitz des Erblassers. Da der Erblasser seinen Wohnsitz in

Deutschland hatte, kommt es zu einer Rückverweisung auf das deutsche Recht. Die Erbfolge an dem dänischen Ferienhaus bestimmt sich somit nach deutschem Recht.

Sachverhalt | Checkliste | Lösung | **Verfahren** | Muster

1. Örtliche Zuständigkeit

Die internationale Zuständigkeit richtet sich danach, ob eine örtliche Zuständigkeit gegeben ist. Dies beurteilt sich in Deutschland nach § 105 i.V.m. §§ 343, 344 FamFG. Entsprechend ist das Amtsgericht am letzten Wohnsitz des Erblassers das zuständige Nachlassgericht für die Erteilung des Erbscheins.

2. Eigenrechtserbschein

Soweit materielles deutsches Erbrecht auf den Nachlass Anwendung findet, wird ein sogenannter Eigenrechtserbschein erteilt. Dies gilt auch bzgl. der Rückverweisung aus dem dänischen Recht bzgl. des in Dänemark belegenen Ferienhauses. Auf diese Rückverweisung ist besonders im Erbschein hinzuweisen. Der Erbscheinsantrag muss daher folgenden Zusatz enthalten:

Beispiel

Es wird bezeugt, dass die Witwe kraft Rückverweisung des dänischen Rechts nach dem deutschen Recht allein geerbt hat.

3. Gegenständlich beschränkter Eigenrechtserbschein

Da hinsichtlich der Ferienhäuser in Dänemark und Frankreich eine Nachlassspaltung vorliegt, könnte im Erbschein auch ein Vermerk über die gegenständliche Beschränkung der Anwendung des deutschen Erbrechts aufgenommen werden. Diese Beschränkung kann in einigen Fallkonstellationen sinnvoll sein (vgl. Muster „Erbscheinsantrag, gegenständlich beschränkt auf inländischen Nachlass“ in Kapitel 14 Anhang B. Mandatssituation 2, S. 1036 f.). Wenn sich die Feststellung der Erbfolge hinsichtlich des ausländischen Nachlasses schwierig gestaltet, können die Erben über den deutschen Nachlass mit Hilfe des gegenständlich beschränkten Nachlasses verfügen, ohne dass die Ermittlung der Erbfolge im Ausland abgeschlossen ist.

4. Fremdrechtserbschein

Durch die Nachlassspaltung ist für jeden eigenständigen Teilnachlass ein Erbschein zu erteilen. Dies kann durch Zusammenfassung als Doppel- oder Mehrfacherbschein geschehen. Der Erbschein muss dann jedoch als Fremdrechtserbschein gekennzeichnet werden (hierzu weiterführend Kroiß, ZEV 2009, 493).

Praxistipp

Die Beantragung eines Fremdrechtserbscheins ist häufig nicht erforderlich und bringt dem Erben wenig Nutzen, wenn das fremde Erbrecht den deutschen Erbschein nicht anerkennt. Auch in Frankreich ist die Anerkennung deutscher Erbscheine noch weitgehend ungeklärt. In Dänemark ist ein Erbschein im deutschen Sinne wegen des besonderen dänischen Nachlassverfahrens häufig nicht erforderlich. Da die Mandantin Alleinerbin wird und daher eine Nachlassauseinandersetzung nicht erforderlich ist, könnte der deutsche Erbschein ausnahmsweise zum Nachweis der Erbenstellung für die in Dänemark erforderliche Grundbuchberichtigung zweckmäßig sein.

5. Zeugnis über die ausländische Erbfolge

Es ist das am Lageort geltende Verfahrensrecht anzuwenden (Lex-Fori-Grundsatz).

Warnhinweis

An dieser Stelle endet in aller Regel der Wirkungskreis des deutschen Anwalts. Es sollte tunlichst vermieden werden, über fremde Rechtsordnungen zu beraten, wenn nicht besondere Erfahrungen oder Spezialkenntnisse vorliegen. Um Haftungsfälle zu vermeiden, sollten Sie darauf hinwirken, dass Ihr Mandant einen am Lageort ansässigen Kollegen beauftragt, und schriftlich dokumentieren, dass Sie den Mandanten darauf hingewiesen haben, dass Sie bzgl. der ausländischen Rechtsordnung keine Rechtsberatung erteilen. Beachten Sie, dass Ihre Berufshaftpflichtversicherung außerhalb der EU nicht eintritt.

6. Kosten

Der Geschäftswert für das Erbscheinsverfahren richtet sich nach § 40 Abs. 1 Nr. 1 GNotKG. Die Gebühren bestimmen sich nach Tabelle B des Kostenverzeichnisses 12210 des GNotKG. Gemäß § 40 Abs. 3 GNotKG sind zur Bestimmung des Geschäftswerts nur die Nachlassgegenstände zu berücksichtigen, für die der Erbschein Wirkung besitzen soll.

Sachverhalt | Checkliste | Lösung | Verfahren | Muster

Gemeinschaftlicher Fremdrechts- und Eigenrechtserbschein

Erbscheinsantrag und eidesstattliche Versicherung

[Urkundeneingang]

Die Erschienene erklärt:

Der zuletzt in ... wohnhaft gewesene ... ist am ... verstorben. Er wurde am ... geboren. Er war ausschließlich deutscher Staatsangehöriger und hatte seinen letzten gewöhnlichen Aufenthalt in ....

Der Erblasser war mit der Erschienenen verheiratet und lebte mit ihr im gesetzlichen Güterstand deutschen Rechts. Der Erblasser hat keine Kinder, auch keine nichtehelichen und keine adoptierten hinterlassen. Seine Eltern sind am ... vorverstorben. Geschwister hatte er nicht.

Die letztwillige Verfügung des Erblassers ist bereits vom angerufenen Gericht eröffnet worden. Ich habe die Erbschaft angenommen.

Der Erblasser hinterlässt folgenden Nachlass:

1. Nachlass in Deutschland: ...

2. Immobilie in Dänemark: ...

3. Immobile in Frankreich: ...

Vermögen in anderen Ländern hatte er nicht.

Die Erbfolge hinsichtlich des in Deutschland belegenen Nachlasses richtet sich gem. Art. 25 Abs. 1 EGBGB nach deutschem Recht. Kraft Rückverweisung des dänischen Rechts richtet sich die Erbfolge hinsichtlich des dänischen Nachlasses ebenfalls nach deutschem Recht. Die Erbfolge hinsichtlich der Immobilie in Frankreich richtet sich nach französischem Erbrecht. Sowohl nach dem deutschen als auch nach französischem Recht ist die Ehefrau Alleinerbin des Erblassers.

Nach Hinweis auf die Bedeutung einer Versicherung an Eides statt und nach Belehrung über die strafrechtlichen Folgen einer wissentlichen oder fahrlässig abgegebenen falschen eidesstattlichen Versicherung versichere ich hiermit an Eides statt:

Mir ist nichts bekannt, was der Richtigkeit meiner vor- und nachstehenden Angaben entgegensteht.

Andere Personen, durch welche ich von der Erbfolge ausgeschlossen werden oder durch die mein Erbteil gemindert werden würde, sind und waren nicht vorhanden.

Ein Rechtsstreit über das Erbrecht ist nicht anhängig.

Die Erschienene **beantragt** folgenden gemeinschaftlichen Fremdrechts- und Eigenrechtserbschein:

> Es wird die Erteilung eines Erbscheins dahingehend beantragt, dass der Erblasser aufgrund letztwilliger Verfügung vom ...
>
> a) hinsichtlich des in der Bundesrepublik Deutschland belegenen Nachlasses und des in Frankreich belegenen beweglichen Nachlasses in Anwendung deutschen Rechts,

b) hinsichtlich des in Dänemark belegenen Nachlasses kraft Rückverweisung des dänischen Rechts nach deutschem Recht und

c) hinsichtlich des in Frankreich belegenen unbeweglichen Nachlasses aufgrund französischem Recht

von ... als Alleinerbin beerbt worden ist.

Es wird um Übersendung einer Ausfertigung des Erbscheins an die Erschienene gebeten.

Begründung:

[...]

Rechtsanwältin/Rechtsanwalt

Mandatssituation 4: Nachlassspaltung kombiniert mit Güterrechtsspaltung

Sachverhalt | Checkliste | Lösung | Verfahren | Muster

Der 2010 verstorbene Erblasser besitzt ausschließlich die deutsche Staatsangehörigkeit, seine Ehefrau besitzt ausschließlich die polnische Staatsangehörigkeit. Die Eheleute hatten ihren gemeinsamen gewöhnlichen Aufenthalt auf Mallorca, als sie im Jahr 2000 heirateten. Sie haben ein gemeinsames Kind. Ein Ehevertrag wurde nicht geschlossen. Auch ein Testament hat der Erblasser nicht errichtet. Zum Nachlass des Ehemanns gehört u.a. ein Haus auf Mallorca. Die Witwe will über die Erbquote beraten werden.

Sachverhalt | **Checkliste** | Lösung | Verfahren | Muster

Gehen Sie alle Prüfungsschritte für einen Erbrechtsfall mit Auslandsbezug durch (siehe Prüfschema in Kapitel 14 Anhang A.7, S. 1025 f.).	☐
Stellen Sie fest, welche Staatsangehörigkeiten der Erblasser und seine Frau hatten und welcher Güterstand zum Zeitpunkt des Erbfalls galt.	☐
Recherchieren Sie, ob vorrangige Staatsverträge bestehen.	☐
Besorgen Sie sich die maßgeblichen ausländischen Gesetzestexte.	☐

Sachverhalt | Checkliste | **Lösung** | Verfahren | Muster

1. Vorüberlegungen

Der Sachverhalt weist mehrere Bezüge zu ausländischen Rechtsordnungen auf. Zum einen befinden sich Nachlassgegenstände im Ausland, zum anderen besaßen die Eheleute unterschiedliche Staatsangehörigkeiten. Es kann daher zu einer Abweichung zwischen Erb- und Güterstatut kommen.

Folgende Fragen sind zu unterscheiden und zu prüfen:

- Anwendbares Erbstatut?
- Anwendbares Güterstatut?
- Internationale Zuständigkeit für ein Erbscheinsverfahren in Deutschland
- Inhalt des Erbscheins

2. Kollisionsrechtliche Vorfragen

Zunächst sind kollisionsrechtliche Vorfragen zu klären. Hierzu gehört u.a. die Bestimmung des letzten Wohnsitzes, der Staatsangehörigkeit und der Gültigkeit der Eheschließung nach internationalem Recht. Für den vorliegenden Fall wird vorausgesetzt, dass die Vorfragen geklärt sind. Vorliegend ist nicht nur das anwendbare Erbstatut, sondern auch das anwendbare Güterrechtsstatut zu ermitteln, da die Höhe der Erbquote auch vom Güterstand der Eheleute abhängt.

3. Erbstatut

Da sowohl das deutsche als auch das spanische IPR dem Staatsangehörigkeitsprinzip folgen, richtet sich das Erbstatut nach dem deutschen Erbrecht, da keine besondere Vorschrift spanischen Rechts eingreift, die das deutsche Erbstatut verdrängen würde.

4. Bestimmung des Güterrechtsstatuts

Vorrangig zu berücksichtigen sind auch hier völkerrechtliche Abkommen und ggf. eine Güterrechtswahl der Ehegatten. Liegt eine solche nicht vor, bestimmt sich das Güterrechtsstatut gem. Art. 14 EGBGB a.F. nach dem bei Eheschließung für die Ehewirkungen maßgeblichen Statut. Da die Eheleute zum Zeitpunkt der Eheschließung keine gemeinsame Staatsangehörigkeit hatten, bestimmt sich das Ehestatut nach dem gemeinsamen gewöhnlichen Aufenthalt zum Zeitpunkt der Eheschließung. Die Eheleute hatten ihren gewöhnlichen Aufenthalt auf Mallorca, deshalb bestimmt sich der Güterstand nach dem spanischen Recht. Die Verweisung auf das spanische Güterrecht führt aber noch nicht unmittelbar zum tatsächlich anwendbaren Recht. Der Código Civil gilt nicht in allen Teilen Spaniens. Das Eherecht ist in Spanien interlokal in Foralrechte gespalten. Das Foralrecht für die Balearen sieht für die Insel Mallorca als gesetzlichen Güterstand die Gütertrennung vor.

5. Ergebnis

Das anwendbare Erbstatut und das anwendbare Güterrechtsstatut fallen auseinander. Bei Geltung deutschen Erbstatuts ist ein spanisches Güterstatut anzuwenden. Hierbei treten aber keine besonderen Komplikationen auf, da der Güterstand der Gütertrennung vorliegt. Entsprechend bestimmt sich der gesetzliche Erbteil des Ehegatten nach § 1931 Abs. 4 BGB. Danach beträgt die gesetzliche Erbquote der Witwe am Nachlass 1/2.

Sachverhalt | Checkliste | Lösung | **Verfahren** | Muster

Gemäß § 105 FamFG ist die internationale Zuständigkeit eines deutschen Gerichts gegeben, wenn es nach deutschem Verfahrensrecht örtlich zuständig wäre. Für Nachlasssachen ist die örtliche Zuständigkeit in §§ 343, 344 FamFG geregelt. Da der Erblasser nicht in Deutschland verstorben ist und zum Zeitpunkt seines Todes keinen inländischen Wohnsitz hatte, ist § 343 Abs. 2 FamFG maßgebend. Danach ist das AG Schöneberg örtlich zuständig, wenn es um den Nachlass eines deutschen Erblassers mit ausländischem Wohnsitz geht. Ist ein deutsches Gericht nach §§ 343, 344 FamFG örtlich zuständig, ist es unabhängig von dem nach dem IPR anzuwendenden Sachrecht international zuständig. Daraus folgt, dass das deutsche Nachlassgericht uneingeschränkt ausländisches Erbrecht und soweit erforderlich auch maßgebliches ausländisches Güterrecht anwenden muss (vgl. Kroiß, Die internationale Zuständigkeit in Nachlassverfahren nach dem FamFG, ZEV 2009, 493).

Sachverhalt | Checkliste | Lösung | Verfahren | **Muster**

Erbschein aufgrund gesetzlicher Erbfolge bei ausländischem Güterstand

Erbscheinsantrag und eidesstattliche Versicherung

[Urkundeneingang]

Die Erschienene erklärt:

Der zuletzt in ... wohnhaft gewesene ... ist am ... verstorben. Er wurde am ... geboren. Er war ausschließlich deutscher Staatsangehöriger und hatte seinen letzten gewöhnlichen Aufenthalt in ....

Der Erblasser war in einziger Ehe mit der Erschienenen verheiratet. Die Ehefrau ist ausschließlich polnische Staatsangehörige. Die Eheleute haben am ... in ... die Ehe geschlossen und zu diesem Zeitpunkt ihren gewöhnlichen Aufenthalt in Palma de Mallorca gehabt. Einen Ehevertrag hatten sie nicht geschlossen. Zum Zeitpunkt des Todes des Erblassers war keine Ehesache anhängig.

Aufgrund des gemeinsamen Wohnsitzes zum Zeitpunkt der Eheschließung auf Mallorca ist spanisches Güterrecht anzuwenden. Da die Balearen ein eigenes lokales Eherecht haben, ist das Foralrecht der Balearen anzuwenden. Nach dem balearischen Recht gilt zwischen den Eheleuten der Güterstand der Gütertrennung, soweit nichts anderes vereinbart ist (Balearen: Art. 3 Abs. 1 ZDB für Mallorca). Die Eheleute lebten daher im balearischen Güterstand der Gütertrennung.

Aus der Ehe ist das Kind ... als einziges Kind des Erblassers hervorgegangen. Der Erblasser hat neben diesem Sohn keine weiteren Kinder, auch keine nichtehelichen oder adoptierten Kinder hinterlassen sowie keine Ehelicherklärung vornehmen lassen. Das Kind ... ist neben mir der einzige gesetzliche Erbe des Erblassers.

Der Erblasser hinterlässt folgenden Nachlass:

1. Nachlass in Deutschland: ...

2. Nachlass in Spanien: ...

Vermögen in anderen Ländern hatte er nicht.

Die Erbfolge richtet sich gem. Art. 25 Abs. 1 EGBGB nach deutschem Recht. Somit kommt § 1931 Abs. 4 BGB zur Anwendung mit der Folge, dass die Erbquote des Ehegatten neben dem einzigen Abkömmling des Erblassers 1/2 beträgt.

Nach Hinweis auf die Bedeutung einer Versicherung an Eides statt und nach Belehrung über die strafrechtlichen Folgen einer wissentlich oder fahrlässig abgegebenen falschen eidesstattlichen Versicherung versichere ich hiermit an Eides statt:

Mir ist nichts bekannt, was der Richtigkeit meiner vor- und nachstehenden Angaben entgegensteht.

Andere Personen, durch welche die genannten Erben von der Erbfolge ausgeschlossen werden oder durch die deren Erbteil gemindert werden würde, sind und waren nicht vorhanden.

Ein Rechtsstreit über das Erbrecht ist nicht anhängig.

Die Erschienene **beantragt** folgenden gemeinschaftlichen Fremdrechts- und Eigenrechtserbschein:

> **Es wird die Erteilung eines Erbscheins dahingehend beantragt, dass der Erblasser aufgrund gesetzlicher Erbfolge in Anwendung deutschen Rechts von ... und von ... je zu 1/2 beerbt worden ist.**

Es wird um Übersendung einer Ausfertigung des Erbscheins an die Erschienene gebeten

Begründung:

[...]

Rechtsanwältin/Rechtsanwalt

Mandatssituation 5: Nachlassspaltung mit Pflichtteil und internationalem Entscheidungsdissens

Sachverhalt | Checkliste | Lösung | Verfahren | Muster

Der Nachlass eines 2011 verstorbenen ledigen Erblassers mit deutscher Staatsangehörigkeit und letztem gewöhnlichen Aufenthalt in Deutschland setzt sich zusammen aus einem Ferienhaus in Florida und Geldvermögen in den USA und Deutschland. Der Erblasser hat mit letztwilliger Verfügung seine Lebensgefährtin zur Alleinerbin eingesetzt und ausdrücklich testiert, dass er seinen einzigen im Jahr 1990 geborenen Sohn enterbe. Eine Rechtswahl zum anwendbaren Erbstatut hat der Erblasser nicht getroffen. Der Sohn beauftragt Sie, den Pflichtteilsanspruch zu ermitteln.

Sachverhalt | Checkliste | Lösung | Verfahren | Muster

Gehen Sie alle Prüfungsschritte für einen Erbrechtsfall mit Auslandsbezug durch (siehe Prüfschema in Kapitel 14 Anhang A.7, S. 1025 f.).	☐
Prüfen Sie die Staatsangehörigkeit des Erblassers.	☐
Recherchieren Sie, ob vorrangige Staatsverträge bestehen.	☐
Besorgen Sie sich die maßgeblichen ausländischen Gesetzestexte.	☐
Ist der Abkömmling des Erblassers ehelich oder nichtehelich, minderjährig oder volljährig?	☐

Sachverhalt | Checkliste | Lösung | Verfahren | Muster

1. Vorfragen

Zunächst wären kollisionsrechtliche Vorfragen zu klären. Hierzu gehört u.a. die Bestimmung des letzten Wohnsitzes, der Staatsangehörigkeit und der Formgültigkeit des Testaments nach internationalem Recht. Es wird vorausgesetzt, dass die Vorfragen geklärt sind.

2. Prüfung des anwendbaren Erbstatuts

Art. 25 Abs. 1 EGBGB a.F. verweist auf das Heimatrecht des Erblassers, vorliegend somit auf das deutsche Erbrecht.

Sachnormverweisung gem. Art. 3a Abs. 2 EGBGB

Grundsätzlich soll das Erbstatut für den gesamten Nachlass des Erblassers gelten. Hiervon gilt allerdings gem. Art. 3a EGBGB eine Ausnahme für Gegenstände, die sich nicht in dem Staat befinden, auf dessen Rechtsordnung verwiesen wird, und nach dem Recht des Staates, in dem sie sich befinden, besonderen Regeln unterliegen. Die Anwendung des Heimatrechts des Erblassers hat also zurückzutreten, wenn sich aus der Belegenheit des Nachlasses die Anwendbarkeit eines anderen Erbstatuts ergibt. Dann ist partiell für den Nachlass ein zusätzliches anderes nationales Erbrecht anzuwenden.

Immobilie in den USA = Nachlassspaltung

Nach dem Recht sämtlicher amerikanischer Bundesstaaten richtet sich die Erbfolge für den unbeweglichen Nachlass nach dem Recht des Lageorts (BGH, NJW 1993, 1920; Ferid/Firsching/Dörner/Hausmann, Internationales Erbrecht, USA Grundzüge C II Rdnr. 38, 39).

Für den Bundesstaat Florida ist das Erbrecht im Title XLII Chapter 731–735 der Florida Statutes (*www.leg.state.fl.us*) geregelt. Nach diesen Bestimmungen richtet sich das anwendbare Recht nicht nach der Staatsangehörigkeit, sondern nach der Belegenheit des Nachlassgegenstands (vgl. OLG Celle, Beschl. v. 31.07.2002 – 6 W 96/02, NJOZ 2002, 2695). Dementsprechend kommt es für das Ferienhaus in Florida zu einer Nachlassspaltung. Die Erbfolge bzgl. dieses Nachlassgegenstands richtet sich nach dem in Florida geltenden Recht.

Konto in Florida

Da ein Bankkonto zum beweglichen Nachlass gehört, kommt die Rechtswegspaltung, die sich in Florida nur für unbewegliche Nachlassgegenstände ergibt, nicht zum Tragen. Für das Bankkonto in Florida bleibt es bei dem deutschen Erbstatut. Entsprechend steht dem Sohn als einzigem gesetzlichen Erben erster Ordnung ein Pflichtteilsanspruch nach Abzug anteiliger Erbfall- und Nachlasskosten zu.

Zwischenergebnis:
Für das Ferienhaus in Florida gilt das Erbstatut des US-Bundesstaates Florida. Für den übrigen Nachlass gilt deutsches Erbrecht. Es kommt somit zu einer sogenannten „Nachlassspaltung". Dies hat zur Folge, dass jeder Nachlassteil rechtlich selbständig zu beurteilen ist. Somit muss auch bei der Bestimmung des Pflichtteils jeder Teilnachlass getrennt betrachtet werden.

3. Pflichtteil nach deutschem Erbstatut

Es finden § 2303 Abs. 1 i.V.m. § 1924 Abs. 1 BGB Anwendung. Danach beträgt der Pflichtteilzahlungsanspruch des Sohns 1/2 hinsichtlich des Kontoguthabens in Florida und in Deutschland.

4. Pflichtteil nach US-amerikanischem Erbstatut

Das Erbrecht Floridas sieht jedoch ein Pflichtteilsrecht für enterbte (volljährige Kinder) nicht vor. Die deutsche Rechtsprechung hatte hierin lange keinen beachtlichen Verstoß gegen den ordre-public-Vorbehalt (Art. 6 EGBGB) gesehen. Seit der Entscheidung des BVerfG zum Pflichtteilsrecht (BVerfG v. 19.04.2005 – 1 BvR 1644/00, 1 BvR 188/03, NJW 2005, 1561) wird jedoch vertreten, dass ein Pflichtteil der Kinder nun auch bei ausländischem Erbstatut bei ausreichender Inlandsberührung des Falls durch den ordre public garantiert sei (KG v. 26.02.2008 – 1 W 59/07, NJW-RR 2008, 1109; Palandt/Thorn, EGBGB, Art. 6 Rdnr. 104; Lorenz, ZEV 2005, 441; Looschelders, IPRax 2009, 248; a.A. Süß, in: Mayer/Süß/Tanck/Bittler/Wälzholz, Handbuch Pflichtteilsrecht, § 18 Rdnr. 307). Eine gerichtliche Entscheidung über diese Frage ist bisher jedoch nicht ergangen. Die bestehende Rechtsunsicherheit könnte genutzt werden, um mit der Erbin außergerichtlich über eine gütliche Regelung eines Pflichtteils für die Immobilie in Florida zu verhandeln.

Die Erfolgsaussicht für die gerichtliche Durchsetzung einer Korrektur nach Art. 6 EGBGB sollte jedoch sehr vorsichtig betrachtet werden. Da Art. 6 EGBGB eine Ausnahmeregelung ist, kommt sie nur sehr restriktiv zum Einsatz. Es müsste ein – auch wirtschaftlich gesehen – schier unerträgliches Ergebnis vorliegen. Das könnte der Fall sein, wenn es sich bei der Immobilie in Florida um eine millionenschwere Villa handeln und der Erblasser im Inland nur einen sehr kleinen Nachlass hinterlassen würde.

Sachverhalt | Checkliste | Lösung | **Verfahren** | Muster

1. Entscheidungsdissens

Gerichtliche Durchsetzung der Pflichtteilsansprüche

Vorliegend kommt es zur Anwendung unterschiedlichen materiellen Erbrechts, je nachdem, ob in Florida oder in Deutschland prozessiert wird. Es gehört zu Ihren Beratungspflichten, den Mandanten über die Konkurrenz der verschiedenen Rechtsordnungen aufzuklären. Es wäre denkbar, dass die Erbin in Florida gerichtlich feststellen lässt, dass sie nach US-amerikanischem IPR und dem Erbrecht von Florida keinen Pflichtteil schuldet. Unbeschadet einer Korrektur wegen eines möglichen Verstoßes gegen Art. 6 EGBGB beachten deutsche Gerichte die frühere internationale Rechtshängigkeit in einem anderen Staat und verneinen die Zulässigkeit einer inländischen Klage, wenn der Einwand der internationalen Rechtshängigkeit in entsprechender Anwendung des § 261 Abs. 3 BGB erhoben wird. Wenn die Erbin zeitlich vor der Rechtshängigkeit einer Pflichtteilsklage in Deutschland eine gerichtliche Regelung der Erbfolge in Florida herbeiführt, wären deutsche Gerichte daran gehindert, über den nach deutschem Recht bzgl. des beweglichen Nachlasses unzweifelhaft gegebenen Pflichtteilsanspruch zu entscheiden.

Praxistipp

Sie müssen Ihren Mandanten darauf hinweisen, dass es somit entscheidend darauf ankommt, wer in welcher Rechtsordnung zuerst prozessiert. Wenn es wie hier auf das sogenannte forum shopping ankommt, sollten Sie Ihrem Mandanten empfehlen, mit einem zweiten Anwalt in dem betreffenden Land zusammenzuarbeiten, der Ihnen das Wissen um das materielle und das Prozessrecht dieses Staates liefert.

2. Örtliche Zuständigkeit in Deutschland

Die Bestimmung der internationale Zuständigkeit deutscher Gerichte wird aus den Bestimmungen über die örtliche Zuständigkeit eines deutschen Gerichts nach §§ 12 ff. ZPO hergeleitet. Ist ein Gericht nach den §§ 12 ff. ZPO zuständig, indiziert dies seine internationale Zuständigkeit. Danach stehen dem Mandanten folgende Gerichtstände offen:

- der Beklagtengerichtsstand gem. § 13 ZPO, falls die Witwe einen Wohnsitz in Deutschland hat,
- der Gerichtsstand am letzten deutschen Wohnsitz des Erblassers,
- falls er einen solchen Wohnsitz nicht hatte, das AG Schöneberg gem. § 27 Abs. 2 i.V.m. § 15 Abs. 1 Satz 2 ZPO.

Soweit eine örtliche Zuständigkeit bejaht wird, folgt daraus auch die internationale Zuständigkeit. Das deutsche Gericht darf seine Zuständigkeit nicht mit dem Argument der Wesensfremdheit ablehnen. Es hat ausländisches Recht anzuwenden.

3. Anerkennung und Vollstreckung in den USA

Deutsche Urteile gegen in den USA ansässige Personen müssen zum Zweck der Vollstreckung im Wege der sogenannten „comity" (Anerkennungsgewährung) in örtliche amerikanische Urteile umgeschrieben werden (vgl. § 328 ZPO im umgekehrten Fall). Voraussetzungen für eine solche Anerkennung sind die ordnungsgemäße Zustellung der Ladung zum deutschen Termin (Haager Zustellungskonvention beachten!), ein rechtsgültiger deutscher Titel sowie eine Bindung des Beklagten zur Bundesrepublik Deutschland.

Mandatssituation 6: Bestimmung des Erbstatuts bei Rückverweisung, internationalem Entscheidungsdissens und ausländischem Noterbrecht

Sachverhalt | Checkliste | Lösung | Verfahren | Muster

Eine Schweizerin mit letztem gewöhnlichen Aufenthalt in Deutschland verstirbt im Jahr 2013 und hinterlässt Nachlass in der Schweiz und in Deutschland. Sie werden von den Erben beauftragt zu prüfen, welches Erbrecht anzuwenden ist.

Sachverhalt | **Checkliste** | Lösung | Verfahren | Muster

Gehen Sie alle Prüfungsschritte für einen Erbrechtsfall mit Auslandsbezug durch (siehe Prüfschema in Kapitel 14 Anhang A.7, S. 1025 f.).	☐
Recherchieren Sie, ob vorrangige Staatsverträge bestehen.	☐
Stellen Sie fest, welche Staatsangehörigkeiten der Erblasser besaß.	☐
Besorgen Sie sich die maßgeblichen ausländischen Gesetzestexte.	☐

Sachverhalt | Checkliste | **Lösung** | Verfahren | Muster

1. Anwendbares Erbstatut aus deutscher Sicht

Da die Erblasserin keine Rechtswahl getroffen hat und zwischen der Schweiz und Deutschland auf dem Gebiet des Erbrechts keine staatsvertraglichen Sonderbestimmungen bestehen, bestimmt sich das anwendbare Recht nach Art. 25 Abs. 1 i.V.m. Art. 4 Abs. 1 EGBGB a.F. Das deutsche IPR verweist wegen der Staatsangehörigkeit der Erblasserin auf das schweizerische IPR (Gesamtnormverweisung). Das schweizerische IPR ist im Bundesgesetz über das internationale Privatrecht vom 18.12.1987 (IPRG) geregelt.

Rückverweisung

Das schweizerische IPR spricht jedoch gem. Art. 91 Abs. 1 IPRG eine Verweisung auf das Recht des letzten gewöhnlichen Aufenthalts aus. Die Bedeutung dieser Verweisung ist umstritten. Die überwiegende Meinung (vgl. Wolf/Berger-Steiner, in: Süß, Erbrecht in Europa, 1334, und Lorenz, in: Ferid/Firsching/Dörner/Hausmann, Internationales Erbrecht, Schweiz, Rdnr. 688 f.; LG Kempten, ZEV 2003, 165) geht davon aus, dass es zu einer Rückverweisung auf das deutsche materielle Erbrecht kommt. Die Rückverweisung nimmt das deutsche IPR gem. Art. 4 Abs. 1 EGBGB an, so dass das deutsche Erbrecht anzuwenden ist.

2. Anwendbares Erbstatut aus schweizerischer Sicht

Doppelte Rückverweisung

Aus schweizerischer Sicht kommt es durch die Verweisung auf das Wohnsitzrecht, welche eine Gesamtnormverweisung auf das deutsche IPR beinhaltet, zu einer Rückverweisung auf das schweizerische Recht. Diese doppelte Verweisung löst das schweizerische IPR dadurch, dass es das Recht für maßgeblich hält, welches am Wohnsitz des Erblassers angewandt würde. Im Ergebnis wird damit auch aus schweizerischer Sicht für einen schweizerischen Erblasser mit Wohnsitz in Deutschland deutsches Erbstatut angewandt (Süß, in: Mayer/Süß/Tanck/Bittler/Wälzholz, Handbuch Pflichtteilsrecht, § 18 Rdnr. 402 ff.).

Abwandlung 6.1: Deutsche Erblasserin mit Schweizer Wohnsitz

Sachverhalt | Checkliste | Lösung | Verfahren | Muster

Eine im Jahr 2012 verstorbene Deutsche mit letztem gewöhnlichen Aufenthalt in der Schweiz hinterlässt ihren Nachlass in der Schweiz. Sie werden von den Erben beauftragt zu prüfen, welches Erbrecht anzuwenden ist.

Sachverhalt | Checkliste | Lösung | Verfahren | Muster

1. Anwendbares Erbstatut aus deutscher Sicht

Da die Erblasserin keine Rechtswahl getroffen hat und zwischen der Schweiz und Deutschland auf dem Gebiet des Erbrechts keine staatsvertraglichen Sonderbestimmungen bestehen, bestimmt sich das anwendbare Recht nach Art. 25 Abs. 1 EGBGB a.F. Deutsches Erbrecht ist anwendbar.

2. Anwendbares Erbstatut aus schweizerischer Sicht

Aus schweizerischer Sicht kommt es auf das Recht am letzten gewöhnlichen Aufenthalt des Erblassers an (Art. 90 Abs. 1 IPRG). Danach ist Schweizerisches Erbrecht anzuwenden.

3. Entscheidungsdissens

Da zwischen dem deutschen und dem schweizerischen Erbrecht erhebliche Unterschiede hinsichtlich der Erbquoten bestehen, wird das Ergebnis eines erbrechtlichen Rechtsstreits davon abhängen, in welchem Land er ausgetragen wird. Sie müssen Ihren Mandanten darauf hinweisen, dass es entscheidend darauf ankommt, wer in welcher Rechtsordnung zuerst prozessiert. Wenn es wie hier auf das sogenannte forum shopping ankommt, sollten Sie Ihrem Mandanten empfehlen, mit einem zweiten Anwalt in dem betreffenden Land zusammenzuarbeiten, der Ihnen das Wissen über das materielle und das Prozessrecht dieses Staates liefert. Insbesondere das Noterbenrecht der Pflichtteilsberechtigten ist in der Schweiz in vielen Konstellationen günstiger ausgestaltet als in Deutschland. So verschafft es dem Pflichtteilsberechtigten eine echte quotale erbrechtliche Teilhabe und ist in den Erbschein mitaufzunehmen. Diesen Anspruch kann die enterbte Person mit Hilfe der sogenannten Herabsetzungsklage durchsetzen. Für den Pflichtteilsberechtigten kann es daher vorteilhaft sein, statt vor einem deutschen Gericht die Noterbenansprüche vor den schweizerischen Gerichten durchzusetzen.

Abwandlung 6.2: Schweizerische Erblasserin mit Schweizer Wohnsitz und Nachlass in Deutschland

Sachverhalt | Checkliste | Lösung | Verfahren | Muster

Eine verwitwete Erblasserin mit Schweizer Staatsangehörigkeit und letztem gewöhnlichen Wohnsitz in der Schweiz verstirbt im Jahr 2013 und hinterlässt einen großen Nachlass in Deutschland. Der enterbte Sohn lebt in Deutschland und will seine Ansprüche am Nachlass durchsetzen. Der Erbe hat vor dem deutschen Nachlassgericht einen Alleinerbschein beantragt.

Sachverhalt | Checkliste | **Lösung** | Verfahren | Muster

1. Anwendbares Erbstatut

Sowohl aus deutscher Sicht (Art. 25 EGBGB a.F., Staatsangehörigkeit) als auch aus Schweizer Sicht (Art. 91 Abs. 1 IPRG, letzter gewöhnlicher Aufenthalt) ist schweizerisches Erbrecht berufen. Das Noterbrecht der enterbten Abkömmlinge ist als echte erbrechtliche Beteiligung ausgestaltet und wäre somit auch im Erbschein auszuweisen. Diese Erbberechtigung kann mit der Herabsetzungsklage (Art. 522 ZGB) geltend gemacht werden, indem die durch letztwillige Verfügung angeordnete Erbeinsetzung entsprechend der Noterbenquote gekürzt wird.

Definition Herabsetzungsklage nach ausländischem Recht

In verschiedenen ausländischen Rechtsordnungen (z.B. Belgien, Griechenland, Italien, Schweiz, Spanien, Portugal, Frankreich, Türkei) ist das Noterbrecht der Pflichtteilsberechtigten wie eine erbrechtliche dingliche Beteiligung am Nachlass ausgestaltet. Der Pflichtteilsberechtigte, der ein solches Noterbrecht durchsetzen möchte, kann die Anpassung des Testaments bis zur Gewährleistung seines Noterbrechts und eine entsprechende Teilung des Nachlasses entsprechend seiner Noterbrechtsquote durchsetzen. Auch in der Türkei ist das Pflichtteilsrecht als Noterbrecht ausgestaltet, jedoch nicht mit der Herabsetzungsklage, sondern durch Herausgabeklage durchzusetzen.

2. Herabsetzungsklage vor dem deutschen Zivilgericht

Es ist anerkannt, dass die Herabsetzungsklage, obwohl im deutschen Prozessrecht nicht vorgesehen, vor einem international zuständigen Gericht in Deutschland als Gestaltungsklage zulässig ist. Hiervon betroffen sind Fälle, in denen deutsche Gerichte über Nachlässe unter Anwendung ausländischen Erbstatuts zu entscheiden haben. Zuständig sind, wie für Klagen auf Zahlung von Pflichtteilsansprüchen deutschen Rechts, die Prozessgerichte.

3. Inländischer Erbschein bei ausländischem Noterbrecht

Der Pflichtteilsberechtigte, der beabsichtigt, seine Erbbeteiligung durch Herabsetzungsklage durchzusetzen, kann bewirken, dass das Erbscheinsverfahren bis zum Abschluss des Verfahrens über die Herabsetzungsklage ausgesetzt oder der Erbschein nur unter dem Vorbehalt der Herabsetzungsklage und damit wie mit einer Verfügungsbeschränkung erteilt wird (Süß, in: Mayer/Süß/Tanck/Bittler/Wälzholz, Handbuch Pflichtteilsrecht, § 18 Rdnr. 402 ff.).

Liegt bereits ein Herabsetzungsurteil vor, ist das Noterbrecht zwingend in den Erbschein mit aufzunehmen (vgl. OLG München v. 19.10.2010 – 31 Wx 51/10, ZEV 2011, 134, zum griechischen Noterbrecht).

Fremdrechtserbschein mit festgestelltem Noterbrecht: Formulierungsbeispiel

„Die am ... (Datum) in ... (Ort) geborene, zuletzt in ... (Ort) wohnhafte und dort am ... (Datum) verstorbene schweizerische Staatsangehörige ist in Anwendung schweizerischen Rechts aufgrund letztwilliger Verfügung vom ... (Datum) i.H.v. 3/4 von ihrem Sohn aufgrund gesetzlichen Noterbrechts, wiederhergestellt durch Urteil des ... (Gericht) ... vom ..., Az.: ..., beerbt worden."

Kapitel 15: Erbschaft- und Schenkungsteuerrecht

A. Einführung

1. Verfassungsrechtliche Einordnung des aktuellen Erbschaftsteuergesetzes

Es ist fast wie beim Wettlauf von Hase und Igel: Das BVerfG hält ein ErbStG (zumindest teilweise) für verfassungswidrig, also wird es – nach langem Streit unter großen Mühen und kurz vor Ablauf der gesetzten Frist – vom Gesetzgeber geändert. Dann ist wieder das BVerfG am Zuge und verwirft auch die neue Regelung. Ob auch die letzte „große" Änderung des ErbStG im Herbst 2016 dieses Schicksal teilen wird, bleibt abzuwarten.

Die Änderung war erforderlich geworden, weil das BVerfG die **Steuerbefreiung für Betriebsvermögen** aufgrund des bis dahin geltenden ErbStG als zu weitgehend bewertet hatte. Mit der Erbschaftsteuerreform 2016 wurden daher im Wesentlichen auch nur die Voraussetzungen für die Steuerbefreiung von Betriebsvermögen verschärft. Aber schon mehren sich die Stimmen, die die Vergünstigungen, welche in der neuen Fassung des ErbStG den Unternehmen gewährt werden, noch immer als zu weitreichend einstufen. Und – wie immer – ist damit zu rechnen, dass auch gegen das neue ErbStG Klage beim BVerfG eingereicht werden wird. Bis zu einer Entscheidung würden dann erfahrungsgemäß wieder viele Jahre vergehen.

Das BVerfG hatte sich beim ErbStG a.F. vor allem an der viel zu weitreichenden Begünstigung von Betriebsvermögen gestört und darin einen Verstoß gegen den Gleichheitsgrundsatz gesehen. Allerdings betonte der Erste Senat, dass es grundsätzlich nicht unzulässig ist, wenn Betriebsvermögen von der Erbschaft- und Schenkungsteuer verschont wird, jedoch nur unter der Voraussetzung, dass die vom BVerfG als verfassungswidrig eingestuften Regelungen zur Lohnsummenregelung, zum Verwaltungsvermögen und zur Verschonung von großen Unternehmen durch eine verfassungsgemäße Regelung ersetzt werden. Aus diesem Grund enthält die Neuregelung Verschärfungen gegenüber der bis zum 30.06.2016 geltenden Regelung.

Für die Praxis interessant sind aber auch folgende Erwägungen des BVerfG: In seiner jüngsten Entscheidung zum ErbStG hat das BVerfG deutlich gemacht, dass die Nutzung von Steuervorteilen, die vom Gesetzgeber so nicht beabsichtigt sind und ggf. zu einer Verletzung des Gleichbehandlungsgrundsatzes führen können, nicht zwingend die Verfassungswidrigkeit der Norm nach sich ziehen müssen. Bevor die Verfassungswidrigkeit festzustellen ist, so die Verfassungsrichter (BVerfG, Urt. v. 17.12.2014 – 1 BvL 21/12, Rdnr. 254, 255), ist zunächst zu klären, ob die von den Steuerpflichtigen getroffene Gestaltung als rechtsmissbräuchlich i.S.d. § 42 AO einzustufen und steuerlich nicht anzuerkennen ist.

Als **rechtsmissbräuchlich nach § 42 AO** werden zivilrechtlich wirksame Gestaltungen eingestuft, wenn es sich um eine unangemessene rechtliche

Gestaltung handelt, die beim Betreffenden oder bei einem Dritten im Vergleich zu einer angemessenen Gestaltung einen gesetzlich nicht vorgesehenen Steuervorteil auslöst. Liegt ein Gestaltungsmissbrauch vor, wird grundsätzlich die angemessene Gestaltung der Besteuerung unterworfen. Das heißt: Zivilrechtlich bleibt die Gestaltung wirksam, steuerlich wird der tatsächliche Sachverhalt durch einen hypothetischen, angemessenen Sachverhalt ersetzt und auf Basis dieses hypothetischen Sachverhalts die Besteuerung vorgenommen.

Risiko: Gestaltungsmissbrauch nach § 42 AO

Durch den Hinweis des BVerfG auf § 42 AO ist zu erwarten, dass Finanzverwaltung und Finanzgerichte in Erbschaft- und Schenkungsteuerfällen künftig häufiger als bisher einen Gestaltungsmissbrauch bejahen werden. Bislang war dies so selten der Fall, dass die Risiken eines Gestaltungsmissbrauchs in der Beratung getrost vernachlässigt werden konnten.

Praxistipp

In der Gestaltungsberatung sollten Sie zukünftig darauf achten, dass der Vorwurf eines Gestaltungsmissbrauchs nicht erhoben werden kann, und zwar nicht nur im Zusammenhang mit der Übertragung von Betriebsvermögen, sondern auch in anderen Bereichen.

So wird beispielsweise die Möglichkeit, mehrfach schenkungsteuerbefreit selbst bewohnte Familienheime auf den Ehegatten/eingetragenen Lebenspartner nach § 13 Abs. 1 Nr. 4a ErbStG zu übertragen, kritisch betrachtet.

Bedeutsam ist diese Haltung auch bei Fragen rund um die Steuerbefreiungen des selbstgenutzten Familienheims nach § 13 Abs. 1 Nr. 3b, 3c ErbStG bei Erwerben von Todes wegen. Auch der BFH hat Zweifel, ob diese Regelung verfassungsrechtlich in Ordnung ist, wendet sie aber gleichwohl an – allerdings nur, wenn die Voraussetzungen wortwörtlich vorliegen. Jede nur geringfügige **Abweichung vom Wortlaut** führt nach der ständigen Rechtsprechung des BFH dazu, dass die Steuerbefreiung nicht bewilligt wird.

Praxistipp

Ist nicht abschließend zu klären, ob eine Gestaltung als Gestaltungsmissbrauch einzustufen ist, sollte bei der Finanzverwaltung eine (kostenpflichtige) verbindliche Auskunft nach § 89 Abs. 2–7 AO eingeholt bzw. diese Möglichkeit dem Mandanten vorgeschlagen werden, um Rechtssicherheit im Einzelfall zu erlangen. Mit dem Instrument der verbindlichen Auskunft lassen sich **Haftungsrisiken** im Zusammenhang mit vorgeschlagenen Gestaltungen **minimieren**. Deshalb sollte der Hinweis auf diese Möglichkeit im Zweifel so gegeben werden, dass er später nachgewiesen werden kann.

2. Grundlagen der Erbschafts- und Schenkungsbesteuerung

2.1 Rechtsquellen – Steuergesetze und Richtlinien

Die maßgebenden Rechtsquellen des Steuerrechts sind die folgenden (sämtlich im Wortlaut auf der beiliegenden CD-ROM und im Onlinemodul verfügbar):

- Erbschaft- und Schenkungsteuergesetz (ErbStG) vom 27.02.1997, zuletzt geändert am 04.12.2018
- Bewertungsgesetz (BewG) vom 01.02.1991, zuletzt geändert am 04.11.2016
- Grunderwerbsteuergesetz (GrEStG) vom 26.02.1997, zuletzt geändert am 25.03.2019
- Abgabenordnung (AO) vom 01.10.2002 (letzte Änderung v. 18.12.2018)
- Finanzgerichtsordnung (FGO) vom 28.03.2001 (letzte Änderung v. 21.06.2019)
- Erbschaftsteuer-Durchführungsverordnung (ErbStDV) vom 08.09.1998 – hier werden Anzeigepflichten geregelt
- Erbschaftsteuerrichtlinien 2011 (ErbStR 2011) geben die Auffassung der Finanzverwaltung wieder; für 2019 ist eine Neufassung der Erbschaftsteuerrichtlinien geplant; diese waren bei Drucklegung noch nicht veröffentlicht (Entwurf s. CD-ROM/Onlinemodul)

Die Erbschaft- und Schenkungsteuer wird nach den Regelungen des ErbStG berechnet und festgesetzt, hieraus ergeben sich auch die Steuererklärungspflichten. Das Verfahren, auch das Einspruchsverfahren, regelt die AO; davon abweichende Regelungen des ErbStG sind jedoch vorrangig. Die FGO widmet sich dem Klageverfahren.

Praxistipp

Der Begriff der Erbschaftsteuer umfasst im Allgemeinen auch die Schenkungsteuer.

Das Bewertungsgesetz enthält detaillierte Vorgaben dazu, wie das der Erbschaft- und Schenkungsteuer unterliegende Vermögen im Einzelnen zu bewerten ist; die Verbindung zum Bewertungsgesetz erfolgt über § 12 ErbStG.

Rechtsbehelfsverfahren

Rechtsbehelfsverfahren erfolgen durch **Einspruchsverfahren** gegen den Steuerbescheid; das Verfahren wird beim Finanzamt geführt. Gibt das Finanzamt dem Einspruch nicht oder nicht in vollem Umfang statt, besteht die Möglichkeit, dagegen **Klage beim Finanzgericht** zu erheben; gegen dessen Entscheidungen ist in bestimmten Fällen Revision bzw. Beschwerde beim Bundesfinanzhof möglich. Gegen Entscheidungen des BFH kann beim BVerfG Verfassungsbeschwerde eingelegt werden, ggf. ist auch eine Prüfung durch den EuGH angezeigt.

Verzinsungspflicht bei Aussetzung der Vollziehung

Wird gegen einen Erbschaft- oder Schenkungsteuerbescheid wegen zu hoch festgesetzter Steuer Einspruch eingelegt, wird dies oftmals mit einem Antrag auf Aussetzung der Vollziehung verbunden. Ohne die Bewilligung einer Aussetzung der Vollziehung ist die festgesetzte Erbschaft- oder Schenkungsteuer auch dann zu zahlen, wenn gegen den Steuerbescheid Einspruch eingelegt worden ist. Nur wenn die Vollziehung des Steuerbescheids ausgesetzt wird, ist die Steuer zunächst nicht zu zahlen.

Ein Antrag und die darauffolgende Bewilligung der Aussetzung der Vollziehung sind riskant. Denn hat das Finanzamt die (höhere) Steuer zu Recht festgesetzt und muss diese dann, ggf. nach einer längeren Auseinandersetzung mit dem Finanzamt, doch gezahlt werden, ist die ausgesetzte Steuer mit 6 % (!) jährlich für die Zeit der Aussetzung zu verzinsen. Zwar ist die Verfassungsmäßigkeit der Höhe der Verzinsung derzeit Gegenstand verschiedener Verfahren beim BVerfG, eine Entscheidung dazu ist aber noch nicht ergangen. Auch wenn vieles für eine Verfassungswidrigkeit spricht, sollten Tatbestände vermieden werden, die eine Verzinsung nach sich ziehen können. Denn es ist nicht auszuschließen, dass es bei dem Zinssatz von 6 % p.a. trotz des derzeitig niedrigen Zinsniveaus verbleibt. Darauf sollte die Mandantschaft hingewiesen und ihr ggf. geraten werden, den Antrag auf Aussetzung der Vollziehung **nicht zu stellen.**

Warnhinweis

Achtung! Wie stets im Verwaltungsverfahren laufen auch im Steuerrecht Fristen, i.d.R. gilt eine Einspruchsfrist von einem Monat (§ 355 AO). Nach Bekanntgabe der Einspruchsentscheidung ist i.d.R. innerhalb eines Monats Klage dagegen einzureichen (§ 47 FGO). Eine Begründung ist zwar ratsam, zwingend vorgeschrieben ist sie jedoch nicht. Deshalb ist es ohne großen Aufwand möglich, auch noch kurzfristig fristwahrend Einspruch einzulegen und die Begründung nachzuschieben. Voraussetzung ist aber eine Bevollmächtigung dazu.

Testamentsvollstrecker ist nicht einspruchsbefugt

Achtung! Ein Testamentsvollstrecker ist zwar verpflichtet, für die Erben/Vermächtnisnehmer die Erbschaftsteuererklärung einzureichen; er ist aber nicht bevollmächtigt, gegen den Erbschaftsteuerbescheid im Namen der Erben Einspruch einzulegen. Dazu muss er von dem jeweiligen Erben beauftragt werden. Schon deshalb sollte der Testamentsvollstrecker den Erbschaftsteuerbescheid unverzüglich nach Bekanntgabe an ihn an jeden Erben bzw. Vermächtnisnehmer, der von der Testamentsvollstreckung betroffen ist, nachweisbar weiterleiten.

Risiken langer Verfahrensdauer

Übrigens: Steuerbescheide, gegen die Einspruch eingelegt wurde, verjähren während des Einspruchsverfahrens nicht. Deshalb sollte darauf geachtet werden, dass die Finanzverwaltung zeitnah über den Einspruch entscheidet. Grundsätzlich besteht die Möglichkeit, Untätigkeitsklage zu erheben, wenn eine Entscheidung länger als sechs Monate hinausgezögert wird. Wer glaubt, dass die Finanzverwaltung den Vorgang schon vergessen wird, irrt. In der Praxis kommen auch Fälle vor, in denen nach mehr als zehnjähriger Pause der Fall wieder aufgerollt wird. Ärgerlich dabei ist, dass die Finanzgerichte eine Verwirkung nach so langer Zeit nur dann anerkennen, wenn besondere Verwirkungsgründe vorliegen. Der lange Zeitablauf als solcher begründet für sich gesehen nicht schon den Tatbestand der Verwirkung.

Wurde die Steuer ausgesetzt, erhöhen die Zinsen den Nachzahlungsbetrag erheblich!

2.2 Sachliche Steuerpflicht – Besteuerungstatbestände

Besteuert wird der beim Erwerber eingetretene Zuwachs an wirtschaftlicher Leistungsfähigkeit, also seine Bereicherung, die ohne Gegenleistung erworben wird. Diese Bereicherung rechtfertigt es, darauf eine Steuer zu erheben. Das Gesetz unterscheidet Erwerbe von Todes wegen (§ 3 ErbStG) und Schenkungen unter Lebenden (§ 7 ErbStG). Die im Gesetz enthaltenen Regelungen gelten grundsätzlich für beide Arten von Erwerben, es sei denn, die Regelung ist auf bestimmte Erwerbsarten beschränkt (§ 1 Abs. 2 ErbStG).

Beispiele

Steuerbefreiungen

Die in § 16 ErbStG enthaltenen Freibeträge für Eheleute, eingetragene Lebenspartnerschaften und Verwandte gelten sowohl bei Erwerben von Todes wegen als auch bei Erwerben unter Lebenden. Sowohl bei Erwerben unter Lebenden als auch bei Erwerben von Todes wegen werden Erwerbe der letzten zehn Jahre bei der Bewilligung des persönlichen Freibetrags berücksichtigt (§ 14 ErbStG). Nicht entscheidend für die Anwendung dieser Regelungen ist es, ob es sich um einen Erwerb von Todes wegen oder unter Lebenden handelt. Demgegenüber wird beim Erwerb eines selbstgenutzten Familienheims zwischen Erwerben unter Lebenden (§ 13 Abs. 1 Nr. 4a ErbStG) und Erwerben von Todes wegen (§ 13 Abs. 1 Nr. 4b, 4c ErbStG) unterschieden. So setzt die Steuerbefreiung bei einem Erwerb von Todes wegen eine Nutzung der erworbenen Immobilie zu eigenen Wohnzwecken für die Dauer von zehn Jahren voraus, eine solche Behaltensfrist gilt bei einem Erwerb unter Lebenden nicht; andererseits gilt die Steuerbefreiung bei einem Erwerb unter Lebenden nur gegenüber Ehegatten und eingetragenen Lebenspartnern, während bei einem Erwerb von Todes wegen auch Kinder und Kinder verstorbener Kinder in den Genuss der Steuerbefreiung kommen (§ 13 Abs. 1 Nr. 4c ErbStG). Hier sind die Unterschiede zwischen Erwerben von Todes wegen und unter Lebenden erheblich.

2.3 Wer ist steuerpflichtig – persönliche Steuerpflicht

Erbschaftsteuer besteuert den Vermögensübergang, der sich durch den Tod eines Menschen auf andere Personen vollzieht. Bei der Schenkungsteuer wird der unentgeltliche Erwerb besteuert, dieser kann auch in einem Verzicht auf eine Rechtsposition bestehen.

Es handelt sich um eine **Erbanfallsteuer** und nicht um eine Nachlasssteuer, d.h., der **Vermögenserwerb beim Erwerber** (Erbe, Vermächtnisnehmer, Pflichtteilsberechtigter, Beschenkter etc.) ist maßgebend für die Besteuerung. Der gesamte Vermögensanfall unterliegt der deutschen Erbschaft- und Schenkungsteuer, wenn

- der Erblasser zur Zeit des Todes oder
- der Erbe oder
- der Schenker zur Zeit der Ausführung der Schenkung
- oder der Erwerber zur Zeit der Entstehung der Steuer

Inländer ist (§ 2 ErbStG). Besteht keine unbeschränkte Steuerpflicht, unterliegt das inländische Vermögen der beschränkten Steuerpflicht (§ 2 Abs. 1 Nr. 3 ErbStG).

Vorteil bei unbeschränkter Steuerpflicht

Praxistipp

Beschränkt steuerpflichtigen Personen werden zwar mittlerweile dieselben persönlichen Freibeträge gewährt wie unbeschränkt steuerpflichtigen Personen. Wurde diesen jedoch neben Inlandsvermögen auch ausländisches Vermögen zugewendet, dass nicht der deutschen Erbschaftsteuer unterliegt, ist der persönliche Freibetrag zu mindern (§ 16 Abs. 2 ErbStG). Diese Regelung gilt für alle Fälle, in denen die Steuer nach dem 24.06.2017 entstanden ist. Zeitgleich wurde das bis dahin bestimmten Personen gewährte Antragsrecht auf Behandlung wie eine unbeschränkt steuerpflichtige Person abgeschafft.

Achtung! Durch die Änderung des § 16 Abs. 2 ErbStG ist der persönliche Freibetrag um einen Teilbetrag zu mindern, wenn neben dem Inlandsvermögen auch Auslandsvermögen erworben wurde. Diese Regelung gilt für alle Fälle, in denen die Steuer nach dem 24.06.2017 entstanden ist. Allerdings mehren sich die Stimmen, die der Auffassung sind, dass auch § 16 Abs. 2 ErbStG in seiner aktuellen Fassung gegen die Kapitalverkehrsfreiheit verstößt und deshalb nicht mit EU-Recht vereinbar sei. Wenn sich diese Ansicht durchsetzen würde, wäre die Minderung des persönlichen Freibetrags nach § 16 Abs. 2 ErbStG nicht zulässig, so dass der persönliche Freibetrag nach § 16 Abs. 1 ErbStG in voller Höhe auf das Inlandsvermögen anzusetzen wäre. Die Mandantschaft sollte darauf hingewiesen werden und ggf. sollten entsprechende Steuerbescheide offengehalten werden.

2.4 Maßgebliche Kriterien für die Besteuerung

2.4.1 Kriterien für die Höhe der Erbschaftsteuer

Die Erbschaft- und Schenkungsteuer richtet sich insbesondere nach

- dem Verwandtschaftsgrad zwischen den Beteiligten bzw. wie nah sie miteinander verschwägert sind,
- der Höhe des Gesamterwerbs sowie
- der Art des zugewendeten Vermögens.

Je näher die Beteiligten miteinander verwandt oder verschwägert sind, **desto höhere** persönliche Freibeträge werden gewährt. So gilt für Kinder ein Freibetrag von 400.000 €, bei Eheleuten/eingetragenen Lebenspartnerschaften sogar ein persönlicher Freibetrag von 500.000 €, Geschwister hingegen erhalten lediglich einen persönlichen Freibetrag von 20.000 €. Auch die Einordnung in die Steuerklasse I–III richtet sich nach dem Grad der Verwandtschaft bzw. Schwägerschaft. Das Erbschaftsteuergesetz unterscheidet zwischen den Steuerklassen I, II und III; die Steuerklasse I ist – anders als im Lohnsteuerrecht – die günstigste, die Steuerklasse III die ungünstigste. Die Einstufung in die Steuerklasse entscheidet darüber, welche Steuersätze zur Anwendung kommen (vgl. § 19 ErbStG).

Verwandtschaftsgrad/Grad der Verschwägerung

Praxistipp

Beteiligte einer nichtehelichen Lebensgemeinschaft sind nicht miteinander verwandt oder verschwägert, ihnen wird lediglich ein persönlicher Freibetrag von 20.000 € gewährt; außerdem werden sie in die ungünstigste Steuerklasse III mit den höchsten Steuersätzen eingestuft.

Die Höhe des Gesamterwerbs entscheidet über den anzuwendenden Steuersatz. Das bedeutet, dass der höhere Steuersatz anzuwenden ist, selbst wenn eine Stufe gerade einmal um 1 € überschritten wird. So gilt z.B. bei Steuerklasse I grundsätzlich ein Steuersatz von 11 %, wenn der Erwerb nicht 300.000 €, sondern 300.001 € beträgt. Bis zu 300.000 € wird der Erwerb lediglich mit 7 % Erbschaftsteuer belastet. Dieses „Alles-oder-Nichts-Prinzip" wird durch § 19 Abs. 3 ErbStG abgemildert, indem die durch das geringfügige Überschreiten der Stufe begründete Steuererhöhung in bestimmtem Umfang gedeckelt wird (sog. **Härteausgleich**).

Höhe des Gesamterwerbs maßgebend

Praxistipp

Die in § 19 ErbStG genannten Werte verstehen sich als Werte nach Abzug der sachlichen und persönlichen Freibeträge. Beträgt der Wert des Nachlasses z.B. 600.000 €, sind zunächst die geltenden Freibeträge abzuziehen; für den so ermittelten Betrag ist der geltende Steuersatz zu ermitteln, vgl. die folgende Berechnung.

Übersicht 1: Vereinfachte Berechnung (keine Vorerwerbe innerhalb der letzten zehn Jahre seit Erbfall, ohne Berücksichtigung weiterer Freibeträge)

	Ehegatte als Erbe	Schwester als Erbin
Wert des Nachlasses	600.000 €	600.000 €
abzgl. persönlicher Freibetrag	500.000 €	20.000 €

	Ehegatte als Erbe	Schwester als Erbin
verbleiben (= steuerpflichtiger Erwerb i.S.d. § 19 ErbStG)	100.000 €	580.000 €
Steuersatz	nach Steuerklasse I und Stufe 2 (bis 300.000 €) = 11 %	nach Steuerklasse II und Stufe 3 (bis 600.000 €) = 25 %
festzusetzende Erbschaftsteuer	= 11.000 €	= 145.000 €
Unterschiedsbetrag	134.000 €	

Das Beispiel zeigt auch, wie sehr der Verwandtschaftsgrad bzw. die Frage der Verschwägerung über die Höhe der Erbschaftsteuer entscheidet.

Warnhinweis

Der BFH hat entschieden, dass Geschwister, selbst wenn sie zusammen eine Lebensgemeinschaft bilden, keinen Anspruch auf die im Erbschaftsteuerrecht für Eheleute/eingetragene Lebenspartnerschaften geltenden Vergünstigungen haben (vgl. BFH, Urt. v. 24.04.2013 – II R 65/11). Die für Eheleute/eingetragene Lebenspartnerschaften geltenden verbindlichen gegenseitigen Einstandspflichten seien bei Geschwistern nicht gegeben, sie könnten die Lebensgemeinschaft jederzeit ohne rechtliche Konsequenzen beenden. Geschwistern wird lediglich ein persönlicher Freibetrag von 20.000 € gewährt, und sie werden in die Steuerklasse II eingestuft. Dort liegt der Eingangssteuersatz bei 15 % und steigt bis zu 43 % (dazu muss der Wert des Erwerbs allerdings mehr als 26 Mio. € betragen).

2.4.2 Kriterien für die Berechnung der Erbschaftsteuer

- Höhe des Gesamterwerbs unter Berücksichtigung von Vorerwerben der letzten zehn Jahre (§ 14 ErbStG)

Nutzung des persönlichen Freibetrags alle zehn Jahre

Der Blick in § 19 ErbStG zeigt, dass der Wert des Gesamterwerbs entscheidenden Einfluss auf den Steuersatz hat. Der Steuersatz steigt in Stufen progressiv und liegt zwischen 7 % und 50 %. Dabei ist zu beachten, dass zum Gesamterwerb auch Erwerbe hinzugerechnet werden, die innerhalb der letzten zehn Jahre erfolgten (§ 14 ErbStG). Diese Zusammenrechnung bewirkt einerseits, dass die persönlichen Freibeträge nur alle zehn Jahre einmal genutzt werden können (mit anderen Worten: der persönliche Freibetrag lebt alle zehn Jahre neu auf), und dass bei dem Zuletzterwerb der Steuersatz grundsätzlich auf den gesamten Erwerb anzuwenden ist, der anzuwenden wäre, wenn die innerhalb von zehn Jahren verteilten Erwerbe zeitgleich erfolgt wären. Kombiniert werden dabei sowohl Schenkungen unter Lebenden wie auch eine Schenkung unter Lebenden mit einem Erwerb von Todes wegen.

Praxistipp

Wichtig: Zusammengerechnet werden nur Erwerbe **derselben** Personen. Schenkt beispielsweise der Vater seinem Sohn im Jahr 01 400.000 € und im Jahr 03 seiner Tochter ebenfalls 400.000 €, ist für eine Zusammenrechnung kein Raum, weil verschiedene Personen betroffen sind.

Berechnung der Zehnjahresfrist

In seinem Urteil vom 28.02.2012 – II R 43/11 hat der BFH zu der Frage, wie die Zehnjahresfrist zu berechnen ist, Stellung genommen. In dem Entscheidungsfall war eine Vorschenkung am 31.12.1998 erfolgt, eine weitere wurde am 31.12.2008 ausgeführt. Streitig war, ob die Schenkung vom 31.12.1998 noch in die Zehnjahresfrist fällt oder nicht. Der BFH entschied, dass es sich um eine rückwärtig zu berechnende Frist handele, für die nach § 108 AO die Regelungen des BGB zur Fristberechnung in §§ 187 ff. BGB analog anzuwenden seien; danach liegt der 31.12.1998 außerhalb des Zehnjahreszeitraums, so dass die Vorschenkung bei der Ermittlung der Erbschaftsteuer der 2008 erfolgten Schenkung nicht zu berücksichtigen war.

Praxistipp

Trotz der Entscheidung des BFH sollte im Zweifel eine etwas längere Frist gewählt werden, um Streitigkeiten in diesem Zusammenhang gar nicht erst aufkommen zu lassen; es sei denn, andere Gründe sprechen für eine solche knappe zeitliche Abfolge. So ist es nicht ausgeschlossen, dass es im Streitfall aus ertragsteuerlichen Gründen, insbesondere zur Optimierung von Einkommensteuer, sinnvoll war, die Folgeschenkung noch im Jahr 2008 zu vollziehen.

Abzugsfähige Nachlassverbindlichkeiten

Beeinflusst wird der Wert des Erwerbs u.a. auch durch mit dem Erwerb verbundene Verbindlichkeiten. Bei Erwerben von Todes wegen können Nachlassverbindlichkeiten grundsätzlich vom Erwerb abgezogen werden (§ 10 Abs. 5 ErbStG), allerdings gelten die dort genannten Einschränkungen. Als Nachlassverbindlichkeiten werden z.B. Vermächtnisse, geltend gemachte Pflichtteilsansprüche, vom Erblasser herrührende Schulden (z.B. bestimmte Steuerschulden) und Bestattungskosten anerkannt. Nach § 10 Abs. 5 Nr. 3 ErbStG kann statt der tatsächlichen Bestattungskosten ein Pauschbetrag von 10.300 € ohne Nachweis abgezogen werden. Dies gilt naturgemäß nur für Erwerbe von Todes wegen; sind mehrere Miterben vorhanden, ist der Freibetrag aufzuteilen.

Kosten für die Verwaltung des Nachlasses

Praxistipp

Die Kosten für die Verwaltung des Nachlasses sind nach § 10 Abs. 5 Nr. 3 Satz 3 ErbStG grundsätzlich **nicht abziehbar**. Werden diese Kosten aber im Wege einer Auflage dem oder den Erben auferlegt, sind die Kosten nach § 10 Abs. 5 Nr. 2 ErbStG absetzbar. Daher sollte, wenn bei Testamentserrichtung solche Kosten bereits erkennbar sind, die Übernahme der Kosten in der letztwilligen Verfügung als Auflage angeordnet werden.

- **Kriterium für die Berechnung der Erbschaftsteuer: Art des erhaltenen Vermögens**

Steuerbefreiungen

Das Erbschaftsteuergesetz kennt zahlreiche Steuervergünstigungen und Steuerbefreiungen, die sich nach der Art des erworbenen Vermögens richten.

Geregelt in §§ 13 ff. ErbStG

Die Regelungen zu Steuerbefreiungen befinden sich vor allem in dem langen Katalog des § 13 ErbStG, in §§ 13a–13c ErbStG, in dem die Vergünstigungen zum Betriebsvermögen geregelt sind, und in § 13d ErbStG, in dem es um die Steuerbefreiung von zu Wohnzwecken vermieteten Grundstücken geht – hier wird ein Abschlag von 10 % vorgenommen, d.h., nur 90 % des Werts werden der Steuer unterworfen.

Übersicht 2: Anknüpfungspunkte der Erbschaft- und Schenkungsteuer

Steuerpflicht	Unbeschränkte oder beschränkte Steuerpflicht, vgl. § 2 ErbStG; insbesondere § 2 Abs. 1 Nr. 3 ErbStG
Unentgeltlicher Erwerb	Freigebige Zuwendungen, Erwerbe von Todes wegen (ohne Gegenleistung), §§ 3, 7 ErbStG
Wert des Erwerbs	Wegen zahlreicher Freibeträge werden Erwerbe bis zu bestimmten Wertgrenzen nicht der Erbschaft- oder Schenkungsteuer unterworfen.
Art des Erwerbs	Bestimmte Vermögensgegenstände, z.B. selbstbewohntes Familienheim werden begünstigt besteuert.
Verwandtschaftsverhältnis	Bestimmte Freibeträge und bestimmte Vergünstigungen werden nur nahen Verwandten/Ehegatten/Lebenspartnern gewährt.
Steuersatz (Einteilung in Steuerklassen)	Je nach Steuerklasse verändern sich die Steuersätze. (**Achtung!** Bei der Erbschaftsteuer ist im Gegensatz zu den Lohnsteuerklassen die Steuerklasse I die günstigste und Steuerklasse III die ungünstigste Steuerklasse.)
Vorerwerbe (sog. Zehnjahresfrist)	Vorerwerbe innerhalb der letzten zehn Jahre werden erneutem Erwerb zur Ermittlung der Steuer hinzugerechnet (§ 14 ErbStG), mit anderen Worten: die persönlichen Freibeträge leben alle zehn Jahre neu auf.

Übersicht 3: Steuerklasseneinteilung gem. § 15 ErbStG

Steuerklasse I	– Eheleute und eingetragene Lebenspartnerschaften – Kinder und Stiefkinder (!) – Kindeskinder und Stiefkindeskinder – Eltern und Voreltern bei Erwerben von Todes wegen
Steuerklasse II	– Eltern und Voreltern bei anderen Erwerben als von Todes wegen – Geschwister – Abkömmlinge ersten Grades von Geschwistern – Stiefeltern – Schwiegerkinder – Schwiegereltern – geschiedene Eheleute und Lebenspartner einer aufgehobenen Lebenspartnerschaft
Steuerklasse III	– alle übrigen Erwerber und Zweckzuwendungen

Übersicht 4: Steuersätze – gültig ab 01.01.2010

Wert des steuerpflichtigen Erwerbs (§ 10 ErbStG) bis einschließlich ... €	**I**	**II**	**III**
75.000 €	7	15	30
300.000 €	11	20	30
600.000 €	15	25	30
6.000.000 €	19	30	30
13.000.000 €	23	35	50
26.000.000 €	27	40	50
über 26.000.000 €	30	43	50

3. Besteuerungstatbestände – Erwerbstatbestände

3.1 Steuerpflichtige Vorgänge

Die steuerpflichtigen Vorgänge sind in § 1 ErbStG genannt, hierzu zählen:

- Erwerbe von Todes wegen (§ 1 Abs. 1 Nr. 1 ErbStG)
- Schenkungen unter Lebenden (§ 1 Abs. 1 Nr. 2 ErbStG)
- Zweckzuwendungen (§ 1 Abs. 1 Nr. 3 ErbStG)
- bei Familienstiftungen das alle 30 Jahre festzustellende Vermögen (Stiftung „stirbt“ alle 30 Jahre; § 1 Abs. 1 Nr. 4 ErbStG)

Erwerb von Todes wegen

Die einzelnen Tatbestände der Erwerbe von Todes wegen sind im § 3 ErbStG näher erläutert, hierzu zählen insbesondere der Erwerb durch Erbanfall, durch Vermächtnis und der Erwerb aufgrund eines geltend gemachten Pflichtteilsanspruchs, aber auch Schenkungen von Todes wegen oder die Abfindung für die Ausschlagung einer Erbschaft erhält.

Schenkung unter Lebenden

Schenkungen unter Lebenden sind in § 7 ErbStG näher definiert, hierzu werden etwa alle freigebigen Zuwendungen, Abfindungen für einen Erbverzicht und Bereicherungen, die ein Ehegatte oder Lebenspartner durch die Vereinbarung einer Gütergemeinschaft erfährt, gerechnet.

Übersicht 5: Die wichtigsten Besteuerungstatbestände

Bei Erwerb von Todes wegen (§ 3 ErbStG)	**Bei Schenkungen unter Lebenden (§ 7 ErbStG)**
Erbanfall	freigebige Zuwendungen
Vermächtnis	Abfindung für Erbverzicht
geltend gemachter Pflichtteilsanspruch	Abfindung für Pflichtteilsverzicht

Unterscheidung Entstehen der Steuer und deren Fälligkeit

Mit der Verwirklichung eines bestimmten Tatbestands **entsteht** die Steuer (§ 38 AO). Die Erbschaftsteuer entsteht zu den in § 9 ErbStG genannten Zeitpunkten; bei Erwerben von Todes wegen ist das i.d.R. der Zeitpunkt des Erbfalls, bei unentgeltlichen Zuwendungen die Ausführung der Zuwendung (§ 9 Abs. 1 Nr. 2 ErbStG).

Davon zu unterscheiden ist die **Fälligkeit** der Erbschaftsteuer. Die Erbschaftsteuer wird fällig mit Festsetzung der Steuer, i.d.R. aufgrund der Bekanntgabe eines Erbschaftsteuerbescheids (§§ 155, 218, 220 AO) und dem im Steuerbescheid festgesetzten Zeitpunkt.

Praxistipp

Achtung! Wird die Steuer verspätet, also nach Ablauf der Fälligkeit gezahlt, entstehen für die verspätete Zahlung Säumniszuschläge i.H.v. 1 % je angefangenen Monat (12 % im Jahr), § 240 AO. Wird die Erbschaftsteuererklärung verspätet eingereicht, kann dafür ein Verspätungszuschlag festgesetzt werden; die Höhe liegt im Ermessen der Finanzverwaltung, darf aber 10 % der Erbschaftsteuer und 25.000 € nicht überschreiten (§ 152 AO).

3.2 Erwerb von Todes wegen

3.2.1 Erwerb durch Erbanfall

Erbschaftsteuer ist Stichtagsteuer

Klassischer Fall des Erwerbs von Todes wegen ist der Erwerb durch Erbanfall (§ 3 Abs. 1 Nr. 1 erste Alternative ErbStG). Mit dem Erbfall entsteht die Erbschaftsteuer, spätere Wertveränderungen, wie dies insbesondere bei

Aktienvermögen schnell erfolgen kann, sind grundsätzlich nicht zu berücksichtigen, denn bei der Erbschaftsteuer handelt es sich um eine Stichtagsteuer (§ 9 ErbStG). Werden mehrere Personen Miterben, bemisst sich die Erbschaftsteuer nach dem der betreffenden Person zustehenden Erbteil, deren persönlichen Verhältnissen und deren Vorerwerben innerhalb der letzten zehn Jahre, auch wenn für alle Miterben gemeinsam eine Erbschaftsteuererklärung abgegeben werden darf.

Die Erbschaftsteuerbescheide ergehen **für jeden Miterben getrennt** und werden auch nur diesem bekanntgegeben, es sei denn, Testamentsvollstreckung ist angeordnet.

3.2.2 Erwerb durch Vermächtnis

Der Erwerb durch Vermächtnis unterliegt gem. § 3 Abs. 1 Nr. 1 zweite Alternative ErbStG **mit dem Anfall** und nicht erst mit der Annahme des Vermächtnisses (vgl. § 2180 BGB) der Erbschaftsteuer. Das bedeutet, dass die Erbschaftsteuer auch bei einem Vermächtnis mit dem Erbfall entsteht.

Die Ausschlagung des Vermächtnisses ist erbschaftsteuerlich neutral, d.h., in diesem Fall unterliegt das Vermächtnis nicht der Erbschaftsteuer.

Praxistipp

Achtung! Wurde das Vermächtnis bereits angenommen und erst dann darauf verzichtet, entfällt dadurch nicht die Erbschaftsteuer! Deshalb darf die Annahme nicht voreilig erklärt werden.

3.2.3 Erwerb durch Geltendmachung des Pflichtteilsanspruchs

Entstehung des Pflichtteilsanspruchs

Zivilrechtlich entsteht der Pflichtteilsanspruch mit dem Erbfall (§ 2317 Abs. 1 BGB). Der **Steueranspruch** entsteht demgegenüber erst mit der Geltendmachung des Pflichtteilsanspruchs. Unter „Geltendmachung" ist das ernstliche Verlangen auf Erfüllung des Pflichtteilsanspruchs zu verstehen. Dazu muss die pflichtteilsberechtigte Person ihren Entschluss, die Erfüllung des Anspruchs zu verlangen, gegenüber dem Erben in geeigneter Weise kundtun. Bietet der Erbe die Zahlung eines Geldbetrags an und nimmt die pflichtteilsberechtigte Person diese Zahlung an, ist damit zugleich die Geltendmachung des Pflichtteilsanspruchs erfolgt. Allerdings führen weder das Auskunftsverlangen über den Umfang des Erbes noch Verhandlungen über die Höhe einer zu zahlenden Abfindung als solches zu einer Geltendmachung.

Haftungsfalle

Achtung! Haftungsfalle bei voreiliger Geltendmachung des Pflichtteilsanspruchs: Erfolgt ein Verzicht auf den **noch nicht geltend gemachten** Pflichtteilsanspruch, unterliegt die Zuwendung für den Verzicht der Erbschaftsteuer (§ 3 Abs. 2 Nr. 4 erste Alternative ErbStG). Es handelt sich dabei um einen Erwerb vom Erblasser zum Enterbten (= Pflichtteilsberechtigten). Wurde jedoch der Pflichtteilsanspruch **bereits geltend gemacht**, unterliegt der Wert des Pflichtteilsanspruchs der Erbschaftsteuer; die für den bereits geltend gemachten Pflichtteilsanspruch geleistete Abfindung ist – solange der Wert der Abfindung etwa gleichwertig ist – erbschaftsteuerlich unbeachtlich. Weichen Wert der Abfindung und Wert des Pflichtteilsanspruchs nach seiner Geltendmachung erheblich voneinander ab, kann es sich dabei um eine **unentgeltliche Zuwendung** zwischen dem Erben und der pflichtteilsberechtigten Person handeln. Für diese gelten oftmals, wenn es sich etwa um Geschwister handelt, sehr niedrige persönliche Freibeträge und hohe Steuersätze, so dass solche Vereinbarungen Schenkungsteuer auslösen können. Deshalb sollte aus steuerlicher Sicht **niemals voreilig** der Pflichtteil geltend gemacht werden (Haftungsgefahr!).

3.2.4 Besonderheiten durch Vor- und Nacherbschaft (§ 6 ErbStG)

Vorerbschaft

Wird eine Vor- und Nacherbschaft angeordnet, wird beim Vorerben so getan, als ob er das Vermögen ohne die Einschränkung der Nacherbschaft erworben hätte (§ 6 Abs. 1 ErbStG). Der Vorerbe gilt als Erbe.

Nacherbschaft

Tritt die Nacherbschaft ein, wird die Steuer so ermittelt, als ob der Nacherbe vom Vorerben erworben hat.

Beispielsfall

Vorerbe ist die kinderlose Lebensgefährtin des Erblassers, Nacherbin ist dessen Tochter (T). Bei Eintritt der Nacherbschaft wird die Erbschaftsteuer grundsätzlich nach dem verwandtschaftlichen Verhältnis zwischen Vorerbin (Lebensgefährtin) und Nacherbin (Tochter) ermittelt. Da diese beiden Personen weder miteinander verwandt noch verschwägert sind und da die Lebensgefährtin auch nicht die Stiefmutter von T ist – dazu hätten der Vater von T und sie verheiratet sein müssen – beträgt der persönliche Freibetrag der T lediglich 20.000 € und der Erwerbsvorgang ist nach der ungünstigen Steuerklasse III zu versteuern.

Allerdings besteht die Möglichkeit, die Versteuerung hinsichtlich der Nacherbschaft nach den persönlichen Verhältnissen zum Erblasser – im Beispiel T zu ihrem Vater – vorzunehmen (§ 6 Abs. 1 Satz 2 ErbStG).

Achtung! Gleichwohl handelt es sich um einen einheitlichen Erwerb von Todes wegen vom Vorerben. Wird neben dem durch die Vorerbschaft betroffenen Sondervermögen auch freies Vermögen des Vorerben vom Nacherben erworben, wird der zwischen Vorerbe und Nacherbe bestehende persönliche Freibetrag nur dann gewährt, wenn er noch nicht für das der Nacherbschaft unterliegende Vermögen verbraucht ist.

Fortsetzung Beispielsfall

Das der Nacherbschaft unterliegende Vermögen des Vaters beträgt im Zeitpunkt des Nacherbfalls 400.000 €, das nicht der Nacherbschaft unterliegende freie Vermögen der Lebensgefährtin 10.000 €. T beantragt in Bezug auf die Nacherbschaft die Versteuerung nach ihrem zu V geltenden Verwandtschaftsverhältnis; d.h., ihr wird dafür der Kindern zustehende persönliche Freibetrag i.H.v. 400.000 € gewährt. Auf den ihr in Bezug auf die Lebensgefährtin zustehenden Freibetrag i.H.v. 20.000 € wird der bereits in Anspruch genommene persönliche Freibetrag von 400.000 € angerechnet, so dass sich der Freibetrag auf 0 € reduziert; die 10.000 € sind entsprechend der Steuerklasse III mit 30 % zu versteuern (aus Vereinfachungsgründen bleiben weitere Freibeträge in dem Beispiel unberücksichtigt, Vorerwerbe gab es keine), so dass dafür 3.000 € Erbschaftsteuer zu zahlen ist.

Praxistipp

Besonderheiten gelten, wenn die Nacherbschaft durch Zeitablauf und nicht durch den Tod des Vorerben eintritt (§ 6 Abs. 3 ErbStG).

3.2.5 Abzug von Nachlassverbindlichkeiten

Zur Ermittlung der erbschaftsteuerlichen Bemessungsgrundlage sind von den Erwerben von Todes wegen die Nachlassverbindlichkeiten abzuziehen. Allerdings erkennt der Fiskus längst nicht jede Ausgabe im Zusammenhang mit einem Erwerb von Todes wegen als abzugsfähige Nachlassverbindlichkeit an. Welche abzugsfähig sind, ist in § 10 Abs. 5 ErbStG geregelt.

Unterschieden werden

- Erblasserschulden (§ 10 Abs. 5 Nr. 1 ErbStG),
- Erbfallschulden (§ 10 Abs. 5 Nr. 2 ErbStG),
- Nachlasskosten und Erbschaftsverwaltungsschulden (§ 10 Abs. 5 Nr. 3 ErbStG).

- **Erblasserschulden**

Zu den Erblasserschulden zählen **alle Verbindlichkeiten**, die **vor dem Erbfall** vom Erblasser begründet wurden, unabhängig davon, ob es sich um gesetzliche, vertragliche oder außervertragliche Verpflichtungen handelt.

Abzugsfähigkeit privater Steuerschulden

Auch private Steuerschulden des Erblassers sind abzugsfähig; nach geänderter Rechtsprechung des BFH auch solche Einkommensteuern, die das Todesjahr des Erblassers betreffen (BFH, Urt. v. 04.07.2012 – II R 15/11). Zuvor hatte die Finanzverwaltung mit Zustimmung der Rechtsprechung Einkommensteuernachzahlungen für den Erblasser, die das Todesjahr betrafen, mit dem (formalen) Argument abgelehnt, dass die Einkommensteuer im Todeszeitpunkt noch nicht entstanden sei, da die Einkommen steuer erst mit Ablauf des Kalenderjahres entstehe. Somit sei zum Todeszeitpunkt die Einkommensteuer noch nicht entstanden und daher nicht als Nachlassverbindlichkeit abziehbar, auch wenn der Fiskus den Ausgleich dieser Steuernachzahlung von dem oder den Erben gem. § 1922 BGB verlangen konnte. Dieser schwerverständlichen Auslegung des § 10 Abs. 5 ErbStG ist der BFH nunmehr entgegengetreten und lässt auch **im Todeszeitpunkt noch nicht entstandene** Steuerschulden zum Abzug zu, soweit sie vom Erblasser herrühren. Insofern ist die anderslautende Regelung in den Erbschaftsteuerrichtlinien (vgl. Abschn. 10.8 Abs. 3 ErbStR 2011) überholt.

Praxistipp

Grundsätzlich ist die für einen Veranlagungszeitraum entstandene Einkommensteuer als Nachlassverbindlichkeit anzuerkennen, unabhängig davon, ob und wann das Finanzamt die Einkommensteuer festsetzt. Denn i.d.R. ist davon auszugehen, dass das Finanzamt die richtige Steuer festsetzen wird. Trotzdem wird in der Praxis oftmals der Einkommensteuerbescheid als Nachweis für die Höhe der Einkommensteuer herangezogen.

BFH: Abziehbarkeit der vom Erblasser hinterzogenen Steuern

Anders ist es, wenn der Erblasser Einkommensteuern hinterzogen hat. Hier hat der BFH aktuell entschieden, dass nur die Einkommensteuer als Nachlassverbindlichkeit bei der Erbschaftsteuer anzuerkennen ist, die **tatsächlich festgesetzt** wurde. Denn bei hinterzogenen Steuern ist nicht zwingend zu erwarten, dass das Finanzamt die hinterzogene Steuer in richtiger Höhe festsetzen wird. Der BFH hatte bislang die Auffassung vertreten, dass nur die hinterzogene Steuer als Nachlassverbindlichkeit bei der Erbschaftsteuer anzuerkennen ist, wenn der Erbe die Steuerhinterziehung zeitnah nach dem Todesfall dem Finanzamt anzeigt; dann sollte aber die Einkommensteuer in der Höhe als Nachlassverbindlichkeit angesetzt werden, die geschuldet wurde, unabhängig von der Festsetzung.

Diese Auffassung des BFH wollte sich ein Erbe zunutze machen: Er hatte zeitnah nach dem Tod seiner Mutter deren Steuerhinterziehung von Kapitaleinkünften angezeigt und sich mit dem Finanzamt im Wege der tatsächlichen Verständigung über die Höhe der Kapitaleinkünfte in den betroffenen Kalenderjahren verständigt. Das Finanzamt nahm bei Festsetzung der Einkommensteuer irrtümlich an, dass es sich dabei um DM-Beträge handelte, die es in Euro umrechnete. Tatsächlich war die Umrechnung schon erfolgt. Der Erbe zahlte die zu gering festgesetzte Einkommensteuer und wartete die Festsetzungsverjährung für die Einkommensteuer ab. Danach beantragte er die Anerkennung der richtigen Einkommensteuer als Nachlassverbindlichkeit bei Festsetzung der Erbschaftsteuer. Dieser Fall motivierte den BFH dazu, seine ständige Rechtsprechung zu ändern (vgl. BFH, Urt. v. 28.10.2015 – II R 46/13 und II R 45/13). Nunmehr gilt: Hatte der Erblasser Einkommensteuern hinterzogen, werden nur die tatsächlich festgesetzten Steuern als Nachlassverbindlichkeiten anerkannt.

Übrigens: Der Steuerpflichtige ist nicht verpflichtet, das Finanzamt auf Fehler aufmerksam zu machen, solange er selbst keinen Anlass für den Irrtum gegeben hat.

– **Erbfallschulden**

Als Erbfallschulden sind Verbindlichkeiten aus Vermächtnissen, Auflagen und geltend gemachten Pflichtteilsansprüchen abzugsfähig.

Vermächtnisse

Der Wert eines Vermächtnisses ist **ohne weitere Einschränkung** abziehbar, eine Geltendmachung des Vermächtnisses ist für den Abzug nicht erforderlich. Wird von dem oder den Erben gegen Ausschlagung des Vermächtnisses eine Abfindung geleistet, ist der Wert der Abfindung statt des Vermächtnisses als Erbfallschuld abziehbar.

Auflagen

Ebenso abziehbar sind Verbindlichkeiten aus Auflagen, für deren Berücksichtigung es ebenfalls keiner Geltendmachung durch die durch die Auflage berechtigte Person bedarf. Oftmals wird im Wege der Auflage vom Erblasser in bestimmtem Umfang eine **Grabpflege** angeordnet. Eine solche Regelung, auch durch Bereitstellung eines bestimmten Geldbetrags für die Grabpflege, ist vorteilhaft, da damit auch Grabpflegekosten, die nach § 10 Abs. 5 Nr. 3 ErbStG gesetzlich nicht abziehbar sind, wegen ihrer Einordnung als Auflage nach § 10 Abs. 5 Nr. 2 ErbStG abziehbar sind.

Pflichtteilsansprüche

Besonderheiten gelten beim Pflichtteilsanspruch. Dieser ist als Nachlassverbindlichkeit nur abziehbar, wenn er geltend gemacht wurde. Die pflichtteilsberechtigte Person muss den Entschluss, den Pflichtteilsanspruch geltend zu machen, in geeigneter Weise bekunden.

Allerdings ist es für den Abzug nicht erforderlich, dass der geltend gemachte Pflichtteilsanspruch von dem bzw. den Erben erfüllt wird (vgl. BFH, Urt. v. 19.02.2013 – II R 47/11). Das gilt selbst dann, wenn der Pflichtteilsanspruch zivilrechtlich durch Konfusion erlischt – in dem Entscheidungsfall hatten Eltern sich durch Berliner Testament gegenseitig zu Erben eingesetzt und die gemeinsame Tochter zur Schlusserbin. Die Eltern – zunächst der Vater und ein Jahr später die Mutter – verstarben. Die Tochter machte daraufhin gegenüber ihrem Vater innerhalb der Verjährungsfrist ihren Pflichtteil geltend, der dadurch, dass sie nunmehr die Mutter beerbt hatte, zivilrechtlich durch Zusammenfallen von Schuld und Anspruch (Konfusion) entfiel. Gleichwohl – so der BFH in seiner Entscheidung – ist dieser als Nachlassverbindlichkeit bei der Berechnung des Nachlasswerts der Mutter wertmindernd anzusetzen. Ob dies so auch gilt, wenn der Pflichtteilsanspruch verjährt ist, ließ der BFH ausdrücklich offen. Der Fall zeigt, dass sich in der Praxis mit Hilfe des Pflichtteilsanspruchs ggf. erbschaftsteuerliche Nachteile des sogenannten Berliner Testaments teilweise auch nach Eintritt des Erbfalls rückgängig machen lassen.

– **Nachlasskosten**

Zu den Nachlasskosten gehören Kosten, die **nach dem Erbfall** entstehen und von dem oder den Erben zu tragen sind.

Beerdigungskosten

Dazu können auch die Beerdigungskosten zählen. Abziehbar sind die von dem oder den Erben zu tragenden Beerdigungskosten, insbesondere die eigentlichen Beerdigungskosten, Kosten für Todesanzeigen/Danksagungen, aber auch Reisekosten der Angehörigen und Kosten eigens für die Beerdigung angeschaffter Trauerkleidung. Auch ein angemessenes Grabdenkmal sowie übliche Grabpflegekosten können geltend gemacht werden. Die Grabpflegekosten sind **mit ihrem Kapitalwert** anzusetzen. Sollen höhere Kosten absetzbar sein, lässt sich dies durch Anordnung einer entsprechenden Auflage erreichen, da Auflagen nach § 10 Abs. 5 Nr. 2 ErbStG in vollem Umfang und nicht nur im Umfang von angemessenen Aufwendungen abzugsfähig sind. Fehlt es an einer solcher Auflage, können diese höheren Kosten nicht geltend gemacht werden.

- **Kosten für die Abwicklung, Regelung und Verteilung des Nachlasses**

Nachlassregelungskosten

Als Nachlassverbindlichkeit sind auch solche Kosten abziehbar, die im Zusammenhang mit der Abwicklung, Regelung und Verteilung des Nachlasses oder der Erlangung des Erwerbs entstehen (Nachlassregelungskosten). Der Begriff der Nachlassregelungskosten ist **weit auszulegen.** Zu den abzugsfähigen Kosten zählen anfallende Kosten für die Testamentseröffnung, Erteilung eines Erbscheins, Todeserklärung und Grundbuchberichtigungs- und -umschreibungskosten.

Praxistipp

Wichtig für die Erbrechtsberatung ist, dass die Kosten für die tatsächliche und rechtliche Feststellung des Erwerbs und die Kosten zur Nachlassregulierung ebenso absetzbar sind wie die Kosten einer Erbauseinandersetzung. Auch die Kosten eines Testamentsvollstreckers sind grundsätzlich absetzbar, wenn es sich dabei nicht um Nachlassverwaltungskosten handelt. Denn Nachlassverwaltungskosten sind nicht abziehbar!

Steuerberatungskosten

Während die Erbschaftsteuer selbst nicht abziehbar ist (§ 10 Abs. 8 ErbStG), sind die Steuerberatungskosten für die Erstellung der Erbschaftsteuererklärung grundsätzlich abziehbar. Allerdings gilt dieser Grundsatz nicht unbeschränkt! Steuerberatungs- bzw. Rechtsanwaltskosten in den sich der Steuererklärung anschließenden **Steuerfestsetzungs- und Wertfeststellungsverfahren** sind **nicht** als Nachlassverbindlichkeit abzuziehen, weil auch die Erbschaftsteuer als solche nicht als Nachlassverbindlichkeit abziehbar ist. Dieses Abzugsverbot wirkt sich daher auch auf die dadurch entstehenden Rechtsverfolgungskosten aus, die zur Abwehr der zu entrichtenden Erbschaftsteuer aufgewendet werden.

Praxistipp

Für die in § 10 Abs. 5 Nr. 3 ErbStG genannten Aufwendungen ist ohne Nachweis ein **Pauschbetrag von 10.300 €** je Erbfall abziehbar. Er kann von den Beteiligten für den gesamten Erbfall allerdings nur einmal geltend gemacht werden.

Übersicht 6: Nachlassverbindlichkeiten

Erblasserschulden, „geerbte Schulden"	**Erbfallschulden**	**Nachlasskosten und Erbschaftsverwaltungskosten**
z.B. – Hypothek – private Schulden, z.B. aufgrund Kaufvertrag – Einkommensteuer und andere Steuerschulden des Erblassers	z.B. – Kosten Erbschaftsteuererklärung – Kosten für Erbschein – Vermächtnisse – Auflagen – geltend gemachte Pflichtteilsansprüche	z.B. – Bestattungskosten – Kosten eines Grabdenkmals – Grabpflegekosten – Kosten für die Abwicklung, Regelung oder Verteilung des Nachlasses, nicht aber Kosten für die Verwaltung des Nachlasses (!)

3.3 Schenkung unter Lebenden

3.3.1 Einführung, Allgemeines

Definition

Der Erbschaft- bzw. Schenkungsteuer unterliegen alle in § 7 ErbStG genannten Tatbestände. Grundtatbestand ist jede freigebige Zuwendung unter Lebenden; dieser Begriff ist weiter als der zivilrechtliche Schenkungsbegriff des § 516 BGB. Als Zuwendung wird jede Bereicherung des Vermögens einer anderen Person verstanden; sie unterliegt nur dann der Besteuerung nach dem ErbStG, wenn sie unentgeltlich erfolgt.

3.3.2 Freigebige Zuwendungen nach § 7 Abs. 1 Nr. 1 ErbStG

Gegenstand

Gegenstand der Schenkung oder Zuwendung können neben beweglichen und unbeweglichen Sachen und Rechten auch andere geldwerte Vermögensgegenstände sein, aber auch der Wegfall einer Verbindlichkeit durch Erlass oder die Ersparnis von Zinsen durch Hingabe eines zinslosen Darlehens.

Voraussetzungen

Folgende Voraussetzungen müssen vorliegen:

- Zuwendung unter Lebenden
- unentgeltliche Bereicherung der bedachten Person (jede Vermögensmehrung oder jede Minderung von Schulden und Belastungen)
- Entreicherung des Zuwendenden
- Wille zur Freigebigkeit

Praxistipp

Auch unbenannte ehebedingte Zuwendungen stellen eine freigebige Zuwendung dar. Um hier Härten zu vermeiden, wurde die Steuerbefreiung der Übertragung des selbstbewohnten Eigenheims durch einen Ehegatten auf den anderen unter Lebenden nach § 13 Abs. 1 Nr. 4a ErbStG eingeführt. Die Erweiterung dieser Steuerbefreiung bei Erwerb von Todes wegen nach § 13 Abs. 1 Nr. 4b, 4c ErbStG ist demgegenüber viel jünger und wurde erst mit Wirkung vom 01.01.2009 in das Gesetz aufgenommen.

Um eine sogenannte **gemischte Schenkung** handelt es sich, wenn Leistung und Gegenleistung nicht in einem angemessenen Verhältnis zueinander stehen. Hier wird der einheitliche Schuldvertrag, z.B. Kaufvertrag, in einen entgeltlichen Teil und eine freigebige Zuwendung aufgeteilt.

3.3.3 Schenkung unter Nießbrauchsvorbehalt (Vorbehaltsnießbrauch)

Vorteilhafte Steuergestaltung

Bei einer Schenkung unter Nießbrauchsvorbehalt behält sich die schenkende Person den Nießbrauch an dem Gegenstand für sich bzw. für sich und ihren Ehegatten/Lebenspartner vor. Diese Gestaltung ist attraktiv, weil dadurch bereits vor dem Erbfall ein Teil des Vermögens auf die nachfolgende Generation übertragen werden kann, ohne dass die Nutzungsrechte an dem Vermögen für den Erblasser verlorengehen. Klassisches Beispiel ist die **Übertragung des Eigentums an einer fremdvermieteten Wohnung** unter Nießbrauchsvorbehalt auf die Kinder. Damit werden die Kinder Eigentümer der Immobilie, die Mieterträge stehen aber weiterhin den Eltern zu; einkommensteuerlich werden die Mieteinkünfte nach § 21 EStG im Regelfall den Eltern zugerechnet.

Erbschaftsteuerlich ist dies interessant, weil der Erbschaftsteuer lediglich der Wert des Eigentums abzüglich des kapitalisierten Werts des Nießbrauchsrechts als unentgeltliche Zuwendung unterworfen wird. Die früher geltende Regelung, wonach ein Nießbrauchsrecht, das sich die schenkende Person selbst oder ihrem Ehegatten vorbehält, nicht wertmindernd zu berücksichtigen ist (vgl. § 25 ErbStG a.F.), ist ersatzlos gestrichen worden.

Warnhinweis

Achtung! Grunderwerbsteuer beachten! Da nunmehr der Wert des Nießbrauchs im Zeitpunkt der Schenkung nicht der Schenkungsteuer unterliegt, ist der Erwerb nicht von der Grunderwerbsteuer nach § 3 Nr. 2 GrEStG befreit!

Solange es sich bei den Erwerbern um Personen handelt, die in gerader Linie mit der schenkenden Person verwandt sind, oder es sich um Stiefkinder handelt, ist diese Änderung ohne praktische Auswirkung. Denn Erwerbe durch diesen Personenkreis sind ebenso wie die Erwerbe durch

Ehegatten und Lebenspartner ohnehin von der Grunderwerbsteuer befreit (§ 3 Nr. 4, 6 GrEStG). Handelt es sich bei dem Erwerber um Geschwister oder Nichten/Neffen des Schenkers, ist auf den Wert des Vorbehaltsnießbrauchs Grunderwerbsteuer zu zahlen, vgl. dazu auch Abschnitt 25 ErbStR 2011.

Die für das Erbschaftsteuerrecht geltende wertmäßige Beschränkung der Berechnung des Nießbrauchsrechts (vgl. § 16 BewG) ist nicht zwingend bei der Berechnung der Grunderwerbsteuer zu berücksichtigen (BFH, Beschl. v. 20.11.2013 – II R 38/12). Daher kann es im Einzelfall zu der widersinnigen Situation kommen, dass der bei der Schenkungsteuer zur berücksichtigende Wert des Nießbrauchsrechts niedriger ist als der zur Berechnung der Grunderwerbsteuer heranzuziehende Wert! Auf diese Besonderheit sollten betroffene Mandanten hingewiesen werden.

Warnhinweis

Unbedingt beachtet werden sollte Folgendes:

Wird vereinbart, dass das Nießbrauchsrecht bis zum Tod des Schenkers fortgelten soll, bedeutet ein späterer unentgeltlicher Verzicht auf das Nießbrauchsrecht zu Lebzeiten eine erneute Schenkung, die – neben den zivilrechtlichen Folgen wie etwa der Rückforderung eines Geschenks wegen Verarmung – Schenkungsteuer auslöst (BFH, Urt. v. 20.05.2014 – II R 7/13) bzw. einen Teil des persönlichen Steuerfreibetrags verbraucht.

Hierauf sollten Sie Ihren Mandanten unbedingt hinweisen und die Unterschiede zwischen einem zeitlich befristeten und einem lebenslänglichen Nießbrauchsrecht erläutern.

Zeitlich befristete Nießbrauchsrechte sind in der Praxis beliebt, wenn das Grundstück noch fremdfinanziert wird und der Beschenkte (noch) nicht in der Lage ist, das Darlehen zu übernehmen.

Unentgeltlicher Verzicht aufs Nießbrauchsrecht

Wichtig ist der Hinweis vor allem deshalb, weil auf den Nießbrauch einseitig durch einfache notarielle Erklärung des Nießbrauchsberechtigten verzichtet werden kann. Wird diese Erklärung bei einem anderen Notariat als bei dem, das die Schenkung beurkundet hat, beurkundet, gibt es für das „Nachfolge-“Notariat keinen Anlass, eine entsprechende Warnung auszusprechen.

Praxistipp

Bei der Übertragung eines Grundstücks unter Nießbrauchsvorbehalt sind neben den erbschaft- und schenkungsteuerlichen Folgen auch die Folgen bei der Einkommensteuer zu berücksichtigen. Das gilt insbesondere, wenn die Immobilie vermietet ist. War die Immobilie vermietet und wird sie unter Nießbrauchsvorbehalt übertragen, werden die Mieteinkünfte regelmäßig der nießbrauchsberechtigten Person zugerechnet; sie behält i.d.R. auch die Berechtigung zur Abschreibung.

4. Steuerbefreiungen

4.1 Übersicht

Neben den persönlichen Freibeträgen nach § 16 ErbStG und dem Versorgungsfreibeträgen kennt das ErbStG zahlreiche sachliche Steuerbefreiungen, die überwiegend in den §§ 13–13d ErbStG geregelt sind.

Übersicht 7: Persönliche und sachliche Freibeträge

Erwerber	Rechtsgrundlage	Freibetrag
Ehegatte	§ 16 Abs. 1 Nr. 1 ErbStG	500.000 €
Eingetragener Lebenspartner	§ 16 Abs. 1 Nr. 1 ErbStG	500.000 €
Kinder, Stiefkinder und Enkel, wenn Eltern verstorben sind	§ 16 Abs. 1 Nr. 2 ErbStG	400.000 €
Enkel	§ 16 Abs. 1 Nr. 3 ErbStG	200.000 €
Eltern und Voreltern im Erbfall	§ 16 Abs. 1 Nr. 4 ErbStG	100.000 €
Steuerklasse II (Geschwister, Nichten, Neffen, Eltern bei Schenkung)	§ 16 Abs. 1 Nr. 5 ErbStG	20.000 €
Steuerklasse III (Entfernt Verwandte, Lebensgefährte)	§ 16 Abs. 1 Nr. 7 ErbStG	20.000 €
beschränkt Steuerpflichtige	§ 16 Abs. 2 ErbStG	2.000 €
Versorgungsfreibetrag – Ehegatte	§ 17 ErbStG	256.000 €
– eingetragener Lebenspartner	§ 17 ErbStG	256.000 €
– Kinder, nach Alter gestaffelt	§ 17 ErbStG	bis 52.000 €
Hausrat Steuerklasse I	§ 13 Abs. 1a ErbStG	41.000 €
bewegliche Gegenstände I	§ 13 Abs. 1b ErbStG	12.000 €
Hausrat und andere Gegenstände in den Klassen II und III	§ 13 Abs. 1c ErbStG	12.000 €

Vergünstigungen für Betriebsvermögen

Außerdem gewährt das ErbStG umfangreiche Steuervergünstigungen bis hin zur vollständigen Steuerbefreiung für Betriebsvermögen, etwa Unternehmen oder Anteile an Kapitalgesellschaften, wenn die Unternehmen für einen Zeitraum von zehn Jahren fortgeführt werden und es nicht zu einem nennenswerten Stellenabbau in diesem Zeitraum kommt (§§ 13a–13c ErbStG). Die Vergünstigungen sind immer wieder Gegenstand von Verfassungsklagen, die bislang stets erfolgreich waren. Auch das aktuelle ErbStG gilt als verfassungsrechtlich bedenklich, insbesondere die Begünstigung lebzeitig oder von Todes wegen übertragener Familienheime. Die verfassungsrechtlichen Bedenken gegenüber der aktuell gewährten Begünstigung von Betriebsvermögen sind allerdings nicht mehr so groß wie bei den Vorgängerversionen des ErbStG.

Praxistipp

In der Beratung sollten Sie Ihre Mandantschaft auf diese Problematik hinweisen und ihr raten, die aktuelle Entwicklung stets zu verfolgen. Denn es ist nicht ausgeschlossen, dass die immer noch sehr großzügige Regelung zukünftig durch verfassungsrechtliche Vorgaben verschärft wird. Das gilt vor allem dann, wenn Gegenstand der Beratung eine weit in die Zukunft reichende Gestaltungsberatung zum Übergang des Vermögens auf die nachfolgende Generation ist.

4.2 Persönliche Freibeträge und besonderer Versorgungsfreibetrag

Persönliche Freibeträge

Je nach Verwandtschaftsgrad wird jeder Person ein persönlicher Freibetrag gewährt (siehe Übersicht 7).

Besondere Versorgungsfreibeträge

Eheleuten und Lebenspartnern sowie Kindern bis zur Vollendung des 27. Lebensjahres wird darüber hinaus bei Erwerben von Todes wegen ein besonderer Versorgungsfreibetrag gewährt (§ 17 ErbStG). Er beträgt bei Eheleuten/eingetragenen Lebenspartnerschaften 256.000 €, bei Kindern liegt er je nach Alter des Kindes zwischen 10.300 € und 52.000 €.

Kürzung um anrechnungspflichtige Versorgungsbezüge

Allerdings wird dieser Versorgungsfreibetrag um nicht der Erbschaftsteuer unterliegende Versorgungsbezüge in Höhe des Kapitalwerts gekürzt: um die sogenannten anrechnungspflichtigen Versorgungsbezüge. Dazu zählen insbesondere

- Pensionen von Beamten,
- Witwen- und Witwerrenten der Deutschen Rentenversicherung,
- Witwen- und Witwerrenten der berufsständischen Versorgungswerke.

Bei Kindern kommt es zu einer Anrechnung der Waisenrenten.

Praxistipp

Wegen der Kürzung des Freibetrags um den Kapitalwert der nicht der Erbschaftsteuer unterliegenden Versorgungsbezüge kommt dem besonderen Versorgungsfreibetrag in der Praxis keine große Bedeutung zu.

4.2.1 Beschränkte Steuerpflicht und Freibeträge

Für beschränkt steuerpflichtige Personen gelten Besonderheiten im Zusammenhang mit der Gewährung der persönlichen Freibeträge (vgl. § 16 Abs. 2 ErbStG). Beschränkt steuerpflichtig sind z.B. natürliche Personen, die zum Zeitpunkt der Steuerentstehung keinen Wohnsitz oder gewöhnlichen Aufenthalt in Deutschland haben.

Die Regelungen haben sich seit dem 25.06.2017 entscheidend geändert. Für Fälle, in denen die Steuer vor dem 25.06.2017 entstanden ist, galt folgende Regelung: Grundsätzlich sollte beschränkt steuerpflichtigen Personen lediglich ein persönlicher Freibetrag von **2.000 € (!)** gewährt werden.

Personen aus Mitgliedstaaten der EU waren nach der Altregelung von dieser Regelung nicht in dem Maße wie Personen aus Drittländern betroffen, weil sich nach § 2 Abs. 3 ErbStG Personen aus den Mitgliedstaaten der EU für die Anwendung der Regelungen der unbeschränkten Steuerpflicht entscheiden können. Allerdings sind dann, wie bei Inländern, sämtliche Erwerbe innerhalb von zehn Jahren vor und nach dem Entstehungszeitpunkt zwischen denselben Beteiligten einzubeziehen und nach § 14 ErbStG zusammenzurechnen.

4.2.2 Regelung bei Erwerb von Auslandsvermögen in einem Drittland

Streitig war allerdings, ob § 16 Abs. 2 ErbStG den Art. 56 und 58 EG standhält. Der EuGH hatte dies in einem Urteil für inländisches Grundvermögen verneint (EuGH, Urt. v. 17.10.2013 – Rs. C-181/12 Welte; vgl. zum Thema auch die „Mattner"-Entscheidung, EuGH, Urt. v. 22.04.2010 – C-510/08 und das daraufhin eingeführte Antragsrecht nach § 2 Abs. 3 ErbStG). Er sah in der inländischen Altregelung des § 16 Abs. 2 ErbStG a.F. für Drittländer einen Verstoß gegen die Kapitalverkehrsfreiheit. Art. 56 und 58 EG seien danach dahin auszulegen, dass sie einer Regelung eines Mitgliedstaates über die Berechnung der Erbschaftsteuer entgegenstehen, die den hohen persönlichen Freibetrag nach § 16 Abs. 1 ErbStG einem Erben nicht gewährt, wenn er und der Erblasser lediglich den Wohnsitz in einem Drittland haben/hatten. Im Entscheidungsfall lebte das Ehepaar bis zum Tod der Ehefrau in der Schweiz. Zum Nachlass der Ehefrau, ehemals deutsche Staatsangehörige, zählte ein in Deutschland belegenes Grundstück. Das mit der Sache befasste Finanzamt Velbert gewährte dem Ehemann als Erben nach § 16 Abs. 2 ErbStG lediglich einen Freibetrag von 2.000 € und setzte bei einem Grundstückswert von 329.200 € Erbschaftsteuern i.H.v. 41.450 € fest. Bei einer unbeschränkten Steuerpflicht wäre dem Ehemann ein Freibetrag von 500.000 € gewährt worden, und von ihm wäre – trotz Hinzurechnung weiterer Erwerbe – keine Erbschaftsteuer gefordert worden. Der EuGH gab der Klage des Witwers statt und entschied, dass durch die Regelung des § 16 Abs. 2 ErbStG a.F. gegen die in den Art. 56, 58 EG vorgeschriebene Kapitalverkehrsfreiheit von Mitgliedstaaten zu Drittstaaten verstoßen wird. Die Anwendung eines höheren Freibetrags als Folge eines inländischen Wohnsitzes/dauernden Aufenthalts der Beteiligten stellt – so der EuGH – eine Beschränkung der Kapitalverkehrsfreiheit dar, wenn im Drittland wohnende Beteiligte diesen Freibetrag nicht in derselben Höhe in Anspruch nehmen dürfen.

Somit war dem Ehemann der für unbeschränkt steuerpflichtige Personen geltende persönliche Freibetrag von 500.000 € zu gewähren, und zwar ohne Anrechnung seines Auslandsvermögens.

Die in § 16 Abs. 2 i.V.m. § 2 ErbStG a.F. geltende Regelung verstieß daher gegen EU-Recht und wurde durch Änderungen des § 16 Abs. 2 ErbStG zum 25.06.2017 neu gefasst. Danach ist der Freibetrag um einen Teilbetrag zu mindern, wenn neben dem Inlandsvermögen auch weiteres, nicht der deutschen Erbschaftsteuer unterliegendes Auslandsvermögen erworben wurde. Diese Regelung ist anzuwenden auf Fälle, in den die Steuer nach dem 24.06.2017 entstanden ist. Zugleich wurde das bis dahin für bestimmte Personen geltende Antragsrecht auf Behandlung wie eine unbeschränkt steuerpflichtige Person nach § 2 Abs. 3 ErbStG a.F. ersatzlos gestrichen.

Praxistipp

Damit hat der Gesetzgeber auf die Entscheidung des BFH vom 10.05.2017 – II R 53/14 reagiert, wonach bei beschränkt Steuerpflichtigen zwar die für unbeschränkt steuerpflichtige Personen geltenden hohen persönlichen Freibeträge zu gewähren sind, aber ohne Berücksichtigung des Auslandsvermögens. Die Vorteile der Rechtsprechung des BFH aus dem Urteil vom 10.05.2017 können daher nur für Fälle in Anspruch genommen werden, in denen die Steuer vor dem 24.06.2017 entstanden war (vgl. dazu auch Kapitel 15.A.2.3, S. 1062).

4.3 Sachliche Freibeträge

4.3.1 Schenkung des selbstbewohnten Familienheims an den Ehegatten/eingetragenen Lebenspartner (§ 13 Abs. 1 Nr. 4a ErbStG)

Steuerbefreite Zuwendung

Die Zuwendung unter Lebenden des selbstbewohnten Familienheims ist für Eheleute und eingetragene Lebenspartnerschaften von der Schenkungsteuer befreit (§ 13 Abs. 1 Nr. 4a ErbStG). Mit dieser Steuerbefreiung wurde auf die Rechtsprechung des BFH reagiert, der unbenannte Zuwendungen unter Eheleuten als schenkungsteuerpflichtigen Tatbestand einstufte (z.B. BFH, Urt. v. 02.03.1994 – II R 59/92). Auf diese geänderte Rechtsprechung reagierte der Gesetzgeber und führte die Steuerbefreiung durch das JStG 1996 ein. Danach sind unentgeltliche Zuwendungen eines Familienheims zwischen Eheleuten bzw. eingetragenen Lebenspartnern von der Schenkungsteuer befreit.

Voraussetzungen

Folgende Voraussetzungen müssen vorliegen:

- Erwerb unter Lebenden;
- zwischen Eheleuten oder eingetragenen Lebenspartnern;
- nicht befreit wird der Erwerb durch Kinder oder nichteheliche Lebenspartner, da diese Regelung einen Ausgleich für die Steuerpflicht der unbenannten Zuwendungen unter Eheleuten darstellen sollte;
- die Wohnung muss den Mittelpunkt des familiären Lebens darstellen, dazu ist eine gemeinsame Nutzung durch die Eheleute/Lebenspartner erforderlich;

– es muss sich um inländische oder in der EU bzw. im EWR-Wirtschaftsraum (also einschließlich Island, Norwegen und Liechtenstein) liegende Grundstücke handeln.

Praxistipp

Eine überwiegende Nutzung als Familienheim ist nicht erforderlich; wird ein Teil der Immobilie nicht als Familienheim genutzt, ist dieser Teil auch nicht von der Schenkungsteuer befreit. Nicht befreit sind Ferienwohnungen oder Zweitwohnungen, die wegen einer doppelten Haushaltsführung am Arbeitsort genutzt werden. Unschädlich ist demgegenüber die Nutzung eines Arbeitszimmers im Familienheim.

Weitreichende Steuerbefreiung

Die Befreiung ist sehr weitreichend. So ist nicht nur die Schenkung einer Immobilie begünstigt, sondern jegliche Art von Zuwendung, bei der ein Familienheim zugewendet wird. Dazu zählen nach Abschn. 13.3 Abs. 4 ErbStR 2011 insbesondere folgende Erwerbsvorgänge:

1. **Übertragung** des Alleineigentums oder Miteigentums an dem einem Ehegatten oder Lebenspartner i.S.d. LPartG bereits gehörenden Grundstück,
2. **Kauf oder Herstellung aus den Mitteln eines Ehegatten** oder Lebenspartners unter Einräumung einer Miteigentümerstellung des anderen Ehegatten oder Lebenspartners,
3. Anschaffung oder Herstellung (ganz oder teilweise) durch einen Ehegatten oder Lebenspartner aus Mitteln, die allein oder überwiegend vom anderen, zuwendenden Ehegatten oder Lebenspartner stammen (**mittelbare Grundstückszuwendung**),
4. **Tilgung** eines im Zusammenhang mit dem Kauf oder der Herstellung des Familienheims von einem oder beiden Ehegatten oder Lebenspartner(n) **aufgenommenen Darlehens aus Mitteln des zuwendenden Ehegatten oder Lebenspartners,**
5. **Befreiung** von einer Schuld des einen Ehegatten oder Lebenspartners gegenüber dem anderen Ehegatten oder Lebenspartner, die im Zusammenhang mit dem Kauf oder der Herstellung des Familienheims gegenüber dem anderen Ehegatten oder Lebenspartner eingegangen wurde,
6. **Begleichung nachträglicher Herstellungs- oder Erhaltungsaufwendungen** am Familienheim aus Mitteln eines Ehegatten oder Lebenspartners, wenn der andere Ehegatte oder Lebenspartner Eigentümer oder Miteigentümer ist.

Es gibt weder eine Prüfung der Angemessenheit der Zuwendung noch eine Beschränkung der Größe nach; die Bewilligung der Steuerbefreiung hängt nicht davon ab, dass die zugewendete Immobilie nach Zuwendung noch eine bestimmte Zeit als Familienheim genutzt wird. Allerdings sollte eine gewisse Schamfrist eingehalten werden, schon um dem Vorwurf des Gestaltungsmissbrauchs nach § 42 AO zu entgehen. Danach werden zivilrechtlich wirksame Rechtsgeschäfte steuerrechtlich nicht anerkannt, wenn sie ausschließlich zu dem Zweck getätigt werden, steuerliche Folgen zu vermeiden. Die Steuerbefreiung kann – bei Vorliegen der Voraussetzungen – auch mehrfach in Anspruch genommen werden (kein Objektverbrauch).

Praxistipp

Befindet sich das Eigenheim im Eigentum nur eines Ehegatten, kann zu Lebzeiten das Eigentum steuerneutral auf den anderen Ehegatten ganz oder teilweise übertragen werden. Auf diese Weise lässt sich das Vermögen von Eltern gleichmäßig verteilen, um so bei einer Übertragung des Vermögens auf Kinder die gegenüber jedem Elternteil bestehenden persönlichen Freibeträge in vollem Umfang in Anspruch nehmen zu können. Wer Sorge hat, sich für den Fall der Trennung oder Scheidung schlechter zu stellen, kann vereinbaren, dass die Zuwendung für den Fall der Trennung oder Scheidung widerrufen werden kann. Eine solche Rückfallklausel sollte ggf. auch für den Fall in die Regelung aufgenommen werden, dass der Beschenkte vor dem Schenker verstirbt. Denn andernfalls wäre der Rückerwerb durch Erwerb von Todes wegen nur dann von der Erbschaftsteuer nach § 13 Abs. 1 Nr. 4b ErbStG befreit, wenn die Behaltensfrist von zehn Jahren eingehalten wird. Solche Gestaltungen sind allerdings nur dann sinnvoll, wenn die Vermögenswerte über den persönlichen Freibeträgen liegen. Außerdem sollte stets geprüft werden, ob durch eine solche Regelung die Grenzen des Gestaltungsmissbrauchs nach § 42 AO überschritten werden.

4.3.2 Erwerb des selbstbewohnten Familienheims von Todes wegen durch Eheleute/eingetragene Lebenspartner oder Kinder (§ 13 Abs. 1 Nr. 4b, 4c ErbStG)

Neu eingefügt mit Wirkung zum 01.01.2009 wurde die Steuerbefreiung von selbstbewohnten Familienheimen durch Erwerb von Todes wegen durch Eheleute und Kinder (Stichwort: „Oma ihr klein Häuschen").

Praxistipp

Der BFH hält diese Regelung für verfassungsrechtlich bedenklich, wendet sie aber trotzdem an. Aber wegen seiner verfassungsrechtlichen Bedenken ist er nur bereit, die Steuerbefreiung zu gewähren, wenn die Voraussetzungen wortwörtlich vorliegen. Eine Auslegung der Vorschrift über den Wortlaut hinaus lehnt der BFH in ständiger Rechtsprechung ab.

Auch Kinder begünstigt

Der begünstigte **Personenkreis** ist **weiter** als bei der Steuerbefreiung lebzeitiger Zuwendungen, denn neben Eheleuten und eingetragenen Lebenspartnerschaften werden auch Erwerbe durch Kinder (leibliche Kinder, Stiefkinder, Adoptivkinder) und Kinder verstorbener Kinder (vgl. Steuerklasse I Nr. 2) von der Steuerbefreiung erfasst. Kleine Einschränkung bei dem Erwerb durch Kinder: Begünstigt ist nur Wohnraum bis zu einer Größe von 200 qm.

Voraussetzungen

Voraussetzung ist, dass die verstorbene Person die Immobilie grundsätzlich bis zum Erbfall als **Lebensmittelpunkt** genutzt hat und die erwerbende Person (Ehegatte, Lebenspartner, Kind) dort den Lebensmittelpunkt nach dem Erbfall errichtet. Im Gegensatz zum lebzeitigen Erwerb muss der Lebensmittelpunkt dort für die Dauer von zehn Jahren bestehen bleiben (Behaltensfrist von zehn Jahren). Wird der Lebensmittelpunkt vor Ablauf dieser zehn Jahre dort aufgegeben, fällt die Steuerbefreiung rückwirkend weg; es kommt zu einer Nachversteuerung.

Die Steuerbefreiung bei Erwerben von Todes wegen wird auch dann nicht gewährt, wenn die erwerbende Person aufgrund letztwilliger Verfügung des Erblassers die Immobilie **auf einen Dritten** übertragen muss oder sie aufgrund einer rechtsgeschäftlichen Verfügung des Erblassers dazu verpflichtet ist (§ 13 Abs. 1 Nr. 4b Satz 2 ErbStG).

Ebenfalls wird die Steuerbefreiung verwehrt, wenn nicht die erwerbende Person selbst, sondern ein **naher Angehöriger die Immobilie unentgeltlich nutzt**, wie der BFH entschieden hat (Urt. v. 05.10.2016 – II R 32/15). Im Streitfall war der Ehemann verstorben, seine Ehefrau und Mutter der Steuerpflichtigen hatte die Erbschaft ausgeschlagen, so dass die Tochter Erbin wurde. Zum Nachlass gehörte der halbe Miteigentumsanteil an dem von den Eltern genutzten Familienheim. Die Tochter überließ diesen Anteil der Mutter zur unentgeltlichen Nutzung und wollte dafür die Steuerbefreiung nach § 13 Abs. 4c ErbStG geltend machen. Der BFH lehnte das ab, weil Voraussetzung für die Steuerbefreiung sei, dass die Erwerberin die Immobilie selbst zu Wohnzwecken nutzt. Die Nutzung durch eine Angehörige i.S.v. § 15 AO reicht nicht aus.

Vereinbarung eines Vermächtnisses ratsam zur steuerlichen Optimierung nach dem Tod des Erblassers

In dem vom BFH entschiedenen Fall hatte die Mutter die Erbschaft offenbar aus steuerlichen Erwägungen ausgeschlagen. Wäre der Mutter zusätzlich ein Vermächtnis auf Erwerb des Miteigentumsanteils an der Wohnung zugewendet worden, hätte sie die Erbschaft ausschlagen, trotzdem den Miteigentumsanteil an der Wohnung beanspruchen und so die Steuerbefreiung nach § 13 Abs. 4c ErbStG zunächst retten können.

Erbrechtlich ist es zulässig, auch der Person, die als Erbin eingesetzt wird, einen Gegenstand als Vermächtnis zuzuwenden. Nimmt diese Person das Erbe an, läuft das Vermächtnis ins Leere. Schlägt sie jedoch die Erbschaft aus, kann sie gleichwohl noch das Vermächtnis in Anspruch nehmen. Dadurch lassen sich auch noch nach dem Tod des Erblassers Gestaltungen zur steuerlichen Optimierung realisieren, die mit den starren Folgen der Ausschlagung einer Erbschaft i.d.R. nicht möglich sind.

Mit einer vermächtnisweisen Zuwendung des Miteigentumsanteils hätte die Mutter trotz der Ausschlagung der Erbschaft die ihr vermächtnisweise zugewendete Wohnung von Todes wegen erworben und die Steuerbefreiung nach § 13 Abs. 1 Nr. 4b ErbStG in Anspruch nehmen können. Dies zeigt, wie sinnvoll es sein kann, auch Erben Vermächtnisse einzuräumen. Eine solche Kombination erhöht nach dem Tod des Erblassers die Reaktionsmöglichkeiten der Erben und Vermächtnisnehmer.

Praxistipp

Ausnahmen

Ist der Erblasser oder der Erwerber i.S.d. § 13 Abs. 4a ErbStG (Erwerb durch überlebenden Ehegatten/eingetragenen Lebenspartner) aus zwingenden Gründen an einer Selbstnutzung gehindert, kann die Steuerbefreiung gleichwohl in Anspruch genommen werden. Das ist insbesondere dann der Fall, wenn aus Krankheitsgründen der Umzug in ein Altenwohnheim oder eine betreute Einrichtung erforderlich ist. Die Einstufung in eine bestimmte Pflegestufe ist nicht erforderlich. Verstirbt der Erwerber innerhalb der Behaltensfrist, ist das unschädlich; eine Nachversteuerung ist auch in diesem Fall nicht vorzunehmen. Ein zwingender Grund wird verneint, wenn der Lebensmittelpunkt aus beruflichen Gründen an einen anderen Ort verlegt wird, oder im Fall einer Scheidung, wenn dem geschiedenen Ehegatten die Immobilie zur Nutzung überlassen wird.

Erwerbende Person ist an Selbstnutzung gehindert

Diese Regelung gilt nicht, wenn die erwerbende Person die Immobilie bei Erwerb nicht selbst nutzen kann. Die erwerbende Person muss **tatsächlich in die Wohnung einziehen**; ist sie bereits bei Erwerb aus zwingenden Gründen an der Selbstnutzung gehindert, kann sie die Steuerbefreiung nicht in Anspruch nehmen. Ist die erwerbende Person erst zu einem späteren Zeitpunkt aus zwingenden Gründen an der Selbstnutzung gehindert, ist ein Auszug dann nicht schädlich (§ 13 Abs. 1 Nr. 4b Satz 5, Nr. 4c Satz 5 ErbStG). Die Steuerbefreiung wird also **nicht** gewährt, wenn die Wohnung oder das Einfamilienhaus tatsächlich nicht zu eigenen Wohnzwecken genutzt wird, „zwingende Gründe" sind bei Erwerb der Immobilie unbeachtlich (BFH, Urt. v. 23.06.2015 – II R 13/13).

Nur Wohnungsübertragung begünstigt

Freigestellt wird nur die Übertragung der Wohnung, nicht die Übernahme von Verbindlichkeiten oder vergleichbaren Übertragungen (die Steuerbefreiung bei lebzeitiger Übertragung ist in diesem Punkt weitreichender). Bei **Kindern** ist die Steuerbefreiung auf eine Wohnfläche **von 200 qm** beschränkt. Die Übertragung einer Luxusvilla ist danach, anders als bei dem Erwerb durch einen Ehegatten, bei Kindern nur teilweise steuerbefreit.

Warnhinweis

Achtung! Auf die Einhaltung der Behaltensfrist sollte genau geachtet werden, da es andernfalls zu einer Nachversteuerung kommt. Es gilt das Alles-oder-nichts-Prinzip, d.h., bei Verstoß gegen die Behaltensfrist entfällt die Steuerbefreiung in voller Höhe und nicht nur zeitanteilig.

Keine Steuerbefreiung für Ferien- oder Zweitwohnung

Die Steuerbefreiung wird grundsätzlich nicht bewilligt, wenn es sich bei der Immobilie um eine Ferien- oder Zweitwohnung handelt, da sich am Ort der Ferien- oder Zweitwohnung nicht der Lebensmittelpunkt der Familie befindet (BFH, Urt. v. 18.07.2013 – II R 35/11).

Dinglich gesichertes lebenslanges Wohn- und Nutzungsrecht

Eine Übertragung eines lebenslangen dinglich gesicherten Wohn- und Nutzungsrechts ist nicht von der Erbschaftsteuer befreit, wie der BFH zuletzt (Urt. v. 03.06.2014 – II R 45/12) entschieden hat.

Danach ist Voraussetzung für die Steuerbefreiung nach § 13 Abs. 1 Nr. 4b, 4c ErbStG, dass zivilrechtlich Eigentum an der Immobilie erworben wird. Ein dinglich gesichertes lebenslanges Wohn- und Nutzungsrecht stellt auch kein wirtschaftliches Eigentum (i.S.d. § 39 AO) dar. Aufgrund des eindeutigen und unmissverständlichen Wortlauts der Vorschrift ist eine Ausweitung der Steuerbefreiung auf ein dinglich gesichertes lebenslängliches Nutzungsrecht nicht möglich. Der BFH begründet dies u.a. damit, dass die Steuerbefreiung nicht zu gewähren ist, wenn die erwerbende Person aufgrund letztwilliger Verfügung oder aufgrund von Nachlassteilung verpflichtet ist, das Eigentum auf einen Dritten zu übertragen. Mit dieser Regelung hat der Gesetzgeber gezeigt, dass es ihm auf den dauerhaften zivilrechtlichen Erwerb des Eigentums ankommt.

Übernahme eines Familienheims aus dem Nachlass einer Erbengemeinschaft durch einen Miterben (Begünstigungstransfer)

Schwierigkeiten bereitet die Frage, ob ein Miterbe, der aufgrund der Einigung mit den anderen Miterben ein Familienheim übernimmt, in voller Höhe die Steuerbefreiung für das Familienheim in Anspruch nehmen kann oder nur in Höhe seines Miterbenanteils. Bei bestimmten Steuerbefreiungen, wie z.B. beim Familienheim oder bei der Steuervergünstigung von fremdvermieteten Immobilien zu Wohnzwecken nach § 13d ErbStG (bis zum 30.06.2016: § 13c ErbStG) sieht der Gesetzgeber einen Begünstigungstransfer vor, vgl. z.B. für das Familienheim (§ 13 Abs. 1 Nr. 4c Satz 4 ErbStG) und für fremdvermietete Wohnimmobilien (§ 13 Abs. 1 Nr. 4c Satz 3 ErbStG). Wird also steuerbegünstigtes Vermögen von einem (Mit-)Erben auf einen Dritten übertragen und überträgt der Dritte im Gegenzug nicht begünstigtes Vermögen, das ebenfalls vom Erblasser stammt, kann der Dritte die Steuerbefreiung in vollem Umfang in Anspruch nehmen. Der Dritte kann auch ein Miterbe sein. Sind die „getauschten" Vermögen nicht gleichwertig, kann es zu einer Deckelung der Steuerbefreiung kommen (vgl. z.B. § 13 Abs. 1 Nr. 4c Satz 4 ErbStG).

Warnhinweis

Achtung! Mit dem Begünstigungstransfer „verliert" der Ersterwerber die Steuerbefreiung (vgl. z.B. § 13d Abs. 2 Satz 3 ErbStG; bis zum 30.06.2016: § 13c Abs. 2 Satz 3 ErbStG). Auf diese Folge sollte im Rahmen von Erbauseinandersetzungen unbedingt hingewiesen werden, auch um nicht Gefahr zu laufen, für die steuerlichen Nachteile zu haften.

Beispiel

A und B sind Miterben von zwei Immobilien. Eine ist als Schreinerei fremdvermietet, die andere, ca. 130 qm große Wohnung, war zuletzt vom Erblasser, dem Vater der Miterben, zu eigenen Wohnzwecken genutzt worden. Der Bedarfswert beider Immobilien ist gleich hoch.

Im Zuge der Erbauseinandersetzung erhält A die Wohnung und B die Schreinerei. Aufgrund des Begünstigungstransfers nach § 13 Abs. 1 Nr. 4b Satz 4 ErbStG wird A die Steuerbefreiung für die gesamte Wohnung gewährt, während B 100 % des Werts der als Schreinerei genutzten Immobilie versteuern muss.

Praxistipp

Handelt es sich bei der eigenen Mandantschaft um den Erben, der nach Erbauseinandersetzung die Steuerbegünstigung aufgrund der Auseinandersetzung nicht in Anspruch nehmen kann, sollte er unbedingt auf die steuerlichen Konsequenzen hingewiesen werden.

Übersicht 8: Steuerbefreiungen bei Eigenheimen („Oma ihr klein Häuschen")

	Lebzeitige Übertragung	**Übertragung durch Verfügung von Todes wegen an Ehegatten**	**Übertragung durch Verfügung von Todes wegen an Kind usw.**
Betroffene Veräußerer	Ehegatte/eingetragener Lebenspartner	Ehegatte/eingetragener Lebenspartner	Mutter oder Vater, Stiefmutter/Stiefvater, ggf. Großmutter/Großvater
Erwerber	Ehegatte/Lebenspartner, der Wohnung gemeinsam bewohnt	Ehegatte/ Lebenspartner	Kinder, Stiefkinder, ggf. Enkelkinder
Nutzung durch Veräußerer/ Erblasser	selbstbewohnt	selbstbewohnt, es sei denn, aus zwingenden Gründen gehindert	selbstbewohnt, es sei denn, aus zwingenden Gründen gehindert
Behaltensfrist für Erwerber	keine, aber Missbrauch der Gestaltungsmöglichkeiten beachten	zehn Jahre, kein Verstoß, wenn aus zwingenden Gründen nach erfolgtem Erwerb nicht selbst nutzbar	zehn Jahre, kein Verstoß, wenn aus zwingenden Gründen nach erfolgtem Erwerb nicht selbst nutzbar
Nachversteuerungsvorbehalt	keiner	ja, bei Verstoß gegen Behaltensfrist	ja, bei Verstoß gegen Behaltensfrist
Größe der Wohnung	unbegrenzt	unbegrenzt	200 qm
Erwerbstatbestand	umfassend auch Freistellung von Verbindlichkeiten	nur Übertragung Wohnung	nur Übertragung Wohnung

4.3.3 Bewertungsabschlag bei Erwerb von zu Wohnzwecken vermieteten Immobilien (§ 13d ErbStG n.F.)

Erwerbe von zu Wohnzwecken vermieteten Grundstücken werden nach § 13d ErbStG (bis zum 30.06.2016 inhaltsgleich: § 13c ErbStG) nur zu 90 % der Erbschaftsteuer unterworfen. Voraussetzung ist, dass die Immobilie im Inland, in einem Mitgliedstaat der Europäischen Union oder einem Staat des Europäischen Wirtschaftsraums belegen ist. Nicht nach dieser Vorschrift erfasst wird eine Immobilie, wenn sie zum begünstigten Betriebsvermögen eines Betriebs der Land- und Forstwirtschaft nach § 13a ErbStG gehört (§ 13d Abs. 4 ErbStG; bis zum 30.06.2016: § 13c Abs. 4 ErbStG).

In der Praxis ist die Steuerbefreiung von fremdvermietetem Wohnraum nach § 13d ErbStG (bis zum 30.06.2016: § 13c ErbStG), auch wenn sie nur 10 % des Werts der Immobilie ausmacht, vor allem bei Geschwistern und weiter entfernten Verwandten bedeutsam. Die Erwerbe dieser Personengruppen unterliegen wegen des geringen persönlichen Freibetrags und der hohen Steuersätze einer erheblichen Steuerlast; eine Entlastung um 10 % stellt eine spürbare Erleichterung dar.

Begünstigungstransfer: Voraussetzungen

Auch hier gewährt der Gesetzgeber einen sogenannten Begünstigungstransfer. Überträgt beispielsweise ein Miterbe den eigenen Anteil an einer zu Wohnzwecken fremdvermieteten Immobilie an den anderen Miterben und erhält er im Gegenzug nicht begünstigtes Vermögen, geht die Steuerbefreiung auf den anderen über (§ 13d Abs. 2 Satz 3 ErbStG, bis zum 30.06.2016: § 13c Abs. 2 Satz 3 ErbStG). Voraussetzung ist, dass

1. der Wert des hingegebenen Vermögens und des begünstigten Vermögens gleich hoch sind und
2. der andere das hingegebene, nicht begünstigte Vermögen auch vom Erblasser erworben hat.

Die Regelung entspricht der Regelung zum Begünstigungstransfer des von Todes wegen erfolgten Erwerbs eines Familienheims nach § 13 Abs. 1 Nr. 4b Satz 4, Nr. 4c Satz 4 ErbStG (siehe Kapitel 15.A.4.3.2, S. 1086 f.).

Praxistipp

Ausgaben, die im Zusammenhang mit dem Erwerb einer solchen Immobilie dem Grunde nach abzugsfähig sind, können nur im Umfang von 90 % abgezogen werden (§ 10 Abs. 6 Satz 3 ErbStG). Dies ist vor allem bei der Übertragung von fremdvermieteten Immobilien unter Vorbehaltsnießbrauch zu beachten, wenn es darum geht, den Abzugswert des Nießbrauchsrechts zu berechnen.

4.3.4 Erwerb von Betriebsvermögen – Verschonung von Betriebsvermögen (§§ 13a, 13b, 13c ErbStG n.F.)

Die für Betriebsvermögen (BV) geltenden Steuervergünstigungen wurden in der jetzigen Ausgestaltung rückwirkend zum 01.07.2016 eingeführt. Die §§ 13a–13c ErbStG n.F. gewähren für Betriebsvermögen, wenn die Nachfolge nachhaltig ist und sichergestellt wird, dass die Arbeitsplätze erhalten bleiben, grundsätzlich eine Steuerbefreiung für **85 %** des Betriebsvermögens (**Regelverschonung**) sowie einen gleitenden Abzugsbetrag von höchstens 150.000 €. Unter engen Voraussetzungen kann auch eine Befreiung von 100 % in Anspruch genommen werden; diese Steuervergünstigung, die längere Behaltensfristen verlangt und einen Arbeitsplatzabbau gänzlich ausschließt, ist zu beantragen (§ 13a Abs. 10 ErbStG); der Antrag kann nicht widerrufen werden. Höhe der Vergünstigung

Zum 01.07.2016 wurde die sogenannte Abschmelzungsregelung neu eingeführt. Danach wird der Verschonungsabschlag von 85 % bzw. 100 % bei dem Erwerb von begünstigtem Vermögen ab 26 Mio. €, vgl. § 13c ErbStG n.F., allmählich abgeschmolzen und entfällt ganz bei einem begünstigten Vermögen ab 90 Mio. €.

Allerdings besteht auch bei Vermögen über 90 Mio € die Möglichkeit,

1. die Steuer auf bis zu sieben Jahre stunden zu lassen, und
2. soweit sie nicht aus dem sogenannten verfügbaren Vermögen i.S.d. § 28a ErbStG geleistet werden kann, erlassen zu lassen.

Die erhebliche Vergünstigung von Betriebsvermögen dient vor allem zwei Zielen: Ziele der Regelung

1. Die Betriebe sollen beim Übergang auf die nachfolgende Generation nicht durch eine zu hohe Steuerbelastung in ihrem Bestand gefährdet werden.
2. Es soll vermieden werden, dass Arbeitsplätze verlorengehen, wenn ein Betrieb wegen der zu zahlenden Erbschaft- oder Schenkungsteuer in wirtschaftliche Schwierigkeiten gerät.

Beide Ziele hat das BVerfG dem Grunde nach akzeptiert, aber sah sie durch die bis zum 30.06.2016 geltende Regelung als nicht erreicht an. Insbesondere verlangte es, dass auch Unternehmen mit bis zu 20 Mitarbeitern gezwungen sein sollen, die Arbeitsplätze zu erhalten, soll ihnen die Steuerbefreiung gewährt werden. Ob die nunmehr vom Gesetzgeber gefundene Lösung, wonach Unternehmen mit **bis zu fünf Beschäftigten** sich nicht um den Erhalt der Arbeitsplätze kümmern müssen, vom BVerfG akzeptiert werden wird, bleibt abzuwarten. Bisherige Lohnsummenregelung wirkungslos

Die bis zum 30.06.2016 geltende Regelung sah des Weiteren vor, dass die steuerliche Vergünstigung für Betriebsvermögen erst entfallen sollte, wenn zum Betriebsvermögen Verwaltungsvermögen von mehr als 50 % zählt (vgl. § 13b Abs. 2 ErbStG). Das heißt, die steuerlichen Vergünstigungen konnten bei Betrieben mit bis zu 50 % Verwaltungsvermögen in vollem Alles-oder-Nichts-Prinzip beim Verwaltungsvermögen gilt nicht mehr

Umfang die Steuervorteile in Anspruch nehmen, obwohl das Unternehmen nur über Produktivvermögen von 50 % verfügt. Dieses Alles-oder-Nichts-Prinzip gilt nun nicht mehr. Nun wird zwischen schädlichen und unschädlichen Verwaltungsvermögen und Finanzmitteln unterschieden. Verwaltungsvermögen und Finanzmittel sind grundsätzlich nicht von der Erbschaft- und Schenkungsteuer befreit, es sei denn, das Vermögen überschreitet nicht die Grenze von 10 % des begünstigten Vermögens oder wird wieder in Produktivvermögen investiert (§ 13b Abs. 5 ErbStG). Auch gelten weitere Besonderheiten beim Verwaltungsvermögen, die in diesem Überblick nicht näher dargestellt werden.

Neu: Bedürfnisprüfung bei Großunternehmen

Das BVerfG störte sich auch daran, dass die Vergünstigungen, wenn die o.g. Voraussetzungen vorlagen, jedem Unternehmen gewährt werden, selbst wenn es noch so wertvoll war. Denn große Unternehmen haben oftmals kein Problem damit, die Erbschaftsteuer zu zahlen. Bei kleinen und mittleren Unternehmen ist das eher selten der Fall. Deshalb verlangte das BVerfG, dass große Unternehmen nur dann von der Erbschaftsteuer verschont werden, wenn ein entsprechendes Bedürfnis vorliegt. Dabei hatte es das BVerfG dem Gesetzgeber überlassen, sachgerechte Definitionen für kleine, mittlere und große Unternehmen zu entwickeln. Diesem Auftrag ist der Gesetzgeber nachgekommen, indem er die Steuerbefreiung für Unternehmen mit einem Wert von mehr als 26 Mio. € eingeschränkt hat.

Wird die **Grenze von 26 Mio.** € überschritten, wird die Steuerbefreiung kontinuierlich gesenkt; zugleich besteht die Möglichkeit, die Steuer auf sieben Jahre stunden zu lassen oder teilweise oder ganz erlassen zu lassen (§§ 13c, 28a ErbStG n.F.).

Die Steuervergünstigungen im Einzelnen:

- Betriebsvermögen und
- Anteile an Kapitalgesellschaften, wenn der Erblasser (oder der Schenker) zu mehr als 25 % (Mindestbeteiligung) am Nennkapital der Gesellschaft beteiligt war,

können, wenn das Unternehmen fortgeführt wird, bestimmte Lohnsummen eingehalten werden und der Wert nicht über 26 Mio. € liegt, von Erbschaft- und Schenkungsteuer i.H.v. 85 % oder 100 % befreit werden. Einschränkungen gelten für Verwaltungsvermögen und Finanzmittel. Liegt der Wert über 26 Mio. €, wird die Steuerbefreiung allmählich abgeschmolzen; es ist aber möglich, die zu zahlende Steuer stunden zu lassen und ggf., bei positivem Ausgang einer Verschonungsbedarfsprüfung, erlassen zu lassen. Voraussetzung für den Erlass der Steuer ist, dass (erworbenes und bereits vorhandenes) Privatvermögen zur Zahlung der Steuer aufgewendet wird.

Voraussetzungen

Voraussetzung für die Steuerbefreiung bei Unternehmen mit einem Wert bis zu 26 Mio. € ist die **Einhaltung einer Behaltensfrist** von fünf Jahren bei der Regelverschonung und von sieben Jahren bei der Verschonung von

100 % (sog. Optionslösung). Während dieses Zeitraums muss der Betrieb fortgeführt werden; wird er vorzeitig beendet oder veräußert, erfolgt eine Nachversteuerung (§ 13a Abs. 6 ErbStG). Außerdem muss die Summe der innerhalb der nächsten fünf Jahre zu zahlenden Löhne dem Vierfachen des Jahresdurchschnittslohns der letzten fünf Jahre vor dem Erwerb entsprechen (= Lohnsumme innerhalb von fünf Jahren 400 % = **Lohnsummenregelung**); bei der Optionslösung muss innerhalb von sieben Jahren der siebenfache Lohn des Jahreslohns der letzten fünf Jahre vor dem Erwerb (= Lohnsumme innerhalb von sieben Jahren 700 %) gezahlt werden. Werden diese Lohnsummen nicht erreicht, erfolgt eine Nachversteuerung. Niedrigere Lohnsummen gelten, wenn im Unternehmen nicht mehr als 15 Personen beschäftigt sind (vgl. § 13a Abs. 3 ErbStG n.F.), vgl. dazu die nachfolgende Übersicht.

Weitere Voraussetzung ist, dass das **schädliche Verwaltungsvermögen nicht mehr als 10 % des Betriebsvermögens** umfasst (§ 13b Abs. 7 ErbStG). Bei der Verschonungsoption darf das Verwaltungsvermögen, auch soweit es als unschädlich eingestuft wird, nicht mehr als 20 % des begünstigten Vermögens betragen.

Übersicht 9: Verschonung von Betriebsvermögen

	Regelverschonung	**Verschonungsoption**
Abschlag	85 %	100 %
Mindestlohnsumme (geringer bei einer Mitarbeiterzahl zwischen 6 und 15 Beschäftigten)	400 %	700 %
Behaltens- bzw. Lohnsummenfrist (keine Anwendung bei Betrieben mit bis zu 5 Mitarbeitern)	5 Jahre	7 Jahre
Schädliches Verwaltungsvermögen Schädliches/unschädliches Verwaltungsvermögen	max. 10 %	max. 20 %

5. Berechnung der Erbschaft- und Schenkungsteuer

Stichtagsteuer

Die Erbschaft- und Schenkungsteuer stellt eine Stichtagsteuer dar; maßgebend sind grundsätzlich die am Stichtag geltenden Verhältnisse. Bei Erwerben von Todes wegen ist i.d.R. der Zeitpunkt des Erbfalls der Entstehungszeitpunkt, bei Zuwendungen unter Lebenden der Zeitpunkt der Ausführung der Zuwendung. Im Gegensatz zu Erwerben von Todes wegen können die Beteiligten bei Zuwendungen unter Lebenden den Entstehungszeitpunkt der Steuer selbst festlegen. Die Kenntnis über den Erwerb ist keine Voraussetzung für die Entstehung der Steuer.

Praxistipp

Die Entstehung der Steuer ist von der Fälligkeit der Steuer (§ 220 Abs. 2 Satz 2 AO), die mit Bekanntgabe des Erbschaft- bzw. Schenkungsteuerbescheids eintritt, zu unterscheiden.

Wichtig: Zeitpunkt der Steuerentstehung

Der Zeitpunkt der Entstehung der Steuer ist von zentraler Bedeutung. Denn die Besteuerung richtet sich nach der zum Entstehungszeitpunkt geltenden Gesetzesfassung, das Vermögen ist auf den Entstehungszeitpunkt zu bewerten. Diese Regelung ist vor allem bei Werten, die starken Schwankungen unterliegen, etwa **Aktien**, von großer Bedeutung. Fällt oder steigt der Wert einer Aktie nach dem Entstehungszeitpunkt, ist diese Wertveränderung i.d.R. unbeachtlich! Das gilt auch dann, wenn es den Erben, z.B. wegen einer angeordneten Testamentsvollstreckung oder eines Veräußerungsverbots nicht möglich war, Verluste zu verhindern. Ausnahmsweise ist eine Korrektur im Wege einer Billigkeitsmaßnahme nach § 163 AO möglich, die Rechtsprechung lässt dies allerdings nur in seltenen Ausnahmefällen zu.

Übertragung von Aktien

Gerade wenn der Erblasser über einen wertvollen Aktienbesitz verfügt, sollte das Risiko, das durch das Stichtagsprinzip begründet wird, beachtet und ggf. in der Beratung über eine Übertragung zu Lebzeiten bedacht werden. Denn bei einer Zuwendung unter Lebenden entsteht die Steuer mit der Ausführung der Zuwendung. Damit ist der Zeitpunkt des Wechsels der Rechtszuständigkeit gemeint, also der Zeitpunkt der Verfügung über den zugewendeten Gegenstand. Der Zeitpunkt des Abschlusses des schuldrechtlichen Kausal- oder Verpflichtungsgeschäfts (Abschluss des Schenkungsversprechens) ist unbeachtlich. Somit können die Beteiligten den Zeitpunkt der Steuerentstehung selbst bestimmen und etwa bei der Schenkung von Aktien den Kursverlauf der betroffenen Aktien dabei berücksichtigen.

Praxistipp

Werden Aktien im Depot verwahrt, ist es möglich, die Eigentumsübertragung nach den allgemeinen sachenrechtlichen Regelungen durchzuführen, etwa indem der Herausgabeanspruch des bisherigen Eigentümers (Schenkers) am Depot an den Beschenkten nach §§ 929, 931 BGB abgetreten wird. Dadurch lässt sich der Zeitpunkt der Übertragung noch einfacher und damit auf den Tag genau festlegen, da es nicht notwendig ist, die Aktien in das Depot des Beschenkten zu übertragen. Wer den Weg der Abtretung des Herausgabeanspruchs wählt, sollte allerdings klären, ob es aufgrund des Depotvertrags Einschränkungen gibt.

Erlass der Erbschaftsteuer aus Billigkeitsgründen

Interessant dazu ist eine vom BFH Ende 2014 veröffentlichte Entscheidung (BFH, Urt. v. 22.10.2014 – II R 4/14). Hier hatte der BFH ausnahmsweise wegen **Ausfalls einer Rentenzahlung** eine abweichende Steuerfestsetzung bejaht. Der Klägerin war von ihrem Lebensgefährten eine lebenslange Rentenzahlung von Todes wegen zugewendet worden; nach dem Erbfall entschied sich die Klägerin nach § 23 Abs. 1 ErbStG dazu, die Erbschaftsteuer jährlich auf den Jahreswert der Rente zu entrichten. Nachdem die Rentenzahlung mehrere Jahre lang wegen Zahlungsunfähigkeit des Verpflichteten ausfiel, stellte die Klägerin den Antrag auf Ablösung der Jahressteuer nach § 23 Abs. 2 ErbStG. Zugleich beantragte sie einen Erlass der Ablösungssumme nach § 163 Satz 1 AO aus Billigkeit, da aufgrund der Insolvenz des Schuldners nicht mehr damit zu rechnen sei, dass die Rentenzahlungen wieder aufgenommen würden. Die Finanzverwaltung und das erstinstanzlich damit befasste Finanzgericht lehnten den Billigkeitserlass ab; anders der BFH: Er stellte sich auf den Standpunkt, dass in einem solchen Fall nur ein Erlass der Erbschaftsteuer in Frage kommt; damit sei der Ermessensspielraum der Finanzverwaltung auf null reduziert, so dass sich der BFH berechtigt sah, die Erbschaftsteuerfestsetzung selbst aufzuheben. Maßgebend war für den BFH, dass die Klägerin auch nach Ausfall der Rente mehrere Jahre den Jahreswert der Erbschaftsteuer zahlte und erst zu einem Zeitpunkt, zu dem nicht mehr mit der Wiederaufnahme der Rentenzahlung gerechnet werden konnte, die Ablösung der Jahressteuer nach § 23 Abs. 2 ErbStG beantragte.

Praxistipp

Die Entscheidung zeigt, dass in besonders krass gelagerten Fällen es durchaus erfolgversprechend sein kann, einen Erlass der Steuer aus Billigkeitsgründen nachdrücklich – bis zum BFH – zu fordern.

Übersicht 11: Zentrale Bedeutung der Entstehungszeitpunkte

Steuerentstehungszeitpunkt maßgebend für

- anzuwendende Gesetzesfassung
- anzuwendende Steuerklasse
- persönliche Steuerpflicht (unbeschränkte oder beschränkte Steuerpflicht), § 2 ErbStG
- Berechnung der Zehnjahresfrist zur Einbeziehung von Vorerwerben
- innerhalb der letzten zehn Jahre, § 14 ErbStG
- Stichtag für die Wertermittlung
- zur Fristberechnung für den nachträglichen Wegfall einer Steuerbefreiung, z.B. § 13 Abs. 1 Nr. 4b, c ErbStG und für die Berechnung der Behaltensfristen, § 13a Abs. 5 ErbStG bzw. § 13a Abs. 8 Nr. 2 ErbStG

Übersicht 12: Zeitpunkt der Entstehung der Steuer

Erwerbe von Todes wegen (§ 9 Abs. 1 Nr. 1 ErbStG) – Grundsatz	Todeszeitpunkt
Ausnahmen (Entstehungszeitpunkt weicht vom Todeszeitpunkt ab) z.B. bei	– Pflichtteilsanspruch – befristetem Erwerb – Erwerben unter aufschiebender Bedingung
Zuwendungen unter Lebenden (§ 9 Abs. 1 Nr. 2 ErbStG) – Grundsatz	Zeitpunkt der Ausführung der Zuwendung

Bei der Berechnung der Erbschaft- und Schenkungsteuer sind vielfältige Faktoren zu berücksichtigen, insbesondere die persönlichen und sachlichen Steuerbefreiungen, Vorerwerbe, die Bewertung der einzelnen Gegenstände und die Einstufung in die richtige Steuerklasse. Hierzu hat die Finanzverwaltung ein Berechnungsschema erstellt, in dem sämtliche zu berücksichtigenden Faktoren enthalten sind. Allerdings ist zu beachten, dass dieses Schema aus dem Jahr 2011 stammt, so dass Änderungen, die nach Veröffentlichung des Schemas eingetreten sind, dort nicht berücksichtigt sind.

Übersicht 13: Berechnungsschema Erbschaft- und Schenkungsteuer

Abschn. 24a ErbStR 2011: Ermittlung des steuerpflichtigen Erwerbs und der Erbschaftsteuer

(1) Der steuerpflichtige Erwerb ist grundsätzlich wie folgt zu ermitteln:

1.	+	Steuerwert des land- und forstwirtschaftlichen Vermögens
	–	Befreiungen nach § 13 Abs. 1 Nr. 2 und 3 ErbStG
	+	Steuerwert des Betriebsvermögens
	–	Befreiungen nach § 13 Abs. 1 Nr. 2 und 3 ErbStG
	+	Steuerwert der Anteile an Kapitalgesellschaften
	=	Zwischensumme
	–	Freibetrag und Bewertungsabschlag nach § 13a ErbStG (ggf. zukünftig andere Regelungen, Verschlechterungen bis zum 17.12.2014 auch rückwirkend zulässig)
	+	Steuerwert des Grundvermögens
	–	Befreiungen nach § 13 Abs. 1 Nr. 2 und 3 ErbStG
	+	Steuerwert des übrigen Vermögens
	–	Befreiungen nach § 13 Abs. 1 Nr. 1 und 2 ErbStG
	=	**Vermögensanfall nach Steuerwerten**
2.		Steuerwert der Nachlassverbindlichkeiten, soweit nicht vom Abzug ausgeschlossen, mindestens Pauschbetrag für Erbfallkosten (einmal je Erbfall)
	=	**abzugsfähige Nachlassverbindlichkeiten**
3.		Vermögensanfall nach Steuerwerten (1.)
	–	abzugsfähige Nachlassverbindlichkeiten (2.)

	–	weitere Befreiungen nach § 13 ErbStG
	=	**Bereicherung des Erwerbers**
4.		Bereicherung des Erwerbers (3.)
	–	ggf. steuerfreier Zugewinnausgleich (§ 5 Abs. 1 ErbStG)
	+	ggf. hinzuzurechnende Vorerwerbe (§ 14 ErbStG)
	–	persönlicher Freibetrag (§ 16 ErbStG)
	–	besonderer Versorgungsfreibetrag (§ 17 ErbStG)
	=	**steuerpflichtiger Erwerb** (abzurunden auf volle hundert Euro)
(2) Die festzusetzende Erbschaftsteuer ist wie folgt zu ermitteln:		
1.		Tarifliche Erbschaftsteuer nach § 19 ErbStG
	–	abzugsfähige Steuer nach § 14 Abs. 1 ErbStG
	–	Entlastungsbetrag nach § 19a ErbStG
	=	Summe 1
2.	–	Ermäßigung nach § 27 ErbStG (dabei Steuer lt. Summe 1 nach § 27 Abs. 2 ErbStG aufzuteilen und zusätzlich Kappungsgrenze nach § 27 Abs. 3 ErbStG zu beachten)
	–	anrechenbare Steuer nach § 6 Abs. 3 ErbStG
	=	Summe 2
3.	–	Ermäßigung nach § 27 ErbStG (dabei Steuer lt. Summe 1 nach § 27 Abs. 2 ErbStG aufzuteilen und zusätzlich Kappungsgrenze nach § 27 Abs. 3 ErbStG zu beachten)
	–	anrechenbare Steuer nach § 6 Abs. 3 ErbStG
	=	Summe 3
		höchstens nach § 14 Abs. 2 ErbStG begrenzte Steuer (Hälfte des Werts des weiteren Erwerbs)
	=	**festzusetzende Erbschaftsteuer**

6. Ermittlung des Werts des Nachlasses bzw. der Zuwendung (Bewertung)

Rechtsgrundlage

Die Bewertung für Zwecke der Erbschaft- und Schenkungsteuer ist in § 12 ErbStG geregelt, der auf die Regelungen im Bewertungsgesetz verweist.

Die Ermittlung des Werts der der Besteuerung zu unterwerfenden Erwerbe (Bewertung) ist in der Praxis nicht ganz einfach, wenn es sich nicht um Barvermögen oder ähnliche Vermögensgegenstände handelt, bei denen sich ihr Wert unmittelbar ablesen lässt.

Schwierige Bewertung bei Immobilien/ Betriebsvermögen

Insbesondere bei Immobilien und bei Betriebsvermögen, bei denen sich ein Marktwert nicht durch Vorerwerbe ableiten lässt, ist die Bewertung schwierig. Maßgebende Richtschnur bei der Bewertung ist der gemeine Wert des Gegenstands, eine unter dem gemeinen Wert liegende Bewertung ist grundsätzlich nicht (mehr) zulässig. Allerdings ist es zulässig, aus Vereinfachungsgründen eine **pauschalierte Wertermittlung** vorzunehmen, wenn diese nicht zu offensichtlich unzutreffenden Ergebnissen führt. So ist beispielsweise bei der Bewertung von Betriebsvermögen die Anwendung des vereinfachten Ertragswertverfahrens nach § 199 BewG zulässig, solange diese Bewertungsmethode nicht zu offensichtlich unzutreffenden Ergebnissen führt (§ 199 Abs. 2 a.E. BewG).

Bewertungsstichtag ist der Zeitpunkt der Entstehung der Steuer, also bei Erwerben von Todes wegen grundsätzlich der Zeitpunkt des Erbfalls, bei Zuwendungen unter Lebenden der Zeitpunkt der Ausführung der Zuwendung (§ 11 i.V.m. § 9 ErbStG).

Übersicht 14: Bewertungsmethoden für die verschiedenen Arten von Vermögen

Vermögensarten			
Grundvermögen (Unterteilung in sechs Grundstücksarten (§ 181 BewG))	**Land- und forstwirtschaftliches Vermögen**	**Betriebsvermögen**	**Übriges Vermögen, außer Grundvermögen, Land- und Forstwirtschaft sowie Betriebsvermögen**
Grundbesitzwert (Bedarfswert)	Grundbesitzwert (Bedarfswert)	Wert Betriebsvermögen (Bedarfswert)	Ansatz je wirtschaftlicher Einheit (Bedarfswert)
inländisches Vermögen: § 12 Abs. 3 ErbStG i.V.m. § 151 Abs. 1 Satz 1 Nr. 1 BewG **ausländisches Vermögen:** § 12 Abs. 7 ErbStG i.V.m. § 31 BewG	§ 12 Abs. 3 ErbStG i.V.m. BewG	**inländisches Vermögen:** § 12 Abs. 5 ErbStG i.V.m. § 151 Abs. 1 Satz 1 Nr. 2 BewG **ausländisches Vermögen:** § 12 Abs. 7 ErbStG i.V.m. § 31 BewG	§ 12 Abs. 1, 2 ErbStG i.V.m. BewG

Risikoreiche Bezugnahme auf steuerliche Bewertungsvorschriften in letztwilligen Verfügungen

Praxistipp

Zur Erleichterung der Bewertung von zugewendetem Vermögen bei Verfügungen von Todes wegen wird gern auf steuerliche Bewertungsvorschriften zurückgegriffen. Hier sollte unbedingt beachtet werden, dass steuerliche Bewertungsvorschriften sich ändern können. Wird dies in der zivilrechtlichen Regelung – etwa im Testament – nicht berücksichtigt, kann dies später zu schwierigen Auseinandersetzungen führen.

Beispiel

Die Erblasserin E verstirbt 2014. In ihrem Testament aus dem Jahr 1974 hatte sie ihre beiden Kinder zu gleichen Teilen als Erben eingesetzt. Zugleich bestimmte sie, dass ihre Tochter T ein Grundstück in München unter Anrechnung auf ihren Erbanteil erhalten soll. Zur Vermeidung von Streitigkeiten legt sie fest, dass das Grundstück in München bei der erbrechtlichen Auseinandersetzung unter den Geschwistern mit dem steuerlichen Einheitswert zu bewerten ist. Die steuerlichen Einheitswerte waren schon vor dem Zweiten Weltkrieg eingeführt worden und wurden 1964 flächendeckend in (West-)Deutschland neu berechnet; für Ostdeutschland gelten noch die Werte des Hauptfeststellungszeitpunkts 01.01.1935. Dabei war angestrebt, die Einheitswerte alle sechs Jahre der tatsächlichen Wertentwicklung anzupassen. Bekanntermaßen kam es nicht dazu, jahrzehntelang wurden deshalb bei der Erbschaftsteuer sehr niedrige Grundstückswerte angesetzt, da sie den Wertverhältnissen des Hauptfeststellungszeitpunkts am 01.01.1964 bzw. dem 01.01.1935 entsprechen. Die Regelung kann dazu führen, dass die Geschwister sich darüber streiten, ob das Grundstück in München mit dem Einheitswert aus dem Jahre 1964 zu bewerten ist oder ob ein anderer, dem tatsächlichen Wert des Grundstücks näher kommender Wert bei der Erbauseinandersetzung heranzuziehen ist. Das Ziel der Erblasserin, einen Konflikt zu vermeiden, wurde mit dieser Regelung gerade nicht erreicht.

Warnhinweis

Das Beispiel zeigt, dass das Anknüpfen an steuerliche Bewertungsmaßstäbe im Einzelfall die Beteiligten vor erhebliche Probleme stellen kann. Hier sollte deshalb dringend dazu geraten werden, solche Regelungen regelmäßig zu überprüfen.

7. Steuererklärungspflichten und Steuerverfahren

7.1 Steuerpflichtige Personen

Steuerpflichtige Personen sind u.a. der Erwerber (bei Erwerben von Todes wegen der Erbe, Vermächtnisnehmer, der Pflichtteilsberechtigte eines geltend gemachten Pflichtteils, bei Zuwendungen unter Lebenden insbesondere der Beschenkte) und der (!) **Schenker** (vgl. § 20 ErbStG).

7.2 Anzeige des Erwerbsvorgangs innerhalb von drei Monaten

Anforderungen an die Erwerbsanzeige

Jeder Erwerb ist vom Erwerber bzw. bei Zuwendungen unter Lebenden auch vom Zuwendenden innerhalb **von drei Monaten** nach erlangter Kenntnis dem Finanzamt **schriftlich anzuzeigen** (§ 30 ErbStG). Ein besonderes Formular ist nicht zu verwenden, es reicht eine formlose schriftliche Mitteilung, welche die beteiligten Personen, den Todeszeitpunkt und -ort des Erblassers bzw. den Zeitpunkt der Ausführung der Schenkung, den Gegenstand und den Wert sowie den Rechtsgrund des Erwerbs benennt.

Darüber hinaus sind Angaben zu dem persönlichen Verhältnis der Beteiligten bzw. des Erblassers zum Erwerber und zu etwaigen Vorerwerben zu machen (§ 30 Abs. 4 ErbStG).

Ausnahmen von der Anzeigepflicht

Wichtig! Ausnahmen von der Anzeigepflicht: In bestimmten Fällen ist vom Erwerber bzw. Zuwendenden keine Anzeige zu erstatten (§ 30 Abs. 3 ErbStG). Das sind Fälle, in denen das Finanzamt von dem steuerpflichtigen Vorgang durch andere, etwa den Notar oder das Nachlassgericht Kenntnis von dem Vorgang erhält. Nicht erklärungspflichtig ist danach eine Zuwendung unter Lebenden, wenn diese gerichtlich oder notariell beurkundet wurde.

Erwerb ausländischen Vermögens

Für die Beratungspraxis bedeutsamer ist jedoch folgende Ausnahme: Beruht der Erwerb auf einer von einem deutschen Gericht, deutschen Notar oder einem deutschen Konsulat eröffneten Verfügung von Todes wegen, ist grundsätzlich eine weitere Anzeige durch den Erwerber – also die Mandantschaft – nicht erforderlich. Das gilt aber nur, wenn sich aus der Verfügung von Todes wegen, etwa dem Testament, unzweifelhaft das Verhältnis vom Erben zur erwerbenden Person ergibt. Gehören zum Erwerb auch ausländisches Vermögen oder Grundbesitz, Betriebsvermögen oder Anteile an einer Kapitalgesellschaft, hat die Mandantschaft die Anzeige gegenüber dem Finanzamt trotzdem zu erstatten, es sei denn, es besteht eine Anzeigepflicht eines Vermögensverwahrers, Vermögensverwalters oder Versicherungsunternehmens nach § 33 ErbStG.

7.3 Steuererklärungspflichten nur nach Aufforderung durch das Finanzamt

Keine Pflicht zur Abgabe einer Steuererklärung

Kommt das Finanzamt zu dem Ergebnis, dass es im konkreten Fall zu einer Festsetzung von Erbschaft- bzw. Schenkungsteuer kommen kann, fordert es die Beteiligten zur Abgabe einer Steuererklärung auf. Das bedeutet zugleich: Solange das Finanzamt nicht zur Abgabe einer Erbschaft- oder Schenkungsteuererklärung aufgefordert hat, besteht – im Gegensatz zur grundsätzlichen Anzeigepflicht – keine Verpflichtung dazu, eine solche abzugeben (§ 31 ErbStG)!

Übrigens: Neben der Abgabe der Erbschaftsteuererklärung kann das Finanzamt auch zur **Abgabe von Feststellungserklärungen** auffordern, wenn zum Nachlass ein Vermögensgegenstand, etwa eine Immobilie, gehört, dessen Wert gesondert festzustellen ist. Der in diesem Verfahren festgestellte Wert wird dann der Erbschaftsteuer zugrunde gelegt und ist dort verbindlich. Einwendungen gegen die Wertfeststellung sind unmittelbar im Feststellungsverfahren vorzutragen; entsprechend muss bei einer falschen Feststellung des Werts gegen den Feststellungsbescheid Einspruch und ggf. Klage erhoben werden, vgl. z.B. für Grundbesitz § 12 Abs. 3 ErbStG i.V.m. § 151 BewG i.V.m. § 179 AO.

Frist: ein Monat

Die Frist zur Abgabe der Steuererklärung beträgt mindestens einen Monat. Dabei kann das Finanzamt den Steuerpflichtigen auch auffordern, die Steuer selbst zu berechnen und die berechnete Steuer innerhalb von einem

Monat nach Abgabe der Steuererklärung dem Finanzamt zu überweisen, ohne dass es dazu einer gesonderten Aufforderung durch das Finanzamt bedarf. Dieses Verfahren ähnelt dem Verfahren bei den Erklärungs- und Zahlungspflichten im Zusammenhang mit der Umsatzsteuer. In der Praxis wird von dieser Möglichkeit allerdings nicht sehr oft Gebrauch gemacht.

Praxistipp

Soll der Steuerpflichtige die Steuer nach § 31 Abs. 7 ErbStG selbst berechnen, muss ihm dies von der Finanzverwaltung, insbesondere in der Aufforderung zur Abgabe der Steuererklärung, mitgeteilt werden.

Mitwirkung eines Testamentsvollstreckers/Nachlassverwalters

Ist ein Testamentsvollstrecker oder Nachlassverwalter vorhanden, hat dieser die Erbschaftsteuererklärung abzugeben (§ 31 Abs. 5 ErbStG). Allerdings kann das Finanzamt verlangen, dass die Steuererklärung auch von dem oder den erbenden Personen mitunterschrieben wird. Dem Testamentsvollstrecker oder Nachlassverwalter wird dann auch der Erbschaftsteuerbescheid bekanntgegeben (§ 32 ErbStG); diese Personen haben zugleich dafür Sorge zu tragen, dass die Erbschaftsteuer auch bezahlt wird.

Praxistipp

Oftmals ist es schwierig, den Umfang des Nachlasses zu ermitteln und zu bewerten. Deshalb reagieren die Finanzämter i.d.R. großzügig, wenn um Fristverlängerung gebeten wird. Nicht ratsam ist es, die Frist kommentarlos verstreichen zu lassen, denn die Finanzverwaltung hat das Recht, für die verspätete Abgabe einer Steuererklärung einen Verspätungszuschlag zu erheben, der bis zu 10 % der festgesetzten Steuer, höchstens jedoch 25.000 € betragen kann (§ 152 Abs. 2 AO).

Anwaltsvergütung

Wenn im Zuge der Erbrechtsberatung der Rechtsanwalt auch mit der Erstellung der Steuererklärung beauftragt wurde, sollte er unbedingt auf die Einhaltung der Fristen achten. Lassen sich die Werte des Vermögens nicht genau ermitteln, kann sachgerecht geschätzt werden, worauf allerdings in der Steuererklärung hinzuweisen ist. Die Rechtsanwaltsvergütung für die Abgabe der Erbschaft- bzw. Schenkungsteuererklärung richtet sich nach der Honorarordnung für die steuerberatenden Berufe (vgl. § 35 RVG i.V.m. § 24 Nr. 11, 12 StBVGG (Steuerberatervergütungsverordnung; bis Ende 2012: Steuerberatergebührenverordnung, StBGebV)).

7.4 Rechtsbehelfsverfahren

Gegen die Festsetzung im Erbschaft- und Schenkungsteuerbescheid können sich die Betroffenen mit einem Einspruch zur Wehr setzen. Grundsätzlich ist der Einspruch innerhalb eines Monats nach Bekanntgabe des Steuerbescheids zulässig.

Warnhinweis

Wurden Werte gesondert festgestellt, ist bei (vermeintlicher oder tatsächlicher) fehlerhafter Wertermittlung **gegen den Feststellungsbescheid** Einspruch einzulegen, nicht gegen den Erbschaftsteuerbescheid. Diese verfahrensrechtliche Besonderheit des Steuerrechts stellt für die Beratung eine nicht zu unterschätzende Haftungsfalle dar.

Denn der im Feststellungsbescheid festgestellte Wert ist für die Festsetzung der Erbschaftsteuer maßgebend. Er kann nur im Rahmen des Feststellungsverfahrens geändert werden. Ist die Einspruchsfrist gegen den Feststellungsbescheid abgelaufen, kann der Feststellungsbescheid nur unter erschwerten Voraussetzungen geändert werden. Da häufig zunächst das Feststellungsverfahren durchgeführt wird und es erst später zur Festsetzung der Erbschaftsteuer kommt, ist es in der Praxis bei Bekanntgabe des Erbschaftsteuerbescheids häufig zu spät, um noch gegen den Feststellungsbescheid Einspruch einzulegen (Haftungsfalle!).

Warnhinweis

Achtung! Keine Rechtsbehelfsbefugnis des Testamentsvollstreckers! Zwar wird dem Testamentsvollstrecker der Steuerbescheid bekanntgegeben, aber er hat selbst **keine Rechtsbehelfsbefugnis**. Diese steht den Erben bzw. den anderen Erwerbern zu. Soll der Testamentsvollstrecker gleichwohl das Rechtsbehelfsverfahren durchführen, benötigt er dazu eine eigenständige Bevollmächtigung, die grundsätzlich auch gesondert zu honorieren ist.

Kosten des Rechtsbehelfsverfahrens

Übrigens: Während die Kosten für die Erstellung der Erbschaftsteuererklärung als Nachlassverbindlichkeit anerkannt werden, können die Kosten für das Rechtsbehelfsverfahren nicht von der Erbschaftsteuer abgezogen werden. Wenn, so die Begründung, schon die Erbschaftsteuer keine Nachlassverbindlichkeit darstellt (§ 10 Abs. 8 ErbStG), dann dürfen die Kosten für Auseinandersetzungen über die Höhe der Erbschaftsteuer erst recht nicht zum Abzug zugelassen werden. Demgegenüber zählen die Kosten für die Erstellung der Erbschaftsteuererklärung zu den Nachlassregelungskosten, die nach § 10 Abs. 5 Nr. 3 ErbStG als Nachlassverbindlichkeiten abziehbar sind (vgl. dazu auch die Mandatssituation 15.5, S. 1114 ff.).

B. Mandatssituationen

Mandatssituation 15.1: Das Berliner Testament und seine Folgen für die Besteuerung

Sachverhalt | Checkliste | Lösung | Verfahren | Muster

Die in München lebenden Eheleute Frau S und Herr S setzen sich in einem sogenannten Berliner Testament gem. § 2269 Abs. 1 BGB gegenseitig als Erben ein und bestimmen, dass nach dem Tode des Überlebenden der beiderseitige Nachlass an den in Berlin lebenden Sohn M fallen soll. Zunächst verstirbt Herr S, elf Jahre später Frau S. Der Nachlass besteht im Wesentlichen aus einer Immobilie, die in Düsseldorf belegen und an eine Arztpraxis vermietet ist. Eigentümer dieser Immobilie waren zunächst beide Ehegatten zu je 1/2. Mit dem Tod von Herrn S wurde Frau S aufgrund des Testaments Eigentümerin der gesamten Immobilie; nach Abzug der Nachlassverbindlichkeiten beträgt die vom Sohn M erlangte Bereicherung zum Todeszeitpunkt 700.000 €. Vorerwerbe durch lebzeitige Schenkungen der Mutter gab es innerhalb der letzten zehn Jahre vor dem Tod der Mutter nicht. Ihr Mandant möchte wissen, wie viel Erbschaftsteuer er zahlen muss.

Sachverhalt | **Checkliste** | Lösung | Verfahren | Muster

Diese Informationen benötigen Sie von Ihrem Mandanten:

Kopie des Berliner Testaments und anderer letztwilliger Verfügungen	☐
Todeszeitpunkt des Zuerstverstorbenen	☐
Todeszeitpunkt des Zweitverstorbenen	☐
Wert und Zusammensetzung des Nachlasses des Zuerstverstorbenen	☐
Wert und Zusammensetzung des Nachlasses des Zweitverstorbenen, ggf. unter Angabe von geplanten Maßnahmen (geplante Selbstnutzung einer ererbten Immobilie)	☐
Verwandtschaftsverhältnis (Schluss-)Erben zu Zuerst- und zu Zweitverstorbenen	☐
Vorerwerbe des Erben von Zweitverstorbenen innerhalb der letzten zehn Jahre vor dem Todesfall des Zweitverstorbenen	☐
Gegebenenfalls Vorerwerbe des Erben von Zuerstverstorbenen innerhalb der letzten zehn Jahre vor dem Todesfall des Zuerstverstorbenen	☐

Sachverhalt | Checkliste | **Lösung** | Verfahren | Muster

Sohn M hat sein Erbe als Erwerb von Todes wegen der Erbschaftsteuer zu unterwerfen. Er ist als Sohn der Steuerklasse I zuzuordnen, der persönliche Freibetrag beträgt 400.000 €. Die auf den Nachlass zu leistende Erbschaftsteuer beträgt 33.000 €, vgl. die nachfolgende Berechnung.

Begründet wird diese Steuerzahlung insbesondere dadurch, dass sich aufgrund des Berliner Testaments das Vermögen vom Vater zunächst mit dem der Mutter vereinigt, um dann in einem Erwerbsvorgang auf den Sohn überzugehen. Dadurch verliert der Sohn „seinen" gegenüber dem Vater zustehenden persönlichen Freibetrag i.H.v. ebenfalls 400.000 €.

Vereinfachte Berechnung der Erbschaftsteuer

Wert des Nachlasses zum Todestag der Mutter (Bereicherung Sohn M)	700.000 €
abzgl. persönlicher Freibetrag	400.000 €
= steuerpflichtiger Erwerb	300.000 €
Keine Ermäßigung nach § 27 Abs. 1 ErbStG, da Todesfall des Vaters länger als zehn Jahre zurückliegt	–
Tarifliche Einkommensteuer bei Steuerklasse I, 11 %	33.000 €

Abwandlung 15.1.1: Überspringen eines Erben

Sachverhalt | Checkliste | Lösung | Verfahren | Muster

Durch Testament setzen Frau S und Herr S jeweils ihren Sohn M als Erben ein. Zunächst verstirbt Herr S., elf Jahre später Frau S. Mit dem Tod des Vaters ist M Miteigentümer der Münchener Immobilie zu 1/2 geworden. Damals wurde keine Erbschaftsteuer festgesetzt, da der M gegenüber seinem Vater zustehende persönliche Freibetrag höher war als der Wert des Nachlasses des Vaters. Ihr Mandant möchte wissen, wie viel Erbschaftsteuer er nach dem Tod der Mutter zahlen muss.

Nach Abzug der Nachlassverbindlichkeiten beträgt die von M erlangte Bereicherung zum Todeszeitpunkt der Mutter 350.000 €. Vorerwerbe durch lebzeitige Schenkungen der Mutter gab es innerhalb der letzten zehn Jahre vor dem Tod der Mutter nicht.

Sachverhalt – Checkliste – **Lösung** – Verfahren – Muster

Sohn M hat sein Erbe als Erwerb von Todes wegen der Erbschaftsteuer zu unterwerfen. Als Sohn unterliegt der Erwerb der Steuerklasse I, der persönliche Freibetrag beträgt 400.000 €. Da der steuerliche Wert des Nachlasses niedriger ist als der ihm zustehende persönliche Freibetrag von 400.000 €, ist auf den Erwerb von Todes wegen keine Erbschaftsteuer zu zahlen. Durch diese Gestaltung hat M Erbschaftsteuer i.H.v. 33.000 € gespart. Zu beachten ist, dass M seit dem Tode des Vaters einkommensteuerlich Einkünfte aus Vermietung erzielt.

Praxistipp

Das Beispiel zeigt eindrücklich die steuerlichen Nachteile des Berliner Testaments auf. Durch Überspringen eines Erben (im Beispielsfall durch Überspringen der ihren Mann überlebenden Ehefrau) wird einerseits erreicht, dass der nachfolgende Erbe seine persönlichen Freibeträge gegenüber jedem Erblasser in Anspruch nehmen kann und andererseits, dass sich das Vermögen nicht in einer Person vereinigt. Allerdings sollten – bevor solche Gestaltungen gewählt werden – immer auch die zivilrechtlichen Folgen untersucht und geklärt werden, ob diese so tatsächlich gewollt sind. Auch ist zu prüfen, welche steuerlichen Folgewirkungen durch solche Gestaltungen hinsichtlich anderer Steuerarten, insbesondere der Einkommensteuer, eintreten. Geht durch eine solche Gestaltung frühzeitig eine Einkunftsquelle, wie im Beispielsfall Einkünfte aus einer Vermietung, auf eine Person über, die noch aktiv erwerbstätig ist, kann dies zu einer höheren Einkommensbesteuerung führen, denn der persönliche Einkommensteuersatz liegt i.d.R. bei aktiv Erwerbstätigen höher als bei Personen, die überwiegend Renteneinkünfte beziehen. Solche Wechselwirkungen gilt es unbedingt abzuklären.

Mandatssituation 15.2: Regelungen zur vorweggenommenen Erbfolge zur Nutzung des alle zehn Jahre neu auflebenden Freibetrags

Sachverhalt – Checkliste – Lösung – Verfahren – Muster

Die 55-jährige bereits verwitwete Frau B hat eine Tochter E und einen Sohn O. Sie beabsichtigt, beide zu gleichen Teilen als ihre Erben einzusetzen. Ihr Vermögen hat einen steuerlichen Wert von 1.400.000 €. Ihre Mandantin möchte wissen, wie sie den Vermögensübergang gestalten muss, um die größtmögliche Steuerersparnis für ihre Kinder zu erzielen

Sachverhalt | **Checkliste** | Lösung | Verfahren | Muster

Diese Informationen benötigen Sie von Ihrem Mandanten:

Wert und Zusammensetzung des Vermögens	☐
Wer kommt als Erbe in Betracht?	☐
Verwandtschaftsverhältnis der möglichen Erben	☐
Gibt es Vorerwerbe der möglichen Erben?	☐

Sachverhalt | Checkliste | **Lösung** | Verfahren | Muster

1. Vereinfachte Berechnung ohne Berücksichtigung anderer Freibeträge als des persönlichen Freibetrags nach § 16 ErbStG.

Würde Frau B versterben und beide Kinder sie zu gleichen Teilen beerben, würde die steuerliche Bereicherung der beiden Kinder jeweils 700.000 € betragen; nach Abzug des Freibetrags von 400.000 € müsste jedes Kind für steuerpflichtigen Erwerb von 300.000 € bei Steuerklasse I Erbschaftsteuer i.H.v. 11 % zahlen, also jeder von beiden 33.000 € bzw. beide zusammen 66.000 €.

2. Gestaltung zur Vermeidung von Erbschaftsteuer

Überträgt Frau B noch zu Lebzeiten ihren beiden Kindern unentgeltlich jeweils 400.000 €, würde eine solche unentgeltliche Zuwendung unter Lebenden keine Schenkungsteuer auslösen, da dieser Betrag den persönlichen Freibetrag von 400.000 €, der Kindern gem. § 16 Abs. 1 Nr. 2 ErbStG gewährt wird, nicht übersteigt.

Verstirbt Frau B erst nach Ablauf von zehn Jahren, würde der dann erfolgende Erwerb von Todes wegen ebenfalls keine Erbschaftsteuer auslösen, weil der Wert (jedes Kind würde dann noch 300.000 € erhalten) ebenfalls unterhalb des persönlichen Freibetrags i.H.v. 400.000 € liegen würde. Die Vorschenkung würde nicht berücksichtigt werden, da sie länger als zehn Jahre zurückliegt.

Anders wäre es, wenn Frau B innerhalb von zehn Jahren versterben würde. Dann würde der Erwerb von Todes wegen i.H.v. 300.000 € dem Vorerwerb nach § 14 Abs. 1 ErbStG i.H.v. 400.000 € hinzugerechnet werden und so den steuerpflichtigen Erwerb erhöhen. Davon abgezogen wird der persönliche Freibetrag von 400.000 €, so dass – vereinfacht gerechnet – jedes Kind 300.000 € zu versteuern hätte. Bei einem Steuersatz von 11 % würden dann zum Todeszeitpunkt 33.000 € Erbschaftsteuer entstehen.

Das Beispiel zeigt, dass es erbschaftsteuerlich sinnvoll sein kann, frühzeitig mit der Planung des Vermögensübergangs auf die nachfolgende Generation zu beginnen, insbesondere dann, wenn die Vermögenssituation der Elterngeneration es erforderlich macht, die den Kindern zustehenden persönlichen Freibeträge mehrfach in Anspruch zu nehmen.

Mandatssituation 15.3: Vermeidung von Erbschaft- und Schenkungsteuer durch Übertragung eines Grundstücks unter Nießbrauchsvorbehalt

Sachverhalt | Checkliste | Lösung | Verfahren | Muster

Der 55-jährige E ist sehr vermögend. Er verfügt nicht nur über ein erhebliches Barvermögen, sondern ist auch Eigentümer eines Mietwohngrundstücks, das er vor 25 Jahren angeschafft hat. Das Grundstück ist 700 qm groß und hat laut BORIS (www.boris.nrw.de) einen Bodenrichtwert von 300 €/qm. Die Nettomiete beträgt jährlich 70.000 €; die tatsächlichen Aufwendungen – ohne AfA – betragen jährlich 16.000 €. Er beabsichtigt, dieses Mietwohngrundstück im Wege der vorweggenommenen Erbfolge auf seine Tochter T zu übertragen, will sich aber den Nießbrauch daran vorbehalten.

Welche Gestaltung empfehlen Sie Ihrem Mandanten?

Sachverhalt | **Checkliste** | Lösung | Verfahren | Muster

Diese Informationen benötigen Sie von Ihren Mandanten:

Grundstücksgröße	☐
Bodenrichtwert (Adresse des Grundstücks)	☐
Nettojahresmiete	☐
Alter des Gebäudes	☐
Nutzungsart	☐
Vorerwerbe	☐
verwandtschaftliches Verhältnis Schenker – Beschenkter	☐
Alter des Nießbrauchsberechtigten	☐
Geschlecht des Nießbrauchsberechtigten	☐
tatsächliche Aufwendungen im Zusammenhang mit Mieteinnahmen	☐
Zeitpunkt der Schenkung	☐

Sachverhalt | Checkliste | **Lösung** | Verfahren | Muster

Wird ein Grundstück unter Nießbrauchsvorbehalt auf eine andere Person schenkweise übertragen, mindert der Wert des Nießbrauchs den Wert des Grundstücks, so dass der Schenkungsteuer lediglich der Wert des Grundstücks abzgl. des Werts des Nießbrauchs unterworfen wird. Die früher geltende Einschränkung (§ 25 ErbStG a.F.) wurde mit Wirkung zum 01.01.2009 aufgehoben.

Durch den Vorbehalt des Nießbrauchs erzielt E weiterhin Einkünfte aus Vermietung, so dass der Überschuss der Vermietung bei der Einkommensteuerfestsetzung des E zu erfassen ist.

Berechnung und Bewertung des Vermögenserwerbs

Berechnung Nießbrauch			
Bewertung einer vermieteten Immobilie			
Bodenwert			
Größe Grundstück		**700 qm**	
Bodenrichtwert je qm		**300 €**	
Bodenwert			210.000 €
Gebäudeertragswert			
Jahresmiete netto		70.000 €	
./. Bewirtschaftungskosten			
§ 187 Abs. 2, Anlage 23 BewG			
Restnutzungsdauer (vgl. § 185 Abs. 3 Satz 3, Anlage 22 BewG)			
Nutzungsdauer			
Mietwohngrundstück		70 Jahre	
Alter Gebäude		**25 Jahre**	
Restnutzungsdauer		45 Jahre	
= Bewirtschaftungskosten 21 % der Jahresmiete			
(vgl. Anlage 23 BewG)		14.700 €	
Grundstücksreinertrag		55.300 €	
./. Bodenverzinsung (vgl. § 188 Abs. 2 Nr. 1 BewG):	**5 %**		
5 % von 210.000 € =		10.500 €	

Gebäudereinertrag		43.400 €	
x Vervielfältiger (vgl. Anlage 21 BewG)			
bei 5 % Liegenschaftszinssatz und Restnutzungsdauer			
von 45 Jahren =	17,77fache:		771.218 €
Ertragswert			981.218 €
gerundet			981.000 €
abzgl. Verschonungsabschlag	§ 13d ErbStG 10 %		98.100 €
zu besteuernder Grundstückswert			**882.900 €**
Berechnung Wert Nießbrauch			
Mieteinnahmen			**70.000 €**
./. Aufwendungen (nach Abzug Umlagen)			**./. 16.000 €**
abziehbar sind tatsächliche Aufwendungen ohne AfA			
= Jahreswert			**54.000 €**
(Jahreshöchstwert § 16 BewG beachten! (abgerundeter Ertragswert/18,6)			
(1.018.000 €/18,6 =) 54.731,18 €	hier: kein Ansatz))		
x Vervielfältiger			
lt. Sterbetafel nach § 14 Abs. 1 BewG			
BMF v. 06.10.2012 – IV D 4 - S 3104/09/100001			
55-jähriger Mann	13,879		
(13,879 x 54.000 €) =			749.466 €
absetzbar davon 90 % (vgl. § 10 Abs. 6 Satz 3 i.V.m. § 13d ErbStG)			
Wert des Nießbrauchs			**674.519,40 €**
Berechnung Schenkungsteuer			
zu besteuernder Grundstückswert			**882.900 €**
abzgl. Nießbrauch			674.519,40 €
Wert des schenkungsteuerpflichtigen Erwerbs			**208.380,60 €**
abzgl. persönlicher Freibetrag			./. 400.000 €
verbleiben (= steuerliche Bemessungsgrundlage)			**0 €**

Warnhinweis

Achtung! Fällt der Nießbrauch innerhalb der von § 14 Abs. 2 BewG genannten Fristen, die zwischen zehn Jahren und einem Jahr liegen, weg, wird der Nießbrauchswert nachträglich neu berechnet, so dass es nachträglich auch zu einer Neuberechnung und Erhöhung (!) der Schenkungsteuer kommen kann. Auf dieses Risiko sollten Mandanten, die sich aus steuerlichen Gründen für eine Schenkung unter Nießbrauchsvorbehalt entscheiden, unbedingt hingewiesen werden.

Praxistipp

Seit 2009 ist bei einer schenkweisen Übertragung von Grundvermögen unter Nießbrauchsvorbehalt stets der Wert des Nießbrauchs zum Abzug zu bringen. Das früher geltende Abzugsverbot für den Fall, dass das Nießbrauchsrecht dem Schenker und/oder seinem Ehegatten vorbehalten wurde, ist ersatzlos gestrichen worden. Der Schenkungsteuer wird daher stets der Wert des Grundvermögens abzgl. des Werts des Nießbrauchs unterworfen, so dass – auch wegen der oft hohen persönlichen Freibeträge – in der Praxis oftmals bei Schenkung unter Nießbrauchsvorbehalt keine Schenkungsteuer entsteht. Daher hat die Übertragung unter Nießbrauchsvorbehalt seit 2009 erheblich an Attraktivität gewonnen.

Vorzeitiger Verzicht auf Nießbrauchsrecht

Es ist zu beachten, dass ein vorzeitiger Verzicht auf den Nießbrauch als Rechtsverzicht nach § 7 Abs. 1 Nr. 1 ErbStG schenkungsteuerpflichtig ist. Zwar hat der BFH (Urt. v. 20.05.2014 – II R 7/13) diese Entscheidung zur früheren Rechtslage getroffen, als der Nießbrauch in bestimmten Fällen nicht die Bemessungsgrundlage für die Erbschaftsteuer mindern durfte, wenn sich etwa der Schenker selbst das Nießbrauchsrecht vorbehielt (§ 25 ErbStG a.F.). Da nunmehr jeder vereinbarte Nießbrauch die erbschaft- bzw. schenkungsteuerliche Bemessungsgrundlage mindert, gilt der vom BFH aufgestellte Grundsatz, der Verzicht auf ein Nießbrauchsrecht stelle einen Rechtsverzicht i.S.d. § 7 Abs. 1 Nr. 1 ErbStG dar, erst recht. Denn nach der Neuregelung besteht keine Gefahr der doppelten schenkung- bzw. erbschaftsteuerlichen Erfassung des Nießbrauchsrechts, wie dies nach der alten Rechtslage möglich war. Der BFH hatte wegen der anzuwendenden Altregelung in seiner Entscheidung zur Vermeidung einer doppelten Erfassung desselben Nießbrauchsrechts bei der Erbschaft- und Schenkungsteuer die Bemessungsgrundlage korrigiert.

Warnhinweis

Achtung: Haftungsfalle! Wechselwirkung zur Grunderwerbsteuer beachten!

Nach § 3 Nr. 2 GrEStG sind Erwerbe von der Grunderwerbsteuer befreit, soweit sie der Erbschafts- und Schenkungsteuer unterliegen. Die Befreiung gilt aber nicht für Auflagen, die bei der Schenkungsteuer abziehbar sind (§ 3 Nr. 1 Satz 2 GrEStG). Beim Nießbrauchsrecht handelt es sich um eine solche Auflage, die bei Berechnung der Schenkungsteuer abziehbar ist, so dass für den Wert des Nießbrauchs die Grunderwerbsteuerbefreiung nach § 3 Nr. 1 GrEStG nicht gilt. Praktisch bedeutsam ist das vor allem in Fällen, in denen keine persönliche Befreiung von der Grunderwerbsteuer gewährt wird.

Beispiel

A schenkt B ein Grundstück im Wert von 500.000 € und behält sich ein Nießbrauchsrecht, das mit 200.000 € bewertet wird, vor. Der Schenkungsteuer unterliegt der Erwerb abzgl. des Nießbrauchsrechts, also 300.000 €. Der nicht der Schenkungsteuer unterfallende Wert von 200.000 € ist – wenn keine Befreiung davon gegeben ist – grunderwerbsteuerpflichtig.

Das heißt, für diesen Teil der Schenkung ist Grunderwerbsteuer zu zahlen, wenn nicht zugleich ein anderer Befreiungstatbestand erfüllt ist. Befreiungen von der Grunderwerbsteuer sind insbesondere in §§ 3 ff. GrEStG geregelt.

Nach § 3 Nr. 6 GrEStG sind Erwerbe durch Personen, die in gerader Linie miteinander verwandt sind, sowie Erwerbe von Eheleuten/eingetragenen Lebenspartnerschaften (vgl. § 3 Nr. 4 GrEStG) grunderwerbsteuerbefreit. Wird im Wege der vorweggenommenen Erbfolge eine Immobilie unter Nießbrauchsvorbehalt auf die Kinder übertragen, löst dieser Vorgang keine Grunderwerbsteuer aus.

Anders ist es, wenn die Immobilie an weiter entfernte Verwandte unter Nießbrauchsvorbehalt übertragen wird, etwa einem Bruder oder einer Nichte. Dann fällt Grunderwerbsteuer an, die Höhe richtet sich nach dem in der Gemeinde festgelegten Hebesatz.

Abwandlung 15.3.1: Übertragung von Grundvermögen ohne Nießbrauchsvorbehalt

Sachverhalt | Checkliste | Lösung | Verfahren | Muster

E überträgt das Grundstück auf seine Tochter T. Einen Nießbrauch behält er sich nicht vor. Nutzen und Lasten gehen zum 01.01.2019 auf T über.

Welches sind die Vor- bzw. Nachteile dieser Gestaltung?

Sachverhalt | Checkliste | **Lösung** | Verfahren | Muster

Der Schenkungsteuer unterliegt der Wert des Grundstücks, also 916.200 €. Da T lediglich ein persönlicher Freibetrag von 400.000 € zusteht, sind auf 516.000 € Schenkungsteuer, also 15 % = 77.400 €, zu zahlen. Bei der Einkommensteuer sind die Einkünfte aus der Vermietung ab dem 01.01.2019 bei T zu erfassen.

Praxistipp

Auch wenn Eltern ihren Kindern ohne Einschränkung Grundvermögen übertragen möchten, sollten sie einen Nießbrauch in Betracht ziehen, um die Festsetzung von Schenkungsteuer zu vermeiden, wenn durch die Schenkung die persönlichen Freibeträge der Kinder überschritten werden. Allerdings verbleiben etwaige einkommensteuerlich zu berücksichtigende Mieteinkünfte in diesem Fall i.d.R. beim Nießbraucher, also in diesem Fall bei den Eltern. Ob dies steuerlich günstig ist, hängt davon ab, ob die Mieteinkünfte (noch) verlustträchtig sind und welchen Steuersätzen die Beteiligten unterworfen sind.

Mandatssituation 15.4: Steuerbefreites Vermögen in der Erbengemeinschaft

Sachverhalt | Checkliste | Lösung | Verfahren | Muster

Ein Vater verstirbt Ende 2017 und bedenkt seine Tochter und seinen Sohn zu gleichen Teilen. Zum Nachlass zählt u.a. ein Zweifamilienhaus. Eine der Wohnungen nutzte der Vater bis zu seinem Tod zusammen mit der Tochter als Familienwohnung; die zweite Wohnung ist fremdvermietet. Die Geschwister einigen sich im Zuge der Erbauseinandersetzung darauf, dass der Bruder das Zweifamilienhaus erhält und die Schwester zwei weitere, steuerlich nicht begünstigte Immobilien aus dem Nachlass. Der Bedarfswert des Zweifamilienhauses wird mit 330.000 €, der Bedarfswert der beiden anderen Grundstücke mit 340.000 € angesetzt.

Im Zuge dieser Einigung zieht der Bruder zusammen mit seiner Ehefrau Ende 2018 in die Wohnung ein. Die notarielle Beurkundung der Erbauseinandersetzung verbunden mit dem Grundstücksübertragungsvertrag erfolgt im März 2018.

Steht dem Bruder die Befreiung nach § 13 Abs. 1 Nr. 4c ErbStG, die für den Erwerb von Familienheimen gewährt wird, zu und wenn ja, kann er die Steuerbefreiung in voller Höhe oder nur im Umfang seines Miterbenanteils beanspruchen?

Sachverhalt | Checkliste | Lösung | Verfahren | Muster

Diese Informationen benötigen Sie von Ihrem Mandanten:

Aufstellung der Vorerwerbe während der letzten zehn Jahre	☐
Aufstellung des Nachlasses	☐
Liste der Miterben und deren Anteile	☐
Soweit vorhanden: Entwurf der Regelungen zur Erbauseinandersetzung	☐
Wohnsitz des Erblassers	☐
Wohnsitz des Miterben, der das Familienheim übernimmt, Datum des Einzugs, Angabe von Gründen für den Fall des verzögerten Einzugs	☐

Sachverhalt | Checkliste | Lösung | Verfahren | Muster

1. Begünstigungstransfer bei Miterben

Streitig ist, ob der Sohn die für Familienheime bei Erwerben von Todes wegen geltende Befreiung von der Erbschaftsteuer nach § 13 Abs. 1 Nr. 4c ErbStG in voller Höhe in Anspruch nehmen kann oder nur in Höhe seines Miteigentumsanteils. Liegen die Voraussetzungen für den Begünstigungstransfer vor, kann das einziehende Kind auch dann in voller Höhe die Steuerbefreiung für ein Familienheim in Anspruch nehmen, wenn es am Nachlass nur als Miterbe beteiligt ist.

Voraussetzung für den Begünstigungstransfer ist nach § 13 Abs. 1 Nr. 4c Satz 4 (bzw. nach § 13c Abs. 2 Satz 3 ErbStG für die fremdvermietete Wohnung), dass der (Mit-)Erbe einen steuerlich begünstigten Nachlassgegenstand auf einen Dritten überträgt, und im Gegenzug von diesem nicht begünstigtes Vermögen, das der Dritte vom Erblasser erworben hat, erhält. Der Dritte kann auch ein Miterbe sein. Diese Voraussetzungen liegen vor: Die Schwester überträgt ihren halben Anteil am Familienheim und ihren halben Anteil an der fremdvermieteten Wohnung auf ihren Bruder und wendet ihm so begünstigtes Vermögen zu. Als Ausgleich dafür erhält sie von ihm die halben Anteile an den weiteren zum Nachlass gehörenden Grundstücken, die steuerlich nicht begünstigt sind. Die Steuerbefreiung kann – bei Vorliegen der weiteren Voraussetzungen – wegen des Begünstigungstransfers in voller Höhe vom Bruder beansprucht werden, weil der Wert des übertragenen Anteils am Zweifamilienhaus niedriger ist als die nicht begünstigten Grundstücksanteile. Wäre das Zweifamilienhaus wertvoller als die nicht begünstigten Grundstücke, hätte die Steuerbefreiung höchstens im Wert der weggegebenen beiden nicht begünstigten Grundstücksanteile gewährt werden können.

2. Zeitnaher Einzug in das Familienheim

Voraussetzung für die Steuerbefreiung des Familienheims ist der zeitnahe Einzug in die vormals vom Erblasser zu Wohnzwecken genutzte Wohnung. Üblicherweise wird dazu ein Einzug des Kindes innerhalb von **sechs Monaten** nach dem Erbfall verlangt. Allerdings handelt es sich dabei nicht um eine Ausschlussfrist. Zieht das Kind erst nach Ablauf von sechs Monaten in die Wohnung ein, kann – wie der BFH ausdrücklich betont (BFH, Urt. v. 23.06.2015 – II R 39/13) – ebenfalls eine unverzügliche Bestimmung zur Selbstnutzung vorliegen, nämlich etwa dann, wenn sich bei Renovierung der Wohnung solch gravierende Mängel zeigen, die eine längere Sanierungsdauer erfordern und damit einen Einzug innerhalb von sechs Monaten unmöglich machen. Je länger der Zeitraum zwischen Erbfall und Einzug ist, desto höher sind die Anforderungen, die an die Begründung der verzögerten Nutzung der Wohnung zu eigenen Wohnzwecken gestellt werden. In einem mit dem obigen Sachverhalt vergleichbaren Fall hatte der BFH den Einzug nach etwa einem Jahr nach Erbfall als ausreichend angesehen (BFH, Urt. v. 23.06.2015 – II R 39/13).

3. Erbauseinandersetzung nicht zwingend zeitnah

Auch wenn die Selbstnutzung im Familienheim unverzüglich nach dem Erbfall begründet werden muss, hat die Erbauseinandersetzung nicht zeitnah zum Erbfall zu erfolgen. Der Begünstigungstransfer wird auch gewährt, wenn die Übertragung der betroffenen Grundstücke nicht innerhalb von sechs Monaten erfolgt, so der BFH in seiner zitierten Entscheidung.

Warnhinweis

Achtung – Haftungsfalle! Durch den Begünstigungstransfer „verliert" ein Miterbe die Steuerbefreiung, der andere Miterbe bzw. Dritte „erhält" sie.

Überträgt ein Miterbe im Rahmen der Erbauseinandersetzung begünstigtes Vermögen auf den anderen Miterben, ist zu beachten, dass durch den Begünstigungstransfer der ursprünglich Begünstigte „seine" Steuerbefreiung verliert (§ 13 Abs. 1 Nr. 4c Satz 3 ErbStG), während die erwerbende Person diese – bei Vorliegen der weiteren Voraussetzungen – erhält. Damit kann sich die Steuerbelastung des Ersterwerbers erhöhen.

In der Praxis wird dies leicht übersehen, wenn der Wechsel der Begünstigung nicht von persönlichen Faktoren des Erwerbers abhängt. Bei Familienheimen ist die Gefahr nicht so groß, weil eine Voraussetzung für die Steuerbefreiung u.a. auch ist, dass der Erwerber die Immobilie für zehn Jahre zu eigenen Wohnzwecken nutzt, die Steuerbefreiung hier also von einer ganz persönlichen Lebensentscheidung abhängig ist. Anders ist es bei fremdvermietetem Wohnraum. Fremdvermieteter Wohnraum unterliegt nur zu 90 % der Besteuerung, d.h., hier wird gegenüber anderen Immobilien eine Steuervergünstigung von 10 % gewährt (§ 13c ErbStG). Auch hier wird ein Begünstigungstransfer zugelassen. **Hierauf sollte die Mandantschaft hingewiesen werden.** In der Praxis ist die 10%ige Steuerbefreiung von fremdvermietetem Wohnraum vor allem bei Erwerben zwischen Geschwistern wegen der für diese Personengruppe geltenden niedrigen Freibeträge und hohen Steuersätze von Bedeutung. Hat der Mandant, vor allem wenn er die Steuerbegünstigung durch die Erbauseinandersetzung „verliert", keine Kenntnis davon, ist es denkbar, dass er später die ihn beratende Rechtsanwältin bzw. den Rechtsanwalt für den steuerlichen Nachteil in Anspruch nimmt.

Hinweis

Die Steuerbefreiung für das selbstgenutzte Familienheim gilt bei einem Erwerb durch Kinder nur bis zu 200 qm. Ist das Familienheim größer als 200 qm, wird für den Wert der Immobilie, soweit sie größer ist als 200 qm, die Steuerbefreiung nach § 13 Abs. 1 Nr. 4c ErbStG nicht gewährt. Bei einem Erwerb durch Eheleute/eingetragene Lebenspartnerschaften gibt es die Begrenzung der Steuerbefreiung auf 200 qm nicht (vgl. § 13 Abs. 1 Nr. 4b ErbStG).

Mandatssituation 15.5: Steuerberatungskosten als Nachlassverbindlichkeiten

Sachverhalt | Checkliste | Lösung | Verfahren | Muster

Die Lebensgefährtin L ist Erbin des am 20.05.2017 verstorbenen E. Der Wert des Nachlasses beträgt 100.000 €. L beauftragt die Steuerberaterin S mit der Durchführung des Besteuerungsverfahrens. S zeigt daraufhin den Erwerb dem Finanzamt an und gibt nach entsprechender Aufforderung des Finanzamts die Erbschaftsteuererklärung ab. Dafür berechnet sie ein Honorar von 2.000 € brutto. Das Finanzamt ist der Auffassung, dass es innerhalb der letzten zehn Jahre einen Vorerwerb gegeben hat und berechnet einen Nachlasswert von 150.000 €. Auf Basis dieses Werts setzt es die Erbschaftsteuer durch Bescheid vom 30.11.2018 fest. Hiergegen legt S im Namen von L Einspruch ein und kann belegen, dass der Vorerwerb bereits elf Jahre zurückliegt. Daraufhin ändert das Finanzamt den Erbschaftsteuerbescheid. S berechnet L für den Einspruch ein Honorar von 1.500 € brutto.

L möchte wissen, ob die Steuerberaterkosten als Nachlassverbindlichkeiten abziehbar sind.

Sachverhalt | **Checkliste** | Lösung | Verfahren | Muster

Diese Informationen benötigen Sie von Ihrem Mandanten:	
– Etwaige Honorarabrechnungen für die Erbschaftsteuerberatung, untergliedert nach Beratungsleistungen im Zusammenhang mit der Anzeige der Erbschaft/Abgabe der Erbschaftsteuererklärung einschließlich etwaiger Feststellungserklärungen und Leistungen im Zusammenhang mit Rechtsbehelfen (Einspruch, Klage)	☐
– Schätzung der voraussichtlichen Kosten für Anzeige/Abgabe der Erbschaftsteuererklärung/Feststellungserklärung	☐
– Rechnungen für Steuerberatungsleistungen für Steuern, die beim Erblasser entstanden waren, z.B. Einkommensteuer, Umsatzsteuer	☐

Sachverhalt | Checkliste | **Lösung** | Verfahren | Muster

Die Kosten für die Anzeige des Erwerbs von Todes wegen beim Finanzamt und die Abgabe der Erbschaftsteuererklärung sind als Nachlassverbindlichkeiten bei der Festsetzung der Erbschaftsteuer abziehbar. Somit kann L das Honorar von 2.000 € absetzen. Die Kosten können schon bei Abgabe der Erbschaftsteuer geltend gemacht werden, indem sie entweder geschätzt oder konkret, ggf. vom steuerlichen Berater, berechnet werden.

Demgegenüber können die Kosten für einen Rechtsbehelf (Einspruch oder Klage) nicht als Nachlassverbindlichkeiten geltend gemacht werden. Begründet wird dies mit dem für die Erbschaftsteuer bestehenden Abzugsverbot nach § 10 Abs. 8 ErbStG. Ist bereits der Einspruch erfolgreich, werden die Beratungskosten für den Einspruch grundsätzlich nicht vom Finanzamt erstattet. Das Einspruchsverfahren ist für den Steuerpflichtigen einerseits kostenlos, andererseits werden ihm seine eigenen dadurch entstandenen Kosten auch im Fall eines Obsiegens nicht erstattet. Im Klageverfahren ist es anders: Hier kann das Gericht – wenn es die Vertretung für sinnvoll hält – im Fall eines Obsiegens die Kosten für die Vertretung dem Finanzamt auferlegen. Wie auch immer: Kosten für Rechtsbehelfe, die der Erbe zu tragen hat, sind bei der Erbschaftsteuer nicht absetzbar.

Steuerberatungskosten	Als Nachlassverbindlichkeit abziehbar?
Für die Anzeige des Nachlasses, die Erstellung der Erbschaftsteuererklärung und etwaiger Feststellungserklärungen,	Abziehbar nach § 10 Abs. 5 Nr. 3 ErbStG.
die im Zusammenhang mit Rechtsmitteln (Einspruch, Klage) gegen die Festsetzung der Erbschaftsteuer entstehen.	Abzug ausgeschlossen. Die Aufwendungen entstehen zur Abwehr der vom Steuerpflichtigen zu entrichtenden eigenen Erbschaftsteuer, die nach § 10 Abs. 8 ErbStG nicht als Nachlassverbindlichkeit abziehbar ist, so dass auch die Kosten für die Abwehr der Erbschaftsteuer nicht als Nachlassverbindlichkeit abziehbar sind.

Abwandlung 15.5.1: Kosten für bereits beim Erblasser entstandene Steuerberatungskosten

Sachverhalt | Checkliste | Lösung | Verfahren | Muster

Bevor L die Erbschaftsteuererklärung nach dem Tod ihres Lebensgefährten E am 20.05.2017 beim Finanzamt einreichen kann, verstirbt sie am 05.12.2017 und wird von ihrer Nichte N beerbt. N „übernimmt“ den Auftrag an die bisherige Steuerberaterin S und lässt sie die Steuererklärung für den Nachlass von E einreichen. Sie zahlt dafür 2.000 € Honorar und später im Rahmen des Einspruchs 1.500 € Honorar für die erfolgreiche Durchführung des Einspruchsverfahrens.

Die Anzeige ihres Erwerbs von L und die daraufhin einzureichende Steuererklärung lässt sie von ihrem Steuerberater, dem S 1, erstellen. Er berechnet dafür ein Honorar von 2.500 €; für den Einspruch zur Geltendmachung vom Finanzamt zunächst nicht anerkannter Ausgaben berechnet er ein Bruttohonorar von 750 €.

Welche Steuerberatungskosten kann N als Nachlassverbindlichkeiten geltend machen?

Sachverhalt | Checkliste | Lösung | Verfahren | Muster

Fällt in den Nachlass noch die Durchführung eines Besteuerungsverfahrens der verstorbenen Person, hier der L, für einen vom Erblasser erzielten Erwerb, sind sämtliche Steuerberatungskosten ebenso wie die auf den

Erwerb von L zu zahlende Erbschaftsteuer als Nachlassverbindlichkeiten abziehbar, und zwar auch dann, wenn es sich um Kosten eines Rechtsbehelfs gegen einen Erbschaftsteuerbescheid handelt. Entscheidend ist, dass sich es sich um eine im Nachlass befindliche (Steuer-)Verbindlichkeit handelt und nicht um die eigene Erbschaftsteuer. N kann somit folgende Kosten als Nachlassverbindlichkeiten geltend machen:

- 2.000 € für die Erbschaftsteuererklärung für den Nachlass der L
- 1.500 € für den Einspruch wegen der zum Nachlass der L zählenden Erbschaftsteuer
- 2.500 € für die Abgabe der eigenen Erbschaftsteuererklärung.

Die Kosten für den Einspruch gegen die eigene Erbschaftsteuererklärung i.H.v. 750 € sind nicht als Nachlassverbindlichkeit abziehbar, weil die eigene Erbschaftsteuer nach § 10 Abs. 8 ErbStG nicht zu den Nachlassverbindlichkeiten zählt.

Abwandlung 15.5.2: Steuerberatungskosten im Zusammenhang mit einer Einkommen- oder Umsatzsteuererklärung

Sachverhalt | Checkliste | Lösung | Verfahren | Muster

M verstirbt am 01.01.2018 und wird von ihrem Sohn S beerbt. M war selbständig tätig und hatte für die Erstellung ihrer Einkommen- und Umsatzsteuererklärung stets die Steuerberatungsgesellschaft G beauftragt. Nach dem Tod von M beauftragt S im Februar 2018 G mit der Erstellung der Einkommen- und Umsatzsteuererklärung für 2017. G berechnet ihm dafür ein Bruttohonorar von 4.000 €.

Kann S diese Kosten als Nachlassverbindlichkeit bei seiner Erbschaftsteuererklärung geltend machen?

Sachverhalt | Checkliste | **Lösung** | Verfahren | Muster

Kosten für die Abgabe von Steuererklärungen für den Verstorbenen zählen zu den Nachlassverbindlichkeiten und sind in voller Höhe auch dann abziehbar, wenn es sich um Kosten eines Rechtsbehelfsverfahrens handelt. Dies gilt auch für Kosten, die ggf. erst einige Zeit nach dem Erbfall – etwa infolge einer vom Finanzamt angeordneten Betriebsprüfung – entstehen, soweit es sich um Steuern handelt, die zum Nachlass zählen.

Abwandlung 15.5.3: Ohne Erbschaftsteuer kein Abzug von Steuerberatungskosten

Sachverhalt | Checkliste | Lösung | Verfahren | Muster

S muss keine Erbschaftsteuer zahlen, da der Nachlass insgesamt einen Wert von 350.000 € hat, und ihm als Sohn der Erblasserin ein persönlicher Freibetrag von 400.000 € zusteht. Wie wirken sich die Steuerberatungskosten bei ihm wirtschaftlich aus?

Sachverhalt | Checkliste | Lösung | Verfahren | Muster

Auch wenn die Kosten für die Steuerberatung als Nachlassverbindlichkeit abziehbar sind, wirken sie sich erbschaftsteuerlich nicht aus, weil S ohnehin keine Erbschaftsteuer zu zahlen hat. Immer dann, wenn wegen der Freibeträge keine Erbschaft- oder Schenkungsteuer zu zahlen ist, wirken sich auch die dem Grunde nach abziehbaren Steuerberatungskosten nicht erbschaft- oder schenkungsteuerlich aus.

Steuerberatungskosten	**Als Nachlassverbindlichkeit abziehbar?**
Für die Anzeige des Nachlasses, die Erstellung der Erbschaftsteuererklärung und etwaiger Feststellungserklärungen,	Abziehbar nach § 10 Abs. 5 Nr. 3 ErbStG.
die im Zusammenhang mit Rechtsmitteln (Einspruch, Klage) gegen die Festsetzung der Erbschaftsteuer entstehen.	Abzug ausgeschlossen. Die Aufwendungen entstehen zur Abwehr der vom Steuerpflichtigen zu entrichtenden eigenen Erbschaftsteuer, die nach § 10 Abs. 8 ErbStG nicht als Nachlassverbindlichkeit abziehbar ist, so dass auch die Kosten für die Abwehr der Erbschaftsteuer nicht als Nachlassverbindlichkeiten abziehbar sind
Im Zusammenhang mit zum Nachlass zählenden Steuern (z.B. Einkommen- und Umsatzsteuer), aber auch beim Erblasser entstandene Erbschaft- oder Schenkungsteuer	Da diese Steuern als Nachlassverbindlichkeiten abziehbar sind, sind auch die im Zusammenhang mit diesen Steuern entstehenden Steuerberatungskosten als Nachlassverbindlichkeiten abziehbar. Das gilt auch dann, wenn die Steuerberatungskosten erst einige Zeit nach dem Erbfall – etwa wegen einer Betriebsprüfung oder des Abschlusses eines langandauernden Klageverfahrens – entstehen, vorausgesetzt, die Berücksichtigung der Kosten ist verfahrensrechtlich noch möglich.

Mandatssituation 15.6: Stundung und Verzinsung von Erbschaft- und Schenkungsteuer

Sachverhalt | Checkliste | Lösung | Verfahren | Muster

Frau S, die am 02.01.2018 verstorben ist, hat Herrn M, ihren Lebensgefährten, zu ihrem Alleinerben eingesetzt. Ihr Vermögen umfasst im Wesentlichen eine Eigentumswohnung, die zu Wohnzwecken vermietet ist, mit einem Bedarfswert von 1.200.000 €. Pflichtgemäß zeigt M den Erwerb am 15.03.2018 beim Finanzamt an. Das Finanzamt fordert ihn daraufhin zur Abgabe einer Erbschaftsteuer- und Feststellungserklärung auf, die bis zum 30.04.2019 einzureichen ist. M, dem für die Abgabe der Erbschaftsteuererklärung noch nicht alle Unterlagen vorliegen, fragt Sie, ob er mit einer Verzinsung der Erbschaftsteuer rechnen muss, wenn er das Finanzamt um Fristverlängerung zur Abgabe der Steuererklärungen bittet.

Sachverhalt | **Checkliste** | Lösung | Verfahren | Muster

Diese Informationen benötigen Sie von Ihrer Mandantschaft:	
Wann war der Erbfall?	☐
Ist der Erbfall dem Finanzamt angezeigt worden und wenn ja, wann?	☐
Hat das Finanzamt zur Abgabe einer Steuererklärung aufgefordert und wenn ja, bis wann?	☐
Ist die Frist bereits abgelaufen?	☐
Woraus besteht der Nachlass?	☐
In welchem verwandtschaftlichen Verhältnis stehen verstorbene und erwerbende Person zueinander?	☐
Besteht zur Zahlung der Erbschaftsteuer ausreichende Liquidität?	☐
Wenn nein, wie soll diese beschafft werden?	☐

Sachverhalt | Checkliste | **Lösung** | Verfahren | Muster

Solange die Erbschaftsteuer noch nicht festgesetzt worden ist, ist sie nicht zu verzinsen. Dies folgt aus § 233a AO; die Erbschaft- und Schenkungsteuer ist dort nicht genannt. Das heißt, für den Zeitraum zwischen der Entstehung der Erbschaftsteuer – das ist im Regelfall der Zeitpunkt des Erbfalls – und der Festsetzung der Erbschaftsteuer durch das Finanzamt werden keine Zinsen erhoben. Somit kann M beim Finanzamt einen Fristverlängerungsantrag stellen, ohne befürchten zu müssen, dass ihm für den Fall, dass das Finanzamt dem Antrag zustimmt, Zinsen berechnet werden. Allerdings sollte darauf geachtet werden, dass die Fristverlängerung von der Finanzverwaltung auch bewilligt wird. Wird eine Fristverlängerung nicht beantragt oder wird diese nicht bewilligt, und wird die Erbschaftsteuererklärung oder eine Feststellungserklärung verspätet eingereicht, kann für die verspätete Einreichung der Steuererklärung(en) ein Verspätungszuschlag erhoben werden. Dieser kann bis zu 10 % der festzusetzenden Steuer, maximal 25.000 € betragen (§ 152 Abs. 2 AO). Wird die Erbschaftsteuer, nachdem sie festgesetzt worden ist, erst nach Ablauf der Fälligkeit bezahlt, wird für die verspätete Zahlung ein Säumniszuschlag i.H.v. 1 % je angefangenen Monat der Säumnis erhoben. In der Regel wird die Erbschaftsteuer einen Monat nach Bekanntgabe des Erbschaftsteuerbescheids fällig.

Zurück zur Fragestellung: Wird für die Abgabe der Erbschaftsteuererklärung rechtzeitig ein Antrag auf Fristverlängerung gestellt und diesem Antrag stattgegeben, fallen für die Fristverlängerung keine Zinsen an. Die Finanzverwaltung ist in der Regel großzügig mit der Bewilligung einer Fristverlängerung, da auch ihr bewusst ist, dass es in Erbfällen oftmals nicht einfach ist, die für die Erbschaftsteuererklärung erforderlichen Unterlagen zusammenzutragen.

Abwandlung 15.6.1: Stundung mangels Liquidität

Sachverhalt | Checkliste | Lösung | Verfahren | Muster

M gibt die Erbschaftsteuer- und Feststellungserklärung am 30.04.2018 ab und beantragt dabei die Gewährung der Steuerbefreiung für zu Wohnzwecken vermietete Immobilien nach § 13d ErbStG. Das Finanzamt bewilligt die Steuerbefreiung nach § 13d ErbStG und setzt nach Abzug von Nachlassverbindlichkeiten Erbschaftsteuer i.H.v. 300.000 € mit Bescheid vom 01.06.2018 fest, die bis zum 01.07.2018 zu zahlen ist. M hat für die Zahlung der Erbschaftsteuer keine Liquidität und fragt, was er tun kann.

Sachverhalt | Checkliste | **Lösung** | Verfahren | Muster

Kann eine Steuer mangels Liquidität nicht gezahlt werden, kann beim Finanzamt eine Stundung nach den allgemeinen Regelungen der AO, insbesondere § 222 AO, beantragt werden. Im Allgemeinen sind die Finanzverwaltungen aber zurückhaltend mit der Bewilligung auf Stundung wegen Liquiditätsengpässen, da sie sich nicht als Bankinstitut sehen. Dies gilt auch in Erbfällen. Deshalb sollte grundsätzlich sofort mit Kenntnis von einem Erbfall auch geprüft werden, wie die Erbschaftsteuer gezahlt werden kann. Ist dafür keine ausreichende Liquidität vorhanden, sollte umgehend die Aufnahme von Fremdkapital zur Finanzierung der Erbschaftsteuer in die Wege geleitet werden; alternativ ist zu prüfen, ob eine (Teil-)Veräußerung des ererbten Vermögens notwendig ist. Um aber zu verhindern, dass wegen der Finanzierung der Erbschaftsteuer Immobilien kurz nach dem Erbfall, möglicherweise zu einem ungünstigen Preis, veräußert werden müssen, enthält § 28 Abs. 2 ErbStG einen Anspruch auf Stundung, wenn zum Erwerb eine zu Wohnzwecken vermietete Immobilie zählt und die Erbschaftsteuer nur durch Veräußerung der Immobilie gezahlt werden könnte. In einem solchen Fall kann die Stundung der Erbschaftsteuer für einen Zeitraum bis zu zehn Jahren gewährt werden. Das gilt sowohl bei Schenkungen als auch bei Erwerben von Todes wegen. Allerdings werden bei einem Erwerb von Todes wegen für die Stundung keine Zinsen erhoben; bei einem Erwerb unter Lebenden hingegen ist die Stundung zu verzinsen. Auch hier gilt derzeit ein Zinssatz von 6 % p.a. Im Beispielsfall hat M nach § 28 Abs. 3 Satz 1 ErbStG einen Anspruch auf zinslose Stundung der Erbschaftsteuer. Die Dauer der Stundung liegt im Ermessen der Finanzverwaltung. In der Regel wird die Stundung entsprechend einem Stundungsplan bewilligt, nach dem die Steuer innerhalb des Stundungszeitraums in Raten zu zahlen ist.

Praxistipp

Da im Gegensatz zu Erwerben von Todes wegen bei einem Erwerb unter Lebenden für eine Stundung Zinsen mit einem Zinssatz von 6 % jährlich erhoben werden, sollte bei Schenkungen unter Lebenden die Zahlung der Steuer bereits bei der Schenkung geklärt werden, um hohe Stundungszinsen zu vermeiden. Ein Anspruch auf Stundung besteht übrigens auch bei einem Erwerb eines Ein- oder Zweifamilienhauses oder einer Eigentumswohnung, das zu eigenen Wohnzwecken genutzt wird (§ 28 Abs. 3 Satz 2 ErbStG), immer vorausgesetzt, die Steuer könnte ohne die Stundung nur durch Veräußerung der Immobilie aufgebracht werden.

Wird die Nutzung zu eigenen Wohnzwecken nach Bewilligung der Stundung beendet und stattdessen die Immobilie zu Wohnzwecken fremdvermietet, besteht weiterhin ein Anspruch auf Stundung. Wird die Immobilie veräußert oder zu anderen als Wohnzwecken vermietet, entfällt der Anspruch auf Stundung nach § 28 Abs. 3 ErbStG. Eine Stundung nach allgemeinen Regelungen ist aber nicht ausgeschlossen (§ 28 Abs. 3 Satz 6 ErbStG), auch wenn die Finanzverwaltung i.d.R. sehr zurückhaltend Steuern stundet.

Abwandlung 15.6.2: Zinsen bei Einspruch gegen den Erbschaftsteuerbescheid

Sachverhalt | Checkliste | Lösung | Verfahren | Muster

Die Erbschaftsteuer i.H.v. 300.000 € wird M gegenüber am 01.07.2018 fällig. M ist der Auffassung, dass er keine Erbschaftsteuer zu zahlen hat, und legt deshalb Einspruch gegen den Erbschaftsteuerbescheid ein; zugleich beantragt er Aussetzung der Vollziehung. Das Finanzamt bewilligt ihm die Aussetzung der Vollziehung; der Einspruch wird durch Einspruchsbescheid abgelehnt, die Aussetzung der Vollziehung endet am 01.02.2019, also sechs Monate später.

Sachverhalt | Checkliste | **Lösung** | Verfahren | Muster

Der ausgesetzte Betrag ist zu verzinsen, und zwar mit 0,5 % je Monat. Die Aussetzung erfolgte für sechs Monate, so dass 9.000 € Zinsen zu zahlen sind. Zwar ist die Höhe der Zinsen mit 6 % jährlich verfassungsrechtlich umstritten und derzeit Gegenstand verschiedener Verfassungsbeschwerden; trotzdem wird dieser Zinssatz weiter erhoben.

Das Beispiel zeigt, dass es nicht immer sinnvoll ist, neben dem Einspruch auch Aussetzung der Vollziehung zu beantragen. Denn setzt sich die steuerpflichtige Person mit dem Einspruch nicht durch, ist der ausgesetzte Betrag, der dann doch zu zahlen ist, mit derzeit 6 % jährlich zu verzinsen. Gerade wenn es um sehr hohe Beträge geht, kommen schnell hohe Zinsbeträge zusammen. Und Einspruchsverfahren ziehen sich häufig, gerade wenn es um komplizierte Zusammenhänge geht, lange hin; in manchen Fällen über mehrere Jahre.

Praxistipp

Wegen der verfassungsrechtlichen Bedenken gegen die Höhe der Zinsen ist es sinnvoll, gegen die Festsetzung von Zinsen Einspruch einzulegen und das Ruhen des Verfahrens zu beantragen. In der Regel folgt das Finanzamt diesem Antrag. Nicht sinnvoll ist es, zugleich die Aussetzung der Vollziehung des Zinsbescheids zu beantragen, da dann auch eine Verzinsung der Zinsen droht, sollte die Festsetzung der Zinsen vom BVerfG als nicht oder nicht in voller Höhe verfassungswidrig eingestuft werden.

Abwandlung 15.6.3: Zinsen auf die Steuererstattung

Sachverhalt | Checkliste | Lösung | Verfahren | Muster

M legt gegen den Erbschaftsteuerbescheid Einspruch ein, stellt aber keinen Antrag auf Aussetzung der Vollziehung und zahlt die Erbschaftsteuer i.H.v. 300.000 €. Dem Einspruch wird teilweise stattgegeben, so dass das Finanzamt die Erbschaftsteuerfestsetzung auf 200.000 € herabsetzt und M 100.000 € erstattet. Hat M Anspruch auf Zahlung von Zinsen auf die Steuererstattung?

Sachverhalt | Checkliste | Lösung | Verfahren | Muster

Im Gegensatz zu laufenden Steuerarten, wie der Einkommensteuer, werden zu Unrecht gezahlte Erbschaftsteuern im Rahmen eines Einspruchsverfahrens nicht verzinst. Zinsen auf zu viel gezahlte Erbschaft- und Schenkungsteuern werden erst ab dem Zeitpunkt der Rechtshängigkeit verzinst (§ 236 Abs. 1 Satz 1 AO). Für die Zeit zwischen Fälligkeit der Erbschaft- und Schenkungsteuer und der Rechtshängigkeit des Verfahrens, also insbesondere für die Zeit des Einspruchsverfahrens, werden keine Erstattungszinsen nach § 236 AO gewährt. Dies schließt aber nicht aus, eine Verzinsung wegen Schadensersatz aus Amtspflichtverletzung nach § 839 BGB, Art. 34 GG oder auf Folgenbeseitigung fordern zu können. Allerdings sind die Voraussetzungen dafür eng.

Übersicht Verzinsung Erbschaft- und Schenkungsteuer sowie Nebenleistungen

Bis zur Festsetzung der Erbschaft-/Schenkungsteuer	**Keine Festsetzung von Zinsen**
Verspätete Abgabe einer Steuererklärung (Erbschaftsteuererklärung, Schenkungsteuererklärung, Feststellungserklärung)	Festsetzung eines Verspätungszuschlags bis zu 10 % der festzusetzenden Steuer, maximal 25.000 € (§ 152 AO)
Verspätete Zahlung einer fälligen Erbschaft- oder Schenkungsteuer	Säumniszuschläge i.H.v. 1 % der Steuer je angefangenen Monat der Säumnis
Stundung einer Steuerzahlung	Grundsätzlich ist der gestundete Betrag mit 0,5 % je Monat (= 6 % jährlich) zu verzinsen (§§ 234, 238 AO) Ausnahme: bei Stundung nach § 28 Abs. 3 ErbStG bei einem Erwerb von Todes wegen, wenn es sich um eine zu Wohnzwecken vermietete Immobilie im Privatvermögen oder um ein Ein- oder Zweifamilienhaus bzw. eine Eigentumswohnung handelt, die zu eigenen Wohnzwecken genutzt wird. Eine spätere Vermietung zu Wohnzwecken im Privatvermögen ist für die Stundung unschädlich (für Betriebsvermögen weitere Ausnahme in § 28 Abs. 1 ErbStG enthalten)

Bis zur Festsetzung der Erbschaft-/Schenkungsteuer	**Keine Festsetzung von Zinsen**
Erstattungszinsen bei zu hoch festgesetzter gezahlter Erbschaft- und Schenkungsteuer, die später herabgesetzt wird	Nach § 236 AO erst ab dem Zeitpunkt der Rechtshängigkeit des Verfahrens, also grundsätzlich nicht für den Zeitraum der Durchführung des Einspruchsverfahrens, und auch nur im in § 236 AO genannten Umfang. Zinshöhe: 6 % jährlich (§ 238 AO). Ausnahme: Voraussetzungen für eine Amtspflichtverletzung (§ 839 BGB, Art. 34 GG) liegen vor. Dann kein pauschalierter Zinsersatz, sondern Ersatz tatsächlichen Zinsschadens.

Stichwortverzeichnis

A